最高人民法院民事审判指导丛书

房地产案件审判指导

最高人民法院民事审判第一庭　编

法律出版社
LAW PRESS·CHINA

简　目

详　目

第一章 房地产权属问题

001. 因借用名义进行土地权属登记，导致土地证记载的权利人与真实权利人不一致的，对不动产登记簿的记载如何认定？

【典型案例】

宁波市鄞州南光印花织品厂诉宁波市鄞州光达不锈钢有限公司返还土地使用权案

【裁判要点】

《物权法》第19条规定，利害关系人认为不动产登记簿记载的事项错误的，可以申请更正登记，还可以申请异议登记，并通过诉讼解决争议。据此，不动产登记并不具有绝对的证明效力，只要当事人能够证明不动产的登记权属状态与真实的权属状态不同，人民法院可以就不动产的权属作出不同于不动产登记簿记载的认定。所以，因借用名义进行土地权属登记的事实确实存在，导致土地证记载的权利人与真实权利人不一致的，法院可以否定不动产登记簿的记载，认定名义权利人并非不动产的真正权利人。

判决书字号：

一审判决书：宁波市鄞州区人民法院(2006)甬鄞民一初字第294号。

二审判决书：宁波市中级人民法院(2007)甬民一终字第156号。

再审判决书：宁波市中级人民法院(2007)甬民一再字第14号。

案由：返还土地使用权纠纷。

诉讼双方：

原告（上诉人、再审对方当事人）：宁波市鄞州南光印花织品厂。

被告（被上诉人、申请再审人）：宁波市鄞州光达不锈钢有限公司。

第三人（被上诉人、申请再审人）：宁波市鄞州区古林镇藕池村经济合作社。

审判机关：

一审法院：浙江省宁波市鄞州区人民法院。

二审法院：浙江省宁波市中级人民法院。

再审法院：宁波市中级人民法院。

审结时间：

一审审结时间：2006 年 11 月 28 日。

二审审结时间：2007 年 2 月 8 日。

再审审结时间：2007 年 10 月 30 日。

一审诉辩主张

1. 原告宁波市鄞州南光印花织品厂诉称：原告与原鄞县土地管理局签订《国有土地使用权出让合同》。2003 年 4 月，鄞州区人民政府向原告发放有上述地块的国有土地使用权证。被告原从第三人处租赁原告土地使用权证范围内 3.78 亩土地，现租期已经届满，请求判令被告立即腾退使用的土地并归还原告使用。

2. 被告宁波市鄞州光达不锈钢有限公司辩称：当时因土地审批需要，以原告名义与原鄞县土地管理局签订了《国有土地使用权出让合同》，但所有出让金以及其他费用由藕池村经济合作社支付，该土地实际归藕池经济合作社所有。原告对该土地不享有使用权。

3. 第三人藕池村经济合作社述称：以原告名义与原鄞县土地管理局签订《国有土地使用权出让合同》是因土地审批需要，所有土地出让金以及其他费用由藕池村经济合作社支付，原告不享有上述地块的土地使用权，请求确认原、被告实际使用的两地块的土地使用权归第三人所有。

一审事实和证据

浙江省宁波市鄞州区人民法院经公开审理查明：2000 年 3 月，被告同原鄞县古林镇藕池村经济合作社签订了一份《协议书》。同年 4 月，原告也与原鄞县古林镇藕池村经济合作社签订了一份《协议书》。该两份协议书约定：原鄞县古林镇藕池村经济合作社将其所有的土地分别租赁给原、被告双方使用，租赁期限均自 2000 年 10 月 1 日起至 2005 年 9 月底；租期届满后，原鄞县古林镇藕池村经济合作社将原告租赁的土地 4.04 亩及被告租赁的土地 3.78 亩均按 15 万元/亩出让给原、被告，并约定了租赁费支付方式、金额等事项。协议签订后，原、被告双方各自在该租赁的地块上建造了厂房。同年 10 月，藕池村经济合作社以原告名义与原鄞县土地管理局签订了一份《国有土地使用权出让合同》,由原告受让上述两地块的国有土地使用权,但原告受让的该两块土地的出让金等费用均由藕池村经济合作社支付。原、被告双方仍按原协议继续履行各自的租金支付等义务。

上述事实有下列证据证明:(1)原告宁波市鄞州南光印花织品厂提供的《国有土地使用权出让合同》、鄞国用(2003)字第08-358号国有土地使用权证;(2)被告提供的与原鄞县古林镇藕池村经济合作社签订的《协议书》;(3)第三人提供的与原告签订的《协议书》、土地出让金收据。

一审判决理由

浙江省宁波市鄞州区人民法院经审理认为:虽然原告与原鄞县土地管理局签订了土地出让合同,并领取了土地使用权证,但根据《最高人民法院关于审理涉及国有土地使用权合同纠纷案件适用法律问题的解释》的规定,土地使用权出让合同是民事合同,适用民商法律,故该土地使用权登记仅具有对抗第三人的效力,对内部仍应根据事实确认土地实际使用权人。因原告并非讼争的土地实际使用权人,故原告要求被告腾退土地并归还原告使用缺乏依据。争议土地出让金及其他费用由第三人藕池村经济合作社支付,故第三人藕池村经济合作社系争议土地实际使用权人,第三人要求确认土地使用权归其所有的理由成立。

一审定案结论

浙江省宁波市鄞州区人民法院依照《民法通则》第117条第1款①之规定,作出如下判决:(1)驳回原告的诉讼请求;(2)确认原、被告争议的3.78亩土地使用权以及原告向第三人租赁的4.04亩土地使用权归第三人宁波市鄞州区古林镇藕池村经济合作社所有。

二审诉辩主张

1. 上诉人宁波市鄞州南光印花织品厂诉称:上诉人通过合法途径受让争议之国有土地,并获得了相应的权利证书,一审判决无视该权利证书不妥,请求依法改判。

2. 被上诉人宁波市鄞州区古林镇藕池村经济合作社、宁波市鄞州光达不锈钢有限公司辩称:支持一审判决。

二审事实和证据

浙江省宁波市中级人民法院经审理,确认一审法院认定的事实和证据。

二审判案理由

浙江省宁波市中级人民法院经审理认为:现各方争议的土地系上诉人通过国家出让的方式取得。从被上诉人鄞州区古林镇藕池村经济合作社的陈述来看,其

① 本书案例中引用的法律规定,均为案件裁判时生效的相关规定。——编者注

认为以上诉人的名义办理土地出让手续,即在土地出让过程中是否允许存在隐名代理?如果不允许,那么无论本案是否存在以他人名义进行受让的行为,讼争土地的使用权均应依照土地权属证书的登记确定归上诉人。在土地出让合同纠纷中是否允许存在隐名代理,要看国家出让土地是否考虑相对人的情况而定。从国家土地出让程序看,土地的出让是从立项,到规划部门出具建设用地规划许可证,再到国有土地的出让。由此可知,国家出让土地考虑了受让人的身份,因而在土地的出让过程中不存在隐名代理的情形。而且,被上诉人宁波市古林镇藕池村经济合作社认为其是以上诉人名义办理土地出让手续,对该事实应由被上诉人宁波市古林镇藕池村经济合作社承担举证责任,但其未提供足够证据来推翻出让合同及土地使用权证,故应当根据土地的登记情况确定土地使用权的归属。被上诉人宁波市古林镇藕池村经济合作社所支付的出让金,只能认定为代为支付,双方之间所形成的是债权关系,可另行处理。

二审定案结论

浙江省宁波市中级人民法院依照《民事诉讼法》第153条第1款第3项之规定,作出如下判决:(1)撤销宁波市鄞州区人民法院(2006)甬鄞民一初字第294号民事判决;(2)被上诉人宁波市鄞州光达不锈钢有限公司应将占用的属于鄞国用(2003)字第08-358号国有土地使用权证范围内的土地,自本判决生效之日起3个月内返还给上诉人宁波市鄞州南光印花织品厂。

再审申请人诉称:(1)争议土地出让金是由申诉人宁波市鄞州区古林镇藕池村经济合作社支付的,被申诉人只是名义上的国有土地使用权人,宁波市鄞州区古林镇藕池村经济合作社才是真正的使用权人;(2)二审判决认为在土地出让合同中不允许存在隐名代理,法律并无此禁止性规定。请求撤销二审判决,维持一审判决。

再审被申请人辩称:支持二审判决。

浙江省宁波市中级人民法院经审理,确认一、二审法院认定的事实和证据。

浙江省宁波市中级人民法院经审理认为:申请再审人宁波市鄞州区古林镇藕池村经济合作社与对方当事人宁波市鄞州南光印花织品厂及另一申请再审人宁波市鄞州光达不锈钢有限公司签订的两份《协议书》,均是当事人的真实意思表示。宁波市鄞州南光印花织品厂取得《国有土地使用权证》时,土地出让金由申请再审人宁波市鄞州区古林镇藕池村经济合作社支付;宁波市鄞州南光印花织品厂取得《国有土地使用权证》后,其继续按协议约定向申请再审人宁波市鄞州区古林镇藕池村经济合作社支付土地租赁费,因此,本案所涉及的土地是以宁波市鄞州南光印花织品厂的名义办理《国有土地使用权证》事实清楚。宁波市鄞州南光印花织品厂虽然取得了《国有土地使用权证》,但其只是名义的权利人,而非真实的权利人。根据当事人之间内部协议的约定,宁波市鄞州光达不锈钢有限公司租赁的3.78亩土地的使用权以及宁波市鄞州南光印花织品厂租赁的4.04亩土地的使用权，仍属申请再审人宁波市鄞州区古林镇藕池村经济合作社所有。因借用名义进行土地权属登记的事实存在，形成土地证记载的权利人与真实权利人不一致。此借用名义行为如违反了法律、法规，应由有关部门处罚，但并不能使对方当事人宁波市鄞州南光印花织品厂由名义的权利人变成真实的权利人。故宁波市鄞州南光印花织品厂要求申请再审人宁波市鄞州光达不锈钢有限公司腾退土地归其使用，无事实依据，应予驳回。申请再审人宁波市鄞州区古林镇藕池村经济合作社作为有独立诉讼请求权的第三人，要求确认诉争土地使用权归其所有理由成立，本院予以支持。

浙江省宁波市中级人民法院依照《民事诉讼法》第184条、第153条第1款第3项、第158条之规定，作出如下判决：撤销本院（2007）甬民一终字第156号民事判决；维持宁波市鄞州区人民法院（2006）甬鄞民一初字第294号民事判决。

［参见国家法官学院、中国人民大学法学院编：《中国审判案例要览》（2008年民事审判案例卷），中国人民大学出版社2009年版。］

002. 双方约定使用农村集体土地进行开发建设并进行分成、开发商回购房屋的协议，在未变更土地权属性质及未取得政府主管部门征地批准情况下是否有效？

【典型案例】

北京市昌平区东小口镇太平庄经济合作社诉北京嘉仁房地产开发公司支付征地补偿费纠纷案

【裁判要点】

双方约定使用农村集体土地进行开发建设并进行分成、开发商回购房屋的协议，虽然双方意思表示真实，但属于在未依法变更土地权属性质及未取得政府主管部门征地批准情况下自行签订的，因而违反了《土地管理法》第12条关于“依法改变土地权属和用途的，应当办理土地变更登记手续”的强制性规定，故属于无效协议。此外，农村集体土地的开发建设与补偿是关系社会稳定与发展的敏感问题，在这个领域制定的强制性法律与行政法规不容规避，对于这一市场中出现的双方违反强制性法律规定所签订的合同，应严格认定为无效。

判决书字号：

一审判决书：北京市第一中级人民法院(2004)一中民初字第45号。

二审判决书：北京市高级人民法院(2004)高民终字第1001号。

案由：支付征地补偿费纠纷。

诉讼双方：

原告(上诉人)：北京市昌平区东小口镇太平庄经济合作社(以下简称太平庄合作社)。

被告(被上诉人)：北京嘉仁房地产开发公司(以下简称嘉仁公司)。

审判机关：

一审法院：北京市第一中级人民法院。

二审法院：北京市高级人民法院。

审结时间：

一审审结时间：2004年6月23日。

二审审结时间：2004年10月26日。

一审诉辩主张

原告太平庄合作社诉称：1997年12月，太平庄合作社与北京万众房地产开发公司(以下简称万众房地产公司)签订了合建"太平家园"住宅小区项目的协议书，该协议约定万众房地产公司给付太平庄合作社征地费3000万元整。分期付款至2002年年底前付清。1998年12月8日，万众房地产公司变更为嘉仁房地产公司，但直至2001年1月20日嘉仁公司先后给付太平庄合作社征地补偿款800万元，剩余2200万元嘉仁公司以没钱为由，迟迟未予给付。故起诉要求，判令嘉仁公司给付太平庄合作社征地补偿费2200万元，诉讼费由嘉仁公司负担。

被告嘉仁公司辩称：(1)太平庄合作社据以提起诉讼的《协议书》无效。理由是内容违反了法律及法规规定的补偿标准；没有履行法定的审批和登记备案手续；在履行中太平庄合作社将204亩中的4亩转给了天通苑，原协议无法履行；1999年市政府查处非法用地项目时，该协议书因上述原因被确认为违法占地项目并要求重新办理征地手续。(2)1999年新《征地协议》合法有效，办理了审批及登记备案手续，且已实际履行完毕。我公司实际占164亩，合计229.92亩。有关部门允许重新办理征地手续；昌平区房地局拟订了新的补偿方案，征地费用为405万元；经重新协商，1999年8月16日我公司与太平庄合作社签订了新《征地协议》。在405万元的基础上，按新的《土地管理法》中最高3倍的标准，征地费用增加了345万元，合计为750万元。且经房管局审理，办理了备案登记手续。后应太平庄合作社要求，我公司又追加50万元的青苗补偿费，现实际已支付800万元征地费，《征地协议》已履行完毕。故应驳回太平庄合作社的诉讼请求。

一审事实和证据

一审经审理查明:1995 年 1 月,太平庄合作社与嘉仁公司前身万众房地产公司签订《旧村改造合建住宅项目协议书》,由太平庄合作社提供北京昌平区东小口镇太平庄村部分耕地和非耕地,万众房地产公司投资,建设住宅小区。1997 年 8 月 10 日,双方签订《征用土地协议书》,万众房地产公司征用东小口镇太平庄村 20 亩土地。1997 年 12 月,双方签订《合建“太平家园”住宅小区项目协议书》,内容为:废除原所签《旧村改造合建住宅项目协议书》及补充协议,万众房地产公司负责项目的全部投资,太平庄合作社负责清理清退规划土地范围内的租赁终止事宜。由于目前此项目已属北京市综合查处范围,并要限期交纳大量的罚金,为确保正常实施,双方本着互谅互让的原则基础上同意分次拨付征地费。万众房地产公司回购部分不晚于 2002 年 12 月 31 日前付清。其中,1999 年 1 月 31 日前付清 200 万元;2000 年 12 月 31 日前付清 300 万元;2001 年 12 月 31 日前付清 1000 万元;2002 年 12 月 31 日前付清 1500 万元。1998 年 10 月,双方签订《合建“太平家园”住宅小区项目协议书》,该协议与上述合同内容基本一致,只是将上述合同中第六项变更为,万众房地产公司对应分万众房地产公司住宅面积,以人民币 3000 万元一次性统一回收,太平庄合作社不再参与该项目的规划、施工及物业管理。并且规定了房款的具体给付时间。1998 年 12 月,万众房地产公司更名为现嘉仁公司,但由于项目持有人未经政府主管部门变更,故一直沿用万众公司名称。1999 年 4 月 21 日,北京市计划委员会、北京市城乡建设委员会联合下发《关于非农建设违法用地房地产开发项目补办立项的批复》文件,太平家园项目被确认为违法用地项目。同年至次年,北京市房屋土地管理局及昌平区规划管理局分别就万众房地产公司非法占用土地和违法建设工程事项,向万众房地产公司作出行政处罚决定,处以 1,509,200 元和 15,229,294.8元的罚款。1999 年 8 月 10 日,双方依据上述文件,签订《征用土地协议书》,协议约定,由万众房地产公司征用北京市昌平区东小口镇太平庄村西 204 亩土地,太平庄合作社需提供产权明确归属自己的一切证明材料,并负责拆迁、解除原土地上开办企业、对外租赁等与第三方发生经济行为的合同、协议。万众房地产公司负责安置太平庄合作社 120 人就业或转非农业人口,或以每人 5 万元一次性安置,并以每亩 1 万元合计人民币 2040 万元一次性支付太平庄合作社征地款。同年 8 月 13 日,北京市昌平县土地管理局向万众房地产公司下发征地补偿安置方案书,确定拨地亩数 229.9 亩,其中粮田 216.21 亩,其他 13.71 亩,三年平均亩产值 1100 元,土地补偿标准按前三年平均亩产值 10 倍计发,安置补偿费按 6 倍计发。同年 8 月 16 日,太平庄合作社原法定代表人潘秀峰以太平庄村村民委员会的名义与万众房地产公司依据上述征地补偿方案数重新签订《征地协议》,经协商由万众房地产公司,开发建设“太平园小区”,万众房地产公司征用太平庄合作社土地共

229.9 亩,其中包括耕地 216.21 亩,每亩地人民币 3 万元,共计 648 万元,于 1996 年一次性已给付太平庄合作社;工矿用地 3.81 亩。以人民币 52 万元,于 1995 年一次性已给付太平庄合作社。其他包括底商拆迁费人民币 50 万元,一次性已付给太平庄合作社,以上共计人民币 750 万元,在 1997 年年底已全部给付太平庄合作社。该协议业经北京市房地局登记备案。2000 年 2 月 1 日,万众公司取得建设用地规划许可证。同年 4 月,北京市国土资源和房屋管理局授权昌平区土地管理局办理太平家园住宅小区项目的国有土地使用权出让手续。同年 5 月,北京市发展计划委员会、北京市建设委员会向嘉仁公司发函,内容为“鉴于北京万众开发公司已在工商部门办理了改制变更登记手续,同意昌平太平家园建设单位变更为北京嘉仁房地产开发公司”。同月,嘉仁公司与北京市昌平区土地管理局签订《国有土地使用权出让合同》。同年 11 月 13 日,北京市计划委员会、北京市建设委员会发文,同意部颁非建设违法用地项目太平家园住宅小区的年度建设计划。2000 年 12 月,嘉仁公司取得中华人民共和国国有土地使用证。

另查,截至 2000 年 1 月,嘉仁公司支付征地补偿款 800 万元。诉讼中,太平庄合作社表示承认其与村委会系“一套人马,两块牌子”,且一套财务账目。

上述事实有下列证据证明:(1)双方签订的《合建“太平家园”住宅小区项目协议书》;(2)《征用土地协议书》;(3)《征地协议》;(4)政府有关部门批文;(5)《国有土地使用权出让合同》;(6)中华人民共和国国有土地使用证;(7)庭审笔录。

一审判案理由

太平庄合作社与嘉仁公司签订《合建“太平家园”住宅小区项目协议书》,是名为合作实为土地使用权转让。该宗土地在双方签约期间并没有依法变更土地权属性质及取得政府主管部门征地批准,违反了《土地管理法》的规定,且内容所涉统一回收等约定均违反国家关于征地补偿的相关法律,上述协议应属无效。太平庄合作社要求嘉仁公司给付其征地补偿款,缺乏依据,本院不予支持。由于嘉仁公司取得土地的合法手续,是基于国家的征地行为,故合同无效后,不发生相互返还的问题。嘉仁公司支付补偿款 800 万元,其认可系履行的其与村委会签订的补偿协议,不主张返还。原万众房地产公司更名后,由于其项目持有人未经政府主管部门审理变更,且政府相关部门亦直接向万众房地产公司批文,故太平庄合作社所诉原万众房地产公司在更名后一直冒用其原名所签协议无效不成立,不予支持。

一审定案结论

北京市第一中级人民法院根据以上事实,作出如下判决:驳回太平庄合作社要求嘉仁公司给付征地补偿费 2200 万元的诉讼请求。案件受理费 120,010 元,由太平庄合作社负担。

上诉人(原审原告)诉称:一审判决认定事实不清,所认可的关键证据即所谓万众房地产公司与北京昌平东小口镇太平庄村村民委员会1999年8月10日订立的《征用土地协议书》,不具有合法性、真实性、关联性。据此得出的驳回上诉人诉讼请求的结论,证据不足,二审应当依法予以改判。

被上诉人(原审被告)辩称:(1)上诉人称"1999年8月1日我公司与北京市昌平区东小口镇太平庄村村民委员会(以下简称村委会)签订的征地协议无效",我公司认为这是没有事实证据和法律依据的。(2)上诉人的诉讼请求没有事实依据和法律依据,一审判决认定《合建"太平家园"住宅小区项目协议书》无效是正确的。(3)上诉人认为"一审判决结论依据的主要证据缺乏关联性,一审判决'本院认为部分'未能对应诉讼请求及争议焦点论理,其结论缺乏针对性,不能依法服人,以理服人。根据不能成立"。显然没有任何的证据支持。请求驳回上诉,维持原判。

北京市高级人民法院经审理查明:一审审理查明确认的事实基本无误。

另外,在二审法院审理中,嘉仁公司提出双方约定使用的规划面积未能达到204亩土地,由于减少40亩土地的原因,缺少配套设施,影响了太平家园小区房屋的销售价格。征用的229.92亩土地中,有10.5亩土地是代征绿化地,有55.28亩土地是代征道路用地。太平庄合作社对此未予否认。经本院主持调解,嘉仁公司表示同意再给付部分补偿款,由于双方在增加补偿款的数额上意见不统一,最终未能达成一致意见。

北京市高级人民法院经审理认为:太平庄合作社与嘉仁公司前身万众房地产公司签订的《合建"太平家园"住宅小区项目协议书》等几份合建协议,是双方约定使用农村集体土地进行开发建设并进行分成、开发商回购房屋的协议。虽然双方意思表示真实,但系在未依法变更土地权属性质及未取得政府主管部门征地批准情况下自行签订的,均违反了《土地管理法》的规定,故属于无效协议。双方签订并履行上述无效协议,均存在过错。太平庄合作社坚持以上述协议为据要求嘉仁公司给付其征地补偿款,缺乏依据。在政府职能部门对于嘉仁公司违法使用土地和开发建设予以处罚后,经补办征地开发手续,嘉仁公司使用土地进入合法状态。在此基础上,由具有土地使用资格的村委会与嘉仁公司又签订了新的征地协议,该协议是双方为用于完善征地报批手续而补签的,因此不应当以此协议中的补偿数额作为补偿原土地使用人的依据。鉴于双方曾经有过使用204亩土地对价补偿的约定,同时考虑在实际中减少了可供开发建设的40亩土地,影响到嘉仁公司的房屋售价,又因为政府罚款及重新补办报批手续等原因,导致该项目的开发建设成本增大,酌情确定嘉仁公司再向太平庄合作社支付补偿款500万元。应当指出,本案所涉项目建设是在双方合意的违法状态下完成的,属于罚款保留项目,而非先征后建的正常建设项目。因此,嘉仁公司主张以国家征用土地标准补偿,缺乏事实和法律依据,不予支持。原审法院判决驳回太平庄合作社的诉讼请求不当。

北京市高级人民法院依照《民事诉讼法》第153条第1款第3项之规定,判决如下:(1)撤销北京市第一中级人民法院(2004)一中民初字第45号民事判决。(2)除已付补偿款外,嘉仁公司于收到本判决书后15日内再给付太平庄合作社补偿款人民币500万元。(3)驳回太平庄经济合作社其他上诉请求。

一审案件受理费120,010元,由太平庄合作社负担85,000元;由嘉仁公司负担35,010元。二审案件受理费120,010元,由太平庄合作社负担85,000元;由嘉仁公司负担35,010元。

[参见国家法官学院、中国人民大学法学院编:《中国审判案例要览》(2005年民事审判案例卷),中国人民大学出版社2006年版。]

003. 土地使用权权属转移的时间如何确定?

【审判专论】

从法理上讲,土地使用权的变动,可分为依法律行为的变动和非依法律行为的变动两种情形,依法律行为的变动,主要是意思人设立、变更、终止该权利义务的合法行为,如当事人双方自主交易等;非依法律行为的变动是指基于法律的直接规定而使当事人的该项权利义务发生变动,如先占、继承、国家税收、法院判决、强制执行而变动等几种情况。对于当事人双方自主交易,我国《土地登记规则》第25条第2款已明确规定:"不经变更登记的土地使用权、所有权及他项权利的转移,属于非法转让,不具有法律效力。"而作为法院强制执行变动的情形,却没有明确规定,但现有的理论和实践应该推断出是不能适用该规定的。

1. 法律、法规关于土地使用权的转移以办理登记为生效要件和转移时间界限的原则,都是针对当事人自主交易的民事行为而设定的,其理论基础是依法律行为的物权变动的公示原则,物权公示,最根本的作用是给物权的变动提供统一的、有公信力的法律基础。而法院的判决和强制执行是非依法律行为而发生的物权变动,其变动的根本原因在于法律的明确规定,依法律规定、依法院的判决或者政府的指令发生的物权变动,甚至比物权公示的效力更强,当事人依此取得的物权,依法理比公示行为取得的物权还要优先。参照大陆法系国家和地区的做法,法院判决和强制执行均可以在登记机关登记之前有效地变更土地使用权,如《瑞士民法典》第656条第2款规定,对土地的所有权"取得人在先占、继承、征收、强制执行和法院判决的情况下,得在登记之前,先取得所有权。但是,非在不动产登记簿上登记,不得处分土地”。因此,人民法院在执行程序中,不能受当事人自主民事行为应遵循的程序的约束。当然,法院执行后也应到登记机关进行登记,但这种登记只是新权利人对财产进行处分(如出卖、设定担保等)的必要条件,不经登记不得处分其基于法院强制执行所取得的财产。

2.《民事诉讼法》第230条规定,登记机关接到人民法院的协助执行通知书后,必须进行登记,不存在对是否应当登记进行审查的问题。也就是说,在人民法院执行程序中,土地使用权的转移过户手续应以人民法院的裁定为依据,这是基本原则。从执行工作实务方面考虑,如果土地使用权转移的具体时间不能以人民法院裁定为准,那么登记机关势必制约执行工作,影响权利人权利的实现,“产生法院裁定‘行政部门早登记早生效,晚登记晚生效,不登记不生效’的问题,严肃执法、贯彻《民事诉讼法》第230条的规定也就成了一句空话”。

因此,在人民法院的执行过程中,土地使用权的转移时间应从裁定书生效之日起,而不应是从登记之日起。

[参见曹凤成:《浅谈执行程序中对国有土地使用权的处置》,载《山东法官培训学院学报(山东审判)》2001年第3期。]

004. 一地多证等土地权属争议人民法院应否予以受理?

【地方审判】

沈阳市中级人民法院关于审理房地产案件若干问题的处理意见(之一)(经2004年3月27日院审判委员会讨论通过)

1. 关于一地多证等土地权属争议的受理问题

土地所有权或使用权证书是土地所有权人或使用权人享有权利的证明,根据物权法一物一权的原则,同一宗土地,只能存在同一所有权人或使用权人。但现实生活中确实存在一地两证或一地多证的情况。依据《土地管理法》第16条规定精神,对于这类权属不清、面积不准、地界不明等土地使用权争议,不属于人民法院受理民事案件的范围。此类案件诉讼到人民法院的,应不予受理;已经受理的,应裁定驳回起诉。但如果不是单纯权属争议,还结合有其他纠纷,且该纠纷与权属密切相关又属于人民法院受理民事案件范围的,则应中止诉讼,告知当事人向有关人民政府申请确权,权属确定后,恢复诉讼。

……

005. 双方当事人对同一事实提出了相反主张并提供了相应证据加以证明，但双方提供的证据的证明力均不足以否定对方提供的证据时，应如何处理？

【典型案例】

刘伦喜与葛秀芹房屋权属纠纷再审案

【裁判要点】

根据《最高人民法院关于民事诉讼证据的若干规定》第 73 条的规定，双方当事人对同一事实分别举出相反的证据，但都没有足够的依据否定对方证据的，人民法院应当结合案件情况，判断一方提供证据的证明力是否明显大于另一方提供证据的证明力，并对证明力较大的证据予以确认。因证据的证明力无法判断导致争议事实难以认定的，人民法院应当依据举证责任分配的规则作出裁判。可知，在当事人对同一事实举出相反证据又都无法否定对方证据的情况下，应由法官对当事人的证据证明力进行衡量，如果一方提供的证据证明力明显大于对方的，则法官应当依据证明力较大的证据所支持的事实作出裁判；如果经比较后，仍无法确定双方证据证明力大小的，法官则应当依据举证责任分配原则作出不利于负有举证责任一方当事人的裁判。

判决书字号：最高人民法院（2011）民提字第 123 号。

申请再审人（一审被告、二审上诉人、原被申请人）：刘伦喜，男，1975 年 10 月 20 日出生。

被申请人（一审原告、二审被上诉人、原申请再审人）：葛秀芹，女，1947 年 7 月 30 日出生。

申请再审人刘伦喜因与被申请人葛秀芹房屋权属纠纷一案，山东省青岛市崂山区人民法院（以下简称崂山法院）于 2007 年 3 月 19 日作出（2006）崂民一初字第 822 号民事判决，刘伦喜不服该判决，向山东省青岛市中级人民法院（以下简称青岛中院）提起上诉。该院于 2007 年 6 月 19 日作出（2007）青民一终字第 778 号民事判决。葛秀芹不服该判决，向山东省高级人民法院（以下简称山东高院）申请再审。山东高院于 2010 年 10 月 13 日作出（2010）鲁民提字第 11 号民事判决，刘伦喜不服该判决，向最高人民法院申请再审。最高人民法院经审查，以（2010）民再申字第

205 号裁定，提审本案。最高人民法院依法组成合议庭，于 2011 年 6 月 10 日开庭审理了本案。本案现已审理终结。

2006 年 7 月 25 日，葛秀芹向崂山法院起诉称，葛秀芹之父葛义宽（2000 年 10 月去世）于 1984 年 1 月，将自己所有的位于青岛市崂山区西韩村 965 号的房屋委托给同村村民刘明本看管。刘明本去世后，该房由其子刘伦喜一家三口占有居住。葛义宽家人多次催促刘伦喜返还该房屋未果，故向法院提出如下诉讼请求：（1）青岛市崂山区西韩村 965 号房屋归葛秀芹所有；（2）诉讼费及其他费用由刘伦喜负担。

崂山法院一审经审理查明，1952 年 1 月 20 日，政府颁发的第 08086 号土地房产所有证存根记载葛义宽在西韩村有房产一处，东至刘可精、南至大街、西至葛仁常、北至刘世雷。现西韩社区 965 号房屋的四至为：东至自山自墙中邻刘从方、西至墙外根邻胡同、南至墙外根邻大街、北至墙外根邻葛亭礼。

2006 年 12 月 19 日，青岛市崂山区中韩街道西韩社区居民委员会（以下简称西韩居委会）出具证明："我村居民葛义宽（病故），在我村原有房屋一处，门牌 965 号，此房子 1985 年由葛义宽口头向村委申请将此房卖给本村居民刘明本（病故）。经我村两委研究，同意双方买卖，并安排本村基建委员会负责人刘可好、村委委员刘明高两位同志负责给双方办理此房的买卖事宜。"

葛义宽于 2000 年 10 月 1 日去世。葛义宽之妻葛于氏于 1980 年 11 月 30 日去世。葛义宽有女儿四人，分别为：长女葛秀英、次女葛秀云、三女葛秀霞、四女葛秀芹。长女葛秀英于 1988 年 3 月 18 日病故，有法定继承人 5 名，即丈夫郑敦孝、长女郑淑芳、长子郑康先、二女郑小燕、三女郑彩瑞。2006 年 9 月 18 日，郑敦孝声明，自愿放弃对青岛市李沧区城乡档案馆出具的土地房产所有证存根（字第 08086 号）记载房屋的继承权，山东省青岛市四方区公证处对其本人在《放弃继承权声明书》上签名予以公证。2006 年 9 月 18 日，郑淑芳、郑康先、郑小燕、郑彩瑞声明自愿放弃对青岛市李沧区城乡档案馆出具的土地房地产所有证存根（字第 08086 号）记载房屋的继承权，山东省青岛市四方区公证处对其本人在《放弃继承权声明书》上签名予以公证。2006 年 8 月 25 日，葛义宽次女葛秀云及三女葛秀霞声明自愿放弃对其父葛义宽遗产的继承权，黑龙江省方正县公证处做出（2006）方证内民字第 118 号公证书，证明该二人本人在声明书上签名、捺手印。

山东省青岛市崂山区人民政府于 1991 年 12 月 30 日颁发的崂村集建（91）字第 70741 号集体土地建设用地使用证记载西韩社区 965 号房屋所在土地（地号：12－12－406）的使用者为刘明本。

崂山法院一审经审理认为，本案争议焦点为坐落于青岛市崂山区中韩街道西韩社区 965 号（地号：12－12－406 号）房屋系葛义宽生前财产还是刘明本生前财产。1952年1月20日颁发的08086号土地房产所有证已确认葛义宽在西韩社区有房屋一处,结合西韩居委会出具的证明,“葛义宽在西韩社区原有房屋一处,门牌号为965号”。考虑居民委员会作为基层群众自治组织管理所在社区的相关事务,了解讼争房屋自1952年至今的四至变化情况,其证明965号房屋原系葛义宽所有,具有较强的权威性及证明力。在此情况下,刘伦喜仅根据崂村集建(91)字第70741号集体土地建设用地使用证,主张讼争房屋为其父刘明本生前合法财产,而未提交证据证明刘明本生前取得讼争房屋的基础民事法律关系的存在,即刘明本通过何种合法途径取得讼争房屋的所有权。综上,可认定西韩社区965号房屋原系葛义宽生前合法财产。

葛义宽去世后,西韩社区965号房屋应作为其遗产,归其继承人郑敦孝、郑淑芳、郑康先、郑小燕、郑彩瑞、葛秀云、葛秀霞、葛秀芹共同共有,郑敦孝、郑淑芳、郑康先、郑小燕、郑彩瑞、葛秀云、葛秀霞明确表示放弃继承,葛秀芹依法继承取得西韩社区965号房屋之所有权,符合法律规定,应予以支持。依据《民法通则》第72条、第75条,《继承法》第3条、第10条、第25条,《最高人民法院关于民事诉讼证据的若干规定》第2条、第7条之规定,判决如下:坐落于青岛市崂山区中韩街道西韩社区965号房屋(地号:12-12-406号)归葛秀芹所有。案件受理费3510元、法律文书费60元、财产保全费1020元,共计4590元,由刘伦喜负担。刘伦喜不服一审判决,向青岛中院提起上诉称,葛秀芹的请求没有依据,请求二审法院撤销一审判决、驳回葛秀芹的诉讼请求。

青岛中院二审认为,虽然1952年第08086号土地房产所有证确认涉案房屋归葛义宽所有,但山东省青岛市崂山区土地管理局已于1991年将涉案房屋重新确权给刘明本,并为其发放崂村集建(91)字第70741号集体土地建设用地使用证。因此,原1952年08086号土地房产所有证的效力已被崂村集建(91)字第70741号集体土地建设用地使用证所否定,在该崂村集建(91)字第70741号集体土地建设用地使用证未经法定程序撤销前,涉案房屋在法律上应归刘明本所有。葛秀芹要求确认涉案房屋归其所有的诉讼请求,与行政部门的权属登记不符,无法得到支持。综上,依照《民事诉讼法》第153条第1款第3项,《土地管理法》第11条、第13条之规定,判决如下:(1)撤销崂山法院(2006)崂民一初字第822号民事判决;(2)驳回葛秀芹的诉讼请求。一、二审案件受理费共计人民币7020元、保全费人民币1020元、其他诉讼费用人民币60元,均由葛秀芹负担。

葛秀芹不服该终审判决,向山东高院申请再审称,2009年9月1日,山东高院作出(2009)鲁行再终字第22号行政判决,撤销了崂村集建(91)字第70741号集体土地建设用地使用证。故请求撤销二审判决,维持一审判决。

山东高院再审查明,山东高院于2009年9月1日作出(2009)鲁行再终字第22

号行政判决认定，葛义宽有草房五间，其女婿周承伦于1980年进行了翻建，葛义宽于1984年9月至1986年3月在东北的女儿家居住，涉案房屋由刘明本住用并进行了修缮和扩建。该行政判决认为，刘明本申请土地使用权登记时，并没有土地权属来源证明和地上附着物权属证明，案涉登记并颁发土地使用证属违法行为，故撤销了崂村集建(91)字第70741号集体土地建设用地使用证。

山东高院再审认为，本案争议的焦点问题是，双方讼争房屋产权归属问题。原二审判决依据的崂村集建(91)字第70741号集体土地建设用地使用证已经行政判决予以撤销，刘伦喜再以集体土地建设用地使用证主张讼争房屋系其父刘明本生前财产，缺乏证据。1952年1月20日颁发的第08086号土地房产所有证，已确认讼争房屋系葛秀芹之父葛义宽所有，葛义宽去世后，其他继承人明确表示放弃继承，葛秀芹应是讼争房屋的唯一法定继承人。刘伦喜认可在1984年之前房屋不是其父刘明本所有，其认为该房屋在1985年已被卖给其父刘明本，但未提供房屋买卖的有效证据。根据“谁主张，谁举证”原则，刘伦喜应有义务证实买卖事实的存在，其没有提供书面买卖合同，且证明口头买卖关系存在的证据亦不充分。刘伦喜居住使用期间虽进行了房屋修建，并不能证明取得了房屋的所有权。因此，原一审判决认定西韩社区965号房屋归葛秀芹所有并无不当。葛秀芹的申请再审理由成立，应予支持。依照《民事诉讼法》第153条第1款第3项、第186条第1款之规定，判决如下：(1)撤销青岛中院(2007)青民一终字第778号民事判决；(2)维持崂山法院(2006)崂民一初字第822号民事判决。二审案件受理费3510元，由刘伦喜负担。

刘伦喜不服山东高院再审判决，向最高人民法院申请再审称：(1)葛秀芹在一审起诉时已超过诉讼时效。1985年，山东省青岛市崂山区西韩村村民葛义宽(已去世)将本案的讼争房屋以4000元价格卖与同村村民刘明本(已去世)。经村委会同意并见证，双方办理了此房的买卖事宜。此后，葛义宽搬到青岛市里其女儿处居住。1991年，山东省青岛市崂山区人民政府颁发集体土地建设用地使用证，认定该处宅基地的使用者为刘明本。2000年10月1日，葛义宽去世。直至2006年，本处房屋和宅基地未发生任何纠纷。2006年，葛义宽的女儿葛秀芹以房屋权属纠纷起诉至崂山法院。依据《民法通则》第135条关于诉讼时效的规定，葛秀芹在提起诉讼时已超过诉讼时效。(2)山东高院以行政判决结果为据认定民事买卖关系不成立，属认定事实不清。山东高院作出的行政判决，撤销土地建设用地使用证，是因为其认定颁发使用证在行政程序上违法。但是并不能以此否定葛义宽与刘明本生前缔结的房屋买卖关系。并且该行政判决认为“原告与第三人就涉案土地之上房屋的权属争议应当通过民事诉讼的途径予以解决”，而再审判决据此直接认定房屋归属，没有事实依据。(3)山东高院判决认定讼争房屋归葛秀芹，证据不足。本案中的房屋买卖关系是在1985年时发生的，当时的情况仅有买卖关系双方及参与此事的村委会工作人员知晓整个买卖的过程。现在,买卖双方的当事人都已过世。而在他们过世之前,没有任何一方对房屋买卖关系的存在提起过任何异议。而原审法院却要求“提供书面的买卖合同”来证明买卖关系的存在,其举证责任的分配及认定有失公允。对于葛义宽与刘明本两位老人生前缔结的房屋买卖关系,当时见证的村委会成员还健在,并且出具了证言;与此相关的村内宅基地变动情况,特别是葛义宽在把房屋卖与刘明本后,由于其在村内已经没有宅基地了,其户口只能在村里挂着,成为“空户”的过程,都是由村委会经手管理的,村委会对此也出具了证明;而全村大部分人,对于涉案的房屋买卖情况是了解的,他们也出具了证言。这就证明葛义宽与刘明本生前缔结的房屋买卖关系存在。(4)应维护宅基地使用权的稳定。涉案的宅基地使用证虽经行政诉讼被撤销,但是刘伦喜已依法重新申请登记。由于刘伦喜因此处宅基地上的房屋,从此便未分得新的宅基地。因此,该地成了刘伦喜一家赖以生存的唯一家园。而葛秀芹既非农户,也从来没有在西韩村居住,故其拥有该处宅基地的使用权既违反法律,也不符合政策。综上,提出再审请求如下:(1)撤销山东高院(2010)鲁民提字第11号民事判决;(2)驳回葛秀芹的诉讼请求;(3)葛秀芹承担一审、二审诉讼费用。

葛秀芹向最高人民法院提交书面答辩称:(1)刘伦喜所提诉讼时效抗辩没有依据。由于刘伦喜没有提供买卖协议书,也没有提供证明房屋买卖具体时间的证据,在没有具体诉讼时效起算时间的情况下,不可能有具体诉讼时效期间的终结时间。另外,刘伦喜在本案一、二审以及第一次再审期间,都未提出诉讼时效抗辩,根据《最高人民法院关于审理民事案件适用诉讼时效制度若干问题的规定》第4条“当事人在一审期间未提出诉讼时效抗辩,在二审期间提出的,人民法院不予支持,但其基于新的证据能够证明对方当事人的请求权已过诉讼时效期间的情形除外。当事人未按照前款规定提出诉讼时效抗辩,以诉讼时效期间届满为由申请再审或者提出再审抗辩的,人民法院不予支持”之规定,刘伦喜有关诉讼时效的抗辩不能得到支持。(2)刘伦喜提供的证据不足以证明房屋买卖关系的存在。第一,山东高院(2009)鲁行再终字第22号行政判决确认葛义宽于1984年9月至1986年3月在东北的女儿家居住。这就排除了其与刘明本在1985年签订房屋买卖协议的可能。第二,山东高院(2010)鲁民提字第11号民事判决是基于刘伦喜提供证据不充分,才不支持刘伦喜有关房屋买卖关系成立的主张。第三,刘伦喜提供的证据存在相互矛盾。首先,村委会出具的证明相互矛盾。村委会1991年5月出具证明,记载案涉房屋是刘明本在1982年自建的,而西韩居委会在2007年5月18日出具的证明,则证明房子是刘明本1985年从葛义宽处以4000元价格购买。其次,证人刘可好在行政案一审中称买卖协议共三份,而刘明高则称买卖协议共两份。(3)刘伦喜关于案争房屋归刘明本所有的主张没有事实依据。崂集建(91)字第70741号集体土地建设用地使用证已被生效判决撤销。刘伦喜不能再依据该证主张权利。除该证外，刘伦喜不能提供任何证据证明案涉房屋归刘明本所有。(4)刘伦喜在本案再审中提供的新证据不足以推翻原判决、裁定。第一，村委会成员出具的证言已被山东高院行政判决所否认。第二，村委会出具的有关户口的证据与本案无关。第三，全村大部分人均未见证 1985 年的房屋买卖关系，其所提供的证言与本案待证事实无关。1952 年 1 月 20 日，政府颁发的第 08086 号土地房产所有证的证明力显然大于刘伦喜再审中提交的证据的证明力。第四，案争房屋项下宅基地使用权在崂集建(91)字第 70741 号集体土地建设用地使用证被撤销后，已恢复到葛义宽名下。

最高人民法院再审查明：(1)青岛公安机关出具的《常住人口登记表》记载，葛义宽已经是空户；(2)2010 年 11 月 22 日，西韩居委会出具有关空户的说明，记载“凡在我社区无住房，但户口在我社区，视为空户”。

最高人民法院再审认为，双方当事人再审争议焦点为：(1)本案是否超过诉讼时效；(2)刘明本与葛义宽之间是否存在案涉房屋买卖关系。

1. 关于本案是否超过诉讼时效的问题。刘伦喜认为，自 1985 年案涉房屋买卖完成后至 2006 年葛义宽的女儿葛秀芹提起诉讼，案件早过了诉讼时效。对刘伦喜的该主张，不予支持。第一，刘伦喜并无证据证明葛秀芹在提起诉讼两年前即已知道案涉房屋已登记在刘明本名下，故无从计算诉讼时效的起算时间；第二，刘伦喜有关诉讼时效的抗辩缺乏依据。根据《最高人民法院关于审理民事案件适用诉讼时效制度若干问题的规定》第 1 条“当事人可以对债权请求权提出诉讼时效抗辩，但对下列债权请求权提出诉讼时效抗辩的，人民法院不予支持”之规定，可知目前诉讼时效制度只适用于债权请求权，并不适用于物权请求权。葛秀芹一审的诉讼请求是确认案涉房屋归其所有，该诉讼请求并非债权请求权，而是物权请求权。故刘伦喜不能以超过诉讼时效为由抗辩葛秀芹的确权请求。

2. 关于刘明本与葛义宽之间是否存在案涉房屋买卖关系问题。刘伦喜在再审申请书中认为，以行政判决结果作为认定民事买卖关系不成立的依据，属于认定事实不清。而且原审判决认定案争房屋归葛秀芹的证据不足。刘伦喜已经使用案涉房屋长达 25 年，并因此再没有分得新宅基地。而葛秀芹不是农业户口，也从未在该村居住，无权拥有该处宅基地的使用权。葛秀芹则认为，刘伦喜有关案涉房屋买卖关系存在的证据不充分而且相互矛盾。首先，葛义宽 1984 年 9 月至 1986 年 3 月在东北的女儿家居住，不可能在此期间与刘明本签订房屋买卖协议；其次，村委会先后出具的两份有关案涉房屋的证明存在矛盾；再次，刘伦喜提供的证人证言中有关房屋买卖协议相关事实的陈述不一致且部分证人的证言不具有证明力；最后，刘伦喜据以主张的崂集建(91)第 70741 号集体土地建设用地使用证已被法院撤销。

综合本案双方当事人在一审、二审及山东高院提审中提交的证据可知，虽然双方当事人对是否存在案涉房屋买卖关系提出了相反主张并都提供了相应证据加以证明,但是双方当事人提供的证据证明力都未充分到足以否定对方提供的证据。因此,根据《最高人民法院关于民事诉讼证据的若干规定》第73条第1款“双方当事人对同一事实分别举出相反的证据,但都没有足够的依据否定对方证据的,人民法院应当结合案件情况,判断一方提供证据的证明力是否明显大于另一方提供证据的证明力,并对证明力较大的证据予以确认”之规定,应对双方当事人提供证据证明力大小进行比较。进而,根据《最高人民法院关于民事诉讼证据的若干规定》第64条“审判人员应当依照法定程序,全面、客观地审核证据,依据法律的规定,遵循法官职业道德,运用逻辑推理和日常生活经验,对证据有无证明力和证明力大小独立进行判断,并公开判断的理由和结果”之规定,本院将双方当事人提供证据的证明力比较分析如下:

第一,葛秀芹提供的案涉房屋买卖关系不成立的证据证明力明显较弱。首先,黑龙江省方正县林业局红星林场出具的《证明》记载葛义宽于1984年9月到该场其女儿家探亲,并于1986年3月返回山东省青岛市。葛秀芹提供该《证明》的目的是证明其父葛义宽当时不可能在青岛与刘明本签订房屋买卖协议。但从该《证明》内容来看,并未排除葛义宽中途返回青岛的可能。另外,葛义宽具有人身自由,其是否返回青岛市无须上述出具证明单位的批准。因此,上述单位一般也不会了解葛义宽在上述期间内的出行情况。由上,该《证明》不能作为葛义宽未返回青岛市与刘明本签订房屋买卖协议的充分证据。其次,村委会1991年5月出具的《证明》已被后来的《说明》修正。村委会在1991年5月出具的《证明》记载的是刘明本1982年建房。而西韩居委会在2007年5月出具的《证明》记载的是刘明本于1985年上半年以4000元价格向葛义宽购买了该房屋。虽然上述两份《证明》在有关案涉房屋的来源问题上记载存在不一致,但西韩居委会随后出具的《说明》中将1991年5月出具的《证明》中有关“1982年建房”的陈述解释为“1991年换发土地使用证工作,是对全村所有的宅基地进行确权发证,涉及全村2000多户,工作量较大,因此,在书写证明材料时,由于工作人员笔误,将1987年写成1982年”。从换发土地使用证时间、工作量、刘明本曾有扩建房屋行为及当时基层工作人员素质等角度看,上述《说明》中对之前《证明》中记载错误原因的陈述具有一定的合理性和可信度。再次,刘伦喜提供的证人证言虽有表述上的不一致,但在签订房屋买卖协议及房屋价格这一基本事实上的证言并无分歧。根据刘可好、刘明高在本案二审时出庭所作证言可知,两人都证实了葛义宽以4000元价格卖给了刘明本。当时的买卖协议是两份,由刘可好起草,刘明高书写。考虑到两位证人出庭作证时年龄较大且所证事实发生在20多年前,故不能排除两人在具体陈述当时房屋买卖过程时对其他次要细节内容记忆不清的可能。最后,崂集建(91)第70741号集体土地建设用地使用证被撤销并不能证明案涉房屋所有权不属于刘明本。从山东高院(2009)鲁行再终字第22号行政判决内容来看,撤销崂集建(91)第70741号集体土地建设用地使用证的原因是,在刘明本申请案涉土地使用权登记时并未提供土地权属来源证明和地上附着物权属证明的情况下,山东省青岛市崂山区人民政府颁发上述集体土地建设用地使用证的行为违法。但该判决并未确认案涉土地使用权及其房屋的所有权不属于刘明本。

第二,刘伦喜提供的有关房屋买卖关系存在的证据符合日常生活经验,具有更强的证明力。首先,刘明高、刘可好两位老人作为买房现场见证人出庭作证时对案涉房屋买卖关系发生时间、价款、协议形式以及现场人员都作了陈述。虽然两人陈述在细节方面有不一致之处,但是考虑到两人陈述的是20年前的事实,不排除两人证言中的个别细节差异,是因两人年岁较大、记忆不清导致。因此,在没有证据证明两位老人与本案双方当事人有直接利害关系的情形下,不能仅根据两人陈述中的个别细节差异就否定证言的真实性。其次,村委会(随后变更为西韩居委会)出具的一系列证明材料反映了刘明本向葛义宽购买案涉房屋的全过程。2007年5月,西韩居委会出具的《证明》记载"1985年上半年,葛义宽向村委申请将案涉房屋卖给刘明本。村委研究认为,根据刘明本家的实际情况,符合审批宅基地的条件,同意安排本村基建委员会负责人刘可好、村委委员刘明高两位同志负责给双方办理房屋的买卖事宜。由刘明高起草协议,内容是葛义宽将该房以4000元价格卖给刘明本。1991年进行房屋宅基地普查,重新确权发证。但葛义宽称找不到旧证"。由上可知,上述《证明》记载的房屋买卖过程与刘明高、刘可好陈述基本一致。虽然西韩村村委会在1991年5月出具的《证明》中有关"刘明本于1982年建房"的记载与上述2007年5月的《证明》内容不一致,但是西韩居委会在2007年11月出具的《说明》中已将有关"1982年建房"的陈述纠正为"1991年换发土地使用证工作,是对全村所有的宅基地进行确权发证,涉及全村2000多户,工作量较大,因此,在书写证明材料时,由于工作人员笔误,将1987年写成1982年"。之所以要写1987年建房,是因为在1987年刘明本将案涉房屋进行了改扩建。对此,2007年5月,西韩居委会出具的《证明》中有明确记载。综上,刘伦喜提供的证人证言与西韩居委会出具的一系列证据之间基本可以相互印证。由此,得出案涉房屋买卖的演进过程也具有合理性,符合一般日常生活经验。

第三,葛义宽及其家人对案涉房屋的态度也间接证明了案涉房屋买卖关系的存在。首先,葛义宽生前对刘明本长时间占有案涉房屋的行为所持的置之不理态度与日常生活经验不符。根据已查明事实可知,从1985年起,刘明本一家就一直在案涉房屋中居住,而葛秀芹也分别在本案二审庭审及本院庭审中陈述,葛秀芹在刘明本一家搬进案涉房屋后还经常回到村里以及葛义宽搬走后也经常回村里看看。

因此,葛义宽一家人对刘明本长时间占有和处分案涉房屋的行为不可能完全不知情。但直至2000年葛义宽去世前,葛义宽从未对刘明本在案涉房屋中居住的行为提出异议。根据日常生活经验可知,房屋借用关系持续15年之久的情形在现实生活中并不常见,而房屋所有权人对此并不提出异议更是有违常理。其次,葛义宽对刘明本扩建案涉房屋行为未提出异议,也不符合房屋借用习惯。根据《合同法》第223条第1款"承租人经出租人同意,可以对租赁物进行改善或者增设他物"的规定可知,承租人在支付对价的情形下,要对所租赁的房屋进行改建或扩建尚且应先经房屋出租人同意,更何况没有支付任何对价的房屋借用人。因此,刘明本如果只是房屋借用人,那么其在1987年对案涉房屋实施扩建行为之前就会按惯例在动工前取得葛义宽的同意。即便刘明本未主动征求葛义宽同意,葛义宽作为案涉房屋所有权人,一般也会主动就是否同意刘明本扩建以及扩建后房屋归属等问题与刘明本进行交涉。但事实上,葛义宽并未就刘明本的扩建行为提出过异议。葛义宽的不表态行为显然与房屋借用关系中出借人应有的正常反应不符。再次,葛义宽在案涉房屋换发集体土地建设用地使用证问题上的态度更是无法按常理解释。在1991年全村统一换发土地使用证期间,葛义宽没有要求给自己换发土地使用证以确认其对案涉房屋的所有权。甚至对刘明本在1991年以自己名义办理集体土地建设用地使用证的行为,葛义宽也未就此提出异议。如果案涉房屋所有权人是葛义宽,那么刘明本将房屋产权办到自己名下的行为无疑严重侵犯了葛义宽的财产权。葛义宽对此没有反应显然与常理相悖。最后,葛义宽去世时未对案涉房屋进行处分也与常理不合。一般来说,在农村,农民拥有的生活资料中价值最高的就是房屋。因此,正常情形下,葛义宽在去世前一般都会对其所有房屋如何处分作出安排。但根据葛秀芹在本院庭审中的陈述,葛义宽在2000年去世前并未就房屋如何处分作出表态。另外,葛秀芹作为继承人长时间不主张继承权的行为也不符合日常生活经验。葛秀芹是在2005年才知道案涉房屋拆迁事宜,进而向法院提起诉讼主张权利。在此之前,葛秀芹没有向刘明本主张过权利。葛秀芹明知其对案涉房屋有继承权,却在长达5年的时间内,特别是在借用人刘明本去世后都未及时向刘明本及其继承人主张房屋所有权显然与常理不合。

根据对以上双方当事人提供证据证明力的比较分析可知,在案涉房屋买卖关系是否存在的问题上,刘伦喜提供的证据证明力明显大于葛秀芹提供证据的证明力。因此,葛秀芹有关案涉房屋归其所有的主张,不能得到支持。综上,原审判决认定事实不清,应予改判。依照《民事诉讼法》第186条第1款、第153条第1款第3项以及《最高人民法院关于适用〈中华人民共和国民事诉讼法〉审判监督程序若干问题的解释》第38条之规定,判决如下:(1)撤销山东省高级人民法院(2010)鲁民提字第11号民事判决;(2)维持山东省青岛市中级人民法院(2007)青民一终字第

778 号民事判决。本判决为终审判决。

[参见最高人民法院审判管理办公室编:《最高人民法院优秀裁判文书》(第 1 辑),法律出版社 2013 年版。]

006. 职工住房制度改革中的房改房在发生权属变更后,应否属于遗产范围?

【典型案例】

姚敢蓉诉湖北省轻工业机械厂、姚贵荣、第三人姚忠稳等房屋权属纠纷案

【裁判要点】

房改房系通过职工依政策规定缴纳一定数额的资金而发生权属性质变更的房屋,其具有专属性和财产性的法律特征。分得福利房的人须是所属单位具备一定资格条件的职工,分得福利房的人因对该房享有永久的廉价承租权而间接(变相)享有福利。由此,被继承人享有对特定承租权所具有的专属财产权利。同时,依据我国《继承法》第 2 条第 1 款及第 1 款第 6 项的规定,遗产是公民死亡时遗留的个人合法财产,包括公民的著作权、专利权中的财产权利。由此可见,财产权利性是遗产可继承性的关键。因此,特定房改房的承租权应属于遗产范围。

【案例索引】

一审:湖北省武汉市武昌区人民法院(2005)武区白民初字第 39 号。

二审:湖北省武汉市中级人民法院(2006)武民终字第 1 号。

【案情】

上诉人(原审被告):姚贵荣。

被上诉人(原审原告):姚敢蓉。

被上诉人(原审被告):湖北省轻工业机械厂。

被上诉人(原审第三人):姚忠稳。

被上诉人(原审第三人):姚忠英。

被上诉人(原审第三人):姚世荣。

被上诉人(原审第三人):姚连荣。

一审审理查明:原告姚敢蓉与被告姚贵荣及第三人姚忠稳、姚忠英、姚世荣、姚

连荣系姐妹关系，其父亲姚名腊和母亲王玉英生前均系湖北省轻工业机械厂（以下简称省轻机厂）职工。1980年省轻机厂将坐落于武昌区团结路9号旧5层楼5单元房屋一套（建筑面积64.94平方米）分配给姚名腊、王玉英居住使用。姚贵荣结婚时因军婚无房，故与其父母共同居住该房。1992年4月16日，姚名腊去世。1997年12月，省轻机厂进行住房制度改革，将公有住房出售。王玉英于1997年12月21日向省轻机厂缴纳7544元购买所住房屋70%的产权。1998年1月8日，王玉英去世。因王玉英生前无积蓄，为办丧事，姚敢蓉以取得房屋产权为条件，出资7540元。但因未能入住王玉英遗留的房屋，又于1998年8月10日从姚贵荣处拿回该款。2000年省轻机厂对职工住房进行改建，增加面积，姚贵荣向省轻机厂缴纳36,000元建房款。2001年8月省轻机厂进行第二次房改，姚贵荣于当年8月13日向省轻机厂缴纳3512.6元，连同姚贵荣的住房公积金1000元共4512.6元，购买其父母住房30%的产权。2001年12月20日，省轻机厂向姚贵荣发放房屋权属登记证，将上述房屋的房地产权利人登记为姚贵荣。2003年，姚贵荣另购住房一套，姚敢蓉要求姚贵荣腾出房屋，双方对房屋权属发生争议协商未果。

2004年12月，姚敢蓉向一审法院起诉称：本人与被告姚贵荣及第三人系姐妹关系，父亲姚名腊和母亲王玉英系原省轻机厂职工，1980年省轻机厂将武昌区团结路9号旧5层楼5单元分配给原告父母居住，房主系原告父母。被告姚贵荣系顶职进入省轻机厂当工人，婚后与父母亲住在一起。1992年父亲去世，1997年房改时，由母亲出资7543.90元购得该房屋的70%产权，1998年母亲去世。母亲在世时与被告姚贵荣不和，曾表示将住房留给原告使用，并要剥夺被告姚贵荣的继承权。被告姚贵荣亦表示一旦有住房就将房屋腾给原告。父母过世后，原告及第三人均未提出遗产分配问题，被告姚贵荣仍住父母房屋中。2003年被告姚贵荣已购置住房，但拒不交出所居住房屋，并称父母亲的房屋属其所有，同时在被告省轻机厂的配合下办理了房产证并准备对外出租。请求判令撤销被告省轻机厂将武昌区团结路9号旧5层楼5单元的房改房过户给被告姚贵荣的决定（房改协议书），判令原告、被告姚贵荣及第三人共同拥有武昌区团结路9号旧5层楼5单元的房屋，并由被告姚贵荣从1998年2月起每月支付房屋租金250元给其他继承权人，直到搬出房屋为止，并由二被告承担本案的诉讼费用。

被告省轻机厂辩称：原告把我厂作为第一被告是不正确的。我厂根据国家房改政策进行房改没有错误，将本案争议的房屋房主登记为姚贵荣，在办理的过程中没有违反国家房改政策规定，我厂在第一次和第二次房改时均在全厂范围内贴公告，原告是我厂附属五金电器厂职工，第三人姚世荣是我厂职工，均知晓我厂房改，所以我厂不存在配合被告姚贵荣将该房私下办理到其名下的问题。我厂将本案争议的房屋房主登记为姚贵荣，只履行协助办理房屋产权登记的义务，不承担法律责任,也不承担各种诉讼费用。

被告姚贵荣辩称:原告知道房改的情况,且本案的诉讼时效已超过两年。原告认为房屋应该全部纳入共同共有不正确,买房时是由我和母亲共同购买。原告无权撤销二被告的协议书,原告所述我与母亲不和也无事实依据。原告无权代表第三人要求我付房租。该房的纠纷不应由法院处理,请求驳回原告的诉讼请求。

第三人姚忠稳、姚世荣述称:对购房过程不清楚,厂里将公有房子卖给姚贵荣是有责任的,该房我们姐妹都有份,姚贵荣添加的部分与原房屋是不可分割的,我们要求按房屋面积王玉英的100%进行分割。第三人姚忠英、姚连荣述称:我母亲70%的继承权应由六姊妹继承,姚贵荣的30%属她自己,添加部分应归姚贵荣。庭审中,原告姚敢蓉、被告姚贵荣及第三人对本案争议房屋中70%的产权均认为应由姚敢蓉等六姐妹共有。但对30%的产权及增加部分的产权归属分歧较大,调解无效。

【审判】

武汉市武昌区人民法院一审认为,本案系因房屋遗产未处理而引发的房屋权属纠纷,其争议的焦点是被告姚贵荣于2001年8月13日出资购买的30%的房屋产权的归属。本案争议房屋的70%产权人原系姚敢蓉等六姐妹的母亲王玉英。王玉英于1998年1月8日死亡时继承即已开始。姚敢蓉六姐妹在所继承的房产份额中已含有在今后房改中购买剩余产权的权利。因此,姚贵荣出资购买的30%的产权中,原告姚敢蓉、被告姚贵荣及第三人姚忠稳、姚忠英、姚世荣、姚连荣均应享有相应的权利。因姚贵荣在其母亲王玉英在世时,与王玉英共同生活,且在30%产权的出资和房屋的管理修缮中起主要的作用,在分配30%产权时应该适当多分。庭审中,原告姚敢蓉、被告姚贵荣及第三人姚忠稳等均表示70%的产权应由姐妹六人均分的意见。本院予以支持。因双方当事人均不同意对房屋的价值进行评估,在分割时只宜按份共有。姚贵荣垫付的购房款4512.64元应由各继承人按继承份额承担。被告省轻机厂依照房改政策将房改房办在姚贵荣名下,并无过错,且其行为并不影响原告、被告姚贵荣及第三人对该房屋依法行使继承权,故原告姚敢蓉请求撤销省轻机厂与姚贵荣所签房改协议书本院不予支持。原告姚敢蓉有产权而不能实际使用,对其应有的产权份额应以租金方式补偿,故原告姚敢蓉要求被告姚贵荣支付租金的请求,本院予以支持。但应仅以两年诉讼时效内的租金为限。被告姚贵荣出资改建增加的部分尚未取得房屋所有权,故本案不予处理。被告姚贵荣辩称原告起诉已过诉讼时效,因本案争议起因主要是发生在2003年姚贵荣另购住房以后,原告起诉并未超过诉讼时效。故被告姚贵荣的抗辩理由本院不予支持。依照《继承法》第10条、第13条第3款的规定,一审法院判决如下:(1)坐落于武昌区团结路9号旧5层楼5单元房屋建筑面积64.94平方米的房屋的所有权,由原告姚敢蓉、第三人姚忠稳、姚忠英、姚世荣、姚连荣各享有9.52平方米,被告姚贵荣享有17.33平方米。(2)原告姚敢蓉、第三人姚忠稳、姚忠英、姚世荣、姚连荣于本判决书生效之日起10日内各向被告姚贵荣支付购房款451.26元。(3)被告姚贵荣于本判决书生效之日起10日内向原告姚敢蓉支付房租补偿金1200元(租金按每月50元共计24个月计算)。(4)驳回原告姚敢蓉的其他诉讼请求。

姚贵荣不服一审判决,向武汉市中级人民法院提起上诉。其上诉理由和上诉请求如下:(1)本案已过诉讼时效期间,应当驳回被上诉人的诉讼请求。(2)一审判决认定事实不清,适用法律错误:①因上诉人是省轻机厂的职工,根据房改有关规定,上诉人有权购买剩余的30%的产权,故争议房屋的30%产权归上诉人所有。②本案不存在租赁补偿。要求二审法院撤销原判,依法改判。

二审查明原审认定的事实属实。

二审法院经审理认为,上诉人姚贵荣与被上诉人姚敢蓉以及原审第三人之间系姐妹关系。其父母亲姚名腊、王玉英死亡后,其遗留的合法财产应由其第一顺序法定继承人继承。根据《继承法》第10条的规定,遗产按照下列顺序继承:第一顺序:配偶、子女、父母。本案中,上诉人姚贵荣与被上诉人姚敢蓉以及原审第三人为第一顺序法定继承人。根据《继承法》第5条的规定,继承开始后,按照法定继承办理;有遗嘱的,按照遗嘱继承或者遗赠办理;有遗赠扶养协议的,按照协议办理。因姚名腊、王玉英生前未立有遗嘱,被继承人姚名腊、王玉英死亡后,其遗留的遗产由其法定继承人姚忠稳、姚忠英、姚世荣、姚连荣、姚贵荣、姚敢蓉按法定继承分割遗产。坐落于武昌区团结路9号旧5层楼5单元房屋系姚名腊所在单位省轻机厂分配给姚名腊及其妻王玉英的,在王玉英去世前,其参加单位房改,购买了武昌区团结路9号旧5层楼5单元房屋70%的产权,故该房屋70%的产权系姚名腊、王玉英的遗产。该房屋另外30%的产权虽为省轻机厂所有,但王玉英对该房屋30%的产权份额有特定的承租权,该承租权含有专属的财产权利,应纳入姚名腊、王玉英的遗产范围。王玉英死亡后,虽有姚贵荣补交了标准价补成本价的差额4512.64元。该资金应视为姚贵荣的一种垫资,由其他法定继承人分摊该垫资。一审认定事实清楚,适用法律正确,判决并无不当,本院予以维持。故上诉人姚贵荣提出其有权购买剩余的30%的产权,争议房屋的30%产权应归其所有的上诉理由不能成立。关于上诉人姚贵荣提出本案已过诉讼时效期间,应当驳回被上诉人的诉讼请求的上诉主张,根据《继承法》第2条、第25条的规定,"继承从被继承人死亡时开始","继承开始后,继承人放弃继承的,应当在遗产处理前,作出放弃继承的表示。没有表示的,视为接受继承"。本案中的继承人在继承开始后,均未作出放弃继承的表示,应视为接受继承。故本案原告的诉讼请求未超过诉讼时效期间,上诉人姚贵荣的该项上诉理由不成立。关于上诉人姚贵荣提出本案不存在租赁补偿的问题,因姚敢蓉依法享有继承权,且已接受继承,其应有的产权份额由上诉人姚贵荣使用,其主张以租金方式补偿,应受法律保护。上诉人姚贵荣的上诉请求本院不予支持。据此,依照《民事诉讼法》第153条第1款第1项之规定,判决:驳回上诉,维持原判。

[参见最高人民法院中国应用法学研究所编:《人民法院案例选》(2006年第4辑,总第58辑),人民法院出版社2007年版。]

007. 出资来源以及出资性质对讼争房产权属的认定有何影响?

【典型案例】

励瑞盛等与励曙杰房屋权属纠纷上诉案

【裁判要旨】

在双方当事人对房屋权属证书的证明效力均存在争议的情况下,该房屋权属证书自然不能作为认定讼争房屋权利归属的证据。此时,法院应对房屋权属证书在涉及确权之诉等民事诉讼案件中的证据效力作出审查分析,并严格按照相关证据规则对讼争房屋的权属作综合认定。其中关键在于,不仅应查明房产的出资问题,还应理顺法律关系,对财产性质进行综合分析认定。如果房产的出资既具有家庭共同财产性质,也具有夫妻共同财产性质,应认定该房产系相关权利人的共有财产。

【案号】一审:(2007)慈民一初字第2765号;二审:(2008)甬民二(一)终字第25号。

【案情】

原告:励瑞盛、丁玉英、励曙青、励曙群。

被告:励曙杰。

第三人:蔡侠赢。

励瑞盛、丁玉英系夫妻,励曙青、励曙群、励曙杰系励瑞盛、丁玉英的子女。励曙青于1993年结婚出嫁,2002年2月离婚,离婚后居住在励瑞盛、丁玉英处。励曙群于1998年3月结婚出嫁。蔡侠赢与励曙杰于1997年6月20日登记结婚。2005年9月、2006年7月蔡侠赢以夫妻感情破裂为由向浙江省慈溪市人民法院起诉要求与励曙杰离婚,浙江省慈溪市人民法院以双方夫妻感情尚未破裂为由驳回了蔡侠赢离婚的诉讼请求。2007年5月,蔡侠赢再次起诉请求与励曙杰离婚,同年7月5日浙江省慈溪市人民法院判决准予双方离婚。本案讼争房产系二间三层楼房、二间二层楼房，坐落在浙江省慈溪市观海卫镇观海卫路335号（原观海卫路29号），该房屋原属五交化总公司观城分公司所有。1998年，五交化总公司观城分公司因企业改制将讼争房产出卖给励曙杰，双方于1998年6月1日签订了房屋买卖协议一份，协议载明：屋价为74万元，分期付清，第一期在5月10日前付40万元，第二期在6月10日前付清10万元，第三期在10月底前付清10万元，余款在出卖方办理好过户手续后由买受方一次付清。1998年10月，双方共同办理了慈溪市改制企业房地产权属转让、抵押、变更申请审批手续。1998年10月16日，励曙杰取得了该房屋的产权证书。该房屋购入后，二间三层楼其中底层作经营摩托车修配店之用，二层、三层由励瑞盛、丁玉英居住。二间二层楼用作摩托车修配店仓库。1985年以后励曙杰经营了慈溪市观海卫镇振兴摩托车维修站，该维修站于2005年8月3日注销。励曙青、励曙群均称婚后与丈夫未对财产作过约定。励曙杰与蔡侠赢在婚后也未对财产作过书面约定。

1994年6月，慈溪市观海卫镇振兴摩托维修站购买了一辆桑塔纳车，登记的牌照号码为浙BB3186。1998年10月16日，励曙杰取得了位于浙江省慈溪市观海卫镇观海卫路335号房屋的产权证书，证号为慈房权证观字第08008695号，房屋总建筑面积为465.05平方米。1998年10月29日，励曙杰取得了该房屋的国有土地使用证，证号为慈国用（1998）字第020273号，国有土地使用权面积为251平方米。

【审判】

浙江省慈溪市人民法院经审理认为，本案讼争房产系励曙杰与蔡侠赢在夫妻关系存续期间所购买，且励曙杰与蔡侠赢婚后未与励瑞盛、丁玉英共同生活在一起。励瑞盛、丁玉英、励曙青、励曙群和励曙杰所称他们共同生活、共同经营、共同购房的事实及1997年2月、1997年12月励瑞盛、丁玉英、励曙青、励曙群和励曙杰已用家庭共同财产预付购房款60万元的事实均无证据证实，故应认定该讼争房屋系励曙杰与蔡侠赢的夫妻共同财产。励瑞盛、丁玉英、励曙青、励曙群和励曙杰所讼争的房产系其家庭共有财产依据不足，不予支持。据此，依照《民事诉讼法》第64条第1款、《婚姻法》第17条第1款第5项之规定，判决如下：（1）坐落在慈溪市观海卫镇观海卫路335号房屋系蔡侠赢与励曙杰的夫妻共同财产。（2）驳回四原告的诉讼请求。

宣判后，四原告及励曙杰均不服一审判决，向浙江省宁波市中级人民法院提起上诉，请求撤销一审判决，依法改判讼争房屋为五上诉人的家庭共同财产。

浙江省宁波市中级人民法院经审理认为：本案的主要争议焦点是坐落在慈溪市观海卫镇观海卫路335号（原观海卫路29号）的房屋究竟属于家庭共同财产还是夫妻共同财产？本案中，双方当事人对讼争房屋的房产权属证书确定的权利归属本身有异议，并且针对该房产的出资事实分别进行了举证证明，因此不能仅以该房产权属证书作为证明房产权属证书中登记的权利人对该房屋享有权利的依据，还应结合双方当事人提供的有关出资等证据对讼争房屋的权属作综合认定。

关于讼争房屋的出资问题，上诉人认为励瑞盛、丁玉英、励曙青、励曙群从未分家，虽然摩托维修站业主是励曙杰，但实际是五上诉人共同经营和劳动，购买讼争房屋的款项来源于出租车经营收入、摩托维修站经营所得、转让桑塔纳轿车所得和转让山海村旧宅所得。被上诉人蔡侠赢认为讼争房屋的出资来源于被上诉人个人积蓄10万余元、上诉人励曙杰个人积蓄10万余元、被上诉人向其母亲借款的30万元、上诉人励曙杰父母不足10万元的赠与以及被上诉人向其姐姐的借款等。上诉人在二审提交了当地村委会、居委会出具的五份证明，并提交了(2006)慈民一初字第3232号案件的庭审笔录。该组证据虽在二审提交，但村委会、居委会的证据形成于一审之后，庭审笔录系对一审证据的补强，且证据间均能相互印证，因此对该组证据予以采纳，应认定励曙杰与其父母在其与蔡侠赢婚前并未分家，慈溪市观海卫镇振兴摩托维修站虽是以励曙杰名义登记的个体工商户，但实际上是励曙杰、励瑞盛、丁玉英家庭共同经营，因此摩托维修站的经营所得应认定为家庭共同财产，以该摩托维修站名义购买的普桑车辆自然也应认定为家庭共同财产。而且，基于励曙杰与其父母未分家的事实，励曙杰因开出租车所取得的收入和出卖山海村旧宅的收入理应认定为家庭共同财产。虽然被上诉人蔡侠赢在二审中提出讼争房屋的出资主要来源于个人积蓄和向其母亲和姐姐的借款，但没有提供有关出资的证据，也没有提供据以否认上诉人出资的证据，况且其母亲和姐姐在原审中的证人证言因与蔡侠赢存在利害关系而不能被认定，据此被上诉人不能证明讼争房产全部出资的来源。

根据前述分析，上诉人提供的证据能够证明其具有相应的家庭共同财产作为出资来源，而被上诉人提供的证据难以证明其具有相应的出资来源，而且结合本案的具体情况，励曙杰与蔡侠赢在婚后一年多的时间内也难以取得讼争房屋出资所要求的高收入。根据《最高人民法院关于民事诉讼证据的若干规定》第73条第1款规定的优势证据规则，上诉人提供证据的证明力明显大于被上诉人提供证据的证明力，应认定讼争房屋的出资主要来源于家庭共同财产。同时，因励曙杰与蔡侠赢在婚后未对财产作过书面约定，其在婚后所取得的收入应为夫妻共同财产，因该部分收入而构成的讼争房屋出资部分，性质上自应属于夫妻共同财产，可见讼争房屋的出资在性质上为家庭共同财产和夫妻共同财产。加之讼争房屋购入后，由上诉人励瑞盛、丁玉英居住。因此，讼争房屋应为励瑞盛、丁玉英、励曙杰、蔡侠赢的共同财产。

对于被上诉人蔡侠赢在二审中提出的上诉人励瑞盛、丁玉英没有资金和能力出资购买讼争房屋，即使少量出资也只能视为系对被上诉人和上诉人励曙杰赠与的辩称，因被上诉人蔡侠赢在二审中自认上诉人励瑞盛、丁玉英对于讼争房屋有不足10万元的赠与，因而不能认为上诉人励瑞盛、丁玉英没有资金和能力出资购买讼争房屋，但上诉人励瑞盛、丁玉英对讼争房屋的出资，缺乏赠与的意思表示，被上诉人蔡侠赢也没有提供证据证明上诉人励瑞盛、丁玉英的出资系赠与行为，不能认定该出资系对上诉人励曙杰和被上诉人蔡侠赢的赠与。因此被上诉人蔡侠赢的该辩称缺乏事实和法律依据，本院不予支持。上诉人励瑞盛、丁玉英、励曙杰的主张有理，本院予以支持。原审判决认定不当，应予纠正。对于被上诉人蔡侠赢提出上诉人励曙青、励曙群在购买讼争房屋时已出嫁，不能对讼争房屋享有共有权的辩称，因上诉人励曙青、励曙群已分别在1993年4月20日、1998年3月2日出嫁，且亦没有提供有关其已出资的证据，不能对讼争房屋享有共有权，因此被上诉人蔡侠赢的该辩称有理，应予采纳；上诉人励曙青、励曙群的上诉理由不能成立，不予采信。综上，原判认定事实不清，实体处理不当，应予纠正。依照《民事诉讼法》第153条第1款第3项之规定，判决如下：(1)撤销一审判决；(2)坐落在慈溪市观海卫镇观海卫路335号房屋系上诉人励瑞盛、丁玉英、励曙杰和被上诉人蔡侠赢的共同财产；(3)驳回上诉人励曙青、励曙群的上诉请求。

［参见马金平：《励瑞盛等与励曙杰房屋权属纠纷上诉案——房屋出资的来源与性质是权属认定的关键》，载《人民司法·案例》2009年第8期。］

008. 在权属不明的土地上建造房屋的，建造人是否能够取得该房屋的所有权？

【典型案例】

潘云祥诉黄美珍等房屋权属案

【裁判要点】

根据法律规定，我国物权的取得方式可分为原始取得和继受取得。所谓原始取得，是指非基于他人的权利和意志取得物权，比如劳动生产、收益、孳息、添附、先占，等等。《物权法》第30条规定："因合法建造、拆除房屋等事实行为设立或者消灭物权的，自事实行为成就时发生效力。"据此，自然人合法建造房屋的，可以依法取得房屋所有权，这属于原始取得的一种方式。此处的合法建造应包括两层含义：一是取得了土地的使用权，二是取得了房屋准建的合法手续。在权属不明的土地上建造房屋的，不属于合法建造，因此，建造人不能够取得该房屋的所有权。

判决书字号：

原审判决书：广西壮族自治区南宁市良庆区人民法院(2008)民一初字第359号。

再审判决书：广西壮族自治区南宁市中级人民法院(2010)民再字第13号。

案由：房屋权属纠纷。

诉讼双方：

原告(被申请人)：黄美珍。

原告(被申请人)：梁月香。

原告(被申请人)：苏合成。

原告(被申请人)：黄肖香。

原告(被申请人)：苏庆玲。

原告(被申请人)：苏业成。

被告(被申请人)：苏金成。

申请再审人(案外人)：潘云祥。

审判机关：

原审法院：广西壮族自治区南宁市良庆区人民法院。

再审法院：广西壮族自治区南宁市中级人民法院。

审结时间：

原审审结时间：2008年6月20日。

再审审结时间：2010年5月12日。

原审诉辩主张

1. 原审原告黄美珍、梁月香、苏合成、黄肖香、苏庆玲、苏业成诉称：南宁市良庆区那马新街67号房屋是原告与被告苏金成以家庭名义申请建房用地，已取得了土地使用权证，以家庭资金建成的，并以家庭名义补办手续，该房屋是属于家庭共有财产。请求确认良庆区那马新街67号房屋为原、被告家庭共有。

2. 原审被告苏金成辩称：原告所述是事实，南宁市良庆区那马新街67号房屋确实属于家庭共有。

原审事实和证据

广西壮族自治区南宁市良庆区人民法院经公开审理查明：南宁市良庆区那马新街67号房屋确实属于家庭共有。上述事实有下列证据证明：(1)那马社区证明，证实诉争房屋是原告家庭共有；(2)相片，证实侵权的事实；(3)国有土地使用权登记卡，证实原告合法使用；(4)那马社区出具的证明，证实诉争房屋属原告合法所有；(5)建设用地规划许可证，证明诉争房屋属于家庭共有；(6)建设用地许可证，证明诉争房屋属于家庭共有。

原审判案理由

广西壮族自治区南宁市良庆区人民法院经审理认为:讼争房屋于1992年经村集体同意由六原告及被告建设。1993年2月25日,被告取得了讼争房屋的国有土地使用权,六原告及被告在房屋建成后,一直共同管理使用至今。且被告承认六原告的诉讼请求,没有违反法律规定。

原审定案结论

广西壮族自治区南宁市良庆区人民法院依照《民法通则》第75条、第78条之规定,作如下判决:位于南宁市良庆区那马新街第67号房屋的管理使用权归原告黄美珍、梁月香、苏合成、黄肖香、苏庆玲、苏业成及被告苏金成共同共有。案件受理费425元,由被告苏金成负担。

申请人潘云祥申请再审称:原审判决认定的基本事实缺乏证据,程序违法,遗漏当事人,适用法律和推理错误,请求再审撤销原审判决,驳回原审六原告的诉讼请求或发回重审。申请再审人潘云祥认为,苏金成于1993年2月25日依法取得邕国用(1993)字第03221号《国有土地使用证》后,在该地上建成房屋,于1996年12月23日以7.5万元将该房屋及屋后相连的未建房宅地一起转让给潘云祥。潘云祥向苏金成支付了房款66,500元,苏金成于1997年9月1日将房屋交付给潘云祥占有、使用。1999年8月1日,双方签订《房屋转让合同书》,但苏金成未能在约定的期限内办好房屋产权证,未能将该房屋产权证转移到潘云祥名下。随着南宁市的发展及房地产价格升值,苏金成与早已分家各自立户的黄美珍等人恶意串通,进行所谓的"房屋权属纠纷"诉讼,请求法院确认房屋为原、被告家庭共有。原审判决认定"六原告及被告在房屋建成后,一直共同管理使用至今"的证据经不起推敲,判决房屋归原审原、被告家庭共有是错误的。而且,原审判决程序违法,遗漏第三人。原审原、被告故意隐瞒讼争房屋已转让,交付潘云祥占有、使用、收益、管理十多年的客观事实,制造虚假的房屋权属纠纷诉至法院,严重侵害了潘云祥的合法权益,原审法院没有依法追加潘云祥参加诉讼。

被申请人黄美珍、梁月香、苏合成、黄肖香、苏庆玲、苏业成共同辩称:原审判决事实清楚、程序合法、结论正确。潘云祥作为案外人申请再审,主体不适格。黄美珍、梁月香、苏合成、黄肖香、苏庆玲、苏业成于2008年10月30日向法院起诉潘云祥和苏金成,请求确认潘云祥和苏金成的房屋买卖行为无效,将讼争房屋返还。法院已判决确认苏金成与潘云祥的房屋买卖行为无效。他们的买卖行为无效,损害了其他共有人的合法权益。因为当时房屋登记是以家庭名义申请的,而不是以苏金成个人名义申请的,虽然名字登记为苏金成,但是该房屋是以家庭为单位登记的。综上,潘云祥的再审请求无事实理由,应予驳回。

被申请人苏金成未作答辩。

广西壮族自治区南宁市中级人民法院经公开审理查明:苏金成在原邕宁县那马新街67号(1993年变更为那马街192号、2006年变更为南宁市良庆区那马镇那马街338号)建造房屋,因未依法办理相关合法手续,苏业成于1992年3月24日代苏金成缴纳了村镇规划建设管理费。1993年2月1日,苏金成向有关部门申请国有土地使用权登记,《土地登记申请书》记载地上物权属为苏金成,家庭人口7人。1993年2月25日,苏金成取得邕国用(1993)字第03221号《国有土地使用证》,确认用地面积51.6平方米,登记地号为371,用途为商店、住宅。1995年5月15日及6月23日,苏金成向有关部门交纳了建房捐资款和城镇市政建设配套费、村镇建设管理费。1995年6月23日,苏金成取得《建设项目选址意见书》(编号:1995字第014号)、《建设用地规划许可证》(编号:95014),《建设工程规划许可证》(编号:95014),准许苏金成在邕宁县那马镇那马新街建造私人住宅两层楼房,并在《私人住宅建设用地规划审批单》中明确苏金成家庭在册人口9人。1996年12月13日,苏金成与潘云祥签订《房屋转让合同书》,约定苏金成将讼争房屋及屋后宅基地以7.5万元的价格出卖给潘云祥。之后,潘云祥分期向苏金成付款共计66,500元,但苏金成未将讼争房屋交付其使用。1997年8月30日,在原邕宁县那马镇人民政府司法办公室的见证下,潘云祥与苏业成达成《民事调解协议书》,协议甲方为潘云祥,协议乙方为苏金成,协议明确甲、乙双方于1996年12月13日签订《房屋转让合同书》后,乙方长兄苏业成以自己占有一份房屋产权,乙方卖房其不知情为由,拒绝把床、柜搬出房屋,由此乙方与其兄长苏业成为该房所有权纷争,以致乙方无法将该屋产权移交甲方,故在双方房屋买卖移转手续未完备,房产未移转的前提下,甲、乙方及苏业成自愿达成如下协议:乙方及其长兄苏业成不再转让上述房屋及宅地给甲方,乙方从协议签订之日起至1999年3月底前分期退还甲方已付房款66,500元,1997年9月1日起该房无偿让给潘云祥居住经营至乙方全部退款完毕。潘云祥与苏业成在《民事调解协议书》上签名确认,苏金成未签名。1999年8月1日,在那马镇法律服务所的见证下,苏金成、潘云祥又签订了一份《房屋转让合同书》,明确苏金成将其所属位于那马新街一间用地51.6平方米钢混结构的房屋及该屋后相连一块长15.89米、宽4.52米的未建房宅地转让给潘云祥,转让价7.5万元,从本协议签订之日起,该房屋产权属于潘云祥,苏金成须于2000年11月1日前办好房屋产权证及过户手续。因苏金成以邕国用(1993)字第03221号《国有土地使用证》为滕波向信用社抵押贷款,潘云祥于2001年9月28日代苏金成偿还了滕波欠信用社的4万元,取回了《国有土地使用证》。2008年5月14日,原审原告黄美珍、梁月香、苏合成、黄肖香、苏庆玲、苏业成向南宁市良庆区人民法院起诉,要求确认那马新街67号房屋为家庭共有财产。原审庭审过程中,原审被告苏金成承认讼争房屋不完全是苏金成个人出资建造,家庭成员确有出资,但当时称房屋是给苏金成的。苏金成还陈述讼争房屋从建成至今都是由其父母及兄长使用,原审原告对此未提出异议。原审被告苏金成同意讼争房屋属家庭共有,但原审原告不同意调解。故南宁市良庆区人民法院作出(2008)良民一初字第359号民事判决,确认讼争房屋的管理使用权归原审原告黄美珍、梁月香、苏合成、黄肖香、苏庆玲、苏业成与原审被告苏金成共同共有。2008年10月30日,黄美珍、梁月香、苏合成、黄肖香、苏庆玲、苏业成向南宁市良庆区人民法院起诉,要求确认苏金成将那马新街67号房屋卖给潘云祥的行为无效,并要求潘云祥返还房屋。南宁市良庆区人民法院经审理作出(2008)良民一初字第567号民事判决,确认苏金成与潘云祥于1999年8月1日签订的《房屋转让合同书》无效,潘云祥将位于南宁市良庆区那马镇那马新街67号的房屋返还给黄美珍、梁月香、苏合成、黄肖香、苏庆玲、苏业成及苏金成。潘云祥不服该判决,向南宁市中级人民法院提起上诉。南宁市中级人民法院经审理,作出(2009)南市民一终字第1057号民事判决,驳回上诉,维持原判。本案再审过程中,原审原告在庭审中认可潘云祥于1997年始管理使用讼争房屋,但认为是租赁关系,租金由苏金成收取后交给原审原告。

广西壮族自治区南宁市中级人民法院经审理认为:关于出资建造与房屋产权的关系。原审六原告主张讼争房屋属家庭共有,其举证了证人苏真廷、苏钟平、苏炳江、苏炳进的证词以证明黄美珍于1992年出资建房。本案讼争房屋于1992年建造时未取得相关合法手续,即使原审原告对讼争房屋确有出资,出资建造人也不能当然地取得房屋所有权。出资是设立权利的原因之一,但不是唯一的原因。出资的目的包括借贷、赠与、取得物权等,目的不同,所涉权利也不同。只有结合出资人及其他权利人的明确的意思表示,依照相关法律规定,才能确定出资的法律属性,从而确定出资人的权利(债权抑或物权)。

1. 关于原审原告的意思表示。房屋建成后,苏业成于1992年3月24日为讼争房屋缴纳村镇规划建设管理费,收款收据上的缴款人"苏业成"上注明"(金成)",表明苏业成系代苏金成缴纳相关费用。原审原告明知房屋、土地的合法手续正在办理,但均未主张共有的权利,而将讼争房屋用地登记在苏金成个人名下,并在《土地登记申请书》中明确地上物权属于苏金成。就此,原审原告的意思表示是真实明确的,即使其对讼争房屋确有出资,法律上亦允许当事人通过一定的法律形式为他人设定权利和利益,只要其真实意思表示,就具有法律效力。且苏金成取得合法的土地使用证后的15年间,原审原告既未对不动产登记提出异议,亦未向苏金成主张共有。故原审原告未能证实讼争房屋建造前、建成后以及取得《国有土地使用证》后,向苏金成作出过共有的意思表示及对不动产登记提出异议,现原审六原告在苏金成将房屋卖与潘云祥后才起诉主张共有,不具有真实性。

2. 关于原审被告苏金成的意思表示。苏金成在《土地登记申请书》中明确地上物权属于苏金成，将讼争房屋用地登记在个人名下，且苏金成以自己名义与潘云祥签订房屋买卖合同，苏业成与潘云祥签订解除房屋买卖合同的协议时其也未签名认可共有，之后，其又以自己名义与潘云祥再次签订房屋买卖合同，苏金成这一系列的行为表明其在房屋建成后一直以房屋、土地唯一的权利人身份行使权利。2008年6月17日原审庭审时，苏金成还表示当时约定房屋是给他的，但他在诉讼中同意家庭共有。苏金成在已将房屋出卖给潘云祥后才作出同意家庭共有房屋的意思表示，不具有真实性。

3. 关于原审原、被告的约定。原审原、被告在1992年建造房屋至2008年5月14日起诉的16年间均未对讼争房屋作出共有的约定。原审六原告在本案再审中承认潘云祥自1997年始管理使用讼争房屋。原审被告苏金成亦明知讼争房屋已出售给潘云祥且由其管理使用，但在原审中却主张讼争房屋从建成至今都是由其父母及兄长使用，原审原告对此亦未提出异议。双方均明知潘云祥自1997年始管理使用讼争房屋的事实，但在原审诉讼中刻意隐瞒，双方于此时约定共有的目的很明显是共同对抗苏金成与潘云祥的房屋买卖合同。故双方在与他人有权利之争时才作出房屋共有的约定，在无其他证据佐证此前已有约定的情况下不能认定是真实有效的。

4. 关于出资与产权。现原审六原告主张其出资就应享有房屋产权，必须证明其出资当时就表明了要在讼争房屋中享有产权的意思表示，要求记载其为共有人，或双方作出相应的明确约定。否则，在《国有土地使用证》记载明确的情况下，其在发证15年后才以出资为由否定不动产登记的效力，主张房屋共有，依据不足，本院不予采信。

关于房屋用地性质及土地使用人。原审六原告主张房屋共有还提交了《土地登记申请书》和《建设用地规划许可证》，两证上注明了家庭人口数。《物权法》第139条已明确建设用地使用权登记是设立建设用地使用权的法定公示手段和法定要件，具有公信力，登记的权利人在法律上推定为真正的权利人。因政府颁发的邕国用（1993）字第03221号《国有土地使用证》已确认讼争房屋的用地性质为国有土地而非农村宅基地，该证具有法律效力。农村宅基地根据家庭人口及法定标准分配宅基地使用面积，国有建设用地则无此标准及限制。故国有建设用地根据《国有土地使用证》上记载的使用人确认其合法的使用人。《建设用地规划许可证》亦是根据《国有土地使用证》上记载的使用人所发放，主体具有同一性。故原审六原告提交的《土地登记申请书》和《建设用地规划许可证》上注明的家庭人口数，不能作为确权的依据。邕国用（1993）字第03221号《国有土地使用证》载明那马街338号（原那马新街67号）土地使用权人系苏金成，苏金成应为土地合法的使用人。

关于房屋的权利人。原审六原告还提交了那马社区居委会2008年4月10日《证明》以证明讼争房屋属黄美珍家庭共有。但那马社区居委会又于2009年12月20日出具《证明》，证明其社区居民所建房屋属于家庭共有还是个人所有，以土地证登记的名字为准。黄美珍等原审六原告认为2009年12月20日的《证明》是字压章，但其提交的2008年4月10日的《证明》也是相同情况。那马社区居委会的两份《证明》相互矛盾，且其并非土地、房产法定确权机构或管理机构，两份《证明》不能作为本案的定案依据。根据《物权法》第146条及第147条的规定，讼争房屋与土地的权利主体应具有同一性，邕国用（1993）字第03221号《国有土地使用证》上载明讼争土地使用权人系苏金成，《土地登记申请书》亦注明地上物权属于苏金成，故苏金成应为讼争房屋、土地的合法权利人。

综上所述，原审六原告主张讼争房屋家庭共有依据不足，法院不予采信。因原审六原告及原审被告在原审诉讼中刻意隐瞒相关事实，致使原审未追加潘云祥参加诉讼，以致原审判决认定事实及适用法律错误，应予以纠正。

广西壮族自治区南宁市中级人民法院依照《民事诉讼法》第186条第1款、第153条第1款第3项，《最高人民法院关于适用〈中华人民共和国民事诉讼法〉审判监督程序若干问题的解释》第5条，《物权法》第139条、第146条、第147条之规定，作出如下判决：（1）撤销南宁市良庆区人民法院（2008）良民一初字第359号民事判决；（2）驳回黄美珍、梁月香、苏合成、黄肖香、苏庆玲、苏业成的诉讼请求。原审案件受理费425元，提审案件受理费425元，两项共计850元，由黄美珍、梁月香、苏合成、黄肖香、苏庆玲、苏业成负担。

［参见国家法官学院、中国人民大学法学院编：《中国审判案例要览》（2011年民事审判案例卷），中国人民大学出版社2013年版。］

009. 如果有证据证明房屋登记簿或房屋权属证书记载的房产权属及变动状况与实际情况不符时，应当如何确定房屋产权的归属？

【参阅案例】

程杰、董先海诉宋彦静因房屋权属登记状况名实不符要求返还房屋纠纷案

【裁判要点】

《物权法》第9条第1款规定："不动产物权的设立、变更、转让和消灭，经依法登记，发生效力；未经登记，不发生效力，但法律另有规定的除外。"由此可见，我国

实行的是不动产登记制度。第 16 条规定:“不动产登记簿是物权归属和内容的根据。不动产登记簿由登记机构管理。”第 17 条规定:“不动产权属证书是权利人享有该不动产物权的证明。不动产权属证书记载的事项,应当与不动产登记簿一致;记载不一致的,除有证据证明不动产登记簿确有错误外,以不动产登记簿为准。”所以,有证据证明房屋登记簿或房屋权属证书记载的房产权属及变动状况与实际情况不符时,应当以证据证明的事实确认房屋产权的真实归属。

房屋登记簿关于房产权属及变动状况之记载对房屋产权的归属具有公示效力,但是如果有证据证明房屋登记簿或房屋权属证书记载的房产权属及变动状况与实际情况不符时,应当以证据证明的事实确认房屋产权的真实归属。

原告:程杰。

原告:董先海。

被告:宋彦静。

原告程杰、董先海因与被告宋彦静返还财产纠纷一案,向东海县人民法院提起诉讼。

原告程杰、董先海诉称:两原告系夫妻。2010 年,原告邻居陈秀田欲出售住宅即涉案房产,原告想将此房买下,为了谈价方便,便让被告出面与陈秀田商谈。谈妥价后,于 2010 年 5 月 5 日以被告的名义与陈秀田签订了购房契约,成交价为 12.6 万元。同日,原告给付被告 1 万元,由被告交付给陈秀田,作为购房定金。2010 年 11 月 25 日,原告又给付被告 11.6 万元,由被告交付给陈秀田。房款交齐后,陈秀田交付了房屋。为照顾被告两个小孩上学方便,原告同意被告暂住此房。而被告背着原告,私自将房产过户到自己名下,并以种种理由不将原告出资购买的房产过户给原告。被告既不交付房产,又不退款给原告,严重损害了原告的合法权益,请求判令确认位于东海县牛山镇和平东路 230 号 4 栋 2 单元 1 室房产属原告所有或判令被告返还原告购房款 12.6 万元及利息。在庭审过程中,原告将第一项诉讼请求明确为请求判令被告返还原告购房款 12.6 万元并支付利息。

被告宋彦静辩称:原告所述没有事实依据,完全是编造,其诉求依法不能成立,请求依法驳回其诉求。

东海县人民法院审理查明:2010 年 5 月 5 日,署名为甲方陈秀田、陆玉兰,乙方为宋彦静的双方签订了《房地产买卖契约》,约定甲方将位于东海县牛山镇和平东路 230 号 4 栋 2 单元 1 室房产出售给乙方;价款为 12.6 万元,乙方预付定金 1 万元,余款于 2010 年 12 月 1 日前付清给甲方;甲方于 2010 年 12 月 1 日前将上述房屋交付给乙方。当天,陈秀田出具了收到 1 万元定金的收条,内容如下:“今收到宋彦静购牛山镇和平东路 230 号 4 栋 2 单元 1 室房子定金壹万元。收款人陈秀田　2010

年5月5日”。该《房地产买卖契约》原件及定金收条的原件均由被告交付给了原告程杰、董先海。

2010年11月25日，在东海县农村信用社，开具了两个户名均为宋彦静的账号，分别存款5万元、6.6万元。当天，该两笔钱又在同一柜台转存至陈秀田的账户，转存也分两笔同样分别为5万元、6.6万元。陈秀田随后出具了收条。两张户名为宋彦静的东海县农村信用社存款凭证原件在原告处，陈秀田出具的收条原件也由被告交付给了原告。户名为陈秀田的两张存单在被告宋彦静处。

另查明，2010年5月1日，原告从其银行存款中支取了2万元；2010年10月29日，原告从其银行存款中支取了2.9万元；2010年11月22日、24日，原告分别从银行中取款4.99万元、3.6万元。

庭审中，原告称，5月1日取的2万元中的1万元用于给宋彦静交给陈秀田交纳了定金。10月29日取的2.9万元加上家里的现金，共3万元借给了一个叫丁学清的朋友使用，后因为要支付房款，丁学清于2010年11月24日下午偿还了3万元借款，加上取的钱支付了购房的余款。原告申请了证人丁学清出庭作证，证明上述借款、还款的事实。

又查明，2011年12月20日，涉案的房屋产权登记到了被告宋彦静的名下。该房屋现在由被告宋彦静占有。

还查明，被告宋彦静的丈夫李长河在2008年因犯罪被判有期徒刑4年6个月，并处罚金1.5万元。2011年年底，李长河被提前释放。2012年1月6日，宋彦静与李长河办理了离婚登记手续。双方育有两名子女，李长河坐牢前，被告怀孕，2009年前后生育了长子，此前几年双方已育有长女。

在审理过程中，原告为证明系请被告帮忙，以其名义为自己买房且房款均是自己所出，还提供了如下证据：原告、被告2012年2月7日的谈话录音资料一份；2012年4月5日，原告和其嫂滕爱华与被告的谈话录音资料；证人张洪园、沈红、李开哲的证言；2012年3月2日及2012年2月28日，原告分别与被告前夫李长河和公公李开哲的谈话录音；2012年3月24日，原告与被告公公李开哲的谈话录音资料一份；2012年7月14日，两原告及魏善波、沈红与被告前夫李长河的谈话录音资料；2012年8月27日，原告与被告公公李开哲的谈话录音资料一份；2012年2月7日，牛山派出所警察对董先海的询问笔录；2012年2月11日，牛山派出所警察对被告的询问笔录一份。

被告为证明房子是其买的，房款是其支付的，提供了如下证据：被告2008年9月至2010年12月的中国人寿保险江苏分公司佣金发放明细表，共计约4.8万元，该明细表无印章；证人高忠军证言，被告称2010年其朋友李长周，因被告买房请酒，收礼金2.9万余元；证人李华证言，证明其与李长周一起给宋彦静送钱买房；证人被告前夫李长河证言,证明其坐牢期间,宋彦静探望时提到过要买房;证人李开哲即李长河父亲证言,称家里曾经卖树、卖地的钱及青苗费有三四万元被被告拿去。证人石慧证言,证明其多次从被告处借钱用。证人侍相礼证言,证明2009年、2010年的两年暑假其用被告的车招生,车费1.6万余元。

东海县人民法院审理认为,本案的争议焦点是:本案所涉房屋权属登记情况与房屋权属真实状况是否一致,涉案房屋究竟由谁出资购买。涉案房屋是通过买卖方式从案外人处购买所得,房屋虽登记在被告的名下,但并不必然表明涉案房屋系被告实际出资购买。双方均应对房屋的实际购买、实际出资情况承担举证责任。

1.涉案房屋在买卖过程中形成的相关材料的原件以及价款来源、支付的相关凭证原件的持有状况是证明实际购买人、实际出资人的最重要的证据材料。

首先,本案中涉案房屋的购房合同的原件、卖房人收取定金的收条原件、存在被告名下账户的购房款存款原件、卖房人收取购房款的收条原件均由原告持有。

其次,原告举证的2010年5月1日的支取银行存款2万元的取款记录能够与4天后支付购房定金1万元的事实相印证。原告于2010年11月22日、24日分别支取存款4.99万元、3.6万元的取款证明,原告于2010年10月29日支取存款2.9万元借给丁学清的取款记录及陈述,证人丁学清关于2010年11月24日还款的证人证言,上述证据与剩余房款的支付时间即2010年11月25日、剩余房款的金额即11.6万元相互印证,能够证明实际支付购房款的款项来源于原告。

最后,从2010年11月25日支付11.6万元购房款的过程看:该款先分5万元、6.6万元两笔分别存入被告的名下账户,存款凭证在原告处;然后又分别转存至卖房人陈秀田名下账户,户名为陈秀田的存款凭证在被告手中,随后陈秀田出具收到购房款的收条,被告又将收条交给原告。如被告系实际购房人、实际付款人,完全可以将购房款直接存入卖房人陈秀田的名下,而没有必要通过上述方式辗转支付购房款。

2.涉案的房屋产权虽于2011年12月20日被登记到了被告宋彦静的名下,但该证据不足以证明被告系该房屋实际购买人且实际支付了购房款。

首先,被告宋彦静系完全民事行为能力人,如其系实际购房人,即使系通过原告的中介购买,购房过程形成的合同、支付定金及房款等重要资料的原件也应当在被告本人处,自行持有。而事实上,上述所有证据原件均在原告处,被告对此自始至终没有能作出合理的、令人信服的解释。

其次,购房款共计12.6万元,对该款的来源应当有相应证据证实。被告所举的保险公司2008年9月至2010年12月计26个月的佣金发放明细表,金额共4.8万余元,平均每月仅1800余元,即使是真实的,被告有两名子女,该款维持三人生活尚不宽裕。被告所举的因其购房其朋友李长周请酒的礼簿及证人高忠军证言,收礼金2.9万余元。此时被告与其李长河并未离婚,另外请酒设宴也会花费不菲,剩余并不会很多。证人李华证明与李长周一起给宋彦静送钱买房,但不清楚送多少钱;证人李开哲系被告前夫的父亲证言前后矛盾,所述钱款数额差距较大;证人李长河系被告的前夫且其关于被告探监时提到过买房的证言,一方面其与被告存在利害关系,另一方面其证言没能证明被告有款项买房。证人石慧、侍相礼的证言没有其他证据相印证,同样不能证明被告出资购房。被告所举上述证据显然不能证明购房款系其实际支付,其证据的证明力远远低于原告提供的无论从时间上,还是数额上皆能与房款支付时间、房款数额相吻合的相关证据的证明力。

综上所述,原告所举的合同原件、支取存款的银行记录、借款人证人证言、卖房人收到定金及房款的收据原件,真实、充分、证明力强,能够相互印证,并能够证明原告委托被告买房并实际支付了购房款的事实。被告所举证据不能形成完整的证据链条,不能证明涉案房屋系其购买且实际支付了购房款。其将房屋产权过户至自己名下并继续占有房屋,于法无据,应当返还。鉴于原告放弃确认涉案房屋所有权归其所有,而请求被告返还购房款并支付利息,法院予以支持。根据《民法通则》第117条之规定,东海县人民法院于2012年11月25日作出(2012)东民初第0607号判决:被告宋彦静于本判决生效后10日返还原告购房款12.6万元及利息(利息自2010年11月25日起,按照本金12.6万元、同期银行贷款基准利率,计算至实际付清之日止)。

一审判决后,当事人在法定期限内均未提起上诉,判决已经发生法律效力。上述判决已自动履行。

[参见江苏省高级人民法院编:《江苏省高级人民法院公报》(2014年第1辑),法律出版社2014年版。]

010. 夫妻关系存续期间,双方就房屋权属产生争议的,能否提起所有权确认之诉?

【典型案例】

吴晓月诉高强宝、姜国英因房产权属登记不真实要求确认财产权属纠纷案

【裁判要点】

根据《最高人民法院关于适用〈中华人民共和国婚姻法〉若干问题的解释(三)》第4条的规定,婚姻关系存续期间,夫妻一方请求分割共同财产的,人民法院

不予支持,但有重大理由且不损害债权人利益的除外。可知,分割夫妻共同财产之诉系变更之诉,在夫妻关系存续期间,除一方有重大理由外不能提起该诉讼。而夫妻双方就房屋权属问题所提起的诉讼,系确认之诉,其不同于上述变更之诉,不应受上述规定的约束,因此,夫妻关系存续期间,双方就房屋权属产生争议的,只要其提起的确权之诉符合民事诉讼法规定的起诉的实质要件,法院应当予以受理。

1. 夫妻关系存续期间,双方对房屋权属产生争议,一方如有严重损害婚姻共同财产利益之行为的,另一方提起确权之诉符合民事诉讼法规定的起诉实质要件,法院应予支持。

2. 经合法登记的不动产物权权利人在法律上推定为权利人,但当事人提供的证据足以证明真正的权利状况与不动产登记簿、不动产权属证书记载的不一致,法院应据此确认房屋真正的权利归属。

原告:吴晓月。

被告:高强宝(又名高祥宝)。

被告:姜国英。

原告吴晓月因与被告高强宝、姜国英财产权属纠纷一案,向江苏省镇江市润州区人民法院提起诉讼。

原告吴晓月诉称:原告与被告高强宝于1996年9月23日登记结婚,系夫妻关系。被告姜国英与被告高强宝系母子关系。被告高强宝与父亲高恒友(1985年8月去世)均为江苏省机械工业供销储运总公司职工。1998年,公司分配一套位于镇江市润州区解放桥10号5幢103室住房给原告吴晓月、被告高强宝居住。1999年,公司将该房屋出售给被告高强宝,由高强宝用夫妻共同财产支付购房款16,958元(含被告高强宝提取的住房公积金4418.80元),由于套用了高强宝之父高恒友的工龄折扣,房产证登记所有权人系高恒友。现原告与被告高强宝夫妻关系紧张,被告高强宝以放弃遗产继承的方式将房屋过户至母亲被告姜国英名下,侵犯了原告的合法财产权,故要求确认位于解放桥10号5幢103室房屋系原告吴晓月与被告高强宝的夫妻共同财产。

被告高强宝、姜国英辩称:诉争房屋系江苏省机械工业供销储运总公司分配给高恒友和姜国英居住的,购买房屋系姜国英出资,现高恒友的三个儿子放弃遗产继承,故依法由姜国英继承房产,成为房屋产权人,原告无权要求确认房屋属于夫妻共同所有。且原告吴晓月与被告高强宝尚处于夫妻关系存续期间,原告在未提起离婚诉讼之前,不得单独提起分割财产之诉,故提请法院依法驳回原告的诉讼请求。

江苏省镇江市润州区人民法院一审审理查明:

原告吴晓月与被告高强宝系夫妻关系,双方于1996年9月23日办理结婚登记手续。被告高强宝系高恒友（1985 年 7 月 29 日去世）与被告姜国英之子。

1998 年年底至 1999 年年初，江苏省机械工业供销储运总公司（以下简称储运公司）将公有住房出售给单位职工。1998 年 12 月 31 日，高强宝在镇江市市区出售公有住房审批表申请购房人处填写“高恒友”的名字，并在购房人意见处签名“高恒友”。1999 年 1 月 5 日，房屋产权人储运公司作为卖方，高恒友作为买方签订出售公有住房买卖契约，约定：卖方将坐落在润州区解放路 10 号 5 幢 103 室房屋公有住房（建筑面积 65.84 平方米）出售给买方，成交价格为人民币 16,780 元。买方“高恒友”签名系高强宝书写。镇江市房产管理局颁发镇房权证润字第 21414293 号房产证，解放路 10 号 5 幢 103 室房屋的所有权人登记为高恒友。2002 年 5 月 21 日，镇江市国土资源局颁发土地证，土地使用者登记为高恒友。

2010 年 3 月 10 日，储运公司出具关于高强宝同志分（售）房的情况说明，内容如下：高强宝同志系我公司在职职工，其父高恒友（已于 1985 年去世），生前也系我公司职工。1998 年，公司根据《分房细则》有关政策规定，分配一套位于本市解放路 10 号 5 幢 103 室住房，建筑面积 65.84 平方米，给高强宝同志居住（考虑到其母与其共同居住等因素）。1999 年，公司按镇江市《公有住房出售办法》有关规定，将上述房屋以成本价（镇江市房改办统一定价）出售给高强宝，因其父生前系我公司老职工，其母尚健在，根据当时公有住房出售有关政策，高强宝可以用其父的名义购买该房，主要是享受其父的“工龄折扣”。其“房屋出售审批表”中的购房人与“房屋产权证”中的房屋所有人应该一致。

2010 年 8 月 30 日，姜国英以继承方式登记为诉争房屋的单独所有权人，领取镇房权证润字第 9004605300 号房产证。

案件审理过程中，原告提供储运公司收款收据以及高强宝职工住房公积金缴存记录卡一份，拟证明 1998 年 12 月 9 日储运公司收到高强宝房款 16,780 元、评估费 178 元，合计 16,958 元（其中现金 12,539.20 元），职工住房公积金缴存记录卡显示 1998 年 12 月支用公积金 4418.80 元用于购房。

江苏省镇江市润州区人民法院一审认为：

本案原、被告双方的争议焦点在于：（1）诉争房屋的权属；（2）原告在夫妻关系存续期间能否提起所有权确认之诉。

关于争议焦点一，法院认为：经合法登记的不动产物权的权利人在法律上推定为权利人，但这种权利推定效力是可以推翻的。原告吴晓月提供的证据能够形成证据锁链，足以说明真正的权利状况与不动产登记簿、不动产权属证书记载的不一致，法院应据此确认房屋真正的权利归属，理由在于：（1）公民的民事权利能力始于出生，终于死亡。虽然镇江市市区出售公有住房审批表的申请人，出售公有住房买卖契约的买受人、镇房权证润字第 21414293 号房产证登记的所有权人系高恒友，但高恒友已于1985年去世，在提出购买公有住房申请、签订公有住房买卖协议、登记为房屋所有权人时均不具备民事权利能力，无法律资格享有民事权利，承担民事义务。上述购房申请以及签订买房协议的意思表示均系高强宝所为，高恒友不能依据民事法律行为买卖合同关系继受诉争房屋的所有权，则被告姜国英不能依据继承从高恒友处取得诉争房屋的所有权。(2)根据房屋原所有人储运公司出具的情况说明，房屋系实际分配给被告高强宝居住，并在公有住房出售过程中由被告高强宝购买，以高恒友名义购买系为了享受父亲的工龄优惠。可见，高强宝是房屋的承租人和买受人，其享有购买诉争房屋的资格，且实际操作也系高强宝所为。(3)判断诉争房屋的权属，还应从购房款的实际出资进行考量。根据收款收据以及高强宝公积金缴存记录卡，房款是由高强宝交付的现金12,539.20元和公积金支取的4418.80元组成的，高强宝亦系购房款的实际支付人。原告吴晓月与被告高强宝于1996年9月23日办理结婚登记手续，双方无婚前财产，婚姻存续期间对所得财产未有特别约定，应认定购房款系夫妻共有财产，诉争房屋系以夫妻共有财产出资购买，应认定为原告吴晓月与被告高强宝的夫妻共同财产。

至于被告高强宝、姜国英辩称房屋系公司分配给姜国英，房屋系姜国英实际出资购买的辩解意见，无相关证据予以证明，本院不予采纳。被告高强宝购买房屋时享受了父亲高恒友的工龄优惠，只是一种政策性补贴而非财产或财产权益，不能作为遗产在高恒友继承人之间进行继承。

关于争议焦点二，被告辩称：在夫妻关系存续期间，夫妻一方不得单独提出分割夫妻共同财产的诉请。法院认为，分割夫妻共同财产之诉系变更之诉，在夫妻关系存续期间，除一方有严重损害婚姻共同财产利益之行为等重大理由外不能提起。但本案原告的诉请系确认之诉，诉争房屋已通过高强宝等人放弃继承的方式变更登记在被告姜国英名下，原、被告双方对房屋权属产生争议，故原告提起诉讼要求明确权属符合民事诉讼法规定的起诉实质要件，被告的此项辩称意见，法院亦不予采纳。

综上，位于本市解放路10号5幢103室房屋系储运公司分配给高强宝，由原告吴晓月与被告高强宝的夫妻共同财产出资购买，系夫妻共同财产。原告吴晓月的诉讼请求，于法有据，法院予以支持。江苏省镇江市润州区人民法院依据《民法通则》第9条，《婚姻法》第17条、第19条，《民事诉讼法》第128条之规定，于2011年1月10日作出(2010)润南民初字第0641号判决：位于本市解放路10号5幢第1层103室房产系原告吴晓月、被告高强宝夫妻共同财产，由原告吴晓月、被告高强宝共有。

一审判决宣判后，双方当事人在法定期限内均未上诉，该判决已发生法律效力。

[参见江苏省高级人民法院编：《江苏省高级人民法院公报》(2013年第3辑)，法律出版社2013年版。]

011. 建筑物区分所有权人身份如何界定?

【审判专论】

业主在建筑物区分所有权理论中被称为建筑物区分所有权人,是《物权法》第六章中的基础性概念之一,明确业主身份的界定标准,对贯彻执行《物权法》第六章规定具有重要意义。由于《物权法》第六章没有对此作出规定,所以有必要在司法解释中予以明确。综合建筑物区分所有权理论以及国外和相关地区建筑物区分所有权立法,根据《物权法》第六章相关规定以及该法第9条、第28条、第29条、第30条等规定,《最高人民法院关于审理建筑物区分所有权纠纷案件具体应用法律若干问题的解释》(以下简称《建筑物区分所有权司法解释》)第1条第1款确定依法登记取得或者依据生效法律文书、继承或者受遗赠,以及合法建造房屋等事实行为取得专有部分所有权的人,应当认定为《物权法》第六章所称的业主。该规定是法学理论和比较立法例的通说和普遍立场,是界定业主身份的一般规则。

但在现实生活中,基于与建设单位之间的商品房买卖民事法律行为,房屋买受人在已经合法占有使用专有部分的情况下,仍未依法办理所有权登记的情形大量存在。其中的原因十分复杂,主要有三:第一,建设单位尚未办理大产权,直接导致买受人无法办理专有部分的所有权登记;第二,登记往往需要一个过程,在最终作成之前,买受人也是无法依登记取得所有权的;第三,由于买受人自身的原因拖延办理专有部分所有权登记。在此情况下,如果仅以是否已经依法登记取得所有权作为界定业主身份的标准,将与现实生活产生冲突,并有可能对前述人群应当享有的权利造成损害。这部分人对共有部分的利用以及共同管理权的行使需求更为强烈,与其他业主之间的联系程度也更为直接和紧密,因此有必要对其业主身份问题进行特别规定。

从学理角度考察,综合建筑物区分所有权理论中不同学说及其演变过程,以三元论为基础,我们可以得出如下结论:尽管专有部分所有权在建筑物区分所有权中仍居于主导地位,但突出专有部分所有权主导地位的同时,更多的关注被投向了维持区分所有权人之间的共同关系之上。共用部分之管理和利用皆与区分所有权人全体之正常居住生活息息相关,关乎其正常生活权利的合理实现,因此作为建筑物区分所有权重要内容之一的共同关系便在很大程度上脱离了财产权人对共有财产进行支配以获取其利益的管理特点,而具有了人合性的特点。每个区分所有权人之间,不再是简单的财产共有关系,而是相互依存、相互协助之共同生活关系。这种共同关系的权利载体就是共有权和共同管理权。其目的存乎修正既有过分强调区分所有者个人权利的立场，转而强调对区分所有者个人权利的制约及对于团体利益的重视，成员权走进建筑物区分所有权就是明证。基于这种成员权（也就是物权法所称的共同管理权），区分所有人的集会功能得以加强，区分所有人共同利益借助依团体力量签订之规约得以管理和协调。区分所有人共同关系的形成建构于各人在区分所有建筑（区划）内的既独立又关联的居住生活的基础之上，据此，一个相对稳定的生活和利益共同体得以形成，建筑物区分所有权法律制度的物法性及人法性特征得以彰显。基于以上考量，为了更好地维护业主自治秩序和建筑物区分所有权法律关系的和谐稳定，根据《物权法》等法律规定精神，《建筑物区分所有权司法解释》第 1 条第 2 款对这种情形下的业主身份认定问题作出特别规定，即可以认定其为《物权法》第六章所称的业主。这样的规定既可以有效地统一司法评价标准，也符合物权法的规定精神，适应现实生活。同时，还可以引导这部分人及时办理物权登记。

［参见杜万华、辛正郁、杨永清：《〈关于审理建筑物区分所有权纠纷案件具体应用法律若干问题的解释〉的理解与适用》，载《人民司法·应用》2009 年第 13 期。］

012. 如何确定有利害关系的业主的范围？

【审判专论】

为合理划定一个便于操作的有利害关系业主的认定标准，避免条件模糊带来适用上的困难，《建筑物区分所有权司法解释》第 11 条综合考虑“住改商”纠纷的实际情况，将有利害关系业主的范围原则上确定为在本栋建筑物之内。该范围基本上有效涵盖了与“住改商”行为有利害关系的业主，在审判实务中也比较容易掌握和操作。此外，实践中确实有可能出现建筑区划内本栋建筑物之外的业主也与“住改商”行为存在利害关系的情况，但这部分业主的范围难以统一划定，为防止利害关系业主范围的无限制泛化，司法解释另外规定，其应证明利害关系的存在。

《物权法》第 78 条第 2 款对业主撤销权作出了规定，但业主撤销权的行使还涉及一些具体问题需要明确。比如，业主大会、业主委员会违反法定程序作出的决定，业主能否申请撤销，以及业主撤销权的行使应否有一个时间限制等。根据《物权法》第 76 条的立法精神，《建筑物区分所有权司法解释》第 12 条将《物权法》第 78 条第 2 款规定的“业主合法权益”解释为：不仅包括侵害业主的实体权利，也包括作出决定的程序违反法律规定。业主撤销权作为一种形成权，其行使应当受到除斥期间的限制，该条参照合同法有关债权人撤销权的规定，将其确定为自知道或者应当知道业主大会或者业主委员会作出决定之日起1年之内。如此规定，既可以督促受侵害的业主及时行使权利，也有利于尽量维护业主共同生活秩序的稳定。因该除斥期间的起算点为“在知道或者应当知道业主大会或者业主委员会作出决定之日起”，所以也不会对业主合法权益保护带来不利影响。

［参见杜万华、辛正郁、杨永清：《〈关于审理建筑物区分所有权纠纷案件具体应用法律若干问题的解释〉的理解与适用》，载《人民司法·应用》2009年第13期。］

013. 建筑物专有部分的判断标准如何认定？

【审判专论】

除法国将专有部分的要件界定为使用上的排他性外，日本、德国、美国及我国台湾地区学说和“立法”均将构造上的独立性作为判断专有部分的一个要件。参照上述国家和地区的通行做法以及我国学者的通说，《建筑物区分所有权司法解释》第2条第1款第1项将构造上的独立性作为判断专有部分的一个要件。该条规定的专有部分的第一个条件“具有构造上的独立性，能够明确区分”，就是来源于构造上的独立性。“能够明确区分”这一表述，也有学者赞同。如日本学者丸山英气先生提出了判断专有部分的五个标准，其中第一个标准就是“区分（境界）的明确性”，即一栋建筑物之此部分与该栋建筑物之彼部分必须予以明确区分。我国学者王利明先生和陈华彬先生也赞同“区分（境界）的明确性”作为判断专有部分的一个标准。从立法来看，《物权法》第六章的章名就是“业主的建筑物区分所有权”，其核心就在于“区分”二字。综合以上理由，《建筑物区分所有权司法解释》第2条第1款第1项将构造上的独立性表述为“具有构造上的独立性，能够明确区分”，将《物权法》第六章章名中的“区分”二字在这里清晰地表述出来。

就使用上的独立性，日本、美国、德国、法国和我国台湾地区均以该条件作为判断一物是否为专有部分的又一标准。参照上述国家和地区的通行做法以及学者的通说，《建筑物区分所有权司法解释》第2条第1款第2项将使用上的独立性作为判断专有部分的一个要件。这种表述主要是考虑到与专有部分第一个条件的表述“具有构造上的独立性，能够明确区分”从文字上对称、协调。

关于“能够登记”是否为专有部分的条件，从现有资料来看，多数观点认为它不是专有部分的要件。但我国台湾地区有学者认为，“须经登记”应当是判断某一建筑物是否为专有部分的标准。我国大陆学者王利明教授认为，专有部分的构成要件除必须具备构造上和使用上的独立性这两个要件外，还需具备“通过登记予以公示并表现出法律上的独立性”这一要件。笔者认为,构造上的独立性和使用上的独立性是专有部分的物理要件,而能够登记则是专有部分的法律要件。将能否登记作为一个法律上的条件,还有一点考虑就是《物权法》第六章所称的专有部分都是合法的。如果是违法的或者违章的建筑,虽然物理上具备构造上的独立性和使用上的独立性,但不能成为法律上的专有部分,因为登记机构不会对其进行登记。能够登记,一方面是指专有部分在登记机关的登记簿上能够登记。另一方面,由于我国的登记制度不完善,有的地方的登记机构对房屋之外的部分还不能进行登记,如有的地方对专属于某房屋的露台在登记簿上不进行登记,有的地方对车位不进行登记。但这些没有进行登记的露台、车位确实属于专有部分的组成部分或者本身就是专有部分,因此仍然应当认定为专有部分或者专有部分的组成部分。这时的标准实际上就是本条第 1 款规定的两个实质要件。因此,对“能够登记”不能片面理解为只有登记机关登记簿上记载的才是专有部分,没有记载的都不是专有部分。没有记载的,还要看是否符合本条第 1 款规定的两个实质要件。符合两个实质要件的,仍然应当认定为专有部分或者专有部分的组成部分。随着登记制度的逐步完善,凡是专有部分或者专有部分的组成部分都应当进行登记。

关于露台是不是专有部分的组成部分。按照《建筑物区分所有权司法解释》第 2 条第 2 款规定,露台要成为专有部分的组成部分,必须具备以下条件:(1)符合规划。该条款使用的“规划”一词,包括《物权法》第六章所说的规划,都具有特定的含义,即是经过规划行政主管部门批准的规划,而不是一般意义上讲的规划。这里的“规划”,也不仅仅是规划图,包括规划行政主管部门批准的与建设有关的所有文件,如施工图,等等。对此要特别注意。有了规划行政主管部门的规划,就表明该露台是合法建筑。(2)物理上专属于特定房屋。根据规划,该露台只属于特定房屋,是该特定房屋的附属物。(3)销售合同有约定。如果露台要成为某特定房屋的组成部分,必须还要有合同依据,即“且建设单位销售时已经根据规划列入该特定房屋买卖合同中”。

关于整栋建筑物能否成为专有部分。就《物权法》第 70 条关于“业主对建筑物内”的住宅、经营性用房等专有部分享有所有权的表述来看,该条所称业主享有所有权的专有部分似乎并不包括整栋建筑物。但是,现实生活中同一物业小区同时存在可区分所有的建筑物与独栋别墅的情况不在少数。因此,我们在解释《物权法》第六章的专有部分时,根据现实生活的需要,将其做了扩大解释,即将专有部分扩大到小区内的整栋建筑物。

[参见杜万华、辛正郁、杨永清:《〈关于审理建筑物区分所有权纠纷案件具体应用法律若干问题的解释〉的理解与适用》,载《人民司法·应用》2009 年第 13 期。]

014. 建筑物共有部分的判断标准如何认定?

【审判专论】

法律、行政法规明确规定属于业主共有的部分,我们称之为法定共有部分。从物权法的规定来看,下列部分属于法定共有部分:(1)建筑区划内的道路,属于业主共有,但属于城镇公共道路的除外。(2)建筑区划内的绿地,属于业主共有,但属于城镇公共绿地或者明示属于个人的除外。(3)建筑区划内的其他公共场所、公用设施。(4)物业房屋用房。(5)占用业主共有的道路或者其他场地用于停放汽车的车位。(6)电梯、水箱。

关于天然共有部分。即法律没有规定,合同也没有约定,而且一般也不具备登记条件,但从其属性上天然属于共有的部分,包括建筑物的基本结构部分、公共通行部分、公共设施设备部分和公共空间等。《建筑物区分所有权司法解释》第3条第1款第1项对天然共有部分作出了规定,其中明确列举外墙、屋顶、通道等属于共有部分,是为了便于解决审判实践中的纠纷。当然,独栋别墅的外墙,应当属于独栋别墅的所有权人。

关于约定共有部分。除法定共有部分、天然共有部分外,其他不属于业主专有部分,也不属于市政公用部分或者其他权利人所有的场所及设施,就属于约定共有部分。因共有部分很难通过列举的方法予以穷尽,按照"非特定权利人所有即为业主共有"的思路,《建筑物区分所有权司法解释》第3条第1款第2项作出了兜底性的规定。

建筑区划内的建设用地使用权的权属。建筑区划内的土地,依法由业主共同享有建设用地使用权。但是,建筑区划内的建设用地使用权不是都属业主共有,还有例外。例外的情形如下:第一,在某一整栋建筑物属于特定业主所有的情况下,该栋建筑物的规划占地的建设用地使用权属于该特定业主,而不属于小区的全体业主共有。第二,小区内的城镇公共道路占地。第三,小区内的城镇公共绿地占地。需要强调的是,建筑区划内的建设用地使用权的共有不是传统意义上的共有。传统意义上的共有是所有权的共有,而我国的土地的所有权属于国家或者集体,业主不可能成为土地的所有人,因此这里的建设用地使用权的共有只能是准共有,是对建设用地使用权的共有。

[参见杜万华、辛正郁、杨永清:《〈关于审理建筑物区分所有权纠纷案件具体应用法律若干问题的解释〉的理解与适用》,载《人民司法·应用》2009年第13期。]

015. 房屋承租人将住宅改变为经营性用房的，是否应当经过有利害关系的业主同意？

【公报案例】

张一诉郑中伟、中国联合网络通信有限公司武汉市分公司建筑物区分所有权纠纷案

【裁判要点】

在审理建筑物区分所有权案件时，即使业主对房屋的使用没有给其他区分所有权人造成噪声、污水、异味等影响，只要房屋的用途发生改变，由专供个人、家庭日常生活居住使用改变为用于商业、工业、旅游、办公等经营性活动，即可认定该行为影响了业主的安宁生活，属于将住宅改变为经营性用房，应依照《物权法》第77条关于业主改变住宅用途的规定处理。

房屋使用人将住宅改变为经营性用房的，应承担与业主相同的法定义务，除遵守法律、法规和管理规约外，还应当经有利害关系的业主同意。

原告：张一。

被告：郑中伟。

被告：中国联合网络通信有限公司武汉市分公司。

原告张一因与被告郑中伟、中国联合网络通信有限公司武汉市分公司（以下简称联通武汉分公司）发生建筑物区分所有权纠纷，向湖北省武汉市武昌区人民法院提起诉讼。

原告张一诉称：被告郑中伟系武汉市武昌区中北路白玫瑰花苑×栋×单元A室的业主。2011年12月，被告郑中伟与被告联通武汉分公司未经小区内相关业主的同意，擅自将光纤传输机柜、电源柜、蓄电池等设备安置在A室，将A室建成通信机房，该机房24小时运转，无人值班，存在安全隐患，相关业主及白玫瑰花苑物业管理处曾多次对两被告进行劝阻，但两被告均未予理会。现原告诉至法院要求判令两被告拆除位于武汉市武昌区中北路白玫瑰花苑×栋×单元A室的光纤传输设备，恢复房屋住宅用途，并承担本案诉讼费用。

原告张一提交了如下证据：（1）产权登记信息查询单1份，证明位于武昌区中北路白玫瑰花苑×栋×单元A室房屋所有权人为被告郑中伟，该房屋的设计用途

是住房。(2)武房权证洪字第2007010794号房屋所有权证1份,证明原告张一的住房在被告郑中伟房屋的楼下,是与本案有利害关系的业主。(3)照片五张、关于武汉联通在中北路白玫瑰花苑小区放置光纤传输设备的说明1份、违约窃电停(限)电通知书1份,证明中北路白玫瑰花苑×栋×单元A室里放置着光纤传输设备,联通公司将其改建为通信机房,被告郑中伟在A室使用380伏非家用电源。(4)证人叶国军、证人马占军的证言。证明证人都是与白玫瑰花苑×栋×单元A室房屋有利害关系的业主,证人不同意将白玫瑰花苑×栋×单元A室房屋改为经营性用房,要求拆除相关光纤传输设备。(5)依原告张一申请法院到武汉武昌供电公司武昌供电营业厅取得的违约窃电停(限)电通知书1份。

被告郑中伟辩称:郑中伟是武昌区中北路白玫瑰花苑×栋×单元A室的业主,依据相关法律规定对此房屋享有使用、处分的权利,将房屋出租给联通武汉分公司的行为是合法合理,并没有给其他业主造成危害,也没有任何的安全隐患;白玫瑰花苑物业管理处确实下了整改通知,但我们认为是无效的,白玫瑰花苑小区另有各种公共服务公司的设备安放在业主共有的公共区域内,而联通公司的设备只放置在本人房屋内,并没有占用任何公摊面积;请求依法驳回原告的诉讼请求,本案诉讼费用由原告承担。

被告联通武汉分公司辩称:依据电信条例和物权法,联通武汉分公司与被告郑中伟签订租赁合同后有权放置电信设备;联通武汉分公司放置电信设备的房间不属于经营性用房,没有对小区居民生活造成任何影响;请求依法驳回原告张一的诉讼请求。

湖北省武汉市武昌区人民法院一审查明:

被告郑中伟于2003年4月28日取得位于武汉市武昌区中北路白玫瑰花苑×栋×单元A室、设计用途住宅的房屋(以下简称A室房屋)的房屋所有权证,张一于2007年取得位于武汉市武昌区中北路白玫瑰花苑×栋×单元B室、设计用途住宅的房屋的房屋所有权证。郑中伟与张一系同一单元上下楼层邻居关系。

被告联通武汉分公司于2010年5月13日与武汉市公安局等签订武汉市城市视频监控系统项目建设、运维服务和租赁合同。

刘保姣(被告郑中伟之嫂)于2011年10月8日与被告联通武汉分公司签订白玫瑰花苑通信机房租赁合同,约定联通武汉分公司利用A室房屋建设通信机房,租期自2011年10月8日起至2015年10月7日止,年租金为29,800元;刘保姣负责周边群众的协调工作,保证联通武汉分公司正常施工及日常维护;联通武汉分公司保证改造、装修房屋不影响房屋的建筑结构安全,设备在工作中或因老化等不影响周边群众的生活、休息。

被告联通武汉分公司于2011年12月入驻使用A室房屋至今。与此同时,郑中伟之兄郑中良仍居住使用A室房屋。

白玫瑰花苑物业管理处、白玫瑰花苑业主自2012年3月19日起,多次要求A室房屋业主"停止生产经营、恢复原住房性质、消除安全隐患"。

被告联通武汉分公司于2012年4月8日领取武汉市重大项目认定证书,载明项目名称为无线城市综合项目——"中国联通无线城市",有效期至2014年4月8日。

武汉武昌供电公司于2012年7月17日认为A室房屋业主存在高价低接用电行为,发出违约窃电停(限)电通知。

被告联通武汉分公司在A室房屋内放置光纤传输机柜作为数据传输汇聚节点,用以建设有线光纤传输宽带网络,解决"平安城市"视频监控录像传输、无线城市综合项目WLAN(无线宽带局域网)、周边居民小区宽带、固定电话等接入业务的汇聚、交换需求。

原告张一于2013年1月16日起诉被告郑中伟、联通武汉分公司至法院,请求判令郑中伟、联通武汉分公司拆除位于武汉市武昌区中北路白玫瑰花苑×栋×单元A室房屋内的光纤传输设备,恢复房屋住宅用途。

湖北省武汉市武昌区人民法院一审认为:

本案案由应确定为建筑物区分所有权纠纷。《物权法》第77条的立法目的,实际上主要针对的是利用住宅从事经营生产企业,规模较大的餐饮及娱乐、洗浴或者作为公司办公用房等动辄给其他区分所有权人带来噪声、污水、异味、过多外来人员出入等影响其安宁生活的营业行为,即并非所有将住宅改变的行为都是《物权法》第77条规制的行为。被告郑中伟、武汉联通公司并未改变涉案房屋的住宅性质,即或改变亦是用于公益事业,且原告张一未提供其房屋价值、生活质量受到或者可能受到不利影响的证据。故对原告的诉请,不予支持。

据此,武汉市武昌区人民法院依照《民事诉讼法》第64条的规定,于2013年9月26日判决:驳回原告张一的诉讼请求。

张一不服一审判决,向湖北省武汉市中级人民法院提起上诉称:(1)一审判决遗漏重大事实,且认定事实错误。被上诉人联通武汉分公司在一审提交的证据四即2012年5月13日武汉市城市视频监控系统项目建设、运维服务和租赁合同书中,合同金额高达数亿元,一审判决遗漏此重大事实,导致错误认定被上诉人郑中伟、被上诉人联通武汉分公司没有改变讼争房屋的住宅性质,即或改变也是用于公益事业。被上诉人郑中伟在一审提交的证据二即2013年3月25日照片两张,照片的内容只是一些生活用品,一审以此证据认定郑中伟的哥哥郑中良一直居住使用A室房屋,属于认定事实错误。(2)一审判决擅自进行司法解释明显违法。一审判决错误地将《物权法》第77条的立法目的解释为主要针对的是利用住宅从事经营生产企业,规模较大的餐饮及娱乐、洗浴或者公司办公用房等动辄给其他区分所有权人带来噪声、污水、异味、过多外来人员出入等影响其安宁生活的营业行为,而《立法法》规定,法律解释权属于全国人民代表大会常务委员会,一审的解释行为违背了《立法法》的规定。(3)两被上诉人的行为已经严重侵犯有利害关系业主的权利,人民法院应责令其立即拆除以消除隐患。综上,请求:(1)依法撤销一审判决,发回重审,或者查清事实后予以改判;(2)判令两被上诉人拆除位于武汉市武昌区中北路白玫瑰花苑×栋×单元A室房屋的光纤传输设备,恢复房屋住宅用途。

上诉人张一在二审中提交了一份证据,即民事上诉状一份,证明全体业主反对被上诉人联通武汉分公司的行为。

被上诉人郑中伟答辩称:(1)郑中伟将自有产权房屋租赁给被上诉人联通武汉分公司合理合法。《物权法》赋予所有权人对自身动产或不动产享有占有、使用、收益权。(2)一审判决合情合理。一审法院对《物权法》第77条所作的解释正确。现行法律没有规定答辩人将房屋租赁给联通武汉分公司安装光纤设备的行为违法。(3)答辩人不仅在一审中提交照片证明房屋可以正常居住,而且一审法院审判人员也实地查看过讼争房屋,房屋内有人居住生活。(4)上诉人张一声称联通武汉分公司侵犯其权利,但没有举出证据证明到底侵犯其何种权利。联通武汉分公司曾请专业人员对辐射进行检测,没有检测出辐射,但上诉人不相信该意见。(5)小区公共场所内还有其他通信设备,如果要拆除答辩人家中的通信设备,小区公共场所内的其他通信设备也应当拆除。综上,请求二审法院驳回上诉,维持原判。

被上诉人郑中伟在二审中提交一份证据,即近1年的水、电、燃气的发票一套,证明讼争房屋内一直有人居住生活。

被上诉人联通武汉分公司答辩称:上诉人张一片面理解了公益事业的概念。联通武汉分公司的情况与电力公司、自来水公司相似,虽然对用户收取费用,但仍然是公益事业。请求二审法院驳回上诉,维持原判。

被上诉人联通武汉分公司在二审中提交一份证据,即《武汉市人民政府办公厅关于进一步加强无线城市建设工作的通知》一份,证明武汉市人民政府要求全社会支持基础设施建设,支持无线城市建设,严格落实《住宅区和住宅建筑内光纤到户通信设施工程设计规范》和《住宅区和住宅建筑内光纤到户通信设施工程施工及验收规范》两项国家标准要求。

湖北省武汉市中级人民法院经二审,确认了一审查明的事实。另查明,被上诉人郑中伟对刘保姣于2011年10月8日与被上诉人联通武汉分公司签订的白玫瑰花苑通信机房租赁合同予以认可。联通武汉分公司于2010年5月13日与武汉市公安局签订的武汉市城市视频监控系统项目建设、运维服务和租赁合同约定,合同基准价即招标采购过程中联通武汉分公司和金鹏电子信息机器有限公司的中标价格为1.86亿元。

本案二审的争议焦点是：(1)被上诉人联通武汉分公司在讼争房屋内放置光纤传输机柜作为数据传输汇聚节点的行为是否属于将住宅改变为经营性用房；(2)如果联通武汉分公司的上述行为属于将住宅改变为经营性用房，是否应当经过上诉人张一的同意。

湖北省武汉市中级人民法院二审认为：

1. 关于第一个争议焦点。被上诉人联通武汉分公司在讼争房屋内放置光纤传输机柜作为数据传输汇聚节点的行为，属于将住宅改变为经营性用房。理由如下：住宅是指专供个人、家庭日常生活居住使用的房屋。经营性用房是指用于商业、工业、旅游、办公等经营性活动的房屋。两者因用途不同而有本质区别。住宅的用途主要是生活居住，经营性用房的用途主要是经营性活动。本案中，联通武汉分公司租赁讼争房屋用于放置光纤传输机柜作为数据传输汇聚节点，以建设有线光纤传输宽带网络，解决"平安城市"视频监控录像传输、无线城市综合项目 WLAN(无线宽带局域网)、周边居民小区宽带、固定电话等接入业务的汇聚、交换需求。从其用途可以看出，其租赁讼争房屋并不是为了生活居住，而是为了从事经营性活动，因此联通武汉分公司的上述行为属于将住宅改变为经营性用房。

2. 关于第二个争议焦点。被上诉人联通武汉分公司在讼争房屋内放置光纤传输机柜作为数据传输汇聚节点的行为，应当经过上诉人张一的同意。理由如下：

首先，联通武汉分公司将住宅改变为经营性用房的行为应当经过有利害关系的业主同意。依照《物权法》第 77 条"业主不得违反法律、法规以及管理规约，将住宅改变为经营性用房。业主将住宅改变为经营性用房的，除遵守法律、法规以及管理规约外，应当经有利害关系的业主同意"的规定，业主将住宅改变为经营性用房，其行为的合法性需要同时满足两个条件：(1)遵守法律、法规以及管理规约；(2)应当经有利害关系的业主同意。即使没有违反法律、法规以及管理规约，只要没有经过有利害关系的业主同意，将住宅改变为经营性用房的行为的合法性仍不具备。《物权法》第 77 条的条款语义清楚、内涵明确，一审对该条款中的"业主将住宅改变为经营性用房"作限缩性解释不当，予以纠正。依照《建筑物区分所有权司法解释》第 10 条第 1 款"业主将住宅改变为经营性用房，未按照物权法第七十七条的规定经有利害关系的业主同意，有利害关系的业主请求排除妨害、消除危险、恢复原状或者赔偿损失的，人民法院应予支持"和第 16 条第 1 款"建筑物区分所有权纠纷涉及专有部分的承租人、借用人等物业使用人的，参照本解释处理"的规定，联通武汉分公司作为讼争房屋的承租人将住宅改变为经营性用房，应承担与业主相同的法定义务，故也应当经过有利害关系的业主同意。

其次，上诉人张一应认定为有利害关系的业主。依照《建筑物区分所有权司法解释》第 11 条"业主将住宅改变为经营性用房，本栋建筑物内的其他业主，应当认定为物权法第七十七条所称'有利害关系的业主'。建筑区划内,本栋建筑物之外的业主,主张与自己有利害关系的,应证明其房屋价值、生活质量受到或者可能受到不利影响”的规定,上诉人张一作为本栋建筑物内的业主,无须举证证明其房屋价值、生活质量受到或者可能受到不利影响,即可认定为有利害关系的业主。

综上,被上诉人联通武汉分公司租赁被上诉人郑中伟的房屋用于放置光纤传输机柜作为数据传输汇聚节点的行为属于将住宅改变为经营性用房,该行为未经有利害关系的业主上诉人张一的同意,依照前述《建筑物区分所有权司法解释》第10条第1款和第16条第1款的规定,联通武汉分公司应承担相应责任。被上诉人郑中伟明知其嫂子刘保姣将讼争房屋出租给被上诉人联通武汉分公司用于建设通信机房,仍对该房屋租赁合同予以认可,其应与联通武汉分公司共同承担责任。故对于张一关于郑中伟、联通武汉分公司拆除位于武汉市武昌区中北路白玫瑰花苑×栋×单元A室房屋的光纤传输设备、恢复房屋住宅用途的上诉请求,予以支持。一审判决认定事实清楚,但适用法律不当,据此,武汉市中级人民法院依照《民事诉讼法》第170条第1款第2项的规定,于2014年1月20日判决如下:(1)撤销武汉市武昌区人民法院(2013)鄂武昌民初字第00444号民事判决;(2)郑中伟、联合武汉分公司于本判决生效后60日内拆除位于武汉市武昌区中北路白玫瑰花苑×栋×单元A室房屋的光纤传输设备,恢复房屋住宅用途。本判决为终审判决。

[参见《张一诉郑中伟、中国联合网络通信有限公司武汉市分公司建筑物区分所有权纠纷案》,载《最高人民法院公报》2014年第11期。]

016. 相邻的业主,一方将自家的空调室外机安放在另一方的卧室的窗下,另一方是否有权要求对方移走该空调室外机?

【典型案例】

宋隆霖诉王乐义建筑物区分所有权纠纷案

【裁判要点】

《建筑物区分所有权司法解释》第3条第1项规定,建筑物的基础、承重结构、外墙、屋顶等基本结构部分,通道、楼梯、大堂等公共通行部分,消防、公共照明等附属设施、设备,避难层、设备层或者设备间等结构部分,应当认定为《物权法》第六章

（业主的建筑物区分所有权）所称的共有部分。相邻的业主，一方将自家的空调室外机安放在另一方的卧室的窗下，其安放空调机的位置，并不在其专有部分相对应的外墙面的范围之内，故其对该共有部分不享有合理利用的权利。不动产的相邻各方，应当按照有利生产、方便生活、团结互助、公平合理的精神，正确处理相邻关系，给相邻方造成妨碍的，应当停止侵害、排除妨碍。因此，另一方有权要求对方移走该空调室外机。

判决书字号：

一审判决书：安徽省滁州市琅琊区人民法院（2009）琅民一初字第150号。

二审判决书：安徽省滁州市中级人民法院（2009）滁民一终字第648号。

案由：建筑物区分所有权纠纷。

诉讼双方：

原告（被上诉人）：宋隆霖。

被告（上诉人）：王乐义。

审级：二审。

审判机关：

一审法院：安徽省滁州市琅琊区人民法院。

二审法院：安徽省滁州市中级人民法院。

审结时间：

一审审结时间：2009年5月13日。

二审审结时间：2009年9月10日。

原告宋隆霖诉称：原、被告分别系裕坤丽景城25幢504室、503室的业主，原、被告的房屋东西相邻。2008年夏由于天气炎热，被告需要安装一台空调，于是被告找到原告协商将空调室外机安装在原告家卧室（儿童房）的窗户下方。当时原告小孩与原告父母居住，儿童房当时无须安装空调，出于邻里之间友好互助、和睦相处的原则，原告同意被告暂时将室外机安装于此。现因原告父母将要带小孩与原告同住，原告打算给儿童房安装一台空调，原告找被告协商将空调室外机移走，被告不同意。原告多次反映至小区物业，经物业多次协调，被告不同意将室外机移走。现起诉要求被告立即将安装在原告住宅卧室窗户下方的空调室外机拆除。

被告王乐义辩称：其不应为被告，原告应起诉开发商。开发商预留了被告家安装空调的位置，被告是按照开发商的要求安装的空调。被告并没有对原告造成侵权，请求驳回原告的诉讼请求。

安徽省滁州市琅琊区人民法院经公开审理查明：原、被告分别系滁州市裕坤丽景城25幢504室、503室的业主，原、被告的房屋东西相邻，原告家小卧室的窗户下开发商安装了两台空调室外机的空调架，并将原告家客厅、小卧室及被告家客厅空调室外机安装的位置预留在此空调架上。现该空调架上原、被告家均放置了一台空调室外机，后原告家小卧室想安装一台空调，无处放置室外机，原告要求被告家将空调室外机移走，双方协商未果。

上述事实有下列证据证明：(1)物业出具的空调室外机协商未成的证明；(2)空调室外机的现场照片；(3)商品房买卖合同及附件；(4)业主手册。

安徽省滁州市琅琊区人民法院经审理认为：不动产的相邻各方，应当按照有利生产、方便生活、团结互助、公平合理的精神，正确处理相邻关系，给相邻方造成妨碍的，应当停止侵害、排除妨碍。被告王乐义虽按照开发商和业主手册的要求安装空调，但空调室外机的位置在原告宋隆霖家小卧室的窗户下，不仅造成原告家小卧室的空调无处安装，而且空调室外机的噪声将会对原告家正常的生活造成影响，给原告的家庭生活带来不便，故对原告要求被告将安装在原告住宅小卧室窗户下方的空调室外机拆除的诉讼请求予以支持。

安徽省滁州市琅琊区人民法院依照《民法通则》第 71 条、第 83 条之规定，作出如下判决：被告王乐义于判决生效后 10 日内将安装在原告宋隆霖住宅卧室窗户下方的空调室外机拆除。一审案件受理费 100 元，由被告王乐义承担。

二审诉辩主张

上诉人王乐义诉称：(1)开发商已经在被上诉人家阳台东边增加一个空调架，不存在无处放置室外机问题；(2)空调室外机安装在窗台下是正常现象，排气风扇是向外排气的，不可能对被上诉人家造成影响。请求驳回被上诉人的诉讼请求。

被上诉人宋隆霖辩称：开发商在设计的时候存在瑕疵，少了一个空调架，即使能放下三台空调室外机的话，上诉人的空调室外机也不能安放在被上诉人住宅卧室的窗户下，被上诉人也有权要求上诉人将空调室外机移走。请求驳回上诉，维持原判。

二审事实和证据

安徽省滁州市中级人民法院经审理，确认一审法院认定的事实和证据。

二审定案结论

经安徽省滁州市中级人民法院调解，在开发商作出承诺，负责帮助上诉人移走在被上诉人家窗户下的空调室外机，费用由开发商自行承担的情况下，上诉人与被上诉人达成如下协议：(1)上诉人王乐义同意将双方争议的上诉人在客厅的空调(在被上诉人宋隆霖窗户下的空调)以及室外机于调解协议签字生效后 15 日内移走。(2)一审案件受理费 100 元，由被上诉人宋隆霖自愿承担；二审案件受理费 100 元，减半收取 50 元，由上诉人王乐义负担。

[参见国家法官学院、中国人民大学法学院编：《中国审判案例要览》(2010 年民事审判案例卷)，中国人民大学出版社 2011 年版。]

017. 对于业主未依照建筑物区分所有权的有关规定，擅自在公共楼道墙壁上开门的，其他业主可否要求其对此排除妨害、恢复原状？

【典型案例】

谢东、吴宁、张俊杰诉吴小敏建筑物区分所有权纠纷案

【裁判要点】

建筑物区分所有权是指根据使用功能，将建筑物于结构上区分为由各个所有人独自使用的专用部分和由部分所有人或全体所有人共同使用的共用部分，以明确区分业主对建筑物所有权的行使。建筑物区分所有权包括业主对专有部分的所有权、对共有部分的共有权以及因共有关系而产生的管理权。业主基于对住宅、经营性用房等专有部分特定使用功能的合理需要，无偿利用屋顶以及与其专有部分相对应的外墙面等共有部分的，不应认定为侵权；但违反法律、法规、管理规约，损害他人合法权益的除外。业主改变共有部分的用途、利用共有部分从事经营性活动、处分共有部分属于有关共有和共同管理权利的重大事项，应由业主共同决定。所以，业主擅自在公共楼道墙壁上开门的行为已超出对其专有部分的使用，同时不属于基于合理需要对共有部分的无偿利用，其行为属于改变共有部分的用途，若可能损害到其他业主的合法权益且未经业主共同决定，则其他业主要求其排除妨害、恢复原状的请求应得到支持。

【案例索引】

一审：江苏省丹阳市人民法院（2008）丹民一初字第1588号。

二审：江苏省镇江市中级人民法院（2008）镇民一终字第593号。

【案情】

原告：谢东、吴宁、张俊杰。

被告：吴小敏。

原、被告系楼上楼下的相邻住户。原告谢东是丹阳市画院路30号北楼1单元401室房屋的登记所有人，吴宁是丹阳市画院路30号北楼1单元501室房屋的登记所有人，张俊杰是丹阳市画院路30号北楼1单元601室房屋的登记所有人。被告吴小敏于1999年8月领取了丹阳市画院路30号108门面房的房屋所有权证，该门面房是三原告所在的丹阳市画院路30号北楼1单元的一楼。该1单元的二楼也属

被告吴小敏所有。在该楼的北部，有一个独立的归该一、二层房屋独用的楼道，该楼道现已纳入被告的私人活动空间。一楼门面房被告现用于开设麻将馆。该门面房内室南墙上原来无门也无窗。2008 年 3 月，被告在未经有关部门审批以及未与原告等其他同一单元业主协商一致的情况下，在前述内室南墙上开设了一扇门，并安装了防盗门，此即本案诉争之门。该门正对着三原告所在的北 1 单元南部的楼道口，楼上住户在此楼道口安装了一扇铁皮门。在此南楼道内，二楼无门，三楼住宅的门朝西开设在东墙上，四楼至六楼住宅的门则开设在南墙上，即同与诉争之门的地理位置，此均为该楼道内的原始设置。三原告于 2008 年 4 月 25 日向本院提起诉讼，要求被告排除妨碍，将其在墙体上开设的门恢复原状。

原告谢东、吴宁、张俊杰诉称：三原告与被告系相邻关系，三原告所在单元一楼楼道的北面即被告的门面房。2008 年 3 月，被告在三原告毫不知情的情况下，擅自在楼道北面的墙体上开设了一个门，以致原告所在的单元直接与被告开设的临街的麻将馆相通，严重妨碍了三原告的正常通行，造成了三原告住宅的不安全性，麻将馆的嘈杂喧哗声和烟尘也严重影响了三原告的正常生活和休息。原告方多次与被告交涉，要求其恢复原状，被告均置之不理。三原告起诉请求判令被告立即排除妨碍，将其擅自开设的门恢复原状。

被告吴小敏辩称：被告在自己房子的墙壁上开门并安装防盗门是被告行使房屋所有权的正当行为，是合法使用共同共有建筑物的行为。开设该门有利于被告室内通风和采光，有利于被告改善室内环境，且未对原告的住宅带来不安全性，也未对原告造成通行妨碍。该楼道是公共通道，属整个单元的各业主共同共有，不为任何一方单独所有，故作为一楼业主的被告享有使用权，被告不同意拆除该门、恢复原状。

【审判】

丹阳市人民法院经审理认为，根据案情，本案案由应为建筑物区分所有权纠纷。业主对建筑物内的住宅、经营性用房等专有部分享有所有权，对专有部分以外的共有部分享有共有和共同管理的权利。业主对其建筑物专有部分享有占有、使用、收益和处分的权利，并需按专有部分的本来用途和使用目的行使专有权，不得危及建筑物的安全，不得损害其他业主的合法权益，不得违反其他区分所有权人的共同利益。本案中，原、被告均系丹阳市画院路 30 号北楼 1 单元的建筑物区分所有权人，被告作为该 30 号 108 门面房的区分所有权人，对其专有房屋室内及内墙部分可以任意使用或者改造，但不得有损于建筑物的整体安全，不得擅自改变房屋结构、外貌和用途。对于建筑物中业主共有部分的使用，则需征得其他共有人即原告等人的同意。本案诉争之门开设在三原告等人共有的楼道墙体上，该墙体朝向被告室内的内墙部分及于表面敷层属于被告的专有权范围，但其朝向楼道的外墙部分则系公共楼道的一个组成部分，属该单元业主共有。被告就该堵墙享有的专有权达不到穿透该堵墙体的效力，被告穿透该墙体开设诉争之门，超出了其行使专有权的范围，故被告开设该门应当征得原告等其他共有人的同意，其未经其他共有人的同意即擅自改造共有墙体，侵害了原告等共有人的建筑物区分所有权。因此，该院对被告关于其开设诉争之门是在其自己所有的房屋墙壁上，是其行使房屋所有权的正当行为的辩称主张未予采信。被告另辩称，其开设诉争之门是改善其住房环境和通风、通行及采光之需，但被告购买房屋时，内室即为此结构，该门面房也有原始设置的通向画院路的门，且有独立的楼道供该一、二层房屋通行，而非必须通过开设诉争之门才能实现其不动产通行权，故原告等人不负有法律上的为被告改善其住宅室内环境而改变建筑物原始结构和外貌、占用共有部分提供便利的义务。现三原告不同意被告在共有的楼道墙体上开门，要求被告排除妨碍，恢复原状，于法有据，该院予以支持。该院依照《物权法》第 70 条、第 71 条，《民事诉讼法》第 128 条的规定，判决如下：被告吴小敏于本判决生效后 15 日内拆除其在丹阳市画院路 30 号 108 门面房内室南墙上设置的防盗门，将墙体恢复原状。被告吴小敏不服判决，向镇江市中级人民法院提起上诉，之后，其又撤回上诉。

［参见国家法官学院、中国人民大学法学院编：《中国审判案例要览》(2009 年民事审判案例卷)，中国人民大学出版社 2010 年版。］

018. 建筑物业主共有部分被擅自租赁给他人使用，业主能否请求承租人排除妨害并赔偿损失？

【典型案例】

李圣平诉倪东平建筑物区分所有权案

【裁判要点】

建筑物区分所有权是指根据使用功能，将一栋建筑物于结构上区分为由各个所有人独自使用的专用部分和由多个所有人共同使用的共用部分，每一所有人享有对其专有部分的专有权与对共用部分的共有权的结合。《物权法》第 72 条规定业主对建筑物专有部分以外的共有部分，享有权利，承担义务；不得以放弃权利不履行义务。建筑物业主共有部分被擅自租赁给他人使用的，侵害了其他业主的共有权利，根据《物权法》第 35 条的规定，妨害物权或者可能妨害物权的，权利人可以请求排除妨害或者消除危险。并可根据第37条之规定请求损害赔偿,也可以请求承担其他民事责任。

判决书字号:

一审判决书:江苏省启东市人民法院(2007)启民一初字第2333号民事判决书。

二审判决书:江苏省南通市中级人民法院(2008)通中民一终字第0379号民事判决书。

案由:建筑物区分所有权纠纷。

诉讼双方:

原告(被上诉人):李圣平。

被告(上诉人):倪东平。

审级:二审。

审判机关:

一审法院:江苏省启东市人民法院。

二审法院:江苏省南通市中级人民法院。

审结时间:

一审审结时间:2008年2月1日。

二审审结时间:2008年5月20日。

原告诉称:2006年7月13日,原告通过公开竞拍取得了启东市财政局委托南通恒源拍卖有限公司拍卖的原启东市东洲大厦全部剩余资产,主要为大厦主楼四层至十层,一幢一层至四层教学楼,其他无证附属房屋、设施等以及国有出让土地使用权(使用面积3080.6平方米、建筑面积5200平方米、办证面积5808.24平方米)。原告在改造装修时发现,大楼中共有共用的消防控制室被被告倪东平违法占用,原告与其交涉,要求被告自行撤离消防控制室遭拒,原告对消防系统无法进行改造,导致大楼至今无法投入营业。请求法院判令被告立即撤离所占用消防控制室;并赔偿因占用而造成原告损失105,245.64元(自2007年9月1日起计算至诉讼之日同年11月9日止)。

被告辩称:其占用原东洲大厦大楼西南角及北转角部分55平方米左右的房产,始于2000年10月15日,根据是与东洲大厦达成的协议以及在2001年6月5日与受东洲大厦委托的启东市供销商厦集团公司所签订的租赁协议,不是原告所称的违法占有。原告在拍卖中并未取得被告所租赁55平方米左右的房产,即使原告取得该部分房产,根据"买卖不破租赁"的法律规定,原租赁合同继续有效。现原告要求被告提前撤出,缺少法律依据,请求法院驳回原告的诉讼请求。

江苏省启东市人民法院经公开审理查明：位于启东市汇龙镇公园中路545号的东洲大厦大楼原系启东市供销合作总社的办公楼，大楼建成后消防系统未经公安消防部门验收。按照1994年4月由启东市建筑规划设计院设计的东洲大厦图纸，大楼的消防控制室在一层的西南角。2001年6月20日，启东市人民政府决定将东洲大厦出售。6月30日，东洲大厦一层至三层主楼及裙楼出售给了首创公司。后上海农工商超市启东有限公司向首创公司租下东洲大厦一层至三层主楼及裙楼作为其营业场所，并临时在东洲大厦南侧小平房内设立消防控制室，作为其营业场所的消防控制系统，该临时消防控制系统已通过公安消防部门的验收。2001年6月5日，启东市供销合作总社下属启东市供销商厦集团公司与被告签订了租赁协议一份，内容为：根据东洲大厦2000年10月15日同倪东平所签协议精神，将原东洲大厦大楼西南角（部分转北部）面积约55平方米作为经营场所，双方达成如下协议：（1）租赁时间：2001年6月5日至2009年6月4日止；（2）位置：东洲大厦大楼西南角及北转角部分面积55平方米左右；（3）一年租赁费：51,000元；（4）付款办法：进驻首期付款102,000元整，第二次2004年7月5日付51,000元整，以后以每年的7月5日为付款日，全年租金一次性付清。协议中还就其他事项作了约定。被告在首创公司取得房产后，每年以汇款方式将租金汇给新房东首创公司。被告租赁上述房屋后开设了安踏专卖店，从事鞋业经营。

2006年7月13日，南通恒源拍卖有限公司受启东市财政局的委托，将东洲大厦的部分房地产及其相连附属设施等资产，主要有东洲大厦主楼四层至十层（包括通道、楼梯、垂直电梯前通道平台、机房、大楼周围通道、水电设施、中央空调系统、消防控制系统、垂直电梯系统等公用部分）、一幢四层仓库楼（原教学楼）及相应共用分摊的商业用途土地使用权（终止日期2040年11月28日）进行公开拍卖，原告以1000万元竞拍成功，后办理了东洲大厦主楼四层至十层及一幢四层仓库楼的房屋产权证，办证面积为5808.24平方米。10月8日，原告以新业主的名义会同启东市财政局工作人员向被告发出了要求其于2006年10月11日晚6点前撤出所占的公共部分的紧急通知。10月中旬，原告又约请中间人与被告协商，未有结果。2007年2月15日，启东市公安局消防大队依原告申请，作出启公消审〔2007〕第045号《关于同意原启东市东洲大厦主楼装修改造建筑工程消防设计的审核意见书》，主要内容为：大楼应单独设置一个消防控制室，严格按图施工，工程竣工后，应委托有资质的单位对消防设施进行检测，经检测合格申请消防验收。消防验收合格后，大楼方可投入使用。2月16日，原告开始对东洲大厦主楼四层至十层房屋的室内进行装修，8月30日装修结束。由于消防控制室（面积14.09平方米）被被告占用，导致原告对大楼的消防系统（主要是消防控制室）无法进行改造，消防设施无法申请验收，大楼至今未能投入运营。原告于2007年11月3日再次与被告交涉无果，遂于11

月9日提起诉讼。

上述事实有下列证据证明:(1)拍卖成交确认书一份,证明原告取得案涉房屋所有权;(2)房屋所有权证八份,证明因被告非法占用而造成无法利用的资产总值;(3)启东市财政局发出的紧急通知书,证明原告通过启东市财政局向被告发出了限期撤出所占用大楼公共部分的紧急通知;(4)东洲大厦1994年4月由启东市建筑规划设计院设计的建筑设计图中的一层平面图及目前的分摊共有面积示意图,证明消防控制室现被被告部分占用;(5)南通市公安局通公消验〔2002〕第27号建筑工程消防验收意见书,证明东洲大厦一层至三层的消防设施于2002年1月24日通过验收合格,四层至十一层部分未经验收;(6)启东市公安局启公消审〔2007〕第045号消防设计审核意见书,证明原告取得房产后必须在消防设施改造到位后才能使用;(7)启东市建筑设计院有限公司于2007年1月15日设计的一层改造平面图上消防控制室位置,证明消防控制室仍在原位置;(8)租赁协议复印件及给付租金的汇款单据复印件,证明被告的租赁使用情况;(9)当事人的陈述。

江苏省启东市人民法院经审理认为:原东洲大厦现在的业主为原告和首创公司,两业主对大楼共有部位包括消防控制室在内,享有权利承担义务。原告要求被告撤出消防控制室及赔偿其无法营业所致损失,实质是行使物上请求权和侵权损害赔偿请求权。依照物权法规定,权利人可以对妨害物权或者可能妨害物权的人请求排除妨害或消除危险。侵害物权,造成权利人损害的,权利人可以请求损害赔偿。业主对建筑物的共有部分,享有权利,承担义务;不得以放弃权利不履行义务。原告要求排除妨害、赔偿损失,于法有据,应予支持。被告基于与启东市供销商厦集团公司的租赁合同提出抗辩,认为租赁物在租赁期间发生所有权变动的,不影响租赁合同的效力。但是,《消防法》规定,任何单位、个人不得损坏或者擅自挪用、拆除、停用消防设施、器材,不得埋压、圈占消火栓,不得占用防火间距,不得堵塞消防通道。被告承租的房屋西北部14.09平方米部分属大楼消防控制室,该部分面积只能用作消防而不能挪作他用,故租赁合同中所涉及的该部分因违法而归于无效,但不影响除上述部分之外房屋租赁合同的效力。被告的辩解与法相悖,依法不予采纳。关于原告损失的计算,原告虽于2006年7月13日取得原东洲大厦四层至十层楼的产权,也于2006年10月要求被告撤出所占的消防控制室,并为解决纠纷双方进行过协商,但因其至2007年8月底才全部装修完毕,故原告主张损失的起算时间应为2007年9月1日,按所购房产价值的同期银行贷款利率计算至2007年11月9日起诉时止,为105,245.64元。

江苏省启东市人民法院依照《物权法》第35条、第37条、第72条第1款,《消防法》第21条,《合同法》第52条第5项的规定,作出如下判决:(1)被告倪东平撤出原东洲大厦底层西南侧用于安踏专卖店北转角面积为14.09平方米的消防控制室。

(2)被告倪东平赔偿原告李圣平损失105,245.64元。上述两项限被告于本判决生效后10日内履行完毕。如果未按判决指定的期间履行给付金钱义务,应当依照《民事诉讼法》第232条之规定加倍支付迟延履行期间的债务利息。本案案件受理费2550元,减半收取1275元,由被告倪东平负担。

二审诉辩主张

上诉人诉称:原东洲大厦南侧临时消防控制室及消防控制系统服务于整个东洲大厦,而非仅为农工商超市服务。启东市公安消防大队启公消审〔2007〕第045号《建筑工程消防设计审核意见书》中的"大楼应单独设置一个消防控制室",并不是指须将上诉人赶走后将消防控制室设置在主楼内,该审核意见书中的有关消防设计,已经为启公消审〔2007〕第0204号《建筑工程消防设计审核意见书》所变更和替代,新的意见书中并不涉及上诉人承租的房屋。东洲大厦2001年6月5日将涉案房屋出租给上诉人时,当时的出租人未利用主楼四层以上物业,并不存在违反消防法规的情形,其出租行为对于买受房屋的首创公司和被上诉人李圣平都有约束力,被上诉人不能因自己要求利用主楼四层以上物业而主张原租赁协议部分无效。综上所述,请求二审法院撤销原判,依法改判驳回被上诉人的一审诉讼请求。

被上诉人辩称:南通市公安局通公消验〔2002〕第27号《建筑工程消防验收意见书》充分证实原东洲大厦南侧的消防设施仅是东洲大厦一层至三层农工商超市的消防设施。启东市公安消防大队启公消审〔2007〕第045号《建筑工程消防设计审核意见书》是根据被上诉人对东洲大厦主楼一层至三层共有部位进行装修改造申报作出的答复,表明上诉人承租房屋属于大楼消防控制室。启公消审〔2007〕第0204号《建筑工程消防设计审核意见书》只针对主楼一层至二层变更消防设计问题作出答复,因考虑到农工商超市正在营业,故对农工商超市正在使用的消防控制室不同意变动,并非说大楼其他部位改造也使用农工商超市的消防控制室。东洲大厦建造之初,消防控制室就设计在本案讼争位置,故2001年上诉人承租房屋时就存在违反消防法规的情形,租赁协议应为无效。请求二审法院依法驳回上诉,维持原判。

二审事实和证据

江苏省南通市中级人民法院经审理,除对一审认定的事实和证据予以确认外,另查明,启东市公安消防大队启公消审〔2007〕第0204号文内容真实,是对被上诉人申报原东洲大厦主楼一层至二层变更消防设计的审核意见,该意见不同意对现有的消防控制室搬迁改造是因会影响大楼已为农工商超市营业所用的一层至三层主楼的消防安全,并不表明整幢大楼投入商业运营仍可以使用原农工商超市所用临时消防控制室。被上诉人李圣平二审中明确表示,为了大楼公共消防尽快实施,确保大楼使用者的生命财产安全,其自愿放弃一审已判决的前期上诉人经济赔偿105,245.64元。

上述事实有启东市公安消防大队启公消审〔2007〕第0204号《建筑工程消防设计审核意见书》和当事人陈述等证据证明。

二审判案理由

江苏省南通市中级人民法院经审理认为:原东洲大厦建造伊始的规划设计中,案涉房屋中双方讼争的14.09平方米部分即属于消防控制室范围。2001年因大楼出售部分产权,主楼分割使用,四层以上用于办公,而一层至三层主楼及裙楼为农工商超市用于商业经营。当时临时在东洲大厦南侧的房屋内设立了消防控制系统,作为农工商超市的消防控制室,此有南通市公安局通公消验〔2002〕第27号《建筑工程消防验收意见书》及相关建筑消防设施检测报告为证。上诉人认为该临时消防控制室系为整幢大楼提供消防控制功能的上诉主张不能成立。

2006年7月被上诉人购得东洲大厦主楼四层至十层、原教学楼及共用分摊面积后,欲投入商业运营,其对主楼装修改造建筑工程消防设计申报后,启东市公安消防大队作出启公消审〔2007〕第045号审核意见书,其中明确大楼应单独设置一个消防控制室。后经启东市政府多次协调,由南通市勘察设计有限公司设计的072019施工图明确消防控制室仍设置于原东洲大厦消防控制室设计位置。上诉人于二审中提交的启公消审〔2007〕第0204号审核意见书所依据的被上诉人主要申报资料亦包括072019设计图,该审核意见不同意对现有的东洲大厦南侧的消防控制室搬迁改造是为了避免影响主楼一层至三层正在运营部位的消防安全,并非允许将现有的临时消防控制室用于整幢主楼的消防控制。这样双方争议的14.09平方米的部位仍属大楼消防系统设计及使用部位,上诉人认为新的消防审核意见确定的消防设计方案不涉及其承租房屋的上诉理由不能成立。

根据我国有关消防法律、法规的规定,任何人不得占用消防控制室,包括部分占用。上诉人的占用行为不仅危及整幢大楼的消防安全,也危及自身的消防安全。同时,被上诉人作为大楼大部分面积的业主,其享有的建筑物区分所有权本身包含了对大楼消防部位面积,包括消防控制室的使用权利及安全受益权利,上诉人拒不撤出占用的消防控制室部分面积,显然侵害了被上诉人的建筑物区分所有权,被上诉人依法有权请求排除妨害。上诉人认为被上诉人作为大楼产权的继受人,应对所购产权原有负担一并承受,即所谓买卖不破租赁,以及对另一区分所有权人已经作出的出租行为不得擅自主张无效的上诉理由忽略了消防设施、消防安全固有的公共利益属性及行政管理方面的强制性,显然不能成立。

综上所述,原东洲大厦规划设计的消防控制室因暂未投入消防应用,而被大楼物业的相关权利人作为营业用房用于出租的行为不能排除该消防控制部位的公共设施属性,被上诉人作为大楼建筑物的区分所有权人,在该部分面积依然被管理部门及设计单位确定为消防设施部位的情况下,依法享有对该公共安全部位的使用、受益权能,对任何他人的占用得依法请求排除。上诉人以有租赁合同在先为由,拒绝撤出的主张不能成立,本院依法不予支持。一审判决应予维持,现被上诉人自愿放弃一审判决上诉人前期应承担的赔偿款项,本院依法予以照准。

二审定案结论

江苏省南通市中级人民法院依照《民事诉讼法》第153条第1款第1项之规定,作出如下判决:(1)维持启东市人民法院(2007)启民一初字第2333号民事判决第一项,即倪东平于本判决生效后10日内撤出原东洲大厦底层西南侧安踏专卖店北转角面积为14.09平方米的消防控制室。(2)撤销启东市人民法院(2007)启民一初字第2333号民事判决第二项。一审案件受理费2550元,减半收取1275元,二审案件受理费2550元,均由上诉人倪东平负担。

[参见国家法官学院、中国人民大学法学院编:《中国审判案例要览》(2009年民事审判案例卷),中国人民大学出版社2010年版。]

019. 对区分所有建筑物共有部分合理使用如何认定?

【典型案例】

厦门市凤凰名都业主委员会与交通银行股份有限公司厦门分行建筑物区分所有权纠纷上诉案

——对区分所有建筑物共有部分合理使用的认定

裁判书字号:福建省厦门市中级人民法院(2015)厦民终字第1460号民事判决书。

案由:建筑物区分所有权纠纷。

原告(上诉人):厦门市凤凰名都业主委员会(以下简称凤凰名都业委会)。

被告(被上诉人):交通银行股份有限公司厦门分行(以下简称交行厦门分行)。

【基本案情】

厦门市思明区湖滨北路33号(以下简称凤凰名都)之二至八室房屋登记在案外人名下,房屋用途均为商业办公。自2005年起,交行厦门分行向案外人承租上述房屋,房屋用途均为商业办公,租赁期限均为10年,上述业主均承诺交行厦门分行有权在其允许范围内设置招牌、广告牌和指示牌或任何其他标识。自2006年起,交行厦门分行在上述房屋的外墙设置"交通银行""24小时自助银行服务"中英文标识。经现场勘查,上述房屋墙体外面连接着走廊,交行厦门分行设置的上述标识牌在与走廊相连接的外墙上,其长度、宽度均未超出交行厦门分行承租房屋对应的长度、宽度。凤凰名都业委会向交行厦门分行主张外墙使用费未果,遂向法院提起诉讼。

凤凰名都业委会诉请判令:(1)交行厦门分行立即注销并拆除位于凤凰名都公共外墙上(名称为"交通银行")的广告牌;(2)赔偿损失97,750元(自2009年1月起按1437.5元/月支付至广告牌注销并拆除之日止)。交行厦门分行认为其作为凤凰名都物业的合法承租人,可基于专有部分特定使用功能(商业、办公)的合理需要,依法对专有部分相对应的外墙等共有部分进行无偿使用,设置营业标识,充分利用和发挥物业的使用功能。

【裁判要点】

福建省厦门市思明区人民法院经审理认为:业主委员会是业主大会的执行机构,有权代表业主从事与物业管理有关的民事活动,其行为的法律效果及于全体业主,凤凰名都业委会具有诉讼主体资格。建筑物的外墙属于全体业主共有,但业主基于对住宅、经营性用房等专有部分特定使用功能的合理需要,无偿利用屋顶以及与其专有部分相对应的外墙面等共有部分的,不应认定为侵权。交行厦门分行系凤凰名都之二室至八室房屋的合法承租人,上述房屋系经营性用房,交行厦门分行基于上述房屋特定使用功能的合理需要,经上述房屋业主同意无偿利用与上述房屋(专有部分)相对应的外墙面(共有部分),即在上述房屋的外墙面设置"交通银行""24小时自助银行服务"中英文标识,应认定为合理使用,主要起标明和指示作用,以便于顾客识别该店面。凤凰名都业委会认为交行厦门分行在上述房屋外墙设置的店面标识系广告牌,依据不足,法院不予采信。凤凰名都业委会诉请交行厦门分行注销、拆除广告牌并赔偿损失,缺乏法律依据,法院不予支持。

福建省厦门市思明区人民法院依照《物权法》第70条,《最高人民法院关于审理建筑物区分所有权纠纷案件具体应用法律若干问题的解释》第4条之规定,作出如下判决:驳回凤凰名都业委会的诉讼请求。

凤凰名都业委会持原审起诉意见提起上诉。福建省厦门市中级人民法院经审理认为:交行厦门分行承租的房屋用途均为商业、办公,其使用权权利来源正当、合法。经实地勘查,上述房屋外墙相连着公共人行走廊,走廊外墙与临街墙面相连。这种建筑特色即"骑楼",底层沿街店面后退且留出公共人行空间,但临街墙面部分遮挡了底层店面的外墙。交行厦门分行基于商业办公的需要,在其承租房屋的专有部分相对应的临街墙面设置中英文标识,既符合商用房屋的惯常设置、建造和使用目的,又符合民事习惯、社会大众观念及公平合理精神,应属合理使用范畴。凤凰名都业委会的上诉理由缺乏事实与法律依据,原审判决事实认定清楚,适用法律正确,依法应予维持。

福建省厦门市中级人民法院依照《民事诉讼法》第170条第1款之规定,作出如下判决:驳回上诉,维持原判。

[参见国家法官学院案例开发研究中心编:《中国法院2017年度案例:物权纠纷》,中国法制出版社2017年版。]

020. 无偿利用小区共有部分的“合理需要”要件如何认定?

【典型案例】

湖北武汉江汉法院判决航天花园业委会诉盛唐轩酒店建筑物区分所有权纠纷案

——无偿利用小区共有部分须具备“合理需要”

【裁判要旨】

在认定业主无偿利用小区共有部分是否构成合理需要时,法院除了审查是否以营利为目的、是否为了更好地使用专有部分外,还应审查是否必须要利用小区的共有部分。

【案情】

2009年3月,盛唐轩酒店公司租赁湖北省武汉市江汉区航天花园小区第301栋第1、2层进行酒店经营,租期5年。2010年12月,盛唐轩酒店在未告知航天花园业委会及物业公司的情况下,委托武汉天然气公司施工铺设天然气管道。后航天花园物业管理处向天然气公司及盛唐轩酒店发函,要求暂停施工,盛唐轩酒店仍继续施工。工程完工后盛唐轩酒店将道路、绿化带和地下管网恢复原状。2011年1月,盛唐轩酒店停止经营,改由江城小院酒店承租经营。航天花园业委会向法院起诉,请求盛唐轩酒店等被告撤除违法加建的燃气装置、管道,恢复道路、墙面、绿化带、地下管网,并赔偿损失10万元。

【裁判】

湖北省武汉市江汉区人民法院经审理认为,盛唐轩酒店铺设燃气管道的外墙应认定为业主的共有部分,其利用航天花园小区301栋共有部分墙面从事经营性活动,既未依规定征得专有部分占建筑物总面积过半数且人数过半数的业主同意,又违反业主公约的规定,侵犯了其他业主对该建筑物的共有权,损害业主的合法权益,应承担相应责任。江城小院酒店利用盛唐轩酒店铺设的燃气管道从事经营性活动,应与盛唐轩酒店共同承担拆除责任。遂判决盛唐轩酒店、江城小院酒店共同拆除燃气管道。

一审宣判后,盛唐轩酒店、江城小院酒店均不服,提起上诉,后在二审期间自愿撤回上诉。

【评析】

1. 搭设管道的行为不应认定为"利用共有部分从事经营性活动"。依照《建筑物区分所有权司法解释》第 7 条和《物权法》第 76 条规定,利用共有部分从事经营性活动,应认定为有关共有和共同管理权利的其他重大事项,应当经专有部分占建筑物总面积过半数的业主且占总人数过半数的业主同意。

笔者认为,对"利用共有部分从事经营性活动"不应作宽泛理解,只有直接获利的行为才能认定为从事经营性活动。盛唐轩酒店利用外墙铺设天然气管道的行为虽然有利于酒店的经营,但行为本身并不直接获利,所以盛唐轩酒店的行为不应认定为"利用共有部分从事经营性活动"。

2. 搭设管道行为不应认定为"合理需要"。《建筑物区分所有权司法解释》第 4 条规定:"业主基于对住宅、经营性用房等专有部分特定使用功能的合理需要,无偿利用屋顶以及与其专有部分相对应的外墙面等共有部分的,不应认定为侵权。但违反法律、法规、管理规约,损害他人合法权益的除外。"如果盛唐轩酒店的行为认定为"合理需要",又不违反法律、法规、管理规约,未损害他人合法权益,则该行为不应认定构成侵权。

司法实践中,对沿小区内外墙面搭设管道行为是否认定为"合理需要",至少有两个衡量标准:第一,不以营利为目的。这里的营利也是指直接营利,如果是间接营利则不违反该标准。第二,为了更好地使用专有部分,比如增加专有部分的舒适度,或者增加专有部分的安全性,又不损害小区其他业主的共同利益。

除了上述两个标准外,笔者认为还应设立第三个标准——必要性标准,即业主为了更好地使用专有部分,必须要利用小区的共有部分。这一标准是基于对"合理需要"作文义解释而衍生得来。在此,合理对需要作出限制,需要的满足方式不是随意的,不能过分过度,而应具有合理性。业主为了满足更好使用专有部分的需要,而无偿利用小区共有部分,这种需要应建立在合理的基础上。如果这种需要的满足不必利用小区共有部分,而有其他的解决方案可供选择,那么还坚持无偿利用小区共有部分就不具有合理性。

对于必要性标准,也即必须使用共有部分才能更好地利用专有部分。本案中,盛唐轩酒店本可以选择小区外其他线路搭设管道来促进经营,但其坚持选择占用小区共有部分,其行为不符合上述第三个标准。如果酒店在成立后申请搭设管道,行政机关因种种原因审批不予通过,盛唐轩酒店也不能就此选择小区内共有部分的线路,这是因为铺设天然气管道是在酒店成立之前就应该考虑的问题,其应在酒店成立前就积极进行安装申请,如果在酒店成立后再来申请,此时不能获批只能作为其经营风险,由其自行承担,故盛唐轩酒店的行为不应认定"合理需要",属于擅自占用业主共有部分的侵权行为。同时认定该行为系侵权行为不是基于其"利用共有部分从事经营性活动",而在于其基于对专有部分的不合理需要而无偿使用小区共有部分。

3. 搭设管道的行为构成对业主共有权的侵犯。根据《建筑物区分所有权司法解释》第 14 条第 1 款的规定:"建设单位或者其他行为人擅自占用、处分业主共有部分、改变其使用功能或者进行经营性活动,权利人请求排除妨害、恢复原状、确认处分行为无效或者赔偿损失的,人民法院应予支持。"本案盛唐轩酒店利用小区的共有部分搭设管道,虽然该行为不应认定为从事经营性活动,但只要不构成"合理需要",该行为仍属于擅自占用、处分业主共有部分,应认定为侵权。

[参见王薇:《湖北武汉江汉法院判决航天花园业委会诉盛唐轩酒店建筑物区分所有权纠纷案——无偿利用小区共有部分须具备"合理需要"》,载《人民法院报》2014 年 6 月 5 日,第 6 版。]

021. 相邻车位公共部分权利如何界定?

【典型案例】

陈秀碧与厦门源昌房地产开发有限公司等业主建筑物区分所有权纠纷上诉案

——相邻车位公共部分权利之界定

【裁判要点】

建筑物区分所有权包含专有权、共有权和管理权,因此,对于相邻车位之间的公共部分,相邻车位的业主除了享有对车位专有部分的所有权之外,还享有对该公共部分平等的合理使用的权利。开发商擅自将该公共部分出售给一方业主,显然剥夺了另一方对公共部分合理使用的权利。开发商和一方业主的行为构成共同侵权,依法应当共同排除妨碍。

【案号】一审:(2013)湖民初字第6218号;二审:(2014)厦民终字第1085号。

【案情】

原告:陈秀碧。

被告:厦门源昌房地产开发有限公司(以下简称源昌公司)。

被告:林华。

2013年5月13日,原告与被告签订商品房买卖合同,约定原告向被告源昌公司购买厦门市湖里区康泰里一处车位(以下简称20号车位),总价18万元,建筑面积57.54平方米,其中套内面积12.5平方米,公共部位共有分摊建筑面积45.04平方米。2013年6月13日,原告取得产权证,载明该车位的建筑面积为57.54平方米,所附房屋平面图记载车位宽2.5米、长5米,与21号车位紧邻。

另查明,2011年1月7日,被告林华与被告源昌公司签订商品房买卖合同,约定林华向被告购买21号车位,总价28万元,建筑面积57.54平方米,其中套内面积45.04平方米,公共部位与公用房屋分摊建筑面积12.5平方米。2011年9月28日,被告林华取得21号车位的产权证,载明21号车位建筑面积57.54平方米,所附房屋平面图记载车位宽2.5米、长5米,与20号车位紧邻。

2013年11月13日,原告以林华和源昌公司擅自占用原告的车位,将分界线划至原告车位内,妨碍了原告对车位的正常使用为由,向厦门市湖里区人民法院起诉。请求判令:(1)二被告立即排除妨碍,将20号车位与21号车位的分界线恢复至两柱之间的中间线;(2)二被告向原告赔偿因20号车位无法正常使用的损失,包括车库管理费、车库维修基金损失和租金。

审理过程中,法院召集双方进行现场勘查,勘查结果显示:20号、21号车位位于两根立柱之间,立柱之间宽6.54米,有黄线划分的大小两个车位。左右两侧黄线宽大于6.54米,长5米。面向车位方向,左侧为20号车位,右侧为21号车位,车位分界线明显偏向左侧立柱。20号车位黄线内的面积约12.5平方米,21号车位黄线内的面积则明显大于12.5平方米。

此外,两次勘查现场时均看到闽D00637号车辆停放在20号车位上。庭审过程中,原告陈述20号车位交付后一两个月有进行出租,但是租户一直反映不好停车,因此经常被退租。目前该车位也在出租,但是租户也反映不好停车,表示要退租。被告林华提供的视频中,被告林华与另案被告白经纬进行了现场的停车实验,显示在21号车位有停车的情况下,20号车位可正常停车。

【审判】

福建省厦门市湖里区人民法院审理认为:

1. 不动产物权以登记作为公示公信方法,因此合同约定的标的物范围与产权证的记载不符的,应以产权证为准。本案中,虽然合同载明的20号、21号车位的套内面积存在差异，一个是12.5平方米，另一个是45.04平方米，但产权证上记载两个车位的建筑面积一致，所附房屋平面图上二者的长均为5米，宽均为2.5米，因此两个车位的套内面积实际都是12.5平方米，并不存在如合同所记载的21号车位的套内面积比20号车位大的问题。正因为两个车位的套内面积和建筑面积完全相同，而且位置紧邻，因此，即便二者的价格不同，它们对应的物权内容也应该是平等的。

2.虽然产权证所附房屋平面图上没有标记立柱，也没有规定车位分界线必须位于两个立柱的中间，但是根据现场勘查的情况，两个车位前方都有立柱，且立柱间的面积大于两个标准车位的面积，又少于三个标准车位的面积，即两个立柱之间只能容纳两个标准车位，另有10平方米左右的面积属于公共部分。就该公共部分，理论上应当属于全体业主共有，但由于该公共部分位于两个立柱之间，与20号、21号车位相连，且并非其他车辆入库停车必经的通道，面积也只有10平方米左右，达不到一个标准车位的大小，故根据日常生活经验，其他业主不可能对该公共部分进行使用。因此，作为20号车位和21号车位的所有权人且各自车位的产权面积相同的情况下，原告与被告林华基于自身对车位专有部分的物权分别享有对该公共部分平等的合理使用的权利，即双方在停车过程中都可以使用该公共部分，并最终将车辆停放在自己专有的车位范围内。原告所享有的物权内容除了对专有部分独占使用的权利之外，还应当包括对该公共部分合理使用的权利。被告源昌公司未经原告同意，擅自将该公共部分赠与被告林华，被告林华接受并独自占有，二者的行为客观上剥夺了原告对该公共部分合理使用的权利，构成共同侵权，依法应当承担侵权的法律后果。

3.根据建设部1998年9月1日起施行的JGJ 100－98《汽车库建筑设计规范》规定，小型汽车与柱间最小净距应为0.3米。根据现场勘察，20号车位靠近柱子一侧的车位划线并不符合上述标准的要求。故被告以20号车位现有黄线内的面积达到12.5平方米要求免责，理由不能成立。

虽然本案中被告林华取得涉案相邻车位中间公共部分的占有是基于被告源昌公司在先的出售行为，但物权效力优先于债权，被告林华与源昌公司间就该车位的买卖合意并不足以对抗原告所应当依法享有的物权，故所谓在先购买的事由不足以免责。何况，现有证据不能证明被告源昌公司已经在原告购买涉案车位时，明确告知原告两个车位中间的公共部分已经在先赠与被告林华单独使用，原告已知晓并自愿放弃对该公共部分使用的权利，故被告以原告同意按现状购买为由要求免责依据不足，不予采纳。

本案中，被告源昌公司未能依约交付标的物，侵害了原告依法享有的物权，其行为存在违约和侵权竞合的问题，原告有权择一行使。现原告以侵权为由提起诉讼，并没有违反相关法律规定。

根据上述理由,厦门市湖里区人民法院判决:(1)被告林华、源昌公司应将第20号车位与第21号车位间的分界线恢复至两个立柱的中间线;(2)驳回原告的其他诉讼请求。宣判后,被告林华、被告厦门源昌房地产开发有限公司不服,分别向厦门市中级人民法院提起上诉。

厦门市中级人民法院审理认为:根据源昌公司的自认及林华、陈秀碧所出示的所有权证书,匹配原审法院及本院的现场勘验结论,应认定在20号车位与21号车位之间存在约10平方米的共有部分,依法属全体业主共有。源昌公司系将该共有部分出售给林华,该行为依法属于应由业主共同决定的事项,现无证据证明该行为得到业主的表决通过,故该公共部分不因源昌公司的出售而认定林华对此共有部分独享占有使用权。林华与陈秀碧作为业主,均享有共有之权即双方均可依法合理使用。因该共有部分位于林华与陈秀碧两车位间,非其他车辆必经之通道,且无法达到林华与陈秀碧所有的车位面积标准,其他业主均难以长期持续使用该共有部分,仅林华与陈秀碧方可频密使用该共有部分,故双方对该共有部分享有平等合法使用之权利。原审判决将21号和20车位之分界线移至两立柱中间线并无不当,应予维持。遂维持原判。

[参见李艳斐:《陈秀碧与厦门源昌房地产开发有限公司等业主建筑物区分所有权纠纷上诉案——相邻车位公共部分权利之界定》,载《人民司法·案例》2016年第2期。]

022. 规划车位、车库"应当首先满足业主需要"的条件如何认定?

【审判专论】

业主的停车利益应当得到保护,开发商尽快收回修建车位、车库的成本的利益也应当得到保护。实现两者之间的平衡,目前唯一可行的标准还只能是通过配置比例来平衡二者的关系。到目前为止,在司法解释不能规定开发商在业主入住多少年之内必须满足业主的车位、车库需要的情况下,通过配置比例这一手段来解释《物权法》第74条第1款,是唯一可行和有依据的思路。因为配置比例是规划行政主管部门对开发商的要求。对开发商而言,其修建的房屋符合配置比例,是其对国家的义务。规划行政主管部门对某一新建小区规定什么配置比例,是综合考虑该小区居民的停车利益等各种因素确定的。一旦确定,就具有法律上的意义。如果开发商没有按照规划的配置比例修建车位、车库,那么该小区就不能通过竣工验收,开发商的行为就构成违法。开发商只要按照配置比例修建了车位、车库，那么其行为才合法。因此，通过配置比例作为“应当首先满足业主的需要”的标准就有了法律依据，也是目前唯一可行的依据。但这只是有了一个标准，实际上并没有完全解决问题。关键的问题应当是对配置比例如何理解，违反了该配置比例应当承担什么责任。由于《建筑物区分所有权司法解释》最终通过的条文没有这方面的规定，因此，该解释条文的实践意义有限。当然，有标准总比没有标准要好。

关于配置比例的理解。所谓配置比例，按照《建筑物区分所有权司法解释》第5条第2款的规定，是指规划确定的建筑区划内规划用于停放汽车的车位、车库与专有部分的比例。对规划车位、车库与房屋套数的配置比例，目前尚无统一的表述方法。有的表述为“户均××车位”，有的表述为“××车位××户”，有的则是将车位数量与面积挂钩，也有的是直接规定规划配建车位的总数量。而不论按照哪种表述方法，最终都可以计算得出车位、车库与房屋套数的配置比例，所以本条将其表述为车位、车库与房屋套数的比例。

根据《建筑物区分所有权司法解释》第5条第1款的规定：“建设单位按照配置比例将车位、车库，以出售、附赠或者出租等方式处分给业主的，应当认定其行为已符合物权法第七十四条第一款有关‘应当首先满足业主的需要’的规定。”之所以这样设计，是考虑到配置比例是政府规划行政主管部门确定的。在开发商已经按照配置比例将车位车库处分给业主的情况下，如果还有部分业主的车位车库需要得不到满足，这部分业主要求开发商承担责任，没有法律依据。我们知道，没有义务，就没有责任。如果要求开发商承担责任，其前提是开发商违反法定义务或者约定义务。在开发商已经按照配置比例将车位车库处分给业主的情况下，表明其已经履行了法定义务，这时再让其承担责任便无依据。就约定义务而言，在开发商和购房人的合同约定了开发商有义务为购房人提供车位的情况下，如果开发商没有满足购房人的要求，那么购房人可以要求开发商承担违约责任。但这不是《建筑物区分所有权司法解释》需要解决的问题，而是通过合同法解决的问题。该解释要解决的是开发商的法定义务问题。

［参见杜万华、辛正郁、杨永清：《〈关于审理建筑物区分所有权纠纷案件具体应用法律若干问题的解释〉的理解与适用》，载《人民司法·应用》2009年第13期。］

023. 未经楼房全体业主同意，擅自处理和改变楼房顶端使用权的行为，应否承担相应的民事责任？

【典型案例】

侯利敏与梅州市艺之林广告有限公司建筑物区分所有权纠纷上诉案

【裁判要点】

物权法规定的建筑区划内公共空间的权利归属原则，突出了业主权益的保护，限制了他人擅自处理和改变公共区域用途的行为。以自然物理属性和功能用途来看，楼房的全体业主对楼房的顶端拥有建筑物区分所有权。未经楼房全体业主同意，任何擅自处理和改变楼房顶端使用权的行为，均构成对业主权益的妨害，应承担相应的民事责任。

【案号】一审：(2008)梅区民初字第156号；二审：(2008)梅中法民一终字第241号。

【案情】

上诉人(原审原告)：侯利敏。

被上诉人(原审被告)：梅州市艺之林广告有限公司(以下简称艺之林广告公司)。

原审第三人：梅州市第二五金交电化工原料公司(以下简称五交化公司)。

梅州市梅江二路82号大楼，系五交化公司于1994年间建成的，其中一、二层为店宇，三层至七层为集资套房。大楼建成后不久，五交化公司将一、二层商场的产权转让给他人。侯利敏所购梅江二路82号706房于1995年1月20日交付房款33,320元后开始交付使用，1996年交清办证费用2000元，2003年领取粤房地证字第CO242677号房地产权证，该房地产权证上已注明土地来源为出让。1994年起该楼顶层天面，由五交化公司租给梅州市梅江区嘉应广告公司使用，合同期满后，于2000年起租赁给艺之林广告公司使用。2002年3月28日，艺之林广告公司又与五交化公司订立租用广告场地合约书，由艺之林广告公司租用梅州市区梅江二路82号大楼顶层楼面全部竖立广告牌，租用期从2002年3月28日起至2032年3月27日止。艺之林广告公司向梅州市工商行政管理局梅江分局、梅州市规划城建局办理了相关设置广告的手续。艺之林广告公司在梅州市区梅江二路82号大楼顶层设置有两块广告牌，其中位于侯利敏706房上方的广告牌长27米，高8米，面积216

平方米。五交化公司已经转制，仅有一个留守人员。

原告侯利敏诉称：其是梅州市梅江二路 82 号 706 房的业主。被告艺之林广告公司未经原告同意，擅自强行在梅州市区梅江二路 82 号 7 楼楼顶面钻孔安装广告牌，该广告牌长 27 米，高 8 米，面积为 216 平方米，给原告房屋带来诸多安全隐患，造成楼面漏水、松动，长期下去，将会造成严重后果。原告曾与被告多次交涉无效。现起诉至法院，请求被告拆除楼顶的广告牌，排除妨碍，恢复原状。

艺之林广告公司辩称：(1)答辩人系依法成立、守法经营的企业，从 2000 年起答辩人就与梅州市区梅江二路 82 号大楼的业主五交化公司订立了租用广告场地合约书，在该楼楼顶安装广告牌。该事实有租用广告场地合约书、原五交化公司经理古秉强出具的证明。(2)答辩人所安装的广告牌均经过有关主管部门审批，并每年按时交纳管理费。(3)答辩人与五交化公司在平等自愿的基础上订立租用广告场地合约书，合法有效，受法律保护。原告取得梅州市区梅江二路 82 号 706 房的产权是在 2003 年，而该幢楼房从 1994 年建成后即设置有广告牌，故原告买房时就应当知道该幢楼房顶楼挂有广告牌。(4)原告认为安装的广告牌造成楼面松动和楼面漏水，与事实不符，也未能提供相关证据证实。即使该楼面有上述状况，原告也没有证据证实这与设置的广告牌有因果关系。综上所述，请求依法驳回原告的诉讼请求。

五交化公司辩称：诉争大楼于 1994 年建成后，一直以合法权益租赁给广告公司使用。大楼构造有商场的店宇和住房两部分，一、二层为商场的店，三层至七层为住房(职工集资房)。当时大楼建成后产权和管理权属本公司所有(除职工集资住房外)。

【审判】

广东省梅州市梅江区人民法院经审理认为：2003 年 5 月 14 日，原告向第三人购买了梅江二路 82 号大楼 706 房。2002 年 3 月 28 日，被告艺之林广告公司与该大楼的权属人五交化公司续订了租用广告场地合约书，租用该大楼顶层楼面全部竖立广告牌，并依法分别向梅州市工商行政管理局梅江分局、梅州市规划城建局办理了相关设置广告的手续。被告设置广告牌的行为合法。原告认为被告在大楼楼顶设置广告牌，造成楼顶混乱，甚至在刮台风时会有掀掉天面的可能，但对被告在楼顶设置广告牌的行为给原告造成妨害，原告未能提供相关证据证实。现该广告牌没有松动和可能脱落现象，同时原告在取得该房产权时就知道或应当知道该广告牌存在。根据《最高人民法院关于民事诉讼证据的若干规定》的有关规定，当事人对自己提出的诉讼请求所依据的事实有责任提供证据加以证明，没有证据或证据不足以证明当事人的事实主张的，由负有举证责任的当事人承担不利后果。因此，原告请求被告拆除广告牌，排除妨害，恢复原状，证据不足，不予支持。据此判决：驳回原告侯利敏的诉讼请求。

宣判后，侯利敏不服一审判决，向梅州市中级人民法院提起上诉。

广东省梅州市中级人民法院经审理认为：根据《物权法》第73条规定，建筑区划内的道路、绿地及其他公共场所、公用设施、物业服务用房等，属于业主共有。楼房的顶端，以其自然物理属性和功能用途来看，属于该楼房的全体业主共有，对共有部分如何使用和处分，应由全体业主决定。梅江二路82号大楼原系第三人五交化公司集资建造，大楼建成后不久，五交化公司转让了一、二层店宇的产权，三层至七层集资套房的产权也登记在各住户的产权人名下。因此，至2002年，五交化公司已不是梅江二路82号大楼的产权共有人，其无权对外订立合同出租82号大楼天面使用权，其与艺之林广告公司于2002年3月28日签订的租用广告场地合约书侵害了包括侯利敏在内的梅江二路82号大楼的全体产权共有人的利益。侯利敏是梅江二路82号大楼的产权人之一，拥有该栋房屋天面的共同使用权，且其房屋位于大楼顶层，广告牌对其影响最直接。艺之林广告公司未经侯利敏等大楼房屋所有权人同意，在该楼房天面安装大型广告牌，侵害了侯利敏的权利。侯利敏要求艺之林广告公司拆除在楼顶设置的广告牌，恢复原状，理由正当，应予支持。

原审认定侯利敏于2003年5月14日向第三人购买了该大楼706房，同时原审以艺之林广告公司设置广告牌办理了相关行政手续，侯利敏未能提供证据证明广告牌对其房屋有侵害和在取得该房产权时就知道或应当知道该广告牌存在为由，驳回侯利敏的诉讼请求不当，予以纠正。故二审法院判决：(1)撤销一审判决；(2)被上诉人艺之林广告公司在判决生效后60日内自行拆除位于梅州市梅江二路82号706房楼顶的广告牌（该广告牌长27米，高8米，面积为216平方米），排除妨碍，恢复原状。

［参见曾梅麟、赖昌仁：《楼顶的权属性质及业主的物上请求权分析》，载《人民司法·案例》2009年第14期。］

024. 在约定翻建房屋的楼顶加建房屋的所有权归属如何认定？

【典型案例】

叶秀凤与吴成功建筑物区分所有权纠纷上诉案

【裁判要点】

房屋翻建过程中，在双方约定建造五层楼房的基础上，一方经审批后又出资一次性加建了两层房屋，并将加建部分的产权登记为自己所有。该行为侵犯了另一方的建筑物区分所有权中的共有权，即建设用地共同使用权和楼顶空间共有权，加建的房屋应属于建设用地共同使用权人共同所有。

【案号】一审：(2006)安民初字第1094号；二审：(2008)泉民终字第440号。

【案情】

原告(反诉被告、被上诉人)：叶秀凤。

被告(反诉原告、上诉人)：吴成功。

1992年11月17日，叶秀凤之夫吴学中与吴成功签订一份业产继承协议书，约定吴学中与吴成功共同继承位于安溪县凤城镇中山路191号店铺楼一间，由吴成功负责拆除并安排承建至五层楼及办理有关继承权手续。建成后，一楼店铺各得半间，二楼及五楼归吴成功所有，三楼由吴学中自资兴建，归吴学中专权使用。一楼店铺分得的一半及四楼，吴学中应按实际建筑造价与被告结算，款项付清后归吴学中所有，否则由吴成功代管使用，从签字之日起20年期满，一楼店铺半间及四楼应无偿归吴学中所有。

1994年2月，吴成功申请翻建至七层，经获批后进行了翻建，1995年竣工(共建成七层)。其中，吴学中出资人民币4万元建造该楼第三层。1999年，吴成功申请办理产权登记。2002年3月3日，吴学中在香港病故。2003年11月18日，安溪县规划建设局为吴成功颁发了安房证凤城字第00016478号房屋所有权证，确认坐落于安溪县凤城镇中山路191号的一、二、四、五、六、七层房屋为吴成功所有。2006年，安溪县规划建设局注销吴成功的安房证凤城字第00016478号房屋所有权证，并重新颁发给吴成功安房证凤城字第00025449号房屋所有权证。新证载明吴成功所有的房屋坐落于安溪县凤城镇中山路191号的一、二、五、六、七层。2007年4月13日，泉州市中级人民法院以(2007)泉行终字第43号行政判决书判决撤销安房凤城字第00025449号房屋所有权证，使该楼的房屋产权处于待定状态。

2006年，原告叶秀凤诉请法院判令：依据双方订立的业产继承协议书，确认位于安溪县凤城镇中山街191号一楼店铺半间及其第四层房屋属叶秀凤所有；该楼房的通道属双方共有；叶秀凤对该幢楼加建的六、七两层楼房拥有一半产权。

反诉原告吴成功反诉请求：(1)判决安溪县凤城镇中山街191号一、四、六、七层楼房属于吴成功所有。(2)如果判决部分房屋产权属于反诉被告叶秀凤所有，叶秀凤应向吴成功支付款项20万元。

【审判】

福建省安溪县人民法院经审理认为：叶秀凤之夫吴学中生前与吴成功等人签订的分割继承遗产的业产继承协议书，是在平等自愿的基础上签订的，系各方当事人的真实意思表示，不违反法律、行政法规的强制性规定，合法有效，双方理应按协议履行。根据该协议的约定，由吴成功负责翻建至五层楼，建成后一楼店铺各得半间，二楼、五楼归吴成功所有；三楼由吴学中自资兴建，归吴学中专权使用；一楼店铺分得的一半及四楼，吴学中应按实际建筑造价与吴成功结算，款项付清后归吴学中所有，否则由吴成功代管使用，从签字之日起20年期满，一楼店铺半间及四楼应无偿归吴学中所有。因此，经审批后建成的楼房，一楼店铺属吴学中及吴成功共有，各得半间（对此吴成功没有异议）；二楼、五楼归吴成功所有，三楼、四楼归吴学中所有。

吴成功称叶秀凤夫妇至今未支付相应结算款且吴成功代管使用未满20年，吴学中不应拥有四楼的所有权。因双方至今对该建筑款未进行结算，业产继承协议书又未约定如未付清建筑款，四楼的产权就归吴成功所有。吴成功未能代管期满20年，系旧城改造所致，吴学中并未有过错。因此，吴成功的辩称理由不能成立，本院不予支持。

吴学中与吴成功共同继承位于安溪县凤城镇中山路191号一楼店铺的同时，即依法共同拥有该楼的建设用地使用权和楼顶的空间利用权，任何一方未经对方同意及办理相关审批手续，不得擅自加盖楼层，占用该楼的土地使用权和楼顶的空间利用权。吴成功在翻建该楼时，未按约定翻建为五层楼，而是一次性翻建为七层楼，加建了两层。虽然办理了审批手续，但因未能提供证据证实已事前征得吴学中同意，且继承协议书也未对多建的六、七层房屋应如何分割作出事先约定。根据我国现行立法所贯彻的土地使用权与房屋等不动产所有权权利主体一致的原则，根据《物权法》第142条“建设用地使用权人建造的建筑物、构筑物及附属设施的所有权属于建设用地使用权人，但有相反证据证明的除外”的规定，因吴成功未能提供证据证明加建的两层房屋已事前征得吴学中同意，故应认定吴成功出资建成的六、七层楼的权属归吴成功与吴学中共有。

结合本案的实际情况，本院确定第六层楼归吴成功所有，第七层楼归吴学中所有。但吴学中应向吴成功支付一层店铺的一半、第四层、第七层楼相应的建筑款。因讼争楼房已被拆除，标的物已不存在，已无法通过司法鉴定来确定当时的造价。结合拆迁评估价格（住宅单价800元）及双方的主张，运用逻辑推理和日常生活经验，确定当时的建筑造价为：店铺每平方米600元，房屋每平方米500元。据此，一层店铺一半的造价为18.74平方米×600元=11,244元，第四层、第七层楼的造价为46.23平方米×500元×2=46,230元，计人民币57,474元。

讼争楼房的公用通道，作为通往该楼第二层至第七层的必经之路，为双方共同使用，双方共同拥有使用权。

吴学中生前因继承而所有的位于安溪县凤城镇中山路191号的一层店铺的一半及第三层、第四层、第七层房屋，系吴学中的个人财产。吴学中病故后，其妻叶秀凤及子女吴碧鹭、吴永庆、吴小兰作为其第一顺序继承人,依法享有继承权,但鉴于吴碧鹭、吴永庆、吴小兰已共同声明放弃该遗产,故该遗产应由叶秀凤继承,归叶秀凤所有。同时,根据《继承法》的规定,叶秀凤应偿付吴成功已先行支付的建筑款人民币 57,474 元。因本案属于物权确权纠纷,且讼争楼房的产权证书安房凤城字第 00025449 号房屋所有权证,已被泉州市中级人民法院于 2007 年 4 月 13 日判决撤销,使该楼房的产权处于待定状态,且吴成功也反诉主张权利,故吴成功称叶秀凤的本诉主张已超过诉讼时效,因缺乏依据,本院不予以采纳。

综上,依照《民法通则》第 71 条,第 72 条,第 76 条,第 78 第 1 款、第 2 款,第 84 条,第 106 条第 1 款,第 117 条第 1 款,《婚姻法》第 18 条第 1 款第 3 项,《继承法》第 2 条、第 3 条、第 5 条、第 10 条、第 25 条第 1 款、第 33 条,以及《最高人民法院关于民事诉讼证据的若干规定》第 2 条、第 56 条、第 64 条之规定,判决如下:(1)位于安溪县凤城镇原中山路 191 号楼房中的一层店铺的一半(面积 18.74 平方米)及第三、第四、第七层房屋(每层面积 46.23 平方米)归原告(反诉被告)叶秀凤所有;该楼一层店铺的另一半及二、五、六层房屋归被告(反诉原告)吴成功所有。(2)楼房通道(面积 6.1 平方米),叶秀凤和吴成功共同拥有使用权。(3)原告(反诉被告)叶秀凤应于本判决生效之日起 15 日内支付给被告(反诉原告)吴成功建筑款人民币 57,474 元。

宣判后,吴成功不服一审判决,向泉州市中级人民法院提起上诉。二审裁定驳回上诉,维持原判。

[参见钟辉煌:《叶秀凤与吴成功建筑物区分所有权纠纷上诉案——在约定翻建房屋的楼顶加建房屋的所有权归属》,载《人民司法·案例》2008 年第 22 期。]

025. 在违背业主公约,且未经其他业主的同意的情况下,擅自在楼顶安装多个太阳能的行为,应如何处理?

【典型案例】

王某诉黄某建筑物区分所有权纠纷案

【裁判要点】

建筑物区分所有权,是指业主对建筑物内的住宅、经营性用房等专有部分享有所有权,对专有部分以外的共有部分享有共有和共同管理的权利。楼顶属于建筑物的共有部分，应由本楼的区分所有人共有和共同管理。在违背业主公约，且未经其他业主同意的情况下，擅自在楼顶安装多个太阳能的行为，侵犯了其他业主尤其是顶层等对楼顶享有特殊利益的当事人的利益。同时，太阳能的安装、检修、维护都有可能造成安全隐患，妨碍楼顶功能的正常发挥。因此，其他业主有权请求拆除太阳能，恢复原状。

【基本案情】

原告王某与被告黄某皆系北京市昌平区某小区的业主，原告居住于被告的正上方。原告居住于5楼，为A单元A10室，于2007年2月1日取得了房屋所有权；被告居住于1楼，为A单元1层(2)室，自1998年起一直居住在该房，并于2010年以政府指导价取得了对上述房屋的所有权。5层楼顶呈现人字形，铺设有红色螺纹型瓦片。通往楼顶，没有共用的通道，需要从原告家进入，经其阁楼南向窗户钻出后即达。被告在19号楼楼顶也即在原告房屋上方人字形楼顶顶部并排安装了三个太阳能热水器。该热水器被钢丝牵引固定于四周的楼顶固定物之上，未在热水器下部的楼顶钻孔打眼，排水管道从楼体西墙外甩出，为楼外供排水。在上述太阳能热水器的下部及其周围，楼顶上的瓦片有多块呈破损状态。被告称其安装热水器的行为发生在2006年5月1日，但未提供充足证据予以证明，亦未出示经本楼其他共有人及本小区物业管理企业的同意证明。2007年12月15日生效的该小区业主公约第2条及第3条有如下规定：本小区业主应遵守物业管理的有关法规、政策和本公约规定，执行业主大会和业主大会授权业主委员会作出的决议、决定；配合物业管理企业的各项管理工作，遵守物业管理企业按有关规定和本公约，以及受业主大会、业主委员会委托制定的管理细则及各项管理规章制度；不占用共用部位和共用设施设备，不利用共用部位搭建建筑物、构筑物等。后原告起诉至法院要求：(1)被告拆除私自安装在楼顶上的三个太阳能热水器、将楼顶恢复原状；(2)诉讼费由被告负担。

被告黄某辩称：不同意原告诉讼请求，并请求法院驳回原告诉讼请求。原告认为被告对楼顶的利用侵犯了其共有部分，被告不予认同。被告系1998年由单位分配公房而居住在此的，2006年5月1日安装太阳能热水器，水箱及加热板都放在楼顶了，房屋在2010年取得了大产权，安装行为完成在《物权法》颁布之前，其不具有溯及力，应当按照当时的约定或规定处理。被告的安装行为完成在对方取得房屋所有权之前，未侵害到对方的利益。根据《建筑物区分所有权司法解释》第4条之规定，被告可以合理延伸，也没有以营利为目的。

一审法院经审理后认为：业主对建筑物内的住宅等专有部分享有所有权，对专有部分以外的共有部分享有共有和共同管理的权利。楼顶属于建筑物的共用部分，应属于本楼区分所有人共有。虽然被告基于对生活热水的需要在楼顶安装太阳能的行为系事出有因，但是就其同时安装三个太阳能的行为被告尚无法等证明其出自合理需要，且在未经其他建筑物区分所有权人同意、明显违背业主公约的情形下，其擅自安装行为侵犯了其他业主尤其是对楼顶享有特殊利益的原告方的利益，显属不当。此外，被告将三个太阳能并排安放，无端增加了楼顶承重力，定期不定期地登上楼顶以人力去检修、维护太阳能，都有可能对楼顶瓦片及其隔热、防水层造成安全隐患，减少其使用寿命，妨碍楼顶功能的正常发挥。故判决被告黄某于本判决生效后30日内将安装在原告房屋上方楼顶顶部的三个太阳能热水器移除，恢复楼顶原状。

［参见北京市高级人民法院编：《审判前沿（新类型案件审判实务）》（总第46集），法律出版社2013年版。］

026. 未经有利害关系业主同意进行“住改商”应承担何种民事责任？

【审判专论】

按照《物权法》第77条的规定，“住改商”行为不仅不得违反法律、法规以及管理规约，还应当经有利害关系的业主同意。如果未经有利害关系的业主同意，其行为仍不具备合法性。据此，《物权法》第77条实际上已经成为“住改商”业主对由此产生的损害后果需承担相应民事责任的法律依据。至于其所应承担的具体民事责任类型，按行为所致损害具体情形以及受损害权利的具体类型等，有利害关系的业主有权根据物权法、民法通则等法律规定，主张排除妨害、消除危险、恢复原状或者赔偿损失等民事责任。据此，《建筑物区分所有权司法解释》第10条第1款作出相应规定。

［参见杜万华、辛正郁、杨永清：《〈关于审理建筑物区分所有权纠纷案件具体应用法律若干问题的解释〉的理解与适用》，载《人民司法·应用》2009年第13期。］

027. “住改商”中有利害关系业主的意见应否适用多数决？

【审判专论】

物权法施行后，在实践中有做法是按照多数决来确定有利害关系业主的意见。“住改商”中有利害关系业主的意见应否适用多数决，其实质是怎样确定“住改商”行为合法性的成就标准。就“住改商”中有利害关系业主的意见表达应否适用多数决而言,《物权法》第77条规定语义清晰、内涵确定,并不存在法律解释的余地和必要。从文义角度看,"应当经有利害关系的业主同意"与"应当经有利害关系的多数业主同意",大相径庭,判然有别。业主自治是业主行使共有权及共同管理权的机制载体,是《物权法》第六章的重点规范内容之一。《物权法》第76条规定,有关共有和共同管理权利的重大事项由业主共同决定,其表决适用多数决原则。该条第1款以列举加兜底的方式对应由业主共同决定之重大事项的范围作出了规定,其中的第7项是一个兜底性条款。从立法技术层面看,对兜底性条款的填充性解释向来不属于法律本身要解决的问题,因为设置兜底性条款本身即已表明立法者已经穷尽了列举的可能。退言之,在《物权法》第76条已经对须经业主共同决定事项作出明确规定的情况下,若另外涉及有第76条规定事项之外且需交由业主共同决定的事项,《物权法》第六章即应作出"经业主共同决定"的指引性规定,而此种要求更应适用于不在第76条第1款前6项明确列举事项之内的"其他重大事项"的情形。很难想象,《物权法》第六章在规定了一个本应纳入业主自治范围之内却无法为第76条第1款前6项所涵盖的事项的情况下,又忘记了进行指引性的规定。事实上,如果立法者有意将有利害关系业主对"住改商"的意见表达纳入业主自治事项范围之内,完全可以将其单列一项直接规定在第76条第1款之中。从另一个角度看,建筑物及其附属设施的维修资金的使用事项已经为第76条第1款第5项所明定,但《物权法》第76条还是进行了"经业主共同决定"的重述。既然物权法对重复性规定尚且如此不惜笔墨,遑论前述情形。有理由相信,这种失误一定不会发生在创下审议次数之最的物权法之中。除此以外,以多数决来解决"住改商"纠纷将使《物权法》第77条的立法目的难以实现。《物权法》第77条对业主"住改商"行为的限制倾向是十分明显的,即使符合了法律、法规以及管理规约的规定,还应当经过有利害关系的业主的同意。此种规定还传递了注重保护有利害关系业主利益的价值取向,即要求业主"住改商"应同时具备合法性、合规(约)性、合民意性。在此情况下,若以多数决作为"住改商"合法性成就的制度标尺,则可以预见,每一个成功的"住改商"背后都极有可能会以牺牲和无视少数异议业主的切身利益为代价。而这部分业主恰恰有可能就是受"住改商"困扰最深的一个群体。其结果一方面会导致其与有利害关系业主之间的冲突,另一方面也会使"住改商"行为之合法性大打折扣。因此,以多数决来确定有利害关系业主对"住改商"的意见,将导致《物权法》第77条之价值取向形同虚设,严重损害《物权法》第77条的立法目的。基于以上考虑,《建筑物区分所有权司法解释》第10条第2款特别规定,将住宅改变为经营性用房的业主以多数有利害关系的业主同意其行为进行抗辩的,不予支持。

[参见杜万华、辛正郁、杨永清:《〈关于审理建筑物区分所有权纠纷案件具体应用法律若干问题的解释〉的理解与适用》,载《人民司法·应用》2009年第13期。]

028. 建筑物专有部分面积、建筑物总面积以及业主人数、总人数如何计算?

【审判专论】

专有部分面积、建筑物总面积以及业主人数、总人数如何计算,关系到业主共同管理权的具体行使问题(包括表决权和表决权的表决能力),是关涉业主自治决议作出的程序是否合法乃至业主自治机制能否顺利进行的重要问题。《物权法》第76条第2款规定了业主自治多数决的比例,但对计算该比例依据的专有部分面积、建筑物总面积,以及业主人数、总人数却未作明确规定。

关于表决权的表决能力及表决能力大小的计算标准,各国及地区立法例主要区分为两种类型:第一种,以德国法、瑞士法为其典型,即各个区分所有权人一人一票,各个表决权的表决能力相同,无大小之分;第二种,则以我国台湾地区的规定、日本法、法国法为其典型。表决权虽然仍然是一人一票,但是由于表决规则不仅要求一定比例的区分所有权人,而且要求一定比例的专有所有权比例,因此,表决权的表决能力即存在差别,各个表决权表决能力的计算标准乃是根据各区分所有权人专有部分的面积与专有部分全部面积总和之比计算(台湾地区),或者按照各区分所有权人专有部分面积与共有部分面积之和与建筑物的总面积之比计算(日本),或者按照各区分所有权人专有部分同全部建筑物价值的比率(法国)确定。《物权法》第76条和《物业管理条例》第12条采取了与我国台湾地区规定、日本法相似的路径,其基本规则是,按照专有部分的面积与建筑物总面积的比例确定。对于一般事项,要求专有部分占建筑物总面积过半数的业主同意;对于特别事项,要求专有部分占建筑物总面积2/3以上的业主同意。可以看出,各个业主的表决权虽然仍然是一人一票,但是由于决议的通过不仅要求一定比例的区分所有权人同意,而且要求同意的业主的专有部分面积达到一定比例,因此,表决权的表决能力即存在差别。根据以上法律及行政法规的相关规定,《建筑物区分所有权司法解释》第8条、第9条对专有部分面积、建筑物总面积以及业主人数、总人数的计算方法作出了解释性的规定。

1. 专有部分面积、建筑物总面积。此问题涉及业主表决权表决能力的大小和强弱。不动产登记实践中,各地对专有部分面积依何种标准记载并不统一,但在同一建筑区划内则是相同的,所以司法解释仅笼统表述为"面积"。如果已经依法登记的,按照不动产登记簿记载的面积计算;尚未进行物权登记的,暂按测绘机构的实测面积计算;尚未进行实测的,暂按房屋买卖合同记载的面积计算。专有部分面积确定后,建筑物总面积则应以按照同一标准计算的专有部分面积的总和计算。

2. 业主人数、总人数。此事项涉及如何确定和计算业主表决权的问题。业主人数原则上应当按照专有部分的数量计算,但在一人(包括建设单位)拥有数个专有部分的情况中,如果同时复计人数将导致该人双重优势。因此,司法解释特别规定,建设单位尚未出售和虽已出售但尚未交付的部分,以及同一买受人拥有一个以上专有部分的,按一人计算。该规定并不会对这类权利人行使管理权造成影响,因为其专有部分面积在建筑物总面积中的比例未被改变。

[参见杜万华、辛正郁、杨永清:《〈关于审理建筑物区分所有权纠纷案件具体应用法律若干问题的解释〉的理解与适用》,载《人民司法·应用》2009 年第 13 期。]

第二章 房地产开发用地问题

001. 如何区别国有土地使用权出让合同与国有土地使用权转让合同？

【典型案例】

上诉人长沙兆盛房地产有限公司、上诉人长城信息产业股份有限公司与被上诉人长沙市国土资源局土地使用权转让合同纠纷案

【裁判要点】

国有土地使用权出让是指土地使用者向国家交付土地使用权出让费用，国家将土地使用权在一定的年限内让予土地使用者的行为。其出让方式主要包括协议、招标及拍卖等。而国有土地使用权转让是指首次从国家取得土地使用权的个人或者集体将其土地使用权以有偿方式在一定时期内出让，租借给他人的经济行为，其主要是采用出售、交换或赠与的方式完成转让。由此可知，国有土地使用权出让合同与国有土地使用权转让合同二者存在本质区别。欲判断涉及国有土地使用权的合同的性质究竟属于出让合同还是转让合同，不仅需要考虑合同的具体文义表述，还应当充分结合合同的签订主体、行为性质以及交易市场等因素。

上诉人（一审原告）：长沙兆盛房地产有限公司。

上诉人（一审被告）：长城信息产业股份有限公司。

被上诉人（一审被告）：长沙市国土资源局。

一、湖南省高级人民法院一审查明的事实

2007年年初,长城信息产业股份有限公司(以下简称长城公司)就案涉土地向长沙市土地市场管理处(以下简称土管处)出具《挂牌委托书》,载明了委托挂牌交易的土地的四至及相邻情况。交地标准为:红线范围外通路、通电、供水、排水、通信、供气,红线范围内完成房屋腾空、人员及设备撤离的现状土地;特别说明:摘牌单位须按规划要求整合零星用地……成交合同:长城公司要求竞得人报价前在长沙土地市场与长城公司签订《付款与交地协议》,在协议中约定与竞得人在付款交地、拆迁安置补偿和交易过程中的责、权、利关系,同时承诺与竞得人自行履行其协议,承担其相应经济和法律责任,该协议自取得《成交确认书》之日生效;交地与产权:长城公司承诺在竞得人付清全部地价款之日起1年内,按交地标准将土地交给竞得人,并保证竞得人顺利地实施该宗土地的使用权;……土管处不负责长城公司与竞得人之间所有民事行为所产生的经济与法律结果。同时承诺,如属长城公司责任未按所委托的交易条件、所承诺的交地标准和所约定的交地期限签订协议履行协议和交付土地,将承担全部的经济和法律责任。

2007年5月,长沙市国土资源局(以下简称长沙国土局)以长沙市国土资源交易中心(以下简称交易中心)名义发布《国有土地使用权挂牌须知》(〔2007〕挂52号,以下简称《挂牌须知》),就《挂牌委托书》中的交易宗地的地理位置、交地标准、特别说明、成交合同(交易条件)作了相同的陈述,另载明:……竞得人应与挂牌委托人自行履行各项协议或合同并承担其相应的经济和法律责任,交易中心不负责竞得人与挂牌委托人在交地付款或拆迁安置补偿等民事行为中所产生的经济或法律结果……外地法人竞买人:外地公司作为该宗土地的挂牌竞买人参加竞买,如能竞得则在长沙成立针对本项目所注册登记的子公司,以该子公司的名义签订《国有土地使用权出让合同》,履行受让人的权利和义务。

2007年6月15日,长沙国土局以交易中心名义在《三湘都市报》上发布了《长沙市国有土地使用权挂牌出让公告》(以下简称《挂牌出让公告》):(1)涉案地块的挂牌号为〔2007〕挂52号;(2)交地标准为红线范围外通路、通电、供水、排水、通信、供气,红线范围内完成房屋腾空、人员及设备撤离的现状土地;(3)竞买人须勘察土地现场、了解土地权属状况,必须认可《挂牌须知》所明确的条件、要求、规定等。

2007年7月9日,厦门盛利源投资发展有限公司(以下简称盛利源公司)、上海兆瑞投资发展有限公司(以下简称兆瑞公司)各自经董事会决议,决定两家联合参加竞买。之后,两公司按照《挂牌须知》的要求办理了外地法人竞买人的相关手续,并于2007年7月16日向交易中心递交了《竞买申请书》,称:“经认真阅读编号为〔2007〕挂52号地块的挂牌出让文件,我方完全接受并愿意遵守你中心国有土地使用权挂牌文件中的规定和要求,对所有文件均无异议。”

2007年7月19日,长城公司作为土地使用权转让方(甲方)与盛利源公司代表的盛利源、兆瑞两公司作为土地使用权受让方(乙方)签订了《付款与交地协议》,主要内容为:"一、甲方转让的一宗土地使用权位于长沙市雨花区161号,宗地总面积为70,264.93平方米,出让面积53,520.26平方米……三、土地规划用途为住宅,出让年期为70年。四、特别说明……4.零星用地宜整合使用,摘牌单位须承诺按规划要求补征零星用地……六、交地标准:红线范围外通路、通电、供水、排水、通信、供气;红线范围内完成房屋腾空、人员及设备撤离的现状土地。七、交地时间:乙方自签订《成交确认书》日起1年内,按交地标准将土地交给乙方,并保证乙方顺利地实施该宗土地的使用权……九、乙方按规定在签订《成交确认书》日起10个工作日内与长沙国土局签订《出让合同》,并交纳税费。十、本协议自乙方签订《成交确认书》之日起自动转为生效文本,由协议双方自行履行其民事行为,承担其相应的经济、法律责任。"

盛利源公司和兆瑞公司向长沙国土局交纳4000万元竞买保证金后,于2007年7月19日联合以4.66亿元的成交价竞得涉案土地的使用权。同日,交易中心与盛利源公司、兆瑞公司签订了《长沙市国土资源交易中心国有土地使用权挂牌成交确认书》(以下简称《成交确认书》),约定竞得人应当继续遵守交易中心《挂牌须知》的规定等。

2007年8月9日,盛利源公司和兆瑞公司合作设立了长沙兆盛房地产有限公司(以下简称兆盛公司)。

2007年8月16日,长沙国土局(出让人)与兆盛公司(受让人)签订《出让合同》。约定:"……出让土地用途为住宅,出让金为每平方米8706.98元,总额为4.66亿元……第九条,受让人同意自本合同签订之日起10个工作日内,一次性付清上述土地使用权出让金……第三十一条,受让人必须按照本合同约定,按时支付土地使用权出让金。如果受让人不能按时支付土地使用权出让金的,自滞纳之日起,每日按迟延支付款项的1‰向出让人缴纳滞纳金,延期付款超过6个月的,出让人有权解除合同,收回土地,受让人无权要求返还定金,出让人并可请求受让人赔偿因违约造成的其他损失。第三十二条,受让人按合同约定支付土地使用权出让金的,出让人必须按照合同约定,按时提供出让土地。由于出让人未按时提供出让土地而致使受让人对本合同项下宗地占有延期的,每延期一日,出让人应当按受让人已经支付的土地使用权出让地价的1‰向受让人给付违约金。出让人延期交付土地超过6个月的,受让人有权解除合同,出让人应当双倍返还定金,并退还已经支付土地使用权出让金的其他部分,受让人并可请求出让人赔偿因违约造成的其他损失……第三十四条,出让人交付的土地未能达到合同约定的土地条件的,应视为违约。受让人有权要求出让人按照规定的条件履行义务,并且赔偿延误履行而给受让人造成的直接损失。该合同没有约定交付土地的时间和条件。”

兆盛公司分别于2007年8月20日、10月29日汇付给长沙国土局出让地价款20,000万元、22,600万元,加已交定金4000万元,兆盛公司共支付出让地价款4.66亿元。长沙国土局根据相关政策及与长城公司的约定,以返还地价款的名义支付长城公司16,401.3483万元,其中代扣各种税费后,长城公司实际收到14,846.4968万元。

2008年7月7日,长沙国土局为兆盛公司办理了土地登记。

另查明:2007年7月25日,盛利源公司和兆瑞公司具函长沙国土局,请求待两家公司的项目公司成立手续完成后再支付该地价款。同日,长沙国土局周志红签署:“同意,但要与计算机厂沟通好。”2007年7月31日,长城公司向兆瑞公司、盛利源公司函复称:“涉案土地款本应在2007年8月2日付清,考虑到该公司土地款支付过程中的实际困难,同意付款时间予以延期,但必须在2007年8月22日之前全额支付。”

2007年10月15日,长城公司向兆盛公司发出《关于限期支付土地款的函》,称至2007年10月15日止,兆盛公司仅支付2000万元,要求兆盛公司必须在2007年10月31日前付清全部成交地价款,否则长城公司将请求长沙国土局解除涉案土地的《成交确认书》。

2007年10月22日,兆盛公司向长城公司函复,同意在2007年10月31日前付清余下成交地价款22,600万元。

2008年5月27日,长城公司向兆盛公司发函称:根据《付款与交地协议》约定,兆盛公司应于2007年8月2日之前支付全部地价款。但是,直到2007年10月30日兆盛公司才将全部地价款付清。兆盛公司逾期付款行为已严重影响到长城公司对该协议的正常履行,因此,长城公司交地时间亦应顺延至2008年10月30日。

2008年7月29日,长城公司向长沙国土局递交了《关于开发商不补征零星用地我公司无法交地的情况说明》,载明:“……按照《挂牌须知》第三条第四款的规定,我公司应在1年内(即2008年7月19日)按照须知中第一条第四款的标准交地,但现由于开发商的原因致使我公司无法按照规定的期限交地。”

2009年6月15日,长城公司在向盛利源公司、兆瑞公司和兆盛公司递交的《关于尽快履约接管土地的函》中称:……截至2009年6月12日,长城公司已按《付款与交地协议》的要求全部完成了搬迁腾地,达到了向贵公司交地的条件……请贵公司依法尽快履约接管雨花路161号土地。

2009年7月13日,经长沙市公证处现场拍照,红线范围内仍有部分人员及设施未撤离。

2009年7月23日,经长沙市公证处公证,红线范围内建筑物已无人使用。

2010年4月29日，经查看现场，在红线内的东北角有一雨花区政府修建的可供机动车出入的通路；九栋的四至没有通道，且水电管线虽经改造，但仍然经过兆盛公司红线内；讼争中提到的供227户居民使用的水塔和配电房已由长城公司移走。

2010年5月7日，长城公司再次致函兆盛公司要求其尽快履行接管土地的义务，兆盛公司以涉案土地仍未达交地标准而未予接收。

2009年5月8日，考虑到零星用地未经补征，将导致零星用地上居民出入、用水、用电困难，一审法院向兆盛公司释明其是否变更诉讼请求，其不同意变更。

还查明：涉案土地原系湖南计算机厂于1997年取得的工业出让地，1999年该土地使用权转让给湖南计算机股份有限公司，2005年变更登记为长城公司。因规划调整，上述宗地性质由工业用地改变为住宅用地，用于房地产开发。

二、当事人一审起诉与答辩情况

2009年6月16日，原告兆盛公司向湖南省高级人民法院起诉称：2007年8月16日，兆盛公司与长沙国土局就前述兆盛公司两股东——盛利源公司、兆瑞公司竞得的土地签订了《国有土地使用权出让合同》。该合同规定：如长沙国土局迟延交付土地，每迟延一日，按出让地价的1‰向兆盛公司支付违约金。由于二被告未能按照约定于2008年7月19日前交付土地，严重影响了兆盛公司的开发进度以及正常经营，已经构成违约并给兆盛公司造成重大损失。故请求：(1)判令长城公司与长沙国土局共同向兆盛公司交付案涉土地，交付标准为红线范围外通路、通电、供水、排水、通信、供气，红线范围内完成房屋腾空、人员及设备撤离的现状土地；(2)判令长城公司与长沙国土局共同向兆盛公司支付违约金14,399.4万元(按合同约定以4.66亿元为基数，按日千分之一向兆盛公司支付自2008年7月20日起至实际交付土地之日止的，暂计算至2009年5月24日的违约金)；(3)由长城公司与长沙国土局共同负担本案全部诉讼费。

长沙国土局答辩称：本案土地为长城公司实际占有使用，交付土地是长城公司的义务。长沙国土局与兆盛公司签订的《国有土地使用权出让合同》没有约定本案土地的交付时间和交付条件，不具有违约行为。因此，请求人民法院依法驳回兆盛公司对长沙国土局的全部诉讼请求。此外，本案合同约定的受让人逾期付款的违约责任，是以土地使用权出让金为计算基数，逾期交地的违约金计算却修改为以地价款为基数，该违约金约定明显过高。虽然长沙国土局依法、依合同不应承担违约责任，但根据《合同法》第114条之规定，长沙国土局仍然请求人民法院予以减少。

长城公司答辩称：(1)本案属于国有土地使用权出让合同纠纷，国有土地使用权出让合同的缔约双方是作为土地所有权行使主体的土地管理部门和土地使用者，长城公司不是国有土地使用权出让合同的当事人，不能成为国有土地使用权出让合同纠纷案的被告;(2)本案的根源在于兆盛公司未按照规划要求履行补征零星用地的义务;(3)兆盛公司与长沙国土局签订的《国有土地使用权出让合同》中关于延期交地的违约金条款不能适用于非合同当事人的长城公司。综上,请求驳回兆盛公司对长城公司的诉讼请求。

三、一审法院审理情况

一审法院对本案各方当事人争议的焦点问题分析认定如下:

1. 兆盛公司是否为本案适格的原告、长城公司是否为适格的被告。虽然兆盛公司未直接与长城公司签订《付款与交地协议》,签订该协议的系兆盛公司的股东,但兆盛公司是经其股东决议而成立的开发涉案土地的项目公司。长城公司系《付款协议与交地》的缔约方,此后信函往来中,长城公司是直接向兆盛公司发函,并在《关于限期支付土地款的函》中认可兆盛公司取得了长城公司的土地使用权,并要求兆盛公司履行支付土地价款的义务,故兆盛公司、长城公司均系合同的履约主体,双方的诉讼主体资格适格。

2. 如何确认本案土地交付的责任主体。长城公司作为涉案工业出让土地的原使用权人,其与兆盛公司股东签订了《付款与交地协议》,该协议约定了土地交付与土地价款支付的权利义务,符合土地使用权转让合同纠纷的要素。长城公司取得了转让土地使用权的收益,作为土地使用权转让方和直接缔约方,其应当承担土地交付的直接责任,故长城公司主张其系受长沙国土局的指定而代为履行义务的第三人,仅承担协助交地义务的主张,不予支持。长沙国土局虽与兆盛公司签订了出让合同,但根据《城镇国有土地使用权出让和转让暂行条例》第 18 条、《招标拍卖挂牌出让国有土地使用权规定》第 4 条之规定,工业用地转化为商业用地,须重新办理出让手续并采取挂牌的方式出让,故长沙国土局受长城公司委托挂牌交易土地使用权,签订出让合同只是补办工业用地转让为商业用地的出让手续,并非长沙国土局作为出让方直接将土地使用权出让给受让方兆盛公司,并不能改变土地使用权转让这一性质。况且,长城公司在《挂牌委托书》中承诺其未按交地标准、交地期限履行协议,将承担全部的经济和法律责任,土管处不负责长城公司与竞得人之间民事行为所产生的经济与法律结果;而《挂牌出让公告》《挂牌须知》亦告知竞得人应与挂牌委托人自行履行各项协议并承担相应的责任,交易中心不负责竞得人与挂牌委托人在交地付款或拆迁安置补偿等民事行为中所产生的结果,兆盛公司两股东在《竞买申请书》承诺完全接受并遵守以上文件之规定。结合出让合同并未约定长沙国土局交付土地的时间与标准,签订出让合同后兆盛公司也从未要求长沙国土局交付土地之合同履行来看,双方均无要求长沙国土局加入长城公司与兆盛公司之债务的意思表示。兆盛公司诉请长沙国土局承担交付土地的相关责任依据不足,不予支持。

3. 如何确定本案土地交付的责任。《付款与交地协议》约定，涉案土地的交地标准为红线范围外通路、通电、供水、排水、通信、供气，红线范围内完成房屋腾空、人员及设备撤离的现状土地。2009 年 7 月 23 日，涉案土地除水电设备未撤离外，其他人员及设备已基本撤离。2010 年 4 月 29 日，涉案土地上的人员、设备已全部撤离，而地下水电线路并不属于协议中约定的设备，兆盛公司据此认为土地不具备交付条件而拒收土地的主张依据不足。鉴于事实上涉案土地已具备交付条件，且长城公司也已向兆盛公司发出促其接管土地的函件，兆盛公司可直接履行接管手续。

长城公司本应按《付款与交地协议》约定，在《成交确认书》签订之日起 1 年内即 2008 年 7 月 19 日之前，将符合交地标准的土地交付给兆盛公司，但基于协议约定兆盛公司付款义务在先，在兆盛公司未按约付清土地价款之前长城公司具有后履行抗辩权，故长城公司交地日期宜认定为兆盛公司支付完所有土地价款次日即 2008 年 10 月 30 日，而直至 2010 年 5 月 7 日长城公司才再次通知兆盛公司接收符合约定的土地，长城公司应对其履行合同的瑕疵行为承担违约责任。由于长城公司与兆盛公司股东签订的《付款与交地协议》仅约定违约责任按国家有关政策、法规处理，违约金数额并不确定，而根据《合同法》第 107 条之规定，赔偿损失亦为承担违约责任的一种方式，本案可以兆盛公司遭受的损失来确定违约金。鉴于兆盛公司并未提交其因长城公司延期交付土地而遭受损失的证据，在涉案项目规划审批之前，长城公司履行合同的瑕疵对兆盛公司开发造成的影响有限，且土地增值可以弥补部分损失，故宜按照中国人民银行公布的同期同类贷款利率计算土地价款从 2008 年 10 月 30 日至 2010 年 5 月 7 日的利息作为资金占用损失。考虑到长城公司在为促进零星用地补征，向政府提出适用棚改政策的建议，其为减少损失采取了相应措施，酌情由其承担 70% 的责任。兆盛公司作为接收土地一方，已从《挂牌须知》《挂牌委托书》《付款与交地协议》知晓，须补征零星用地与涉案土地整合使用，亦明知其施工将会使零星用地上居民无出入口、消防通道、活动场所，但经长城公司从 2008 年 5 月 27 日起以公函形式督促兆盛公司补征零星用地以统一开发，兆盛公司均未履行，亦有违约行为；当涉案土地上周边零星居民担心开发面临出行及用水、用电之困境而阻碍长城公司交付土地时，兆盛公司作为土地使用权人，未采取相应措施避免不必要的损失。因此，对长城公司延期交付土地所造成的损失，兆盛公司亦具有一定过错，宜自负 30% 的责任，综上，依照《民法通则》第 4 条，《合同法》第 44 条、第 60 条、第 62 条第 1 款第 4 项、第 107 条、第 119 条、第 120 条，《城镇国有土地使用权出让和转让暂行条例》第 18 条之规定，判决如下：(1) 长城公司在判决生效之日起 15 日内向兆盛公司支付 70% 的资金占用利息（以 4.66 亿元土地价款为基数自 2008 年 10 月 30 日起至 2010 年 5 月 7 日止按中国人民银行公布的同期同类贷款利率计算）；(2) 驳回兆盛公司的其他诉讼请求。如果未按判决指定的期间履行给付金钱的义务,应当按照《民事诉讼法》第229条之规定,加倍支付迟延履行期间的债务利息。一审案件受理费3,086,800元,由长城公司负担2,160,760元,由兆盛公司负担926,040元。

四、当事人上诉及答辩情况

兆盛公司对一审判决不服向最高人民法院上诉称,一审判决存在认定事实及适用法律错误:

1. 一审判决将诉请的案由"建设用地使用权出让合同纠纷"变更为"土地使用权转让合同纠纷",系适用法律错误。兆盛公司在起诉时确定的案由为"建设用地使用权出让合同纠纷"。一审法院却在判决书中将案由确定为"土地使用权转让合同纠纷"。该案由不符合争议的法律关系性质,属适用法律错误。

2. 一审判决认定涉案土地已具备交付条件,却驳回兆盛公司请求交付土地的诉讼请求,该判决认定自相矛盾。一审判决一方面认定涉案土地具备交付条件,兆盛公司可直接履行接管手续;另一方面却驳回兆盛公司请求交付土地的诉请,两种认定自相矛盾。

3. 一审判决认定兆盛公司与长城公司之间存在土地使用权转让合同关系,属于对法律关系性质认定错误。根据相关法律法规的规定,涉案土地由工业用地变更为住宅用地,应由长沙国土局先收回原土地使用权,再由长沙国土局作为变更用地性质后的土地出让人,组织该土地使用权出让的招标拍卖挂牌。本案中的《挂牌出让公告》中明确指明挂牌委托人是长沙国土局,并且长沙国土局与兆盛公司签署了《国有土地使用权合同》,对土地使用权出让的法律关系性质及各方的主体地位、相关责任予以明确。

4. 一审判决认定长沙国土局不承担交付土地的责任,缺乏事实及法律依据。(1)履行交地义务是长沙国土局的义务:①长沙国土局指定长城公司按照约定标准和时间向兆盛公司交付土地、长城公司承诺交付土地,并不能当然免除长沙国土局交付土地的义务;②长沙国土局系土地挂牌的实际和法定委托人,《挂牌须知》并没有排除挂牌委托人应承担的责任;③《出让合同》第32条中约定了如长沙国土局迟延交付土地时"每延期一日,出让人应当按受让人已经支付的土地使用权出让地价的1‰给付违约金",该约定进一步明确了长沙国土局的交付土地义务及相应违约责任。(2)长城公司负有向兆盛公司交付土地的合同义务。挂牌交易相关文件中多次明确原土地使用人长城公司具有交付土地的义务,长城公司还与兆盛公司签署《付款与交地协议》,约定了交付土地的相关事项。

5. 一审判决错误认定涉案土地已达到约定的"交付标准"。(1)一审判决认定地下水电线路不属于协议中约定的应撤离的设备,涉案土地已具备交付条件,缺乏事实依据。原长城公司使用的地下排污管线与周边居民所使用的排污管线相连。

长城公司并未拆除该排污管线，导致兆盛公司根本无法开展正常的建设、开发活动。涉案土地下的地下管线属于长城公司应撤离的设备。(2)长城公司在争议发生后，在涉案土地红线范围内修建宽达8米的道路，改变了土地现状。由此，本案涉案土地至今仍不符合交付标准。

6. 一审判决认定兆盛公司未履行补征零星用地的责任，对迟延交地未采取相应措施避免不必要的损失，应对延期交地承担部分责任，该认定缺乏事实及法律依据。(1)涉案土地与周边零星用地可以独立交付。兆盛公司诉请交付的土地与周边零星用地可以明确区分确认，具备独立交付履行的可能，零星用地是否补征不影响涉案土地的交付。(2)兆盛公司不是补征零星用地的责任主体，只有长沙国土局才有权回收该部分土地使用权。(3)要求兆盛公司履行补征零星用地义务缺乏合同依据。《付款与交地协议》未明确兆盛公司补征零星用地的具体责任义务，关于补征零星用地的约定不具有实际操作的可能。(4)兆盛公司不应对迟延交地及所造成损失的扩大承担责任。兆盛公司不具有补征零星用地的法定资格，也不具备可以避免损失扩大的能力和条件，故一审判决关于兆盛公司"未采取相应措施避免不必要的损失"的认定错误。

7.《出让合同》中约定的迟延交付土地的违约金合法有效。长沙国土局与兆盛公司之间就迟延交付土地约定的每日千分之一的违约金数额，是根据国务院办公厅发布的相关规定对等确定的，人民法院不应就此进行调整，长沙国土局与长城公司应当共同按照《出让合同》约定的标准向兆盛公司支付违约金。综上，一审判决在认定事实及适用法律方面均存在错误，故提出上诉请求如下：(1)撤销(2009)湘高法民一初字第3号民事判决；(2)判令长城公司、长沙国土局向兆盛公司交付国用(2008)第035141号、长国用(2008)第035142号、长国用(2008)第035143号《国用土地使用权证》项下的土地，交付标准为红线范围外通路、通电、供水、排水、通信、供气，红线范围内完成房屋腾空、人员及设备撤离的现状土地；(3)判令长城公司、长沙国土局共同按合同约定的日千分之一标准向兆盛公司支付自2008年7月20日起直至实际向兆盛公司交付土地之日止的违约金，暂计算至2009年5月24日的违约金为143,994,000元(违约金暂计算至2009年5月24日，应付至终审判决确定的实际交付之日止)；(4)由长城公司、长沙国土局负担本案一、二审诉讼费。

长城公司对一审判决不服，向本院上诉称：

1. 一审判决将土地使用权出让合同法律关系错误认定为土地使用权转让合同法律关系。(1)长城公司并没有与兆盛公司签订任何土地使用权转让合同；(2)兆盛公司从长沙国土局受让的是住宅用地使用权，而长城公司原拥有使用权的土地则是工业用地；(3)兆盛公司支付的全部价款是4.66亿元，长沙国土局返给长城公司的土地款仅有148,464,668元。

2. 一审判决忽视兆盛公司“补征零星住宅用地”义务，错误认定长城公司违约。(1)“补征零星住宅用地”是涉案土地使用权竞买人必须履行的合同义务。对此，长沙市规划局20060228B2号《建设用地规划定点（要点）通知书》及土地拍卖过程中涉及的重要文件均以特别说明的方式明确指出了“零星用地宜整合使用，摘牌单位须承诺按规划要求补征零星用地”。(2)涉案土地的自然地理位置决定了土地使用权竞买人“补征零星住宅用地”的必要性和相邻关系法定义务。由于历史原因，涉案土地旁边的零星住宅用地的出行、供电、供气、给排水、通信等生活必需的设施只能通过涉案土地。(3)兆盛公司不仅拒绝履行“补征零星住宅用地”的合同义务，还拒不承认涉案土地的相邻关系法定义务。(4)由于兆盛公司拒绝履行“补征零星住宅用地”的义务，漠视零星用地居民的基本权利，才导致居民因为害怕自己的权益受到侵害而多次聚众阻止长城公司搬迁，使长城公司无法按期交付土地。

3. 一审判决对兆盛公司无理拖延接管土地时间的事实未予认定。(1)尽管兆盛公司有违约行为，但长城公司仍克服困难尽快完成了搬迁工作，并于2009年6月15日向兆盛公司发出公函，说明涉案土地已经具备交付条件，要求其尽快接管土地。(2)兆盛公司可以采取“边搬迁、边接管”等各种积极接管措施防止自身的利益受损，但兆盛公司却在寻找各种借口而拒不接管土地。

4. 一审判决判令长城公司赔偿兆盛公司的损失，没有事实和法律依据。(1)兆盛公司已经如期将涉案土地的《国有土地使用权证》办理至自己名下。涉案土地的市场价值已经比当年大幅度升值，兆盛公司没有损失。(2)在解决“补征零星住宅用地”问题前，兆盛公司的房产项目根本不会得到政府部门的批准。兆盛公司至今也没证据证明其不能按期接管土地而受到的损失。

5. 一审判决判令长城公司就4.66亿元住宅用地价款的资金占用利息承担责任，没有法律依据。长城公司仅收到1.48亿元工业用地转让款却被判决承担4.66亿元住宅用地价款的资金占用利息，缺乏依据。综上，长城公司提出上诉请求如下：(1)撤销一审判决，驳回兆盛公司的全部诉讼请求；(2)判决兆盛公司承担全部诉讼费。

五、最高人民法院二审认定与判决

最高人民法院二审查明：(1)兆盛公司提交的(2011)湘长证民字第2478号公证书中所公证的照片内容中有车辆和行人；(2)2007年9月30日，兆盛公司曾出函告，提出整合228户的具体方案；(3)2007年10月10日，长城公司住户代表答复不同意兆盛公司的整合方案。

最高人民法院二审认为，双方当事人二审争议焦点为：(1)案涉合同纠纷的法律性质；(2)案涉土地是否达到约定交付标准及其交付主体；(3)案涉土地延期交付的责任承担。

1. 关于案涉合同纠纷的法律性质问题。长沙国土局认为本案的性质是土地使用权转让合同纠纷,而兆盛公司、长城公司均认为本案为本案性质为土地使用权出让合同纠纷。本院认为,本案性质为国有土地使用权出让合同纠纷,土地使用权的出让方为长沙国土局。理由如下:

第一,长城公司并未将其名下的案涉土地由工业用地变更为住宅用地。1997年4月25日,湖南省长沙市国土管理局与湖南计算机厂签订《出让合同》(划拨土地使用权补办出让合同)将案涉土地以工业用地形式出让给后者。2005年9月23日,案涉土地变更登记为长城公司名下。由此可见,长城公司持有的案涉土地原为工业用地使用权性质。根据《城市房地产管理法》第18条"土地使用者需要改变土地使用权出让合同约定的土地用途的,必须取得出让方和市、县人民政府城市规划行政主管部门的同意,签订土地使用权出让合同变更协议或者重新签订土地使用权出让合同,相应调整土地使用权出让金"之规定,长城公司要将案涉土地由工业用地变更为住宅用地,必须先取得国土部门及规划部门的同意,重新签订土地使用权出让合同,相应调整土地使用权出让金。另外,根据《城镇国有土地使用权出让和转让暂行条例》第18条"土地使用者需要改变土地使用权出让合同规定的土地用途的,应当征得出让方同意并经土地管理部门和城市规划部门批准,依照本章的有关规定重新签订土地使用权出让合同,调整土地使用权出让金,并办理登记"可知,土地变更用途后,还必须办理土地变更登记。从本案查明事实来看,长城公司并没有与国土部门重新签订土地使用权出让合同,国土部门也未调整案涉土地使用权出让金,更未将长城公司名下案涉土地变更为住宅用地。由上,长城公司并未完成案涉土地改变性质的手续,也未曾取得案涉土地变更为住宅用地后的使用权。

第二,兆盛公司取得案涉土地使用权时,该土地用途并非工业用地。既然长城公司并未将其名下案涉土地用途由工业用地变更为住宅用地,那么其要转让案涉土地使用权则只能以工业用地形式转让。具体到本案,如长城公司是以转让形式将土地使用权卖给兆盛公司,那么兆盛公司取得该土地使用权时,土地的用途应仍为工业用地。但根据案涉土地使用权证记载可知,该土地使用权登记到兆盛公司名下时,用途已为住宅用地性质。根据《城镇国有土地使用权出让和转让暂行条例》第27条"土地使用权转让后,需要改变土地使用权出让合同规定的土地用途的,依照本条例第十八条的规定办理"之规定,兆盛公司即便受让长城公司土地使用权后,需要改变土地用途为住宅用地,仍应当征得出让方同意并经土地管理部门和城市规划部门批准,重新签订土地使用权出让合同,调整土地使用权出让金,并办理登记。本案中,如兆盛公司是通过转让方式从长城公司取得案涉土地后,要将工业用地变更为住宅用地,仍要以自己名义报土地管理部门和规划部门批准后重新签订土地使用权出让合同。本案中,并无证据证明兆盛公司曾向国土部门及规划部门申请变更案涉土地使用权用途。可见，本案不存在长城公司将案涉土地使用权以工业用地性质转让给兆盛公司后，再由兆盛公司自行向有关部门申请变更土地用途的事实。由上，兆盛公司取得案涉土地使用权时，该土地使用权的用途为住宅用地而非工业用地。

第三，长沙国土局在兆盛公司取得案涉土地使用权过程中出具的相关材料能够证明该案涉土地是以出让方式由该局出让给兆盛公司。首先，2007 年 6 月 15 日，《三湘都市报》上登载的《挂牌出让公告》中全文都未涉及长城公司也未提及“转让”二字。《挂牌出让公告》中“经长沙市人民政府批准，长沙市国土资源局委托长沙市国土资源交易中心以挂牌方式出让五宗国有土地使用权”的描述已经明确说明案涉土地的出让主体是长沙国土局，出让的方式为委托交易中心挂牌出让。其次，2007 年 8 月 16 日，长沙国土局（出让人）与兆盛公司（受让人）签订《出让合同》。该合同标题就表明了是国有土地使用权出让合同而非转让合同。合同中约定了出让人将涉案土地出让给受让人，出让土地用途为住宅，出让年限为 70 年，自出让方向受让方实际交付土地之日起算。受让人同意自本合同签订之日起 10 个工作日内，一次性付清上述土地使用权出让金等内容。由此可知，长沙国土局是以土地使用权出让人身份签署合同，案涉土地出让用途为住宅用地而非工业用地，出让年限是自实际交付土地之日起 70 年。根据《城镇国有土地使用权出让和转让暂行条例》第 22 条“土地使用者通过转让方式取得的土地使用权，其使用年限为土地使用权出让合同规定的使用年限减去原土地使用者已使用年限后的剩余年限”之规定，如果该合同是长城公司委托国土部门挂牌转让案涉土地，那么受让人取得的土地使用权使用年限不可能高于原合同约定的使用年限。从住宅用地最高使用年限为 70 年可知，该合同中约定的使用年限 70 年肯定超过长城公司原工业用地转让后的剩余使用年限。这也从反面印证了该合同不可能是长城公司委托国土局签订的国有土地使用权转让合同。最后，从土地价款的给付来看，也可证明案涉土地买卖关系的卖方为长沙国土局。2007 年 7 月 19 日签订的《成交确认书》中明确约定违约金随同土地出让收入一并缴入财政专户。2007 年 8 月 20 日，兆盛公司汇付给长沙国土局出让地价款 20,000 万元。2007 年 10 月 29 日，兆盛公司汇付给长沙国土局出让地价款 22,600 万元，加已交定金 4000 万元，兆盛公司共支付出让地价款 4.66亿元。由上可知，案涉土地价款由作为出让人的长沙国土局收取，而非直接交付给长城公司。

2. 关于案涉土地是否达到约定交付标准及其交付主体问题。兆盛公司认为案涉土地上的地下排污管线属于长城公司应撤离的设备，长城公司至今未拆除案涉土地上的地下排污管线且长城公司在涉案土地红线范围内修建宽达 8 米的道路，改变了土地现状，导致涉案土地至今不符合交付标准。对兆盛公司的该项主张，本院不予支持。

第一,案涉土地是通过挂牌方式进行出让,挂牌相关文件约定的交地标准中未要求拆除案涉土地的地下排污管线。《挂牌出让公告》《挂牌须知》均约定交地标准为“红线范围外通路、通电、供水、排水、通信、供气,红线范围内完成房屋腾空、人员及设备撤离的现状土地”。其中“设备”应指案涉土地的地上设备,不包括地下排污管线。首先,上述交地标准的字面意思不能证明其中的“设备”包括地下管线。所谓“红线范围内完成房屋腾空、人员及设备撤离的现状土地”的一般理解应为,将案涉土地上的房屋内财物腾空,案涉土地上不得留有长城公司的人员以及长城公司的各种机器设备应从案涉土地上搬离。其次,《出让合同》已经排除了地下管线拆除是交地标准的组成部分。既然《挂牌出让公告》《挂牌须知》已经约定交地标准,那么双方在《出让合同》第5条有关交地标准未作规定就应被视为双方同意继续采用《挂牌出让公告》《挂牌须知》中原有交地标准。在此前提下,《出让合同》第14条规定“受让人在受让宗地内进行建设时,有关用水、用气、污水及其他设施同宗地外主管线、用电变电站接口和引入工程应按有关规定办理。受让人同意政府为公用事业需要而敷设的各种管道与管线进出、通过、穿越受让宗地”。该条规定明确说明受让人同意涉及公益的管道无须拆除。从本案已查明事实可知,案涉土地的地下排污管线与生活区的管道以及市政公共管道紧密联系在一起。根据《出让合同》单独对相关管线作出约定以及约定内容可知,双方在交地标准中出现的“设备”两字不包括地下管线。最后,从案涉土地出让前的状况也可间接印证“设备”不包括地下管线。案涉土地使用权出让前为工业用地,归长城公司所有,长城公司在该土地上建有厂房、办公楼、仓库和宿舍等设施并雇用员工使用生产设备进行生产经营。该土地变更为住宅用地后,受让人开发住宅显然不需要上述厂房、办公楼、仓库、人员、生产设备等工业设施。因此,交地标准中才规定“红线范围内完成房屋腾空、人员及设备撤离的现状土地”。这里的“房屋腾空”对应的是厂房、仓库、办公楼和职工宿舍;“人员”对应的是长城公司的工作人员;“设备”则对应相关生产或办公设备。

第二,案涉土地修建道路存在合理性并且不影响兆盛公司接收土地。首先,《挂牌出让公告》《挂牌须知》中约定的交地标准不包括清除红线内的道路。双方对红线范围内的土地约定的交地标准为红线范围内完成房屋腾空、人员及设备撤离的现状土地。根据该标准,长沙国土局作为土地出让方对红线范围内的交地标准仅约定为完成房屋腾空、人员及设备撤离的现状土地。也就是说,在该土地挂牌出让时的土地现实状况基础上,只需完成房屋腾空、人员及设备撤离这三项工作就达到了红线范围内的交地标准。显然,长沙国土局并无义务将案涉土地红线范围内的现有道路、植物、房屋等地上附着物清除。其次,兆盛公司作为案涉土地使用权人,应尊重并保障相邻方通行的权利。根据兆盛公司在2007年10月22日给长城公司所发的《关于〈关于限期支付土地款的函〉的回复》函可知，如果按照长沙国土局现场放样红线点进行围墙砌筑，长城公司现有职工生活区将无出入口、消防通道、活动场所。由此可推知两点：一是案涉土地上本来应有长城公司现有职工进出的生活及消防通道；二是案涉土地的红线完全隔断了长城公司现有职工现有生活及消防通道与外界的联系。由于《挂牌出让公告》中已经明确要求竞买人须勘察土地现场，了解土地权属状况，故对案涉土地道路状况及红线将隔断长城公司现有职工生活通道的情形，兆盛公司在竞买案涉土地前就应早已知情。根据《物权法》第87条"不动产权利人对相邻权利人因通行等必须利用其土地的，应当提供必要的便利"之规定，兆盛公司作为土地使用权人有义务为居住在其红线范围内的长城公司职工进出通行提供必要便利。另根据《最高人民法院关于贯彻执行〈中华人民共和国民法通则〉若干问题的意见（试行）》第101条"对于一方所有的或者使用的建筑物范围内历史形成的必经通道，所有权人或者使用权人不得堵塞。因堵塞影响他人生产、生活，他人要求排除妨碍或者恢复原状的，应当予以支持。但有条件另开通道的，也可以另开通道"之规定，兆盛公司对其竞买案涉土地前，该土地上早已形成的长城公司职工通行必经通道，也不得堵塞。既然兆盛公司按照长沙国土局现场放样红线点进行围墙砌筑将堵塞长城公司职工进出通道，那么兆盛公司就应另外提供通道方便职工进出。虽然兆盛公司主张长城公司职工可通过职工宿舍旁的简易通道以及另一条闲置机动车道路进出，但该简易通道不能通行机动车，而另一条闲置机动车道路原用途并非供职工进出的生活通道且其连接市政道路的接口也处于关闭状态。因此，在兆盛公司未明确同意已有闲置机动车通道开放给职工使用的情形下，当地政府从便利职工进出角度出发，在原历史形成的职工进出通道旁临时新修一简易下坡道暂时供职工进出并不违法，具有一定合理性。但从另一角度而言，该新修的道路虽然相对于兆盛公司所购买的土地面积而言，所占比例很小，但毕竟占用了兆盛公司红线范围内的土地，可能会影响到兆盛公司将来的开发。因此，从平衡兆盛公司与职工之间的利益出发，兆盛公司在确保职工进出权益的前提下，对该新修道路可另行诉讼解决。

第三，案涉土地已在2010年5月7日达到交地标准。兆盛公司在上诉状中就有关案涉土地未达到交付标准仅以地下管线未撤离和红线内新建道路改变土地现状两点作为证据，并未举证证明房屋尚未腾空、人员或设备尚未撤离。可见，兆盛公司对房屋已腾空、人员和设备已撤离的事实并无异议。而根据湖南省长沙市公证处于2009年7月13日出具的（2009）长证民字第4737号《公证书》可知，直至2009年6月26日，案涉土地内仍有部分人员及设施未撤离。虽然兆盛公司提交的（2011）湘长证民字第2478号公证书中所公证的拍摄于2011年5月3日的照片内容中有车辆和行人，但不能证明车辆和行人为长城公司应当撤离的自有车辆及其在职员工范畴。鉴于长沙国土局、长城公司未举证证明上述房屋腾空、人员和设备撤离的具体时间,理应承担不利后果,故本院将 2010 年 5 月 7 日长城公司再次通知兆盛公司接收符合约定的土地的时间认定为案涉土地房屋腾空、人员和设备撤离时间。相应地,案涉土地达到约定交地标准的时间为 2010 年 5 月 7 日。自该日起,兆盛公司即可接收该土地。在案涉土地达到交地标准且长城公司已通知兆盛公司接收土地的情形下,兆盛公司可依约与长沙国土局、长城公司协商办理收地事宜。

第四,关于案涉土地的交地义务主体问题。从本案查明事实可知,国有土地使用权出让合同上已经明确了案涉土地的出让人为长沙国土局,受让人为兆盛公司。因此,根据该合同,长沙国土局有按约定向兆盛公司交地的义务。除了长沙国土局作为出让人应履行交地义务外,兆盛公司在上诉中还主张长城公司也应对交付土地及土地延期交付的违约责任承担连带责任。其主要理由是《挂牌须知》等挂牌交易相关文件中多次明确原土地使用人长城公司具有交付土地的义务,长城公司还与兆盛公司签署《付款与交地协议》,约定了交付土地的具体时间、方式及标准等。上述法律文件是涉案土地挂牌交易有效成立的不可分割的组成部分。对兆盛公司该主张,本院予以支持。《挂牌须知》、《付款与交地协议》与《出让合同》均为案涉土地出让法律关系的重要组成文件。《挂牌须知》中约定了竞买人在报价前须与长城公司签订《付款与交地协议》,在协议中约定与原土地使用者在付款交地中的责、权、利关系。而《付款与交地协议》中则约定了在签订《成交确认书》日起 1 年内,长城公司按交地标准将土地交给兆盛公司。显然,长城公司已在与案涉土地使用权购买人兆盛公司签订的《付款与交地协议》中约定了长城公司有交地义务。在案涉国有土地使用权由长沙国土局挂牌出让的情形下,上述约定应视为长城公司在该国有土地使用权出让法律关系中承担了土地实际交付义务,已成为交地主体之一。从案涉土地交付的实际履行情况看,兆盛公司也主要是在和长城公司协商交地事宜。长沙国土局对长城公司加入进来,承担交地义务亦未提出异议。综上,应由长沙国土局和长城公司共同承担案涉土地的交地义务。

3. 关于案涉土地延期交付的责任承担问题。长沙国土局认为,兆盛公司负有整合零星用地的义务,但未申请补征零星用地,故对迟延交地也有责任。对其主张,本院不予支持。《挂牌须知》中明确规定了零星用地宜整合使用,摘牌单位须承诺按规划要求补征零星用地。这里的补征,按相关法律规定,应理解为兆盛公司申请国土部门征收该零星用地后,再从国土部门通过出让方式取得。但《挂牌须知》并未明确兆盛公司申请补征零星用地的时间,也未规定补征零星用地为案涉土地交付的前提。事实上,红线范围内完成房屋腾空、人员及设备撤离仅指案涉土地上房屋腾空、相关人员及设备撤离,并不包括零星用地上的房屋、人员及相关设施。因此,长沙国土局将兆盛公司未补征零星用地作为延期交地原因的理由不能成立。兆盛公司在竞买案涉土地前已知该土地将零星用地(即职工宿舍)完全包围,职工进出必须经过其土地,应当知道零星用地问题处理不当,将会影响到交地及开发进度。因此,兆盛公司为了创造交地和开发的有利环境,也应积极主动按约定申请征收上述零星用地。但兆盛公司与职工关于征收补偿的协商并未达成一致,而政府相关部门也未启动征收零星用地手续。可见,兆盛公司在零星用地无法及时征收的问题上也存在一定责任。根据《出让合同》第32条之约定,由于受让人未按时提供出让土地而致使受让人对本合同项下宗地占有延期的,每延期一日,出让人应当按受让人已经支付的土地使用权出让地价的1‰向受让人给付违约金。鉴于兆盛公司在迟延交房上也存在一定责任,如按上述约定支付违约金,将导致双方利益失衡。在综合案涉土地使用权挂牌出让情况、零星用地补征情况以及相关协议约定等多种因素后,长沙国土局、长城公司宜按迟延交地期间同期银行贷款基准利率的1.3倍的数额承担违约责任。至于具体违约责任的承担,则根据案涉土地出让价款在长沙国土局和长城公司之间的分配比例确定长沙国土局和长城公司各自的违约责任。从已查明事实可知,案涉土地出让价款为4.66亿元。其中,长城公司实际收到148,464,968元。也即长沙国土局和长城公司之间的分配比例大致为7:3。相应地,根据迟延交地期间同期银行贷款基准利率的1.3倍计算的违约金总额中,长沙国土局负担70%,长城公司负担30%。

综上,经最高人民法院审判委员会讨论决定,依据《民事诉讼法》第153条第1款第3项之规定,判决如下:(1)撤销湖南省高级人民法院(2009)湘高法民一初字第3号民事判决;(2)长沙市国土资源局在判决生效之日起15日内向长沙兆盛房地产有限公司支付违约金(以4.66亿元土地价款为基数自2008年10月30日起至2010年5月7日止按中国人民银行公布的同期同类贷款利率1.3倍计算)的70%;(3)长城信息产业股份有限公司在判决生效之日起15日内向长沙兆盛房地产有限公司支付违约金(以4.66亿元土地价款为基数自2008年10月30日起至2010年5月7日止按中国人民银行公布的同期同类贷款利率1.3倍计算)的30%;(4)驳回长沙兆盛房地产有限公司其他上诉请求;(5)驳回长城信息产业股份有限公司其他上诉请求。一审案件受理费3,086,800元,由长沙市国土资源局负担1,944,684元,长城信息产业股份有限公司负担833,436元,由长沙兆盛房地产有限公司负担308,680元。二审案件受理费3,086,800元,由长沙市国土资源局负担1,944,684元,长城信息产业股份有限公司负担833,436元,由长沙兆盛房地产有限公司负担308,680元。

[参见最高人民法院民事审判第一庭编:《民事审判指导与参考》(2013年第2辑),人民法院出版社2013年版。]

002. 土地使用权出让合同的主体、标的物如何认定?

【审判专论】

《最高人民法院关于审理涉及国有土地使用权合同纠纷案件适用法律问题的解释》(以下简称《解释》)第1条规定,“本解释所称的土地使用权出让合同,是指市、县人民政府土地管理部门作为出让方将国有土地使用权在一定年限内让与受让方,受让方支付土地使用权出让金的协议”。之所以在头条对土地使用权出让合同进行定义性解释,主要目的就是要明确土地使用权出让合同的出让主体和出让行为的标的物。依据现行法律规定,出让主体为市、县人民政府所属的土地行政管理职能部门。在讨论中,不少地方反映了一些市辖区及设立的各类开发区管理委员会出让土地的情况和问题。为此,有观点认为,《解释》将土地出让主体限定为市、县人民政府土地管理部门不全面,遗漏了主体,出让土地的主体还应包括市辖区人民政府和开发区管理委员会。对市辖区人民政府能否作为出让主体的问题,根据《国家土地管理局对出让国有土地使用权有关问题请示的答复》(〔1991〕国土函字第71号)意见,《城镇国有土地使用权出让和转让暂行条例》中的“市、县人民政府”,所指“市”包括全国各级市;所指“县”不包括市辖区。对开发区管理委员会能否作为国有土地使用权出让主体的问题,国土资源部认为开发区管理委员会不具备土地使用权出让的主体资格。综合上述意见,《解释》将国有土地使用权出让的主体依法限定为市、县人民政府的土地管理部门。土地使用权出让合同的标的物,即土地使用权出让的客体为土地使用权,不是土地本身,但也并非所有的土地使用权均可出让。依据法律规定,土地使用权出让制度只是针对国有土地实行的一种土地利用制度,允许出让进行房地产开发的只能是国有土地。对农民集体所有土地的使用权,依照《土地管理法》第63条①规定,农民集体所有的土地的使用权不得出让、转让或者出租用于非农业建设。《城市房地产管理法》第8条②也明确规定,城市规划区内的集体所有的土地,经依法征收为国有土地后,该幅国有土地的使用权方可有偿出让。对城市规划区以外的集体所有土地,依据《土地管理法》第五章关于建设用地的有关规定,因建设需要占有使用土地的,必须依法申请使用国有土地,涉及农用地转为建设用地的,应当办理农用地转用审批手续。据此,城市规划区外的集体所有土地未经依法征收转为国有土地的,不得出让。这也是从我国

① 系2004年《土地管理法》中的规定,2019年《土地管理法》修改后该条内容已被更改。——编者注

② 该条为现行《城市房地产管理法》第9条。——编者注

土地使用制度改革和保护农业用地的实际情况出发,法律对集体所有土地出让的一种限制性规定。有观点提出,出让的国有土地使用权应否包括国有农场的土地使用权。根据我国现行法律规定和土地立法确定的土地用途管制原则,出让的国有土地使用权是指城市规划区内的国有建设性用地使用权,而国有农场的土地属于国有农用地,未经依法批准不得出让。因此,土地使用权出让合同的客体只能是国有土地使用权。

[韩延斌:《对最高人民法院〈关于审理涉及国有土地使用权合同纠纷案件适用法律问题的解释〉的理解适用》,载《法律适用》2005 年第 8 期。]

003. 国有土地使用权挂牌出让中,挂牌出让公告的性质是要约还是要约邀请?

【公报案例】

时间集团公司诉浙江省玉环县国土局土地使用权出让合同纠纷案

【裁判要点】

要约是当事人一方向另一方提出合同条件,希望另一方接受的意思表示。要约邀请,又称要约引诱,是邀请或者引诱他人向自己发出订立合同的要约的意思表示。要约邀请与要约不同,要约是一个一经承诺就成立合同的意思表示,而要约邀请只是邀请他人向自己发出要约,自己如果承诺才成立合同。我国《合同法》第 15 条中规定,寄送的价目表、拍卖公告、招标公告、招股说明书、商业广告等为要约邀请。为国有土地权出让而在报纸上刊登的挂牌出让公告的性质与拍卖公告、招标公告相同,是邀请相对方向自己发出要约的意思表示,所以,其性质应为要约邀请。由于挂牌出让公告是出让人发出的要约邀请,那么竞买人的竞价行为应视为向出让方发出的要约,出让方若对竞买人的报价作出承诺,则土地使用权出让合同成立。如果挂牌出让程序中的竞价期限未满,出让方也未对报价作出承诺,则合同关系尚未成立,出让方撤回要约邀请的,不存在基于合同关系而产生的违约责任问题。根据我国《合同法》第 42 条的规定,当事人在订立合同过程中有违背诚实信用原则等情形,给对方造成损失的,应当承担损害赔偿责任,即通常所说的缔约过失责任。所以,在出现由于出让方原因致使竞买人缔结土地使用权出让合同的目的不能实现时，出让方对此存在过错的，应承担缔约过失责任，赔偿竞买人在缔约阶段所发生的信赖利益的损失。

案号：最高人民法院（2003）民一终字第 82 号。

上诉人（原审原告）：时间房地产建设集团有限公司。

被上诉人（原审被告）：玉环县国土资源局。

上诉人时间房地产建设集团有限公司（以下简称时间公司）与被上诉人玉环县国土资源局土地使用权出让合同纠纷一案，浙江省高级人民法院于 2003 年 10 月 24 日作出（2003）浙民一初字第 1 号民事判决，上诉人时间房地产建设集团有限公司对该判决不服，向最高人民法院提起上诉。最高人民法院依法组成合议庭于 2004 年 2 月 9 日进行了开庭审理。本案现已审理终结。

一审法院经审理查明：2002 年 11 月 7 日，玉环县国土资源局（以下简称国土局）在《玉环报》上刊登了《玉环县国土资源局国有土地使用权挂牌出让公告》（以下简称《挂牌出让公告》），主要内容：经玉环县人民政府批准，国土局定于 2002 年 11 月 21 日 8 时至同年 12 月 4 日 15 时，在玉环县地产交易窗口挂牌出让下列一宗国有土地使用权：（1）该地块位于玉环县珠港镇坎门鱼港花礁岩填海开发工程区域，开发编号为 2002 – 005 号，面积 25.9434 公顷，用途为混合住宅用地（商住混合），土地使用年限为 70 年；容积率不大于 1.5，绿化率不少于 35%，日照间距为 1:1.1以上，建筑密度在 30% 以下，在取得土地使用权之日起 5 年内完成建设；（2）该地块挂牌起拍价为 4300 万元，成交地价在成交后付 40%，余额在合同中约定付清；（3）凡具有资金实力，并能在规定时间完成建设的中华人民共和国境内外的公司、企业和其他组织均可参加竞买；（4）报名时间：2002 年 11 月 1 日至同年 11 月 20 日 15 时止；报名地点：玉环县地产交易窗口；报名需带资料：注册资本在 1 亿元（注册到位 5000 万元）以上的营业执照副本原件，加盖公章的法定代表人证明书；（5）参加竞买者在报名时须交纳保证金 2000 万元；（6）挂牌时间：2002 年 11 月 21 日 8 时始至同年 12 月 4 日 15 时止；挂牌地点：玉环县地产交易窗口。《玉环县国土资源局国有土地使用权挂牌出让须知》（以下简称《挂牌出让须知》）第 13 条载明："挂牌期限届满，按照下列规定确定是否成交：（1）在挂牌期限内只有一个竞买人报价，且报价高于底价并符合其他条件的，挂牌成交；（2）在挂牌期限内有两个或两个以上的竞买人报价的，出价最高者为竞得人；报价相同的，先提交报价单者为竞得人，但报价低于底价者除外；（3）在挂牌期限内无应价者或竞买人的报价均低于底价或均不符合其他条件的，挂牌不成交；（4）在挂牌期限截止时仍有两个或两个以上的竞买人要求报价的，出让人可以决定实行现场竞价，也可另行确定时间实行拍卖竞价，出价最高者为竞得人。"2002 年 11 月 20 日，国土局收到时间公司的"挂牌出让竞买申请书”,该申请书载明:“经认真审阅贵局国有土地使用权挂牌出让文件,我们愿意遵守国有土地挂牌出让文件的要求和规定,决定申请参加贵局2002年11月21日至同年12月4日在玉环县地产交易所窗口进行的国有土地使用权挂牌出让竞买。”同日,时间公司依约汇入玉环县土地储备中心2000万元,国土局出具了浙江省行政事业单位往来收据一份,确认收到该笔款项。次日,时间公司向国土局提供了“挂牌出让竞买报价单”,报价为5000万元。

2001年12月14日,浙江渝汇置业有限公司(以下简称渝汇公司)与国土局签订《国有土地使用权出让草签合同》,该合同第4条、第7条约定:“本合同项下出让宗地的用途为《浙江省玉环县坎门湾风景区总体开发规划(草案)》一期投资的海景花园小区”“本合同项下宗地的土地使用权出让金为每平方米人民币165元,总额为4400万元。”同年12月18日,渝汇公司汇入浙江省玉环县坎门渔港开发中心100万元,该中心确认收到该笔款项;2002年10月17日,渝汇公司汇入玉环县财政局1120万元;同日,渝汇公司又汇入玉环县财政局200万元;次日,渝汇公司汇入玉环县财政局300万元;同年11月14日,渝汇公司向国土局提供了《关于将应退土地转让金转为土地挂牌保证金的报告》,要求将上述款项直接转为挂牌竞买保证金;同年11月18日,国土局法定代表人王伍勇书面同意转为保证金;同年11月20日,渝汇公司汇入玉环县土地储备中心280万元,同日,国土局出具收到该笔款项的收据;同年11月22日,该款项进入玉环县土地储备中心账户;同年11月21日,渝汇公司向国土局提供了“挂牌出让竞买报价单”,报价为5100万元。

2002年11月20日,国土局将“玉环海滨新城金港湾(即2002－005号海域开发宗地)挂牌出让底价为5700万元,计人民币伍仟柒佰万元整”的底价函保存在玉环县公证处。

2002年11月20日,浙江省国土资源厅接到举报称国土局在当日坎门渔港金海湾土地挂牌出让中有不规范、“暗箱操作”行为后,查明该宗土地正在上报审批而未获批准,要求国土局在未经依法批准前停止挂牌。同年11月22日,国土局分别向时间公司、渝汇公司发出了《关于对2002－005号海域开发宗地停止挂牌出让的通知》,该通知载明:“根据浙江省国土资源厅意见,玉环海滨新城金港湾,即开发编号为2002－005号海域开发宗地,未经省厅批准前,不得进行挂牌出让。故本局停止对2002－005号海域开发宗地的挂牌出让,若重新挂牌,另行公告。”同日,国土局将2000万元退还给时间公司。时间公司收到上述通知和款项后,于同年12月6日发给国土局《关于对2002－005号海域开发宗地停止挂牌出让通知的复函》,认为“贵局的发布公告及接受挂牌押金和我公司挂牌报价的行为是民事法律行为,对双方都具有法律约束力,贵局擅自停止挂牌的行为已违反了我国的有关法律规定,应属无效行为。我公司现要求贵局恢复挂牌,将该幅土地依法出让。若贵局一意孤行，我公司将依法要求贵局双倍返还挂牌押金，并赔偿相应的经济损失。请贵局在收到函后于五个工作日内给予答复，否则，我公司将依法对贵局提起诉讼”。

另外，一审法院根据时间公司的申请，于2003年5月22日委托浙江省高级人民法院司法鉴定处（以下简称司法鉴定处）对下列事项进行鉴定：（1）2002年11月20日挂牌出让底价为5700万元的函件的真实性，即该函件上的打印字体及函件上国土局的印章是否系2002年11月20日或在此以前所写、所盖；（2）2002年11月21日“挂牌出让竞买报价单”上打印字体、书写字体和渝汇公司的印章是否在2002年11月21日或在此以前所写、所盖。2003年6月27日，司法鉴定处发了退卷函，结论为“样本材料不足，且鉴定技术条件限制，故无法作出鉴定结论”。双方对该函件无异议，但时间公司认为应送更权威部门进行鉴定，故再次提出申请。

2003年1月9日，时间公司向浙江省高级人民法院提起诉讼称：2002年11月7日，国土局在《玉环报》上刊登出《挂牌出让公告》，载明经玉环县人民政府批准，国土局挂牌出让开发编号为2002－005号，面积25.9434公顷，用途为混合住宅用地，土地使用年限为70年的国有土地使用权。根据公告的要约，时间公司于2002年11月20日向国土局提交了注册资金为10,089万元的营业执照副本，并交纳了挂牌押金2000万元。2002年11月21日，时间公司在国土局规定的挂牌地点玉环县地产交易窗口依法参加挂牌竞投活动，并于当日14时30分挂出了5000万元报价的竞买单。2002年11月22日，国土局以该开发宗地未经浙江省国土资源厅批准为由，通知时间公司对该开发宗地停止挂牌出让，拒绝与时间公司订立国有土地使用权出让合同。时间公司认为，根据国家法律规定：“商业、旅游、娱乐和商品住宅等各类经营性用地，必须以招标、拍卖或挂牌方式出让。”而国土局作为唯一代表国家出让国有土地的部门，在未经有权部门批准发布挂牌公告后又取消挂牌，按照常理，是不可能的事情，国土局对此恶意毁约行为应承担全部的法律责任。时间公司已取得了本次挂牌的最高报价，是本次挂牌的竞得人。根据2001年11月11日台州市人民政府令第74号即《台州市国有土地使用权出让招标拍卖管理办法》（以下简称台州市政府令）第29条之规定，时间公司交纳的2000万元履约保证金，是时间公司、国土局约定的在签订国有土地使用权出让合同之前的立约定金，根据《担保法》第89条、第90条之规定，国土局应双倍返还。根据《民法通则》第4条、《合同法》第5条所规定的公平原则和国土资源部、监察部于2002年8月26日颁布的《关于严格实行经营性土地使用权招标拍卖挂牌出让的通知》的精神，为了防止国有资产流失，国土局不得改变《挂牌出让公告》和《挂牌出让须知》中确定的报名主体的条件，应尽速补办相关手续，继续履行公告所确定的义务。故时间公司请求：（1）判令国土局继续履行合同，将开发编号为2002－005号开发宗地出让给时间公司；（2）判令国土局双倍返还时间公司所交的约定为定金性质的保证金计4000万元

(已返还2000万元);(3)由国土局承担案件受理费。

国土局答辩称:(1)2002年11月7日的《挂牌出让公告》就法律性质而言,是向不特定的多数人所发出的要约邀请,并不是要约,因此,国土局在发出该公告后,根据浙江省国土资源厅的指令撤销该具有要约邀请性质的出让公告,不是毁约行为,更谈不上继续履行合同的问题。(2)国土局停止对该开发宗地的挂牌出让,不是出于恶意,而是为了执行浙江省国土资源厅的指令和遵守程序的规定。2002年11月21日,国土局不只收到了时间公司的"挂牌出让竞买报价单",还收到了渝汇公司的"挂牌出让竞买报价单",且时间公司并不是本次挂牌的最高报价者。时间公司在报名后,当场向国土局索要挂牌材料,因当时在国土局办理事务的人较多,国土局工作人员无法分身,国土局要求时间公司在30分钟后再来领取材料,遭到了时间公司的无端怀疑,时间公司当即向浙江省国土资源厅举报,称国土局暗箱操作。鉴于此次挂牌竞买有人举报,加之未经批准就将土地挂牌出让违反了《土地管理法》的有关规定,故在浙江省国土资源厅的干预下,国土局向时间公司发出了停止挂牌的通知。可见,在此次停止挂牌出让的问题上,国土局不存在任何恶意。(3)无论是国土局所发布的《挂牌出让公告》,还是国土局出具的行政事业单位往来款收据,均明确记载时间公司于2002年11月20日向国土局支付的2000万元只是保证金,并不是定金,时间公司将保证金说成定金,缺乏法律依据。故请求驳回时间公司的诉讼请求。

一审法院认为,关于2000万元是保证金还是定金的问题,根据《担保法》第90条的规定,定金应当以书面形式约定。当事人在定金合同中应当约定交付定金的期限。定金合同从实际交付定金之日起生效。而从本案的证据来看,双方当事人之间没有签订过任何形式的定金合同或定金条款。从双方挂牌出让的有关文件来看,只约定了2000万元的保证金。而《最高人民法院关于适用〈中华人民共和国担保法〉若干问题的解释》(以下简称《担保法若干问题解释》)第118条规定"当事人交付留置金、担保金、保证金、订约金、押金或订金等,但没有约定定金性质的,当事人主张定金权利的,人民法院不予支持",从该规定来看,时间公司主张定金权利,缺乏法律依据。约定,是指双方当事人之间意思表示一致,而台州市政府令是独立于当事人意思表示之外的行政规章,据此,时间公司认为台州市政府令的内容就是双方当事人之间意思表示的内容的理由,不能成立。关于双方当事人之间国有土地使用权出让合同是否成立的问题,《合同法》第15条第1款明确规定"要约邀请是希望他人向自己发出要约的意思表示。寄送的价目表、拍卖公告、招标公告、招股说明书、商业广告等为要约邀请"。据此,本案的挂牌公告系要约邀请,而非要约。时间公司诉称本案系要约的理由不能成立。2002年11月21日,时间公司的报价系要约。根据中华人民共和国国土资源部2002年5月9日颁布的《招标拍卖挂牌出让国有土地使用权规定》第 19 条的规定，“挂牌期限届满，按照下列规定确定是否成交：（一）在挂牌期限内只有一个竞买人报价，且报价高于底价，并符合其他条件的，挂牌成交；（二）在挂牌期限内有两个或两个以上的竞买人报价的，出价最高者为竞得人；报价相同的，先提交报价单者为竞得人，但报价低于底价者除外；（三）在挂牌期限内无应价者或竞买人的报价均低于底价或均不符合其他条件的，挂牌不成交。在挂牌期限截止时仍有两个或两个以上的竞买人要求报价的，出让人应当对挂牌宗地进行现场竞价，出价最高者为竞得人”。本案国土局在未经依法批准前，擅自挂牌出让国有土地使用权，浙江省国土资源厅责令停止挂牌，在此情况下，既没有确定时间公司为中标人，也没有与其签订确认书，国土局尚未作出承诺，据此，双方之间的合同关系尚未成立。时间公司诉称双方之间已形成合同关系的理由不能成立。鉴于 2002 年 11 月 20 日挂牌出让底价为 5700 万元的函件及 2002 年 11 月 21 日“挂牌出让竞买报价单”非本案主要证据，对其认定与否对本案实体处理没有影响，故对时间公司要求对上述两份证据再次申请鉴定，不予支持。关于双方之间的国有土地使用权出让合同是否有效的问题，双方之间的国有土地使用权出让合同关系尚未成立，因此，不存在国有土地使用权出让合同的效力问题。至于本次挂牌出让行为的效力问题，《土地管理法》《城市房地产管理法》《土地管理法实施条例》《城市房地产开发经营管理条例》等法律法规对土地出让的权限范围均未作规定，但浙江省人大常委会颁布的于 2000 年 7 月 5 日起施行的《浙江省实施〈中华人民共和国土地管理法〉办法》第 21 条规定，“在已批准的农用地转用范围内和原有建设用地范围内，具体建设项目用地按照下列规定办理审批手续：（一）二公顷以下的建设项目用地，由县（市）人民政府土地行政主管部门审核，报同级人民政府批准，并报设区的市和省人民政府土地行政主管部门备案；（二）二公顷以上五公顷以下的建设项目用地，由设区的市人民政府土地行政主管部门审核，报同级人民政府批准，并报省人民政府土地行政主管部门备案；其中杭州、宁波两市人民政府可以批准二公顷以上六公顷以下的建设项目用地；（三）杭州、宁波两市六公顷以上、其他设区的市五公顷以上的建设项目用地，由省人民政府土地行政主管部门审核，报省人民政府批准。具体建设项目需要占用土地利用总体规划确定的国有未利用地的，按照前款规定办理审批手续。法律、行政法规另有规定的除外。”讼争地块达 25.9434 公顷，依据上述规定，应报省政府批准，而国土局在挂牌出让公告以前，未报经省政府批准，这种挂牌行为也是无效的。综上，一审法院认为，国土局的挂牌出让行为未经浙江省人民政府批准，该挂牌出让行为是无效的；在挂牌过程中，经浙江省国土资源厅制止，国土局停止了挂牌出让行为，未确认时间公司为中标单位，对时间公司的报价行为未作出承诺，双方之间的合同关系尚未成立，时间公司要求判决双方继续履行合同，将讼争地块出让给时间公司的诉讼请求，缺乏法律依据,不予支持;双方之间也未约定时间公司所交2000万元为定金性质,据此,时间公司要求双倍返还定金的诉讼请求,不予支持。根据《合同法》第15条、《担保法》第90条、《担保法若干问题解释》第118条、《民事诉讼法》第64条之规定,判决:驳回时间公司的诉讼请求。案件受理费360,010元,由时间公司负担。

时间公司不服一审判决,向最高人民法院提起上诉称:一审判决认定事实不清,证据不足,适用法律错误,请求撤销一审判决,依法支持时间公司起诉请求并判令国土局承担本案诉讼费用。主要事实和理由是:"(一)一审判决基本事实认定错误。时间公司应为本次挂牌竞买唯一合法竞买人,国土局虚拟了案外人渝汇公司参与本次挂牌竞买的事实。本次挂牌交易不存在底价,国土局串通地方公证处出具了虚假底价证明。国土局在挂牌公告前已就涉案土地与渝汇公司签订出让合同,挂牌公告系为渝汇公司'量身定做'。(二)一审判决适用法律不当。1. 一审判决混淆了挂牌出让法律关系与国有土地使用权出让法律关系。2. 时间公司与国土局之间挂牌出让合同关系已经形成,国土局国有土地使用权挂牌出让行为应为有效。《合同法》第十五条第一款并没有排除挂牌公告作为要约的情形,本案挂牌公告明确表示将与出价最高者订立合同,符合合同法关于构成要约的全部要件。时间公司是唯一具备资格的竞买人,且其报价5000万元高于起拍价4300万元,在没有继续竞价的情况下,该报价是针对国土局要约的有效承诺。浙江省国土资源厅的电话通知属国土资源行政系统内部非规范行政行为,不影响双方当事人之间挂牌出让法律关系的效力。根据城市房地产管理法的规定,本案讼争宗地应由玉环县人民政府批准,国土局具体实施出让,因此,国土局是唯一有权组织讼争宗地实施出让的政府机构,符合有关土地使用权出让主体的法律规定。根据《最高人民法院关于适用〈中华人民共和国合同法〉若干问题的解释(一)》第四条的规定,一审法院将浙江省人大常委会颁布的地方性法规作为法律依据确认国土局所实施的挂牌出让行为无效显属不当。3. 在通过有效挂牌行为确定了交易对象和交易价格后,双方国有土地使用权出让合同已经成立,未经有关部门批准属效力待定。一审法院关于讼争宗地必须经有关部门批准才能挂牌出让以及双方国有土地使用权出让合同未成立的观点于法无据。4. 时间公司在挂牌交易过程中向国土局缴纳的2000万元保证金在法律上应认定为立约定金,一审判决认为其不是定金,定性不当。依据台州市政府令第二十九条之规定,在台州市国有土地使用权出让活动中保证金的性质属于定金,这是台州市政府在此类活动中作为平等民事主体的公开、真实的意思表示,非一审法院所认定的是政府颁布行政规章的行为。根据担保法若干问题解释第一百一十八条之规定,时间公司缴纳的2000万元保证金在性质上属于定金,应当适用担保法关于定金罚则的相关规定。国土局要求时间公司缴纳该2000万元的目的是为防止时间公司在竞标成功后不按规定订立出让合同并支付相应价款,同时,根据《中华人民共和国招标投标法》第六十条之规定,如果中标人拒绝签订土地出让合同,该保证金是不予退还的,显然该笔保证金在本案中具有担保正式订立合同的立约定金性质,因此,国土局应当继续履行合同,否则,应承担双倍返还定金的责任。"

国土局答辩称:一审判决认定事实清楚,适用法律正确,请求驳回上诉,维持原判。主要事实和理由是:(1)时间公司不是本次挂牌出让唯一合法的竞买人,且同样符合竞买人条件的渝汇公司所提的报价明显高于时间公司报价。时间公司将政府有关部门提供的原始凭证、出具的证明说成"伪造",没有依据。(2)本次挂牌存在底价。《挂牌出让须知》第13条和国土局存于玉环县公证处内的底价原件充分说明在挂牌前双方已明确了本次挂牌存在底价且底价不可能为事后虚构。(3)依法律规定,挂牌公告为向不特定的人所发出的要约邀请,国土局不可能对时间公司未达底价的报价进行承诺,也不可能与时间公司签订确认书,故时间公司关于合同已成立的诉讼请求,缺乏事实和法律依据,不能成立。(4)本次挂牌为国土局作为政府职能部门严格按照行政规章的规定进行国有土地使用权出让活动的举措,不存在时间公司所称的为渝汇公司"量身定做"的问题。国土局与渝汇公司草签出让合同是在国土资源部发布《招标拍卖挂牌出让国有土地使用权规定》之前。(5)时间公司所支付的2000万元保证金不能解释为带有担保性质的定金,不应双倍返还。挂牌公告只规定2000万元为履约保证金,双方之间没有对保证金作过定金性质的约定,也从未订立过任何专门的定金合同或定金条款。台州市政府令第29条因不具立法权限、内容性质迥然等原因不能作为处理本案的法律依据。(6)本案事实不符合效力待定合同法定情形。国土局未经有权机关批准而将讼争土地挂牌出让,违反了土地管理法和合同法的规定,其挂牌行为应当认定无效。

最高人民法院二审查明,至二审庭审结束时止,玉环县珠港镇坎门鱼港花礁岩填海开发工程区域即开发编号为2002-005号的国有土地使用权出让仍未获浙江省人民政府批准。二审期间,时间公司当庭提交一份新证据,即玉环县人民政府常务会议纪要(〔2003〕4号),以证明国土局在本案尚未了结的情况下,就准备将涉案土地继续以协议方式出让给渝汇公司,缺乏履行挂牌义务的起码诚意。国土局认为该份证据已过举证时限,不予发表质证意见。最高人民法院二审查明的其他事实与一审法院查明的事实基本相同。

二审庭审结束后,时间公司递交书面申请,请求对渝汇公司的报价单和国土局的底价单的真实性进行重新鉴定,对渝汇公司是否实际交纳2000万元保证金等进行调查取证。

最高人民法院认为,时间公司与国土局之间国有土地使用权出让合同关系是否已成立的问题,是时间公司请求继续履行合同的前提,也是国土局承担合同责任的基础。对这一问题的判定应综合挂牌出让公告的法律性质、本案是否存在承诺、国土局承担责任的法律根据等三方面内容进行确定。关于挂牌出让公告的法律性质是要约邀请还是要约的问题，其区分标准应首先依照法律的规定。《合同法》第15条载明拍卖公告和招标公告的法律性质为要约邀请，本案刊登于报纸上的挂牌出让公告与拍卖公告、招标公告相同，亦是向不特定主体发出的以吸引或邀请相对方发出要约为目的的意思表示，其实质是希望竞买人提出价格条款，其性质应认定为要约邀请。时间公司于2002年11月21日所作的报价应为本案要约。时间公司诉称挂牌出让公告即为要约的主张缺乏法律依据，不能成立。合同法对要约邀请的撤回未作条件限制，在发出要约邀请后，要约邀请人撤回要约邀请，只要没有给善意相对人造成信赖利益的损失，要约邀请人一般不承担法律责任。要约邀请不形成合同关系，撤回要约邀请亦不产生合同上的责任。因此，时间公司要求国土局继续挂牌并与之签订国有土地使用权出让合同的主张于法无据，不予支持。关于本案是否存在承诺的问题，2002年11月22日，即时间公司与渝汇公司虽已报价但未开始竞价的次日，浙江省国土资源厅以“未经依法批准，擅自挂牌出让国有土地使用权”为由，责令国土局停止挂牌，从而使正在进行中的缔约行为因事实原因的出现而发生中断，此时，挂牌出让程序中的竞价期限尚未届满，国有土地使用权出让合同的主要条款即讼争宗地使用权的价格未能确定，国土局尚未对时间公司的报价作出承诺，双方关系仍停留于缔结合同过程中的要约阶段，因此，本案合同因尚未承诺而没有成立，双方当事人之间没有形成合同关系。时间公司主张存在有效承诺，双方之间已形成合同关系的理由不能成立。因本案合同未成立，故时间公司认为其与国土局之间存在效力待定合同的主张，亦不予支持。关于国土局承担责任的法律根据问题，本案正在进行中的国有土地使用权挂牌交易，不仅于挂牌之时未获审批且至最高人民法院二审庭审结束时止该宗国有土地使用权出让仍未获浙江省人民政府批准，从而造成时间公司期待缔结国有土地使用权出让合同的目的不能实现，国土局对此存在过错，应承担相应的缔约过失责任。在缔约阶段所发生的信赖利益的损失，必须通过独立的赔偿请求予以保护。本案二审期间，虽然国土局同意承担缔约过失的赔偿责任，但时间公司直至二审庭审结束前仍坚持要求国土局承担继续履行合同或双倍返还保证金的责任，未就国土局缔约过失致其损失提出赔偿请求，限于当事人的诉讼请求和二审案件的审理范围，对此问题，最高人民法院不予审理。鉴于本案当事人之间的合同关系尚未成立，一审判决驳回时间公司要求国土局承担合同责任的诉讼请求，适用法律并无不当。至于《挂牌出让公告》和《挂牌出让须知》所规定的2000万元保证金是否为定金的问题，该2000万元在本案《挂牌出让公告》中载明为“保证金”，双方并未约定为定金。《担保法》及《担保法若干问题解释》中规定了定金和保证金的界定标准，即当事人主张保证金为定金的前提是双方有明确约定。时间公司所引用的台州市政府令第29条将保证金作为定金处理的规定,因其既不是双方当事人的约定,又不符合法律的相关规定,该政府令不能作为本案认定2000万元保证金为定金的法律依据。一审判决认定本案2000万元保证金不是定金,适用法律正确。时间公司关于该2000万元保证金应为担保正式订立合同的立约定金,国土局应予以双倍返还的主张,缺乏事实和法律依据,本院不予支持。时间公司在二审期间提出的对渝汇公司的报价单和国土局的底价单的真实性进行重新鉴定,对渝汇公司是否实际交纳2000万元保证金的事实进行调查的请求,因对最高人民法院认定双方当事人之间的合同并未成立没有影响,故不予同意。综上,一审判决认定事实清楚,适用法律正确。根据《民事诉讼法》第153条第1款第1项之规定,判决如下:驳回上诉,维持原判。二审案件受理费360,010元,由时间公司负担240,010元,国土局负担120,000元。本判决为终审判决。

[参见《时间集团公司诉浙江省玉环县国土局土地使用权出让合同纠纷案》,载《最高人民法院公报》2005年第5期。]

004. 国有土地使用权出让合同纠纷法律性质如何认定?

【审判专论】

1. 关于国有土地使用权出让合同纠纷法律性质的认定问题。关于国有土地使用权出让合同纠纷性质上属于行政争议还是民事争议,实践中存在不同认识。第一种观点认为,2015年5月1日起施行的《最高人民法院关于适用〈中华人民共和国行政诉讼法〉若干问题的解释》第11条规定,"行政机关为实现公共利益或者行政管理目标,在法定职责范围内,与公民、法人或者其他组织协商订立的具有行政法上权利义务内容的协议,属于行政诉讼法第十二条第一款第(十一)项规定的行政协议"。根据该规定,国有土地出让合同性质属于行政协议,应作为行政案件受理。第二种观点认为,国有土地使用权出让合同属于民事合同,应当作为民事案件受理。因为尽管合同当事人中有一方是政府部门,但是双方合同的主要内容是对国有土地使用权出让进行的约定,合同签订完全遵循平等、自愿、等价有偿的原则,不存在行政命令和强迫的意思。我们认为,对于国有土地使用权出让合同纠纷应当进行区分:(1)涉及容积率确定、红线划定、土地收回等行政职能的争议,政府部门享有行政优益权,属于行政法律关系。当事人就此可以提起行政复议。(2)内容上设定民事权利义务的，属于民事争议。对于国有土地使用权出让合同的履行、变更、解除等行为，体现了当事人平等、等价协商一致的合意，其内容不受单方行政行为强制，合同内容包括具体的权利义务及违约责任，属于民事法律关系的范围，当事人就此可以提起仲裁，也可以提起民事诉讼。

2. 关于招商引资协议性质认定问题。在招商引资中，地方政府往往会作出一些优惠奖励承诺，对于因招商引资协议引发的争议属于民事争议还是行政争议，实践中存在两种观点：一种观点认为，招商引资协议属于政府与投资人之间的民事权利义务关系，属于民事争议。另一种观点认为，招商引资协议具有行政管理、行政奖励等性质，属于政府履行行政管理职责的范围，属于行政争议。我们认为，与国有土地使用权出让合同纠纷类似，对于招商引资协议纠纷亦应当予以区别对待：(1)内容上体现民事权利义务的，如招商协议的履行、解除等，属于民事法律关系的范围。(2)内容上体现政府部门行使行政职权的，协议主要涉及相关行政审批和行政许可等内容，如政府行使回购权、给予税收优惠、给予行政奖励等，则属于行政争议。

［参见江苏省高级人民法院民一庭：《国有土地使用权合同案件审判疑难问题研究——〈最高人民法院关于审理涉及国有土地使用权合同纠纷案件适用法律问题的解释〉施行十二周年回顾与展望》，载《法律适用》2017 年第 21 期。］

005.《国有土地使用权出让合同》中，部分土地未办理农用地转用审批手续的，合同效力如何界定？

【公报案例】

青岛市国土资源和房屋管理局崂山国土资源分局与青岛乾坤木业有限公司土地使用权出让合同纠纷案

【裁判要点】

我国《土地管理法》规定，国有土地使用权的出让涉及农用地转为建设用地等事项，应当依法办理农用地转用审批手续。因此，国有土地使用权出让合同应当自通过审批之日起生效，未通过审批的合同无效。我国《合同法》规定，部分合同无效，不影响其他部分的效力，其他部分仍然有效。所以，出让合同中未通过审批而无效的部分不影响通过审批部分的效力。国有土地使用权出让合同部分有效的，合同双方在有效部分范围内仍然应当履行合同义务。一方未在合同约定的期限内履行合同义务，至双方约定的解除合同的条件成就时，享有合同解除权的一方有权解除合同。根据《合同法》第69条的规定，出让合同中，出让人解除合同的应当通知受让人，该通知到达受让人时，合同解除。

1. 对于双方当事人意思表示真实，约定内容不损害国家、集体和第三人的合法权益，且已经过公证的合同，应认定已经成立。

2. 根据合同法的相关规定，依法成立的合同，自成立时生效。法律、行政法规规定应当办理批准、登记等手续生效的，依照其规定。

3. 合同部分内容无效，但不影响其他部分效力的，应当认定合同其他部分内容有效。

案号：最高人民法院(2007)民一终字第84号。

上诉人(原审被告)：青岛市国土资源和房屋管理局崂山国土资源分局(原青岛市崂山区国土资源局)。

被上诉人(原审原告)：青岛乾坤木业有限公司。

上诉人青岛市国土资源和房屋管理局崂山国土资源分局(以下简称崂山国土资源分局)因与被上诉人青岛乾坤木业有限公司(以下简称乾坤公司)土地使用权出让合同纠纷一案，不服山东省高级人民法院(2006)鲁民一初字第8号民事判决，向最高人民法院提起上诉。最高人民法院依法组成合议庭，于2007年10月24日开庭审理了本案。本案现已审理终结。

一审法院经审理查明：2000年5月29日，青岛市崂山区人民政府向青岛市人民政府报送《青岛市崂山区人民政府关于2000年度第一批城市建设用地的请示》。该请示称：根据《崂山区土地利用总体规划》，我区拟批次转用北宅街道办事处沟崖村园地126,666平方米、洪园村园地6667平方米，合计133,333平方米。上述用地在《崂山区土地利用总体规划》中已确定为城市建设用地。该批次土地办理农转用手续和征归国有后，我区将按照土地审批权限和具体建设项目另行审批。后青岛市人民政府向山东省人民政府报送青政地发〔2000〕267号《关于崂山区2000年度第一批城市建设用地的请示》。

2001年2月28日，乾坤公司与北宅街道办事处签订《土地使用权出让协议》。该协议约定，北宅街道办事处将北宅工业区内土地约150亩(松岭路以西、麦沟路以北)的土地使用权出让给乾坤公司，使用期限50年，每亩地价为6.88万元，总价款约为人民币1032万元。合同签订后，乾坤公司依据1999年青岛市崂山区人民政府的有关文件，分别于2001年4月20日和2001年9月5日，向原崂山区国土资源局的派出机构——崂山区人民政府北宅街道办事处土地规划与矿产资源管理所(以下简称土管所)缴纳土地出让定金180万元和50万元，土管所为其开具收款收据。2001年8月25日,乾坤公司给付土管所258万元支票一张,土管所向其开具258万元收款收据一份。该款实际于2003年3月27日划转至土管所。

2001年9月10日,乾坤公司取得青岛市崂山区环保局下发的〔2001〕青崂环预定字第10号《建设项目定点环保审核通知书》。2001年9月28日,取得青岛市崂山区村镇规划建设管理办公室下发的青崂村规定字〔2001〕第(045)号《青岛市崂山区村镇建设项目定点通知书》。2001年9月29日,取得青岛市崂山区村镇规划建设管理办公室下发的崂建村字第(045)号《建设用地规划许可证》,明确本用地项目符合城市规划要求,准予办理征用划拨土地手续。同日,取得青岛市崂山区村镇规划建设管理办公室下发的青崂村规设字〔2001〕第(045)号《青岛市崂山区村镇规划建设项目规划设计要求通知单》。同年9月30日,青岛市崂山区发展计划局依据北宅街道办事处经济贸易办公室的立项申请,下发崂计项字〔2001〕96号《关于同意青岛乾坤木业有限公司新建厂房项目立项的批复》。同日,崂山区国土局出具《关于青岛乾坤木业有限公司用地的说明》,该说明载明:青岛乾坤木业有限公司位于北宅工业园的150亩工业用地,因北宅工业园规划调整,经北宅街道办事处申请,我局研究同意将该公司用地调整为215亩,现该公司土地手续正在办理之中。

2002年1月31日,山东省人民政府下发鲁政土字〔2002〕35号《山东省人民政府关于青岛市崂山区城市建设用地的批复》称:青岛市崂山区土地管理局拟征用该区北宅街道办事处沟崖村等2个村园地133,333平方米(折合200亩),作为青岛市崂山区政府建设储备用地。经审查,该批次用地符合青岛市崂山区土地利用总体规划,并已纳入你市土地利用年度计划,上报农用地转用方案和征用土地方案切实可行,同意该批次用地。

2003年1月16日,原青岛市崂山区国土资源局与乾坤公司签订青崂土合字〔2003〕4号《国有土地使用权出让合同》,其中约定,崂山区国土局出让给乾坤公司的宗地位于北宅街道沟崖村麦沟路北、松岭路西,宗地面积为175,907平方米,其中出让土地面积为146,383平方米。本合同项下出让宗地的用途为工业。本合同项下的土地使用权出让年限为50年。本合同项下的土地使用权出让金为每平方米103.20元,总额为18,153,602.40元。本合同签订之日起60日内,受让人一次性付清上述土地使用权出让金……合同还约定,受让人在按合同约定支付全部土地使用权出让金之日起30日内,应持本合同和土地使用权出让金支付凭证,按规定向出让人申请办理土地登记,领取《国有土地使用证》,取得出让土地使用权。出让人应在受让土地登记申请之日起30日内,依法为受让人办理出让土地使用权登记,颁发《国有土地使用证》。受让人必须按照本合同约定,按时支付土地使用权出让金。如果受让人不能按时支付土地使用权出让金的,自滞纳之日起,每日按迟延支付款项的3‰向出让人缴纳滞纳金,延期付款超过6个月的,出让人有权解除合同,收回土地，受让人无权要求返还定金，出让人并可请求受让人赔偿因违约造成的其他损失。本合同项下宗地出让方案尚需经山东省人民政府批准，本合同自山东省人民政府批准之日起生效。本合同未尽事宜，可由双方约定后作为合同附件，与本合同具有同等法律效力。同日，双方签订《补充协议》，就代征道路及绿化带面积、费用作出约定。2003 年 2 月 18 日，双方共同申请，对上述合同和协议在青岛市公证处办理了公证。同年 3 月 26 日，乾坤公司向土管所交付 300 万元支票一张，土管所向其开具 300 万元收款收据，但未实际划转该 300 万元。现崂山国土资源分局认可实际收取乾坤公司土地出让金共计 488 万元。此后，乾坤公司未缴纳剩余土地出让金。上述合同涉及的 146,383 平方米的出让土地中，部分土地经鲁政土字〔2002〕35 号文批准转为建设用地。

2005 年 6 月 6 日，原青岛市崂山区国土资源局以乾坤公司未按合同约定如期缴纳全部土地使用权出让金以及项目用地违反青岛市政府〔2003〕95 号文为由，作出崂国土〔2005〕139 号《崂山区国土资源局关于撤销国有土地使用权出让合同的决定》，决定撤销与乾坤公司 2003 年 1 月 16 日签订的《国有土地使用权出让合同》，并要求乾坤公司自收到本决定之日起 10 日内持《国有土地使用权出让合同》原件到该局办理解除合同相关事宜，已交款项的退还事宜到北宅街道办事处建设服务中心（原北宅街道办事处土管所）办理。2005 年 6 月 7 日，原青岛市崂山区国土资源局通过特快专递将上述决定送达乾坤公司。

2006 年 3 月 13 日，青岛市崂山区国土资源局更名为青岛市国土资源和房屋管理局崂山国土资源分局。

一审审理期间，崂山国土资源分局向一审法院提交涉案土地“现状地形图”一张，载明图中全部黑线部分为签订土地使用权出让合同后的地形图，图中红线圈定的部分为农转用获批准的部分。经质证，乾坤公司对此证据没有异议。

由于崂山国土资源分局单方解除合同，乾坤公司交付部分出让金后未能受让合同项下的土地，乾坤公司认为崂山国土资源分局违反合同约定，给其造成各项经济损失 1200 余万元，故向一审法院起诉，请求判令崂山国土资源分局履行青崂土合字〔2003〕4 号《国有土地使用权出让合同》，向乾坤公司交付合同项下的全部土地。

一审法院认为，双方当事人签订的《国有土地使用权出让合同》涉及的土地中有部分履行了农用地转为建设用地的批准手续，根据《土地管理法》第 43 条、第 44 条的规定，崂山国土资源分局对该部分土地有权进行出让，其余部分未经人民政府批准，仍然为农村集体土地，崂山国土资源分局对此无权处分。因此，双方签订的《国有土地使用权出让合同》部分有效。关于乾坤公司缴纳的土地出让金问题。签订合同之前，乾坤公司已向崂山国土资源分局缴纳土地出让金共计 488 万元。2003 年 3 月 26 日，乾坤公司向崂山国土资源分局交付 300 万元银行转账支票，崂山国土资源分局为其开具收款收据。上述一系列行为表明,乾坤公司一直在履行合同义务,对崂山国土资源分局辩称该300万元银行转账支票是空头支票、无法划转的理由,没有证据支持,一审法院不予采纳。关于《国有土地使用权出让合同》应否继续履行的问题。因合同项下的该宗土地部分获得山东省人民政府批准,该部分土地具备履行条件。鉴于乾坤公司涉案土地的相关项目已经政府有关部门批准,获得了项目立项、规划、环保等审批手续。故崂山国土资源分局应当向其交付该部分土地。崂山国土资源分局主张合同解除的抗辩理由,没有法律依据,一审法院不予支持。

综上所述,双方当事人签订的《国有土地使用权出让合同》部分有效,乾坤公司亦部分履行了付款义务,崂山国土资源分局应在政府批准的农用地转建设用地范围内向乾坤公司交付涉案土地。乾坤公司请求崂山国土资源分局履行青崂土合字〔2003〕4号《国有土地使用权出让合同》,向其交付合同项下的全部土地的主张部分成立。一审法院依据《合同法》第8条、第56条、第107条之规定,判决:(1)被告崂山国土资源分局于本判决生效后30日内向原告乾坤公司交付合同项下已经审批转为建设用地的土地(具体以山东省人民政府鲁政土字〔2002〕35号《山东省人民政府关于青岛市崂山区城市建设用地的批复》及现状地形图红线坐标为准);(2)驳回原告乾坤公司其他诉讼请求。案件受理费160,778元,由乾坤公司承担130,070元,崂山国土资源分局承担30,708元。

崂山国土资源分局认为一审判决认定事实错误,适用法律不当。向最高人民法院提起上诉,请求二审撤销一审判决,依法驳回乾坤公司的诉讼请求,一、二审诉讼费由乾坤公司承担。理由是:

1. 一审判决认定上诉人和被上诉人双方签订的《国有土地使用权出让合同》部分有效是错误的。(1)本案合同中的标的物——宗地为不可分物,不适用量上的部分有效、部分无效。(2)上诉人对土地没有处分权,本案土地的出让要经过青岛市人民政府审批。(3)本合同项下宗地出让方案尚需经山东省人民政府批准,本合同自山东省人民政府批准之日起生效。由于本案项下的土地还没有完全办理农转用手续,所以不具备拟定出让方案报人民政府批准的条件,本案中的出让合同还不具有法律效力,被上诉人只具有一种期待权。(4)一审判决上诉人出让部分土地给被上诉人,违反了青岛市人民政府的规划。青岛市人民政府于2003年11月11日批准了包括本案宗地在内的地区规划。根据该规划,高新产业区“适当往东北方向发展延伸至李沙路,严禁继续往崂山风景区内延伸”,本案出让合同中的土地在青岛市政府规定的不准建设区域内。本案已经办理农转用的84亩土地的批准文件依法已经自动失效。

2. 一审法院认定“崂山国土资源分局主张合同解除的抗辩理由,没有法律依据”是错误的。上诉人对被上诉人交纳的土地出让金数额有异议,即使按一审认定的788万元,也只占土地出让金总数18,153,602.4元的43%。被上诉人在合同签订后超过6个月没有付清出让金,上诉人依据涉案合同第9条和第31条,具有解除合同的权利,且乾坤公司已经收到解除合同的决定书。依据《合同法》第96条的规定,双方签订的《国有土地使用权出让合同》自乾坤公司收到该决定书时解除。由于合同没有约定上诉人行使解除权的时间,在解除条件构成后,上诉人可以随时行使解除权。

3. 一审判决关于被上诉人所交出让金数额的认定是错误的。一审判决认定乾坤公司所交土地出让金为488万元是错误的,不符合本案实际。扣除崂山区人民法院扣划的土地出让金3,813,357元,应认定乾坤公司所交的土地出让金为1,066,643元。

乾坤公司辩称:(1)一审认定涉案合同部分有效具有事实和法律依据,处理结果正确。涉案合同约定崂山国土资源分局向乾坤公司交付215亩土地,但实际上只有84亩具备了出让条件,符合合同部分无效的情形。崂山国土资源分局所称审批权上交是合同签订后发生的,审批权上交不影响合同的效力。至于崂山国土资源分局强调的政府新规划,是指规划后不再向风景区延伸,并不影响之前的合同。(2)一审认定崂山国土资源分局主张解除合同的抗辩理由不成立是正确的。乾坤公司没有全额付款的原因在崂山国土资源分局,当时乾坤公司的银行支票账户内存款多达700余万元,但土管所却停收土地出让金,致使乾坤公司履约不能。崂山国土资源分局单方解除合同的条件未成就。崂山区人民法院扣划土地出让金发生在合同解除之前,该行为与本案无关,崂山国土资源分局应当继续履行合同。

二审查明:乾坤公司于2003年3月26日向土管所提交的银行转账支票未记载出票日期和收款人,双方当事人对这一事实均无异议。最高人民法院认为,根据《票据法》第85条的规定,出票日期是支票的必要记载事项,涉及支票使用期限的起算,无出票日期的支票应认定为无效支票。二审查明的其他事实与一审查明的事实相同。

最高人民法院认为,本案涉及三个争议焦点:(1)关于《国有土地使用权出让合同》效力的认定;(2)一审认定乾坤公司交纳土地出让金的数额是否正确;(3)崂山国土资源分局是否有权解除合同。

1. 关于《国有土地使用权出让合同》效力的认定问题。本合同虽约定合同须经山东省人民政府批准方可生效,但在合同签订前,合同项下的84亩土地已经山东省人民政府批准,由农业用地转为建设用地,故这部分土地未经审批不影响相应部分的合同效力;合同项下其余部分土地尚未办理农用地转用审批手续,按约定合同尚未生效,依法不得出让。崂山国土资源分局认为合同已经成立但未生效,不应认定部分有效、部分无效。本院认为,涉案合同是双方当事人的真实意思表示,内容不损害国家、集体和第三人的合法权益,且已经过公证,应认定已经成立。我国《合同法》第44条规定:“依法成立的合同,自成立时生效。法律、行政法规规定应当办理批准、登记等手续生效的,依照其规定。”《土地管理法》第44条规定:“建设占用土地,涉及农用地转为建设用地的,应当办理农用地转用审批手续……”据此认定本案中未经政府批准农转用土地的部分合同无效。根据《合同法》第56条的规定,部分合同无效,不影响其他部分效力的,其他部分仍然有效。就本案情况看,认定部分合同无效,不会影响其他部分的效力。因此,应当认定合同中经过政府批准的84亩土地使用权出让有效,未经政府批准的131亩土地使用权出让无效,其他合同条款仍然有效。对于崂山国土资源分局关于涉案合同项下转让的土地是不可分物,不适用量上的部分有效、部分无效的上诉主张,最高人民法院不予支持。

2. 关于一审认定乾坤公司交纳土地出让金的数额是否正确的问题。一审认定乾坤公司已向崂山国土资源分局交纳土地出让金788万元,乾坤公司对此不持异议。崂山国土资源分局只承认收到乾坤公司的土地出让金488万元,且被崂山区人民法院划走3,813,357元,目前仅剩1,066,643元。双方当事人的主要分歧在于2003年3月26日乾坤公司向土地管理所交付的一张300万元的支票应否算作已付土地出让金。鉴于该支票因无出票日期而被认定为无效,凭无效支票不能划转乾坤公司的银行存款。乾坤公司的出票行为应被认定为无效民事行为。尽管土地管理所收到这张支票后出具了收据,但因支票无效,土地管理所出具的收据并不意味着已经或者能够收到300万元土地出让金,事后乾坤公司也未对这张支票进行补正。事实上崂山国土资源分局也未收到此笔款项。由于乾坤公司对这张支票的无效具有过错,不能认定乾坤公司提交这张支票即视为其支付了300万元土地出让金。崂山国土资源分局关于该支票无效的抗辩具有事实和法律依据,本院应予支持。一审认定乾坤公司已向崂山国土资源分局支付土地出让金788万元有误,应予纠正。

为执行(2004)崂执字297号、1162号民事裁定书,崂山区人民法院于2005年3月25日扣划被执行人乾坤公司在北宅街道办事处的出让土地定金907,528元、2,905,829元至该院账户。同月29日,北宅街道办事处致函乾坤公司称,崂山区人民法院强行扣划北宅街道办事处财政款3,813,357元,北宅街道办事处已从乾坤公司交付的土地出让金488万元中支付486.623万元。因此,一审判决认定乾坤公司交纳的土地出让金为488万元是正确的。乾坤公司应交纳的土地出让金应按照合同有效部分的土地出让面积计算,乾坤公司应交纳的土地出让金为5,782,089.6元(84亩×667平方米/亩×103.2元=5,782,089.6元),所付488万元低于应付的土地出让金数额,故应认定乾坤公司未交齐合同有效部分的土地出让金。

3. 崂山国土资源分局是否有权解除合同。解除合同的前提是合同已经生效。涉案《国有土地使用权出让合同》第31条约定,受让人延期支付土地出让金超过6

个月的，出让人有权解除合同。该合同未约定行使合同解除权的期限，也未约定出让方在解除合同前要进行催告。鉴于该合同部分有效，乾坤公司应在合同有效部分的范围内履行义务。涉案合同于 2003 年 1 月 16 日签订，截至 2003 年 3 月 26 日，乾坤公司向崂山国土资源分局交付土地出让金 488 万元，未达到 84 亩土地的出让金总额。因此，解除合同的条件已经成就。崂山国土资源分局根据《合同法》第 93 条第 2 款的规定，行使了合同解除权，且已经通知了乾坤公司。其未对乾坤公司进行催告，并不构成违约。对崂山国土资源分局关于乾坤公司没有按期付清合同项下全部土地出让金，其有权解除合同的主张，本院应予支持。对乾坤公司关于解除合同的条件未成就，崂山国土资源分局无权单方解除合同的主张，最高人民法院不予支持。

综上，最高人民法院认为，根据双方当事人在土地出让合同中的约定，涉案合同经过政府批准的部分有效、未经政府批准的部分无效。对于合同的有效部分，双方当事人均有义务履行。乾坤公司未在合同约定的期限内履行合同有效部分的交纳土地出让金的义务，解除合同的条件已经成就，崂山国土资源分局解除合同的行为有效。合同解除后，崂山国土资源分局不再履行向乾坤公司出让 84 亩土地使用权的义务。崂山国土资源分局的上诉有理，最高人民法院予以支持。一审法院认定事实不清，适用法律不当，应予改判。依照《民事诉讼法》第 153 条第 1 款第 3 项的规定，判决如下：驳回青岛乾坤木业有限公司的诉讼请求。本案一审案件受理费 160,778 元，二审案件受理费 192,568.01 元，均由青岛乾坤木业有限公司负担。本判决为终审判决。

［参见《青岛市国土资源和房屋管理局崂山国土资源分局与青岛乾坤木业有限公司土地使用权出让合同纠纷案》，载《最高人民法院公报》2008 年第 5 期。］

006. 关于政府作为国有土地使用权出让主体的效力如何认定？

【审判专论】

对此问题实践中存在两种观点：一种观点认为，根据我国《土地管理法》及《城市房地产管理法》的相关规定，土地使用权出让合同的出让方为市、县人民政府土地管理部门，其他部门无权出让，故政府作为土地出让主体的，出让合同无效。另一种观点认为，土地管理部门系政府的部门，政府有权行使其职能部门的权利，故出让合同有效。我们同意第二种观点，理由是：《城市房地产管理法》第 12 条规定：土地使用权出让，由市、县人民政府有计划、有步骤地进行。出让的每幅地块、用途、年限和其他条件，由市、县人民政府土地管理部门会同城市规划、建设、房产管理部门共同拟订方案，按照国务院规定，报经有批准权的人民政府批准后，由市、县人民政府土地管理部门实施。该法第4条①规定，土地使用权出让合同由市、县人民政府土地管理部门与土地使用者签订。《国有土地使用权司法解释》第1条规定，本解释所称的土地使用权出让合同，是指市、县人民政府土地管理部门作为出让方将国有土地使用权在一定年限内让与受让方，受让方支付土地使用权出让金的协议。从上述规定看，市、县人民政府土地管理部门是土地使用权出让的实施部门，市、县人民政府为土地出让的主导主体。根据《地方各级人民代表大会和地方各级人民政府组织法》第66条第2款的规定，自治州、县、自治县、市、市辖区的人民政府的各工作部门受人民政府统一领导，并且依照法律或者行政法规的规定受上级人民政府主管部门的业务指导或者领导。市、县人民政府可以行使其各工作部门的职责。因此，政府作为出让主体出让土地，并不违反法律规定，合同应为有效。

［参见江苏省高级人民法院民一庭：《国有土地使用权合同案件审判疑难问题研究——〈最高人民法院关于审理涉及国有土地使用权合同纠纷案件适用法律问题的解释〉施行十二周年回顾与展望》，载《法律适用》2017年第21期。］

007. 土地出让方不履行土地使用权转让合同中约定的义务，进而违反相关法律规定，后又以违反强制性规范主张合同无效的，人民法院是否予以支持？

【典型案例】

河南花园置业有限公司与河南鑫苑置业有限公司土地使用权转让合同纠纷上诉案

【裁判要点】

《城市房地产管理法》（1994年）第38条规定，以出让方式取得土地使用权的，转让房地产时，应当符合下列条件：（1）按照出让合同约定已经支付全部土地使用权出让金，并取得土地使用权证书；（2）按照出让合同约定进行投资开发，属于房屋

① 现为《城市房地产管理法》第15条。——编者注

建设工程的，完成开发投资总额的25%以上，属于成片开发土地的，形成工业用地或者其他建设用地条件。该条规定的是行政管理部门对不符合规定条件的土地在办理土地使用权权属变更登记问题上所作出的行政管理性质的规定，而非针对转让合同效力的强制性规定。因此，土地出让方不履行土地使用权转让合同中约定的义务，违反《城市房地产管理法》第38条，而又以违反强制性规范主张合同无效的，人民法院不予支持。

上诉人（原审被告）：河南花园置业有限公司。

被上诉人（原审原告）：河南鑫苑置业有限公司。

一、河南省高级人民法院一审查明的案件事实

2004年9月16日，花园公司作为甲方和鑫苑公司作为乙方签订了《出让土地使用权转让协议书》（以下简称协议书）。协议书第2条“甲方的声明和承诺”约定：“……（1）对本协议书约定转让的国有土地使用权以及在建项目享有合法的使用权和处分权。该等权益在转让时未受到政府机关、司法机关、检察机关以及任何第三人查封、冻结或者限制转让的行为影响……（4）将严格按照本协议书约定履行其向乙方转让土地使用权、在建工程，实施地面附属物拆迁安置、土地管理权移交占有以及提供与本协议书履行有关的法律文件……（5）保证取得市政府同意本协议土地使用权转让的批复文件，对无法取得该等同意批复导致协议无法履行承担违约责任（附件六、同意河南花园置业有限公司协议转让土地使用权的批复）……”第3条“乙方的声明和承诺”约定：“（1）将严格履行本协议书约定的义务，并按照协议书约定承担按时、足额支付转让土地使用权和在建项目的价款。（2）在签署本协议时已经获得充分授权，本协议书业经签订即可构成合法、可供执行的、对其有约束力的合同文件。（3）基于本协议书约定的权利义务承担协助义务，配合甲方办理国有土地使用权和在建项目的手续。”第5条“转让土地使用权的基本情况”约定：“……甲方同意转让给乙方的国有土地使用权属于甲方所有，该国有出让土地使用权位于郑州市陇海中路以南，庆丰路以西，永安街以北，面积约为63，328.1平方米，国有土地使用权证编号为：郑国用（2004）字第0933号。具体转让范围见该土地使用证附件郑土测字（2004）第195号宗地图。该转让土地使用权转让前使用性质属于工业。甲方已将该土地中部分（或者全部）面积抵押给广东发展银行郑州分行未来大道支行（以下简称抵押银行），抵押银行持有抵押他项权利证书，该土地抵押他项权利证书编号为：郑他项（2003）字第0085号，抵押担保债权大写为人民币伍千万元。”第6条“在建项目的基本情况”约定：“……（2）甲方将在建项目发包给中铁五局集团建筑工程有限责任公司（称施工单位）开展施工，甲方与施工单位签订有建设工程施工合同，甲方为建设工程施工合同共支付工程款及其他应付款约700万元。全部在建项目总承包价款为人民币23,411,882元……”第7条“转让土地使用权和在建项目的计价方式”约定:“(1)全部转让国有出让(混合住宅)土地使用权价款:95亩×161万元即15,295万元……(2)甲方要求乙方因物业租赁合同签订并实际完全履行而补偿甲方的可得利益1600万元……以上两项付款(包括全部国有土地使用权和在建项目的可得利益)共计16,895万元……”第8条“土地使用权和在建项目变更登记的办理”约定:“(1)本协议签订后,甲方应当立即开展办理出让以及变更用地性质工作,甲方在自己名下办理变更用地性质的工作。本项工作应当在2004年10月31日之前完成(前提是乙方将出让金5400万元在2004年10月20日付出)。甲方完成该项工作后将变更登记以后的国有出让土地使用权证书复制,提交一份与原件核对无误的复印件给乙方。(2)……乙方按照约定将5400万元支付后,甲方保证在2004年11月25日之前取得市政府同意转让的批示,使转让土地完全具备转让过户条件。在国有土地使用权转让变更登记在乙方之前,甲方必须解除所有土地他项权利抵押和在建项目抵押……甲方保证在2004年12月5日之前将转让土地使用权变更登记在乙方名下,乙方给予协助。”第9条“土地占有权移交”约定:“……甲方必须做好转让土地使用权范围内原来土地使用权单位职工安置问题和商户清理工作,保证乙方可以按照约定时间管理、占有转让土地使用权。该项工作必须在2004年12月15日之前完成……”第11条“价款支付方式和付款条件”约定:“(一)本协议签订生效后,乙方以银行转账支票方式支付甲方首笔付款1000万元人民币。(二)协议签订生效后,甲方取得南京悦家超市有限公司继续履行物业租赁合同口头承诺时,乙方以银行转账支票方式支付给甲方人民币1000万元。(三)本协议签订生效后10个日历天内,乙方以银行转账支票方式支付给甲方人民币4000万元。(四)甲方提供南京悦家超市有限公司继续履行物业租赁合同书面承诺时,乙方以银行转账支票方式支付给甲方人民币1000万元。乙方有权监督甲方使用。该笔付款完成后,甲方保证在60个日历天内拆除六号楼。(五)甲方在办理转让土地出让手续,需要交纳出让金时,甲方应通知乙方。乙方接到通知后按照出让合同规定支付出让金5400万元。出让金支付后,甲方负责协调政府有关部门,按照政府给予甲方的优惠政策,保证在出让金到账后15个日历天内退回不少于3600万元……”第13条“违约责任”约定:“甲方的违约行为和应当承担的违约责任:(一)本协议签订生效后,甲方无故不履行协议,应当承担协议违约责任,乙方有权解除本协议。乙方解除本协议的,甲方承担本协议书约定总转让价款(16,895万元)10%的违约金并赔偿乙方的全部损失……(四)甲方不能(包括政府不同意本宗土地转让的原因)按照本协议书约定办理土地变更登记手续(仅包括向乙方转让土地使用权的变更登记手续),应当按照逾期办理的期间,以协议约定转让总价款(16.895万元)为基数,承担每日万分之三的违约金。逾期超过60个日历天。乙方有权决定解除。乙方决定解除本协议的，甲方应当承担本协议总价款（16,895万元）10%的违约金。乙方要求继续履行协议的，甲方应当继续履行协议义务但不免除甲方的违约责任。（五）甲方未能按照本协议约定，向乙方移交转让土地和在建工程管理权、占有权的，应当按照逾期移交的期间，以协议约定转让总价款（16,895万元）为基数，承担每日万分之三的违约金。逾期超过60个日历天，甲方应当承担本协议约定总价款（16,895万元）10%的违约金。乙方要求继续履行协议的，甲方应当继续履行协议义务但不能免除甲方的违约责任。（六）甲方应当保证六号楼的拆迁安置工作不会影响到在建项目向南京悦家超市有限公司的移交工作。否则，甲方承担因此发生的经济赔偿责任，该等损失包括南京悦家超市有限公司的违约索赔和乙方的利益损失。乙方的违约行为和应当承担的违约责任：（一）本协议签订后，乙方无故不履行本协议，甲方有权解除本协议。甲方解除本协议的，乙方承担协议约定总价款（16,895万元）10%的违约金并赔偿全部损失……（三）乙方未按照本协议约定的时间支付各阶段土地转让款的，应当承担逾期付款部分的滞纳金。滞纳金按照日万分之三计算；逾期付款超过60个日历天的，滞纳金增加一倍……”第14条“不可抗力”约定：“……本协议关于不可抗力条款的约定包括本协议签订后双方无法预知、无法控制新出台的政府土地出让、转让政策因素。”协议书还约定有关协议的补充约定或者协议、通知及九个附件属于协议书的组成部分。

2004年9月29日，花园公司、鑫苑公司和中铁五局集团建筑工程有限责任公司就家乐福超市项目的建设施工合同转让事宜签订了协议。2004年9月30日，花园公司、鑫苑公司和南京悦家超市有限公司签订三方协议，花园公司将其与南京悦家超市有限公司之间的合同权利义务转移给了鑫苑公司。

协议书所涉及的土地，是花园公司通过兼并原郑州市酒精厂取得的。花园公司于2004年8月12日通过出让方式取得的国有土地使用证，性质是工业。花园公司又于2004年9月3日与河南省郑州市国土资源局签订郑国土资利合（2004）第099号国有土地使用权出让合同，出让的土地用途是混合住宅用地，但没有领取新的土地使用证。

花园公司和鑫苑公司签订协议书后，鑫苑公司于2004年9月16日向花园公司付款1000万元，2004年9月22日付款1000万元，2004年10月15日付款4000万元，2004年10月27日付款360万元，2004年11月2日付款292万元，共付土地款计6652万元。鑫苑公司随后就家乐福超市项目工程向中铁五局集团建筑工程有限责任公司支付工程款并进行了其他投资。

协议书履行过程中，花园公司就鑫苑公司没有付完1000万元拆迁款问题，于2004年10月10日致函鑫苑公司。其内容如下：“……关于贵公司提到的1000万元监管措施问题，我公司尚不清楚贵公司实施监督的细则、方式。我公司希望贵公司能够派人与我方一起商洽相关的监管措施,使双方就此问题达成一致,从而保证合同的顺利履行……"

2005 年 3 月21 日,花园公司向鑫苑公司发出通知函,提出在协议书及其补充协议履行过程中,由于职工阻止以及政府土地政策变更等多方面的客观原因,导致该协议事实上已经无法履行,要求解除双方的协议,就家乐福项目及占用土地的转让重新签订协议,其余土地不再转让。2005 年 3 月 23 日,鑫苑公司对花园公司发出复函,不同意解除协议,要求继续履行协议书及其补充协议。经河南省郑州市人民政府多次协调,双方未达成一致意见,形成纠纷。为此,鑫苑公司向一审法院提起诉讼。

二、当事人一审起诉与答辩情况

鑫苑公司起诉称:2004 年 9 月 16 日,鑫苑公司与花同公司签订了协议书。协议书约定花园公司向鑫苑公司转让位于河南省郑州市陇海中路以南、庆丰街以西、永安街以北的 63,328.1 平方米土地使用权以及该土地上的在建项目(家乐福超市),总转让价款 16,895 万元。花园公司保证按照约定完成土地使用权转让审批、登记手续,土地上建筑物、附属物拆迁,市场清理以及在建项目转让手续并将土地占有权移交鑫苑公司。协议书签订后,鑫苑公司按照约定支付给花园公司 6652 万元,同时支付在建工程款 575 余万元。但花园公司不按协议书的约定履行义务,并于 2005 年 3 月 21 日致函鑫苑公司,提出变更履行意见,即"2004 年 9 月 16 日以及以后签订的协议予以解除,双方就善后事宜进行协商;花园公司同意将家乐福项目及其占用的土地转让给鑫苑公司并提出重新签订协议,其余土地不再转让"。至此花园公司公开其悔约的态度,已经无法按照协议书约定的时间在 2004 年 12 月 5 日之前完成土地使用权变更登记并向鑫苑公司移交土地使用权。其行为已构成严重违约。请求判令:(1)花园公司按照 2004 年 9 月 16 日签订的协议书的约定,承担向鑫苑公司履行转让土地的义务;(2)花园公司承担违约金 1689.5 万元(即协议总价款 16,895 万元的 10%);(3)花园公司承担工程实际损失 7,060,501.80 元(截至 2005 年 6 月 20 日);(4)花园公司承担本案全部诉讼费用、申请费用。

花园公司答辩称:(1)2004 年 9 月 16 日花园公司和鑫苑公司签订的协议书因违反《城市房地产管理法》的强制性规定,属无效协议。理由是:花园公司没有全额支付土地出让金,未取得新的土地使用权证,土地使用权属处于不确定的状态。协议书约定转让的土地,花园公司的实际投资额尚未达到《城市房地产管理法》所规定的投资总额 25% 以上的转让条件。故该协议书转让的条件不符合《城市房地产管理法》第 38 条的规定。而且,协议书中有的条款涉及政府审批权限以及抵押权人及原郑州市酒精厂职工的权益,应是无效的条款。(2)花园公司积极和鑫苑公司共同向政府提交要求履行合同的请示报告,但因政府原因,未能实施。2004 年 3 月

21日，花园公司是依据政府的政策向鑫苑公司发出的通知函。鑫苑公司以此为由诉称花园公司违约无事实依据。协议书无法履行是政府土地政策变化引起的，原郑州市酒精厂工人的闹事导致工程无法实施。依据协议书第14条第2款“本协议关于不可抗力条款的约定包括本协议签订后双方无法预知、无法控制所出台的政府土地出让、转让政策因素”的约定，应认定为免责事项。(3)鑫苑公司在付款时间上也存在严重违约。鑫苑公司第三次付款，迟延20天。随后按协议书应支付1000万元，只支付了652万元，构成违约。(4)鑫苑公司要求支付违约金和赔偿损失没有事实和法律依据，不能成立。因为协议书是无效的，鑫苑公司不能要求支付违约金，且协议书中没有对违约金约定的条款。利息损失和违约金是重复的，不能支持。工程损失因涉及第三人，属另外一个法律关系，且该损失是由于职工侵权引起，损失数额尚未确定，本案中不能支持。综上，鑫苑公司的诉讼请求没有事实和法律依据，请求依法驳回。

一审法院另查明，对于花园公司和鑫苑公司签订协议书转让土地使用权的行为，2004年3月17日河南省郑州市人民政府向郑州市财政局、规划局、国土局发文。内容如下：“……(1)按现行政策，花园置业应向市财政交纳由土地用途变化所产生的出让金，具体数额由市国土局负责测算；(2)为支持该项目建设，由市财政局向花园置业拨付已收的土地出让金，市财政局留2153.6464万元作为实际收入；(3)由市财政局按2153.6464万元对应63,333.3平方米测算出每平方米的土地出让金，然后对家乐福所实际占用的20,400平方米所对应的土地出让金，按郑发〔2003〕20号文件精神给予50%的返还……”

2004年7月1日，河南省郑州市国土资源局形成郑国土资会纪〔2004〕18号会议纪要。内容如下：“……同意将位于陇海路南、庆丰街西，面积为63,328.1平方米郑州花园置业有限公司出让工业用地，依据2004年3月17日市政府文件精神(同意在该地块上开设家乐福大卖场，花园置业有限公司交纳由土地用途变化发生的出让金)，用途变更为混合住宅用地，补交土地出让金，出让金按住宅和工业地价的差额计收，共5450.41万元……”

2004年9月30日，河南省郑州市人民政府作出郑政土〔2004〕345号土地管理文件《郑州市人民政府关于河南花园置业有限公司申请土地用途变更的批复》。内容如下：“河南花园置业有限责任公司：……同意河南花园置业有限责任公司依据规划部门批准的用途办理土地用途变更手续，用途调整为混合住宅，年期70年，有关用地事项均按与市国土资源局签订的郑国土资利合〔2004〕099号出让合同执行。并注销郑国用〔2004〕0933号国有土地使用证。望你公司接此批复后，抓紧完善用地手续，领取国有土地使用证。”

2005年1月11日，中共郑州市委、市人民政府第五工作组召开关于解决原郑州市酒精厂有关问题的会议,形成会议纪要。部分内容如下:"一、关于土地问题:1. 花园集团现只转让家乐福项目及与该项目配套工程所涉及的土地给鑫苑公司(30 亩地左右),另外约 65 亩土地不转让……三、关于项目建设问题:春节后,工作组和花园集团重点工作放在 6 号楼的拆迁安置,待土地过户和拆迁工作完成后,家乐福项目建设继续开工……"

三、河南省高级人民法院一审认定与判决

根据上述确认的事实,河南省高级人民法院就本案争议的焦点问题,认定如下:

1. 关于 2004 年 9 月 16 日花园公司和鑫苑公司签订的协议书是否有效的问题。花园公司和鑫苑公司签订的协议书是平等民事主体之间签订的民事合同,根据《民法通则》第 55 条和《合同法》的有关规定,民事合同的生效应当具备三个条件:(1)行为人具有相应的民事行为能力;(2)意思表示真实;(3)不违反法律和行政法规的强制性规定,或者损害国家利益、社会公共利益。因此,对该协议书,只要当事人之间就土地使用权转让达成一致意思表示,符合《民法通则》和《合同法》所规定的合同有效的条件,协议书即成立生效。本案花园公司和鑫苑公司签订的协议书是双方真实意思表示,内容不违反法律、行政法规的强制性规定,没有损害国家、社会公共利益或他人的利益,该协议书为有效的协议。《城市房地产管理法》第 37 条和第 38 条的规定是行政管理部门对不符合规定条件的土地在办理土地使用权权属变更登记问题上所作出的行政管理性质的规定,而非针对转让合同效力的强制性规定。至于转让是否取得土地使用权证书、转让的标的物是否达到《城市房地产管理法》第 38 条规定的条件,能否完成土地使用权转让的事实行为,属于协议书能否完全履行的问题,并不直接影响协议书的效力。况且本案中,花园公司在签订协议书之前已经取得所转让土地的国有土地使用权证,对因签订协议书需要对土地用途进行变更亦经过了政府的批准同意,并和河南省郑州市国土资源局签订了新的国有土地使用权出让合同。双方在协议书中对因土地用途变更需补交的土地出让金的交纳义务人亦进行了明确的约定。因此,花园公司认为其没有取得协议书约定用途为"混合住宅"用地的土地使用权证,约定转让的土地未完成开发投资总额的 25% 以上,并以此为由主张协议书违反了《城市房地产管理法》第 37 条和第 38 条的规定而无效的理由不成立,对该项主张一审法院不予支持。至于协议书中有条款约定花园公司有保证取得河南省郑州市人民政府同意土地使用权转让批复文件的义务,以及解除抵押、处理好原来土地使用权单位职工安置问题和商户清理工作等义务,这些条款的约定是花园公司对转让标的物的瑕疵担保责任的约定,是双方真实意思表示,不违反法律的强制性规定,没有损害国家、社会公共利益或他人的利益,亦属合法有效条款。花园公司认为,上述约定为无效条款的理由亦没有法律依据，一审法院不予支持。

2. 关于双方是否存在违约行为，鑫苑公司请求的违约金应否支持的问题。一审法院认为，协议书是合法有效的协议，双方均应该按照约定履行自己的义务。协议书第 8 条约定了花园公司要在 2004 年 12 月 5 日之前将转让土地使用权变更登记在鑫苑公司名下，但花园公司没有履行该义务，却在 2005 年 2 月 21 日向鑫苑公司发出通知函，要求解除双方的协议，花园公司的行为已构成违约。从协议书第 8 条、第 9 条的约定看，双方对原来土地使用权单位的职工安置问题及政府审批问题已经作了充分的预见和考虑，并约定花园公司负有做好转让土地使用权范围内原来土地使用权单位职工安置问题和商户清理工作以及取得河南省郑州市人民政府同意转让的批示的义务。因此，花园公司不履行合同的行为并不是由于协议书第 14 条约定的“双方无法预见、无法控制新出台的政府土地出让、转让政策因素”的不可抗力事由所致。花园公司称其是按照政府的政策向鑫苑公司提出解除合同，协议书无法履行是由于职工闹事导致政府政策发生变化所致，属于协议书约定的免责事由的理由不能成立。

关于鑫苑公司是否存在违约行为的问题。花园公司称按照协议书第 11 条第 3 项、第 4 项的约定，鑫苑公司应在协议书生效后 10 日内支付 4000 万元，鑫苑公司迟延了 20 天；对拆迁款 1000 万元的支付也只付了 652 万元，尚欠 348 万元，构成违约。鑫苑公司对此事实均认可，但认为迟延付款是由于花园公司迟迟不移交在建工程手续所致，而停止支付其余的 348 万元也是由于双方对拆迁款预算的标准、数额以及资金监管措施有异议，双方处于协商过程中造成的。一审法院认为，按照协议书第 6 条第 6 项的约定，双方应在协议书生效后 10 日内办理在建项目移交管理手续，花园公司要向鑫苑公司移交工程技术资料。但花园公司没有提供其按约定移交手续的证据。因此，鑫苑公司迟延付款属行使不安履行抗辩权，有正当的理由。而且，鑫苑公司仅迟延支付 20 日。情节轻微，故鑫苑公司该迟延付款行为不宜认定为违约。从 2004 年 10 月 10 日花园公司致鑫苑公司的函中可以看出，由于双方对协议书第 11 条第 4 项约定的“乙方有权监督甲方使用”没有具体的一致的意见，双方需要对监管措施进行磋商。双方对约定不明确的条款产生分歧，在进一步商谈中暂停履行是正当的。之后，花园公司没有按照约定在 2004 年 12 月 5 日之前将转让土地使用权变更登记在鑫苑公司名下，鑫苑公司停止付款也是一种自我保护措施，不构成违约。

关于鑫苑公司主张的违约金的计算问题。按照协议书第 13 条第 5 项的约定，花园公司没有按照约定移交转让土地逾期超过 60 个日历天的，应当承担协议总价款（16,895 万元）10% 的违约金。鑫苑公司要求继续履行协议的，花园公司应当继续履行协议义务，但不能免除花园公司的违约责任。所以鑫苑公司要求花园公司承担协议书总价款16,895万元的10%即1689.5万元的违约金是有合同依据的,一审法院予以支持。

3.关于鑫苑公司主张的赔偿损失问题。由于鑫苑公司提供的证明其损失存在的证据都是中铁五局集团建筑工程有限责任公司出具的费用索赔申请表和索赔清单,没有实际支付这些款项的证据,而且中铁五局集团建筑工程有限责任公司也没有出庭作证,现有证据尚不足以证明这些损失已实际发生。故一审法院不予支持。

综上,一审法院判决:(1)花园公司与鑫苑公司于2004年9月16日签订的《出让土地使用权转让协议书》为有效协议;(2)花园公司应于判决生效后10日内将上述协议约定转让的土地使用权变更登记到鑫苑公司名下,鑫苑公司应给予协助;(3)花园公司在上述土地使用权变更登记完成后10日内,向鑫苑公司移交转让土地的占有权;(4)双方的其他合同权利义务在判决生效后按2004年9月16日《出让土地使用权转让协议书》的约定顺延履行;(5)花园公司于判决生效后10日内支付鑫苑公司1689.5万元违约金;(6)驳回鑫苑公司的其他诉讼请求。案件受理费968,735元,由鑫苑公司负担68,735元,花园公司负担90万元。财产保全费46万元,由花园公司负担。

四、当事人上诉与答辩情况

花园公司不服一审判决,向最高人民法院提起上诉,请求:(1)撤销河南省高级人民法院(2005)豫法民一初字第3号民事判决;(2)驳回鑫苑公司的诉讼请求;(3)本案一、二审诉讼费用由鑫苑公司承担。主要理由是:协议书签订时,花园公司未支付土地出让金;花园公司在家乐福超市项目上的投资并未超过25%;约定转让的土地使用权已经抵押,签订协议书时没有通知抵押权人;协议书无视抵押权人及该土地原使用人郑州市酒精厂职工的合法权益,严重损害了他人利益。因此。协议书违反了《房地产管理法》第37条、第38条以及《担保法》第49条的强制性规定,应当认定为无效。协议书未能履行,系因政府行为及原土地使用权人郑州市酒精厂职工阻止造成的,依据协议书第14条的规定应该免责。

鑫苑公司答辩称:《房地产管理法》第37条和第38条并非认定土地使用权转让协议效力的强制性规定。抵押人处分抵押财产时没有通知或者取得抵押权人的同意,不影响协议书的效力。土地使用权未过户给鑫苑公司,责任完全在花园公司。一审判决正确,应予维持。

五、最高人民法院二审查明的事实

最高人民法院二审查明:本案争议的土地使用权在花园公司和鑫苑公司于2004年9月16日签订协议书前已经抵押给了广东发展银行郑州分行未来大道支行。后该行名称变更为广东发展银行股份有限公司郑州郑汴路支行(以下简称广东发展银行)。该抵押已于2004年3月23日办理登记。登记内容见郑他项(2004)

字第0071号土地他项权利证明书。该事实已经生效的河南省高级人民法院(2005)豫法民二初字第28号民事判决认定。该判决主文部分内容如下:(1)河南信心药业集团有限公司于判决生效后10日内偿还广东发展银行借款本金4952.7229万元及利息。(2)河南信心药业集团有限公司如逾期不能偿还上述债务,广东发展银行有权以花园公司名下的、用于抵押的地号为EQ1－379－3的土地使用权折价或者以拍卖、变卖该抵押物所得的价款优先受偿。河南信心药业集团有限公司对所欠广东发展银行的债务至今分文未付。

鑫苑公司没有提供证据证明其与花园公司签订协议书时,花园公司或者鑫苑公司通知了广东发展银行。

2006年7月7日,经最高人民法院主持调解,鑫苑公司表示愿意涤除讼争土地上的抵押权。对此,抵押权人广东发展银行股份有限公司郑州分行无异议。鑫苑公司分别于2006年7月10日、7月28日将5770万元汇入最高人民法院账户。

最高人民法院二审查明的其他事实与一审法院查明的事实相同。最高人民法院曾经先后组织花园公司和鑫苑公司进行调解,但因花园公司坚持协议书无效,不同意鑫苑公司提出的调解方案。鑫苑公司认为双方调解差距太大,不再同意调解。

六、最高人民法院二审认定与判决

根据花园公司的上诉请求以及鑫苑公司的答辩,最高人民法院认为,本案的焦点是花园公司与鑫苑公司签订的协议书是否有效?如有效,依据协议书第14条的规定,花园公司未能履行协议是否应该免责?主要涉及以下三个问题:

(一)花园公司与鑫苑公司签订的协议书是否有效

依据协议书的约定,在本案讼争国有土地使用权从花园公司变更登记到鑫苑公司之前,花园公司负有交纳土地出让金、解除土地他项权利抵押的合同义务,但花园公司均没有履行。花园公司在收取鑫苑公司支付的6652万元土地使用权转让费后,又以自己未交纳土地出让金、未解除抵押权等违约事实为据,作为抗辩理由行使抗辩权。该行为不仅违背了《民法通则》规定的诚实信用原则,也违背了市场经济条件下交易主体应遵循和认同的交易规则。此外,《城市房地产管理法》第37条、第38条的规定是行政管理部门对不符合规定条件的土地在办理土地使用权权属变更登记问题上所作出的行政管理性质的规定,而非针对转让合同效力的强制性规定。因此,花园公司在收取占有鑫苑公司部分土地转让费后,以自己不履行合同约定义务,违背诚实信用原则,反而主张合同无效的上诉理由,最高人民法院不予支持。

(二)花园公司不按合同约定涤除抵押权,鑫苑公司向最高人民法院汇入5770万元,表示愿意以该款涤除抵押权,该事实应如何认定

依据协议书第8条第2项的约定,花园公司负有解除土地他项权利抵押的义务,但花园公司并没有履行该义务。为了保护抵押权人的利益,在本案二审诉讼期

间，鑫苑公司向最高人民法院账户汇入 5770 万元，表示愿意以该笔款项涤除抵押权。在最高人民法院主持调解时，广东发展银行股份有限公司郑州分行对这种方式涤除抵押权并无异议。在花园公司不履行合同义务的情况下，鑫苑公司准备替花园公司涤除抵押权的行为，能够充分保护抵押权人的抵押权，抵押权人亦无异议，最高人民法院对该事实予以确认。

（三）依据协议书第 14 条的规定，花园公司未能履行协议是否应该免责

协议书第 14 条规定："本协议在履行中发生不可抗力事实，致使双方订立本协议的目的无法实现的，双方应当协商解除协议，并根据不可抗力发生的情况，免除有关当事人的违约责任。本协议关于不可抗力条款的约定包括本协议签订以后双方无法预知、无法控制新出台的政府土地出让、转让政策因素。"花园公司认为，协议书未能履行，系因政府行为及原土地使用权人原郑州市酒精厂职工阻止造成的，依据协议书第 14 条的规定应该免责。最高人民法院认为，除法定不可抗力的情形外，协议书第 14 条约定的不可抗力是指新出台的政府土地出让、转让政策因素。本案中，花园公司并没有举出证据证明因为新出台的政府土地出让、转让政策因素导致其没有履行合同。2005 年 1 月 11 日，中共郑州市委、郑州市人民政府第五工作组召开关于解决原郑州市酒精厂有关问题的会议，形成会议纪要。部分内容如下："花园集团现只转让家乐福项目及与该项目配套工程所涉及的土地给鑫苑公司（30 亩地左右），另外约 65 亩土地不转让……"该会议纪要是为解决原郑州市酒精厂有关问题而形成的，强调的是"现"只转让家乐福项目及与该项目配套工程所涉及的土地给鑫苑公司，另外约 65 亩土地不转让。至于今后是否转让，会议纪要并没有提及。尤其是会议纪要并没有要求花园公司和鑫苑公司双方签订的协议书只部分履行，其余部分不再履行。因此，花园公司提出协议书不能履行是因政府行为所致，属于协议书第 14 条约定的不可抗力，其应予免责的理由不能成立，最高人民法院不予支持。协议书第 9 条约定，花园公司必须做好转让土地使用权范围内原来土地使用权单位职工安置问题和商户清理工作，据此，职工安置的义务是花园公司，因为花园公司没有履行好该合同义务导致职工阻止施工，不属于《民法通则》第 153 条规定的"不能预见、不能避免并不能克服的客观情况"，不属于不可抗力，因此，花园公司提出协议书不能履行是因为职工阻止造成的，属于协议书第 14 条约定的不可抗力，其应予免责的理由不能成立，最高人民法院不予支持。

综上所述，依据《民事诉讼法》第 153 条第 1 款第 1 项之规定，最高人民法院以（2006）民一终字第 26 号民事判决书判决如下：驳回上诉，维持原判。二审案件受理费 968，735 元，由河南花园置业有限公司负担。

［参见最高人民法院民事审判第一庭编：《最高人民法院二审民事案件解析》（第 5 集），法律出版社 2007 年版。］

008. 房屋产权已经转让且办理变更登记后，转让方能否以国家征地为由要求确认转让合同无效？

【典型案例】

上海民生村委会诉上海新兴中心房屋买卖、土地使用权转让纠纷案

【裁判要点】

《民法通则》第57条规定，民事法律行为从成立时起具有法律约束力。行为人非依法律规定或者取得对方同意，不得擅自变更或者解除。因此，当事人主张合同无效需经双方当事人合意或符合法律的相关规定。房屋产权已经转让且办理变更登记的，根据相关法律法规房屋所有权转移时，该房屋所占用的土地使用权应当同时转移。因此，无论房屋产权和房产占用的土地使用权均与转让人没有利益关系。因此，转让人不能以国家征地为由要求确认转让合同无效。诉至法院的，根据《最高人民法院关于贯彻执行〈中华人民共和国民法通则〉若干问题的意见（试行）》第85条的规定，财产所有权合法转移后，一方翻悔的，不予支持。

一、基本案情

原告：上海浦东新区洋泾乡民生村民委员会。

被告：上海新兴医药保健品科技开发中心。

上海浦东新区洋泾乡民生村民委员会（以下简称民生村委）系上海市浦东新区洋泾乡的一个集体组织，上海新兴医药保健品科技开发中心（以下简称新兴中心）系中国人民解放军总后勤部中国新兴（集团）总公司下属企业。1992年4月25日，双方签订一份《房屋产权有偿转让合同》，约定：民生村委将其所有和使用的坐落于上海市浦东新区洋泾乡民生村张家湾276号三幢房屋（约684平方米）、围墙（210米）及房屋连接围墙内的场地转让给新兴中心，新兴中心给付民生村委转让费42万元；遇国家征地等因素无法履行时，双方自行终止，按无效合同处理。同年4月27日，双方签订一份《房屋产权有偿转让补充合同》，约定：民生村委同意负责将前一个合同出卖的房屋产权及转让的土地使用权法定手续过户给新兴中心，并将该房屋及场地按原定时间交付新兴中心使用，新兴中心同意补偿民生村委拆装搬迁及平整场地费人民币58万元；此外对附属场地和围墙范围等作了约定。同年9月

17日，双方又签订一份《房屋转让协议书》，约定：民生村委将上海市浦东新区洋泾乡民生村张家湾276号内另一套面积约为1000平方米的房屋转让给新兴中心，转让费为人民币90万元。签约后，民生村委全部交付了房屋和场地，由新兴中心支配使用。新兴中心陆续支付给民生村委转让费人民币143万元，并于1993年4月28日取得了受让房屋产权证书。1992年12月，上海市浦东新区洋泾乡民生村张家湾276号被列入预征范围，由上海市陆家嘴金融贸易区开发公司进行建设。新兴中心未取得系争土地使用权证，尚余47万元未继续支付给民生村委。1994年4月，双方因违章搭建等发生矛盾。民生村委遂诉至法院。

民生村委诉称：其与新兴中心协议将上海市浦东新区洋泾乡民生村张家湾276号房屋产权及该房屋和围墙内的场地使用权转让给新兴中心，且已依据该协议办理了房屋产权过户手续，但因遇国家征地因素未能办妥土地使用权转移手续，根据双方合同约定，遇国家征地因素按无效合同处理。故起诉要求确认双方协议无效，新兴中心撤出所占用的房屋及场地，民生村委退还新兴中心转让费人民币143万元。

新兴中心辩称：其已依据双方的协议合法取得系争房屋的所有权，并已实际占用系争房屋及场地，民生村委的诉讼请求缺乏依据，故要求驳回民生村委的诉讼请求。

本案的争议焦点是：本案系争的三份房屋转让合同能否依据当事人之间的约定条件认定无效？

二、审理结果

一审法院认为，根据《民法通则》第85条的规定，合同是当事人之间设立、变更、终止民事关系的协议。双方所定协议设立了双方的房屋和场地的转让关系、房屋买卖协议。根据《城市私有房屋管理条例》第6条的规定，房屋所有权转移或房屋现状变更时，须到房屋所在地房管机关办理所有权转移或房屋现状变更登记。双方依据其间的协议，已向房屋所在地房管机关办理了房屋所有权转移登记手续，新兴中心已取得了该房屋的所有权。根据《城市房屋产权产籍管理暂行办法》第6条的规定，房屋所有权转移时，该房屋所占用的土地使用权应当同时转移。新兴中心取得了民生村委出卖的房屋所有权，同时取得了该房屋所占用的土地使用权，因此新兴中心已依法部分取得民生村委转让的土地使用权。根据《民法通则》第57条的规定，民事法律行为从成立起具有法律约束力，行为人非依法律规定或者取得对方同意，不得擅自变更或者解除。根据《最高人民法院关于贯彻执行〈中华人民共和国民法通则〉若干问题的意见（试行）》第85条的规定，财产所有权合法转移后，一方翻悔的，不予支持。新兴中心已合法取得民生村委出售的房屋和转让的部分土地使用权，民生村委要求依据双方的合同规定确认合同无效是没有法律依据的。据此，依照《民法通则》第85条的规定，判决对民生村委的诉讼请求不予支持。

一审判决后,双方当事人均未提起上诉。

[参见《房屋买卖指导案例与审判依据》编写组编:《房屋买卖指导案例与审判依据》,法律出版社2009年版。]

009. 以出让方式取得土地使用权的一方转让该土地时,尚未支付出让金和取得土地使用权证书的是否必然无效?

【典型案例】

贵阳兴龙有限责任公司与中国石油化工股份有限公司贵州贵阳修文石油支公司土地使用权转让纠纷上诉案

【裁判要点】

《城市房地产管理法》第38条第1款规定,以出让方式取得土地使用权的,转让房地产时,应当按照出让合同约定已经支付全部土地使用权出让金,并取得土地使用权证书。《合同法》第88条规定:"当事人一方经对方同意,可以将自己在合同中的权利和义务一并转让给第三人。"以出让方式取得国有土地使用权的一方在转让土地使用权时应当补足全部土地使用权出让金,并取得土地使用权证书。在其未足额补缴土地使用权出让金就已经将土地使用权及权利义务一并转让给第三人,第三人在承接了国有土地使用权出让合同中的权利和义务后,又支付了全部土地出让金,并办理了土地使用权证书,则该土地使用权转让协议系有效协议。

以出让方式取得土地使用权的一方转让该土地时,尚未按照出让合同的约定支付全部土地使用权出让金和取得土地使用权证书,只要该转让行为得到国土部门的同意或者事后追认,且受让方已支付全部土地使用权出让金的,根据《合同法》第88条"当事人一方经对方同意,可以将自己在合同中的权利和义务一并转让给第三人"的规定,应当认为该转让行为有效。

【案例索引】

一审:贵州省贵阳市中级人民法院(2006)筑民二初字第95号。

二审:贵州省高级人民法院(2007)黔高民一终字第50号。

【案情】

原告:贵阳兴龙有限责任公司(以下简称兴龙公司)。

被告:中国石油化工股份有限公司贵州贵阳修文石油支公司(以下简称石化公司)。

2002年12月20日,兴龙公司与贵州省贵阳市修文县国土资源局签订《国有土地使用权出让合同》,约定:县国土资源局将修文县修文大道南侧面积1200平方米的国有土地以48万元价款出让给兴龙公司,用途为综合用地,兴龙公司在向县国土资源局支付全部土地使用权出让金后领取《建设用地批准书》,取得土地使用权,修建完工后换发《国有土地使用证》。2002年3月18日,兴龙公司向县国土资源局支付了土地使用权出让金5万元。2003年10月30日,兴龙公司与石化公司签订《加油站用地转让合同》及《补偿协议》,约定:兴龙公司将上述土地使用权转让给石化公司,并将土地使用权出让合同等相关手续交给石化公司,其余的土地出让金由石化公司直接向县国土资源局支付,石化公司补偿兴龙公司8万元(在加油站的修建过程中分期支付),合同及协议自双方签字并经公证之日起生效。合同签订后,兴龙公司将《国有土地使用权出让合同》的原件及其支付土地出让金5万元的收据交给了石化公司。同日,石化公司向县国土资源局支付其余土地使用权出让金43万元。2005年1月7日,石化公司又向县国土资源局支付土地增值部分出让金1.2万元。同日,县国土资源局向石化公司颁发了该宗土地的(2005)修国土资建字第02号《建设用地批准书》,有效期为2005年1月至2006年1月。同时,石化公司着手修建加油站的准备工作,于2005年向当地有关部门办理修建加油站的立项审批手续,有修文县国土资源局、贵阳市公安消防支队、修文县环境保护局三部门在石化公司的《加油站新建申请表》上签署同意意见。2005年9月8日,修文县发展与改革局向贵阳市经贸委行文《关于申请恢复修建修文县修文大道加油站立项的请示》,请示审批由石化公司修建修文大道加油站项目。2006年1月18日,《修文县人民政府办公会议纪要》明确:关于石化公司加油站规划选址的有关事宜议定“鉴于×××至修文至久长的高等级公路可行性研究报告尚未完成,该段公路与贵毕高等级公路连接点尚未确定,决定缓议”。为此,石化公司暂停加油站的修建准备工作。

2006年5月30日,兴龙公司向一审法院起诉,以“双方土地转让合同未经公证尚未生效,未办理土地变更手续,石化公司取得的《建设用地批准书》已超期失效”为由,请求确认其与石化公司签订的土地转让合同无效。一审期间,兴龙公司于2006年8月25日对县国土资源局提起行政诉讼,以“县国土资源局颁发的(2005)修国土资建字第02号《建设用地批准书》所依据的《加油站用地转让合同》未生效,县国土资源局的颁证行为侵害了兴龙公司的合法权益”为由,请求撤销县国土资源局作出的颁发该《建设用地批准书》的具体行政行为。在行政诉讼中,县国土资源局未提交证据,但答辩称"对于该宗土地,兴龙公司只交土地出让金 5 万元,其余出让金 43 万元是石化公司交纳,石化公司持其与兴龙公司签订的土地转让合同申请办理土地使用批准手续,因而县国土资源局向石化公司颁发《建设用地批准书》是符合法律法规的规定的,目前该《建设用地批准书》确已过期"。2006 年 10 月 20 日,县人民法院(2006)修行初字第 20 号行政判决书以"县国土资源局在举证期限内未提供做出其被诉具体行政行为的证据和所依据的规范性文件,视为县国土资源局的被诉具体行政行为没有相应的证据"为由,判决撤销县国土资源局作出该《建设用地批准书》的具体行政行为,该行政判决已生效。

原告诉称:2002 年 12 月 20 日,原告与修文县国土资源局签订《国有土地使用权出让合同》,约定国土资源局将修文明阳大道南侧 1200 平方米的国有土地以 48 万元的价款出让给兴龙公司。2003 年 10 月 30 日,兴龙公司与被告签订《加油站用地转让合同》《补偿协议》,约定原告将前述土地转让给被告,除原告已交付的 5 万元土地出让金外,剩余土地出让金由被告直接向国土资源局交付,并约定合同及协议自双方签字并经公证之日起生效。由于双方签订的土地转让合同未经公证尚未生效,双方又未办理土地变更手续,且被告取得的《建设用地批准书》已超期失效,因而该土地转让合同应为无效。请求:(1)确认双方签订的土地转让合同无效;(2)被告退还 1200 平方米土地使用权给原告;(3)由被告补偿原告经济损失 4 万元。

被告辩称:双方的土地使用权转让合同已实际履行,县国土局对双方的转让行为已认可并收取了被告交纳的土地出让金 43 万元及土地增值费 1.2 万元,原告亦早已知晓被告办理了《建设用地批准书》,这些行为表明双方已变更了合同需经公证才生效的约定,合同已无须公证,故原告已将其与国土局签订的出让合同转让给被告,原告的请求没有事实依据和法律依据,请求法院驳回原告的诉讼请求。

【审判】

一审法院认为,当事人订立合同应当遵守法律、行政法规,《城市房地产管理法》第 38 条第 1 款规定,"以出让方式取得土地使用权的,转让房地产时,应当符合下列条件:(一)按照出让合同约定已经支付全部土地使用权出让金,并取得土地使用权证书……"兴龙公司在未支付完土地使用权出让金及未取得土地使用权证书的情况下,与石化公司签订《加油站用地转让合同》及《补偿协议》将土地使用权转让给石化公司,违反了上述法律的强制性规定,系无效合同。兴龙公司请求石化公司返还土地使用权,因其尚未取得本案争议土地的使用权,故对其该诉请不予支持。兴龙公司主张的直接损失 4 万元,因其未举证证明,亦不予支持。依照《城市房地产管理法》第 37 条第 1 项、第 38 条第 1 款第 1 项,《合同法》第 52 条第 5 项、第

56 条之规定,判决如下:(1)原告贵阳兴龙有限责任公司与被告中国石油化工股份有限公司贵州贵阳修文石油支公司于 2003 年 10 月 30 日签订的《加油站用地转让合同》及《补偿协议》无效;(2)驳回原告贵阳兴龙有限责任公司的其余诉讼请求。案件受理费 10,210 元,由原告贵阳兴龙有限责任公司负担 5105 元,由被告中国石油化工股份有限公司贵州贵阳修文石油支公司负担 5105 元。

宣判后,石化公司不服,提起上诉称:其与兴龙公司所签订的《加油站用地转让合同》为有效合同,原审适用法律错误,请求二审撤销原判决,改判驳回被上诉人兴龙公司的诉讼请求。(1)双方的土地使用权转让合同已实际履行,国土局对双方的转让行为已认可并收取了石化公司交纳的土地出让金 43 万元及土地增值费 1.2 万元,这些行为表明双方已变更了合同经公证生效的约定,同时表明国土部门也认可石化公司作为土地使用权受让人的身份;(2)根据《最高人民法院关于审理涉及国有土地使用权合同纠纷案件适用法律问题的解释》第 9 条"转让方未取得出让土地使用权证书与受让方订立合同转让土地使用权,起诉前转让方已经取得出让土地使用权证书或者有批准权的人民政府同意转让的,应当认定合同有效"的规定,应认定本案合同有效。

被上诉人兴龙公司答辩称:一审判决正确,请求二审驳回上诉,维持原判。

当事人双方对原判认定的事实无争议,二审法院予以确认。另外,在本案二审期间,法院走访了修文县国土资源局。修文县国土资源局认为,国土资源局将国有土地使用权出让给兴龙公司,兴龙公司交付出让金 5 万元后,又将土地使用权转让给石化公司,石化公司向修文县国土资源局交付了土地出让金 43 万元及增值部分出让金,并持《国有土地使用权出让合同》《加油站用地转让合同》等手续申请办理土地使用批准手续,修文县国土资源局向石化公司颁发《建设用地批准书》,该颁证行为是符合法律法规的规定的,虽然该《建设用地批准书》因过期而失效或经由行政诉讼被撤销,但石化公司依法可以重新申请办理《建设用地批准书》。

二审法院认为,兴龙公司在与修文县国土资源局签订《国有土地使用权出让合同》后,与石化公司签订的《加油站用地转让合同》《补偿协议》是双方当事人在平等、自愿、协商基础上达成的意思表示一致的行为。根据该《加油站用地转让合同》《补偿协议》约定的内容,兴龙公司实际上是将其在《国有土地使用权出让合同》中的权利和义务一并转让给石化公司,即通过对国有土地出让合同中权利及义务一并转让的方式间接转让国有土地使用权。此后修文县国土资源局收取了石化公司交付的土地使用权出让金 43 万元及土地转让增值部分出让金 1.2 万元,并为石化公司颁发了《建设用地批准书》,这表明修文县国土资源局同意兴龙公司将其在《国有土地使用权出让合同》中的权利义务一并转让给石化公司,并以颁发《建设用地批准书》的形式确认了石化公司取得相应土地使用权。根据《合同法》第 88 条"当事人一方经对方同意,可以将自己在合同中的权利和义务一并转让给第三人”的规定,对兴龙公司将其在国有土地出让合同中的权利及义务一并转让给石化公司的行为,应认定为有效。同时,由于国有土地使用权受让方将国有土地使用权出让合同中的权利和义务一并转让的行为,仍然包含国有土地使用权转让的因素,因而判断该行为是否有效,还应适用《城市房地产管理法》第 37 条第 1 项、第 38 条第 1 款第 1 项的规定,即转让以出让方式取得的国有土地使用权的,转让方应当具备已支付全部土地使用权出让金、取得土地使用权证书两个条件。在本案中,石化公司既承接了兴龙公司在国有土地使用权出让合同中的受让人地位,同时其还是与兴龙公司国有土地使用权转让关系的受让人。虽然兴龙公司只支付国有土地使用权出让金 5 万元,也未取得国有土地使用权证书,但是石化公司在承接了兴龙公司在国有土地使用权出让合同中的权利和义务后,支付了土地出让金 43 万元,修文县国土资源局已收取了在国有土地使用权出让合同中约定的全部土地使用权出让金 48 万元,且石化公司还直接取得了《建设用地批准书》。由于《建设用地批准书》是人民政府土地行政主管部门对建设用地单位在建设项目尚未修建完工前取得土地使用权的确认,对《建设用地批准书》可待建设项目修建完工后换发《国有土地使用权证》,故《建设用地批准书》具有临时土地使用权证书的效力,因而至此本案已符合《城市房地产管理法》第 38 条第 1 款第 1 项规定的国有土地使用权转让应当具有“已支付全部土地使用权出让金”“并取得土地使用权证书”的实质要求,故对兴龙公司与石化公司通过对国有土地使用权出让合同中权利及义务一并转让的方式间接转让土地使用权的行为,应当认定为有效。虽然修文县国土资源局作出的颁发《建设用地批准书》的具体行政行为在事后进行的行政诉讼中被撤销,但是人民法院撤销该具体行政行为的理由是“修文县国土资源局在举证期限内未提供作出其被诉具体行政行为的证据和所依据的规范性文件,视为修文县国土资源局的被诉具体行政行为没有相应的证据”,即该具体行政行为是因为行政机关在行政诉讼中的诉讼态度及诉讼行为而导致被撤销,因而该行政诉讼对另一法律关系的评判,不能从根本上影响对本案民事法律关系的认定,不能否认修文县国土资源局同意兴龙公司将国有土地使用权出让合同中的权利和义务一并转让给石化公司的客观事实。另外,本院在二审期间经走访修文县国土资源局,该局至今仍认可和同意兴龙公司与石化公司之间的转让行为。因而,一审对本案适用《城市房地产管理法》第 38 条第 1 款第 1 项的规定并无不当,但是一审未充分认识本案事实的特殊性,未能正确识别本案所涉及的法律关系实质,从而未能正确地适用该法律规定,对此二审予以改判。至于兴龙公司与石化公司在《加油站用地转让合同》《补偿协议》中约定“本合同协议自双方签字并经公证之日起生效”,由于在以上合同签订后,兴龙公司依照合同的约定将相关手续(包括《国有土地使用权出让合同》的原件及其交付土地出让金5万元的收据等)交给了石化公司,同时石化公司也依照约定向修文县国土资源局交付了其余土地使用权出让金43万元,这说明双方以实际行为变更了合同经公证生效的条款,根据《合同法》第36条“法律、行政法规规定或者当事人约定采用书面形式订立合同,当事人未采用书面形式但一方已经履行主要义务,对方接受的,该合同成立”和第37条“采用合同书形式订立合同,在签字或者盖章之前,当事人一方已经履行主要义务,对方接受的,该合同成立”确立的原理,应当认定本案当事人双方签订的合同已成立并生效。因而,兴龙公司关于“合同未经公证未生效,因而合同无效”的理由与法理相悖,不能成立。兴龙公司还主张“双方未办理土地变更手续,因而合同无效”,由于兴龙公司并未实际取得争议土地的土地使用权证书,因而双方之间不存在办理土地使用权变更手续问题,故兴龙公司的该项理由不能成立。另外,兴龙公司主张“石化公司取得的《建设用地批准书》已超期失效,因而合同无效”,由于石化公司取得的《建设用地批准书》是否因超期而失效的问题与双方当事人之间签订的《加油站用地转让合同》《补偿协议》是否有效的问题并无必然联系,并且石化公司已为修建该加油站做了大量准备工作,其未能在(2005)修国土资建字第02号《建设用地批准书》的有效期内修建加油站,是因为当地政府规划的原因而暂停,故兴龙公司所持该理由也不能成立。上诉人石化公司关于“双方以实际行为改变了合同经公证生效的约定,国土部门已认可了双方的转让行为,因而合同应当有效”的上诉理由成立,二审予以采纳。

综上所述,兴龙公司与石化公司签订的《加油站用地转让合同》《补偿协议》已成立生效,其中涉及国有土地使用权转让部分并未违反我国法律的禁止性规定,兴龙公司主张该合同无效的理由均不能成立,故对其请求确认该合同无效的诉讼请求应予以驳回,同时对其基于合同无效的主张而提出的其他诉讼请求也应当驳回。一审判决适用法律错误,二审予以改判。据此,依照《民事诉讼法》第153条第1款第2项的规定,判决如下:(1)撤销贵州省贵阳市中级人民法院(2006)筑民二初字第95号民事判决;(2)驳回贵阳兴龙有限责任公司的诉讼请求。一、二审案件受理费各10,210元,共计20,420元,由贵阳兴龙有限责任公司负担。

[参见最高人民法院中国应用法学研究所编:《人民法院案例选》(2008年第4辑),人民法院出版社2009年版。]

010. 当事人与土地管理部门签订了国有土地使用权出让合同，并取得土地使用证（代用）的，其与他人就该土地使用权签订的转让合同是否有效？

【典型案例】

京津发展实业股份有限公司与廊坊国际房地产开发有限公司土地使用权转让合同纠纷上诉案

【裁判要点】

当事人转让国有土地使用权的，应当以合法取得该国有土地使用权为前提，具体表现为取得了国有土地使用权证。值得注意的是，除了土地使用权证外，在我国改革开放过程中的特定历史条件下，也曾存在土地使用证（代用）。虽然土地使用证（代用）并非正式的土地使用权证书，但只要当事人签订了合法的出让合同并交纳了出让金，则应当认可其取得了土地使用权，从而具备转让土地使用权的资格。因此，当事人与土地管理部门签订了国有土地使用权出让合同，并取得土地使用证（代用）的，其与他人就该土地使用权签订的转让合同应当有效。

上诉人（原审原告）：京津发展实业股份有限公司（以下简称京津公司）。

被上诉人（原审被告）：廊坊国际房地产开发有限公司（以下简称廊坊国际）。

一、河北省高级人民法院一审查明的事实

1992 年 5 月，经河北省廊坊市有关政府部门批准，廊坊国际成立。验资报告显示，注册资金为 50 万元，股东为王向宁和廊坊市经济技术开发区管理委员会筹备组，在河北省廊坊经济技术开发区从事房地产项目的开发经营，法定代表人为王向宁。

1992 年 7 月 20 日，河北省廊坊市土地管理局（甲方）与廊坊国际有限公司（乙方）签订了两份《国有土地使用权出让合同》，一份出让合同约定：甲方出让给乙方位于河北省廊坊市经济技术开发区 4 号和 8 号地块内土地面积为 15 万平方米，计 225 亩。乙方同意按合同规定支付土地使用权出让金，包括基本地价每亩 3 万元，土地开发费每亩 42,000 元，土地管理费每亩 900 元及耕地占用税每平方米 8 元。合同出让金总额为 17,602,560 元。另一份合同约定：甲方出让给乙方位于河北省廊坊市经济技术开发区 4 号和 8 号地块内土地面积为 30 万平方米，计 450 亩。乙方同意按合同规定支付土地使用权出让金,包括基本地价 3 万元,土地开发费每亩 36,000 元,土地管理费每亩 900 元及耕地占用税按每平方米 8 元。合同出让金总额为 32,505,120 元。两份出让合同均约定:甲方同意乙方分期支付土地出让金,在双方签订土地使用合同时,乙方当即支付总费额的 10%,60 日内再支付总费额的 20%,之后即依照规定办理土地使用权登记手续,领取《中华人民共和国土地使用证》。1992 年年底前支付剩余全部费额。两份合同约定总面积 625 亩,总金额约定 50,107,680 元。

合同订立后,廊坊国际分别于 1992 年 6 月 8 日、8 月 8 日、12 月 18 日、12 月 31 日,共付给廊坊市经济技术开发区开发总公司土地出让金 38,374,100 元。1992 年 7 月 23 日,河北省廊坊市土地管理局给廊坊国际发放廊土开字(1992)第 001 号土地使用证(代用),载明:廊坊国际已获得河北省廊坊市经济技术开发区 675 亩(45 万平方米)70 年的土地使用权,正式土地使用证待规划红线宗地图正式绘出后核发。

1992 年 7 月 29 日,廊坊国际以 30 万平方米土地作价入股与其他股东经有关部门批准成立了京津公司,法定代表人为王向宁。1993 年 9 月 8 日,廊坊国际(甲方)与京津公司(乙方)签订一份《国有土地使用权转让合同》,主要约定:甲方将其以出让方式取得的 15 万平方米国有土地使用权转让给乙方,转让金为每平方米 199 元,总额为 2985 万元。乙方同意按本合同约定支付土地使用权转让金。土地使用费以及向第三方转让时的土地增值费由乙方按规定向政府有关部门交纳。

1993 年 9 月 15 日,京津公司第三次董事会纪要显示,董事会对购买廊坊 15 万平方米土地进行了讨论并取得一致意见:全体股东一致同意认购廊坊国际 15 万平方米土地,希望廊坊国际在现有市场价格上给予优惠。1993 年 9 月 17 日,京津公司四名股东代表京津公司与廊坊国际签订《土地转让合同》,再次确认,同意以每平方米 199 元的优惠价(市场价每平方米 300 元)认购廊坊国际转让的 15 万平方米国有土地使用权。

京津公司依据 1993 年 9 月 8 日签订的《国有土地使用权转让合同》,于 1993 年 10 月 20 日付款 500 万元,1993 年 12 月 14 日付款 1000 万元,1993 年 12 月 22 日付款 1000 万元,1994 年 6 月 20 日付款 485 万元,共计给付廊坊国际 2985 万元转让费。

河北省高级人民法院另查明,1993 年 11 月 14 日,京津公司(乙方)与河北省廊坊市土地管理局开发区分局(甲方)倒签了落款时间为 1992 年 5 月 28 日(当时双方主体均不存在)的《国有土地使用权出让合同》及《补充协议》,该出让合同载明:出让土地总面积为 465,273.33 平方米(697.91 亩),每平方米 82.5 元,出让金总额为 3838.505 万元。《补充协议》约定:"乙方同意按《廊坊经济技术开发区国有土地使用权出让和转让管理办法》及其《实施细则》和国家有关规定向甲方一次性缴纳向第三方转让土地增值费……甲方须在乙方缴纳土地转让增值费后三日内及时给予发放地产证。乙方向甲方缴纳增值费,每亩增值4.5万元,共需向甲方交纳增值费135万元……”

1993年11月24日,河北省廊坊市土地管理局开发区分局两次致函廊坊国际:一是“同意你公司受让取得的45万平方米土地使用权中的30万平方米作价投入京津公司。我局依规定为京津公司办理国有土地使用权审批手续”。二是“同意你公司将受让取得的45万平方米土地使用权中的15万平方米变更给京津公司。我局依规定为京津公司办理国有土地使用权审批手续”。此后,河北省廊坊市土地管理局开发区分局按出让申报程序为京津公司办理了国有土地使用权审批手续。1993年11月24日,河北省廊坊市土地管理局向京津公司颁发了廊开国用(出)字第09号(30万平方米)、廊开国用初字第10号(165,273.33平方米)国有土地使用证。

1994年12月13日,河北省廊坊市经济技术开发区管理委员会出具了“关于廊坊国际所获土地变更情况的说明”,证明:廊坊国际与廊坊市土地局正式签署土地使用权出让合同获取出让面积45万平方米,为A-18、A-20地块,并缴纳了土地出让金,取得了廊土开字(1992)第001号土地使用证(代用)。1992年7月29日,廊坊国际以拥有的45万平方米使用权中的30万平方米土地使用权入股组建京津公司。据此廊坊市土地管理局开发区分局与京津公司签订土地使用权出让合同并报请省土地管理局审批后,正式向京津公司核发了廊开国用(出)字第09号国有土地使用证(30万平方米)。后根据“京津花园”项目建设的需要,廊坊国际又将A-18、A-20地块内剩余的15万平方米的土地使用权变更给京津公司,廊坊市土地管理局开发区分局据此与京津公司签署了出让合同并报请省土地管理局审批后,正式向京津公司核发了廊开国用初字第10号国有土地使用证(165,273.33平方米)。

因京津公司实际取得的土地比出让合同约定的15万平方米多出15,273.3平方米,而廊坊国际对开发区管委会关于“京津花园总体规划”的批复中部分内容有异议,对应交纳出让金的金额存在意见分歧,双方一直协商未果。1993年11月24日,京津公司的法定代表人王向宁以京津公司名义向土地局出具了5,328,050元的欠条。2004年9月22日,廊坊市经济技术开发区管委会通知京津公司催收该笔欠款,京津公司于2005年4月13日交纳该欠款。

河北省高级人民法院再查明,1994年5月15日,廊坊国际与中国钢铁工贸集团签订股权转让合同,合同约定:“京津发展房地产股份有限公司系1992年7月23日根据中华人民共和国法律在河北省廊坊市注册成立。1993年12月14日更名为京津发展实业股份有限公司;廊坊国际同意转让其在京津发展拥有的32.06%的股权,即3335.15万股,所转让的股权连同附属于它的其他权益一并转让;转让方已完成对京津发展的全部出资义务并合法取得京津发展的发起人股权……”同日,京津公司向中国钢铁工贸集团公司移交资料,将京津公司与河北省廊坊市土地管理局开发区分局倒签的1992年5月28日《国有土地使用权出让合同》向其移交。

一审庭审中,廊坊国际又提供了1992年6月5日,河北省廊坊市土地管理局(甲方)与廊坊国际房地产开发股份有限公司(乙方)签订的两份《补充合同》(对廊坊市土地管理局国有土地使用权出让合同),其中一份约定:“为增加开发区的吸引力,推动开发区尽快起步,对首先进入开发区的前10个企业,实行优惠政策。甲方出让给乙方的地块位于廊坊经济开发区4号地块内。乙方享有前十家的优惠政策,即地价每亩按1.5万元,开发费每亩按1.8万元收取,两项合计每亩3.3万元,土地管理费每亩450元,耕地占用税按每平方米8元收取,综合每亩出让金38,785元,总面积为450亩,总额17,453,250元。”另一份约定:“甲方出让给乙方的地块位于廊坊经济开发区4号地块内地价每亩按1.5万元,开发费每亩按2.1万元收取,两项合计每亩3.6万元,土地管理费每亩450元,耕地占用税按每平方米8元收取,综合每亩出让金41,785元,总面积为225亩,总额9,401,625元。”上述两份合同总面积为625亩;出让金总额26,854,875元。被告主张举证的目的在于证明当时为招商引资,被告与廊坊市土地管理局曾签订多份合同,边协商边履行,最终的土地价格并没有依照此两份合同执行,也没有按照1992年7月20日的两份合同履行,而是在交付了3838.505万元后,按照实际交款情况倒签了1993年11月14日京津公司与廊坊市土地管理局开发区分局合同。

二、当事人一审起诉和答辩情况

京津公司诉称:1992年被告的法定代表人王向宁同时兼任原告的法定代表人。1993年9月8日,王向宁代表被告将其中15万平方米土地使用权以2985万元的价格转让给原告,原告向被告支付了土地转让金2985万元。1994年,被告将其持有的原告的股权转让给中国中钢集团公司,王向宁不再担任原告的法定代表人一职。根据土地档案记载,原告名下的土地取得,实际上是根据1992年5月28日原告与廊坊市土地管理局开发区分局签订的《国有土地使用权出让合同》取得。原告补交532.805万元土地出让金后,取得廊坊市土地管理局颁发的《国有土地使用证》。2006年7月,原告向廊坊市广阳区人民法院提起行政诉讼,廊坊市广阳区人民法院于2006年9月28日作出一审判决,撤销廊坊市国土资源局颁发的廊土开字(1992)第001号《土地使用证(代用)》。廊坊市中级人民法院维持了一审判决。因此,原告是该土地使用权的原始受让人。被告无权将其尚未取得的土地使用权转让给原告,双方签订的土地使用权转让合同应属无效合同。被告法定代表人王向宁利用其担任原、被告法定代表人的便利,隐瞒真相,操纵双方签订虚假合同,从中牟取暴利,应予返还。故请求人民法院依法确认土地使用权转让合同无效,判令被告返还土地转让款2985万元,并赔偿占用原告资金造成的利息损失。

廊坊国际答辩称:原告起诉的依据是虚假的,其请求应予以驳回。被告于1992年7月20日与廊坊市土地管理局签订了两份《国有土地使用权出让合同》,并交纳了土地出让金,同年7月23日取得45万平方米土地的《土地使用证(代用)》。为把被告名下的土地转到原告名下,经股东会决议,30万平方米土地作价入股作为被告的出资,15万平方米转让给原告。1993年9月17日,双方签订了《国有土地使用权转让合同》,转让费已交清,各股东就转让事宜没有任何争议。原告与廊坊市土地管理局开发区分局签订的《国有土地使用权出让合同》的时间是倒签的,因为当时合同双方当事人根本没有成立。1994年中钢集团收购被告在原告的股权时,对被告发起设立原告并实际投入30万平方米以及转让15万平方米土地使用权的事实是明知的,且股权转让交接时均体现土地的拥有者是被告,是被告缴纳了土地出让金而非是原告。故请求法院依法驳回原告京津公司的诉讼请求。

三、河北省高级人民法院一审认定与判决

河北省高级人民法院经审理认为,双方诉争的焦点是1993年9月8日双方签订的土地转让合同是否存在欺诈、隐瞒以及转让合同的效力问题。

一审庭审中,京津公司主张转让合同系廊坊国际的法定代表人隐瞒事实、利用职权之便签订的虚假合同,应属无效,廊坊国际应当返还所牟取的暴利。同时京津公司还主张双方争议的15万平方米土地使用权是京津公司以出让方式原始取得,廊坊国际从未取得该土地使用权,无权转让。廊土开字(1992)第001号土地使用证(代用)无效,且已经被生效的行政判决所撤销。廊坊国际与廊坊市土地管理局签订的45万平方米土地出让合同未经河北省政府批准,且没有实际履行,不能证明被告廊坊国际已经实际取得45万平方米土地使用权,也就不能证明廊坊国际取得过15万平方米土地使用权。廊坊市土地管理部门并不认可与廊坊国际实际履行出让合同。廊坊国际付款虚假,收款收据号码连续,日期却相差几个月,明显属于后补的。廊坊国际则认为,京津公司受让15万平方米土地使用权,是京津公司全体董事会成员一致决议同意,当地土管部门也给予了极大的帮助和确认,土地转让过程各方均是明知的,不存在廊坊国际隐瞒真相、欺诈的事实。廊坊国际受让的45万平方米土地是与当地土管部门经过了多次协商,缴纳30%的出让金后原始取得,且支付了足够的对价,实际取得了45万平方米土地的使用权,虽然廊土开字(1992)第001号土地使用证(代用)现在被生效的行政判决撤销,但却不能否认它的真实存在,也不能否认它对成立京津公司所起到的巨大的经济作用,更何况原告没有证据推翻加盖财政局印章的收据,也没有证据证明其缴纳了土地出让金,因此不存在15万平方米土地使用权是京津公司原始取得的事实。再者,廊坊国际股权转让时,受让方中国钢铁工贸集团对此亦是明知的，时隔多年后再提已经超过诉讼时效。现廊坊国际已经就生效行政判决提出了申诉，因此廊坊国际拥有该45万平方米土地使用权。

对于廊坊市土地管理局在1992年7月23日，给廊坊国际发放的廊土开字(1992)第001号土地使用证(代用)，其发放的基础在于1992年7月20日，廊坊市土地管理局与廊坊国际签订的两份《国有土地使用权出让合同》，对这两份出让合同以及廊土开字(1992)第001号土地使用证(代用)，通过前述查明的事实可知，此两份出让合同是双方经过了几次洽商之后签订的，体现了双方的合意，是双方当事人的真实意思表示，符合有关法律规定的情形，合同成立。在部分履行之后获取了代用证，虽然该代用证上注明的是"代用"，但该代用证是当地土管部门发放给廊坊国际的，而非廊坊国际自己伪造、变造的，同时该代用证是廊坊国际支付了30%的土地出让金后所得，并非无偿取得，且该代用证已经标明是代用，即已向世人公示，一旦经过报批核准后即换成正式的土地使用证。应该说，代用证是特定历史时期形成的带有时代特色的产物，反映的是当时的客观实际情况，不能因为特殊时期形成的就否认其客观性；也不能在时隔多年后因为被行政判决撤销而否认其所反映事实的真实性。因此当时廊坊国际是从廊坊市土地管理局实际获得了廊坊经济技术开发区675亩(45万平方米)土地及70年的土地使用权，这一点毋庸置疑。

依据《最高人民法院关于适用〈中华人民共和国合同法〉若干问题的解释(一)》第9条第1款规定，廊坊国际应当在一审法庭辩论终结前办理正式的土地使用证手续以替换代用证，这是正常的办证手续。但廊坊国际没有将土地所有权证办理在自己名下，而是为了便于开发京津花园项目，利用王向宁既是廊坊国际的法定代表人，又是京津公司法定代表人这一优势，在代用证基础上，以京津公司名义与当地的土管部门倒签土地出让协议，将45万平方米国有土地的使用证通过出资、转让等手续直接办在了京津公司名下。对于廊坊国际的入股及转让行为，廊坊市土地管理局开发区分局在1993年11月24日，致函廊坊国际，同意其将受让取得的45万平方米土地使用权通过转让、作价出资给原告京津公司，表明当地土地管理部门明知这一事实且均予以认可，并且积极配合廊坊国际办理相关手续，使正式的46.5万平方米(多出的15,273.3平方米，王向宁以京津公司名义向土地局出具了5,328,050元的欠条。京津公司于2005年4月13日交纳该欠款)的土地使用证在1993年即办理在了京津公司名下。至诉讼时，京津公司已将46.5万平方米土地全部开发。王向宁与当地土管部门在1993年倒签的1992年5月28日两份合同，完善了相关土地手续，最终使46.5万平方米的土地所有权归属于京津公司。京津公司承接了廊坊国际的46.5万平方米的土地使用权。因此，廊坊国际是从廊坊市土地管理局获得了廊坊经济技术开发区46.5万平方米土地及70年的土地使用权的事实不能否认。

对于京津公司与廊坊国际签订的15万平方米《国有土地使用权转让合同》,在签订土地转让合同时,双方依据的是廊坊国际从廊坊市土地管理局取得的45万平方米土地使用权代用证。当时,王向宁既是廊坊国际的法定代表人,也是京津公司的法定代表人,这种身份的特殊性对于签订土地转让合同具有一定的优势。但在转让土地之时,京津公司召开了董事会,股东们签字一致通过了受让15万平方米的土地使用权的决议,决议形式完备,合同内容是双方投资合作、共同发展的真实意思表示,并不违反国家的法律法规,应是真实的、客观的。京津公司也按照约定支付了土地转让款,履行了自己的义务,京津公司没有证据证明廊坊国际在签订土地转让合同时存在欺诈、隐瞒等事实。依照《土地管理法》第12条的规定:"依法改变土地权属和用途的,应当办理土地变更登记手续。"廊坊国际根据代用证将15万平方米土地转让给京津公司。廊坊市土地管理局开发区分局不仅同意其将受让取得的45万平方米土地使用权中的15万平方米变更给京津公司,而且还依规定为京津公司办理了国有土地使用权审批手续。因此京津公司依据其与廊坊市土地管理局开发区分局倒签的《国有土地使用权出让合同》主张15万平方米国有土地使用权是出让取得,从而否认与廊坊国际之间的国有土地使用权转让的真实性,无事实依据,一审法院不予支持。

即便如京津公司所主张代用证被撤销,土地转让合同也因没有土地使用证而无效,依据《最高人民法院关于审理涉及国有土地使用权合同纠纷案件适用法律问题的解释》第9条"转让方未取得土地使用权证书与受让方订立合同转让土地使用权,起诉前转让方已经取得出让土地使用权证书或者有批准权的人民政府同意转让的,应当认定合同有效"的规定,至京津公司起诉前,当地土地管理部门已经同意廊坊国际的出资和转让行为,并积极配合廊坊国际为京津公司办理完相关手续达十余年,京津公司也向廊坊国际支付了全额的土地转让费,从未向土地管理部门交纳过土地出让金,因此,双方当事人所签订的《国有土地使用权转让合同》应认定为合法有效。综上,判决如下:驳回京津公司的诉讼请求。

四、当事人上诉请求及答辩情况

京津公司不服一审判决,向最高人民法院提起上诉,请求:(1)撤销河北省高级人民法院(2008)冀民二初字第16号民事判决;(2)确认上诉人与被上诉人签订的《国有土地使用权转让合同》无效;(3)判令被上诉人返还上诉人土地使用权转让金2985万元以及资金被占用的利息损失。其主要理由是:(1)廊坊国际从未合法取得本案土地的使用权,亦未经任何有权部门批准转让。一审法院认定事实不清,单方面采信被上诉人一方的证据,判决内容严重违反我国土地管理法等相关法律规定。(2)本案争议的15万平方米土地是京津公司以出让方式从土地管理部门原始取得,其与廊坊国际所签转让合同无效,廊坊国际应当返还土地转让款,并支付占有期间的利息。

廊坊国际答辩称:(1)京津公司与廊坊市开发区土地分局于1992年5月28日签订45万平方米的土地转让合同时,双方均未成立。京津公司使用虚假的证据进行起诉,应依法驳回。(2)本案诉讼时效已经超过12年,应依法驳回。(3)双方诉讼中出具的(1992)001号土地代用证,是廊坊国际依照与廊坊市土地管理局的合同约定缴纳30%土地出让金以后,该局向廊坊国际签发的,它在当时的特定历史背景下,发挥了极大的积极作用。故应当驳回京津公司的上诉。

五、最高人民法院审理情况

最高人民法院二审查明的事实与一审法院查明的事实相同。

最高人民法院二审另查明,2006年7月,京津公司向河北省廊坊市广阳区人民法院提起行政诉讼,请求确认廊坊市国土资源局为廊坊国际颁发的《土地使用证(代用)》属于越权违法行为,应予以撤销。河北省廊坊市广阳区人民法院于2006年9月28日作出(2006)广行初字第24号行政判决,撤销廊坊市国土资源局颁发的廊土开字(1992)第001号《土地使用证(代用)》。2007年7月18日,河北省廊坊市中级人民法院作出(2006)廊行终字第56号行政判决书,维持该一审判决。后廊坊国际向一审法院提出再审申请,一审法院于2008年11月25日作出(2008)冀行申字第144号行政裁定,指令河北省廊坊市中级人民法院进行再审。2009年11月2日,河北省廊坊市中级人民法院以该案须以本案的审判结果为依据为由,以(2009)廊行再终字第4号行政裁定,中止了该行政诉讼。

六、最高人民法院二审认定与判决

最高人民法院经审理认为,本案双方当事人争议的焦点问题是:双方于1993年9月8日签订的《国有土地使用权转让合同》是否有效。

最高人民法院认为,京津公司与廊坊国际于1993年9月8日签订的《国有土地使用权转让合同》的基础是廊坊市土地管理局与廊坊国际于1992年7月20日签订的《国有土地使用权出让合同》。该出让合同明确约定廊坊市土地管理局将讼争的15万平方米的土地出让给廊坊国际,出让金为17,602,560元。廊坊国际依据该出让合同支付了相应的土地出让金后,廊坊市土地管理局为其核发讼争土地的土地使用证(代用),并注明了正式土地使用证待规划红线宗地图正式绘出后核发。该土地使用证(代用)是我国改革开放过程中特定历史条件下的产物,其虽非正式的土地使用权证,但该代用证和前述土地使用权出让合同足以证明廊坊国际是通过出让的方式,有偿取得讼争土地使用权的事实。廊坊国际在取得代用证后,与京津公司于1993年9月8日签订的《国有土地使用权转让合同》。为将土地使用证办理至京津公司名下完善手续的需要,廊坊市土地管理局开发区分局于1993年11月14

日与京津公司倒签了签字时间为1992年5月28日(其时京津公司尚未成立)的《国有土地使用权出让合同》及《补充协议》,而京津公司亦未按照倒签合同的约定向有关部门支付土地出让金。1993年11月24日,廊坊市土地管理局开发区分局给廊坊国际发函,也明确同意廊坊国际将涉案土地使用权变更给京津公司并已为京津公司办理了相关审批手续。上述事实表明,京津公司就涉案土地使用权,系依据其与廊坊国际的土地使用权转让合同取得。京津公司关于廊坊国际从未合法取得本案土地的使用权、亦未经任何有权部门批准转让,以及涉案土地是京津公司以出让方式从土地管理部门原始取得的主张,缺乏事实依据,本院不予支持。廊坊国际与京津公司之间订立的《国有土地使用权转让合同》是双方真实的意思表示,合同内容不违反法律的规定,该合同合法有效且已经由双方当事人履行完毕。京津公司关于合同无效的主张,缺乏事实依据和法律依据,不应予以支持。综上所述,一审判决认定事实清楚,适用法律正确。故判决:驳回上诉,维持原判。

[参见最高人民法院民事审判第一庭编:《最高人民法院民事案例解析》(最新版),中国法制出版社2012年版。]

011. 开发区管委会出让土地使用权的合同效力如何认定?

【审判专论】

对开发区管委会作为出让主体订立的土地使用权出让合同的效力认定问题,存有不同观点。第一种意见认为,依据现行法律规定,土地使用权出让合同的出让方是特定的,必须是市、县人民政府土地管理部门,其他任何部门、单位以出让人身份订立的土地使用权出让合同一律无效。但在起诉前经市、县人民政府批准,由市、县土地管理部门与受让人重新订立土地使用权出让合同的,才可认定合同有效。第二种意见认为,对此类合同效力可放宽认定,但应限制在解释实施以前订立的合同,区分情况分别处理。第三种意见认为,根据法律规定,市、县人民政府土地管理部门是依法有权经办国有土地所有权出让行为的唯一主体。从出让土地使用权的行为目的看,其实质是为创设一种对土地的用益物权,因此,国有土地使用权的出让属于对国有土地所有权的法律处分行为,开发区管委会出让国有土地属于无权处分行为,依据《合同法》第51条规定,应按照效力待定合同处理,而不是无效合同,在经过市、县人民政府土地管理部门追认后,可以认定合同有效。

我们认为,参照上述意见,从我国实际情况出发,目前对开发区管委会作为出让方订立的土地使用权出让合同效力既不能一概认定为无效,也不能全部按照效力待定予以处理,而是要分别情况,区别对待。首先,为配合国务院当前部署开展的土地市场整顿工作,加大促进国土管理部门对土地市场的管理力度,我们采纳了第一种意见,根据《城市房地产管理法》第11条、第14条的规定,市、县人民政府土地管理部门是依法有权经办国有土地所有权出让行为的唯一主体,具有出让土地使用权的民事行为能力,开发区管理委员会则不具备相应的民事权利和民事行为能力,依据《民法通则》第55条、第58条规定,《解释》第2条第1款明确规定对不具备法定主体资格的开发区管委会作为出让方与受让方订立的土地使用权出让合同按无效处理,以对今后土地出让行为给予有效规范。其次,在前款明确规定将开发区管理委员会作为出让方与受让方订立的土地使用权出让合同认定为无效的同时,我们又考虑到开发区管理委员会行使出让土地权利的历史形成原因和目前我国土地市场存在的实际情况等因素,《解释》对开发区管委会订立的土地使用权出让合同效力未一概按无效处理,而是采取了相应的补救措施,避免大量无效合同的出现,导致土地市场交易关系更大的混乱。为此,我们采纳了全国人大法工委、国务院法制办的意见,结合无权处分的观点,通过对《解释》适用范围上的限定,来区别认定合同的效力。与此相应,在对合同效力的认定处理上,按照《解释》实施时间前后的不同而采取了不同的处理原则。即在本解释实施后,对开发区管理委员会作为出让方订立的土地使用权出让合同,应严格依法处理,一律认定为无效,对在本解释实施前开发区管理委员会订立的土地使用权出让合同,可以按照无权处分的原则予以认定处理,以此为补救手段,有条件地认定合同有效。根据《城市房地产管理法》之规定,市、县人民政府设置的土地管理部门是依法有权经办国有土地使用权出让行为的主体,其实施的土地使用权出让行为,实质是为创设一种对土地的用益物权,属于对国有土地所有权的法律处分行为,开发区管委会未经授权出让国有土地应属于无权处分行为,对其订立的土地使用权出让合同可以作为效力待定的合同予以处理,而不是直接认定合同无效。根据《合同法》第51条的规定,无处分权的人处分他人财产,经权利人追认后,该合同有效。据此,《解释》规定,开发区管委会在起诉前经市县人民政府土地管理部门追认后,可以认定合同有效。同时为防止追认手段的滥用,有效规范今后的土地出让行为,对追认的范围限定在本解释实施之前订立的合同。按照上述意见,《解释》第2条规定:"开发区管理委员会作为出让方与受让方订立的土地使用权出让合同,应当认定无效。本解释实施前,开发区管理委员会作为出让方与受让方订立的土地使用权出让合同,起诉前经市、县人民政府土地管理部门追认的,可以认定合同有效。"在理解适用该条款时应把握以下两个要点:一是可以追认的合同只限于本解释实施前开发区管理委员会作为出让方订立的土地使用权出让合同。由于本解释正式实施是2005年8月1日,因此,只有在2005年8月1日前开发区管理委员会作为出让方订立的土地使用权出让合同才可适用本条款。二是开发区管理委员会作为出让方订立的土地使用权出让合同必须在起诉前经市、县人民政府土地管理部门追认。只有同时具备这两个条件,开发区管理委员会作为出让方订立的土地使用权出让合同才可以认定有效,如果只具备其中一个条件,该合同依然应当认定为无效。《解释》之所以将追认的对象范围限定在本解释实施之前订立的出让合同,且追认行为必须限定在向人民法院起诉前,就是为防止追认权的滥用,有效规范今后的土地出让行为。

[参见韩延斌:《对最高人民法院〈关于审理涉及国有土地使用权合同纠纷案件适用法律问题的解释〉的理解适用》,载《法律适用》2005年第8期。]

012. 房地产开发商与购房人签订的商品房买卖合同约定商业用房的土地使用年限超出国家法定出让年限的,是否属于无效约定?

【典型案例】

陈美玲、蔡晨蓉诉厦门厦信发房地产有限公司退还无效约定年限的地价款案

【裁判要点】

房地产开发商与购房人签订的商品房买卖合同约定商业用房的土地使用年限为50年,该约定超出国家法定出让年限10年,故超出10年的部分应属无效约定。房地产开发商对该无效约定存在过错,应赔偿购房人签订合同时因信赖合同约定所付出的对价。

【案例索引】

一审:福建省厦门市海沧区人民法院(2004)海民初字第511号。

二审:福建省厦门市中级人民法院(2004)厦民终字第2176号。

【案情】

原告:陈美玲、蔡晨蓉。

被告:厦门厦信发房地产有限公司(以下简称厦信发公司)。

2001年3月26日,陈美玲、蔡晨蓉与厦信发公司签订一份《商品房买卖合同》,约定:厦信发公司将址于信海花园3#楼一层7号商场(以下简称商场,现门牌号为

海沧沧林二路403号，建筑面积为98.36平方米）售给陈美玲和蔡晨蓉，售价为562,719元（由于面积误差，实际房款为565,764元），商场所在土地使用年限自1998年8月26日至2048年8月25日；陈美玲和蔡晨蓉首付282,619元，余款办理银行按揭。合同签订后，陈美玲和蔡晨蓉依约履行合同义务。2003年1月6日，厦门市国土资源与房产管理局颁发给陈美玲和蔡晨蓉的厦地房证第00224518号及共有权证第00019081号证书确认该商场土地（35.27平方米）使用期限自1998年8月26日至2038年8月25日止。2002年7月15日，厦信发公司与厦门海沧台商投资建设局（以下简称建设局）进一步明确1998年8月15日签订的（98）厦沧地元字（024）号《合同书》里商业使用年限为40年。因此，该商场实际使用年限比《商品房买卖合同》约定的少了10年。厦信发公司与建设局签订的土地出让金为每平方米1000元。2004年7月23日，陈美玲和蔡晨蓉提起诉讼。

原告陈美玲、蔡晨蓉诉称：其与厦信发公司签订的《商品房买卖合同》约定土地使用年限50年，而产权证上记载的土地使用年限40年，根据国家法律规定，商业用地使用年限应为40年，厦信发公司却承诺50年，请求确认双方合同中对土地使用年限的约定超出法律规定的10年为无效，判决厦信发公司立即退还无效10年的地价款7054元。

被告厦信发公司答辩称：对陈美玲和蔡晨蓉要求确认合同约定部分无效的诉讼请求没有异议，但因陈美玲、蔡晨蓉无法举证证明其因无效而遭受损失，故其关于返还地价款的诉讼请求没有法律依据。

【审判】

厦门市海沧区人民法院经审理认为，合同的订立采取要约、承诺方式。陈美玲和蔡晨蓉对厦信发公司的商场使用年限50年的要约表示承诺。但这一约定违反有关法律规定的商业用地最高使用年限为40年。该款超出10年的部分无效。无效的过错在于厦信发公司，因为土地出让取得年限作为项目建设依据系由开发商单方提供的，厦信发公司应对超出法定使用年限的无效约定承担责任。陈美玲和蔡晨蓉的诉讼请求也是有事实依据的，其所支付的房价即包含地价，而地价则涵盖土地的使用年限。《商品房买卖合同》虽然以建筑面积每平方米5720元计价，没有体现土地使用年限在计价中成分比例关系，但是，试想，一幢没有土地使用年限的房屋谁敢买？房地产是由土地与建筑物两个因素所构成的统一体。在这个统一体中，土地占据主要核心地位，而房屋（建筑物）处于次要的依附地位。因此，厦信发公司应根据责任退还多收的地价款，具体计算为：35.27平方米（讼争房的用地面积）×1000元/平方米（土地使用出让金）×20%（超出法律规定的无效约定10年所占合同约定年限的比例）=7054元。为此，陈美玲和蔡晨蓉的诉讼请求应予支持。依照《合同法》第52条、第56条、第58条的规定，判决如下：厦信发公司应于判决生效后

10 日内返还陈美玲和蔡晨蓉 7054 元。诉讼费 292 元由厦信发公司承担。

宣判后，厦信发公司不服，向厦门市中级人民法院提起上诉，请求撤销原判，改判驳回陈美玲和蔡晨蓉的诉讼请求。理由为：（1）无效约定并非厦信发公司的过错，而是属于重大误解。（2）无效约定并不意味着一定要承担责任，承担责任的前提应是无效造成损失或因无效取得财产的返还，厦信发公司既未取得财产，陈美玲和蔡晨蓉也未举证损失，故判决厦信发公司承担责任没有依据。（3）土地使用年限是法律法规的强行性规定，不会因为地价的高低而改变，地价也不会因土地使用年限的长短而有所改变，因此，土地使用年限和土地出让金没有必然因果联系，原审判决缺乏依据，且存在逻辑错误，合同约定的最后 10 年既然无效，又依此判决返还 10 年地价款，等于认定合同约定 50 年有效，显然自相矛盾。（4）陈美玲、蔡晨蓉未就其诉讼请求的计算依据的合法性提供充分有力的事实依据和相关证据证明，原审主观推断，违背公平原则，侵犯厦信发公司的合法权益。

被上诉人陈美玲和蔡晨蓉答辩称：厦信发公司作为专业房地产开发商，签订合同时已明确土地使用年限是 50 年，在此前提下确定陈美玲和蔡晨蓉所购房屋价格，现房产证载明只有 40 年，房屋价格也应随之变动。就是按建设局提供的土地出让合同，也没有商业 50 年的约定，作为购房者现仅要求退还 10 年的地价款，合理合法，原审判决应予维持。

经审理查明，对一审法院查明认定的事实，双方当事人均无异议，厦门市中级人民法院予以确认。

二审中，厦信发公司提交一份其于 2004 年 10 月 8 日给建设局《关于信海花园一期“土地使用年限”问题的请示》，内容为：根据《国有土地使用权有偿出让合同书》中有关“使用年限为综合 50 年、住宅 70 年”的约定，厦信发公司与客户签订的《商品房买卖合同》中有关土地使用年限除住宅外均约定为 50 年，2002 年 7 月开始为客户办理产权证时，厦门市土房局告知出让合同中有关“使用年限”的条款不齐全，应予补充，厦信发公司向建设局报告，建设局于 2002 年 7 月 15 日在《出让合同》“土地用途”条款中增加“商业住宅”一项，“使用年限”条款增加“商业 40 年、车库 70 年”两项，请建设局对上述情况予以确认。建设局于 2004 年 11 月 11 日在请示函中注明：“一九九八年八月十五日双方签土地出让合同时，因信海花园一期设计方案未定，无法按信海花园的商业、综合、住宅比例分摊土地并注明具体使用年限，二〇〇二年七月十五日，设计方案已定，双方再次补签条款，明确各种用途土地使用年限，情况属实。”厦信发公司提交此份证据以证明土地使用年限的变更非其公司原因所致。陈美玲和蔡晨蓉认为该份证据是事后补办的，在厦信发公司与建设局签订的《国有土地使用权有偿出让合同》中原先并无商业 40 年的约定，应以原先约定的为准。

厦门市中级人民法院认为,对厦信发公司二审提交的证据,陈美玲和蔡晨蓉予以质证,故对该证据的证明效力予以认可。该证据证明的事实与原审判决查明认定的事实一致,1998 年 8 月 15 日签订的《国有土地使用权有偿出让合同》仅约定综合 50 年、住宅 70 年,2002 年 7 月 15 日才补充注明"商业 40 年、车库 70 年"。

本案争议焦点:厦信发公司应否对商品房买卖合同中有关超出法定土地使用权出让年限的无效约定承担民事责任及责任承担方式。

厦门市中级人民法院认为,厦信发公司与陈美玲、蔡晨蓉签订的《商品房买卖合同》系双方的真实意思表示,但由于合同中有关土地使用年限 50 年的约定超出国家法定出让年限 10 年,故超出 10 年的部分应属无效约定,原审认定正确。因出让土地的使用年限作为项目建设依据系由开发商单方提供的,国家法律明文规定商业用地出让最高年限为 40 年,在厦信发公司与建设局于 1998 年 8 月 15 日签订的《国有土地使用权有偿出让合同》中也仅约定"综合 50 年、住宅 70 年",并没有商业用地出让年限的约定,厦信发公司作为专业房地产开发企业,在与陈美玲、蔡晨蓉签订《商品房买卖合同》时却自行约定 50 年的商业用地出让年限,导致合同约定因违反国家法律强制性规定而无效,该无效责任应归责于厦信发公司。根据陈美玲和蔡晨蓉的诉请,厦信发公司因无效约定取得的财产包括合同利益成为厦信发公司所应承担的无效法律责任。虽然厦信发公司举证证明土地出让金并未因土地使用年限的变动而有所变化,进而主张土地使用年限的变动对房屋售价未造成实质性影响,其并未因无效约定获得收益,但有关土地出让金是否因土地使用年限的变动而应有所变化,系属土地出让方即建设局与土地受让方厦信发公司之间基于《国有土地使用权有偿出让合同》的约定调整双方之间的权利义务关系,而本案讼争的是厦信发公司与购房者之间因无效约定所应承担的合同责任,根据合同相对性原理,土地使用年限的变动对房屋售价有无实质性影响并不以厦信发公司实际缴纳的土地出让金金额作为判断标准,而应以购房者签订合同时信赖合同约定所付出的对价作为衡量标准,因此,房屋所附着的土地使用年限是 50 年还是 40 年,决定了房屋价值的不同,购房者为此所支付的房屋价格也理当有所不同,厦信发公司由此而获得的利益即应返还。根据《商品住宅价格管理暂行办法》的规定,商品住宅价格由成本、利润、税金和地段差价四个项目构成,其中成本包含地价及建筑成本在内。由于建筑成本系一次性投入,与建筑物的存续时间长短无关,故厦信发公司并未因土地使用年限的变动而获得相应的利益;而地价与土地的使用年限相对应,虽然房屋售价未体现土地使用年限在计价中的成分比例,但签约当时购房者系按 50 年土地使用年限支付对价,因此,原审参照该项目所在宗地的土地使用权出让金标准,按房屋所占用地面积的土地使用权出让 10 年的标准折算厦信发公司的合同利益,判决厦信发公司返还款项 7054 元,既体现合同责任,也符合公平原则,原审判决应予维持。综上,厦信发公司的上诉理由不能成立,上诉请求应予驳回。依照《民事诉讼法》第153条第1款第1项的规定,判决如下:驳回厦信发公司的上诉,维持原判。

[参见最高人民法院中国应用法学研究所编:《人民法院案例选》(2006年第2辑),人民法院出版社2006年版。]

013. 出让人将划拨土地使用权出让给受让方合同无效的,能否补正?

【典型案例】

北京中睿昊天信息科技有限公司上海分公司诉江苏省扬州工商行政管理局等房地产买卖合同纠纷案

【裁判要点】

合同效力补正,是指当事人所签订的合同因违反了法律禁止性规定,导致合同不能满足有效条件,只有经过有权人的追认,才能化欠缺有效要件为符合有效要件,发生当事人预期的法律效力;有权人在一定期间内不予追认,合同便不生效。《最高人民法院关于审理涉及国有土地使用权合同纠纷案件适用法律问题的解释》第11条规定:"土地使用权人未经有批准权的人民政府批准,与受让方订立合同转让划拨土地使用权的,应当认定合同无效。但起诉前经有批准权的人民政府批准办理土地使用权出让手续的,应当认定合同有效。"据此规定,在房地产转让协议中,出让人将划拨土地使用权出让给受让方的,由于该出让划拨土地的行为违反了我国法律规定,因此协议应认定为无效。但根据合同效力的补正原则,如果在提起诉讼前,土地使用权出让手续的办理已经得到政府主管部门追认批准的,当事人间订立的转让协议即可视为有效。

裁判书字号:

一审判决书:江苏省扬州市维扬区人民法院(2006)扬维民一初字第271号。

二审调解书:江苏省扬州市中级人民法院(2006)扬民一终字第0353号。

案由:房地产开发经营合同纠纷。

诉讼双方:

原告(上诉人):北京中睿昊天信息科技有限公司上海分公司(以下简称上海

公司)。

被告(被上诉人):江苏省扬州工商行政管理局(以下简称扬州工商局)。

被告(被上诉人):江苏省扬州工商行政管理局维扬分局(以下简称维扬分局)。

审判机关:

一审法院:江苏省扬州市维扬区人民法院。

二审法院:江苏省扬州市中级人民法院。

审结时间:

一审审结时间:2006年6月30日。

二审审结时间:2006年11月15日。

原告诉称:2004年3月22日,原告与第一被告扬州工商局订立房地产转让协议,协议约定:被告将平山堂脚下、扬州烈士陵园对面的"平山旅游市场"及其南侧原平山工商所(其中工商所房屋所占土地面积约448.6平方米和工商所房屋约323.64平方米,产权证均未办理)范围内的约2060平方米土地使用权、1611.4平方米房屋所有权(建筑面积,面积以产权证数据为准)以及和上述土地、房屋所有权相关的门楼、围墙、道路、水电等辅助设施,整体转让给原告;转让价格人民币300万元;支付方式为协议签订之日支付保证金80万元,原告向土地管理部门缴纳过户费之前支付210万元,余款在房地产交接之日付清。协议订立后,原告于2004年3月25日支付第二被告保证金80万元,然因被告土地性质系国有划拨,其整体转让之房地产属国有资产,转让前未经国有资产评估和有关国有资产管理部门批准,导致双方订立的房地产转让协议无法履行。嗣后,原告多次要求被告返还保证金80万元未果。

原告认为:国有资产转让时,应当严格遵守国家法律、法规。根据1991年11月16日国务院令第91号颁发的《国有资产评估管理办法》第3条、第20条、1992年7月18日国家国有资产管理局发布的《国有资产评估管理办法施行细则》第10条、《最高人民法院关于审理涉及国有土地使用权纠纷案件适用法律问题的解释》第11条、《合同法》第52条第1款第5项等规定,原、被告订立的房地产转让协议当属无效。根据合同法处理无效合同的相关规定,被告应当返还原告保证金80万元。

被告扬州工商局、维扬分局共同辩称:

第一,原、被告间签订的房地产转让协议是双方真实意思的表示,被告已切实履行了报批、评估手续,双方的协议应合法有效。被告与原告签订买卖协议之前,就处置平山旅游市场事宜,专门具报告致江苏省工商行政管理局请示,并征得江苏省工商行政管理局书面同意。被告在与原告签约后,专门委托评估机构对涉案房产进行评估,并将评估报告提供给原告。被告的行为并不违反国务院《国有资产评估管理办法》。被告在征得江苏省工商行政管理局书面同意处置平山旅游市场后,随即向扬州市国土资源局报告,请示准予处置市场。扬州市国土资源局专门召开办公会研究,形成2004年第七期会议纪要,该纪要第九条明确同意该市场可以按生地办理出让手续,补缴出让金,出让金为102万余元。因此,被告处置平山旅游市场是征得人民政府的同意和批准的,原、被告间的协议不适用《最高人民法院关于审理涉及国有土地使用权合同纠纷案件适用法律问题的解释》第11条的规定。

第二,导致协议无法实际履行的根本原因是原告缺乏资金,不能按要求及时交纳土地出让金等费用,原告已构成违约,依法不能收回保证金。协议签订后,被告积极履行相关权利转移手续的办理义务,但是,由于原告不能及时足额地履行向被告支付合同价款的义务,不能向土地管理部门支付土地出让金等,根据原告的要求,协议终止履行。即协议不能履行的责任在原告。

第三,原告已明确表示其自愿放弃80万元保证金,并将80万元保证金全部交给维扬分局。至此,围绕原、被告专门的协议履行纠纷已全部处理完毕,原告的本次诉讼纯属恶意抗辩行为。协议签订后,鉴于被告维扬分局的积极工作,国土部门要求限期交纳(补交)土地出让金,被告遂多次与原告联系,要求其履行合同义务,原告始终以资金未到位为由予以拖延。直到2004年10月9日,原告致函被告承诺:同意被告使用保证金中的50万元;如果2004年11月底前不能履行合同、配合办理过户手续,自愿承担违约责任,80万元保证金全部交给被告。承诺作出后,原告并未履行义务。2005年1月19日,被告专函告知原告,被告将按照原告承诺书精神处理市场,原告收到后至今未理睬。

综上所述,原告的诉求缺乏事实和法律依据,请求驳回其诉讼请求。

江苏省扬州市维扬区人民法院经审理查明:2004年3月22日,原告与被告扬州工商局签订房地产转让协议一份。协议约定:扬州工商局将坐落于平山堂脚下、扬州烈士陵园对面的"平山旅游市场"及其南侧原平山工商所(其中:工商所房屋所占土地面积约448.6平方米和工商所房屋约323.64平方米,产权证均未办理)范围内的约2060平方米土地使用权、1611.4平方米房屋所有权(建筑面积,面积以产权证数据为准)以及和上述土地、房屋相关的门楼、围墙、道路、水电等辅助设施,整体转让给上海公司(见图纸);整体转让价格总额为300万元;转让价款的支付为:(1)上海公司在协议签订之日,向被告方支付保证金80万元(此保证金在土地证、房产证过户后,转为价款);(2)上海公司在向土地管理部门缴纳土地过户费用之前,必须向扬州工商局支付210万元,尚余款10万元,待房地产交接之日付清;权利转移手续的办理及费用的承担:(1)扬州工商局按上海公司指定的所属公司,配合办理整个收购项目的具体事项;(2)上海公司在付清收购款290万元后,方能办理房产过户手续;(3)扬州工商局负责办理国土地号1-11-2-2土地的使用权和扬房权证新字第0001035158号房屋所有权转让手续,上海公司配合并承担全部费用;

(4)扬州工商局办理土地过户手续时,上海公司承担费用以160万元为基数(以下简称标的值),当实际值低于标的值时,实际值与标的值的差额部分的一半,上海公司作为奖励支付给扬州工商局;当实际值高于标的值时,上海公司有权中止该协议;违约责任为:(1)一方违约,应向对方支付违约金50万元,因不可抗力不能履行协议,双方均不承担违约责任;(2)如上海公司违约,除向扬州工商局支付违约金外,还要赔偿扬州工商局因清房所带来的所有损失。协议签订后,上海公司于2004年3月25日给付购房保证金80万元给维扬分局。2004年10月9日,上海公司出具承诺书一份给维扬分局,内容为"我公司于2004年3月22日与你局签订了房地产转让协议后,你局始终在积极地办理房地产过户手续,由于我公司资金未到位,影响了协议的履行,为减少你局因此带来的损失,我单位承诺:(1)同意你局使用我方交给你局的保证金80万元中的50万元人民币;(2)我方如在2004年11月底前还不能将剩余的210万元房款和办理房地产过户所需款项交给你局,配合你局办理房地产过户手续,我方愿意承担违约责任,80万元保证金全部交给你局,你局可以另行处理市场;11月底前我方履行协议条款,你局使用的50万元仍抵房价款"。2005年1月19日,因上海公司未按承诺书时限给付房款及办理房地产过户所需款项,扬州工商局函告上海公司,同意按上海公司承诺书第二条的精神处理"平山市场"。

又查明,1999年1月22日,财政部、国家工商行政管理局联合发布《关于印发〈工商行政管理单位财务管理办法〉的通知》(以下简称《财务管理通知》),《财务管理通知》第21条固定资产管理:根据授权管理的原则,省级工商行政管理部门委托省级以下工商行政部门对其固定资产按有关规定进行管理。

2001年11月3日,国务院办公厅转工商总局《关于工商行政管理机关限期与所办市场彻底脱钩有关问题意见的通知》(以下简称《市场脱钩通知》),《市场脱钩通知》要求工商行政管理机关与所办市场彻底脱钩。

2003年4月21日,维扬分局书面请示扬州工商局要求将平山旅游市场整体出售。

2003年5月18日,扬州工商局为落实《市场脱钩通知》的要求,向江苏省工商行政管理局书面请示,要求将平山旅游市场整体出售。

2003年6月12日,江苏省工商行政管理局作出关于同意扬州工商局出售平山旅游市场的批复。

2004年6月18日,扬州市维扬区价格认证中心接受维扬分局的委托对平山旅游市场的房产进行了评估并出具维扬价证(2004)93号资产评估报告。

2006年5月9日,被告向本院提出申请,申请调查有关平山旅游市场转让在扬州市国土资源局审批情况。经调查,扬州市国土资源局的2004年度第七期会议纪要第九条记载平山旅游市场可以按评估土地价办理出让手续。

上述事实有下列证据证明:

原告提供的证据有:(1)房地产转让协议;(2)江苏省行政事业单位结算凭证(购房保证金);(3)国有土地使用证、房产证。被告提供的证据有:(1)房地产转让协议;(2)房屋产权证、国有土地使用权证;(3)请示及批复共三份;(4)价格评估报告书;(5)调查申请书及国土资源局用地处叶处长的书面说明;(6)原告的承诺书;(7)通知。

江苏省扬州市维扬区人民法院经审理认为:原、被告间房地产转让协议应认定为无效,但该协议的效力在一审起诉前是可以补正的,协议效力未能补正导致无效的过错方是原告上海公司。原、被告双方在协议被宣告无效前,协议效力可在补正期间达成一致意思表示,原告赔偿被告因协议不履行给被告方造成的损失为80万元,即原告已表示将80万元保证金全部交给被告,以减少被告的损失。根据诚实信用和禁止反言原则,原告要求被告返还保证金80万元,因其已作处分,赔偿了被告的损失,故原告此项诉讼请求,一审法院不予支持。

江苏省扬州市维扬区人民法院依照《民事诉讼法》第64条之规定,判决如下:驳回原告上海公司的诉讼请求。案件受理费20,070元由上海公司负担。

二审诉辩主张

上诉人诉称:请求撤销原审判决,判令被上诉人返还上诉人保证金80万元,诉讼费用由被上诉人承担。

被上诉人辩称:同意一审判决。

二审事实和证据

江苏省扬州市中级人民法院经审理查明:2004年3月22日,上诉人与被上诉人扬州工商局订立房地产转让协议一份,协议约定:扬州工商局将平山堂脚下、扬州烈士陵园对面的“平山旅游市场”及其南侧原平山工商所范围内的约2060平方米土地使用权、1611.4平方米房屋所有权以及和上述土地、房屋所有权相关的门楼、围墙、道路、水电等辅助设施,整体转让给上诉人;转让价格人民币300万元。

协议签订后,上海公司于2004年3月25日给付购房保证金80万元给维扬分局。2004年10月9日,上海公司出具承诺书一份给维扬分局,承诺:如在2004年11月底前还不能将剩余的210万元房款和办理房地产过户所需款项交给被上诉人维扬分局,并配合办理房地产过户手续,由其承担违约责任,80万元保证金全部交给维扬分局;被上诉人可以另行处理市场。

二审判案理由

江苏省扬州市中级人民法院经调解,上诉人和被上诉人自愿达成协议,符合法律规定,应予确认。

二审定案结论

江苏省扬州市中级人民法院调解书确认的调解协议内容如下:(1)上诉人上海

公司与被上诉人扬州工商局、维扬分局同意终止双方于2004年3月22日订立的房地产转让协议的履行。(2)上诉人上海公司交付给被上诉人维扬分局的保证金80万元,由被上诉人维扬分局、扬州工商局于本调解协议生效后7日内返还30万元,其余之50万元归维扬分局、扬州工商局所有。(3)一审诉讼费20,070元,二审诉讼费20,070元,均由上诉人承担。(4)其他无异议。

014. 民营企业投资参与政府融资平台土地一级开发,约定以土地挂牌出让溢价收入分成的方式获取投资回报的,是否合法有效?

【典型案例】

江苏亿佳房地产开发有限公司诉淮安市清江浦城市资产经营有限公司、淮安市清江浦区人民政府合资、合作开发房地产合同纠纷再审案

【裁判要点】

政府融资平台引入社会资金参与土地一级开发,约定根据土地开发上市后的交易价格确定投资方的利润分配比例,由投资方承担土地出让价格不能弥补投资成本的风险,应认定双方的法律关系为合伙关系。政府融资平台根据土地出让价格来确定投资方的收益,仅是确定收益的一种计算方法,政府全额收取了土地摘牌方交纳的土地出让金后,再根据财政预算依法向政府融资平台划转资金,由政府融资平台以自有资金向投资方支付收益,不应据此认为该约定构成变相挤占土地出让金而无效。政府融资平台应遵循诚实信用原则,根据合同约定履行付款义务。

案号:最高人民法院(2017)最高法民再288号。

再审申请人(一审原告、二审上诉人):江苏亿佳房地产开发有限公司。

被申请人(一审被告、二审被上诉人):淮安市清江浦城市资产经营有限公司(原淮安市清河城市资产经营有限公司)。

被申请人(一审被告、二审被上诉人):淮安市清江浦区人民政府(原淮安市清河区人民政府)。

再审申请人江苏亿佳房地产开发有限公司(以下简称亿佳公司)因与被申请人淮安市清江浦城市资产经营有限公司(以下简称城市资产公司)、淮安市清江浦区人民政府(以下简称清江浦区政府)合同纠纷一案,不服江苏省高级人民法院(2015)苏民终字第00244号民事判决,向最高人民法院申请再审。最高人民法院于2017年7月20日作出(2017)最高法民申2336号民事裁定,提审本案。最高人民法院依法组成合议庭,开庭审理了本案。本案现已审理终结。

亿佳公司申请再审请求:(1)撤销江苏省高级人民法院(2015)苏民终字第00244号民事判决,依法确认2010年6月27日《西安路10号盖克斯公司地块旧城改造项目土地整理合作框架协议》(以下简称《西安路合作协议》)及2012年3月29日《协议书》有效,支持亿佳公司的全部诉讼请求;(2)本案一审、二审的诉讼费用由城市资产公司、清江浦区政府承担。事实与理由:(1)亿佳公司提供的两份《规划设计合同》和六张设计费发票,不但能够证明亿佳公司实际支出的事实,而且能够证明亿佳公司对案涉地块进行前期设计的事实。原审判决仅将上述证据作为认定损失事实的证据,并未作为认定案件性质的证据,应当视为新的证据。(2)原审判决关于《西安路合作协议》为"亿佳公司向资产公司出借3000万元供其完成土地整理,而亿佳公司在该土地挂牌竞拍中根据成交价格获得不特定的回报"的认定,有违协议内容和客观事实,适用法律错误。该协议的本质是由亿佳公司负责前期土地整理和后期开发的全部资金并享受部分收益和承担全部亏损,属投资土地整理和开发房地产行为,不具有民间借贷的特征。(3)原审判决以"奖励"源自土地出让收益,《协议书》中约定的2997万元奖励款也是国家的土地出让收益为由,认定相关约定属变相减免土地出让金、挤占挪用土地收益的行为,与本案基本事实和案件性质不符,适用法律错误。第一,根据《国有土地使用权出让收支管理办法》第10条、第13条、第15条及《国务院关于加强国有土地资产管理的通知》(国发〔2001〕15号)的规定,并不禁止在征收管理后对前期土地开发进行奖励和补偿,相应的奖励和补偿不属于减免和挪用土地出让金及土地收益的行为。第二,该奖励款虽然来源于土地收益,但属于地方财政而非中央财政的范围,和国家利益不具有关联性。第三,城市资产公司系商事主体,在其取得土地收益款后,相应款项的性质不再是土地出让金和土地收益而是项目收入。亿佳公司作为投资主体介入前期土地整理符合国家的相关政策,在承担风险的前提下和城市资产公司约定收益分配不违反相关国家政策。(4)案涉项目由清江浦区政府拆迁后用于商业开发,不属于社会公益项目。城市资产公司是平等的私法主体,不能代表国家和社会公共利益。原审判决认为协议约定损害了国家和社会公共利益,有违立法本意;其以《国务院关于加强国有土地资产管理的通知》作为认定协议无效的依据,亦有违法律适用规则。(5)原审判决认定协议无效,已经给付亿佳公司的1250万元应当返还,但未将亿佳公司已经缴纳的2,371,145.8元税款扣减,依据不足。(6)清江浦区政府是案涉土地出让及收益主体,城市资产公司是土地整理主体,双方之间存在事实上的合伙关系。且从相关领导的批复内容看,清江浦区政府已经构成了对案涉城市资产公司债务的加入。原审判决认定清江浦区政府不应承担责任,缺乏事实和法律依据。

城市资产公司辩称:(1)《西安路合作协议》具有借贷和土地使用权出让合同的双重性质。因城市资产公司不具备土地出让的主体资格,有违《城市房地产管理法》第15条、《城镇国有土地使用权出让和转让暂行条例》第11条的规定,该协议应为无效。(2)亿佳公司和城市资产公司不具备土地整理的主体资格,《西安路合作协议》中的奖励条款构成无权处分、恶意串通损害第三人利益,应为无效。且双方并未实际进行土地整理,亿佳公司不应取得所谓的奖励。(3)即使《西安路合作协议》有效,亿佳公司应得到相应的土地整理收益,该协议及嗣后于2012年3月29日签订的《协议书》中约定的2997万元奖励款数额亦明显失衡,应予调整。(4)2010年7月5日城市资产公司退还亿佳公司的2000万元,系基于人民剧场地块旧城改造项目合作开发框架协议产生,该款项是否具有利息损失不属于本案审理范围;《西安路合作协议》中约定的100万元履约保证金系参加土地出让竞拍的保证金,与土地整理无关,因亿佳公司主动放弃竞拍,该款项的利息损失不应由城市资产公司负担;亿佳公司支出的规划设计费与案涉土地整理无关,不应属于本案审理范围,其缴纳的2,371,145.8元税款系之前拿到部分奖励后缴纳的税收,并非损失。上述费用均不应由城市资产公司承担。综上,原审判决认定事实清楚,适用法律正确。亿佳公司的再审申请缺乏事实和法律依据,请求依法驳回。

清江浦区政府辩称:清江浦区政府并非《西安路合作协议》《协议书》的签订主体,不应作为本案当事人。亿佳公司关于清江浦区政府构成债务加入以及清江浦区政府与城市资产公司具有事实上的合伙关系的主张,缺乏事实和法律依据。原审判决认定事实清楚,适用法律正确,应予维持。

亿佳公司向一审法院起诉请求:(1)判令城市资产公司支付亿佳公司1747万元及违约金7,075,500元(暂计算至2014年8月20日),并由城市资产公司承担本案诉讼费用;(2)清江浦区政府对上述债务承担连带责任。

一审法院认定事实:2009年12月14日,亿佳公司和城市资产公司签订《人民剧场地块旧城改造项目合作开发框架协议》(以下简称《人民剧场合作协议》),亿佳公司按约定于当日向城市资产公司汇款5000万元,但该协议未得到实际履行。2010年6月27日,亿佳公司与城市资产公司签订《西安路合作协议》,协议约定:亿佳公司与城市资产公司合作对淮安市清河区西安路10号盖克斯公司地块进行综合履行开发,该地块占地面积51.85亩。出让方式具体采用净地挂牌方式,经亿佳公司与城市资产公司双方协商确定该地块土地整理成本为160万元/亩,拆迁及安置费用由城市资产公司负责,建设过程中产生的税、费由亿佳公司承担。关于亿佳公司的收益,双方约定为该项目地块挂牌竞拍中,若亿佳公司以低于或等于协议约定的价格摘牌,成交后按土地出让合同规定缴纳土地出让金。如果该项目地块被亿佳公司或他人以高于土地整理成本即160万元/亩以上摘牌,城市资产公司同意按超出土地整理成本价即160万元/亩以上部分区财政净收益的75%奖励给亿佳公司,并在10个工作日内结清。协议签订后,亿佳公司依约与城市资产公司合作完成上述地块综合改造开发,使该地块成为净地。2010年7月5日,城市资产公司归还了亿佳公司2000万元。在挂牌竞拍中,由于价格超过160万元/亩,亿佳公司未能摘牌取得土地的开发权。事后,城市资产公司仅支付了250万元的奖励款,并于2011年3月4日又归还了亿佳公司3000万元。亿佳公司提出城市资产公司未按约履行75%奖励收益款,双方遂于2012年3月29日签订了《协议书》,进一步明确亿佳公司应获改造收益为2997万元。因城市资产公司前期已付250万元,城市资产公司应再付2747万元,于2012年4月、5月、6月三个月付清该款,如不按期付款,则按未付金额日万分之四支付违约金。上述协议签订后,城市资产公司又陆续向亿佳公司支付了1000万元,尚欠1747万元未予支付。亿佳公司多次向城市资产公司索要未果,遂向一审法院提起本案诉讼。

一审法院认为,本案一审的争议焦点为:(1)清江浦区政府作为本案被告主体是否适格。(2)亿佳公司与城市资产公司签订的协议效力如何认定,亿佳公司要求城市资产公司给付奖励收益款理由是否成立。

一、关于清江浦区政府作为本案被告主体是否适格

一审法院认为,《民法通则》第84条第1款规定,债是按照合同的约定或者依照法律的规定,在当事人之间产生了特定的权利和义务关系。享有权利的人是债权人,负有义务的人是债务人。本案系亿佳公司与城市资产公司因签订合资、合作开发房地产合同产生的特定的权利和义务关系,清江浦区政府并未参与该合同的签订,未与亿佳公司和城市资产公司达成任何协议,也不存在投资和参与分配等,根据合同的相对性原理,清江浦区政府作为本案被告主体资格不适格。亿佳公司将清江浦区政府作为被告提起诉讼并要求其承担责任无法律依据,应予驳回。

二、关于亿佳公司与城市资产公司签订的协议效力如何认定,亿佳公司要求城市资产公司给付奖励收益款理由是否成立

一审法院认为,根据《国务院关于加强国有土地资产管理的通知》的规定,要进一步加强国有土地收益的征收和管理,任何单位和个人均不得减免和挤占挪用土地出让金、租金等土地收益。对于低价出让、租赁土地,随意减免土地价,挤占挪用土地收益,造成国有土地资产流失的,要依法追究责任。本案中,《西安路合作协议》中"按超出土地整理成本价即160万元/亩以上部分区财政净收益的75%奖励"

的约定与上述政策相悖，损害了国家利益，该协议应属无效合同。亿佳公司请求判决城市资产公司支付1747万元及违约金7,075,500元，于法无据。城市资产公司要求确认该协议无效的抗辩理由成立，一审法院予以采信。但城市资产公司要求返还已付奖励款1250万元，因已另案诉讼，故在本案中不予理涉。鉴于亿佳公司系经营性公司，本着有付出有回报的市场经济理念，根据《最高人民法院关于民事诉讼证据的若干规定》第35条的规定，诉讼过程中，当事人主张的法律关系的性质或者民事行为的效力与人民法院根据案件事实作出的认定不一致的，人民法院应当告知当事人可以变更诉讼请求。一审庭审中，经一审法院释明，亿佳公司明确表示愿意变更诉讼请求，要求城市资产公司赔偿其损失。故一审法院对其出资5000万元酌定按中国人民银行公布的银行同期贷款利率标准的4倍计算资金占用费损失。由于亿佳公司与城市资产公司签订《西安路合作协议》无效，城市资产公司作为国有资产管理公司，对合同无效应负主要责任，亿佳公司亦应承担相应的责任。据此，一审法院酌定城市资产公司按5000万元的银行同期贷款利率标准的3倍计算损失数额向亿佳公司赔偿，对按5000万元的银行同期贷款利率标准的1倍计算的损失由亿佳公司自行承担。

综上，一审法院依照《民法通则》第84条第1款、《合同法》第52条第2项、《民事诉讼法》第142条之规定，于2015年2月10日作出(2014)淮中民初字第0184号民事判决：(1)城市资产公司于一审判决生效后10日内给付亿佳公司资金占用费(以2000万元为本金，自2009年12月14日至2010年7月5日，按中国人民银行公布的银行同期贷款利率标准的3倍计算。以3000万元为本金，自2009年12月14日至2011年3月4日按中国人民银行公布的银行同期贷款利率标准的3倍计息)。(2)驳回亿佳公司的其他诉讼请求。如果债务人未按判决指定的期间履行给付金钱义务，应当依照《民事诉讼法》第253条之规定，加倍支付迟延履行期间的债务利息。一审案件受理费164,528元，保全费5000元，合计169,528元，由亿佳公司负担69,528元，城市资产公司负担100,000元。

亿佳公司不服一审判决，上诉请求：改判支持亿佳公司的全部诉讼请求。

二审法院认定事实：2009年12月4日，城市资产公司与亿佳公司的法定代表人俞宽怀签订了《人民剧场合作协议》。其余确认一审法院查明的事实。二审法院另查明：2010年12月2日，案涉土地发布拆迁公告，拆迁人为淮安市土地储备中心，拆迁期限为2010年12月2日至2011年2月28日。案涉土地于2011年1月18日经挂牌出让成交，最终成交总价为1.212亿元，每亩单价为336.85万元。

一审诉讼过程中，城市资产公司陈述已付给亿佳公司的1250万元的资金来源于公司自有资金。城市资产公司认为其与亿佳公司签订的合同因违法而无效，于2014年11月28日向江苏省淮安市中级人民法院起诉，要求确认双方之间的《西安路合作协议》《协议书》无效，并返还已支付的1250万元款项。该案因本案审理处于中止诉讼阶段。

二审法院还查明：亿佳公司支付给城市资产公司的2000万元自2009年12月14日至2010年7月5日，按中国人民银行同期同档贷款利率4倍标准计算的利息为2,395,400元；3000万元自2009年12月14日至2011年3月4日，按中国人民银行同期同档贷款利率4倍标准计算的利息为8,175,833元，合计10,571,233元。

二审法院认为，本案二审的争议焦点为：(1)《西安路合作协议》《协议书》效力应如何认定；(2)城市资产公司应如何承担责任；(3)清江浦区政府应否承担责任；(4)一审审理程序是否违法。

一、关于《西安路合作协议》《协议书》效力的问题

二审法院认为，从《西安路合作协议》的主要内容看，城市资产公司负责案涉地块"净地挂牌出让"前的拆迁、土地整理工作，亿佳公司向资产公司缴纳3000万元(100万元作为履约保证金、2900万元作为前期土地整理费用)，城市资产公司在土地挂牌出让成交后10个工作日内将该款不计息退还给亿佳公司，双方协商确定该土地整理成本为160万元/亩，拆迁及安置等费用全部由城市资产公司负责，与亿佳公司无关。如果亿佳公司在土地挂牌竞拍中以低于或等于土地整理成本160万元/亩摘牌，则按土地出让合同约定交纳土地出让金；如果该地块被亿佳公司或他人以高于土地整理成本160万元/亩摘牌，城市资产公司同意按超出土地整理成本160万元/亩以上部分区财政净收益的75%奖励给亿佳公司。简言之，《西安路合作协议》是亿佳公司向资产公司出借3000万元供其完成土地整理，而亿佳公司在该土地挂牌竞拍中根据成交价格获得不特定的回报。《西安路合作协议》约定的"奖励"源自土地出让收益，《协议书》中约定的2997万元奖励款也正是应由国家获得的该地块的土地出让收益。这种变相减免土地出让金、挤占挪用土地收益的行为明显损害了国家利益和社会公共利益，不应得到法律的支持，因此，《西安路合作协议》《协议书》均应认定无效。

二、关于城市资产公司应如何承担责任的问题

二审法院认为，《合同法》第58条规定，合同无效或者被撤销后，因该项合同取得的财产，应当予以返还；不能返还或者没有必要返还的，应当折价补偿。有过错的一方应当赔偿对方因此所受到的损失，双方都有过错的，应当各自承担相应的责任。本案中，城市资产公司作为国有资产管理公司，明知不应变相减少土地出让收益，损害国家利益与社会公共利益，其先后与亿佳公司签订了《人民剧场合作协议》《西安路合作协议》《协议书》三份协议，一再承诺以政府的财政收入作为奖励款给予亿佳公司，过错明显，故城市资产公司对于合同无效给亿佳公司造成的损失应承担赔偿责任。二审中，亿佳公司提供证据证明其为履行上述三份协议产生了设计费用、公司运营费用、融资利息损失，因此，城市资产公司对于上述损失应予赔偿。经二审法院审核，亿佳公司的设计费用为1,666,000元；融资利息损失按中国人民银行同期同档贷款利率的4倍计算为10,571,233元；亿佳公司提供的公司运营费用虽为1,919,328元，但其提供相关凭证系单方制作，部分凭证缺乏必要的正规发票予以佐证，对其真实性无法全部认定，但鉴于亿佳公司设立后必然产生一定的办公费用、运营成本，故二审法院酌情认定50万元；对于亿佳公司主张的税款2,371,145.81元，该税款系依照税法规定，向国家缴纳，不应认定为亿佳公司的损失。综上，亿佳公司的损失总额为12,737,233元，该款应由城市资产公司赔偿，但鉴于城市资产公司已经给付亿佳公司1250万元，该款项属于亿佳公司依据无效合同而取得的财产，依法应予返还。折抵后，城市资产公司仍应支付亿佳公司237,233元。对于亿佳公司要求在1250万元基础上另行支付1747万元以及利息的上诉请求，二审法院不予支持。一审判决未考虑城市资产公司已经支付的1250万元款项的事实，在此基础上判决资金占用利息不当，二审予以纠正。

三、关于清江浦区政府应否承担责任的问题

二审法院认为，首先，本案所涉协议均系城市资产公司与亿佳公司签订，清江浦区政府并未参与合同的签订，亦无履行合同的行为，并非合同当事人。其次，城市资产公司虽为清江浦区政府所属的国有公司，但城市资产公司有独立法人资格，法定注册资本1亿元，能够独立承担民事责任，无须清江浦区政府承担连带责任。最后，清江浦区政府在亿佳公司书写的信件及报告上作出批示，是由于亿佳公司向清江浦区政府及相关负责人信访。清江浦区政府相关负责人的批示行为，仅是一种履行行政管理职能的行为，而非履行民事合同行为，不能因此认定清江浦区政府加入了本案债务。综上，亿佳公司以清江浦区政府为本案被告，要求其承担民事责任，二审不予支持。

四、关于一审审理程序是否违法的问题

二审法院认为，一审法院在诉讼中对于合同效力已向亿佳公司进行释明，并不存在程序违法的情形，亿佳公司的该上诉理由不能成立。

综上，亿佳公司的上诉请求均不能成立，二审法院不予支持。一审判决城市资产公司给付亿佳公司资金占用费不当，二审法院予以纠正。二审法院依照《合同法》第52条、第58条，《民事诉讼法》第170条第1款第2项规定，于2016年11月20日作出(2015)苏民终字第00244号民事判决：(1)撤销江苏省淮安市中级人民法院(2014)淮中民初字第0184号民事判决；(2)城市资产公司于判决发生法律效力之日起10日内支付亿佳公司237,233元；(3)驳回亿佳公司的其他诉讼请求。如果未按照判决指定的期间履行给付金钱义务，应当依照《民事诉讼法》第253条规定，加倍支付迟延履行期间的债务利息。一审案件受理费164,528元，保全费5000元，合计 169,528 元,由亿佳公司负担 160,000 元,城市资产公司负担 9528 元。二审案件受理费 164,528 元,由亿佳公司负担 160,000 元,城市资产公司负担 4528 元。

最高人民法院再审审理中,各方当事人对原审查明的事实均无异议,最高人民法院予以确认。除亿佳公司认为其在二审中提交的两份《规划设计合同》和六张设计费发票,虽经质证但未据此认定其系案涉项目合资合作方而应作为新的证据外,各方当事人在最高人民法院再审审理中均未提交新的证据。

最高人民法院再审认为,本案再审审理的争议焦点为:(1)《西安路合作协议》的性质应如何认定;(2)《西安路合作协议》《协议书》的效力应如何认定;(3)城市资产公司支付给亿佳公司的款项数额应如何认定;(4)清江浦区政府是否属于本案适格被告。

一、关于《西安路合作协议》的性质应如何认定的问题

亿佳公司主张,《西安路合作协议》具有投资土地整理和开发房地产的性质;城市资产公司则主张,该协议具有借款合同和土地使用权出让合同的双重性质。

本院认为,合同的性质应当结合合同约定的具体权利义务内容和合同目的予以认定。《西安路合作协议》第 1 条即明确,双方系合作整理改造案涉地块。其中,亿佳公司出资 3000 万元作为前期土地整理费用,城市资产公司负责案涉地块的拆迁和土地整理工作。同时,亿佳公司取得投资收益是以案涉项目地块被亿佳公司或他人以高于土地整理成本即 160 万元/亩以上摘牌为条件,而该条件能否成就并不确定。且根据原审查明的事实,亿佳公司的 3000 万元投资款系其以年利率 22% 的利息对外融资而来,如前述条件不能成就,则亿佳公司不仅无法获得收益,还须承担对外融资的利息损失,加之双方还有案涉项目地块如无他人参与竞拍或流拍时应由亿佳公司摘牌的约定,故亿佳公司须承担案涉项目的经营风险,而非一定能够享有投资收益。综上,亿佳公司与城市资产公司签订的《西安路合作协议》,属于合作从事城市土地整理项目的协议,双方共享收益,共担风险。由于《民事案件案由规定》对于此类合同未作规定,本案案由应确定为合同纠纷。二审判决关于《西安路合作协议》是亿佳公司向资产公司出借 3000 万元供其完成土地整理,而亿佳公司在该土地挂牌竞拍中根据成交价格获得不特定的回报以及本案案由为合资、合作开发房地产合同的认定,均有不当,最高人民法院予以纠正。

二、关于《西安路合作协议》《协议书》的效力应如何认定的问题

《西安路合作协议》第 5 条约定,如果该项目地块被乙方(即亿佳公司)或他人以高于土地整理成本即 160 万元/亩以上摘牌,甲方(即城市资产公司)同意按照超出土地整理成本价即 160 万元/亩以上部分区财政净收益的 75% 奖励给乙方,作为乙方参与项目前期土地整理的收益。《协议书》将上述约定的奖励款明确为 2997 万元。其中对“甲方同意按照超出土地整理成本价即 160 万元/亩以上部分区财政净收益的75%奖励给乙方"这一约定内容的理解,构成该协议效力认定的焦点。

最高人民法院认为,前述"甲方同意按照超出土地整理成本价即160万元/亩以上部分区财政净收益的75%奖励给乙方"的约定,属双方当事人的真实意思表示,系对亿佳公司在满足条件下所获收益的一种计算方式,并非土地出让主体对土地出让金的处分,不违反法律、行政法规的强制性规定。且根据原审查明的事实,案涉项目地块由案外人以336.85万元/亩的价格摘牌,并无证据证明存在变相减免土地出让金的情形。城市资产公司已经支付给亿佳公司的1250万元收益款,来源于城市资产公司的自有资金。城市资产公司作为参与市场活动的平等民事主体,享有独立的法人财产,有权自行决定如何使用其自有资金,其与亿佳公司签订协议,合作进行土地整理,约定收益分配和风险负担,与国家利益和社会公共利益无涉。原审判决以前述约定属于变相减免土地出让金、挤占挪用土地收益的行为,损害了国家利益和社会公共利益为由,认定《西安路合作协议》无效,缺乏事实和法律依据。

双方于2012年3月29日签订《协议书》,对《西安路合作协议》所约定收益款的具体数额、支付方式和逾期支付违约责任进一步予以明确。该协议亦属双方真实意思表示,其内容不违反法律、行政法规的强制性规定,合法有效。且城市资产公司在该协议签订后,已经陆续向亿佳公司支付了1000万元收益款,现以协议无效为由拒绝继续履行,有违诚实信用原则,最高人民法院不予支持。

三、关于城市资产公司支付给亿佳公司的款项数额应如何认定的问题

《最高人民法院关于民事诉讼证据的若干规定》第35条第1款规定:"诉讼过程中,当事人主张的法律关系的性质或者民事行为的效力与人民法院根据案件事实作出的认定不一致的,不受本规定第三十四条规定的限制,人民法院应当告知当事人可以变更诉讼请求。"本案中,一审法院虽于庭审中询问亿佳公司是否变更诉讼请求,但在亿佳公司当庭及庭后均未提出明确具体的变更后的诉讼请求的情况下,径以亿佳公司已经支付的5000万元的中国人民银行公布的银行同期贷款利率4倍来计算损失,并未依法正确履行释明义务。二审法院虽将该问题作为争议焦点之一列明,但未充分查明、论证,仅以一审庭审中曾作了询问为由认定一审审理程序合法,亦有不当。最高人民法院认为,仍应以亿佳公司起诉状中列明的请求为依据,确认其在本案中的诉讼请求。

由于《西安路合作协议》《协议书》均为合法有效,且《协议书》系对《西安路合作协议》所约定收益款的具体数额、支付方式和逾期支付违约责任的进一步明确,城市资产公司应依照《协议书》来履行付款义务。城市资产公司已支付1250万元,尚欠1747万元应予支付。关于逾期付款违约金的起算时间,《协议书》约定,就签订协议时的2747万元欠付款,城市资产公司应分三次分别于2012年4月25日、5

月25日、6月25日付清，但至今仍欠1747万元，故违约金应结合城市资产公司于协议签订后支付1000万元的时间节点和相应欠付款数额计算，但因亿佳公司诉讼请求仅主张按照1747万元自2012年4月25日起算，属对期限利益的放弃，故本院根据亿佳公司的诉讼请求，确定1747万元欠付款违约金的起算时间为2012年4月25日。关于违约金的计算标准，《协议书》约定，城市资产公司如不能按时付款，则按未付金额支付日万分之四的违约金。《协议书》约定的违约金计算标准并未超出中国人民银行公布的银行同期贷款利率的4倍，且城市资产公司虽主张依据《协议书》约定将导致双方利益失衡，但并未提供证据予以证明，最高人民法院不予采纳。

至于亿佳公司主张的设计费用、公司运营费用、融资利息等各项损失，因《西安路合作协议》《协议书》合法有效，上述费用系亿佳公司作为案涉土地整理项目的合作方，基于对合作项目的投资而支出的必要费用；已经缴纳的2,371,145.8元税款，根据《协议书》中关于"乙方须在清河区交所得税等税金"的约定，亦应由亿佳公司负担。亿佳公司关于应一并支持其人民剧场旧城改造项目相关损失的主张，已经超出其诉讼请求的范围，最高人民法院不予理涉。

四、关于清江浦区政府是否属于本案适格被告的问题

清江浦区政府并非《西安路合作协议》《协议书》的合同主体，亿佳公司亦无证据证明城市资产公司与清江浦区政府之间存在事实上的合伙关系。清江浦区政府相关负责人在亿佳公司信访报告上作出批示的行为，不构成民事法律关系上的债务加入。故，亿佳公司以清江浦区政府为被告，要求其承担民事责任，于法无据，最高人民法院不予支持。

综上所述，《西安路合作协议》《协议书》合法有效，当事人双方应予恪守。亿佳公司关于城市资产公司应向其支付1747万元及违约金的再审请求成立，最高人民法院予以支持。其关于要求清江浦区政府承担连带责任的再审请求，缺乏事实和法律依据，最高人民法院不予支持。依照《民事诉讼法》第207条第1款、第170条第1款第2项规定，判决如下：(1)撤销江苏省高级人民法院(2015)苏民终字第00244号民事判决、江苏省淮安市中级人民法院(2014)淮中民初字第0184号民事判决；(2)淮安市清江浦城市资产经营有限公司于本判决发生法律效力之日起10日内向江苏亿佳房地产开发有限公司支付1747万元及违约金(以1747万元为基数，按照日万分之四的标准自2012年4月25日起计算至实际支付之日止)；(3)驳回江苏亿佳房地产开发有限公司的其他诉讼请求。如果未按本判决指定的期间履行给付金钱义务，应当依照《民事诉讼法》第253条规定，加倍支付迟延期间的债务利息。本案一审案件受理费164,528元，保全费5000元，二审案件受理费164,528元，合计334,056元，由淮安市清江浦城市资产经营有限公司负担。本判决为终审判决。

［参见最高人民法院第三巡回法庭编：《最高人民法院第三巡回法庭新型民商事案件理解与适用》，中国法制出版社2019年版。］

015. 土地出让方对土地的信息未尽足够的审查注意及告知义务，而土地的受让方对地块的设计不符合规划要求的，双方在缔约过程中的损失，应如何分配？

【典型案例】

浙江恒兴房地产有限公司与衢州市国土资源局拍卖出让国有土地使用权纠纷上诉案

【裁判要点】

《合同法》第10条规定，法律、行政法规规定采用书面形式的，应当采用书面形式。《城市房地产管理法》第14条规定，土地使用权出让，应当签订书面合同。因此，土地使用权出让合同的成立，应以签订了书面的出让合同为条件。所以，双方当事人未签订书面的土地出让合同时，出让合同未成立，双方仍处于缔约阶段。《合同法》第42条规定，当事人在订立合同过程中，假借订立合同，恶意进行磋商、故意隐瞒与订立合同有关的重要事实或者提供虚假情况，给对方造成损失的，应当承担损害赔偿责任。据此，当事人在缔约过程中，存在违反诚实信用原则的行为而给对方造成损失的，应当承担责任。所以，土地出让方对土地的信息未尽足够的审查注意及告知义务，而土地的受让方对地块的设计不符合规划要求的，双方的过失都是导致合同无法成立的因素，因此，应由双方分担缔约过程中的损失。

上诉人（原审原告、反诉被告）：浙江恒兴房地产有限公司（以下简称桓兴公司）。

上诉人（原审被告、反诉原告）：衢州市国土资源局（以下简称国土局）。

一、浙江省高级人民法院一审查明的事实

2002年10月30日，国土局与浙江东方泰拍卖有限公司衢州分公司（以下简称拍卖公司）签订《拍卖合同》约定，国土局委托拍卖公司拍卖浙江省衢州市县西街东侧片和西侧片区国有土地使用权。《拍卖合同》还载明了拍卖会日期、国土局应支付的佣金等事宜。次日,国土局发布的《拍卖公告》载明:定于2002年11月20日上午九时在市中行十二楼会议室公开拍卖衢州市老城区商业最繁华地段县西街东、西两侧两个片区的国有土地使用权。西街东侧出让面积30,482平方米,用地性质以商业用地为主兼容住宅、办公、宾馆等。土地用途为商业、住宅用地;出让年限为商业用地40年,住宅用地70年。拍卖标的咨询展示为自公告之日起至2002年11月18日,竞买人可到国土局咨询,并可到现场踏勘。该地块为1000万元保证金,竞买成功,保证金抵作地价款。《拍卖公告》还载明了该地块竞买对象、容积率等事宜。国土局发布的《拍卖文件》还包括《拍卖规定》《国有土地使用权出让合同》(以下简称《出让合同》)、《规划管理要求》《拍卖地块建设管理要求》及《拍卖须知》等共12项文件。

《拍卖规定》规定,本次拍卖会提供的资料,仅供竞买人参考,竞买人应认真咨询了解标的现状。竞买成功后,不能以未咨询或对标的不了解提出异议或反悔;拍卖成交后,买受人当场与国土局签订《出让合同》。《出让合同》签订之日起30日内缴纳土地出让金总额的50%,余款2003年2月21日前付清。2003年2月22日后未缴纳全部价款的,应支付成交价1%的违约金。同年3月6日仍未缴纳全部价款的,出让方可单方解除合同,竞买保证金不予退还,并追究买受人的法律责任;竞买人须严格按规划平面布置方案和《出让合同》规定的条件开发;根据衢政发〔1999〕57号文件,凭《拍卖成交确认合同》(以下简称《确认合同》)、《出让合同》等资料向有关部门申办立项、规划选址意见书等手续。《规划管理要求》载明:出让土地性质为“商业用地”。浙江省衢州市规划局(以下简称规划局)2002年10月30日的正式文件上为“商住用地”。《拍卖须知》载明:竞买人参拍前必须严肃、认真、仔细地审看拍品,一旦参加竞买即表明本人已了解拍品情况,愿意承担法律责任,竞买落槌后不得反悔;买受人须当场签署《确认合同》和有关文件等。买受人付清全部成交款及拍卖佣金并确认已转入指定账户,方能办理拍卖标的交付手续,逾期不付清成交款及拍卖佣金,本公司视作违约,没收保证金,并承担违约责任或将标的再行拍卖。若再行拍卖,原买受人应付第一次拍卖本人及委托人应付的佣金,再行拍卖价款低于原价款的,原买受人应补足差额。

2002年11月18日,恒兴公司前身金华恒兴房地产有限公司交纳了1000万元保证金,申请成为该地块的竞买人。同年11月20日上午拍卖会举行。该地块由恒兴公司以2.53亿元最高应价成交。恒兴公司在《拍卖会成交记录表》上签字并与拍卖公司签订《确认合同》。《确认合同》载明:西街东侧片区地块30,482平方米,成交价2.53亿元:(买受人)恒兴公司应向拍卖人支付拍卖标的成交价款2.53亿元,同时支付成交款0.5‰佣金12.65万元;(买受人)恒兴公司须在2002年11月27日前向拍卖人全部支付拍卖标的物的佣金。拍卖成交后拍卖标的需依法办理证照变更、产权过户手续的,买受人、委托人须在拍卖成交款和佣金交清后的90日内到法定部门办理过户手续。拍卖人、买受人及委托人应严格按《特别规定》和《拍卖法》的有关规定,享有或承担各自的权利义务,如有违反应负法律责任。衢州华夏公证处(以下简称公证处)对此次拍卖活动进行了现场监督,公证此次拍卖结果真实有效。之后,恒兴公司未与国土局签订《出让合同》。

2002年12月24日,国土局向恒兴公司发出《违约通知书》,要求恒兴公司与其签订《出让合同》并缴纳出让金。2003年2月25日,国土局再次向恒兴公司发出《违约通知书》称:按规定必须在2003年2月21日前交清出让金,至今日尚未缴纳,恒兴公司的行为视作违约,交纳的保证金1000万元予以没收;恒兴公司必须在2003年3月6日前交清出让金;否则,依法将该地块重新公告拍卖。同年3月5日,恒兴公司回复国土局:《拍卖公告》与《规划管理要求》相矛盾,不解决无法开发,且该公司董事会难以就支付出让金达成共识;该公司的两个规划设计方案是符合关于"建筑风格及色彩必须与历史保护街区建筑风格相协调"的规划管理要求的;建议专家论证或征求市民意见。

2003年3月4日,恒兴公司向浙江省衢州市人民政府(以下简称市政府)递交了《关于要求迅速解决皇家商都开发建设问题的报告》,要求尽快通过规划方案,协调解决开发所需的施工现场等问题。同年3月20日,市政府回复恒兴公司:"据国土局报告,经多次书面和口头通知你公司未缴纳出让金,已违反《拍卖规定》第8条和《拍卖须知》。你公司应于3月31日前交清出让金;该地块建设项目须在2004年年底前完成,天宁寺广场、无名巷配套建设可由你公司按市规划局设计要求建设并和项目同期完成后,市政府将给予1000万元奖励;请你公司根据2003年1月28日市规划局对你公司提出的审查意见抓紧修改完善。市规划局将在收到修正方案7个工作日内答复。如仍不能按期如数缴纳出让金,国土局和拍卖人将依法追究你公司违规责任。"之后,拍卖公司通过公证处于同年4月28日向恒兴公司送达《催告书》:"时至今日,你公司未依约定期限交付拍卖价款,已构成根本违约,必将承担不利的法律后果;鉴于市政府在给你公司的复函作出了有关政策优惠的表示,经委托人同意,限你公司接到本通知书之日起五个工作日内将欠交的价款交付委托人。否则,我公司将根据《拍卖法》规定将标的物再次拍卖;再次拍卖后,我公司仍保留追究你公司法律责任的权利。"

2003年1月28日,规划局收到恒兴公司报送的皇家商都规划建筑设计初步方案后,召集规划和建筑技术人员进行会审,作出了《关于衢州市皇家商都规划方案初步会审意见的函》,认为两个方案文本部分经济指标缺项,平面总图尺寸不齐,无法核定相关的经济指标以及房屋之间的日照间距要求,需补齐。同年3月31日,规划局对恒兴公司再次报送的皇家商都规划建筑设计方案提出意见,认为前次提出的超规划经济技术指标在本次方案中没多大变化,特别是地上建筑面积67,636平方米,超规定7036平方米;建筑占地面积18,290平方米,超规定达490平方米,需按规定调整,要求恒兴公司收到该审查意见后及时修改。同年4月1日,规划局、衢州市规划设计院、恒兴公司、东南大学建筑系与中国美院风景建筑设计研究院等召开皇家商都规划建筑设计方案审查会。形成的《会议纪要》为:开发商报送的规划建筑设计方案确实不能满足规划要求,必须修改。

2003年6月9日,国土局发布〔2003〕04号国有土地使用权拍卖公告出让该争议地块使用权。同年6月27日,1－5号地块拍卖成交,国土局分别和衢州市宏基房地产开发有限公司等签订《拍卖成交确认书》和《出让合同》。上述拍卖地块面积和成交价格分别为:1号地块11,804平方米,10,000万元;2、3号地块4936平方米,4230万元;4号地块4838平方米,3600万元;5号地块6750平方米,4200万元,总成交价22,030万元。

2004年6月26日,恒兴公司致函国土局称,双方土地使用权关系已成立。因《拍卖文件》与规划文件对用地性质规定不一,致使《出让合同》不能签订;国土局函告1000万元保证金已转为出让金,又予以没收,没有依据;国土局未征得其同意,将其竞得地块拍卖,应承担违约和赔偿责任。此后,双方因订立《出让合同》及缴纳土地出让金等事宜协商未果发生争议。

二、当事人一审起诉与答辩情况

2004年11月1日,恒兴公司提起诉讼,请求判令国土局退回1000万元出让金;赔偿经济损失163.081467万元及合同利益损失4000万元;承担本案诉讼费。

国土局答辩称:该局对该地块国有土地使用权拍卖结果真实有效;根据《拍卖规定》第8条规定,买受人应在拍卖成交后当场签订《出让合同》,不存在由于该局或市政府的原因致使签约搁浅的事实。恒兴公司的设计方案未通过,与《拍卖文件》用地性质与规划口径是否一致无关。本案是因恒兴公司违反《拍卖规定》拒绝签约,该局不存在违约情形;恒兴公司拍卖成交后未按《拍卖文件》签订《出让合同》,截至2003年3月6日,除交付1000万元保证金外,2.53亿元出让金分文未付。其间,国土局、拍卖公司及市政府多次通知、敦促其履行付款义务,恒兴公司以种种借口拒绝。市政府的回复还给予恒兴公司相应政策优惠;同年4月25日,拍卖公司再次催告恒兴公司履行付款义务,强调如在限期内不履行,根据《拍卖规定》将拍卖标的物另行拍卖。直至2003年6月,恒兴公司仍未履行。国土局将原拍卖标的物另行分割拍卖,符合拍卖法第39条及《拍卖文件》的规定,恒兴公司严重违约,其诉请无据,应依法驳回。

国土局反诉请求,确认该局享有单方解除合同并将标的物再行拍卖的权利;恒兴公司承担违约责任,其已交纳的竞买保证金不予退还;赔偿其佣金损失12.65万元、原拍卖准备的实际费用24.1635万元、再行拍卖与原拍卖价差1209万元及利息650.6250万元,共计1896.4655万元;恒兴公司承担全部反诉费。

针对国土局的反诉,恒兴公司一审庭审答辩称:国土局擅自终止合同,重新出让的行为无效;国土局二次分割出让,未提供重新批准的相关文件,应承担举证不能的责任;国土局的《违约通知书》已自认该公司交纳的1000万元保证金转为出让金,不退还无据;国土局本诉地块面积30,482平方米,反诉地块面积28,148平方米,价格不一样;该公司起诉与国土局答辩、反诉依据的是转让合同,而非拍卖合同。因此,国土局的反诉不成立。

三、浙江省高级人民法院一审认定与判决

一审法院根据当事人争议的焦点,作出如下认定:

(一)关于双方当事人之间法律关系性质的问题

一审法院认为,本案是恒兴公司参加县西街东侧片区国有土地使用权出让拍卖以最高应价竞得后,未与国土局签订《出让合同》及未缴纳出让金引起的纠纷。《中华人民共和国城市房地产管理法》(以下简称《房地产管理法》)第12条及《城镇国有土地使用权出让和转让暂行条例》第13条规定,土地使用权出让可采取拍卖、招标或双方协议方式。本案国土局以拍卖方式出让国有土地使用权,符合上述法律法规规定。拍卖既是土地使用权出让的一种方式,也是缔约过程。恒兴公司在以最高应价竞得该地块并与拍卖人签订《确认合同》后,应认为与国土局间国有土地使用权出让法律关系已成立,其应按《拍卖文件》及《确认合同》规定,履行签订《出让合同》及缴纳出让金的义务。因此,双方当事人的行为除受有关国有土地使用权出让的法律约束外,还应受拍卖法的约束。

(二)关于恒兴公司未与国土局签订《出让合同》的理由是否成立的问题

一审法院认为,《拍卖规定》第8条规定,拍卖成交后,买受人当场与国土局签订《出让合同》。因此,不存在拍卖成交后根据规划局对规划设计方案审核意见再决定是否签订《出让合同》的事由;据查明的事实,恒兴公司未提供证明向国土局提供规划设计方案未审查通过,故恒兴公司关于其向国土局提供了两个规划设计方案均被国土局否决、不予通过的理由不成立。

《拍卖公告》与《规划管理要求》对用地性质虽存在不一致,但《规划管理要求》系转引自规划局文件,规划局文件载明"商住用地",应认为系转引笔误;《拍卖规定》与《拍卖须知》提醒竞买人认真咨询,了解标的现状。恒兴公司参与竞拍,应认为其对标的已充分了解;恒兴公司两次送规划局审核的设计方案证实,其是按商业与住宅规划设计的;送审的设计方案未通过,主要在于其设计方案违反了该地块控制性规划要求,不涉及土地性质和用途,且《会议纪要》明确,必须按要求对设计方案修改,无证据证明恒兴公司已修改并获批准。因此,恒兴公司未能与国土局签订

《出让合同》的理由不成立。

(三)关于恒兴公司主张返还1000万元的理由是否成立的问题

一审法院认为,恒兴公司认为其交纳的1000万元是土地出让金,国土局没收无依据,国土局认为是保证金,不予退还。《拍卖公告》和《拍卖规定》要求竞买人应交纳保证金,交款书载明的也是保证金。因此,恒兴公司交纳的1000万元是竞买保证金性质。问题是,恒兴公司以最高应价竞拍成功并签订《确认合同》后,不履行付款义务,能否要求国土局返还。《拍卖公告》规定,拍卖完成后,买受人保证金抵作地价款,未竞买成功的竞买人保证金退还;《拍卖规定》第8条规定,拍卖成交后,买受人在2003年3月6日仍未交清全部价款的,出让人可单方解除合同,竞买保证金不予退还,并追究买受人的法律责任;《拍卖须知》第8条规定,拍卖成交后,买受人在2003年3月6日仍未交清全部价款的,出让人可单方面解除合同,竞买保证金不予退还,并追究买受人的法律责任;《拍卖须知》第10条规定,买受人逾期不付清拍卖成交款及拍卖佣金者,视作违约,没收保证金,并承担违约责任。上述规定虽是国土局及拍卖人作出,但均属于拍卖文件的组成部分,对竞拍成交的买受人具有约束力;恒兴公司与拍卖人签订的《确认合同》第6条规定,拍卖人、买受人及委托人应严格按本次拍卖会的《特别规定》和拍卖法的规定享有或承担各自的权利和义务,如违反应负法律责任。因此,恒兴公司竞买成功后,因其不履行买受人的付款义务,违反了《拍卖文件》的规定,应承担违约责任。拍卖法第39条规定,买受人应按约定支付拍卖标的价款,未依约支付的,应承担违约责任。因此,在恒兴公司不签订《出让合同》、不缴纳土地出让金的情况下,国土局对恒兴公司交纳的1000万元不予退还的抗辩理由成立。恒兴公司主张国土局返还,缺乏事实和法律依据。

(四)关于恒兴公司请求国土局赔偿损失163.081467万元及合同利益损失4000万元的理由是否成立的问题

一审法院认为,恒兴公司无证据证明未签订《出让合同》系国土局所致,且其在签订《确认合同》后,未履行付款义务,已构成违约。故恒兴公司请求国土局赔偿损失缺乏法律依据,不予支持;对恒兴公司提出的前期费用和利息损失,亦不再确认。

(五)关于国土局反诉请求恒兴公司赔偿1896.4655万元的理由是否成立的问题

一审法院认为,国土局提出的上述赔偿涉及四部分,主要是因该地块重新拍卖而起。《拍卖规定》第8条规定出让人可单方解除合同,《拍卖须知》第10条规定可再行拍卖;国土局给恒兴公司的《违约通知书》告知恒兴公司须在规定期限内交清全部出让金,否则依法将该地块重新拍卖出让。拍卖法第39条规定,买受人应依约支付拍卖标的价款,未依约支付的,应承担违约责任或由拍卖人征得委托人同意,将标的再行拍卖,再行拍卖的,原买受人应付第一次拍卖中本人及委托人应付的佣金。再行拍卖价款低于原拍卖价款的,原买受人应补足差额。因此,国土局有权对该地块重新拍卖。

关于两次拍卖的差额损失,虽国土局对该地块重新拍卖,但因该次是分割拍卖,且土地总面积少于第一次,相关指标也发生了变化,两次拍卖内容不完全同一,不具可比性,无法确认两次拍卖的差额,故对国土局主张两次拍卖差额的损失赔偿,不予支持。关于原拍卖准备的实际费用和利息损失,因缺乏相关事实根据,同时在确定恒兴公司已交纳的1000万元不予退还的情况下,应认定1000万元足以赔偿国土局为拍卖而支出的实际费用和利息损失,再行赔偿显属无理。

关于佣金损失,国土局与拍卖人签订的《委托拍卖合同》虽有"拍卖物在拍卖成交后,委托人应当按拍卖物成交总额0.5‰的比例向拍卖人支付佣金"的约定,但国土局没有提交其已支付合同佣金的证据,故不能认定该佣金损失已实际发生。对该部分损失的请求,不予支持。

综上,一审法院认为,恒兴公司签订《确认合同》后,未按《拍卖文件》规定及《确认合同》约定支付拍卖款,在国土局两次发出《违约通知书》后仍不履行付款义务,其行为已构成违约,依法应承担违约责任。国土局提出不予退还恒兴公司交纳的1000万元的抗辩理由,合法有据。恒兴公司主张国土局返还1000万元的请求,不予支持。基于恒兴公司的违约事实,其请求国土局赔偿损失和合同利益损失,缺乏事实和法律依据。国土局虽提出3项反诉请求,但第1项不能构成独立的诉讼请求,第2项属于对恒兴公司本诉主张的反驳,亦不构成反诉请求。国土局反诉恒兴公司赔偿损失,因缺乏事实根据,不予支持。据此判决:(1)驳回恒兴公司的诉讼请求;(2)驳回国土局的反诉请求。本诉案件受理费268,164元,由恒兴公司负担;反诉案件受理费104,833元,由国土局负担。

四、当事人上诉与答辩情况

恒兴公司与国土局均不服一审判决,向本院提起上诉。恒兴公司上诉请求:撤销一审判决第一项;依法改判国土局返还其1000万元出让金并赔偿经济损失。主要理由:(1)国土局作为出让人未提供政府对该地块批准的合法文件,应承担举证不能的法律后果和无效出让的法律责任,一审判决回避了该重大事实。(2)《拍卖文件》对该地块用地规定不一致,且出让人始终未作更正,造成《出让合同》不能签订,责任在出让人。一审判决将土地用途的不一致认定为"笔误",有失公允。即便是失误,法律责任也应由国土局承担。(3)《出让合同》约定开工、动工、交清出让金及交付土地为同一天,不具有实际可操作性。《出让合同》还约定受让人支付全部出让金后,取得《国有土地临时使用证》,违反了《中华人民共和国土地管理法》(以下简称《土地管理法》)关于临时使用土地的使用者不得修建永久性建筑物的规定。

《出让合同》存在的重大缺陷,是其无法签订《出让合同》的重要原因。(4)随着拍卖程序的结束,该公司交纳的1000万元保证金已转为出让金。国土局提供的《违约通知书》已自认为出让金,国土局没收无据。(5)该公司已交纳1000万元出让金并签订《确认合同》,双方履行《出让合同》的事实存在。因此,双方争议的实质为国有土地使用权出让合同纠纷。(6)在《出让合同》存在重大缺陷及规划未明确的情况下,国土局单方将其竞得的地块另行拍卖,应承担违约责任。(7)该公司提供的损失证据合法有效,国土局未提供反证,应认定该证据有效,一审判决驳回其诉讼请求,显属不妥。

国土局上诉请求维持一审判决第一项,依法改判第二项为:因恒兴公司违约给其造成佣金损失12.65万元;原拍卖准备实际费用24.1635万元;再行拍卖与原拍卖价款差额1209万元;利息650.652万元,共1896.4655万元,并由恒兴公司承担全部诉讼费用。主要理由:恒兴公司的违约行为已造成其实际经济损失,其一审提供的证据足以证明损失的存在。依据《拍卖法》第39条,《房地产管理法》第12条,《合同法》第107条、第114条等法律规定,恒兴公司未在《拍卖文件》规定期限内签订《出让合同》和缴纳土地出让金,已构成严重违约。其有权不予退还1000万元保证金,并将该地块另行拍卖。恒兴公司应承担拍卖佣金、前后两次拍卖差价及其他经济损失,一审判决驳回该项请求错误。

针对恒兴公司的上诉请求,国土局答辩称:一审庭审中法官曾询问恒兴公司是否对出让地块的法律效力有异议,该公司表示无异议。因此,该局对该地块拍卖的程序与结果真实合法;一审判决认定《拍卖文件》转引规划局的规定将土地用途"商住"误引为"商业"符合事实,但这不能成为恒兴公司不签订《出让合同》的理由。如笔误与规划局文件不符,应以正式文件为准;恒兴公司提出《出让合同》规定的开工、动工和缴纳出让金、交付土地时间为同一天,也不存在签订《出让合同》的障碍。恒兴公司拍卖成交当场签订《出让合同》是不附带任何条件的,且《拍卖文件》已给予充分的提醒,恒兴公司签订《确认合同》后,拒绝与其签订《出让合同》和缴纳出让金,已构成重大违约,一审判决恒兴公司承担违约责任有据;该局的《违约通知书》未确认1000万元已转为出让金。恒兴公司拒绝签订《出让合同》,不存在1000万元转为出让金的事实;依《拍卖文件》的规定,不存在恒兴公司拍卖成交后根据规划设计审核再决定签订《出让合同》的情形,及时足额支付价款与规划设计方案满足《拍卖文件》的各项条件是买受人的法定义务。恒兴公司设计方案未通过,是自身过错产生的法律后果;本案双方争议的实质为拍卖国有土地使用权合同纠纷,一审判决适用拍卖法、房地产管理法处理本案正确。

恒兴公司针对国土局的上诉请求,未提交书面答辩意见。二审庭审中,其仍坚持一审的答辩理由。

五、最高人民法院二审查明的事实

二审查明：

1. 2002年11月1日，国土局分别在《浙江日报》及《衢州日报》刊登《衢州市国土资源局国有土地使用权公告》（以下简称《土地使用权公告》）载明涉案土地用途为“商业、住宅用地”。

2. 2002年12月24日、2003年2月25日国土局致恒兴公司的两份《违约通知书》分别载明：“直至今日你单位除1000万元竞买保证金转为土地出让金外，其余土地出让金尚未缴纳”，催促恒兴公司速与其签订《出让合同》和缴纳土地出让金。

3. 涉案《出让合同》之相关条款分别载明，争议地块出让年限为：商业用地40年，住宅用地70年；出让人同意2003年2月21日前将出让宗地交付给受让人，受让人同意在2003年2月21日前交清上述全部土地使用权出让金，受让人同意2003年2月21日前动工建设；受让人向出让人支付全部土地出让金后，领取《建设用地批准通知书》；按规定办理使用权登记手续，领取《国有土地临时使用证》，取得土地使用权。待项目竣工验收后1个月内，受让人持《国有土地临时使用证》到出让人处换发《国有土地使用证》。双方对上述合同内容及《出让合同》文本的真实性无异议。

二审庭审中，国土局出示了浙江省衢州市人民政府（2002）82号文件及佣金支付凭证，以此作为新证据，证明该地块已经市政府批准，其拍卖出让的行为合法、恒兴公司的违约行为已给其造成实际经济损失等。恒兴公司对该证据的真实性认可，但认为该文件是领导签名，不能证明政府批准争议地块的合法性；认为佣金凭证早已发生，不属于新证据，不予质证。二审查明的其他事实与一审法院查明的事实相同。

六、最高人民法院二审认定与判决

最高人民法院根据当事人的上诉请求及各自答辩，对当事人争议的焦点分析认定如下：

（一）关于双方当事人的争议为何种法律关系性质的问题

恒兴公司认为，双方争议为国有土地使用权出让合同的法律关系，国土局则认为，双方争议为拍卖出让国有土地使用权的法律关系。

二审法院认为，恒兴公司与国土局之间国有土地使用权《出让合同》是否成立，是确认双方的争议为何种法律关系性质的前提和基础。对这一问题的判定，应当结合国土局拍卖出让争议地块的具体情形及法律规定《出让合同》成立的要件进行确定。本案恒兴公司于2002年11月20日以2.53亿元报价在《拍卖会成交记录表》上签字，并与拍卖公司签订《确认合同》，双方对此事实无异议，表明该地块拍卖程序已完结，恒兴公司接受了《确认合同》的各项约定。但恒兴公司未依《拍卖规定》当场与国土局签订《出让合同》。此后,尽管国土局向恒兴公司发出《违约通知书》,要求恒兴公司缴纳出让金并签订《出让合同》,恒兴公司仍未承诺,从而使双方正在进行的《出让合同》缔约行为因恒兴公司不予签订的事实原因而中断。房地产管理法第14条规定,土地使用权出让,应当签订书面合同,即《出让合同》属于合同法第10条规定的"法律、行政法规规定采用书面形式的,应当采用书面形式"的合同。据此,双方没有依上述法律规定签订《出让合同》,其行为仍停留于缔结《出让合同》的要约阶段,《出让合同》未成立,双方的争议实质为国有土地使用权出让的法律关系。一审判决认定双方国有土地使用权出让的法律关系已经成立,与事实不符,应予纠正。

(二)关于恒兴公司主张未签订《出让合同》的理由是否成立的问题

恒兴公司认为,国土局未能提供政府对该出让地块的合法性批准文件,《拍卖公告》与规划局关于《规划管理要求》对拍卖地块性质和规划口径不一致以及《出让合同》条款存在的重大缺陷,是导致其不能签订《出让合同》的关键。国土局认为,该局对争议地块土地使用权出让的拍卖程序与结果真实合法。《拍卖公告》与转引的《规划管理要求》对该地块土地用途描述不一致,不能成为恒兴公司不予签订《出让合同》的理由。

二审法院认为,恒兴公司上述主张能否成立,应当从国土局编制的《拍卖文件》是否符合相关法律规定及恒兴公司在订立《出让合同》过程中是否存在缔约过失两个方面认定。

1. 关于国土局编制的《拍卖文件》是否符合相关法律规定的问题。依据土地管理法及房地产管理法的相关规定,土地管理部门按照国家法律授权和有批准权的人民政府批准授权,代表国家出让国有土地使用权,其性质属于平等主体之间的民事法律关系。因此,《出让合同》的内容,必须是双方当事人平等自愿协商一致的真实意思表示,任何一方不能将自己的意志强加给另一方。同时,土地管理部门还负有客观、准确履行告知受让者土地现状、土地性质的法定义务,以保障出让地块的交易安全。

本案查明的事实是,国土局编制的《出让合同》作为《拍卖文件》的组成部分,其中载明的"2003年2月21日前交付土地、2003年2月21日前缴纳全部土地出让金、2003年2月21日前动工建设"等条款,非国土局与恒兴公司平等协商一致的结果。国土局发布的《拍卖公告》及刊登在《浙江日报》《衢州日报》的《土地使用权公告》"商业、住宅用地"与《规划管理要求》"商业用地"及规划局文件"商住用地"对涉案土地用途的表述存在差异,国土局对此认可。此外,《出让合同》第10条"待项目竣工验收后一个月内,乙方持《国有土地临时使用证》到甲方换发《国有土地使用证》"的约定,不仅与《出让合同》载明的"商业用地40年,住宅用地70年"之出让使用年限不符,亦不符合《土地管理法》第 57 条第 2 款关于临时使用土地不得修建永久性建筑物的规定。事实足以证明,国土局对其发布的《拍卖公告》、《出让合同》与《规划管理要求》文件内容,未尽足够的审查注意及告知义务,在与恒兴公司订立《出让合同》的过程中,存在缔约过失,客观上影响了恒兴公司对该地块性质、用途的判断与决策。

2. 关于恒兴公司在订立《出让合同》的过程中是否存在缔约过失的问题。依据查明的案件事实,国土局为拍卖出让该地块发布的 12 项文件,公开了拍卖出让地块的一切前提条件与全部信息,其中《拍卖规定》《拍卖须知》特别提醒竞买人要认真咨询、了解标的现状。拍卖成交后,买受人当场与国土局签订《出让合同》,如有违约,应承担相应的违约责任。恒兴公司作为竞买人得知后,有条件决定是否参与竞买,并清楚交纳保证金及签订《确认合同》的法律后果。事实上,恒兴公司交纳了 1000 万元保证金,并与拍卖公司签订了《确认合同》。此后,由于恒兴公司报送的皇家商都规划建筑设计方案不能满足规划要求,规划局与规划设计院等审查形成《会议纪要》,要求恒兴公司必须修改,但恒兴公司未能修改。由此证明,恒兴公司在订立《出让合同》过程中。不仅对其参与行使竞买的权利未尽注意义务,而且该地块设计亦不符合规划要求,都是导致其不能与国土局签订《出让合同》的因素,恒兴公司存在的缔约过失应予认定。

另外,据 2002 年 7 月 1 日起施行的《招标拍卖挂牌出让国有土地使用权规定》第 7 条规定,政府批准出让土地的文件不属于《拍卖文件》的范围。本案国土局为拍卖出让该地块发布的 12 项文件,足以使竞买人相信该地块已经政府批准,恒兴公司对此合法性提出质疑,没有依据。

综上,导致该地块《出让合同》不能签订,双方均有缔约过失,恒兴公司关于不予签订《出让合同》的全部责任在国土局一方的主张依据不足,不予支持。国土局以拍卖程序与拍卖结果的合法性及对该地块用途表述不一致为转引笔误作为抗辩理由,亦缺乏依据。一审判决将《拍卖公告》与转引的《规划管理要求》对该地块用途表述的不一致,认定为转引笔误,并以此免除国土局的缔约过失责任不妥。

(三)关于国土局应否返还恒兴公司 1000 万元款项的问题

二审法院认为,双方均认可涉案 1000 万元是恒兴公司依据《拍卖公告》与《拍卖规定》交纳的保证金。双方对此争议的实质是:恒兴公司签订《确认合同》后,该款项是否转为了土地出让金的性质,恒兴公司当场不签订《出让合同》,国土局不予返还的行为是否违反了法律规定,即是否具有违法性。对这一问题的判断,应当依相关法律的规定及国土局在订立《出让合同》的过程中是否存在过失进行判断。

依据《土地管理法》第 55 条及《房地产管理法》第 7 条之规定,我国实行土地出让有偿使用制度,一切土地使用者取得使用土地的前提是必须与出让人签订《出让合同》,并按照《出让合同》约定支付土地出让金。本案2002年12月24日、2003年2月25日国土局致恒兴公司的《违约通知书》中虽有“1000万元竞买保证金转为土地出让金”的表述,但因双方没有依法签订《出让合同》,恒兴公司交纳的1000万元仍为竞买保证金的性质,恒兴公司关于该笔保证金已转为出让金的主张,没有依据。

关于国土局应否返还恒兴公司1000万元保证金的问题。如前所述,双方在订立《出让合同》过程中存在缔约过失,是导致《出让合同》不能签订的根本原因。由此,国土局应对其编制的《拍卖公告》、《规划管理要求》与《土地使用权公告》文件内容未尽审查注意及告知义务而承担责任,恒兴公司亦应对其行使竞买权利未尽足够的注意义务而承担责任。故对恒兴公司1000万元保证金的损失,应由双方各半分担。恒兴公司请求国土局全部返还的主张,没有依据;国土局主张不予返还的理由亦不能支持。一审判决国土局全部保证金都不予返还不妥,应予纠正。

(四)关于恒兴公司请求国土局赔偿经济损失的理由能否成立的问题

二审法院认为,依据《合同法》第42条之规定,对于合同缔约过程中发生的信赖利益损失,必须通过独立的赔偿请求予以主张。本案恒兴公司坚持双方国有土地使用权《出让合同》的法律关系已成立,未就国土局在订立《出让合同》过程中的缔约过失致其损失提出独立的请求。限于恒兴公司的请求及二审案件的审理范围,本院对此不予审理。故一审判决驳回恒兴公司关于国土局赔偿其经济损失的请求,适用法律并无不当,应予维持。

(五)关于国土局上诉请求恒兴公司赔偿1896.4655万元经济损失的理由能否成立的问题

二审法院认为,如同一审判决认定,国土局二次拍卖为分割拍卖,拍卖土地面积少于第一次拍卖,相关的技术指标也发生了变化,两次拍卖不具有可比性。在认定国土局订立《出让合同》过程中存在缔约过失的前提下,国土局再行主张恒兴公司赔偿其佣金损失、原拍卖准备的实际损失和利息损失,显属不妥,恒兴公司的500万元竞买保证金足以赔偿国土局为拍卖而支出的实际费用。另据《拍卖须知》第10条规定:“买受人付清全部拍卖成交款及拍卖佣金确认已转入指定账户后,方能办理拍卖标的交付手续。逾期不付清拍卖成交款及拍卖佣金,本公司视为违约,没收保证金,并承担违约责任或将拍卖标的再行拍卖。若拍卖标的再行拍卖的,原买受人应当支付第一次拍卖中本人及委托人应当支付的佣金,再行拍卖的价款低于原拍卖价款的原买受人应当补足差额。”由此说明,如买受人承担了违约责任即不应承担再行拍卖的佣金及不足原价差的责任。本案恒兴公司作为该地块竞买人,因竞买成功未当场签订《出让合同》的事由,已承担了缔约过失责任,再行承担其他违约责任,亦有失公平。故一审判决驳回国土局关于恒兴公司赔偿其经济损失

1896.4655万元的请求，依据充分，应予维持。

综上，最高人民法院依据《民事诉讼法》第153条第1款第3项之规定，于2004年7月18日以（2005）民一终字第83号民事判决书，作出如下判决：（1）维持浙江省高级人民法院（2004）浙民一初字第12号民事判决第二项；（2）变更浙江省高级人民法院（2004）浙民一初字第12号民事判决第一项为：衢州市国土资源局于本判决生效之日起30日内返还浙江恒兴房地产有限公司竞买保证金500万元。一审本诉案件受理费268,164元，反诉案件受理费104,833元，按一审判决执行；二审案件受理费372,997元，由浙江恒兴房地产有限公司负担186,498.5元，衢州市国土资源局负担186,498.5元。

［参见最高人民法院民事审判第一庭编：《民事审判指导与参考》（总第27集），法律出版社2006年版。］

016. 土地使用权出让合同中约定了定金条款，在受让人未按合同约定期限内交清土地使用权出让金的情形下，出让人是否有权没收受让方已交纳的土地使用权出让金？

【公报案例】

泰丰大酒店有限公司诉大同市土地管理局土地使用权出让纠纷案

【裁判要点】

土地使用权出让，是指国家将国有土地使用权在一定年限内出让给土地使用者，由土地使用者向国家支付土地使用权出让金的行为。根据我国《城镇国有土地使用权出让和转让暂行条例》（以下简称《出让转让暂行条例》）第11条的规定，土地使用权出让合同应当按照平等、自愿、有偿的原则，由市、县人民政府土地管理部门与土地使用者签订。土地使用权出让合同的出让方与受让方之间，是平等的民事关系。当事人可以约定，以保证、抵押、给付定金的方式来担保合同的履行。在土地使用权出让合同中约定了定金条款，受让人未按合同约定期限内交清土地使用权出让金的，是不履行合同的行为，无权要求出让方返回定金，对于受让方已交纳的土地使用权出让金，出让方无权没收。

原告:山西泰丰大酒店有限公司。

被告:山西省大同市土地管理局。

原告山西泰丰大酒店有限公司(以下简称泰丰公司)因与被告山西省大同市土地管理局(以下简称土地局)发生土地使用权出让纠纷,向山西省大同市中级人民法院提起诉讼。

原告诉称:被告单方面撕毁自愿与原告签订的《国有土地使用权出让合同》后,不仅不退还原告给付的定金,还将原告给付的土地使用权出让金也一并没收。虽经原告多次交涉,被告拒不退还。故诉请依法判令被告退还原告给付的土地使用权出让金2,793,131.05元,并赔偿占用此款期间的银行利息,或者依法判令被告继续履行土地使用权出让合同。

被告辩称:原告在支付了定金及部分土地使用权出让金后,其余款项虽经被告多次催促,一直未按约定履行,至今欠下违约金790余万元,给被告造成损失。为此被告根据合同的约定,决定解除合同,并决定根据《出让转让暂行条例》第14条和《山西省城镇国有土地使用权出让和转让实施办法》(以下简称《山西省实施办法》)第11条的规定,对原告已经支付的定金及土地使用权出让金不予退还,以弥补原告给被告造成的损失。原告现在提起诉讼,已经超过诉讼时效,人民法院应当依法驳回其诉讼请求。

大同市中级人民法院经审理查明:1993年11月12日,原告泰丰公司(合同乙方)与被告土地局(合同甲方)依照《出让转让暂行条例》的规定,经协商一致自愿签订了《国有土地使用权出让合同》。合同约定:甲方将位于大同市城区鼓楼西北角面积为8939.77平方米的国有土地使用权,有偿出让给乙方用于商业建设使用40年,土地出让金为8,045,793元。合同签订后30日内,乙方先向甲方交付土地使用权出让金总额的15%(计1,206,868.95元)作为合同定金,60日内付清全部土地使用权出让金。乙方如逾期30日仍未付清全部土地使用权出让金,甲方有权解除合同,并可请求赔偿。乙方付清全部土地使用权出让金后的5日内,依照规定办理土地使用权登记手续,领取《中华人民共和国国有土地使用证》,取得土地使用权。

合同签订后,原告泰丰公司于1993年12月27日给付被告土地局400万元。其中,含合同定金1,206,868.95元,土地使用权出让金2,793,131.05元。泰丰公司还向土地局提出书面申请称,因资金周转困难和冬季无法施工,请求将未付的土地使用权出让金延缓至1994年4月1日付清。土地局同意了泰丰公司的申请,并于1993年12月28日给泰丰公司核发了加盖“大同市人民政府”和“大同市土地管理局”印章的8939.77平方米国有土地使用证。但是,泰丰公司并未于1994年4月1日付清尚欠的土地使用权出让金。后经土地局多次催促,泰丰公司仍未履行。1994年9月22日,土地局给泰丰公司发出书面通知,限其必须于9月30日以前履行全部付款义务，否则将按有关规定处理。泰丰公司接到书面通知后，曾经当面向土地局承诺9月底前履行全部义务，但是到期仍未履行。土地局遂依照《出让转让暂行条例》第14条关于"土地使用者应当在签订土地使用权出让合同后六十日内，支付全部土地使用权出让金。逾期未全部支付的，出让方有权解除合同，并可请求违约赔偿"和《山西省实施办法》第11条关于"受让方不履行合同的，出让方可以依法解除合同，所支付的定金及出让金不予退还"的规定，于1994年9月30日决定：解除1993年11月23日与泰丰公司签订的《国有土地使用权出让合同》，收回该合同约定范围内的土地使用权，所发土地使用证注销登记，泰丰公司已经支付的定金1,206,868.95元和土地使用权出让金2,793,131.05元不予退还。10月24日，泰丰公司收到解除合同的决定通知书后，曾与土地局多次协商，并于1996年三四月间向大同市人民政府报告，请求给予解决，但均无结果，遂于1997年8月20日提起诉讼。

上述事实，有原、被告签订的国有土地使用权出让合同、付款凭证、国有土地使用证，解除合同通知书、泰丰公司给大同市人民政府的报告和当事人陈述笔录等证据在案。这些证据经过质证，可以作为认定事实的根据。

大同市中级人民法院认为：《出让转让暂行条例》第11条规定："土地使用权出让合同应当按照平等、自愿、有偿的原则，由市、县人民政府土地管理部门（以下简称出让方）与土地使用者签订。"由此可见，土地使用权出让合同的出让方与受让方之间，是平等的民事关系。被告土地局与原告泰丰公司签订的土地使用权出让合同，符合平等、自愿、等价有偿的原则，是有效的。《民法通则》第89条规定，依照法律的规定或者按照当事人的约定，当事人可以采用保证、抵押、给付定金等方式来担保合同的履行。土地局与泰丰公司在土地使用权出让合同中约定，以土地使用权出让金总额的15%作为合同定金，该条款成立，应当对双方当事人发生法律效力。《民法通则》第89条第3项规定："当事人一方在法律规定的范围内可以向对方给付定金。债务人履行债务后，定金应当抵作价款或者收回。给付定金的一方不履行债务的，无权要求返回定金；接受定金的一方不履行债务的，应当双倍返还定金。"泰丰公司在合同约定的期限内没有交清土地使用权出让金，是不履行合同债务的行为，无权要求返回定金。至于泰丰公司已交纳的部分土地使用权出让金，《出让转让暂行条例》并没有"不予退还"的规定，土地局没收这部分资金，于法无据。泰丰公司诉清土地局赔偿占用这部分资金期间的银行利息一节，因泰丰公司违约在先，故不予支持。土地局因泰丰公司的违约行为而依法不予退还的合同定金，既有惩罚泰丰公司违约行为的作用，也有弥补土地局损失的作用。土地局未能举证证明该局的损失已经超过收取的合同定金，其辩称不退还土地使用权出让金，是要以此款赔偿泰丰公司造成的损失，理由不能成立。土地局辩称泰丰公司的起诉已经超过诉讼时效一节，经查泰丰公司提供的证据表明，该公司在1996年三四月间向大同市政府报送的报告中,已经主张过权利,应当认定时效中断。据此,大同市中级人民法院于1997年11月27日判决:被告土地局在本判决生效后10日内,退还原告泰丰公司土地使用权出让金2,793,131.05元。一审案件受理费35,963元,由被告土地局负担。

第一审宣判后,被告土地局不服,向山西省高级人民法院提起上诉,请求改判。理由是:(1)上诉人土地局与被上诉人泰丰公司签订的合同,完全按照《出让转让暂行条例》和《山西省实施办法》执行。泰丰公司交纳的土地使用权出让金2,793,131.05元,本局并没有没收,而是依照《山西省实施办法》第11条的规定作不予退还处理。《出让转让暂行条例》第14条虽然没有规定不予退还,但也没有规定应该退还。(2)1994年10月24日泰丰公司接到上诉人的解除合同通知后,在近三年的时间里,始终只要求重新受让土地,并未主张过退还土地使用权出让金。这一主张是1997年8月起诉时才提出来的,已经远远超出《民法通则》规定的诉讼时效。况且土地局在签订土地使用权出让合同一事上,与泰丰公司是平等的民事主体。泰丰公司应当向土地局或者人民法院主张自己的权利,其向别人去主张自己的权利,不能发生时效中断的效力。一审判决以"原告主张过权利"这一模糊的说法,来掩盖泰丰公司超过诉讼时效起诉的问题,是错误的。

山西省高级人民法院经审理认为,一审判决认定的事实清楚,证据确定、充分。《出让转让暂行条例》第14条没有出让金不予退还的规定。该条例第53条规定:"本条例由国家土地管理局负责解释……"因此,山西省实施办法第11条规定的"不予退还",既未经行政法规授权,又与行政法规抵触,是无效的。国有土地使用权出让方和受让方之间,是平等的民事主体,应当本着公平、等价有偿的原则相处。作为出让方的上诉人土地局没有退还收取的定金,已经是对受让方、被上诉人泰丰公司的违约行为进行了制裁。除此以外,泰丰公司没有对土地局造成其他损害,也没有从土地局获取到任何利益,土地局没有任何理由再继续占有泰丰公司交付的土地使用权出让金。土地局决定不退还泰丰公司交付的土地使用权出让金,理由不能成立。大同市人民政府是土地局的上级主管部门,土地局发给泰丰公司的"国有土地使用证"上,加盖着"大同市人民政府"印章。泰丰公司与土地局发生纠纷后,请求大同市人民政府给予解决,与直接向土地局主张权利具有同等效力。请求重新受让土地与请求退还已付出的土地出让金,二者是非此即彼的关系。泰丰公司主张自己的权利时只能二者必居其一,不可能同时提出这两项请求。因此,泰丰公司只主张重新受让土地,不等于自愿放弃请求退还土地出让金的权利:一旦重新受让土地的请求不能满足时,则退还土地使用权出让金就成为其必然请求。土地局认为泰丰公司起诉时才提出退还土地使用权金的请求,已经超过诉讼时效,理由不能成立。一审判决适用法律准确,程序合法。据此,山西省高级人民法院依照

《民事诉讼法》第153条第1款第3项的规定，于1999年7月28日判决：驳回上诉，维持原判。上诉费35,963元，由上诉人土地局负担。

[参见《最高人民法院公报》2000年第4期。]

017. 国土局未经依法批准，擅自挂牌出让国有土地使用权，后被上级主管机关责令停止挂牌的，已报价并支付保证金的竞买人可否请求国土局继续履行合同？

【典型案例】

时间房地产建设集团有限公司与玉环县国土资源局土地使用权出让合同纠纷上诉案

【裁判要点】

依我国法律规定，商业、旅游、娱乐和商品住宅等各类经营性用地，必须以招标、拍卖或挂牌方式出让。《合同法》第15条第1款规定："要约邀请是希望他人向自己发出要约的意思表示。寄送的价目表、拍卖公告、招标公告、招股说明书、商业广告等为要约邀请。"国有土地使用权挂牌出让公告与拍卖公告、招标公告等性质相似，亦是向不特定主体发出的以吸引或邀请相对方发出要约为目的的意思表示，其性质应认定为要约邀请。因此，国土局挂牌出让国有土地使用权，为发出要约邀请，竞买人所作报价则为要约。后因国土局的挂牌出让行为未经依法批准，上级主管机关责令停止挂牌，进行中的缔约行为因事实原因的出现而中断。此时国土局与竞买人仍处于缔约阶段，主要条款仍未商定，并未形成合同关系。因此，已报价并支付保证金的竞买人要求国土局继续履行合同，并无法律依据。但是，国土局未经依法批准即挂牌，造成竞买人期待合同成立的目的不能实现，使竞买人信赖利益受损。国土局对此存在过错，应承担缔约过失责任。

《担保法》第90条规定："定金应当以书面形式约定。当事人在定金合同中应当约定交付定金的期限。定金合同从实际交付定金之日起生效。"《最高人民法院关于适用〈中华人民共和国担保法〉若干问题的解释》第118条规定："当事人交付留置金、担保金、保证金、订约金、押金或者订金等，但没有约定定金性质的，当事人主张定金权利的，人民法院不予支持。"竞买人依挂牌出让公告而交付保证金，但并未与国土局书面约定该保证金的性质，因此其认为该保证金为定金，要求国土局双倍返还的，并无理由。

上诉人（原审原告）：时间房地产建设集团有限公司。

被上诉人（原审被告）：玉环县国土资源局。

一、案件基本情况

2002年11月7日，玉环县国土资源局（以下简称国土局）在《玉环报》上刊登了《玉环县国土资源局国有土地使用权挂牌出让公告》（以下简称《挂牌出让公告》），主要内容：经玉环县人民政府批准，国土局定于2002年11月21日8时至同年12月4日15时，在玉环县地产交易窗口挂牌出让下列一宗国有土地使用权：(1)该地块位于玉环县珠港镇坎门鱼港花礁岩填海开发工程区域，开发编号为2002－005号，面积25.9434公顷，用途为混合住宅用地（商住混合），土地使用年限为70年；容积率不大于1.5，绿化率不少于35%，日照间距为1∶1.1以上，建筑密度在30%以下，在取得土地使用权之日起5年内完成建设；(2)该地块挂牌起拍价为4300万元，成交地价在成交后付40%，余额在合同中约定付清；(3)凡具有资金实力，并能在规定时间完成建设的中华人民共和国境内外的公司、企业和其他组织均可参加竞买；(4)报名时间：2002年11月1日至同年11月20日15时止；报名地点：玉环县地产交易窗口；报名需带资料：注册资本在1亿元（注册到位5000万元）以上的营业执照副本原件，加盖公章的法定代表人证明书；(5)参加竞买者在报名时须交纳保证金2000万元；(6)挂牌时间：2002年11月21日8时始至同年12月4日15时止；挂牌地点：玉环县地产交易窗口。《玉环县国土资源局国有土地使用权挂牌出让须知》（以下简称《挂牌出让须知》）第13条载明："挂牌期限届满，按照下列规定确定是否成交：(1)在挂牌期限内只有一个竞买人报价，且报价高于底价并符合其他条件的，挂牌成交；(2)在挂牌期限内有两个或两个以上的竞买人报价的，出价最高者为竞得人；报价相同的，先提交报价单者为竞得人，但报价低于底价者除外；(3)在挂牌期限内无应价者或竞买人的报价均低于底价或均不符合其他条件的，挂牌不成交；(4)在挂牌期限截止时仍有两个或两个以上的竞买人要求报价的，出让人可以决定实行现场竞价，也可另行确定时间实行拍卖竞价，出价最高者为竞得人。"2002年11月20日，国土局收到时间房地产建设集团有限公司（以下简称时间公司）的"挂牌出让竞买申请书"，该申请书载明："经认真审阅贵局国有土地使用权挂牌出让文件，我们愿意遵守国有土地挂牌出让文件的要求和规定，决定申请参加贵局2002年11月21日至同年12月4日在玉环县地产交易所窗口进行的国有土地使用权挂牌出让竞买。"同日，时间公司依约汇入玉环县土地储备中心2000万元，国土局出具了浙江省行政事业单位往来收据一份，确认收到该笔款项。次日，时间公司向国土局提供了“挂牌出让竞买报价单”，报价为5000万元。

2001年12月14日，浙江渝汇置业有限公司（以下简称渝汇公司）与国土局签订《国有土地使用权出让草签合同》，该合同第4条、第7条约定：“本合同项下出让宗地的用途为《浙江省玉环县坎门湾风景区总体开发规划（草案）》一期投资的海景花园小区”；“本合同项下宗地的土地使用权出让金为每平方米人民币165元，总额为4400万元。”同年12月18日，渝汇公司汇入浙江省玉环县坎门渔港开发中心100万元，该中心确认收到该笔款项；2002年10月17日，渝汇公司汇入玉环县财政局1120万元；同日，渝汇公司又汇入玉环县财政局200万元；次日，渝汇公司汇入玉环县财政局300万元；同年11月14日，渝汇公司向国土局提供了《关于将应退土地转让金转为土地挂牌保证金的报告》，要求将上述款项直接转为挂牌竞买保证金；同年11月18日，国土局法定代表人王伍勇书面同意转为保证金；同年11月20日，渝汇公司汇入玉环县土地储备中心280万元，同日，国土局出具收到该笔款项的收据；同年11月22日，该款项进入玉环县土地储备中心账户；同年11月21日，渝汇公司向国土局提供了“挂牌出让竞买报价单”，报价为5100万元。

2002年11月20日，国土局将“玉环海滨新城金港湾（即2002－005号海域开发宗地）挂牌出让底价为5700万元，计人民币伍仟柒佰万元整”的底价函保存在玉环县公证处。

2002年11月20日，浙江省国土资源厅接到举报称国土局在当日坎门渔港金海湾土地挂牌出让中有不规范、暗箱操作行为后，查明该宗土地正在上报审批而未获批准，要求国土局在未经依法批准前停止挂牌。同年11月22日，国土局分别向时间公司、渝汇公司发出了《关于对2002－005号海域开发宗地停止挂牌出让的通知》，该通知载明：“根据浙江省国土资源厅意见，玉环海滨新城金港湾，即开发编号为2002－005号海域开发宗地，未经省厅批准前，不得进行挂牌出让。故本局停止对2002－005号海域开发宗地的挂牌出让，若重新挂牌，另行公告。”同日，国土局将2000万元退还给时间公司。时间公司收到上述通知和款项后，于同年12月6日发给国土局《关于对2002－005号海域开发宗地停止挂牌出让通知的复函》，认为“贵局的发布公告及接受挂牌押金和我公司挂牌报价的行为是民事法律行为，对双方都具有法律约束力，贵局擅自停止挂牌的行为已违反了我国的有关法律规定，应属无效行为。我公司现要求贵局恢复挂牌，将该幅土地依法出让。若贵局一意孤行，我公司将依法要求贵局双倍返还挂牌押金，并赔偿相应的经济损失。请贵局在收到函后于五个工作日内给予答复，否则，我公司将依法对贵局提起诉讼”。

另外，一审法院根据时间公司的申请，于2003年5月22日委托浙江省高级人民法院司法鉴定处（以下简称司法鉴定处）对下列事项进行鉴定：（1）2002年11月20日挂牌出让底价为5700万元的函件的真实性，即该函件上的打印字体及函件上国土局的印章是否系2002年11月20日或在此以前所写、所盖;(2)2002年11月21日“挂牌出让竞买报价单”上打印字体、书写字体和渝汇公司的印章是否在2002年11月21日或在此以前所写、所盖。2003年6月27日,司法鉴定处发了退卷函,结论为“样本材料不足,且鉴定技术条件限制,故无法作出鉴定结论”。双方对该函件无异议,但时间公司认为应送更权威部门进行鉴定,故再次提出申请。

二、当事人一审的诉讼请求与答辩理由

2003年1月9日,时间公司向浙江省高级人民法院提起诉讼称:2002年11月7日,国土局在《玉环报》上刊登出《挂牌出让公告》,载明经玉环县人民政府批准,国土局挂牌出让开发编号为2002-005号,面积25.9434公顷,用途为混合住宅用地,土地使用年限为70年的国有土地使用权。根据公告的要约,时间公司于2002年11月20日向国土局提交了注册资金为10,089万元的营业执照副本,并交纳了挂牌押金2000万元。2002年11月21日,时间公司在国土局规定的挂牌地点玉环县地产交易窗口依法参加挂牌竞投活动,并于当日14时30分挂出了5000万元报价的竞买单。2002年11月22日,国土局以该开发宗地未经浙江省国土资源厅批准为由,通知时间公司对该开发宗地停止挂牌出让,拒绝与时间公司订立国有土地使用权出让合同。时间公司认为,根据国家法律规定:“商业、旅游、娱乐和商品住宅等各类经营性用地,必须以招标、拍卖或挂牌方式出让。”而国土局作为唯一代表国家出让国有土地的部门,在未经有权部门批准发布挂牌公告后又取消挂牌,按照常理,是不可能的事情,国土局对此恶意毁约行为应承担全部的法律责任。时间公司已取得了本次挂牌的最高报价,是本次挂牌的竞得人。根据2001年11月11日台州市人民政府令第74号即《台州市国有土地使用权出让招标拍卖管理办法》(以下简称台州市政府令)第29条之规定,时间公司交纳的2000万元履约保证金,是时间公司、国土局约定的在签订国有土地使用权出让合同之前的立约定金,根据《担保法》第89条、第90条之规定,国土局应双倍返还。根据《民法通则》第4条、《合同法》第5条所规定的公平原则和国土资源部、监察部于2002年8月26日颁布的《关于严格实行经营性土地使用权招标拍卖挂牌出让的通知》的精神,为了防止国有资产流失,国土局不得改变《挂牌出让公告》和《挂牌出让须知》中确定的报名主体的条件,应尽速补办相关手续,继续履行公告所确定的义务。故时间公司请求:(1)判令国土局继续履行合同,将开发编号为2002-005号开发宗地出让给时间公司;(2)判令国土局双倍返还时间公司所交的约定为定金性质的保证金计4000万元(已返还2000万元);(3)由国土局承担案件受理费。

国土局答辩称:(1)2002年11月7日的《挂牌出让公告》就法律性质而言,是向不特定的多数人所发出的要约邀请,并不是要约,因此,国土局在发出该公告后,根据浙江省国土资源厅的指令撤销该具有要约邀请性质的出让公告,不是毁约行为,更谈不上继续履行合同的问题。(2)国土局停止对该开发宗地的挂牌出让,不是出于恶意,而是为了执行浙江省国土资源厅的指令和遵守程序的规定。2002 年 11 月 21 日,国土局不只收到了时间公司的“挂牌出让竞买报价单”,还收到了渝汇公司的“挂牌出让竞买报价单”,且时间公司并不是本次挂牌的最高报价者。时间公司在报名后,当场向国土局索要挂牌材料,因当时在国土局办理事务的人较多,国土局工作人员无法分身,国土局要求时间公司在 30 分钟后再来领取材料,遭到了时间公司的无端怀疑,时间公司当即向浙江省国土资源厅举报,称国土局暗箱操作。鉴于此次挂牌竞买有人举报,加之未经批准就将土地挂牌出让违反了《土地管理法》的有关规定,故在浙江省国土资源厅的干预下,国土局向时间公司发出了停止挂牌的通知。可见,在此次停止挂牌出让的问题上,国土局不存在任何恶意。(3)无论是国土局所发布的《挂牌出让公告》,还是国土局出具的行政事业单位往来款收据,均明确记载时间公司于 2002 年 11 月 20 日向国土局支付的 2000 万元只是保证金,并不是定金,时间公司将保证金说成是定金,缺乏法律依据。故请求驳回时间公司的诉讼请求。

三、浙江省高级人民法院的一审审理与认定

一审法院经审理认为,关于 2000 万元是保证金还是定金的问题,根据《担保法》第 90 条规定:“定金应当以书面形式约定。当事人在定金合同中应当约定交付定金的期限。定金合同从实际交付定金之日起生效。”而从本案的证据来看,双方当事人之间没有签订过任何形式的定金合同或定金条款。从双方挂牌出让的有关文件来看,只约定了 2000 万元的保证金。而《最高人民法院关于适用〈中华人民共和国担保法〉若干问题的解释》(以下简称《担保法若干问题解释》)第 118 条规定:“当事人交付留置金、担保金、保证金、订约金、押金或订金等,但没有约定定金性质的,当事人主张定金权利的,人民法院不予支持。”从该规定来看,时间公司主张定金权利,缺乏法律依据。约定,是指双方当事人之间意思表示一致,而台州市政府令是独立于当事人意思表示之外的行政规章,据此,时间公司认为台州市政府令的内容就是双方当事人之间意思表示的内容的理由,不能成立。关于双方当事人之间国有土地使用权出让合同是否成立的问题,《合同法》第 15 条第 1 款明确规定:“要约邀请是希望他人向自己发出要约的意思表示。寄送的价目表、拍卖公告、招标公告、招股说明书、商业广告等为要约邀请。”据此,本案的挂牌公告系要约邀请,而非要约。时间公司诉称本案系要约的理由不能成立。2002 年 11 月 21 日,时间公司的报价系要约。根据中华人民共和国国土资源部 2002 年 5 月 9 日颁布的《招标拍卖挂牌出让国有土地使用权规定》第 19 条的规定:“挂牌期限届满,按照下列规定确定是否成交:(一)在挂牌期限内只有一个竞买人报价,且报价高于底价,并符合其他条件的,挂牌成交;(二)在挂牌期限内有两个或两个以上的竞买人报价的,出价最高者为竞得人;报价相同的,先提交报价单者为竞得人,但报价低于底价者除外;(三)在挂牌期限内无应价者或者竞买人的报价均低于底价或均不符合其他条件的,挂牌不成交。在挂牌期限截止时仍有两个或两个以上的竞买人要求报价的,出让人应当对挂牌宗地进行现场竞价,出价最高者为竞得人。”本案国土局在未经依法批准前,擅自挂牌出让国有土地使用权,浙江省国土资源厅责令停止挂牌,在此情况下,既没有确定时间公司为中标人,也没有与其签订确认书,国土局尚未作出承诺,据此,双方之间的合同关系尚未成立。时间公司诉称双方之间已形成合同关系的理由不能成立。鉴于2002年11月20日挂牌出让底价为5700万元的函件及2002年11月21日“挂牌出让竞买报价单”非本案主要证据,对其认定与否对本案实体处理没有影响,故对时间公司要求对上述两份证据再次申请鉴定,不予支持。关于双方之间的国有土地使用权出让合同是否有效的问题,双方之间的国有土地使用权出让合同关系尚未成立,因此,不存在国有土地使用权出让合同的效力问题。至于本次挂牌出让行为的效力问题,《土地管理法》《城市房地产管理法》《土地管理法实施条例》《城市房地产开发经营管理条例》等法律法规对土地出让的权限范围均未作规定,但浙江省人大常委会颁布的于2000年7月5日施行的《浙江省实施〈中华人民共和国土地管理法〉办法》第21条第1款规定:“在已批准的农用地转用范围内和原有建设用地范围内,具体建设,用地按照下列规定办理审批手续:(一)二公顷以下的建设项目用地,由县(市)人民政府土地行政主管部门审核,报同级人民政府批准,并报设区的市和省人民政府土地行政主管部门备案;(二)二公顷以上五公顷以下的建设项目用地,由设区的市人民政府土地行政主管部门审核,报同级人民政府批准,并报省人民政府土地行政主管部门备案;其中杭州、宁波两市人民政府可以批准二公顷以上六公顷以下的建设项目用地;(三)杭州、宁波两市六公顷以上、其他设区的市五公顷以上的建设项目用地,由省人民政府土地行政主管部门审核,报省人民政府批准。具体建设项目需要占用土地利用总体规划确定的国有未利用地的,按照前款规定办理审批手续。法律、行政法规另有规定的除外。”讼争地块达25.9434公顷,依据上述规定,应报省政府批准,而国土局在挂牌出让公告以前,未报经省政府批准,这种挂牌行为也是无效的。综上,一审法院认为,国土局的挂牌出让行为未经浙江省人民政府批准,该挂牌出让行为是无效的;在挂牌过程中,经浙江省国土资源厅制止,国土局停止了挂牌出让行为,未确认时间公司为中标单位,对时间公司的报价行为未作出承诺,双方之间的合同关系尚未成立,时间公司要求判决双方继续履行合同,将讼争地块出让给时间公司的诉讼请求,缺乏法律依据,不予支持;双方之间也未约定时间公司所交2000万元为定金性质,据此,时间公司要求双倍返还定金的诉讼请求,不予支持。根据《合同法》第15条、《担保法》第90条、《担保法若干问题解释》第118条、《民事诉讼法》第64条之规定,判决:驳回时间公司的诉讼请求。案件受理费360,010元,由时间公司负担。

四、当事人的上诉请求与答辩理由

时间公司不服一审判决，向最高人民法院提起上诉称：一审判决认定事实不清，证据不足，适用法律错误，请求撤销一审判决，依法支持时间公司起诉请求并判令国土局承担本案诉讼费用。主要事实和理由是：（1）一审判决基本事实认定错误。时间公司应为本次挂牌竞买唯一合法竞买人，国土局虚拟了案外人渝汇公司参与本次挂牌竞买的事实。本次挂牌交易不存在底价，国土局串通地方公证处出具了虚假底价证明。国土局在挂牌公告前已就涉案土地与渝汇公司签订出让合同，挂牌公告系为渝汇公司"量身定做"。（2）一审判决适用法律不当。①一审判决混淆了挂牌出让法律关系与国有土地使用权出让法律关系。②时间公司与国土局之间挂牌出让合同关系已经形成，国土局国有土地使用权挂牌出让行为应为有效。《合同法》第15条第1款并没有排除挂牌公告作为要约的情形，本案挂牌公告明确表示将与出价最高者订立合同，符合合同法关于构成要约的全部要件。时间公司是唯一具备资格的竞买人，且其报价5000万元高于起拍价4300万元，在没有继续竞价的情况下，该报价是针对国土局要约的有效承诺。浙江省国土资源厅的电话通知属国土资源行政系统内部非规范行政行为，不影响双方当事人之间挂牌出让法律关系的效力。根据《城市房地产管理法》的规定，本案讼争宗地应由玉环县人民政府批准，国土局具体实施出让，因此，国土局是唯一有权组织讼争宗地实施出让的政府机构，符合有关土地使用权出让主体的法律规定。根据《最高人民法院关于适用〈中华人民共和国合同法〉若干问题的解释（一）》第4条的规定，一审法院将浙江省人大常委会颁布的地方性法规作为法律依据确认国土局所实施的挂牌出让行为无效显属不当。③在通过有效挂牌行为确定了交易对象和交易价格后，双方国有土地使用权出让合同已经成立，未经有关部门批准属效力待定。一审法院关于讼争宗地必须经有关部门批准才能挂牌出让以及双方国有土地使用权出让合同未成立的观点于法无据。④时间公司在挂牌交易过程中向国土局缴纳的2000万元保证金在法律上应认定为立约定金，一审判决认为其不是定金，定性不当。依据台州市政府令第29条之规定，在台州市国有土地使用权出让活动中保证金的性质属于定金，这是台州市政府在此类活动中作为平等民事主体的公开、真实的意思表示，非一审法院所认定的是政府颁布行政规章的行为。根据《担保法若干问题解释》第118条之规定，时间公司缴纳的2000万元保证金在性质上属于定金，应当适用担保法关于定金罚则的相关规定。国土局要求时间公司缴纳该2000万元的目的是为防止时间公司在竞标成功后不按规定订立出让合同并支付相应价款，同时，根据《招标投标法》第60条之规定，如果中标人拒绝签订土地出让合同，该保证金是不予退还的，显然该笔保证金在本案中具有担保正式订立合同的立约定金性质，因此，国土局应当继续履行合同，否则，应承担双倍返还定金的责任。

国土局答辩称：一审判决认定事实清楚，适用法律正确，请求驳回上诉，维持原判。主要事实和理由是：(1)时间公司不是本次挂牌出让唯一合法的竞买人，且同样符合竞买人条件的渝汇公司所提的报价明显高于时间公司报价。时间公司将政府有关部门提供的原始凭证、出具的证明说成“伪造”，没有依据。(2)本次挂牌存在底价。《挂牌出让须知》第13条和国土局存于玉环县公证处内的底价原件充分说明在挂牌前双方已明确了本次挂牌存在底价且底价不可能为事后虚构。(3)依法律规定，挂牌公告为向不特定的人所发出的要约邀请，国土局不可能对时间公司未达底价的报价进行承诺，也不可能与时间公司签订确认书，故时间公司关于合同已成立的诉讼请求，缺乏事实和法律依据，不能成立。(4)本次挂牌为国土局作为政府职能部门严格按照行政规章的规定进行国有土地使用权出让活动的举措，不存在时间公司所称的为渝汇公司“量身定做”的问题。国土局与渝汇公司草签出让合同是在国土资源部发布《招标拍卖挂牌出让国有土地使用权规定》之前。(5)时间公司所支付的2000万元保证金不能解释为带有担保性质的定金，不应双倍返还。挂牌公告只规定2000万元为履约保证金，双方之间没有对保证金作过定金性质的约定，也从未订立过任何专门的定金合同或定金条款。台州市政府令第29条因不具立法权限、内容性质迥然等原因不能作为处理本案的法律依据。(6)本案事实不符合效力待定合同的法定情形。国土局未经有权机关批准而将讼争土地挂牌出让，违反了土地管理法和合同法的规定，其挂牌行为应当认定为无效。

五、最高人民法院二审查明的事实

最高人民法院在二审中查明：至二审庭审结束时止，玉环县珠港镇坎门鱼港花礁岩填海开发工程区域即开发编号为2002－005号的国有土地使用权出让仍未获浙江省人民政府批准。

二审期间，时间公司当庭提交一份新证据，即玉环县人民政府常务会议纪要(〔2003〕4号)，以证明国土局在本案尚未了结的情况下，就准备将涉案土地继续以协议方式出让给渝汇公司，缺乏履行挂牌义务的起码诚意。国土局认为该份证据已过举证时限，不予发表质证意见。二审中查明的其他事实与一审法院查明的事实基本相同。

二审庭审结束后，时间公司递交书面申请，请求对渝汇公司的报价单和国土局的底价单的真实性进行重新鉴定，对渝汇公司是否实际交纳2000万元保证金等进行调查取证。

六、最高人民法院的认定与判决

最高人民法院经审理认为，时间公司与国土局之间国有土地使用权出让合同关系是否已成立的问题，是时间公司请求继续履行合同的前提，也是国土局承担合同责任的基础。对这一问题的判定应综合挂牌出让公告的法律性质、本案是否存在承诺、国土局承担责任的法律根据三方面内容进行确定。关于挂牌出让公告的法律性质是要约邀请还是要约的问题,其区分标准应首先依照法律的规定。《合同法》第15条载明拍卖公告和招标公告的法律性质为要约邀请,本案刊登于报纸上的挂牌出让公告与拍卖公告、招标公告相同,亦是向不特定主体发出的以吸引或邀请相对方发出要约为目的的意思表示,其实质是希望竞买人提出价格条款,其性质应认定为要约邀请。时间公司于2002年11月21日所作的报价应为本案的要约。时间公司诉称挂牌出让公告即为要约的主张缺乏法律依据,不能成立。合同法对要约邀请的撤回未作条件限制,在发出要约邀请后,要约邀请人撤回要约邀请,只要没有给善意相对人造成信赖利益的损失,要约邀请人一般不承担法律责任。要约邀请不形成合同关系,撤回要约邀请亦不产生合同上的责任。因此,时间公司要求国土局继续挂牌并与之签订国有土地使用权出让合同的主张于法无据,不予支持。关于本案是否存在承诺的问题,2002年11月22日,即时间公司与渝汇公司虽已报价但未开始竞价的次日,浙江省国土资源厅以"未经依法批准,擅自挂牌出让国有土地使用权"为由,责令国土局停止挂牌,从而使正在进行中的缔约行为因事实原因的出现而发生中断,此时,挂牌出让程序中的竞价期限尚未届满,国有土地使用权出让合同的主要条款即讼争宗地使用权的价格未能确定,国土局尚未对时间公司的报价作出承诺,双方关系仍停留于缔结合同过程中的要约阶段,因此,本案合同因尚未承诺而没有成立,双方当事人之间没有形成合同关系。时间公司主张存在有效承诺,双方之间已形成合同关系的理由不能成立。因本案合同未成立,故时间公司认为其与国土局之间存在效力待定合同的主张,亦不予支持。关于国土局承担责任的法律根据问题,本案正在进行中的国有土地使用权挂牌交易,不仅于挂牌之时未获审批且至本院二审庭审结束时止该宗国有土地使用权出让仍未获浙江省人民政府批准,从而造成时间公司期待缔结国有土地使用权出让合同的目的不能实现,国土局对此存在过错,应承担相应的缔约过失责任。在缔约阶段所发生的信赖利益的损失,必须通过独立的赔偿请求予以保护。本案二审期间,虽然国土局同意承担缔约过失的赔偿责任,但时间公司直至二审庭审结束前仍坚持要求国土局承担继续履行合同或双倍返还保证金的责任,未就国土局缔约过失致其损失提出赔偿请求,限于当事人的诉讼请求和二审案件的审理范围,对此问题,本院不予审理。鉴于本案当事人之间的合同关系尚未成立,一审判决驳回时间公司要求国土局承担合同责任的诉讼请求,适用法律并无不当。至于《挂牌出让公告》和《挂牌出让须知》所规定的2000万元保证金是否为定金的问题,该2000万元在本案《挂牌出让公告》中载明为"保证金",双方并未约定为定金。《担保法》及《担保法若干问题解释》中规定了定金和保证金的界定标准,即当事人主张保证金为定金的前提是双方有明确约定。时间公司所引用的台州市政府令第29条将保证金作为定金处理的规定，因其既不是双方当事人的约定，又不符合法律的相关规定，该政府令不能作为本案认定2000万元保证金为定金的法律依据。一审判决认定本案2000万元保证金不是定金，适用法律正确。时间公司关于该2000万元保证金应为担保正式订立合同的立约定金，国土局应予以双倍返还的主张，缺乏事实和法律依据，本院不予支持。时间公司在二审期间提出的对渝汇公司的报价单和国土局的底价单的真实性进行重新鉴定，对渝汇公司是否实际交纳2000万元保证金的事实进行调查的请求，因对本院认定双方当事人之间的合同并未成立没有影响，故不予同意。综上，一审判决认定事实清楚，适用法律正确。根据《民事诉讼法》第153条第1款第1项之规定，最高人民法院于2004年6月15日作出(2003)民一终字第82号民事判决：驳回上诉，维持原判。二审案件受理费360,010元，由时间公司负担240,010元，国土局负担120,000元。

［参见《最高人民法院公报》2005年第5期。］

018. 国有划拨土地使用权转让协议的效力如何认定？

【审判专论】

原告的诉讼请求即确认合同无效不应受诉讼时效的限制，因涉及国有划拨土地使有权，被告转让未经有关部门批准，应认定合同无效。

第一，从协议内容上看，合同约定被告下属部门将中国郑州国际会议中心(暂定名)工程项目转让给原告，由原告进行整体开发建设，并约定原告享有该项目占地的长期土地使用权，工程开发建设转让权，工程建成后的全部产权、出租、抵押、销售等处分权、物业管理权、工程项目名誉权及项目的全部收益权。上述约定涉及国有划拨土地的使用权。《城镇国有土地出让转让暂行条例》第44条规定："划拨土地使用权，除本条例第四十五条规定的情况外，不得转让、出租、抵押。"第45条规定："符合下列条件的，经市、县级人民政府土地管理部门和房产管理部门批准，其划拨土地使用权和地上建筑物、其他附着物所有权可以转让、出租、抵押：(一)土地使用者公司、企业、其他经济组织和个人；(二)领有国有土地使用证；(三)具有地上建筑物、其他附着物合法的产权证明；(四)依照本条例第二章的规定签订土地使用权出让合同，向当地市、县人民政府补交土地使用权出让金或者以转让、出租、抵押所获收益抵交土地使用权出让金……"

第二，关于原告请求确认合同无效是否已超过诉讼时效的问题。首先，原告和被告签订合同所涉及的是国有划拨土地，国有划拨土地使用权的转让必须依照法定程序并获得国家相应职能部门的批准,原告和被告签订的协议违背了国家法律,侵犯的是国家利益和社会公共利益;确认合同无效涉及国家及社会公共利益的保护,实质是维护国家及社会公共利益的需要对当事人之间的民事行为进行的干预,其违法性及违法所造成的法律后果和影响,不能以时间的长短予以改变;我国现行法律对无效合同提起诉讼没有作出时效上的限制,虽然在司法实践中和理论上有不同见解,但确认合同无效不受诉讼时效期间的限制符合保护国家和社会公共利益的宗旨;确认合同无效可能涉及财产和责任、损失的处理,但不能以此就认为确认合同无效应受诉讼时效的限制,而无效合同因时效不予确认是对违法行为及侵犯国家利益和公共利益的放纵。其次,合同当事人不享有确认合同无效的法定权利,只有仲裁机构和人民法院有权确认合同是否有效,而合同效力的认定,实质是国家公权力对民事行为进行的干预,合同无效自始无效,单纯的时间经过并不能改变无效合同的违法性。最后,本案是无效合同确认之诉,没有财产给付内容,这种情况不应受诉讼时效的限制。

[参见张海燕:《河南省郑州市中原区人民政府与河南省郑州市威仁实业有限公司土地使用权转让协议纠纷上诉案——国有划拨土地使用权转让协议的效力》,载《人民司法·案例》2011 年第 22 期。]

019. 如果双方协议转让的土地系划拨的土地,那么转让方与受让方之间的转让合同是否有效?

【公报案例】

山西嘉和泰房地产开发有限公司与太原重型机械(集团)有限公司土地使用权转让合同纠纷案

【裁判要点】

划拨土地,是指土地使用者通过除出让土地使用权以外的其他各种方式依法取得的国有土地。《最高人民法院关于审理涉及国有土地使用权合同纠纷案件适用法律问题的解释》第 9 条规定:“转让方未取得出让土地使用权证书与受让方订立合同转让土地使用权,起诉前转让方已经取得出让土地使用权证书或者有批准权的人民政府同意转让的,应当认定合同有效。”对于划拨的土地,即使转让方在签署合同时无土地使用权证,也不导致合同必然无效,只要转让方在起诉之前取得土地使用权证的,或者有批准权的政府主管部门同意转让的,合同是双方的真实意思表示,不存在规避法律,损害国家利益的行为,应认定该合同是合法有效的。我国税收管理方面的法律法规明确规定了税种、税率、税额、缴纳方式、纳税义务人以及纳税的责任,但对税款的来源即实际上由谁缴纳税款没有强制、禁止性规定,具有纳税义务的当事人可以在合同中约定由相对方或者第三人缴纳税款。因而,当事人对税费负担所作的约定并不违背我国税法的强制性规定,属于合法有效的约定。

案号:最高人民法院(2007)民一终字第62号。

上诉人(原审被告):山西嘉和泰房地产开发有限公司。

上诉人(原审原告):太原重型机械(集团)有限公司。

上诉人山西嘉和泰房地产开发有限公司(以下简称嘉和泰公司)与上诉人太原重型机械(集团)有限公司(以下简称太重公司)土地使用权转让合同纠纷一案,山西省高级人民法院于2007年1月22日作出(2006)晋民初字第20号民事判决。双方当事人均不服该判决,向本院提起上诉。本院依法组成合议庭,于2007年12月18日开庭审理了本案。嘉和泰公司的委托代理人张刚,太重公司的委托代理人段伟岳到庭参加诉讼。本案现已审理终结。

一审法院经审理查明:2002年3月26日,太重公司(甲方)与嘉和泰公司(乙方)签订《协议书》。其主要内容如下:“……(二)开发地段:位于太原市并州南路西一巷48号,并规选字(2001)第0068号规选中,南北约232米,东西约221米,除去其中西南角锅炉房、西北角已有建筑物,并留出变电室位置0.5亩左右,占地约64.5亩。(三)双方权利义务:(1)太重公司负责上述地段的旧屋拆除及安置;(2)太重公司负责三通一平,具体时间为2002年6月10日前为主干道以西地段,2002年11月30日前为剩余地段;(3)在土地转让手续办理完毕之前,太重公司协助嘉和泰公司办理项目的建设手续;(4)太重公司负责嘉和泰公司施工中的水、电供应,费用由嘉和泰公司按月支付,房屋建成后的水电增容及设施费用由嘉和泰公司承担;(5)太重公司现有锅炉房、变电室可与嘉和泰公司共同使用,由此产生的增容费由嘉和泰公司承担(产权归太重公司);(6)嘉和泰公司负责开发项目所需规划、设计、报建等工作及费用;(7)嘉和泰公司负责工程费用筹措、支付、施工及房屋建成后的销售;(8)太重公司负责办理土地出让手续,土地出让金及相关出让费用由嘉和泰公司按太重公司与土地管理部门签署的《国有土地出让合同》约定的付款方式及付款时间支付给太重公司,再由太重公司向政府相关部门缴纳;(9)太重公司土地出让手续办理完毕且嘉和泰公司向太重公司支付全部土地补偿金后,太重公司即为嘉和泰公司办理土地使用权转让手续,转让费用由嘉和泰公司承担;(10)嘉和泰公司为取得土地使用权,向太重公司支付土地补偿金每亩94万元(不含土地出让金及相关税费)；(11)建成后的商铺和住宅，太重公司可按嘉和泰公司确定的价格优先购买；(12)如太重公司需在本小区内建设职工住宅，其占地面积从总面积中扣除；(13)嘉和泰公司在售房过程中发生的各类税、费均由嘉和泰公司承担。(四)付款方式：(1)协议签订后两日内，嘉和泰公司向太重公司支付土地补偿金500万元，十日内支付1500万元；(2)太重公司与土地部门签订土地出让合同后十日内，嘉和泰公司按该合同确定的土地出让金比例和数额向太重公司支付该笔款项；(3)太重公司土地出让完毕，且已取得国有土地使用权后，太重公司与嘉和泰公司签订该土地使用权转让合同，此合同一经土地局批准十日内，嘉和泰公司支付剩余的土地补偿金，太重公司收到土地补偿金后，将土地证及已批准的土地使用权转让协议交由嘉和泰公司办理过户手续。(五)违约责任：(1)在土地转让手续办理完毕前，太重公司如未按本协议第三条第二项约定时间实现三通一平，应按嘉和泰公司已付款额，以每日万分之四计息赔偿待工损失，超过三个月仍无法实现约定条款，嘉和泰公司有权解除协议，太重公司须退还所收款项。(2)嘉和泰公司未按本协议第四条约定时间向太重公司支付该条约定款项，按该条应支付款项，每超过一日按万分之四计息补偿给太重公司，如超过约定时间三个月后仍不能支付，太重公司有权终止协议，除留下已付款的10%作为对太重公司补偿外，其余款项退回嘉和泰公司。(3)施工期间，如因太重公司原因不能保证用水、用电，太重公司应赔偿嘉和泰公司因此所遭受的直接损失；嘉和泰公司未按本协议约定支付水、电及增容费用，太重公司免除责任。(4)在土地转让手续办理完毕之前，因太重公司原因，嘉和泰公司未能及时办理工程项目审批手续，影响施工，太重公司须赔偿因此给嘉和泰公司造成的直接损失，但由于嘉和泰公司未按通知如期支付相关费用，太重公司免除责任。”

2002年4月2日，太重公司(甲方)与嘉和泰公司(乙方)签订《补充协议》。其主要内容如下：“(一)按原订协议的期限，嘉和泰公司按每亩94万元向太重公司支付土地补偿金，94万元/亩中的流转税按太重公司76%，嘉和泰公司24%的比例承担。嘉和泰公司承担的24%流转税款按原《协议书》约定在嘉和泰公司支付每期土地补偿金的同时一并支付，最终以实际交付的税款按双方约定的比例多退少补。(二)除以上1条以外，原协议履行过程中的所有各项税费(包括土地增值税、交易税等，但不限于此)均由嘉和泰公司承担。(三)以上各项税费凡以太重公司名义缴纳的，须由嘉和泰公司如数支付给太重公司。”

2002年9月24日，太重公司与太原市国土资源局签订《国有土地使用权出让合同》(以下简称《出让合同》)，太重公司取得了该宗土地的使用权。确认出让土地面积为42,968.75平方米(约64.45亩)。

2002年12月，太重公司与嘉和泰公司签订《太原市出让土地使用权转让合同书》(以下简称《转让合同》)。该合同主要内容如下:"……第7条 土地使用权转让价格为每平方米1223元,总额为5255.08万元。第8条 太重公司同意按原出让合同规定向国家交纳转让时的土地增值税……第10条 双方在本合同签订十五日内,由嘉和泰公司按太原市地产交易管理所审批意见,办理有关手续,交纳有关税费。第11条 双方在本合同签订后三十日内到太原市国土资源局申请土地使用权变更登记。"

根据《协议书》第4条1约定:本协议签订后两日内,嘉和泰公司支付土地补偿金500万元,十日内支付土地补偿金1500万元。2002年4月2日,嘉和泰公司以承兑汇票方式向太重公司支付土地补偿金2000万元(该承兑汇票2002年9月到期)。

2002年10月30日,嘉和泰公司以支票方式向太重公司支付土地补偿金250万元。

根据《协议书》第4条3约定:太重公司取得国有出让土地使用权后,由太重公司与嘉和泰公司签订该土地使用权转让合同(按土地局规定文本),此合同一经土地局批准十日内,嘉和泰公司即支付剩余的土地补偿金。2002年12月,太重公司与嘉和泰公司签订《转让合同》,2003年1月20日,嘉和泰公司以承兑汇票方式向太重公司支付土地补偿金2000万元。

2005年1月5日、8月19日、8月29日、9月22日,嘉和泰公司以支票、现金方式,四次向太重公司支付土地补偿金330万元。

综上,嘉和泰公司以承兑汇票、支票、现金方式共支付土地补偿金4580万元,余款未付。

根据《协议书》第4条8约定:太重公司负责办理土地出让手续,土地出让金及相关出让费用由嘉和泰公司按太重公司与土地管理部门签署的《出让合同》约定的付款方式和付款时间支付给太重公司。《协议书》第4条2约定:太重公司与土地管理部门签订土地出让合同10日内,嘉和泰公司应按该合同确定的土地出让金比例和数额向太重公司支付该笔款项。

2002年9月24日太重公司和太原市国土资源局签订《出让合同》。2002年8月12日嘉和泰公司以承兑汇票方式向太重公司支付土地出让金1000万元(该承兑汇票2003年2月到期)。2002年9月23日嘉和泰公司以电汇方式向太重公司支付土地出让金50万元。嘉和泰公司合计向太重公司支付土地出让金1050万元。

2003年1月15日,太重公司与嘉和泰公司取得国有土地使用权转让鉴证单。双方通过办理权属变更登记手续,嘉和泰公司于2003年1月取得该宗土地的国有土地使用证。按照《协议书》和《补充协议》有关税费承担的约定,嘉和泰公司尚欠太重公司各种税金。

一审法院还查明,2002年12月31日,嘉和泰公司向太原市国土资源局支付土地出让金386.72万元。一审法院另查明,太重公司已缴纳契税41.25万元;已申报营业税281.25万元,实际缴纳营业税242.526万元。一审法院再查明,嘉和泰公司住所地由原太原市并州南路西一巷48号变更为太原市并州南路西一巷10号。

2006年1月16日,太重公司向一审法院起诉称,2002年3月16日太重公司与嘉和泰公司签订《协议书》,就太重公司向嘉和泰公司转让太原市并州南路西一巷48号土地拆迁补偿事宜进行了明确约定。2002年4月2日又签订《补充协议》,就《协议书》中有关税费承担问题进一步明确。合同签订后,太重公司按约履行了合同,而嘉和泰公司只支付了土地补偿金4559.7万元,尚欠太重公司土地补偿金、相关税费等合计3548.6271万元。嘉和泰公司应支付欠款并对其违约行为按照合同约定承担违约责任。请求依法判令:嘉和泰公司立即支付土地补偿金、相关税费合计3548.6271万元及违约金755.86256万元(截至2006年1月12日)及至全部清偿之日止的违约金;嘉和泰公司承担全部诉讼费用及律师费用。

2006年8月7日,太重公司向一审法院递交补充诉状,称根据太重公司与嘉和泰公司签订的《转让合同》,嘉和泰公司还另外拖欠太重公司土地转让金5255.08万元没有支付。因此增加诉讼请求,请求依法判令嘉和泰公司立即支付土地出让金5255.08万元并承担全部诉讼费用。

嘉和泰公司辩称,嘉和泰公司不欠太重公司任何款项,太重公司的诉讼请求应被驳回。(1)太重公司主张的"土地补偿金"与"土地转让金"是转让同一地块的不同阶段的称谓,其实质是土地转让价。2002年3月26日,双方签订《协议书》时土地性质为划拨土地,且协议的名义是合作开发,故使用"补偿金"这一名词,实质是土地使用权转让合同。2002年12月,双方就该地块重新签订了《转让合同》,并经政府批准。该合同是最终确定土地使用权转让法律关系的合法文件,转让价格为5255.08万元。嘉和泰公司已超额支付土地转让款,不存在欠款一说。(2)嘉和泰公司不欠太重公司任何税费。《转让合同》中没有约定由嘉和泰公司负担相关税费,且在该合同第8条明确约定增值税由太重公司负担。(3)嘉和泰公司不欠太重公司任何款,太重公司无权主张所谓的违约金。

一审法院认为,双方当事人争议的主要焦点是:(1)《协议书》的效力问题;(2)《补充协议》的效力问题;(3)《转让合同》的效力问题;(4)嘉和泰公司已付价款数额的确定问题、税金问题及违约金问题。

1.关于《协议书》的效力问题。一审法院从三个方面分析《协议书》的效力:(1)《协议书》的性质。太重公司认为《协议书》约定的土地补偿金,系用于地上房屋拆迁、职工安置、工厂搬迁及地上建筑物补偿等,与《转让合同》约定的土地转让金,是两个概念,无法替代。嘉和泰公司认为《协议书》名为合作开发,实际是不同时期转让土地使用权的同一称谓,《协议书》的实质为土地使用权转让合同。一审法院认为,《协议书》的性质是土地使用权转让合同。就《协议书》内容看,主要是约定嘉和泰公司为取得该宗土地使用权,向太重公司支付94万元/亩的补偿金。并非以提供土地使用权、资金等作为共同投资,共同经营,共享利润、共担风险合作开发为基本内容。根据《最高人民法院关于审理涉及国有土地使用权合同纠纷案件适用法律问题的解释》第24条的规定,应当认定为土地使用权转让合同。(2)《协议书》、《补充协议》和《转让合同》的关系。太重公司认为《协议书》涉及土地的拆迁、安置、办理出让手续等内容;《补充协议》涉及税费承担问题;《转让合同》仅是土地使用权的转让。三者之间不存在矛盾,《转让合同》不能取代《协议书》和《补充协议》。嘉和泰公司认为《协议书》和《补充协议》实质是不具合同效力的土地使用权转让合同,最终被《转让合同》取代。一审法院认为,从形式上讲,《协议书》和《补充协议》是未经备案登记、仅由双方持有的合同。《转让合同》是经过备案登记的合同。从内容上讲,《协议书》和《补充协议》约定转让土地补偿金94万元/亩,共6058.3万元,土地增值税及相关税费由嘉和泰公司承担。《转让合同》约定土地转让金为每平方米1223元,共5255.08万元,土地增值税由太重公司承担。《协议书》约定的权利、义务,付款方式、违约责任、争议解决方式等条款,在《转让合同》中没有条款约定或者说明。二者是针对同一标的所签订的形式不同、内容也不尽相同的两份合同。虽然都有转让的真实意思表示,但《协议书》是真实履行的合同,而《转让合同》只是用于办理过户之用。(3)《协议书》的效力问题。太重公司认为《协议书》是双方真实意思表示,不违反国家法律法规,是合法有效的合同。嘉和泰公司认为《协议书》是转让划拨土地,违反《城市房地产管理法》第39条规定,是效力瑕疵合同,被《转让合同》取代。一审法院认为,《协议书》是双方当事人真实的意思表示,也是实际真正履行的合同。《协议书》和《转让合同》是对同一标的所签的先后两份合同,但后签订的《转让合同》并不当然取代《协议书》。因为:一是《转让合同》未废止《协议书》及《协议书》中约定的补偿金条款,也未约定《协议书》与《转让合同》相抵触的部分无效。二是《协议书》和《补充协议》约定了包括拆迁、安置、履行期限、履行方式、违约责任承担、纠纷解决方式等内容,《转让合同》不具备该类交易行为所签合同的必要条款。依照《合同法》第78条规定,应推定为未变更。三是《协议书》不违反国家法律、法规。太重公司与嘉和泰公司签订《协议书》时,该土地为划拨用地,但双方在履行合同过程中,在经政府管理部门批准后,该划拨用地使用权已转化为出让土地使用权,不存在《合同法》第52条规定的合同无效的任何一种情形。根据《最高人民法院关于审理涉及国有土地使用权合同纠纷案件适用法律问题的解释》第11条规定,《协议书》应认定为合法有效。

2.关于《补充协议》的效力问题。太重公司认为《补充协议》合法有效。嘉和泰公司认为《补充协议》同样是效力瑕疵合同,已被《转让合同》取代。一审法院认为,双方在《协议书》的基础上，签订《补充协议》，对土地增值税、流转税的金额及履行方式等进行了明确约定，其内容与《协议书》内容并不冲突，与《协议书》的内容共同构成完整的合同内容，二者是同一的关系。根据《合同法》第61条的规定，该《补充协议》的内容是对《协议书》内容的补充。可以确认《补充协议》与《协议书》具有相同的法律效力。

3. 关于《转让合同》的效力问题。太重公司认为《转让合同》也是合法有效的。嘉和泰公司认为《转让合同》是唯一有效合同。一审法院认为，(1)《转让合同》第7条约定的土地转让价格5255.08万元，是国土局的评估价格，是国家土地管理部门对土地交易双方成交价格进行间接调控和引导的最低限价，并非双方达成合意的表示。(2)《转让合同》约定的价格不符合客观事实，按照《转让合同》约定，该宗土地价格为5255.08万元，土地增值税由太重公司承担，相关税费没有约定，按规定由太重公司承担。则太重公司在取得5255.08万元收入时，需向国家交纳土地出让金1417.97万元，需向国家交纳土地增值税及其他相关税费，还要负责拆迁、安置，且该宗土地上建筑物评估价为1041.2171万元。显然，太重公司以5255.08万元转让该宗土地与客观事实和真实合意不符。(3)按照《转让合同》约定的价款5255.08万元，嘉和泰公司的支付有悖常理。嘉和泰公司在已支付3300万元前提下，只应向太重公司支付1955.08万元。但嘉和泰公司于2003年1月20日支付了2000万元，在取得土地使用证，认为已超额支付的情况下，又于2005年1月5日、8月19日、8月29日、9月22日四次向太重公司共付款330万元，显然与常理不符。(4)《转让合同》约定的重要条款形同虚设。《转让合同》第8条约定：太重公司同意按原出让合同规定向国家交纳土地增值税。但原出让合同中并无交纳土地增值税的约定。(5)《转让合同》没有约定土地交付、价款支付、违约责任、纠纷解决方式等内容，不具备土地使用权转让合同的必要条款，不符合一般的交易习惯。(6)按照《协议书》第4条3约定：太重公司土地出让完毕，且已取得国有出让土地使用权后，与嘉和泰公司签订该土地使用权转让合同（按土地局规定文本），此合同一经土地局批准10日内，即由嘉和泰公司向太重公司支付剩余的土地补偿金，太重公司收到土地补偿金后，将土地证及已批准的土地使用权转让协议交由嘉和泰公司办理过户手续。《协议书》第3条8约定：出让费标准为太重公司在政策中能享受到的最优惠的价格标准。显然双方存在合理减少土地转让费的合意。由此可以推断，《转让合同》是按照土地局规定文本，为履行土地局的批准手续而作出的。双方将转让价格约定为5255.08万元，是为了少报纳税金额，而非变更原约定的转让价格。因此，《转让合同》中关于转让价格及土地增值税的约定并非双方当事人真实意思表示，该类条款只会使国家税款减少，因此该类条款应认定无效。其余条款与以前协议内容基本竞合，是双方当事人的真实意思表示，且经土地管理部门审查，并作了土地权属变更登记,双方已实际履行,为有效条款。

4. 关于嘉和泰公司已付价款数额的确定问题、税金问题及违约金问题。

(1)嘉和泰公司已付土地补偿金数额的问题。太重公司和嘉和泰公司对已付款有两个问题意见不同:一是承兑汇票。太重公司认为2002年4月2日2000万元和8月12日1000万元承兑汇票应当扣除贴现利息;嘉和泰公司认为应以收款金额和收据金额为准。一审法院认为,在双方未就付款方式作出明确约定情况下,嘉和泰公司以承兑汇票方式付款并无不妥,太重公司收取承兑汇票后也没有提出异议。对太重公司扣除贴现利息的主张不予支持。二是国土资源局收取的386.72万元土地出让金。嘉和泰公司认为其向国土资源局交纳的386.72万元出让金应计入太重公司收取的土地补偿金数额。一审法院认为,太重公司出售该地,实际就是要取得94万元/亩,合计6058.3万元的土地补偿金收益,其他一切费用均由嘉和泰公司支付。《协议书》第3条9约定:太重公司土地出让手续办理完毕且嘉和泰公司已支付全部土地补偿金后,太重公司即为嘉和泰公司办理土地使用权转让手续,转让费由嘉和泰公司承担。因此,该笔出让金不应算在太重公司收取的补偿金中。

故按照《协议书》约定,嘉和泰公司应支付太重公司土地补偿金6058.3万元,已支付4580万元,欠付太重公司土地补偿金1478.3万元。

(2)税金问题。双方在《补充协议》中约定:除流转税按76%和24%的比例由太重公司和嘉和泰公司承担外,其余所有税费均由嘉和泰公司承担。嘉和泰公司认为,各项税金的纳税主体是明确的,双方的约定是规避法律的行为,应属无效。一审法院认为,双方当事人对税金的约定并不违反法律、法规强制性规定。嘉和泰公司向太重公司支付的补偿金是双方约定的不含税价格,双方约定各种税金由嘉和泰公司承担合法有效。但是土地增值税和印花税太重公司并未交纳,营业税部分交纳部分未发生,对于未交纳的税费太重公司没有权利向嘉和泰公司主张,在各税费实际发生后,太重公司可依据《协议书》及《补充协议》向嘉和泰公司主张或另行起诉。对太重公司已缴付的41.25万元契税,予以支持。

(3)违约金问题。一审法院认为嘉和泰公司没有完全履行其付款义务,是基于双方签订了两份合同,双方都有过错,因此对太重公司主张按照日万分之四计算违约金的请求,不予支持。但由于嘉和泰公司迟延付款的责任显然大过太重公司,其迟延付款的行为客观上给太重公司造成了利息损失。依照《合同法》第107条的规定,利息损失也属违约责任的一种,太重公司虽然未提出利息损失的请求,但提出了违约金请求。因此嘉和泰公司应负担迟延付款的利息。

综上,一审法院依照《民事诉讼法》第64条第1款,《合同法》第56条、第78条、第107条、第109条之规定,判决:(1)嘉和泰公司于判决生效后30日内向太重公司支付土地补偿金1478.3万元及利息(自2005年9月23日起至判决确定的支付之日，以1478.3万元为基数，按照中国人民银行同期贷款利率计算)。(2)嘉和泰公司于判决生效后30日内，向太重公司支付契税41.25万元。(3)驳回太重公司的其他诉讼请求。案件受理费51.7998万元，保全费26.5万元，其他诉讼费4.5万元，由太重公司负担50万元，由嘉和泰公司负担32.7998万元。

嘉和泰公司不服一审判决，向本院提起上诉，请求：(1)撤销一审判决，依法改判驳回太重公司的诉讼请求；(2)一、二审诉讼费用由太重公司承担。事实和理由如下：(1)关于《转让合同》的效力。《转让合同》是双方当事人真实意思表示，符合法律规定，并经政府批准，是最终确定双方土地使用权转让法律关系的合法文件，土地价格应以《转让合同》的约定为准。嘉和泰公司已按约定履行完毕自己的义务，不存在拖欠款项的行为，一审判决嘉和泰公司承担责任是错误的。(2)关于《协议书》和《补充协议》的效力。《协议书》和《补充协议》签订时，该宗土地为行政划拨地。根据法律规定，太重公司无权转让该宗土地，应属无效协议。在办理出让手续后，《协议书》的效力才得到补正，才发生法律效力。虽然该协议有效了，但它先天不足是事实，需要在履行过程中逐步合法化。《协议书》是《转让合同》的准备，并最终被《转让合同》取代。(3)一审判决认定"《协议书》和《转让合同》是针对同一标的所签订的新旧两份合同"。既然如此，根据合同法的一般原理，后合同(《转让合同》)的效力应当优于前合同(《协议书》)，政府批准的合同效力当然优于未经批准的合同。(4)《转让合同》和《协议书》相冲突的约定，应以《转让合同》为准。与《协议书》相比，《转让合同》在转让范围、面积、价格、增值税负担等方面都发生了变化，当然应以《转让合同》为准。(5)《补充协议》就税费负担所作的约定，违反了税法的强制性规定。即使有效，增值税的负担约定也显失公平。增值税的纳税主体是转让人而非受让人，所以《转让合同》变更增值税由太重公司承担。(6)一审判决认定嘉和泰公司已付价款数额有误，嘉和泰公司代太重公司支付的386.72万元出让金，应计入已付款数额。(7)2005年以后所付330万元是为了促使太重公司履行全面交付土地义务，被迫多付的。(8)假如一审判决结果是正确的，其对诉讼费的分担违背了人民法院诉讼收费办法，超过嘉和泰公司应负担的比例。

针对嘉和泰公司的上诉，太重公司答辩称：(1)嘉和泰公司主张《转让合同》取代《协议书》和《补充协议》毫无根据且严重歪曲事实；(2)嘉和泰公司对协议约定的出让金和税金提出异议目的是歪曲协议、赖账；(3)嘉和泰公司认为386.72万元出让金应由太重公司承担，没有根据。

太重公司不服一审判决，向本院提起上诉，请求：(1)撤销一审判决，依法改判支持太重公司一审的全部诉讼请求；(2)一、二审诉讼费用均由嘉和泰公司承担。事实和理由是：(1)一审判决对嘉和泰公司欠付土地转让金的事实没有认定是错误的。《协议书》约定嘉和泰公司支付土地补偿金每亩94万元，是对太重公司进行土地拆迁、安置、三通一平等工作的补偿，而非土地转让价格。《转让合同》约定的是土地转让金，是土地本身的转让价格。两份合同的约定并不矛盾，更不重复，嘉和泰公司应当分别履行相应的合同付款义务。《协议书》与《转让合同》的内容相互独立，没有重复，均有双方当事人的盖章签字。根据《合同法》规定，两份合同均成立并生效。在两份合同中，并没有任何相互否定或者变更的条款，分别构成双方不同的权利义务。(2)一审判决为嘉和泰公司减免大部分违约责任，没有依据，也不公平。一审判决已认定嘉和泰公司拖欠土地补偿金的事实存在，应当履行付款义务，但是将太重公司根据合同约定诉请的违约金改为支付同期贷款利息，并且违约金的起算时间也被推迟了两年零八个月之多，显然不符合约定，对太重公司是不公平的。根据《协议书》第 4 条约定，协议签订后两日内，嘉和泰公司支付土地补偿金 500 万元，10 日内支付 1500 万元；太重公司取得国有土地使用权后，双方签订土地使用权转让合同，此合同经土地局批准 10 日内，嘉和泰公司支付剩余的土地补偿金。第 5 条约定，嘉和泰公司未按本协议第 4 条约定的时间支付该条约定款项，则按该条应支付的款项，每超过一日按万分之四计息补偿给太重公司。以上约定清楚明确，对双方均有法律约束力，人民法院应当尊重当事人的意思自治。按《协议书》约定，嘉和泰公司应在《转让合同》经批准 10 日内付清土地补偿金。而《转让合同》经批准的时间双方均认可为 2003 年 1 月 15 日，则嘉和泰公司付清土地补偿金的时间应为 2003 年 1 月 25 日。太重公司正是据此计算违约金，并且对嘉和泰公司中间几次还款均相应予以核减，分段计算。截至 2006 年 1 月 12 日，嘉和泰公司应当支付违约金 755.86256 万元。这一计算结果既符合合同约定，也符合客观事实，应当得到法院的支持。(3)一审判决驳回太重公司对税金的诉讼请求是错误的。依法纳税是企业应承担的义务，税金对于太重公司是必然发生的费用，太重公司当然有权主张，是否已经发生并不影响嘉和泰公司承担合同义务。而且应纳税款的计算均有国家相关法律法规的规定，太重公司起诉税费金额是依法计算的结果，有充分的法律依据，应当得到支持。(4)一审判决对嘉和泰公司已付款数额认定也存在错误。嘉和泰公司支付的款项中有 2002 年 4 月 2 日 2000 万元承兑汇票应扣除贴现利息 30.3 万元；8 月 12 日 1000 万元的承兑汇票应扣除贴现利息 15.6 万元。

针对太重公司的上诉，嘉和泰公司答辩称，嘉和泰公司不欠太重公司任何款项，太重公司的上诉请求应被驳回。(1)《协议书》和《补充协议》已被《转让合同》取代。嘉和泰公司已按《转让合同》确定的价格履行完毕付款义务，并无任何拖欠。(2)嘉和泰公司按约履行了全部付款义务，不拖欠太重公司的任何款项，太重公司无权主张所谓的违约金。(3)太重公司主张的各种税费包括营业税、契税、印花税、土地增值税由嘉和泰公司承担不能成立。因为《转让合同》取代《协议书》及《补充协议》后,《转让合同》并没有约定上述税费由嘉和泰公司承担,《转让合同》第 8 条还明确约定增值税由太重公司承担。(4)太重公司认为已付款中应扣除贴现利息,没有依据。嘉和泰公司支付承兑汇票时,太重公司按票面金额开具了收据,已认可不扣除贴现利息,现在无权主张扣除。

最高人民法院二审查明的事实与一审法院查明的事实相同。最高人民法院认为,嘉和泰公司和太重公司对于《协议书》、《补充协议》及《转让合同》的真实性均无异议。综合双方当事人的上诉请求及事实和理由,本案二审争议的焦点问题是:(1)《协议书》、《补充协议》和《转让合同》的效力及相互关系问题;(2)嘉和泰公司已付土地补偿金的数额问题;(3)太重公司关于税金的请求是否成立问题;(4)太重公司关于违约金的请求是否成立问题。

(一)关于《协议书》、《补充协议》和《转让合同》的效力及相互关系问题

首先,关于《协议书》《补充协议》的效力。太重公司认为《协议书》《补充协议》是双方的真实意思表示,不违反国家法律法规,是合法有效的合同;嘉和泰公司认为《协议书》签订时,该宗土地为行政划拨地,根据法律规定,太重公司无权转让该宗土地,应属无效协议。而《补充协议》就税费负担的约定,违反了税法的强制性规定。本院认为,《协议书》《补充协议》是双方在平等的基础上,自愿协商达成的协议,是双方真实的意思表示。《协议书》不仅详细地约定了所转让土地的面积、价格、付款方式、违约责任,还具体约定了双方权利义务及履行程序。《协议书》签订时,嘉和泰公司及太重公司均知道该宗土地属于划拨用地,所以在《协议书》第 3 条 8 约定:由太重公司负责办理土地出让手续;第 3 条 9 约定:太重公司土地出让手续办理完毕,即为嘉和泰公司办理土地使用权转让手续。这一缔约行为并没有规避法律损害国家利益,事实上,太重公司和嘉和泰公司正是按照上述约定完成该宗土地转让的。2002 年 9 月 24 日太重公司与太原市国土资源局签订《出让合同》,取得该宗土地的使用权,嘉和泰公司支付土地出让金;同年 12 月太重公司与嘉和泰公司签订《转让合同》,嘉和泰公司依据《协议书》向太原市国土资源局支付土地转让款,随后完成土地使用权变更登记;均是双方履行《协议书》的真实行为。根据《最高人民法院关于审理涉及国有土地使用权合同纠纷案件适用法律问题的解释》第 9 条规定:"转让方未取得出让土地使用权证书与受让方订立合同转让土地使用权,起诉前转让方已经取得出让土地使用权证书或者有批准权的人民政府同意转让的,应当认定合同有效。"因此,《协议书》合法有效。《补充协议》是对《协议书》约定转让土地使用权的税费承担所作的补充约定,明确了转让土地使用权的税费如何承担及由谁承担的问题。虽然我国税收管理方面的法律法规对于各种税收的征收均明确规定了纳税义务人,但是并未禁止纳税义务人与合同相对人约定由合同相对人或第三人缴纳税款。税法对于税种、税率、税额的规定是强制性的,而对于实际由

谁缴纳税款没有作出强制性或禁止性规定。故《补充协议》关于税费负担的约定并不违反税收管理方面的法律法规的规定，属合法有效协议。嘉和泰公司关于《协议书》签订时，所转让的土地属划拨地，太重公司无权转让及《补充协议》就税费负担的约定违反税法的强制性规定，均属无效协议的主张，没有法律依据，不予支持。一审法院关于《协议书》合法有效及《补充协议》与《协议书》具有相同的法律效力的认定是正确的，应予维持。

其次，关于《转让合同》的效力问题。嘉和泰公司认为，《转让合同》是双方当事人真实意思表示，符合法律规定，并经政府批准，是最终确定双方土地使用权转让关系的合法文件，土地使用权转让价格应以《转让合同》约定为准；太重公司认为，《转让合同》有效，嘉和泰公司应承担《转让合同》约定的支付土地转让金义务。本院认为，太重公司与嘉和泰公司之所以在《协议书》之外又签订《转让合同》，是因为签订《协议书》时，双方当事人均知道所转让的土地属划拨用地，不能直接转让。只有在太重公司办完土地出让手续，取得国有出让土地使用权后，再与嘉和泰公司签订国有出让土地使用权转让合同，并由双方共同到土地管理部门办理登记备案，才能完成该土地使用权转让。因此，《转让合同》对于太重公司及嘉和泰公司来讲就是到土地管理部门办理登记备案手续，以完成《协议书》约定的转让土地使用权行为，而并非为了变更《协议书》的约定条款或者构成双方新的权利义务关系；对于土地管理部门来讲，以《转让合同》登记备案，则表明土地管理部门认可《转让合同》中的价格并据此征收转让税费，办理相关手续。虽然《转让合同》中的价格比双方当事人实际约定的价格低，但土地管理部门给予登记备案的事实表明，土地管理部门认可双方当事人可以此最低价格办理土地使用权转让手续，也表明双方当事人这一做法并不违反土地管理部门的相关规定。事实上，土地管理部门也正是依据该《转让合同》办理了土地权属变更手续。由此可以认定，在本案中《转让合同》仅是双方办理登记备案之用，别无他用，其效力仅及于登记备案。《转让合同》对于合同双方既没有变更《协议书》约定条款，也不构成新的权利义务关系。从嘉和泰公司支付土地补偿金的过程和数额看，也可证明嘉和泰公司在签订《转让合同》后，仍是按《协议书》约定的土地补偿金数额支付的。故嘉和泰公司关于应以《转让合同》中的价格作为本案土地使用权转让价格及太重公司关于以《转让合同》请求另外支付土地转让金的主张，均不符合本案实际情况，没有事实依据，不能成立。

最后，关于《协议书》、《补充协议》与《转让合同》的关系，对于《补充协议》是《协议书》的补充约定双方均无异议，但对于《协议书》与《转让合同》双方争议较大。嘉和泰公司认为，《协议书》已被《转让合同》所取代，《转让合同》是本案唯一有效的合同。太重公司则认为，《协议书》约定的土地补偿金是对拆迁、安置的补偿。《转让合同》约定的土地转让金是土地本身的转让价格，两份合同的约定并不矛盾，也不重复，相互独立，均成立并有效。本院认为，双方当事人签订《转让合同》的目的是办理土地使用权转让登记备案手续。《转让合同》没有约定变更或取代《协议书》的条款，并未在双方当事人之间成立新的权利义务关系。从双方当事人实际履行合同的情况看，太重公司转让土地使用权收取土地补偿金、出让金、转让金、太重公司与太原市国土资源局签订《出让合同》及其与嘉和泰公司签订《转让合同》到土地管理部门登记等行为都是在履行《协议书》约定的权利义务。而嘉和泰公司支付土地补偿金、出让金、转让金，取得土地使用权等也是履行《协议书》约定的权利义务。因此，本案中的《转让合同》是双方在土地管理部门办理土地使用权转让手续的备案合同；《协议书》才是双方实际履行的合同。嘉和泰公司关于《转让合同》取代《协议书》，《转让合同》是本案唯一有效合同的主张不能成立。太重公司关于《协议书》和《转让合同》相互独立，均成立有效，并据此要求嘉和泰公司分别支付土地补偿金及土地转让金的主张也不能成立。

综上，最高人民法院认为，《协议书》及《补充协议》是合法有效的协议，是确定双方当事人权利义务及违约责任的合同依据。

（二）嘉和泰公司已付土地补偿金的数额问题

太重公司对于已收到嘉和泰公司以承兑汇票、支票、现金形式支付的土地补偿金总额4580万元人民币并无异议。但认为其中2002年4月2日2000万元承兑汇票应扣除贴现利息30.3万元及2002年8月12日1000万元承兑汇票应扣除贴现利息15.6万元。最高人民法院认为，根据2002年3月26日太重公司与嘉和泰公司签订的《协议书》第4条1约定，嘉和泰公司在《协议书》签订10日内，应支付土地补偿金2000万元。嘉和泰公司应按约定时间履行付款义务。但嘉和泰公司以2002年9月到期的2000万元承兑汇票支付该笔土地补偿金，导致太重公司不能在约定时间实际收到该款项。太重公司只有支付贴现利息，才能在约定时间取得上述款项。嘉和泰公司这种以远期承兑汇票履行到期付款义务的行为，实际是迟延付款，属于不当履行合同义务的行为。由于嘉和泰公司不当履行合同义务，造成太重公司为此支付30.3万元的贴现利息损失，应由嘉和泰公司承担。太重公司关于扣除该贴现利息的上诉请求成立，应予支持。一审判决对此处理不当，应予纠正。关于2002年8月12日1000万元承兑汇票，是嘉和泰公司依据《协议书》第3条8的约定支付的土地出让金。而太重公司在一审中并未对土地出让金提出诉讼请求，因此太重公司关于该1000万元承兑汇票的贴现利息的上诉请求不属于本院二审的审理范围。

嘉和泰公司认为，其2002年12月31日向太原市国土资源局支付的386.72万元土地出让金应计入已付土地补偿金数额。最高人民法院认为，该笔款项是2002

年12月太重公司与嘉和泰公司签订《转让合同》后，由嘉和泰公司直接支付给太原市国土资源局的。依据《协议书》第3条9约定，太重公司土地出让手续办理完毕且嘉和泰公司支付全部土地补偿金后，太重公司即为嘉和泰公司办理土地使用权转让手续，转让费用由嘉和泰公司承担。故该笔款项属于嘉和泰公司应承担的土地转让款，不应计入其已付的土地补偿金数额。一审判决处理适当，应予维持。

综上，一审判决认定嘉和泰公司已付土地补偿金4580万元，尚欠太重公司土地补偿金1478.3万元有误，应予纠正。嘉和泰公司实欠太重公司土地补偿金1508.6万元。

（三）太重公司关于税金的请求是否成立问题

根据《补充协议》的约定、除流转税按76%和24%的比例由太重公司和嘉和泰公司分别承担外，其余所有税费均由嘉和泰公司承担。如前所述，《补充协议》关于税费负担的约定并不违反税收管理法律法规的规定，是合法有效协议，双方当事人应按约定履行自己的义务。关于太重公司在没有缴纳税金的情况下是否有权请求嘉和泰公司支付其所承担的税金的问题。最高人民法院认为，《补充协议》约定转让土地使用权税费的承担，只是明确了转让土地使用权过程中所发生的相关税费由谁负担的问题。而对于何时缴纳何种税费及缴纳多少税费，《补充协议》没有约定，也无法约定。只有在相关主管部门确定税费种类及额度，太重公司缴纳后，嘉和泰公司才能支付。太重公司在未缴纳税金，也没有相关部门确定纳税数额的情况下，请求嘉和泰公司支付转让土地税金，没有事实依据。一审判决对于太重公司要求嘉和泰公司支付其尚未缴纳的税费的请求不予支持，但提示其在实际缴纳税费后可以向嘉和泰公司另行主张权利的处理，并无不当，应予维持。对太重公司已缴纳的营业税和契税，一审判决只支持太重公司的契税请求而没有支持其关于营业税的请求不当，应予纠正。对于太重公司已缴纳的242.526万元营业税。嘉和泰公司应按24%比例负担58.20624万元。

（四）太重公司关于违约金的请求是否成立问题

最高人民法院认为，《协议书》对于双方当事人具体的权利义务中包括嘉和泰公司付款时间、数额及违约责任均作出了明确约定。太重公司及嘉和泰公司都应按照诚实、信用原则，实际履行合同义务。太重公司按约定办理了土地出让、转让手续并将涉案地块实际交付给嘉和泰公司。嘉和泰公司应按约定履行付款义务，但嘉和泰公司在取得土地使用权后，未按约定时间及数额支付土地补偿金。嘉和泰公司迟延向太重公司支付土地补偿金是引起本案诉讼的主要原因。因此，嘉和泰公司的行为已构成违约，应按合同约定承担违约责任。一审判决认定嘉和泰公司迟延付款构成违约，但对太重公司按照合同约定的日万分之四的比例计算违约金的请求却未予支持，并将双方当事人按照日万分之四的比例计算违约金的约定调整为按银行利率计算利息。根据《合同法》第 114 条之规定，人民法院对于当事人在合同中约定的违约金的数额，只有在当事人请求调整，并确实低于或过分高于违约行为给当事人造成的损失时，才能进行调整。一审判决对违约金的调整既违背当事人双方的约定，也缺少法律依据，应予纠正。太重公司关于嘉和泰公司应按合同约定承担违约责任，支付违约金的上诉请求理据充分，应予支持。因为嘉和泰公司最后支付土地补偿金的时间是 2005 年 9 月 23 日，太重公司此前并未要求嘉和泰公司支付违约金。故嘉和泰公司应从 2005 年 9 月 23 日起承担违约责任。

综上所述，嘉和泰公司的上诉请求没有事实和法律依据，应予驳回。太重公司的上诉请求，部分有事实和法律依据，应予支持；部分没有事实和法律依据，应予驳回。一审判决认定事实清楚，但适用法律部分有误，应予纠正。根据《民事诉讼法》第 153 条第 1 款第 2 项之规定，判决如下：(1)维持山西省高级人民法院(2006)晋民初字第 20 号民事判决第三项；(2)变更山西省高级人民法院(2006)晋民初字第 20 号民事判决第一项为：山西嘉和泰房地产开发有限公司于判决生效后 30 日内向太原重型机械(集团)有限公司支付土地补偿金 1508.6 万元人民币，并从 2005 年 9 月 23 日起按实际迟延付款天数以日万分之四的比例计算违约金支付给太原重型机械(集团)有限公司直至还清之日止；(3)变更山西省高级人民法院(2006)晋民初字第 20 号民事判决第二项为：山西嘉和泰房地产开发有限公司于判决生效后 30 日内，向太原重型机械(集团)有限公司支付营业税 58.20624 万元人民币，支付契税 41.25 万元人民币。如逾期不履行本判决确定之金钱给付义务，应当依照《民事诉讼法》第 232 条之规定，加倍支付迟延履行期间的债务利息。一审案件受理费 51.7998万元，保全费 26.5 万元，其他诉讼费 4.5 万元，合计 82.7998 万元，由太原重型机械(集团)有限公司负担 50 万元，山西嘉和泰房地产开发有限公司负担 32.7998万元；二审案件受理费 48.799848 万元，由山西嘉和泰房地产开发有限公司负担。本判决为终审判决。

[参见《最高人民法院公报》2008 年第 3 期。]

020. 当事人以所涉划拨土地使用权的转让未经相关人民政府批准为由主张合同无效，应否予以支持？

【典型案例】

中国医科大学与鞍山胜宝投资股份有限公司项目转让合同纠纷上诉案

【裁判要点】

项目转让合同中，在除所涉土地使用权和房产未办理审批过户手续外，项目其他部分均已履行完毕并投入生产，且所涉地块已经拆迁的情况下，虽然所涉划拨土地使用权的转让未经土地管理部门批准并办理土地使用权出让手续，但由于所涉地块已经拆迁，该项目中有关土地使用权和房产的权益在政府实施拆迁后已转化为拆迁补偿权益，已经丧失了继续进行审批的实物基础与客观条件，而且对于履行合同而言已无必要，项目转让合同中关于土地使用权和房产转让过户的义务以及相应权益的享有，已转化为相应拆迁补偿款的给付义务及其权益享有。且该合同中其他部分均已履行完毕并投入生产，认定该合同无效难以将合同中权利义务恢复至未签订时的状态，亦不利于对正常交易秩序和土地使用权流转市场的维护。因此，当事人以所涉划拨土地使用权的转让未经相关人民政府批准为由主张合同无效的，不应予以支持。

案号：最高人民法院（2012）民二终字第26号。

上诉人（原审被告）：中国医科大学。

被上诉人（原审原告）：鞍山胜宝投资股份有限公司。

原审被告：中国医科大学科技开发公司。

原审第三人：辽宁纳可佳生物制药有限公司。

上诉人中国医科大学（以下简称医科大学）因与被上诉人鞍山胜宝投资股份有限公司（以下简称鞍山胜宝公司）、原审被告中国医科大学科技开发公司（以下简称医大科技公司）、原审第三人辽宁纳可佳生物制药有限公司（以下简称纳可佳公司）项目转让合同纠纷一案，不服辽宁省高级人民法院（2011）辽民二初字第1号民事判决，向最高人民法院提起上诉。本案现已审理终结。

原审法院查明，1999年5月18日，辽宁华商会计师事务所出具辽华商评字

(1999)第1012号《资产评估报告》,对医大科技公司持有的非专利技术、房屋、在建工程进行了评估,具体评估范围是:东陵区文体东路7号房屋2253平方米,在建工程2190.3平方米,奴卡多肽擦剂非专利技术一项,评估结果是:房屋、在建工程评估值1203.225万元,非专利技术评估值832.66万元,总计评估值2035.885万元。

1999年7月11日,医科大学与鞍山胜宝公司签订《关于中国医科大学与鞍山胜宝投资股份有限公司合作事宜的调整协议》(以下简称《调整协议》),约定:"甲方(医科大学)应尽快将南塔奴卡项目的厂房、场地所有权证明、房产证明、奴卡项目全部资料、新药证书及相应的评估资料和相关设施设备等,一并转入沈阳胜宝医学生物工程有限公司(以下简称沈阳胜宝公司)","在乙方承接奴卡项目的全部债务后,乙方应具有奴卡项目全部的权益。"并约定双方在此之前签订的所有文件内容与本协议有相抵之处,均以本协议为准。

《调整协议》签订后,鞍山胜宝公司向医大科技公司转款共计1900.834276万元。1999年7月21日,医大科技公司与沈阳胜宝公司签署《移交备忘录》一份,载明将医科大学在沈阳高新技术开发区南塔产业区内在建工程及已完工的2253平方米的房产有关资料移交给沈阳胜宝公司;1999年9月30日,上述双方又签署《移交备忘录》一份,载明医大科技公司从1999年9月30日起将位于沈阳市东陵区文体东路7号南塔厂区及其地上所属设施的产权和使用权全部移交给沈阳胜宝公司。2006年5月26日,医大科技公司收回上述地块的《房屋所有权证》及《土地使用权证》,其法定代表人马凤毛出具《收条》一份,内容主要是收到东房字第011302号《房屋所有权证》、东陵国用(1999)字第02075号《国有土地使用证》原件一份,办理相关变更手续。

2007年9月13日,沈阳市房产局发布拆迁公告,对沈阳市东陵区五爱街东地区实施拆迁。2008年11月26日,辽宁开宇律师事务所律师于斌(该案医大科技公司委托代理人)致鞍山胜宝公司、沈阳胜宝康生物制药有限公司(以下简称沈阳胜宝康公司)《律师函》一份,内容主要是医科大学委托该所正式通知两公司,请其派人员与该校联系,商谈与合作有关的全部历史遗留事宜。同日,该所致函东陵区动迁办,内容主要是:位于东陵区文体路7号的6505平方米土地的使用权人及该土地上2253平方米房屋的所有权人是医大科技公司,故医大科技公司是动迁的唯一适格主体,如发生任何与动迁相关事宜,应与该公司联系以便履行有关动迁补偿的全部法定程序。12月5日,医科大学向鞍山胜宝公司、沈阳胜宝康公司出具《委托书》一份,内容是委托辽宁开宇律师事务所和两公司商谈与合作有关的全部历史遗留事宜。2008年12月12日,医大科技公司致沈阳市东陵区城市房屋拆迁办公室《回复函》一份,称"本公司于2008年12月9日收到贵办发来的'关于房屋、土地权益的确认函’。该函要求本公司必须在2008年12月14日前给贵办出具正式的房屋、土地权益确认书，同时声明撤回1999年7月11日由校长金魁和、副校长韩明堂代表中国医科大学签署的资产转让协议中关于房屋、土地转让的承诺，且该确认书应由本公司主管单位中国医科大学法定代表人签名加盖公章，并尽快办理土地及房屋贷款注销。否则，贵办将依据中国医科大学签署的资产转让协议及本公司出具的证明，与沈阳胜宝康生物制药有限公司办理动迁手续。本公司认为，依据《中华人民共和国物权法》的规定……本公司应当是该动迁的唯一适格主体，贵办应依据法律规定与本公司办理动迁手续”。2008年12月24日，鞍山胜宝公司、沈阳胜宝康公司委托北京市中伦律师事务所向医科大学邮寄《律师函》一份，函中载明了医科大学转让房屋、土地、奴卡技术，沈阳胜宝康公司支付1900余万元转让金，后医科大学将房屋及土地权证借出并向拆迁部门发函主张权利等事实，并阐明给沈阳胜宝康公司、鞍山胜宝公司造成重大损失且损失仍在扩大，希望医科大学能严格履约，否则沈阳胜宝康公司、鞍山胜宝公司将采取法律行动。

2009年3月4日，沈阳市土地储备交易中心与沈阳胜宝康公司签订《城市房屋拆迁货币补偿安置协议书》(以下简称《拆迁补偿协议》)一份，约定拆迁房屋为东陵区文体路7号，依据辽宁华清房地产评估有限公司出具的辽华房估字(2008)第78号《房地产估价报告》，对该动迁地块2253平方米房屋的评估价是609.4365万元，对6505平方米划拨土地的评估价是1371.3805万元，并按照沈阳市规划和国土资源局、沈阳市物价局沈规国土发〔2008〕64号《关于印发城区土地级别基准地价出让金及租金标准的通知》所附的沈阳市基准地价标准及沈阳市土地出让金、年租金标准，确定房屋货币补偿金额、过渡期补助费、机器设备搬迁费、动力电、国有土地补偿款、构筑物补偿款、新建纳可佳车间相关GMP认证费用等拆迁补偿金额总计3417.2061万元。其中，土地动迁补偿款为每平方米2108元。对此，辽宁华清房地产评估有限公司于2011年3月30日出具《情况说明》一份，内容主要是被拆迁人沈阳胜宝康公司使用的土地属于国家划拨土地，核定其土地动迁补偿款为每平方米2108元，是在该地块基准地价每平方米3374元的基础上，经修正后扣除了土地出让金每平方米962元后得出。虽然上述《拆迁补偿协议》已经签订，但其中确定的拆迁补偿款至今没有发放给沈阳胜宝康公司。因该地块的拆迁工作划归沈河区拆迁局，现拆迁补偿款项在沈河区拆迁局处。该局在该院对其询问中称，由于医大科技公司向该局主张权利，对拆迁房屋及土地的权属存在争议，故该地块的拆迁补偿款一直留在该局没有发放。

另查明，2008年4月21日，中共本溪市委、本溪市人民政府出台《关于加快医药产业发展若干政策的决定》，在本溪境内新建、改建和扩建且固定资产投资在3000万元及以上的医药企业，并享受“企业通过出让方式取得土地使用权所缴纳的土地出让金,待工程竣工后,扣除按国家和省规定提留或上解的部分,其余收益全部用于支持企业发展”的优惠政策。2008 年 8 月 20 日,沈阳胜宝康公司与本溪经济技术开发区管理委员会(以下简称本溪开发区管委会)签订《项目投资协议书》,约定沈阳胜宝康公司在本溪经济技术开发区生物医药产业园内注册成立公司并新建投资项目。2009 年 1 月 6 日,本溪胜宝康生物技术有限公司(以下简称本溪胜宝公司)成立,注册资本 10 万元,股东为沈阳胜宝康公司。2009 年 4 月 28 日,辽宁药都发展有限公司与纳可佳公司签订《国有土地使用权转让合同》,约定根据上述文件精神,纳可佳公司取得土地使用权所缴纳的土地出让金,扣除按国家和省规定提留或上解的部分,其余收益由本溪市政府给予同等额度的扶持,资金总额为1249.5621万元。后双方又签订《补充合同书》一份,确认了由本溪市政府扶持的金额为 1206.3805 万元。2009 年 6 月 25 日,本溪经济技术开发区财政局向纳可佳公司拨付扶持款 1201.502 万元。同日,该款项作为土地转让金转入辽宁药都发展有限公司。2009 年 12 月 30 日,辽宁省财政厅向本溪胜宝公司预拨科技特色产业基地资金 200 万元。

2010 年 7 月 22 日,本溪开发区管委会向纳可佳公司发《通知函》一份,请该公司加快复工准备工作,称如到期仍未能复工建设,将收回该项目用地,拆除地上建筑物和地下构筑物。2010 年 10 月 9 日,本溪开发区管委会与纳可佳公司、本溪胜宝公司签订《收回在建工程协议》一份,内容为纳可佳公司和本溪胜宝公司自 2008 年 8 月在本溪开发区管委会园区内建设纳可佳生物制药项目,因资金问题建设进度缓慢,于 2010 年 6 月停工,因此本溪开发区管委会提出收回纳可佳公司和本溪胜宝公司生物制药项目建设权,并将辽宁省财政预拨的 200 万元科技资金和本溪市财政的 1200 万元扶持资金返还。本溪胜宝公司的在建工程经评估,投入总价款为人民币 963.5 万元,扣除辽宁省财政厅拨付的 200 万元及误工损失 50 万元,本溪开发区管委会实际补偿费用为 713.5 万元,双方约定自签订该协议之日起 10 个工作日内支付 80%。2010 年 11 月 12 日及 15 日,本溪经济技术开发区财政局分别向纳可佳公司付款 480 万元及 90.8 万元,共计 570.8 万元(713.5 万元的 80%)。本溪市政府补助纳可佳公司的 1201.502 万元扶持资金因于拨付同日已转入辽宁药都发展有限公司作为土地转让金,现土地已被本溪开发区管委会收回,故纳可佳公司实际上已按本溪开发区管委会要求将该笔扶持资金返还给本溪市政府。2011 年 3 月 30 日,本溪胜宝公司出具声明一份,称涉及该公司的一切权利义务同意由鞍山胜宝公司享有和承担。

又查明,2006 年 11 月 16 日,辽宁华伟会计师事务所出具辽华伟审字(2006)第 150 号《审计报告》,内容是截至 2006 年 10 月 31 日,纳可佳项目实际投资总额 6016 万元。2010 年 12 月 16 日,辽宁中盛联盟土地资产评估有限公司出具辽中盛资评字(2010)第60号《资产评估报告书》,评估结论是:纳可佳公司拥有的无形资产——发明专利权、商标权、药品生产许可证于评估基准日2010年11月30日所表现的市场价值为人民币3277万元。

再查明,1995年1月15日,沈阳市人民政府颁发东房字第011302号《房屋所有权证》,所有权人是医大科技公司,房屋坐落于东陵区文体东路7号,建筑面积为2253平方米。1999年11月,沈阳市人民政府颁发东陵国用(1999)字第02075号《国有土地使用证》,土地使用者是医大科技公司,地址为沈阳市东陵区文体东路7号,用地面积为6505.6平方米。

还查明,医大科技公司成立于1988年12月,企业性质为国有,主管部门是医科大学,注册资本130万元,为上级拨入。

1999年4月14日,沈阳胜宝公司成立有限责任公司,注册资本1000万元,股东为鞍山胜宝公司和北京北大生宝科技发展公司。2001年12月20日,沈阳胜宝公司更名为沈阳胜宝康公司。2009年5月26日,沈阳胜宝康公司更名为纳可佳公司。在《第三人参加诉讼申请书》中,该公司表示支持鞍山胜宝公司的诉讼请求,并同意将该公司在本案中应当享有的全部权益转由鞍山胜宝公司继受。

还查明,2002年10月12日,国家发展计划委员会计高技〔2002〕第1141号《国家计委关于沈阳胜宝康生物制药有限公司外用红色诺卡氏菌细胞壁骨架高技术产业化示范工程项目建议书的批复》中,将奴卡项目列入2002年国家高技术产业发展项目计划。2003年7月18日,奴卡项目取得中华人民共和国药品GMP证书(《药品生产质量管理规范》)。2004年9月29日,国家发展和改革委员会发改高技〔2004〕第2117号《国家发展改革委关于振兴东北老工业基地高技术产业发展专项第一批固定资产投资部分项目的复函》所附振兴东北老工业基地高技术产业发展第一批固定资产投资部分项目清单中载明了由辽宁省发展改革委主持的沈阳胜宝康公司的奴卡项目。

鞍山胜宝公司于2010年12月27日诉至一审法院称,由于医科大学和医大科技公司的违约行为,导致其不能按正常程序申领拆迁补偿款项,更导致项目的迁址新建药厂停工并被政府相关部门收回了新药厂建设用地,拆除已建工程,奴卡项目失去载体,已到期的GMP认证不能展期,《药品生产许可证》不能下发,生物新药生产无法实施,给其造成重大经济损失,故请求:双方关于奴卡项目的协议因被告根本违约导致无法履行,应予以解除;被告应向其返还奴卡项目转让款本金1900.83万元及相应利息(截至2010年12月30日利息为2947.26万元),直至借款全额清偿之日止;被告应赔偿因其严重违约造成该公司在奴卡项目筹备建设期和市场开发期的投入损失及拆迁停业过渡期的损失共3045.45万元,异地新建药厂项目停工并被政府部门收回建设用地和建设工程的经济损失1400万元,赔偿奴卡项目整体转让后形成的生物新药技术价值损失2444.34万元，赔偿因其严重违约造成其预期可得利益即土地房屋增值损失1835.03万元。两被告对上述总计13,572.91万元的赔偿承担连带责任，并承担该案的诉讼费用。

原审法院审理认为，《调整协议》由医科大学及鞍山胜宝公司双方法定代表人签字并盖章确认，为双方当事人真实意思表示，合法有效。该案的基础法律关系正是基于《调整协议》发生的项目转让。鞍山胜宝公司是该协议的一方当事人，协议约定奴卡项目的全部权益转入沈阳胜宝公司，故沈阳胜宝公司作为奴卡项目权益的承接者纳入该案法律关系中。虽然鞍山胜宝公司主张的损失中有涉及沈阳胜宝公司的损失，但纳可佳公司明确表示，对案涉的应由其应当享有的全部权益均由鞍山胜宝公司继受，故鞍山胜宝公司作为该案原告主体适格。医科大学是《调整协议》的签约方，但该协议中房产和土地的所有权人和使用权人是医大科技公司，协议也具体由医大科技公司履行，鞍山胜宝公司的转款均发生在其与医大科技公司之间，相关的《移交备忘录》《收条》等均为医大科技公司出具，医大科技公司多次以自己的行为表示愿意承接医科大学在《调整协议》中应当履行的义务，故医大科技公司关于合同主体是医科大学和鞍山胜宝公司，该公司不是该案适格主体，不应作为该案被告的主张不符合客观事实，该院不予支持。

《调整协议》签订后，鞍山胜宝公司向医大科技公司转款共计1900.834276万元，对此，医科大学和医大科技公司认为其收到的是清偿债务的款项，不是奴卡项目的转让款，但未提供证据予以证明，也没有作出因鞍山胜宝公司没有支付转让款导致合同无法履行的抗辩。而此款项与辽华商评字(1999)第1012号《资产评估报告》对房屋、在建工程及非专利技术的评估值2035.88万元基本吻合，故应认定该款项为奴卡项目的整体转让款。对于转让款与评估值之间的差额，医科大学和医大科技公司未向鞍山胜宝公司主张过权利，在答辩中亦主张“关于奴卡项目的协议已经履行完毕”，故转让款的数额应以合同履行过程中实际支付的款项1900.834276万元为准。鞍山胜宝公司履行了双方协议约定的付款义务，应取得奴卡项目的全部权益，在双方随后签署的《移交备忘录》中，医大科技公司再次对自己交付奴卡项目涉及的厂房、厂地、设备、资料的合同义务作出确认，但未履行变更房产土地权属的义务，并在2006年将《房屋所有权证》及《土地使用权证》收回，至今没有办理更名过户手续。政府对案涉地块实施动迁后，因医大科技公司向拆迁部门主张该房产土地的动迁补偿权益，导致鞍山胜宝公司无法及时领取拆迁补偿款，医科大学和医大科技公司的行为已构成违约，应承担相应的违约责任。医科大学抗辩其已完全履行了《调整协议》中约定的合同义务，土地不能办理审批过户手续是由于鞍山胜宝公司单方面不同意评估机构的评估结果而导致，并不是其违约造成的主张没有证据支持。相反，该抗辩及医大科技公司在收回相关权属证书时出具的《收条》

均能证明医科大学和医大科技公司一直认可办理土地和房产变更手续的义务在其二方。医科大学还主张鞍山胜宝公司拿不到动迁款的原因在于其因其他债务导致该款项被查封,该主张亦没有证据支持,而沈河区拆迁局在该院对其询问中明确了拆迁补偿款之所以没有发放,原因是医大科技公司向该局主张权利。综上,医科大学和医大科技公司的主张缺乏证据支持,不能成立。

鞍山胜宝公司主张医科大学和医大科技公司的违约行为损害了其合法权益,使其遭受了重大经济损失,应依法承担违约责任并赔偿其各项损失共计13,572.91万元。该请求分为五项,该院分述如下:

关于第一项即《调整协议》,因相对方根本违约导致无法履行应予解除,医科大学和医大科技公司应向其返还奴卡项目转让款本金1900.834276万元及相应利息的请求应否予以支持问题。因为案涉地块实施拆迁,已不需要再对房产和土地作出权属变更。虽然沈阳市土地储备交易中心与沈阳胜宝康公司签订了《拆迁补偿协议》,但由于医大科技公司主张动迁权益,导致拆迁补偿款一直没有发放。如果医科大学和医大科技公司不向拆迁部门主张权利,拆迁补偿款就可以顺利发放给沈阳胜宝康公司,《调整协议》的双方当事人就可以通过这种间接的方式完成房产和土地的权属变更,《调整协议》就可以得到完全履行,故该案存在继续履行的条件。另外,《调整协议》签订于1999年,至今已经过十余年的时间,且协议的内容涉及之前多个相关协议,亦涉及第三方,如果解除很难对合同中涉及的诸项权利义务一一还原为协议签订之前的状态,也不利于维护正常的经济秩序。既然协议不予解除,则鞍山胜宝公司主张的奴卡项目转让款及相应利息就无须返还。故鞍山胜宝公司的该项诉讼请求不应支持。

关于第二项即依据辽华伟审字(2006)第150号《审计报告》,截至2006年10月31日沈阳胜宝公司纳可佳项目实际投资总额为6016.32万元,在此基础上应扣减房屋及土地的评估额2414.55万元、项目转让时技术原值832.66万元、经营期间的收入334.8万元,并增加该公司从2006年11月至2009年3月的投资额373.42万元及2009年3月至2010年12月的停产损失237.72万元,故医科大学和医大科技公司应赔偿因其违约造成该公司在奴卡项目筹备建设期和市场开发期的投入损失及拆迁停业过渡期的损失共计3045.45万元的请求应否予以支持问题。如前所述,如果医科大学和医大科技公司履行了及时办理案涉房屋及土地权属变更手续的义务,动迁补偿款理应发放给沈阳胜宝康公司,但由于医科大学和医大科技公司没有履行这一义务,房屋和土地的权属在政府拆迁后即转化为一种权益,权益由谁实际享有,拆迁补偿款就应发放给谁,因此,沈阳市土地储备交易中心基于《调整协议》中约定的权益归属而与沈阳胜宝康公司签订了《拆迁补偿协议》,故案涉厂房土地的动迁补偿款3417.2061万元应为鞍山胜宝公司所有。在案涉地块动迁后,鞍山胜宝公司已无法继续经营该企业,其对奴卡项目的投入作为企业的一部分已无法恢复,正是考虑到这部分损失,拆迁补偿款由房屋货币补偿金额、过渡期补助费、机器设备搬迁费、动力电、国有土地补偿款、构筑物补偿款、新建纳可佳车间相关 GMP 认证费用等项组成,这是对企业因动迁造成的投入损失的补偿,当然包括对鞍山胜宝公司主张的奴卡项目筹备建设期和市场开发期投入损失及拆迁停业过渡期损失的补偿。故对鞍山胜宝公司的该项主张不应支持,但拆迁补偿款 3417.2061 万元应判令为鞍山胜宝公司所有,自鞍山胜宝公司起诉之日即 2009 年 8 月 31 日起,医科大学和医大科技公司应支付相应的利息。

关于第三项即因医大科技公司主张动迁权益,造成本溪新建药厂项目施工资金链断裂,被迫停工,建设用地和在建工程项目被收回,本溪市政府及省财政厅给予的 1400 万元扶持款项返还省市政府,新建药厂失去资金扶持的最佳时机,故医科大学和医大科技公司应赔偿其在本溪新建药厂项目停工并被政府部门收回建设用地和已建工程损失 1400 万元的请求应否予以支持问题。医科大学和医大科技公司在政府发布《动迁公告》之前以办理房屋土地变更手续为由借走权属证书至今未还,又于 2008 年 11 月 26 日以及之后主张动迁权益。上述行为的后果是:虽然沈阳胜宝康公司与沈阳市土地储备交易中心签订了《拆迁补偿协议》,但时至今日动迁款仍扣留在拆迁部门未予发放。虽然本溪新药厂没有建成,但本溪开发区管委会已对在建工程的投入进行了补偿,故异地重建项目中途停工,沈阳胜宝康公司无法依约履行与本溪开发区管委会签订的合同,最终本溪开发区管委会收回 1400 万元扶持款与医科大学和医大科技公司的上述违约行为之间不具有直接因果关系,其对该项损失不应予以赔偿。但纳可佳公司及本溪胜宝公司在该项目中实际投入 963.5 万元,本溪开发区管委会认可对其实际补偿款额为 713.5 万元,扣除的 250 万元中有 200 万元是收回的扶持资金,其余的 50 万元为误工损失。该 50 万元为鞍山胜宝公司的直接损失,医科大学和医大科技公司应予赔付,并自鞍山胜宝公司起诉之日起支付相应利息。

关于第四项即因医科大学和医大科技公司的违约直接影响了该专利技术产品在一段时间内的获利能力,导致企业专利技术损失,医科大学和医大科技公司应赔偿无形资产技术价值损失 3277 万元的请求应否予以支持问题。该评估价值是在纳可佳公司能够持续经营,无形资产的现有用途不变且能够实现预期收益情况下的市场价值。现纳可佳公司无法正常持续经营,也无法实现其预期利益,故鞍山胜宝公司主张的该项损失属于或然性损失,不应予以赔偿。

关于第五项即案涉土地房屋 1999 年评估值为 1203.23 万元,2008 年评估值为 2349.97 万元,增值额为 1146.74 万元,土地出让金为 1058 元/平方米 × 6505.6 平方米 = 688.29 万元,两项之和共计 1835.03 万元,为合同正常履行的情况下土地、房产的增值部分,构成鞍山胜宝公司的预期可得利益损失,医科大学和医大科技公司应予赔偿的请求应否予以支持问题。对于鞍山胜宝公司主张的房屋增值部分损失,在案涉地块动迁之后,已转化为拆迁补偿权益,该拆迁补偿款应为鞍山胜宝公司所有,故鞍山胜宝公司对该项损失要求赔偿的主张不应支持。沈阳市土地储备交易中心与沈阳胜宝康公司签订了《拆迁补偿协议》,因沈阳市土地储备交易中心隶属于沈阳市规划和国土资源局,故虽然案涉划拨土地使用权的转让在拆迁之前没有经过土地管理部门的批准,但沈阳市土地储备交易中心作为一方当事人而签订《拆迁补偿协议》,应视为土地管理部门对该地块归属于沈阳胜宝康公司的认可。办理房屋、土地过户手续的义务在医科大学和医大科技公司,根据《城镇国有土地使用权出让和转让暂行条例》第 45 条之规定,如果医科大学和医大科技公司能够履行此项义务,及时交纳土地出让金,就符合转让该划拨土地使用权的全部条件,经过土地管理部门的正常审批程序将划拨土地变更为出让土地,完成合同约定的转让行为。但由于其违约,没有办理土地变更及过户手续,导致土地没有及时由划拨土地变更为出让土地,造成案涉地块动迁后,在沈阳市土地储备交易中心与沈阳胜宝康公司签订的《拆迁补偿协议》中仍以划拨土地确定土地的动迁补偿款的结果。如果该地块现已变更为出让土地,那么土地出让金就不会被扣减,而应纳入拆迁补偿款中为鞍山胜宝公司所有。故本应由鞍山胜宝公司取得的土地出让金实为鞍山胜宝公司少得的“土地动迁补偿款”,属于其预期可得利益损失,应由违约方即医科大学和医大科技公司予以赔偿。《拆迁补偿协议》中确定的拆迁补偿金额是沈阳市土地储备交易中心按照其委托的辽宁华清房地产评估有限公司出具的辽华房估字(2008)第 78 号《房地产估价报告》作出的,该估价报告的依据是沈阳市规划和国土资源局、沈阳市物价局沈规国土发〔2008〕第 64 号《关于印发城区土地级别基准地价出让金及租金标准的通知》所附的沈阳市基准地价标准及沈阳市土地出让金、年租金标准。在辽宁华清房地产评估有限公司出具的《情况说明》中载明,沈阳胜宝康公司使用的土地属于国家划拨土地,其土地动迁补偿款是在该地块基准地价基础上,扣除了每平方米 962 元的土地出让金后得出。故对鞍山胜宝公司主张土地出让金损失为每平方米 1058 元不应支持,而应以每平方米 962 元为其计算依据,该项损失应为 962 元/平方米 ×6565.6 平方米 =625.84 万元。

综上,对于鞍山胜宝公司诉讼请求中的合理部分,该院予以支持。依照《合同法》第 32 条、第 44 条、第 60 条第 1 款、第 107 条之规定,经该院审判委员会讨论决定,判决:(1)鞍山胜宝公司享有沈阳市东陵区文体东路 7 号的企业动迁补偿权益,该拆迁补偿款共计 3417.2061 万元为该公司所有,医科大学应于判决生效后 10 日内向鞍山胜宝公司支付该笔款项的利息,利息的计算方式为:从鞍山胜宝公司起诉之日起至该判决确定的给付之日止,按中国人民银行规定的同期贷款基准利率标准计付;(2)医科大学于判决生效后10日内赔偿鞍山胜宝公司的在建工程误工损失50万元及相应利息,利息的计算方式为:从鞍山胜宝公司起诉之日起至该判决确定的给付之日止,按中国人民银行规定的同期贷款基准利率标准计付;(3)医科大学于该判决生效后10日内赔偿鞍山胜宝公司预期可得利益损失625.84万元;(4)医大科技公司对医科大学的上述赔偿款项承担连带清偿责任。案件受理费58.0768万元,由鞍山胜宝公司承担40.5632万元,由医科大学、医大科技公司承担17.5136万元。因该费用已由鞍山胜宝公司预交,由医科大学、医大科技公司承担的部分应在其给付赔偿款的同时一并给付鞍山胜宝公司。

医科大学不服原审法院作出的一审民事判决,向最高人民法院提起上诉称:(1)原审法院在没有依职权审查奴卡项目(包括所涉及厂房、厂房占地、设施)转让合同效力的情况下,径直认定合同不予解除,显属认定事实不清。根据有关法律规定,国有资产转让必须经过国资委指定评估机构评估并经国资委批准后才可以转让。本案中,由于奴卡项目以及其项下所涉及的厂房、厂房占地以及设施均属于国有资产,在转让过程中也经国资委指定评估机构进行了两次评估,但由于胜宝公司两次单方面不同意国资委指定评估机构作出的评估结果,导致转让行为没有取得国资委批准。另外,项目所涉土地使用权系医大科技公司以划拨方式取得,该转让行为至今未取得相关政府批准,故该合同应属于无效合同。(2)原审法院认定医科大学主张动迁权益属于违约行为,判令赔偿鞍山胜宝公司损失50万元,显属认定事实不清。本案中,医大科技公司作为房屋所有权人以及土地使用权人,在拆迁过程中向拆迁部门主张拆迁权益,属于合法主张自身权益行为,不属于违法行为即不存在过错,据此,对于这一合法主张权益行为,根本不应产生任何赔偿问题。同时,医科大学认为,其主张动迁权益的行为也没有违反合同任何一条的约定即违约。(3)原审法院在未查清土地出让金应由谁支付的情况下,径直认定未办理过户手续属于医科大学违约,判令赔偿逾期利益损失625.84万元,显属认定事实不清。本案在合同中虽然没有明确约定土地出让金应当由哪一方支付,但通常情况下在划拨土地使用权转让过程中,是由土地出让方首先缴纳土地出让金,变更土地性质后再转让给他人,医科大学转让的项目实际是包括土地在内的整体转让行为,而该宗土地属于国有资产且没有办理相关出让手续,应必须交纳转让金后,才能办理过户手续,故实践中通常这种形式的转让一般都由买受人支付该土地出让金,即在本案中应由鞍山胜宝公司支付土地出让金,但鞍山胜宝公司始终未支付该费用,故医科大学根本无法为其办理过户手续。同时,由于鞍山胜宝公司两次单方面不同意国资委指定评估机构作出的评估结果,导致转让行为没有取得国资委批准,以至于无法办理过户手续,故该责任应由鞍山胜宝公司自行承担。医科大学请求二审法院依法撤销原判决,发回原审法院重审或者查清本案事实依法改判,并判令鞍山胜宝公司承担本案诉讼费用。

被上诉人鞍山胜宝公司答辩称:(1)1999 年 7 月 11 日签订的《调整协议》是双方当事人的真实意思表示,且符合当时的法律法规。《调整协议》依据辽华商评字(1999)第 1012 号《资产评估报告》明确约定了双方的权利义务。并根据 1991 年 11 月 16 日国务院令第 91 号《国有资产评估管理办法》第 18 条规定,资产占有单位的主管部门可对评估结果审查、同意、确认。本案资产占有单位的主管部门医科大学履行了审查、同意、确认等相关法律程序,并有医科大学校长金魁和及副校长韩明堂签字并加盖校方公章。另外,沈阳市中级人民法院(1998)沈经初字第 665 号民事判决认定医大科技公司转让奴卡项目的协议具有法律效力,该协议同样涉及技术、土地、房产及设备的转让。医科大学在一审答辩中已经认可,关于奴卡项目的协议,双方已经履行完毕,根本不存在解除合同的问题。现又提出合同未经批准而无效,完全自相矛盾。(2)鞍山胜宝公司早已支付了项目转让款 1900 余万元,依照协议应当拥有奴卡项目的全部权益;多年来,医科大学一直承诺为鞍山胜宝公司办理房屋、土地变更手续,但一直没有履行。现医科大学称其是合法主张动迁权益,与双方所签《调整协议》时的约定及其承诺不符。(3)本案涉及的奴卡项目是一个整体项目,包括厂房场地等全部权益。《调整协议》签订后,医大科技公司多次出证并一直承诺和认可为鞍山胜宝公司办理土地和房产的变更手续,从未要求鞍山胜宝公司在 1900 余万元项目转让款之外再交土地出让金。根据 1990 年 5 月 19 日国务院颁发的《城镇国有土地使用权出让和转让暂行条例》第 45 条规定,本案奴卡项目所涉房地产转让完全符合转让条件。正是由于医科大学未能按约定及时缴纳土地出让金并办理土地转让手续,导致鞍山胜宝公司至今未能获得本案动迁补偿款及预期可得利益。综上,原审判决认定事实清楚,适用法律正确,请求二审法院维持原判,依法驳回医科大学的上诉请求。

最高人民法院对原审判决所认定的事实予以确认。最高人民法院经审理认为,医科大学作为甲方与乙方鞍山胜宝公司于 1999 年签订的《调整协议》系双方当事人真实意思表示,《调整协议》第 7 条关于“甲方应尽快将南塔奴卡项目的厂房、场地使用权证明、房产证明、奴卡项目全部资料、新药证书及相应的评估资料和相关设施设备等,一并转入沈阳胜宝公司”,第 10 条关于“在乙方承接奴卡项目的全部债务后,乙方应具有奴卡项目全部的权益”的约定表明,双方协议转让的标的物为奴卡项目整体及其权益,其中所涉房产、土地使用权系奴卡项目整体转让内容不可分割的部分。上诉人医科大学提出涉案划拨土地使用权的转让因未经相关人民政府批准应属无效,本院认为,虽然所涉划拨土地使用权的转让未经土地管理部门批准并办理土地使用权出让手续,即便按照《最高人民法院关于审理涉及国有土地使用权合同纠纷案件适用法律问题的解释》第 11 条的规定,可在起诉前经有批准权的人民政府批准办理土地使用权出让手续而使协议效力得到补正，但由于涉案地块已经拆迁，奴卡项目中有关土地使用权和房产的权益在政府实施拆迁后已转化为拆迁补偿权益，且《拆迁补偿协议》确定的拆迁补偿款3417.2061万元系按照划拨土地使用权而非出让土地使用权标准作价计付，故在起诉前不仅已经丧失了继续进行审批的实物基础与客观条件，而且对于履行合同而言已无必要，《调整协议》中关于土地使用权和房产转让过户的义务以及相应权益的享有，已转化为相应拆迁补偿款的给付义务及其权益享有。并且，沈阳市土地储备交易中心作为沈阳市土地管理部门的下属单位，其与沈阳胜宝康公司签订《拆迁补偿协议》表明，其对双方有关转让土地使用权和房产的行为亦不否定。此外，《调整协议》签订至今已经过了十余年时间，奴卡项目的转让作为一个整体，除所涉土地使用权和房产未办理审批过户手续外，项目其他部分均已履行完毕并投入生产，在目前所涉地块已经拆迁的情况下，认定《调整协议》无效难以将协议中权利义务恢复至未签订时的状态，亦不利于对正常交易秩序和土地使用权流转市场的维护。故最高人民法院对医科大学关于双方签订的《调整协议》属于无效合同的主张不予支持。

关于医大科技公司向拆迁部门主张拆迁补偿权益是否属于违约行为的问题。最高人民法院认为，本案所涉土地使用权和房产虽仍然登记在医大科技公司名下，但根据《调整协议》的约定及其开具的《收条》，医科大学和医大科技公司应当办理涉案土地使用权和房产的权属变更手续，现所涉地块已经拆迁，拆迁补偿权益作为土地使用权和房屋的代位物，依据《调整协议》应由沈阳胜宝康公司享有。医大科技公司以办理相关变更手续的名义收回相关权利凭证，又据此向拆迁部门主张拆迁权益的行为，违反了《调整协议》的约定，属于违约行为。该行为直接导致沈阳胜宝康公司不能按照《拆迁补偿协议》及时取得拆迁款项，与该公司在本溪新建药厂项目上的误工损失存在直接因果关系，原审判决判令医科大学和医大科技公司对该项损失承担赔偿责任并无不当，最高人民法院予以维持。医科大学关于原审法院认定医大科技公司主张动迁权益属于违约行为，判令其赔偿50万元属于认定事实不清的主张，缺乏事实和法律依据，最高人民法院不予支持。

关于未办理涉案土地使用权和房产审批过户手续的责任应由谁承担的问题。上诉人医科大学主张未办理相关审批过户手续系由于被上诉人鞍山胜宝公司两次不同意评估结果以及未缴纳土地出让金所致，但对于鞍山胜宝公司不同意评估结果的事实没有举出证据予以证明，且辽华商评字(1999)第1012号《资产评估报告》是在《调整协议》签订前作出，后者明确将评估资料列入移交材料中，评估价格2035.88万元与双方约定的转让价1900.834276万元之间的差额，医科大学也从未向鞍山胜宝公司主张过权利；另外，根据《城镇国有土地使用权出让和转让暂行条例》第45条第1款关于“符合下列条件的，经市、县人民政府土地管理部门和房产管理部门批准，其划拨土地使用权和地上建筑物、其他附着物所有权可以转让、出租、抵押……（四）依照本条例第二章的规定签订土地使用权出让合同，向当地市、县人民政府补交土地使用权出让金或者以转让、出租、抵押所获收益抵交土地使用权出让金……”的规定，以及根据《调整协议》第7条约定，医大科技公司作为划拨土地原使用者负有将土地使用权和房产转入沈阳胜宝公司并办理出让手续及交纳土地出让金的义务。此外，医大科技公司在2006年5月26日开具的《收条》中亦承诺由其办理过户手续，各方之间亦未就土地出让金由谁交纳有过其他约定，故依据上述规定和约定，医科大学和医大科技公司负有办理过户手续并交纳土地出让金的义务。其未及时履行该义务，造成涉案划拨土地未变更为出让土地，导致鞍山胜宝公司获得的“土地动迁补偿款”仍以划拨土地标准确定，其中扣除的土地出让金部分属于鞍山胜宝公司预期可得利益损失，原审法院判决医科大学和医大科技公司对该项损失625.84万元承担赔偿责任并无不当，最高人民法院予以维持。医科大学关于原审法院此项判令属于认定事实不清的主张，没有法律和事实依据，最高人民法院不予支持。

综上，原审判决认定事实清楚，适用法律正确，依照《合同法》第60条、第107条，《民事诉讼法》第153条第1款第1项、第158条的规定，判决如下：驳回上诉，维持原判。二审案件受理费580，768元，由中国医科大学负担。本判决为终审判决。

［参见最高人民法院民事审判第二庭编：《最高人民法院商事审判指导案例：合同与借贷担保》（2012年），中国民主法制出版社2013年版。］

021. 双方当事人因土地使用权问题发生争议的，能否直接向人民法院提起民事诉讼？

【典型案例】

桦南县大八浪乡达连泡村村委会诉德荣村村委会土地使用权纠纷抗诉案

【裁判要点】

关于自然资源所有权或使用权争议案件，我国法律规定了特殊的处理程序。《最高人民法院关于贯彻执行〈中华人民共和国民法通则〉若干问题的意见（试行）》第96条规定，因土地、山岭、森林、草原、荒地、滩涂、水面等自然资源的所有权或使用权发生权属争议的,应当由有关行政部门处理。对行政处理不服的,当事人可以依据有关法律和行政法规的规定,向人民法院提起诉讼;因侵权纠纷起诉的,人民法院可以直接受理。同时,《土地管理法》第16条规定,土地所有权和使用权争议,由当事人协商解决,协商不成的,由人民政府处理。根据上述法律规定,当事人之间发生土地使用权争议的,应首先交由相关行政部门予以处理;对处理结果不服的,可依法提起行政诉讼。但是,当事人不能直接向人民法院提起民事诉讼。

【抗诉机关和受诉法院】

抗诉机关:黑龙江省佳木斯市人民检察院。

受诉法院:黑龙江省佳木斯市中级人民法院。

【基本案情】

申诉人(原审被告):黑龙江省桦南县大八浪乡达连泡村村民委员会。

被申诉人(原审原告):桦南县大八浪乡德荣村村民委员会。

1979年12月10日,桦南县政府和林业部门将八浪林场经营的1335亩林地划拨给二道沟乡德荣村作为植树造林、发展林业用地,此地当时在大八浪乡达连泡行政区域内。由于二道沟乡与大八浪乡因乡界多次发生争议,1998年4月15日,桦南县人民政府以桦政发〔1998〕28号作出《关于二道沟乡与大八浪乡土地权属界线的处理决定》:二道沟乡德荣蚕场南部与大八浪乡达连泡村北部的两乡界线按1983年桦南县土地划界图执行;1998年后越界开荒的土地全部退还给土地所在乡,由乡政府确定土地使用用途。1999年5月25日,桦南县人民政府又作出了《关于二道沟乡与大八浪乡林地权属界线的处理决定》(桦政发〔1999〕46号):二道沟乡德荣村和齐心村与大八浪乡达连泡村林地边界,是沿李桂林山山脊往西,向后向北。原规划面积1335亩,经现场核实为824亩。原划拨书上规定的1335亩是二道沟乡德荣村的林业用地,由于多种原因这1335亩林业用地现已由德荣村和齐心村共同使用;另外,有争议的63亩林业用地(54号地)由林业部门收回,退耕还林。2000年2月28日,桦南县土地局作出二道沟乡与大八浪乡土地权属争议备忘录,认定:达连泡51号等几块土地合计397.5亩系1998年后开垦,全部为国有土地。2000年4月24日,桦南县人民政府张学副县长就落实县政府〔1998〕28号文提出5点意见。其中第4点:林业局划给达连泡村或八浪乡办林场的宜林两荒地没有按规定造林,其林地由政府收回,交二道沟林业站管理,其地块号为:达连泡51号、63号、50号、57号,计279.3亩;第5点:草原118.2亩(地块号为达连泡6号、64号、65号)原草原证由政府收回,重新核发草原证,其草原地交由二道沟乡畜牧站管理。2001年5月,二道沟乡合并到大八浪乡,两乡权属界线问题不再存在。2001年5月8日,大八浪乡德荣村村委会向桦南县人民法院提起诉讼,要求达连泡村村委会将1998年后越原乡界开垦的6号、63号、64号、65号地退还给德荣村村委会。

【原审裁判】

桦南县人民法院于2001年10月22日作出(2001)桦民初字第661号判决:争议土地不属德荣村的版图之内,与德荣村无任何关系,驳回德荣村村委会的诉讼请求。德荣村不服,上诉至佳木斯市中级人民法院。佳木斯市中级人民法院作出裁定:撤销原判,发回重审。

桦南县人民法院重新组成合议庭于2004年1月9日作出(2001)桦民重字第661号民事判决认定:所争议的6号、63号、64号、65号地已于1979年经县政府和林业部门划拨给德荣村作为林业用地,已说明德荣村于1979年开始具有所争议土地的使用权。判决:达连泡村村委会将地号为达连泡6号、63号、64号、65号,计155.4亩土地退还给德荣村村委会。

【抗诉及其理由】

达连泡村村委会不服,向检察机关申诉。桦南县人民检察院提请佳木斯市人民检察院提出抗诉。佳木斯市人民检察院于2004年6月7日提出抗诉。理由是:

1.法院受理此案违反法定程序。2001年5月,二道沟乡合并到大八浪乡,已不再存在越界开荒问题。德荣村与达连泡村所争议的4块土地,德荣村并没有证据证明其具有使用权,权属不明确。《最高人民法院关于贯彻执行〈中华人民共和国民法通则〉若干问题的意见(试行)》第96条规定:"因土地、山岭、森林、草原、荒地、滩涂、水面等自然资源的所有权或者使用权发生权属争议的,应当由有关行政部门处理……"《土地管理法》第16条第1款规定:"土地所有权和使用权争议,由当事人协商解决;协商不成的,由人民政府处理。"《民事诉讼法》第111条第3项规定:"依照法律规定,应当由其他机关处理的争议,告知原告向有关机关申请解决。"此案属土地使用权争议案件,应当由人民政府处理,人民法院受理此案违反法定程序。

2.法院认定两村争议的6号、63号、64号、65号地已于1979年经县政府和林业部门划拨给德荣村作为林业用地属认定事实错误。1979年,桦南县革命委员会及革委会林业科将八浪林场经营的1335亩林业用地划拨给原二道沟乡德荣大队用作植树造林,发展林业用地。后因原大八浪乡与二道沟乡因乡界发生纠纷。1998年5月起,县政府组织林业局、畜牧局、土地局等相关部门依据1979年林地划拨书和1:2.5万的林地位置示意图,多次进行了实地调查。1999年5月25日,桦南县人民政府桦政发〔1999〕46号文《关于二道沟乡与大八浪乡林地权属界线的处理决定》中明确记载:"调查时已查明,原划拨书上规定的1335亩是二道沟乡德荣村的林业用地,由于多种原因这1335亩林业用地现已由德荣村和齐心村共同使用。”这证明:双方争议的这4块土地并不在划拨给德荣村的1335亩林地中。法院重审认定两村争议的林地已于1979年经县政府和林业部门划拨给德荣村作为林业用地,德荣村从1979年起就具有所争议土地的使用权,认定事实主要证据不足。

3. 法院判决达连泡村将争议土地返还给德荣村,适用法律错误。桦南县土地局关于《二道沟乡与八浪乡土地权属争议备忘录》及桦南县人民政府桦政发〔1998〕28号文、桦政发〔1999〕46号文均是在两乡没有合并之前,处理乡界纠纷的处理决定,并没有涉及两村的土地争议问题。虽然桦南县土地局认定达连泡村1988年后越界开荒的土地包括6号、63号、64号、65号土地,但这是指越两乡界线开荒,并不是越德荣村界线开荒,如今两乡已经合并,不再存在越界问题。2000年4月24日,由张学副县长主持,林业局、畜牧局、土地局主管领导参加的办公会议制定了桦南县人民政府张学副县长就落实县政府〔1998〕28号文件的5点意见,意见的第4点、第5点记载:63号地是原林业局划给达连泡村或八浪乡办林场的宜林两荒地;6号、64号、65号地为草原,且达连泡村持有草原许可证。这4块土地与德荣村所承包林地没有任何关系,德荣村无权对此4块土地主张权利。法院判决达连泡村将此4块土地返还给并不具有土地使用权的德荣村属适用法律错误。

【再审结果】

佳木斯市中级人民法院受理抗诉后,指令桦南县人民法院进行再审。法院再审认为,双方当事人的土地使用权争议已由桦南县人民政府于1998年4月15日以〔1998〕28号文和1999年5月27日以〔1999〕46号文作出了处理决定。双方当事人对处理决定不服,可以向人民法院提起行政诉讼。原审以民事案件立案并作出实体判决是错误的,重审判决违反程序法的有关规定,应予撤销。抗诉机关的抗诉理由成立,应予采信。2005年7月22日,桦南县人民法院作出(2005)桦民再字第2号民事裁定:(1)撤销(2001)桦民重字第661号民事判决;(2)驳回桦南县大八浪乡德荣村民委员会的起诉。案件受理费50元及实际支出费用300元由原审原告承担。

[参见最高人民检察院民事行政检察厅编:《人民检察院民事行政抗诉案例选》(第10集),法律出版社2006年版。]

022. 国有土地使用权转让纠纷中，转让人以国有土地使用证被注销、其不再享有土地使用权为由主张解除合同的，人民法院是否予以支持？

【典型案例】

四川省聚丰房地产开发有限责任公司与达州广播电视大学合资、合作开发房地产合同纠纷案

【裁判要点】

根据《物权法》第14条、第17条的规定，不动产物权的设立、变更、转让和消灭，依照法律规定应当登记的，自记载于不动产登记簿时发生效力。不动产权属证书是权利人享有该不动产物权的证明。不动产权属证书记载的事项，应当与不动产登记簿一致；记载不一致的，除有证据证明不动产登记簿确有错误外，以不动产登记簿为准。由此可知，不动产权利人的确定，应当以不动产登记簿的记载为依据。在国有土地使用权转让纠纷中，转让人虽然注销了国有土地使用证，但并未注销土地登记，则该土地的土地登记档案中载明的权利人仍然是转让人，其不能以其不再享有土地使用权为由主张解除合同的。

案号：最高人民法院（2013）民一终字第18号。

上诉人（一审原告）：四川省聚丰房地产开发有限责任公司。

被上诉人（一审被告）：达州广播电视大学（达州财贸学校）。

上诉人四川省聚丰房地产开发有限责任公司（以下简称聚丰公司）与被上诉人达州广播电视大学（达州财贸学校）（以下简称电大财校）合资、合作开发房地产合同纠纷一案，四川省高级人民法院于2012年10月24日作出（2012）川民初字第11号民事判决。聚丰公司不服该判决，向本院提起上诉。本院依法组成合议庭，于2013年2月28日开庭审理了本案。聚丰公司的法定代表人廖玻，委托代理人周忻、张兴剑，电大财校的委托代理人唐隆茂、陈光健到庭参加诉讼。本案现已审理终结。

一审法院经审理查明：2001年12月7日，达州市政府向电大财校发出达市府土函〔2001〕75号《关于同意达州广播电视大学原划拨用地补办土地出让手续的批复》，同意该校位于四川省达州市通川区西外镇金山路与南北干道交汇处的划拨用

地 18,681.15 平方米补办土地出让手续,要求该校与达州国土局签订土地出让合同,并申请办理土地变更登记手续。

2001 年 12 月 12 日达州国土局颁发达州市国用(2001)字第 3683 号《国有土地使用权证》载明:土地使用者电大财校,坐落四川省达州市通川区西外镇金山路西侧与南北干道交汇处,地号 G/12/145－2,用途企建用地,使用权类型出让,使用权面积 18,681.15 平方米。

2002 年 6 月达州国土局颁发《土地他项权利证明书》主要载明:权利人中国农业银行达州市分行营业部,义务人电大财校,坐落四川省达州市通川区西外镇金山路西侧与南北干道交汇处,地号 6/12/145－2,使用权类型出让,他项权利种类及范围设定抵押权:1. 土地证书号:达州市国用(2001)字第 3683 号;2. 抵押面积:18,681.15平方米;3. 抵押金额 1100 万元整;4. 抵押期限:3 年(2002 年 6 月 13 日至 2005 年 6 月 12 日)。设定期限 2002 年 6 月 13 日。存续期限 3 年,终止日期 2005 年 6 月 12 日。

2005 年 1 月 30 日电大财校通过招商引资形式与聚丰公司签订《引资协议书》,将四川省达州市通川区西外镇金山路与南北干道交汇处面积约 18 亩土地使用权作价投资与聚丰公司合作建设。

2005 年 3 月 15 日电大财校与聚丰公司签订《联合开发投资新建西外校区临街部分协议书》约定:电大财校以四川省达州市通川区西外镇金山路与南北干道交汇处,面积约 8422 平方米,性质为商住用地的土地(道路规划发生变化的新增土地约 12 亩,原达市府土函〔2001〕75 号批复的土地下剩约 6 亩)的使用权作为投资,不承担项目投资盈亏风险及销售之责,聚丰公司筹集工程建设所需的资金,并负责工程的开发建设及房地产销售。

2005 年 9 月 23 日电大财校向达州市政府提交达州电大校发〔2005〕17 号《关于改变土地用途的请示》主要载明:该校分三次在四川省达州市通川区西外镇征地 63.12 亩,其中 35.12 亩由划拨变为出让地 28 亩(根据抵押贷款要求)。因达州市政府的规划调整,致使电大财校在四川省达州市通川区西外镇的新基地临金山路和南北干道边沿 10 余亩土地(含道路占地)未被综合利用。为充分发挥土地资源的最大效益,经电大财校研究,将这 10 余亩土地由教育用地改变为商住综合用地,综合利用。

2005 年 11 月 3 日达州教育局、达州国土局、达州规建局向达州市政府提交达市国土资发〔2005〕350 号《关于市电大西外新校区部分用地改变性质的请示》主要载明:根据达州市政府领导批示,现请示如下:电大财校在四川省达州市通川区西外镇分三次征地 63.12 亩建新校区,经过 7 年建设,新建了教学楼等,篮球场等设施正在通过招商的办法筹集资金建设。2002 年达州市政府对四川省达州市通川区西外镇南北干道南延线道路线路走向进行了调整，电大财校新增加用地约8400平方米，并按划拨地价补交了使用费。2001年年底新校区全面启动建设以来，电大财校报经达州市政府同意后，通过招商引资筹集资金。按照中国农业银行达州市分行要求，出让取得的土地才能抵押贷款，达州市政府以达市府土函75号文件同意电大财校补办28亩土地由划拨变为出让的手续，获得了2000万元贷款。现电大财校再次申请对划拨土地约12亩补交土地出让金，土地用途变更为商住用地，作为申请贷款抵押物。鉴于电大财校已通过划拨取得了约12亩土地使用权，特建议：1. 同意将土地用途调整为商住用地。2. 鉴于南北干道道路线形走向调整，新增加的约12亩已划拨给电大财校使用，由于用地形状呈楔形无法单独使用，建议参照该地块相邻地块拍卖成交价补交土地出让金，依法办理土地变更手续。

2006年1月11日达州市政府向达州教育局、达州国土局、达州规建局发出达市府函〔2006〕6号《关于同意达州广播电视大学部分划拨用地补办土地出让手续的批复》主要载明：达市国土资发〔2005〕350号收悉，经达州市政府研究，现批复如下：一、同意电大财校位于四川省达州市通川区西外镇金山路与南北干道交汇处已取得划拨土地使用权、面积为8422平方米的土地依法办理土地出让手续。用地范围以2005年5月四川省达州市国土勘测规划队2005－189号《宗地图》为准。二、该宗土地由电大财校依法补办土地出让手续。土地出让金参照相邻地块拍卖成交价进行补交，补差价格要公正合理并报达州市政府批准。

2007年1月11日达州市政府向达州国土局发出达市府函〔2007〕3号《关于达州广播电视大学补办土地出让手续的批复》主要载明：同意电大财校补办四川省达州市通川区西外镇金山路与南北干道交汇处8056.20平方米出让手续，并补交土地出让金。同意四川锦都恒缘实业有限公司将出让土地使用权365.80平方米转让给电大财校。用地范围均以2005年5月四川省达州市国土勘测规划队2005－189号《宗地图》为准。

2007年3月7日达州市政府向电大财校颁发达州市国用（2007）第01499号《国有土地使用证》，坐落四川省达州市通川区西外镇金山路与南北干道交汇处，地号7/7/2－500，图号2005－189，地类商住综合用地，使用权类型出让，使用权面积8422平方米。

2008年1月28日达市府阅〔2008〕6号《研究达州电大和财贸校临街出让土地化解学校债务的会议纪要》主要载明：会议要求（一）电大财校临街出让土地开发化解学校债务事宜是在原电大财校已同开发商签订合同并由该开发商全额交付土地出让金的基础上形成的，与一般的开发项目有着本质的区别。各相关职能部门要确保该项目的顺利实施。（二）根据达州市政府领导的要求，由电大财校与开发商再洽谈一次，尽力为学校争取更大的收益。（三）以电大财校为主体及早拟订合作合同。

2008 年 3 月 15 日电大财校与聚丰公司签订《合作开发协议书》主要载明:为化解电大财校债务,根据达市府阅〔2008〕6 号《研究达州电大和财贸校临街出让土地化解学校债务的会议纪要》精神,双方达成如下协议:"一、合作开发项目名称:学府铭苑。二、项目地址:四川省达州市通川区西外镇金山南路与南北街道交汇处。三、项目规模:按达州市政府批准的电大财校《校园总体规划调整方案》,临街开发建设规模 129,800 平方米(包括电大财校享有的 6200 平方米教学用房)。四、合作方式:电大财校以达州市政府批准的《校园总体规划调整方案》及学校临街开发的出让土地使用权作为投资,聚丰公司以现金全额投资并独立开发建设学府铭苑。五、电大财校的权利和义务:1. 电大财校有权按约定获取开发效益,且不承担项目开发建设风险……4. 将达州市政府批准的《校园总体规划调整方案》中的由聚丰公司独自开发部分的土地使用权转让至聚丰公司名下。5. 确保聚丰公司项目建设规模达到 129,800 平方米。若因规划变更导致建设规模增减,增减幅度在 2% 以内(含 2%),电大财校收益不变;增减幅度超过 2%,电大财校的收益则相应的按同比例增减……7. 协助配合聚丰公司办理土地过户等相关手续。六、聚丰公司的权利和义务:1. 有权按约定享有开发效益。2. 有权按达州市政府批准的电大财校《校园总体规划调整方案》受让电大财校临街土地使用权。3. 有权自主开发、自主销售、独自承担开发建设风险。4. 确保完成设计图纸要求的建设规模 129,800 平方米,并按约兑现电大财校利益……八、利益分配:1. 电大财校按约定分享的开发利益:(1)2500 万元人民币;(2)6200 平方米的教学用房(2900 平方米的图书馆、实验楼和 3300 平方米的学生公寓);(3)200 米塑胶环形跑道运动场,建设资金 200 万元,不足 200 万元由聚丰公司向电大财校补足,超出 200 万元由电大财校支付超出部分。2. 聚丰公司享有受让的土地使用权和支付电大财校所得的开发利益后的剩余利润。九、双方利益实现方式:1. 电大财校享有人民币 2500 万元收益由聚丰公司按以下方式支付:聚丰公司在合同签订后土地使用权过户前向电大财校首付 500 万元人民币现金;首付款付清后的 6 个月内聚丰公司向电大财校再付款 500 万元人民币现金,自首付款付清后 18 个月内聚丰公司向电大财校再付款 500 万元人民币现金,保证电大财校享有的 2500 万元人民币兑现总额达到 2300 万元。剩余 200 万元聚丰公司在首付款付清后 24 个月内付清电大财校……3. 聚丰公司的利益在兑现电大财校利益并缴纳了开发建设有关税费后实现,并按约定受让土地使用权。4. 办理土地使用权转让期限,电大财校在聚丰公司付清首付款后二十日内办理土地使用权过户手续。十、双方的其他约定:1. 聚丰公司未按照本合同第九条第一款约定按期兑现电大财校利益,则视为违约,电大财校可解除合同……5. 本协议为双方合作开发之正式合同文本,电大财校与聚丰公司在此之前签订的相关协议与本协议不一致的,以本协议为准。双方合同还约定了图纸及工期、违约责任等内容。”

2011 年 5 月 9 日电大财校向聚丰公司发出达电大财校函〔2010〕3 号《解除函》主要载明:2010 年 6 月 22 日达州市政府召开专题会议,对学校临街出让土地实行阳光操作,以招拍挂方式公开进行交易。因此,学校已无法履行《合作开发协议书》,并决定解除此协议,请贵公司尽快派人到电大财校办理相关手续,开展清算工作,厘清账务,处理善后事宜。

2011 年 11 月 17 日达州市政府在《达州日报》刊登《关于注销土地使用证的公告》主要载明:根据《城市房地产管理法》等法律法规的规定及 2011 年 10 月 27 日市政府专题会议精神,决定注销市广播电视大学ⅡF3 - 1 - b 地块内达州市国用(2007)第 01499 号、达州市国用(2001)第 3683 号土地使用证,达州市国用(2007)第 01499 号、达州市国用(2001)第 3683 号土地使用证作废。

一审诉讼中,2012 年 4 月 27 日电大财校向聚丰公司发出达电大校发〔2012〕25 号《解除通知》,以聚丰公司未按期支付 500 万元首付款、达州市政府不予批准《校园规划整体方案》导致合同无法履行、达州市政府要求收回土地为由,通知解除合同。

一审庭审中,电大财校确认聚丰公司在签订《合作开发协议书》后已付款为 5,717,000元。

2012 年 9 月 14 日、26 日,一审法院就双方签订的《合作开发协议书》已不能履行,聚丰公司是否变更诉讼请求问题组织双方到庭,向聚丰公司进行释明。聚丰公司当庭向一审法院提交一份其于 2012 年 9 月 20 日作出的《关于是否变更诉讼请求的说明》,明确表示不变更诉讼请求。同时向一审法院提交两份《民事起诉状》,均注明“复印属实 2012 年 9 月 20 日”,并加盖有四川省达州市中级人民法院印章。拟证明其在法定期限内已向法院提起诉讼主张权利,请求继续履行合同。其中一份《民事起诉状》系聚丰公司于 2010 年 5 月 11 日向四川省达州市中级人民法院出具,另一份系聚丰公司于 2011 年 11 月 6 日向一审法院出具。两份《民事起诉状》载明起诉请求均为:请求确认聚丰公司与电大财校于 2008 年 3 月 15 日签订的《合作开发协议书》合法有效,并判决电大财校严格履行合同约定。

电大财校认为该证据不能证明聚丰公司在法定的异议期限内已向法院提起诉讼主张权利,不能证明其主张。并明确表明拒绝对聚丰公司超出法定期限提交的上述证据予以质证。

聚丰公司于 2012 年 2 月 28 日向一审法院提起诉讼,请求:1. 判令电大财校因单方解除与聚丰公司于 2008 年 3 月 15 日签订的《合作开发协议书》给聚丰公司造成的经济损失 11,200 万元(前期投入约 3200 万元,最低预期利益 8000 余万元)。2. 诉讼费由电大财校承担。2012 年 3 月 7 日,聚丰公司向一审法院提交《变更诉讼请求申请书》载明：因聚丰公司前期在此项目投入资金数额巨大，解除合同将会造成重大经济损失，故申请将原诉讼请求第一项变更为：判令电大财校立即全面履行与聚丰公司于2008年3月15日签订的《合作开发协议书》，确定规模为129,800平方米的合作开发项目（前期投入约3200万元，预期利益最低不少于8000余万元）。

电大财校答辩称：(1)电大财校与聚丰公司签订的《合作开发协议书》约定电大财校只享有收益，不承担风险，该协议应为土地使用权转让合同，该转让行为因违反了法律的强制性规定而无效。(2)假定双方签订的《合作开发协议书》没有违反法律的强制性规定，电大财校也有权按约行使解除权。聚丰公司未按协议第9条第1项的约定付清2300万元价款，故按约应解除《合作开发协议书》。(3)假如《合作开发协议书》有效，电大财校也有权解除。达州市政府已决定将该宗土地收回整体处置，使双方的合同目的无法实现，故应解除《合作开发协议书》。且用于合作开发的国有土地使用权证已被达州市政府公告注销，双方无法履行合同，故应解除《合作开发协议书》。

一审法院认为，关于合同性质及合同效力应如何认定问题。根据2008年3月15日电大财校与聚丰公司签订《合作开发协议书》约定的电大财校以达州市政府批准的《校园总体规划调整方案》及学校临街开发的部分土地使用权作为投资，聚丰公司以现金全额投资并独立开发建设学府铭苑，开发利润的分配等内容表明，电大财校与聚丰公司签订的《合作开发协议书》符合合资、合作开发房地产合同的法律特征，系合资、合作开发房地产合同。电大财校认为系土地使用权转让合同纠纷的抗辩理由不能成立，一审法院不予支持。《合作开发协议书》系双方当事人的真实意思表示，不违反法律、行政法规的强制性规定，不损害国家、集体或者第三人的利益，合法有效。

关于双方签订的《合作开发协议书》是否应当继续履行，是否能够继续履行的问题。根据查明的事实，2011年5月9日电大财校以因政府拟对合作开发的土地重新进行拍卖，无法履行合作协议向聚丰公司发出《解除函》，通知聚丰公司解除合同。聚丰公司在《解除函》到达之日起三个月内并未向人民法院或者仲裁机构确认能否解除合同。根据《合同法》第96条第1款"当事人一方依照本法第九十三条第二款、第九十四条的规定主张解除合同的，应当通知对方。合同自通知到达对方时解除。对方有异议的，可以请求人民法院或者仲裁机构确认解除合同的效力"以及《最高人民法院关于适用〈中华人民共和国合同法〉若干问题的解释（二）》（以下简称《合同法解释二》）第24条"当事人对合同法第九十六条、第九十九条规定的合同解除或者债务抵销虽有异议，但在约定的异议期限届满后才提出异议并向人民法院起诉的，人民法院不予支持；当事人没有约定异议期间，在解除合同或者债务抵销通知到达之日起三个月以后才向人民法院起诉的，人民法院不予支持”之规定，《解除函》到达聚丰公司时就已发生法律效力，《合作开发协议书》已经解除。况且达州市政府已公告注销了双方合同项下土地的《国有土地使用权证》，在法律上或事实上也不能继续履行合同。为此，根据《最高人民法院关于民事诉讼证据的若干规定》（以下简称《民事证据规定》）第35条第1款“诉讼过程中，当事人主张的法律关系的性质或者民事行为的效力与人民法院根据案件事实作出的认定不一致的，不受本规定第三十四条规定的限制，人民法院应当告知当事人可以变更诉讼请求”的规定，一审法院向聚丰公司释明，告知其可以变更诉讼请求，但聚丰公司明确表明不变更诉讼请求，故一审法院对聚丰公司的诉讼请求予以驳回。

关于聚丰公司在一审法院释明后，向一审法院提供的2010年5月11日、2011年11月6日的《民事起诉状》问题。根据《民事证据规定》第34条第1款、第2款“当事人应当在举证期限内向人民法院提交证据材料，当事人在举证期限内不提交的，视为放弃举证权利。对于当事人逾期提交的证据材料，人民法院审理时不组织质证。但对方当事人同意质证的除外”的规定，电大财校明确拒绝对聚丰公司超过法定举证期限提交的上述证据予以质证，故一审法院不组织质证。一审法院认为，该证据复印件不能证明聚丰公司在法定期限内已向人民法院提起诉讼，也不能证明人民法院在法定期限内对聚丰公司的起诉立案受理的事实。经查证《民事起诉状》载明的起诉请求为确认《合作开发协议书》有效，双方继续履行合同，并不是请求撤销合同解除行为，或者确认解除合同行为无效。聚丰公司提供的两份《民事起诉状》不能证明其主张，一审法院不予采信。

一审法院依照《合同法》第44条第1款、第96条第1款，《合同法解释二》第24条，《民事证据规定》第2条、第34条第1款和第2款、第35条第1款，《民事诉讼法》第9条、第138条之规定，判决：驳回聚丰公司的诉讼请求。案件受理费601,800元，由聚丰公司负担。

聚丰公司不服一审判决，向本院提起上诉称：（1）电大财校解除合同的理由既非约定，也不符合法律规定，其在诉讼中的合同解除行为否定了诉讼前的解除行为，双方合同并未解除，应当继续履行；（2）聚丰公司已经依法向达州市中级人民法院提起诉讼，一审法院对此不予确认，认定事实不清，适用法律错误；（3）双方之间的合作关系不止表现为《合作开发协议》，即使《合作开发协议》解除，也不能终止双方合作开发房地产的权利义务；（4）达州市政府无权收回双方合同项下的土地使用权，更无权注销该土地的国有土地使用证，其违法侵权行为最多只是中止而不是终止合同履行，且涉案土地使用权仍然在电大财校名下，该土地保持现状，双方合同没有到无法履行的程度；（5）电大财校和达州市政府违反诚实信用原则，应当受到法律制裁。故请求：（1）撤销（2012）川民初字第11号民事判决；（2）判令电大财校立即全面履行与聚丰公司2008年3月15日签订的《合作开发协议书》;(3)一、二审诉讼费用由电大财校承担。

电大财校答辩称:(1)双方签订的《合作开发协议书》性质是土地使用权转让合同,该合同违反了《国有资产评估管理办法》第3条第1项、《城镇国有土地使用权出让和转让暂行条例》第19条、《城市房地产管理法》第39条,且该土地使用权没有通过招、拍、挂的方式转让,也违反了《事业单位国有资产管理暂行办法》第28条的规定,因此,该合作开发协议应当认定无效;(2)聚丰公司没有在收到电大财校《解除合同函》之日起3个月内对该解除函提出异议并向人民法院起诉,如果人民法院认定协议有效,电大财校解除《合作开发协议书》符合约定解除权和法定解除权的条件;(3)达州市国土资源局向电大财校发出了收回土地的函告,达州市政府已经依法注销了合作开发的土地使用证,而用于合作开发的土地在政府出让的批文中已经明确仅用于抵押给银行贷款不能用于其他目的,且合作开发协议内容一直没有获政府相关部门受理,达州市政府2010年6月22日的专题会议上明确决定电大财校不能与任何单位和个人进行房地产合作开发,因此,合作开发协议已经无法实际履行。

最高人民法院二审另查明,二审诉讼期间,涉案土地的土地登记档案载明的权利人为达州市广播电视大学。最高人民法院认为,本案当事人争议的焦点问题是:(1)《合作开发协议书》性质和效力问题;(2)《合作开发协议书》是否解除;(3)《合作开发协议书》能否继续履行。

(一)关于合同性质和效力问题

最高人民法院认为,涉案合同虽然冠以"合作开发协议书"之名,但合同中明确约定电大财校只享有固定开发收益,不承担开发经营的风险。根据《最高人民法院关于审理涉及国有土地使用权合同纠纷案件适用法律问题的解释》第24条"合作开发房地产合同约定提供土地使用权的当事人不承担经营风险,只收取固定利益的,应当认定为土地使用权转让合同"的规定,《合作开发协议书》性质为土地使用权转让合同。一审法院关于合同性质的认定有误,本院予以纠正。

根据《最高人民法院关于适用〈中华人民共和国合同法〉若干问题的解释(一)》第4条"合同法实施以后,人民法院确认合同无效,应当以全国人大及其常委会制定的法律和国务院制定的行政法规为依据,不得以地方性法规、行政规章为依据"和《合同法解释二》第14条"合同法第五十二条第(五)项规定的'强制性规定',是指效力性强制性规定"的规定,因"违反法律、行政法规的强制性规定"而无效的合同,是指违反了法律、行政法规中的效力性强制性规定,法律、行政法规中的管理性强制性规定不能作为认定合同无效的依据。本案中,电大财校主张合同无效的理由是《合作开发协议书》违反了《国有资产评估管理办法》第3条第1项、《招标拍卖挂牌出让国有建设用地使用权规定》、《事业单位国有资产管理暂行办法》第28条,以及《城镇国有土地使用权出让和转让暂行条例》第19条、《城市房地产管理法》第39条第2项的规定,但《国有资产评估管理办法》、《招标拍卖挂牌出让国有建设用地使用权规定》和《事业单位国有资产管理暂行办法》系行政规章,而《城市房地产管理法》第39条第2项、《城镇国有土地使用权出让和转让暂行条例》第19条为法律、行政法规中的管理性强制性规定,均不能作为认定合同无效的依据。电大财校关于合同无效的主张,缺乏法律依据,最高人民法院不予支持。聚丰公司和电大财校之间订立的《合作开发协议书》是双方当事人真实的意思表示,不违反法律、行政法规的强制性规定,合同有效。

(二)关于《合作开发协议书》是否解除问题

最高人民法院认为,根据《合同法》第93条的规定,"当事人协商一致,可以解除合同。当事人可以约定一方解除合同的条件。解除合同的条件成就时,解除权人可以解除合同"。第94条规定,"有下列情形之一的,当事人可以解除合同:(一)因不可抗力致使不能实现合同目的;(二)在履行期限届满之前,当事人一方明确表示或者以自己的行为表明不履行主要债务;(三)当事人一方迟延履行主要债务,经催告后在合理期限内仍未履行;(四)当事人一方迟延履行债务或者有其他违约行为致使不能实现合同目的;(五)法律规定的其他情形"。本案中,双方在《合作开发协议书》第10条中约定电大财校可以解除合同的条件为,"在乙方(聚丰公司)未按照本合同第九条第一款约定按期兑现甲方(电大财校)利益"以及"乙方(聚丰公司)违反合同第六条第七款之规定(即不得将本项目整体或部分转让给其他任何单位或个人开发)"。电大财校所主张的政府拟对合作开发的土地重新拍卖、无法履行合作协议的解除合同的理由,并非合同约定的电大财校可以解除合同的条件,也不属于《合同法》第94条可以行使法定解除权的情形。《合同法》第96条和《合同法解释二》第24条关于合同的约定解除和法定解除权利行使方式和期限的规定,不能适用于本案电大财校通知解除合同的情形。电大财校以《解除函》通知聚丰公司解除合同的行为,不发生解除合同的效力。一审判决根据《合同法》第96条和《合同法解释二》第24条的规定认定《合作开发协议书》已经解除,适用法律错误,最高人民法院予以纠正。

(三)关于《合作开发协议书》能否继续履行问题

2011年11月17日,达州市人民政府在《达州日报》刊登《关于注销土地使用证的公告》,注销了涉案土地的国有土地使用证。一审判决据此认定合同在法律上或事实上不能继续履行。电大财校在二审期间亦辩称,达州市国土资源局向其发出了收回土地的函告,达州市人民政府已经注销了土地使用权证,其"不再享有该宗土地使用权","双方合作开发房地产这行为丧失了履行合同的基础和条件,该协议书在客观上已经不能履行”。

最高人民法院认为，根据《物权法》第14条的规定，“不动产物权的设立、变更、转让和消灭，依照法律规定应当登记的，自记载于不动产登记簿时发生效力”；第17条规定，“不动产权属证书是权利人享有该不动产物权的证明。不动产权属证书记载的事项，应当与不动产登记簿一致；记载不一致的，除有证据证明不动产登记簿确有错误外，以不动产登记簿为准”。上述法律规定表明，不动产权利人的确定，应当以不动产登记簿的记载为依据。达州市人民政府虽然公告注销了作为涉案土地不动产物权证明的国有土地使用证，但并未注销土地登记，且至二审诉讼期间，涉案土地的土地登记档案中载明的权利人仍然是达州市广播电视大学。这一事实说明，达州市人民政府注销国有土地使用证的行为，并未改变涉案土地的权属状况。根据《城镇国有土地使用权出让和转让暂行条例》第42条的规定，“国家对土地使用者依法取得的土地使用权不提前收回。在特殊情况下，根据社会公共利益的需要，国家可以依照法律程序提前收回，并根据土地使用者已使用的年限和开发、利用土地的实际情况给予相应的补偿”。《物权法》第42条、第44条也对为了公共利益以及因抢险、救灾等紧急需要，依照法律规定的权限和程序可以征收单位、个人的不动产作出规定。但迄今并无证据证明涉案土地已经被依法征收、征用的事实。综上，涉案土地使用权的权属并未发生变化，电大财校仍然是涉案土地使用权的权利人，《合作开发协议书》的履行不存在法律上的障碍，能够继续履行。

关于电大财校提出的涉案土地的政府出让批文中明确表示该宗土地仅用于抵押给银行贷款不能用于其他目的、合作开发协议书无法履行的抗辩，最高人民法院认为，2008年1月28日达市府阅〔2008〕6号《研究达州电大和财贸校临街出让土地化解学校债务的会议纪要》的内容已经表明，电大财校与聚丰公司就涉案土地进行合作开发已获达州市人民政府同意，电大财校的此项抗辩无事实依据，本院不予支持。关于电大财校提出的政府不可能受理审批《校园总体规划调整方案》、合作开发协议书不可能履行的抗辩，最高人民法院认为，政府是否受理审批《校园总体规划调整方案》系尚未确定的事实，以此作为合同不能实际履行的依据，缺乏事实基础，最高人民法院不予支持。

综上所述，一审判决认定事实清楚，但适用法律错误。依照《民事诉讼法》第170条第1款第2项之规定，判决如下：(1)撤销四川省高级人民法院于2012年10月24日作出(2012)川民初字第11号民事判决；(2)达州广播电视大学(达州财贸学校)继续履行与四川省聚丰房地产开发有限责任公司2008年3月15日签订的《合作开发协议书》。一审案件受理费601,800元、二审案件受理费601,800元，均由达州广播电视大学(达州财贸学校)负担。本判决为终审判决。

[参见《最高人民法院公报》2014年第10期。]

023. 签订国有土地使用权转让合同时尚未取得国有土地使用权证,但在起诉前取得该证的,该转让合同是否有效?

【公报案例】

桂馨源公司诉全威公司等土地使用权转让合同纠纷案

【裁判要点】

签订国有土地使用权转让合同时,转让人虽未取得国有土地使用权证,但在诉讼前已经取得该证的,应认定转让合同有效。当事人取得国有土地使用权证后未足额缴纳土地出让金,或对转让土地的投资开发未达到投资总额25%以上的,属转让标的瑕疵,不影响转让合同的效力。

案号:最高人民法院(2004)民一终字第46号。

上诉人(原审被告):柳州市全威电器有限责任公司。

上诉人(原审被告):柳州超凡房地产开发有限责任公司。

被上诉人(原审原告):南宁桂馨源房地产有限公司。

上诉人柳州市全威电器有限责任公司、柳州超凡房地产开发有限责任公司与被上诉人南宁桂馨源房地产有限公司土地使用权转让合同纠纷一案,广西壮族自治区高级人民法院于2004年4月18日作出(2004)桂民一初字第1号民事判决,柳州市全威电器有限责任公司、柳州超凡房地产开发有限责任公司对该判决不服,向最高人民法院提起上诉。最高人民法院依法组成合议庭于2004年7月15日进行了开庭审理。本案现已审理终结。

一审法院经审理查明:2003年9月18日,柳州市全威电器有限责任公司(以下简称全威公司)、柳州超凡房地产开发有限责任公司(以下简称超凡公司)与南宁桂馨源房地产有限公司(以下简称桂馨源公司)签订《土地开发合同》约定,全威公司、超凡公司同意将全威公司位于柳州市柳石路153号51.9979亩土地转让给桂馨源公司,土地转让价款为2860万元。鉴于超凡公司在与全威公司签订2003年3月31日《协议书》之后投入了前期资金并作了一些前期工作,本协议签订后,全威公司同意桂馨源公司支付给超凡公司补偿款1640万元。土地转让款的付款期限和办法:根据全威公司的要求,桂馨源公司同意于2003年9月30日前,将200万元转入全威公司账户作为合作定金,逾期视为桂馨源公司违约,全威公司、超凡公司有权单方解除合同;全威公司、超凡公司必须在两个月内办理完成市政府同意该宗土地转让给桂馨源公司控股或桂馨源公司法定代表人控股的、在柳州新成立的公司,并给予今年或明年上半年土地开发计划指标;桂馨源公司在得到开发指标批准可以进行房地产开发时起一个月内,代全威公司支付向中国工商银行柳州分行所借的795万元贷款及表内利息96万元(此利息如能减免,此款便加在厂房拆迁费里支付),此贷款经银行同意可转贷给桂馨源公司,全威公司应积极协助桂馨源公司办理,并提供该宗土地作贷款担保抵押,如银行确认,由于此贷款转给桂馨源公司的原因,而不能免去表内利息96万元(准确金额以银行确认的为准),此利息应由桂馨源公司承担,其他任何原因全威公司未得到银行的免息,均由全威公司承担;桂馨源公司在得到市政府将土地转让给桂馨源公司控股的或桂馨源公司法定代表人控股的柳州成立的新公司,并得到开发指标批准可以进行房地产开发时起一个月内必须代全威公司支付该宗土地办理土地使用性质变更(由工业用地变更为商业用地)向土地管理部门交纳的土地变性费用及契税约600万元;全威公司在办理完成将该宗土地过户给桂馨源公司在柳州的控股公司或桂馨源公司法定代表人控股的公司3个月内,桂馨源公司在柳州的控股公司或桂馨源公司法定代表人控股的公司代全威公司分期支付职工安置费、厂房搬迁费及代全威公司偿还零星欠款,此三项共约600万元。以上共计2300万元在桂馨源公司支付给全威公司的土地转让费中扣除,余下2200万元(桂馨源公司根据全威公司和超凡公司的要求,支付给全威公司560万元、支付给超凡公司1640万元),桂馨源公司在得到土地使用和开发指标批准,可以进行房地产开发时起一年内支付给全威公司和超凡公司。由于政府和房地产开发建设管理部门因总体规划、市政建设和市政管理原因以及全威公司、超凡公司两方的原因(包括全威公司职工、全威公司周边单位及个人的原因),以及全威公司、超凡公司两方债权人追债等非桂馨源公司原因,半年内不能办理完成本项目工程开工报建手续进行开工建设的,按实际延续的时间,付款期间相应顺延。如全威公司、超凡公司愿意购买桂馨源公司在该宗土地上所开发的商品房,其购房款可在桂馨源公司支付给全威公司的费用中扣减。在桂馨源公司代全威公司、超凡公司向土地局支付该宗土地变性费及契税的同时,全威公司须将该宗土地过户给桂馨源公司控股或桂馨源公司法定代表人控股的在柳州新成立的公司。但桂馨源公司在付清全威公司、超凡公司4500万元之前,不得将该宗土地转让给桂馨源公司控股的或桂馨源公司法定代表人控股的公司以外的其他人。全威公司向桂馨源公司所转让的该宗土地使用权年限按政府的有关规定办理。桂馨源公司计划该宗土地分期开发,从桂馨源公司支付完需开发部分土地的厂房搬迁费和职工安置费之日起算,全威公司必须在三个半月内搬迁完毕,并将所拆除的垃圾清除干净,将达到三通一平的土地交付桂馨源公司。桂馨源公司未付给全威公司、超凡公司的部分款项,由桂馨源公司或桂馨源公司在柳州的控股公司或桂馨源公司法定代表人控股公司提供相应价值的土地和房产作为抵押担保。全威公司、超凡公司因自己的原因未按合同约定的期限办理完成土地过户手续、土地使用性质的变更和土地开发指标的办理及未按期搬迁完毕该宗土地上的所有附着物和完成三通一平,每逾期一日,按桂馨源公司已支付金额的千分之一向桂馨源公司支付罚息,逾期达30日以上,桂馨源公司有权单方解除合同。桂馨源公司因以上原因提出解除合同的,全威公司、超凡公司应双倍返还200万元定金。桂馨源公司未在合同约定的时间内代全威公司全额支付有关款项给有关单位及未付清全威公司、超凡公司土地转让费和补偿费,每逾期一日,桂馨源公司应按应付金额的千分之一分别向全威公司和超凡公司支付罚息,逾期达30日以上,全威公司、超凡公司有权单方解除合同。全威公司、超凡公司因以上原因单方提出解除合同,桂馨源公司以支付的200万元定金作为对全威公司、超凡公司的违约赔偿等。且约定本合同为三方执行合同,全威公司与超凡公司于2003年3月31日签订的《协议书》及全威公司与桂馨源公司于2003年9月1日签订的《房地产项目合作开发合同书》于本合同签订之日同时作废。2003年9月29日,桂馨源公司将200万元定金转入全威公司账户。2003年11月18日,柳州市发展计划委员会批准将本案所涉及的土地用途改变为经营性用地。2003年11月3日,桂馨源公司函告全威公司、超凡公司,授权桂馨源公司法定代表人罗先友控股的柳州市盛源房地产有限公司代其履行合同,要求全威公司超凡公司按合同约定将土地过户给柳州市盛源房地产有限公司。2003年12月15日,桂馨源公司又函告全威公司、超凡公司,将代其履行合同的公司变更为柳州恒贸源房地产有限公司,要求全威公司、超凡公司按合同约定将土地过户给该公司。2003年11月21日,全威公司与超凡公司函告桂馨源公司,其已于2003年11月18日将柳州市发展计划委员会批准土地用途改变的文件办妥,并将复印件交于桂馨源公司,要求桂馨源公司提前支付600万元款项,其中300万元用于交纳土地收益金,办理土地过户及办理解封和搬厂,另300万元在办理完土地过户手续后的一个月内支付。2003年11月25日,全威公司提出资金计划:第一期资金计划总计300万元,包括:(1)支付河北科技有限公司欠款42万元,用于办理土地解封事宜;(2)交纳土地收益金120万元;(3)搬迁厂房所需费用100万元;(4)偿还其他零星欠款38万元。第二期资金应在土地过户后一个月内到位。2003年12月2日,超凡公司、全威公司再次致函桂馨源公司:(1)根据超凡公司、全威公司于中国工商银行柳州分行主要负责领导处得到的结果是,今年内还清银行欠款的本金,则所欠表内和表外利息全部免掉,明年的政策目前尚未明确。因此,要求桂馨源公司今年内全部按合同代柳州市磁电机厂(即全威公司)还清银行欠款,如果采用承担债务的做法,桂馨源公司必须承诺承担所有的利息。(2)桂馨源公司必须尽快书面确认最终合作公司并给予该公司有关法律认证的复印件。(3)桂馨源公司必须提供合同规定的抵押担保手续,使双方得以尽快进入下一步的土地办理程序。在该函中全威公司、超凡公司还提出:其曾于2003年11月21日给桂馨源公司发函,未见桂馨源公司复函。为了表示合作诚意,现再次发函,希望桂馨源公司在五日内给予函复,使双方合作的操作程序得以进行,否则产生的一切后果和全部责任由桂馨源公司承担。2003年12月18日,全威公司、超凡公司致函桂馨源公司:由于《土地开发合同》第7条对桂馨源公司提供抵押担保的时间、抵押物、保证范围及担保金额均未作出明确约定,为此,三方都认为有修改并完善该条款的必要并于2003年11月5日、12月15日、12月16日开会讨论了此问题,但没有达成一致意见。2003年11月22日、12月2日,全威公司、超凡公司也曾两次给桂馨源公司发函,要求桂馨源公司提供抵押手续,但桂馨源公司至今未予答复。由于桂馨源公司能否提供并办理抵押担保登记手续,对确保全威公司、超凡公司今后利益的实现至关重要,因此再次发函,希望桂馨源公司务必在2003年12月8日前到全威公司商谈修改完善上述问题并最终达成一致意见,否则,《土地开发合同》无法履行,三方将全面终止该合同。2003年12月20日,柳州恒贸源房地产有限公司函复全威公司、超凡公司:《土地开发合同》充分体现了三方意志,是公正合法的,违约方在对方无违约行为或不同意解除合同的情况下,是不能随意终止合同的。我公司在2003年11月15日、16日的协商会议及19日协商时都表态,只要是合同上约定的,都会坚决执行且将土地过户给我公司是安全的、无风险的。现全威公司、超凡公司以根本就不存在的不安全因素为由拒不办理该宗土地过户,已属严重违约,全威公司、超凡公司应以实际行动表明其合作诚意,在实实在在履行合同的前提下,三方才可以对合同约定以外的事项进行协商。2003年12月29日,全威公司、超凡公司致函桂馨源公司,以三方没有就办理抵押担保登记的时间及担保金额、保证范围达成一致意见、桂馨源公司又不愿商谈及全威公司是一个改制企业,桂馨源公司能否提供有效的抵押担保将关系到企业职工未来生活安置问题和社会安定问题为由,决定从即日起终止《土地开发合同》,并要求桂馨源公司商谈办理定金退还事宜。2004年1月3日,桂馨源公司致函超凡公司、全威公司,拒绝终止合同。

一审法院另查明,2004年1月18日,中国工商银行柳州分行鱼峰支行函复柳州恒贸源房地产有限公司:(1)只要全部归还所欠我行贷款本金,我行即按规定解除该宗土地使用权的抵押关系;(2)根据以上原则,贵公司能代债务人柳州市磁电机厂归还所欠我行的全部贷款本息,我行即解除该宗土地使用权的抵押关系。

一审法院还查明,全威公司系柳州市磁电机厂于2003年改制成立,其营业执照所载明的营业期限为2003年6月8日;本案所涉及的位于柳州市柳石路153号土地属国有出让土地,土地证号为柳国用(2003)字第188461号,土地面积为34,665.3平方米(合51.9979亩),用途为工业用地,系全威公司根据与柳州市国土资源局2003年6月26日所签订的《国有土地使用权出让合同》受让取得;该宗土地按抵押合同设定土地使用权抵押登记,抵押面积为34,537.3平方米,抵押金额为837万元,抵押期限从1997年7月11日至1999年7月9日,抵押权人为中国工商银行柳州分行,目前该笔抵押已到期,尚未办理注销登记;全威公司经企业改制后以出让方式处理该宗土地使用权,尚欠292.5万元的职工经济补偿金未支付;2003年11月18日,柳州市发展计划委员会通知全威公司:柳州市土地收购储备与审批委员会2003年第9次工作会议已同意你单位位于柳石路153号土地的用途改变为经营性用地,请于《通知》发出之日起至2004年6月30日,到市计委、规划局、国土局等有关部门办理相关手续,期限内未办理的,视为自动放弃,并告知:(1)房地产开发公司宗地改变用途的,请按房地产开发项目的有关程序办理;(2)非房地产开发公司宗地改变用途的,应在获得房地产开发资格后,按房地产开发项目的有关程序办理。

2004年1月13日,桂馨源公司向一审法院提起诉讼称,该公司与全威公司、超凡公司于2003年9月18日签订《土地开发合同》约定,桂馨源公司以2860万元受让全威公司位于柳州市柳石路153号51.9979亩土地作为房地产开发用地,桂馨源公司在2003年9月30日前将定金200万元支付给全威公司,合同即为生效。合同签订后,桂馨源公司按期支付了定金200万元。依合同约定,全威公司必须在合同生效后两个月内办理完成将该宗土地转让给桂馨源公司或桂馨源公司法定代表人控股的、在柳州新成立的公司,并给予今年或明年上半年土地开发计划指标,但全威公司已逾期40日仍不向土地管理部门办理过户手续,且于2003年12月29日函告桂馨源公司终止《土地开发合同》,使合同无法履行,给桂馨源公司造成和即将继续造成巨大的损失。故请求:(1)判令2003年9月18日签订的《土地开发合同》合法有效,全威公司与超凡公司应当继续履行。(2)全威公司、超凡公司双倍返还定金400万元,并赔偿由此给桂馨源公司造成的一切经济损失。(3)判令由全威公司、超凡公司承担本案全部诉讼费用。

全威公司答辩称:(1)不同意继续履行合同。全威公司是一个特困企业,在得到开发指标后,要求桂馨源公司提供未付款项的抵押担保。桂馨源公司对全威公司这一正当要求予以拒绝。因此,全威公司已对桂馨源公司失去信任,若再继续履行,全威公司将承担很大的风险。(2)不同意双倍返还定金。全威公司在本案中不存在违约行为,全威公司是依法终止与桂馨源公司的合作。(3)不同意赔偿桂馨源公司的经济损失。桂馨源公司对此没有具体的诉讼请求且赔偿的前提是全威公司存在违约行为。

超凡公司答辩称:(1)本案《土地开发合同》于2003年9月18日签订之时,全威公司并不具备独立的民事主体资格,该合同应为无效合同且超凡公司要求桂馨源公司对1000多万元应付款提供担保,桂馨源公司不提供,超凡公司对此承担很大的风险,故超凡公司不同意继续履行合同;(2)超凡公司没有收到200万元的定金,也不存在违约行为,因此不同意双倍返还200万元定金;(3)不同意赔偿桂馨源公司的经济损失,桂馨源公司没有具体的损失数额,超凡公司在本案中亦未违约,定金罚则和违约金罚则不能同时适用,主张双倍返还定金则不能主张损失赔偿。

一审法院经审理认为:本案性质为土地使用权转让合同纠纷。三方当事人签订的《土地开发合同》是在自愿、协商一致基础上签订的,合同约定转让的标的物亦系全威公司通过出让而取得的拥有使用权并经有关部门批准进行房地产开发的土地,该土地可以进入市场,合同内容没有违反法律规定。至于超凡公司所提出的在订立该合同时,全威公司已超过了营业期限的问题,根据《民法通则》的规定,法人的民事行为能力始于设立,终于法人的终止,而本案中全威公司并未随着营业期限的到期而终止,其营业执照并未被注销或者吊销,其作为一个企业法人至今仍然合法存在,法人资格并未终止。且本案合同亦不属其营业执照所确定的营业范围之内,而是其对自身财产的自愿处分,符合合法的意思自治原则,故本案合同为有效合同。超凡公司主张合同无效没有法律和事实依据,不予支持。对于有效合同,根据诚实信用原则,各方当事人均应恪守合同的约定,全面履行合同。桂馨源公司已按照合同履行了合同交付了定金并将合同中所约定的代其履行的公司告知了全威公司与超凡公司,而全威公司与超凡公司却没有按照合同的约定履行自己的义务,而是以三方在合同中对抵押担保问题约定不明确,又没有协商一致、其利益存在风险为由,拒绝按合同的约定办理有关土地手续,并进而要求终止合同,显然有悖于合同的约定。根据合同约定,在桂馨源公司将200万元定金转至全威公司账户后,全威公司和超凡公司就应当履行合同第3条第2款所约定的义务,此间并不存在桂馨源公司应先行办理抵押手续的问题,因为合同并没有将桂馨源公司办理抵押手续作为全威公司和超凡公司履行该义务的前置条件,且综观合同分析,合同第7条所指的"桂馨源公司未付给全威公司、超凡公司的部分款项"也不是指200万元定金之后其余应付款项,而是合同第3条第3款所指的在支付2300万元之后余下的2200万元,也只有在其办理过户手续中才存在风险,才有要求桂馨源公司办理未付余款担保抵押的必要性。由此可见,合同约定的抵押担保条款并非不明确。何况,即使存在全威公司和超凡公司所主张的抵押担保条款不明确的问题,也不影响合同的履行。根据合同约定中,桂馨源公司在履行本案合同中,除已支付给全威公司的200万元定金外,还需代全威公司履行相关的义务,支付约1500万元的款项后,方能实际取得土地过户且桂馨源公司也承诺以过户的土地使用权作为对未付款项的抵押担保,该承诺不违反法律规定且是切实可行的,故全威公司与超凡公司所主张的风险没有事实依据，是不存在的，不予支持。综上所述，全威公司、超凡公司在本案中的行为已构成违约，应承担违约责任，其无权主张终止本案合同；桂馨源公司作为守约方主张继续履行合同的诉讼请求于法有据，是成立的；其主张全威公司、超凡公司赔偿一切损失的诉讼请求，由于没有提出具体的损失数量和相应的证据，不予支持，予以驳回；由于桂馨源公司在本案中要求继续履行合同的诉讼请求已得到本院的支持，故其主张由全威公司与超凡公司双倍返还200万元定金的诉讼请求，既与三方当事人在本案合同中的约定不符，又不符合定金罚则的适用范围，该罚则中的双倍返还只适用于履行落空的情形中，故桂馨源公司的该诉讼请求亦不能成立，不予支持，予以驳回。据此，依照《合同法》第8条、第60条、第107条之规定，判决：(1)桂馨源公司、全威公司、超凡公司继续履行三方于2003年9月18日所签订的《土地开发合同》，全威公司与超凡公司应于判决生效之日起5个工作日内依该合同第3条第2款的约定，办理完成土地过户的相关手续；(2)驳回桂馨源公司的其他诉讼请求。案件受理费179,010元，由桂馨源公司负担35,802元，超凡公司负担71,604元、全威公司负担71,604元，财产保全费143,629元，由超凡公司、全威公司负担。

全威公司不服一审判决向本院提起上诉，请求依法改判，驳回桂馨源公司的诉讼请求并解除本案合同，由桂馨源公司承担违约责任。主要理由：(1)一审判决对合同抵押担保条款的认定错误。讼争地块是本案土地转让的标的物，不是抵押的标的物，且只有全威公司有权在该地块上设置抵押。桂馨源公司主张全威公司应将土地使用权全部过户给该公司，然后其再以该块土地作为抵押财产向全威公司提供担保属无理要求。(2)合同第7条约定的"部分款项"应指全部未付款项，全威公司有权根据履行合同的需要随时要求桂馨源公司履行担保义务。一审判决将实际违约和预期违约混为一谈，显失公正。(3)对土地过户和提供抵押担保的时间应依同时履行作为判定依据。在桂馨源公司未依约提供相应价值的土地和房产作为抵押担保，双方未能达成一致意见且桂馨源公司根本不具备履约能力的情况下，全威公司提出解除合同符合法律规定。一审判决认为全威公司要求桂馨源公司履行担保义务构成违约错误。(4)《土地开发合同》第3条第2款主要约定了桂馨源公司的付款义务即全威公司将土地过户给桂馨源公司的前置条件，没有全威公司将土地过户给桂馨源公司的义务约定。双方于2003年11月18日收到柳州市发展计划委员会土地开发指标后全威公司已履行完第3条第2款的约定义务，桂馨源公司应在一个月内即2003年12月18日以前支付中国工商银行柳州分行本息891万元，而桂馨源公司除交纳定金200万元外，其余款项并未支付。同时，《土地开发合同》第4条约定全威公司将土地过户给桂馨源公司成立的新公司的时间应在桂馨源公司付清600万元土地变性费及契税的同时，即全威公司履行土地过户义务的条件尚未成就。因此，双方纠纷的原因为桂馨源公司未按期履行合同且明确表示不履行担保的主要义务，一审判决认定桂馨源公司为“守约方”错误。(5)一审判决全威公司于“五个工作日”内单方履行土地过户义务而不要求桂馨源公司承担相应义务，与合同约定不符。且一审判决超越三方合同内容，要求不是土地使用权人的超凡公司承担其无法履行的义务，没有法律依据。

超凡公司不服一审判决向本院提起上诉，请求确认《土地开发合同》无效，由双方承担同等过错责任。主要理由：(1)本案土地使用权转让合同，违反了法律法规的强制性规定，应认定无效。其中国有土地出让金至今未全部付清，尚欠292.5万元职工经济补偿金和97万余元土地收益金；当事人对该块“工业用地”至今没有投入开发资金，更未达到25%的投资标准；合同签订时尚未取得国有土地使用权证；合同签订前后，讼争地块已处于有关法院的查封之中；讼争土地转让情况未通知该地块的抵押权人柳州市工商银行；涉案“工业用地”的转让未办理相应的审批、登记手续。(2)桂馨源公司作为专业从事房地产开发的企业明知上述合同无效情形的存在和有关法律法规的规定，故合同无效双方应承担同等过错责任。

桂馨源公司答辩称，一审判决认定事实清楚，适用法律正确，应予维持。主要理由：(1)本案土地使用权转让合同符合《中华人民共和国城市房地产管理法》(以下简称《城市房地产管理法》)及《合同法》的规定，应认定有效。全威公司已于出让合同签订后一次性付清800,805元土地出让金，其欠交的职工经济补偿金及土地收益金不属土地出让金；全威公司于起诉前取得了土地使用权证，享有涉案土地的处分权，具备转让的法定条件；涉案土地为工业用地且出让合同没有投资开发的约定及在该地块上进行房屋建设的约定，《城市房地产管理法》关于投资25%的规定不适用本案土地使用权的转让；抵押权人不仅知道土地转让事宜且明确同意转让。(2)全威公司、超凡公司拒不履行合同义务，已严重违约，其认为桂馨源公司违约并要求解除合同的上诉理由不能成立。全威公司和超凡公司于合同生效后不仅未将土地使用权过户到桂馨源公司指定的公司名下且连过户的申请手续都未开始办理，已严重违反合同；全威公司、超凡公司关于桂馨源公司必须先办理抵押担保才能开始办理土地转让过户手续及要求桂馨源公司对全部转让款的支付提供抵押担保的要求没有合同依据，本案不存在合同约定不明以及其他风险问题；合同第3条第2款为本案合同对全威公司和超凡公司办理土地使用权转让过户的唯一约定，即桂馨源公司支付200万元定金之外的转让款的条件是全威公司应首先将土地使用权转让过户到桂馨源公司指定公司的名下，桂馨源公司得到开发指标批准，并在可以进行房地产开发以后。本案桂馨源公司支付转让款的条件尚未满足，不存在违约问题，全威公司、超凡公司主张桂馨源公司未按约支付转让款而要求解除合同的理由不能成立。

最高人民法院二审查明，2003年12月17日，在柳州市国土资源局与全威公司签订《国有土地使用权出让合同》后，全威公司办理了柳州市柳石路153号土地的国有土地使用权证。

最高人民法院二审查明的其他事实与一审法院查明的事实相同。最高人民法院认为，全威公司、超凡公司与桂馨源公司于 2003 年 9 月 18 日签订的《土地开发合同》约定，全威公司、超凡公司将柳州市柳石路 153 号土地使用权转让给桂馨源公司，桂馨源公司向全威公司、超凡公司支付 2860 万元土地转让价款，故本案性质为土地使用权转让合同纠纷。该《土地开发合同》为三方当事人协商一致后作出的真实意思表示，内容亦不违反法律规定。合同签订前，柳州市国土资源局已同意全威公司以出让方式取得讼争土地的使用权，双方订有《国有土地使用权出让合同》。本案一审起诉前全威公司办理了国有土地使用权证，讼争土地具备了进入市场进行依法转让的条件。土地出让金的交纳问题，属土地出让合同当事人即柳州市国土资源局和全威公司之间的权利义务内容，其是否得到完全履行不影响对本案土地使用权转让合同效力的认定，故超凡公司提出的因《土地开发合同》签订时未取得国有土地使用权证及土地出让金未全部交清违反法律强制性规定应认定该合同无效的上诉主张，本院不予支持。关于投资开发的问题，《城市房地产管理法》第 38 条关于土地转让时投资应达到开发投资总额 25% 的规定，是对土地使用权转让合同标的物设定的于物权变动时的限制性条件，转让的土地未达到 25% 以上的投资，属合同标的物的瑕疵，并不直接影响土地使用权转让合同的效力，《城市房地产管理法》第 38 条中的该项规定，不是认定土地使用权转让合同效力的法律强制性规定。因此，超凡公司关于《土地开发合同》未达到 25% 投资开发条件应认定无效的主张，本院亦不予支持。关于转让土地使用权是否已向抵押权人履行通知义务的问题，中国工商银行柳州分行 2004 年 1 月 18 日向柳州恒茂源房地产有限公司出具的复函、2003 年 12 月 2 日全威公司、超凡公司与中国工商银行柳州分行商谈银行贷款了结事宜的函件及《土地开发合同》第 3 条第 2 款三方当事人关于抵押债务数额及处理方式的约定内容等证据均表明，本案讼争土地的抵押权人中国工商银行柳州分行知道该土地使用权的转让事宜，且未提出异议。超凡公司关于本案土地使用权转让未通知该土地抵押权人导致转让无效的理由与事实不符，不能成立。综上，《土地开发合同》于签订之时虽有瑕疵，但经补正后已不存在违反法律强制性规定的情形，应认定有效。一审法院关于合同效力的认定，适用法律正确，应予维持。当事人各方在有效合同的履行过程中对合同条款的约定内容发生歧义，应依合同法规定的合同解释方法确定发生争议条款的真实意思表示。一审判决根据合同目的、合同条款之间的关系，确认《土地开发合同》第 7 条约定的应由桂馨源公司提供抵押担保的“未付款项”是指桂馨源公司依合同第 3 条约定的义务内容代全威公司支付 2300 万元款项以外的余款 2200 万元，认定事实并无不当。全威公司要求桂馨源公司先行就全部转让款项提供抵押担保作为其履行合同义务的前置条件，与合同约定不符。同时,因柳州恒茂源房地产有限公司不是履行《土地开发合同》付款义务的债务人,其工商注资问题与认定桂馨源公司是否具有履约能力之间不具有关联性。因此,全威公司在未能提供确切证据证明桂馨源公司于履行期限届至时将不履行或不能履行合同的情形下,其行使合同解除权的条件尚未成就,故全威公司以存在履约风险为由要求解除合同的主张因缺乏事实和法律依据,本院不予支持。关于办理土地过户手续的问题,《土地开发合同》虽然存在前后条款约定不准确的问题,但从文义表述、交易习惯等方面综合判断,可以认定合同第 3 条第 2 款关于"办理完成市政府同意该宗土地转让给桂馨源公司控股的或桂馨源公司法定代表人控股的、在柳州新成立的公司,并给予今年或明年上半年土地开发计划指标"的约定,是指全威公司、超凡公司应履行的义务为办理政府同意将土地使用权转让给合同约定的公司和政府给予土地开发指标的手续。合同第 4 条则应是全威公司向土地管理部门办理土地使用权变更过户手续的义务。全威公司主张的其已办理的经柳州市发展计划委员会批准的土地变性手续就是履行合同第 3 条第 2 款的义务,与合同约定内容不符。一审判决认定全威公司、超凡公司于桂馨源公司支付定金后未能按期履行合同第 3 条第 2 款所约定的义务,已构成违约,适用法律未有不妥。至于全威公司、超凡公司履行《土地开发合同》第 3 条第 2 款义务的期限,一审判决指定为 5 个工作日,符合本案的实际情况。综上,一审判决认定事实清楚,适用法律正确,根据《民事诉讼法》第 153 条第 1 款第 1 项之规定,判决如下:驳回上诉,维持原判。二审案件受理费 179,010 元,由全威公司、超凡公司各半负担。本判决为终审判决。

[参见《最高人民法院公报》2005 年第 7 期。]

024. 人民法院是否可以依据地方性法规和行政规章作为确认土地使用权转让合同无效的依据?

【典型案例】

青岛市崂山区国土局与青岛南太公司土地使用权出让合同纠纷上诉案

【裁判要点】

附条件的合同,是指当事人在合同中特别约定一定的条件,以条件是否成就作为合同效力发生的根据。当事人对合同中生效条件的约定,必须是将来发生的、不确定的事实，是当事人约定的而不是法定的，同时还必须是合法的。在我国，政府机关对有关事项或者合同审批或者批准的权限和职责，源于法律和行政法规的规定，不属于当事人约定的范围。如果当事人在订立合同时，将法定的审批权或者批准权作为合同生效条件的，或者将法律未规定为政府机关职责范围的审批权或者批准权作为合同生效条件的，视为没有附条件，合同所附"条件"不影响合同效力的认定。《合同法》实施以后，根据我国《合同法》和合同法司法解释中关于合同无效认定之规定，人民法院在确认合同无效时，应以全国人大及其常委会制定的法律和国务院制定的行政法规为依据，不得以地方性法规、行政规章为依据。只有违反法律和行政法规强制性规定的合同才能被确认为无效，地方性法规和行政规章不能作为确认合同无效的依据。

上诉人（原审被告）：青岛市崂山区国土资源局。

被上诉人（原审原告）：青岛南太置业有限公司。

一、基本案情

（一）山东省高级人民法院一审查明的案件事实

2001 年 2 月 23 日，山东省青岛市人民政府在澳大利亚举办"青岛日"招商活动。在招商活动中，山东省青岛市崂山区沙子口街道办事处段家埠村与澳大利亚南太置业股份有限公司、青岛鑫城房地产有限公司签订了《开发"澳大利亚旅游观光度假村"联建合同书》，青岛高科园管委会副主任张运平作为山东省青岛市崂山区沙子口街道办事处段家埠村授权代表，澳洲南太资源开发集团公司首席执行官作为澳大利亚南太置业股份有限公司和青岛鑫城房地产有限公司授权代表，山东省青岛市人民政府副市长周嘉宾作为山东省青岛市崂山区沙子口街道办事处段家埠村证人代表，澳洲本市政厅议员派克·柯顿作为澳大利亚南太置业股份有限公司和青岛鑫城房地产有限公司证人代表，分别在合同上签了字。

2001 年 8 月 15 日，崂山区国土局与南太公司、澳大利亚南太置业股份有限公司签订青崂土预字（2001）第 18 号《青岛市崂山区国有土地使用权预约协议》。该协议约定：土地位于山东省青岛市崂山区沙子口街道办事处段家埠村，土地面积为 20 万平方米，土地使用权出让费用为每亩 21 万元，总计金额为 6300 万元，土地规划用途为综合用地，使用期限为 50 年；南太公司和澳大利亚南太置业股份有限公司凭本协议办理企业设立等手续，在预约有效期内，与崂山区国土局正式签订《国有土地使用权出让合同》，取得土地使用权。

2001 年 10 月 11 日，山东省青岛市人民政府以商外资青府字（2001）0820 号《外商投资企业批准证书》同意成立南太公司。该批准证书载明，企业类型为中外合资企业，经营年限为十年，注册资本为 2000 万元，其中澳大利亚南太置业股份有限公司出资600万元,占注册资本的30%;青岛鑫城房地产有限公司出资200万元,占注册资本的10%;青岛福日汽车销售有限公司出资600万元,占注册资本的30%;青岛高科工业园竞佳商贸有限责任公司出资600万元,占注册资本的30%。经营范围:在山东省青岛市崂山区沙子口街道办事处段家埠村,依据青崂土预字(2001)第18号文确定的300亩土地范围内,从事房地产开发及房屋销售等业务。2001年11月13日,山东省青岛市工商行政管理局给南太公司颁发了《企业法人营业执照》。

2002年1月24日,山东省青岛市崂山区发展计划局依据南太公司的申请,下发崂计项字〔2002〕29号《关于澳洲花园项目立项的批复》,同意澳洲花园开发项目实施。该批复载明:(1)项目内容:建设澳洲花园住宅小区,包括住宅、公寓和别墅。(2)项目位于沙子口街道办事处段家埠村,总占地面积20万平方米,总建筑面积26万平方米。(3)项目计划总投资3.5亿元,所需资金由南太公司自筹解决。(4)项目计划2002年10月开工,建设工期3年。(5)项目须办理土地使用、规划定点、环保、消防等审批手续后方可开工建设。

2002年2月4日,山东省青岛市规划局下发青规函字〔2002〕84号《建设工程规划审查意见书》。该意见书载明,根据《城市规划法》和有关法规、规范规定及城市规划要求,函复意见如下:(1)根据山东省青岛市人民政府批复的沙子口镇总体规划,该项目用地规划性质为居住用地,开发性质与规划用地性质相符,同意选址建设。(2)考虑到拟建用地周边的建设现状与规划情况,为统筹安排拟建用地周边的开发建设与各类设施的综合配套,请建设单位依据沙子口总体规划,按照《城市规划编制办法》的要求,先行编制汉河西侧图示红线围合区域的控制性详细规划方案。(3)请到山东省青岛市规划局崂山分局落实河道蓝线、周边及区内道路红、绿线。(4)请抓紧作出上述区域的控制性详细规划并报山东省青岛市规划局审批后,再办理相关规划手续。

2002年7月29日,山东省青岛市规划局下发《建设用地规划设计条件通知书》,同意南太公司按规划设计条件,对该用地进行规划设计。

2002年12月26日,山东省青岛市人民政府向山东省人民政府报送《关于崂山区2002年度第十八批城市建设用地的请示》。该请示称,经审查,该批用地符合崂山区沙子口街道办事处土地利用总体规划,在确定的建设用地范围内,所占耕地已开发补充同等数量的耕地,并验收合格,拟同意作为崂山区2002年度第十八批城市建设用地呈报,办理农用地转用和土地征用手续。该用地经批准后,由崂山区国土局作为储备土地进行管理。具体安排项目时,按照国家规定分别供地。土地有偿使用费由崂山区人民政府负责缴纳。

2002年12月27日,山东省青岛市规划局崂山分局下发《建设工程规划方案审查意见书》,原则同意南太公司报送的沙子口8号线、10号线、12号线、15号线、17

号线、19号线道路工程规划设计方案,并要求南太公司报审施工图。

2003年1月6日,崂山区国土局与南太公司签订《国有土地使用权出让合同》。该合同第3条约定:崂山区国土局出让给南太公司的宗地位于沙子口街道办事处段家埠村,宗地面积186,235平方米,其中出让土地面积为152,702平方米。第4条约定:出让土地用途为住宅。第6条约定:出让年期为50年。第7条约定:出让金为每平方米369.15元,总额为56,369,943.3元。第15条约定:南太公司在按本合同约定支付全部土地使用权出让金之日起30日内,应持本合同和土地使用权出让金支付凭证,按规定向崂山区国土局申请办理土地登记,领取《国有土地使用权证》,取得出让土地使用权。崂山区国土局应在受理土地登记申请之日起30日内,依法为南太公司办理出让土地使用权登记,颁发《国有土地使用权证》。第40条第2款约定:本合同项下宗地出让方案尚需经山东省人民政府批准,本合同自山东省人民政府批准之日起生效。第45条约定:本合同未尽事宜,由双方约定后作为合同附件,与本合同具有同等法律效力。同日,双方就本合同未尽事宜达成《补充协议》,该《补充协议》第4条约定:根据合同第3条约定,宗地总面积为186,235平方米,其中净地面积152,702平方米,南太公司同意代征道路及绿化带面积33,533平方米,价格为每亩5万元,总计2,514,975元,并承担相关税费及地面附着物补偿费。最终用地面积确定后,本款用地面积作相应调整。第5条约定:崂山区国土局供地时间自本合同批准之日起。第6条约定:本协议经崂山区国土局和南太公司双方签字、盖章后生效。

2003年1月13日,山东省青岛市规划局向南太公司发放了青规用地字(2003)3号《建设用地规划许可证》,明确“澳洲花园”项目用地符合城市规划要求,准予办理规划用地手续。

2003年2月19日,山东省人民政府下发鲁政土字〔2003〕52号《关于青岛市崂山区2002年第十八批次城市建设用地的批复》,同意青岛市将崂山区沙子口街道办事处20万平方米农用地转为建设用地,其中耕地66,191平方米,园地133,809平方米。上述农用地转用后同意征用,用于山东省青岛市城市建设。

2004年4月12日,崂山区国土局以《国有土地使用权出让合同》无效、其无法履行合同约定的义务为由,通知南太公司解除双方签订的《国有土地使用权出让合同》,并要求南太公司于接到通知后30日内到崂山区经营性用地合同清理办公室办理退款等相关事宜。2004年6月18日,崂山区国土局向南太公司送达《关于抓紧办理土地出让金退款手续的函》,要求南太公司于接到本函后15日内到崂山区经营性用地合同清理办公室办理土地出让金退款等相关手续,逾期崂山区经营性用地合同清理办公室将依法律程序退还南太公司已经缴纳的土地出让金。

另查明,自2001年9月28日至2003年5月29日,南太公司付清了出让合同约定的土地出让金56,369,943.3元及《补充协议》约定的代征道路及绿化用地征地费2,514,975元,两项合计58,884,918.3元。

(二)当事人一审起诉与答辩情况

2004年6月28日,南太公司向一审法院起诉称:南太公司系青岛“澳洲花园”项目的开发商,《国有土地使用权出让合同》是为该项目用地所签。该项目是山东省青岛市人民政府的招商引资项目,该项目及为此项目成立的项目公司已经山东省青岛市人民政府合法批准。2003年2月19日,山东省人民政府以鲁政土字〔2003〕52号批复了“澳洲花园”项目所涉土地使用权的农用地转用手续及征地事宜。山东省青岛市规划局及崂山分局、崂山区发展计划局以及崂山区国土局为南太公司办理了“澳洲花园”项目所需的各种规划手续。依据2001年8月15日南太公司与崂山区国土局签订的《国有土地使用权预约协议》,2003年1月6日双方正式签订了《国有土地使用权出让合同》。该合同签订后,南太公司不仅如约履行了自己的义务,还向当地村民支付了500万元的土地补偿费,并协助当地村委会给全体村民办理了养老保险等相关事宜。但崂山区国土局却不仅没有依约为南太公司办理《国有土地使用权证》,反而以合同无效为由,于2003年7月口头通知南太公司解除合同,于2004年4月12日书面通知南太公司解除合同,于同年6月18日发函催促南太公司办理退款手续。崂山区国土局的行为不仅严重违约,而且给南太公司造成了不可估量的经济损失。为维护自己的合法权益,特请依法判令崂山区国土局继续履行《国有土地使用权出让合同》,立即为南太公司颁发土地使用权证。

崂山区国土局口头答辩称:崂山区国土局和南太公司签订的《国有土地使用权出让合同》没有生效,该合同对双方当事人没有约束力。请求一审法院判决驳回南太公司的诉讼请求。

二、审理结果

(一)山东省高级人民法院一审认定与判决

一审法院经审理认为,双方当事人的争议焦点为:《国有土地使用权出让合同》是否生效及是否有效;《国有土地使用权出让合同》应否继续履行。

关于《国有土地使用权出让合同》是否生效及是否有效问题。根据《国有土地使用权出让合同》第40条第2款的约定,该合同的生效条件为“本合同项下宗地出让方案尚需经山东省人民政府批准,本合同自山东省人民政府批准之日起生效”。经查,本案所涉及的“澳洲花园”项目是山东省青岛市人民政府在招商引资活动中引入的项目,该项目引进后,与该项目相关的立项、规划、用地等手续已经山东省青岛市人民政府有关职能部门批准。2002年12月26日山东省青岛市人民政府向山东省人民政府报送了《关于崂山区2002年第十八批城市建设用地的请示》,该请示的内容包括了本案所涉及的土地。2003年2月19日,山东省人民政府以《关于青岛市崂山区2002年第十八批次城市建设用地的批复》,批准了山东省青岛市人民政府的用地请示。至此,双方当事人所签订的《国有土地使用权出让合同》的生效条件已成就,该合同自山东省人民政府批复之日起生效。至于山东省青岛市人民政府报送的请示中是否包括合同约定的“出让方案”,不影响该合同的效力。崂山区国土局关于《国有土地使用权出让合同》没有生效的抗辩主张不成立,不予支持。双方当事人签订的《国有土地使用权出让合同》及《补充协议》内容合法,意思表示真实,为有效合同。

关于《国有土地使用权出让合同》应否继续履行问题。南太公司按照《国有土地使用权出让合同》和《补充协议》约定,付清了土地出让金和代征道路及绿化用地征地费,山东省青岛市人民政府有关职能部门为该项目办理了项目立项、规划、土地农转用、征用等手续,双方的合同义务已基本履行完毕。根据合同第15条的约定,今后只要崂山区国土局继续履行合同义务,依约为南太公司办理国有土地使用权证,合同目的即可得到实现。因此,南太公司请求崂山区国土局继续履行合同的主张,予以支持。据此判决:(1)崂山区国土局、南太公司继续履行双方于2003年1月6日签订的《国有土地使用权出让合同》;(2)崂山区国土局于判决生效后30日内为南太公司办理《国有土地使用权证》。案件受理费291,859.72元,财产保全费281,849.72元,均由崂山区国土局负担。

(二)当事人上诉与答辩情况

崂山区国土局不服一审判决,向最高人民法院提起上诉,请求撤销一审判决,改判驳回南太公司的诉讼请求,由南太公司负担本案一审、二审诉讼费及财产保全费。主要事实和理由是:

1. 一审判决认定崂山区国土局与南太公司所签《国有土地使用权出让合同》的生效条件已经成就不符合事实和法律规定

(1)本案所涉《国有土地使用权出让合同》是附生效条件的合同,所附条件并未成就。双方明确约定了合同的生效条件,即在《国有土地使用权出让合同》第40条约定,“本合同项下宗地出让方案尚需经山东省人民政府批准,本合同自山东省人民政府批准之日起生效”。在双方签订的《补充协议》第5条中也约定,崂山区国土局供地时间自本合同批准之日起。《合同法》第45条规定:“当事人对合同的效力可以约定附条件。附生效条件的合同,自条件成就时生效……”本案中双方约定的合同生效条件,即本合同项下宗地出让方案,山东省人民政府从未批复过。按国家法律规定,只有供地方案(包括出让方案)经过有批准权的人民政府批准后,市、县人民政府土地行政管理部门才能与土地使用者签订《国有土地使用权出让合同》。《土地管理法实施条例》第22条第1款第2项、第3项明确规定:“(二)建设单位持建设项目的有关批准文件,向市、县人民政府土地行政主管部门提出建设用地申请，由市、县人民政府土地行政主管部门审查，拟订供地方案，报市、县人民政府批准；需要上级人民政府批准的，应当报上级人民政府批准。（三）供地方案经批准后，由市、县人民政府向建设单位颁发建设用地批准书。有偿使用国有土地的，由市、县人民政府土地行政主管部门与土地使用者签订国有土地有偿使用合同……”可见，供地方案的审批，是市、县人民政府土地行政主管部门签订土地出让合同的必经步骤，也是前置程序。在实践中，也存在先签合同后报批的情况。正因为有这种情况，由国土资源部和国家工商行政管理局监制的标准合同《国有土地使用权出让合同》才在开头部分“使用说明”第7条中指出：“合同第40条关于合同生效的规定中，宗地出让方案业经有权人民政府批准的，按照第1款规定生效；宗地出让方案未经有权人民政府批准的，按照第2款规定生效。”双方在签订《国有土地使用权出让合同》时，对第40条关于合同生效的规定作出了第2项选择，即“本合同项下宗地出让方案尚需经山东省人民政府批准，本合同自山东省人民政府批准之日起生效”。并且，根据《山东省实施〈中华人民共和国土地管理法〉办法》的规定，本案中的出让方案应当由山东省人民政府审批。实践中的做法是，土地使用者向建设项目当地市、县人民政府土地行政管理部门提出申请，由当地市、县人民政府土地行政管理部门拟订出让方案，报同级人民政府批准；需要报上级人民政府批准的，再报上级人民政府批准。根据1999年8月22日山东省人大常委会制定的《山东省实施〈中华人民共和国土地管理法〉办法》第24条规定：“……占用土地8公顷以上的，由省人民政府批准……”这是山东省地方性法规关于建设项目使用国有建设用地审批权限的规定。本案项下合同出让土地的面积为15.27公顷，依法应由山东省人民政府批准。因本案所涉的出让方案至今没有得到山东省人民政府批准，因而合同的生效条件始终没有成就。

（2）一审判决混淆了政府对出让方案审批和对农用地转用审批这两个不同性质的审批，错误地认定对农用地转用的审批就是对出让方案的审批。通过和取得农用地转用的审批是形成供地方案的前提条件。供地方案包括划拨方案和出让方案。之所以需要对供地方案（包括出让方案）进行审批，是因为我国《城市房地产管理法》第11条第1款规定：“土地使用权出让，由市、县人民政府有计划、有步骤地进行。出让的每幅地块、用途、年限和其他条件，由市、县人民政府土地管理部门会同城市规划、建设、房地产管理部门共同拟订方案，按照国务院规定，报有审批权的人民政府批准后，由市、县人民政府土地管理部门实施。”依照《建设用地审查报批管理办法》第10条第4款的规定，供地方案（包括出让方案）应当包括供地方式、面积、用途、土地有偿使用费标准、数额等。可见，对农用地转用的审批是对供地方案（包括出让方案）审批的前置程序，二者不能等同。而一审法院恰恰混淆了两者，在当事人已经在合同中明确约定以出让方案得到批准作为合同生效条件的情况下，错误地认为山东省人民政府批准山东省青岛市人民政府的农用地转用请示后，双方所签订《国有土地使用权出让合同》的生效条件就已经成就。山东省人民政府对青岛市人民政府的用地请示的批复，是对包括该《国有土地使用权出让合同》项下宗地在内的20万平方米的农用地转为建设用地的批复，并非对出让方案的审批。一审判决认定双方当事人所签订的《国有土地使用权出让合同》的生效条件已成就，没有事实和法律依据。

2. 一审判决认定双方签订的《国有土地使用权出让合同》为有效合同不能成立

（1）双方签订的《国有土地使用权出让合同》严重违反了《城市房地产管理法》第8条“城市规划区内的集体所有的土地，经依法征用转为国有土地后，该幅土地的使用权方可有偿转让”的规定。山东省人民政府是在2003年2月19日《关于青岛市崂山区2002年第十八批次城市建设用地的批复》中，同意青岛市将崂山区沙子口街道办事处20万平方米农用地转为建设用地。上述农用地转用后同意征用，用于青岛市城市建设。本案所涉的《国有土地使用权出让合同》却早在2003年1月6日即已签订，其时农用地尚未被征用转为国有土地。建设用地须先征用后签订出让合同，这是《城市房地产管理法》的强制性规定。本案所涉的《国有土地使用权出让合同》违反了这一强制性规定。因此，该合同自始即没有法律效力。

（2）双方签订的《国有土地使用权出让合同》严重违反了国家关于招标拍卖挂牌出让国有土地使用权的相关强制性规定。国土资源部颁发的《招标拍卖挂牌出让国有土地使用权规定》早在2002年7月1日即已开始实施，而本案所涉的《国有土地使用权出让合同》在2003年1月6日才签订。《招标拍卖挂牌出让国有土地使用权规定》第4条第1款规定：“商业、旅游、娱乐和商品住宅等各类经营性用地，必须以招标、拍卖或者挂牌方式出让。”按照这一规定，本案《国有土地使用权出让合同》项下的土地必须通过招标、拍卖、挂牌的方式公开进行出让，而双方在《招标拍卖挂牌出让国有土地使用权规定》已实施半年后仍以协议方式签订《国有土地使用权出让合同》，出让国有土地用于住宅建设，违反了国家关于招标拍卖挂牌出让国有土地使用权的规定，也违反了国土资源部和监察部国土资发〔2002〕265号《关于严格实行经营性土地使用权招标拍卖挂牌出让的通知》的相关规定。因此，该《国有土地使用权出让合同》属无效合同。

（3）除前述导致《国有土地使用权出让合同》无效的情形外，被上诉人在签订《国有土地使用权出让合同》过程中还存在与前崂山区国土局局长于志军恶意串通、损害国家利益的嫌疑。这一点从土地评估的过程即可窥知一斑。同以2002年8月13日为基准日，南太公司委托的青岛东部房地产评估咨询有限公司对本案项下土地的评估价格是每平方米369.15元，据此确认的南太公司应交纳的出让金为56,369,943.3元。崂山区国土局在处理群众对本案的举报中，又委托青岛衡元评估有限责任公司进行评估，评估的价格是每平方米1001.9元，如果据此要求南太公司交纳土地出让金，则应为152,992,133.8元。也就是说，每平方米的评估价格相差了近三倍，土地出让金的差距更是达96,622,190.5元之巨。根据《城市房地产市场估价管理暂行办法》第10条的规定，每个土地估价项目必须由两名以上的估价师承办，而南太公司委托的青岛东部房地产评估咨询有限公司的《土地估价报告》却是由一名估价师作出的。评估时的土地用途为综合用地，到了出让合同中就变成了住宅。而且，《国有土地使用权出让合同》使用说明中规定：合同第4条土地用途按《城镇地籍调查规程》规定的土地二级分类填写，属于综合用地的，应注明各类具体用途及所占的面积比例。双方签订的出让合同与规划和评估报告中的土地用途都不相同。

3. 一审法院以支持南太公司诉讼主张的判决结果，错误地否定了崂山区国土局贯彻中央和各级政府指示精神对非法出让土地进行的纠偏行为

鉴于改革开放以来，由于我国政府在土地管理上的经验不足和立法上的滞后，加之部分房地产商与个别官员相勾结，在暴利的诱惑下不惜采用非法手段攫取土地，造成国家土地出让秩序混乱，大面积土地进入个别人的控制范围，国有资产流失严重，国务院于2001年以来出台了一系列政策、法规，严格整顿和规范土地出让行为。本案就是在这种国家整顿和治理土地管理秩序的大背景下发生的。在山东省人民政府高度重视下，山东省青岛市人民政府经对本案项下出让行为进行充分调查研究后，认定该宗地的出让是非法出让，指示崂山区国土局依法进行查处，并将此出让行为认定为违法违规重点案件之一。

一审法院认定只要崂山区国土局依约为南太公司办理《国有土地使用权证》，合同目的即可实现，这是错误的。依照我国土地管理法规的规定，只有土地出让方案经过有权人民政府批准以后，土地管理部门才有权依照出让方案和相对方签订出让合同。就本案来讲，土地管理部门在签订合同以前没有经过有权人民政府批准，所以，才约定出让方案经过有权人民政府批准以后合同才生效。而目前既然政府已经认定该宗地的出让是非法出让，政府就不会再批准该宗地的出让方案，崂山区国土局根本无法继续履行合同义务。如果按照一审法院的判决内容，为南太公司办理《国有土地使用权证》，则不仅否定了崂山区国土局在治理整顿土地市场秩序过程中针对向南太公司非法出让土地而进行的纠偏行为，与中央和各级政府的指示精神相冲突，而且也不符合相关法律、法规的规定。因此，无论从《国有土地使用权出让合同》未生效及无效的法律层面上考虑，还是从贯彻中央和各级政府指示精神的层面考虑，双方签订的《国有土地使用权出让合同》均已没有履行的可能。如果二审法院不支持崂山区国土局的上诉请求，其结果是合同无法履行，当事人主张的权利也无法实现。故请求二审法院查清事实，实事求是地作出判决，即使认定

合同有效,也要考虑到由于法律和事实上的障碍,崂山区国土局已经无法继续履行本案中的合同的事实,作出合法合理合情的判决。

4. 一审判决超越民事审判权限,扩大了判决范围,违反了"不告不理"的民事诉讼法准则

南太公司在民事诉状中提出的诉讼请求为两项:(1)判令崂山区国土局继续履行双方所签《国有土地使用权出让合同》;(2)判令崂山区国土局承担案件受理费、保全费及其他诉讼费用(庭审过程中,南太公司撤销了原来提出的要求判令崂山区国土局赔偿损失的诉讼请求)。可见,南太公司的实质性诉讼请求只有一项,即"继续履行《国有土地使用权出让合同》",而一审判决除支持南太公司的诉讼请求外,又增加了一项崂山区国土局于判决生效后30日内为南太公司办理《国有土地使用权证》。该判项内容,南太公司在起诉中并没有作为一项诉讼请求提出。一审法院超出当事人的诉讼请求作出判决,违反了"不告不理"的民事诉讼法准则。另外,颁发《国有土地使用权证》在性质上应属于崂山区国土局的行政行为,一审法院在民事案件审理和判决中无权判决当事人作出行政行为。因此,一审判决既超出了当事人的诉请范围,又超越了民事审判权限,应予撤销。

5. 一审判决的其他错误

一审判决在认定事实和适用法律方面还存在以下问题:(1)混淆了山东省青岛市人民政府与崂山区国土局的关系,将山东省青岛市人民政府的行政行为视同为崂山区国土局的履行合同行为。本案中的项目不是山东省青岛市人民政府的引入项目。签订《开发"澳大利亚旅游观光度假村"联建合同书》的双方中没有山东省青岛市人民政府,而且所签合同违反了土地管理法的强制性规定,属于无效合同。(2)不合理地采取诉讼保全措施并判决崂山区国土局负担财产保全费。(3)错误地认定山东省青岛市人民政府有关的职能部门为该项目办理了项目立项、规划等手续,双方的合同义务已基本履行完毕。(4)没有采纳崂山区国土局在一审中提交的大量证据,也没有说明理由。

南太公司答辩称:崂山区国土局提起上诉依据的事实和理由不成立,请求驳回上诉,维持原判。主要事实和理由是:

1. 一审判决认定双方当事人所签订的《国有土地使用权出让合同》的生效条件已成就,符合事实和法律规定。(1)根据现行《土地管理法》和《土地管理法实施条例》等法律和行政法规的规定,国有土地使用权出让中,像本案所涉土地的情况,只有农用地转用方案、补充耕地方案、征用土地方案应当由省人民政府审批,而本案中山东省人民政府已以鲁政土字〔2003〕52号就上述事项批复同意。(2)正因为只有上述内容依法应由省人民政府审批,因此双方合同第40条关于合同的生效条件"本合同项下的宗地出让方案尚需经山东省人民政府批准,本合同自山东省人民政

府批准之日生效”,只能是指对宗地出让方案中的农用地转用方案、补充耕地方案、征用土地方案的审批,其余事项山东省人民政府既无法律授予的审批权限,也无此义务。即使合同中用了“宗地出让方案”这个不确切的词,也只能依法确定其真实意思并据此审查合同是否生效。(3)崂山区国土局在上诉状中,将供地方案、宗地出让方案及农用地转用方案、补充耕地方案、征用土地方案的审批,混淆不清,其认为本案所涉《国有土地使用权出让合同》不生效的理由不能成立。第一,供地方案的审批,并非双方合同约定的生效条件。第二,供地方案的审批机关依法并非山东省人民政府,而是山东省青岛市崂山区人民政府。法律依据为《土地管理法实施条例》第22条第2项规定。第三,崂山区国土局在上诉状中所有引用的法律条文,均没有供地方案(或其所称的出让方案)应由山东省人民政府批准的规定。其引用《山东省实施〈中华人民共和国土地管理法〉办法》第24条来论证供地方案的审批机关是山东省人民政府,也是错误的,因为从该条所处的章节位置来看,该条规定的是农用地转用的审批权限,并非供地方案的审批权限。综上,一审判决认定出让合同设定的生效条件已成就是完全符合事实和法律规定的。

2. 一审判决认定双方当事人签订的《国有土地使用权出让合同》为有效合同是完全正确的。本案双方所签出让合同的内容并未违反法律和行政法规的强制性规定,合同的主体、客体、意思表示等各要素均合法。至于崂山区国土局在上诉状中列举的所谓违法问题,均是崂山区国土局对法律规定的任意曲解和有意回避法律规定造成的,依法根本不能成立。(1)崂山区国土局对《房地产管理法》的错误理解。该法第8条规定:“城市规划区内的集体所有的土地,经依法征用转为国有土地后,该幅国有土地的使用权方可有偿出让。”该规定崂山区国土局任意曲解为“城市规划区内的集体所有的土地,经依法征用转为国有土地后,该幅国有土地的使用权方可签订出让合同(有偿出让)”。所以才得出“建设用地须先征用,后签订出让合同”的错误结论。该规定的立法本意是强调,集体所有的土地未经依法征用转为国有后,不能进行事实上的出让行为或产生出让的结果,也即该条款限制的是《土地使用权出让合同》的具体履行时间,并非对《土地使用权出让合同》签订时间的限制,法律也不可能对合同的签订时间进行限制。况且,本案出让合同签订时,约定了以土地征用等被批准为生效条件,该生效条件业已成就。崂山区国土局已与原土地所有权人签订土地征用合同,已经履行完毕。(2)崂山区国土局有意回避国家关于招标拍卖挂牌出让国有土地使用权的相关规定。崂山区国土局在论证本案所涉土地可否协议出让这一问题时,有意回避了国土资发〔2003〕365号文,即国土资源部《关于进一步治理整顿土地市场秩序中自查自纠若干问题的处理意见》。该意见第3条专门对《招标拍卖挂牌出让国有土地使用权规定》实施前遗留问题进行了明确规定。根据该规定,本案所涉土地是可以协议出让的。崂山区国土局无视国土资发

〔2003〕365号文已颁布实施的事实，论证出让合同无效是错误的。(3)关于崂山区国土局提及的南太公司在签订出让合同过程中存在与前崂山区国土局局长于志军恶意串通、损害国家利益的嫌疑，纯属对南太公司的中伤。对于评估问题，在南太公司起诉到一审法院前一年多"调查时间"里，崂山区国土局从未向南太公司提起该问题，本案所涉土地的评估符合当时的法律规定。关于评估报告上应当由几个评估师署名，法律无明确规定。

3. 所谓"纠偏行为"与本案无关。举报的内容为南太公司是假外商，未投一分钱，土地付款超期，均与事实相悖。本案的土地本已通过了国务院五部委、省国土资源厅等部门的土地审查验收，因匿名举报人的恶意举报，引起所谓的"纠偏"。崂山区国土局竟不顾举报内容不实之事实，就直奔收地主题，并且在举报到正式通知收地的过程中，崂山区国土局一次又一次找理由(不是举报中的理由)欲收回土地，当所找理由均不能成立时，才以最终书面通知的理由解除合同，而该解除理由与所谓的举报无关。

4. 一审判决并未超越审判范围。关于请求法院判令由崂山区国土局为南太公司办理《国有土地使用权证》的申请，南太公司在当庭宣读诉状第一项请求判令崂山区国土局继续履行双方所签合同时，特意明确了为南太公司办理《国有土地使用权证》这一继续履行合同的实质内容，并记录在案。因此，一审并未超越审判范围，并未违反"不告不理"原则。另外，颁发《国有土地使用权证》是崂山区国土局在民事合同中应尽的义务，该判决内容也未超出民事审判范围。

5. 一审判决并未混淆山东省青岛市人民政府与崂山区国土局的关系。本案所涉《国有土地使用权出让合同》中崂山区国土局的主要义务，就是提供土地和为南太公司办理土地证。上述义务履行涉及依法应办理的审批手续，是崂山区国土局履行上述义务的必经程序，也是其应尽义务。

6. 采取诉讼保全措施是正当必需的，其费用理应由崂山区国土局承担。本案在南太公司向崂山区国土局及其上级部门积极反映情况，要求公正合法处理过程中，崂山区国土局于2004年4月12日书面通知解除合同，并于同年6月18日办理退款手续，且限期为15天，否则依法处理。如果南太公司不采取保全措施，崂山区国土局完全可以提存土地款项并另行出让土地。故南太公司申请保全是必需的、正当的。

(三)最高人民法院二审查明的事实

二审查明：青岛鑫城房地产有限公司为南太公司股东，占南太公司10%的股份。2001年8月15日，崂山区国土局与南太公司、澳大利亚南太置业股份有限公司签订《青岛市崂山区国有土地使用权预约协议》时，路国强担任南太公司的总经理，并作为南太公司代表在该预约协议上签字。

另查明,2003 年 2 月 19 日,山东省人民政府下发鲁政土字〔2003〕52 号《关于青岛市崂山区 2002 年第十八批次城市建设用地的批复》,除同意青岛市将崂山区沙子口街道办事处 20 万平方米农用地转为建设用地,以及上述农用地转用后征用,用于青岛市城市建设外,同时指出,要严格按照有关规定向具体建设项目提供用地,供地情况要经青岛市国土资源部门及时报山东省国土资源厅备案。

又查明,2002 年 10 月 31 日,崂山区国土局以崂国土价字〔2002〕55 号《关于确认土地估价结果的批复》,对南太公司委托青岛东部房地产评估咨询有限公司土地评估结果进行了确认。

还查明,2004 年 3 月 1 日,青岛市人民政府法制办公室与青岛市国土资源和房屋管理局共同下发青法制〔2004〕22 号《关于崂山区段家埠村"澳洲花园"项目用地的情况报告》提出的处理意见为:鉴于目前情况,该宗用地实际已不能按 2003 年 1 月 6 日崂山区国土局与南太公司签订的《国有土地使用权出让合同》的约定进行协议出让,处理该问题的关键是依法解除该出让合同。但因该合同的性质属民事法律关系范畴,其主体是崂山区国土局与南太公司,而不是市政府,故应由合同双方当事人依法解除该合同。为此,建议市政府召集崂山区政府及相关单位会议,对下列事项进行研究和明确后,由有关责任单位依法组织实施:(1)崂山区国土局依法解除与南太公司签订的《国有土地使用权出让合同》,退还土地出让金等相关费用。(2)崂山区国土局依法完善该宗地征地手续,并将其依法纳入政府储备。2004 年 3 月 8 日,山东省青岛市人民政府办公厅向山东省人民政府督查处报送《关于青岛市崂山区段家埠村"澳洲花园"项目用地的情况报告》提出的处理意见为:鉴于目前情况,该宗用地实际已不能按 2003 年 1 月 6 日崂山区国土局与南太公司签订的《国有土地使用权出让合同》的约定进行协议出让,应依法解除该出让合同,退还其土地出让金等相关费用,将该宗地依法纳入政府储备。

2005 年 7 月 4 日,崂山区国土局向本院提交《关于青岛市崂山区国土资源局上诉青岛南太置业有限公司一案的几点补充说明》,在该材料中提到,如果不支持崂山区国土局的上诉请求,其结果是合同无法履行,当事人主张的权利也无法实现。请求本院查清事实,实事求是地作出判决,即使认定合同有效,也要考虑到由于法律和事实上的障碍,崂山区国土局已经无法继续履行本案中的出让合同的事实,作出合法合理合情的判决。

2005 年 9 月 1 日,山东省青岛市崂山区人民政府向本院提交青岛市崂山区人民政府文件崂政函〔2005〕21 号《关于我区国土资源局与青岛南太置业有限公司国有土地使用权出让合同纠纷案有关情况说明的函》。该函中提及,因该案涉及执行国家部委规定及落实国务院领导批示事宜,特作如下说明:(1)根据有关规定和领导批示精神,崂山区国土局于 2004 年 4 月 14 日作出《关于解除〈国有土地使用权出让合同〉的通知》;(2)根据现行国有土地出让管理的规定以及目前崂山区实际情况,该宗土地出让合同已无法继续履行,理由及相关具体意见请参见青岛市人民政府法制办公室与青岛市国土资源和房屋管理局青法制〔2004〕22号《关于崂山区段家埠村“澳洲花园”项目用地的情况报告》。

二审期间,2005年3月10日,崂山区国土局提供山东省泰安市中级人民法院于2005年1月13日作出的(2004)泰刑二初字第20号刑事判决书。被告人于志军在法定期间内未提起上诉,该判决已经发生法律效力。南太公司对此不持异议。该判决书认定,2001年8月,被告人于志军利用担任崂山区国土局局长职务的便利,接受青岛鑫城房地产有限公司总经理路国强的请托,为该公司办理了国有土地使用权预约手续。为表示感谢及继续得到于志军的关照,2002年春节前一天,路国强送给于志军3万元的青岛佳世客购物卡。2003年1月,于志军以购车为由,向路国强索要33万元。于志军的上述行为已构成受贿罪,且具有索贿情节。

最高人民法院二审查明的其他事实与一审法院查明的事实相同。

(四)最高人民法院二审认定与判决

最高人民法院认为,本案双方当事人在二审中争议的焦点问题有三个:一是双方签订的《国有土地使用权出让合同》是否生效;二是双方签订的《国有土地使用权出让合同》是否有效;三是一审判决是否违反“不告不理”民事诉讼原则。

1. 关于双方签订的《国有土地使用权出让合同》是否生效的问题

根据《合同法》第45条的规定,当事人对合同的效力可以约定附条件。附生效条件的合同,自条件成就时生效。所谓附条件的合同,是指当事人在合同中特别约定一定的条件,以条件是否成就作为合同效力发生的根据。合同所附条件,必须是将来发生的、不确定的事实,是当事人约定的而不是法定的,同时还必须是合法的。在我国,政府机关对有关事项或者合同审批或者批准的权限和职责,源于法律和行政法规的规定,而不属于当事人约定的范围。当事人将法律和行政法规规定的政府机关对有关事项或者合同的审批权或者批准权约定为附条件的合同中的条件,不符合《合同法》有关附条件的合同的规定。当事人将法律和行政法规没有规定的政府机关对有关事项或者合同的审批权或者批准权约定为附条件的合同中的条件,同样不符合《合同法》有关附条件合同的规定。根据《合同法》规定精神,当事人在订立合同时,将法定的审批权或者批准权作为合同生效条件的,视为没有附条件。将法律未规定为政府机关职责范围的审批权或者批准权作为包括合同在内的民事法律行为生效条件的,同样视为没有附条件,所附的“条件”不产生限制合同效力的法律效果。

根据一审法院和最高人民法院二审查明的事实,本案涉及的“澳洲花园”项目是山东省青岛市人民政府在招商引资活动中引入的项目,与该项目相关的立项、规划、用地等手续已经山东省青岛市人民政府有关职能部门及山东省青岛市崂山区人民政府有关职能部门陆续批准。2002 年 12 月 26 日，山东省青岛市人民政府向山东省人民政府报送了《关于崂山区 2002 年第十八批城市建设用地的请示》，内容中包括了本案所涉及的土地。2003 年 2 月 19 日，山东省人民政府下发鲁政土字〔2003〕52 号《关于青岛市崂山区 2002 年第十八批次城市建设用地的批复》，同意青岛市将崂山区沙子口街道办事处 20 万平方米农用地转为建设用地。上述农用地转用后同意征用，用于青岛市城市建设。该批复还指出，要严格按照有关规定向具体建设项目提供用地，供地情况要经青岛市国土资源部门及时报山东省国土资源厅备案。这表明山东省人民政府对建设项目供地管理采取的是备案制而不是审批制，有关供地事项不需要报经山东省人民政府审批。

崂山区国土局与南太公司在《国有土地使用权出让合同》中约定"本合同项下宗地出让方案尚需经山东省人民政府批准，本合同自山东省人民政府批准之日起生效"，虽然表明双方约定经山东省人民政府批准合同项下宗地出让方案作为《国有土地使用权出让合同》的生效条件，但该条件不属于我国《合同法》规定的附生效条件合同的条件，并且山东省人民政府在有关批复中明确指出，具体建设项目提供用地情况经青岛市国土资源部门及时报山东省国土资源厅备案，表明不需要报经批准。因此，双方关于合同项下宗地出让方案需经山东省人民政府批准生效的约定，对本案所涉《国有土地使用权出让合同》不产生限制合同效力的法律效果。崂山区国土局认为双方签订的《国有土地使用权出让合同》约定的合同生效条件未成就，以此为由主张所涉土地出让合同未生效，没有法律依据。一审法院认为，山东省青岛市人民政府报送的请示中是否包括合同约定的"出让方案"，不影响该合同的效力，适用法律是正确的。

2. 关于双方签订的《国有土地使用权出让合同》是否有效的问题

本案双方所签《国有土地使用权出让合同》，是在平等自愿基础上达成的协议，意思表示真实。根据自 1999 年 1 月 1 日起施行的《土地管理法》第 44 条规定，建设占用土地，涉及农用地转为建设用地的，应当办理农用地转用审批手续。在土地利用总体规划确定的城市和村庄、集镇建设用地规模范围内，为实施该规划而将农用地转为建设用地的，按土地利用年度计划分批次由原批准土地利用总体规划的机关批准。在已批准的农用地转用范围内，具体建设项目用地可以由市、县人民政府批准。本案讼争土地已经山东省人民政府鲁政土字〔2003〕52 号批复批准，属于已批准的建设用地，土地出让方案应由市、县人民政府批准。根据自 1999 年 1 月 1 日起施行的《土地管理法实施条例》第 22 条规定，具体建设项目占用土地利用总体规划确定的城市建设用地范围内的国有建设用地的，需要市、县土地行政主管部门出具建设项目用地预审报告，由市、县人民政府批准土地行政主管部门拟订的供地方案，市、县人民政府批准供地方案后向建设单位颁发建设用地批准书，然后由市、县土地行政主管部门与土地使用者签订国有土地有偿使用合同。本案中，作为市、县一级土地行政主管部门的崂山区国土局与作为土地使用者的南太公司签订《国有土地使用权出让合同》之前，虽然没有颁发建设用地批准书，但这属于崂山区国土局在办理有关供地手续过程中程序的简化或者遗漏，不属于违反《合同法》第52条规定导致合同无效的情形。

在崂山区国土局与南太公司于2003年1月6日签订《国有土地使用权出让合同》后不久，即2003年2月19日，山东省人民政府批准了合同项下宗地农用地转为建设用地的审批手续和征地手续，同时要求按照有关规定向具体建设项目提供用地并将供地情况报山东省国土资源厅备案。这表明双方签订的《国有土地使用权出让合同》项下的土地已经履行了农用地转为建设用地以及征地手续，符合《土地管理法》规定的由市、县人民政府批准具体建设项目用地条件，不再需要将合同项下宗地出让方案报经山东省人民政府批准，合同项下宗地符合建设用地条件，可以进入土地出让市场。双方于2003年1月6日签订的《国有土地使用权出让合同》效力自此得到补正，符合《合同法》第51条关于无处分权的人处分他人财产，订立合同后取得处分权的，该合同有效的规定精神。故崂山区国土局主张双方签订的《国有土地使用权出让合同》违反法律和行政法规的强制性规定，应认定为无效合同，于法无据，不予支持。

山东省人大常委会制定的《山东省实施〈中华人民共和国土地管理法〉办法》，是一部地方性法规；自2002年7月1日起施行的《招标拍卖挂牌出让国有土地使用权规定》，是国土资源部为加强土地管理而制定的部门规章。根据《合同法》第52条第5项和《最高人民法院关于适用〈中华人民共和国合同法〉若干问题的解释（一）》第4条“合同法实施以后，人民法院确认合同无效，应当以全国人大及其常委会制定的法律和国务院制定的行政法规为依据，不得以地方性法规、行政规章为依据”的规定，只有违反法律和行政法规强制性规定的合同才能被确认为无效，地方性法规和行政规章不能作为确认合同无效的依据。因此，崂山区国土局提出双方签订的《国有土地使用权出让合同》违反山东省人大常委会制定的地方性法规和国土资源部制定的部门规章，应认定为无效的请求，于法无据，不予支持。此外，按照国家有关规定，在2002年7月1日前未经市、县政府前置审批或者签订书面项目开发协议而在此后协议出让经营性用地的，应当按照有关规定改为以招标拍卖挂牌方式出让。崂山区国土局提出其出让讼争土地的行为违反有关行政管理规定需要完善招标拍卖挂牌手续，无法继续履行《国有土地使用权出让合同》，属于对相关合同的变更或者解除，影响到相关合同能否实际履行以及是否解除的问题，不影响和限制合同的效力，不是认定合同无效的理由和依据。

根据崂山区国土局提供的已经生效的山东省泰安市中级人民法院于2005年1月13日作出的(2004)泰刑二初字第20号刑事判决书认定,路国强在2001年8月签订《国有土地使用权预约协议》后,送给于志军价值3万元的购物卡。于志军于2003年1月以购车为由,向路国强索要33万元。于志军利用时任崂山区国土局局长职务的便利条件受贿和索贿,是其个人犯罪行为,已由有关法院对其追究了相应的刑事责任。崂山区国土局与南太公司签订《国有土地使用权预约协议》和《国有土地使用权出让合同》,是具体落实山东省青岛市人民政府有关招商引资项目,于志军在签订有关协议时虽然担任崂山区国土局局长,但不具有决定有关协议和合同是否签订的权力和责任。作为时任崂山区国土局局长的于志军,在签订有关协议后向对方索要33万元购车款的事实,不能证明崂山区国土局与南太公司签订有关国有土地使用权预约协议和出让合同时,恶意串通,损害国家利益。没有证据证明崂山区国土局与南太公司在签订《国有土地使用权出让合同》过程中存在恶意串通,损害国家利益的情形。故崂山区国土局以此为由主张认定有关国有土地使用权出让合同无效,证据不足,不予采信。

关于本案所涉土地的评估是否符合有关规定的问题。崂山区国土局主张其在处理群众对本案的举报中委托青岛衡元评估有限责任公司以2002年8月13日为基准日,对本案项下土地的评估价格,与当时作为签订出让合同价款依据的青岛东部房地产评估咨询有限公司对本案项下土地的评估价格相差很大,以此为由主张土地使用权出让合同无效,并未对鉴定机构的鉴定资质提出异议。南太公司委托评估的鉴定机构由两名土地估价人员进行评估,符合有关规定。崂山区国土局委托评估时的土地用途为住宅用地,双方签订出让合同之前南太公司委托评估的土地用途为综合用地。因此,虽然同是以2002年8月13日为基准日,但由于鉴定结论出自不同的鉴定机构和鉴定人员,评估时间不同,土地用途不同,土地评估价格会出现较大差异。双方在国有土地使用权预约合同中约定的土地用途是综合用地,但山东省青岛市规划局于2002年2月4日下发的青规函字〔2002〕84号《建设工程规划审查意见书》载明意见,根据山东省青岛市人民政府批复的沙子口镇总体规划,该项目用地规划性质为居住用地,开发性质与规划用地性质相符,同意选址建设。因此,在双方签订《国有土地使用权出让合同》之前南太公司委托评估土地用途为综合用地,在签订《国有土地使用权出让合同》中将土地用途变成住宅,属于崂山区国土局与南太公司通过签订合同的形式对部分条款内容的变更,与《土地管理法》第56条关于建设单位使用国有土地的,应当按照土地使用权出让等有偿使用合同的约定或者土地使用权划拨批准文件的规定使用土地的内容不相冲突。双方签订的《国有土地使用权出让合同》与规划和评估报告中的土地用途不相同,如果可能导致土地使用权出让金低于订立合同时当地政府按照国家规定确定的最低价的，属于影响国有土地使用权出让合同价格条款效力的因素，但不导致国有土地使用权出让合同无效。

3. 关于一审判决是否违反"不告不理"民事诉讼原则的问题

经查，南太公司在一审当庭宣读起诉状第一项请求判令崂山区国土局继续履行双方所签合同时，特意明确了办理《国有土地使用权证》这一继续履行合同的实质内容，并有一审庭审笔录佐证。按照双方在《国有土地使用权出让合同》第 15 条第 2 款约定，崂山区国土局应依法为南太公司办理出让土地使用权登记，颁发《国有土地使用权证》。这是崂山区国土局基于双方签订的《国有土地使用权出让合同》而应尽的合同义务，属于继续履行合同义务范畴。一审法院对此进行审理并作出判决，没有超出民事审判范围，并未违反"不告不理"民事诉讼原则。

在对当事人的上述三个争议焦点问题作出评判之后，本案还面临着双方签订的《国有土地使用权出让合同》如何处理的问题。从双方当事人在本案一审和二审中的诉辩情况看，当事人争议的焦点问题始终围绕本案所涉《国有土地使用权出让合同》的效力问题。在经法院审理确认崂山区国土局主张合同未生效、无效的理由不成立的情况下，从本案的具体情况看，还存在一个合同权利义务是否应当终止的问题，或者说合同应否解除的问题。民事主体从事民事活动，除必须遵守法律外，在法律没有规定的情况下还应当遵守国家政策。按照国家有关规定，在 2002 年 7 月 1 日前未经市、县政府前置审批或者签订书面项目开发协议，而在此后协议出让经营性用地的，应当按照有关规定改为以招标拍卖挂牌方式出让。本案所涉项目用地在 2002 年 7 月 1 日前只取得计划立项而未取得《建设用地规划许可证》，不属于已进行了前置审批情形；在 2002 年 7 月 1 日前，双方当事人虽然签订了联建合同书和国有土地使用权预约协议，但未签订书面项目开发协议，故本案讼争用地不符合国家有关规定确定的历史遗留问题可以协议方式出让的范围。南太公司在一审中提出的请求法院判令崂山区国土局继续履行《国有土地使用权出让合同》，立即为南太公司颁发国有土地使用权证，因本案讼争国有土地使用权需要按照国家有关规定改为以招标拍卖挂牌方式出让，属于国家政策性要求。崂山区国土局未严格执行国家有关政策通过招标拍卖挂牌方式出让本案讼争土地使用权，是造成双方签订的《国有土地使用权出让合同》无法继续履行的原因。这一政策方面的程序要求虽不导致本案所涉《国有土地使用权出让合同》无效，但却影响该合同在客观上无法继续履行，故南太公司要求判令崂山区国土局继续履行《国有土地使用权出让合同》的诉讼请求，难以支持，一审判决相关判项应予撤销，对南太公司的该项诉讼请求应予驳回。根据有关法律规定精神，解除权在实体方面属于形成权，在程序方面则表现为形成之诉，在没有当事人依法提出该诉讼请求的情况下，人民法院不能依职权径行裁判。该《国有土地使用权出让合同》的解除或者权利义务终止及其法律责任承担问题，需通过独立的诉讼请求予以保护。本案中，南太公司始终未就此问题提出诉讼请求。限于本案当事人的诉讼请求和二审案件的审理范围，最高人民法院在二审中对此问题不予审理。

综上所述，崂山区国土局上诉主张本案所涉《国有土地使用权出让合同》未生效、无效的理由不能成立，认为一审判决违反民事诉讼原则的理由亦不能成立。因双方签订的《国有土地使用权出让合同》事实上无法继续履行，南太公司要求判令继续履行该合同的诉讼请求难以支持，一审判决相关判项应予撤销，南太公司的该项诉讼请求应予驳回。本案所涉《国有土地使用权出让合同》是否应当依法予以解除及其法律后果承担问题，当事人可依法另行解决。由于双方纠纷成讼以及南太公司的关于继续履行合同的诉讼请求不能得到支持的根本原因，是崂山区国土局的行为造成的，崂山区国土局应当为诉讼成本付出代价，即承担本案的全部诉讼费用。2005 年 12 月 22 日，最高人民法院依照《民事诉讼法》第 153 条第 1 款第 3 项之规定，以(2004)民一终字第 106 号民事判决书，作出如下判决：(1)撤销山东省高级人民法院(2004)鲁民一初字第 9 号民事判决；(2)驳回青岛南太置业有限公司关于继续履行合同的诉讼请求。一审案件受理费、财产保全费和二审案件受理费共计 865,569.16 元，均由青岛市崂山区国土资源局负担。

[参见最高人民法院民事审判第一庭编：《最高人民法院民事案件解析(附指导案例 1)：土地纠纷》，法律出版社 2010 年版。]

025. 在项目土地转让协议中，因政府未审批合同约定的规划面积致合同目的无法实现的，如何承担损失？

【参阅案例】

陕西中北房地产开发有限公司与西安市同方房地产开发有限公司土地使用权转让合同纠纷案

【裁判要点】

在项目土地转让协议中，双方当事人的意思表示真实，且合同内容不违反法律和行政法规的禁止性规定，应为有效合同。不可抗力是一项免责条款，不是由于合同当事人的过失或疏忽，而是由于发生了合同当事人无法预见、无法预防、无法避免和无法控制的事件，以致不能履行或不能如期履行合同。在项目土地转让协议中,因政府未审批合同约定的规划面积致合同无法实现的,属于因不可抗力致使不能实现合同目的,合同当事人双方均无过错,按照公平原则承担损失。

【案例索引】

一审:西安市中级人民法院(2006)西民二初字第46号。

二审:陕西省高级人民法院(2007)陕民一终字第119号。

【案情】

上诉人(一审被告、反诉原告):西安市同方房地产开发有限公司(以下简称同方公司)。

被上诉人(一审原告、反诉被告):陕西中北房地产开发有限公司(以下简称中北公司)。

2001年6月22日,中北公司与同方公司签订《项目土地转让协议》约定,中北公司提供西安市西大街以北,大麦市街以东,经西安市综合办批准由其承担的"清真饮食城"项目建设用地中的12.823亩(其中净用地8.026亩)以及该块地上拟建建筑面积27,000平方米转让给同方公司开发建设。由中北公司负责办理将原"清真饮食城"项目变更到同方公司名下所需的综合商住项目的一切立项、规划等合法手续。合同还约定了转让成交程序:待项目及土地转让手续办理完毕,同方公司取得土地证,结清标的费用中的3000万元,其余866万元在中北公司办完建审手续并交完所有建审费用后结清,完成转让成交;双方义务约定,中北公司应保证转让给同方公司的项目部分,总建筑面积不少于27,000平方米,若发生土地与相应的27,000平方米建筑面积承载不足时,应由中北公司按西安市规划局对该项目的控制性规划补足土地,补足的地块面积位于同方公司建筑物向大麦市街沿街延续部分,补足的土地使用权属于同方公司,土地证另行办理给同方公司;同方公司应以足够的资金二次结清转让费;根据西安市综合开发项目前期工作程序,中北公司应办至建审手续完成等。双方还对拆迁安置费用的负担,协调相关事宜及管辖权问题作出约定。协议签订后,中北公司依约将该项目土地范围内拆迁户拆迁安置完毕,并将该项目及相关手续移交给同方公司。

1996年4月,西安市城市规划设计研究院对该项目初审规划面积为27,000平方米,高为24米。2001年11月,同方公司取得了该项目的土地使用证。2002年12月24日,西安市发展计划委员会给同方公司下达建筑计划的面积为27,000平方米。2004年3月,西安市洒金桥大麦市街道路拓宽指挥部洒道拓字(2004)第001号文件注明,该项目消防设施配套面积为26,358平方米。同年7月12日,同方公司以同方发(2004)第015号《关于请求同方服饰精品城项目降层后经济损失补偿的报告》,向西安市人民政府提出该项目楼层降层后应给予其公司经济补偿。该报告内容为:市政府为使西大街沿街项目早日开工建设,决定将我同方服饰精品城项目由原来六层降为三层。为服从政府加快西大街建设的大局,我们坚决服从市政府的决定,已将六层方案改为三层。降层后,房屋面积减少了 8427 平方米,测算损失为 2164.7 万元,请求政府核准损失,尽早给予补偿。同年 8 月 3 日北京中外建筑设计有限公司按同方公司要求就"同方服饰精品城"项目相关事宜确定设计方案。该项目现为三层,建筑面积 18,442 平方米。2005 年 2 月 5 日,同方公司取得了西安市规划局编号为(2005)056 号《建设工程规划许可证》,载明建设规模为地下一层、地上二层至三层一栋 18,442 平方米。同年 5 月 19 日,同方公司取得了"建筑工程施工许可证",建设规模为 18,442 平方米。

2005 年 1 月 31 日,同方公司为中北公司垫付建审费 158.7096 万元(含其他费用 2 万元);同年 2 月 3 日中北公司、同方公司双方确认,同方公司给中北公司支付转让费 3000 万元,借款 100 万元,以上转让金、借款、建审费三笔款项共计 3258.7096万元,按双方合同约定,中北公司与同方公司的项目转让费尚有 607.2904 万元差额。中北公司诉至法院,请求判令同方公司按约支付剩余转让费。

中北公司诉称:2001 年 6 月 22 日,其与同方公司签订《土地转让协议》,约定其将清真饮食城项目中的 12.823 亩(其中净用地 8.026 亩)建设用地以及该块土地上拟建建筑面积 27,000 平方米转让给同方公司开发建设,土地使用权及项目前期费用总造价为 3866 万元,并约定同方公司取得土地证,结清标的费用中的 3000 万元,其余 866 万元在办完建审手续,并交完所有建审费用后结清。其间,同方公司在取得土地证后向中北公司支付了 3000 万元,但在后序办理规划手续时,同方公司并未通知中北公司办理的情况,后中北公司得知同方公司于 2005 年 2 月已办理完毕规划手续,同方公司应按双方约定支付中北公司剩余款项。扣除中北公司曾向同方公司借款 100 万元和按约定由中北公司承担的建审费用 158.7096 万元,同方公司仍欠中北公司转让金 607.2904 万元。中北公司多次致函同方公司主张权利未果,遂提起诉讼。请求判令同方公司支付上述欠款并承担本案诉讼费用。

同方公司答辩并反诉称:双方签订《项目土地转让协议》后,其按约定向中北公司支付 3000 万元,借给中北公司 100 万元,并垫付了应由中北公司支付的建审费 158.7096 万元,其向中北公司共支付了 3258.7096 万元。事实上,规划部门仅同意涉案土地上可建筑的项目面积为 18,442 平方米,低于协议约定的面积,为此,其与中北公司多次协商要求该公司按合同履行,但中北公司置若罔闻,中北公司的诉讼请求不能成立。并反诉请求判令中北公司按约在本案所涉建筑物向大麦市街沿街延续地段位置向同方公司补足建筑面积不少于 8558 平方米的土地,并由中北公司办理所有的相关手续;如中北公司无法补足上述土地,则判令中北公司按比例返还多付的款项 618.0884 万元,并由中北公司负担本案诉讼费用。

中北公司对同方公司反诉答辩称:该项目面积减少系同方公司单方面改变项

目性质,减少楼层层数所致,对此结果不应由中北公司承担责任。同方公司已于2004年7月12日向西安市政府要求经济补偿可以证明;且至今已超过两年,同方公司并未向中北公司主张过任何权利,超过诉讼时效,同方公司的反诉请求不能成立,应予驳回。

【审判】

西安市中级人民法院认为:中北公司与同方公司签订的《项目土地转让协议》系双方真实意思表示,不违反法律禁止性规定,已实际履行,故合法有效。履行中,中北公司按约将其名下的项目和土地转让给同方公司,并办理了相关移交手续,2001年11月中北公司已将该项目的土地使用权过户给同方公司,之后该项目建审手续办理完毕,建审费用结清,至此,中北公司已按约完成了合同约定的成交义务,其要求同方公司依合同约定支付下欠的转让费607.2904万元的理由成立,该院予以支持。同方公司受让该项目后,已履行了第一次结清转让费的义务,剩下的转让费未予结清,已构成违约,应承担依法给付之民事责任。其答辩称规划部门仅同意涉案地块上可建筑的项目面积为18,442平方米,使其合同的目的不能实现,故不应按约定的27,000平方米给付转让费,并反诉要求中北公司按约定补足建筑面积不少于8558平方米土地,办理所有相关手续,如中北公司无法补足土地,则判令其按比例返还多收款项618.0884万元。经审查,中北公司将该项目和土地使用权转让给同方公司,该项目的土地面积及项目初审规划的建筑面积27,000平方米是真实可信的,同方公司受让该项目后,单方变更项目的楼层,减少建筑面积,其没有提供证据证明该项目变更已告知过中北公司且与中北公司协商解决下欠的转让费问题,上述事实发生系同方公司单方违反合同约定所致,故其反诉理由事实和法律依据不足,其反诉请求本院不予支持。中北公司答辩所称该项目面积减少的原因不是中北公司不履行合同义务所致,而是同方公司单方改变项目性质、降低楼层数而导致的事实和理由充分,该院予以采信。依照《民法通则》第106条第1款和《合同法》第107条之规定,判决如下:(1)同方公司于本判决生效后10日内支付中北公司项目和土地使用费607.2904万元。(2)驳回同方公司的反诉请求。如果未按判决指定的期间履行给付金钱义务,应当依照《民事诉讼法》第232条之规定,加倍支付迟延履行期间的债务利息。案件受理费81,338元(原告预交40,374元,被告预交40,914元,裁定上诉费50元),由同方公司负担。原告预交的部分由同方公司在执行上述款项时一并支付。

一审宣判后,同方公司不服,提起上诉。认为:(1)原审判决认定"同方公司未能提供证据证明涉案项目建筑面积减少是中北公司的原因,或已告知过中北公司,或因不可抗力所致"的事实是错误的。根据双方签订的《项目土地转让协议》第8条第1项的约定,中北公司负有保证转让给同方公司的项目部分总建筑面积不少于27,000平方米的义务,如果违反上述义务,则中北公司应承担按照西安市规划局对该项目的控制性规划补足土地,补足土地的使用权属于同方公司,土地证另行办理给同方公司的违约责任。本案中,规划部门至今仅同意涉案地块上可建筑面积为18,442平方米,远低于协议约定的面积,为此同方公司已提供了充分的证据予以证明。且中北公司对规划部门仅同意建筑项目面积为18,442平方米的事实是明知的。根据协议第1条约定,中北公司负责办理将原项目变更为综合商住项目的一切立项、规划手续,在办理手续过程中必然会涉及项目面积减少为18,442平方米的事实。(2)原审判决认定同方公司在受让该项目后,单方变更项目的楼层、减少建筑面积,且没有提供证据证明该项目变更已告知中北公司或与中北公司协商解决下欠转让费问题,上述事实发生系同方公司单方违反合同约定所致,并因此驳回同方公司的反诉请求是错误的。项目建筑面积减少并非同方公司单方变更所致,实系中北公司未与规划部门协调、沟通,不积极履行合同义务,致使规划部门将规则许可建筑面积降为18,442平方米。由于中北公司保证转让的项目面积不足时由其承担补足相应面积责任,故同方公司最终以3866万元的总价受让该项目,总价包括立项、定点、规划征地、拆迁、建审费用等。该总价对应的是涉案土地使用权及建筑面积为27,000平方米的项目,如低于该面积,则总价也不可能是3866万元。因此同方公司不可能主动及单方地去实施减少建筑面积之类不利于其公司的行为。因面积减少,双方多次协商未果,故同方公司将涉案余款予以扣留以保障其公司的合法权益。(3)原审判决没有认定中北公司的违约事实是错误的;同方公司的反诉请求既有事实依据,更有合同依据,而原判却予以驳回更是错误。故请求二审法院依法撤销原判,驳回被上诉人中北公司的诉讼请求,并支持上诉人同方公司的反诉请求,本案一、二审诉讼费用由被上诉人承担。

中北公司答辩称:(1)依据双方协议第2条约定,项目建设用地土地使用权和项目前期费用总价为3866万元,按照约定,同方公司应当履行剩余款项的支付义务。(2)依据双方协议第8条第1项对总建筑面积不少于27,000平方米的约定,中北公司的合同义务是保证转让的土地上承载能力应不少于27,000平方米。中北公司将项目转让给同方公司后,政府下达建筑计划的面积为27,000平方米,双方签订合同项目面积定为27,000平方米有事实依据,符合政府对此地块的承载要求,中北公司的合同义务已履行完毕。(3)建筑面积减少,是因同方公司单方改变项目性质、楼层数而导致的。中北公司转让的项目为综合商住项目,但在2003年12月9日,同方公司向设计单位提供任务书时称该建筑是集商业、办公为一体的综合性建筑,直接变更了项目性质,导致建筑面积减少。同方公司知道是自己原因造成面积减少,因此并未告知中北公司。2004年7月12日,同方公司向西安市人民政府提交的《关于请求同方服饰精品城项目降层后经济损失补偿的报告》中已将六层方案改为三层,政府给其经济补偿。因此足以证明,降层后面积减少是同方公司自行同意的,与中北公司无关。(4)该案一审反诉已超过诉讼时效期限。

陕西省高级人民法院审理认为:中北公司与同方公司签订的《项目土地转让协议》系双方当事人的真实意思表示,且不违反法律和行政法规的禁止性规定,应为有效合同。双方在合同中约定,中北公司将用地及拟建建筑面积 27,000 平方米项目转让给同方公司开发建设,由中北公司负责办理将原清真饮食城项目变更到同方公司名下所需的综合商住项目的一切立项、规划等合法手续。合同签订后,中北公司按照合同转让成交程序的约定,将原在其名下的土地使用权转让给了同方公司。同方公司在取得涉案土地使用权证后,也按约定向中北公司结清标的费用中的 3000 万元。后中北公司向相关部门申请办理了原中北公司饮食城项目变更为同方公司同方服饰精品城商业综合项目的立项手续,办理完成了土地拆迁。但在向西安市规划局申请办理项目规划审批时,规划部门核准的建筑面积仅为 18,442 平方米,比双方当事人约定的转让项目拟建建筑面积 27,000 平方米减少了 8558 平方米。规划部门的审批导致双方约定的转让面积不能实现,原审判决认定"导致规划面积减少系同方公司单方改变项目性质、降低楼层数,且不能提供证据证明该项目变更已告知过中北公司,且与中北公司协商解决下欠的转让费问题,系同方公司单方违约所致",属认定事实错误。本案中,因政府未审批双方合同中约定的 27,000 平方米,仅审批了 18,442 平方米,中北公司和同方公司对审批的规划面积比双方约定的建筑面积减少的后果均无过错,双方合同约定的转让面积不能实现的原因是政府的审批行为,对此行政行为导致合同目的不能实现,可参照不可抗力导致合同不能履行的情形认定,故中北公司与同方公司应对面积减少造成的损失按照公平原则承担。经对减少的面积估价,按照双方合同约定的总转让价款 3866 万元和建筑面积 27,000 平方米,计算出每平方米转让估价为 1432 元(3866 万元 ÷ 27,000 平方米 = 1432 元/平方米),再乘以实际减少的面积 8558 平方米,损失大约为 1200 万元。因面积减少后,同方公司将六层建筑降为三层建筑,考虑到减少的楼层商业价值必然低于低层商业售价,故对约 1200 万元的损失,由同方公司酌情承担五分之三计 700 万元,中北公司承担五分之二约 500 万元。故同方公司还应向中北公司支付下欠转让费 107.2904 万元。对同方公司上诉请求中北公司按比例返还减少面积补足款 618.0884 万元的请求不予支持。综上,依照《民事诉讼法》第 153 条第 1 款第 1 项、第 3 项之规定,判决如下:(1)维持西安市中级人民法院(2006)西民二初字第 46 号民事判决第 2 项;(2)变更西安市中级人民法院(2006)西民二初字第 46 号民事判决第 1 项为:由同方公司于本判决生效后 10 日内支付中北公司项目和土地使用费 107.2904 万元。如果未按判决指定的期间履行给付金钱义务,应当依照《民事诉讼法》第 232 条之规定,加倍支付迟延履行期间的债务利息。一审案件受理费

81,338 元,二审案件受理费 81,338 元,共计 162,676 元,由上诉人同方公司负担 81,338 元,被上诉人中北公司负担 81,338 元。

[参见阎庆文主编:《陕西省高级人民法院参阅案例》(第 1 辑),法律出版社 2014 年版。]

026. 土地使用权转让合同的当事人未在合同中就营业税的纳税人作明确约定的,应当由合同的哪一方缴纳营业税?

【典型案例】

山西太原捷利实业有限公司与中国科学院山西煤炭化学研究所土地使用权转让合同纠纷案

【裁判要点】

《合同法》第 52 条第 3 项规定,以合法形式掩盖非法目的的合同无效。据此,双方通过签订虚假合同而达到逃避行政管理制度之目的的,合同无效。所以,合同双方为了减少税基数而将损失补偿费用数额做低于实际数额的约定的,属于违反行政管理的行为,该约定无效,不能作为确认双方权利义务关系的依据。《营业税暂行条例》第 1 条规定,在中华人民共和国境内提供本条例规定的劳务、转让无形资产或者销售不动产的单位和个人,为营业税的纳税人,应当依照本条例缴纳营业税。据此,行政法规明确规定了营业税的纳税主体,当事人不得约定变更。所以,不动产转让合同的当事人虽然未在合同中就营业税的纳税人作明确约定,但根据《营业税暂行条例》的规定,应当由出让人缴纳营业税。

案号:最高人民法院(2001)民一终字第 103 号。

上诉人(原审被告):山西太原捷利实业有限公司(原山西太原捷利实业集团有限公司)。

被上诉人(原审原告):中国科学院山西煤炭化学研究所。

上诉人山西太原捷利实业有限公司(以下简称捷利公司)为与被上诉人中国科学院山西煤炭化学研究所(以下简称煤化所)土地使用权转让合同纠纷一案,不服山西省高级人民法院(2001)晋民一初字第 17 号民事判决,向最高人民法院提起上诉。最高人民法院依法组成合议庭,对本案进行了审理,现已审理终结。

经审理查明:1997 年 11 月 10 日,煤化所与捷利公司签订一份《土地使用权有偿转让协议》约定,就煤化所位于山西省太原市康乐西街以南 40 亩土地使用权及相应区域内的建筑物有偿转让进行合作,土地使用权及相应区域内的建筑物有偿转让费为每亩 150 万元,并约定与土地使用权转让发生的政府部门费用(土地出让金、土地增值税、契税及相关税费等)由捷利公司负担。付款方式为:捷利公司应于协议批准之日起 15 日内向煤化所支付 3000 万元用于协议土地区域原有科研设施的搬迁及科研损失补偿;捷利公司在煤化所完成协议土地区域原有科研设施的搬迁工作 30 日内向煤化所支付协议土地使用权及相应区域内的建筑物有偿转让费剩余款 3000 万元,同时捷利公司向政府部门缴纳土地出让金、土地增值税、契税及相关税费等。双方责任为:煤化所在捷利公司支付第一笔 3000 万元后 3 个月内将协议土地区域内的科研设施搬迁完毕,提供土地的有效使用权;捷利公司负担全部资金(包括土地使用权及相应区域内的建筑物有偿转让费、土地出让金、土地增值税、契税、相关税费及前期费用等),双方还约定协议经煤化所主管单位中国科学院批准后生效,如有违约,承担由此造成的一切经济损失。1997 年 11 月 26 日,中国科学院批复同意该协议。1998 年 2 月 13 日,鉴于煤化所已就转让土地做了大量搬迁准备工作,双方签订了一份《土地使用权有偿转让协议的补充合同》约定,“捷利公司同意如终止合同,补偿煤化所在此期间的工作损失费 100 万元”。随后,捷利公司给煤化所购买汽车两辆,计款 774.000 元。1998 年 5 月 21 日,双方又签订了一份《土地使用权有偿转让补充协议》,约定:捷利公司于 5 月 22 日前支付煤化所上级主管部门中国科学院土地使用权转让科研设施搬迁补偿费和科研工作停顿损失费 6000 万元;双方共同委托政府有关部门进行土地实测与丈量,费用由捷利公司支付,按政府部门实际勘测认定的面积,捷利公司将余款一次付清。1998 年 5 月 28 日,中国科学院批复同意煤化所转让南区 40 亩土地使用权(以实测为准)。1998 年 9 月 25 日,山西省太原市土地局批复同意收回煤化所使用的经实地测量为 32,429.3平方米的国有土地使用权(折合 48.64 亩),并明确地上附着物由捷利公司进行补偿。之后,煤化所依约履行,将土地交由捷利公司开发。1998 年 5 月 7 日和 5 月 8 日,捷利公司分两次分别支付购地款 4900 万元和 1100 万元给煤化所的上级主管单位中国科学院基本建设局,共支付 6000 万元。1998 年 9 月 30 日,捷利公司将取得使用权的 5.37 亩土地使用权转让给山西省太原市热力公司,由该公司直接折抵煤化所尚欠 645 万元供热费。1999 年 4 月 28 日,捷利公司又向煤化所支付 50 万元。2000 年 9 月,捷利公司在两次给煤化所出具的《关于支付煤化所土地尾款函》称,“现欠贵处土地款 601 万元,计划在 2001 年 7 月前分期支付”。

另查明:1999 年 12 月 13 日,山西省太原市迎泽区地方税务局菜园税务所向煤化所征收该宗土地使用权转让的营业税及城建税、教育附加税、价格调控基金等合计1,310,125元,煤化所直接缴纳了该笔税费。2001年6月21日,山西省太原市迎泽区地方税务局老军营税务所又以地税政字(2001)字第16号限期纳税通知书,要求煤化所于6月25日前缴纳该宗土地使用权转让的营业税等2,034,875元,同日煤化所又缴付了30万元,尚有1,734,875元未缴纳。1998年10月10日,双方签订一份《补偿协议》就该宗土地上的建筑物、构筑物及相应地下建筑物,绿化、道路等损失补偿费及科研、生产、搬迁、安置、停工损失补偿费等,共计6000万元。

2001年8月1日,煤化所向山西省高级人民法院提起诉讼,请求判令捷利公司给付土地使用权转让补偿费余款601万元及其利息、承担煤化所已缴付约定应由捷利公司负担的税费1,610,125元及其利息并支付剩余应交税费1,734,875元、承担违约金余款226,000万元及其利息,并承担本案全部诉讼费用。

一审法院经审理认为:煤化所与捷利公司于1997年11月10日、1998年2月13日、1998年5月21日所签土地使用权有偿转让协议及其补充合同、补充协议是双方真实意思表示,并经煤化所上级主管部门及土地管理部门审核同意,且已大部分履行,故合法有效,对双方均有约束力。捷利公司受让煤化所土地使用权32,429.3平方米,折合48.64亩,应付煤化所补偿费7296万元,已付6695万元,尚欠601万元未付,有捷利公司给煤化所《关于支付煤化所土地尾款函》作证,应予认定。捷利公司应支付煤化所土地转让费601万元及逾期支付的利息。按双方约定,与土地使用权转让发生的政府部门费用(包括土地出让金、土地增值税、契税及相关税费等)由捷利公司负担,根据法律规定,煤化所是转让该宗土地的纳税人,但双方约定该税款由捷利公司负担、煤化所实施纳税的形式,并未违反国家法律规定,应依约履行,煤化所已缴付营业税1,610,125元和未缴1,734,875元,均应由捷利公司给付煤化所。双方于1998年12月13日补签协议,关于终止合同,由捷利公司给付煤化所工作损失费100万元,基于1998年5月21日双方重新签约,继续履行,原合同并未终止,故煤化所主张226,000元工作损失费,不予支持。捷利公司辩称双方系联合开发,并不是土地转让。经查,1997年11月12日所签联合开发洁净煤技术等协议,与本案无关,不予支持。捷利公司辩称,1998年10月10日所签补偿协议,变更补偿费6000万元,且已如数付清,该协议约定该宗土地上下建筑物、构筑物、道路、科研等损失补偿费6000万元,并非土地转让补偿费,而双方系土地转让,且捷利公司在此之前已付煤化所土地转让补偿费6645万元。煤化所称该协议的真实意思是为了减少税基数,达到偷税和少缴税的目的,故该协议确定的6000万元不是双方真实意思表示,该协议无效,亦不予支持。据此判决:(1)捷利公司在本判决生效后10日内给付煤化所土地使用权转让补偿费601万元及利息(从1998年9月25日起按中国人民银行同期贷款利率计算至给付之日止);(2)捷利公司在本判决生效后10

日内给付煤化所税款3,345,000元及利息(按中国人民银行贷款利率计算,其中1,310,125元从1999年12月13日,30万元从2001年6月26日起计算至给付之日止);(3)驳回煤化所的其他诉讼请求。案件受理费65,250元,其他诉讼费10,000元,煤化所负担3250元,捷利公司负担72,000元。

捷利公司不服山西省高级人民法院(2001)晋民一初字第17号民事判决,向本院提起上诉称:一审判决认定事实有误,适用法律不当,请求二审法院撤销原判,依法改判。主要事实和理由是:(1)一审判决确认1998年10月10日《补偿协议》无效,缺乏事实和法律依据。双方于1997年11月10日签订一份《土地使用权有偿转让协议》后,又分别于1998年2月12日、2月13日、5月21日签订三份《土地使用权有偿转让协议》,进一步明确了双方的权利义务。1998年10月10日,双方再行签订《补偿协议》,对前四份协议的主要内容进行了变更,约定32,429.3平方米土地上的建筑物、构筑物及相应的地下建筑物、构筑物、通信、绿化、道路、供电、取暖、给排水管网的损失补偿费及科研、生产、经营设施搬迁安置费和科研、生产、经营工作停顿损失补偿费等共计6000万元。根据中国科学院有关规定,以上费用视为国家对中国科学院增加拨款,归中国科学院所有,由中国科学院统一安排使用。上述《补充协议》经双方签字盖章,是对原《土地使用权有偿转让协议》内容的变更和补充,故应确认该协议的效力。一审法院以煤化所称该协议的真实意思是为了减少税基数,达到偷税和少缴税的目的,该协议确定的6000万元不是双方真实意思表示为由,确认该协议无效,从而判决捷利公司承担给付煤化所土地使用转让补偿费601万元及其利息,显系不当。与原四份协议相比,《补偿协议》变更的核心内容,是将原协议中土地面积40亩变更为48.64亩(32,429.3平方米),而拆迁补偿费和科研损失费总额6000万元未作变动。《补偿协议》的依据是山西省太原市土地管理局并土管字〔1998〕79号、并土价字〔1998〕44号两份文件,文件确定:宗地面积32,429.3平方米,土地使用权总价54,481,200元,单位面积地价每平方米1680元(每亩112万元),并附有太原市土地价格事务所土地估价结果一览表,故应确认该协议的效力。一审法院依据2000年9月捷利公司致煤化所的一份《关于支付煤化所土地尾款函》确认欠款事实,实际上该函件是捷利公司工作人员在不知情的情况下出具的,且内容违反《补偿协议》精神,应属无效。(2)一审判决捷利公司给付煤化所税款3,345,000元及利息,无合同依据和法律依据。《土地使用权有偿转让协议》并未约定营业税(含城建维护、教育附加、价格调控基金)和印花税由捷利公司承担。该协议第2条第2款约定,土地使用权转让发生的政府部门费用(土地出让金、土地增值税、契税及相关税费等)由捷利公司承担。此约定不应作扩大解释。双方对营业税无约定,所发生的营业税应由煤化所承担。根据《营业税暂行条例》第1条"在中华人民共和国境内提供本条例规定的劳务、转让无形资产或者销售不动产的单位和个人,为营业税的纳税义务人,应当按照本条例缴纳营业税”之规定,煤化所作为转让无形资产土地使用权的主体,理应依法缴纳营业税。上述规定是行政法规的强制性规定。一审判决判令由捷利公司承担营业税3,345,000元及利息不当。即使合同中明确约定由捷利公司承担营业税,该条款也属无效,因为煤化所作为受益一方,将其应缴纳并承担的营业税转嫁给捷利公司,是一种规避法律的行为。

煤化所答辩称:(1)一审判决认定捷利公司给付煤化所补偿费余款601万元本金和利息的事实清楚、证据确实充分;(2)一审判决认定捷利公司按约给付煤化所税款3,345,000元及其利息合理合法,因为双方在协议中将已知未知的不能列举载明的可能发生的有关税费以“及相关税费”的文字概括表达,加以包容约定,虽然依法该笔营业税应由作为纳税义务人的煤化所缴纳,但根据双方协议约定,此种税费最终由捷利公司缴纳。故一审判决认定事实清楚,证据确实充分,适用法律正确,请求二审法院依法驳回上诉,维持原判。

最高人民法院认为:煤化所与捷利公司于1997年11月10日、1998年2月13日、5月21日所签土地使用权有偿转让协议及其补充合同、补充协议是双方真实意思表示,并经煤化所上级主管部门及土地管理部门审核同意,办理了出让手续,故合法有效,对双方均有约束力。按照合同约定,每亩土地使用权及相应区域内的建筑物有偿转让费为150万元,面积以实测丈量为准,1998年10月10日双方签订的《补偿协议》中并没有改变每亩单价150万元的约定,经山西省太原市土地管理部门批准,捷利公司从煤化所受让32,429.3平方米(折合48.64亩)土地使用权,应付煤化所土地使用权转让费和建筑物补偿费共7296万元。捷利公司对其应付煤化所的款项总额高于6000万元是清楚的,已分四次支付6695万元,尚欠的601万元余款,捷利公司于2000年9月给煤化所《关于支付煤化所土地尾款函》中承诺于2001年7月前分期付清,足以认定,一审判决据此判令捷利公司支付煤化所土地转让费余款601万元及逾期支付的利息,证据充分,是正确的,应予维持。《补偿协议》约定该宗土地上下建筑物、构筑物、道路、科研等损失补偿费6000万元,据查双方签订该协议的真实意思是为了减少税基数,达到偷税和少缴税的目的,属于违反行政管理的行为,该约定无效,亦不能作为确认双方之间权利义务关系的依据。依双方协议约定,土地使用权转让发生的政府部门费用(包括土地出让金、土地增值税、契税及相关税费等)由捷利公司负担,未明确约定捷利公司负担营业税,根据有关税收管理法律和行政法规的规定,煤化所是转让该宗土地的法定纳税义务人,营业税应由其缴纳,故捷利公司主张煤化所已缴纳和尚未缴纳的营业税共3,345,000元,均应由作为转让方的煤化所缴纳的理由成立,最高人民法院予以支持。一审判决有关由捷利公司缴纳营业税的判项,缺乏合同依据和法律依据,应予撤销。综上,依照

《民事诉讼法》第153条第1款第3项之规定,判决如下:(1)维持山西省高级人民法院(2001)晋民一初字第17号民事判决第1项、第3项。(2)撤销山西省高级人民法院(2001)晋民一初字第17号民事判决第2项。一审案件受理费65,250元、其他诉讼费10,000元,二审案件受理费65,250元,共计140,500元,由捷利公司负担98,350元,煤化所负担42,150元。本判决为终审判决。

[参见最高人民法院民事审判第一庭编:《最高人民法院二审民事案件解析》(第3集),法律出版社2007年版。]

027. 土地使用权转让未经人民政府批准的是否有效?

【典型案例】

雷春旺诉丰镇市丰宇铁合金有限责任公司转让合同纠纷案

【裁判要点】

转让方未取得出让土地使用权证书与受让方订立合同转让土地使用权、因起诉前转让方已经取得出让土地使用权证书或者经有批准权的人民政府同意转让的,应当认定合同有效。有限责任公司注销后,由有限责任公司的原股东承受公司的权利义务。

【案号】(2017)内0981民初649号。

【案情】

原告:雷春旺。

被告:丰镇市丰宇铁合金有限责任公司(以下简称丰宇铁合金公司)。

原告诉称:2011年5月12日,原告独资设立了丰镇市泛华工业废渣处理有限公司(以下简称泛华废渣处理公司),经营范围为工业废渣回收和加工处理。因生产所需扩建料场用地,泛华废渣处理公司把距其公司约1公里处的荒地和沟地作为建设料场用地,并在2008年原告雷春旺与巨宝庄镇村委会村民签订了承包土地协议书,协议约定雷春旺承包村民的荒地和沟地,承包时间为20年,交清了全部承包费,并经巨宝庄镇九墩沟村民委员会和巨宝庄镇人民政府同意,承包土地面积约90亩。因建设料场用地审批手续所需,丰镇市人民政府将原告承包地中的50亩土地批给泛华废渣处理公司使用。2012年10月18日,泛华废渣处理公司与丰镇市人民政府签订了关于建设年产20万吨工业废渣项目合作协议,约定丰镇市人民政府同意泛华废渣处理公司在氟化工业园区内建设工业废渣项目,用地50亩。泛华废渣处理公司在2012年11月4日向丰镇市国土资源局交纳了土地出让金。此后,用地范围内的林业用地取得了内蒙古自治区林业厅的行政许可,并经丰镇市经济和信息化局同意扩建年产20万吨工业废渣工程项目的立项批复。2012年12月31日,丰镇市城市规划管理局为泛华废渣处理公司核发了建设项目选址意见书,2013年8月经环保部门出具了环境评估,但是因规划原因未能办理国有土地使用权证。2014年10月6日,泛华废渣处理公司与被告丰宇铁合金公司签订了料场转让协议。协议约定:泛华废渣处理公司将料场通过政府立项、审批实际占地50亩(已占用)并取得相关合法占用手续(立项文件、与政府协议、林地批文、全额土地出让金票据、乡政府和村民占用手续、环保局环评),另有约不到30亩(未占用),但已经乡政府同村民转租归泛华废渣处理公司所有(未取得相关用地手续)及场内物料一并转让予被告,被告同意出资70万元转让费承接该料场及场内物料、空地,后续相关转换变更手续由被告负责,该料场产生的任何相关责任由被告承担。协议签订后,泛华废渣处理公司将料场、空地及地上物料和该地相关合作协议、立项批复、行政许可、环评报告、土地出让金收据、承包土地协议等全部移交给被告。但被告承接后,一直未按协议约定办理土地相关的转换变更手续,更没有按照合作协议和立项报告批复进行任何建设,每日倾倒其生产的工业废渣,且不顾环保部门的环评要求,继续大量倾倒。泛华废渣处理公司在经营过程中,因市场等诸多因素,无法继续经营,经申请注销登记。2016年12月6日,丰镇市工商局核准,准予注销登记。因被告既不办理土地转换变更手续,也不按照要求进行任何投资建设,更不停止倾倒工业废渣,原告无奈寻求解决途径,才知道双方所签订的料场转让协议中有关转让料场的约定属于无效。为此诉请法院,要求确认料场转让协议中转让料场的用地部分约定无效;要求被告返还原告转让料场的80亩土地使用权及相关合作协议、立项批复、行政许可、环评报告、土地出让金收据、承包土地协议;要求被告立即停止倾倒并清运料场内的全部工业废渣;要求被告承担本案诉讼费。

内蒙古自治区丰镇市人民法院经审理查明上述事实属实。另查明,丰镇市泛华工业废渣处理有限公司与丰镇市人民政府达成关于建设年产20万吨工业废渣项目合作协议,丰镇市人民政府同意向泛华废渣处理公司提供国有土地使用权50亩,丰镇市泛华工业废渣处理有限公司的料场实际占用丰镇市巨宝庄镇九墩沟村委会集体所有的林地、荒地、荒沟约90亩,原告雷春旺与砖楼沟村村民及九墩沟村民委员会签订的承包(林沟、荒地、耕地)协议书13份,原告雷春旺与丰镇市巨宝庄镇九墩沟村民委员会、丰镇市巨宝庄镇人民政府签订的承包土地协议书,明确用途为存放废渣;丰镇市泛华工业废渣处理有限公司已向丰镇市国土资源局交付土地出让金3,272,188元,但未取得料场占地的土地使用权证书,截至庭审辩论结束前,原、被告均未提供料场占地的土地使用权转让经有审批权的人民政府批准的证据。同时，原告将承包的林沟、荒地、耕地转让给被告丰镇市丰宇铁合金有限责任公司未经丰镇市巨宝庄镇九墩沟村民委员会同意，且改变了土地使用用途。

再查明，丰镇市泛华工业废渣处理有限公司系由雷春旺独资设立的公司，于2011年5月12日经丰镇市工商局核准成立。2016年12月6日，经丰镇市工商局决定，准予丰镇市泛华工业废渣处理有限公司的注销登记申请。

【审判】

2017年8月10日，内蒙古自治区丰镇市人民法院作出(2017)内0981民初649号民事判决，判决原告雷春旺设立的泛华废渣处理公司和被告丰宇铁合金公司签订料场转让协议涉及国有土地使用权转让及农村承包土地经营权流转部分无效；被告丰宇铁合金公司在判决生效后30日内向原告雷春旺返还对料场转让协议所涉土地使用权及农村承包土地经营权所涉土地使用权的占有和使用；被告丰宇铁合金公司在判决生效后30日内向原告雷春旺返还关于建设年产20万吨工业废渣项目合作协议、丰镇市经济和信息化局《关于丰镇市泛华废渣处理厂扩建年产20万吨工业废渣的立项报告的批复》、内蒙古自治区林业厅内林资许准(2014)659号《准予行政许可决定书》、《丰镇市泛华工业废渣堆料场建设项目环境影响报告表》、土地出让金收据4份、原告雷春旺与砖楼沟村村民及九墩沟村民委员会签订的承包(林沟、荒地、耕地)协议书13份、原告雷春旺与丰镇市巨宝庄镇九墩沟村民委员会、丰镇市巨宝庄镇人民政府签订的承包土地协议书的原件；被告丰宇铁合金公司在判决生效后立即停止向《料场转让协议》涉及的料场倾倒废渣；被告丰宇铁合金有限责任公司在判决生效后30日内将料场转让协议涉及的料场使用的土地上的废渣清理完毕；原告雷春旺在判决生效后30日内返还被告丰宇铁合金公司料场转让款70万元。宣判后，双方当事人均未上诉，判决已经发生法律效力。

［参见武大喜、王宋宝：《雷春旺诉丰镇市丰宇铁合金有限责任公司转让合同纠纷案——土地使用权转让未经人民政府批准无效》，载《人民司法·案例》2018年第23期。］

028. 当事人虽签订了土地使用权转让合同，但因转让方尚未取得该土地的使用权证和土地转让相关批准手续而不能履行合同的，是否可以要求解除合同？

【典型案例】

湖南省成功开发投资有限公司与湖南省湘林置业有限公司土地使用权转让合同纠纷上诉案

【裁判要点】

根据《合同法》第110条的规定，当事人一方不履行非金钱债务或者履行非金钱债务不符合约定的，对方可以要求履行，但法律上或者事实上不能履行的除外。由此可知，一旦出现法律上或者事实上不能履行的情形，债务人有权主张不再履行合同。因而，双方当事人虽签订了土地使用权转让合同，但转让方未取得该土地的使用权证和土地转让相关批准手续，出现了阻止合同履行的情形，因而不能履行合同，转让方是可以要求解除该合同的，并应当承担合同不能履行的损失。

上诉人（原审被告、反诉原告）：湖南省成功开发投资有限公司。

被上诉人（原审原告、反诉被告）：湖南省湘林置业有限公司。

一、湖南省高级人民法院一审查明的事实

2005年2月2日，湖南省成功开发投资有限公司（以下简称成功公司）与湖南省湘林置业有限公司（以下简称湘林公司）签订《国有土地使用权转让协议书》约定，成功公司将因投资修建湖南省长沙市雨花大道而获得一宗位于湖南省长沙市雨花大道高桥村段奎塘河北侧总面积71亩（约47,300平方米）的商住小区开发用回报地，通过国有土地使用权有偿转让的方式以每亩78万元转让给湘林公司。土地使用权转让总价款总额为5538万元，折楼面地价484元/平方米。该土地价款指成功公司应承担包含但不限于转让地上所有建筑物和附着物及所有管线的拆迁补偿费用、人员安置费用、土地出让金、“三通一平”工程建设、地上文物勘察及保护费等费用，但不含湘林公司按法律规定应交的契税及相关费用。付款方式和时间：(1)在合同签订之日，湘林公司向成功公司支付转让款500万元，2005年2月4日支付500万元，2005年3月底前湘林公司向成功公司支付1215.2万元，达到转让款总额的40%。(2)成功公司委托雨花区国土分局对“转让地”进行拆迁安置，拆迁安置费按28万元/亩(已含在转让款总额中)由成功公司包干,湘林公司按雨花区国土分局拆迁概算一次性付给雨花区国土分局20万元/亩的拆迁安置款即1420万元,其余拆迁安置款(568万元)由湘林公司在拆迁安置工作完成前分期逐步到位,但不得影响拆迁安置进度。湘林公司付给国土分局的拆迁款抵付相应转让款。如果实际拆迁安置价低于上述28万元/亩,剩余部分由湘林公司在成功公司完成全部拆迁安置后15日内支付给成功公司;如果实际拆迁安置价高于28万元/亩,高出部分由成功公司在湘林公司已付的40%转让款中支付给区国土分局用于拆迁安置。拆迁款为三方共管,专款专用。成功公司责任及义务:保证转让地的国有土地使用权无任何瑕疵,保证转让地没有任何遗留问题;负责土地范围内所有拆迁、安置、补偿事宜,并承担与此有关的所有税、费,拆迁完成时间为湘林公司支付首期拆迁款120天内;全权负责办理该宗土地权属的转移,成功公司在收到湘林公司支付的500万元首期款后的次日即到市国土局进窗办理土地使用权过户手续,进窗资料收件单由湘林公司保管,成功公司在资料进窗后和湘林公司按进度要求交纳契税后,在30个工作日内办好土地转让红线图和土地使用权证至湘林公司名下,并将权证、图纸及相关资料交付给湘林公司。湘林公司的责任义务:按本协议约定的付款时间及金额支付有关款项。湘林公司若未按本协议约定的时间和金额支付相关款项,迟延付款达二个月时,成功公司除保留诉讼权外,湘林公司须按每逾期一天向成功公司支付协议总金额万分之二标准的违约金,并有权终止合同的履行;成功公司若未按本协议的约定将本协议所指土地交付湘林公司使用或未按本协议约定将与本协议所指土地转让的所有法律手续(包括但不限于土地红线图、国有土地使用权证)按约定交付,每项(土地使用权过户、完成拆迁时间、交地时间、成功公司原因造成本协议无法履行的)迟延履行上述义务达二个月的,或将该地已转让给其他单位和另作他用,湘林公司除保留诉讼权外,有权要求成功公司继续履行协议并承担违约责任或者终止协议的履行并要求成功公司退款和承担违约责任,即湘林公司要求终止协议时,成功公司须在收到湘林公司要求退款的函件后5日内,及时全额退还湘林公司已付的款项及利息(按人民银行规定的同期一年期贷款利率计息),并按每逾期一天向湘林公司支付本协议总金额万分之二标准的违约金;成功公司单项违约,湘林公司要求继续履行协议时,成功公司在按约定向湘林公司支付违约金后,协议继续履行;本协议双方签字生效后,任何一方不得单方面擅自终止本协议,否则守约方要求继续履行合同时,违约方须按本协议土地"转让款"总额5538万元的3%向守约方支付违约金后,协议继续履行。如遇国家政策变化和不可抗力因素使本合同不能履行,不属违约,成功公司应在收到湘林公司要求退款的函件后10天内将湘林公司已付的款项如数退还湘林公司。由于不可抗力(指战争、地震、水灾、"非典"、政策变化、省、市重点工程等)致使不能按约定的条件履行本协议时,遇有不可抗力的一方,应立即书面通知另一方,并在10天内,提供不可抗力详情及协议不能履行或者需要延期履行的理由和有效证明文件。双方可按不可抗力对履行协议影响的程度,协商决定是否解除协议,或者部分免除履行协议,或者延期履行协议。此外,成功公司和湘林公司还就地块位置、面积和用地规划条件;基础设施和交地时间、条件等其他事项进行了约定。

上述签订后,湘林公司于2005年2月支付788万元,2005年4月支付300万元,2005年5月支付252万元,2005年8月支付120万元,2005年9月支付82万元。截至2005年9月,湘林公司共支付给成功公司土地转让款1542万元。

2005年12月21日,成功公司和湘林公司为继续履行《国有土地使用权转让协议书》,达成了《会议纪要》约定:(1)为解成功公司急需1000万元的燃眉之急,双方同意继续履行"原协议"。(2)湘林公司于2005年12月27日前向成功公司支付1000万元土地转让款到成功公司指定的账户,于2006年1月20日前向成功公司再支付600万元土地转让款;成功公司保证在收到湘林公司支付的1000万元土地转让款之日开始办理将"转让地"过户到湘林公司名下的手续。成功公司保证在将"转让地"权属转移到湘林公司名下的过程中不被"冻结"。(3)湘林公司同意,因国家政策调整,导致成功公司对"原协议"所指"转让地"进行拆迁的成本增加,其净值增加部分由湘林公司据实承担,即新旧政策之间的价差由湘林公司据实承担。(4)湘林公司同意在2006年3月底前向成功公司支付2000万元拆迁款(此款由湘林公司直接汇入国土局拆迁款专用账户,三方监控)。若湘林公司不能按期支付此款,且逾期达60天时,湘林公司放弃对"原协议"中约定的由成功公司负责拆迁款的追索,同时成功公司也放弃对"原协议"中约定的1988万元拆迁款的追索,拆迁工作转由湘林公司自行负责完成。同时,从土地转让款中扣除拆迁款和"原协议"约定的工程款后的余款,由湘林公司在2006年6月8日前付给成功公司。"原协议"约定的工程款在成功公司完成工程后,由湘林公司一次性支付给成功公司。(5)湘林公司在"原协议"执行完毕时向成功公司一次性支付其前期迟延付款的资金占用费20万元。本次会议及湘林公司依本《会议纪要》第2条约定付清土地转让款1600万元后,成功公司不再追究本次会议前湘林公司的违约责任。(6)本次会议后,一方若再违约,得按"原协议"第17条、第18条约定的标准和本次会议约定的时间追究违约方之违约责任后,"原协议"和本会议纪要继续履行。(7)本会议纪要与"原协议"具有同等法律效力,自双方签署之日生效。

2005年12月26日,湘林公司支付成功公司土地转让款135万元;2005年12月27日,湘林公司支付成功公司土地转让款865万元;2006年1月,湘林公司支付成功公司土地转让款200万元;2006年3月,湘林公司支付成功公司土地转让款150万元;2006年4月,湘林公司支付成功公司土地转让款250万元。至此,湘林公司共支付成功公司土地转让款3142万元。

成功公司在收到湘林公司支付的1000万元土地转让款后，没有办理将转让地过户到湘林公司名下的手续。2006年4月19日，转让地因湖南成功控股集团有限公司、成功公司与湘酒鬼股份有限公司经济纠纷案被湖南省湘西自治州中级人民法院预查封。2006年12月22日，被解除预查封。2006年9月15日、2006年11月16日，湘林公司给成功公司去函要求办理转让地土地使用权过户手续未果，2006年12月1日，湘林公司诉至一审法院。

另查明，1998年6月12日，成功公司与湖南省长沙市人民政府签订了《投资建设雨花大道合同书》，成功公司投资建设雨花大道，湖南省长沙市人民政府提供雨花大道两厢各300米已划定红线范围内除历史用地、村民生产生活、安置用地、乡村用地外共1088亩的土地使用权（含转让地）作为成功公司建设雨花大道的投资回报用地。投资回报用地可以依法转让、出租、抵押；可以按照有关法律、法规作价入股、合资、合作开发经营房地产。2004年1月9日，湖南省长沙市国土资源局与成功公司就投资回报用地签订《国有土地使用权出让合同》，2004年8月28日，湖南省长沙市人民政府通过了对成功公司的投资回报用地供应方案的审批。2005年2月17日，湖南省长沙市国土资源局核算成功公司投资回报用地43,774.72平方米土地（含转让地）应交纳土地出让金1,379,534元。成功公司已支付土地出让金。

2006年11月29日，湘林公司向一审法院申请诉前财产保全，一审法院以（2006）湘高法立保字第4号民事裁定书，将转让地予以查封。

二、当事人一审起诉与答辩情况

湘林公司向一审法院提起诉讼称：2005年2月2日，双方当事人就湖南省长沙市雨花区雨花大道高桥村段圭塘河北侧面积约71亩的土地使用权签订《国有土地使用权转让协议书》约定，成功公司以78万元/亩价格将该块土地转让给湘林公司，其中包括土地价款和协议约定的工程款50万元/亩，计价3900万元；拆迁安置费28万元/亩，计价1988万元；二项共计5538万元。该5538万元土地价款包括除由湘林公司承担部分契税以外的拆迁安置及“三通一平”、绿化等工程在内的一切费用。同年12月21日，为了解决被告的资金困难，双方补充约定：由湘林公司在2005年12月27日前支付1000万元土地转让款给成功公司，同时成功公司承诺保证在收到此款之日开始办理该土地的过户手续，并保证该土地不被冻结。同时，该协议第18条约定：“成功公司违约，按每逾期一天承担合同总额的万分之二的标准的违约金后，协议继续履行。”现除该土地的拆迁费用因诉讼原因被冻付和“三通一平”及绿化等工程费用因工程未实施未支付之外，其余3142万元土地价款已支付完毕。成功公司在湘林公司支付价款后，至今未按约定办理该土地的过户手续，交付土地，而且该土地还因其负债原因被湖南省湘西自治州中级人民法院冻结，给湘林公司造成了巨大经济损失。故请求：(1)判令成功公司履行双方签订的协议书，立即办理讼争土地的土地使用权的过户手续；(2)判令成功公司支付湘林公司违约金1000万元（从2005年12月28日至履行合同完毕时止，每天按合同总额的日万分之二承担违约金）；(3)本案的诉讼费用全部由成功公司负担。

成功公司答辩称：(1)湘林公司在履行协议中出现了重大的违约事实，应承担违约责任。(2)湘林公司与成功公司没有合法有效的补充协议，湘林公司提供会议纪要来支持自己的主张不应被支持。(3)鉴于现状，高桥村村民委员会（以下简称高桥村委会）已明确向长沙市国土局、长沙市人民政府提出要求收回被征用的土地，土地协议已无法履行，其责任在湘林公司。请求依法驳回湘林公司的诉讼请求。

成功公司提出反诉称：2005年2月2日，成功公司与湘林公司签订《国有土地使用权转让协议书》约定，湘林公司按78万元/亩的价格受让成功公司拥有的位于湖南省长沙市雨花大道高桥村的约71亩土地的使用权；如出现约定的重大客观情形，协议应当解除。签约后，湘林公司多次未按期付款，但成功公司以诚信为本，未与其计较，仍履行了包括与湘林公司办理协议土地过户手续等在内的全部合同义务，但直到协议土地被湖南省湘西自治州中级人民法院查封前，湘林公司均没有将过户手续完成。至此，成功公司对协议的履行合格，土地未能及时过户的原因在湘林公司，由于协议土地的相关状况已发生根本性变化，协议不应当也无法继续履行，湘林公司应当就其违约行为承担全部法律责任。故请求：(1)判令解除《国有土地使用权转让协议书》；(2)判令湘林公司支付违约金4,031,664元；(3)判令湘林公司承担本案的全部诉讼费用。

湘林公司针对成功公司的反诉答辩称：(1)成功公司提出的反诉事实与客观事实不符，湘林公司并不存在违约行为。根据成功公司与湘林公司双方于2005年2月2日签订的协议第14条第5项和2005年12月21日达成的《会议纪要》第2条约定，办理本案中土地权属转移义务的承担者是成功公司而并非湘林公司。事实上，成功公司至今没有全部履行合同义务，而湘林公司并不存在违约行为，不应承担违约责任。(2)本案中的土地并未出现成功公司所说的“不应当也无法继续履行”的情形，成功公司无权单方行使合同解除权。(3)成功公司已丧失提起反诉权利，请求驳回成功公司的反诉。

三、湖南省高级人民法院一审认定与判决

湖南省高级人民法院经审理认为，湘林公司与成功公司签订的《国有土地使用权转让协议书》《会议纪要》，其内容均是双方当事人真实意思表示，未违反国家法律法规强制性规定，合法有效。湘林公司在《会议纪要》签订后，于2005年12月27日前向成功公司支付了1000万元土地转让款，根据《会议纪要》第2条的约定，成功公司保证在收到湘林公司该笔土地转让款之日开始办理将转让地过户到湘林公司名下的手续,成功公司至今仍未办理将转让地过户到湘林公司名下的手续,其行为已构成违约,应承担违约责任。2006 年 4 月 19 日,转让地被湖南省湘西自治州中级人民法院预查封,成功公司又违反了其对湘林公司承诺保证在将转让地过户到湘林公司名下的过程中不被"冻结"之约定。成功公司应承担本案纠纷全部责任。按照《会议纪要》第 6 条的约定,成功公司应当立即办理好将转让地过户到湘林公司名下的手续,并以 2006 年 2 月 28 日为起准日,按照每逾期一天向湘林公司支付湘林公司当期已付款总额万分之二的违约金。湘林公司的诉讼请求部分成立,应依法予以支持。对违约金可计算至 2007 年 6 月 30 日,即成功公司应支付湘林公司违约金为 3,028,324 元(2006 年 2 月 28 日至 2007 年 6 月 30 日),2007 年 7 月 1 日起至合同履行完毕止,成功公司还应按湘林公司当期已付款总额的日万分之二支付给湘林公司违约金,鉴于湘林公司起诉时请求违约金的数额为 1000 万元,故成功公司支付给湘林公司违约金的总额不得超过 1000 万元。成功公司的反诉并未超过《最高人民法院关于民事诉讼证据的若干规定》第 34 条规定的期限,故对湘林公司辩称成功公司的反诉不应受理之理由,不予采信。成功公司反诉称湘林公司在协议签订后,多次未按照协议约定的时间支付土地转让款,土地没有过户是湘林公司未及时支付土地转让款,现转让地出现了重大客观情形,协议应予解除,湘林公司应承担违约责任并支付违约金。经查,湘林公司在协议签订后,未按约定时间支付土地转让款,但后来湘林公司与成功公司签订《会议纪要》,双方在《会议纪要》第 5 条中对湘林公司的违约责任及如何追究重新进行了约定,湘林公司按照《会议纪要》第 2 条约定的时间支付了 1600 万元给成功公司,湘林公司除在原协议执行完毕时向成功公司一次性支付其前期迟延付款的资金占用费 20 万元外,对湘林公司履行原协议的其他违约责任,成功公司已不再追究。根据成功公司与湖南省长沙市人民政府《投资建设雨花大道合同书》,投资回报用地可以依法转让、出租、抵押。现转让地并未出现合同约定不应当也无法继续履行之情形,"转让地"被湖南省长沙市人民政府征用后,其土地性质已属国家所有,之后,由湖南省长沙市人民政府出让给成功公司,湖南省长沙市雨花区高桥村委会无权收回已被国家征收的土地。故成功公司以此为由要求判令解除协议并要求判令湘林公司支付违约金 4,031,664 元的反诉请求,没有事实和法律依据,予以驳回。湘林公司要求继续履行协议和《会议纪要》的诉讼请求成立,予以支持。依照《合同法》第 8 条、第 60 条第 1 款、第 107 条,《最高人民法院关于审理涉及国有土地使用权合同纠纷案件适用法律问题的解释》第 9 条,《民事诉讼法》第 128 条、第 134 条第 3 款之规定,判决:(1)湘林公司与成功公司继续履行《国有土地使用权转让协议书》;(2)在判决生效后 30 日内成功公司办理湖南省长沙市雨花区雨花大道高桥村段圭塘河北侧(地籍号

10G－139）总面积约71亩的土地使用权过户给湘林公司的相关手续；（3）成功公司在判决生效后10日内按湘林公司当期已付款总额的万分之二支付给湘林公司违约金3,028,324元（从2006年2月28日至2007年6月30日），2007年7月1日起至合同履行完毕止，由成功公司按湘林公司当期已付款总额日万分之二支付给湘林公司违约金，违约金总额不得超过1000万元；（4）驳回湘林公司其他诉讼请求；（5）驳回成功公司的反诉请求。本诉案件受理费167,110元，反诉案件受理费30,168元，共计197,278元，由成功公司负担147,278元，湘林公司负担50,000元。

四、当事人上诉及答辩情况

成功公司不服一审判决，向本院提起上诉，请求：（1）撤销一审判决。（2）驳回湘林公司的诉讼请求。（3）判令确认双方签订的《国有土地使用权转让协议书》无效或者解除该合同，双方当事人应根据各自的过错承担相应的责任。（4）判令湘林公司承担本案的全部诉讼费用。事实和理由：（1）双方当事人签订的《国有土地使用权转让协议书》是无效的。湘林公司向一审法院提起诉讼时，讼争土地并未办理土地使用权证，且至今土地使用权证仍未办理。（2）讼争土地的转让未获得任何有批准权的人民政府的同意。成功公司未获得转让土地的使用权证而与湘林公司签订转让协议的行为属于无权处分行为。土地使用权证书的取得是土地使用权转让必须具备的条件。（3）根据《最高人民法院关于审理涉及国有土地使用权合同纠纷案件适用法律问题的解释》第9条的规定，未取得出让土地使用权证书的转让方即为无处分权人，其与受让方订立合同转让土地使用权的行为即为无权处分行为，该无权处分行为在转让方取得出让土地使用权证书或者有批准权的人民政府批准之前属于效力未定的法律行为。但该效力未定的法律行为并不是无期限的。在当事人向人民法院起诉前，如转让方仍未取得出让土地的使用权证书或者有批准权的人民政府没有同意转让时，不仅转让行为无效，而且其所签订的转让合同也应认定为无效。本案中，成功公司未取得转让土地的国有土地使用权证，对转让土地的开发投资不符合法定条件，有批准权的人民政府并未同意转让土地，故转让协议因为违反法律的强制性规定而属无效。（4）湘林公司向一审法院所提交的《会议纪要》也是无效的。成功公司没有参与也没有授权他人代表成功公司与湘林公司签订《会议纪要》。如前所述，双方签订的转让协议无效，所谓依据转让协议作出的《会议纪要》也是无效的。该《会议纪要》的主要内容是关于双方如何继续履行转让协议，而要继续履行转让协议的前提是转让协议本身的有效性。在转让协议本身无效的情况下，该《会议纪要》所确定的权利义务也是无法履行的，该《会议纪要》本身也是无效的。（5）即使双方当事人签订的转让合同有效，也应当依法解除。因为转让合同存在法律上和事实上不能履行的情形。首先，成功公司没有取得土地使用权证，不能转让土地使用权；其次，讼争土地现已为案外人高桥村村民占有，并在该土地上进行施工建设，成功公司不能向湘林公司交付讼争土地。

湘林公司答辩称：(1)双方签订的《国有土地使用权转让协议书》及《会议纪要》合法有效，成功公司应当继续履行合同，办理土地过户手续。湘林公司已经付清土地转让款，履行了合同义务。讼争土地使用权是可以转让的。1998年6月12日，成功公司与湖南省长沙市人民政府签订《投资建设雨花大道合同书》约定，投资回报用地可以依法转让、出租、抵押、作价入股、合资、合作开发经营房地产。这实质上是湖南省长沙市人民政府已经批准可以转让讼争土地。2004年1月9日，成功公司与湖南省长沙市国土资源局签订《国有土地使用权出让合同》，此后，成功公司缴纳了土地出让金及契税，依法取得了讼争土地的使用权。(2)讼争土地使用权实质具备转让条件，可以进入土地流通市场。讼争土地具备了取得国有土地使用权证的一切条件，只是成功公司故意拖延办理土地使用权证手续。未领取土地使用权证，并不影响转让合同的效力。转让土地未达到25%以上投资，属于合同标的物瑕疵，亦不影响土地使用权转让合同的效力。综上，一审判决认定事实清楚，适用法律正确。请求驳回上诉，维持原判。

五、最高人民法院二审查明的事实

最高人民法院二审查明：2006年8月25日，成功公司与湖南省长沙市国土资源局签订《国有土地使用权出让合同》，其内容与一审判决所述成功公司与湖南省长沙市国土资源局于2004年1月9日签订的《国有土地使用权出让合同》基本相同。

另查明，讼争土地原系湖南省长沙市雨花区高桥村农民集体土地，1998年被征用为国有土地后，作为对成功公司投资修建雨花大道的回报，由长沙市人民政府出让给成功公司。但由于高桥村农民安置工作困难，安置土地存在缺口，村民拆迁难度较大，高桥村委会多次致函有关部门和成功公司，要求有偿收回讼争土地。2006年11月29日，成功公司与高桥村的地方企业湖南省高桥大市场发展有限公司(以下简称高桥公司)签订转让讼争土地的意向合同，拟将讼争土地转让高桥公司。此后，高桥公司又与高桥村委会签订《土地置换协议》，高桥村村民遂在讼争土地上动工建设。为此，2007年11月湖南省长沙市雨花区委、区政府召集相关部门及成功公司召开协调会，提出要保证村民的安置问题得以圆满解决。根据成功公司向法庭提交的照片材料看，目前高桥村农民已经开始在讼争土地上进行施工建设。

最高人民法院二审查明的其他事实与一审法院查明的事实相同。

六、最高人民法院二审认定与判决

最高人民法院认为，本案二审争议的焦点问题为，双方当事人签订的《国有土地使用权转让协议书》是否合法有效、是否应继续履行。双方当事人签订《国有土地使用权转让协议书》约定，成功公司将讼争土地的使用权转让给湘林公司，湘林公司支付相应的对价,该合同的性质为土地使用权转让合同。成功公司与湖南省长沙市国土资源局签订了《国有土地使用权出让合同》,且支付了土地出让金。双方当事人签订土地使用权转让合同的意思表示真实,湘林公司支付了大部分转让款项,一审法院认为该土地使用权转让合同应认定为有效,适用法律正确。但由于成功公司至今没有取得讼争土地的土地使用权证,亦未取得土地转让的批准手续,该事实构成了双方当事人履行合同的阻却事由。在成功公司未取得讼争土地使用权证的情况下,无法按照转让合同的约定履行土地过户的合同义务。而且,成功公司与案外人高桥公司签订转让讼争土地的意向合同,拟将讼争土地转让高桥公司。此后,高桥公司又与高桥村委会签订《土地置换协议》,高桥村村民遂在讼争土地上动工建设。讼争土地的现状表明,成功公司实际上已经失去了对讼争土地的控制,从而不能向湘林公司交付讼争土地。根据《合同法》第 110 条第 1 项的规定,当事人一方不履行非金钱债务或者履行非金钱债务不符合约定的,对方可以要求履行,但法律上或者事实上不能履行的除外。本院认为,本案中双方当事人签订的土地使用权转让合同,存在合同法规定的法律上和事实上不能履行的情形,且成功公司亦明确表示不愿履行其与湘林公司之间的转让合同。据此,根据成功公司的请求,解除双方当事人签订的土地使用权转让合同,成功公司应当返还已经取得的湘林公司支付的土地转让款及相应的利息。造成合同不能履行,成功公司应承担主要责任,一审法院关于成功公司违约事实及承担责任的认定,于法有据,应予维持。如合同解除后,双方当事人仍存有纠纷,可另循法律途径解决。

综上,根据《合同法》第 110 条第 1 项、《民事诉讼法》第 153 条第 1 款第 2 项之规定。判决如下:(1)维持湖南省高级人民法院(2007)湘高法民一初字第 1 号民事判决第三项、第四项;(2)撤销湖南省高级人民法院(2007)湘高法民一初字第 1 号民事判决第一项、第二项、第五项;(3)解除湖南省成功开发投资有限公司与湖南省湘林置业有限公司于 2005 年 2 月 2 日签订的土地使用权转让合同,湖南省成功开发投资有限公司于本判决生效后 15 日内返还湖南省湘林置业有限公司 3142 万元及利息(利息自每笔付款之次日起至还款之日止,按照中国人民银行同期同类贷款利率计算)。湖南省成功开发投资有限公司如未按本判决确定的期间履行金钱给付义务,应当依照《民事诉讼法》第 229 条之规定,加倍支付迟延履行期间的债务利息。一审案件受理费按一审判决执行;二审案件审理费 197,278 元,由湖南省成功开发投资有限公司负担 118,367 元,湖南省湘林置业有限公司负担 78,911 元。

[参见最高人民法院审判监督庭编:《全国法院再审典型案例评注》(上下),中国法制出版社 2011 年版。]

029. 土地使用权转让期间，因转让方与第三人间的纠纷导致土地被查封的，受让方是否有权中止支付转让款？

【典型案例】

广州市金盛房地产开发有限公司与广州侨实房地产开发有限公司土地使用权转让合同纠纷上诉案

【裁判要点】

《合同法》第150条规定，出卖人就交付的标的物，负有保证第三人不得向买受人主张任何权利的义务，但法律另有规定的除外。土地使用权转让合同的转让方，应承担法定的瑕疵担保责任，保证第三人不会因标的物影响到受让方。因转让方与第三人间的纠纷导致土地被查封，转让方违反了法定的权利瑕疵担保义务。《合同法》第152条规定，买受人有确切证据证明第三人可能就标的物主张权利的，可以中止支付相应的价款，但出卖人提供适当担保的除外。因此，土地使用权转让期间，因转让方与第三人间的纠纷导致土地被查封的，受让方有权中止支付转让款。

上诉人（原审被告、反诉原告）：广州市金盛房地产开发有限公司。

被上诉人（原审原告、反诉被告）：广州侨实房地产开发有限公司。

一、广东省高级人民法院一审查明的案件事实

一审法院经审理查明：2003年1月29日，广州侨实房地产开发有限公司（甲方，以下简称侨实公司）与广州市金盛房地产开发有限公司（乙方，以下简称金盛公司）签订《转让开发中山三路侨实大厦项目合同》（以下简称《转让合同》），约定：“（一）本项目位于中山三路125－151号及荣华北地段，核准用地面积为5178平方米。本项目由甲方已完成用地范围内原住户和商铺的全部临迁安置和已完成基础开挖、护壁桩工程以及部分桩基工作量。（二）项目转让方式和转让条件。1. 转让方式：（1）由乙方补偿甲方在本项目已支付的全部临迁费及垫支的前期开发费用和预交的有关费用共3200万元整。（2）签订合同后，由乙方组织实施项目开发工作，投入开发建设、临迁费等所有资金至将该地建成楼房，由乙方负责该项目的全面工作。2. 由甲方提供中山三路125－151号及荣华北地段的用地面积5178平方米土地及施工现状进行合作；并由甲方提供该用地开发、建设、销售等方面须向政府审批手续的文件和资料。3. 合同签订并办理更改该项目开发权属的名称后，乙方拥有对该项目的全部经营开发权、建设和销售权、除回迁外的全部房屋产权、使用权和物业管理权。届时甲方单位不再参与本项目经营和分配，不承担本项目的经营风险。4. 甲方在签订本合同后，本项目由甲方签订合同的施工、质检、监理、设计单位先由甲方向乙方办理交接，乙方如更换以上单位或更换组织机构，均由乙方重新审查核实或签订新合同，乙方签订的新合同费用由乙方负责，甲方原签订的合同同时终止，终止前所欠的费用暂定900万元，由甲、乙双方各负责50%，原施工单位与甲方的经济来往与乙方无关（除甲、乙双方另行约定外）。（三）甲、乙双方责任。1. 甲方责任：（1）向乙方提供经市政府有关部门批准征用的中山三路125－151号及荣华北地段5178平方米土地作为合作用地。（2）甲方收到乙方第一期补偿费的同时，将本项目的有关征地、报建等资料原件及已交税费、按金和土方工程等基建费用的全部单据发票移交给乙方。（3）甲方收到乙方第一期补偿费后，甲方随即办理原施工单位的退场手续……原施工工程款结算经双方确认方有效。（4）协助乙方做好本项目的管理、开发工作。甲方不承担项目开发经营的亏损和不参与盈利分配。（5）负责承担该地块前期（签订本合同之前）的一切经济责任和法律责任……（7）本项目建成后，协助乙方搞好临迁户（包括住户和商铺）的回迁工作。（8）甲方收到乙方第二期款后的第三天，向乙方移交甲方与该地段搬迁户签订的拆迁、临迁、回迁合同。2. 乙方责任：（1）乙方在本项目建成后，负责安置原回迁住户共182户，住宅回迁建筑面积共9416.873平方米，回迁户楼层由乙方按回迁合同安排。负责在裙楼5～6层安置原商铺回迁共18户，商铺回迁建筑面积共1669.713平方米……由乙方负责接手后所发生的临迁费用。（2）按本合同规定的付款办法向甲方支付补偿费总额3200万元。乙方负责本项目开发、经营、管理、销售工作，自负盈亏，自担风险。（3）负责本项目接收后开发建设所需的全部建设投资……以及本项目由乙方接手后应交的税费，包括土地有偿使用费……负责本项目重新组织施工建设和工程监理工作及费用……（8）负责切实执行甲方原与该地段搬迁户签订的拆迁、临迁、回迁合同，按上述合同规定，安置原住户、商铺的回迁，并支付乙方接手后所发生的临迁费用。（四）乙方付补偿费给甲方的办法和时间。本合同签订后第2天，乙方支付甲方预付款500万元整；在办理完毕拆迁结案时乙方在第5天内向甲方再支付1300万元；在双方签订转让合同之日起乙方在第7个月内向甲方支付1400万元……（六）违约责任。1. 若甲方在本合同生效后不按本合同规定移交本项目给乙方或再与第三者合作开发则构成违约，甲方除应退还所收乙方款项外，还应赔偿相应的违约金给乙方。2. 在执行本合同期间，若乙方不按合同规定按时支付给甲方补偿费等即属违约，对乙方处以违约金，违约金按欠付款金额每日5‰计算。（七）其他。1. 本项目在本合同生效前发生的债权债务以及本地块的拆迁纠纷均由甲方解决并负经济和法律责任,与乙方无关。在本合同签订后由乙方开始运作本项目起,所发生的债权债务以及本地块的拆迁纠纷由乙方解决并由乙方负经济和法律责任,以及负安置回迁的责任,乙方接手本项目后应负的各种责任与甲方无关……4.本合同经合作双方签字盖章后共同到市公证处办理合同鉴证,本合同从公证生效之日起生效。特殊约定条款:在签订转让合同后,未办妥该地块转名时,乙方仍以甲方名义交纳土地出让金,拆迁结案监控金,市政配套费,在乙方交纳上述前期费用后,该地块实际上已属乙方所有,甲方承诺该地块属乙方并办理转名手续。"

2003年7月14日,金盛公司向侨实公司出具了一份《保证书》,载明:"根据我方与侨实公司(以下简称甲方)于2003年1月29日签订的转让开发中山三路侨实大厦项目合同第四条支付补偿款规定,我方由于种种原因,未能按时支付给甲方(此前已付给甲方补偿款1100万元整);我方保证在2003年8月20日前支付部分补偿款余款700万元整给甲方,并于2003年9月10日前支付全部补偿余款人民币1480万元整给甲方(其中80万元整是归还甲方代交的地价款);如我方再逾期支付,甲方有权单方向我方提出任何方式、要求抵偿以及赔偿由此而造成的经济损失。"

2003年7月22日,广州市国土资源和房屋管理局向金盛公司颁发《国有土地使用证》。2005年9月30日,广州市建设委员会向金盛公司颁发《建筑工程施工许可证》,载明合同开工日期为2005年9月30日,合同竣工日期为2007年5月22日。

另查明:涉案中山三路125-151号及荣华北地段项目曾用名"中兴大厦""侨实大厦",现名为"金宝怡庭",该在建项目已于2006年7月完成建筑封顶。

还查明:侨实公司与广东中兴经济发展有限公司(以下简称中兴公司)于1999年5月29日签订了一份《合作开发合同》,约定双方合作开发广州市中山三路125-151号及荣华北地段,由于双方在履行合同的过程中一直未能成立项目公司,合作合同未能继续履行,遂引起纠纷。2002年12月25日,广州仲裁委员会受理了申请人中兴公司以侨实公司为被申请人提起的合作合同纠纷仲裁申请,广州仲裁委员会于2003年3月7日组成仲裁庭对该案进行审理。2003年8月6日,广州仲裁委员会作出了(2002)穗仲案字第1189号裁决书,就双方当事人争议的合同效力部分先行裁决如下:(1)中兴公司与侨实公司于1999年5月29日签订的《合作开发合同》无效;(2)侨实公司返还中兴公司给付的项目合作费和拆迁费共34,821,174元;(3)侨实公司支付上项裁决的款项的利息给中兴公司,利息按中国人民银行公布的同期贷款利率计算。

2003年8月22日、26日,广州市中级人民法院受理中兴公司提出的执行广州仲裁委员会生效仲裁裁决的申请后,裁定查封侨实公司名下(现为金盛公司所有)

位于中山三路125－151号及荣华北地段的土地项目，并要求金盛公司提供购买上述地块的所有合法手续及已支付购地款的证明，金盛公司未经该院许可，不可破坏上述场地的现状。对此，金盛公司以中山三路125－151号及荣华北地段为其所有为由，向广州市中级人民法院提出执行异议，广州市中级人民法院经审查后，于2003年10月17日作出裁定书，解除对广州市中山三路125－151号及荣华北地段5179平方米土地使用权的查封。

2003年9月10日，中兴公司以侨实公司为被告、以金盛公司为第三人，以侨实公司为了逃废其对中兴公司的巨额债务，与金盛公司签订土地使用权转让合同，将价值7500万元的诉讼（仲裁）标的物以1500万元的不合理低价转让给金盛公司，损害了其合法权益为由，向广州市中级人民法院提起诉讼并申请财产保全，诉求撤销侨实公司与金盛公司签订的《广州市国有土地使用权转让合同》，并判令侨实公司赔偿中兴公司经济损失630万元。广州市中级人民法院受理后，于2003年11月13日裁定冻结侨实公司和金盛公司价值1500万元的银行存款或查封、扣押其他等值的财产；同日，该院查封了金盛公司位于广州市中山三路125－151号及荣华北地块。

2004年8月16日，金盛公司与中兴公司双方签订《和解协议》，金盛公司同意向中兴公司支付1300万元补偿款（分三期支付），以终结中兴公司诉侨实公司与金盛公司土地转让合同撤销权纠纷案的诉讼。中兴公司同意在收到金盛公司的全部款项后，不再对金盛公司与侨实公司签订的土地转让合同行使撤销权或其他权利，以及对上述案件涉及的广州市中山三路125－151号及荣华北地段土地不得再以任何理由主张任何权利，并在收到全部款项后2个工作日内，向广州市中级人民法院提交撤诉申请和解除对上述土地的查封申请。同日，中兴公司向金盛公司出具收到补偿款300万元的收据，2004年9月30日、10月27日，中兴公司又分别向金盛公司出具各收到500万元补偿款的2份收据。2004年11月12日，广州市中级人民法院解除对广州市中山三路125－151号及荣华北地段的查封。

2006年8月11日，侨实公司向一审法院提起诉讼，请求判令：(1)金盛公司提交回迁方案，支付临迁费用1178万元；(2)金盛公司支付土地开发项目转让款1760万元；(3)金盛公司支付终止原合同的欠费2,273,632.54元；(4)金盛公司支付逾期付款违约金2319.3万元（金盛公司逾期付款的总金额为1760万元，以每笔欠款数额×逾期天数×每日1%计，最后一笔欠款从2003年10月1日暂计至2006年8月11日起诉之日止），另对金盛公司目前尚未支付的欠款总额19,873,632.54元(17,600,000元＋2,273,632.54元)，从2006年8月11日起，按照每日1‰支付违约金至判决确定的付款之日；(5)金盛公司负担全部诉讼费用。

金盛公司向一审法院提起反诉称：由于侨实公司故意向金盛公司隐瞒涉案地块存在纠纷的事实，导致该地块被查封，造成金盛公司向中兴公司支付1300万元补偿费的经济损失,故请求判令:(1)侨实公司向金盛公司赔偿经济损失1300万元及利息[其中300万元从2004年8月16日开始按人民银行规定的同期逾期借款利率标准(每日2.1‰)计算至实际支付之日止;500万元从2004年9月30日开始按人民银行规定的同期逾期借款利率标准(每日2.1‰)计算至实际支付之日止;500万元从2004年10月27日开始按人民银行规定的同期逾期借款利率标准(每日2.1‰)计算至实际支付之日止]。暂计算至2006年9月27日的利息共198.66万元,2006年9月28日开始按人民银行规定的同期逾期借款利率标准(每日2.1‰)计算至实际支付之日止。(2)侨实公司向金盛公司支付延期开发建设损失临迁费451.8万元(按14个月零20天计算,每月30.8万元)。(3)侨实公司向金盛公司支付闲置资金损失390.251万元。(4)侨实公司向金盛公司提供广州市东山区中山三路125-151号及荣华北地段土地的被拆迁户的拆迁资料(包括身份证、户籍复印件和拆迁补偿协议、安置回迁协议等)。(5)要求侨实公司向金盛公司返还2003年7月的临迁费30.8万元。(6)侨实公司承担本案的诉讼费用。

二、广东省高级人民法院一审认定与处理

一审法院认为:本案系土地使用权转让合同纠纷。

关于合同性质和效力的问题。侨实公司与金盛公司在2003年1月29日签订的《转让合同》中约定,由侨实公司提供中山三路125-151号及荣华北地段的用地面积5178平方米及施工现状进行合作,由金盛公司补偿侨实公司在该项目已支付的全部临迁费及垫支的前期开发费用和预交的有关费用共3200万元。合同签订并办理更改该项目开发权属的名称后,金盛公司拥有对该项目的全部经营开发权、建设和销售权、除回迁外的全部房屋产权、使用权和物业管理权,届时侨实公司不再参与该项目经营和分配,不承担本项目的经营风险。上述合同约定的内容虽有关于合作开发的表述,但合同中明确约定侨实公司既不参与项目的分配,也不承担经营风险。可见,双方签订的合同虽名为转让开发合同,实为土地使用权转让合同。因此,双方纠纷的性质应确定为土地使用权转让合同纠纷。侨实公司在与金盛公司签订《转让合同》时,作为转让方的侨实公司尚未取得上述涉案地块的土地使用权证书,该《转让合同》应属于效力待定合同。但在2003年7月22日,经广州市人民政府批准同意,受让方金盛公司取得了上述涉案土地的《国有土地使用证》,即双方的转让行为在本案起诉前已经获得有批准权的人民政府批准同意。因此,依据《最高人民法院关于审理涉及国有土地使用权合同纠纷案件适用法律问题的解释》第9条关于"转让方未取得出让土地使用权证书与受让方订立合同转让土地使用权,起诉前转让方已经取得出让土地使用权证书或者有批准权的人民政府同意转让的,应当认定合同有效"的规定,侨实公司与金盛公司签订的《转让合同》是双方当事人的真实意思表示,合同内容没有违反法律、行政法规的禁止性规定,应依法认定为有效,双方当事人均应严格依合同的约定履行义务。

关于金盛公司应否向侨实公司提交回迁方案和支付接手项目后的临迁费的问题。根据双方在《转让合同》中的约定,金盛公司在涉案项目建成后负责安置原回迁住户182户和原回迁商铺18户,并支付接手后所发生的临迁费用。但双方并未在合同中明确约定金盛公司应向侨实公司提交回迁方案和支付临迁费。而且,侨实公司也未举证证实其已向被拆迁户和商铺发放了2003年7月以来的临迁费,或被拆迁户和商铺已委托侨实公司代为主张临迁费。金盛公司已根据双方合同约定着手履行其接手涉案项目后的临迁费发放和被拆迁户的回迁安置工作,也已将涉案项目的回迁方案报送国土房管部门备案。因此,侨实公司并不是主张临迁费的适格主体,也不是回迁方案的备案单位,故其主张金盛公司应向其提交回迁方案和支付临迁费1178万元缺乏事实依据和合同依据,依法不予支持。

关于金盛公司应向侨实公司支付的项目转让费的数额问题。根据双方签订的《转让合同》的约定,由金盛公司补偿侨实公司在涉案项目已支付的全部临迁费及垫支的前期开发费用和预交的有关费用共人民币3200万元整。2003年7月14日,金盛公司向侨实公司出具的《保证书》,承认侨实公司为金盛公司代交了80万元的地价款应由金盛公司归还,侨实公司对此也予以确认,故金盛公司应付给侨实公司补偿款共计3280万元。双方在《转让合同》第2条"项目转让方式和转让条件"第5款约定,合同签订后,涉案项目原来由侨实公司已签订合同的施工、质检、监理、设计单位,先由侨实公司向金盛公司办理交接,金盛公司如更换以上单位或更换组织机构,均由金盛公司重新审查核实或签订新合同,金盛公司签订的新合同费用由金盛公司负责,侨实公司原签订的合同同时终止,终止前所欠的费用暂定900万元,由双方各负责50%。双方同时还约定侨实公司收到金盛公司第一期补偿费后,侨实公司随即办理原施工单位的退场手续,原施工工程款结算经双方确认方为有效。根据上述合同约定,作为受让方的金盛公司支付3200万元的项目转让对价中,仅包括侨实公司已支付的全部临迁费及垫支的前期开发费用和预交的有关费用,并未包括侨实公司原签订的施工、质检、监理、设计合同终止前所欠的费用(以下简称终止原合同的欠费)。对该终止原合同的欠费,金盛公司还需按约定负责50%的支付义务。根据双方关于原施工工程款结算经双方确认方为有效的约定,侨实公司未能提供证据证实其提交的相关工程结算书及工程用款依据清单已经过金盛公司确认,侨实公司据此主张前期工程款总额为9,547,265.08元,金盛公司应承担50%即4,773,632.54元,理据不足,依法不予支持。但根据双方在《转让合同》中关于(原合同)终止前所欠的费用暂定900万元,由双方各负责50%的约定,应视为双方对终止原合同存在前期工程欠费事实的确认,并对该欠费数额暂定为900万元达成合意。在无证据证实此数额有变化的情况下,可以此约定数额为据。鉴于金盛公司已接收了侨实公司交付的涉案地块上的在建工程项目并从中受益，故金盛公司应依约负担双方已认可的900万元前期工程欠费的50%即450万元，并将该款先支付给侨实公司。双方若有证据证实该终止原合同的欠费多于或少于900万元，双方均可对已多付或少付的款项另行主张权利。综上，金盛公司依约应向侨实公司支付的项目转让费共计3730万元，包括：项目转让补偿款3200万元、侨实公司代垫的地价款80万元、终止原合同的欠费450万元。

关于金盛公司已付款项及尚欠款项数额的问题。侨实公司、金盛公司双方对截至2006年8月10日，金盛公司已支付给侨实公司的款项总额为1950.8万元均没有异议。金盛公司已支付给侨实公司的1950.8万元中，可认定1739.2万元（1920万元－180.8万元）是其支付的土地补偿款，180.8万元是其委托侨实公司代为发放给被拆迁户的2003年1～6月的临迁费，30.8万元为其委托侨实公司代为发放2003年7月的临迁费。因此，根据《转让合同》及金盛公司出具给侨实公司的《保证书》所约定及承认的金盛公司应付款数额，金盛公司尚欠侨实公司项目转让补偿款为1540.8万元（3280万元－1739.2万元）。

关于金盛公司延迟付款行为是否构成违约的问题。金盛公司于2003年1月30日向侨实公司交付了500万元预付款后，截至2003年8月20日，金盛公司支付给侨实公司的项目转让补偿款仅为1319.2万元（1500万元－180.8万元），截至2006年8月10日金盛公司的最后一笔付款，金盛公司支付给侨实公司的全部项目转让补偿款也仅为1739.2万元，尚未达到金盛公司在《保证书》中承诺的在2003年8月20日前支付完1800万元（1100万元＋700万元）的数额（尚差60.8万元），金盛公司至今尚欠侨实公司项目转让补偿款1540.8万元。根据双方签订的《转让合同》约定，金盛公司不按合同约定按时支付给侨实公司补偿费等即属违约，违约金按欠付款金额每日5‰计算，金盛公司延迟付款的行为已构成违约。诉讼中，侨实公司根据金盛公司关于合同约定违约金按欠付款金额每日5‰计算的标准明显过高、要求法院予以调整的答辩意见，主动将合同约定的每日5‰违约金计算标准调整为按每日1‰计算，属于侨实公司对自己权利的处分，依法予以准许。

关于金盛公司支付给案外人中兴公司的1300万元补偿款能否视为其经济损失向侨实公司主张赔偿的问题。中兴公司提起合作合同纠纷仲裁申请的时间为2002年12月25日，广州仲裁委员会组成仲裁庭的时间为2003年3月7日。作出仲裁裁决的时间为2003年8月6日。而侨实公司与金盛公司签订《转让合同》的时间为2003年1月29日，金盛公司经政府批准取得涉案中山三路125－151号及荣华北地段的《国有土地使用证》的时间为2003年7月22日。虽然《转让合同》是在中兴公司提起仲裁申请之后才签订，但双方签约时仲裁庭尚未组成，双方间履行完土地使用权转让手续时仲裁裁决还没有作出，故在仲裁裁决生效之前，侨实公司依法有权处分自己的权利,包括将涉案土地使用权进行转让。而且,根据双方签订的《转让合同》的约定,涉案地块及该地块上的工程项目在签约前可能存在的债权债务纠纷,包括侨实公司与中兴公司之间的债权债务纠纷,依约应由侨实公司自行负责解决,与金盛公司无关。2003 年 9 月 10 日,中兴公司又以侨实公司为被告、以金盛公司为第三人,向广州市中级人民法院提起撤销权之诉并申请财产保全,诉求撤销侨实公司与金盛公司签订的土地使用权转让合同,并要求侨实公司赔偿中兴公司经济损失 630 万元。中兴公司向广州市中级人民法院提起的撤销权之诉,是基于其认为债务人侨实公司以明显不合理的低价转让财产、逃废债务、损害其作为债权人的利益而提起的诉讼。因此,该撤销权之诉也是因中兴公司与侨实公司之间的债权债务纠纷引起的,依约也应由侨实公司负责解决,与金盛公司无关。虽然涉案地块因中兴公司申请诉讼保全而再次被广州市中级人民法院查封,但法院的查封只是限制涉案土地的产权转移,并没有限制土地的开发建设。但在该案诉讼期间,作为该案第三人的金盛公司主动与中兴公司达成庭外和解协议,并向中兴公司支付了 1300 万元的补偿款,且补偿款数额也明显高于中兴公司关于侨实公司应向其赔偿经济损失 630 万元的诉讼请求。金盛公司未能提供证据证实其与中兴公司进行和解是经过侨实公司的授权,也没有证据证实当时其已将与中兴公司达成和解协议的事实知会了侨实公司,并得到侨实公司的确认。事实上,侨实公司也坚持认为金盛公司的和解行为与其无关,应由金盛公司自己承担相应的后果。因此,金盛公司与中兴公司之间达成的《和解协议》,对侨实公司不具有法律约束力,金盛公司自愿向中兴公司支付 1300 万元补偿款的行为应属于其对自己权利的处分,与侨实公司无关。

关于金盛公司是否存在因涉案土地被查封而导致延期开发建设并因此应多支付临迁费的事实问题。涉案地块因中兴公司申请执行仲裁裁决和诉前财产保全,于 2003 年 8 月 26 日至 2004 年 11 月 12 日被广州市中级人民法院查封属实。但根据前述,中兴公司申请执行仲裁裁决引起的涉案土地被查封的后果,属于中兴公司申请查封缺乏证据,其责任应由申请人中兴公司负责,与侨实公司无关;而广州市中级人民法院基于中兴公司诉前财产保全申请对涉案地块的查封,只是限制该地块的产权转移,并没有限制该地块的开发建设。而且,据金盛公司提供的证据《广州市房地产产权情况表》显示,在涉案地块因中兴公司原因被查封期间及广州市中级人民法院于 2004 年 11 月 12 日解封以后,该地块也因金盛公司自身原因先后被广州市海珠区人民法院、广州市越秀区人民法院、珠海市中级人民法院查封。金盛公司提供的《施工许可证》也证实,涉案项目的合同开工日期为 2005 年 9 月 30 日,合同竣工日期为 2007 年 5 月 22 日,即广州市中级人民法院于 2003 年 8 月 26 日至 2004 年 11 月 12 日对该地块进行查封时,涉案项目依法尚未取得施工许可证,广州市中级人民法院的查封期间在该项目的开工日期之前，不可能影响该项目的开工建设。而且，涉案地块上的金宝怡庭项目已于2006年7月完成建筑封顶，更说明不可能导致其延期开发建设。涉案项目的合同竣工日期为2007年5月22日，本案诉讼期间，金盛公司也未能提供证据证实涉案项目已经竣工验收，故在涉案项目已经竣工验收交付使用之前，向被拆迁户支付临迁费是金盛公司应尽的义务，不存在因被查封而应向被拆迁户多支付临迁费的事实。

关于金盛公司是否存在闲置资金损失的问题。金盛公司在2003年7月22日已取得了涉案土地的《国有土地使用证》，证实其向政府缴纳的土地出让金、配套设施建设费及税费以及向侨实公司支付的转让费等，已转化为金盛公司在涉案土地上的相应权益，实现了上述资金投入应有的效益。且根据前面所述，法院查封并没有导致涉案地块项目的延期开发建设，故不存在因涉案地块被查封导致金盛公司投入资金闲置的问题。

综上，判决如下：(1)金盛公司应于判决发生法律效力之日起10日内向侨实公司支付项目转让补偿款1540.8万元及逾期付款违约金[其中：20万元从2003年8月21日按每日1‰计至2005年7月12日，100万元从2003年8月21日按每日1‰计至2006年1月23日，200万元从2003年8月21日按每日1‰计至2006年5月17日，100万元从2003年8月21日按每日1‰计至2006年8月10日，60.8万元(1800万元－1739.2万元)从2003年8月21日按每日1‰计至清偿之日止，1480万元从2003年10月1日按每日1‰计至清偿之日止；上述违约金总额以不超过1540.8万元为限]；(2)金盛公司应于判决发生法律效力之日起10日内向侨实公司支付终止原合同的欠费450万元及利息(按中国人民银行公布的同期同类贷款利率从2006年8月11日起计算至支付之日止)；(3)侨实公司应于判决发生法律效力之日起10日内向金盛公司返还其尚未发放的2003年1～6月临迁费余款636,996.61元和2003年7月的临迁费30.8万元，共计944,996.61元；(4)侨实公司应于判决发生法律效力之日起10日内向金盛公司移交其与该地段搬迁户签订的拆迁、临迁、回迁合同；(5)驳回侨实公司的其他诉讼请求；(6)驳回金盛公司的其他反诉请求。

三、当事人上诉情况

金盛公司不服一审判决提起上诉称：第一，一审判决认定《转让合同》项下的转让补偿款余额为1540.8万元不正确，实际应为13,663,003.39元。(1)侨实公司代金盛公司交纳的80万元地价款并非《转让合同》约定的转让补偿款，一审判决将此款认定为转让补偿款并与其他转让补偿款一并计算逾期违约金，属事实认定错误；(2)侨实公司私自截留占用的944,996.61元临迁费应冲抵转让补偿款。第二，一审判决判令金盛公司承担违约责任系适用法律错误。《转让合同》签订后，金盛公司按期向侨实公司支付了部分转让补偿款,正当金盛公司准备开发建设时,突遭中兴公司提起撤销《转让合同》诉讼,涉案土地被法院查封。在签订《转让合同》前中兴公司就已经申请仲裁,但侨实公司并未向金盛公司披露其与中兴公司转让地块的纠纷,金盛公司因无法预见《转让合同》是否被撤销而停止支付转让补偿款,理由充分。侨实公司应当根据《合同法》第150条的规定承担权利瑕疵担保责任,在侨实公司尚未承担瑕疵担保责任前金盛公司有权拒绝支付转让补偿款,故一审判决判令金盛公司承担违约责任错误。第三,一审判决判令金盛公司支付终止原合同的欠费450万元及利息不当,双方在《转让合同》中将前期工程欠费“暂定”为900万元,是对该部分款项的估算,并非最终确定,该款项的最终确定必须依约经双方确认,只有双方确认后才产生支付的义务,故侨实公司的该项诉讼请求缺乏事实依据。第四,金盛公司反诉要求侨实公司赔偿经济损失1300万元及其利息有充分的事实及法律依据,应当予以支持。由于侨实公司的过错,导致中兴公司提起撤销《转让合同》诉讼,为了防止损失扩大,金盛公司只得先行补偿中兴公司1300万元,以换取中兴公司不再对转让标的主张权利。金盛公司此1300万元及其利息损失,完全是由于侨实公司违反瑕疵担保的法定义务造成的,依法应由侨实公司赔偿。侨实公司的赔偿责任是因违反了法律规定和合同约定的义务而产生,根本无须什么“授权”和“知会”。第五,由于侨实公司的过错,导致中兴公司仲裁纠纷裁决书生效执行到提起撤销《转让合同》之诉结案这段时间,广州市中级人民法院连续对转让标的进行了查封(其间为14个月零20天),必然要影响开发建设工作,且由于土地被查封,金盛公司无法利用土地使用权进行融资,势必影响开发建设资金的到位,故金盛公司要求侨实公司赔偿查封期间延期临迁费451.8万元应当得到支持。第六,金盛公司订立《转让合同》后。投入大量资金,由于侨实公司违反瑕疵担保法定义务和违约,造成开发建设被迫延期14个月零20天,在延期期间投入的资金不能产生正常的投资回报。金盛公司要求侨实公司赔偿查封期间资金闲置损失费390.282万元具有事实和法律依据,应当予以支持。综上,请求撤销一审判决第一、三项,依法予以改判;撤销一审判决第二项,驳回侨实公司该项诉讼请求;撤销一审判决第六项,支持金盛公司要求侨实公司赔偿经济损失1300万元及利息、临迁费损失、闲置资金损失等反诉请求;判决本案诉讼费由侨实公司承担。

四、最高人民法院二审查明的事实

2003年9月30日,广州市中级人民法院因侨实公司下落不明,向侨实公司公告送达中兴公司诉侨实公司、金盛公司撤销权纠纷一案的起诉状副本及开庭传票。在广州市中级人民法院2003年12月3日开庭及以后的数次调解中,侨实公司均未到场。

二审期间侨实公司提出财产保全的申请,并依法提供了担保,最高人民法院以

(2008)民一终字第53号民事裁定书裁定查封金盛公司价值3500万元的财产。

最高人民法院二审查明的其他事实与一审法院查明的事实相同。

五、最高人民法院二审认定与处理

最高人民法院二审认为,本案双方当事人争议的焦点是:(1)金盛公司尚欠侨实公司项目转让补偿款的实际数额;(2)一审判决金盛公司向侨实公司支付的逾期付款违约金是否适当;(3)金盛公司应否支付侨实公司终止原合同的欠款450万元及利息;(4)金盛公司要求侨实公司赔偿查封期间延期临迁费451.8万元及资金闲置损失费390.282万元能否成立。

(一)关于金盛公司尚欠侨实公司项目转让补偿款的实际数额的问题

其一,80万元地价款系侨实公司向广州市国土房管局交纳的,2003年7月14日,金盛公司向侨实公司出具的《保证书》载明:"根据我方与侨实公司(以下简称甲方)于2003年1月29日签订的转让开发中山三路侨实大厦项目合同第四条支付补偿款规定,我方由于种种原因,未能按时支付给甲方(此前已付给甲方补偿款1100万元整);我方保证在2003年8月20日前支付部分补偿款余款人民币700万元整给甲方,并于2003年9月10日前支付全部补偿余款人民币1480万元整给甲方(其中80万元整是归还甲方代交的地价款);如我方再逾期支付,甲方有权单方向我方提出任何方式,要求抵偿以及赔偿由此而造成的经济损失。"根据该《保证书》的内容,金盛公司应当在承诺期限内还款,并承担逾期付款的违约责任。金盛公司认为80万元地价款不应一并计算逾期付款违约金的理由不能成立,最高人民法院不予采纳。

其二,转让补偿款是基于土地使用权转让,在侨实公司与金盛公司之间产生的债权债务关系,而临迁费是针对临迁户这一特定的主体发放的专门费用。转让补偿费与临迁费系两种不同性质的款项,金盛公司主张将剩余临迁费944,996.61元冲抵转让补偿款缺乏事实和法律依据,最高人民法院不予支持。

其三,2003年9月10日,中兴公司以侨实公司为被告,以金盛公司为第三人,向广州市中级人民法院提起撤销权之诉并申请财产保全,致使金盛公司面临受让的土地被查封的不利情况。由于侨实公司经受诉法院公告传唤仍未到庭应诉,因此,依照法律规定,广州市中级人民法院极有可能在被告缺席的情况下,判决支持原告中兴公司的诉讼请求,撤销侨实公司与金盛公司签订的《转让合同》。而这一结果,将给已经实际投资于项目并承担了安置、回迁义务的金盛公司造成巨大的经济损失。即使将来侨实公司通过上诉或者申请再审程序改变判决的结果,金盛公司的损失亦难以弥补。故金盛公司为了避免扩大损失,与中兴公司达成和解协议,向其支付了1300万元补偿款,以换取其不再对侨实公司与金盛公司签订的《转让合同》行使撤销权或其他权利的承诺。金盛公司在一审中反诉请求侨实公司赔偿经济损失1300万元及其利息，最高人民法院认为，这一请求具有一定的合理性。作为土地使用权转让方的侨实公司，依法负有保证第三人不得向买受人主张任何权利的义务。虽然双方当事人所签合同中有对于缔约前侨实公司与他人之间存在的债权债务关系，由侨实公司负责处理的约定。但侨实公司并未妥善处理与中兴公司解除合作开发事宜，在中兴公司提起诉讼就转让给金盛公司的土地使用权主张权利时，侨实公司未能及时应诉，金盛公司因此采取的支付1300万元与中兴公司和解以避免损失扩大的行为，具有合理性。一审判决完全不考虑金盛公司反诉请求中的合理因素，驳回其该项反诉请求不当，本院予以纠正。由于金盛公司不是与中兴公司签订合作开发房地产合同的当事人，所以对于为了使中兴公司作出放弃撤销权诉讼的承诺所需向其支付款项数额的判断存在偏差。从诚实信用及平衡双方当事人利益的角度考虑，由侨实公司承担金盛公司支付中兴公司1300万元中属于中兴公司起诉请求侨实公司赔偿的630万元，并根据反诉吞并、抵消本诉的原则，以抵消金盛公司欠付侨实公司项目转让补偿款，故金盛公司尚欠侨实公司项目转让补偿款的实际数额为910.8万元。

（二）关于一审判决金盛公司向侨实公司支付的逾期付款违约金是否适当的问题

2003年1月29日，侨实公司与金盛公司签订《转让合同》。而在2002年12月25日，广州仲裁委员会就受理了中兴公司以侨实公司为被申请人提起的涉案地块合作合同纠纷仲裁申请，侨实公司没有提供证据证明其已将与中兴公司的纠纷情况告知金盛公司。2003年8月22日，广州市中级人民法院受理中兴公司提出的执行生效仲裁裁决的申请后，裁定查封涉案地块。同年11月13日，由于中兴公司提起诉讼并申请财产保全，广州市中级人民法院又对涉案地块予以查封，直到2004年11月12日，才解除对涉案地块的查封。根据《合同法》第150条的规定："出卖人就交付的标的物，负有保证第三人不得向买受人主张任何权利的义务，但法律另有规定的除外。"侨实公司作为土地使用权转让合同的转让方，应承担法定的瑕疵担保责任，应保证任何第三人不会就标的物向金盛公司提出任何权利要求。而由于侨实公司与中兴公司存在前期合作的纠纷，导致涉案土地一再被法院查封，侨实公司违反了法定的权利瑕疵担保义务。《合同法》第152条规定："买受人有确切证据证明第三人可能就标的物主张权利的，可以中止支付相应的价款，但出卖人提供适当担保的除外。"金盛公司在涉案土地被法院解除查封之前，有权中止支付相应的项目转让补偿款。自2004年11月12日解除涉案地块的查封后，金盛公司应承担逾期付款的违约责任。金盛公司认为双方《转让合同》中约定的违约金按欠付款金额每日5‰计算的标准明显过高，请求法院予以调整。综合考虑本案的实际情况，金盛公司应从2004年11月13日起，对尚欠侨实公司的910.8万元项目转让补偿款，按照中国人民银行规定的金融机构计收逾期贷款利息的标准计算逾期付款违约金。

（三）关于金盛公司应否支付侨实公司终止原合同的欠款450万元及利息的问题

金盛公司与侨实公司签订的《转让合同》中约定："甲方在签订本合同后，本项目由甲方已签订合同的施工、质检、监理、设计单位先由甲方向乙方办理交接，乙方如更换以上单位或更换组织机构，均由乙方重新审查核实或签订新合同，乙方签订的新合同费用由乙方负责，甲方原签订的合同同时终止，终止前所欠的费用暂定九百万元，由甲、乙双方各负责50%，原施工单位与甲方的经济往来与乙方无关（除甲乙双方另行约定外）。"由此可见，双方在该《转让合同》中已对原合同所欠的费用及分担比例作出了明确约定，金盛公司应承担终止原合同费用的50%。双方以后如果有证据证实终止原合同欠费的确切数额，均可对此另行主张权利，一审法院依照《转让合同》的约定判决金盛公司先行向侨实公司支付终止原合同的欠费450万元及利息并无不当，金盛公司主张向侨实公司支付终止原合同欠费的条件尚未成就，缺乏充分的依据，最高人民法院不予支持。

（四）关于金盛公司要求侨实公司赔偿查封期间延期临迁费451.8万元及资金闲置损失费390.282万元的主张能否成立的问题

从广州市建设委员会向金盛公司颁发的涉案地块《建筑工程施工许可证》可以看出，涉案项目的合同开工日期为2005年9月30日，合同竣工日期为2007年5月22日。而广州市中级人民法院于2003年8月22日至2004年11月12日对涉案地块进行查封时，涉案项目尚未依法取得施工许可证，故法院查封不会影响该项目的开工建设，在涉案项目竣工验收交付使用之前，金盛公司都应向被拆迁户支付相应的临迁费用；另外，广州市中级人民法院对涉案地块的查封，只是限制该地块的产权转移，并未限制该地块的开发建设，涉案地块上的金宝怡庭项目已于2006年7月完成建筑封顶，金盛公司要求侨实公司承担资金闲置费用依据不足。故一审法院对金盛公司要求侨实公司承担451.8万元的临迁费损失及390.282万元的闲置资金损失的主张不予支持亦无不当。

综上判决如下：（1）维持广东省高级人民法院（2006）粤高法民一初字第16号民事判决第二、三、四、五、六项；（2）变更广东省高级人民法院（2006）粤高法民一初字第16号民事判决第一项为：广州市金盛房地产开发有限公司于本判决生效之日起10日内向广州侨实房地产开发有限公司支付项目转让补偿款910.8万元及逾期付款违约金（自2004年11月13日起至清偿之日止，按中国人民银行规定的金融机构计收同期同类逾期贷款利息的标准计算）。

［参见最高人民法院民事审判第一庭编：《民事审判指导与参考》（2008年第4集），法律出版社2009年版。］

030. 土地使用权转让合同中未明确约定受让人付款义务的履行期限，而受让人迟延履行、经催告后仍未在合理期限内履行的，转让人是否可以解除合同？

【典型案例】

济南市公共交通总公司与济南润华投资置业有限公司、济南新惠德实业有限公司土地使用权转让合同纠纷上诉案

【裁判要点】

《合同法》第64条第4项规定，履行期限不明确的，债务人可以随时履行，债权人也可以随时要求履行，但应当给对方必要的准备时间。第94条第3项规定，当事人一方迟延履行主要债务，经催告后在合理期限内仍未履行，另一方当事人可以解除合同。据此，对于履行期限不明确的转让合同，受让人不履行付款义务，经催告后在合理期限内仍不履行的，转让人可以解除合同。所以，土地使用权转让合同中未明确约定受让人付款义务的履行期限，而受让人迟延履行、经催告后仍未在合理期限内履行的，转让人可以解除合同。

上诉人（原审被告）：济南市公共交通总公司（以下简称公交公司）。

被上诉人（原审原告）：济南润华投资置业有限公司（以下简称润华公司）。

被上诉人（原审第三人）：济南新惠德实业有限公司（以下简称新惠德公司）。

一、山东省高级人民法院一审查明的案件事实

2006年4月3日，润华公司作为转让方、公交公司作为受让方、新惠德公司作为保证方签订了《国有出让土地使用权转让协议》（以下简称《转让协议》），约定：(1)润华公司拥有国有土地一宗，该土地位于济南市历下区贤文村西北，土地使用证号为历下国用（2005）第0100134号，面积47,750.9平方米，为工业出让用地，地号为011126159-7。润华公司同意将该土地使用权转让给公交公司，公交公司同意受让该土地使用权。转让价款为26,263,000元。(2)在转让过程中产生的所有费用均由润华公司承担或新惠德公司承担。(3)税费的支付：因办理土地转让手续而需支付的税费，由润华公司或新惠德公司承担。(4)土地使用证的办理：润华公司负责在本合同生效之日起30日内将国有土地使用证办至公交公司名下，润华公司应当积极配合。本合同签订后，润华公司、公交公司持本合同到国土部门办理转

让变更登记手续。(5)润华公司保证本次转让的土地不存在任何产权问题(包含纠纷但不限于纠纷)及任何债务和其他与润华公司有关的问题。如因此给公交公司造成任何损失,均应由润华公司与新惠德公司共同承担连带赔偿责任。(6)本合同未尽事宜,可由润华公司、公交公司协商解决,并订立书面补充合同。(7)本合同经润华公司、公交公司签字盖章后生效,一式4份,各执1份,交土地局2份。上述协议签订后,润华公司于2006年5月26日将上述土地办理到了公交公司名下,土地使用证号为历下国用(2006)第0100104号,润华公司支付了土地转让契税787,889.85元。润华公司一直未收到该土地转让价款。

2007年3月12日,润华公司向公交公司发出催款函,要求公交公司于2007年3月25日前支付全部土地转让款26,263,000元或者返还土地。

2007年8月20日,润华公司向公交公司发出解除协议通知书,告知公交公司解除《转让协议》,并要求公交公司返还土地。

一审另查明,2001年6月6日,公交公司与新惠德公司签订了《合作意向书》,约定由公交公司提供济南市历山路101号公交停车场土地35亩,新惠德公司投入资金进行改造,改造后分为立体停车场和超市两部分,立体停车场由公交公司留做自用,超市作为对新惠德公司的改造补偿,新惠德公司享有使用权,合作期限30年。

2002年3月28日,公交公司与新惠德公司签订了《合作协议书》,约定公交公司提供位于济南市历山路101号的公交停车场占地约计35亩,与新惠德公司联合实施公交停车场的改造建设项目,新惠德公司根据项目要求提供改造建设工程的设计方案、全程设计图纸及所需的工程建设资金,负责该设计方案的具体实施及建设。改建工程项目总建筑面积约计50,000平方米,分公交停车场和超级市场两部分。其中公交停车场建筑面积约计25,000平方米,超级市场建筑面积约计25,000平方米。建成后的建筑物产权、所有权归公交公司,其中,公交停车场由公交公司使用,超级市场及所属的配套设施由新惠德公司使用30年。

2002年5月28日,公交公司与新惠德公司签订了《项目合作开发协议书》,约定公交公司提供位于济南市历山路101号的公交停车场占地约35亩与新惠德公司联合实施开发建设,由新惠德公司提供设计方案、全部资金并负责工程建设。该35亩土地使用权转让给新惠德公司,公交公司协助新惠德公司办理土地权属手续,与此同时,合作建房的建筑物归新惠德公司所有。由新惠德公司支付公交公司指定的位于济南市历下区丁家庄附近济南市历下区房屋建设综合开发公司的土地约计121.7亩的补偿费用和手续所用的全部费用。公交公司与新惠德公司共同申请将该土地使用权确权至公交公司名下的相关手续。新惠德公司出资向济南市历下区房屋建设综合开发公司购置上述121.7亩土地,并用该地块土地与公交公司位于济南市历山路101号的35亩地置换。

2002年6月28日，新惠德公司与济南市历下区房屋建设综合开发公司签订了《关于代付土地补偿金协议》，约定由新惠德公司代公交公司向济南市历下区房屋建设综合开发公司支付位于济南市历下区丁家庄121.7亩划拨土地的补偿金共计4381.2万元。公交公司在该协议上盖章确认。

2003年12月25日，公交公司与新惠德公司签订《补充协议》，约定在济南市历下区丁家庄的121.7亩土地使用权未办至公交公司名下之前，仍执行2002年3月28日《合作协议书》的内容。如到2004年5月29日，新惠德公司无法把121.7亩土地的使用权确权至公交公司名下，新惠德公司即为违约，仍执行2002年3月28日《合作协议书》的内容，土地、建筑物的产权及使用权仍归公交公司所有，在置换该土地过程中所发生的一切费用均由新惠德公司承担。至2004年5月29日，公交公司与新惠德公司未完成上述土地的置换事宜。后公交公司与新惠德公司在来往函件中协商将置换土地改为济南市历下区贤文村西北的一宗工业用地（润华公司本案请求返还的土地）。但公交公司未提供润华公司同意用该宗土地进行置换的证据。

二、当事人起诉与答辩情况

2007年8月28日，润华公司起诉称：2006年4月3日，润华公司与公交公司签署《转让协议》，约定润华公司将位于济南市历下区贤文村西北、面积47,750.9平方米的工业出让土地一宗转让给公交公司，转让价款为26,263,000元。协议签署后，润华公司自行负担费用将该宗土地过户至公交公司名下，但公交公司一直没有支付土地转让价款。2007年3月12日，润华公司向公交公司发出催款函，要求公交公司于2007年3月25日前支付土地转让价款，但公交公司没有回应。公交公司不履行合同义务的行为，导致润华公司转让土地的目的不能实现。润华公司于2007年8月20日向公交公司发出《解除协议通知书》，通知公交公司解除协议，要求公交公司将上述土地返还给润华公司，但公交公司仍置之不理。故请求法院：(1)确认解除润华公司与公交公司签署的《转让协议》。(2)判令公交公司返还润华公司已过户给公交公司的47,750.9平方米国有土地使用权，过户费及税费全部由公交公司承担，并赔偿润华公司土地评估费、过户税费等经济损失889,769.85元；如不能返还，判令公交公司赔偿润华公司经济损失30,180,000元。(3)由公交公司承担本案全部诉讼费。

公交公司答辩称：(1)润华公司诉之无理，且没有事实依据。根据《转让协议》第2条、第3条约定，该宗土地的转让价款和办理土地转让手续而产生的税费均由润华公司或新惠德公司自行承担。(2)自2002年起，公交公司与新惠德公司建立了“项目合作建设”，在一系列的法律文件中均确立了“新惠德公司自费对公交公司进行土地补偿”的内容。涉案的贤文村71亩土地，正是新惠德公司依约承诺而交付的对公交公司补偿土地。(3)新惠德公司按协议自行出资将涉案的国有出让土地使用权转至公交公司名下,仅是新惠德公司与公交公司在项目合作建设中的众多补偿内容之一。公交公司与新惠德公司其他就合作建设中涉及的补偿、赔偿、分歧和纠纷问题,将另行通过法律程序予以解决。故请求法院依法驳回润华公司的诉讼请求或判令由新惠德公司承担责任。

新惠德公司称:公交公司的陈述与事实不符,三方合同的主体是公交公司,新惠德公司是保证方,且保证义务已经履行完毕,不需再承担额外的义务。关于新惠德公司与公交公司的问题,公交公司陈述与事实不符、对合同条款断章取义,是在推卸自己的责任。

三、山东省高级人民法院一审认定与判决

一审法院经审理认为,本案三方当事人之间签订的《转让协议》是当事人的真实意思表示,且不违反法律规定,应依法认定为有效合同。从该协议的约定内容看,润华公司是土地的转让方,公交公司是受让方,新惠德公司是保证方,因此,该合同的付款义务人应是公交公司。新惠德公司的义务是保证承担土地转让过程中产生的费用并保证土地上不存在任何权利瑕疵。公交公司关于新惠德公司是实际付款人,该土地实际是对其补偿的抗辩主张,没有事实依据,不予支持。公交公司所称该协议第 2 条中"所有费用"包含了土地转让费用的主张不合逻辑与常理,如果该主张成立,则润华公司既是土地使用权转让人,又是土地转让价款的支付人,即润华公司是无偿将土地使用权转让给公交公司,这显然不符合润华公司的利益,不是润华公司的真实意思表示,故不能据此内容推断出公交公司不是付款义务人。虽然该协议没有约定公交公司付款时间,但润华公司已多次催告公交公司支付土地转让价款,公交公司一直未在合理的时间内予以回复,也没有支付该价款,公交公司已经以其行为表明不履行付款义务,该行为构成根本违约,并导致润华公司转让土地使用权获得相应价款的合同目的不能实现。在此情况下,润华公司有权依法解除《转让协议》,要求公交公司返还土地使用权并赔偿损失,返还土地使用权过程中产生的费用由公交公司负担。关于赔偿损失的数额,由于润华公司只能证明其缴纳了土地使用权转让契税 787,889.85 元,故对该部分请求予以支持,对润华公司不能证明的其他损失,不予支持。据此,依据《合同法》第 94 条第 1 款第 3 项、第 4 项,第 97 条之规定,判决如下:(1)解除润华公司与公交公司、新惠德公司于 2006 年 4 月 3 日签订的《转让协议》;(2)公交公司于本判决生效之日起 30 日内将位于济南市历下区贤文村西北,地号为 011 - 126159 - 7,面积为 47,750.9 平方米的土地使用权返还给润华公司,并承担土地过户费及相关税费;(3)公交公司于本判决生效之日起 10 日内赔偿润华公司经济损失 787,889.85 元;(4)驳回润华公司的其他诉讼请求。如果公交公司未按本判决指定的期间履行给付金钱义务,应当依照《民事诉讼法》有关规定,加倍支付迟延履行期间的债务利息。案件受理费 197,148.80 元,由公交公司负担 190,000 元,由润华公司负担

7148.80元。财产保全费5000元,由公交公司负担。

四、当事人上诉与答辩情况

公交公司不服一审判决,向最高人民法院提起上诉,请求:(1)撤销一审判决,驳回润华公司的诉讼请求。(2)由润华公司、新惠德公司承担一、二审诉讼费。主要事实和理由:(1)一审判决认定《转让协议》下的付款义务人为公交公司,新惠德公司仅为该协议的保证方,而没有付款义务,与事实不符。《转让协议》中约定"在转让过程中产生的所有费用均由润华公司或新惠德公司承担",该"所有费用"的约定即是对该协议土地转让价款的约定。土地使用权转让过程中所发生的费用,一是土地的转让价款,二是办理转让手续过程中向国家交纳的相关税费。为表明"所有费用"仅指土地转让价款,而不是转让过程中的税和费,该协议又特别针对"税费的支付"约定"因办理土地转让手续而需支付的税费,由润华公司或新惠德公司承担"。关于本宗转让土地的价款、税费的支付,已明确由润华公司和新惠德公司承担和处理,且在该协议中,润华公司和新惠德公司特别保证转让后的该宗土地不存在任何产权和债务纠纷。润华公司和新惠德公司成为《转让协议》下转让标的的付款义务人的起因,是由于公交公司与新惠德公司之间的项目建设合作。公交公司与新惠德公司以项目合作开发的一系列文件,约定了双方的合作事项,并因有关情况变化而确定了新惠德公司自行出资为公交公司另行购置土地建造停车场作为对公交公司换乘功能缺失的补偿内容。自2002年6月起,新惠德公司曾先后承诺将多块地块自费办理过户至公交公司名下作为补偿,后均因新惠德公司原因而导致土地补偿计划落空。2005年1月,新惠德公司提出将润华公司涉案的47,750.9平方米的土地自费过户于公交公司名下作为补偿,并形成了一系列往来确认文件。2006年5月26日,新惠德公司自费将该宗土地的使用权证书过户至公交公司名下,润华公司的涉案土地是由新惠德公司对公交公司的补偿。新惠德公司于2007年2月7日致公交公司的《紧急致函》表明,土地价款和税费已由新惠德公司向润华公司和国家相关部门支付。因此,支付土地转让价款的义务人应为新惠德公司。即使新惠德公司没有支付该价款,润华公司应依法向新惠德公司主张。(2)即使公交公司根据合同约定有付款义务,一审判决引用《合同法》的规定解除合同、返还已完成过户手续的土地使用权,亦属不当。本案所涉争议属因用益物权转移所引起的纠纷,公交公司通过法定程序取得涉案土地的使用权后,该权利应受法律保护。本案属因物权转移而发生的债权纠纷,在物权已经发生转移的情况下,权利人应请求义务人履行付款义务,而不能直接要求解除合同、返还转让土地。润华公司提出的是选择性主张,假定公交公司有付款义务而没有履行,一审判令公交公司继续履行合同、支付违约金,完全符合上述原则。(3)公交公司进行土地置换的目的是修建公交停车场,用于社会公益事业。在公交公司的原有停车场大部分被新惠德公司占用的情况下，判令公交公司返还土地将损害社会公共利益。

润华公司未提交书面答辩。二审庭审中，润华公司认为公交公司的上诉没有事实根据和法律依据，请求驳回其上诉请求，维持原判。主要事实和理由：(1)土地转让合同的付款义务人为公交公司。2006年4月3日的《转让协议》合法有效，三方当事人均无异议。按照合同相对性原理，土地转让价款应当由土地受让方支付、转让方收取，除非各方另有约定。按照该协议内容，润华公司是土地转让方，公交公司是土地受让方，并未有其他约定。(2)一审判决解除协议符合法律规定，返还土地并无不当。2007年3月12日，润华公司向公交公司发出催款函，要求公交公司于2007年3月25日前支付全部土地转让款，公交公司收到催款函后，并未向润华公司主张不应当由其支付土地转让价款。当事人一方迟延履行主要债务，经催告后在合理期限内仍未履行的，当事人可以解除合同。至2007年8月，公交公司仍未支付土地转让价款，因此润华公司有权解除合同。合同自通知到达对方时解除，润华公司于2007年8月20日向公交公司发出解除协议通知书，告知其解除《转让协议》，并要求返还土地，是依法进行的。合同解除后，已经履行的，根据履行情况和合同性质，当事人可以要求恢复原状、采取其他补救措施，并有权要求赔偿损失。润华公司已履行合同义务，但公交公司未履行合同义务，且转让的土地截至目前并无任何建设，亦无抵押、查封等限制返还的情况，完全能够返还。(3)该宗地为工业用地，并不能作为公交停车场，不存在社会公益事业问题。

新惠德公司答辩称：一审判决正确，应予维持。主要事实和理由：(1)新惠德公司仅为保证人，且保证义务已履行完毕。该协议中明确了润华公司是土地使用权的转让方，公交公司是受让方，新惠德公司为保证方。新惠德公司保证义务具体为保证"转让过程中的费用承担、办理土地转让手续需支付的税费承担以及涉案土地的权属无瑕疵"等内容。润华公司履行主债务后，新惠德公司的保证责任已消灭。(2)《转让协议》中的"所有费用"，不仅仅是土地转让价款、税费，还应包括评估费、土地过户登记费、公关费等，并不能直接推论为土地转让价款，且土地转让价款由土地转让方负担不合逻辑。新惠德公司只保证该土地的转让，并不是该土地的付款义务人。

五、当事人二审争议的焦点问题及最高人民法院查明的案件事实

各方当事人二审开庭审理期间未提出新的证据及质证意见。综合当事人的上诉和答辩意见，本案当事人二审中争议的焦点问题是：(1)三方当事人于2006年4月3日所签《转让协议》中约定的付款义务人为哪方当事人；(2)一审判决解除上述协议并由公交公司将该争议的土地使用权返还润华公司是否属于适用法律不当。最高人民法院二审查明的事实与一审法院查明的事实相同。

六、最高人民法院二审认定与判决

最高人民法院认为，关于三方当事人于2006年4月3日所签《转让协议》中约定的付款义务人为哪方当事人的问题。三方当事人均认可2006年4月3日的《转让协议》是各方的真实意思表示,不违反法律规定,只是对合同表述内容存在不同的理解,该协议应为合法有效的合同。土地使用权转让合同的相对方是土地使用权转让方和受让方。润华公司是本案所争议土地的原权利人,作为该土地使用权转让方,其主要合同义务是按照约定交付该土地使用权。公交公司作为受让方,其主要合同义务是按照约定支付该土地使用权的转让价款。新惠德公司作为保证方,应按照约定保证转让过程中的费用承担、办理土地转让手续需支付的税费承担以及涉案土地的权属无瑕疵。该协议第1条、第2条、第3条将“转让价款”“在土地转让过程中产生的所有费用”“税费”是分别表述和并列的,按照合同文义及土地转让过程的实际情况,在土地转让过程中产生的所有费用应理解为包括办理土地转让过程中所需土地评估费、土地登记费等相关必要的开支。转让价款由转让方自己承担不合逻辑,除非该转让方同意将所转让标的物以其他方式获得对价。对此,公交公司未能提出证据证明润华公司同意以此方式承担。因此,公交公司作为土地使用权的受让方,是当然的付款义务人,应当承担支付转让价款的主要合同义务。至于公交公司与新惠德公司之间就有关合同或有关合同履行中所涉及合作事项及土地置换等问题的争议,公交公司可依据有关法律和事实另行解决。

关于一审判决解除上述协议并由公交公司将该争议的土地使用权返还润华公司是否属于适用法律不当的问题。该转让协议中没有约定公交公司付款的时间,但润华公司于2006年5月将该争议土地的使用权办理至公交公司名下,2007年3月曾经催告公交公司支付土地转让价款,至润华公司于2007年8月通知公交公司解除合同,公交公司在取得争议标的已有一年多的时间内,既未在合理的时间内予以回复,也没有支付该价款。《合同法》第62条第4项规定,履行期限不明确的,债务人可以随时履行,债权人也可以随时要求履行,但应当给对方必要的准备时间。受让方支付合同价款是其最主要的合同义务,没有约定履行期限,受让方应当在接受合同标的物之后的合理期间内支付相应的合同价款。作为守约方的债权人基于对其损失的判断,依法可选择解除合同或者继续履行合同。因此,润华公司在公交公司以其行为表明不履行付款义务,导致润华公司转让土地使用权获得相应价款的合同目的不能实现的情况下有权依法解除该协议,并要求公交公司返还土地使用权及赔偿包括返还土地使用权过程产生的费用等损失。

我国现行立法确认了交付和登记为物权变动的条件,但立法和司法实践并未承认交付或登记行为是独立于买卖合同之外的物权行为。财产所有权的取得,不得违反法律规定。公交公司作为受让方,没有依据协议作出交付合同价款的履行行为,严重损害了润华公司的利益,依法应当承担违约责任。虽然公交公司已经取得了合同项下的土地使用权,但基于其违约行为导致合同的解除,润华公司有权通过法律途径，请求返还土地使用权。物权的取得和行使，应当遵守法律，尊重社会公德，不得损害公共利益和他人合法权益。因此，如果受让人在转让合同被解除后还能取得标的物，并不利于交易秩序，亦不符合合同法规定。根据本案的事实情况，该争议的土地使用权并没有被第三人善意受让，该项财产权可以直接返还。基于润华公司解除合同的主张，可使其因上述财产得到返还而将权利恢复到合同订立前的原状。因此，公交公司关于其获得涉案土地的使用权证并已合法取得物权，不能向润华公司返还该土地的主张，缺乏法律依据，不予支持。

综上，根据《民事诉讼法》第153条第1款第1项之规定，最高人民法院于2008年8月11日以(2008)民一终字第3号民事判决书作出如下判决：驳回上诉，维持原判。二审案件受理费197,148.80元，由济南市公共交通总公司负担。

[参见最高人民法院民事审判第一庭编：《民事审判指导与参考》(2008年第3集)，法律出版社2008年版。]

031. 土地使用权转让合同约定的履行方式无法实现时合同应否继续履行？

【典型案例】

联盛商业连锁股份有限公司与江西省亿坤房地产开发有限公司等土地使用权转让合同纠纷上诉案

【裁判要点】

在委托代理关系中，受托人以自己的名义与第三人订立的合同，可否直接约束委托人和第三人，应当从以下三个方面予以考量：第一，受托人订立的合同是否在委托人授权范围内；第二，第三人是不是在订立合同时就已经知道受托人与委托人之间的委托代理关系；第三，没有确切证据证明受托人与第三人订立的合同只约束受托人和第三人。在司法实践中，只有同时满足上述要求时，第三人才可以突破合同相对性原则，直接向委托人主张权利。

【裁判要旨】

合同约定的履行方式因违法无法实现时，若合同其他内容合法有效，通过其他方式能够继续履行且继续履行不会损害国家利益、社会公共利益、第三人利益的，合同应该继续履行。

【案例索引】

一审:江西省九江市中级人民法院(2014)九中民一初字第25号。

二审:江西省高级人民法院(2015)赣民一终字第153号。

【基本案情】

联盛商业连锁股份有限公司(以下简称联盛公司)诉称:2009年11月30日,江西省亿坤房地产开发有限公司(以下简称亿坤公司)通过执行拍卖程序从江西泽钦拍卖有限公司(以下简称泽钦公司)处竞价购得九城国用(95)字第041号土地,武宁县人民法院(以下简称武宁法院)下发了民事裁定书和协助执行通知书,但未办理使用权过户手续。2011年7月8日,亿坤公司委托泽钦公司转让该宗土地,联盛公司作为买受人,依约付清了全部转让款,亿坤公司、泽钦公司未协助办理产权过户登记手续,亿坤公司将诉争土地使用权登记在自己名下。据此,请求判令亿坤公司、泽钦公司履行转让协议,将诉争国有土地使用权变更登记在联盛公司名下。

亿坤公司辩称:其已经履行了全部合同义务,申请法院将诉争土地使用权裁定变更于联盛公司名下。依照合同约定,在武宁法院确认转让行为的裁定书下达之后,该转让行为的一切风险责任均由联盛公司承担。武宁法院之后依照审判监督程序撤销(2009)武法执字第36-2号裁定书的行为,导致联盛公司无法根据合同约定获得土地使用权的变更登记,《协议书》无法继续履行。请求驳回联盛公司的诉讼请求。

泽钦公司辩称:亿坤公司通过拍卖竞得本案诉争土地使用权后,九江市国土资源局一直未协助办理过户登记手续,便委托其将该宗土地向第三方转让。其与联盛公司签订转让协议,以1080万元的价格成交。联盛公司付清了全部价款。

亿坤公司在一审中反诉请求确认泽钦公司与联盛公司就本案诉争国有土地使用权签订的转让协议无效,责令联盛公司承担合同无效造成的损失。联盛公司答辩称上述合同有效,亿坤公司应依约履行。

一审法院审理查明:2009年11月19日,武宁法院委托泽钦公司拍卖本案诉争土地。之后,亿坤公司以640万元竞得。武宁法院作出(2009)武法执字第36-1号民事裁定书,裁定本案诉争国有土地使用权归亿坤公司享有。同日,向亿坤公司送达该裁定。亿坤公司申请办理产权过户手续未果。2011年7月18日,甲方亿坤公司与乙方泽钦公司签订《协议书》,约定:甲方有意将本案诉争土地转让,委托乙方协助买受人和武宁法院将上述宗地变更裁定在新的买受人名下,转让价格800万元,由乙方负责收取,乙方在签订本协议前向甲方支付转让款500万元,协议签订后5日内付清余款300万元,甲方在收到800万元土地转让款后应向武宁法院申请撤销(2009)武法执字第36-1号民事裁定书并将上述宗地变更裁定给乙方指定的买受人名下,武宁法院变更裁定给其他买受人后,对于办理证照变更、产权过户手续的风险责任由新的买受人承担。2011年7月22日,甲方泽钦公司与乙方联盛公司签订《协议书》,内容为:"……第三条、亿坤公司委托甲方代其将诉争宗地转让给其他买受人;第四条、凭甲方和亿坤公司的申请,法院同意将上述宗地变更裁定给新的买受人;第五条、乙方愿意购买上述宗地;第六条、转让总价款为1080万元;……第八条、甲方在收到乙方的全部款项后,负责为乙方办好购买上述宗地的购买手续(即以武宁法院为乙方购买上述宗地下发的民事裁定书为准);第九条、甲方负责协助武宁法院就乙方购买上述宗地向九江市国土资源局下发协助执行通知书;第十条、乙方在取得武宁法院为其购买上述宗地下发的民事裁定书后,将自行向九江市国土资源局办理上述宗地的证照变更、产权过户手续;第十一条、乙方在办理上述宗地的证照变更、产权过户手续所需交纳的相关税费及应缴纳的土地出让金等均由乙方承担;第十二条、乙方对于办理上述宗地的风险责任由乙方承担。甲方对此概不承担任何责任。且乙方不得以任何理由向甲方提出解除本协议,并要求甲方退还其购买上述宗地交付的全部价款;……第十四条、违约责任包括……2. 甲方在收取乙方的全部款项后,甲方应负责为乙方办好购买上述宗地的购买手续(即以武宁法院为其购买上述宗地下发的民事裁定书为准)……"协议签订后,联盛公司共支付给泽钦公司1080万元。2011年7月27日,亿坤公司向武宁法院申请撤销(2009)武法执字第36-1号民事裁定书,将本案诉争土地使用权依法变更裁定在新的买受人联盛公司的名下。2011年7月28日,武宁法院下发(2009)武法执字第36-2号民事裁定书,裁定本案诉争国有土地使用权归受让人联盛公司享有,并向九江市国土资源局下发协助执行通知书,要求其协助办理过户手续未果。2012年2月22日,武宁法院下发(2012)武执监字第1号民事裁定书,裁定撤销(2009)武法执字第36-2号民事裁定书。2013年10月18日,江西省高级人民法院将(2009)武法执字第36-1号民事裁定交由南昌铁路运输中级法院执行。2013年12月12日,九江市国土资源局下发九城国用(2013)第267号国有土地使用权证,将诉争土地的产权登记于亿坤公司名下。

二审对一审法院查明的事实予以确认。

【裁判结果】

江西省九江市中级人民法院于2015年2月25日作出(2014)九中民一初字第25号民事判决:(1)亿坤公司于本判决生效之日起3日内将九城国用(2013)第267号的国有土地使用权[原土地证号为九城国用(95)字第041号]变更登记在原告联盛公司名下;(2)驳回亿坤公司的诉讼请求。一审宣判后,亿坤公司不服一审判决并提起上诉。江西省高级人民法院于2015年8月19日作出(2015)赣民一终字第153号民事判决:驳回上诉,维持原判。

【裁判理由】

江西省高级人民法院认为:关于亿坤公司与泽钦公司签订的《协议书》的性质、亿坤公司与联盛公司是否形成了土地使用权转让合同关系、联盛公司能否直接向亿坤公司主张权利的问题。首先,从本案两份协议的内容看,亿坤公司委托泽钦公司转让其通过拍卖取得的土地使用权的意思表示明确,联盛公司也清楚知道其所受让的土地使用权是属于亿坤公司的。其次,从各方履行协议的行为看,协议签订后,亿坤公司收取了 800 万元转让款,联盛公司也按协议支付了 1080 万元土地转让款。2011 年 7 月 27 日,亿坤公司向武宁法院申请撤销(2009)武法执字第 36－1 号民事裁定书并将权利人变更为联盛公司时再次确认其委托泽钦公司转让本案诉争土地使用权的真实意思,上述行为也表明,亿坤公司一开始就清楚知道本案诉争土地使用权的受让方是联盛公司而非泽钦公司。最后,《合同法》第 402 条规定:“受托人以自己的名义,在委托人的授权范围内与第三人订立的合同,第三人在订立合同时知道受托人与委托人之间的代理关系的,该合同直接约束委托人和第三人,但有确切证据证明该合同只约束受托人和第三人的除外。”故泽钦公司与联盛公司签订的《协议书》可直接约束亿坤公司与联盛公司。综上,亿坤公司与泽钦公司签订的《协议书》应为委托合同,基于该《协议书》以及泽钦公司与联盛公司签订的《协议书》,可以认定亿坤公司与联盛公司之间形成了土地使用权转让合同关系,联盛公司可依据《合同法》第 402 条的规定直接向亿坤公司主张权利。亿坤公司上诉主张其与泽钦公司之间的《协议书》是买卖协议,基于该协议,其与泽钦公司形成了土地使用权转让合同关系,理由不成立,不予支持。

关于本案两份《协议书》的效力问题。本案两份协议书均是当事人真实意思表示。协议订立时,亿坤公司虽未取得土地使用权证书,但《物权法》第 28 条规定:“因人民法院、仲裁委员会的法律文书或者人民政府的征收决定等,导致物权设立、变更、转让或者消灭的,自法律文书或者人民政府的征收决定等生效时发生效力。”《最高人民法院关于人民法院民事执行中拍卖、变卖财产的规定》第 29 条第 2 款规定:“不动产、有登记的特定动产或者其他财产权拍卖成交或者抵债后,该不动产、特定动产的所有权、其他财产权自拍卖成交或者抵债裁定送达买受人或者承受人时起转移。”武宁法院(2009)武法执字第 36－1 号民事裁定书也载明:“财产权自本裁定送达买受人亿坤公司时起转移。”故本案诉争土地的国有土地使用权于该裁定送达给亿坤公司之日即 2009 年 12 月 14 日已转移到亿坤公司名下。本案因法院生效裁判已引起了物权变动,虽然在合同签订时亿坤公司未取得土地使用权证书,但根据《物权法》第 17 条之规定,不动产权属证书是权利人享有该不动产物权的证明,而非认定不动产权属的依据。本案诉争合同签订时,亿坤公司虽未取得土地使用权证书,但其已为本案诉争土地使用权的权利人,其转让行为系有权处分。未取得土地使用权证书并非认定合同无效的情形,且在本案诉讼前,亿坤公司已经取得了土地使用权证书。本案诉争土地使用权的转让主要涉及亿坤公司、联盛公司、泽钦公司之间的利益分配问题,亿坤公司并未提供证据证明该转让行为损害了国家利益和社会公共利益。《城市房地产管理法》第38条第6项、第39条第1款第2项不属效力性强制性规范,不应作为认定合同无效的依据。亿坤公司称其自身涉嫌非法转让土地使用权犯罪行为,只是其单方陈述,没有证据证明。本案中没有证据证明两份《协议书》存在《合同法》第52条及《最高人民法院关于适用〈中华人民共和国合同法〉若干问题的解释(二)》第14条规定的合同无效的情形,亿坤公司关于本案两份协议均为无效合同的上诉理由不能成立,对其主张不予支持。

关于本案两份协议是否已解除、应否继续履行的问题。两份协议书均约定,由武宁法院出具裁定书裁定将本案诉争土地使用权直接变更登记在新的买受人名下。武宁法院已撤销了原拍卖成交裁定,并作出新的裁定书,裁定将诉争土地的权利人变更为联盛公司,并要求九江市国土资源局予以协助,但联盛公司办理产权过户登记手续未果。从协议书的约定和武宁法院的裁定内容看,通过法院裁定办理本案诉争土地使用权变更确实是协议履行、实现物权变动的方式,但土地使用权变更并非只有法院裁定一种方式,协议也未约定如无变更买受人的裁定或该裁定被撤销,协议可以解除。故武宁法院撤销(2009)武法执字第36-2号民事裁定并不意味着协议不能履行或者协议当然解除,只是意味着无法通过法院裁定变更买受人的方式达到土地使用权转让的目的。纠纷发生后,虽然亿坤公司通过泽钦公司就退回转让款、支付相关费用与联盛公司进行过协商,但并无证据证明各方就协议解除达成了一致意见。故本案协议既不存在法定解除的情形,也未因协商一致而解除。亿坤公司上诉主张本案协议已经解除,无事实和法律依据,不予支持。本案中,双方签订的合同为土地使用权转让合同,亿坤公司的合同目的为收取转让款,联盛公司的合同目的为取得物权,亿坤公司已收取土地转让款,交付合同标的物、将物权变更至联盛公司名下为亿坤公司应尽的合同义务。尽管通过法院执行裁定实现物权变动已不可能,但这只是合同约定的物权变动方式不能实现,并不意味着物权变动本身无法实现,亿坤公司也不能因此而拒绝交付标的物或拒绝转移物权。且亿坤公司已通过法院执行取得了本案诉争土地使用权,其履行交付标的物、转移物权的义务具备现实可行性,本案合同目的并未因不可抗力的出现而无法实现。综上,因本案诉争协议有效且未解除,具备可履行性,联盛公司要求亿坤公司继续履行合同、将本案诉争土地使用权变更登记在其名下符合《合同法》第60条的规定,原审判决亿坤公司将本案诉争土地使用权变更登记在联盛公司名下正确,应予维持。

[参见最高人民法院中国应用法学研究所编:《人民法院案例选》(2017年第6辑,总第112辑),人民法院出版社2017年版。]

032. 双方当事人签订了土地使用权转让合同，但转让土地中的投资未达到开发投资总额*25%*的，该合同效力如何认定？

【典型案例】

河南天坤交通旅游有限公司与华明（郑州）置业有限公司土地使用权转让纠纷案

【裁判要点】

《城市房地产管理法》第38条对房地产转让条件作了规定，即“以出让方式取得土地使用权的，转让房地产时，应当符合下列条件：（一）按照出让合同约定已经支付全部土地使用权出让金，并取得土地使用权证书；（二）按照出让合同约定进行投资开发，属于房屋建设工程的，完成开发投资总额的百分之二十五以上，属于成片开发土地的，形成工业用地或者其他建设用地条件。转让房地产时房屋已经建成的，还应当持有房屋所有权证书。”因按照出让合同约定进行投资开发，属于房屋建设工程的，在转让土地中的投资没有完成开发投资总额的25%，不符合上述转让的条件，故双方当事人之间的转让行为无效，双方签订的《国有土地使用权转让合同》应认定无效。

案号：最高人民法院（2000）民终字第135号。

上诉人（原审被告）：河南天坤交通旅游有限公司。

被上诉人（原审原告）：华明（郑州）置业有限公司。

上诉人河南天坤交通旅游有限公司（以下简称天坤公司）为与被上诉人华明（郑州）置业有限公司（以下简称华明公司）土地使用权转让纠纷一案，不服河南省高级人民法院（2000）豫法民初字第19号民事判决，向最高人民法院提起上诉。最高人民法院依法组成合议庭审理了本案，现已审理终结。

经审理查明：1995年12月5日，郑州市土地管理局（甲方）与华明公司（乙方）签订《国有土地使用权出让合同》，约定：甲方出让给乙方地块位于二七区354街坊，面积8138.5平方米；按照批准的总体规划是建设商业、写字楼、公寓等综合开发项目；在出让期限内，如需改变合同规定的土地用途，应当取得甲方和城市规划行政主管部门的批准，依照有关规定重新签订土地使用权出让合同，调整土地使用权出让金,并办理土地使用权登记手续;土地使用权出让金为每平方米40元人民币,总额为325,540元。1995年12月21日,华明公司取得11－354地块的《国有土地使用证》,用地面积8138.5平方米。1997年4月18日,华明公司与天坤公司签订《国有土地使用权转让合同》,约定华明公司将位于二七区354街坊(地号:11－354)面积8138.5平方米的土地转让给天坤公司,价格为3200万元,其中含定金500万元。款项于1997年5月31日前全部付完。合同经双方法定代表人签字后生效,并到政府主管部门办理产权变更登记手续。1997年8月6日,华明公司取得郑州市城市规划管理局发给的诉争地块的《建设工程规划许可证》,建设项目为商品批发市场。1997年9月23日,华明公司与天坤公司签订《备忘录》,约定天坤公司应将余款2200万元至迟于1998年5月31日付清;天坤公司自1997年5月31日至1998年5月31日每月向华明公司付滞纳金33万元,每迟付一天应支付月滞纳金的1%作为延迟罚金;如天坤公司无故超过15天不付款,则视为违约,华明公司可以终止合同。1998年4月13日,天坤公司向华明公司出具《还款保证》。《国有土地使用权转让合同》签订后,天坤公司对商品批发市场进行投资建设并向华明公司支付了1331万元,华明公司向天坤公司退款18.5325万元。天坤公司具体支付情况如下:1997年4月18日付500万元,1997年5月15日付500万元,1997年5月20日付100万元(此款华明公司于1998年1月12日向天坤公司退回18.5325万元),1997年9月25日付50万元,1997年9月30日付82万元,1997年10月20日付33万元,1997年12月31日付47.4675万元(包括33万元及14.4675万元两笔),1998年1月14日付18.5325万元。1999年8月24日,郑州市城市规划管理局以未经批准扩建商品批发市场为由向华明公司、天坤公司发出《责令停止违法行为通知书》,并于1999年10月27日对华明公司以违法建设16,000平方米为由罚款576,000元,载明"该违法建筑处理完毕后,按有关手续办理建筑许可证"。2000年4月5日,华明公司与天坤公司又签订《备忘录》,华明公司同意天坤公司在2000年7月5日前将土地转让欠款2200万元和应付滞纳金999万元、滞纳金罚金300万元共计3499万元支付华明公司;华明公司在收到95%的款项后10天内到政府主管部门办理产权变更登记手续;如天坤公司未能按时付款,华明公司将终止转让合同,一切损失由天坤公司负担。

另查明:按照郑州市土地管理局审批的《郑州市城乡建设用地申请表》,华明公司转让的11－354地块的主要工程项目为新世纪大厦商住综合楼,总投资额为一亿元。华明公司还持有郑州市12－479地块的《国有土地使用证》,建设项目为住宅工程。

2000年7月6日,华明公司起诉至河南省高级人民法院,请求解除与天坤公司的《国有土地使用权转让合同》,由天坤公司原状返还土地并赔偿华明公司损失

1545.6万元。华明公司2000年8月24日向一审法院提交了《11－354号地开发费用总计表》，称开发费用总计为38,109,388.51元（其中包括了6号地即11－354号地的开发费用8,627,516.88元，16号地即12－479号地的开发费用25,442,246.12元，另有综合管理财务费用等）。2001年2月21日，经天坤公司申请，河南省郑州市公证处对华明公司未完成拆迁的建筑面积进行了公证，经测量，华明公司11－354号地段上未拆除建筑的面积为1470平方米。2001年3月1日，天坤公司制作的《光盘大世界（盛和商贸城）建设总费用明细表》称其建设商品批发市场的费用总计为33,262,885.56元。

一审法院经审理认为：华明公司在与天坤公司签订土地使用权转让合同前已经交纳了土地出让金并进行了拆迁安置和"三通一平"等基础开发，总投资3800万元，其转让土地的行为不违反法律规定。天坤公司主张合同无效的理由不符合事实，不予支持。华明公司已全部履行了自己的义务。天坤公司已经使用该幅土地建成了商品批发市场，但仅付土地转让金500万元、定金500万元，因其违约，应承担全部责任。天坤公司的违约已符合双方约定的合同解除的条件，华明公司请求解除合同的理由成立。但鉴于双方已经实际履行了合同，解除合同不利于保护双方的合法权益，故双方应当继续履行合同。双方2000年4月5日签订的备忘录是双方的真实意思表示，内容不违反《合同法》的有关规定，天坤公司应按双方约定承担违约责任。华明公司请求由天坤公司承担郑州市城市规划管理局对其的罚款57.6万元及占压利息等诉讼请求，因与违约金重复，不予支持。依照《合同法》第107条、第114条的规定，判决：(1)华明公司和天坤公司继续履行1997年4月18日签订的土地使用权转让合同和2000年4月5日签订的备忘录。(2)天坤公司于判决生效后30日内向华明公司支付3324.05万元。华明公司收到上述款项后10日内为天坤公司办理11－354号地块的土地使用权变更手续。天坤公司收到土地使用权变更手续后10日内向华明公司支付174.95万元。天坤公司逾期履行加倍支付延迟履行期间的贷款利息。(3)驳回华明公司其他诉讼请求。一审案件受理费247,390元，由天坤公司负担。

天坤公司不服一审判决向本院提起上诉称：原审判决认定华明公司已对其转让的土地投资3800多万元证据不足，其依据是华明公司自己开列的开发费用支出表，其数据没有证据证明，且支出表中载明的16号地（12－479号地）没有包括在11－354号宗地范围内，华明公司对11－354号地的投入按其自称也只为862万元；1994年8月1日，新世纪公司向郑州市建委开发处上报的《郑州市三资房地产开发经营机构资质审查（年检）情况表》载明，新世纪公司拟建的新世纪大厦投资估算2.3亿元，新世纪花园投资估算2000万元，两项合计2.5亿元，因此华明公司转让土地的行为违反了《城市房地产管理法》的禁止性规定，双方所签合同应认定无效。

一审法院依据1993年4月15日郑州市城市规划管理局下发给新世纪公司的《城市建设规划管理费交纳通知单》认定新世纪公司的投资总额为8000万元，从而认定华明公司转让土地的行为不违反《城市房地产管理法》与事实不符；一审法院对有关华明公司预计投资总额的证据未进行质证，违反法律规定；一审判决与华明公司的诉讼请求不符，判非所求，违反民事诉讼法的精神；华明公司转让的12.208亩土地上现仍有1470平方米土地未作拆迁，按照《城市房地产管理法》的规定，未经拆迁开发的土地是禁止转让的。华明公司缔约时主观上有过错；一审法院认定天坤公司给付华明公司土地使用权转让金1000万元与事实不符，天坤公司共支付华明公司转让金1331万元。请求撤销一审判决，判定华明公司与天坤公司签订的《国有土地使用权转让合同》及《备忘录》等合同附件无效，由华明公司返还其收取的土地使用权转让金1331万元，赔偿天坤公司损失3000万元，或按照天坤公司实际使用的土地面积为其办理权属变更登记手续，由华明公司承担一、二审诉讼费用。

华明公司答辩称：双方签订的土地使用权转让合同合法有效；华明公司只收到土地款1231万元，不是1331万元，因为合同订立后双方约定由天坤公司出资100万元来完成少量的拆迁收尾工程，华明公司将天坤公司100万元出资中83.0675万元作为收尾费用支出后，余款18.5325万元已经计入天坤公司交纳的滞纳金中；天坤公司受让的土地中有部分建筑尚未拆迁是事实，但天坤公司对此是明知的；双方当事人没有对办理过户手续的时间作过约定；16号地（12-479号地）的费用是因6号地（11-354地块）的拆迁安置而发生的，共3000余万元。一审判决所查事实清楚，适用法律正确，请求驳回上诉人的上诉。

本院认为：11-354号地和12-479号地是新世纪公司的两个不同的建设项目，亦不在同一位置。因此不能将两项目的投资合并计算为11-354地块的投资。华明公司自称12-479地块的费用是因11-354地块的拆迁安置而发生的，因此应合并计算为11-354号地的投资的理由不能成立。本案证据表明，华明公司在转让土地中的投资没有完成开发投资总额的25%，双方当事人之间的土地转让行为不符合《城市房地产管理法》第38条关于房地产转让条件的规定。华明公司与天坤公司签订的《国有土地使用权转让合同》应认定无效，对此，华明公司负有主要责任。华明公司应将依据该合同收取的款项返还给天坤公司。一审判决认定事实错误，适用法律不当，本院予以改判。对于天坤公司投资建设的地上建筑物以及天坤公司请求由华明公司赔偿其建设该建筑物的损失问题，由于本案是土地使用权转让合同纠纷，天坤公司对此没有提起诉讼，同时郑州市城市规划管理局允许“该违法建筑处理完毕后，按有关手续办理建筑许可证”，因此，可由当事人于本案之外另行解决。依据《城市房地产管理法》第38条，《合同法》第52条第5项和《民事诉讼法》第153条第1款第3项之规定，判决如下：（1）撤销河南省高级人民法院（2000）

豫法民初字第19号民事判决第1项、第2项;(2)华明公司与天坤公司签订的《国有土地使用权转让合同》及其《备忘录》无效;(3)本判决生效起30日内,由华明公司向天坤公司返还1312.4675万元并支付每笔款项自天坤公司支付之日起至华明公司还款之日止的利息(按中国人民银行规定的同期同类贷款利率计算);(4)维持河南省高级人民法院(2000)豫法民初字第19号民事判决第3项。一审案件受理费、二审案件受理费共计494,780元,由华明公司负担30万元,天坤公司负担194,780元。本判决为终审判决。

[参见最高人民法院民事审判第一庭编:《最高人民法院二审民事案件解析》(第3集),法律出版社2007年版。]

033. 农村集体经济组织成员的房屋由法院委托,经评估机构评估、公开拍卖,由本集体经济组织成员竞拍所得并办理了房屋所有权证的,该房屋范围内的土地使用权是否一并转让?

【典型案例】

郑佩英等诉王某佳土地使用权纠纷案

【裁判要点】

农村宅基地属于农村集体经济组织,能享有农村宅基地使用权的必须是农村集体经济组织的成员,且一户只能享有一处。依照《土地管理法实施条例》的有关规定,因依法转让地上建筑物、构筑物等附着物导致土地使用权转移的,必须向土地所在地的县级人民政府土地行政主管部门提出变更登记申请,由原土地登记机关依法进行土地所有权、使用权变更登记。农村集体经济组织成员的房屋由法院委托,经评估机构评估、公开拍卖,由本集体经济组织成员竞拍所得并办理了房屋所有权证的,由于取得该房屋的手续合法,并且该土地使用权之变更也未改变宅基地使用权系由农村集体组织成员享有的相关法律规定,因此买受人有权取得该房屋范围内所涉及的土地使用权。

判决书字号:浙江省金华市婺城区人民法院(2004)婺民一初字第541号。

案由:土地使用权纠纷。

诉讼双方：

原告：郑佩英。

原告：闻某婷，女，1992 年出生。

法定代理人：郑佩英（系闻某婷之母）。

原告：闻志清。

原告：赵秀仙。

被告：王某佳，女，1990 年出生。

法定代理人：王荣富（系王某佳之父）。

法定代理人：周小鸾（系王某佳之母）。

审级：一审。

审判机关：浙江省金华市婺城区人民法院。

审结时间：2004 年 11 月 18 日。

原告郑佩英、闻某婷、闻志清、赵秀仙诉称：原告郑佩英与前夫闻根富（已去世）于 1990 年 4 月 11 日结婚，夫妻双方共同财产有房屋三间计 69.19 平方米，加上宅基地，共有集体土地建设用地使用面积为 107.5 平方米。1998 年闻根富在十里坪劳动教养期间，经婺城区人民法院调解离婚。夫妻双方离婚，离婚调解书中约定：婚生女儿闻某婷由郑佩英抚养成人，郑岗山巷 10 号三间房屋的一半抵作女儿抚育费，另一半归郑佩英所有。1996 年闻根富因欠借款被起诉，婺城区法院以该债务系夫妻关系存续期间的共同债务为由，于 1999 年 7 月将登记在闻根富名下的郑岗山巷 10 号的三间房屋共计 69.19 平方米，委托金华金信拍卖有限责任公司拍卖。金华金信拍卖有限责任公司在拍卖公告上写明，标的物为三间平房，并没有写明是否包括该房屋的集体土地使用权。该房由买受人被告王某佳拍卖所得后，房产证被法院强制过户到被告王某佳名下。但婺建（1999）字第 00262 号集体土地建设用地使用权证所确认的 107.50 平方米住宅宅基地的使用权仍为闻根富享有。2003 年，郑岗山巷 10 号地段被市政府归划为旧城改造范围。拆迁部门对该房屋及土地使用权的补偿问题有两种方案：拆迁后要求安排建房用地的，补偿按“农房重置价评估分户表”的价格补偿；拆迁后不要安排建房用地纯货币补偿的，按“住宅用房拆迁价格分户评估报告”补偿。被告未经原告同意，擅自将郑岗山巷 10 号 107.50 平方米的土地使用权申报在自己名下，以致拆迁部门无法确认土地使用权的归属。该三间房屋被法院强制拍卖时，并非原、被告私人之间自愿的买卖关系，拍卖中并不包括宅基地；集体土地也不准买卖。该被拍卖房屋买受人只享有地上建筑物的所有权，买受人对建房用地使用期限只能是该建筑物存在期间土地随房使用。在地上建筑物拆除时，其土地使用权也因此终止。拆迁时，买受人只享有地上建筑物的拆迁补偿，不能享有“住宅用房拆迁价格分户评估报告”中的全部权利。该 107.50 平方米宅基地相关权利和义务应由持证人闻根富享有和承担。现闻根富已死亡,故郑岗山巷10号107.50平方米的土地使用权产生的权利和义务应由四原告享有和承担。请求法院确认:郑岗山巷10号房屋拆迁后集体土地建设用地使用权69.19平方米为四原告享有;本案诉讼费用由被告承担。

被告王某佳辩称:该讼争房屋经人民法院委托、经拍卖公司公开拍卖,由被告王某佳拍卖取得了该房屋,并已办理了房产证,经过了国家的认可,因此,被告取得该讼争房屋的所有权是合法的。依照法律规定,集体土地在同一集体经济组织成员之间可以依法转让,被告王某佳与闻根富系同一集体经济组织成员,可以依法转让。房屋已经买卖过户,房产证已转移,仅仅是土地证没有办理过户手续而已。房屋离不开土地,该房屋所属的尽管属于集体土地,应归被告所有。原告的离婚协议,不能对抗善意第三者。农村集体土地上的房屋被拆迁后,土地归集体所有,不存在个人所有的问题。请求法院依法驳回原告的诉讼请求。

金华市婺城区人民法院经公开审理查明:坐落于市区解放西路郑岗山巷10号三间平房的房屋产权人为闻根富,持有金字第16210号房屋所有权证和金婺集00262号集体土地使用权证,用地面积107.5平方米。1998年9月10日,闻根富与其妻即原告郑佩英协议离婚,将该三间平房的一半所有权归原告郑佩英所有、另一半抵作女儿原告闻某婷的抚养费,也归原告郑佩英所有。

1996年,闻根富向陈国雄借款74,000元,借款到期后,闻根富并未能按约归还,陈国雄向本院起诉。婺城区法院(1996)婺民初字第764号民事调解书中规定:由闻根富于1996年9月30日前归还陈国雄借款本金74,000元、利息7983元。但闻根富未能按约履行。1999年7月16日,本院委托金华市房地产估价事务所对坐落于市区解放西路郑岗山巷10号、闻根富名下的三间平房进行了评估。1999年7月22日,金华市房地产估价事务所采用重置成本法结合市场因素进行了评估,评估价为27,702元。1999年8月1日,婺城区法院委托金华金信拍卖有限责任公司进行了公开拍卖。被告王某佳以49,000元的价格竞拍成交(另加手续费490元),并领取了房屋所有权证(金房权证婺字第00039675号),但未能办理土地使用权证,集体土地建设用地使用证仍登记在闻根富名下。王某佳与闻根富系同一经济组织成员,现为非农户口。2003年,该三间平房列入金华市婺城区旧城改造农房拆迁安置范围。因该房屋的房屋所有权证登记在被告王某佳名下,而集体土地建设用地使用证则仍登记在闻根富名下。闻根富曾为此向法院提起诉讼,请求对该土地使用权进行确权。庭审期间,闻根富去世。闻根富的法定继承人闻某婷(女儿)、闻志清(父亲)、赵秀仙(母亲)及前妻郑佩英向法院起诉,请求对该土地使用权进行确权。

上述事实有下列证据证明:

由原告提交的证据:(1)集体土地使用权证1份,用以证明集体土地使用权归闻根富所有,该使用权证至今仍合法有效的事实。(2)金华市婺城区人民法院委托金华金信拍卖有限责任公司的拍卖合同,用以证明当时的拍卖情况。(3)金华金信拍卖有限责任公司的拍卖公告1份,用以证明拍卖时,未标明包括土地使用权的转让,拍卖的并不是土地使用权的事实。(4)成交确认书,用以证明该三间房屋成交的价格。(5)公告1本,用以证明房屋产权是通过强制过户的,如果土地使用权也是同时拍卖的,则也可以通过强制过户的手续进行过户。但被告至今尚未能办理土地使用权过户手续。(6)地块拆迁调查登记表1份,用以证明土地使用权并不是被告的事实。(7)住宅用房拆迁价格分户评估报告1份,用以证明房屋评估连同土地共计69.19平方米,被告未经原告同意,就把不属于自己的土地使用权申报在自己名下的事实。(8)(1999)婺民初字第1366号民事调解书1份,用以证明原告郑佩英与闻根富于1998年9月10日离婚,离婚时已经把该讼争房屋的所有权转让给了原告郑佩英的事实。(9)说明1份,用以证明房屋与土地使用权均归原告郑佩英与闻某婷所有的事实。(10)四原告及被告王某佳的户籍证明,用以证明原、被告双方的主体资格。(11)闻志清的19.64平方米土地使用权证1份,用以证明当时拍卖时四间房子变成了三间,这间房子是属于闻志清的。(12)农房重字价评估分户表1份,用以证明该三间房屋的总价格是45,692元,应属于被告所有的事实。(13)住宅用房拆迁评估报告1份,用以证明房屋、土地使用权连在一起评估的总价是113,497元的事实。

由被告提交的证据:(1)户籍复印件2份,用以证明被告与闻根富系同一经济组织成员的事实。(2)房产证复印件1份,用以证明该讼争房屋的房产证已办理到被告名下的事实。(3)执行笔录复印件1份,用以证明原、被告双方已对房屋的进出路线进行过划分的事实。

法院依职权调取了如下证据:(1)1999年7月22日金华市房地产估价事务所出具的房地产评估报告书1份,证实该讼争房屋在被拍卖前已评估、评估价为27,702元。(2)委托拍卖成交确认书1份,证实竞买成交价为49,000元、另加490元手续费,拍卖成交人为被告王骏佳。(3)郑佩英出具的收条1份、申请报告1份,证实郑佩英向法院提出申请后,向法院领取了该讼争房屋的拍卖款8000元。

以上证据,均经当庭质证,法院审核,对本案认定的事实足以确认。

金华市婺城区人民法院根据上述事实和证据认为:依照《土地管理法实施条例》的有关规定,因依法转让地上建筑物、构筑物等附着物导致土地使用权转移的,必须向土地所在地的县级人民政府土地行政主管部门提出变更登记申请,由原土地登记机关依法进行土地所有权、使用权变更登记。被告王某佳与原告郑佩英、闻某婷等人系同一集体经济组织成员。原登记在闻根富名下的该讼争房屋由法院委托，经评估机构评估、公开拍卖，由被告王某佳（本集体经济组织成员）竞拍所得，并办理了房屋所有权证，取得该房屋的手续合法。因此，被告王某佳有权取得该房屋范围内所涉及的土地使用权，并且该土地使用权之变更也未改变宅基地使用权系由农村集体组织成员享有的相关法律规定。按照地随房走原则，房屋所有权和土地使用权均应归被告王某佳所有。因此，原告诉请法院确认郑岗山巷10号房屋拆迁后集体土地建设用地使用权69.19平方米为原告享有，其诉讼请求缺乏依据，本院依法不予支持。

金华市婺城区人民法院根据依照《民事诉讼法》第64条第1款、第223条第1款，《土地管理法实施条例》第6条之规定，作出如下判决：驳回原告郑佩英、闻某婷、闻志清、赵秀仙的诉讼请求。本案受理费3510元、其他诉讼费200元，合计诉讼费用人民币3710元（原告均已预交），均由原告郑佩英、闻某婷、闻志清、赵秀仙负担。

［参见国家法官学院、中国人民大学法学院编：《中国审判案例要览》（2005年民事审判案例卷），中国人民大学出版社2006年版。］

034. 同一土地使用权重复转让、抵押的如何处理？

【地方审判】

沈阳市中级人民法院关于审理房地产案件若干问题的处理意见（之一）

（经2004年3月27日院审判委员会讨论通过）

4. 同一土地使用权重复转让、抵押的问题

（1）同一土地使用权重复转让的问题。如果房管部门先后为两个或两个以上受让人核发了权属证书，受让人之间因权属争议起诉，要求人民法院确权的，法院不予受理。如果房管部门根据一物一权原则，只为其中一个受让人进行了变更登记并核发了权属证书，未取得权属证书的受让人向转让人提起诉讼，要求转让人承担违约责任等，法院应予受理。

（2）同一土地使用权重复抵押的问题。只要该土地使用权的价值大于所担保债权的余额部分，均可再次设定抵押，各抵押合同按登记的先后顺序清偿，顺序相同的，按债权比例清偿。如果该土地使用权因设定抵押所担保的债权已没有余额，

则不可能起到担保作用,抵押合同实际上因无抵押物的存在而不能发生效力。

(3)抵押期间,土地使用权的转让问题。抵押权存续期间,抵押人转让土地使用权未通知抵押权人或者未告之受让人的,转让行为无效,抵押权人仍可以行使抵押权。如果抵押物已经登记的,抵押权人要行使抵押权,可以由取得抵押物所有权的受让人,代替债务人清偿全部债务,使抵押权消灭,受让人清偿债务后可以向抵押人追偿;如果抵押物未经登记的,抵押权不得对抗受让人,因此给抵押权人造成损失的,由抵押人承担赔偿责任。

035. 开荒后用于农耕而未交由农民集体使用的国有土地的土地使用权转让,是否适用《农村土地承包法》的规定?

【地方审判】

最高人民法院关于国有土地开荒后用于农耕的土地使用权转让合同纠纷案件如何适用法律问题的批复

(法释〔2012〕14号)

甘肃省高级人民法院:

你院《关于对国有土地经营权转让如何适用法律的请示》(甘高法〔2010〕84号)收悉。经研究,答复如下:

开荒后用于农耕而未交由农民集体使用的国有土地,不属于《中华人民共和国农村土地承包法》第二条规定的农村土地。此类土地使用权的转让,不适用《中华人民共和国农村土地承包法》的规定,应适用《中华人民共和国合同法》和《中华人民共和国土地管理法》等相关法律规定加以规范。

对于国有土地开荒后用于农耕的土地使用权转让合同,不违反法律、行政法规的强制性规定的,当事人仅以转让方未取得土地使用权证书为由请求确认合同无效的,人民法院依法不予支持;当事人根据合同约定主张对方当事人履行办理土地使用权证书义务的,人民法院依法应予支持。

036. 土地使用权转让合同纠纷案仲裁条款的效力如何认定？

【请示与答复】

最高人民法院关于(香港)安信医用包装有限公司诉东莞威泓塑五金制品厂有限公司、(维尔京群岛)新冠誉实业有限公司土地使用权转让合同纠纷一案仲裁条款效力的请示的复函

(2008年4月5日 〔2007〕民四他字第45号)

广东省高级人民法院:

你院〔2007〕粤高法立请字第2号《关于(香港)安信医用包装有限公司诉东莞威泓塑五金制品厂有限公司、(维尔京群岛)新冠誉实业有限公司土地使用权转让合同纠纷一案仲裁条款效力的请示》收悉。

经审查认为,(香港)安信医用包装有限公司与东莞威泓塑五金制品厂有限公司、新冠誉实业有限公司在《土地使用权与房屋产权有偿转让协议书》第七条中约定:"双方因本协议执行产生的分歧应协商解决,协商不成的,双方任一方均可向香港或深圳国际仲裁委员会申请仲裁,仲裁决定为最终裁决,双方无条件执行"。该合同的仲裁条款约定了两个仲裁机构。(香港)安信医用包装有限公司因与东莞威泓塑五金制品厂有限公司、新冠誉实业有限公司无法就仲裁机构的选择达成协议,起诉至东莞市中级人民法院。依据《最高人民法院关于适用〈中华人民共和国仲裁法〉若干问题的解释》第五条关于"仲裁协议约定两个以上仲裁机构的,当事人可以选择其中的一个仲裁机构申请仲裁;当事人不能就仲裁机构选择达成一致的,仲裁协议无效"的规定,应当认定本案中的仲裁协议无效。同意你院的处理意见。

此复

附：

广东省高级人民法院关于(香港)安信医用包装有限公司诉东莞威泓塑五金制品厂有限公司、(维尔京群岛)新冠誉实业有限公司土地使用权转让合同纠纷一案仲裁条款效力的请示

（2007年11月19日　〔2007〕粤高法立请字第2号）

最高人民法院：

我省东莞市中级人民法院收到(香港)安信医用包装有限公司诉东莞威泓塑胶五金制品厂有限公司、(维尔京群岛)新冠誉实业有限公司土地使用权转让合同纠纷一案的起诉材料。经审查,双方于2006年11月28日签订《土地使用权与房屋产权有偿转让协议书》涉及涉外仲裁条款无效的问题。现将本案的有关情况汇报如下：

一、当事人的基本情况

原告:(香港)安信医用包装有限公司(以下简称安信公司)。

被告:东莞威泓塑胶五金制品厂有限公司(以下简称威泓公司)。

被告:(维尔京群岛)新冠誉实业有限公司(以下简称新冠誉公司)。

二、案件的基本事实

2006年11月28日,原告安信公司与被告威泓公司、新冠誉公司签订《土地使用权与房屋产权有偿转让协议书》。约定被告将其即将取得的东莞市大朗镇富民二园40亩工业用地的国有土地使用权及该土地上的房屋产权有偿转让给原告,并由被告协助原告办理相关的土地使用权及房地产过户手续。双方在协议第七条约定:“双方因本协议执行产生的分歧应协商解决,协商不成的,双方任一方均可向香港或深圳国际仲裁委员会申请仲裁,仲裁决定为最终裁决,双方无条件执行”。其后,原告依约向被告支付保证金及部分首期款项,但两被告未履行协议所述义务,而产生纠纷。事后原告与被告无法就仲裁机构的选择达成协议,原告起诉至东莞市中级人民法院。

三、东莞市中级人民法院的处理意见

东莞市中级人民法院审查认为,双方签订的协议中约定的仲裁条款属于约定两个仲裁机构,当事人双方没有协议选择其中一个仲裁机构申请仲裁,不能就仲裁机构选择达成一致;依据《最高人民法院关于适用〈中华人民共和国仲裁法〉若干问题的解释》第五条的规定,应视为无效仲裁条款。并依据最高人民法院《关于人民法院处理与涉外仲裁及外国仲裁事项有关问题的通知》第一条的规定,报我院

审查。

四、我院处理意见

我院经审查认为，双方当事人签订的《土地使用权与房屋产权有偿转让协议书》中的仲裁条款约定了两个仲裁机构，但当事人之间未能就仲裁机构选择达成一致，依据《最高人民法院关于适用〈中华人民共和国仲裁法〉若干问题的解释》第五条关于“仲裁协议约定两个以上仲裁机构的，当事人可以协议选择其中的一个仲裁机构申请仲裁；当事人不能就仲裁机构选择达成一致的，仲裁协议无效”的规定，应当认定仲裁协议无效。

该案属于不动产纠纷提起的诉讼，不动产所在地在东莞市，根据《中华人民共和国民事诉讼法》第三十四条第（一）项关于“因不动产纠纷提起的诉讼，由不动产所在地人民法院管辖”的规定，东莞市中级人民法院对本案享有管辖权。

现依据最高人民法院《关于人民法院处理与涉外仲裁及外国仲裁事项有关问题的通知》第一条的相关规定，特将该案报请钧院审查，请予批复。

037. 名为股权转让实为土地使用权转让如何处理？

【审判专论】

名为股权转让实为土地使用权转让系当事人签订股权转让协议，其实质目的在于转移土地使用权。主要包括以下几种类型：（1）土地使用权作价入股后转让股权；（2）直接转让房地产公司股权；（3）成立房地产开发项目公司后将股权转让给项目公司；（4）收购非房地产开发企业股权改变土地用途后转让股权；（5）新股东以非土地使用权的资产增资扩股后转让股权。上述五种方式中，除了以土地使用权作价入股的方式需要在入股时改变土地使用权的权属外，其余都不需要改变土地使用权的权属。除了涉及外资需要相关部门审批外，一般来说办理股权转让的手续相对简便，只需签订股权转让合同，通过工商部门变更登记即可发生效力，受让方在较短时间内即可取得涉案土地的使用权并进行实质的开发利用。而土地使用权转让在操作程序上则复杂很多，需要履行申请、报批等程序，且必须符合《城市房地产管理法》第 38 条关于转让方实际投入资金额度等方面的规定，如果所转让的土地产生债务，还需通知相关债务人清理债务。此外房地产公司的股东进行股权转让只需缴纳印花税以及企业或者个人所得税，比起直接转让土地使用权，其税收筹划具有相当优势。因此，以股权转让的方式获得土地使用权既绕过了有关监管部门的监管，也逃避了土地增值税、营业税、契税的征收，已成为当前获取土地的一项重要策略。我国没有相关法律对名为股权转让实为土地使用权转让的行为进行规制，处于立法的空白地带，由此导致实践中乱象丛生。多年来，各级政府陆续出台了相应调控政策，明确禁止违法违规用地和囤地、炒地行为，部分地方国土资源部门和税务部门也发文予以规范，将名为股权转让实为土地使用权转让的事实予以认定并征收土地增值税。这些文件内容与现行法律法规不冲突，是现行法律法规的有益补充，但这些文件效力不高，松散凌乱，导致司法实务中对该问题认识不一。

由于法律对名为股权转让实为土地使用权转让的行为并无明确规定，对此行为性质及效力如何判断成为司法实践中的难点。首先，在认定是否构成刑事犯罪上存在分歧。一种观点认为，属于民事纠纷，适用民事法律规定处理，不构成行政违法或刑事犯罪。另一种观点认为，构成非法倒卖土地使用权罪。其次，在效力认定方面存在分歧。多数观点认为，协议效力有效。名为股权转让实为土地使用权转让的行为并不导致土地使用权权属的转移，形式上并没有涉及土地使用权转让的问题，仅是公司法律制度中股权主体的变化，土地仍是原公司的资产。至于以此行为享受一定的税收优惠，系当事人在法律允许的范围内作出的税收优化选择，不违反现行法律规定，故该合同合法有效。至于《城市房地产管理法》第 39 条中对于土地使用权转让的规定，该规定属于管理性强制性规定而非效力性强制性规定，不能因此否定合同的效力。少数观点认为该类行为属于无效的法律行为。该行为系以合法形式掩盖非法目的，当事人真实意思表示是转让土地使用权，存在恶意串通，规避法律规定，损害国家利益，故属于无效的法律行为。

为防止当事人以股权转让形式规避土地转让限制条件，关键需要明确行为性质的认定标准，即确定哪些股权转让属于实质上的土地使用权转让，哪些属于合法的正常股权转让。对于土地使用权是否转让，不能以形式上的权属登记是否发生主体变更作为唯一条件，而应同时关注实际控制土地并获得土地利益的主体是否发生变化，是否通过土地使用收益获得了土地市场价值。我们认为，如果股权全部转让或转让后达到绝对控股比例，则应认定为土地使用权转让，明确该行为系以合法形式掩盖非法目的，在合同效力上应无效。未达到上述比例的，则认定为股权转让，该行为有效。

[参见江苏省高级人民法院民一庭:《国有土地使用权合同案件审判疑难问题研究——〈最高人民法院关于审理涉及国有土地使用权合同纠纷案件适用法律问题的解释〉施行十二周年回顾与展望》，载《法律适用》2017 年第 21 期。]

038. 对转让的土地未达到法定投资开发条件的转让合同效力如何认定?

【审判专论】

根据《城市房地产管理法》第38条的规定,以出让方式取得土地使用权的,转让房地产时,不仅应当取得土地使用权证书,还应达到一定的投资开发条件。依前述,对转让行为不符合第一个转让条件即转让方未取得土地使用权证书所订立的转让合同可按照无权处分行为予以认定处理,但对转让行为不符合第二个转让条件即转让的土地没有达到法定投资开发条件的情况下,对所订立的土地使用权转让合同效力问题,我们认为,应在我国现行法律采取的债权形式主义的物权变动模式下予以认定。依前述通说的观点,我国民事立法虽在物权变动采取的是债权形式主义的模式,但没有严格区分负担行为和处分行为,而是将处分行为纳入债权行为之中,在该模式下的处分行为实际所指又为当事人对特定标的物所订立的以引起标的物物权变动为目的的债权合同。因此,在债权契约+交付(或登记)的物权变动模式下,债权合同与处分行为相统一,交付或者登记并不是对标的物的处分行为,其只是完成物权变动必须践行的法定方式,即如果没有经过动产交付或者不动产权属变更登记,不发生物权变动的效力。因此,债权形式主义立法模式下的交付或者登记行为只是作为标的物所有权移转的表征,其作用是将物权变动的时间界限确定在标的物的交付或者登记之时,属于债权合同的履行问题,不是债权合同的生效要件。《城市房地产管理法》作为行政性法律,其规范调整的主要是房地产开发经营行为,第38条所规定的第二个条件的立法本意也只是对土地使用权人“炒地”行为的限制,属于政府土地行政管理部门对土地转让的一种监管措施,而非针对转让合同这种债权行为所作的禁止性规定。因此,《城市房地产管理法》第38条规定的第二个转让条件,即转让的土地没有达到法定投资开发条件不得转让,仅仅是从行政管理的角度,规定转让的土地不符合法定投资开发条件的,不得办理土地使用权权属变更登记手续。土地使用权转让合同所转让的标的物土地因没有达到法定的投资开发条件,导致无法办理土地使用权权属变更登记的属于土地使用权转让合同的转让方不能完全履行合同的问题,可通过瑕疵担保责任制度和违约责任制度对受让人进行救济,作为民事合同法律关系,不能因转让的标的物有瑕疵而认定合同无效,标的物能否移转在逻辑上直接影响的是其能否依约履行转移标的物的合同义务,不能因为其不能按约履行转让义务,就否认合同的效力。最高人民法院审理终结的(2004)民一终字第46号上诉人柳州市全威电器有限责任公司、柳州超凡房地产开发有限责任公司与被上诉人南宁桂馨源房地产有限公司土地使用权转让合同纠纷一案对此已有明确裁决:“……本案一审起诉前全威公司办理了国有土地使用权证,讼争土地具备了进入市场进行依法转让的条件。而土地出让金的交纳问题,属土地出让合同当事人即柳州市国土资源局和全威公司之间的权利义务内容,其是否得到完全履行不影响对本案土地使用权转让合同效力的认定。故超凡公司提出的因土地开发合同签订时未取得国有土地使用权证及土地出让金未全部交清违反法律强制性规定应认定该合同无效的上诉主张,本院不予支持。关于投资开发的问题,《城市房地产管理法》第38条关于土地转让时投资应达到开发投资总额25%的规定,是对土地使用权转让合同标的物设定的于物权变动时的限制性条件,转让的土地未达到25%以上的投资,属合同标的物的瑕疵,并不直接影响土地使用权转让合同的效力,《城市房地产管理法》第38条中的该项规定,不是认定土地使用权转让合同效力的法律强制性规定。因此,超凡公司关于土地开发合同未达到25%投资开发条件应认定无效的主张,本院亦不予支持。”

[参见韩延斌:《对最高人民法院〈关于审理涉及国有土地使用权合同纠纷案件适用法律问题的解释〉的理解适用》,载《法律适用》2005年第8期。]

039. 土地使用权转让合同的效力如何认定?

【审判专论】

广东省高级人民法院关于《合同法》施行后认定房地产开发经营合同效力问题的指导意见

(粤高法发〔2001〕41号)

8. 以出让方式取得的土地使用权,土地使用人已经领取了土地行政主管部门颁发的土地使用权证书,但其未付清全部土地使用权出让金即转让土地使用权的,不因此认定该转让合同无效。以出让方式受让的土地使用权,土地使用权受让人已经履行了出让合同约定的全部义务,但其未领取土地使用权证书又转让土地使用权,如再转让合同已基本履行,再转让合同的受让人已投资开发并建成房屋的,不因转让人未取得土地使用权证而认定再转让合同无效。

9. 以出让方式取得的土地使用权,土地使用人已经领取了土地行政主管部门颁发的土地使用权证书,但其未按照出让合同约定进行投资开发即转让土地使用权的,如在起诉前已办理了土地使用权变更登记手续,不因此认定该转让合同无效。

10. 以划拨方式取得土地使用权的,在转让房地产时,土地使用人应当按照《城市房地产管理法》第三十九条的规定,办理审批、出让手续。当事人在一审法庭辩论终结前仍未办理审批、出让手续的,认定转让房地产合同未生效。

040. 签订土地使用权转让协议但尚未办理过户登记的,受让人交付定金后,转让人又与第三人签订转让协议并办理过户登记的,转让人应当向原受让人承担何种责任?

【典型案例】

重庆市佳信建设(集团)有限公司等诉重庆忠县新华印刷有限责任公司合作开发房地产合同纠纷案

【裁判要点】

土地使用权转让协议成立后,合同双方当事人应当按照约定履行自己的义务。办理土地使用权过户登记是转让人应当履行的主要义务之一。与原受让人签订转让协议且未办理过户登记,后又将该土地使用权转让给第三人并办理的过户登记手续的,导致原受让人的合同目的不能实现,转让人的行为构成根本违约。根据《合同法》第94条之规定,原受让人有权解除合同,并要求转让人承担违约责任。原受让人已经交付定金的,可以根据《合同法》第115条之规定,要求转让人双倍返还定金。

判决书字号:

一审判决书:重庆市忠县人民法院(2004)民初字第616号。

二审判决书:重庆市第二中级人民法院(2004)渝二中法民终字第842号。

案由:合作开发房地产合同。

诉讼双方:

原告:重庆市佳信建设(集团)有限公司。

原告:重庆市佳信建设(集团)汇丰开发有限公司。

被告(上诉人):重庆市忠县新华印刷有限责任公司。

审级:二审。

审判机关：

一审法院：重庆市忠县人民法院。

二审法院：重庆市第二中级人民法院。

审结时间：

一审结案时间：2004 年 6 月 21 日。

二审结案时间：2004 年 9 月 30 日。

原告诉称：2003 年 11 月 2 日，原告重庆市佳信建设（集团）有限公司、重庆市佳信建设（集团）汇丰开发有限公司与被告重庆市忠县新华印刷有限责任公司签订了联合开发建设协议书和国有土地使用权过户协议书，约定重庆市忠县新华印刷有限责任公司将其旧房占地 8.6 亩，用于双方联合开发建设综合用房。同年 11 月 23 日，双方在原协议的基础上，再次签订联合开发建设补充协议。在签约当日二原告支付给被告定金 80 万元。按补充协议，被告应将土地使用权过户给原告，但被告却以低于原、被告签订合同的条件，又与忠县忠州建筑工程有限公司签订了联建协议，将该宗土地过户给忠县忠州建筑工程有限公司。原告多次要求被告履行协议，被告称该宗土地已过户给他人，无法履行协议。被告的行为已经构成根本违约。请求：（1）判令解除原告与被告签订的联合开发建设协议书、国有土地使用权过户协议书、联合开发建设补充协议。（2）判令被告双倍返还二原告定金 160 万元，并承担本案全部诉讼费用。

被告辩称：原、被告双方签订的三个协议属实，但补充协议的实质表明其性质是土地使用权转让协议。被告与国土局签订的出让合同约定被告应先投资 25%，因被告不具有开发条件，未能按此约定进行开发，该出让合同违反法律规定，应属无效，原、被告签订的相关协议也无效。原告在缔约中也有过错，应承担相应的责任。被告应返还定金 80 万元，并赔偿部分资金利息损失。

忠县人民法院经公开审理查明：二原告与被告于 2003 年 11 月 2 日签订联合开发建设协议书，约定，将被告的旧房占地 8.6 亩用于原、被告开发建设综合用房，其合作方式为被告提供已办理出让许可的国有土地使用权作为投资成本，工程修建所需资金全部由二原告承担，所建房屋产权分配为二原告分得总面积的 70%，被告分得总面积的 30%，同时还约定了其他相关的权利义务和违约责任。同日，双方当事人还签订了国有土地使用权过户协议书，约定，根据联建协议，需要将被告享有的国有土地使用权依法变更给二原告。以上协议签订后，同年 11 月 23 日，双方当事人再次签订联合开发建设补充协议，载明：原、被告在 11 月 2 日签订的联合开发建设协议书后，经双方反复协商，在原协议的基础上达成补充条款。约定，将原协议第三条“产权分配”中被告应分得建房总面积 30% 的产权变更为二原告以货币作价方式总价 790 万元分期给付被告，在签约当日二原告应支付被告定金 80 万元，其他款项待土地变更登记和施工后支付。该补充协议签订后,二原告给被告交付了定金80万元。同年11月29日、30日,被告以与二原告同样合作建房的方式又与第三人忠县忠州建筑工程有限公司(以下简称忠州建司)签订协议,将原、被告履约的标的物约定给忠州建司,并于12月5日收取忠州建司履约定金160万元,且于12月8日在忠县国土资源局将该宗土地以出让方式变更给忠州建司,同时注销了被告的原土地使用证。原告以被告违约,使原告不能实现双方当事人协议的经济目的并受到相应的经济损失为由诉至本院,要求被告应依法向守约方即原告双倍返还定金上述事实有下列证据证明:(1)二原告与被告于2003年11月2日签订的联合开发建设协议书,内容为:将被告的旧房占地8.6亩用于原、被告开发建设综合用房,其合作方式为被告提供已办理出让许可的国有土地使用权作为投资成本,工程修建所需资金全部由二原告承担,所建房屋产权分配为二原告分得总面积的70%,被告分得总面积的30%。(2)双方当事人于2003年11月2日签订的国有土地使用权过户协议书,内容为:需要将被告享有的国有土地使用权依法变更给二原告。(3)双方当事人于2003年11月23日签订的联合开发建设补充协议,内容为:将原协议第三条"产权分配"中被告应分得建房总面积30%的产权变更为二原告以货币作价方式总价790万元分期给付被告,在签约当日二原告应支付被告定金80万元,其他款项待土地变更登记和施工后支付。(4)被告于2003年11月23日出具的收条,内容为:收到重庆市佳信建设(集团)有限公司、重庆市佳信建设(集团)汇丰开发有限公司定金80万元。(5)被告于2003年11月29日、30日分别与忠县忠州建筑工程有限公司签订的联合开发建设协议书、国有土地使用权过户协议书。(6)被告于2003年12月5日出具的收据,内容为:收到忠县忠州建筑工程有限公司定金160万元。(7)忠土让(2002)合字第209号忠县国有土地使用权出让合同。(8)忠县国土资源局注销被告的土地使用权证和该土地变更给忠县忠州建筑工程有限公司的登记情况表。(9)企业法人营业执照、资质等级证。

忠县人民法院根据上述事实和证据认为:关于双方当事人诉争国有土地使用权的出让、转让是否设置限制条件的问题。被告合法取得了所转让土地的使用权,同时也取得了该宗土地附着的房产权。被告与忠县国土资源局签订的格式合同中载明对已取得国有土地要完成开发投资25%后才能转让的内容,是引用的我国《城市房地产管理法》第38条第1款第2项的规定,国土部门对土地转让的限制本意是法条中所指的闲置、荒芜地,被告取得该宗土地时并非闲置土地,而是正在使用并附着有房产的城镇土地,且当被告将该土地另转让给忠县忠州建筑工程有限公司时,土地出让部门对此作了相应的变更登记,由此证明国土部门对该宗土地没有设置土地使用者应投资25%的限制性条款。被告辩称该宗土地需完成投资25%才能转让的理由不成立。关于原、被告缔约行为的合法性问题。原、被告签订的合作建房协议及补充协议，是双方当事人真实意思的表示，签约双方不仅具有相应的民事主体资格，而且没有违反法律和行政法规的强制性、禁止性规定，没有损害国家利益和社会公共利益，属合法有效。关于违约责任的承担问题。被告与二原告签约后接收原告定金80万元，本应严守合同、积极履约，却在既不履约、又不解约的情况下擅自撕毁合同，又与第三人签约，将双方当事人协议的标的物以与原告相同的方式与第三人签订协议，同时又接收定金160万元，并将其享有的土地使用权变更给第三人，导致原告的合同经济目的不能依法实现，剥夺了原告缔约的期待利益，被告的行为属根本违约，应承担其不履约的定金法则，即依照《合同法》"收受定金的一方不履行约定的债务的，应当双倍返还定金"。所以，原告请求依法解除其与被告签订的相关协议，由被告双倍返还定金的事实和理由符合相关法律规定，予以支持。

重庆市忠县人民法院依据《合同法》第8条、第44条、第94条、第115条、第116条，《城市房地产管理法》第38条，《城镇国有土地使用权出让和转让暂行条例》第4条、第16条、第19条、第23条等的规定，作出如下判决：(1)解除原告重庆市佳信建设(集团)有限公司和重庆市佳信建设(集团)汇丰开发有限公司与被告重庆市忠县新华印刷有限责任公司签订的联合开发建设协议书、国有土地过户协议书、联合开发建设补充协议。(2)被告重庆市忠县新华印刷有限责任公司双倍返还原告重庆市佳信建设(集团)有限公司和重庆市佳信建设(集团)汇丰开发有限公司定金共计160万元，限本判决生效之日起30日内履行。(3)案件受理费18,010元，其他诉讼费16,620元，合计34,630元，由被告重庆市忠县新华印刷有限责任公司负担。

二审诉辩主张

上诉人重庆市忠县新华印刷有限责任公司诉称：上诉人与被上诉人之间订立协议，约定将上诉人拥有使用权的土地转让给被上诉人，但双方的约定违反了《城市房地产管理法》的相关规定而无效，故该协议属无效协议。因此上诉人依照双方协议而取得的定金80万元理应返还给被上诉人，而不应当双倍返还。请求二审法院依法公正判决。

被上诉人重庆市佳信建设(集团)有限公司和被上诉人重庆市佳信建设(集团)汇丰开发有限公司辩称：原审判决认定事实清楚，适用法律正确，请求维持原判。

二审事实和证据

重庆市第二中级人民法院经审理查明的事实与一审查明的事实一致。

二审判案理由

重庆市第二中级人民法院根据上述事实和证据认为：依照我国法律、法规的规定，依法取得土地使用权的土地使用者，其使用权在使用年限内可以转让、出租、抵押或用于其他经济活动，合法利益受到国家法律保护。本案中，上诉人与二被上诉人订立的联合开发建设协议书、国有土地过户协议书、联合开发建设补充协议均系双方真实意思表示。其中,双方当事人于2003年11月2日签订的联合开发建设协议书约定:将被告的旧房占地8.6亩用于原、被告开发建设综合用房,其合作方式为被告提供已办理出让许可的国有土地使用权作为投资成本,工程修建所需资金全部由二原告承担。依照协议约定,上诉人将其所取得土地使用权作为投资成本与被上诉人进行联合开发的行为,系上诉人依照国家相关规定将其所取得的土地使用权用于合法的经营活动。其协议并不违反国家法律、法规的禁止性规定,亦不侵犯他人利益,其协议效力本院依法予以确认。

对于国有土地过户协议书,系本案双方当事人依照联合开发建设协议书的约定而订立的从协议。其协议约定的由上诉人将其所取得的土地使用权转让给二被上诉人的内容,亦系上诉人对其所取得的土地使用权的一种处分。转让土地使用权,应当以当事人双方到国家土地管理部门进行土地使用权变更为准。虽《城市房地产管理法》第38条第2款规定按照出让合同约定进行投资开发,属于房屋建设工程的,需完成开发投资总额的25%以上方能进行土地使用权转让。但双方当事人至今未到国家土地管理部门办理土地使用权过户手续,故本院不能得出双方在办理土地使用权过户手续时,必定不能满足该法条所规定条件之唯一结论。且双方订立的国有土地过户协议书中,亦未约定在转让土地使用权前,上诉人不得在该项土地上投资的内容。故该协议并不违反法律、法规禁止性规定,亦不侵犯他人利益,其协议效力本院予以确认。

对于联合开发建设补充协议,是双方当事人在联合开发建设协议书的基础上订立的补充协议,该协议约定将原协议第三条"产权分配"中上诉人应分得建房总面积30%的产权变更为二原告以货币作价方式总价790万元分期给付上诉人,并约定在协议签订当日由二被上诉人给付上诉人定金80万元,上诉人把项目土地以合法出让方式过户给乙方,同时双方还对原协议中的部分条款进行了变更。该协议的达成,系双方当事人依法对各自的民事权利进行处分,协议约定的给付定金、变更原协议的内容均不违反法律、法规的规定,其约定的对土地使用权转让的条款,亦要求上诉人以合法出让的方式过户给二被上诉人。因此,该协议并不违反法律、法规禁止性规定,亦不侵犯他人利益,其协议效力本院予以确认。

本案双方当事人所签订的联合开发建设协议书、国有土地过户协议书、联合开发建设补充协议均系有效协议,双方当事人均应当严格地按照协议的约定履行各自的权利义务。上诉人在协议订立并收取了二被上诉人的定金80万元后,又擅自将其所取得的土地使用权转让给他人,致使双方订立的协议均无法履行,其行为显属违约。对此,上诉人应当承担违约责任,其所收取的定金应当双倍返还。原审判决审理程序合法,认定事实清楚,适用法律正确,处理结果恰当,上诉人的上诉理由均不成立,其上诉请求二审法院不予支持。

二审定案结论

重庆市第二中级人民法院依照《民事诉讼法》第153条第1款第1项之规定，作出如下判决：驳回上诉，维持原判。上诉案件受理费20,000元，其他诉讼费5010元，合计25,010元，由上诉人重庆市忠县新华印刷有限责任公司负担。

[国家法官学院、中国人民大学法学院编：《中国审判案例要览》(2005年民事审判案例卷)，中国人民大学出版社2006年版。]

041. 房地产转让合同的出让方以受让方不具备房地产开发资质为由主张合同无效的，法院是否支持？

【典型案例】

乌鲁木齐高新技术开发区三盛房地产开发有限公司与新疆维吾尔自治区机械设备成套局房产续建合同纠纷案

【裁判要点】

《城市房地产管理法》第37条规定，司法机关和行政机关依法裁定、决定查封或者以其他形式限制房地产权利的，不得转让。但是，对该规定的违反，并不必然导致合同无效，应当结合具体情形加以处理。所以，如果双方当事人签订房产续建协议时，由于客观原因不能及时办理房地产的土地使用权转移手续，但在合同的实际履行过程中，双方当事人在一审诉讼之前已经完善了土地使用权的过户手续，在再审之前又取得了房屋所有权证书的，转让行为可以认定有效。《城市房地产管理法》第64条规定，违反本法规定，未取得营业执照擅自从事房地产开发业务的，由县级以上人民政府工商行政管理部门责令停止房地产开发业务活动，没收违法所得，可以并处罚款。据此，不具备房地产开发企业资质的企业，不得擅自从事房地产开发业务，但是，不具备房地产开发企业资质的企业，并非不能成为房地产转让合同的受让方，只是在受让以后进行续建时需要具备相应的资质。所以，房地产转让合同的出让方以受让方不具备房地产开发资质为由主张合同无效的，法院不予支持。

案号：最高人民法院(2001)民一终字第77号。

上诉人(原审被告、反诉原告)：乌鲁木齐高新技术开发区三盛房地产开发有限公司。

被上诉人(原审原告、反诉被告):新疆维吾尔自治区机械设备成套局。

上诉人乌鲁木齐高新技术开发区三盛房地产开发有限公司(以下简称三盛公司)为与被上诉人新疆维吾尔自治区机械设备成套局(以下简称成套局)房产续建合同纠纷一案,新疆维吾尔自治区高级人民法院于2000年1月13日作出(1999)新民初字第11号民事调解书,已经发生法律效力。新疆维吾尔自治区高级人民法院又于2000年10月19日以(2000)新民监字第289号民事裁定决定对该案进行再审,2001年6月14日作出(2000)新民再字第38号民事判决。三盛公司对该再审判决不服,向本院提起上诉。本院依法组成合议庭对本案进行了审理,上诉人的委托代理人张连孝、被上诉人的法定代表人高翠霞及其委托代理人李开德、邢同舟到庭参加诉讼。本案现已审理终结。

经审理查明:成套局在1995年12月7日和1997年4月8日分别根据新疆维吾尔自治区高级人民法院(1995)新经初字第22号民事调解书和(1996)新审经再字第2号民事判决书,取得了新疆天海(集团)有限公司(以下简称天海公司)开发的天海花园小区二期工程半成品楼房五幢半及相应占地面积20,378.83平方米,价值11,208,360元的债权。之后,1996年11月9日,成套局机械设备公司与三盛公司签订建房协议,约定双方共同建房,并用预售房款投入建筑以抵工程款,但该协议未得到实际履行。1998年6月17日,成套局与三盛公司又签订了《房产续建协议》,约定:(1)成套局将天海花园小区二期五幢半的半成品房转让给三盛公司续建,三盛公司按法院判定的价值11,208,360元向成套局补偿。(2)三盛公司偿付成套局欠新疆金新信托投资公司(以下简称金新公司)债务10,215,300元整,以建成后的8172.24平方米的成品房抵偿给金新公司,相应房产属金新公司所有。(3)双方对共同建房阶段各自的资金投入情况进行了结算,即为成套局投入4,025,908.73元(其中包括部分售房款),三盛公司的投入因后续建房转移给三盛公司,其投入部分未纳入结算之中,但三盛公司额外投入为1,109,995元。双方对房产账目进行抵偿,相互冲减后三盛公司还需给付成套局现金1,662,792.89元。该协议并有附件11项。据此,成套局、三盛公司与金新公司达成备忘录,明确债务转让行为,成套局还向相关的职能部门出函告知上述房产的转让行为,请求办理过户事宜,同时也告知预购房户其所签售房合同中的权利、义务随之转移给三盛公司,由三盛公司办理合同接转、认证事宜。1998年11月9日,金新公司出具收条确认收到三盛公司用以抵偿成套局欠债10,215,300元的现房73套,面积8092.735平方米。

另查明:成套局从天海公司取得这批房产时,未办理土地使用权证,直至1998年12月25日成套局才取得了土地使用权证书,1999年2月9日转至三盛公司名下。2000年2月15日三盛公司取得了《公房产权证》。

再查明:三盛公司原名乌鲁木齐市三盛工贸有限公司,不具有房地产开发企业的资质,1999 年 12 月 1 日,乌鲁木齐市三盛工贸有限公司变更登记为乌鲁木齐高新技术产业开发区三盛房地产开发有限公司,并于 1999 年 12 月 8 日领取了房地产开发企业资质证书。

1999 年 5 月,成套局向新疆维吾尔自治区高级人民法院提起诉讼,请求判令双方签订的房产续建协议无效,由三盛公司返还取得的所有房产(价值 700 万元),返还售房款及利息,赔偿经济损失。三盛公司反诉请求判令成套局继续履行房产续建协议,并赔偿经济损失。

新疆维吾尔自治区高级人民法院在一审过程中,经法院主持调解,双方当事人自愿达成调解协议:"一、1998 年 6 月 17 日双方签订的《房产续建协议》继续履行,并以此为基础作出以下补充修改:(1)1998 年 6 月,成套局实际交付给三盛公司的房产,比《房产续建协议》中约定的标的多出 2274.58 平方米,成套局以每平方米 550 元的价格将该房产转让给三盛公司,转让费用共计为 1,251,019 元。(2)根据《房产续建协议》附件 7《二期工程售房清单》,三盛公司给成套局退款 125,480.66 元人民币,成套局将所退房屋交付给三盛公司。(3)成套局直接投入天海花园小区 1 号、2 号、6 号、7 号、9 号、10 号加单元的费用,三盛公司对其中 3,141,944.55 元计息 12 个月,月息为 7.5‰,三盛公司合计向成套局支付利息 282,775 元。(4)《房产续建协议》附件 8《三盛公司续建工程额外投入直接费用表》,三盛公司续建工程额外投入直接费用为 1,109,995 元,由三盛公司承担,不再冲抵成套局资本。(5)《房产续建协议》附件 6《成套局预付工程款应减项说明》,成套局承担费用为 112,500 元,改由三盛公司支付给成套局 112,500 元人民币。(6)《房产续建协议》附件 5《成套局间接费用表(天海小区)》,成套局间接费用为 52,000 元,由三盛公司增付 148,000元。(7)三盛公司支付成套局 20,000 元人民币,由成套局处理乌鲁木齐市建委所属建筑队善后事宜。(8)根据《房产续建协议》第 3 条的规定,三盛公司向金新公司交付房产 8201.70 平方米,合款为 10,252,125 元,三盛公司多支付 36,824 元,由成套局向三盛公司支付 36,824 元。二、《房产续建协议》第三条不变,即三盛公司应当向成套局补偿 1,662,792.89 元。三、案件受理费 65,010 元(成套局已付),双方各负担 32,505 元,反诉费 20,010 元(三盛公司已付),双方各负担 10,005 元,诉讼保全费 5520 元由成套局负担(已付)。四、上述一、二、三项,三盛公司共应支付成套局数额 4,697,919.55 元,于 2000 年 6 月 30 日前全部付清。"据此,一审法院于 2000 年 1 月 13 日制作了(1999)新民初字第 11 号民事调解书予以确认。调解书生效后,三盛公司向成套局支付 4,697,919.55 元,三盛公司依据调解书应负的义务已履行完毕。2000 年 4 月 9 日,成套局对上述调解持有异议,向新疆维吾尔自治区高级人民法院提出申诉,认为双方在签订续建协议时,三盛公司未取得房地产开发经营的资质和相应的营业执照,因而双方间进行的房地产交易行为违反法律规定，协议无效，而调解书按有效合同调解处理，保护了违法一方的非法利益，故请求依法再审，公正处理本案。新疆维吾尔自治区高级人民法院于2000年10月19日以(2000)新民监字第289号民事裁定决定对本案进行再审。

一审法院经再审认为：成套局与三盛公司之间签订的房产续建合同，其实质是房地产转让，属平等主体间财产所有权转移的行为。由于成套局在从天海公司取得诉争房产时，未办理土地使用权的登记过户手续，土地使用权仍属天海公司。因而成套局并未依法登记领取该房产的权属证书，其与三盛公司的房地产转让行为违反了《城市房地产管理法》规定的未依法登记领取权属证书的房地产，不得转让的禁止性的规定，故双方间的房地产转让行为无效，但双方间对各自投入资金的结算行为是真实的意思表示，对双方均有约束力，应予认定。按照无效合同的处理规则，三盛公司因转让行为取得的财产应当返还。但成套局也应承担相应的过错责任。成套局向三盛公司转让房地产时，未对现房实际价值进行评估，现本应对该批房产是否增值进行评估，扣除各自的投入后再进行返还，但双方当事人均不配合审计。由于成套局从天海公司是以每平方米550元取得了价值11,208,360元的房产，在转让中，双方均认可按每平方米1250元的增值价向金新公司抵偿债务，该行为系双方当事人的真实意思表示，应予认定。因此，该现房宜以每平方米1250元计价，价值为25,473,537.50元，在扣除抵偿金新公司债务10,252,125元，成套局自行售房的2,649,495元，扣除三盛公司的额外投入1,109,995元之后，三盛公司应当返还价值11,461,922.50元的房产。其中包括成套局在申诉期间申请执行(1999)新民初字第11号民事调解书确认三盛公司给付的4,697,919.55元。由于三盛公司受让房地产后，对建房实际投入资金情况未能举证，则视为无实际投入。成套局主张该房产实际面积为25,418.34平方米，其价值为27,864,684元，扣除投入续建费用后，三盛公司应予返还价值13,204,719元的房产，鉴于成套局根据法院判决所取得的天海公司的债权是面积20,378.83平方米的半成品房屋，而且其与三盛公司转让房产时，是以20,378.83平方米的面积进行的转让，故成套局多主张5039.51平方米与事实不符，不予支持。至于三盛公司反诉因成套局违反合同，擅自售房，要求其承担违约责任，并赔偿损失的主张，因双方之间的房地产转让行为无效，导致原物返还，则不存在成套局违约的基本事实，故反诉理由不予支持。依照《城市房地产管理法》第31条、第37条第6项以及《民法通则》第61条之规定，判决：(1)撤销(1999)新民初字第11号民事调解书；(2)由三盛公司返还成套局以每平方米1250元计算价值11,461,922.50元的房产(含已执行的4,697,919.55元)，如无法返还房产则给付现金11,461,922.50元；(3)驳回三盛公司的反诉请求。上述房产交付行为或现金给付行为于本判决生效后一个月内履行。

三盛公司对再审判决不服，向最高人民法院上诉称：(1)双方当事人签订的《房产续建协议》实质是转移财产权的合同,再审判决认定《房产续建协议》无效,适用法律错误。成套局从天海公司取得天海花园小区二期工程20,378.83平方米的半成品房产后,即着手办理有关过户手续,因当时天海公司使用的上述土地被乌鲁木齐市中级人民法院查封冻结,故不能及时办理过户手续,1998年12月25日,乌鲁木齐市中级人民法院对天海公司的土地予以解冻后,成套局即以自己的名义取得了土地证,1999年2月9日又转至三盛公司的名下。(2)一审法院对已经执行终结的案件予以再审不当。2000年1月13日双方当事人达成调解,(1999)新民初字第11号民事调解书生效。2000年6月6日,成套局持国家国内贸易局设备成套管理局《关于新疆维吾尔自治区机械设备成套局诉乌鲁木齐市三盛工贸公司一案的意见》,证明成套局原法定代表人没有按集体决议办事,违背了法人单位的真实本意,申请再审,这份书证是在调解书签订后半年形成的,只是业务部门上级对下级的意见,根本不能作为调解违法的证据。2000年9月6日,三盛公司向金新公司交付6243.45平方米的房产,折抵成套局的债务4,697,919.55元,即调解书的义务执行完毕,一审法院作出(2000)新执字第451号民事裁定书终结执行,应当说双方的民事纠纷已经得到解决。但2000年10月24日一审法院又决定再审,有损法院形象和法律严肃性。(3)成套局转让给三盛公司的房产都是半成品商品楼,现在已全部是成品楼,有的出售,有的抵债,必有实际投入,三盛公司主张为开发、管理上述房产已经投入10,859,567.10元,一审法院认为三盛公司没有举证,视为无实际投入,不通情理。(4)三盛公司以每平方米1250元的价格向金新公司抵偿债务,是双方当事人的约定价,不是该房屋的成本价,三盛公司与成套局约定的成本价是每平方米550元,现状的每平方米1250元是因三盛公司的实际投入而增值,即使是无效合同双方返还,应当是以每平方米550元返还。请求撤销再审判决,驳回成套局的诉讼请求,支持三盛公司的反诉请求,由成套局赔偿经济损失6,319,033.38元。成套局答辩请求驳回上诉,维持再审判决。

最高人民法院认为:成套局从天海公司取得的天海花园小区二期工程五幢半在建工程房屋,是依据新疆维吾尔自治区高级人民法院的生效法律文书享有的债权,折合价款应当是11,208,360元,因成套局无资金投入使半成品房屋变成现房,实现债权,故拟与其他单位联建,或转让房产,实现债权的价值。成套局与三盛公司签订的房产续建协议,没有约定共同投资、共同管理、共享利润、共担风险的内容,主要约定由三盛公司负责续建并按法院判定价值11,208,360元向成套局补偿,因此,双方当事人签订的房产续建协议实质为房地产在建工程转让合同的性质。根据《城市房地产管理法》第37条、第38条的规定,转让房地产,转让方应依法登记领取权属证书,即土地使用权证书。房屋已经建成的,还应持有房屋所有权证书。成套局取得的天海花园小区五幢半半成品房屋包括其土地使用权,并不是原始以出让方式取得的，原开发商天海公司以该房产抵债享有该块土地的使用权并无争议，作为在建工程的房屋不可能在转让时取得房屋所有权权属证书，成套局取得上述用于抵债的半成品房屋而不能及时办理土地使用权转让的过户手续，是因为天海小区的开发建设单位天海公司因其他民事纠纷被乌鲁木齐市中级人民法院将天海小区的全部土地使用权予以查封冻结，后经法院协调，上述转让标的房地产的土地使用权已于1998年12月25日转至成套局名下，1999年2月9日又转至三盛公司名下，2000年2月15日三盛公司还取得了《公房产权证》。因此，尽管双方当事人签订房产续建协议时，由于客观原因不能及时办理房地产的土地使用权转移手续，房地产转让行为不符合法律的规定，存在瑕疵，但上述土地使用权并不存在争议，在合同的实际履行过程中，双方当事人在一审诉讼之前已经完善了土地使用权的过户手续，在再审之前又取得了房屋所有权证书，转让行为的瑕疵已得到补正，因此，转让行为可以认定有效。成套局在一审起诉时认为三盛公司没有房地产企业开发经营的资格，主张合同无效，申请再审时，又以自己没有取得土地使用权证书，主张合同无效，均与法律规定的认定合同无效的条件不相符。作为转让合同的受让方，三盛公司并不需要房地产开发企业的资格，不能因此认定合同无效。作为房地产开发建设单位，受让以后进行续建，才必须具备房地产开发企业的资格，在一审法院调解书发生法律效力之前，三盛公司已经具有房地产开发资格。一审法院的调解书虽然没有明确认定双方当事人签订的房产续建协议的效力，但实际上承认合同的有效性并无不当。成套局依据调解书，其原始取得的债权即法院判定的房产价值11,208,360元，实际上已变成抵偿金新公司欠款10,215,300元加上依据调解书再付款4,697,919.55元等于14,913,219.55元，增值3,704,859.55元。成套局在再审和本院二审程序中主张该局原法定代表人徐道华签署接受一审法院民事调解书，违背了该局党组的集体意见，损害了国家利益，因我国实行的是企业法人由法定代表人负责制，企业法人有权对自己享有的民事权利依法进行处分，徐道华接受调解协议并不违背国有资产管理保值增值的原则，因此，成套局事后主张一审法院调解违法的诉辩理由不成立。原一审民事调解书，符合法律法规的规定，不违反当事人自愿的原则，且已实际履行完毕，再审改判不当，依法应予纠正。三盛公司上诉请求成套局赔偿经济损失，在调解协议有效且已经履行完毕的情况下，此项主张亦不符合法律规定，最高人民法院不予支持。综上，根据《民事诉讼法》第153条第1款第2项、第3项的规定，判决如下：(1)撤销新疆维吾尔自治区高级人民法院(2000)新民再字第38号民事判决。(2)维持新疆维吾尔自治区高级人民法院(1999)新民初字第11号民事调解书。(3)驳回双方当事人的诉讼请求。二审案件受理费96,043元，由被上诉人成套局负担。本判决为终审判决。

[参见最高人民法院民事审判第一庭编：《最高人民法院二审民事案件解析》(第1集)，法律出版社2007年版。]

042. 对房地产项目转让中一物数卖的行为如何认定?

【典型案例】

东莞利成公司等与东莞晶隆公司等房地产项目转让合同纠纷案

【基本案情】

2003年7月10日,甲方颜屋村委会、乙方大岭山房地产公司与丙方长新公司共同签订《土地使用权转让合同书》。合同约定甲方将位于莲花山颜屋村水库边山地约499,600.02平方米土地在办理国有土地使用证后交由丙方作房地产开发。但由于长新公司没有房地产开发资质,必须挂靠大岭山房地产公司,因此土地使用证以乙方名义办理,但相关国有土地证项下之土地的实际权益属于长新公司。

2006年8月6日,麦赞新代表甲方长新公司与乙方李炳签订《协议书》并约定甲方将长新公司全部股份及名下"莲湖山庄"项目整体转让给乙方等内容。同时,麦赞新签署《授权委托书》一份,内容为麦赞新以身体不适为由授权李炳代为履行其长新公司法定代表人一职并行使作为长新公司法定代表人的一切权限,注明该委托书为不可撤销之委托。2007年3月29日,麦赞新在《东莞日报》刊登"东莞市长新实业有限公司遗失营业执照正副本及公章、财务专用章一枚,特此声明作废"的遗失声明,并以此为由申请补发执照。同日,麦赞新将字样为"东莞市长新实业有限公司"(中间有五角星)的公章和字样为"东莞市长新实业有限公司财务专用章"的财务章向东莞市公安局治安巡逻支队治安科进行备案。

2008年3月26日,甲方长新公司与乙方利成公司、丙方宝源公司签订《转让合同书》,约定甲方同意将"莲湖山庄"房地产开发项目及其项下的11块土地使用权整体转让给乙方和丙方,该项目价款为1.5亿元。甲方加盖中间有五角星的公章。随后,利成公司、三利公司与吉龙公司其为利成公司向长新公司转账6000万元,麦赞新均出具盖有"东莞市长新实业有限公司"公章的收据。

另查明,蔡月红与麦赞新系夫妻关系,麦赞新占长新公司90%的股份,是该公司法定代表人,蔡月红占10%。2006年7月7日,蔡月红因涉嫌职务侵占罪被逮捕,麦赞新向李炳借款1500万元用于归还挪用公款的缺口。

2007年4月24日,蔡月红向一审法院起诉,请求确认麦赞新与李炳签订股权转让协议无效,李炳提起反诉,请求确认有效。二审确认该协议有效。

利成公司、宝源公司请求确认利成公司、宝源公司与长新公司签订的《转让合同书》和《调解书》有效，判令长新公司将其名下2块土地使用权过户到利成公司、宝源公司名下，并解除利成公司、宝源公司和大岭山房地产公司的挂靠协议，将大岭山房地产公司名下的9块土地使用权过户至利成公司、宝源公司名下。利成公司、宝源公司于2008年12月17日向广东省东莞市中级人民法院提起诉讼，请求判令：(1)确认利成公司、宝源公司与长新公司签订的《转让合同书》和《调解协议》有效；(2)判令长新公司继续履行将其名下2块土地的《国有土地使用权证》过户到利成公司、宝源公司名下的义务；(3)确认长新公司挂靠在大岭山房地产公司名下的9块土地使用权属于利成公司、宝源公司财产，判决解除利成公司、宝源公司和大岭山房地产公司的挂靠协议，判令大岭山房地产公司协助将该9块土地的国有土地使用权证更名过户到利成公司、宝源公司名下；(4)判令长新公司从2008年5月26日起至将11块土地使用权转让过户到利成公司、宝源公司之日止按日支付3万元的逾期办证违约金给利成公司、宝源公司。

【裁判结果】

一审判决《转让合同书》无效；二审判决《转让合同书》处分大岭山房地产公司名下的土地部分无效；再审法院最高人民法院判决《转让合同书》有效。

【重点裁判理由】

1. 关于麦赞新代表长新公司与利成公司、宝源公司签订的《转让合同书》的效力问题。第一，虽然2006年8月6日麦赞新授权李炳代为履行其作为长新公司法定代表人一职，但双方并未办理股东变更工商登记手续，直到2008年12月24日才经东莞市工商行政管理局核准变更登记，李炳成为长新公司法定代表人。根据《公司法》第33条第3款之规定，公司应当将股东的姓名或者名称及其出资额向公司登记机关登记；登记事项发生变更的，应当办理变更登记，未经登记或者变更登记的，不得对抗第三人。第二，长新公司与颜屋村委会、大岭山房地产公司签订的《土地使用权转让合同书》约定，“莲湖山庄”房地产项目所涉的土地有9块土地的使用权虽登记在大岭山房地产公司名下，但9块土地的实际权益归属于长新公司。第三，《合同法》第50条规定：“法人或者其他组织的法定代表人，负责人超越权限订立的合同，除相对人知道或者应当知道其超越权限的以外，该代表行为有效。”综上，《转让合同书》有效。

2. 关于麦赞新代表长新公司与利成公司、宝源公司签订的《转让合同书》的履行问题。《合同法》第80条规定：“债权人转让权利的，应当通知债务人，未经通知，该转让对债务人不发生效力……”第88条规定：“当事人一方经对方同意，可以将自己在合同中的权利和义务一并转让给第三人。”长新公司与利成公司、宝源公司签订《转让合同书》时，未通知或者征得颜屋村委会、大岭山房地产公司的同意，利成公司、宝源公司只能对长新公司提出履行请求，而对大岭山房地产公司、颜屋村委会不发生效力。利成公司、宝源公司要求过户大岭山房地产公司名下的9块房产没有合同和法律依据。

［参见最高人民法院民事审判第一庭编：《民事审判指导与参考》（2015年第1辑），人民法院出版社2015年版。］

043. 外商独资企业土地使用权转让合同的效力如何认定？

【请示与批复】

广东省高级人民法院关于外商独资企业土地使用权转让合同效力问题的批复

（2007年7月30日 粤高法民一复字〔2007〕9号）

佛山市中级人民法院：

你院《关于外商独资企业土地使用权转让合同效力问题的请示》收悉。经研究，答复如下：

原则上同意你院审委会多数意见对合同效力的认定。佛山市顺德区顺华铝幕墙制品有限公司与欧阳纯土地使用权转让合同纠纷一案，双方当事人转让外商独资企业拥有的国有土地使用权的行为未经有审批权的机关依法批准，违反了《中华人民共和国外资企业法实施细则》第三十五条关于“土地证书为外资企业使用土地的法律凭证。外资企业在经营期限内未经批准，其土地使用权不得转让”的规定。根据我国《合同法》第五十二条第（五）项的规定，本案土地使用权转让合同应认定为无效。

此复

044. 双方当事人签订商品房销售合同但未办理登记手续，买方又与他人签订关于该房产转让的协议，经权利人追认的，该转让协议是否有效？

【典型案例】

马鞍山市太白特种工艺装潢厂与马鞍山市有线电视网络中心房地产转让纠纷再审案

【裁判要点】

《合同法》第44条规定，依法成立的合同，自成立时生效。法律、行政法规规定应当办理批准、登记等手续生效的，依照其规定。《最高人民法院关于适用〈中华人民共和国合同法〉若干问题的解释（一）》第9条也规定，法律、行政法规规定合同应当办理登记手续，但未规定登记后生效的，当事人未办理登记手续不影响合同的效力，合同标的物所有权及其他物权不能转移。由此可知，双方当事人签订商品房销售合同，虽未办理登记手续的，但法律、行政法规未规定登记后生效，当事人未办理登记手续不影响合同的效力，因此该合同有效。买方又与他人签订关于该房产转让的协议的，由于未办理登记，房屋所有权未发生转移，买方的行为属于无权处分，但经权利人追认的，依据《合同法》第51条的规定，该转让合同亦有效。

案号：安徽省高级人民法院（2003）皖民一再字第01号。

抗诉机关：中华人民共和国最高人民检察院。

原审上诉人（一审被告）：马鞍山市太白特种工艺装潢厂（以下简称太白工艺厂）。

原审被上诉人（一审原告）：马鞍山市有线电视网络中心（以下简称市网络中心，原为马鞍山市有线广播电视台）。

原审第三人：安徽佳达房地产开发（集团）有限公司（以下简称佳达公司，原为马鞍山市佳山住宅开发公司）。

市网络中心与太白工艺厂、佳达公司房地产转让纠纷一案，马鞍山市中级人民法院于1999年9月20日作出（1999）马初字第15号民事判决。宣判后，太白工艺厂不服，向安徽省高级人民法院提起上诉。安徽省高级人民法院于2001年4月10日作出的（2000）皖民终字第8号民事判决，已经发生法律效力。最高人民检察院于2002年11月25日向最高人民法院提出抗诉。最高人民法院指令安徽省高级人民法院对本案进行再审。安徽省高级人民法院依法另行组成合议庭公开开庭审理了本案。本案现已审理终结。

经再审查明,1991年10月,太白工艺厂与佳达公司签订了一份由佳达公司将位于中岗三村1幢1#北商店房屋出租给太白工艺厂的租赁协议,约定租期两年。1992年9月16日,双方又签订了一份关于该处房屋的《商品房销售合同》,约定佳达公司将该处房屋(面积231.25m^2)以18.5万元出售给太白工艺厂,双方签章后一次性付清房款。如10日内不付款合同无效等。同年11月26日,佳达公司致函太白工艺厂要求其在1992年12月1日前付清房款,否则合同作废。太白工艺厂于1994年1月14日通过马鞍山市茂马公司汇款18.5万元给佳达公司,佳达公司收到该款后给太白工艺厂出具了购房发票一张。在原审和再审庭审中,佳达公司均表示其放弃解除合同的权利。

1994年1月8日,太白工艺厂与市网络中心签订了一份《有偿转让房地产的协议》,约定:由太白工艺厂将其购买的中岗三村1栋北商店(10)-(12)房屋,面积231.25m^2,以18.5万元转让给市网络中心;市网络中心购买此房改建职工宿舍楼;建成后,将一楼底商房,二楼一大一小两套(房)交给太白工艺厂,产权归太白工艺厂所有;协议签订后,市网络中心应先付10万元,余款1个月内付清;房屋建成后,按协议规定双方各自办理产权手续;一层底商门面的装潢,由太白工艺厂自行安排等内容。协议签订的当天,经太白工艺厂法人代表于斌介绍,市网络中心又与佳达公司签订了一份如前述1992年9月16日太白工艺厂和佳达公司所签内容相同的《商品房销售合同》,时间仍写成1992年9月16日,只是将购房人太白工艺厂改为市网络中心。合同签订后,太白工艺厂将佳达公司开给的购房发票加写“有线电视台”“中岗三村1栋北商店(10)-(12)图号85125-2”等内容交给市网络中心。市网络中心持此发票与佳达公司签订了《商品房销售合同》,于1994年1月17日办理了产权人为市网络中心的中岗三村1栋1号北商店的房屋产权证。自1994年1月20日起,市网络中心分三次付给太白工艺厂房款18.5万元。随后,市网络中心经报批、立项、规划等工作,于1996年1月将中岗三村1幢北商店翻建成六层底商住宅楼。并于同月将一层底商房和二楼203、204两套住宅房交付给太白工艺厂。嗣后,市网络中心领取了该宗土地使用证并同时领取了203、204两套住宅房产权证。

以上事实,有各方当事人陈述、合同、协议、银行进账单及其他相关证据在卷佐证。

原一审判决认为,太白工艺厂与佳达公司签订的《商品房销售合同》,因太白工艺厂未按合同约定付款,经佳达公司致函催告,仍未按期履行,该合同已被解除。其后太白工艺厂通过茂马公司的付款行为不能认定为对合同的履行,太白工艺厂在未取得房屋所有权的情况下与市网络中心签订《有偿转让房地产的协议》无效。市网络中心与佳达公司签订的《商品房销售合同》是虚假的,不是双方当事人的真实意思表示,属无效合同。鉴于本案原标的物已被市网络中心翻建成底商住宅楼,实际占有近6年,且第三人对占有和翻建的事实亦未提出异议,故确认该商住楼产权归市网络中心。太白工艺厂与市网络中心的转让协议被确认无效后,根据公平原则,应由市网络中心给太白工艺厂合理补偿,即将203、204两套住房交太白工艺厂所有,太白工艺厂应将占用的该楼底商房全部返还给市网络中心。市网络中心要求太白工艺厂返还从1995年年底至今收取的底商房租金的请求未提供相应证据证明,不予支持。据此判决:(1)原、被告双方所签的《有偿转让房地产的协议》无效。(2)位于中岗三村1-1栋一楼底商房产权归市网络中心。被告于判决生效后3个月内让出该房。(3)中岗三村1-1栋203、204两套住宅产权归太白工艺厂。(4)驳回原告其他诉讼请求。

原二审判决认为,太白工艺厂与佳达公司签订的《商品房销售合同》,虽然太白工艺厂未在规定的期限内付款,但在此之后的付款行为已被佳达公司接受和追认,合同已实际履行,并非已被解除。但按照当时的规定,未办理房屋产权转移登记手续,应认为该民事法律行为尚未成立,故该合同未生效。对于太白工艺厂与市网络中心签订的《有偿转让房地产的协议》,其性质应为合作建房合同,即太白工艺厂将其购买的房屋所占有的土地作为投资,市网络中心出资,双方合作建房。该合同签订时,由于太白工艺厂未依法办理房屋所有权证,又不具有土地使用权,故双方转让房地产的合同无效。市网络中心与佳达公司签订的《商品房销售合同》是一份虚假合同,由于不具备真实性,显然无效。鉴于争议房屋已被市网络中心翻建成底商住宅楼,无法原物返还,且市网络中心已领取了土地使用权证和房屋产权证(一楼除外),一审确认该楼产权归市网络中心,由市网络中心给太白工艺厂两套住房作为补偿并无不当。太白工艺厂当庭提出市网络中心起诉超过诉讼时效,根据市网络中心提供的相关证据证明,其诉讼时效存在中断的情形,起诉未过法定时效。综上,上诉人的上诉理由均不能成立。一审判决事实清楚,适用法律正确,依法应予维持。依照《民事诉讼法》第153条第1款第1项之规定,判决:驳回上诉,维持原判。二审案件受理费14,491.46元,由太白工艺厂负担。

最高人民检察院抗诉的主要理由:第一,我国有关房地产管理法律法规规定,房屋因买卖发生房屋所有权转移的,应办理转移登记手续,但并未规定办理登记手续后房屋买卖合同才能生效。按照《最高人民法院关于适用〈中华人民共和国合同法〉若干问题的解释(一)》第1条、第9条的规定,当事人未办理登记手续不影响合同的效力。因此,太白工艺厂与佳达公司签订房屋买卖合同并实际履行后,虽未办理过户登记手续,房屋所有权未发生转移,但该合同仍然有效。第二,太白工艺厂与市网络中心签订的《有偿转让房地产的协议》,从名称、内容看均为房屋转让合同,终审判决认定其为一方出地、一方出资的合作建房合同,缺乏法律依据,属定性错误。该协议内容不违反法律、法规规定,是双方当事人的真实意思表示,且已实际履行,属于有效合同。按照《最高人民法院关于适用〈中华人民共和国合同法〉若干问题的解释(一)》第3条和《合同法》第51条的规定,该房屋所有权人佳达公司对太白工艺厂将该房屋转让给市网络中心的行为是认可的,且太白工艺厂与市网络中心之间的《有偿转让房地产的协议》已经履行完毕。终审判决认定该协议无效,缺乏法律依据。

在再审中,太白工艺厂诉称:(1)我厂与佳达公司签订的《商品房销售合同》中约定的10日内付款的生效条件已在实际履行中变更,我厂在处分该房屋时,佳达公司亦未表示异议;虽未办理过户登记手续,但不影响合同的效力。无论适用何时颁布实施的何条法律规定,该合同都应认定有效。(2)我厂与市网络中心签订的《有偿转让房地产的协议》虽未登记领取权属证书,但经权利人追认亦应认定有效。(3)协议即便无效,也应依法将因合同取得的财产,返还给对方,不能返还的应当折价补偿。因此,应以评估价格作为折价补偿的依据。市网络中心答辩称:太白工艺厂与佳达公司的房屋转让协议已经失效;我方与太白工艺厂的房屋转让协议意思表示不真实,且于法无据,显属无效;我方与佳达公司的房屋转让协议虽然形式上有虚假,但意思表示真实,且已实际履行,应为有效。且太白工艺厂的法定代表人于斌已与马鞍山市广播电视局就执行达成了协议,本案已无再审之必要。佳达公司陈述的意见:(1)我国房地产管理的法律是要求房屋因买卖发生所有权转让的应办理转移登记,但没规定未办理登记手续房屋买卖就不生效,因此,原一、二审适用法律明显错误。(2)原标的物是我方出售给太白工艺厂的民事活动,在现行有效法律运作的状态下,太白工艺厂处置自身的财产那是他的权利体现。(3)我方对太白工艺厂将房屋转让给市网络中心的行为是认可的,这符合法律规定,即无处分权的人处分他人财产经权利人追认,该合同有效。

安徽省高级人民法院认为,市网络中心与佳达公司签订的《商品房销售合同》,是市网络中心与太白工艺厂为逃避二次交易税而签订的一份虚假合同,原一、二审判决认定该合同由于不具有真实性显然无效是正确的。在执行过程中,于斌与马鞍山市广播电视局达成执行协议,并不表明其丧失了申诉权,市网络中心的答辩理由不能成立。太白工艺厂与佳达公司签订的《商品房销售合同》,系双方当事人的真实意思表示,虽未办理登记手续,但法律、行政法规未规定登记后生效,当事人未办理登记手续不影响合同的效力。因此,太白工艺厂与佳达公司签订的房屋买卖合同应认定有效。太白工艺厂与市网络中心签订的《有偿转让房地产的协议》,无论从其名称、内容看，当属房屋转让合同。该合同属双方当事人的真实意思表示，不仅履行完毕，而且佳达公司对太白工艺厂的转让行为始终予以认可，这符合无处分权的人处分他人财产经权利人追认，该合同有效的法律规定，应认定该合同有效。原判认定无效显属不当。最高人民检察院的抗诉理由成立，应予采纳。本案经安徽省高级人民法院审判委员会讨论，依照《合同法》第51条和《最高人民法院关于适用〈中华人民共和国合同法〉若干问题的解释（一）》第3条、第9条及《民事诉讼法》第186条、第184条、第153条第1款第2项的规定，判决如下：（1）撤销马鞍山市中级人民法院（1999）马初字第15号和安徽省高级人民法院（2000）皖民终字第8号民事判决。（2）驳回马鞍山市有线电视网络中心的诉讼请求。原一、二审案件诉讼费各14,491.46元，均由马鞍山市有线电视网络中心负担。本判决为终审判决。

［参见最高人民检察院民事行政检察厅编：《人民检察院民事行政抗诉案例选》（第9集），法律出版社2006年版。］

045. 行政机关诉讼前未办理、诉讼中不补办土地出让手续，与他人签订的包含土地转让内容的土地联合开发合同是否有效？

【典型案例】

江西省南昌市工商行政管理局诉中国人民保险公司南昌分公司等联合开发房地产合同纠纷案

【裁判要点】

《城镇国有土地使用权出让和转让暂行条例》第45条第1款第2项规定，领有国有土地使用证，并经市、县人民政府土地管理部门和房产管理部门批准，其划拨土地使用权和地上建筑物、其他附着物所有权可以转让、出租、抵押。第4项规定，依照本条例第二章的规定签订土地使用权出让合同，向当地市、县人民政府补交土地使用权出让金或者以转让、出租、抵押所获收益抵交土地使用权出让金。《最高人民法院关于审理房地产管理法施行前房地产开发经营案件若干问题的解答》第6条规定，国有土地使用权的转让合同，转让的土地使用权未依法办理出让审批手续的，一般应当认定合同无效，但在一审诉讼期间，对于转让集体土地使用权，经有关主管部门批准补办了征用手续转为国有土地，并依法办理了出让手续的，或者转让未经依法批准的国有土地使用权依法补办了审批、登记手续的，可认定合同有效。据此，土地管理部门虽然同意将划拨土地使用权转为出让国有土地使用权，但使用权人未在相关部门办理签订土地使用权出让合同、交纳土地出让金等手续即与他人签订土地联合开发合同转让土地，且在诉讼期间未补办相关手续的，违反了法律法规关于土地使用权转让的规定，相应的土地联合开发合同无效。所以，行政机关诉讼前未办理、诉讼中不补办土地出让手续的，与他人签订的包含土地转让内容的土地联合开发合同无效。

案号：最高人民法院（2001）民一终字第4号。

上诉人（原审被告）：南昌市工商行政管理局。

被上诉人（原审原告）：中国人民保险公司南昌分公司。

被上诉人（原审原告）：中国人寿保险公司江西省分公司营业管理部。

被上诉人（原审被告）：南昌市商业银行。

被上诉人（原审第三人）：江西省长江工贸总公司。

原审被告：南昌市市场建设开发公司。

上诉人南昌市工商行政管理局与被上诉人中国人民保险公司南昌分公司、中国人寿保险公司江西省分公司营业管理部、南昌市商业银行、江西省长江工贸总公司及原审被告南昌市场建设开发公司联合开发房地产合同纠纷一案，江西省高级人民法院于1999年8月2日作出（1998）赣高法民初字第2号民事判决，南昌市工商行政管理局、南昌市商业银行不服该判决，向最高人民法院提起上诉，最高人民法院于1999年12月31日以（1999）民终字第154号民事裁定将本案发回重审。江西省高级人民法院重审后，于2000年11月14日作出（2000）赣高法民初字第2号民事判决、南昌市工商行政管理局对该判决不服，向最高人民法院提起上诉。最高人民法院依法组成合议庭审理了本案，现已审理终结。

经审理查明：圆形大厦又称赣江工贸大厦，位于南昌市沿江路北端，建筑设计38层，总面积63,536平方米，其土地使用权原为南昌市人民政府划拨给南昌市东湖区商品房开发公司。1991年9月16日南昌市沿江北路旧城改造指挥部决定，圆形大厦工程由南昌市工商行政管理局（以下简称市工商局）开发建设。从1991年12月起，市工商局分别与东湖区商品房开发公司、南昌食杂批发部签订土地转让和房屋拆迁安置协议，与江西建筑设计院签订工程设计合同，与南昌勘测工程公司、南昌县二建公司签订工程勘察、施工合同。上述合同签订后，市工商局向东湖区商品房开发公司和南昌食杂批发部支付土地转让费和拆迁安置费1024万元，并先后支付设计费1,388,693.45元，勘察工程费、“三通一平”、编审费等3,339,869.36元，共计14,968,562.81元，其中部分款项是1993年3月以后由江西省长江工贸公司(以下简称工贸公司)从大厦指挥部专户转付的。1992 年 7 月 9 日,市工商局与万寿宫商城百货公司(以下简称商城百货公司)签订《关于共同建设赣江工贸大厦的协议》,约定:赣江工贸大厦预计总投资约 1.2 亿元,市工商局贷款 2000 万元,作为对大厦的投入,组织大厦销售,办理大厦证、照等有关手续,协助商城百货公司组织施工以及工程质量和进度的监督检查;大厦建成后,销售款先偿还双方贷款及利息,所获利润按 5∶5 分成,大厦未销售部分按 5∶5 分配产权。同日,市工商局给南昌市第一建筑工程公司出具委托书,载明全权委托商城百货公司负责大厦工程资金组织与使用、工程管理及指挥。1992 年 7 月 10 日,商城百货公司与南昌市第一建筑工程公司签订建设工程施工合同,约定:赣江工贸大厦由南昌市第一建筑工程公司按包工包料承发包制承建,包括土建、设备安装、装饰装修等工程,合同价款为 1.2 亿元。之后,南昌市第一建筑工程公司进场施工。1993 年 2 月 18 日,该大厦正负零工程完成后,市工商局、南昌市万寿宫城市信用社(以下简称万信社,该社 1998 年 1 月 8 日并入南昌市商业银行)与中国人民保险公司南昌市分公司(现分立为两个公司:中国人民保险公司南昌分公司、中国人寿保险公司江西省分公司营业管理部,以下一并称为市保险公司)签订《联合开发三十八层圆形大厦 1 – 10 层裙楼工程协议书》,约定:三方对圆形大厦共出资 6000 万元进行开发,市保险公司考虑到市工商局、万信社已对大厦投资约 2200 万元,为保持同等投资金额,在本协议生效后的当月内先将 1000 万元划入大厦基建账户,市工商局和万信社共同补足 3000 万元,从 1993 年 3 月起,市保险公司每月 15 日前投入 200 万元,至投完 3000 万元止;市工商局负责大厦的建设手续及有关减、免税费的手续;裙楼所需费用(凭国家有关规定和正式发票)由市保险公司承担 50%,市工商局、万信社承担 50%,三方承担整个筹建工作;第一期工程指整个 10 层以下的裙楼工程,市保险公司享有 1 ~ 10 层 50% 的产权,如 6000 万元不能完成此工程项目,则由万信社负责出资;如三方中的任何一方资金不能如期到位,则应向另两方承担整个工程款 10% 的违约金。协议签订后,市保险公司通过转账先后分 23 笔转入万信社 2465 万元,另有存款 404 万元及利息 359,717.1 元转为投资款,万信社对上述款项均向市保险公司出具了收据,并注明该款项为按合同付工程款。1993 年 5 月 13 日万寿宫商城发生火灾,市工商局无力对大厦工程继续投资,遂成立了赣江工贸大厦指挥部,由工贸公司法定代表人吴有保任总指挥,继续组织施工。1993 年 9 月 6 日,吴有保代表南昌市市场建设开发公司(以下简称市场开发公司,市工商局的下属企业)与市保险公司签订《三十八层圆形大厦部分房产权交易合同书》,约定:市场开发公司将 12 层裙楼部分按江西省建筑设计院建施平面图轴线划分房产经界线,南面半部分房产 18,123.86平方米及南端 912 平方米庭院(空地)卖给市保险公司,房产每平方米平均价格暂定 2200 元(含水、电全部设施,空调管道、铝合金门窗、外墙装饰及其他设计配套设施），工程结束后，市场开发公司根据承建单位的实际造价及占用土地的实际费用凭发票向市保险公司结算，市场开发公司协助办理房产交易费用及统筹代办的水、电增容费用；市场开发公司必须在1994年6月8日前全部完成裙楼工程，并交付市保险公司使用；市保险公司必须按合同在1993年度完成3000万元（含土地费）的投资，自市保险公司使用该房产之日起，如市保险公司所支付的房产款不足数额，应在90日内全部支付给市场开发公司，逾期市保险公司应付投资总额10%的金额给市场开发公司作违约论处。市工商局作为鉴证单位在该合同上盖章。吴有保代表万信社在该合同上加盖了万信社的公章。之后，双方办理了房屋产权交易手续，市保险公司支付了房产交易费187,227.37元，1993年9月25日南昌市房产交易管理所下发了房产成交通知书。1994年3月，大厦工程停工至今。现大厦工程形象进度为：裙楼1－12层的框架结构已建成，主楼含地下室已建三层。1998年6月18日，市保险公司以市工商局未能办理工贸大厦用地及建设的合法手续，且已无力维续投资建设为由，对市工商局、南昌市商业银行（以下简称市商业银行）提起诉讼，请求法院判决联合开发协议无效，由市工商局、市商业银行返还市保险公司投资款29,236,994.47元。诉讼期间，一审法院追加工贸公司为本案的第三人。

另查明，1997年1月10日，市工商局补办了工贸大厦的立项手续，同年1月13日南昌市土地局批复同意将原划拨给东湖区商品房开发公司的该宗土地转划拨给市工商局，但明文规定该划拨用地不得转让或联合开发。次日，南昌市规划局给市工商局核发了《工贸大厦建设用地规划许可证》和《建设工程规划许可证》。1999年7月9日南昌市土地局批复同意市工商局办理土地出让手续。同年8月20日，南昌市房产管理局为市场开发公司颁发《商品房预售许可证》。同年10月20日，南昌市土地局向市工商局颁发了国有土地使用证。但市工商局未取得南昌市政府批件，未与南昌市土地局签订土地出让合同，未缴纳土地出让金，也未依法将该土地使用权转让给市场开发公司。

一审期间，法院委托江西建银投资咨询有限公司（以下简称建银公司）对赣江工贸大厦的工程造价以及投资情况进行了鉴定，结论为：大厦主楼地下室至第二层、裙楼主体工程造价为23,207,659.7元（未含基础以上建筑发生的管理、财务费用）。市工商局按协议或竣工资料应付土地转让费以及前期开发费用等计18,148,214.08元，实际已付14,968,562.81元。市保险公司转入大厦指挥部361账户的资金2465万元；转入万信社在市农行国际业务部定期储蓄款404万元，该款分两笔转入，1992年11月2日转入278万元，同年11月5日转入126万元，1993年11月4日和11月7日万信社向市保险公司出具了两张注明根据协议收工程款的收款收据，计人民币4,399,717.1元（本金404万元，一年期存款利息359,717.1元），并收回了万信社1992年11月4日、7日向市保险公司开具的两张三年期定期存单，市保险公司以这两张收款收据入账，作为向赣江工贸大厦的投资；1993年9月25日直接转账给南昌市房产交易管理所缴交大厦产权交易管理费187,227.37元。

一审法院审理认为：市工商局以其从东湖区商品房开发公司和南昌食杂批发部转让取得的土地，与市保险公司、万信社签订联合开发协议，是土地使用权有偿转让的一种特殊形式，除应办理合建审批手续外，还应依法办理土地使用权变更登记手续，市工商局未办理大厦建设及用地合法手续，即与市保险公司、万信社合作建房，不符合《城镇国有土地使用权出让和转让暂行条例》第45条、第46条规定的房地产转让的基本条件。虽然市保险公司履行了协议，市工商局在本案诉讼前也补办了立项、建设及划拨用地手续，但市土地局明文指出该划拨土地不得擅自转让或联合开发，若需转让或联合开发，须再行办理土地使用权审批手续，尽管1999年7月，市土地局根据南昌市领导批示，同意将原划拨土地使用权转为出让国有土地使用权，并给市工商局颁发了国有土地使用权证，但市工商局未依法与市土地局签订国有土地使用权出让合同，未交纳土地出让金，政府也未明确市工商局可享受出让金减免缓等政策，补办的国有土地使用权出让手续不完整，且至今一直未补办合建审批手续和土地使用权变更登记手续，三方联合开发协议不符合《最高人民法院关于审理房地产管理法施行前房地产开发经营案件若干问题的解答》规定的有效条件。市场开发公司系市工商局下属具有独立法人资格的企业，其既非圆形大厦的投资建设者，也非该土地使用权人，虽然南昌市房产管理局为其颁发了大厦《预售商品房许可证》，但因其对圆形大厦所占土地不享有使用权，无权对圆形大厦进行处分，且各方在庭审中均承认部分房产权交易合同实际是三方联合开发协议的延续和变更，市场开发公司不享有合同权利，也未实际履行合同义务，故三方联合开发协议和部分房产权交易合同应属无效。市工商局作为提供土地的一方，对此应负主要过错责任。市保险公司对联合开发协议未作认真审查，且明知市场开发公司对圆形大厦不享有产权，仍与其签订部分房产权交易合同，并向南昌市房产交易所具函表示愿承担法律责任，亦应承担一定的过错责任，并向南昌市房产交易所支付的交易管理费187,227.37元自行负担。因市场开发公司与市保险公司签订房产权交易合同经市工商局同意并鉴证，且其实际并不享有合同权利，可不承担民事责任。从联合开发协议和房产交易合同的内容看，万信社实际上是与市工商局作为合同一方，不享有独立的权利，亦无履行合同的事实，只负责大厦建设资金的运转，开具收款收据，因联合开发合同无效，大厦房产依法归市工商局所有，万信社对市保险公司的投资及损失可不承担民事责任。至于市保险公司存入万信社的404万元及利息，万信社已与市保险公司进行了结算，解除了储蓄关系，该款已转为市保险公司投资款，且工贸公司承认该款已由其支配使用，部分用于圆形大厦建设，故万信社可不再对市保险公司承担支付义务。万寿宫商城百货公司是受市工商局全权委托负责圆形大厦资金组织与使用,工程管理及指挥,与市工商局形成了委托关系,其为大厦建设与他人产生的民事法律后果,依法应由市工商局承担,因其不是联合开发协议和房产交易合同的当事人,无权以自己的名义向市保险公司主张权利,其与市工商局委托所形成的债权债务关系,与本案审理的联合开发协议不是同一法律关系,可与市工商局另行协商或起诉解决,故工贸公司的主张不予支持。判决:(1)市保险公司与市工商局、万信社签订的《联合开发三十八层圆形大厦1-10层裙楼工程协议书》以及市场开发公司与市保险公司签订的《三十八层圆形大厦部分房产权交易合同书》无效;(2)圆形大厦裙楼在建工程的所有权归市工商局所有。市工商局返还市保险公司投资款29,049,717.1元及同期同类银行贷款利息(从1994年1月7日起计算至本判决限期还清之日止);(3)驳回市保险公司其他诉讼请求;(4)上述款项限于本判决生效后一个月内付清,逾期按《民事诉讼法》第232条规定执行。一审案件受理费186,195元,鉴定费120,000元,合计306,195元,由市工商局负担244,966元,市保险公司负担61,229元。

市工商局不服一审判决,向最高人民法院上诉称:一审判决认定上诉人未交土地使用权出让金,补办的出让手续不完备不符合客观实际,根据国家法律规定,三方签订的联合开发协议应为有效:市保险公司主张的404万元及利息应为储蓄存款,虽然万信社给市保险公司出具了两张收款收据,但这两张收据是假的,且该笔款项未用于大厦建设,一审判决由上诉人归还该笔款项是错误的;造成联合开发协议和房产交易合同无效,双方均有过错,一审判决由上诉人承担全部过错责任和利息损失显属不当,市保险公司在承担相应的过错责任和损失,请求二审法院依法改判。市保险公司答辩称:一审判决认定事实清楚,适用法律正确,请求驳回上诉,维持原判。

最高人民法院认为,《联合开发三十八层圆形大厦1-10层裙楼工程协议书》系市工商局、万信社与市保险公司签订的联合开发房地产项目的协议书,签订协议时,市工商局作为出地方,不享有该大厦的土地使用权,未办理大厦建设及用地的合法手续,虽然1997年1月南昌市土地局批复同意将原划拨给东湖区商品房开发公司的该宗土地转划拨给市工商局,但明确规定该划拨用土地不得转让或联合开发,本案二审期间,南昌市土地局虽然同意将划拨土地使用权转为出让国有土地使用权,给市工商局颁发了国有土地使用权证,但市工商局至今未与市土地局签订土地使用权出让合同,未交纳土地出让金,未办理合建审批手续和土地使用权变更登记手续,故一审法院根据国家相关法律规定,认定联合开发协议为无效是正确的,市工商局关于联合开发协议有效的上诉主张没有法律依据,本院不予支持。《三十八层圆形大厦部分房产权交易合同书》系市场建设公司与市保险公司签订的买卖房产的合同，但市场建设公司不是该房产的所有人，对该房产不具有处分权，一审判决认定该合同无效并无不当。关于市工商局上诉提出市保险公司存入万信社的404万元系储蓄存款的法律关系问题，根据审计部门的鉴定结论，可以认定市保险公司与万信社对该404万元已经办理了终止储蓄存款的法律关系，因为万信社收回了定期储蓄存单，并于1993年11月4日和11月7日给市保险公司出具了两张注明根据协议收取工程款的收据，计4,399,717.1元（本金404万元，利息359,717.1元），市保险公司以这两张收款收据入账，作为向赣江工贸大厦的投资，表明了该款已由储蓄存款转为市保险公司对大厦的投资款。至于该笔资金转为投资款后，是否全部用于大厦建设系另一法律关系，与市保险公司无关，本案不予审理。市工商局认为万信社出具的收款收据是假的，但未提供足够的证据，故对市工商局的该项上诉请求不予支持。市工商局提出造成合同无效，市工商局与市保险公司均有过错，应根据各自的过错程度承担责任和分担损失的上诉请求有理，应予支持。本案的损失主要体现为投资款的利息，市工商局作为提供土地的一方应负主要过错责任、市保险公司未对合同认真审查，且明知市场开发公司不是该大厦的所有人，仍与之签订部分房产权交易合同，并具函表示愿承担法律责任，亦应承担相应的过错责任，一审判决由市工商局返还市保险公司投资款本金及全部利息不妥，应予纠正。根据市保险公司在本案中的过错程度，其应自行承担向南昌市房产交易所支付的交易管理费，并承担投资款利息损失部分30%，市工商局应返还市保险公司全部投资款并赔偿该款同期同类贷款利息、损失的70%。据此，根据《民事诉讼法》第153条第1款第2项之规定，判决如下：（1）持江西省高级人民法院（2000）赣高法民初字第2号民事判决第1项、第3项和第4项；（2）变更江西省高级人民法院（2000）赣高法民初字第2号民事判决第2项为：圆形大厦裙楼在建工程由南昌市工商局接收，市工商局返还市保险公司投资款29,049,717.1元并赔偿该款同期同类银行贷款利息的70%（从1994年1月7日起计算至本判决限期还清之日止）。一审案件受理费、鉴定费按原判决执行。二审案件受理费186,195元，由市工商局负担148,956元，市保险公司负担37,239元。本判决为终审判决。

［参见最高人民法院民事审判第一庭编：《民事审判指导与参考》（2001年第1卷），法律出版社2001年版。］

046. 享有同时履行抗辩权的一方当事人，在另一方当事人未行使请求权的情况下，其可否请求法院确认其享有同时履行抗辩权？

【典型案例】

江西日景置业发展有限公司诉玉山县人民政府等土地使用权出让合同纠纷案

【裁判要点】

《合同法》第66条规定："当事人互负债务，没有先后履行顺序的，应当同时履行。一方在对方履行之前有权拒绝其履行要求。一方在对方履行债务不符合约定时，有权拒绝其相应的履行要求。"此即关于同时履行抗辩权的规定。而请求权是指权利人请求他人为特定行为（作为、不作为）的权利，请求权是相对权。从法理上讲，抗辩权是与请求权相对应而专门对抗请求权的权利，没有请求就不存在抗辩。因此，享有同时履行抗辩权的一方当事人，在另一方当事人未行使请求权的情况下，其不能请求法院确认其享有同时履行抗辩权。

【案例索引】

一审：江西省上饶市中级人民法院（2011）饶中民一初字第15号。

二审：江西省高级人民法院（2011）赣民一终字第77号。

江西日景置业发展有限公司（以下简称日景公司）诉称：玉山县人民政府（以下简称县政府）、玉山县国土资源局（以下简称国土局）客观上无法交付土地，日景公司迟延交付剩余土地款符合同时履行抗辩权，请求法院予以确认其享有同时履行抗辩权，不承担迟延交付剩余土地款的违约责任。

玉山县人民政府、玉山县国土资源局辩称：（1）日景公司迟延交付剩余土地款，应支付违约金1500万元符合法律规定和合同约定，本案不发生同时履行抗辩权的问题，应当依据合同约定各自承担相应的违约责任。日景公司要求法院确认其行使同时履行抗辩权的诉讼请求不成立，依法应予驳回。（2）日景公司主张确认同时履行抗辩权已过诉讼时效，应当在土地成交之日120天后两年内主张。（3）县政府、国土局从未发出任何通知和处理意见，从未向日景公司主张该1500万元违约金，日景公司的诉请没有法律依据。请求驳回。

法院经审理查明:2003 年 8 月 6 日,国土局按照玉山县总体规划挂牌出让位于玉山县城 320 国道及 311 玉山挂线东北区域的国有土地,提出了挂牌方案,该方案约定了地块及土地用途(综合用地),起始价为 3500 万元、面积:117,261 平方米、保证金 1500 万元、土地交割、付款时间及方式,即土地挂牌成交后,供地方在 120 天内将挂牌土地交给中标方。中标者在 7 天内交清全部地价款的 50%,余款 120 天内交清,交款的方式以现金或汇款均可。其他事项中也约定,中标者不能按期交付地价款的,报名保证金作为违约金归国土局所有,并无偿收回土地重新挂牌出让。供地方不能按时移交土地,处以土地成交价每天万分之四的违约金。同年 8 月 8 日,国土局又发出出让国有土地使用权公告,约定内容与前述相同。同时约定,地块内由竞得者自行整平。2003 年 8 月 12 日,上饶先锋房地产发展有限公司作为甲方,江西金苑房地产发展有限公司作为乙方,练海军为丙方共同达成联合竞买玉山县县城车辆服务园区土地使用权协议书,约定三方联合投资竞买国土局挂牌出让的土地使用权。2003 年 8 月 27 日,国土局作为出让人与竞得人上饶先锋房地产发展有限公司共同签署成交确认书,确认竞得人上饶先锋房地产发展有限公司以 3550 万元的价格竞得 2003 - 7 号地块挂牌交易成功。2005 年 9 月 20 日,上饶先锋房地产发展有限公司、江西金苑房地产发展有限公司退出竞得人范围。随后,练海军为开发该地块成立了江西日景置业发展有限公司。2003 年 8 月 15 日,上饶先锋房地产发展有限公司按照国土局发出的挂牌方式及公告的要求,交纳了 2003 - 7 号地块保证金 1500 万元。2003 年 9 月 5 日上饶先锋房地产发展有限公司交纳 2003 - 7 号地块出让金 275 万元,此后自 2005 年 1 月 4 日至 2006 年 10 月 10 日日景公司分多次交清挂牌出让方案及公告约定的土地出让金余款。该宗土地日景公司摘牌后,由于土地全部未征用,土地上的厂房、民房未征收拆迁,故国土局未在挂牌出让土地方案约定的时间内交付土地,后县政府、国土局要求日景公司自行协调处理征用、拆迁工作,日景公司为此花费大量精力,于 2009 年 8 月 23 日才征用拆迁完毕。2009 年 4 月 2 日,国土局就 2003 - 7 号地块违约金的计算分别提出意见,即(1)日景公司违约保证金 1500 万元;(2)政府违约金 2394.72 万元;(3)两者违约金额 894.72 万元。提交县政府常务会审议。

4 月 3 日县政府常务会议研究:(1)同意国土局提出的日景公司 2003 - 7 号地块双方违约滞纳金计算方案;(2)同意对日景公司目前所欠缴地价款的催缴方案;(3)由国土局按会议研究的意见督促日景公司落实。日景公司对县政府、国土局提出的要求其承担违约金 1500 万元,认为不符合法律规定,故提出诉讼。

另查明:县政府、国土局提出其从未向日景公司主张该 1500 万元违约金,也未扣划该 1500 万元,日景公司的该项损失尚未发生,对该事实日景公司没有证据证明县政府、国土局曾向其主张,该 1500 万元尚未扣划是事实。

【裁判结果】

江西省上饶市中级人民法院于2011年7月21日作出(2011)饶中民一初字第15号民事判决:确认日景公司行使同时履行抗辩权成立,依法不承担国土局公开挂牌出让的2003-7号地块逾期支付地价款的违约责任1500万元。宣判后,县政府、国土局向江西省高级人民法院提起上诉。江西省高级人民法院于2011年11月30日以同样的事实作出(2011)赣民一终字第77号民事判决,撤销原判,驳回日景公司的诉请。

【裁判理由】

法院生效裁判认为:按本案合同约定,土地挂牌成交后,国土局应在120天内将挂牌土地交给日景公司。日景公司在7日内交清全部地价款的50%,余款120天内交清。依据《合同法》第66条的规定,国土局与日景公司均享有同时履行抗辩权,即日景公司支付50%余款前,国土局有权拒绝交付土地。国土局交付土地前,日景公司也有权拒绝支付50%余款。但是,日景公司在国土局未交付土地的情况下,于2006年10月10日前陆续支付了50%余款。至此,日景公司履行了付款义务。日景公司付款行为,一方面,意味着其已履行了合同约定的付款义务,无须承担未按期交付土地款的违约责任;另一方面,意味着日景公司实际放弃了同时履行抗辩权的行使,国土局、日景公司享有的同时履行抗辩权随着日景公司50%余款的付清而消灭;从法理上讲,抗辩权是与请求权相对应而专门对抗请求权的权利,没有请求就不存在抗辩。由于县政府、国土局尚未向日景公司请求支付1500万元违约金,日景公司亦无须抗辩。即使县政府、国土局向其主张过1500万元违约金,日景公司也可以通过抗辩来对抗县政府、国土局的请求。因此,日景公司提起本案确认之诉,既无事实依据,也无法律依据,应予驳回。鉴于县政府、国土局曾有要日景公司承担1500万元违约金的意思表示,对日景公司不当提起本案诉讼存在一定责任,故应承担本案部分诉讼费用。

[参见最高人民法院中国应用法学研究所编:《民事卷——人民法院案例选》(分类重排本·全11册),人民法院出版社2017年版。]

047. 双方当事人在合同中约定一方解除合同的条件的，解除权一方是否因违约而丧失解除权？

【典型案例】

河南大鹏汇东石业有限公司与河南广发实业有限公司土地使用权转让合同纠纷上诉案

【裁判要点】

根据《合同法》第93条第2款的规定，当事人可以约定一方解除合同的条件。解除合同的条件成就时，解除权人可以解除合同。当约定的解除合同条件成就时，当事人便可选择解除合同，也可以选择继续履行合同。解除权的行使与否，取决于解除权人的自愿。解除权方存在违约行为的，并不因此而认定解除权人的解除权丧失，除非合同中约定解除权人丧失解除权的条件，同时解除权人的违约行为恰好使该解除权的丧失条件成就。解除权人明确作出放弃解除权的意思表示的，解除权亦归于消灭。

上诉人（原审被告）：河南大鹏汇东石业有限公司。

被上诉人（原审原告）：河南广发实业有限公司。

一、河南省高级人民法院一审查明的案件事实

一审法院经审理查明：2004年2月18日，河南大鹏汇东石业有限公司（以下简称大鹏公司）与河南广发实业有限公司（以下简称广发公司）签订合同书一份，其中主要约定：大鹏公司提供拥有使用权的位于郑州市翠花路北、沙口路东的郑国用（1998）0013号证下103.733亩土地与广发公司合作，用于开发商住小区，并将该宗土地使用权一次性过户给广发公司；大鹏公司分得受益款总额7572.50万元，由广发公司分期支付。除已付的1160万元外，2004年3月20日前支付700万元（含广发公司于2004年1月借给大鹏公司的400万元），2004年6月1日前支付500万元（广发公司代大鹏公司向银行偿还的贷款500万元），2004年6月25日前支付1500万元，2004年9月30日前支付2000万元，2004年12月30日前支付1712.50万元；大鹏公司用该宗土地抵押，向省建行直属支行贷款500万元，双方共同与银行协商解决，2004年6月1日该贷款由广发公司负责偿还，大鹏公司受益款相应扣减；土地出让金（工业变住宅）、契税和办理规划手续发生的费用由广发公司承担；大鹏公司于本合同签订后，给广发公司出具关于向土地局、规划局、建委、房管局等部门办理该土地合作开发的前期所需手续，与广发公司共同负责在本合同签订后20个工作日内解除该土地的贷款抵押或协调银行同意该土地在抵押情况下过户。大鹏公司于本合同签订后开始办理土地过户及与广发公司共同负责解除该土地抵押，广发公司负责办理规划手续并缴纳完毕因土地过户发生的费用（主要指土地出让金），大鹏公司负责在30个工作日内办理完毕该土地过户给广发公司的手续，如因广发公司办理规划手续和缴纳费用而延误过户，则时间相应顺延；广发公司负责对该宗土地的设计、规划、建设、销售、管理等，办理相关手续，并承担全部费用，负责按本合同约定支付500万元贷款利息并负责在2004年6月1日代大鹏公司偿还该贷款，保证在本合同规定时间内按时支付大鹏公司受益款；本合同签订后，大鹏公司应在合同规定时间内办理完毕土地过户手续，取得使用权人为广发公司的土地证，不得再与任何一方协商经营、转让、租赁、合作开发等，否则广发公司有权选择解除合同或继续履行。若广发公司未按本合同约定于2004年3月20日前支付大鹏公司700万元，或因其资金迟延支付等导致大鹏公司在本合同签订日起30日内不能办理该土地过户，或未按时支付滞纳金或支付余款时间逾期60天，则大鹏公司有权选择解除合同，广发公司已支付的所有款项不再返还。广发公司未按合同规定时间支付大鹏公司受益款，从逾期之日起，向大鹏公司支付滞纳金，直至付清全部款项。

合同签订后，广发公司在2004年3月26日前支付了首笔700万元。2004年2月19日，大鹏公司书面通知广发公司提交办理土地转移所需要的法律文件。2004年2月23日，广发公司将用于办理土地过户的16份材料交给大鹏公司，大鹏公司在签收中注明：按土地局办理过户要求，缺建设用地规划许可证，请及时提供。2004年2月20日、3月3日，郑州市城市规划局用地规划处两次致函郑州市国土资源局证明：大鹏公司郑国用（1998）0013号土地和相同位置的孟寨村土地，已规划给广发公司，并规划为住宅用地，其规划许可证正在办理过程中。2004年3月11日，中国建设银行河南省分行直属支行向郑州市国土资源局出具证明，同意在不解除该宗土地抵押权的情况下将该宗土地使用权由大鹏公司过户给广发公司，过户后由广发公司继续将该宗土地中的13,340平方米土地使用权在该行设定抵押。2004年4月7日，大鹏公司与广发公司签订备忘录一份，约定：经双方同意，于2004年4月8日双方携带土地过户的相关材料向市国土局正式申请受理位于本市翠花路北、沙口路东的郑国用（1998）0013号土地的过户工作。自4月8日始，作为开始办理土地过户手续的时间，以此至30个工作日办完土地过户工作。上述文件和证明提交了郑州市国土资源局。2004年5月20日，郑州市国土资源局郑国土资会纪〔2004〕11号会议纪要载明：同意将位于翠花路北、沙口路东面积为69,332.9平方米原大鹏公司出让工业用地转让给广发公司,用途为住宅,补缴出让金差价按集体会审确认的795.25万元计收。至2004年6月1日,广发公司未履行代大鹏公司向银行偿还贷款500万元的合同义务。至2004年6月25日,广发公司未履行向大鹏公司支付1500万元的义务。

2004年7月5日,大鹏公司向郑州市国土资源局提出申请,要求撤回转移登记的卷宗,并于7月6日撤回卷宗。至此,广发公司也没有与郑州市国土资源局签订《土地使用权出让合同》或者取得郑州市人民政府出让土地的批复文件,有关部门也没有通知交纳相关出让金等税费。

广发公司于2004年7月12日向大鹏公司出具两份《承诺书》。该《承诺书》提出将应当于2004年6月1日归还建设银行的贷款500万元、2004年6月25日应当支付给大鹏公司的1500万元收益款改在2004年7月25日和8月10日支付,并表示到期不支付承担滞纳金等其他费用。对此《承诺书》,大鹏公司没有向广发公司提出异议。

广发公司于2004年9月22日取得了(2004)郑城规规管许字(0190)号《建设用地规划许可证》,该许可证核定用地附图显示,总用地面积包括本案争议的土地在内共计111,197.542平方米,合166.796亩。在本案发生争议之前,大鹏公司与广发公司对开发土地已经办理了移交手续,现土地由广发公司占有管理。广发公司取得规划用地前后,已经开始了争议项目的前期投资开发活动。在取得争议土地之外扩大的规划用地过程中,广发公司与郑州市金水区海滩寺乡大孟寨村就征用集体土地补偿问题进行了协商,投入了部分拆迁补偿费用和土地补偿费用。

另查明,本案争议土地是大鹏公司通过兼并原郑州瓷厂取得的。原郑州瓷厂部分职工因对安置方案产生异议,先后向河南省人民政府提出复议申请,向郑州市中级人民法院提出撤销兼并的行政诉讼。上述复议申请和行政诉讼均没有裁决,目前行政诉讼尚在审理中。原郑州瓷厂部分职工在没有获得行政判决的情况下,对于广发公司的前期开发活动采取阻挠行为。为避免与原郑州瓷厂职工发生不必要的冲突,广发公司通知前期施工单位中止了所有前期施工活动。为了解决原郑州瓷厂职工遗留问题,本案双方当事人于2004年8月6日共同向郑州市人民政府有关部门呈送了《关于其土地合作项目遭受不法分子违法干扰导致事态逐步恶化的紧急报告》。2004年7月25日、8月12日,广发公司承诺的付款日期到来后,其并没有按照承诺付款,双方也没有就付款问题协商。2004年8月16日,大鹏公司向广发公司发出《解除合同通知书》,双方因此形成纠纷。

在一审审理过程中,广发公司于2005年5月20日向一审法院出具一份付款计划,承诺:(1)大鹏公司把过户的土地卷宗办至郑州市国土资源局要求广发公司交付出让金时,广发公司付款1000万元;(2)广发公司在领到该宗土地证的7天内向大鹏公司付款2000万元;(3)余下款项在广发公司领到该宗土地证的2个月内付清。

二、当事人一审起诉、反诉与答辩情况

广发公司向一审法院提起诉讼称:合同签订后,广发公司向大鹏公司提供了办理土地过户的全部法律文件,按照约定支付了前期付款。但大鹏公司迟迟不能办理完毕土地过户手续,并单方从郑州市国土资源局撤回给广发公司办理土地证的手续。同时自广发公司开始进场开展前期施工后,不断有大鹏公司单位职工阻挠施工,发展严重时有数百人冲击工程施工现场,广发公司被迫停止施工至今。郑州瓷厂职工先后400余人和600余人向河南省人民政府提出了行政复议申请书和行政起诉状,要求河南省人民政府整体撤销大鹏公司的破产收购行为,收回原郑州瓷厂的破产财产(主要是土地),确认大鹏公司转让财产的行为无效,这让广发公司极为不安。2004年8月16日,大鹏公司不顾其首先违约的事实,未经催告,以广发公司未付款为理由单方解除合同。2004年8月20日,大鹏公司通知规划局,并伪造争议双方之间解除合同的《协议书》,要求变更城市规划。迫使广发公司采取司法救济手段解决争议。故请求:(1)判决确认大鹏公司《解除合同通知书》无效;(2)判决强制大鹏公司立即恢复单方终止的土地转移变更手续;(3)判决大鹏公司承担本案的诉讼费用。

大鹏公司答辩称:广发公司既没有按照双方合同第3条的约定支付款项,也没有按照双方合同第8条的约定交纳有关的规划费和滞纳金,对自己于2004年7月12日出具的《承诺书》也没有履行,其上述违约事实使解除合同的条件成就,大鹏公司向广发公司发出解除合同通知书解除合同,符合《合同法》的相关规定和双方合同的约定。广发公司在合同签订后直至大鹏公司通知其解除合同,都没能办理土地规划手续,从而导致大鹏公司不能为其办理土地过户。而依合同约定办理土地过户手续的时间应顺延,大鹏公司并无违约,广发公司不享有先履行抗辩权。由于本案涉及土地中的一部分曾在银行作为贷款抵押担保,而广发公司未按合同约定及其向银行承诺的期限还款,银行申请土地管理部门停止办理过户,大鹏公司从郑州市国土资源局撤回土地转让材料并不构成违约。广发公司一直没有取得开工建设的合法证书,根本就没有进行施工。所谓破产企业职工予以阻挠,发生在广发公司违约之后,与其不付款的违约行为没有任何关系。广发公司对大鹏公司收购破产企业的合法性及土地使用权的合法性没有怀疑,对所谓行政诉讼的结果也没有感到不安,其诉讼请求没有事实和法律依据,应当驳回。

三、河南省高级人民法院一审认定与处理

一审法院认为:大鹏公司和广发公司于2004年2月18日所签订的国有土地使用权转让合同,按照法律规定已经郑州市人民政府批准同意,合同约定的权利义务

系双方真实意思表示,其内容不违背法律、法规的禁止性规定,应为有效。本案争议的焦点仅为合同解除的条件是否成就。

按照争议双方合同中第 3 条第 1 款的约定,广发公司应当在 2004 年 3 月 20 日、6 月 1 日、6 月 25 日前分别向大鹏公司付款 700 万元、500 万元、1500 万元。而其对该条款的实际履行,无论从期限还是数额,显然与约定不符,广发公司存在违约行为,故此大鹏公司抗辩主张双方合同应当且已经解除。大鹏公司的该抗辩能否成立,首先要依据双方合同中相应的解除条件来判断。双方合同第 8 条第 2 款、第 4 款、第 6 款约定了大鹏公司有权选择解除合同的三种情形,其第一种情形为:广发公司未于 2004 年 3 月 20 日前支付大鹏公司 700 万元。该 700 万元中的 300 万元虽然迟延了 6 天,但是已经足额给付,其后双方共同向郑州市国土资源局申请办理土地过户。此行为表明大鹏公司已放弃在该情形下行使合同解除权,转而选择继续履行合同。其第二种情形为:因广发公司原因(因资金问题迟延支付或垫付本合同规定的有关税、出让金、费等)导致大鹏公司在本合同签订日起 30 日内不能办理该土地过户。无论自合同签订的 2004 年 2 月 18 日起算,还是自双方签订土地过户备忘录的 2004 年 4 月 7 日起算,此后的 30 日内,除前述情形的 700 万元外,广发公司对大鹏公司暂无合同付款义务,其也未接到交纳土地出让金等的通知。在此期间内土地未能过户,显然不应认定为系广发公司的原因。其第三种情形为:广发公司未按时支付滞纳金或支付余款时间逾期 60 天。此条约定系大鹏公司为广发公司延期付款设置的宽限期,以此宽限期计算,2004 年 6 月 1 日的偿还银行贷款 500 万元延至 8 月 1 日;2004 年 6 月 25 日的付款 1500 万元延至 8 月 25 日。在此宽限期内,大鹏公司单方撤回土地使用权变更登记申请,显属不当。再者,大鹏公司向一审法院出示了广发公司 2004 年 7 月 12 日给其出具的《承诺书》,表明大鹏公司对广发公司延期付款的要求是知悉的。《承诺书》对 2004 年 6 月 1 日和 6 月 25 日的两笔付款时间变更为 7 月 25 日和 8 月 10 日,在上述日期的宽限期到来前,大鹏公司单方发出的解除合同通知,并不能对双方产生法律拘束力。

另外,大鹏公司负有向广发公司转移土地登记的义务。双方于 2004 年 4 月 7 日签订《备忘录》,将转移登记的起始时间确定在 2004 年 4 月 8 日,大鹏公司应当在 2004 年 5 月中旬前完成土地转移登记程序,将土地使用权证书出示给广发公司。但是大鹏公司没有在约定时间内完成转移登记,也构成违约。从合同规定的逻辑关系看,本案争议的 500 万元、1500 万元两笔付款均应在大鹏公司完成土地转移登记以后发生,否则广发公司有权行使抗辩权,可以拒绝大鹏公司付款的要求。大鹏公司辩称没有按照约定时间向广发公司转移土地登记,是由于广发公司没有提供《建设用地规划许可证》以及没有按照合同约定支付土地转让费用造成的,一审法院认为不能成立。广发公司虽然没有提交《建设用地规划许可证》,但是提交了郑州市城市规划局的证明文件，且该证明文件已经为郑州市国土资源局接受。郑州市国土资源局同意转移登记的《会议纪要》也已经下发，《建设用地规划许可证》并没有影响大鹏公司转移登记的行为。就在广发公司提供郑州市城市规划局证明的同时，因争议项目的出路问题，大鹏公司也向郑州市人民政府呈送了《关于土地开发项目出路问题的请示》，表明大鹏公司对此是知情的，没有按照约定时间转移土地登记，应是由于大鹏公司单方撤回土地登记造成的。因此，大鹏公司不经催告和协商，径直通知解除合同的行为不符合双方合同的具体约定，不应得到法律的确认。

大鹏公司转让土地是通过企业兼并获得的，在企业兼并过程中，由于原郑州瓷厂职工安置问题以及离退休职工的医疗和统筹问题产生争议，原郑州瓷厂职工向有关部门反映并依法提出行政诉讼，该问题是客观事实。原郑州瓷厂职工在反映的问题未得到解决之前，对转移土地的前期开发活动进行阻挠，影响了本案争议项目的开发进程和广发公司的付款信心。双方就此问题共同向有关部门反映，但始终没有解决，该问题直接导致争议项目开发活动的停滞，对此大鹏公司有义务负责协调解决。

双方争议的土地已经交由广发公司占有和管理，广发公司已经在土地上开展了前期开发活动。且为了给争议项目开辟出路，双方均向郑州市人民政府申请，要求在争议土地的东、南和西三面扩大规划面积，出于规划技术方面的考虑，郑州市城市规划局给广发公司核发的《建设用地规划许可证》中扩大了规划面积，除争议土地外，增加规划面积 65 亩左右。广发公司为此与该 65 亩土地的所有权人进行了土地拆迁补偿的协商，并支付了相当部分拆迁补偿费用，在争议土地以及扩大规划的范围内也有相当投资，解除合同将不利于该项目的规划建设活动。同时广发公司并没有表示不履行本合同，其在本案审理过程中向一审法院提交了具体的付款计划。合同继续履行较有利于双方合同目的的实现。

综上所述，大鹏公司关于本案合同应当并且已经解除的抗辩理由，其有责任提供证据加以证明，但依其提供的证据分析，尚缺乏合同依据，一审法院不予采纳，其拒绝向广发公司转移土地登记、单方解除合同的行为不应得到认可。广发公司关于继续履行双方 2004 年 2 月 18 日所签合同的诉讼请求，应当予以支持。但其应当按照自己于 2005 年 5 月 20 日作出的付款计划及时履行自己的付款义务，否则大鹏公司可以解除合同。虽然广发公司的违约行为不构成合同的解除条件，但系引起本案纠纷的原因，故应负担部分诉讼费用。根据《民事诉讼法》第 64 条、《合同法》第 8 条、第 107 条之规定，判决：(1) 大鹏公司于 2004 年 8 月 16 日向广发公司发出的《解除合同通知书》不发生法律效力。(2) 大鹏公司于本判决生效后 10 日内与广发公司共同恢复办理本案争议土地使用权的转移变更手续。案件受理费 388,635

元,保全费160,000元,共计548,635元,由大鹏公司和广发公司各半负担。

四、当事人上诉和答辩情况

大鹏公司上诉称:大鹏公司解除合同符合合同约定和法律规定。合同第8条第6款约定:若乙方未按时支付滞纳金或支付余款时间逾期60天,甲方有权终止合同、收回土地,乙方已付所有款项和地上建筑物归甲方所有。合同约定广发公司2004年6月1日应付500万元,而直至大鹏公司通知广发公司解除合同之时已逾期77日,广发公司既没按时支付滞纳金也没有在迟延付款宽限期内支付应付款。因此,大鹏公司解除合同的条件已经成就。请求二审法院依法改判,驳回广发公司的诉讼请求。

广发公司答辩称:大鹏公司解除合同的条件并未成就,其企图以合法形式掩盖其非法解约的目的不能实现。理由:(1)《合同法》设置解除权是为了对守约方进行保护和救济。大鹏公司不仅未能如约办理完土地转移登记手续,而且单方面撤回了办理土地转移登记手续的卷宗,已构成违约,广发公司逾期付款是对大鹏公司先行违约的抗辩。大鹏公司因此丧失了法律赋予守约方自我保护的专有权利——解除权。(2)根据双方合作3年来所形成的交易习惯,应认定大鹏公司已经默认了广发公司的《承诺书》。2004年8月6日,双方联名向郑州市政府打报告,要求解决闹事职工干扰施工问题的行为,证明了大鹏公司接受承诺并积极推动合同履行的行为。因此,根据《承诺书》的要求,双方对付款期限已达成了新的约定,在新约定的付款宽限期未到之时,合同约定的解除合同的条件未成就,大鹏公司无权解除合同。

五、最高人民法院二审查明的案件事实

二审查明,双方曾于2002年8月16日和2003年7月20日就本案争议的土地分别签订了"合作合同"和"补充合同",因广发公司未按合同履约,双方协议解除了上述两份合同,并于2004年2月18日签订了本案合同。广发公司2004年7月12日出具的两份《承诺书》均载明:"……现因我公司原因,未能在合同规定的时间内将该款支付给贵公司……"

二审查明的其他事实与一审法院查明的事实基本相同。

六、最高人民法院二审认定与处理

最高人民法院二审认为,本案的争议焦点问题是:双方签订的合同中约定的合同解除条件是否成就。

双方签订的合同第8条第6款约定:若乙方(广发公司)未按时支付滞纳金或支付余款时间逾期60天,甲方(大鹏公司)有权终止合同。大鹏公司以该条款约定的事实成就为由,行使了合同解除权。广发公司以2004年7月12日的《承诺书》变更了合同约定的付款时间及大鹏公司有违约行为为由主张大鹏公司行使合同解除权的条件未成就。因此，广发公司 2004 年 7 月 12 日的《承诺书》是否变更了合同约定的付款时间，大鹏公司的违约行为是否能导致大鹏公司丧失合同的解除权，是判断广发公司的主张能否成立的关键问题。

关于广发公司 2004 年 7 月 12 日的《承诺书》是否变更了合同约定的付款时间的问题。广发公司的《承诺书》应视为广发公司对合同付款时间进行变更的要约。根据《合同法》第 22 条的规定，承诺应以通知的方式作出，但根据交易习惯或者要约表明可以通过行为作出承诺的除外。大鹏公司对广发公司发出的要约没有作出承诺的意思表示，广发公司亦未提供根据双方交易习惯可以默认的方式表示承诺的证据。在大鹏公司否认对广发公司的要约作出承诺的情况下，应认定双方未就合同约定的付款时间达成变更协议，广发公司的付款义务仍应按合同约定的时间履行。一审判决认定《承诺书》对 2004 年 6 月 1 日和 6 月 25 日的两笔付款时间变更为 7 月 25 日和 8 月 10 日，适用法律不当，应予纠正。

关于大鹏公司的违约行为是否能导致大鹏公司丧失合同的解除权问题。根据合同的约定，若因大鹏公司的原因不能在合同规定的时间内办理完毕土地过户手续，广发公司作为土地使用权人取得土地证，广发公司可以选择解除合同或继续履行合同。该项条款约定了广发公司行使合同解除权的情形，没有约定大鹏公司丧失解除权的条件。此外，大鹏公司是在广发公司未按合同约定在 2004 年 6 月 1 日、6 月 25 日履行付款义务的行为发生后，于 7 月 5 日向郑州市国土资源局提出申请撤回办理土地过户手续。大鹏公司未如期办理完土地过户手续与广发公司未按期付款有关。因此，广发公司的此项主张缺乏合同依据，不予支持。

关于广发公司诉称其逾期付款是对大鹏公司先行违约的抗辩问题。广发公司在其《承诺书》中明确表示了其不能按期付款是因为其公司自身的原因所致。由此看出，广发公司逾期付款并非因大鹏公司未如期办理完土地过户手续所致。因此，广发公司的该项抗辩理由不充分，不予支持。

关于双方曾于 2004 年 8 月 6 日就解决闹事职工干扰施工的问题联合向郑州市政府提交了报告的行为，是否可以理解为大鹏公司对应有解除权的放弃和终结问题。原郑州瓷厂职工干扰施工不仅影响了实际施工方广发公司的工作进度，也影响到了土地使用权人大鹏公司的利益。在此情况下，两公司联名向政府有关部门反映此事以求得政府部门的支持，是两公司为保护自身利益之举，并不必然理解为具有继续履行合同的合意，而且在报告中大鹏公司也未有作出放弃合同解除权的意思表示。因此，广发公司的该项抗辩理由不予支持。

大鹏公司与广发公司于 2004 年 2 月 18 日签订的国有土地使用权转让合同，是双方真实意思表示，内容不违背法律、法规的规定，应为有效合同。双方应按合同的约定履行各自的义务。双方在合同第 8 条第 6 款约定了大鹏公司享有合同解除权的条件。根据本院查明的事实,广发公司曾两次与大鹏公司签订了争议土地的合作合同,均因广发公司的违约行为导致了合同的解除,广发公司还为此支付了300万元的违约金。广发公司与大鹏公司于2004年2月18日再次签订土地使用权转让合同后,仍未按合同的约定于2004年6月1日前支付500万元,在合同约定的付款宽限期内也未支付上述款项及相应的滞纳金,并且在广发公司《承诺书》中承诺的时间内也未履行付款义务。因此,应该认定大鹏公司行使合同解除权的条件已经成就,大鹏公司的上诉请求应予支持。合同解除后,广发公司在该项目中的资金投入返还等问题,双方可另行解决。一审法院关于广发公司2004年7月12日给大鹏公司出具的《承诺书》,致使双方变更了合同约定付款时间和合同解除条件的认定,适用法律错误,应予纠正。综上所述,最高人民法院作出(2005)民一终字第120号民事判决:(1)撤销一审判决;(2)驳回广发公司的诉讼请求。一审案件受理费388,635元,保全费160,000元,二审案件受理费388,635元,共计977,270元,由河南广发实业有限公司负担。

[参见最高人民法院民事审判第一庭编:《民事审判指导与参考》(总第38集),法律出版社2009年版。]

048. 村委会将集体用地出租给他人,但未经村内民主议定程序,且租金明显过低,则该合同是否有效?

【典型案例】

于晓明等诉北京市怀柔区怀柔镇南关村村委会土地租赁合同纠纷案

【裁判要点】

根据《村民委员会组织法》的相关规定,涉及村民利益的村集体经济项目的承包方案,村民委员会必须提请村民会议讨论决定,方可办理,否则无效。由此可知,村委会将集体用地出租给他人,涉及了村民的利益,依据法律的规定,应当经村民会议讨论决定。村委会未经村内民主议定程序而将集体用地租赁给他人的,违反了法律、法规的相关规定,并且租金明显过低,损害了村集体的利益,因此,双方签订的租赁合同应为无效。

判决书字号：

一审判决书：北京市怀柔区人民法院(2010)怀民初字第2867号。

二审判决书：北京市第二中级人民法院(2011)二中民终字第02520号。

案由：土地租赁合同纠纷。

诉讼双方：

原告(上诉人)：于晓明。

原告(上诉人)：宋朝祥。

原告(上诉人)：孙继成。

原告(上诉人)：邱福龙。

原告(上诉人)：史玉林。

原告(上诉人)：张玉辉。

原告(上诉人)：韩亚成。

原告(上诉人)：刘继昌。

原告(上诉人)：马立顺。

被告(被上诉人)：北京市怀柔区怀柔镇南关村村民委员会。

审级：二审。

审判机关：

一审法院：北京市怀柔区人民法院。

二审法院：北京市第二中级人民法院。

审结时间：

一审审结时间：2010年12月10日。

二审审结时间：2011年9月20日。

一审诉辩主张

1. 原告诉称：2009年12月21日，九原告及杨井江、邱宝珍与被告在平等、自愿、等价有偿的基础上签订了土地租赁合同，合同约定：被告将原北京三建恒利钢模板厂占用的集体土地16.3亩及地上附着物租赁给九原告及杨井江、邱宝珍；租赁期限20年。2009年12月22日，双方又签订了补充协议，约定原告享有转租权。2010年4月7日，被告向北京市怀柔区农村承包合同仲裁委员会提请仲裁，请求解除双方签订的土地租赁合同。同年5月23日，北京市怀柔区农村承包合同仲裁委员会作出裁决，以该土地租赁合同未经村民会议或村民代表会议民主议定，违反了法律的强制性规定为由，确认原、被告签订的土地租赁合同无效。《最高人民法院关于适用〈中华人民共和国合同法〉若干问题的解释(二)》(以下简称《合同法解释(二)》)第14条对《合同法》第52条第5项作出了司法解释：违反法律、行政法规的强制性规定的合同无效中的“强制性规定”，是指效力性强制性规定。《村民委员会组织法》第19条规定的村集体经济项目的承包方案,村民委员会必须提请村民会议讨论决定,方可办理。该规定属于管理性强制规定,并非效力性强制规定。违反管理性强制规定并不导致合同无效。北京市怀柔区农村承包合同仲裁委员会作出的仲裁裁决适用法律明显错误。故原告于2010年6月2日起诉至法院要求:(1)确认原、被告于2009年12月21日签订的租赁合同及同年12月22日签订的补充协议合法有效;(2)诉讼费由被告负担。

2. 被告辩称:原、被告所签订的租赁合同没有经过民主议定程序,违背了相关法律规定,合同无效;且南关村有惯例,租赁土地租金每亩每年不少于1万元,本案中,16.3亩土地,每年租金10万元。合同无效,同意返还租金。

一审事实和证据

2009年12月21日,原告于晓明等九人及杨井江、邱宝珍(乙方)与被告南关村村委会(甲方)签订了土地租赁合同。该合同约定:甲方现有集体土地及房屋一处16.3亩,租给乙方使用;租赁形式为个人租赁;租赁期限20年,自2010年1月1日至2029年12月31日止;乙方每年上缴租赁费为10万元,分二次付清;乙方于每年的3月1日上交上半年租金5万元,每年的7月31日上交下半年租金5万元;乙方在租用期内,如需投资建房屋及建筑物,甲方负责相关手续,上报主管单位审批,方可实施。2009年12月22日,甲乙双方又签订了补充协议,该协议约定:因乙方承租的房屋部分结构残缺(如门窗等设施),乙方出资修缮后,所有权归乙方所有;经甲乙双方自愿平等协商,乙方承租人享有转租的权利,甲方不得干涉。合同签订后,原告向被告交纳了租赁费5万元,原告在向被告交纳第二笔租金时,被告拒收,原告将5万元租金向公证处提存。九原告在租赁的院内进行了投入。

2010年4月7日,被告南关村村委会认为原、被告于2009年12月21日签订的土地租赁合同未经过法定的民主议定程序;合同内容显失公平,明显损害了村集体和大多数村民的利益;补充协议中在乙方未支付任何对价的情况下约定将房屋所有权归乙方,造成了集体资产流失;合同条款片面加重了其义务和违约责任,故向北京市怀柔区农村承包合同仲裁委员会提请仲裁,请求确认双方签订的土地租赁合同无效。同年5月23日,北京市怀柔区农村承包合同仲裁委员会作出裁决,以该土地租赁合同未经村民会议或村民代表会议民主议定,违反了法律的强制性规定为由,确认原、被告签订的土地租赁合同无效。现原告认为:《合同法解释(二)》第14条对《合同法》第52条第5项作出了司法解释:违反法律、行政法规的强制性规定的合同无效中的"强制性规定",是指效力性强制性规定。《村民委员会组织法》第19条规定的村集体经济项目的承包方案,村民委员会提请村民会议讨论决定,方可办理。该规定属于管理性强制规定,并非效力性强制规定。违反管理性强制规定并不导致合同无效。北京市怀柔区农村承包合同仲裁委员会作出的仲裁裁决适用法律明显错误。故于2010年6月2日起诉至法院要求:确认原、被告于2009年12月21日签订的租赁合同及同年12月22日签订的补充协议合法有效;诉讼费由被告负担。本案因双方各持己见,故未能调解。

一审判案理由

当事人对自己提出的诉讼请求所依据的事实或者反驳对方诉讼请求所依据的事实有责任提供证据加以证明。没有证据或者证据不足以证明当事人的事实主张的,由负有举证责任的当事人承担不利后果。本案中,原、被告签订的土地租赁合同中所涉及的土地为集体建设用地,在该土地上建造房屋,应经过相应国家机关审批,取得合法手续。但按照当事人提供的证据,不足以证明该块土地上的房屋为合法建筑。且2005年1月7日,南关村三委干部会研究决定,本村村民租赁本村土地,每亩每年1万元,但本案中,原告租赁的土地为16.3亩,租金为每年10万元,明显侵害了南关村集体以及其他村民的利益,合同应属无效。故原告要求确认该合同与补充协议合法有效的请求,本院难以支持。

一审定案结论

判决驳回原告于晓明、宋朝祥、孙继成、邱福龙、史玉林、张玉辉、韩亚成、刘继昌、马立顺的诉讼请求。

上诉人(原审原告)诉称:持原诉意见上诉至二审法院,认为原判认定事实不清,适用法律不当,要求撤销原判,改判支持其诉讼请求。

被上诉人(原审被告)辩称:同意原判。

北京市第二中级人民法院经审理,确认一审法院认定的事实和证据。

于晓明、宋朝祥、孙继成、邱福龙、史玉林、张玉辉、韩亚成、刘继昌、马立顺与南关村村委会签订的租赁合同,未经村内民主议定程序,违反了法律、法规的相关规定,北京市怀柔区农村承包合同仲裁委员会以该租赁合同未经村民会议或村民代表会议民主议定为由,确认双方签订的租赁合同无效,是正确的。北京市怀柔区怀柔镇人民政府亦制定了村级重大事项民主议事决策八步工作法制度,于晓明、宋朝祥、孙继成、邱福龙、史玉林、张玉辉、韩亚成、刘继昌、马立顺与南关村村委会签订的租赁合同,未依据上述工作法制度签订,属原村委会干部越权出租,租金明显过低,损害了村集体的利益。故于晓明、宋朝祥、孙继成、邱福龙、史玉林、张玉辉、韩亚成、刘继昌、马立顺的上诉要求确认其与村委会签订的租赁合同有效,无事实及法律依据,原审法院驳回其诉讼请求,并无不当,二审法院予以维持。综上,原判正确,应予维持。故二审判决:驳回上诉,维持原判。

[参见国家法官学院、中国人民大学法学院编:《中国审判案例要览》(2012年民事审判案例卷),中国人民大学出版社2014年版。]

049. 土地租赁协议未经土地管理部门登记批准的，该租赁协议是否有效？

【典型案例】

李法新诉济南市历下区姚家镇贤文庄村民委员会土地租赁合同苗木补偿纠纷抗诉案

【裁判要点】

《民法通则》第58条第1款第5项规定，违反法律的民事行为无效。《合同法》第52条第5项规定，违反法律、行政法规的强制性规定的合同无效。据此，违反行政法规中强制性规定的合同无效。所以，土地租赁协议未经土地管理部门登记批准的，即违反了关于土地租赁协议签订的强制性规范，该租赁协议应当被认定为无效。

抗诉机关和受诉法院

抗诉机关：最高人民检察院。

受诉法院：最高人民法院。

1992年2月1日，济南市历下区姚家镇贤文庄村民委员会（以下简称贤文庄村委会）与其林业二队队长李曰海签订250亩果园目标责任管理承包合同，约定承包期为4年。1993年3月1日，林业二队与李法新签订《租地协议书》。合同约定：李法新租赁林业二队果园林间空地35亩（折实面积）用于培育树苗；租用期为1年，自1993年3月1日至1994年3月1日；每亩地租赁费300元，合计金额为10,500元，于1993年3月10日交5000元，其余部分年底交清。林业二队在生产方面（如浇水、劳力）给予积极配合，李法新按实交纳电费。林业二队为李法新免费安排住宿，李法新一方的就餐人员按实际费用与林业二队结算。双方作业时必须保护好对方的作物安全。林业二队协助李法新搞好治安保卫，如遇外单位干扰，由林业二队出面处理。李法新在合同上签字，林业二队代表李曰海在合同上加盖个人印章。

合同签订后，李法新先后交付给林业二队租赁费（包括水电等费用）共计15,000元，并投资种植培育俄勒冈二型、新红星五代等良种苹果种树苗35亩。其中，李法新与林业二队约定所租南片林间空地按75%折实20亩，北片林间空地按60%折实15亩。

1993年10月,济南高新技术产业开发区管理委员会(以下简称开发区管委会)征用贤文庄村委会所属的林业二队经营的部分土地(包括李法新租用的部分土地)。林业二队根据贤文庄村委会的通知将其被征用土地上的树苗全部移走,并口头告知李法新腾地起苗。李法新按照林业二队的通知将35亩苹果树苗全部起走。经现场测量和图纸图片印证,开发区管委会实征李法新育树苗地22.73亩。1994年5月18日,开发区管委会与贤文庄村委会签订征地补偿协定,约定:开发区管委会补偿给贤文庄村委会各种征地补偿费共计32,852,853.40元,其中,地上附着物等计3,668,785.45元,林间育树苗移栽补偿费每亩补偿37,500元;签订协议后一个月内,开发区管委会付给贤文庄村委会30%征地款,1994年12月30日前付40%,余款1995年8月31日前付清,逾期按同期银行贷款利息计息。该协议签订后,截至1995年11月29日开发区管委会已向贤文庄村委会付款430万元。之后,李法新向贤文庄村委会要求支付树苗移栽补偿费,贤文庄村委会拒绝支付,李法新诉至山东省济南市中级人民法院。

【原审裁判】

济南市中级人民法院一审期间,因李法新和贤文庄村委会对征地占用李法新所租土地数量有异议,该院组织各方实地测量。由于开发施工致地形地貌辨认不清,开发区管委会和贤文庄村委会中途退场,一审法院凭李法新指认,丈量折实亩数为22.731亩。

济南市中级人民法院审理认为,1993年3月1日李法新与林业二队经平等协商签订的林间空地租赁合同业已履行,李法新对其在租赁土地上培育的树苗享有不可抗辩的所有权。开发区管委会依法征用贤文庄村委会土地并按政策对贤文庄村委会予以补偿,其中已包括李法新所栽树苗移栽的补偿费。林业二队与李法新签订的土地租赁合同因开发区管委会征地应终止履行。贤文庄村委会应依据与开发区管委会签订的协议给付李法新被征用土地上的树苗移栽补偿费,未及时给付,应按其与开发区管委会签订协议加付延期给付的利息。李法新明知征地界线,但却盲从林业二队的口头通知,将未征用土地上的树苗一并起走,责任自负,其要求贤文庄村委会赔偿此项损失,不予支持;其要求开发区管委会与贤文庄村委会共同承担苗木赔偿责任,鉴于开发区管委会已按政策向贤文庄村委会给予了补偿,故其该项请求予以驳回。济南市中级人民法院作出(1995)济中经初字第142号民事判决书,判决内容如下:贤文庄村委会支付李法新树苗移栽补偿费852,412.50元,赔偿李法新经济损失48,882元。李法新与贤文庄村委会均不服一审判决,提出上诉。

山东省高级人民法院审理认为:李法新对自己在租赁的林间空地上投资种植的苹果树苗依法享有所有权;开发区管委会征地后根据国家有关法律政策规定,应对被征土地上归李法新所有的苹果树苗给予移栽补偿;贤文庄村委会对该补偿费无权享有,贤文庄村委会拒绝支付李法新应享有的树苗移栽补偿费属于侵权行为。所以本案双方当事人之间发生的是侵权纠纷,而不是合同纠纷。原审法院在确定本案案由上虽有欠妥之处,但将贤文庄村委会列为本案的被告,判决其承担民事责任是恰当的,但原审法院在计算经济损失的数额上有误,应予纠正。开发区管委会未直接侵害李法新苗木移栽补偿费的享有权,原审法院将其列为本案被告不妥,但认定其已按政策向贤文庄村委会给予了赔偿,不符合事实。鉴于开发区管委会尚欠贤文庄村委会绝大部分各种征地补偿费未付,仍有继续给付的义务,与本案有法律上的利害关系,故应将其列为第三人。李法新要求贤文庄村委会赔偿 12.269 亩苹果树苗移栽补偿费,因无证据证明开发区管委会对此给予了补偿,不予支持。由于林业二队通知错误,使李法新起走未征用租赁地 12.269 亩上的树苗所造成的经济损失,不是本案审理的范围,李法新可另行起诉处理。原审判决在认定事实和实体处理上均有不当之处,应予纠正。山东省高级人民法院于 1996 年 6 月 16 日作出(1996)鲁经终字第 306 号判决,撤销济南市中级人民法院(1995)济中经初字第 142 号民事判决中关于贤文庄村委会赔偿李法新经济损失 48,882 元的内容;维持其中关于贤文庄村委会支付李法新树苗移栽补偿费 852,412.50 元的内容;贤文庄村委会赔偿李法新经济损失 135,712.61 元;贤文庄村委会在判决送达 10 日内不能支付李法新上述款项时开发区管委会从其欠付贤文庄村委会的征地补偿费中直接付给李法新上述款项。

李法新、贤文庄村委会均不服二审判决,向山东省高级人民法院提出申诉。

山东省高级人民法院再审期间,组织各方当事人,由李法新的委托代理人执笔,在相应地图上画出其南北片租赁地和开发区征用地的四至,贤文庄村委会林业二队认可。山东省高级人民法院委托山东省建材测绘院采用微机成图计算进行鉴定,结果为征地实际占用李法新所租间作林地 21.54 亩,按照李法新和林业二队的约定比例折实亩数为 14.82 亩。就每亩苹果树幼苗株数问题,山东省高级人民法院委托山东省果树研究所鉴定,结果为:每亩用种量为 2.5 斤,成苗率约 94%,计 1.1 万株左右,可出一级苗 9000 株左右;移栽接芽出苗率为每亩 6000 株至 7000 株。

山东省高级人民法院审理认为,李法新和贤文庄村委会林业二队签订的租赁协议事先未告知贤文庄村委会,事后无贤文庄村委会追认的证据,况且违反了土地租赁须经土地管理部门登记批准的法律规定,该租赁协议无效。林业二队是贤文庄村委会的内部生产组织,对外引起的民事责任应由贤文庄村委会承担。李法新与林业二队签订的租地协议虽然无效,但其在所租林间空地上投入了一定资金和劳务,对所种植的树苗仍享有所有权。该土地被征用之后,根据国家有关法律政策规定李法新应得到适当的树苗移栽补偿费,该部分补偿费贤文庄村委会不该享有。李法新提出应按开发区管委会和贤文庄村委会之间签订的征地协议所确定的每亩 37,500 元的标准进行补偿的要求,不予支持。首先,因为开发区管委会给予贤文庄村委会的苗木补偿不仅考虑到林间所种树苗品种不同和价格不同的因素，还考虑到因国家征用耕地补偿偏低而适当增加苗木补偿的因素；其次，省物价局和省财政厅对苗木移栽补偿有专门规定，应执行该规定；最后，李法新依据无效协议取得土地使用权，不能与贤文庄村委会享有同等价格的补偿，贤文庄村委会提出应按其和林业二队结算的标准进行补偿的主张，因属内部结算亦不应得到支持。对李法新的树苗移栽补偿，应按技术部门鉴定的折实亩数和每亩株数，以山东省物价局和山东省财政厅 1992 年发布的（1992）鲁价涉字第 280 号文规定的标准幅度内确定适当的价格予以补偿。原审法院在果园地形地貌已经发生变化的情况下组织现场丈量，贤文庄村委会、开发区管委会中途退出，且对测量结果提出异议，原审法院未委托有关部门进行勘察测量和折实，即确定赔偿的亩数证据不足，应以再审时委托专门机构鉴定的结果为准。开发区管委会与贤文庄村委会是土地征用关系，其补偿主体是贤文庄村委会，开发区管委会和李法新无法律上的利害关系，既不是本案的被告，亦不应是本案的第三人。原审法院列开发区管委会为第三人并承担责任无法律依据，开发区管委会应退出本案诉讼。综上所述，原审判决认定部分事实不清，适用法律不当，应予纠正。山东省高级人民法院于 1998 年 2 月 4 日作出（1996）鲁经再字第 145 号民事判决，撤销济南市中级人民法院（1995）济中经初字第 142 号民事判决和山东省高级人民法院（1996）鲁经终字第 306 号民事判决；贤文庄村委会支付李法新苹果幼苗移栽补偿费 202,037.75 元，并按同期银行贷款利率支付该款的利息。

【抗诉及其理由】

李法新不服山东省高级人民法院（1996）鲁经再字第 145 号民事判决，向检察机关提出申诉。山东省人民检察院审查后认为终审判决确有错误，提请最高人民检察院抗诉。最高人民检察院审查认为，山东省高级人民法院（1996）鲁经再字第 145 号民事判决认定事实的主要证据不足、适用法律错误，遂于 2002 年 2 月 21 日，依照《民事诉讼法》第 185 条第 1 款第 1 项和第 2 项之规定，以高检民抗（2002）3 号民事抗诉书向最高人民法院提出抗诉。理由如下：

1. 终审判决认定开发区管委会应补偿李法新育苗面积的折实亩数为 14.82 亩的事实错误。一、二审人民法院在审理期间，经现场测量，均查明开发区管委会所占用李法新的育苗面积的折实亩数为 22.73 亩，与开发区管委会在一审期间向法庭提供的贤文庄村委会一期道路征地地上附着物清理登记原始记录的折实面积 22.736 亩基本相符。另有山东省济南市测绘院于施工前 1993 年 4 月航拍的正视影像照片、山东省测绘院 1994 年 5 月航拍的遥感底片影像照片和具体施工人员的证言所佐证，证据确实充分，足以认定。终审法院不采信上述证据，而采用在地图上标出四至，再由微机成图计算得出结论，认定开发区管委会实际占用李法新所租间作林地 21.54 亩，折实亩数为 14.82 亩，认定事实错误。

2. 终审判决认定应补偿李法新苹果幼苗移栽补偿费每亩为13,632.77元,缺乏法律依据。终审判决已认可了李法新对种植的树苗仍享有所有权与因树苗移栽补偿费贤文庄村委会不该享有,且开发区管委会与贤文庄村委会土地征用协议书所附的清点地上物核实表亦载明间作树苗每亩补偿37,500元。因此,对李法新的幼苗补偿费应以每亩补偿37,500元为准。终审判决以开发区管委会给予贤文庄村委会的苗木补偿是因为考虑林间所种树苗品种、价格不同及因国家征用耕地补偿偏低才增加苗木补偿费用的,以及应该执行山东省物价局和财政厅有关苗木移栽补偿规定和李法新依据无效协议取得土地使用权不能与贤文庄村委会享有同等价格补偿为由,判决每亩补偿费为13,632.77元,缺乏法律依据。

【再审结果】

最高人民法院受理抗诉后,于2003年7月18日以(2002)民一抗字第1号民事裁定,决定对本案提审。最高人民法院对本案再审过程中,经合议庭主持调解,李法新和贤文庄村委会达成调解协议,开发区管委会对协议予以认可。2003年8月22日,最高人民法院作出(2002)民一抗字第1号民事调解书,确认李法新和贤文庄村委会达成如下协议:(1)贤文庄村委会在按原再审判决已补偿李法新202,037.75元及利息的基础上,再补偿李法新20万元,该20万元调解书送达之日起15日内一次付清。(2)对其他问题双方当事人互不追究,亦不再申诉。一审案件受理费14,018元,贤文庄村委会负担8411元,李法新负担5607元;二审案件受理费14,018元,贤文庄村委会负担8411元,李法新负担5607元;原再审鉴定费500元,贤文庄村委会负担300元,李法新负担200元。

[参见最高人民检察院民事行政检察厅编:《人民检察院民事行政抗诉案例选》(第10集),法律出版社2006年版。]

050. 本集体经济组织的成员作为集体土地的原承租人在土地再次出租时是否具有优先租赁权?

【典型案例】

余国良与陈君平土地租赁合同纠纷上诉案

裁判书字号:

江苏省南通市中级人民法院(2015)通中民终字第01463号民事判决书。

案由:土地租赁合同纠纷。

当事人:

原告(上诉人):余国良。

被告(被上诉人):陈君平。

第三人:如皋市江安镇百新村村民委员会(以下简称村委会)、王生玉。

余国良系如皋市江安镇百新村四组(以下简称村组)的村民,自2000年即开始租赁江安镇百新村四组土地3.5亩(该土地村委会在1994年即已租赁给案外人开办预制场)用作经营"百新四组预制场",并一直延续租赁关系,余国良按照约定向村委会交纳土地租金。2011年4月30日,村委会与余国良续签协议书一份,约定村委会将3.5亩土地流转给余国良,承包期从2011年1月1日起至2013年12月31日止,并约定了承包金的计算方法。次日,余国良与陈君平签订协议书一份(该协议事后经过村委会的追认),余国良将其从村委会处租赁的3.5亩土地转租给陈君平,约定租赁期为5年,自2011年5月1日起至2016年5月1日止;年租金为15,000元整(后双方协议调整为15,700元)。该协议签订后,余国良将合同约定的土地交付给陈君平使用,陈君平对该土地上的房屋进行了改建,砌建了围墙。并按约将2013年4月30日前的租金支付给余国良。但对于2013年5月1日至2014年4月30日的租金,陈君平仅给付余国良12,500元,其余3200元至今未付。

2011年11月15日,陈君平事先未征得余国良的同意,将从余国良处租得的土地再次转租给王生玉、宦勇云(王生玉陈述宦勇云系其合伙人),同时将该土地上的附属物一并作价转让给王生玉、宦勇云,协议约定,租赁期为2011年5月1日起至2013年5月1日止;王生玉、宦勇云一次性给予陈君平补助300,000元(含房屋、水泥地面、围墙、水电、办公设备等各种设施,附有清单),场地上的所有财产归王生玉、宦勇云所有。后余国良得知陈君平将土地转租给了王生玉,并继续向陈君平催要2013年度尚欠的租金。2013年5月22日,余国良、陈君平签订《合同》一份,约定如果余国良能和村里续签2014年1月1日以后的租赁合同,则双方原转租合同继续有效,否则,双方原转租合同解除。当日,村组与王生玉签订土地流转协议书一份,村组将案涉土地流转给王生玉,每年每亩承包金额为1800元,从2014年1月1日起至2016年12月31日止,合同期满,王生玉需继续使用,村组在同等条件下优先考虑。村委会在该协议上作为见证方盖章。此后,余国良得知村组与王生玉签订上述协议,并与村委会进行交涉。经交涉,在余国良与村委会原签订的协议期满后,余国良与村委会就涉案土地又签订一份落款时间记载为"2014年1月1日"的土地流转协议。后余国良向法院起诉,认为陈君平欠付租金,已构成违约,余国良有权提前终止与陈君平的租赁协议。要求:解除余国良、陈君平于2011年5月1日签订的租赁协议,陈君平清出场地并恢复原状交付给余国良,陈君平支付违约金及所欠租金给余国良。

【案件焦点】

(1)如何认定村委会与余国良及王生玉就案涉土地使用权所签订的两份协议的性质和效力;(2)作为原集体土地使用人及本集体经济组织成员的余国良与非本集体经济组织成员的王生玉就案涉农村集体土地的使用权是否具有优先权租赁。

【裁判要点】

江苏省如皋市人民法院经审理认为:余国良在2000年取得本案讼争的土地使用权时,该土地为开办预制场使用的非农业用地,余国良与村委会之间存在的法律关系应该是土地租赁关系。因余国良与村委会于2011年4月30日所签订的土地流转协议中并未约定租期届满后余国良享有优先承租权。故余国良主张对讼争土地享有优先租赁权于法无据。由于王生玉与村组签订的土地租赁合同先于余国良与村委会签订的落款时间为2014年1月1日的土地租赁合同,而且王生玉在讼争土地上已进行了300,000元以上的资金投入,从保护合同交易安全及合同权利人的期待利益角度考虑,法院认定王生玉取得讼争土地2014年1月1日以后的承租使用权。因该土地现实际为王生玉占有和使用,余国良已非租赁使用权人,故其无权要求陈君平交还讼争土地。

江苏省如皋市人民法院依照《民事诉讼法》第64条第1款,《最高人民法院关于适用〈中华人民共和国民事诉讼法〉的解释》第90条之规定判决:驳回余国良的诉讼请求。

江苏省南通市中级人民法院经审理认为:承包农村土地只能用于农业,余国良在取得讼争土地使用权时,该土地为开办预制场使用的非农业用地,之后继续开办预制场,余国良与村委会之间存在的法律关系不符合土地承包关系的特征,应属于土地租赁关系。因余国良与村委会于2011年4月30日签订的土地流转协议中并未约定租赁期满余国良享有优先承租权,且土地租赁并不等同于房屋租赁,因此不可当然地参照房屋租赁关系享有优先承租权。王生玉从陈君平处租得讼争土地之时,一并从陈君平处受让讼争土地上的附属物及相关资产,故案涉王生玉所签合同应为有效。王生玉与村组签订的土地租赁合同先于余国良与村委会签订的落款时间为2014年1月1日的土地租赁合同,因此,王生玉取得案涉土地的承租权。余国良、陈君平于2011年5月1日所签的协议书已于2013年12月30日终止。综上,余国良的上诉理由不能成立,一审判决认定事实清楚,审判程序合法,判决结果并无不当,应予维持。

江苏省南通市中级人民法院依照《民事诉讼法》第171条第1款第1项的规定,判决如下:驳回上诉,维持原判。

[参见国家法官学院案例开发研究中心编:《中国法院2017年度案例:土地纠纷(含林地纠纷)》,中国法制出版社2017年版。]

051. 房地产执行标的物附带的长期租约的效力如何认定？

【典型案例】

许国东与厦门市舫阳车站管理有限公司等土地租赁合同纠纷上诉案

判决书字号：

福建省厦门市中级人民法院（2015）厦民终字第 2128 号民事判决书。

案由：土地租赁合同纠纷。

当事人：

原告（上诉人）：许国东。

被告（被上诉人）：厦门市舫阳车站管理有限公司（以下简称舫阳公司）、厦门农发生物科技有限公司（以下简称农发公司）、兴业银行股份有限公司厦门分行（以下简称兴业银行厦门分行）。

第三人农发公司原系厦门市翔安区巷北工业区赵岗地块的使用权人。2012 年 5 月 3 日，案外人厦门华丰面粉有限公司、农发公司与第三人兴业银行厦门分行签订一份最高额抵押合同，约定由农发公司以厦门市翔安区巷北工业区赵岗地块土地使用权及 A8、A9 处理车间为主合同项下所发生的所有债权提供抵押担保。

厦门市中级人民法院于 2013 年 9 月 9 日委托拍卖公司对厦门市翔安区巷北工业区赵岗地块土地使用权及 A8、A9 处理车间进行拍卖。2013 年 12 月 26 日，被告舫阳公司以 26，902，449 元的最高价竞得上述标的物。

现原告许国东主张其于 2012 年 4 月 12 日与农发公司签订了一份土地租赁合同。根据许国东提供的土地租赁合同，双方约定：（1）农发公司将位于厦门市翔安区巷北工业区赵岗的土地按现状出租给许国东使用，土地证面积为 48，772.5 平方米，农发公司正在建设的两栋房屋占地除外，实际约 45，500 平方米，折合 68.2 亩。（2）租赁期限为 20 年，自 2012 年 4 月 12 日起至 2032 年 4 月 11 日止。租赁期间届满，许国东有权要求续订租赁合同。（3）在本合同租赁期间内，租金标准为每年每亩 5500 元，租期 20 年租金合计 7，502，000 元，许国东应于 2012 年 5 月 30 日前付清。许国东应将租金汇入农发公司指定的账户：户名朱黎明，开户行厦门农行马巷支行，账号 9559980071062599 × × ×；或户名吴亚娇，开户行中信银行厦门湖滨南路支行，账号6226984900113×××。许国东将款项汇入以上指定账户，即视为农发公司收到许国东支付的租金。(4)除由农发公司现正出资建设的两栋房屋外，许国东有权在承租的土地上修建建筑物及其他构筑物，所需费用由许国东自行筹集承担。

【案件焦点】

许国东与农发公司之间是否存在真实的租赁合同关系？

【裁判要点】

厦门市翔安区人民法院经审理认为：土地租赁合同的落款时间为2012年4月12日，双方在合同中约定20年租赁期限的租金7,502,000元于2012年5月30日之前付清，该约定不符合正常的商业习惯。农发公司系企业法人，双方却在合同中约定由农发公司指定的两个个人账户作为租金的收款账户，且转账记录中的3,500,000元的款项用途注明为往来款而非租金。因此，法院对许国东关于7,502,000元的转账系用于支付租金的主张不予采纳。

许国东主张其在合同签订后有对该地块进行使用开发，即于2012年6月将讼争地块的土方工程回填事宜交由林明旭施工，但是在2012年4月12日之后，农发公司还在该地块上建设A7食品车间、A10机修车间、A13配电房工程，同时许国东与林明旭约定的所有款项以现金方式支付不合常理，且除催款函所称的10,000元欠款之外，许国东未能提供相关证据证明其已向林明旭支付了其余的315,800元工程款。因此，法院对许国东主张其在土地租赁合同签订后已对讼争地块进行了占有使用的意见不予采纳。许国东与农发公司签订的土地租赁合同中并未对登记等事项进行约定，实际上亦未办理登记。

厦门市翔安区人民法院依照《民事诉讼法》第64条第1款、第144条，《最高人民法院关于民事诉讼证据的若干规定》第2条之规定，判决如下：驳回原告许国东的诉讼请求。后许国东提起上诉，二审中撤诉。

[参见国家法官学院案例开发研究中心编：《中国法院2017年度案例：执行案例》，中国法制出版社2017年版。]

052. 农村土地承包经营权依法转让后，土地被征收，征地补偿款归谁所有？

【典型案例】

陈某与王某土地征收补偿款纠纷上诉案

【裁判要点】

根据《农村土地承包法》第41条的规定，承包方有稳定的非农职业或者有稳定的收入来源的，经发包方同意，可以将全部或者部分土地承包经营权转让给其他从事农业生产经营的农户，由该农户同发包方确立新的承包关系，原承包方与发包方在该土地上的承包关系即行终止。由此可知，农村土地承包经营权经发包方同意可以转让。转让方将农村土地承包经营权转让后，其与村委会的承包关系结束，受让方与村委会形成新的承包关系。受让方作为新的土地承包经营权人，享有相应的一切权益，包括承包土地被征收后取得土地征收补偿费的权益。因此，农村土地承包经营权依法转让后，土地被征收，征地补偿款应归受让方所有。

一、案情简介

陈某与王某同为A村村民。在二轮土地延包中，王某通过家庭承包方式与A村村委会签订了9.7亩耕地的承包合同。2002年，陈某与王某签订一份《耕地转让契约》，约定王某将其家庭承包经营的9.7亩耕地中的3亩转让给陈某。签订当日，陈某即付清了转让款，王某也交付了土地。A村村委会在该《耕地转让契约》上盖章同意。2009年，案涉土地被依法征收。陈某向A村村委会领取了被征收土地相应的土地补偿费。

王某诉称：案涉土地登记在其名下，陈某无权享有土地的征收补偿款，故诉请陈某返还已领取的土地补偿款。

陈某辩称：案涉《耕地转让契约》系双方当事人真实意思表示，且已经A村村委会同意，该契约合法有效，故其有权领取案涉土地的征收补偿款。应驳回王某的诉讼请求。

二、法院裁判情况

一审法院认为，虽然双方签订了转让契约，但陈某并未与发包方重新签订承包合同，且案涉土地承包经营权尚登记在王某名下，故陈某无权享有该笔土地补偿费。综上，一审法院判决：陈某在判决生效之日起15日内返还王某已领取的土地补偿款。

陈某不服一审判决，提起上诉。

二审法院经审理认为，本案为土地承包经营权转让纠纷，王某作为土地承包经营权人，有权处分该权利，且该转让已经发包方同意，根据《农村土地承包法》第41条的规定，该转让合同有效。应认定王某与A村村委会的承包关系已经结束，而陈某与A村村委会形成了新的承包关系。陈某作为案涉土地的承包经营权人，享有相应的一切权益，包括承包土地被征收后取得土地征收补偿费的权益。综上，判决如下：(1)撤销一审判决；(2)驳回王某的诉讼请求。

［参见最高人民法院案例指导与参考丛书编选组编：《最高人民法院物权案例指导与参考》，人民法院出版社2018年版。］

053. 农村集体土地被征收后承包人应获得的补偿范围如何确定？

【典型案例】

君山区许市镇崇庆村村民委员会诉尹某喜确认土地征收补偿款归属纠纷案

判决书字号：

湖南省岳阳市中级人民法院(2016)湘06民终1571号民事判决书。

案由：确认土地征收补偿款归属纠纷。

当事人：

原告(上诉人)：君山区许市镇崇庆村村村民委员会(以下简称崇庆村委会)。

被告(被上诉人)：尹某喜。

崇庆村委会原系岳阳市君山区许市镇土桥村村村民委员会。尹某喜系湖南省岳阳市君山区采桑湖镇观音村村民。2004年1月6日，崇庆村委会尹某喜签订了关于团鱼洲鱼池承包合同，承包鱼池面积大约100亩，承包期限从2004年1月6日至2024年1月30日。2005年，双方签订了团鱼洲鱼池承包合同补充协议，将合同期延长六年。2015年，因修建国家重点工程蒙华铁路，国家依法征收了尹某喜承包的上述鱼池中的8.27亩，因施工需要并临时征地4.05亩。除土地补偿费、地上附着物及青苗补偿费外，还获得临时征地土地补偿费 42，525 元、安置补助费 254，550.6元，合计 297，075.6 元。尹某喜对国家补偿给其的地上附着物及青苗补偿费无异议，对崇庆村委会应得到的土地补偿费亦无异议。但尹某喜和崇庆村委会对国家给付的征收 8.27 亩土地的安置补助费 254，550.6 元、4.05 亩临时用地补偿费 42，525 元的归属发生争议。

【案件焦点】

国家给付的征收 8.27 亩土地的安置补助费 254，550.6 元、4.05 亩临时用地补偿费 42，525 元的归属。

【裁判要点】

湖南省岳阳市君山区人民法院经审理认为：安置补偿费是国家征收集体土地后，安置被征地集体组织由于征地造成的多余劳动力的补偿费用。国家通过支付安置补助费，保障以土地为主要生产资料和生活来源的失地农民的基本生活，因而安置补助费具有很强的人身性。尹某喜不属于崇庆村委会集体经济组织成员，与崇庆村委会签订的承包合同不属于家庭承包方式，故尹某喜不属于安置的对象。尹某喜主张国家给付的安置补助费应当归其所有缺乏事实和法律依据。安置补助费归属于安置对象。崇庆村委会作为农村集体经济组织，不属于安置对象，故其关于确认本案被征收土地的安置补助费归其所有的请求，不予支持。本案被征收土地的安置补助费应当归属于崇庆村委会农村集体经济组织内部因被征地而应当予以安置的成员。本案中没有特定安置对象，所以本案安置补助费由崇庆村委会管理和使用较为妥当。

农村集体土地是本集体经济组织全体成员的基本生活保障，具有社会保障功能。《土地管理法实施条例》第 26 条第 1 款规定，土地补偿费归农村集体经济组织所有。尹某喜关于因其所承包的鱼池被征收，国家给付的临时用地土地补偿费应当归其所有的主张不符合法律规定。为此，湖南省岳阳市君山区人民法院依照《农村土地承包法》第 15 条，《土地管理法实施条例》第 26 条第 1 款、第 2 款，《最高人民法院关于审理涉及农村土地承包纠纷案件适用法律问题的解释》第 23 条的规定，作出如下判决：(1)由尹某喜承包的原土桥村委会所有的因修建蒙华铁路而被征收的 8.27 亩鱼池的安置补助费 254，550.6 元归原土桥村委会管理和使用；(2)临时用地 4.05 亩土地补偿费 42，525 元归崇庆村所有。

尹某喜不服，提起上诉。

岳阳市中级人民法院经审理认为：(1)关于被征收鱼池的安置补助费的问题。本案中因修建蒙华铁路而被征收的 8.27 亩鱼池属崇庆村委会集体所有双方无异议。只是该鱼池被征收时在尹某喜承包经营期间，尹某喜基于承包关系而主张被征收鱼池的部分安置补助费归其所有。对于安置补偿费的性质和归属问题，一审判决的分析认定正确，予以确认。即本案的安置补助费应当归属于崇庆村用于安置其集体经济组织成员，本案中没有特定安置对象，所以本案安置补助费可由崇庆村委会管理和使用。尹某喜非崇庆村集体经济组织成员，不是安置对象，其基于承包关系而主张被征收鱼池的部分安置补助费归其所有没有事实和法律依据，不予支持。(2)关于临时用地的土地补偿费问题。因蒙华铁路修建时的临时用地补偿对象亦是土地的所有权人，是对集体土地所有权的补偿，故该土地补偿费亦应归崇庆村委会所有。尹某喜基于承包关系而主张临时用地的补偿费归其所有没有法律依据，不予支持。(3)尹某喜承包的鱼池因征收和临时用地客观上造成了承包面积的减少，其承包费用可由崇庆村委会与尹某喜协商而适当调整。

综上所述，尹某喜的上诉请求不能成立，应予驳回。一审判决认定事实清楚，适用法律正确，应予维持。湖南省岳阳中级区人民法院依据《民事诉讼法》第 170 条第 1 款第 1 项规定，判决如下：驳回上诉，维持原判。

[参见国家法官学院案例开发研究中心编：《中国法院 2018 年度案例：土地纠纷(含林地纠纷)》，中国法制出版社 2018 年版。]

第三章
房地产交易问题

001. 房地产合同效力的总的原则如何把握？

【地方审判】

广东省高级人民法院关于《合同法》施行后认定房地产开发经营合同效力问题的指导意见

（粤高法发〔2001〕41号）

1.《合同法》施行以后，人民法院认定房地产开发经营合同的效力，不得以地方性法规、行政规章（包括经济特区制定的法规）为依据，而应当以全国人大及其常委会制定的法律和国务院制定的行政法规为依据，只有违反了法律、行政法规强制性规定的合同，才确认为无效合同。

2. 人民法院确认合同效力时，对《合同法》实施以前成立的合同，适用当时的法律、行政法规认定合同无效，而适用《合同法》可认定合同有效的，则适用《合同法》。

3. 确认房地产开发经营合同的效力，应当注意《中华人民共和国城市房地产管理法》（以下简称《城市房地产管理法》）施行前、后的区别：1995年1月1日《城市房地产管理法》施行前，认定合同效力可以在投资条件和法定手续两个方面从宽，即只要转让方具备"投入一定的开发建设资金"的投资条件，以及"在一审诉讼期间"办理了房地产转让前的法定手续，可以认定合同有效；1995年1月1日《城市房地产管理法》施行后，认定合同效力应当在投资条件和法定手续两个方面从严，即如果转让方不具备足额的投资条件，或者"在起诉前"尚未办理房地产转让前的法定手续，应当认定合同无效。

4. 适用《合同法》第五十二条的规定，确认房地产开发经营合同无效，主要从以下两个方面进行审查确认：

（1）审查合同主体是否具有房地产开发经营资格。具备房地产开发经营资格的企业，必须是经工商行政管理部门核准登记，并持有房地产开发企业资质证书（含中外合资经营企业、中外合作经营企业和外资企业）。当事人签订以房地产开发经营为内容的合同，双方均不具备房地产开发企业资质的，一般应当认定该开发经营合同无效，但在起诉前当事人已依法取得房地产开发企业资质的，可以认定合同有效。

（2）审查合同内容是否违反法律、行政法规的强制性规定。主要是审查合同标的物是否具备转让、交易条件。如果当事人开发经营的房地产属于《城市房地产管理法》第三十七条规定的不得转让的房地产范围的，一般应当认定合同无效。但在起诉前上述禁止转让的原因已经消除的，可以认定合同有效。

5. 依照最高人民法院《关于适用〈中华人民共和国合同法〉若干问题的解释（一）》第九条的规定，法律、行政法规规定合同应当办理批准手续，或者办理批准、登记等手续才生效的，在一审法庭辩论终结前当事人仍未办理批准手续的，或者仍未办理批准、登记等手续的，人民法院应当认定该合同未生效；法律、行政法规规定合同应当办理登记手续，但未规定登记后生效的，当事人未办理登记手续不影响合同的效力，但合同标的物所有权及其他物权不能转移。

6. 合同成立，但因当事人未按《中华人民共和国中外合作经营企业法》《中华人民共和国担保法》等法律、行政法规的规定办理批准、登记手续而未生效，有下列情形之一的，人民法院可以责令当事人补办批准、登记手续，强制赋予合同生效条件后继续履行：

（1）双方已实际履行合同，或者房屋已基本建成，无其他违法行为的；

（2）合同未生效是由一方当事人违反诚实信用原则造成，而另一方当事人坚持要求继续履行的；

（3）非当事人自身的原因造成不能办理批准、登记手续或批准、登记手续不完善的；

（4）其他能够强制赋予合同生效条件后继续履行的情形。

7. 合同成立但未生效，且不符合本意见第6条规定的情形，一方当事人请求人民法院解除合同的，应予准许，但有过错的一方应当承担缔约过错责任；双方都有过错的，应当各自承担相应的责任。

002. 非房地产开发企业从事房地产开发经营活动，逾期办理国土证的损失如何认定？

【审判专论】

1.《最高人民法院关于审理商品房买卖合同纠纷案件适用法律若干问题的解释》（以下简称《解释》）调整的范围是商品房买卖合同

房屋买卖合同的标的物房屋是一种不动产。受我国国情影响，我国的房屋存在多样性，根据不同标准，有不同的分类。按房屋的价值属性进行分类，分为商品房和非商品房。非商品房是自建或者委托施工单位建设或者参加统建并自己使用的住宅和其他房屋；商品房是指房地产开发经营企业建造的用于出售的房屋。从商品房与非商品房的定义来看，二者的区别在两个方面：（1）建造的主体上。商品房的修建者是房地产开发企业，非商品房是自建或者委托施工单位建设或者参加统建。（2）建造的目的上。商品房系用于出售获取交换价值，非商品房是供自己使用获取使用价值。这种区分方法较为科学，但是，由于我国的特殊国情，有时存在不规范的地方，使这种分类也体现出不周延的问题：非房地产开发企业修建的房屋用于市场销售，其销售的房屋属于商品房还是非商品房呢？如本案管理中心开发并向社会公众出售的商铺和住房。从主体上看，管理中心是双流县工商行政管理局下属的事业单位，自然不是房地产开发企业，但从修建的目的上看，管理中心建造的房屋不是用于自住，而是向社会销售如果机械适用《解释》第 1 条，就会得出不是商品房的结论，显然该结论难以令人置信。故目前对商品房与非商品房的定义有待完善，本案管理中心开发的房屋应当界定为商品房，其与郭秀珍签订的《成都市双流县商品房买卖合同》属于商品房买卖合同，符合《解释》调整的对象。

2.《解释》调整的对象是商品房买卖行为

管理中心虽不是房地产开发企业，但在本案中从事的是房地产开发行为。

首先，管理中心的业务范围是市场的开发与建设、培育与服务，其中包括市场的开发与建设。管理中心于 1999 年 10 月开始修建双流大市场、华阳新市场，共计商铺 545 间、住房 199 套，建好后向包括郭秀珍在内的社会公众出售。

其次，管理中心系按照商品房开发的程序修建、销售包括案涉房屋在内的所有房屋。《城市房地产管理法》第 2 条第 3 款规定：“本法所称房地产开发，是指在依据本法取得国有土地使用权的土地上进行基础设施、房屋建设的行为。”第 25 条规定：“房地产开发必须严格执行城市规划，按照经济效益、社会效益、环境效益相统一的原则，实行全面规划、合理布局、综合开发、配套建设。”第 27 条第 1 款规定：

"房地产开发项目的设计、施工,必须符合国家的有关标准和规范。"根据我国房地产开发的相关法律、法规,开发商进行房地产开发的程序大致为:(1)向城市计划委员会提出申请报告;(2)以立项证明到规划局,规划局根据各地的城市发展规划,向开发商颁布《建设用地规划许可证》;(3)凭《建设用地规划许可证》到国土资源管理局,签订《土地使用权出让合同》,交纳土地出让金,取得国土证;(4)进行住宅设计,将设计内容再交规划局审核,规划局认为符合规划要求的,再发给《建设工程规划许可证》;(5)依据上述证件以及与施工单位签订的合同,到建设局登记,取得《建设工程施工许可证》,此时方可动工修建,如需预售,还需取得《商品房预售许可证》。管理中心开发包括案涉房屋所在的项目时,也按照我国房地产开发的相关规定,取得了《建设用地规划许可证》《建设工程施工许可证》《国有土地使用证》等相关手续,并向双流县城乡建设管理委员会提出了申请,双流县城乡建设管理委员会的批复是"同意你中心在上述土地规划范围内按要求进行一次性房地产开发"。市场管理中心修建双流大市场、华阳新市场的商铺、住房全部向社会公众出售,实施的完全是房地产开发行为。

再次,从当事人签订的合同来看。双方使用的格式文本,由双流县房地产管理所制定、成都市房地产管理局监制,无论从合同的内容上还是从形式上来看,均体现为商品房买卖合同。

最后,管理中心否认适用《解释》的唯一理由,在于其不是房地产开发企业。诚然,按照《解释》第1条规定,商品房买卖合同的出卖人系房地产开发企业,而房地产开发企业是以营利为目的,从事房地产开发和经营的企业,管理中心不是房地产开发企业,而是事业单位。但是,众所周知,我国的市场经济从20世纪80年代开始起步,逐步发展,不断完善,在特定的历史时期,从事房地产开发行为者有可能并非房地产开发企业,尤其是政府机关下属的事业单位,诸如本案的管理中心。而现代法律调整的对象在于行为而非主体身份,合同法的制定、实施,就是为了抛弃过去"三分天下"的局面,构建统一的交易规则,实现主体平等,故只要从事商品房开发、销售行为,都应当遵守《城市房地产管理法》《合同法》等相关法律、法规,而《解释》是最高人民法院主要根据《城市房地产管理法》《合同法》,对商品房买卖行为制定的司法解释,因此,非房地产开发企业从事房地产开发行为自然也应当适用《解释》。

3. 不适用《解释》对买受人不公平

管理中心修建、销售商品房,牟取商业利益,与房地产开发企业并无两样,甚至还优于房地产开发企业享受税收的减免。《合同法》第130条规定:"买卖合同是出卖人转移标的物的所有权于买受人,买受人支付价款的合同。"市场管理中心出售商品房,获取价款,享受了权利,应当承担交付房屋、办理权属证书的义务。管理中心作为出卖人,不履行办理国土证的义务,却以其“不是房地产开发企业,只有交房的义务,无办理国土证的义务,不存在违约问题”对待购房人,损害了购房人的利益,如其理由成立,不利于保护消费者的利益,实有违公平正义。

[参见曾耀林、王长军:《非房地产企业开发行为的法律适用》,载《人民司法·案例》2013 年第 16 期。]

003. 行为人双方签订联合开发合同书及补充协议,约定其中一方投入但却不参与该项目日常事务且不承担一切经济与法律责任的,该合同性质应如何认定?

【公报案例】

陈全、皮治勇诉重庆碧波房地产开发有限公司、夏昌均、重庆奥康置业有限公司合同纠纷案

【裁判要点】

根据《最高人民法院关于审理涉及国有土地使用权合同纠纷案件适用法律问题的解释》第 24 条的规定,合作开发房地产合同约定提供土地使用权的当事人不承担经营风险,只收取固定利益的,应当认定为土地使用权转让合同。因此,合同一方当事人不参与项目建设和营销的具体日常事务,只包销分得房屋;同时又不承担一切经济与法律责任的合同属于土地使用权转让合同。根据《合同法》第 52 条之规定,合同双方恶意串通,损害国家、集体或者第三人利益的合同无效。因此,合同双方签订合同时表面上损害合同一方自身利益,实际损害他人利益的行为属于恶意串通行为,受损害的一方有权提起确认合同无效之诉。

1. 根据《最高人民法院关于审理涉及国有土地使用权合同纠纷案件适用法律问题的解释》第 24 条的规定,合作开发房地产合同约定提供土地使用权的当事人不承担经营风险,只收取固定利益的,应当认定为土地使用权转让合同。当事人自行约定的合同名称不影响对合同性质的认定。

2.《合同法》第 52 条规定:“有下列情形之一的,合同无效:……(二)恶意串通,损害国家、集体或者第三人利益;……”根据前述规定,法人与他人恶意串通签订合同,表面上损害法人自身利益,实质上损害第三人利益的,第三人有权提起确认合

同无效之诉。

3. 对于前述条款中“恶意串通”行为的认定，应当分析合同双方当事人是否具有主观恶意，并全面分析订立合同时的具体情况、合同约定内容以及合同的履行情况，在此基础上加以综合判定。

案号：最高人民法院(2009)民申字第1760号。

申请再审人（一审被告、二审被上诉人）：重庆碧波房地产开发有限公司。

申请再审人（一审被告、二审被上诉人）：夏昌均。

申请再审人（一审被告、二审被上诉人）：重庆奥康置业有限公司。

被申请人（一审原告、二审上诉人）：陈全。

被申请人（一审原告、二审上诉人）：皮治勇。

申请再审人重庆碧波房地产开发有限公司（以下简称碧波公司）、夏昌均、重庆奥康置业有限公司（以下简称奥康公司）因与被申请人陈全、皮治勇合作开发房地产合同纠纷一案，不服重庆市高级人民法院(2009)渝高法民终字第141号民事判决，向最高人民法院申请再审。最高人民法院依法组成合议庭对本案进行了审查，现已审查终结。

碧波公司、夏昌均、奥康公司申请再审称：(1)二审判决认定碧波公司与奥康公司之间的法律关系为土地使用权转让关系，缺乏事实根据和法律依据。①碧波公司与奥康公司签订的《联合开发建设鞋都工业园配套住宅小区合同书》（以下简称联合开发合同）及《联合开发建设鞋都工业园商住小区包销协议》（以下简称包销协议），并未涉及土地使用权转让事宜。②奥康公司在合作开发过程中，除投入土地使用权外，还承担提供批复文件、办理相关手续、协调落实优惠政策、参与项目监督、审查签署项目对外文件等多项责任。截至2007年年底双方解除合同为止，奥康公司为项目支付的费用达4000余万元。③奥康公司委托碧波公司包销其所应分得的18,000平方米住房，与是否承担合作开发房地产项目风险事项无关。由于奥康公司与碧波公司合作开发房地产项目是以奥康公司的名义进行，奥康公司对外仍然要依法承担项目的全部责任。(2)二审法院委托鉴定机构作出的鉴定结论，程序违法，不应作为认定事实的根据。①二审法院不应重新进行鉴定。②二审鉴定程序违法，剥夺了当事人对鉴定机构的选择权。③鉴定内容不全面，不足以确认或者排除《领款单》的真实性。④二审判决依据二审鉴定结论推定陈全、皮治勇尚未收回投资款缺乏证据证明。(3)根据合同相对性原则，陈全、皮治勇不是奥康公司与碧波公司之间的《关于解除“联合开发奥康住宅小区合同”及“包销协议”的协议》（以下简称解除协议）的签约人和权利义务人，二审判决依据解除协议认定陈全、皮治勇权益受到侵害，没有法律依据。(4)二审判决认定碧波公司与奥康公司存在恶意串通行为,缺乏证据证明。①恶意串通以明知或应知侵害第三人利益为构成要件,奥康公司在签订解除协议时,不知道陈全、皮治勇与夏昌均之间存在《股东合作协议》。即使知道陈全、皮治勇与夏昌均之间的合伙关系,基于时间在先的《领款单》,奥康公司有理由相信该合伙关系已经解除,其与碧波公司签订解除协议,不构成恶意串通。②二审判决以解除协议签订时重庆市商品房销售总体上“呈现出量价齐涨”的态势为由,认定碧波公司和奥康公司签订解除协议明显违背商业规律不能成立。③二审判决认为奥康公司支付300万元违约金,碧波公司与奥康公司解除合同时未对债务进行清理与常理不符,没有事实依据。④二审判决认为解除协议签订后,夏昌均仍在主持项目工作,与合同解除应当导致的后果明显相悖没有事实依据。在解除协议履行之后,基于夏昌均本人对该房地产开发项目的熟悉。奥康公司聘请夏昌均作为项目负责人之一,继续主持项目工作。(5)本案当事人不适格。在合伙纠纷中,奥康公司不是适格被告。在碧波公司与奥康公司合作开发房地产纠纷诉讼中,陈全、皮治勇不是合同关系当事人,不是适格原告。皮治勇不是碧波公司股东,也无权提出股东派生诉讼。综上,依据《民事诉讼法》第179条第1款第2项、第6项的规定申请再审。

陈全、皮治勇提交书面意见认为:(1)二审判决认定碧波公司与奥康公司之间的法律关系属土地使用权转让关系是正确的。①根据《最高人民法院关于审理涉及国有土地使用权合同案件适用法律问题的解释》第14条、第24条的规定,碧波公司与奥康公司签订的联合开发合同和包销协议约定奥康公司取得固定的“房屋包销款”1980万元,属于名为联建实为土地转让合同的情形。②碧波公司、夏昌均、奥康公司称奥康公司为项目支付费用达4000余万元没有证据证明。(2)二审法院委托鉴定机构作出的鉴定结论合法,但鉴定对象《领款单》并非本案的关键证据。①二审法院决定重新鉴定是正确的。二审鉴定机构是双方协商一致的结果。②鉴定对象《领款单》是孤证,碧波公司没有举出退投资款的资金来源及退款渠道方面的证据。③《领款单》与本案其他证据矛盾。④《领款单》仅能证明夏昌均、陈全、皮治勇于2006年12月26日退回了投资款,不能以退投资款为由推定三人解除了《股东合作协议》。(3)夏昌钧、奥康公司恶意串通事实清楚。碧波公司和奥康公司并无资金投入,奥康公司明知夏昌均、陈全、皮治勇三人是项目的实际投资人和控制人而与碧波公司签订解除协议,损害了陈全、皮治勇的权益。在碧波公司与奥康公司签订解除协议前,项目已进入投资回报期,此时签订解除协议不合常理。合同解除后,夏昌均仍然是项目的实际控制人。(4)本案不存在当事人不适格的问题。碧波公司、夏昌均、奥康公司的再审申请缺乏事实与法律依据,请求予以驳回。

最高人民法院认为:

1. 关于碧波公司和奥康公司之间法律关系的性质。2006年8月29日,奥康公司与碧波公司签订了联合开发合同书及包销协议，核心内容是：奥康公司与碧波公司联合开发鞋都工业园配套住宅小区，奥康公司以土地作为联合开发的投入，碧波公司负责投入该项目所需的建设资金；奥康公司不参与此项目建设和营销的具体日常事务；此项目独立建账，独立核算，由碧波公司负责日常管理，与奥康公司与碧波公司双方其他任何业务分离，奥康公司与碧波公司双方的其他任何债权和债务与本项目无关；奥康公司分得此项目房屋建筑面积18,000平方米住房，其余联合开发项目的资产全部归碧波公司所有；奥康公司将在联合开发合同中所分得的18,000平方米住房进行作价，总价为1980万元委托碧波公司进行包销。2007年3月21日，奥康公司与碧波公司、夏昌均签订《补充协议》，约定：成立以奥康公司名义的项目部，该项目部单独建账，独立核算；奥康公司雕刻"奥康·碧波水岸项目部"和"奥康·碧波水岸项目部财务章"两枚印章，用于该项目的一切活动。该印章由碧波公司、夏昌均掌管，盖有此章的所有文件的一切经济与法律责任由碧波公司、夏昌均承担。该协议第4条还约定，碧波公司和夏昌均连带承担以奥康公司名义实施开发过程中产生的所有责任和费用，给奥康公司造成的损失由碧波公司和夏昌均承担连带赔偿责任。上述约定表明，奥康公司在与碧波公司联合开发过程中的主要义务是提供土地并办理相关手续，所分配的利益是18,000平方米住房的包销款1980万元，不承担经营风险，符合《最高人民法院关于审理涉及国有土地使用权合同纠纷案件适用法律问题的解释》第24条关于"合作开发房地产合同约定提供土地使用权的当事人不承担经营风险，只收取固定利益的，应当认定为土地使用权转让合同"的规定。奥康公司主张其为项目支付了4000余万元的费用，并提供了其向建筑公司支付工程款等部分单据复印件。最高人民法院认为，由于整个项目是以奥康公司名义开发，对外支付工程款也应是以奥康公司名义，且奥康公司举示的大部分票据复印件的日期为2008年、2009年，而本案解除协议签订于2007年12月28日，在本院审查程序中不足以证明奥康公司关于其在与碧波公司合作期间投入资金4000余万元的主张。奥康公司主张由于项目是以其名义进行开发，因此其对外要依法承担此项目的全部责任。本院认为，根据《补充协议》的约定，项目部虽以奥康公司名义成立，但单独建账、独立核算，项目部经营活动的一切经济与法律责任由碧波公司、夏昌均承担。即使奥康公司对外承担了项目经营活动的责任，其仍可以要求碧波公司和夏昌均对于奥康公司的损失承担连带赔偿责任，因此，二审判决认定奥康公司不承担经营风险并无不当。综上，碧波公司、夏昌均、奥康公司关于二审判决将奥康公司和碧波公司之间的法律关系认定为土地使用权转让合同缺乏事实根据和法律依据的主张不能成立。

2. 二审法院委托鉴定机构所作的鉴定结论是否应予采信，《领款单》是否足以证明夏昌均、陈全、皮治勇三人合伙关系已经解散。(1)二审法院决定重新鉴定是否正确。经审阅卷宗,一审法院《选定鉴定机构情况表》载明,当事人选择机构情况为“协商”,选择结果为重庆法正司法鉴定所,当事人签名处为碧波公司代理人陈兵和夏昌均代理人廖东锋二人签名,确无陈全、皮治勇或其代理人签名。在约定协商选定鉴定机构的情况下只有一方当事人签名,而无另一方当事人签名,构成鉴定程序违法,所作鉴定结论不能作为认定案件事实的证据,二审法院决定重新鉴定并无不当。(2)二审法院委托鉴定的程序是否合法。经审阅卷宗,2009 年 6 月 30 日笔录载明,二审法院司法鉴定处工作人员告知当事人能够做笔迹形成时间鉴定的机构有公安部鉴定机构和西南政法大学司法鉴定中心两家鉴定机构。2009 年 7 月 2 日笔录载明,二审法院司法鉴定处工作人员告知双方当事人:“今天来摇个顺序,如果第一顺序的不行,就第二家。”当事人均表示同意,当天摇号确定的是公安部鉴定机构。2009 年 7 月 20 日笔录载明,二审法院司法鉴定处工作人员告知当事人选定的公安部鉴定机构没有鉴定资质,各方当事人同意去西南政法大学司法鉴定中心了解能否做笔迹形成时间鉴定。2009 年 7 月 21 日“重庆市高级人民法院选鉴定机构笔录”载明,二审法院司法鉴定处工作人员询问当事人是否同意选定西南政法大学司法鉴定中心为鉴定机构,各方当事人均表示同意并签字确认。根据上述笔录记载的情况,尽管选择鉴定机构过程中各方当事人曾有争议,但最终一致同意选择西南政法大学司法鉴定中心进行鉴定,因此,碧波公司、夏昌均、奥康公司关于二审法院选定鉴定机构的程序违法,实际上剥夺了当事人对鉴定机构的选择权的主张难以成立,最高人民法院不予采纳。(3)二审法院委托鉴定的范围是否足以排除《领款单》真实性。二审法院委托鉴定的范围是:①领款单 1、2 中的手写字迹是否直接书写形成;②领款单 1 上领款人署名“皮治勇”字迹是否皮治勇书写;③领款单 2 上领款人署名“陈全”字迹是否陈全书写;④领款人署名“皮治勇”“陈全”的书写形成时间。上述鉴定范围虽然未包含领款单上“原因或用途”“金额”两栏中所书写的“收回投资款”及对应的金额大小写以及两张《领款单》右上角“陈全”字样的确认签字及日期,但是对于《领款单》而言,最主要的是对“领款人”栏目签名真伪的鉴定,是否鉴定其他部分对于确认《领款单》的真伪不具有根本性影响。因此,碧波公司、夏昌均、奥康公司关于司法鉴定内容不全面,不足以确定或排除《领款单》真实性的主张难以成立,本院不予采纳。因碧波公司、夏昌均、奥康公司未能提供充分证据证明二审法院委托作出的鉴定结论存在需要重新鉴定的情形,二审法院未予准许其重新鉴定的申请,并无不当。(4)《领款单》是否足以证明夏昌均、陈全、皮治勇的合伙关系已经解散。两份《领款单》上载明“收回投资款”的金额分别为 150 万元和 365 万元,共达 515 万元。作为付款单位的碧波公司未提供付款证据证明其确已将 515 万元的投资款退还陈全、皮治勇二人,因此,仅凭《领款单》这一证据难以证明陈全、皮治勇二人的投资款已经实际退回。夏昌均、陈全、皮治勇三人成立合伙时签订有《股东合作协议》,对于项目基本情况、合作方式、股份划分、出资时间、项目管理、盈利分配和风险承担等事项进行了详细约定,若三人协商解散合伙,亦应有相应的解散合伙以及清理合伙债权债务、分配合伙盈利的证据,现仅依据《领款单》主张三人合伙关系已经解散证据不足。因此,即使《领款单》上的领款人签字以及右上角的“陈全”签名确系陈全、皮治勇二人书写,且陈全、皮治勇已经实际收回投资款,也难以形成充分证据证明夏昌均、陈全、皮治勇三人的合伙关系已经解散。

3. 二审判决认定碧波公司和奥康公司签订解除协议侵害了陈全、皮治勇的权益是否正确。本案的基本法律关系是,夏昌均、陈全、皮治勇三人投资给碧波公司,由碧波公司与奥康公司签订联合开发合同进行项目开发。在三人合伙关系存续的前提下,陈全、皮治勇可以基于投资行为向碧波公司主张项目利润的收益权。碧波公司与奥康公司签订解除协议后,项目收益归属奥康公司。因陈全、皮治勇与奥康公司没有投资关系,二人无法向奥康公司主张项目收益。因此,二审法院认为碧波公司和奥康公司签订解除协议的行为侵害了陈全、皮治勇二人的权益并无不当。判断解除协议是否侵害陈全、皮治勇的权益是侵权行为是否成立的问题,不涉及合同相对性原则,碧波公司、夏昌均、奥康公司根据合同相对性原则认为二审判决认定陈全、皮治勇权益受到侵害没有法律依据的主张不能成立。

4. 二审判决认定奥康公司和碧波公司之间存在恶意串通是否有充分证据证明。(1)关于奥康公司是否明知或应知解除协议侵害陈全、皮治勇权益的问题。构成恶意串通确需行为人明知或应知该行为侵害国家、集体、第三人利益,即行为人主观上具有恶意。而判断行为人主观上是否有恶意则需结合具体案情予以综合评判。本案二审判决根据奥康公司与碧波公司签订解除协议当时和之后的具体情况,结合《股东合作协议》、联合开发合同及包销协议的约定和履行情况,综合评判奥康公司和碧波公司是否构成恶意串通,证明方法并无不当。(2)根据查明的事实,在碧波公司与奥康公司2007年12月28日签订解除协议时,该项目已有部分房屋竣工,绝大部分房屋已取得预售许可证,在即将取得项目预期利润时,碧波公司与奥康公司签订解除协议,仅由奥康公司支付300万元违约金,将项目归属于奥康公司,缺乏解除合同的合理理由,确属明显违背商业规律,二审判决这一认定并无不当。(3)联合开发合同和包销协议的性质为土地使用权转让合同,奥康公司已将土地实际交与碧波公司开发,履行了合同主要义务,没有明显违约行为,而解除协议约定由奥康公司支付碧波公司300万元违约金,确与履约事实以及常理不符,二审判决这一认定并无不当。(4)根据查明的事实,解除协议签订后,夏昌均仍在全面负责该项目。现奥康公司主张夏昌均是受奥康公司聘请作为项目负责人,但基于夏昌均系碧波公司法定代表人和合伙人之一的特殊身份,奥康公司的这一主张不足以推翻二审判决关于奥康公司与夏昌均在解除协议签订后实施的行为,与合同解除应当导致的后果明显相悖的认定。综上，碧波公司、夏昌均、奥康公司认为碧波公司和奥康公司不存在恶意串通所依据的理由和证据，不足以推翻二审判决关于碧波公司与奥康公司存在恶意串通的认定，该项主张不能成立。

5. 本案是否存在当事人不适格的问题。本案系陈全、皮治勇以碧波公司和奥康公司签订的解除协议侵犯其权益为由诉请确认解除协议无效，诉讼标的为侵权法律关系，不涉及合同相对性原则，与二人是否系联合开发合同及解除协议的当事人无关。陈全、皮治勇为本案侵权法律关系的一方主体，符合《民事诉讼法》第 108 条第 1 款第 2 项规定的"原告与本案有直接利害关系"的起诉条件，是本案适格的原告。奥康公司亦是侵权法律关系的一方主体，是本案适格的被告。碧波公司、夏昌均、奥康公司认为本案当事人不适格的主张不能成立。

综上，碧波公司、夏昌均、奥康公司的再审申请不符合《民事诉讼法》第 179 条第 1 款第 2 项、第 6 项规定的情形，依照《民事诉讼法》第 181 条第 1 款的规定，裁定如下：

驳回重庆碧波房地产开发有限公司、夏昌均、重庆奥康置业有限公司的再审申请。

［参见《陈全、皮治勇诉重庆碧波房地产开发有限公司、夏昌均、重庆奥康置业有限公司合同纠纷案》，载《最高人民法院公报》2010 年第 10 期（总第 168 期）。］

004. 当事人约定以特定房屋作为收益分配的房地产合同性质应如何认定？

【典型案例】

袁某等与随州烟草公司等合作开发房地产合同纠纷再审案

【裁判要点】

一方当事人以土地使用权及地上房屋作为出资与他人合作进行房地产开发，明确约定以特定房屋作为收益分配，如果该合作开发又具有政府规划的强制性和必然性，那么该合作开发房地产合同应认定为关于特定房屋的一般互易合同，其实质是以所有权调换为补偿方式的拆迁补偿安置协议。故本案中，尽管类似拆迁人地位的东城建设公司违约将补偿安置房屋另行出卖给袁某等 8 位第三人，但根据《关于审理商品房买卖合同纠纷案件适用法律若干问题的解释》第 7 条的规定，具有类似被拆迁人地位的随州烟草公司请求优先取得讼争房屋的,人民法院应予支持。

案号:(2007)随民初字第15号;(2008)鄂民一终字第88号;(2009)民提字第78号。

申请再审人(一审第三人、二审上诉人):袁某等8人。

被申请人(一审原告、二审被上诉人):随州烟草公司。

被申请人(一审被告、二审被上诉人):东城建设公司。

2003年5月20日,随州烟草公司(甲方)与东城建设公司(乙方)签订土地转让开发协议书,主要内容为:“经甲、乙双方协商,拟对位于交通大道东侧、火车站北边的甲方土地及房屋进行转让开发。一、甲方原有土地位于交通大道东侧、火车站北边现有房屋10间及土地,产权现属甲方。二、甲方将现有土地、房屋转让给乙方开发,并提供土地、房产手续。土地转让手续由乙方办理,土地出让金等相关费用由乙方负担。三、乙方负责房屋开发建设,并承担一切费用(含办理手续、建房、配套工程等)。四、乙方以还房方式补偿甲方土地转让费,按占地面积还房,还房比例为1:1.3。房屋建成后,一楼门面偿还甲方,还房不足面积的用二楼房补还甲方。占地面积按底层实际建筑面积计,还房面积按实际建筑面积计……八、还房给甲方的房屋产权证由乙方办理,并承担一切费用(含契税)。乙方还房时间不迟于2003年12月31日,乙方房产证办好时间不迟于2004年5月1日(土地转让时间推迟,还房时间顺延,人力不可抗拒因素除外)。九、土地转让后的土地证暂由甲方保管,作为乙方的信用抵押,乙方履行完合同后,归还乙方。乙方违约,甲方有权对土地证(土地)另行作价转让。十、甲方承诺,该土地定向乙方开发(除国家强制政策外),土地转让手续及费用由乙方办理、负担。十一、政策或其他因素变化造成的盈亏,均由乙方负责,甲方不承担责任。”2003年5月28日,随州烟草公司(甲方)与东城建设公司(乙方)就上述协议到随州烈山公证处办理了公证。

2003年5月29日,随州烟草公司与东城建设公司在上述协议的基础上签订的补充协议,内容为:依据双方签订土地转让开发协议书,双方经协商、测算,共同约定:“一、乙方归还所有底层门面房。二、二层归还70平方米的建筑。三、若房屋结构和面积有重大变更,二层还房面积则另据实测算,底层归还甲方不变。”2003年6月5日,东城建设公司委托随州永盛评估咨询有限公司对协议约定转让的土地进行估价,评估价值为29.51万元。2003年8月11日,东城建设公司将协议约定的土地使用权办理了过户手续。2003年10月28日,经有关行政管理部门许可东城建设公司开工建设,并于2004年10月10日竣工验收。2004年10月20日,随州烟草公司向东城建设公司发函要求履行协议,次日东城建设公司复函,主要内容为:由于办理施工手续和周边房屋赔偿等,工程延至2003年12月才动工,至今仍未竣工。请求随州烟草公司将该土地按市场价转让给东城建设公司,以减少经济损失。2002年7月2日,东城建设公司取得房地产开发企业资质证书,资质等级为四级;2003年9月16日,取得建设工程规划许可证;2003年10月28日,取得建设工程施工许可证;2004年6月23日,取得商品房预售许可证。在烟草公司不知情的情况下,东城建设公司于2004年9月20日与袁某等8人签订购房合同,在袁某等8人交纳了大部分购房款后,东城建设公司将房屋交付袁某等8人占有、使用,但未办理产权变更登记手续。

【审判】

湖北省随州市中级人民法院经审理认为,随州烟草公司与东城建设公司签订的土地转让开发协议书及补充协议书均为有效合同。合同的主要内容是东城建设公司以还房方式补偿随州烟草公司土地使用权转让费,合同的性质实际为土地使用权转让合同。合同订立之后,随州烟草公司依约履行了办理土地使用权变更登记手续等合同义务,东城建设公司应当在房屋建设竣工、取得对建设房屋的所有权后,按照合同约定的日期履行交房义务,办理房屋的初始登记,为随州烟草公司办理房屋权属证书,以补偿随州烟草公司转让的土地使用权。东城建设公司违反诚实信用原则,将房屋另行出售给袁某等8人,应当向随州烟草公司承担违约责任。袁某等8人在与东城建设公司签订商品房买卖合同时,诉争房屋尚未被法院查封,袁某等8人对于随州烟草公司的在先权利无从知晓,故袁某等8人的购房行为和合同备案行为均是善意。东城建设公司在未履行与随州烟草公司的协议之前,房屋仍属东城建设公司所有,故袁某等8人与东城建设公司签订的商品房买卖合同属有效合同。本案中,随州烟草公司、袁某等8人均与东城建设公司订立有合同,并都按照合同先行履行了合同主要义务,均对东城建设公司享有移转房屋所有权的请求权,故本案焦点在于随州烟草公司和袁某等8人哪一方的权利得以优先保护。

袁某等8人虽已实际占有本案诉争房屋,但尚未办理房屋产权变更登记,未取得房屋所有权,不能对抗随州烟草公司的在先权利,随州烟草公司的请求权应当予以优先保护。对随州烟草公司要求东城建设公司按照双方合同约定的条件尽快交付房屋的诉讼请求,一审法院予以支持。东城建设公司违反诚实信用原则,在随州烟草公司已有在先请求权的情况下,仍将房屋另行转让给善意第三人,造成袁某等8人签订房屋买卖合同的目的无法实现,应当向袁某等8人承担违约责任,对此袁某等8人可通过合法途径另行主张权利。遂判决:(1)东城建设公司于本判决生效之日起30日内将其开发的位于随州市交通大道东侧、火车站北边商品房一楼门面房及二楼70平方米的房屋返还随州烟草公司;(2)驳回随州烟草公司要求东城建设公司赔偿延期交房给其造成经济损失的诉讼请求;(3)第三人袁某等8人与东城建设公司签订的商品房买卖合同为有效合同;(4)驳回第三人袁某等8人要求确认对所购房屋享有所有权的诉讼请求。

宣判后,袁某等8人不服一审判决,向湖北省高级人民法院提起上诉。

湖北省高级人民法院经审理认为:袁某等8人作为有独立请求权的第三人有权参加诉讼,行使诉权,但对本案所涉房屋提出的主张,因与法律规定相悖,不具有胜诉权。一审法院判决驳回其诉讼请求并无不当,其上诉理由不能成立,依法不予支持。一审判决认定事实清楚,适用法律正确,遂判决:驳回上诉,维持原判。

袁某等8人再审申请称:原审判决认定事实不清,适用法律不当,依据《民事诉讼法》第179条第1款第2项、第6项的规定,请求再审本案。(1)原审判决认定随州烟草公司与东城建设公司之间是土地使用权转让关系缺乏证据证明,认定袁某等8人作为商品房买受人不能对抗随州烟草公司先取得的合同权利是错误的;(2)原审判决违反了《最高人民法院关于建设工程价款优先受偿权问题的批复》(以下简称《批复》)第1条、第2条规定的精神,随州烟草公司的合同权利虽然取得在先,但不能对抗袁某等8人作为商品房买受人的权利;(3)原审判决不予合并审理袁某等8人提出的诉讼请求,明显违反法律程序;(4)袁某等8人对东城建设公司享有的债权应优先于随州烟草公司的债权得到保护。

最高人民法院经再审认为,随州烟草公司与东城建设公司签订的土地转让开发协议书及补充协议,属合作开发房地产合同,具有按照所有权调换形式订立的拆迁补偿安置协议的性质。根据《最高人民法院关于审理商品房买卖合同纠纷案件适用法律若干问题的解释》第7条的规定,当类似拆迁人地位的东城建设公司违约将补偿安置房屋另行出卖给袁某等8位第三人时,具有类似被拆迁人地位的随州烟草公司应当优先取得讼争房屋。本案中,袁某等8人购买的是商业用房,《批复》第1条、第2条的规定,意在保护自住商品房买受人的权利,而且该批复是专门针对工程价款优先受偿权的,不适用于本案。本案中,东城建设公司恶意违约,将本应交付随州烟草公司的房屋出卖给袁某等8人,才导致诉讼发生。袁某等8人有权基于法律及相关司法解释的规定另行起诉东城建设公司,要求其返还购房款及利息、并赔偿损失。综上,袁某等8人向东城建设公司购买房屋的行为不能对抗随州烟草公司依据土地转让开发协议书的约定要求东城建设公司交付房屋的行为,其再审理由不成立,应予驳回。遂判决:维持湖北省高级人民法院(2008)鄂民一终字第88号民事判决。

[参见姚宝华、冯小光:《袁某等与随州烟草公司等合作开发房地产合同纠纷再审案——约定以特定房屋作为收益分配的地产合同性质认定》,载《人民司法·案例》2010年第8期。]

005. 当事人之间签订“提供国有土地使用权的一方只收取固定收益，不承担任何经营风险”的合作开发房地产合同，该合同的性质如何认定？

【典型案例】

中国科学院植物研究所、北京中植梦绿生物新技术公司与华纺房地产开发公司、北京首都创业集团有限公司、万锐投资有限公司、北京万创华房地产有限公司合资、合作开发房地产合同纠纷上诉案

【裁判要点】

《最高人民法院关于审理涉及国有土地使用权合同纠纷案件适用法律问题的解释》第 24 条规定：“合作开发房地产合同约定提供土地使用权的当事人不承担经营风险，只收取固定利益的，应当认定为土地使用权转让合同。”据此，当事人之间签订的“提供国有土地使用权的一方只收取固定收益，不承担任何经营风险”的合作开发房地产合同，虽然名为房地产合作开发合同，但由于一方当事人只收取利益，不承担开发风险，本质上仍为土地使用权转让合同，故该合同的性质应认定为国有土地使用权转让合同。根据《最高人民法院关于审理涉及国有土地使用权合同纠纷案件适用法律问题的解释》第 11 条之规定，土地使用权人未经有批准权的人民政府批准，与受让方订立合同转让划拨土地使用权的，应当认定合同无效。所以，当事人之间签订的划拨土地使用权转让合同，若未经政府批准，该合同无效。

上诉人（原审原告、反诉被告）：中国科学院植物研究所（以下简称中植研究所）。

上诉人（原审原告、反诉被告）：北京中植梦绿生物新技术公司（以下简称中植公司）。

被上诉人（原审被告、反诉原告）：华纺房地产开发公司（以下简称华纺公司）。

被上诉人（原审被告、反诉原告）：北京首都创业集团有限公司（以下简称首创公司）。

被上诉人（原审被告、反诉原告）：万锐投资有限公司（以下简称万锐公司）。

被上诉人（原审被告、反诉原告）：北京万创华房地产有限公司（以下简称万创

华公司)。

一、北京市高级人民法院查明的事实

北京市高级人民法院一审经审理查明,位于北京市西城区西直门外大街141号院旧址房产归属于中国科学院,由中植研究所实际占有使用。土地的性质属于国有划拨土地。1997年11月27日,经有关部门批准,中植研究所与华纺公司、首创公司、万锐公司就开发上述141号院旧址房地产项目签订《合作合同书》,四方就共同合作开发作出意向性约定。1998年3月,中植研究所授权中植公司与华纺公司、首创公司、万锐公司就具体开发建设上述地块签订《合作合同》。该合同第9条约定:"甲方(中植公司)提供的合作条件为:负责为合作公司腾空坐落于北京市西直门外大街141号的开发建设用地。乙方(华纺公司)和丙方(首创公司)、丁方(万锐公司)为合作公司提供全部建设经营管理所需资金。前期资金包括土地地上物拆迁费、其他补偿费及相关税费等。"第13条约定:"乙方和丙方、丁方所应负担第11条、第12条之资金的比例分别为40%、30%和30%。"上述合同第28条还就合作四方利益分配及实现办法作出明确约定:"(1)甲方应获得的搬迁补偿费和其他补偿费共计1.5亿元人民币;(2)合作公司营业执照下发之日起十日内,由乙、丙、丁三方按第13条比例向甲方支付3000万元人民币;(3)合作公司营业执照下发之日起三个月内,乙、丙、丁三方按第13条比例向甲方支付3000万元人民币;(4)1998年10月底前,合作公司支付甲方补偿费3000万元;(5)1999年5月底前,合作公司向甲方支付补偿费3000万元;(6)余款3000万元由合作公司于1999年12月底前支付完毕。乙方和丙方、丁方获得利益,原则上应与所建物业销售完毕并缴清应缴税费后的三个月内结清并分配;若有物业销售以外的其他方式(如物业租赁、物业管理)而产生的利润,应在合作公司每个会计年度后三个月内分配。"合同第18条约定,甲方责任:"协助合作公司办理开发建设的有关手续。"第19条约定:"乙方、丙方及丁方负责开发建设项目的立项和合作公司须向有关部门办理的申报审批手续、登记和领取证照;负责合作公司开发建设项目的规划、设计、施工监督、经营和管理。"四方在该《合作合同》第52条、第53条、第54条中对逾期付款及逾期交房的违约责任亦进行了约定:若乙、丙、丁三方逾期付款,每迟付一个月,向甲方支付该款项1%的违约金。该《合作合同》第51条还约定:"乙、丙、丁三方中任何一方未按第13条规定比例按时间向甲方支付第二十八条第3款项的数额,若逾期一个月仍未支付,则其他两方均有权提出与未付款方终止合同,未付款方已付甲方款项不退还,其所占股份按第13条比例由其他两家投资方优先购买。甲方有权与违约方终止合同。"上述合同签订后,华纺公司、首创公司、万锐公司分别向中植研究所支付了1200万元、900万元、900万元转让金,尚有12,000万元未支付。

1998年4月,经政府有关部门批准,四方成立了万创华公司,并以万创华公司名义申请立项，立项名称为万创华大厦。1998 年4 月21 日，中植研究所将141 号地块交予万创华公司，双方同时签订了《物业移交协议书》。随后，中植研究所退出141 号院，该141 号院地块自1998 年4 月由万创华公司占有使用。在使用期间，万创华公司委托北京万创华恒泰物业管理有限公司对上述地块进行管理使用。北京万创华恒泰物业管理有限公司将部分房屋出租用于经营，部分房屋由北京万创华恒泰物业管理有限公司及万创华公司办公自用。由于双方对交付场地面积存有争议，场地内存在文物旧址及规划变动等原因，双方合作的项目未得到政府的批准。2006 年，万创华公司将大部分房屋交还给中植研究所。在一审审理期间，万创华公司提供了由北京万创华恒泰物业管理有限公司单方委托的北京上元道和税务律师事务所有限公司出具的企业所得税汇算清缴鉴证报告及自1998 年至今的收入及支出情况专项报告。上述证据显示，万创华公司在使用141 号院期间，财务情况属于收支平衡，没有赢利。对上述证据，中植研究所、中植公司不予认可，表示依据万创华公司出租房屋的情况分析，万创华公司在近十年间获利3000 万元左右。但未就其主张提供证据予以证明。1998 年2 月18 日及5 月7 日，规划局下达的《修改设计方案通知书》显示，中植研究所根据合同提供的15,000 平方米规划用地中将有约6000 平方米为公共绿地和2500 平方米的市政代征地。1999 年4 月16 日，北京市西城区文化文物局工作人员实施第三次文物普查，来到141 号地块调查广善寺状况。1999 年4 月29 日，北京市西城区文化文物局工作人员再次前来查看广善寺，强调文物部门没有定论前不得擅自拆动广善寺内古建筑。1999 年7 月29 日，北京市西城区文化文物局向中植研究所出具《关于原址保护广善寺古建筑的意见函》（西文物字〔1999〕51 号），告知：由中植研究所使用的广善寺古建筑系北京市第三次文物普查登记项目。经鉴定，该佛教寺院具有一定的历史文物价值，拟公布为文物保护单位，应予原址保护。广善寺占地面积约3400 平方米。由于广善寺的问题不能解决，双方经过多次交涉未果。2006 年9 月、10 月和2007 年1 月，中植研究所委托律师致函华纺公司、首创公司、万锐公司，要求解除双方签订的合同，返还房屋和土地，索要逾期违约金。华纺公司、首创公司、万锐公司不予认可。一审审理期间，经一审法院询问，中植研究所、中植公司和华纺公司、首创公司、万锐公司均表示同意不再履行双方签订的《合作合同》。

在一审审理期间，经现场勘查，广善寺占据141 号院内中间地段，大部分房屋属于危房，部分房屋已经倒塌。出租的房屋只有少部分进行经营，大部分处于歇业状态。北京市西城区文化文物局的批示中已经明确表示，广善寺不能异地建设，必须原址改建。

二、当事人一审起诉与答辩

2008 年9 月10 日，中植研究所、中植公司起诉称：1997 年11 月27 日，经有关部门批准,中植研究所与华纺公司、首创公司、万锐公司就开发位于北京市西城区西直门外大街141号院旧址房地产项目签订《合作合同书》,四方就共同合作开发上述地块作出意向性约定。1998年3月,中植公司与华纺公司、首创公司、万锐公司就具体开发建设上述地块签订《合作合同》。该合同约定:甲方中植公司负责为合作公司提供并腾空坐落于北京市西直门外大街141号的开发建设用地。乙方华纺公司和丙方首创公司、丁方万锐公司为合作公司提供全部建设经营管理所需资金。前期资金包括土地地上物拆迁费、其他补偿费及相关税费等,乙方和丙方、丁方所应负担合同第11条、第12条之资金的比例分别为40%、30%和30%,上述合同还就合作四方利益分配及实现办法、对逾期付款及逾期交房的违约责任等亦进行了约定。上述合同签订后,经政府有关部门批准,四方成立了万创华公司。1998年4月21日,四方签署《物业移交协议书》,约定由中植研究所将北京市西城区西直门外大街141号房屋、土地及基础设施及相关文件资料全部移交由乙方、丙方和丁方负责管理的万创华公司。上述合同生效后,乙方、丙方和丁方除支付第一笔3000万元搬迁补偿费外,尚欠12,000万元至今未付。由于乙方、丙方和丁方逾期付款的违约行为已给中植研究所、中植公司搬迁安置、新址建设、办公和科研等活动造成重大影响和经济损失,导致该合同已无法继续履行。故请求法院判决首创公司、华纺公司、万锐公司返还北京市西城区西直门外大街141号院全部房屋及土地;并判令首创公司、华纺公司、万锐公司偿付逾期付款损失12,500万元;诉讼费由首创公司、华纺公司、万锐公司负担。

首创公司辩称:其已按照合同约定支付了第一笔补偿款。依照双方合同的约定,第二笔补偿款3000万元应当是在营业执照下发后的3个月内支付,后面几笔付款是万创华公司的义务,和其没有关系。因为中植研究所没有向其提交合同约定的材料,交付的土地面积不够,且开发的地块上还有一块属于国家文物,不符合合同要求。中植研究所、中植公司的起诉没有事实及法律依据,请求法院依法驳回中植研究所、中植公司的诉讼请求。同时提出反诉称:1998年3月,其与华纺公司、万锐公司及经中植研究所授权并代表中植研究所的中植公司签订《合作合同》,成立了万创华公司。依据合同约定中植研究所负责为万创华公司提供可供规划用地,面积不少于15,000平方米。中植研究所在履行合同过程中未按约定将所有房产权属文件移交,影响了项目的进展。万创华公司成立后,发现中植研究所提供开发建设的项目用地面积不足,致使合同中关于万创华公司建设规模60,000平方米以上的约定无法实现。1998年4月16日,北京市西城区文化文物局工作人员实施第三次文物普查,来到西外大街141号地块调查古建筑(广善寺)状况。1999年7月29日,北京市西城区文化文物局向中植研究所出具《关于原址保护广善寺古建筑的意见函》(西文物字〔1999〕51号),告知:由中植研究所使用的广善寺古建筑系北京市第三次文物普查登记项目。经鉴定,该佛教寺院具有一定的历史文物价值,拟公布为文物保护单位,应予原址保护。广善寺在141号地块中占地面积约3400平方米,由于其已被认定为文物,在其位置进行项目开发已无可能,故合同目的已无法实现。中植研究所未按照合同约定履行义务,构成违约,给其造成巨额经济损失,中植研究所应当承担违约责任。为此,请求判令解除双方于1998年3月签订的《合作合同》;判令中植研究所、中植公司返还其支付的人民币900万元及赔偿损失人民币667.503万元;反诉费由中植研究所、中植公司负担。

华纺公司的答辩意见及反诉理由与首创公司相同,其反诉请求为:判令解除双方于1998年3月签订的《合作合同》;中植研究所、中植公司返还其支付的款项1200万元及赔偿损失890.004万元,反诉费由中植研究所、中植公司负担。

万锐公司的答辩意见及反诉理由与首创公司相同,其反诉请求为:判令解除双方于1998年3月签订的《合作合同》;中植研究所、中植公司返还其支付的款项900万元及赔偿损失667.503万元,反诉费由中植研究所、中植公司负担。

中植研究所、中植公司针对反诉辩称:同意解除合同;不同意首创公司、华纺公司、万锐公司返还前期款项及赔偿损失的反诉请求。理由为:首创公司、华纺公司、万锐公司作为具有专业房地产开发资质的公司,对项目的状况是了解的。中植研究所、中植公司的义务就是腾空141号院,中植研究所、中植公司已经履行。关于合作项目土地涉及的文物保护问题,在合同签订之前根本不存在,出现文物保护问题与中植研究所、中植公司无关,首创公司、华纺公司、万锐公司的反诉理由不能成立。依照合同约定,补偿费用不依合同面积、投资总额、经营亏损的情况而变化,中植研究所、中植公司已依约将141号地块交予万创华公司,万创华公司已将上述地块的房屋出租用于经营。因此,首创公司、华纺公司、万锐公司并未有任何损失,故不同意上述三公司的反诉请求。

在一审诉讼期间,中植研究所、中植公司申请追加万创华公司为本案的被告,要求万创华公司将涉案的141号地块返还给中植研究所、中植公司。

万创华公司辩称:中植研究所、中植公司追加其为被告理由不能成立,有关物业的纠纷应另案解决。由于涉案的土地没有过户到其名下,不能是返还,只能是腾退,因此不同意中植研究所、中植公司的诉讼请求。

三、北京市高级人民法院一审审理与认定

一审法院认为,依照《最高人民法院关于审理涉及国有土地使用权合同纠纷案件适用法律问题的解释》第24条的规定,合作开发房地产合同约定提供土地使用权的当事人不承担经营风险,只收取固定利益的,应当认定为土地使用权转让合同。中植公司与华纺公司、首创公司、万锐公司签订的《合作合同》,是以中植公司提供土地使用权,与华纺公司等企业进行房地产项目开发,中植公司一方获得

15,000万元补偿费,而华纺公司等企业获得项目开发利益为主要内容的。中植研究所、中植公司在合同履行过程中并不承担合作风险,只是收取固定的利益。故双方签订的合同性质应当认定为名为合作实为土地使用权转让。根据本案查明的事实,141 号地块属于国有划拨土地,至今该土地的性质没有改变。依据上述司法解释第 11 条的规定:“土地使用权人未经有批准权的人民政府批准,与受让方订立合同转让划拨土地使用权的,应当认定合同无效……”由于双方的合作是以转让国有划拨土地使用权为内容的,这种转让应经有批准权限的人民政府同意并经过土地使用权的出让程序,缴纳土地出让金后方可实施。双方通过协议转让划拨土地的使用权不符合法律和相关政策的规定,因此,双方所签订的《合作合同》应属无效。由于无效合同自始对当事人不具有约束力,中植研究所、中植公司主张首创公司、华纺公司、万锐公司违约,首创公司、华纺公司、万锐公司反诉请求解除合同均属不当,一审法院对双方的该部分请求不予支持。依照法律规定,合同无效或者被撤销后,因该合同取得的财产,应当予以返还;不能返还的或者没有必要返还的,应当折价补偿。有过错的一方应当赔偿对方因此所受到的损失,双方都有过错的,应当各自承担相应的责任。中植研究所作为 141 号地块的实际占有人,未经批准转让划拨性质的国有土地使用权,违反法律规定,是导致合同无效的主要原因。同时,由于 141 号地块内有文物原址,依照目前的状况,亦不具备进行房地产开发建设的条件,故中植研究所、中植公司对此应当承担主要责任,并应分别返还收取华纺公司、首创公司、万锐公司的补偿款。华纺公司、首创公司、万锐公司的该部分反诉请求,符合法律规定,一审法院予以支持。由于中植研究所、中植公司自 1998 年即占用华纺公司、首创公司、万锐公司 3000 万元的补偿款至今,考虑到中植研究所、中植公司的过错和责任,中植研究所及中植公司适当支付一定的资金占用费是合理的。对华纺公司、首创公司、万锐公司就此提出的部分反诉请求,一审法院酌量支持。华纺公司、首创公司、万锐公司作为具有一定资质的房地产开发和投资企业,对于 141 号地块的性质以及签订《合作合同》所应承担的经营风险应当有所了解和预见,故上述三公司对无效合同形成的后果亦应承担相应责任。故其要求按照中国人民银行规定的五年期贷款利率全额赔偿其损失的反诉请求,缺乏依据,一审法院不予支持。由于双方签订的合同无效,故中植研究所、中植公司请求万创华公司返还所占用的 141 号房产及土地的请求符合法律规定,一审法院予以支持。关于中植研究所、中植公司要求华纺公司、首创公司、万锐公司赔偿违约金 12,500 万元的请求,一审法院认为,合作合同被依法确认为无效,不存在违约的问题。中植研究所及中植公司主张赔偿违约金缺乏合法依据,一审法院不予支持。由于中植研究所、中植公司是导致合同无效的主要责任人,依照法律规定,其应当承担造成合同无效的相应后果。诉讼中,中植研究所、中植公司提出万创华公司接收 141 号院的房产后用于出租并获取租金收益主张分割，根据其一审提供的证据显示，万创华公司收取的租金主要用于支付万创华公司的日常开支，中植研究所、中植公司主张分割租金，缺乏依据和证据支持，故对其该项主张，一审法院亦不予支持。综上所述，依照《最高人民法院关于审理涉及国有土地使用权合同纠纷案件适用法律问题的解释》第 11 条、第 24 条和《合同法》第 58 条的规定，一审判决：(1)中植公司与华纺公司、首创公司、万锐公司于 1998 年 3 月签订的《合作合同》无效；(2)判决生效后 30 日内，万创华公司将位于北京市西城区西直门外大街 141 号院的房产及土地腾退并返还给中植研究所；(3)中植研究所、中植公司于判决生效后 30 日内返还华纺公司 1200 万元补偿款及 89 万元资金占用费；(4)中植研究所、中植公司于判决生效后 30 日内返还首创公司 900 万元补偿款及 66 万元资金占用费；(5)中植研究所、中植公司于判决生效后 30 日内返还万锐公司 900 万元补偿款及 66 万元资金占用费；(6)驳回中植研究所、中植公司其他诉讼请求；(7)驳回华纺公司、首创公司、万锐公司其他反诉请求。如未按判决指定的期限履行给付金钱的义务，应当按照《民事诉讼法》第 229 条之规定，加倍支付迟延履行期间的债务利息。案件受理费 716,800 元，由中植研究所、中植公司负担(已缴纳)。反诉费 189,000.28 元，由中植研究所、中植公司负担 10 万元，由华纺公司负担 29,666.76 元，由首创公司负担 29,666.76 元，由万锐公司负担 29,666.76 元。

四、当事人的上诉请求与答辩情况

中植研究所、中植公司上诉称：一审判决认定其是导致合同无效的主要原因并承担主要责任与事实相悖，双方的合作开发项目及合作方式业经政府有关部门审核批准，其对于合同无效并无过错；华纺公司、首创公司、万锐公司及万创华公司资金不到位且怠于办理土地有偿使用手续及缴纳土地出让金等费用，是导致合同现今无效的根本原因，应承担主要责任；一审判决判定华纺公司、首创公司、万锐公司及万创华公司可以无偿占用、使用、出租西直门外 141 号院房屋并获得收益，中植研究所、中植公司却需向其支付资金占用费，有失公允；一审判决认定事实不清、部分程序违反法律规定，适用法律不正确，一审在未经质证及审计核实的情况下，片面采信中植研究所、中植公司的单方委托报告，有悖客观事实。一审未告知当事人变更诉讼请求，且判决中植研究所、中植公司迟延履行处罚适用法律不正确。故请求撤销一审判决，依法改判。

华纺公司、首创公司、万锐公司、万创华公司答辩称，一审判决认定事实清楚，适用法律正确，应予维持。涉案合同效力始终未能补正的责任全部归于中植研究所、中植公司。涉案划拨地中存在文物，中植研究所、中植公司应早已知悉。其未向有批准权的政府批准是导致合同无效的原因。万创华公司所提交的所得税报告、专项报告全面、真实、客观地反映了万创华公司的收支情况，一审采信该证据符合法律规定。

五、最高人民法院二审查明的事实

最高人民法院二审查明，双方当事人所签订的《北京万创华房地产有限公司合同》第28条约定：(1)甲方获得建筑用地范围内现有建筑物的搬迁补偿费3000万元人民币；(2)甲方获得其他补偿费12,000万元人民币。以上补偿费不依物业的可建面积、投资总额、经营盈亏的变化而变化。最高人民法院二审查明的其他事实与一审查明的事实相同。

六、最高人民法院二审的认定与处理

最高人民法院二审认为，双方当事人争议的焦点为：双方所签订的涉案合同的性质与效力问题；一审是否事实清楚、适用法律正确。

关于双方所签订的涉案合同的性质与效力。双方当事人所签订的《北京万创华房地产有限公司合同》第28条约定：(1)甲方获得建筑用地范围内现有建筑物的搬迁补偿费叁仟万元人民币；(2)甲方获得其他补偿费壹亿贰仟万元人民币。以上补偿费不依物业的可建面积、投资总额、经营盈亏的变化而变化。从上述内容来看，双方当事人约定甲方只收取固定收益，不承担任何经营风险，依照《最高人民法院关于审理涉及国有土地使用权合同纠纷案件适用法律问题的解释》第24条的规定，双方所签订的合同应当认定为土地使用权转让合同。双方所转让的涉案土地使用权的地块性质为划拨用地，未经有批准权的人民政府批准，亦未缴纳土地出让金，依照《最高人民法院关于审理涉及国有土地使用权合同纠纷案件适用法律问题的解释》第11条的规定，“土地使用权人未经有批准权的人民政府批准，与受让方订立合同转让划拨土地使用权的，应当认定合同无效……”本案中双方当事人所签订的合同以转让国有划拨土地使用权为内容，且直至一审起诉前仍未经有批准权的人民政府批准，应当认定该合同无效。

关于一审是否事实清楚，适用法律正确的问题。合同的效力是法律问题而非事实问题，是法院依职权认定的内容，尽管双方均认为合同有效，法院亦可认定合同无效，这并不违反法定程序。对于该地块属于划拨用地的性质，涉案双方当事人在订立合同时均应明知，中植研究所、中植公司作为出让方明知涉案地块性质为划拨用地，仍对涉案土地使用权进行转让，对此应当承担主要责任。华纺公司、首创公司、万锐公司作为具有一定资质的房地产开发和投资企业，对于涉案地块的性质以及签订《合作合同》所应承担的经营风险应当预见，故其对无效合同亦应承担相应责任。一审判决对于无效合同责任的认定并无不当。根据《合同法》第58条的规定，无效的法律后果是双方互相返还财产，有过错的一方应当赔偿对方因此受到的损失，双方都有过错的，应当各自承担相应的责任。结合本案的实际情况，万创华公司应将诉争房屋及土地腾退并返还中植研究所、中植公司，并返还其租金收益，同时中植研究所、中植公司返还给华纺公司、首创公司、万锐公司3000万元补偿款及其利息。鉴于万创华公司返还中植研究所、中植公司的租金收益与中植公司、中植研究所返还给华纺公司、首创公司、万锐公司3000万元补偿款的利息大体相抵，双方对此不再互相返还。一审仅判决中植研究所、中植公司返还给华纺公司、首创公司、万锐公司3000万元的资金占用费221万元，显属不当，应予纠正。综上，根据《民事诉讼法》第153条第1款第3项之规定，判决：(1)维持北京市高级人民法院(2008)高民初字第1239号民事判决第1项、第2项、第6项、第7项；(2)变更北京市高级人民法院(2008)高民初字第1239号民事判决第3项为：中植研究所、中植公司于本判决生效后30日内返还华纺公司1200万元补偿款；(3)变更北京市高级人民法院(2008)高民初字第1239号民事判决第4项为：中植研究所、中植公司于本判决生效后30日内返还首创公司900万元补偿款；(4)变更北京市高级人民法院(2008)高民初字第1239号民事判决第5项为：中植研究所、中植公司于本判决生效后30日内返还万锐公司900万元补偿款。一审案件受理费按照一审判决执行；二审案件受理费716,800元，由中植研究所、中植公司负担645,120元，由华纺公司负担23,893.33元，由首创公司负担23,893.33元，由万锐公司负担23,893.33元。

[参见最高人民法院民事审判第一庭编：《最高人民法院民事案例解析》(2010年卷)，中国法制出版社2012年版。]

006. 商品房预售合同的效力如何认定？

【地方审判】

广东省高级人民法院关于《合同法》施行后认定房地产开发经营合同效力问题的指导意见

(粤高法发〔2001〕41号)

19. 预售合同未经办理登记备案手续的，不影响预售合同的效力。但双方当事人约定以办理登记备案手续为合同生效条件的，从其约定。

20. 商品房预购人将购买的未竣工的预售商品房再行转让，如无其他违法行为，可认定转让合同有效。

21. 对不具备《城市房地产管理法》第四十四条规定的条件预售商品房的，一般认定合同无效。但预售方在起诉前已补交土地使用权出让金，并已补办有关手续，具备了上述预售条件的，可以认定合同有效。

22. 商品房的预售方与预购方签订商品房认购合同,约定预购方以定金担保其将来与预售方订立正式的商品房预售合同,如该认购合同是当事人的真实意思表示,内容合法的,应当认定有效。

23. 商品房的预售方与预购方在商品房预售合同中按明码标价约定购房价格后,预售方又以其他名义增加收费的,该增加收费的条款应当认定为无效。双方当事人以逃避商品房交易税收为目的,故意变相减少商品房交易价款的,这一条款也应认定无效。

24. 商品房售楼广告的内容没有在商品房预售合同中约定,但符合下列情形之一的,该广告内容具有法律约束力:

(1)向购房者提供优惠条件或赠送礼品的许诺;

(2)对商品房外墙或共用部分装饰标准的告示;

(3)对商品房各组成部分或共用部分使用功能质量的陈述;

(4)对商品房周围环境质量作出的具有明确的公建指标的说明;

(5)其他载有明确指标的说明。

25. 预售商品房合同签订后,在预购方未取得房屋所有权证前,预售方未经预购方同意,就同一预售商品房又与他人签订预售合同的,前后签订的预售合同均可认定有效。当事人不能按照合同约定履行义务的,应当承担履约不能的违约责任。

26. 预售方逾期交房,应当按照预售合同约定的违约金标准向预购人支付违约金。当事人以约定的违约金过高、过低为由请求人民法院调整的,按《合同法》第一百一十四条第二款的规定处理。

007. 商品房开发企业就同一商品房订立数个预售合同,在预售合同有效的情况下,买受人均要求履行合同的应如何处理?

【地方审判】

浙江省高级人民法院关于审理涉及房地产登记民事案件若干问题的意见(试行)

(浙法民一〔2009〕3 号)

第八条　商品房开发企业就同一商品房订立数个预售合同,在预售合同有效的情况下，买受人均要求履行合同的，按照以下情形分别处理：

（一）已经办理过商品房预售合同登记备案的买受人，请求履行合同的，应予支持；

（二）均已或均未办理商品房预售合同登记备案，已先行合法占有房屋的买受人，请求履行合同的，应予支持；

（三）均已或均未办理商品房预售合同登记备案，亦未合法占有房屋，先行支付购房款的买受人，请求履行合同的，应予支持；

（四）均已或均未办理商品房预售合同登记备案，合同均未履行，合同登记备案在先或成立在先的买受人，请求履行合同的，应予支持。

未能取得房屋的买受人请求解除合同的，按照《中华人民共和国合同法》、最高人民法院《关于审理商品房买卖合同纠纷案件适用法律若干问题的解释》的有关规定处理。

008. 房屋包销合同当事人互相违约的责任应当如何承担？

【典型案例】

福建龙宇房地产有限公司等与福州金源房地产有限公司楼盘权益转让合同纠纷上诉案

【裁判要点】

房屋包销合同是指房屋被包销人将房屋权益转让给包销人，由包销人负责对外进行销售业务，被包销人承担配合义务。房屋包销人作为受让方承接房屋的各项权益，承担房屋的销售风险。依据包销合同，被包销人应当按照合同约定及时交付房屋，包销人应当按照合同约定支付相应的款项，如果包销合同当事人均未合格履行合同义务，则均构成违约行为。在第三人已经买受房屋并支付全部或大部分楼款的情况下，由于包销合同当事人签订合同的目的已经实现，因此双方的违约责任可自行承担。

案号：最高人民法院（2001）民一终字第34号。

上诉人（原审原告、反诉被告）：福建龙宇房地产有限公司。

上诉人（原审被告、反诉原告）：福州市直房地产开发有限公司。

被上诉人(原审被告):福州金源房地产有限公司。

上诉人福建龙宇房地产有限公司(以下简称龙宇公司)和上诉人福州市直房地产开发有限公司(以下简称直房公司)为与被上诉人福州金源房地产有限公司(以下简称金源公司)楼盘权益转让合同纠纷一案,不服福建省高级人民法院(1999)闽民初字第04号民事判决,向最高人民法院提起上诉。最高人民法院依法组成合议庭审理了本案,现已审理终结。

经审理查明:1996年11月19日,直房公司、金源公司与龙宇公司签订《楼盘权益转让合同》约定,将直房公司、金源公司共同开发的乌山大厦整座楼盘权益转让给龙宇公司,总面积为20,772平方米,平均每平方米2980元,楼价款共计61,900,560元。若实际面积与设计面积有出入,则以实际面积计算总价。直房公司、金源公司保证楼盘在1996年11月底前竣工验收并交付使用。直房公司、金源公司取得预售许可证并函告龙宇公司且提交相关附件后3日内,龙宇公司支付100万元作为合同的定金,并在此后10日内支付第二期楼价款400万元,30日内支付第三期楼价款1000万元。以后各期支付款项期限如下:(1)1997年3月31日前付1000万元;(2)1997年5月31日前付1000万元;(3)1997年8月31日前付清全部余款。合同对楼房迟延交付和楼款提前、迟延支付的处理作了约定。龙宇公司支付定金后,即可开始对整座大厦进行销售。未经龙宇公司同意,直房公司、金源公司无权对外办理发售、出租、抵押、合作等业务;在1998年12月31日前,直房公司、金源公司无条件配合龙宇公司对外销售、租赁、合作等工作,特别在预售、买卖合同上作为开发商对外签约,并出具有效税务发票,办理房地产权证及土地使用权证等;所有收入汇入龙宇公司指定账户。当龙宇公司支付500万元后10日内,直房公司、金源公司须将土地使用权证原件交给龙宇公司保管,否则视为违约,龙宇公司除有权要求违约金外,还可以就各期楼款的支付时间作相应的顺延。直房公司、金源公司须按设计配备市电单回路电源和自备发电机组,自备发电机组之配电房应符合政府规范要求。违约责任:若一方违约,则须承担违约部分30%的违约金,若违约金不足补偿另一方的损失时,还须承担损失赔偿。

同日,直房公司、金源公司和龙宇公司签订《备忘录》约定,在1996年12月31日之前龙宇公司保证支付楼款1500万元。关于后期工程量再次重申:发电机组及配电房、绿化工程、二层汽车进出通道及底层户外地面铺设整理、大厦用水,进出水管,独立安装水表、大厦北侧划出白线停车位及大厦广场出入通道由直房公司、金源公司负责。通信管线、排污及其排污处理池费用由金源公司负责,并指明需要整改的零星工程等。

1997年2月19日,直房公司、金源公司与龙宇公司签订《补充合同》约定,直房公司负责按土地证的有关四至与大厦地块相邻业主办妥确界手续及各类法律文件;与黎明鱼塘相邻处分隔应使用栏栅,地界分隔处的栏栅及确界协议须于1997年3月31日前办妥并移交给龙宇公司;金源公司于1997年3月31日前完成大厦备用发电机组的安装、调试工作交给龙宇公司,1997年4月15日前将通讯总接驳工程完工并交付;直房公司、金源公司保证在1997年3月31日前将大厦的竣工验收报告、竣工图纸等全套资料、消防验收报告等移交龙宇公司;有关付款条件:龙宇公司应在直房公司、金源公司撤回土地抵押并收到土地使用权证7日内支付给金源公司510万元(累计楼价款1500万元),1997年5月10日前,支付1000万元,1997年6月30日前再付1000万元,1997年9月18日前付清全部款项。违约责任:按其违反的每一条款每逾期一天均须承担40,000元的违约金,若同时违约若干条款,则以累计计算违约金。若本补充合同与《楼盘权益转让合同》《备忘录》相关条款有抵触的,则以本补充合同为准。

上述合同签订后,至1997年3月31日,龙宇公司共向直房公司、金源公司支付购房款14,812,913元。直房公司、金源公司在约定的期限内未能分隔鱼塘相邻处的栏栅,也未能与黎明村达成土地确界协议,造成乌山大厦的排污没能及时得到解决,乌山大厦的消防验收报告也没有如期移交给龙宇公司。

1997年4月11日,直房公司与福建省移动通信局(以下简称省移动局)签订《商品房预售合同》约定,直房公司将乌山大厦全部售给省移动局,合同价款为85,656,600元。双方结算时以房地产管理局核定的面积为准。购房款分5期支付。在省移动局支付各期款项后,龙宇公司应完成下列未完成事项:安装调试发电机组、车库出入口、负责办理消防验收手续,并取得消防验收合格证书,该大厦的消防工程应按消防部门的建审意见实施,并经验收合格后投入使用;1997年6月前负责完成大厦产权总登记,并完成办理产权证合法收件手续。龙宇公司作为直房公司的委托代理人在合同上签章。

由于直房公司、金源公司没有如期完成补充合同约定的事项,龙宇公司于1997年7月11日以《关于乌山大厦亟待解决的工程遗留问题》的函致直房公司和金源公司,声明大厦亟待解决的问题有:(1)大厦四至规定与确界手续问题;(2)排污定位及合法的验收手续;(3)市电接入使用工程备用发电机组安装后的并网并取得合格证;(4)消防验收报告;(5)产权总登记有关勘测、绘图等工作手续已完成,但法定税费应由直房公司、金源公司及时支付;(6)有关零星工程其他问题。以上问题希望及时安排解决。

1997年8月8日,省移动局以《关于请龙宇公司尽速解决乌山大厦遗留问题的函》及《乌山大厦现场移接情况》致函龙宇公司,对乌山大厦的遗留问题提出21项整改意见,要求尽快答复。同日,龙宇公司以《关于转发省移动局有关乌山大厦遗留问题的函》致直房公司、金源公司,要求将消防验收、排污处理和市电工程扫尾工程尽快完成。

1998 年 12 月 7 日，直房公司与省移动局签订《关于全面解决乌山大厦遗留问题的协议》（以下简称《遗留问题协议》）约定，直房公司在 1999 年 6 月前完成排污、消防、围墙、产权总登记等九项工程，省移动局分阶段支付售楼尾款 2,765,600 元，全部工作完成后，支付尾款 1000 万元。省移动局同意自本协议签订之日起，不再与龙宇公司就乌山大厦事项发生关系。

1998 年 12 月 10 日，直房公司、金源公司以《关于要求立即归还被长期截留之楼款的函》致龙宇公司称：龙宇公司将巨额楼款私自截留并长期拒不返还，决定解除龙宇公司委托代理人资格，大厦善后事宜已全部由直房公司、金源公司承担，接函后 3 日派员进行账目核对，并于 7 日内将楼款如数归还，否则一切后果概由龙宇公司承担。1998 年 12 月 16 日，龙宇公司致函直房公司、金源公司认为：其已支付了楼款计 3000 多万元，余款尚未支付是由于直房公司、金源公司没有全面履行合同所致。根据合同规定，龙宇公司有权相应顺延付款时间。所谓私自截留、挪用楼款是不成立的。鉴于直房公司未征求龙宇公司同意，直接与省移动局签订协议，龙宇公司保留对直房公司、金源公司违约行为而享有的索赔权利。另查明：龙宇公司经营范围为房地产代理、中介、咨询、服务。直房公司、金源公司具有房地产开发的主体资格，并经政府有关部门批准取得对该房地产项目共同开发的资格。

又查明：依据《遗留问题协议》的约定，省移动局已将剩余购房款支付给直房公司。1999 年 6 月 17 日，省移动局领取了整座乌山大厦房屋所有权证。根据福州市房地产管理局颁发的《乌山大厦房屋所有权证》确定，建筑面积为 20,947.99 平方米，按《楼盘权益转让合同》的定价每平方米为 2980 元，合同总价款应为 62,425,010.20元。按《商品房预售合同》的定价每平方米 4138 元，合同总价款应为 86,682,782.62 元。龙宇公司已收取省移动局 72,091,000 元，尚有 14,591,782.62 元购房款被省移动局止付。龙宇公司支付给直房公司、金源公司售楼款30,432,745 元，尚欠 31,992,265.20 元，除被省移动局止付的款项外，龙宇公司尚有楼盘权益转让款 17,400,482.58 元未付给直房公司、金源公司。按照合同的约定，房屋差价部分的税款 1,472,446.79 元应由龙宇公司承担。

由于直房公司、金源公司未完成大厦后期工程，双方协商不成，龙宇公司于 1999 年 2 月 12 日向福建省高级人民法院提起诉讼，请求判令直房公司、金源公司继续履行合同，完成大厦后期配套工程，并按《补充合同》的约定承担违约金 2000 万元。直房公司于 1999 年 4 月 13 日提出反诉，请求判令龙宇公司偿还代收售楼款 42,331,000 元及占用该款的利息 12,621,000 元。

一审法院经审理认为：房屋包销是包销商取得在建商品房上的相应预期权利并因开发商的交付行为取得该商品房的所有权，可以自由定价，对外销售，最后买断剩余的房屋。根据双方签订的《楼盘权益转让合同》《备忘录》《补充合同》,双方当事人已构成包销合同关系。合同不违反法律规定,应认定为有效。龙宇公司承接了大厦的各项权益,应按期支付受让款,承担整个大厦的销售风险责任。依《商品房预售合同》的约定,龙宇公司与省移动局之间存在一定的权利义务关系,说明龙宇公司不是直房公司的一般委托代理人。龙宇公司依合同约定按时支付前期款项,有权要求直房公司、金源公司完成合同项下的义务。直房公司、金源公司尚未完成确界、排污、消防等各项配套工程,导致省移动局不能按时使用乌山大厦,龙宇公司也不能按约如期收回房屋包销款项,给龙宇公司造成一定的经济损失,直房公司、金源公司已构成违约,应承担违约责任。虽然省移动局已取得房产证,直房公司也与省移动局达成协议,但不能成为直房公司、金源公司免除违约责任的理由和条件,龙宇公司请求直房公司、金源公司支付违约金应予支持。由于双方约定的违约金过高且不合法,可按龙宇公司未如期收回包销款项的数额,按中国人民银行同期同类贷款利率计算违约金。由于直房公司、金源公司在履行合同中有违约行为,龙宇公司有权顺延支付款项,直房公司请求龙宇公司承担违约责任,不予支持。直房公司、金源公司请求返还售楼款其余部分应予支持,但请求支付利息的主张不能成立。依照直房公司与省移动局签订的协议,已经解除了龙宇公司的义务,龙宇公司对此虽有异议,但没有对龙宇公司造成损害。龙宇公司请求继续履行合同已没有实际意义,不予支持。龙宇公司尚未支付的转让款 17,396,731.74 元及税款 1,472,446.79元,应返还给直房公司、金源公司。龙宇公司从包销合同中获取的利益应予保护。直房公司请求售楼款被截留占用期间的利息,缺乏依据,不予支持。据此判决:(1)直房公司、金源公司应在本判决生效 10 日内支付给龙宇公司违约金按省移动局各期止付的数额和期限(1997 年 5 月 30 日起 500 万元,1997 年 7 月 11 日起 5,996,000 元,1997 年 10 月 11 日起 2,569,600 元,1998 年 4 月 11 日起 1,026,099.86元)比照中国人民银行贷款利率计算至 1998 年 12 月 7 日止;(2)龙宇公司应在本判决生效 10 日内归还直房公司、金源公司楼盘权益转让款 17,396,731.74元和包销房屋价格差价部分的税款 1,472,446.79 元,合计为人民币 18,869,178.53 元;(3)驳回龙宇公司、直房公司的其他诉讼请求。本诉案件受理费 110,010 元,由龙宇公司负担 100,000 元,直房公司、金源公司负担 10,010 元;反诉案件受理费 285,130 元,由直房公司负担 185,130 元,龙宇公司负担 100,000 元;诉讼保全费 51,020 元,由龙宇公司负担。

龙宇公司、直房公司均不服一审判决,向最高人民法院提起上诉。

龙宇公司上诉称:一审法院认定双方当事人约定的违约金过高且不合法没有法律依据,龙宇公司仅要求直房公司、金源公司承担 2000 万元的违约金,也远低于合同约定的违约金计算数额。违约金应计算至停止违约时止。《遗留问题协议》涉及龙宇公司利益,签订该协议未经龙宇公司同意,应认定该协议无效。一审判决漏算了60万元电梯款和20万元电源款,依合同约定应由直房公司、金源公司承担。请求二审法院依法改判。

直房公司上诉称:本案不存在包销期限届满,由龙宇公司买入剩余楼盘并取得所有权的情况。直房公司依约应向省移动局交付房屋,没有向龙宇公司交房的义务,且《遗留问题协议》的约定及履行,没有对龙宇公司造成经济损失,故直房公司不应向龙宇公司承担逾期交房的违约责任。《商品房预售合同》与《楼盘权益转让合同》的实施结果是统一的,不应仅以《楼盘权益转让合同》设定的权利义务认定双方当事人过错责任。依据国家计委、建设部《关于房地产中介服务收费的通知》的规定,龙宇公司最多收取260万元的中介费用。龙宇公司截留售楼款,给直房公司造成巨大经济损失,龙宇公司应承担赔偿责任。请求撤销一审判决,判令龙宇公司返还售楼款39,430,557元,赔偿利息损失16,357,950元。

最高人民法院认为:直房公司、金源公司与龙宇公司签订的《楼盘权益转让合同》、《备忘录》和《补充合同》约定,直房公司、金源公司将乌山大厦的权益转让给龙宇公司,由龙宇公司对外进行销售,直房公司、金源公司无条件给予配合,所有收入汇入龙宇公司指定账户。龙宇公司作为受让方已承接乌山大厦的各项权益,承担大厦的销售风险。双方当事人签订合同意思表示真实,不违反法律、法规的禁止性规定,应认定合同有效。依据合同约定,龙宇公司已向直房公司、金源公司支付部分房屋转让款30,432,745元。由于双方对大厦的未完工程项目发生争议,直房公司、金源公司未依约完成大厦的确界、排污、消防等各项配套工程,导致大厦不能按时竣工验收交付,龙宇公司亦未依照合同约定,在将大厦出售省移动局并收取大部分售楼款后,继续向直房公司、金源公司付款,因此,双方在履行合同中均有违约行为。省移动局已买受乌山大厦并支付了大部分购楼款,龙宇公司和直房公司、金源公司签订合同的目的已经实现,双方的违约责任可自行承担,故一审法院判令直房公司、金源公司依照省移动局止付款项的利息承担违约责任不当,应予纠正。龙宇公司依据合同应收取的售房差价依法予以保护。依合同约定,龙宇公司应支付直房公司、金源公司62,425,010.20元,已支付30,432,745元,尚欠31,992,265.20元。除被省移动局止付的14,591,782.62元外,龙宇公司应支付直房公司、金源公司剩余款项17,400,482.58元。依照《补充合同》约定,龙宇公司应在1997年9月18日前支付剩余款项,故龙宇公司应支付直房公司、金源公司17,400,482.58元及自1997年9月18日起至给付之日止的中国人民银行同期同类贷款利息。房屋差价部分的税款1,472,446.795已应由龙宇公司承担。直房公司主张依据国家计委、建设部《关于房地产中介服务收费的通知》的规定,龙宇公司只能收取中介费用,不符合双方订立合同的真实目的,最高人民法院不予支持。一审判决中的部分数字经核对有误，本院依法予以纠正。龙宇公司主张依照合同约定，直房公司、金源公司应承担电梯款及电源款共计 80 万元，一审法院对此未作处理。最高人民法院组织双方当事人进行调解但未达成一致，对此问题双方可通过另诉途径解决。依照《民事诉讼法》第 153 条第 1 款第 3 项之规定，判决如下：（1）维持福建省高级人民法院（1999）闽民初字第 04 号民事判决第 3 项；（2）撤销福建省高级人民法院（1999）闽民初字第 04 号民事判决第 1 项；（3）变更福建省高级人民法院（1999）闽民初字第 04 号民事判决第 2 项为：龙宇公司应在本判决发生法律效力之日起 10 日内返还直房公司、金源公司楼盘权益转让款 17,400,482.58 元及利息（自 1997 年 9 月 18 日起至给付之日止，按中国人民银行同期同类贷款利率计算）和房屋差价部分的税款 1,472,446.79 元。一审本诉案件受理费、反诉案件受理费、诉讼保全费按一审判决执行；二审案件受理费 395,140 元，由龙宇公司负担 200,000 元，直房公司负担 195,140元。本判决为终审判决。

［参见最高人民法院民事审判第一庭编：《民事审判指导与参考》（2001 年第 4 卷），法律出版社 2002 年版。］

009. 房地产买卖合同纠纷中的“阴阳合同”如何认定？

【典型案例】

黎炎珍与袁孔华房地产买卖合同纠纷上诉案

【裁判要点】

关于阴阳合同的效力认定，应视备案登记的合同是否属于法律、行政法规规定必须进行招标，或者未规定必须进行招标但实际经过招投标程序并进行备案的合同进行区分。对于经过招投标程序的合同，应认定备案的中标合同具有法律效力，并以此确定双方的权利义务。对于法律、行政法规未规定必须进行招标，实际也未进行招投标的，应以双方当事人实际履行的合同为依据，确定双方当事人的权利义务。

案号：一审：（2014）中一法民一初字第 441 号；二审：（2014）中中法民一终字第 1132 号。

上诉人（原审原告、反诉被告）：黎炎珍。

被诉人（原审被告、反诉原告）：袁孔华。

2013年11月4日，黎炎珍（甲方）与袁孔华（乙方）签订厂房转让合同，约定：（1）转让标的为黎炎珍的9号工业厂房[土地证号：中府国有（2013）第2500369号，房地权证：中府字第0213022004号]，上述厂房含变压器及供电、供水、消防等设施；（2）转让价格2325万元（含过户至乙方名下的全部税、费），甲方包办证过户到乙方名下，交易税费由甲方承担，本交易价不受评估价及正式过户文件记载的价格影响；（3）转让款支付方式：签订本合同之日起3日内乙方支付200万元，甲方10天内办理完有关土地房产测量、评估等过户前期手续，乙方在收到测量图、评估报告10日内支付第二期款1400万元……双方在乙方支付第二期款后15个工作日内到国土房产部门办理过户手续……乙方收到土地证、房产证当日通知监管银行支付余下转让款725万元……（5）违约责任：乙方如果不按时付款，超过付款期5天以上，甲方按到期未付款项每日万分之五收取乙方违约金。

2013年11月13日，黎炎珍委托溢盛估价咨询公司对上述房地产进行评估，估值为1147.8697万元。2013年12月2日，黎炎珍与袁孔华在中山市国土资源局签订房地产买卖合同（该局提供的示范文本）进行备案登记，双方仅在该合同中填写了房地产情况和成交价格（1147.8697万元）。

2013年12月16日，上述房地产过户至袁孔华名下。袁孔华收到黎炎珍交付的发票后，发现仅以备案登记的1147.8697万元纳税，要求按实际成交价格2325万元进行备案登记纳税并拒付尾款，双方产生纠纷。黎炎珍遂提起诉讼，请求判令袁孔华支付厂房转让尾款375万元，并从2013年12月16日起按照日万分之五收取违约金直至款项付清之日止。袁孔华提起反诉请求判令：（1）确认双方递交到中山市国土资源局的买卖合同无效；（2）黎炎珍按照双方于2013年11月4日签订的合同缴纳转让税费等。

广东省中山市第一人民法院经审理认为：双方均是按照2013年11月4日厂房转让合同实际履行的，该合同是双方真实意思表示。双方在国土部门备案登记的房地产买卖合同是为了降低交易成本减少应纳税金而拟定的合同，规避纳税义务，损害了国家税收利益，应认定为无效合同。根据2013年11月4日厂房转让合同约定，黎炎珍承担税费协助过户在前，袁孔华支付尾款在后，双方互负的债务有先后履行顺序。黎炎珍规避税费未按厂房转让合同如实纳税，损害国家税收利益，增大了袁孔华再次交易的成本，构成违约。袁孔华享有先履行抗辩权，并无义务支付剩余转让款375万元，袁孔华有权选择在剩余转让款375万元中冲抵该笔费用或待黎炎珍完全履行合同义务缴清税费后再行支付剩余转让款375万元。至于袁孔华要求黎炎珍按厂房转让合同约定的转让款2325万元缴纳税费，该项诉求不属于民事案件受理范畴。

中山市第一法院判决：（1）驳回黎炎珍的诉讼请求；（2）袁孔华和黎炎珍于

2013年12月2日签订的在中山市国土资源局备案登记的合同无效；(3)驳回袁孔华的其他反诉请求。宣判后，黎炎珍提起上诉。

广东省中山市中级人民法院经审理认为：双方在国土局备案的房地产买卖合同并非双方真实意思表示，该合同规避了正当的纳税义务，损害了国家税收利益，应当认定为无效合同。双方均应按照2013年11月4日签订的厂房转让合同约定履行各自的义务。双方当事人的合同主要义务是黎炎珍交付涉案的厂房并办理产权证书交付袁孔华，袁孔华给付合同约定的厂房转让款。黎炎珍按照合同约定承担交易税费的义务与袁孔华给付厂房转让款义务性质不对等，不能适用先履行抗辩权。同时，该纠纷正是因黎炎珍为减少交易成本偷逃交易税费而产生，是黎炎珍违反合同约定的交纳税费义务在先，故对其主张袁孔华支付逾期违约金不予以支持。关于交易税费问题，黎炎珍负有依照厂房转让合同约定的人民币2325万元交易价向税务机关补足缴纳交易税费的义务。鉴于原判驳回袁孔华该项反诉请求，其并未提出上诉，且该项判决仅是从合同权利义务判断上予以驳回，并未从公法意义上免除交易主体补足缴纳(追缴)义务，二审对此不审查处理。但是，鉴于本案涉及当事人的公法义务，且存在违法、犯罪的可能性，另行函告相关职能部门予以处理。

中山中院二审判决：(1)维持原审判决第二项、第三项；(2)撤销原审判决第一项；(3)袁孔华于判决发生法律效力之日起7日内向上诉人黎炎珍支付剩余厂房转让款人民币375万元；(4)驳回上诉人黎炎珍的其他诉讼请求。如袁孔华未按判决指定的期间履行金钱给付义务，应当依照《民事诉讼法》第253条之规定，加倍支付迟延履行期间的债务利息。

[参见张煌辉：《黎炎珍与袁孔华房地产买卖合同纠纷上诉案——未足额缴纳税费不构成拒付交易款的先履行抗辩》，载《人民司法·案例》2015年第22期。]

010.房地产居间合同的效力、报酬如何认定？

【审判专论】

居间合同的效力认定。

1.格式条款及其效力的认定。如果格式条款仅为限制购(租)房人甩开中介而私下交易，且是双方当事人真实意思表示，不违反合同法及司法解释的相关规定，应认定为有效合同条款。如果格式条款限制购(租)房人的亲属、朋友通过其他中介机构进行交易，则应当认定该格式条款无效。一方面，中介机构在该格式条款中处于无论是否促成交易均可获取居间报酬的优势地位，若购（租）房人委托其他中介机构居间的情况下，可能导致支付双倍甚至多倍佣金，明显加重了购（租）房人的责任。另一方面，中介机构利用该类格式条款，限制和排除购（租）房人及其亲朋好友通过其他中介机构完成交易或者选择采用更公平、优惠方式完成交易的选择权、公平交易权等合法权利。

2. 房屋中介从业人员资格对居间合同效力是否有影响。建设部《城市房地产中介服务管理规定》和国家工商行政管理局《经纪人管理办法》、《房地产经纪管理办法》等法规，对房地产中介市场准入机制进行了规定，要求中介机构和从业人员必须具备相应的条件和资格。但不能据此认为，作为从事居间业务的中介机构应具备相应资质，居间人应具备相应的资格，否则居间合同无效。《最高人民法院关于适用〈中华人民共和国合同法〉若干问题的解释（一）》第 4 条明确规定："合同法实施以后，人民法院确认合同无效，应当以全国人大及其常委会制定的法律和国务院制定的行政法规为依据，不得以地方性法规、行政规章为依据。"

居间报酬的确定。

1. 居间合同中明确约定居间报酬的，从约定。在促成房地产交易的同时，当前的中介机构往往还提供房屋权属调查、房产评估、按揭贷款、代缴税费、代办产权过户等延伸服务。如果这些服务内容没有签订在居间合同中，则不影响居间报酬的确定；如果明确约定在居间合同中，成为正式条款，则必然影响到居间报酬的确定。在居间活动中，如果中介机构因故未完全履行这些延伸服务，应当根据中介机构提供的劳务合理确定居间报酬。

2. 合同没有约定或约定不明确的，可依据交易惯例确定居间报酬。在居间报酬没有约定或约定不明的时候，可以协议补充确定。当事人不能达成补充协议时，法院应当按照合同的有关条款，或者商业交易习惯来确定。实践中，各地中介行业惯例不同，在青岛地区，买卖房屋的中介费一般是房屋成交价的 2%；租赁房屋的中介费一般为一个月的租金。而广州、杭州等地区，房屋买卖的中介费一般为房价的 1%。这些交易惯例主要是依据建设部、国家计委颁布的《关于房地产中介服务收费的通知》和当地政府规定的收费标准来确立的。

3. 阴阳合同情形下居间报酬如何确定。真实意思表示是民事法律行为的核心要素，如价格、付款方式等其他条款在阴阳合同中约定不一致时，应当以真实交易价格作为计算中介费的依据。当事人签订阴阳合同以合法形式掩盖避税的非法目的，损害了国家利益，应当为无效合同。

4. 合理必要费用的认定与司法释明。《合同法》第 427 条规定："居间人未促成合同成立的，不得要求支付报酬，但可以要求委托人支付从事居间活动支出的必要费用。"在此，对必要费用表述不清晰，在诉讼过程中中介机构也往往无法对必要费用举出详细的书面证据,法院通常通过自由裁量来判决,有时与中介机构的劳动付出有较大差距,审判效果不好。我们认为对这个问题的裁量应对以下三个因素综合考量,不能过于随意:一是商业活动中,同类或相似居间活动的一般报酬水平;二是居间人为此提供的居间服务的质量和效果;三是委托人的受益程度。同时,中介机构居间不成功,不诉请支付必要费用,而诉请中介费或者违约金时,应向当事人进行释明,正确引导当事人合理诉求。当事人拒不变更请求又不撤诉,应判决驳回其诉讼请求。

[参见山东省青岛市中级法院课题组:《房地产居间合同纠纷案件适用法律疑难问题的调研报告》,载《人民司法·应用》2012 年第 21 期。]

011. 合作建房合同的效力如何认定?

【地方审判】

广东省高级人民法院关于《合同法》施行后认定房地产开发经营合同效力问题的指导意见

(粤高法发〔2001〕41 号)

11. 享有土地使用权的一方以土地使用权作为投资与他人合作建房的,认定该合作建房合同是土地使用权有偿转让的一种特殊形式。

以划拨方式取得土地使用权,当事人未按《城市房地产管理法》第三十九条的规定,办理合建审批手续的,应当认定合作建房合同未生效;以出让方式取得土地使用权的,当事人未办理合建审批手续不影响合作建房合同的效力,但合同违反《城市房地产管理法》、《规划法》、《城镇国有土地使用权出让和转让暂行条例》等法律、行政法规强制性规定的除外。

以划拨方式或以出让方式取得的土地使用权,当事人在签订合作建房合同后未办理土地使用权变更登记手续的,均不影响合作建房合同的效力。

12. 合作建房合同的各方当事人约定共同成立专门的项目公司开发房地产,无论项目公司是否成立,以及土地使用权是否已经变更登记为该项目公司享有,均不影响合作建房合同的效力。

13. 合作建房合同约定一方提供土地使用权,另一方提供资金,由提供资金一方以提供土地使用权一方的名义单独经营,提供土地使用权一方收取固定利润而不承担经营风险的，这是名为合作建房，实为土地使用权有偿转让的合同。依照最高人民法院《关于审理房地产管理法施行前房地产开发经营案件若干问题的解答》第二十二条规定，如土地使用权的转让符合法律规定的，可以认定合同有效，并责令当事人办理土地使用权变更登记手续，按有关规定补交税费。

14. 合作建房合同约定一方提供土地使用权，另一方提供资金，由提供土地使用权一方以自己的名义单独经营，提供资金一方收取固定利润而不承担经营风险，这是名为合作建房，实为借贷的合同。由于非金融企业之间的借贷行为违反了法律、行政法规的强制性规定，因此，该合同应认定为无效。

15. 合作建房合同虽然约定合作各方共同经营，但为了逃避交易税收而又约定不办理土地使用权变更登记手续，房地产项目以原土地使用者的名义进行开发建设的，视为恶意串通，逃避税收，损害国家利益，依照《合同法》第五十二条第二项的规定，应当认定当事人约定不办理土地使用权变更登记手续的条款无效，并责令当事人办理土地使用权变更登记手续，按有关规定补交税费。

16. 合作建房合同约定合作各方共同经营、共负盈亏、共担风险，土地使用权已经变更登记到合作各方的名下，其中的一方经其他合作方同意，将合同的权利和义务全部或部分转让给第三人的，该转让合同应当认定为有效；土地使用权尚未变更登记的，未取得土地使用权的一方，将合同的权利和义务全部或部分转让给第三人的，由于转让方不享有土地使用权，依照《城市房地产管理法》第三十七条的规定，该转让合同认定无效。

17. 提供土地使用权的一方未付清全部土地使用权出让金，而与他人签订合作建房合同的，一般认定合同无效。但政府土地行政主管部门以书面明示的方式同意缓交或者先行开发的，可认定合同有效。

政府土地行政主管部门虽无上述书面明示意见，但在提供土地使用权的一方未付清土地使用权出让金的情况下，政府土地行政主管部门已经核发了土地使用权证书（含临时使用证），或者建设行政主管部门核发了建筑工程施工许可证，房产管理部门核发了商品房预售许可证的，也可认定合同有效。

18. 合作建房合同的当事人为解决一方或一方以上的当事人退出合作而签订的合同效力，不受原合作建房合同效力的影响。

012. 房地产合同签订后，双方当事人在履行合同过程中因情况变化又签订多份补充协议的，则如何认定其效力？

【公报案例】

吉林省东润房地产开发有限公司与吉林佳垒房地集团有限公司、第三人大商股份有限公司合资、合作开发房地产合同纠纷案

【裁判要点】

双方当事人在签订合同后、履行合同过程中，因情况变化，又签订多份补充协议修改原合同约定的，只要补充协议是当事人的真实意思表示，协议内容符合法律规定，均应认定为有效。当事人对多份补充协议的履行内容存在争议的，应根据协议之间的内在联系，以及协议中约定的权利义务分配的完整性，并结合补充协议签订和成立的时间顺序，根据民法的公平和诚实信用原则，确定协议的最终履行内容。

案号：(2010)民一终字第109号。

上诉人(原审被告)：吉林佳垒房地集团有限公司(原延吉佳垒房地产开发有限公司)。

被上诉人(原审原告)：吉林省东润房地产开发有限公司。

原审第三人：大商股份有限公司。

上诉人吉林佳垒房地集团有限公司(以下简称佳垒公司)与被上诉人吉林省东润房地产开发有限公司(以下简称东润公司)、原审第三人大商股份有限公司(以下简称大商公司)合资、合作开发房地产合同纠纷一案，吉林省高级人民法院于2010年8月10日作出(2009)吉民一初字第1号民事判决。佳垒公司不服该判决，向最高人民法院提起上诉。最高人民法院依法组成合议庭，本案现已审理终结。

一审法院经审理查明：2005年4月20日，东润公司与佳垒公司签订《合作意向书》，双方达成利用佳垒公司现有的开发用地，合作开发建设大型商场的意向。

2005年12月16日，东润公司与佳垒公司就合作开发事宜签订《联合开发协议》约定，项目名称：东佳购物中心，位于延吉市进学街区。其四至范围为：东至延

吉市进学小学、南至解放路、西至华侨花卉市场、北至人民路。规划用地面积约2万平方米,土地批准书确定的占地面积为14,690.23平方米(含进学小学操场地下一层占地面积);建筑层数为六层,地下二层,地上五层,局部七层,框架结构,总建筑面积约为57,000平方米,最后以房产管理部门测绘的面积为准;用途为商务综合楼,即商业、仓储、写字楼等;联合开发项目的销售收入首先用于联合开发项目的建设资金直至工程完成,然后再用于补偿双方的成本投入;合作所获税后收益(包括经评估的资产)按东润公司占65%,佳垒公司占35%的比例分配。联合开发过程中,东润公司、佳垒公司以双方的名义办理了立项审批手续,取得了《建设用地规划许可证》《建设工程规划许可证》《建设用地批准书》,组织施工并开展相应的销售等工作。

2007年6月,东佳购物中心工程进度已到主体基本封顶时,双方经协商于2007年6月28日签订《协议书》,即6·28协议,终止了《联合开发协议》的履行,并对终止后各自的权利义务作出约定:"一、甲(东润公司)乙(佳垒公司)双方同意自本协议生效之日起2005年12月16日双方签订的《联合开发协议》的效力即终止,双方的权利义务均应按本协议的约定履行。二、甲方权利义务。1.甲方自愿放弃对双方合作项目所持有的股份。2.甲方对该项目一层商场南侧解放路临街门市一层建筑面积655.07平方米,夹层建筑面积655.07平方米;佳垒状元府东侧后建独立九楼1层至9层建筑面积3899.07平方米;商场内部西北角内铺建筑面积1000平方米房产拥有所有权,即享有占有、使用、收益和处分的权利。商场内部西北角内铺具体位置为:北至I-K轴以南(不含沃尔玛卸货区占用面积),南至I-E、I-F轴沃尔玛主通道(I-F轴线南移2.4米处)边线以北,东至I-6、I-7轴沃尔玛主通道(I-6轴线东移3米处)边线以西,西至I-2轴(不含楼梯间、货梯间及前室、自动扶梯防火区内、区域内主通道等面积)。以上建筑面积最终均以房产测绘的资料为准(含有公摊面积)。不再享有其他权利及责任。3.甲方对其所分得的上述房屋可自行转让或经营,其转让和经营的收益全部归甲方所有。4.甲方负责于2007年8月1日前与沃尔玛签订房屋租赁合同,但由于工程进度、设计、质量及国家政策变化等无法预料的因素造成沃尔玛延期签约,签约期可以顺延。5.甲方协助乙方进行后期招商工作,招商合同另行签订。6.如甲方原因未尽到合同第二条第4款所规定的义务,则甲方不享受本合同第二条规定的所有权利。三、乙方权利义务。1.乙方负责合同项目的后续工程的施工工程,甲乙双方共同对合作项目的工程质量负责(商场的土建部分),其房屋应达到国家规定的竣工验收标准。2.乙方须负责在工程竣工验收后180天内,为甲方办理其所分得的上述房屋的房屋所有权证和土地使用权证,其费用按国家有关规定承担。3.乙方对合作开发的房屋(除甲方分得的房屋外)拥有所有权,即享有占有、使用、收益和处分的权利。4.乙方同意按如下还款计划将甲方投入的资金2100万元还给甲方,并存入甲方指定的账户。具体归还时间为:2007年7月1日前归还100万元;2007年8月1日前归还100万元;2007年9月1日前归还300万元;剩余款项在2007年12月1日前一次性付清。5.在甲方所得物业范围内,本协议签订之日内已销售部分的房款(指已到账的款项,共9份销售合同,两份认购书),乙方承诺分三次返还给甲方,并存入甲方指定的账户。具体归还时间:2008年1月30日前支付给甲方上述房款的三分之一;2008年2月28日前支付甲方上述房款的三分之一;2008年3月30日前支付甲方上述房款的余款部分。6.本协议签订之日后,在甲方所得的物业范围内,已销售款未到账部分包括按揭贷款,到账后三日内存入甲方指定账户。7.在甲方所得物业范围内,售出部分已违约的业户,应根据甲方要求处理,如需退款乙方应筹集资金将销售款退还业户。乙方同意甲方以乙方名义销售甲方所分得的房屋,并协助甲方办理房屋销售、银行按揭、房屋产权等手续,由此产生的一切相关税金、银行保证金、手续费等各项费用由甲方负责,乙方应根据相关正规、合法票据,并根据票据从销售款中扣除。甲方出售房屋的款项,到账后三日内存入甲方指定账户。四、乙方承诺2008年1月1日前商场全部开业。如沃尔玛延期签约,商场开业日期顺延。协议中第三条第5款付款日期同时顺延。五、甲方对其所拥有的商场内铺,在经营管理上,须遵守商场有关统一经营管理的规定,依法交纳各项费用。甲方如转让房屋产权时,应提前一个月通知乙方,在同等条件下,乙方有优先购买权。六、本协议生效后,任何一方均不得擅自修改或提前解除本协议,一方要求修改或解除本协议时,应及时采用书面形式通知对方,经协商,另行签订补充协议。七、违约责任。甲、乙双方应按本协议约定履行各自义务,任何一方违反本协议约定,均应承担违约责任,违约方须向守约方支付违约金,违约金以违约金为基础按国家有关规定的上限执行,并向守约方赔偿由此而产生的一切经济损失。八、争议的解决方式。本协议在履行过程中,如发生争议,双方应协商解决,协商不成时,任何一方均可向有管辖权的法院提起诉讼。九、由于地震、台风、战争以及政府政策变更等其他不可预见并对其发生和后果不能防止和避免的不可抗力事故,直接影响本协议的履行或者不能按约定的条件履行时,一方应立即将事故情况通知另一方,并在十五日内提供事故详情及本协议不能履行或部分不能履行或需要延期履行理由的证明及说明报告,双方互不承担责任。十、本协议如有未尽事项,须经双方共同协商,签订补充协议,补充协议与本协议不一致时,以补充协议为准。十一、本协议自双方法定代表人或授权代表人签字之日起生效。本协议生效前,双方所签署的所有协议即自行废止。”

6·28协议签订后,东润公司撤出了合作项目,佳垒公司自行负责项目的后续施工管理等工作。按照6·28协议的约定,佳垒公司应当在2007年7月1日前返还东润公司100万元,在同年8月1日前返还东润公司100万元,东润公司应当在同年8月1日前与沃尔玛公司签订租赁协议,但佳垒公司除在2007年6月18日返还东润公司100万元外,没有给付其他款项,东润公司也未能在8月1日前与沃尔玛公司签订房屋租赁合同。

由于履行6·28协议过程中发生前述问题,东润公司、佳垒公司对进一步履行事宜于2007年9月20日达成《补充协议》,即9·20协议,主要约定,鉴于甲(东润公司)乙(佳垒公司)双方于2007年6月28日签订的《协议书》均系双方真实意思表示,合法有效。双方为了更好履行协议约定的义务,现就协议履行中出现的问题作如下补充约定:"一、沃尔玛协议签订后三日内乙方向甲方支付100万元,一月后乙方向甲方支付300万元。剩余欠款沃尔玛协议签订后4个月内付清。二、乙方在用商业用房抵押贷款时,应按比例返还甲方款项,具体比例为:2000万元以内可不返还,2000万元以上按贷款额的1/4返还。并承诺甲方于贷款进账之日起三日内,返还应付甲方的款项。三、其余款项应在工程验收后,乙方用未抵押的商业用房,进行抵押贷款,并一次性付清。四、甲方承诺10月20日前将沃尔玛协议签订完毕。乙方承诺在沃尔玛签约之日起5个月以内将占用甲方所有款项全部付清。如乙方不能按时返还所有款项,乙方应提供商场二层的产权作抵押。甲方可用抵押物进行贷款及融资,乙方负责还款及利息。五、在甲方未获得全部利益之前仍保留股东身份。六、本补充协议自双方法定代表人或授权代表签字之日起生效。"

9·20协议签订同日,王迎潮与刘旭签订《股份转让协议书》,王迎潮将其持有的延吉东佳优玛特购物广场有限公司65%股份转让给刘旭,转让价格为65万元。

东润公司按9·20协议的约定,在2007年9月30日与佳垒公司共同和沃尔玛公司签订了《房屋租赁协议》,将东佳购物中心面积共计15,855平方米的地上第一层的卸货区、地下一层和地下二层的商场租赁给沃尔玛公司,用于开设购物广场。租赁协议签订后,沃尔玛公司进场装潢施工。

佳垒公司于2008年8月26日单方与大商公司签订《房屋租赁合同》,把东佳购物中心包含租赁给沃尔玛公司在内的面积为45,601.76平方米,租赁给大商公司。对此,沃尔玛公司曾于2008年9月10日、12日、11月24日,三次至函佳垒公司和东润公司指出佳垒公司的违约行为,并要求继续履行《房屋租赁协议》。

2008年12月25日,沃尔玛公司与佳垒公司、大商公司共同签订《协议书》。大商公司依约向沃尔玛公司支付补偿金500余万元后,沃尔玛公司退出,大商公司对东佳购物中心继续装修,并投入使用。

另查明,6·28协议中约定分给东润公司的房屋中有9套已经售出,销售总价格为13,144,873元,佳垒公司同意分期给付东润公司售房款。

东润公司分得房屋及卖出的情况是:(1)商场内部西北角内铺1000平方米(具

体位置为:北至I-K轴以南,不含沃尔玛卸货区占用面积,南至I-E、I-F轴沃尔玛主通道I-F轴线南移2.4米处边线以北,东至I-6、I-7轴沃尔玛主通道I-6轴线东移3米处边线以西,西至I-2轴,不含楼梯间、货梯间及前室、自动扶梯防火区内、区域内主通道等面积)。其中有面积151.5平方米(位置编号为1N-A26、1N-A034、1N-B062、1N-B61)的内铺已售出,余848.5平方米。(2)一层商场南侧解放路临街门市一层建筑面积655.07平方米,夹层建筑面积655.07平方米。其中面积分别为287.23平方米(位置编号为1M-06、1M-08、lM-07、lM-05、lM-06)的一层门市和夹层门市剩余面积为417.84平方米,夹层剩余面积为417.84平方米。

9·20协议签订后,佳垒公司没有按约定在2008年2月28日前返还东润公司投资款及应得的房屋销售款共计31,344,873元,也没有按照6·28协议履行应给付东润公司的房屋。

东润公司向一审法院提起诉讼称,其与佳垒公司于2005年12月26日签订《联合开发协议》,合作开发建设东佳国际购物中心商务综合楼,并以双方名义办理了立项审批手续,取得了《建设用地规划许可证》《建设用地批准书》,联合竞拍取得项目土地使用权,东润公司引入施工队伍,先后投入多笔建设资金,使工程建设得以顺利进行。2007年6月,东佳购物中心工程进度已到主体封顶时,正逢商业地产销售最红火的时候,佳垒公司提出单方进行开发建设,并以返还东润公司投资款和给付一部分房屋作为东润公司退出的补偿,双方经协商,于2007年6月28日签订6·28协议。其中第3条约定:佳垒公司应在2007年12月1日前分期返还东润公司的投资款2100万元;第2条约定:东润公司应分得在建的房屋有:(1)东佳购物中心南侧临街门市一层建筑面积655.07平方米;(2)佳垒状元府东侧后建独立九楼1层至9层建筑面积为3899.07平方米;(3)东佳购物中心一层西北角内铺建筑面积1000平方米,由于东润公司分得的以上房屋有部分已对外销售,因此第3条第5款、第6款又约定佳垒公司将已售出的房屋以现金方式分期给付东润公司。根据佳垒公司提供的九份商品房买卖合同截至6·28协议签订时,已售出的房屋价款是13,144,873元。其余未销售房屋:(1)南侧建筑面积417.84平方米临街门市一层、建筑面积417.84平方米的夹层;(2)佳垒状元府东侧独立九楼建筑面积3899.07平方米的1层至9层;(3)东佳购物中心西北角建筑面积848.5平方米的内铺,佳垒公司负责为东润公司办理房产证和土地证。按照6·28协议第2条第4款的约定,东润公司退出联合开发后应履行的义务是于2007年8月1日前与沃尔玛公司签订房屋租赁合同。6·28协议签订后,针对6·28协议履行中出现的佳垒公司逾期返还投资款、迟延提交设计图纸导致与沃尔玛公司延期签约等情况,东润公司与佳垒公司于2007年9月20日达成了9·20协议,双方重新约定,东润公司在2007年10月

20日前能与沃尔玛公司签约，则佳垒公司在东润公司与沃尔玛公司签约后5个月内，返还占用东润公司的所有款项并履行全部义务。在东润公司的积极努力下，东润公司、佳垒公司共同与沃尔玛公司于2007年9月30日签订《房屋租赁协议》，至此东润公司如期履行完毕协议约定的义务。但至今佳垒公司除返还100万元投资款外，没有履行6·28协议和9·20协议约定的义务，既未清偿其他任何款项（投资款和售房款合计33,144,873元），也不向东润公司交付房屋，甚至单方私自解除了与沃尔玛公司签订的租赁协议，将东润公司应分得的内铺858.5平方米整体租赁给大商公司，大商公司已于2008年12月26日开业。另外，佳垒公司未经东润公司许可于2009年2月14日起使用了东润公司应分得的独立九楼的6－9层房屋。综上所述，东润公司多次催告佳垒公司履行协议、纠正违约行为，佳垒公司置之不理，无奈东润公司依法向法院提起告诉，请求：（1）确认6·28协议和9·20协议有效；（2）判令佳垒公司返还东润公司投资款2000万元，并支付违约金至投资款全部清偿之日（截至2009年5月31日违约金为2,492,014元）；（3）判令佳垒公司返还东润公司应得房屋范围内已销售部分的房款13,144,873元并支付违约金至售房款全部清偿之日（截至2009年5月31日违约金为1,654,034元）；（4）判令佳垒公司交付价值为61,384,620元（价值最终以评估价值为准）的东佳购物中心南侧建筑面积417.84平方米临街门市一层、建筑面积417.84平方米的夹层，佳垒状元府东侧独立九楼建筑面积3899.07平方米的1至9层及东佳购物中心西北角建筑面积848.5平方米的内铺等房屋，协助东润公司办理相应房屋所有权证和土地使用权证，并支付违约金至房屋实际交付之日（截至2009年5月31日违约金为775.0332万元），如前述房屋无法交付，判令佳垒公司给付对应价值的房屋价款，并支付违约金至价款全部给付之日；（5）判令佳垒公司返还出租东润公司所有的东佳购物中848.5平方米内铺已获得的租金593,050元（按140元/平方米/月标准计算至2009年5月31日，最终以有资格的房地产评估机构评定的同地段同类房屋租金标准为准）；（6）判令佳垒公司按实际使用时间向东润公司支付独立九楼6至9层、建筑面积为1732.92平方米房屋的租金303,261元（按50元/平方米/月标准计算至2009年5月31日，最终以有资格的房地产评估机构评定的同地段同类房屋租金标准为准）；（7）判令大商公司将使用东润公司所有的东佳购物中心848.5平方米内铺未支付的租金直接支付给东润公司（按140元/平方米/月标准计算，最终以有资格的房地产评估机构评定的同地段同类房屋租金标准为准）；（8）判令佳垒公司承担本案的全部诉讼费用。

佳垒公司答辩称：（1）东润公司无权主张6·28协议第2条第2款、第3款项下的所有权利。因为根据6·28协议第2条第4款、第6款的约定，东润公司负责于2007年8月1日前，与沃尔玛公司签订房屋租赁协议，如未尽该项义务，则不再享有第2条约定的所有权利，该条款项下的房产和房产收益已归佳垒公司所有，故东润公司在诉状中的第4项、第5项、第6项请求，不应得到支持。(2)9·20协议第4条约定的“10月20日”仅是东润公司承诺继续履行与沃尔玛公司签约的时间限制，并非东润公司与沃尔玛公司签约日期顺延的意思表示。因为9·20协议前提条件是佳垒公司按照6·28协议的约定，将2100万元中的100万元按时支付给东润公司后，东润公司未能在2007年8月1日前与沃尔玛公司签订房屋租赁协议，而且佳垒公司在6·28协议前就已具备了与沃尔玛公司签约的条件。佳垒公司为防止东润公司未能招商引进沃尔玛公司给自己造成损失，根据《合同法》第66条、第67条的规定，拒绝再履行返还义务。在东润公司已经丧失6·28协议第2条的全部权利和佳垒公司拒绝继续履行返还2000万元款项义务的前提下，东润公司为不再受损失便找到佳垒公司承诺继续履行与沃尔玛公司签约的义务，并保证在10月20日前完成与沃尔玛公司签约，于是双方签订9·20协议。(3)9·20协议第5条应为无效条款。理由是：东润公司为保护自身利益，今天已经通过诉讼的方式向佳垒公司主张权利，应视为东润公司最终应获得的利益已经得到保护。双方在签订9·20协议的当天另行签订了股份转让协议，东润公司的股东身份已经不存在，该条款为无效条款。(4)东润公司请求大商公司将东佳购物中心848.5平方米内铺未支付的租金直接支付给东润公司的请求没有事实和法律依据。理由是：根据6·28协议第2条的约定，因东润公司未能在2007年8月1日前与沃尔玛公司签订房屋租赁协议，其已经丧失了6·28协议中第2条约定的所有权利，该条款项下的房产和房产收益已经归佳垒公司所有，其中也包括848.5平方米的内铺。所以，佳垒公司将自己所有的内铺出租给大商公司是合法有效的。东润公司在已经丧失权利的情况下，再提出上述主张，是不应得到支持的。(5)东润公司的实际投资款为1695万元，双方在协议中约定投资款为2100万元有误。佳垒公司请求按照东润公司的实际投资款返还。同时，对于双方在合作过程中，东润公司向佳垒公司借贷的2,846,299元，佳垒公司请求根据《合同法》第99条的规定，在返还给东润公司的实际投资款中一并抵销。(6)因东润公司未能按时与沃尔玛公司签订房屋租赁协议，给佳垒公司造成了巨大损失。对此，佳垒公司保留对东润公司另行起诉的权利。

大商公司述称，东润公司的诉求没有任何事实和法律依据，所陈述的事实大商公司不知情，也与大商公司无关。

一审法院经审理认为：(1)本案中东润公司、佳垒公司所签订的6·28协议及9·20协议均是双方当事人真实意思表示，其内容亦不违反相关法律、法规的禁止性规定，不损害社会公共利益，故该两份协议合法有效，双方均应依约履行。(2)东润公司、佳垒公司双方所签订的9·20协议是在充分肯定6·28协议的基础上，对其部分内容所做的调整和变更。这一点从协议的名称、表述、内容均明显地表现出来。

因此,9·20 协议签订以后,6·28 协议中未被变更部分对双方依然具有约束力。佳垒公司主张的在 9·20 协议签订以后,双方就不再履行 6·28 协议的抗辩意见,理由不够充分,不予支持。(3)东润公司在引进沃尔玛公司事项上不构成对佳垒公司的违约,佳垒公司应当依 6·28 协议的约定履行交付房屋的义务。东润公司在 9·20协议约定时间内,将沃尔玛公司引进,并于 2007 年 9 月 30 日由东润公司、佳垒公司及沃尔玛公司共同签订《房屋租赁协议》。之后,沃尔玛公司依约进场装潢施工。2008 年 12 月 25 日,佳垒公司与大商公司及沃尔玛公司签订《协议书》,由大商公司向沃尔玛公司支付 500 万元补偿金,沃尔玛公司退出租赁场地。在沃尔玛公司被引进,随后又退出的问题上,东润公司既未违约,又无过错。(4)佳垒公司应当依 6·28 协议和 9·20 协议的约定,向东润公司履行返还投资款本金的义务。同时,由于佳垒公司已经迟延履行该义务,还应当支付该投资款的利息。按照 6·28 协议和 9·20 协议的约定,佳垒公司应返还东润公司的投资款为 2100 万元,扣除佳垒公司已返还东润公司的 100 万元,佳垒公司尚应返还东润公司 2000 万元及利息。佳垒公司所提出的东润公司实际投资款是 1695 万元及在往来中佳垒公司曾借款给东润公司 2,846,299 元亦应在整个返还款中扣除的主张,证据不足,不予采信。(5)在 6·28 协议中,佳垒公司已认可有已售出的 9 套房屋价款 13,144,873 元,属东润公司所有,并在 9·20 协议中约定了还款的时间,此款应由佳垒公司给付东润公司。鉴于双方在 6·28 协议中对延付此款所设定的违约金条款约定不明,故东润公司关于由佳垒公司支付迟延返款违约金的诉讼请求,不予支持,可由佳垒公司向东润公司支付该款的利息。(6)东润公司提出的由大商公司向其直接支付租金的诉讼请求,没有法律依据,不予支持。综上,依照《合同法》第 8 条、第 60 条、第 107 条之规定,判决:(1)佳垒公司于判决生效后 10 日内,返还东润公司 2000 万元及利息(从 2008 年 3 月 1 日起至给付之日止,按中国人民银行同期贷款利率计算)。(2)佳垒公司于判决生效后 10 日内,给付东润公司已售出 9 套房屋的销售款 13,144,873元及利息(从 2008 年 4 月 1 日起至给付之日止,按中国人民银行同期贷款利率计算)。(3)佳垒公司于判决生效后 10 日内向东润公司交付东佳购物中心一层西北角内铺建筑面积 848.5 平方米的房屋[具体位置为:北至 I-K 轴以南(不含沃尔玛卸货区占用面积),南至 I-E、I-F 轴沃尔玛主通道(I-F 轴线南移 2.4 米处)边线以北,东至 I-6、I-7 轴沃尔玛主通道(I-6 轴线东移 3 米处)边线以西,西至 I-2 轴(不含楼梯间、货梯间及前室、自动扶梯防火区内、区域内主通道等面积)内铺 1000 平方米,扣除编号为 1N-A26、1N-A034、1N-B062、1N-B61 的内铺 151.5 平方米];东佳购物中心南侧解放路临街门市一层建筑面积 417.84 平方米、夹层面积 417.84 平方米[具体位置为:一层商场南侧解放路临街门市一层门市、夹层,扣除位置编号为 1M-06、1M-08、1M-07、1M-05、1M-06 的 237.23 平方米外铺 237.23 平方米夹层];佳垒状元府东侧独立九楼 1 至 9 层建筑面积为 3899.07 平方米的房屋,并负责为东润公司办理土地证和房屋使用权证,所需费用按照国家土地、产权部门的规定交纳。如果佳垒公司无法履行上述交付房屋的义务,则按 2007 年 6 月 28 日同地段同类商品房市场销售价格折价支付相应价款。(4)驳回东润公司的其他诉讼请求。案件受理费 541,800 元,财产保全费 5000 元,总计546,800元,由东润公司负担 218,720 元,佳垒公司负担 328,080 元。

佳垒公司不服一审判决,向本院提起上诉称,一审判决缺乏法律依据和事实依据,严重侵害了佳垒公司的合法权益。请求:(1)撤销一审判决,依法改判驳回东润公司的全部诉讼请求;(2)请求确认《联合开发协议》、"6·28 协议"和"9·20 协议"无效;(3)本案全部诉讼费由东润公司负担。事实及理由:第一,一审法院既判决返还投资和利息,又判决对投资产生的标的物进行分割,是错误的。从投资法律关系的角度讲,本案当中东润公司约定投资 1.5 亿元,却只投了 1695 万元,不仅把 1/10的投资收回,而且东润公司还要分取约 1 亿元的投资才能够完成的标的物,显然是错误的。如果按照一审判决执行,佳垒公司尚需支付 13,144,873 元及利息 +(九楼 3899.70 平方米 + 解放路 417.84 平方米的门市房 + 417.84 平方米夹层 + 848.50 + 内铺)共计 5583.88 平方米 ×3500 元/平方米(2007 年 6 月 28 日平均每平方米估算的房价),合计 53,688,453 元。东润公司一分钱没有投入(本金利息全部保护),佳垒公司给了东润公司相当于投资 3 倍多的钱,显然是不公平的。第二,一审法院认定 6·28 协议、9·20协议有效,是错误的。6·28 协议和 9·20 协议是附条件的(同时是附期限的)。直到判决之日,沃尔玛公司并没有入驻延边地区。根据法律规定,所附条件未成就,佳垒公司就不需要兑现承诺履行尚未生效的协议。根据沃尔玛公司没有入驻的事实,佳垒公司预期的利益并没有实现,不应给东润公司巨大的利益分成。第三,东润公司具有违法行为。(1)东润公司隐瞒自己抽逃出资虚报注册资本、编造外资背景骗得佳垒公司与其合作;(2)向佳垒公司承诺出资 1.5 亿元,实际出资仅为 1695 万元;(3)向佳垒公司和相关部门承诺引入沃尔玛公司显然是虚假的;(4)在 6·28 协议和9·20协议当中,东润公司更是将向沃尔玛公司进行商业贿赂的钱算在了投资上。第四,一审法院判决佳垒公司返还东润公司 2000 万元的投资是错误的,东润公司的真实投资仅为 1695 万元,佳垒公司除返还 100 万元以外,在双方合作开发过程中,东润公司为开发其他项目和偿还债务等,先后从佳垒公司处另行支取 2,846,229 元,所以根据《合同法》的规定,应当抵销投资形成的债务。第五,一审法院判决佳垒公司支付已售出的 9 套房屋价款 13,144,873 元是错误的。假设 6·28 协议是有效的,东润公司也无权取得 9 套房屋的物权或收益权。9 套商品房所涉及的房产均包括在 6·28 协议第 2 条规定的房产范围内,因东润公司未能在 2007 年 8 月 1 日前与沃尔玛公司签订房屋租赁协议,并引入沃尔玛公司入驻，东润公司已经丧失了6·28协议中的全部权利，该条款项下的房产和房产收益现已归佳垒公司所有。第六，一审法院判决佳垒公司于判决生效后向东润公司交付东佳购物中心南侧解放路临街门市一层建筑面积417.84平方米、夹层面积417.84平方米和由东润公司办理权属证明是错误的。假设6·28协议不是附条件的是有效的，东润公司亦未能按约定的时间，即2007年8月1日之前引入沃尔玛公司，也是违约行为，也应当丧失获取收益的合同权利。第七，讼争协议是王丽娜和王迎潮恶意利用股东有限责任制度，以合法主体掩盖非法目的，采取提供虚假营业执照的手段签订，且损害了国家利益。

东润公司答辩称：(1)2100万元和标的房产是东润公司与佳垒公司签订的《联合开发协议》终止后，经结算东润公司应获得的权益，并由双方签订6·28协议和9·20协议进行约定，东润公司有权获得该等资产，一审判决对此处理正确。(2)《联合开发协议》、6·28协议与9·20协议是东润公司与佳垒公司的真实意思表示，不存在《合同法》第52条规定的合同无效的情形，是合法有效的。佳垒公司主张以上协议无效，没有事实依据，不应予以支持。(3)6·28协议和9·20协议明确约定东润公司有权获得2100万元，佳垒公司称东润公司只投资1695万元，且对东润公司有2,846,229元债权应当抵销，没有事实依据，不应予以支持。(4)东润公司履行了6·28协议和9·20协议约定的与沃尔玛公司签订房屋租赁协议的义务，有权获得标的房产和9套房屋的销售款，佳垒公司称东润公司无权获得该等资产，没有事实依据，不应予以支持。综上，一审判决认定事实清楚，适用法律正确。请求驳回上诉，维持原判。

大商公司述称，其认可一审判决中第4项的内容，大商公司与佳垒公司签订的租赁合同关系应当得到保护。如果物权因判决变更到了东润公司名下，根据法律规定东润公司还应与大商公司履行租赁合同关系。

本院二审查明的事实与一审法院查明的事实相同。

本院认为，本案二审的争议焦点为：(1)双方当事人签订的《合作意向书》、《联合开发协议》、6·28协议及9·20协议是否合法有效。(2)6·28协议与9·20协议的关系问题、东润公司是否履行了9·20协议约定内容及佳垒公司是否应当向东润公司履行协议约定的给付义务。

关于争议焦点(1)，双方当事人签订的《合作意向书》、《联合开发协议》、6·28协议及9·20协议，均是当事人真实意思表示，上述协议的内容亦不违反法律、法规的强制性规定，一审法院认定上述协议合法有效，双方均应依约履行，于法有据。本案一审审理期间，佳垒公司并未主张讼争协议均属无效协议，双方当事人就此问题没有形成争议。二审期间，佳垒公司关于上述协议无效的主张，没有事实及法律依据，本院不予支持。

关于争议焦点(2),双方当事人签订的6·28协议及9·20协议,均是对《联合开发协议》的修改和补充。9·20协议明确约定,6·28协议是双方真实意思表示,为合法有效的协议。双方只是为更好地履行协议的义务,就协议履行中出现的问题,作出9·20协议的新约定。从该两份协议的内容及内在联系判断,9·20协议是在6·28协议的基础上,双方当事人作出进一步修改的意思表示并形成合意,变更修改的部分,以9·20协议为准;未变更修改的部分,6·28协议仍然对双方当事人具有约束力。从9·20协议的文字表述看,亦不能作出其是对6·28协议予以否定的结论。结合两份协议的内容,双方当事人权利义务的分配才具有完整性。由于佳垒公司没有依据6·28协议向东润公司支付投资款,东润公司亦未在该协议约定的期限内引进沃尔玛公司,在双方均未履行6·28协议的基础上,双方当事人才形成9·20协议的新的约定。9·20协议既顺延了佳垒公司的款项给付期限,也相应顺延了东润公司引进沃尔玛公司的时间。在引进沃尔玛公司事项上,东润公司在9·20协议约定的时间内,将沃尔玛公司引进,且东润公司、佳垒公司及沃尔玛公司签订了《房屋租赁协议》。从双方当事人权利义务对等的角度判断,东润公司按照9·20协议于2007年9月30日完成了与沃尔玛公司的签约工作,佳垒公司应当依据6·28协议的约定,履行交付房屋的义务。佳垒公司主张东润公司应当单方承担违约责任,从而免除佳垒公司向东润公司交付房屋的义务,理据不足。此后,在大商公司向沃尔玛公司依据合同约定支付500万元补偿金后,沃尔玛公司退出租赁房屋。东润公司在沃尔玛公司引进及退出的问题上,没有过错,亦未构成违约。佳垒公司就该争议问题,并未在二审期间提出相应的证据。根据6·28协议的约定,双方已认可售出的9套房屋价款13,144,873元为东润公司所有,且在9·20协议中约定了款项给付的时间,故佳垒公司应当向东润公司支付该房款及利息。在上述两份协议中,双方均约定,佳垒公司应当返还东润公司的投资款为2100万元,扣除已还款项,佳垒公司应返还东润公司2000万元及利息。佳垒公司主张,东润公司实际投资款为1695万元,且应扣除东润公司的借款2,846,229元,证据不足,不应支持。一审法院上述问题,认定事实清楚,适用法律正确。一审判决佳垒公司依约应向东润公司支付已售房屋的款项及交付其余房屋,并无不当,应予维持。

综上,一审判决认定事实清楚,适用法律正确。依照《民事诉讼法》第153条第1款第1项之规定,判决如下:驳回上诉,维持原判。二审案件受理费541,800元,由吉林佳垒房地集团有限公司负担。本判决为终审判决。

[《吉林省东润房地产开发有限公司与吉林佳垒房地集团有限公司、第三人大商股份有限公司合资、合作开发房地产合同纠纷案》,载《最高人民法院公报》2013年第4期。]

013. 合作开发房地产合同中，一方以土地使用权出资，一方以资金出资，如何确定合同的效力？

【公报案例】

长治市华茂副食果品有限公司与长治市杰昌房地产开发有限公司地产合同纠纷案

【裁判要点】

合作开发房地产合同，是当事人订立的以提供土地使用权、资金等作为共同出资，共享利润、共担风险合作开发房地产为基本内容的协议。在一方以资金为出资，另一方以土地使用权出资的合作开发房地产合同中，以土地使用权出资的一方将土地使用权变更为合作各方共有或者变更至项目公司名下，是合作开发房地产合同约定的重要内容，有时需另行签订土地使用权转让合同。判断合作开发房地产合同的效力，主要是以签订合同的当事人的意思表示是否真实，一方是以土地使用权作价出资的合作，还是单一的土地使用权转让，合作各方是否共享利润、共担风险为标准。如果各方约定共同成立专门的项目公司开发房地产，不管该项目公司是否成立、土地使用权是否已经变更登记为项目公司享有，均不影响合作开发房地产合同的效力。

案号：最高人民法院（2005）民一终字第60号。

上诉人（原审原告）：长治市华茂副食果品有限公司。

上诉人（原审被告）：长治市杰昌房地产开发有限公司。

上诉人长治市华茂副食果品有限公司（以下简称华茂公司）与上诉人长治市杰昌房地产开发有限公司（以下简称杰昌公司）合作开发房地产合同纠纷一案，山西省高级人民法院于2005年6月5日作出（2005）晋民初字第1号民事判决。华茂公司、杰昌公司均不服该判决，分别向最高人民法院提起上诉。最高人民法院依法组成合议庭，于2005年9月20日进行了开庭审理。本案现已审理终结。

一审法院经审理查明：2001年8月22日，山西省长治市建设局根据长治市城区副食果品公司《关于华茂商业园区开发改造方案的报告》向山西省长治市人民政府请示，山西省长治市计委于2001年11月28日以长计投字〔2001〕216号批复同意长治市城区副食果品公司对华茂小区进行开发，项目总建筑面积43,787平方米。

2001年12月31日,山西省长治市建委为长治市城区副食果品公司核发建设项目选址意见书和建设用地规划许可证。2002年1月12日,山西省长治市人民政府办公厅以长政办发〔2002〕1号通知对华茂商业园区进行拆迁改造。2002年3月28日,长治市城区副食果品公司变更登记为长治市华茂副食果品有限公司,该公司变更登记前后的法定代表人均为刘华川。2002年4月21日,杰昌公司注册成立,法定代表人为刘华川。2002年4月27日,山西省长治市计委以长计投字〔2002〕172号通知同意华茂商业园区一期工程超市购物中心建设,建筑面积为28,380平方米。

2002年5月25日,华茂公司、苏福伦、香港益群企业贸易有限公司(以下简称香港益群公司)签订《协议书》约定合作开发华茂商住园,但该协议未履行。2002年7月6日,华茂公司、苏福伦、香港益群公司、陈培森签订合作开发华茂商业园区项目的《房地产合作开发协议书》约定,各方一致同意合作开发建设华茂商业园区项目,各方的权利和义务通过本协议予以规范。主要条款有:一是原华茂商业园区项目已经长治市长计投字〔2001〕216号、长建发〔2001〕136号、长政办发〔2002〕1号、长计投字〔2002〕172号等文件批准,并办理了选址字58号建设项目选址意见书和长投2001年编号用地66号建设用地规划许可证。现因项目建设需要,经三方友好协商,增加苏福伦、香港益群公司对该项目进行开发建设。二是项目用地范围中包括华茂公司自有出让土地,即长治国用(2001)字第044号土地使用面积15,293.9平方米及长治国用(2001)字第014号土地使用面积2451.2平方米。三是开发方式为各方商定以杰昌公司作为对华茂商住步行街改造建设的项目公司;对杰昌公司的股东股权进行变更;华茂公司应配合苏福伦、香港益群公司在本协议签订后办理杰昌公司股东变更登记手续,所发生的费用,由苏福伦、香港益群公司支付。四是开发条件为根据华茂商住步行街建设规划,该项目分两期建设并由苏福伦、香港益群公司具体实施。华茂公司负责将原改造建设单位由华茂公司变更为杰昌公司改造建设经营,负责办理杰昌公司开工前政府所有批文;华茂公司长治国用(2001)字第044号土地面积15,293.9平方米和长治国用(2001)字第014号土地使用面积2451.2平方米,纳入杰昌公司对华茂商住步行街整体开发建设;土地变更手续在拆迁协议签订后统一办理;华茂公司按一、二期开发进度负责该部分土地地上建筑物的拆迁补偿安置及“三通一平”,并承担由此发生的费用(拆迁保证金、搬迁、拆除、清运);华茂公司协同办理杰昌公司的股权变更手续和办理杰昌公司房地产开发经营的资质,所需费用由苏福伦、香港益群公司承担。苏福伦、香港益群公司负责除华茂公司提供项目建设用地以外部分土地的拆迁、安置及费用,并交纳该部分所需补交的土地出让金,负责除华茂公司承担的费用之外的本项目开发建设经营所需的全部资金的投入,负责杰昌公司具体运作,并对本项目整体进行规划设计、施工、销售,负责对其费用及项目公司注册资金的投入。五是分配与销售为华茂公司分得项目总建筑面积11,070平方米房产,其中一期为商场3700平方米[作为对华茂超市长治国用(2001)字第014号宗地及其上部建筑物的拆迁补偿安置的全部费用]、独立店面500平方米、住宅2205平方米;二期为商场1000平方米、独立店面1500平方米、住宅2165平方米;项目开始运作,拆迁公告发布时,即由杰昌公司与华茂公司按照以上条件签订拆迁安置协议,具体补偿房产的位置、层次,在项目总图中商定;除补偿华茂公司11,070平方米的房产外,其余的房产全部归苏福伦、香港益群公司所有;各方所得房产相对集中、好坏搭配,并按物业管理条例由各方各自承担应交的各项费用。协议还约定了房产销售、违约责任和期限等。

根据上述协议,2002年7月7日,杰昌公司的股东由刘华川、李钦定、李淑珍变更为刘华川、苏福伦和陈培森,法定代表人由刘华川变更为苏福伦。2002年11月20日,杰昌公司以出让的方式取得19,983.19平方米的土地使用权。2002年10月25日,杰昌公司向山西省长治市城区计委申请:杰昌公司通过报名等程序取得了市政府挂牌出让华茂项目土地的开发权,与土地部门签署了国有土地使用权出让合同,交纳了土地出让金并办理了国有土地使用证;杰昌公司对项目的规划设计进行了优化调整,项目总建筑面积为74,464平方米,分两期建设;……特申请变更立项,确立杰昌公司为项目开发主体,并申请将项目名称由“华茂商业园区”变更为“假日阳光广场”。

2002年11月1日,杰昌公司与华茂公司签订《拆迁安置协议》。主要约定:根据《长治市房屋拆迁管理实施办法》的规定及《房地产合作开发协议书》第5条第1款之约定,在坚持公平、守信的原则下,双方就拆迁安置中的有关事项,签订如下协议:杰昌公司将严格按照原《房地产合作开发协议书》第5条之规定对华茂公司拆迁房屋进行安置补偿,鉴于华茂公司流动资金欠缺及目前拆迁工作中遇到的实际困难,双方协商同意,在原协议基础上,华茂公司减少分取项目一期的住宅建筑面积800平方米,由杰昌公司按每平方米建筑面积1000元的价格进行现金补偿,即华茂公司分得项目总建筑面积10,270平方米(原为11,070平方米)及现金补偿80万元。补偿房屋应相对集中,好坏搭配,具体补偿房产的位置、朝向、层次,在项目设计文件批准定稿后,在设计平面图纸中商定。本协议签订后,华茂公司即可将其长治国用(2001)字第044号土地面积15,293.9平方米的土地使用权人变更为杰昌公司,待二期拆迁开始时,将长治国用(2001)字第014号土地面积2451.2平方米的土地使用权人变更为杰昌公司。本协议签订后,华茂公司需按原《房地产合作开发协议书》之规定,按项目建设进度对其用地范围内的地上建筑物进行拆除和场地三通一平,并承担相应的费用和责任。该协议还约定了定金、土地使用证、建筑许可证、房屋所有权证等内容。

2002年12月31日，山西省长治市计委根据杰昌公司的申请以长计投字〔2002〕604号批复：项目名称由原“华茂商业园区”更名为“假日阳光广场”；建设单位由华茂公司变更为杰昌公司；建设规模及主要内容：工程总用地面积19,983平方米，总建筑面积74,464平方米；总投资及资金来源：该项目总投资7500万元，资金全部由杰昌公司自筹解决。2003年6月19日，杰昌公司领取建设工程规划许可证。2003年8月11日，山西省长治市计委以长计投字〔2003〕328号通知，同意将“假日阳光广场”项目名称更名为“凯旋都汇广场”。

2003年11月8日，华茂公司与杰昌公司签订《补充协议书》，双方根据《房地产合作开发协议书》和《拆迁安置协议》，就项目分配补偿等具体问题协议如下：一是双方在项目运作过程中，应遵守互惠互利、诚实信用、合法等原则，涉及双方利益的事宜应互相透明及时沟通协商；二是补偿给华茂公司的房产面积、位置及其他要根据《拆迁安置协议》的约定进行补偿，具体补偿的类型、方位、面积、层次为：大小商场及店铺补偿面积、位置编号按双方签字的“建筑平面位置分配图”（附件一）及“商业补偿面积及位置编号表”（附件二）执行，住宅补偿面积位置编号按双方签字的“住宅补偿面积及位置编号表”（附件三）执行。协议还对设计变更相关事项约定：双方同意项目整体根据深圳设计装饰工程有限公司绘制的，并经长治市建设管理部门审批的全套施工图纸施工；杰昌公司应将立项文件、一书两证、施工许可证复印件在协议签订后15日内提交华茂公司一份备存；杰昌公司补偿给华茂公司的所有房产，按回迁安置对待，并协助华茂公司办理产权证及土地使用权证手续；华茂商业园区由杰昌公司整体开发，该园区的整体投资、规划、设计、建设、销售等均由杰昌公司负责；但根据合作原则，对上述问题，杰昌公司应及时与华茂公司沟通，涉及补偿华茂公司房产的设计、建设施工等相关问题，杰昌公司必须征求华茂公司意见，并取得华茂公司认可，不得自作主张，损害华茂公司利益；本协议与2002年7月6日合作协议及以前双方签订的协议具有同等法律效力；本协议与以前协议不一致或有矛盾的，以本协议为准。根据双方当事人的协议以及政府部门的批准文件，杰昌公司对该项目进行了开发。华茂公司在与杰昌公司就房产分配签订补充协议后，称才知道杰昌公司开发面积由43,787平方米增加为71,549.8平方米，作为合作开发主体请求就增加面积进行分配，为此双方发生纠纷。

2004年9月22日，华茂公司向山西省长治市中级人民法院起诉，杰昌公司提出管辖权异议。2004年11月20日山西省高级人民法院以（2004）晋立民终字第77号裁定本案由山西省高级人民法院提审。华茂公司起诉称，华茂公司作为开发单位开发华茂商业园区项目，是经山西省长治市改革发展计划委员会以长计投字〔2001〕216号立项批准的，开发建设规模总面积为43,787平方米。华茂公司为开发该项目，成立了杰昌公司，并办理了相关开发手续。2002年7月6日，根据山西省长治市人民政府有关文件，华茂公司作为土地投资合作者，与苏福伦、香港益群公司、陈培森签订了合作开发华茂商业园区项目的《房地产合作开发协议书》。协议签订后，华茂公司出于对合作方的信任并根据协议，为杰昌公司办理了变更注册登记和土地变更手续。双方根据《房地产合作开发协议书》，针对为华茂公司分配的房地产定位及相关问题，又签订了《拆迁安置协议》，在该协议中同时还约定华茂公司提供的26.62亩土地上的建筑物由华茂公司自己拆迁。

杰昌公司作为合作方苏福伦、香港益群公司、陈培森的合作代表和该项目的项目公司，在经营过程中违反双方合作原则，对涉及该项目的重大事项，对华茂公司既不公开，也不透明。如办理该项目的后改文件资料、设计图纸及相关资料及变更项目名称等重大事项，均由杰昌公司擅自行事，既不征求华茂公司意见，也不向华茂公司提供，更不告知华茂公司。在2003年9月之前，华茂公司多次提出异议，并就给华茂公司分配房地产和定位问题，曾反复多次要求杰昌公司提供全套图纸及相关资料，杰昌公司拒不提供。后经华茂公司咨询才发现给华茂公司分配的商场设计高度不合理，项目名称已被杰昌公司单方变更为"凯旋都汇广场"，为此双方发生纠纷。2003年11月8日，双方签订了《补充协议书》，该协议确定了双方运作原则，并对当时发生的部分争议问题和相关问题达成了协议。但在协商签订该协议时，杰昌公司故意隐瞒了该项目建设规模已变更增加为71,549.8平方米的重要事实。杰昌公司未根据《补充协议书》第5条第2项约定，于2003年11月18日才向华茂公司提供了该项目全套设计图纸和相关审批文件。由此发现杰昌公司不仅单方变更了该项目名称，同时在华茂公司开发使用土地面积不变的情况下，将原开发建设规模总面积43,787平方米单方增加到71,549.8平方米，其中比原来增加27,762.8平方米，增加比例占61.2%。该增加的面积是在华茂公司所投资的26.62亩土地上增加和以该投资土地作为抵押向银行贷款形成的，无疑华茂公司的贡献是主要的。根据合作和公平原则及贡献大小，杰昌公司应按新增面积的50%的比例并按好坏位置、层次搭配原则和各类房产面积比例，为华茂公司再增加分配房产面积13,881.4平方米。同时认为杰昌公司变更该项目名称，属单方违约，也是对华茂公司合法权益的损害。故请求：(1)判令杰昌公司在双方签订的《房地产合作开发协议书》和《补充协议书》基础上，对其单方扩大建设规模增加的开发建设面积27,762.8平方米，按50%的比例和各种类型房产面积比例，为华茂公司按照好坏位置、层次搭配原则增加分配面积共计13,881.4平方米，其中住宅面积5480.38平方米，独立店铺2508.37平方米，大小商场5894.04平方米；(2)判令杰昌公司对合作项目决策的重大事项和全部预销售活动，由双方共同签字盖章办理手续，避免判决结果难以实现；(3)判令杰昌公司恢复双方协议项目名称"华茂商住步行街"，停止和取消其单方变更的项目名称"凯旋都汇广场"及以该项目名称进行的预销售活动,并赔偿华茂公司经济损失100万元。

杰昌公司答辩称,双方没有合作开发的合同法律关系,双方是一种房屋拆迁、安置、补偿的合同法律关系。一是华茂公司无权分得《拆迁安置协议》及《补充协议书》之外的开发房屋面积的13,881.4平方米。双方订立的《拆迁安置协议》标志着形式上的房地产合作开发关系的终止和实质上的房屋拆迁、安置、补偿关系的确立。《房地产合作开发协议书》名称上称为合作,但在其内容中并没有各方出资和所占比例的任何约定,不存在共同投资、共同经营、共担风险、共享盈余的房地产合作关系。双方的权利义务关系确立为《拆迁安置协议》中的拆迁人与被拆迁人之法律关系。开发过程中,杰昌公司对所有的被拆迁人(包括华茂公司)全部给予了安置和补偿,有些已经履行完毕,有的正在履行。华茂公司虽然曾经作为项目开发主体,有别于其他被拆迁人,但其全部利益已经在《拆迁安置协议》和《补充协议书》中得到了完全的安置和补偿。华茂公司现在不是杰昌公司的股东,因此,其无权干涉公司的决策和经营,更无权处分协议约定以外的开发房屋面积。根据《房地产合作开发协议书》约定原改造建设单位由华茂公司变更为杰昌公司,证明了开发项目已经变更为杰昌公司。《补充协议书》是对《拆迁安置协议》中双方为拆迁与被拆迁法律关系的再次认可。杰昌公司增加面积是从多方面加大了投入,是公司经营行为的结果。如果重新规划、设计在实施过程中出现了问题,导致公司经营亏损,华茂公司是否也要按照凭空来的50%的比例分担经营亏损呢?二是华茂公司提出"7·6"协议的前提是项目总面积为43,787平方米不符合事实。双方签订协议前,对项目面积的增加早就达成了一致。签订"7·6"协议是在对原方案进行变更的前提下进行的,相关的变更手续也是华茂公司配合办理的。因此,华茂公司以项目面积增加为由要求多分房地产毫无道理。三是华茂公司的起诉已超过法定的除斥期间。华茂公司起诉杰昌公司要求增加分配面积的另一个理由是原协议"明显不合理不公平",华茂公司法定代表人刘华川早在2002年10~12月就亲自到有关部门参与办理了相关事项的变更手续,从这个时间起算,华茂公司也以自己的行为放弃了此项权利。四是华茂公司无权要求杰昌公司在本项目进行整体规划、设计、销售等环节上对其尽告知义务或履行签字手续。根据《房地产合作开发协议书》约定杰昌公司对本项目整体进行规划、设计、销售,并负责对其费用及项目公司注册资金的投入。更何况项目公司是有限责任公司,重大决策事项只对其公司的股东负责,而华茂公司并非杰昌公司的股东。五是华茂公司主张赔偿100万元没有任何依据,相反其应当赔偿杰昌公司巨额经济损失。杰昌公司既没有侵权行为,也没有违约行为,不存在给华茂公司赔偿的问题。综上,华茂公司无视大量的双方为拆迁安置、补偿合同法律关系的客观证据,以自己现在仍然属于房地产合作开发项目的合作主体为由主张增加13,881.4平方米,超出了《拆迁安置协议》和《补充协议书》确立的补偿和安置面积的范围,其请求没有事实依据和法律依据。并且华茂公司的起诉超过了法定的除斥期间,依法应当驳回华茂公司的起诉,维护杰昌公司的合法权益。

一审法院经审理认为,华茂公司与苏福伦、香港益群公司、陈培森于2002年7月6日签订的《房地产合作开发协议书》,华茂公司、杰昌公司分别于2002年11月1日签订的《拆迁安置协议》以及2003年11月8日签订的《补充协议书》,均系各方的真实意思表示,且各方均无异议,其法律效力应予确认,各方均应严格履行。根据《房地产合作开发协议书》中确定,华茂公司作为合作开发的主体共同签订了协议,且约定了其应履行的义务,即拆迁地上建筑物,达到"三通一平",并承担由此发生的费用等内容,由此应认定华茂公司系该项目的合作开发主体。《房地产合作开发协议书》同时约定了以杰昌公司作为对"华茂商住步行街"改造建设的项目公司。原改造建设单位由华茂公司变更为杰昌公司改造建设经营;除华茂公司承担"三通一平"的费用外,由苏福伦和香港益群公司负责本项目开发建设经营所需的全部资金的投入,并负责杰昌公司具体运作和本项目整体进行规划设计、施工、销售。对于房产的分配,规定除补偿华茂公司11,070平方米的房产外,其余的房产全部归苏福伦和香港益群公司所有。由此证明华茂公司应分得的房产面积已确定为11,070平方米。为履行《房地产合作开发协议书》而成立的项目公司杰昌公司根据该协议与华茂公司就分配的房产面积及具体位置达成了《拆迁安置协议》和《补充协议书》,双方均应严格履行。

杰昌公司并非《房地产合作开发协议书》的一方当事人,而是作为合作各方成立的项目公司,负责对该项目进行规划设计、施工、销售。杰昌公司在对项目规划设计进行优化调整的基础上,将原建筑面积由43,787平方米增加为71,549.8平方米,并报经有关部门批准实施。其增加的面积是由杰昌公司在投入相同的土地上增加投资、优化设计而形成的,华茂公司仍是出让的26.62亩土地,并未增加其他投资。虽然华茂公司是合作开发的主体,但应分面积在《房地产合作开发协议书》中已确定为11,070平方米;且在开发过程中华茂公司也与杰昌公司就其应分配的建筑面积又签订了《补充协议书》,进一步确定了其应得到补偿的房产面积和具体位置,故华茂公司请求对增加面积进行分配,理由不足。华茂公司称杰昌公司单方增加房产面积,致使所应分配的商场高度不合理、采光不足等问题,属履行合同过程中的违约问题,并非华茂公司增加分配房产面积的理由。但是鉴于在杰昌公司开发前,华茂公司已经做了一些前期的开发工作;在该项目的开发过程中,华茂公司作为合作一方又履行了《房地产合作开发协议书》规定的合作义务,根据公平和诚实信用原则,就杰昌公司开发中增加的面积可酌情对华茂公司进行适当补偿。

华茂公司诉请的对合作项目决策的重大事项和全部预销售活动由双方共同签字盖章、办理手续的请求,因华茂公司是与苏福伦、香港益群公司、陈培森签订的

《房地产合作开发协议书》,该协议中合作方并未包括杰昌公司,杰昌公司只是合作方委托开发该项目的具有独立法人资格的项目公司,其享有独立经营活动的资格,且开发协议也赋予了杰昌公司相应的权利,华茂公司的诉请于法无据,不予支持。在开发过程中,杰昌公司将项目名称变更为"凯旋都汇广场",是经过山西省长治市计委批准的,华茂公司请求恢复原"华茂商住步行街"的名称的理由不当,其因此请求赔偿造成的100万元经济损失,一审庭审中未提供相应的证据,也不予支持。

综上,华茂公司虽然是合作开发的主体,但其应分配的面积已在三份协议中确定,予以确认。杰昌公司作为开发的项目公司,对开发过程中增加的面积应归自己所有,但鉴于华茂公司作为该项目的合作一方,根据合作协议履行了自己的义务,从公平和诚实信用原则考虑,杰昌公司应酌情将增加面积27,762平方米的20%给华茂公司作适当补偿,具体位置可根据好坏搭配的原则确定;对华茂公司的其他诉讼请求应予驳回。依据《民法通则》第4条和《合同法》第5条、第8条、第60条之规定,判决:(1)杰昌公司从增加的面积中补偿华茂公司5552平方米,其中住宅面积为2166平方米,独立店铺为1000平方米,大小商场为2386平方米;(2)驳回华茂公司的其他诉讼请求。案件受理费74,087.15元,由华茂公司负担44,452.15元,杰昌公司负担29,635元。

华茂公司和杰昌公司均不服一审判决,向最高人民法院提起上诉。

华茂公司上诉称,一审判决不符合事实,应予改判。请求:(1)依法撤销山西省高级人民法院(2005)晋民初字第1号民事判决,并改判:①杰昌公司对其单方扩大建设规模增加的开发建设面积27,762.8平方米,按50%的比例和各种类型房产面积比例,为华茂公司按照好坏位置、层次搭配原则再行增加分配面积共计13,881.4平方米,其中,住宅面积增加5480.38平方米,独立店铺增加2508.37平方米,大小商场增加5894.04平方米;②杰昌公司将项目名称恢复为"华茂商住步行街"并停止以其单方变更的项目名称"凯旋都汇广场"进行的预销售活动;③杰昌公司赔付华茂公司经济损失100万元;④合作项目的重大决策事项和全部销售活动由合作双方共同办理手续,避免合作分配和判决结果难以执行。(2)杰昌公司负担一、二审的全部诉讼费用。主要事实和理由:

1.杰昌公司是本案房地产合作开发项目合同义务的直接承担者和合作主体,其有义务就新增加的建筑面积给华茂公司重新分配。华茂公司作为本案合作开发的主体且已经履行了合作协议规定的合作义务。杰昌公司名义上是项目公司,但其直接被苏福伦、陈培森、香港益群公司所掌握和控制,在《房地产合作开发协议书》的履行过程中,杰昌公司既代表苏福伦、陈培森和香港益群公司履行他们在《房地产合作开发协议书》项目下的各项义务,又直接代表苏福伦、陈培森、香港益群公司与华茂公司签订与合作事项有关的各项补充协议,并且所有工作都是由杰昌公司以合作主体运作的。(1)《房地产合作开发协议书》中明确规定由苏福伦、香港益群公司负责杰昌公司的具体运作。(2)苏福伦和陈培森是杰昌公司的控股股东,占杰昌公司98%的股份;陈培森同时又作为香港益群公司的名誉股东在杰昌公司代表香港益群公司行使权利。(3)《房地产合作开发协议书》中约定由苏福伦、香港益群公司所承担的义务包括负责除华茂公司提供项目建设用地以外部分土地的拆迁、安置及费用,缴纳该部分所需补交的土地出让金,以及负责本项目开发建设经营所需的全部资金的投入等,实际上都是由杰昌公司履行的。(4)《房地产合作开发协议书》签订后,就该合作协议的未尽事宜,各方又分别签订了《拆迁安置协议》和《补充协议书》,这两份协议都是杰昌公司代表苏福伦、陈培森、香港益群公司与华茂公司签订的,特别是在《补充协议书》中多次提到双方的合作关系。(5)在山西省长治市城区人民政府所出具的《关于华茂公司和杰昌公司反映的有关问题协调会议纪要》中,杰昌公司也明确承认双方是合作关系,并表示要信守协议,在一审中提交的证据目录中也承认双方的合作关系。综上,无论在事实还是书面协议方面,杰昌公司都已经代替了苏福伦、陈培森和香港益群公司成为《房地产合作开发协议书》的一方当事人,因此,其有义务直接承担本案合同责任并就新增加的建筑面积给华茂公司重新分配。

2. 26.62亩开发使用土地是华茂公司的合作投资土地,不是杰昌公司以出让方式取得的土地。该项目中总共使用土地35亩,其中26.62亩(占76.06%)开发使用土地,是华茂公司根据双方签订的《房地产合作开发协议书》自行承担拆迁安置费用,达到“三通一平”以自有出让土地及合作投资的方式过户在杰昌公司名下的,是双方合作的真实体现,并非杰昌公司以出让方式取得的。

3. 合作项目规模变更而增加的27,762.8平方米建筑面积是双方投资形成的财产。项目规模变更后增加的27,762.8平方米建筑面积是在已确定的开发土地上形成的,合作项目面积的增加,华茂公司投入的土地的价值也随之增值,没有华茂公司前期土地的投资,就不能有现在增加的建筑面积。且同样面积的土地上增加建筑面积,必然加大项目的容积率,减少绿化面积及公共设施,客观上减损了华茂公司原来应分得建筑面积的经济价值。

4. 本案房产项目增加的27,762.8平方米建筑面积,双方在协议中并没有约定如何分配,理应由合作双方共同所有。

5. 对项目规模变更后增加的27,762.8平方米建筑面积,应当按照公平原则及贡献大小的原则为华茂公司再行分配50%的房产。(1)在合同履行过程中,华茂公司以自有土地作为出资,履行了提供建设用地、支付土地出让金、进行拆迁安置、负责“三通一平”以及办理手续等义务,实际出资的市场价值超过6400万元。杰昌公司及其股东的实际投入却很少,只是在开发初期有少量的资金投入,建设项目开始后，款项来源主要是房产预售的销售款和银行贷款及施工单位的垫资，而这些运作如果没有华茂公司先期的土地投资是不能实现的。（2）即使把杰昌公司规划中所称的总投资7500万元全部作为其实际投入，与华茂公司实际投入的6400万元比较，双方总的投资比例也已经达到54%和46%。华茂公司仅要求在新增加的面积部分按照50%的比例分配，符合法律规定。（3）通常的房地产项目合作中，提供建设土地一方所占的分配比例至少占总面积的40%到50%，而本案中华茂公司不仅是提供建设土地的一方，还负责绝大部分用地的拆迁事宜。根据惯例及诚实信用原则，华茂公司要求对规模变更后所增加的面积再分得50%的房产是合情合理的。（4）华茂公司要求对新增加的建筑面积再分得其中的50%，符合公平原则。

6. 杰昌公司在履行合同过程中有多项违约事实。（1）杰昌公司单方面将双方约定的项目名称由“华茂商住步行街”变更为“凯旋都汇广场”，严重损害华茂公司的利益，已构成违约。“华茂”是华茂公司十余年努力精心打造的商业品牌，是华茂公司的无形资产。在本案合作项目中使用该名称，具有重大的商业广告价值，因此是华茂公司与其合作者合作的前提条件之一。杰昌公司未经华茂公司同意，擅自将项目名称变更，使华茂公司本应获得的巨大的广告效益化为乌有，给华茂公司造成重大经济损失，因此，华茂公司要求杰昌公司将项目名称恢复为“华茂商住步行街”并赔付华茂公司的经济损失不少于100万元。（2）杰昌公司无权单方变更合作项目的规模增加总建筑面积，也已经构成违约。根据《房地产合作开发协议书》和《补充协议书》中确定的合作原则，“华茂商住步行街”由杰昌公司整体开发，但对整体投资、规划、设计、建设、销售等问题，杰昌公司应及时与华茂公司沟通，杰昌公司不得自作主张，损害华茂公司利益。因此，杰昌公司自行向山西省长治市计委申请变更总建筑面积，既违约又违反了诚实信用原则。

7. 合作项目重大事项依法应当由合作双方办理手续，由于杰昌公司在整个合作过程中种种欺诈和不诚信行为，已给华茂公司造成精神和经济上的很大损失，足以表明其毫无诚信可言。为防止其继续违规运作，华茂公司有理由要求与杰昌公司就共同涉及合作项目的重大事项和全部预销售活动行使决策权并共同签字盖章加以控制，以确保华茂公司分配利益和判决结果的实现。

杰昌公司上诉称，一审判决第一项错误，应根据本案事实和法律的规定作出改判。请求：（1）撤销山西省高级人民法院（2005）晋民初字第1号民事判决第一项，改判驳回华茂公司的全部诉讼请求；（2）维持山西省高级人民法院（2005）晋民初字第1号民事判决第二项；（3）华茂公司负担一、二审的全部诉讼费用。主要事实和理由：

1. 一审判决认定华茂公司请求对增加面积分配的理由不足，是正确的，但在判决中适用公平和诚实信用的原则，判决杰昌公司适当补偿华茂公司5552平方米的面积，显然是错误和矛盾的。（1）华茂公司履行的义务均是三份协议中约定的义务，没有超出协议约定的范围，以履行这些义务为前提，才可以得到协议书中约定得到的安置补偿11，070平方米的面积。因此，一审判决以履行协议约定的义务为理由而适用公平和诚实信用原则，从杰昌公司增加的面积中对华茂公司补偿是错误的。（2）不存在杰昌公司自行增加面积。所谓增加面积是针对华茂公司原来的设计方案而言的。该协议约定“华茂公司负责办理杰昌公司开工前政府所有批文：长政办发（2002）1号文待苏福伦、香港益群公司规划方案领导批示同意后，10个工作日内办理完毕”。可见对该项目优化设计、增加面积是该协议各方的共识，否则用原来设计方案就可以，还要苏福伦、香港益群公司规划方案何用？而且在杰昌公司完成新的设计方案并上报立项变更的过程中，华茂公司是参与的。从该协议约定及证人杜自美等人的有关证言中可以得到印证。对华茂公司安置补偿11，070平方米的面积是在其知情的情况下才确定的，而华茂公司在三份协议确立的权利与义务之外没有任何新的投入，因此，履行约定的义务获得约定的权利，不存在显失公平。（3）优化设计、增加建筑面积是各方签订《房地产合作开发协议书》的前提。原立项批文中项目总建筑面积43，787平方米，其中地下停车场及相关配套项目幼儿园、老年娱乐中心、物业管理等无法销售的建筑面积共15，300平方米，本项目拆迁面积高达26，889平方米（实际拆迁面积达到30，000多平方米）。按1∶1安置补偿，可销售面积只有43，787－15，300－26，889＝1598平方米。如果不增加项目面积，杰昌公司要亏损，不获得利润杰昌公司就不会与华茂公司签订协议。在新设计方案完成且新的立项批文下达后，2003年1月23日，华茂公司给杰昌公司总经理苏福伦的公函中提到“现《假日阳光广场平面位置图》已经城建规划部门认可，项目各层平面图已经定稿”充分说明，华茂公司对新的规划设计和新的项目名称没有提出任何异议。新的项目名称“假日阳光广场”是在新的立项批文中，与增加项目面积、变更项目开发主体、确定资金来源等事项一并下达的。华茂公司不可能只知道项目名称改变，却不知道项目面积增加。而且在《补充协议书》中明确“设计变更相关事项，双方同意项目整体根据深圳设计装饰工程有限公司绘制的，并经长治市建设管理部门审批的全套施工图纸施工”。因此，华茂公司完全知情且没有提出任何异议。（4）在民事权益显失公平的情况下，当事人完全可以在法定的期限内请求法院变更或撤销，而华茂公司并没有在法定的期限内请求。而且，从签订《拆迁安置协议》和其后的《补充协议书》的行为来看，华茂公司也是对自己权利的再次确认。

2. 一审判决认定华茂公司并非合作开发协议的一方当事人是正确的，但认定华茂公司属于项目合作开发主体是错误的。（1）《房地产合作开发协议书》虽然名称上为合作开发协议，但因为华茂公司既没有投入资金到项目公司共同经营，拆迁后的土地也不是作为投资进入项目公司，又不愿意承担任何风险，所以实质上华茂公司不具备合作开发的主体资格,其只是将土地转让给了杰昌公司,其权利的获得在该协议中已经被确立为不承担任何风险的拆迁安置补偿之法律关系。一审判决认为该协议中约定了华茂公司应履行的义务,即拆迁地上建筑物、达到"三通一平"并承担由此发生的费用等内容,认定华茂公司系该项目的合作开发主体,是错误的。这些约定不属于合作开发合同要求的必须内容,而是被拆迁人为了转让土地而将生地变为熟地应当履行的约定义务,是华茂公司获得约定的11,070平方米面积的前提条件之一。(2)《房地产合作开发协议书》主体之间的权利与义务已经通过两种不同的法律关系得到了分解。一是除华茂公司以外的主体约定将出资进入杰昌公司,他们的权利义务根据股份出资比例在杰昌公司中体现;二是华茂公司与变更后的项目开发主体杰昌公司签订《拆迁安置协议》,华茂公司的权利和义务在与杰昌公司的拆迁安置补偿法律关系中得到落实。(3)杰昌公司作为该建设项目的项目公司,不仅受让了华茂公司的土地,而且还受让了其他被拆迁主体的土地。被拆迁人的权利已经在《拆迁安置协议》中得到落实。杰昌公司独立承担着经营风险,依法只能按公司法的规定由公司变更后的股东承受权利与义务。华茂公司不再占有杰昌公司股份,也就不能认定为项目的合作开发主体。

3.杰昌公司与华茂公司之间只有唯一的一种拆迁安置法律关系。双方的拆迁安置法律关系在《房地产合作开发协议书》中已经事先约定好,又在《拆迁安置协议》和《补充协议书》中得到了充分的确认。无论是签订协议的主体称谓,还是实体上的权利与义务的细化约定,都充分地证明了双方的权利与义务关系是拆迁安置的法律关系。

最高人民法院二审查明的事实与一审法院查明的事实相同。

最高人民法院认为,本案所涉华茂公司和杰昌公司之间是合作开发关系还是拆迁安置补偿关系、杰昌公司是否违约及应否承担违约责任、新增加的面积应该如何处理等三个方面的问题,是双方当事人二审中的争议焦点。

(一)关于华茂公司和杰昌公司之间是合作开发关系还是拆迁安置补偿关系的问题

从涉案项目的开发建设过程看,在华茂公司与苏福伦、香港益群公司、陈培森签订《房地产合作开发协议书》之前,华茂公司已提交了《关于华茂商业园区开发改造方案的报告》,并经政府批复同意获得对华茂商业园区进行开发的权利,获得了开发华茂商业园区的建设项目选址意见书和建设用地规划许可证。为开发建设需要,刘华川等股东在该协议签订前即注册成立了杰昌公司。该项目前期的立项、规划等审批手续均为华茂公司运作的结果,也是该协议签订的基础。该协议明确约定了各方的分工合作内容。华茂公司及杰昌公司提交的证据显示,该项目所占19,983.19平方米土地面积中的17,762.59平方米,是由华茂公司取得土地使用权的自有土地变更登记至杰昌公司名下,有 2220.6 平方米土地面积为杰昌公司直接以挂牌出让方式取得。华茂公司依照该协议将其已拥有土地使用权证的自有土地投入合作项目中。《房地产合作开发协议书》的约定内容和实际履行过程表明,杰昌公司是该项目合作的载体,是为运作双方的合作项目设立的。华茂公司与杰昌公司在《房地产合作开发协议书》中不是合同的相对方,但是,华茂公司与苏福伦、香港益群公司、陈培森作为合同的相对方,约定了该项目开发方式以杰昌公司作为对"华茂商住步行街"改造建设的项目公司,原改造建设单位由华茂公司变更为杰昌公司改造建设经营;约定除华茂公司承担"三通一平"的费用外,由苏福伦和香港益群公司负责本项目开发建设经营所需的全部资金的投入,并负责杰昌公司具体运作和本项目整体进行规划设计、施工、销售。且约定"本项目整体竣工并完成销售归物业公司管理后,协议终止,项目公司注销"等内容。此后的《拆迁安置协议》及《补充协议书》内容也都是以《房地产合作开发协议书》为前提,由华茂公司与杰昌公司直接签订的。因此,杰昌公司在该项目合作中具有双重的地位,一方面作为华茂公司与苏福伦、香港益群公司、陈培森合作开发该项目的项目公司,另一方面随着协议的履行,替代苏福伦、香港益群公司、陈培森成为合作主体,与华茂公司继续进行项目的合作,并先后签订了《拆迁安置协议》及《补充协议书》。

合作开发房地产合同,是当事人订立的以提供土地使用权、资金等作为共同出资,共享利润、共担风险合作开发房地产为基本内容的协议。在一方以资金为投入,另一方以取得的土地使用权为投入的合作开发房地产合同中,土地使用权投入方将土地使用权变更为合作各方共有或者变更至项目公司名下,通常是合作开发房地产合同约定的重要内容,有的还要另行签订土地使用权转让合同。其真实意思表示是以土地使用权作价出资的合作,还是单一的土地使用权转让,合作各方是否共享利润、共担风险是主要的认定依据。各方约定共同成立专门的项目公司开发房地产,无论项目公司是否成立,以及土地使用权是否已经变更登记为项目公司享有,均不影响合作开发房地产合同的效力。《房地产合作开发协议书》中合作各方关于房产的分配,并没有无论项目盈亏任何一方都不承担合作风险亦获取固定利益的约定。合作各方均承担了实际的合作风险。该协议的实质是华茂公司以土地使用权出资,与相对方合作开发。因此,华茂公司与苏福伦、香港益群公司、陈培森之间通过《房地产合作开发协议书》及对该协议的实际履行行为形成合作关系。《房地产合作开发协议书》签订后,就该合作协议未尽事宜,又签订了《拆迁安置协议》和《补充协议书》,在此,杰昌公司是合作协议的主体,并承担了《房地产合作开发协议书》中苏福伦、香港益群公司、陈培森的权利和义务,负责履行该协议约定的有关内容。因此,华茂公司与杰昌公司之间存在实际合作开发关系。《拆迁安置协议》所确定的内容,是华茂公司与杰昌公司就具体拆迁安置事项形成的另一法律关系。

(二)关于杰昌公司是否违约及应否承担违约责任的问题

1. 杰昌公司单方增加面积是否违约。该项目新增加的27,762.8平方米建筑面积在《房地产合作开发协议书》中虽然没有约定,但是杰昌公司对项目重新进行优化设计,并变更立项进行开发建设,均符合《房地产合作开发协议书》关于该项目由苏福伦、香港益群公司具体实施,苏福伦、香港益群公司负责杰昌公司具体运作,并对本项目整体进行规划设计、施工、销售等约定内容的要求,是具体实际履行《房地产合作开发协议书》的行为,不属于单方增加面积的违约行为。

2. 变更所争议房地产项目名称是否违约。如上所述,杰昌公司既作为该合作项目实际的合作主体,又作为合作各方运作项目的项目公司,杰昌公司是合作方委托开发该项目的具有独立法人资格的项目公司,其享有独立经营活动的资格,且《房地产合作开发协议书》也赋予了杰昌公司相应的权利。在开发过程中,该项目已登记在杰昌公司名下,项目名称曾变更为"假日阳光广场",华茂公司在往来函件中也实际认可"假日阳光广场"的名称,后杰昌公司报经山西省长治市计委批准又将该项目更名为"凯旋都汇广场"。杰昌公司变更所争议房地产项目名称并不违约。华茂公司请求恢复原"华茂商住步行街"名称的理据不足,其因此请求赔偿造成的100万元经济损失,庭审中也未提供相应的证据,一审法院对此不予支持,并无不当。

(三)关于新增加的面积应该如何处理的问题

《房地产合作开发协议书》《拆迁安置协议》是以山西省长治市改革发展计划委员会以长计投字〔2001〕216号立项批准的开发建设规模总面积为43,787平方米的华茂商业园区项目为基础的,该协议中约定华茂公司应分配11,070平方米的房产,是依据43,787平方米这个前提确定的。《补充协议书》载明"根据2002年7月6日四方签订的《房地产合作开发协议书》和双方签订的《拆迁安置协议》,并根据市、区两级政府协调会议精神,现就项目分配补偿等具体问题,经平等协商达成如下补充协议",可见,合作各方仍然以原来的《房地产合作开发协议书》和《拆迁安置协议》为依据进行面积的分配补偿,并未就项目优化设计后的71,549.8平方米建筑面积中增加部分的分配进行新的约定。华茂公司主张分配多增加的房屋面积,并非以股东身份对项目利润分配的主张,而是依据合作合同关系对《房地产合作开发协议书》有关约定房产分配面积发生变更而提出的请求。新增加的面积是合作项目的产物,理应归合作各方共同所有。但上述三份协议均未就新增的27,762.8平方米建筑面积的分配再予约定,一审法院认为华茂公司请求的合同依据不足,并无不当。

该项目71,549.8平方米的建筑面积是以杰昌公司名义报批,政府有关部门以长计〔2002〕130号文批复为依据建设的,项目所占19,983.19平方米土地面积中的

17,762.59平方米原来是华茂公司取得土地使用权的自有土地,2220.6平方米土地面积为杰昌公司直接以挂牌出让方式取得。一审法院根据各方合作情况,对各方未作约定的新增面积,适用公平原则按照20%的比例确定给华茂公司,与参照双方最初约定分配面积所占分配比例以及合同履行过程中分配面积所占比例的变化等合作项目实际履行情况,综合考虑的结果大致相当,也符合本案实际,可予维持。

综上所述,华茂公司、杰昌公司的上诉请求缺乏有关事实及法律依据,均不予支持。一审判决对部分事实的认定虽不够准确,但对本案的实际处理结果没有造成影响,并不失公平,可予维持。根据《民事诉讼法》第153条第1款第1项之规定,判决如下:驳回上诉,维持原判。二审案件受理费74,087.15元,由长治市华茂副食果品有限公司负担44,452.15元,长治市杰昌房地产开发有限公司负担29,635元。本判决为终审判决。

[参见《最高人民法院公报》2007年第8期。]

014. 公司的法定代表人与他人签订房地产开发合同后,能否以其控股股东不同意为由主张合同无效?

【典型案例】

天津津投金厦房地产发展股份有限公司与天津市东丽软件园建设开发有限公司、天津三联投资集团有限公司合资、合作开发房地产合同纠纷上诉案

上诉人(原审被告):天津市东丽软件园建设开发有限公司(以下简称软件园建设公司)。

被上诉人(原审原告):天津津投金厦房地产发展股份有限公司(以下简称津投金厦公司)。

原审被告:天津三联投资集团有限公司(以下简称三联公司)。

一、天津市高级人民法院一审查明的事实

2006年11月1日,津投金厦公司、三联公司及案外人天津东丽软件园发展有限公司(以下简称软件园发展公司)签订《合作协议》约定,鉴于三联公司尚欠津投金厦公司7840万元款项未予偿还;软件园发展公司为三联公司和天津市东丽经济开发区总公司投资设立的有限公司,目前正在进行位于天津市东丽区津东丽昆

(招)2006－055号地块土地使用权的投标;软件园发展公司需要1亿元资金作为取得上述地块土地使用权的投标保证金;津投金厦公司、三联公司愿在上述地块的土地使用权中标后,就该地块的开发进行深入合作。为明确各方的权利义务,订立如下协议:……第3条"合作方式"中约定:3.1　津投金厦公司同意为软件园发展公司就上述项目的投标提供1亿元的资金作为投标保证金直接代软件园发展公司支付至招标人;3.2　软件园发展公司保证其投标时的法律文件,包括规划设计方案与其提供给津投金厦公司的文件相同,如中标后的相关规划方案未经津投金厦公司的书面同意而进行变更,则津投金厦公司有权终止本协议,并要求三联公司、软件园发展公司立即归还津投金厦公司所投入的全部款项共计17,840万元;3.3　软件园发展公司在投标时向招标方出具证明,指示如果软件园发展公司未取得上述项目的土地使用权,则上述投标保证金应由招标方直接退回津投金厦公司;三联公司愿为上述资金的归还承担连带保证责任,保证期间为自项目开标后2年;3.4　三联公司同意将其持有的软件园发展公司的25%的股权及天津市东丽经济开发区总公司持有的软件园发展公司的25%的股权转让给津投金厦公司,并同时签署相关的法律文件;3.5　在股权转让后,津投金厦公司、三联公司作为软件园发展公司的股东,各持有50%的股权;同时在以后的经营中,仍需根据项目需要按照同等比例同期增加对软件园发展公司的投资,用于项目的开发费用。第4条"还款"中约定:4.1　本协议的偿还包括三联公司原欠津投金厦公司的款项7840万元及如软件园发展公司无法中标后需退还的1亿元投标保证金。三方在第1条"保证及声明"中约定,三联公司、软件园发展公司保证软件园发展公司的股权转让无法律上或合约上的禁止或限制。同日,津投金厦公司与三联公司签订《补充协议》约定:(1)根据相关约定,双方同意三联公司就电话设备厂合作项目向津投金厦公司归还6090万元本金并支付1750万元补偿款;(2)三联公司已为该项目投入了前期运作资金且三联公司及三联公司协商天津市东丽经济开发区总公司向津投金厦公司转让软件园发展公司的50%股权,津投金厦公司同意承担并支付有关补偿费用3000万元整;(3)上述两款冲抵后,津投金厦公司同意在软件园发展公司取得津东丽昆(招)2006－055号用地使用权且津投金厦公司获得该公司50%股权(以工商登记为准)后的一周内并完善相关债权债务手续,将冲抵后剩余的4840万元债权投入软件园发展公司用于项目开发。同日,三联公司、天津市东丽经济开发区总公司与津投金厦公司签订《股权转让协议书》,对软件园发展公司的股权转让,作出约定。同日,天津市东丽经济开发区总公司出具《承诺函》承诺:(1)同意由我公司投资设立的软件园发展公司为三联公司所欠贵公司的7840万元款项承担连带保证责任;(2)同意在软件园发展公司中标天津市东丽区津东丽昆(招)2006－055号地块土地使用权后以250万元的价款将我公司持有的软件园发展公司的25%股权转让给贵公司。同日,津投金厦公司与三联公司签订《补充协议》,就分割开发津东丽昆(招)2006－055号地块项目进行了约定。其后,津投金厦公司依约将1亿元资金投入,软件园发展公司于2006年11月24日出具了收据。

2007年2月15日,软件园建设公司与天津市国土资源和房地产管理局就津东丽昆(招)2006－055号地块的出让签订《天津市国有土地使用权出让合同》。

嗣后,津投金厦公司、三联公司、软件园建设公司、软件园发展公司签订四方补充协议约定,根据东丽区政府相关机构的要求及安排,软件园建设公司就津东丽昆(招)055号地项目与天津市国土资源和房地产管理局签订土地出让合同。津投金厦公司、三联公司、软件园发展公司三方签订补充协议,对2006年11月1日签订的有关上述土地开发合作协议,调整如下:(1)根据土地出让合同及津投金厦公司、三联公司双方协议约定,该项目土地获得成本(以下简称用地总投入)为77,936万元(中标价格)加上6000万元,合计确认为83,936万元。(2)津投金厦公司已向项目支付了1亿元,并且津投金厦公司、三联公司双方同意三联公司支付的项目投入中,有7840万元作为三联公司向津投金厦公司的还款,合计津投金厦公司已投入项目17,840万元,该笔资金确认作为津投金厦公司对软件园建设公司的债权。津投金厦公司、三联公司双方的债权债务了结,软件园发展公司也不再与津投金厦公司有债权债务关系;三联公司承担软件园建设公司对津投金厦公司所付17,840万元债务连带偿还责任。(3)根据津投金厦公司、三联公司、软件园发展公司三方约定的投资开发原则,由于软件园建设公司与土地局签订土地出让合同,四方同意津投金厦公司、三联公司、软件园发展公司三方原约定的津投金厦公司、三联公司对等持有软件园发展公司的股权改为对等持有软件园建设公司的股权,该等股权在三联公司与东丽区关联企业协商其在软件园建设公司所占股份比例确定后,剩余股份由甲乙双方各持50%,股权过户手续在该宗地交地手续完成后,三联公司、软件园建设公司、软件园发展公司三方即与东丽区协商办理。软件园建设公司的管理运作仍以津投金厦公司、三联公司、软件园发展公司三方原合作协议约定的对软件园发展公司的管理运作模式实施管理运作,津投金厦公司、三联公司按占软件园建设公司股权比例承担项目投资责任。(4)四方同意按独立分别开发的原则分割建设项目,分别投资开发,津投金厦公司所获开发面积(具体位置、性质,本着公平、对等原则协商确定)所占的比例与津投金厦公司应占软件园建设公司股权比例相等,在项目具备用地转让条件时,上述建筑面积用地四方同意以第(1)条所定土地总价核定单价,由软件园建设公司转移至津投金厦公司或其指定的公司,相关税费由出让方与受让方按相关规定各自分担。(5)在分割用地完成时津投金厦公司占软件园建设公司股权再由三联公司或三联公司指定方原价购回。本协议生效后,津投金厦公司、三联公司参与的软件园发展公司的股权出让安排不再实施。(6)本协议签订后，三联公司、软件园建设公司、软件园发展公司负责协调各方在该项用地办理土地证的3个月内将津投金厦公司应持软件园建设公司股权过户，并办理四方已约定的注册变更手续，或办理完成向津投金厦公司分割建设用地手续。如逾期未办理完成，三联公司、软件园发展公司需负责协调软件园建设公司在1个月内全部偿还所欠津投金厦公司17,840万元债务，并按实际占用时间按银行同期贷款利率补偿津投金厦公司资金占用费，另须按津投金厦公司投入资金不低于12%的原则对津投金厦公司进行二次补偿，三联公司对此承担连带清偿责任。(7)本协议签订生效后作为原合作协议的补充，原合作协议与本协议有不一致或冲突的条款，以本协议约定为准。如有违约，违约方须承担给其他方造成的损失。(8)本协议未尽事宜，各方可协商解决，协商不成，可向人民法院诉讼解决。

软件园建设公司(注册资本4900万元)的股东是天津市丰联房地产开发有限公司(以下简称丰联公司)(出资4390万元)和软件园发展公司(出资510万元)。丰联公司(注册资本1亿元)的股东是三联公司(出资5575万元)、天津沃达丰工贸有限公司(出资4075万元)、石映春(出资150万元)、魏静珍(出资200万元)。

因软件园建设公司、三联公司未依约履行还款义务，津投金厦公司诉至天津市高级人民法院。

二、当事人一审起诉与答辩情况

津投金厦公司诉称：2006年11月1日，津投金厦公司应软件园发展公司的要求，为其竞标的天津市东丽区津东丽昆(招)2006－055号地块的土地使用权支付1亿元投标保证金，且软件园发展公司的控股公司三联公司尚欠津投金厦公司7840万元未予偿还，为此，津投金厦公司与软件园发展公司及三联公司签订了《合作协议》，该协议确认了津投金厦公司对软件园发展公司和三联公司的共计17,840万元债权。同时约定，如果中标，津投金厦公司与三联公司就土地开发进行深入合作，津投金厦公司债权中的500万元自动转为软件园发展公司的投资股款，其余的款项仍作为债权，投入项目运营中。为此，津投金厦公司与三联公司及软件园发展公司还于同日签订了《股权转让协议书》，软件园发展公司的另一股东天津市东丽经济开发区总公司同日出具了同意转让其股权给津投金厦公司的承诺函。然而，三联公司为独占土地使用权，在不告知津投金厦公司的情况下，私自注册成立了控股子公司即软件园建设公司，并由软件园建设公司同天津市国土资源和房屋管理局签订了《天津市国有土地使用权出让合同》，取得了上述位于东丽区昆仑北路东侧地块的国有土地使用权。津投金厦公司对此提出强烈质疑。为此，软件园建设公司、软件园发展公司、三联公司又和津投金厦公司签订了四方《补充协议书》(以下简称四方《补充协议》)，约定将软件园发展公司和三联公司对津投金厦公司17,840万元的债务全部转由软件园建设公司承担，津投金厦公司也将转为对软件园建设公司持股；软件园建设公司、三联公司等负责协调各方在项目地块办理土地证的3个月内将津投金厦公司应持软件园建设公司的股权正式过户，并办理四方约定的注册变更手续。如逾期未办理，三联公司等负责协调软件园建设公司在1个月内偿还所欠津投金厦公司的全部债务，并按实际占用时间按银行同期贷款利率补偿资金占用费，另须按津投金厦公司投入资金不低于12%的原则对其进行二次补偿，三联公司对此承担连带偿还责任。协议签订后，软件园建设公司既未在约定的时间内为津投金厦公司办理相关的股权过户手续，也未在约定的期限内偿还欠款及补偿金，津投金厦公司几次追索未果。故请求：(1)判令软件园建设公司偿还津投金厦公司17,840万元及至实际给付之日的利息；(2)判令软件园建设公司偿还津投金厦公司17,840万元债务的补偿金5000万元；(3)判令三联公司对软件园建设公司的全部债务承担连带清偿责任。

三、天津市高级人民法院一审认定与判决

天津市高级人民法院审理认为，当事人签订的合作协议、补充协议、股权转让协议，意思表示真实，应为有效。津投金厦公司、三联公司、软件园建设公司、软件园发展公司签订的四方《补充协议》，除涉及股权转让的条款在签订协议时为效力待定条款。但实际上由于软件园建设公司的股东是丰联公司和软件园发展公司，三联公司签订四方《补充协议》明确认可软件园建设公司的股权转让给津投金厦公司，而三联公司是软件园建设公司的控股股东、丰联公司的控股股东，三联公司、丰联公司的法定代表人均是石明健，三联公司、丰联公司、软件园发展公司、软件园建设公司为关联公司，故三联公司控股的丰联公司对软件园建设公司的股权转让不应作出相反的意思表示，否则属于《公司法》第20条所指出的滥用公司法人人格权，逃避债务的行为。软件园建设公司、三联公司以丰联公司未认可软件园建设公司的股权转让，四方补充协议的股权转让无效的抗辩理由不能成立。

津投金厦公司是根据四方《补充协议》约定的投资款返还和补偿条款提起诉讼，请求判令返还投资款并赔偿损失。由于当事人未提出股权转让实际履行的请求，股权转让问题不是本案需处理的问题。四方《补充协议》规定，如逾期未办理完成约定的注册变更或分割建设用地手续，三联公司、软件园发展公司需负责协调软件园建设公司在1个月内全部偿还所欠17,840万元债务，并按实际占用时间按银行同期贷款利率补偿津投金厦公司资金占用费，另需按津投金厦公司投入资金不低于12%的原则进行二次补偿，三联公司对此承担连带偿还责任。在上述合作协议和相关补充协议确定的合资、合作开发房地产的合作目的不能实现时，软件园建设公司、三联公司应按上述四方《补充协议》的约定，履行还款义务。软件园建设公司、三联公司未按四方《补充协议》的约定履行自己的义务，应偿还欠款并承担违约责任，承担违约责任应给付的损失赔偿应当相当于因违约所造成的损失，包括履行合同后可以获得的利益。由于津投金厦公司没有提供合同履行后其可获得利益的有效证据,该项损失的数额难以确定,津投金厦公司提出的5000万元的赔偿数额证据不足,一审法院不予支持。但软件园建设公司除应履行还款义务外,还应按约定补充津投金厦公司资金占用费,1亿元按实际占用时间、7840万元按债务被确认起计算资金占用费的数额。三联公司应按约定对上述欠款和补偿承担连带偿还责任。

由于津投金厦公司、三联公司、软件园建设公司、软件园发展公司签订的四方《补充协议》约定,办理相关股权过户手续、注册变更手续的期限为该协议签订后的3个月,如上述手续逾期未办理完成,须在1个月内偿还债务,四方当事人约定的还款期限为补充协议书签订后的4个月内。虽然四方当事人在四方《补充协议》中约定的股权转让事宜,当事人未实际履行,但四方当事人并未约定相关股权过户、注册变更手续没有完成还款期限可以改变,故软件园建设公司、三联公司提出的没有违约及不承担连带责任的抗辩理由,没有事实和法律根据,不能成立。综上,判决如下:(1)软件园建设公司偿还17,840万元,并补偿津投金厦公司资金占用费(其中10,000万元自2006年11月25日起至本判决确定的给付之日止,7840万元自2006年11月1日起至本判决确定的给付之日止,按中国人民银行规定的同期贷款利率计算);(2)软件园建设公司给付津投金厦公司二次补偿费21,408,000元(17,840万元×12%);(3)三联公司对软件园建设公司的上述全部债务承担连带清偿责任;(4)驳回津投金厦公司的其他诉讼请求。

四、当事人上诉请求及理由

软件园建设公司不服一审判决,向本院提起上诉,请求撤销一审判决,改判驳回津投金厦公司对软件园建设公司提出的全部诉讼请求。其主要理由是:第一,一审判决错误地将软件园建设公司与津投金厦公司、三联公司、案外人软件园发展公司签订的《补充协议》认定为有效合同,软件园建设公司不应对津投金厦公司承担任何债务。该合同的各方当事人在未经丰联公司同意的情况下,擅自将丰联公司持有软件园建设公司的股权转让给津投金厦公司,属于无处分权人处分他人财产的行为,侵犯了丰联公司的股东权益。丰联公司得知该协议后,明确表示不予认可,因此,根据《合同法》第51条之规定,该《补充协议》无效。另外,软件园建设公司承担三联公司的债务未经全体股东决议,侵犯了案外人丰联公司的股东权益。鉴于《补充协议》无效,软件园建设公司无须对津投金厦公司承担任何债务。第二,丰联公司对《补充协议》的意见系其作为独立的法人作出的真实意思表示,三联公司无权干涉。三联公司、软件园发展公司并未滥用公司法人独立地位和股东有限责任逃避债务。作为独立法人的丰联公司除三联公司外,还有三个股东,三联公司无权干涉或左右其他股东的意志。第三,即使四方《补充协议》有效,因该协议属于附条件合同,协议约定的条件未成就,故软件园建设公司无法履行合同义务。软件园建设公司不存在违约情形,不应承担违约责任。四方《补充协议》第6条虽然约定了股权过户手续应办理完成的时间,但该条款与《补充协议》第3条自相矛盾。该第3条约定由三联公司与软件园建设公司的股东丰联公司、东丽区关联企业共同协商确定其转让给三联公司与津投金厦公司的股权比例,而并未明确约定两公司受让股份的具体数额。只有在丰联公司和东丽区关联企业确定其转让股份的具体数额后,才能由三联公司和津投金厦公司对半持有。因丰联公司和东丽区关联企业至今未确定可以转让的股权份额,故股权过户手续根本无法办理。合同不能履行的过错不在软件园建设公司和三联公司,津投金厦公司未对其可以接受的股权份额作出意思表示,对合同不能履行存在一定过错,故软件园建设公司和三联公司不应承担违约责任。第四,津投金厦公司主张违约金所依据的《补充协议》第6条以及按津投金厦公司投资的12%的原则对其进行二次补偿,属于对企业拆借资金利息的约定,该约定无效,故一审判决支付利息及补偿费无法律依据。第五,一审判决第一项超出了津投金厦公司的一审诉请范围。津投金厦公司的一审诉请第一项,只是要求偿还17,840万元债务及至实际给付日的利息,在其诉讼请求中并未要求给付资金占用费,也未说明其请求的利息依据及计算方式,而一审判决却判令软件园建设公司给付津投金厦公司资金占用费,显然判非所请。

津投金厦公司答辩认为,一审判决认定事实清楚,适用法律正确,请求维持原判,驳回软件园建设公司的上诉请求。

三联公司支持软件园建设公司的上诉意见。

五、最高人民法院审理情况

最高人民法院二审期间,当事人并未提交新证据。二审查明的情况与一审法院查明的情况相同。

六、最高人民法院二审认定与判决

最高人民法院审理认为,双方当事人二审中的争议是:软件园建设公司中标后,津投金厦公司、三联公司、软件园发展公司、软件园建设公司签订的四方《补充协议》是否有效;一审判决是否超过了津投金厦公司的诉讼请求范围判决软件园建设公司给付津投金厦公司17,840万元的利息和二次补偿是否违反法律规定。

(一)关于津投金厦公司、三联公司、软件园发展公司、软件园建设公司签订的四方《补充协议》的效力问题

正如四方《补充协议》约定,该《补充协议》是对津投金厦公司、三联公司和软件园发展公司于2006年11月1日签订的《合作协议》的补充。因此,四方《补充协议》与《合作协议》的性质均是房地产合资、合作开发合同。津投金厦公司之所以为软件园发展公司提供10,000万元资金作为取得天津市东丽区津东丽昆(招)2006-

055号地块的土地使用权投标保证金,其目的是与三联公司合作,参与该地块的开发经营。由于在涉案地块的招投标过程中,三联公司和软件园发展公司决定由软件园建设公司取代原《合作协议》中约定的软件园发展公司,作为投标主体参与竞标,因此,三联公司、软件园发展公司与津投金厦公司原来签订的《合作协议》及其《股权转让协议书》均因参与竞标并取得土地使用权主体变更而无法继续履行,且实际使用津投金厦公司提供的10,000万元投标保证金的主体也随之变更为软件园建设公司,故津投金厦公司与三联公司、软件园发展公司、软件园建设公司于2007年2月以后又签订了四方《补充协议》,以解决津投金厦公司参与天津市东丽区津东丽昆(招)2006-055号地块开发以及在其参与合作开发房地产的目的无法实现时如何收回投资并获得补偿的问题。一审判决在查明上述一系列合同的签约背景后,作出的关于四方《补充协议》效力的认定并无不当。首先,软件园建设公司作为独立法人,有权以自己的名义对外签订合同。作为与之缔约的合同相对方,津投金厦公司有理由相信软件园建设公司的法定代表人或者其法定代表人委托的签约人的缔约行为即是公司行为。软件园建设公司于《补充协议》签订后,应当依法对其缔约行为的后果承担相应的民事法律责任。作为软件园建设公司股东之一的丰联公司因软件园建设公司签订四方《补充协议》而与其发生的争议,系股东与公司之间的争议,属于《补充协议》之外的另一法律关系。丰联公司如果认为其合法权益因此受到损害,应当以自己的名义另寻途径解决。软件园建设公司在本案中,以其缔约行为未得到丰联公司的同意而主张《补充协议》无效,缺乏事实和法律依据。对其主张,不应予以支持。一审判决将四方《补充协议》中有关股权转让的条款认定为效力待定,并非因为该条款有待软件园建设公司的所有股东同意,而是因为,作为乙方的三联公司提出要"等股权在乙方与东丽区关联企业协商其在丙方所占股份比例确定后,剩余股份由甲乙双方各持50%"(其中的丙方即软件园建设公司)。因此,一审判决不存在错误适用《合同法》第51条,进而错误认定合同效力的问题。其次,软件园建设公司之所以签订四方《补充协议》,是因为其注册成立的目的就是取代《合作协议》中软件园发展公司的地位,作为天津市东丽区津东丽昆(招)2006-055号地块土地使用权的竞标主体参与竞标,因而也成为实际使用津投金厦公司提供的10,000万元投标保证金的主体。故在其实际取得了上述地块的土地使用权后,应当依照四方《补充协议》的约定,承担就该地块与津投金厦公司合作开发或者在合作开发无法实现时,向津投金厦公司返还10,000万元投标保证金的义务。如果按照软件园建设公司主张的四方《补充协议》因缺少其股东丰联公司的同意而无效,就等于软件园建设公司从软件园发展公司承继了使用津投金厦公司10,000万元的投标保证金的权利,而把与津投金厦公司合作开发天津市东丽区津东丽昆(招)2006-055号地块以及在合作开发不成的情况下返还10,000万元的投标保证金并补偿津投金厦公司损失的义务留给了既无土地使用权也未实际使用津投金厦公司提供的10,000万元投标保证金的软件园发展公司,这样只享有权利却拒绝承担义务的主张,缺少合同依据,亦不符合民事主体在民事活动中应当遵循的诚信原则。对软件园建设公司的上述主张,不应予以支持。

四方《补充协议》中明确约定,如其未办理完成约定的注册变更或分割建设用地手续,三联公司、软件园发展公司需要协调软件园建设公司在一个月内全部偿还所欠津投金厦公司17,840万元的债务,并根据实际占用津投金厦公司资金的时间按照银行同期贷款利率补偿津投金厦公司资金占用费。另需按津投金厦公司实际投入资金不低于12%的原则对津投金厦公司进行二次补偿,三联公司对此承担连带偿还责任。根据《补充协议》第3条约定,津投金厦公司取得软件园建设公司股权确实附有条件,但该协议第6条明确约定了在津投金厦公司自签订合同3个月内既无法取得软件园建设公司股权,也未取得土地使用权的情况下,软件园建设公司、三联公司应当承担的民事责任,而不附有任何条件。因此,软件园建设公司关于所附条件未成就,其对于合同不能履行不应承担责任的主张,不应采信。

(二)关于一审判决是否超过了津投金厦公司的诉讼请求范围判决软件园建设公司给付津投金厦公司17,840万元的利息和二次补偿是否违反法律规定的问题

首先,一审判决第一项中的资金占用费和津投金厦公司诉请的利息并无本质区别。17,840万元的性质并非软件园建设公司所述的企业之间的资金拆借。从津投金厦公司与三联公司、软件园发展公司签订的《合作协议》、《补充协议》到四方《补充协议》,均可以看出,津投金厦公司为软件园发展公司提供1亿元作为投标保证金的目的是取得天津市东丽区津东丽昆(招)2006-055号地块中部分土地使用权,或者以参股的形式参与该地块的开发建设,而非以获取高于银行利息为目的的企业间资金拆借。在四方《补充协议》中,各方当事人均认可三联公司原欠津投金厦公司7840万元债务已经作为津投金厦公司投入项目的资金,因此,对于17,840万元的性质,应认定为津投金厦公司向实际参与竞标并取得天津市东丽区津东丽昆(招)2006-055号地块土地使用权的软件园建设公司的投资。当投资目的无法实现时,按照《补充协议》的约定,17,840万元转化为津投金厦公司对软件园建设公司享有的债权并不违反任何法律和行政法规的规定。一审判决第一项中虽然使用了资金占用费的表述方式,但在计算方法上与津投金厦公司请求的利息并无任何不同。该笔款项的性质属于法定孳息,一审法院在判决软件园建设公司返还17,840万元投资款的同时,判决其向津投金厦公司支付上述款项的法定孳息,并无不当。其次,软件园建设公司提出,一审判决其按照12%的比例向津投金厦公司支付二次补偿款也属于违反法律。关于二次补偿事项,当事人在四方《补充协议》中有明确约定,属于对津投金厦公司无法以参股或者分割土地使用权的方式参与项目开发

的补偿办法。其内容并不违反法律,应认为有效。软件园建设公司有关二次补偿事项的约定无效的主张,是以其关于17,840万元属于企业间的非法拆借的错误认识为基础的,对于其这一主张,不应支持。综上所述,一审判决认定事实清楚,适用法律正确,应予维持。软件园建设公司的上诉请求缺少事实和法律依据,不应支持。故判决驳回上诉,维持原判。

[参见最高人民法院民事审判第一庭编:《民事审判指导与参考》(总第39集),法律出版社2010年版。]

015. 房地产开发公司法定代表人发生变更,但未在工商管理部门办理变更登记的,该法定代表人以公司名义对外签订的合同是否有效?

【公报案例】

北京公达房地产有限责任公司诉北京祥和三峡房地产开发公司房地产开发合同纠纷案

【裁判要点】

公司的法定代表人依法代表公司对外进行民事活动。法定代表人以公司的名义对外签订的合同,符合合同的生效要件,应当认定为有效,并由公司对合同承担相应的民事责任。法定代表人发生变更,但未在工商管理部门办理变更登记的,其不能以公司内部工作人员职务变更为由,否认其对外代表行为的效力。并且,在民事活动中,当事人应以工商登记的公示内容为依据,因此,法定代表人变更后,在工商管理部门变更登记前,原法定代表人对外签订的合同仍应认定为有效。

案号:最高人民法院(2009)民提字第76号。

申请再审人(一审原告、二审上诉人):北京公达房地产有限责任公司。

被申请人(一审被告、二审被上诉人):北京祥和三峡房地产开发公司。

申请再审人北京公达房地产有限责任公司(以下简称公达公司)因与被申请人北京祥和三峡房地产开发公司(以下简称三峡公司)房地产开发合同纠纷一案,不服北京市高级人民法院(1997)高民终字第114号民事判决,向最高人民法院申请再审。最高人民法院于2008年4月7日作出(2007)民一监字第329-1号民事裁定,提审本案。本案现已审理终结。

1996 年 3 月 12 日,一审原告公达公司起诉至北京市第一中级人民法院称,公达公司于 1995 年 4 月 13 日与三峡公司(原称北京燕南三峡房地产开发公司)签订北京市崇文区革新里二十六号房地产开发项目(以下简称革新里项目)的转让合同,由三峡公司将革新里项目的开发权全部转让给公达公司。但三峡公司自改名后,不仅不履行合同,而且不承认双方所签订的合同,故要求三峡公司履行合同并赔偿经济损失 250 万元。三峡公司辩称,三峡公司的前身北京燕南三峡房地产开发公司的法定代表人刘玉章与公达公司签订革新里项目转让合同系在其被停止职务后所为,不能代表该公司,该合同属无效合同,故不同意公达公司的诉讼请求。

北京市第一中级人民法院一审查明,北京燕南三峡房地产开发公司系由中国三峡经济发展总公司批准成立,1993 年 3 月 19 日由北京市大兴县工商行政管理局注册登记,其法定代表人为刘玉章。1994 年 4 月 12 日,北京厨房设备集团公司(以下简称北厨集团)(甲方)与三峡公司(乙方)签订《关于北京厨房设备厂旧址有偿转让合同》,约定甲方将其所拥有的坐落在北京市崇文区永外大街革新里二十六号总面积约共 7400 平方米、建筑面积 5000 平方米的房屋产权转让给乙方;乙方支付甲方 2500 万元转让费。后三峡公司下属的经营部经理吕京会将 1500 万元交付北厨集团。1994 年 11 月 14 日,三峡公司又付给北厨集团 200 万元。1994 年 6 月 10 日,北京市建委以〔94〕京建开字第 294 号文批复三峡房地产开发公司,同意三峡房地产开发公司在京成立北京燕南三峡房地产开发公司,经营范围为海淀区学院南路明光村综合楼,崇文区永外革新里二十六号院改建住宅楼两个项目的开发建设,经营、销售商品房。同年 7 月 10 日,三峡公司所属经营部(甲方)与北京市华泰房地产经营开发公司(乙方,以下简称华泰公司)签订合作开发革新里项目协议书,由乙方提供 3800 万元的购地资金。此后华泰公司交付三峡公司部分款项。1994 年 7 月 31 日,三峡公司与公达公司签订合作开发革新里二十六号院协议,约定由双方共同筹集资金,按投资比例分成。同年 8 月 3 日,中国三峡经济发展总公司房地产经营开发部与三峡房地产开发公司联合发文,作出了停止刘玉章三峡公司经理工作的决定。同月 9 日刘玉章收到该决定。1994 年 9 月 19 日,北京市计委、北京市建委以京计基字〔1994〕第 1165 号文批复,同意三峡公司开发建设革新里小区。1994 年北京市建委以〔94〕京建开字第 541 号文批复同意成立公达公司,经营范围是与华泰公司联合开发革新里项目。1995 年 2 月,华泰公司以三峡公司拒绝履行双方于 1994 年 7 月 14 日签订的协议为由,诉至一审法院,要求三峡公司继续履行合同。一审法院于 1995 年 7 月 26 日以(1995)中经初字第 192 号民事判决书判决双方继续合作开发革新里项目,双方均未上诉。1995 年 2 月 28 日,三峡房地产开发公司向北京市大兴县工商局申请变更企业法人代表刘玉章为张胜利。1995 年 4 月 13

日、15日、17日，刘玉章持三峡公司公章以法定代表人身份与公达公司签订了革新里项目转让协议及补充协议，约定三峡公司将此项目全部转让给公达公司，由公达公司全权负责完成此项目，一切债权债务由公达公司负责。同月18日，三峡公司与公达公司共同向北京市建委、北京市计委提交革新里项目的报告。该报告称，双方商定，待市里"四委"正式批复文件下达后，再报市建委、计委批准备案。1995年4月22日，北京市大兴县工商局将三峡公司法人代表由刘玉章变更为张胜利。同年6月8日，北京市经济委员会、北京市计划委员会、北京市城乡规划委员会、北京市市政管理委员会以〔95〕京安字第278号文批复，同意北厨集团将位于革新里二十六号原厂址使用权有偿转让给三峡公司。6月29日，北京燕南三峡房地产开发公司经西城区工商局更名为三峡公司。诉讼中，公达公司称其已向革新里项目投资1700万元，但未提供证据。

一审法院认为，民事活动应当遵循自愿、公平、等价有偿、诚实信用的原则。三峡公司在未正式取得革新里项目开发权的情况下，与公达公司签订转让协议，虽三峡公司的开发权经有关部门追认批准，但因三峡公司原法定代表人刘玉章在明知其已被停止职务后，仍以该公司法定代表人的身份与公达公司签订转让革新里项目协议，系无权代理行为，且其时正值华泰公司与三峡公司为解决履行合作协议产生的纠纷在法院诉讼期间，刘玉章既向一审法院隐瞒实情，又不征询合作方华泰公司的意见，侵害了他人利益，故该协议无效。公达公司依据该无效协议要求三峡公司继续履行并赔偿损失于法无据，不予支持。公达公司称其已对该项目投资1700万元，因其不能提供相应证据，不予采信。根据《民法通则》第4条、第58条、第66条第1款之规定，北京市第一中级人民法院于1997年4月4日作出(1996)一中民初字第733号民事判决：驳回公达公司的诉讼请求。

公达公司不服一审判决，向北京市高级人民法院提起上诉称，双方签订项目转让协议时，刘玉章是三峡公司的法定代表人，一审判决将刘玉章的法定代表人身份曲解为代理人，混淆了基本事实和法律关系。公达公司依协议合法、善意受让项目后，按国家规定积极实施项目开发，并获得了各有关主管部门的认可。三峡公司的内部纷争，不能损害当事人即公达公司的正当权益。三峡公司严重违约，依法应赔偿损失。三峡公司答辩称，刘玉章与公达公司签订项目转让合同时，已被停止职务，不具该公司法定代表人身份，不能代表该公司签订合同，故不同意公达公司的诉讼请求。

北京市高级人民法院二审查明的事实与一审法院查明的事实一致。北京市高级人民法院二审认为，刘玉章隐瞒三峡公司与华泰公司已经签订了合作开发革新里项目协议书、自己已被停止履行三峡公司法定代表人之职务和时值华泰公司与三峡公司履行双方所签订合作协议正在法院诉讼期间之事实，仍与公达公司签订转让革新里项目协议，违背了诚实信用原则，属欺诈行为，且北京市第一中级人民法院已判决确认华泰公司与三峡公司合作开发革新里项目，故三峡公司与公达公司所签订的协议属无效协议，刘玉章应承担其造成协议无效之责任，公达公司的请求不予支持。北京市高级人民法院于1997年9月13日作出(1997)高民终字第114号民事判决：驳回上诉，维持原判。

公达公司申请再审称，公达公司与三峡公司所签协议时间是1995年4月13日，而三峡公司变更法人代表刘玉章为张胜利的日期是1995年4月22日。根据国家工商管理法规，三峡公司应对与公达公司所签协议承担责任，原审法院以三峡公司企业内部决定判案缺乏法律依据。华泰公司与三峡公司所签协议均是两个公司下属部门所为，既未盖法人公章也没有法人代表签字，且两个公司在工商局都未登记有分支机构，应属无效协议。直至今日十余年来，华泰公司未能根据法院判决履行合同，也未取得合法手续，未进行任何投资。公达公司自1994年10月经北京市建委以〔94〕经建开字第541号文《关于成立北京公达房地产有限责任公司的批复》批准成立并负责革新里小区项目的开发建设。1995年4月18日三峡公司与公达公司联合报告北京市建委、计委请求将革新里项目转让给公达公司。1996年1月10日北京市建委开发办召开协调会明确三峡公司虽变更法人代表但革新里项目转让给公达公司有效。1996年4月5日北京市计委、建委联合发文同意革新里项目由公达公司负责开发建设。1997年1月17日，北京市房屋土地管理局与公达公司签订《北京市国有土地使用权出让合同》。1997年6月9日，北京市规划局又给公达公司颁发了建设工程规划许可证。1997年6月23日，北京市建委又给公达公司颁发了建设工程开工证。毫无疑问公达公司已取得了革新里项目的所有合法有效手续。随后北京市大龙建设集团进入工地开始施工建设。但1997年9月13日，北京市高级人民法院(1997)高民终字第114号民事判决认定三峡公司与公达公司转让协议无效，于是北京市建委、计委于1999年3月15日联合发文撤销革新里开发项目并明确此项目引起的债务债权以及经济纠纷依据法院判决执行。2000年10月16日，北京市第二中级人民法院就北京兴路房地产开发公司(以下简称兴路公司)诉公达公司房屋购销合同纠纷案下达民事调解书，并于2001年3月2日查封了公达公司名下的革新里项目用地。2001年4月16日，兴路公司与公达公司签订了执行和解协议。4月17日，北京市第二中级人民法院向北京市国土资源和房屋土地管理局送达协助执行通知书。2002年4月12日，土地使用权过户给兴路公司。但又由于北京市高级人民法院(1997)高民终字第114号民事判决，北京市第二中级人民法院于2007年4月29日下达民事裁定书，认为将土地使用权由公达公司过户给兴路公司不妥，应予撤销，恢复到执行前的状态。至此，从1995年至2007年历经十二年，公达公司所有经济行为全被否定，北京市政府主管部门的行政行为，也全被推翻,为革新里项目所有投资近5000万元也将付诸东流。为此,请求最高人民法院撤销北京市高级人民法院(1997)高民终字第114号民事判决。

三峡公司答辩认为,三峡公司上级单位于1994年8月3日已经停止了刘玉章的工作,取消了其法定代表人的资格。刘玉章是在三峡公司不知情的情况下与公达公司签订的合同。这个合同未履行,土地使用权证未办到公达公司的名下,此案不适用表见代理。本案项目是三峡公司与北厨集团具体签订的,刘玉章未经北厨集团同意将合同权利义务转让给公达公司,应是无效合同。

最高人民法院再审查明:(1)1996年1月10日,北京市城市开发建设综合开发办公室召集三峡公司和公达公司开会研究革新里项目的开发建设问题,三峡公司的时任法定代表人张胜利、公达公司法定代表人喻小冬参加会议,并印发了会议纪要。该会议纪要确认,关于北京市厨房设备厂改造项目,三峡公司于1995年4月13日与公达公司签订协议,将该项目转让给公达公司是有效的。(2)1996年4月5日,北京市计划委员会、北京市城乡建设委员会批复公达公司,同意革新里项目由公达公司开发建设。(3)公达公司陈述,公达公司与三峡公司签订合同后,进行开发,并与兴路公司签订了房屋买卖合同,后因房屋未建成,不能交房,双方形成诉讼。2000年10月16日,北京市第二中级人民法院就兴路公司诉公达公司房屋购销合同纠纷案作出民事调解书,并于2001年3月2日查封了公达公司名下的革新里项目用地。2001年4月16日,兴路公司与公达公司签订了执行和解协议。4月17日,北京市第二中级人民法院向北京市国土资源和房屋土地管理局送达协助执行通知书。2002年4月12日土地使用权过户给兴路公司。由于北京市高级人民法院(1997)高民终字第114号民事判决生效,北京市第二中级人民法院于2007年4月29日作出民事裁定书,认为将土地使用权由公达公司过户给兴路公司不妥,应予撤销,恢复到执行前的状态。目前,土地使用权证尚在兴路公司名下。(4)华泰公司与三峡公司曾因革新里项目的合作开发问题在原北京市中级人民法院进行过诉讼,该院于1995年7月26日一审判决双方履行合作项目,该判决已生效。此后,北京市政府有关部门关于该项目的相关批复都是确定公达公司为项目开发主体,华泰公司不是开发主体。

最高人民法院再审查明的其他事实与原审法院查明的事实相同。最高人民法院再审认为,根据当事人的申请再审的理由及答辩情况,本案的争议焦点是,公达公司与三峡公司签订的项目转让合同是否有效。

1995年4月13日刘玉章作为三峡公司的法定代表人与公达公司签订了革新里项目转让协议,在该协议书上有三峡公司的公章及刘玉章的签字。此时,刘玉章虽然已被三峡公司上级单位停止了工作,但直至1995年4月22日,工商登记才将三峡公司的法定代表人刘玉章变更为张胜利。即刘玉章在与公达公司签订项目转让协议时，在三峡公司的工商登记上刘玉章仍为该公司的法定代表人。刘玉章以法定代表人的身份与公达公司签订协议符合企业法人对外进行民事活动的形式要件，并且该协议也加盖了三峡公司的公章，因此，双方签订的项目转让协议应当依法成立并生效。刘玉章在签订协议时虽已被其上级单位决定停止职务，但该决定属三峡公司内部工作调整，刘玉章代表三峡公司对外进行民事活动的身份仍应以工商登记的公示内容为依据。不能以其公司内部工作人员职务变更为由，否认其对外代表行为的效力。此外，1996 年 1 月 10 日，北京市城市开发建设综合开发办公室召集三峡公司和公达公司开会研究革新里项目的开发建设问题，三峡公司的时任法定代表人张胜利参加了会议。此事实表明三峡公司也认可了三峡公司与公达公司签订项目转让协议的效力。原审法院以三峡公司内部人员调整为由认定刘玉章与公达公司签订协议为无权代理，属认定事实错误，应予纠正。

1994 年 4 月 12 日，北厨集团与三峡公司签订《关于北京厨房设备厂旧址有偿转让合同》，北京市建委以〔94〕京建开字第 294 号文批复同意三峡公司经营开发革新里项目。在此情况下三峡公司将已获得开发权的革新里项目转让给公达公司，由公达公司进行建设开发。1994 年 10 月 11 日，北京市建委以〔94〕京建开字第 541 号文批复同意成立公达公司，与华泰公司联合开发革新里项目。此后北京市房屋土地管理局与公达公司签订《北京市国有土地使用权出让合同》，北京市规划局又给公达公司颁发了建设工程规划许可证。北京市建委又给公达公司颁发了建设工程开工证。上述事实表明，公达公司依据其与三峡公司的项目转让协议取得了革新里项目的开发经营权并得到了政府主管部门的认可。三峡公司与华泰公司签订项目转让协议后又与公达公司签订同样协议的行为属违约行为，并不能产生本案讼争协议无效的法律后果。原审法院依此认定公达公司与三峡公司签订的项目转让协议无效，缺乏法律依据，应予纠正。

公达公司在原审诉讼中虽主张要求三峡公司赔偿其 250 万元违约经济损失，但因其未提供相应证据，原审法院不予支持并无不当。公达公司申诉主张因一审判决合同无效，导致其开发项目被有关部门撤销造成损失并要求本院对涉案项目的归属问题作出裁决等主张，不是本案审理范围，其应向有关部门另循途径解决。

综上，依照《民事诉讼法》第 186 条第 1 款，第 153 条第 1 款第 2 项、第 3 项之规定，判决如下：(1)撤销北京市第一中级人民法院(1996)一中民初字第 733 号民事判决和北京市高级人民法院(1997)高民终字第 114 号民事判决；(2)北京公达房地产有限责任公司与北京祥和三峡房地产开发公司签订的《开发项目转让协议》有效；(3)驳回北京公达房地产有限责任公司的其他诉讼请求。一审案件受理费 107,510元，由北京公达房地产有限责任公司负担 13,976 元，北京祥和三峡房地产开发公司负担 93,534 元；二审案件受理费 107,510 元，由北京公达房地产有限责任公司负担13,976元,北京祥和三峡房地产开发公司负担93,534元。本判决为终审判决。

[参见《最高人民法院公报》2010年第11期。]

016. 合作开发房地产合同约定变更工业用地使用权性质,是否导致合同无效?

【典型案例】

宁夏金力泰钢结构有限公司与银川开发区宏建房地产开发有限公司合资、合作开发房地产合同纠纷案

2010年11月27日,金力泰公司与宏建公司签订《联合开发协议》,约定金力泰公司出地,宏建公司出资,联合开发205.55亩的工业用地,随后双方又协商将涉案土地由工业用地变更为商住地。2010年11月26日、29日,宏建公司分6笔向金力泰公司转付100亩土地的补偿款4000万元。2014年,因双方怠于履行合同、合同约定不明、土地四至存在争议等原因,导致合同无法继续履行,宏建公司诉请返还4000万元投资款及利息。

一审法院判决:解除双方合同,金力泰公司返还4000万元的土地转让款,并按照中国人民银行同期贷款利息的4倍向宏建公司支付违约金。

金力泰公司不服,提起上诉。

二审法院判决:金力泰公司返还4000万元的土地转让款,并按照中国人民银行同期贷款利息的2倍向宏建公司支付违约金。

【裁判理由】

1.《联合开发协议》的性质和效力问题。关于《联合开发协议》性质问题。宏建公司与金力泰公司签订的《联合开发协议》主要内容包括,金力泰公司出地,宏建公司出资,双方在金力泰公司享有土地使用权的工业用地上合作开发房地产,实行统一规划、分段实施的开发原则,最终收益分成方式为双方按照投资比例分配开发所建成品房。根据《最高人民法院关于审理涉及国有土地使用权合同纠纷案件适用法律问题的解释》第14条规定,本解释所称的合作开发房地产合同,是指当事人订立的以提供出让土地使用权、资金等作为共同投资,共享利润、共担风险合作开发房地产为基本内容的协议。共担风险是合作开发房地产合同的根本特征。《联合

开发协议》符合上述司法解释规定的合作开发房地产合同法律特征,应认定为合作开发房地产合同。关于合同效力问题。考察合同效力的主要依据是合同约定内容。从涉案合同内容看,案涉合同并未违反法律效力性强制性规定。双方协议变更讼争用地性质并履行法定出让、补缴费用、过户、行政审批等程序,符合法律规定。至于约定内容能否全面实际履行,是考量合同应否解除或终止的因素,并不能因此认定合同无效。

2.《联合开发协议》是否应予解除以及解除后合同当事人的责任负担问题。宏建公司诉请解除合同,金力泰公司同意,合同解除并无异议。导致案涉合同无法继续履行的原因是多方面的,包括合同当事人一方违约、双方当事人怠于履行合同义务、合同约定不明、政府出让土地四至存在争议等综合原因。上述多重原因导致案涉合同不能履行,双方均有过错,解除合同所产生的损失应根据过错分担。综合各方当事人过错、结合本案实际,酌定金力泰公司向宏建公司返还4000万元投资款并按照中国人民银行同期贷款利率的2倍计息。

[参见最高人民法院民事审判第一庭编:《民事审判指导与参考》(2016年第1辑),人民法院出版社2016年版。]

017. 当事人共同签订的前后两份房地产合同条款存在冲突的,效力如何认定?

【公报案例】

重庆雨田房地产开发有限公司与中国农业银行股份有限公司重庆市分行房屋联建纠纷案

【裁判要点】

1. 双方当事人在平等自愿基础上达成的前后两份协议,符合法律规定,合法有效,两份协议所约定的内容均应对当事人产生约束力。当两份合同(协议)均属有效合同(协议),除当事人有特别约定外,如果前后两份合同(协议)对同一内容有不同约定产生冲突时,基于意思表示最新最近,且不违反合同(协议)目的,可根据合同(协议)成立的时间先后,确定以后一合同(协议)确定的内容为准。如果前后两份合同(协议)所约定的内容并不冲突,只是对合同(协议)的内容进行了不同的约定,因此,不能简单地认定后一协议是前一协议的变更,或后一协议是对前一协议的补充和完善。

2. 当事人在法律规定的范围内处分自己的民事、诉讼权利和“不告不理”是民事诉讼的重要原则，人民法院处理民商事纠纷时，只能对已诉至法院的民事权利义务关系作出判断，除涉及国家和公共利益外，其审理和判决应以当事人请求、主张的范围为限。

案号：最高人民法院（2011）民抗字第48号。

抗诉机关：中华人民共和国最高人民检察院。

申诉人（一审被告、二审上诉人）：中国农业银行股份有限公司重庆市分行。

被申诉人（一审原告、二审上诉人）：重庆雨田房地产开发有限公司。

申诉人中国农业银行股份有限公司重庆市分行（以下简称农行市分行）因与被申诉人重庆雨田房地产开发有限公司（以下简称雨田公司）房屋联建纠纷一案，不服重庆市高级人民法院（2001）渝高法民终字第118号民事判决，向检察机关申诉，最高人民检察院以高检民抗（2011）9号民事抗诉书向最高人民法院提出抗诉。最高人民法院于2011年6月17日作出（2011）民抗字第48号民事裁定提审本案，并依法组成合议庭进行了公开开庭审理。本案现已审理终结。

最高人民法院再审查明：1996年1月8日，雨田公司（甲方）与农行市分行（乙方）签订《联合建房总协议书》，第1条联建形式约定：“1. 甲方负责雨田大厦项目的全部实施工作，决定项目运行中的一切重大事宜；2. 乙方以投资方式与甲方联合建房，并参与分房。”第2条联营及义务约定：“1. 甲方负责整个项目的前期工作及相关手续的完善。包括方案设计、规划、国土、消防、环卫、市政等有关手续的办理；2. 甲方负责整个项目的拆迁安置和土建施工；3. 乙方保证资金准确到位以使工程顺利进展。”第3条工程标准约定：“1. 大厦外装为铝合金玻璃幕墙，采用进口比利时玻璃和美国雷诺兹铝板。2. 地面为花岗石地面（芦定芝麻白）。3. 设备：A. 美国奥的斯电梯411型3台；B. 苏迅SDS扶梯14台；C. 中央空调系统为美国产约克牌水冷螺杆机组；D. 消防报警设备为日本“日探”报警装置。4. 公用设施：在交房后两个月内交付使用；公用设施包括：A. 供电；B. 供水；C. 通信；D. 消防；E. 环保；F. 临时过渡房的拆除、清理，人行道的平整及绿化，光彩工程实施；G. 其他公用设施均由甲方负责完善等。5. 乙方对上述设施、设备要求更改，在征得甲方同意后办理，其增加的投资在联合投资中同增同减。”第4条投资方式及分配约定：“1. 乙方以投资方式联合建房，在房屋建成后分得房屋。2. 双方经协商确定，乙方以投资的方式分得负一层商场，最后核算以双方认可的产业面积为依据。3. 乙方总计投入人民币现金5700万元给甲方联合建房（最后以实际产业面积进行核算）。4. 乙方以投资方式联合建房，在房屋建成后分得负一层商场；经双方协商，负一层商场分为两部分进行核算:第一部分由乙方下属营业部出资人民币2000万元,分得一层商场1000平方米建筑面积。第二部分为负一层商场其余部分(其中包括商场1598平方米,大厦公摊面积398.53平方米),该部分人民币3700万元投资款在交付使用时投入80%,产权转移过户时投入15%,其余尾款在保修期满结清。如乙方投资不能按时到位,所产生的利息由乙方承担。5.为了保证联合建房顺利完成,乙方应多渠道协调贷款及引资支持项目建设,此贷款按当时国家规定的标准利率计息;协调贷款及引资额,不得低于第二部分投资额。"第5条移交房屋的相关事宜约定:"1.甲方应于1997年7月在保证第三条第四项公用设施完善后将房屋交与乙方由其进行精装修,甲方应进行配合。乙方装修不能破坏结构,不能破坏公共设施及共用场所,装修期间应服从甲方整体安排;2.甲方应为乙方办理好乙方所分房屋的产权登记。登记产权时所发生的税费,按双方应承担的金额各自缴纳;3.乙方进入大厦后,应服从整个大厦统一的物业管理,遵守大厦的有关规定,其中负一层商场的保安由乙方负责。"第6条违约责任约定:"1.甲乙双方如任何一方违约退出,则按投资总金额的5%作违约金;2.如乙方投资额不能按协议投入到位,每日按其差额的0.1‰作滞纳金;3.甲方不能按时交房给乙方,每日按投资总额的0.1‰作滞纳金。"第7条其他约定:"双方未尽事宜,另行协商解决,所签的补充协议均具同等法律效力。"

1996年1月20日,雨田公司(甲方)与中国农业银行股份有限公司重庆市分行营业部(以下简称农行市分行营业部、乙方)签订《联合建房协议》,其中第3条投资与分配约定:"1.乙方总计投资人民币2000万元给甲方联合建房,应分得大厦负一层1000平方米。2.待该大厦建至第八层,乙方将投资现金全部到位,并监督使用。3.经协商双方同意,下列内容包含在分配项目内:A.主楼门厅额头上由乙方使用,做《中国农业银行》的大字额头。B.主楼屋顶朝临江门方向之一方和裙楼屋顶给30米宽无偿提供给乙方作广告牌。C.乙方分得的部分房屋应安装电表,今后乙方按表计费,不参加大厦分摊。水、冷气的费用按比例分摊。D.在房子分配时,乙方有权在负一层内优先选定位置。"第4条移交房屋的相关事宜约定:甲方应于1997年7月30日将房屋交给乙方使用。其他内容与《联合建房总协议书》规定的基本一致。

1996年3月16日,雨田公司(甲方)与农行市分行营业部(乙方)签订《联合建房协议》,约定:甲方于1996年1月20日与乙方下属营业部签署了《联合建房协议》,现经甲乙双方友好协商,乙方决定在1996年1月20日《联合建房协议》基础上,继续以投资的方式参与甲方雨田大厦工程的建设。其中第3条投资与分配约定:"1.乙方总计投资人民币3700万元给甲方参与联合建房,应分得大厦负一层1996.53平方米(其中商场1598平方米,按每建筑平方21,650元计算,大厦公摊398.53平方米,按每平方米4500元计算);2.投资方式为:甲方分房给乙方时,乙方投入3700万元的80%给甲方，产权转移给乙方时再投入总额的15%，余下部分在保修期满付清。”第4条移交房屋的相关事宜约定：甲方应于1997年7月30日将房屋交给乙方使用。另外，除“如农行分行投资不能按时到位，所产生的利息曰农行分行承担”以及“为了保证联合建房顺利完成，农行分行应多渠道协调贷款及引进项目建设，此贷款按当时国家规定的标准计息。协调贷款及引进额，不得低于第二部分投资额”等没有记载外，其他内容与《联合建房总协议书》规定的基本一致。

1995年12月28日，雨田大厦工程开工。1996年7月12日，雨田大厦获得重庆市计划委员会的重计委固〔1996〕462号立项批准，建设规模为46,810平方米。1996年9月2日，雨田公司取得雨田大厦的渝国用（1996）字第053号国有土地使用证。

1996年12月7日《结构验收记录》载明，工程名称：雨田大厦；结构型式、层数：框、剪结构、29层；验收部位：基础结构；建筑面积：51,000平方米；对相关内容进行了检验，在“存在质量隐患”处进行划除；对质量保证资料进行核查，结论为符合要求或合格；“结论”一栏空白；质监、设计单位、建设（或监理）、施工单位等四方代表在相应栏处签名，均未加盖所在单位公章。1997年4月17日《结构工程验收记录》载明，施工日期：1995年12月28日；验收日期：1997年4月14日；其他内容与1996年12月7日《结构验收记录》相同，“验收结论”一栏空白。质监、设计、建设（或监理）、施工单位四方代表在相应栏处签名，亦均未加盖所在单位公章。

1997年5月13日，雨田大厦获得重房97预字第0039号《商品房预售（预租）许可证》，载明：工程竣工时间为1998年9月，有效期限为1998年12月；2000年5月8日，重庆市土地房屋管理局同意延长雨田大厦的《商品房预售（预租）许可证》有效期延长至2000年10月底。

1997年10月28日《中间验收记录》载明，工程名称：雨田大厦；交验部位：-4.45层、负一层及消防中心；开工日期：1995年12月28日；中间交工日期：1997年10月28日。中间交验项目包括框剪结构主体、木门、防火门、吊顶喷头、消火栓箱、烟探等内容；验交意见为“验收合格符合使用条件，同意移交下一道工序精装修”；质监站、设计单位、接收方、移交方等单位代表均签名和加盖单位公章，消防部门未盖章。

1997年12月17日，雨田公司与农行市分行营业部办理了房屋交接手续，并签订《移交使用核定单》（以下简称《核定单》），该《核定单》载明：工程名称：雨田大厦，工程项目：农行营业厅，楼层：为负一层9-J-11轴线；属农行市分行部分是负一层1-9轴线范围。雨田公司作为建设单位移交人，农行市分行营业部作为业主在该《核定单》上盖章确认。农行市分行营业部亦按约定付清了房款。

1998年10月19日，雨田公司发函给农行市分行称“贵行于1996年1月8日与我公司签订的购房协议,现房屋建设已完工,请贵行按协议履行,在本月23日前接收房屋,并将欠我司的购房房款3700万元从我司在贵行的贷款中扣除。从10月23日起,我司不再承担3700万元购房款的利息。另请贵行按协议第4条第5款支持我司贷款"。农行市分行未接收房屋,亦未付款。1999年5月5日雨田公司向农行市分行发出《关于催收农行联合建房的函》,其内容为:"我司与贵行于1996年1月签订了《联合建房协议》,并于1996年12月收到贵行部分联合建房款人民币2000万元。余下联建款按协议应于1996年7月支付给我司,我司已于1997年12月将房屋交给贵行,并多次发出通知,但贵行至今没有回复,目前工程尚余装修部分工程。现资金欠缺已停工多时,造成我司既不能支付贷款利息,又不能支付工程资金,损失巨大,每一天损失人民币十数万元。望贵行及时研究并支付联建房款,如再不回复,恐影响银企关系,我司不得已时,也只有诉诸法律。"2000年7月19日雨田公司向农行市分行发出《关于催收农行联合建房的通知》,其内容为:"贵行于1996年1月与我司签订了《联合建房协议》,我司根据协议规定,已于1997年将房屋交付贵行,但贵行却迟迟未将建房款3700万元付与我司,现再次通知贵行将房款支付给我司。"

2000年11月8日重庆市建设工程质量监督站出具证明:"重庆雨田房地产开发有限公司所开发建设的雨田大厦主体工程,已经甲乙双方、设计单位、质监站进行验收,质量已达到验收标准。"

另查明:2000年5月24日,雨田公司与四川麦当劳餐厅食品有限公司(以下简称麦当劳公司)签订《麦当劳房屋租赁合同》,将大厦负一层1-9轴线临街面782平方米房屋出租给麦当劳公司,租期自餐厅开业日起算,至经营满15年。麦当劳公司从起租日起每月向雨田公司支付租金,该租金按每月税后销售额提成5%计算。

2000年8月8日,雨田公司起诉至重庆市第一中级人民法院,要求:(1)判令农行市分行立即支付首期联合建房款2960万元。(2)由农行市分行承担延期支付购房款的利息7,272,720元。(3)由农行市分行承担未支付购房款的滞纳金(从1997年7月30日至2000年8月共计39个月)每日万分之一,共计3,463,200元。(4)由农行市分行承担本案的全部诉讼费用。2001年6月22日,重庆市第一中级人民法院作出(2000)渝一中民初字第1696号民事判决,雨田公司不服,于2001年7月3日提起上诉,要求农行市分行不仅应按一审判决支付购房款,还必须按照双方约定承担资金不能按时到位的利息和违约金,其中不能按时到位的资金利息(从1997年11月至2001年7月)11,034,471.72元;农行市分行承担全部诉讼费。2001年11月12日二审法院询问雨田公司的法定代表人雷鸣时,雷鸣明确要求对滞纳金和利息计算到执行日止。农行市分行在上诉时,提出一审判决对雨田公司超过了约定的交房时间三年多,没有追究雨田公司应当承担延期交房的滞纳金(每天按

0.1‰计),显失公平。

另查明:2003年2月25日,重庆市公安局消防局出具渝公消验字(2003)第4119号《关于雨田大厦消防验收合格意见书》载明:“雨田公司申报的雨田大厦(位于解放碑,验收范围9层至26层和负一层,属一类公建)进行了消防验收,现判定该工程消防验收合格。”

另查明:2001年11月26日,重庆市高级人民法院作出(2001)渝高法民终字第118号民事判决,并于同年12月10日作出(2001)渝高法民终字第118号民事裁定,对上述判决笔误内容进行补正,即“将第15页上第一行中的投资总额3600万元改为3700万元”。上述判决内容于2001年12月10日履行完毕。

2003年8月,农行市分行起诉至重庆市高级人民法院请求雨田公司为其划分大厦负一层房屋的位置,交付房屋并办理房屋产权登记,重庆市高级人民法院作出(2003)渝高法民初字第14号民事判决:(1)雨田公司于本判决生效后立即将大厦负一层1-9轴线范围的1903.83平方米产权交付农行市分行并办理房屋产权登记手续。(2)雨田公司于判决生效后赔偿农行市分行2960万元的利息损失(从2002年1月1日起至房屋权属证交付时止,按中国人民银行同期贷款利率分段计息)。(3)驳回农行市分行其他诉讼请求。雨田公司与农行市分行均不服,上诉至最高人民法院。最高人民法院于2004年6月17日作出(2004)民一终字第8号民事判决:(1)维持重庆市高级人民法院(2003)渝高法民初字第14号民事判决第1项;(2)撤销重庆市高级人民法院(2003)渝高法民初字第14号民事判决第2项、第3项;(3)雨田公司支付农行市分行1996.53平方米房屋的租金,以每月每平方米140元租金标准计算(自2001年12月11日起计算至房屋实际交付之日止);(4)驳回农行市分行的其他诉讼请求。

另查明:根据中国银行业监督管理委员会银监复〔2009〕13号《中国银监会关于中国农业银行改制为股份有限公司的批复》,中国农业银行重庆市分行变更名称为中国农业银行股份有限公司重庆市分行。

重庆市第一中级人民法院一审认为:(1)双方于1996年3月16日所签订的《联合建房协议》是名为联合建房实为购房合同,该合同系双方真实意思表示,不违反法律规定,应属有效。因为,双方于1996年1月6日所签订的《联合建房总协议书》中明确了分房以及投资款是包括了农行市分行营业部的分房部分,之后农行市分行和农行市分行营业部又分别就各自所投资分房部分重新与雨田公司签订了《联合建房协议》,后两份协议是对前一份《联合建房总协议书》的变更,同时雨田公司所起诉的标的也是农行市分行所投资部分,因此,本案争议的事实应以1996年3月16日双方所签订的《联合建房协议》为准。从该协议的内容来看,房屋的分配形式与一般的联合建房不同,一般的联合建房是直接划分轴线或层数,而双方所约定的分房形式则是以每平方米21,650元计算所分平方面积价款,并还涉及公摊面积的结算方式,按每平方4500元计算;投资款的支付方式不是合同签订后就支付,而是在雨田公司房屋建成后交付农行市分行使用时支付第一期投资款即3700万元的80%;所交房屋的产权手续由雨田公司办理,并把产权转移作为农行市分行支付第二期投资款的时间;违约责任约定,雨田公司迟延交房则承担总投资额每日0.1‰的滞纳金,农行市分行迟延支付投资款也按差额的每日0.1‰计付滞纳金。从上述内容来看,该协议更符合购房合同的外表特征,因此该协议是名为联合建房,实为房屋买卖。就其协议所约定的内容而言,并未违反法律、法规的规定,虽然雨田公司在与农行市分行签订该协议时,还未取得雨田大厦的国有土地使用权证和商品房预售(预租)许可证,但事后雨田公司取得此两项手续,按照《最高人民法院关于适用〈中华人民共和国合同法〉若干问题的解释(一)》第3条以及《合同法》第51条的规定,对该协议应认定为有效。双方虽有规避法律的行为,但未给国家造成损失,不影响合同的效力。农行市分行关于联合建房协议因未办理联建手续应属无效,即或是名为联建实为买卖也应无效的辩解理由不能成立。(2)雨田公司拟交付的房屋符合交付条件。双方所签订的协议为有效协议,双方均应按照协议的约定履行各自的义务。只要雨田公司拟交付的房屋符合交付条件,农行市分行就应接收该房并支付首期购房款。农行市分行认为雨田公司拟交付的房屋未经竣工验收合格,不符合法律规定的交付条件。一审法院认为,虽然法律规定竣工并经验收合格的房屋才能交付使用,但房地产开发业系经济发展的支柱性产业,为有利于经济发展的需要,目前许多的大型项目在裙楼部分进行验收后就投入使用的情况也是存在的。本案雨田公司拟交付给农行市分行的房屋仅系雨田大厦的负一层,且该楼层已经重庆市建设工程质量监督站验收,并于2000年11月7日签章认可。因此,重庆市建设工程质量监督站于2000年11月7日签章的雨田大厦《中间验收记录》可以作为雨田公司拟交付给农行市分行的房屋符合交房条件的依据。农行市分行应依照协议的约定支付首期购房款。据此,一审认为,双方于1996年3月16日所签订的《联合建房协议》为有效协议,雨田公司拟交付的房屋已符合交付条件,农行市分行应依照协议的约定支付首期购房款,雨田公司的此项诉讼请求予以支持。由于重庆市建设工程质量监督站在《中间验收记录》上的签章时间是2000年11月7日,雨田公司具备交房条件的时间应以此为准,农行市分行应支付的利息或滞纳金的起算时间也应以房屋符合交房条件时为准,因此,雨田公司关于农行市分行应支付1997年7月30日至2000年8月的利息和滞纳金的诉讼请求无事实和法律依据,一审法院不予支持。据此,于2001年6月22日作出(2000)渝一中民初字第1696号民事判决:(1)由农行市分行于判决生效后立即支付雨田公司首期购房款29,600,000元;(2)驳回雨田公司的其他诉讼请求。案件受理费221,699.5元,其他诉讼费1500元,共计223,199.5元,由雨田公司承担74,600元,由农行市分行承担148,599.5元(此款已由雨田公司预交不退,由农行市分行在判决生效后立即支付给雨田公司)。雨田公司、农行市分行均不服一审判决,提起上诉。

重庆市高级人民法院二审认为:

1. 雨田公司与农行市分行双方于1996年1月8日签订的《联合建房总协议书》与1996年3月16日双方签订的《联合建房协议》,是双方真实意思表示,且不违反法律规定,均应属有效合同。一审法院认定后一协议是前一协议的变更,因此只认定后一协议为定案准则不妥,后一协议实质上是对前一协议的补充和完善,两协议均属有效协议。因为:雨田公司与农行市分行于1996年1月8日签订了《联合建房总协议书》,约定:农行市分行以投资方式总计投入5700万元给雨田公司联合建房,在房屋建成分得大厦负一层商场。农行市分行所分得的负一层商场分两部分进行核算,一部分由农行市分行下属营业部出资2000万元,分得负一层商场中1000平方米;另一部分由农行市分行出资3700万元,分得负一层商场的其余部分,其中,商场1598平方米、大厦公摊面积398.53平方米,公用设施在交房后两个月内交付使用(合同约定的公用设施包括:A. 供电;B. 供水;C. 通信;D. 消防;E. 环保;F. 临时过渡房的拆除、清理,人行道的平整及绿化,光彩工程的实施等;G. 其他公用设施等)。该3700万元在交付房屋时投入80%,产权转移过户时投入15%,其余尾款在保修期满结清。违约责任为:如农行市分行投资额不能按协议投入到位,每日按其差额的0.1‰作滞纳金。如雨田公司不能按时交房给农行市分行,每日按投资总额的0.1‰作滞纳金。随后按协议要求雨用公司与农行市分行营业部于1996年1月20日签订《联合建房协议》,雨田公司与农行市分行亦签订了一份《联合建房协议》,雨田公司与农行市分行亦签订了一份明确了该大厦建到第八层时,农行市分行营业部应将投资款全部到位,并明确农行市分行营业部的交房时间和计价标准,投资2000万元,分得负一楼1000平方米,1997年7月30日交房,农行市分行营业部有权在负一楼内优先选定位置。该协议已于1997年12月17日全部履约。1996年3月16日,农行市分行总投资3700万元给雨田公司参与联合建房,应分得大厦负一层1996.53平方米(其中商场1598平方米,按每建筑平方21,650元计算,大厦公摊398.53平方米,按每平方米4500元计算)。雨田公司分别与农行市分行、农行市分行营业部签订的两份《联合建房协议》是对《联合建房总协议书》的补充和完善,均应认定有效。而一审判决认定《联合建房协议》是对《联合建房总协议书》的变更,只认定后一协议有效,是不正确的。据此,雨田公司上诉理由应予支持。

2. 两份协议是联合建房还是房屋买卖的问题。该协议从内容看,房屋的分配形式与一般的联合建房不同,一般的联合建房应直接划分轴线或层数,而双方所约定的分层形式则是以每平方米21,650元计算,所分平方面积价款,并还涉及公摊面积的结算方式，按每平方4500元计算；投资款的支付方式不是合同签订后就支付，而是在雨田公司房屋建成后按合同约定交付时，农行市分行支付第一期投资款即3700万元的80%；所交房屋产权手续由雨田公司办理，并把产权转移作为农行市分行支付第二期投资款的时间；从上述内容看，该协议完全符合购房合同的外表特征；从实际履行的情况看，农行市分行营业部已履行总协议的一部分，而且已将该房屋置换到其他楼层。就其协议是否违反法律、法规规定内容看，虽然雨田公司与农行市分行签订该协议时，还未取得雨田大厦的国有土地使用权证和商品房预售（预租）许可证，但事后雨田公司取得此两项手续，按照《最高人民法院关于适用〈中华人民共和国合同法〉若干问题的解释（一）》第3条以及《合同法》第51条的规定，对该协议应认定为有效。双方虽有规避法律的行为，但未给国家造成损失，不影响合同的效力。农行市分行关于联合建房协议因未办理联建手续应属无效。一审判决该协议名为联建实为买卖是正确的。农行市分行称合同违反法律规定的上诉理由不能成立。

3. 雨田公司拟交付的房屋应以什么标准作为交付条件。一审法院将交付条件认定为：重庆市建设工程质量监督站验收，并于2000年11月7日签章认可作为交房条件，并作为农行市分行首期购房款付款的时间是不正确的。因为：（1）按双方签订的《联合建房总协议书》及两份《联合建房协议》，协议在第3条工程标准第4款公用设施部分明确了在交房后两个月内交付使用，公用设施明确约定有七部分是交房后两个月完成（七部分为：一、供电；二、供水；三、通信；四、消防；五、环保；六、临时过渡房的撤除、清理、人行道的平整及绿化，光彩工程；七、其他公用设施），此时交房农行市分行付款80%。合同没有约定必须经质监站综合评定后作为交房的条件。（2）雨田大厦1995年12月26日动工，1996年12月7日、1997年4月17日经施工单位、设计单位、质监站对大厦结构工程验收，并作了验收签收签名。1997年10月28日对大厦-4.45层、负一楼和消防中心进行移交验收，并提出验交意见：验收合格符合使用条件，同意移交下道工序精装修。并由质检站单位签字认可，并于2000年11月8日盖章再次证明，因此1997年10月28日该房已具备了交房条件，而不是原判认定的2000年11月7日质检站再次盖章证明以后才认定符合交房条件。（3）农行市分行营业部于1997年12月17日在移交使用核定单上盖章，认为符合交房条件，接收该房1000平方米（这部分没有算公摊面积），同等条件下，农行市分行无理由不接收该房。实际交房时间应为1997年12月17日。农行市分行上诉称按约延迟交房三年多的上诉理由不能成立。

4. 雨田公司、农行市分行应承担违约责任的问题。按照双方合同约定，雨田公司应于1997年7月30日将负一楼交付给农行市分行及营业部。而事实上，雨田大厦负一楼于1997年10月28日经验收合格后，雨田公司于1997年12月17日将负一楼移交给农行市分行营业部。雨田公司未按约交房，应按协议约定承担延期交房的违约责任;并从1997年7月31日起至1997年12月16日止每日按投资总额的0.1‰支付滞纳金。按协议订立的交房条件,雨田公司于1997年10月28日经验收合格,符合了交房条件,1997年12月17日农行市分行营业部已接收了负一楼的1000平方米并支付了2000万元房款。此时农行市分行明知该房已符合协议交房条件,而故意不接收该房,致房屋空置多年,并扩大损失,应承担主要责任。农行市分行的行为已构成违约。农行市分行投资额不能按时到位,按双方协议约定,亦应承担违约责任,每日按其差额的0.1‰付滞纳金及未付资金利息,从1997年12月17日起至付清时止。负一楼均由农行市分行及分行营业部所购买,不存在分割的问题。

综上,雨田公司与农行市分行签订的《联合建房总协议书》和《联合建房协议》,相互补充和完善,均属有效。原审认定购房合同有效,判决农行市分行付房款是正确的。雨田公司未按约定时间即1997年7月30日交房,而延期至1997年12月17日才实际交房,应承担一定责任。农行市分行明知房屋符合交房条件,而故意不接收该房,亦不付款,致损失扩大,应承担主要责任。原判决不以合同约定的交付房屋条件和付款方式、时间为定案依据,另定2000年11月7日作为交房的依据是不正确的。农行市分行上诉要求支付延期交房的滞纳金请求,应予支持。雨田公司要求农行市分行支付滞纳金及未付资金利息的请求亦应予支持。据此,依照《民事诉讼法》第153条第1款第1项、第2项和《民法通则》第85条、第111条、第112条的规定,于2001年11月26日作出(2001)渝高法民终字第118号民事判决:(1)维持重庆市第一中级人民法院(2000)渝一中民初字第1696号民事判决第1项;(2)撤销重庆市第一中级人民法院(2000)渝一中民初字第1696号民事判决第2项;(3)由重庆雨田房地产开发有限公司支付中国农业银行重庆市分行按投资总额(3600万元)每日0.1‰的滞纳金(从1997年7月31日至1997年12月16日止);(4)中国农业银行重庆市分行按约支付2960万元的滞纳金,每日按0.1‰计算,从1997年12月17日起至付款时止;(5)中国农业银行重庆市分行支付2960万元的利息,按农行同期同类贷款利息分段计算,从1997年12月17日起至付款时止。一审案件受理费221,699.5元,其他诉讼费1500元,共计223,199.5元,由重庆雨田房地产开发有限公司承担74,600元,中国农业银行重庆市分行承担148,599.5元;二审案件受理费221,699.5元,其他诉讼费1500元,共计223,199.5元,由重庆雨田房地产开发有限公司承担74,600元,中国农业银行重庆市分行承担148,599.5元。

最高人民检察院抗诉认为,本案二审判决认定的案件基本事实缺乏证据证明,适用法律错误。(1)二审判决认定雨田大厦经中间验收后就具备交房条件,并以农行市分行营业部的接房时间作为农行市分行的应收房时间缺乏证据证明、适用法律错误。①二审判决将雨田大厦在建中的《中间验收记录》视为具备交房条件属适用法律错误。②二审判决将《中间验收记录》上记载的时间作为认定雨田大厦符合交付使用条件的时间缺乏证据证明。③二审判决根据另一房屋买受人农行市分行营业部于1997年12月17日接收房屋的事实,推定农行市分行在同等条件下也应于当时接房,否则就构成违约,缺乏证据证明。(2)二审判决判令农行市分行支付2960万元(合同约定的首付款)的利息,缺乏事实及法律依据。①二审判决认定"1996年3月16日雨田公司与农行市分行签订的《联合建房协议》是对1996年1月8日签订的《联合建房总协议书》补充和完善",违背了当事人的真实意思表示。②二审判决判令"农行市分行支付2960万元(合同约定的首付款)的利息"缺乏事实及法律依据。

农行市分行申诉称:二审判决对农行市分行违约责任的判决超出了雨田公司的诉讼及上诉请求,违背了不告不理原则。雨田公司在上诉状中只请求了利息,并没有滞纳金。同时,其在起诉状中请求的利息的起止时间是从1997年7月30日至2000年8月,上诉状中却将计算利息的起止时间变为1997年11月至2001年7月,增加了利息部分的诉讼请求。二审法院对雨田公司放弃滞纳金上诉请求和增加利息诉讼请求的行为未进行审查和判断,反而进一步判决农行市分行承担利息和滞纳金至付款时止,超出了雨田公司的请求。其他同意检察机关的抗诉意见。请求撤销二审判决第4项、第5项。

雨田公司答辩称:(1)《联合建房总协议书》签订之后签订的《联合建房协议》在同一内容上不相一致的,应以相互补充和完善的后一协议即《联合建房协议》为准,符合法律规定。(2)农行市分行支付首期房款给雨田公司的条件已成就。根据《联合建房协议》的约定,农行市分行的下属营业部优先选房成立时,雨田公司已将房屋分给了农行市分行,但农行市分行没有根据约定支付首期房款。雨田公司基于协议约定的分房条件已成就,诉请农行市分行违约并支付首期房款及滞纳金、利息。原判决农行市分行支付首期房款2960万元及从1997年12月17日起至付款时止的滞纳金、利息,是正确的,请求依法驳回农行市分行的诉求,维持原判决。

最高人民法院再审认为:原判决认定《联合建房总协议书》及《联合建房协议》之内容,是双方当事人真实意思表示,不违反法律的规定,合法有效。本案当事人农行市分行与雨田公司对所签订的《联合建房总协议书》及《联合建房协议》的性质、效力以及支付首期购房款等问题在本院再审本案时没有提出异议,且不涉及损害国家和他人利益,故上述内容不属于本案再审的范围。基于检察机关的抗诉意见以及当事人的争辩意见,本案的主要争议焦点可以归纳为:一是关于雨田大厦中间验收后是否具备交房条件以及农行市分行应收房的时间和依据问题。二是农行市分行支付2960万元利息的依据问题。三是原判决对农行市分行违约责任的判决是否超出雨田公司的诉讼请求问题。

1.关于雨田大厦中间验收后是否具备交房条件以及农行市分行应收房的时间

和依据问题。(1)关于雨田大厦中间验收后是否具备交房条件的问题。无论将雨田公司与农行市分行签订的《联合建房总协议书》及《联合建房协议》之间所形成的法律关系定性为联合建房关系还是房屋买卖合同关系,但基于《联合建房总协议书》及《联合建房协议》所约定内容是双方真实意思表示,且不违反法律规定,对于合法有效的合同应当严格执行。《联合建房总协议书》第5条移交房屋的相关事宜约定:雨田公司应于1997年7月在保证第3条第4项公用设施完善后将房屋交与农行市分行由其进行精装修,雨田公司应进行配合。农行市分行装修不能破坏结构,不能破坏公共设施及共用场所,装修期间应服从雨田公司整体安排;由此可以确定双方约定的交房条件是,雨田公司在合同约定的公用设施完善后将房屋交与农行市分行进行精装修。《联合建房总协议书》及《联合建房协议》在工程标准中对公用设施部分明确由供电;供水;通信;消防;环保;临时过渡房的撤除、清理,人行道的平整及绿化,光彩工程以及其他公用设施七部分组成。雨田大厦1995年12月26日动工,1996年12月7日、1997年4月17日经施工单位、设计单位、质监站对大厦结构工程验收,双方当事人对公共设施完善问题并没有提出异议。同时,质监、设计单位、建设(或监理)、施工单位对雨田大厦结构工程进行了验收,质监站、设计单位、接收方、移交方等单位对大厦-4.45层、负一楼进行了验收,明确验收合格符合使用条件,同意移交下一道工序精装修。农行市分行核对《中间验收记录》是为了移交下道工序并不持异议。综上,雨田大厦经中间验收后符合了当事人在合同中对房屋移交所约定的条件,原判决认定雨田大厦经中间验收后就具备交房条件并无不当。但原判决以合同没有约定必须经市质监站综合评定后作为交房条件的理由不当,农行市分行以原判决将雨田大厦在建中的《中间验收记录》视为具备交房条件属适用法律错误的理由不能成立,不予支持。(2)关于农行市分行应收房的时间及依据问题。《中间验收记录》上的验交意见只能作为符合当事人约定移交房屋的条件,其记载的时间并不能确定为房屋交付使用的时间。因为符合交房条件并不意味着雨田公司当即将房屋交付给农行市分行,雨田公司未能举证证明在1997年12月17日通知农行市分行接房。因此,原判决以农行市分行营业部于1997年12月17日接收房屋的事实,推定农行市分行在同等条件下也应于当时接收房屋,并以1997年12月17日作为农行市分行应接收房屋时间不正确,农行市分行申诉的理由成立,予以支持。现有证据证明雨田公司于1998年10月19日第一次通知农行市分行接收房屋,农行市分行对该通知不持异议。农行市分行接收房屋的时间应根据雨田公司所发函件内容来确定,雨田公司要求农行市分行于1998年10月23日前接收房屋,说明该时间为接收房屋的最后期限,故可以确定农行市分行的应接收房屋时间为1998年10月23日。

2. 关于农行市分行支付2960万元利息的依据问题。《联合建房总协议书》及

《联合建房协议》是双方当事人在平等自愿基础上达成的一致协议，符合法律规定，合法有效，上述两份协议所约定的内容均应对当事人产生约束力。当两份合同（协议）均属有效合同（协议），除当事人有特别约定外，如果前后两份合同（协议）对同一内容有不同约定产生冲突时，基于意思表示最新最近，且不违反合同（协议）目的，可根据合同（协议）成立的时间先后，确定以后一合同（协议）确定的内容为准。如果前后两份合同（协议）所约定的内容并不冲突，只是对合同（协议）的内容进行了不同的约定，因此，不能简单地认定后一协议是前一协议的变更，或后一协议是对前一协议的补充和完善。通过对《联合建房总协议书》与《联合建房协议》之比较，可以看出《联合建房协议》增加约定了农行市分行是按照平方米计价分得大厦负一层1996.53平方米（其中商场1598平方米，按每平方米21,650元计算，大厦公摊398.53平方米，按每平方米4500元计算）；增加约定雨田公司应于1997年7月30日前将房屋交给农行市分行使用；没有再次约定"如农行市分行投资不能按时到位，所产生的利息由农行市分行承担"以及"为了保证联合建房顺利完成，农行市分行应多渠道协调贷款及引进项目建设，此贷款按当时国家规定的标准计息。协调贷款及引进额，不得低于第二部分投资额"等有关投资的内容。因此，《联合建房协议》内容的增加或没有重复约定《联合建房总协议书》的相关内容，只是对协议内容的调整，两者之间并不冲突。鉴于上述两份协议均有效，其所约定的内容均应对当事人产生约束力。农行市分行认为原判决认定雨田公司与农行市分行签订的《联合建房协议》是对《联合建房总协议书》的补充和完善，违背了当事人的真实意思表示的理由不能成立。《联合建房总协议书》及《联合建房协议》关于"如农行市分行投资不能按时到位，所产生的利息由农行市分行承担"以及"如农行市分行投资不能按时到位，每日按其差额的万分之一付滞纳金，雨田公司不能按时交房，每推迟一日，按总投资额的万分之一付滞纳金"之约定，是双方为保障履行合同权利义务而设定的措施。因《联合建房总协议书》及《联合建房协议》均为有效，以及农行市分行对1998年10月19日雨田公司所发函件中明确的从1998年10月23日起不再承担3700万元购房款利息的内容没有提出异议，原判决判令农行市分行支付滞纳金之后再判令农行市分行支付2960万元（合同约定的首付款）的利息，并不缺乏事实及法律依据。

3. 关于原判决对农行市分行违约责任的判决是否超出雨田公司的诉讼请求问题。当事人在法律规定的范围内处分自己的民事、诉讼权利和"不告不理"是民事诉讼的重要原则，人民法院处理民商事纠纷时，只能对已诉至法院的民事权利义务关系作出判断，除涉及国家和公共利益外，其审理和判决应以当事人的请求、主张的范围为限。当事人所诉告的内容既包括其在一审时起诉、增加诉讼请求以及答辩、反驳、反诉等，也包括其在二审时上诉请求、上诉答辩等，还包括其在庭审中享有的陈述、举证、辩论、质证、调解以及人民法院进行的询问等。从雨田公司的起诉、上诉以及二审法院对其询问的总体内容看,雨田公司不仅在一审中要求农行市分行承担支付首期联合建房款2960万元、延期支付购房款的利息和滞纳金,而且在二审中法院询问时仍然要求农行市分行承担延期支付购房款的利息和滞纳金,并要求截止时点至付款时止,这充分说明雨田公司并没有放弃自己的权利主张。虽然雨田公司要求农行市分行承担延期支付购房款的利息和滞纳金的诉请,在不同的诉讼阶段基于计算的截止时点不同而具体数字有所差别,在一定程度上属于诉讼请求的增加,但属于时间结点顺延所必然增加的部分。为减少诉累,原审法院基于当事人的诉请一并处理并无不当。故原判决对农行市分行违约责任的判决没有超出雨田公司的诉讼请求。农行市分行认为原判决超出雨田公司的诉讼请求的理由不能成立,不予支持。

综上,双方当事人对于原判决中的支付首期购房款没有异议,原判决对该部分的处理应予维持。基于协议的约定,雨田公司未于1997年7月30日将房屋交付给农行市分行,构成违约,应按协议约定承担延期交房的违约责任。原判决以农行市分行营业部接收房屋的时间1997年12月17日确定为农行市分行应接收日的依据不足,应当以雨田公司通知农行市分行接收房屋的最后日期1998年10月23日作为其延期交房的截止日,原判决判令雨田公司从1997年7月31日起至1997年12月16日止每日按投资总额的0.1‰支付滞纳金不正确,应当纠正。雨田公司通知农行市分行于1998年10月23日前接收房屋,农行市分行未按时接收该房,亦未按约履行付款义务,其行为已构成违约。依据协议约定,应承担延期支付购房款的利息和滞纳金的违约责任。违约时间应从1998年10月23日起算,原判决以1997年12月17日作为起算日不正确,应当纠正。故重庆市高级人民法院(2001)渝高法民终字第118号民事判决认定的部分事实不清,适用法律不当,当事人申诉的部分理由成立。根据《民事诉讼法》第186条、第153条第1款第1项、第2项、第3项之规定,判决如下:(1)维持重庆市高级人民法院(2001)渝高法民终字第118号民事判决第1、2项;(2)变更重庆市高级人民法院(2001)渝高法民终字第118号民事判决第3项为:由重庆雨田房地产开发有限公司支付中国农业银行股份有限公司重庆市分行按投资总额3700万元每日0.1‰的滞纳金(从1997年7月31日至1998年10月23日止);(3)变更重庆市高级人民法院(2001)渝高法民终字第118号民事判决第4项为:中国农业银行股份有限公司重庆市分行按约支付2960万元的滞纳金,每日按0.1‰计算,从1998年10月23日起至付款时止;(4)变更重庆市高级人民法院(2001)渝高法民终字第118号民事判决第5项为:中国农业银行股份有限公司重庆市分行支付2960万元的利息,按农行同期同类贷款利息分段计算,从1998年10月23日起至付款时止。本案一、二审案件受理费443,393元,其他诉讼费3000元,共计诉讼费446,393元,由重庆雨田房地产开发有限公司承担149,200元,中国农业银行股份有限公司重庆市分行承担297,193元。本判决为终审判决。

[参见《最高人民法院公报》2012年第5期。]

018. 房地产合同中的更名条款无效是否等同于合同无效?

【审判专论】

更名条款无效不等同于合同无效

《合同法》第1条规定:"为了保护合同当事人的合法权益,维护社会经济秩序,促进社会主义现代化建设,制定本法。"因此,制定《合同法》的主要目的在于保护权利,鼓励交易,维护交易的稳定性,最大限度地增进社会财富。从该立法目的来看,司法实践中应充分认识到鼓励交易是合同法的重要精神,要谨慎地认定合同无效,人民法院审理合同纠纷案件不应产生阻碍合法交易的后果。此外,从司法解释不断对《合同法》第52条第5项强制性规定范围增加限定来看,维护交易安全的审判理念日渐受到推崇,更要求我们在审判实践中谨慎地认定合同无效。

《合同法》第56条中规定合同部分无效,不影响其他部分效力的,其他部分仍然有效。因此,人民法院认定合同其他部分是否仍然有效的关键是判断合同无效的部分是否影响合同其他部分的效力。笔者认为,可以从合同其他部分的有效条件和合同无效认定两个方面来进行。

1. 合同其他部分的有效条件(即合同其他部分有效时需具备的条件),主要指合同其他部分的内容是不是双方订立合同的主要目的和真实意思表示,是否违反法律法规的强制性规定。从法院已查明的事实可以看出,该房地产买卖契约系双方当事人真实的意思表示,双方签订合同的主要目的是拆迁安置房的交易,而更名条款的约定只是为了降低部分交易成本,而非双方签订合同的主要目的。由此可见,虽然更名条款因逃避国家房地产交易税收而无效,但不影响双方交易拆迁安置房的合同目的实现,双方交易拆迁安置房的其他约定仍属双方真实意思表示,且并不违反法律法规强制性规定,应当认定合同除更名条款外的其他部分仍然有效。

2. 否定合同效力本质上是国家公权力出于维护公共利益之需要对私人自由施加的干预与限制,寻求公共利益与个体利益的平衡点是认定合同其他部分是否无效的关键。因此,是否认定合同无效必须指通过比例原则对公共利益与个体利益进行衡量和比较,并考量认定合同其他部分无效的适合性、必要性和均衡性。

适合性,即在已经认定部分条款无效的情况下,如果认定合同其他部分无效对维护社会公共利益的实现无所助益，就不应认定合同其他部分无效。本案中，认定逃避税收的更名条款无效后，车顺康、何春芳愿意承担房屋产权变更登记的相关税费，如在此情况下认定合同其他部分无效将对维护社会公共利益的实现无所助益，是不适合的。

必要性，即在已经通过认定部分条款无效对公共利益提供保护的情况下，公共利益仍因合同其他条款而受到损害，并且除否定合同其他条款效力外，再无其他有效手段和途径保护公共利益，此时应当认定合同无效。本案中，认定逃避税收的更名条款无效后，依法纳税这项关乎公共利益实现的义务履行具有替代方式，即可以通过车顺康、何春芳自愿缴纳房屋产权变更登记的相关税费来实现，而且合同其他部分的继续履行也无损公共利益，因此没有必要认定合同无效。

均衡性，即在已经认定部分条款无效的情况下，通过判定合同其他部分无效来维护公共利益的法律效果是否与当事人不法行为所应承受的不利后果相当，实质为公共利益与合同自由之间的利益权衡。本案中，因认定逃避税收的更名条款无效后，车顺康、何春芳已承诺承担房屋产权变更登记的相关税费，其他合同部分的继续履行亦无损公共利益，也就没有进行均衡性考量的需要了。

综上，在更名条款无效的情况下，合同其他部分为双方当事人的真实意思表示，继续履行合同其他部分并不损害社会公共利益，合同其他部分不具备无效的适合性、必要性和均衡性，也不违反法律行政法规的强制性规定，应当认定本案房地产买卖契约合法有效。

［参见邵国荣、谷丹：《逃避房地产交易税费条款无效后的合同效力及其履行》，载《人民司法·案例》2013年第20期。］

019. 一方当事人以合同交易结果不对等为由主张房地产合同订立显失公平的，应否予以支持？

【典型案例】

青岛大昌房地产开发有限公司与张春成项目转让合同纠纷上诉案

【裁判要点】

对合同性质的认定应当以法律为依据，以当事人的真实意思表示为基础。合同显失公平的认定宗旨应在于保障社会公平、维护合同正义，应坚持主观标准和客观标准的统一。在显失公平的认定问题上应注意保护诚信守约方的合法权益，避免造成一方以显失公平为由任意违约的现象。对于合同显失公平的认定标准应坚持主观标准和客观标准的统一。除了须有不公平的交易结果，即合同内容明显违反公平、等价有偿原则导致双方权利义务严重失衡以外，还必须具备下列要素：客观上，须双方订约地位不平等，一方处于优势地位而对方处于窘境，完全没有同对方讨价还价的余地，或是一方无经验、缺乏判断力。主观上，一方必须是故意利用对方所处的不利境地，即行为人必须知道对方所处的境地、知道他们之间订立的合同显失公平，并有意识地加以利用。单纯在交易结果上超出市价、平均利润、平均差价的一定倍数不应认定为显失公平。因为显失公平旨在校正合同自由造成的不公平，并不在于干预当事人通过合同调节自我利益的得失。只要订约过程是公平的，法律应重在为当事人提供公平的交易规则和交易秩序，而不在于直接为当事人订立公平合理的合同。单有交易结果的不对等，不应认定为显失公平。片面地追求交易结果的公平，无疑会破坏交易规则，使价格机制的作用得不到充分发挥。

案号：(2006)青民一初字第77号；(2006)鲁民一终字第320号。

上诉人(原审被告)：青岛大昌房地产开发有限公司(以下简称大昌地产公司)。

被上诉人(原审原告)：张春成。

2004年8月19日，张春成与青岛鹏翔置业有限公司签订项目转让合同，约定由张春成将其本人挂牌竞买的项目土地整体转让给该置业公司，双方约定税后净价人民币850万元整，对付款时间及违约责任等亦有明确约定。依据上述合同，张春成将项目土地交付该置业公司实际使用，由该公司进行开发建设至项目竣工。后经银行同意，张春成用该土地使用权为该置业公司办理了贷款抵押担保。其间，置业公司的权利义务经张春成同意由大昌地产公司承继。大昌地产公司交付了部分土地转让款，就尚欠余款虽多次书面承诺还款并承担违约责任，但始终不予履行。

2005年12月29日，张春成(甲方)与大昌地产公司(乙方)经协商达成如下协议："经甲乙双方协商，为督促乙方及时还款，双方签订购房协议，并开具收款收据。1.如乙方在2006年3月1日之前不能全部偿还所欠甲方311万元人民币，则张春成与大昌地产公司于2005年12月29日签订的购买黄岛实利合商贸综合楼一、二层全部网点房的2000平方米的购房合同及收款收据立即生效(所欠土地转让款311万元转为购房款)。2.如乙方在2006年3月1日之前全部还清欠款，则张春成与大昌地产公司在2005年12月29日签订的购买黄岛实利合商贸综合楼一、二层全部网点房约2000平方米的购房合同及收款收据作废。3.甲乙保证在购房合同签订及协议签订的同时，办理公证签名等手续，顺利办理土地过户的手续，否则购房合同及收款收据和本协议同时作废。”同日，大昌地产公司（甲方）与张春成（乙方）签订商品房买卖合同一份，合同约定：“乙方向甲方购买刘公岛路南舟山岛街东黄岛实利合商贸综合楼一、二层网点房。面积约2000平方米。根据甲方暂测的房屋建筑面积，乙方购买该房屋的总房价款为人民币311万元整。”

上述协议签订后，张春成将土地使用权过户到大昌地产公司名下。大昌地产公司则未按期偿付欠款，也没有交付协议约定的2000平方米网点房。张春成遂起诉至法院请求判令大昌地产公司交付诉争房屋并办理产权过户手续。

被告大昌地产公司辩称：双方于2005年12月29日签订的青岛市商品房买卖合同及同日签订的协议书，名为商品房买卖合同实为抵押合同，该公司因欠原告张春成的土地转让款没有还清，不应当将双方约定的买卖房屋判归原告，应当按抵押合同有关规定处理。

山东省青岛市中级人民法院经审理认为，2005年12月29日，张春成与大昌地产公司签订的青岛市商品房买卖合同及协议书，是当事人的真实意思表示，符合法律规定，属有效合同。《合同法》第45条第1款规定：“当事人对合同的效力可以约定附条件。附生效条件的合同，自条件成就时生效。附解除条件的合同，自条件成就时失效。”张春成、大昌地产公司签订的青岛市商品房买卖合同及协议书，系附条件的合同，在合同所附条件成就后，张春成依据合同要求大昌地产公司履行义务，系对自己合法权益的正当主张，该诉求合理，应予支持。大昌地产公司辩称该商品房买卖合同及协议书属抵押合同，应按抵押合同的有关规定处理双方的权利义务。对于大昌地产公司的该主张，因证据不足，于法无据，不予支持。遂判决：（1）青岛市黄岛区舟山岛街95号实利合商贸综合楼的一、二两层全部房屋产权归原告张春成所有。（2）被告大昌地产公司于本判决生效后10日内将青岛市黄岛区舟山岛街95号实利合商贸综合楼的一、二两层全部房屋产权过户给原告张春成。

宣判后，大昌地产公司不服一审判决，向山东省高级人民法院提起上诉。诉称：（1）商品房买卖合同是依附于协议书存在的从合同，本身不能独立存在。原判决认定其为独立存在的附生效条件的合同，并将案由确定为商品房买卖合同纠纷，系认定错误。（2）商品房买卖合同是兼具担保和违约责任功能的从合同，不是附生效或解除条件的合同。为清偿311万元债务，用约2000平方米网点作抵押以提供担保，应当受担保法调整，原判决对此未作认定，系适用法律错误。（3）判决履行商品房买卖合同显失公平。本案当事人纠纷源于311万元欠款，原审判决上诉人交付的房产价值近1000万元，违反了《民法通则》第4条关于民事活动应当遵循自愿、公平、等价有偿、诚实信用的原则的规定，导致双方的权利义务严重失衡。请求发回重审或者查清事实后直接改判。

被上诉人张春成答辩称，原审法院认定事实清楚，判决正确，应予维持。

山东省高级人民法院经审理认为,本案争议的焦点为:(1)青岛市商品房买卖合同是否构成抵押合同;(2)该商品房买卖合同应否得到履行;(3)该商品房买卖合同是否显失公平。

关于第一个焦点问题,从双方于2005年12月29日订立协议书及青岛市商品房买卖合同(以下简称二份协议)的目的来看,购房合同既具有督促大昌地产公司及时还款,以实现张春成债权目的,也具有督促张春成及时办理土地过户手续,以实现大昌地产公司土地过户的目的;将购房合同理解为抵押合同,并不符合当事人双方订立二份协议的目的和真实意思表示。从二份协议的形式和内容看,该商品房买卖合同是一份规范的格式合同,协议的文字表述并没有将争议房产用作抵押或提供担保的意思表示;二份协议均明确表述为购房合同、购房款、商品房买卖合同;协议对购房合同生效或作废条件皆作了约定,唯独没有抵押的内容,所以,二份协议并不具备抵押合同的法律特征。大昌地产公司上诉提出该商品房买卖合同为抵押担保合同,是用约2000平方米网点作抵押物为清偿311万元债务提供担保,应受担保法调整的主张,没有法律依据,不予支持。

关于第二个焦点问题,协议书明确约定了该商品房买卖合同生效或作废的条件,二份协议应相互依附存在。当生效条件成就时,商品房买卖合同即成为一份独立的合同。在张春成已经履行了自己义务的情况下,该商品房买卖合同应得以全面履行。

关于第三个焦点问题,根据《最高人民法院关于贯彻执行〈中华人民共和国民法通则〉若干问题的意见(试行)》第72条之规定:“一方当事人利用优势或者利用对方没有经验,致使双方的权利与义务明显违反公平、等价有偿原则的,可以认定为显失公平。”依据2004年8月19日转让土地协议所约定的内容,大昌地产公司按约定应交清全部土地转让款,而2005年12月29日同时签订的二份协议,是在大昌地产公司违约拒付尾款的情况下签订的,张春成并无优势可言。该二份协议系双方当事人自愿签订,是双方当事人的真实意思表示,因此,大昌地产公司上诉主张该商品房买卖合同显失公平,无事实依据,该上诉理由不能成立。

综上,原审判决认定事实清楚,适用法律正确,应予维持。判决:驳回上诉,维持原判。

[参见张豪:《青岛大昌房地产开发有限公司与张春成项目转让合同纠纷上诉案——合同显失公平的认定》,载《人民司法·案例》2009年第12期。]

020. 村民委员会在未召开村民会议的情况下对外签订的房地产开发合同是否具有法律效力?

【公报案例】

浙江省乐清市乐成镇石马北村村民委员会与浙江顺益房地产开发有限公司合作开发房地产合同纠纷案

【裁判要点】

村民会议对本村村务享有最终决定权,是村民自治的权力机关。村民通过村民会议直接行使法律赋予的各项民主权利,以此实现村民自治的目的。根据《村民委员会组织法》第17条及第19条对于涉及村民利益处置的规定,村委会对某些涉及村民利益的事项须提请村民会议讨论决定,且该决定必须有半数以上的村民或者2/3以上的户的代表参加会议并经到会人员半数以上通过方才有效。如果不符合此规定,村委会对外签订的合同就不能认为是村民的真实意思表示,合同效力应被认定为无效。

案号:最高人民法院(2006)民一终字第59号。

上诉人(原审原告):浙江省乐清市乐成镇石马北村村民委员会。

被上诉人(原审被告):浙江顺益房地产开发有限公司。

上诉人浙江省乐清市乐成镇石马北村村民委员会(以下简称村委会)与被上诉人浙江顺益房地产开发有限公司(以下简称顺益公司)合作开发房地产合同纠纷一案,浙江省高级人民法院于2006年5月18日作出(2005)浙民一初字第7号民事判决。村委会不服该判决,向最高人民法院提起上诉。最高人民法院依法组成合议庭,于2006年11月8日开庭审理了本案。本案现已审理终结。

一审法院经审理查明:2003年1月,村委会集体所有的土地700余亩被乐清市国土资源局征用,乐清市国土资源局返还村委会留用地指标70亩,其中包括双方讼争的C-c41地块(以下简称7号地块),作为村委会从事开发经营、兴办企业及村民住宅用地。由于土地被征用后,土地承包户强烈要求补足每亩30万元的补偿款,故村委会经村民代表会议讨论,决定开发7号地块,以解决土地承包户的补偿款问题。村委会与瑞安市汇通房地产开发有限公司(以下简称汇通公司)多次协商开发该地块。经村委会村民代表会议讨论后,村委会与汇通公司先后于2003年8月30

日、9月9日、10月16日签订了三份协议书。其中8月30日的协议书载明，双方就7号地块（约12.27亩，以附图为准）挂牌出让有关问题达成如下协议："1.确保村委会该地块土地出让净值5000万元，即无论汇通公司以任何价格取得该地，均应净付给村委会5000万元。涉及该地块的政策等规定及政策或其他一切因素的变化而产生的任何权利与义务均与村委会无关。2.若挂牌出让时其他公司取得该地块，村委会净得出让金少于5000万元，不足部分由汇通公司补足；村委会净得出让金多于5000万元，多余部分双方各半分成。3.本协议签订后，汇通公司于2003年9月10日前付给村委会保证金3000万元（包括已收700万元），挂牌结束后多退少补。汇通公司承诺本协议签订后约6个月完成该地块出让。4.本协议双方各执一份为凭。9月9日的协议书载明，村委会承诺拥有7号地块合法使用权，面积约为12.27亩，经村民代表大会决议，决定与汇通公司合作开发。为此，双方就相关事宜形成协议如下：1.村委会提供上述土地使用权，汇通公司提供资金、技术、管理经营资源等为主进行开发事宜，双方共同开发上述土地，然后按约定比例分成。2.为表示合作诚意，汇通公司先行支付3000万元前期资金到村委会账户，用于处理前期合作的相关费用等。3.汇通公司即日起抽调组织人员，对土地进行勘察、测量、设计，完成相关经营技术数据和图纸，并进行必要的策划和广告，以提升该地块的商业价值。4.合作的相关详细事宜，另行协商。在详细协议达成前，双方合作事宜必须不停止执行。"2003年10月16日的协议书载明，村委会拥有一块被国家征用的返回地，面积约为12.27亩，规划编号为7号地块。对该地块，村委会承诺持有合法使用权。村委会经多次召开村民代表大会决议，决定与汇通公司共同合作开发该地块。为此，汇通公司支付村委会3000万元，同时，抽调人员进行合作开发的咨询、设计、勘察、策划等工作，基本完成开发实施前的所有工作，使该地块价值得以大幅度提升。现村委会提出，该地块按乐清市土地主管机关要求，必须"挂牌"出让，由此，必须对双方合作事宜重新进行协商。村委会经村民代表大会决议后，重新与汇通公司达成如下协议："1.为了使双方合作事务继续下去，汇通公司参与乐清市土地主管机关就上述地块挂牌出让的竞投。如由汇通公司取得该地块权属，鉴于双方合作前汇通公司投入人、财等使地价上升等因素，双方约定：不论土地主管机关挂牌出让后返给村委会多少数额的土地出让款项，村委会净得额为5000万元，多余部分作为汇通公司此前合作过程的投入和努力的受益分成，此款连同汇通公司已付村委会的3000万元，由村委会一并返回给汇通公司。返回时间为村委会收到土地主管机关出让款项的7天内，否则，按日万分之十支付违约金。同时，汇通公司如支付土地主管机关出让款资金紧张，则可以提前要求村委会返回原所交的3000万元，村委会应予支持。2.如挂牌出让由其他单位取得上述地块权属，则村委会返还汇通公司已投入支付的3000万元。同时，乐清市土地主管机关返回村委会的土地出让款额超过

5000万元的，超出部分属双方前期合作的收益，双方各半分享，村委会应支付汇通公司享有的一半份额，支付时间及违约的条款同于第一条。3. 汇通公司无条件保证：鉴于汇通公司曾承诺经设计策划并进行合作开发的土地总地价将达到5000万元，而此承诺作为村委会同意合作的前提，因此，如土地主管机关返回村委会款项少于5000万元，则汇通公司保证补足，兑现承诺。否则承担违约金3000万元。4. 协议达成前的双方所作口头、书面协议均作废，以本协议为准。5. 不论何种情形出现，双方就上述利益数额确定方案，对双方具有不可撤销的效力，如协议条款因故无效，则条款的有关数额转为同额赔偿款。”

协议书签订后，汇通公司根据双方的约定先后支付给村委会3000万元，并为该地块的开发进行了前期设计、测量、资金筹集等工作。2003年11月27日，汇通公司更名为顺益公司。2003年11月5日，村委会向乐清市国土资源局呈送报告，要求对7号地块予以挂牌出让。2004年1月22日，乐清市国土资源局对7号地块使用权进行招标出让，后由顺益公司以1.565亿元的价格竞得。2004年2月27日，顺益公司与乐清市国土资源局签订了《国有土地使用权出让合同》。2004年3月8日至2004年5月12日，顺益公司分五次向乐清市国土资源局交清了1.565亿元土地出让金。村委会根据其与顺益公司的约定，将其中的8240万元转给了顺益公司。

2005年7月11日，村委会向浙江省高级人民法院起诉，请求：确认双方当事人在2003年10月16日签订的协议书无效，并返还村委会5240万元；诉讼费由顺益公司承担。事实和理由为：2003年，乐清市国土资源局征用村委会土地700亩，按规定返还70亩作为村委会安置留用地，用于村民住宅和经营性开发。后村委会就该留用地中12.27亩的7号地块与顺益公司于2003年8月30日、10月16日签订了两份协议书。协议的大致意思为无论土地主管机关返还村委会的土地款是多少，村委会都净得5000万元，如由顺益公司竞得，则超出部分连同顺益公司已付给村委会的3000万元保证金一并返回顺益公司；如由其他单位竞得，则超出部分双方各半分成。2004年1月22日，乐清市国土资源局依法对7号地块土地使用权进行招标出让，后由顺益公司以1.565亿元的价格竞得。根据有关规定，乐清市政府又将该土地出让金中的1.224亿元返还给了村委会。2004年4月21日、5月8日，村委会分两次通过转账形式共付给了顺益公司8240万元（该款项包含了村委会返还顺益公司的1000万元保证金）。

对于村委会的上述行为，原告称当时村民并不知道。事后村民要求村委会向顺益公司索回除顺益公司已付3000万元保证金外的5240万元，但村委会未履行其职责。村民还向政府要求废除顺益公司的中标，也未被支持。村民又向法院起诉协议书无效，并要求退款，但因主体问题而未能立案。为此，村民依照《村民委员会组织法》重新选举了新村委成员和村主任。新村委成立后,曾要求政府主动废标,但政府仍在不作为。在招投标中,土地的起价为7000万元,顺益公司以1.565亿元的价格竞得,而第二标的报价仅比顺益公司的竞得价低20万元。因此,双方当事人签订的协议书属恶意串通损害村民集体及其他竞标人合法利益的行为,属无效合同。双方应当返还各自取得的财产。顺益公司曾向村委会支付了3000万元保证金,村委会两次共向顺益公司支付了8240万元。因此,顺益公司应当向村委会返还除已付保证金外的5240万元。

顺益公司于2005年7月11日向一审法院提起反诉,后又申请撤回,一审法院裁定予以准许。

顺益公司答辩称:依据2003年1月28日村委会与乐清市国土资源局签订的统一征地协议及乐清市政府乐政〔1999〕7号、乐政〔2000〕149号文件,证明双方合作经营的标的物(土地)的取得是合法的。村委会于2003年8月29日召开村民代表大会,依法形成有效的村民代表决议。该次村民代表大会应到人数89人,实到72人,最后以71票同意,1票弃权,通过了该决议(其中村民代表应到44人、实到39人;党员应到45人、实到33人、党员外出5人)。双方的合作是以公开、自愿为基础,村委会所称双方恶意串通不实。2003年8月30日与10月16日的两份协议书是在村民代表大会以后双方签订的,基本内容与大会决议一致,但是对该土地挂牌时超过5000万元或低于5000万元时如何操作以及双方违约时的罚则作了进一步的约定,其实质是对双方权利与义务及罚则的界定。双方协议签订后,由于7号地块的建筑容积率政府未予规定,而容积率的高低,决定土地的商业价值,为此,顺益公司做了大量工作。2004年1月12日,乐清市国土资源局下发了建设用地批准书,该批准书规定容积率<5.8,建筑面积<50,610平方米,从而提升了7号地块的商业价值。另按照双方的协议,顺益公司还进行了前期的土地规划设计、测量等。2004年2月28日,顺益公司以1.565亿元价格竞得7号土地使用权。同时,顺益公司与乐清市国土资源局签订了《国有土地使用权出让合同》,并经公证。综上,双方订立的协议是双方真实意思的表示,且符合相关的法律法规,故协议有效,双方应继续履行,请求依法驳回村委会的诉讼请求。

一审法院审理认为,综合双方当事人诉辩意见,本案争议的焦点是双方于2003年10月16日签订的协议书效力问题。村委会称,双方当事人签订的协议书系前任村"两委"所为,村民不知道,违反了《村民委员会组织法》有关规定,协议书系双方恶意串通,损害村民集体及其他竞标人合法利益的行为,依法应确认无效。顺益公司则称,该协议书已经村民代表会议讨论通过,双方恶意串通无事实证据;双方签订协议书后,顺益公司已为开发该地块做了大量的工作,并通过挂牌出让的合法途径取得了国有土地使用权,双方所签订的协议书是真实意思的表示,符合法律的规定,属有效协议。

一审法院认为,村民代表会议的记录,证实村委会已按照《村民委员会组织法》第19条有关涉及村民利益处置的规定,就双方协议所指事项提交村民代表会议讨论通过,村委会称村民不知道与事实不符,不予采信。乐清市国土资源局文件乐土资〔2003〕76号函,只证明乐清市国土资源局于2003年6月15日发函给乐成镇石马北村双委,要求终止村双委所筹划的对7号地块向社会公开招标的行为,无法证明双方当事人之间系恶意串通。虽然诉争地块的挂牌出让的起始价为7100万元,最后成交价为1.565亿元,都高于双方协议约定的5000万元,但并没有证据证实双方当事人在签订协议前存在恶意串通的事实。双方签订协议的目的是确保双方的利益,且协议内容经过村民代表会议讨论通过,不存在损害集体利益的问题。乐清市国土资源局已于2004年2月27日确认诉争国有土地使用权的挂牌出让以1.565亿元成交,作为受让方顺益公司亦已经付清了土地出让款1.565亿元,并于2004年6月26日取得了讼争地块的国有土地使用权证,整个挂牌出让过程已经完成。双方对此并无异议,挂牌行为是合法有效的。顺益公司参与挂牌并没有违反招标拍卖挂牌出让国有土地使用权的规定,因此也不存在侵害其他竞投人利益。本案不存在《合同法》第52条第2项规定的恶意串通,损害国家、集体或者第三人利益的无效情形,也不存在第52条规定的其他无效情形,顺益公司主张双方协议有效,予以采纳。依照《民事诉讼法》第64条第1款之规定,判决驳回村委会的诉讼请求。一审案件受理费272,010元,调查费2000元,由村委会负担。

村委会不服一审判决,向本院提起上诉。请求:(1)撤销一审判决;(2)确认双方当事人在2003年10月16日签订的协议书无效,并返还村委会5240万元;(3)诉讼费由顺益公司承担。主要事实理由是:(1)村委会与顺益公司签订协议前未召开村民大会,“村民会议记录”来源不明,不应采信;(2)顺益公司没有提供证据证明因其做工作提高了土地容积率;(3)讼争土地挂牌损害其他竞标人的合法权益;(4)“村民会议记录”中张从定、唐长敏、杨明忠村民代表的签字是假的,不具有法律效力;(5)三份协议书没有经过合法的村民代表会议讨论;(6)“村民会议记录”没有对“超出5000万元的部分”如何分配作出明确约定。

顺益公司答辩称:对双方争执土地,顺益公司是经合法程序取得的,其与村委会不存在非法转让关系,也不存在与他人恶意串通等;“村民会议记录”的取得不违反法律,其真实性不可否认,三村民的证言前后矛盾,不可采信;对挂牌效力异议与本案无关。

二审查明的事实与一审查明的事实相同。

最高人民法院认为,本案争议焦点为:双方签订的2003年10月16日协议书是否有效,土地挂牌出让所得价款1.224亿元如何处理,对挂牌效力异议应如何认定三个问题。

关于双方签订的2003年10月16日协议书是否有效的问题。双方当事人前后共签订三份协议书,村委会与顺益公司在签订8月30日协议书前,于2003年8月29日召开了村民代表大会,形成了会议决议。其内容为:确保净地款5000万元(土地竞标部门抽多少由顺益公司自负与村无涉),先付开发保证金3000万元解决困难,找补承包户,其余款在挂牌后付清(一次性),竞标后的价格多少双方各无反悔。会后第二天,双方当事人签订协议约定,顺益公司确保村委会该地块土地出让金净值5000万元,即无论顺益公司以任何价格取得该地,均应净付给村委会5000万元。涉及该地块的政策等规定及政策或其他一切因素的变化而产生的任何权利与义务均与村委会无关。若挂牌出让时其他公司取得该地块,村委会净得出让金少于5000万元,不足部分由顺益公司补足,村委会净得出让金多于5000万元,多余部分双方各半分成。同年9月9日,双方又签订协议书,由于该协议书与双方争议问题无关不再赘述。2003年10月16日,双方签订第三份协议书,该协议书除约定村委会净得额为5000万元以外,又明确约定,多出5000万元的部分作为顺益公司此前合作过程的投入和努力的受益分成,此款连同顺益公司已付村委会的3000万元,由村委会一并返回给顺益公司。另该协议书还约定了本协议达成前的双方所作口头、书面协议均作废,以本协议书为准。

最高人民法院认为,村委会召开村民代表大会后,双方当事人签订的是8月30日协议书。而双方于10月16日签订协议书之前,村委会没有再召开村民代表大会。虽然两个协议书在约定的给付村委会土地出让款额及挂牌出让后出现的情况如何处理等内容上大致相同,但8月30日协议书没有明确约定竞标多于5000万元部分由村委会全部返回给顺益公司的内容,村民代表大会决议也没有此项内容。因此,10月16日协议书作为一个新协议,没有证据证明已经村民代表大会同意。顺益公司称10月16日协议书是经过村民代表大会决议而签订的事实依据不足,故该协议应认定无效。一审判决认定10月16日协议书有效是错误的,应予纠正。顺益公司提供的村民代表大会的会议记录,仅能证明8月30日协议书是经村民代表大会决议后签订的。根据村委会会议记录证明,2003年8月29日村委会召开了村民代表大会,到会人员72人,签名同意会议决议的71人,弃权1人。从会议召开的程序看,符合《村民委员会组织法》第18条的法律规定,而且8月30日协议书约定与村民代表大会决议内容基本上是一致的,即确保村委会取得净地款5000万元,对顺益公司中标后超出5000万元的部分如何处理均没有明确意见。因此,8月30日双方所签订的协议书内容是经过村民代表大会讨论决定的,符合《村民委员会组织法》第19条的规定,故该协议书应认定为有效。至于在庭审中,有三名村民代表称村民代表大会决议中,不是本人签名问题,最高人民法院认为,即使会议决议中有个别人的名字是代签的,也不能由此而否认多数村民代表通过的会议决议。因此,村委会主张8月30日协议书无效证据不足,不予支持。

关于7号地块挂牌出让所得价款1.224亿元,应如何处理问题。最高人民法院认为,根据协议书的约定,1.224亿元土地价款中的5000万元应归村委会所有;其余7240万元双方当事人如何分配未作明确约定。分配这笔款项,应当衡平双方当事人的利益,从本案的具体情况看,顺益公司在土地竞标前对土地作了一些前期工作,这笔款项关系到失地村民的生产和生活。由于双方当事人的情况没有直接的可比性,确定分配款项的数额可以依据相对公平的原则由双方各分得一半,即村委会与顺益公司各分得3620万元。1.224亿元土地价款,村委会实得8620万元;顺益公司实得3620万元。因村委会已返还顺益公司8240万元,扣除村委会尚未退还顺益公司已付的2000万元保证金,顺益公司还应再付给村委会1620万元。

关于对挂牌效力异议应如何认定问题。村委会认为在竞标中双方当事人有串标行为,侵害了第三方利益,应为无效。最高人民法院认为,乐清市国土资源局在确认讼争土地使用权的挂牌出让后,顺益公司中标,而且在中标后付清了土地出让款,并已取得了讼争地块的《国有土地使用权证》。对此,如果有第三方提出异议,认为在竞标中当事人有串标行为侵害其利益,应由第三方向有关部门提出主张,而村委会无权主张。对村委会该项诉讼请求,不予支持。

综上,依照《民事诉讼法》第153条第1款第2项之规定,判决如下:(1)撤销浙江省高级人民法院(2005)浙民一初字第7号民事判决。(2)浙江顺益房地产开发有限公司在本判决生效后15日内给付浙江省乐清市乐成镇石马北村村民委员会1620万元。如逾期不履行本判决确定的金钱给付义务,应当依照《民事诉讼法》第232条的规定,加倍支付迟延履行期间的债务利息。(3)驳回浙江省乐清市乐成镇石马北村村民委员会的其他诉讼请求。

一、二审案件受理费544,020元、调查费2000元,共计546,020元,由双方各半承担,即浙江省乐清市乐成镇石马北村村民委员会负担273,010元,浙江顺益房地产开发有限公司负担273,010元。

本判决为终审判决。

[参见《最高人民法院公报》2008年第9期。]

021. 房地产开发项目主体工程已经完工，在双方均存在违约的情形下，能否解除合同？

【公报案例】

兰州滩尖子永昶商贸有限责任公司等与爱之泰房地产开发有限公司合作开发房地产合同纠纷案

【裁判要点】

所谓解除权是指合同订立后尚未履行或者尚未完全履行之前，基于法定或者约定的事由，通过当事人单方意思表示即可使合同自始不发生效力的权利。在双务合同中，双方均存在违约的情况下，应根据合同义务分配情况、合同履行程度以及各方违约大小等综合考虑合同当事人是否享有解除权。双务合同中一方当事人已经履行了大部分合同义务，涉案项目主体工程已经完工，在双方均存在违约的情形下，应根据合同义务分配情况、合同履行程度以及各方违约程度大小等综合因素，判断合同当事人是否享有解除权。若此种情形下解除合同将导致合同双方利益的显著失衡，则不宜解除合同。

案号：最高人民法院(2012)民一终字第126号。

上诉人(原审被告)：甘肃爱之泰房地产开发有限公司。

被上诉人(原审原告)：兰州滩尖子永昶商贸有限责任公司。

被上诉人(原审原告)：甘肃省农垦机电总公司。

上诉人甘肃爱之泰房地产开发有限公司(以下简称爱之泰公司)与被上诉人兰州滩尖子永昶商贸有限责任公司(以下简称永昶商贸公司)、甘肃省农垦机电总公司(以下简称农垦机电公司)合资、合作开发房地产合同纠纷一案，不服甘肃省高级人民法院2012年6月1日作出的(2010)甘民一初字第2号民事判决，向最高人民法院提起上诉。最高人民法院依法组成合议庭，于2012年12月14日进行了开庭审理。本案现已审查终结。

一审法院经审理查明：2006年12月11日，爱之泰公司与永昶商贸公司、农垦机电公司签订《联建合作协议书》约定，爱之泰公司与永昶商贸公司于2001年11月签订了联建合作协议，由双方共同开发建设银垦大厦项目。根据协议约定，永昶商贸公司应给爱之泰公司办理联建项目用地土地过户事宜。为尽快办理滩尖子489

号土地的过户事宜，以使双方共同开发的银垠大厦项目得以顺利开发建设，进一步明确三方权利义务，特订立下列条款：“一、银垠大厦项目概况。银垠大厦项目的总建筑面积为49,586.14平方米（不含人防层）。本合同项下工程为联建工程，各方均应为项目成功尽到各自义务。项目立项、规划、建设及销售应以爱之泰公司名义进行。二、分成方式：1.爱之泰公司与永昶商贸公司。根据2005年12月15日的面积划分协议书规定，分成为：爱之泰公司占爱之泰公司和永昶商贸公司共同分成面积（⑦—⑪轴线）的一至二十八层面积的65%，永昶商贸公司占35%。2.爱之泰公司与农垦机电公司。爱之泰公司与农垦机电公司的应分配总面积：根据2006年元月12日的面积划分协议书规定，分成为：爱之泰公司占爱之泰公司和农垦机电公司共同分成面积（⑦—⑪轴线）的65%，农垦机电公司占35%，具体为银垠大厦一至二十八层，爱之泰公司占65%，农垦机电公司占35%。三、三方责任。上述面积划分的约定，三方均应遵守履行。爱之泰公司在永昶商贸公司办理土地过户后，不得将划分给永昶商贸公司、农垦机电公司的面积不动产对外设定抵押、担保、入股、买卖。永昶商贸公司在本协议签订后的三个工作日内，完成2005年12月15日与爱之泰公司所签协议中约定的将‘银垠大厦的建设占地面积据土地证记载宗地5.019亩土地使用权即刻过户给爱之泰公司’的承诺条款，并出具一切过户所需的文件、证明及相关申请书等。”

12月22日，签约三方又签订了一份补充协议，约定：“1.银垠大厦建设项目系三方共同联建项目。2.现联建开发建设项目占地5.019市亩，虽然以前是以永昶商贸公司名义的土地使用权的宗地，但其中约2.33市亩土地，实际为农垦机电公司所用地，并以此为参与该联建分成的依据。3.三方的产权证书诸手续均由爱之泰公司负责办理，费用各自缴纳。4.联建项目占地拆迁的雁滩税务所、供销公司、乡种子站，在2007年10月底由永昶商贸公司分成中给以上单位的房产，在到期后不能交付使用时，延期交付的延期过渡费，按当时拆迁时的拆迁过渡费定额，由爱之泰公司及其施工单位承担。银垠大厦中所有不参与三方共同分配的公共面积，如若实际经营，由此产生的经营效益和相关责任，则由实际经营者按三方的房屋分成的比例进行分成。5.三方按比例分成的房屋，必须在爱之泰公司的售房部门公示，同时，三方实际分成房屋在施工平面图中确定，经三方在该图纸上盖章明确，并各自保存以备在交房时对照。6.农垦机电公司在交房时必须把由永昶商贸公司、爱之泰公司为其担保从市城投公司所借的拆迁补偿款归还给城投公司，如不能按时归还时，将由永昶商贸公司或爱之泰公司归还，届时农垦机电公司所分得的房产将归实际还款方所得。”

签约三方还于2004年12月21日就爱之泰公司要求先行开工问题签署了一份会议纪要，纪要内容为：同意先行开工。2006年2月21日，爱之泰公司与浙江宏成建设工程有限公司(以下简称宏成公司)签订了《银垠大厦工程施工协议书》,约定由宏成公司总承包位于兰州市城关区滩尖子银垠大厦地下二层、地上二十八层,建筑面积6万平方米的施工工程,承包方式为包工、部分包料,总工期按720日历天。该协议在履行过程中:"1. 由于银垠大厦工程项目未经兰州市规划行政主管部门批准,亦未办理相关四证,被兰州市规划局给予行政处罚[详见兰州市规划局2006年9月28日兰规监(2006)070号处罚决定书];2. 爱之泰公司在未取得商品房预售许可证的情况下违法预售部分房屋;3. 由于爱之泰公司未按约支付工程款,导致该工程至今只完成了主体部分[详见已生效的甘肃省兰州市城关区人民法院(2007)城民三初字305号民事调解书、甘肃省高级人民法院(2010)甘民二初字第12号民事调解书、甘肃省高级人民法院(2010)甘民一终字第67号民事判决],故引发本案诉讼。"

一审法院同时查明,根据甘肃省高级人民法院(2010)甘民一终字第67号民事判决书认定的事实,银垠大厦主体工程造价为44,417,189.76元;本案经爱之泰公司申请委托鉴定,爱之泰公司实际投入该工程的前期费用为14,240,294.04元,拖欠设计费219.28万元,共计60,850,283.80元,经质证双方当事人对该鉴定结论均无异议,应予采信。另据甘肃省高级人民法院(2010)甘民二初字第12号民事调解书确定,爱之泰公司应于2010年6月30日前支付甘肃天奇物资集团有限公司钢材、水泥等款项8600余万元,目前该案正在执行中:由于爱之泰公司违约,其与宏成公司所签建设工程施工合同被解除[详见(2010)甘民一终字第67号民事判决];又据兰州铁路运输中级法院《关于兰州天奇物资集团有限公司与爱之泰公司买卖合同欠款纠纷一案的执行情况报告》称:由于爱之泰公司无清偿债务的能力,债权人已申请法院对银垠大厦进行评估拍卖。

一审法院另查明:"1. 2001年7月18日、8月5日,农垦机电公司与爱之泰公司就农垦机电公司所属的位于兰州市城关区滩尖子489号办公经营居住地办理过户及进行开发建设项目签订了《联建合作协议》及《联建补充协议》。2001年8月4日,农垦机电公司与爱之泰公司签订一份补充协议纪要,内容为:主要以爱之泰公司名义申报建设立项以及申领除土地证外的建设用地规划许可证等其余四证和双方资产办理产权证分割。2001年11月21日、2003年10月10日,双方又就联建面积、补偿安置、竣工时间、商住、办公及商场的分配等事宜签订了联建补充协议。2006年1月12日,农垦机电公司与爱之泰公司就分成比例又签订了一份协议书。2. 2001年11月21日,永昶商贸公司与爱之泰公司签订联建合作协议书,约定就永昶商贸公司所属的位于兰州市城关区滩尖子489号3970平方米的场地进行联合开发建设。2005年12月15日,双方依据上述协议条款,签订银垠大厦面积划分的协议书。3. 2006年10月11日,兰州市城市基础设施建设投资公司(以下简称城建公司)与永昶商贸公司、农垦机电公司、爱之泰公司签订了一份四方协议。约定:(1)爱之泰公司应付农垦机电公司的拆迁补偿款664万元,暂由城建公司垫付。(2)本协议生效10日内农垦机电公司应搬离完毕,建筑物拆除及建筑垃圾清运工作,爱之泰公司应在农垦机电公司搬离完毕20日内完成。城建公司垫付补偿款应于本协议生效10日内付清。(3)本协议签订后12个月内,爱之泰公司应在与永昶商贸公司、农垦机电公司联建的银垠大厦项目中,对农垦机电公司进行实物安置,具体安置标准见永昶商贸公司、农垦机电公司与爱之泰公司签订的《安置补偿协议》及《联建协议》。(4)爱之泰公司对农垦机电公司实物安置后或本协议签订起12个月后的对应日内,农垦机电公司应将城建公司垫付的拆迁补偿款一次性返还,若农垦机电公司未按时返还,每延期一天按补偿总额日万分之四比例向城建公司支付违约金,永昶商贸公司与爱之泰公司对此承担连带责任。(5)对本协议,农垦机电公司以其爱之泰公司在建的银垠大厦房地产进行抵押担保,若本协议签订起12个月后的对应日内农垦机电公司未按时返还城建公司垫付的拆迁补偿款,则以银垠大厦在建工程整体及其土地使用权作为抵押,爱之泰公司、永昶商贸公司承担连带责任。(6)银垠大厦工程在2007年10月20日不能交付使用,农垦机电公司所用城建公司垫付的拆迁补偿款由爱之泰公司无条件全额返还。届时,楼房交付时,农垦机电公司不能全额返还城建公司补偿款,则由爱之泰公司全额返还城建公司的补偿款,农垦机电公司从该项目中无条件退出。(7)若爱之泰公司对农垦机电公司未及时安置酿成纠纷时,农垦机电公司应依其与永昶商贸公司签订的《安置补偿协议》及《联建协议》向永昶商贸公司与爱之泰公司主张权利,与城建公司无关。”2007年10月30日,农垦机电公司致函城建公司,称:贵公司与我公司、永昶商贸公司、爱之泰公司于2006年10月20日共同协商签订了四方协议书,截至目前,爱之泰公司未能按期将房屋交付我方使用,根据四方协议约定,返款的责任全部由爱之泰公司承担。

一审法院还查明,兰州市人民政府于2002年3月28日下发《关于给永昶商贸公司征拨建设用地的通知》(兰政建字〔2002〕078号)。2004年8月31日,兰州市规划国土资源局与永昶商贸公司签订兰州市城镇国有土地使用权出让合同。2005年5月26日,兰州市人民政府向永昶商贸公司颁发国有土地使用权证[兰国用(2005)第C06978号],并予以登记。

一审法院再查明,永昶商贸公司原为兰州滩尖子农工商企业总公司,隶属于兰州市城关区滩南街道滩尖子村社区居委会,2008年1月9日,经兰州市工商行政管理局城关分局核准变更为现名。兰州市城关区滩南街道滩尖子村社区居委会认可永昶商贸公司因该诉讼产生的法律后果。

永昶商贸公司、农垦机电公司起诉称,2001年7月18日至2006年12月11日,其与爱之泰公司先后签订多份《联建合作协议》《联建补充协议》，约定其提供位于兰州市城关区滩尖子489号的5.019亩国有土地使用权，爱之泰公司提供资金，合作开发银埌大厦商住楼。在联建合作协议履行过程中，爱之泰公司不能提供资金导致银埌大厦建设停工。爱之泰公司未能按联建协议的约定向其交付约定房屋，并违法预售房屋。爱之泰公司已构成违约，故请求："1.解除三方签订的《联建合作协议》；2.由爱之泰公司承担违约责任，赔偿损失121,170,840元（最终以法院评估为准）；3.案件受理费、评估费由爱之泰公司承担。"

爱之泰公司未提供书面答辩意见，其在庭审中提出要求继续履行合同，并驳回永昶商贸公司、农垦机电公司的诉讼请求。

一审法院认为，依法成立的合同，对当事人具有法律约束力。当事人应当按照约定履行自己的义务。根据《联建协议》及《补充协议》约定，永昶商贸公司、农垦机电公司以其出让的5.019亩土地使用权作为投资，与出资方爱之泰公司联建银埌大厦，但该大厦联建至今，永昶商贸公司、农垦机电公司并未给爱之泰公司办理土地过户手续，致使应由爱之泰公司办理的建设工程审批、规划、施工、预售等许可手续至该工程停工时均未办理，导致在建的银埌大厦形成违章建筑，并得到处罚。爱之泰公司作为联建一方的投资方，由于无资金支持，使在建工程在主体封顶后，被搁置长达三年之久，且长期拖欠材料款、工程款及民工工资。根据已生效的甘肃省高级人民法院（2010）甘民二初字第12号民事调解书和甘肃省高级人民法院（2010）甘民一终字第67号民事判决书认定的事实，爱之泰公司拖欠工程款、材料款本息已达1.2亿元之多，使联建合同的履行成为不可能。永昶商贸公司、农垦机电公司关于解除联建合同的诉讼请求成立，应予支持。虽然永昶商贸公司、农垦机电公司与爱之泰公司签约主体适格，三方所签诸多联建协议及补充协议成立，但爱之泰公司作为联建一方的投资方，首先，在三方协议签订之前即与宏成公司签订了建设工程施工合同，至合同被解除时尚未办理建设工程审批、规划、施工、预售等许可手续，永昶商贸公司、农垦机电公司亦未及时办理土地过户及协助爱之泰公司办理其他手续，均构成违约，各方期待的预期利益均不能实现；其次，爱之泰公司在未取得规划、预售等许可证的情况下，违法售房且未将预售房款用于在建工程，过错责任应由其自行承担；最后，爱之泰公司未按合同约定支付工程款，致工程停工至今，尚欠宏成公司工程款15,126,810.57元。由于双方当事人均违反合同约定，永昶商贸公司和农垦机电公司主张的121,170,840元（应分配面积20,195.14平方米乘以起诉时房地产市场估价均价6000元/m^2）违约损失的诉讼请求不予支持。爱之泰公司以自己的行为表明不能履行合同义务且未提出反诉，其要求继续履行合同的诉请亦不予支持。综上，一审法院判决：（1）永昶商贸公司、农垦机电公司与爱之泰公司签订的《联建协议》及《补充协议》终止履行。（2）永昶商贸公司、农垦机电公司按爱之泰公司在银垠大厦已完工程中的实际投入(主体工程造价44,417,189.76元+爱之泰公司前期投入费用14,240,294.04元+拖欠设计费219.28万元)共计60,850,283.80元给付爱之泰公司,并按中国人民银行同期贷款利率,分别计付爱之泰公司前期投入费用的利息(以付款先后为序分段计息)和主体工程造价的利息(从2006年2月起按付款数额分段计息)至起诉时止。(3)限判决生效后30日内由永昶商贸公司、农垦机电公司支付爱之泰公司实际投入费用及利息后,爱之泰公司向永昶商贸公司、农垦机电公司移交施工场地。(4)驳回永昶商贸公司、农垦机电公司要求爱之泰公司承担违约损失的诉讼请求。一审案件受理费647,654元,鉴定费233,900元,共计881,554元,由永昶商贸公司、农垦机电公司和爱之泰公司各承担440,777元。如果未按本判决指定的期间履行给付金钱义务,应当依照《民事诉讼法》第229条之规定,加倍支付迟延履行期间的债务利息。

爱之泰公司不服一审判决,向最高人民法院提起上诉。

爱之泰公司上诉称:(1)原判决终止履行《联建协议》及《补充协议》无法律依据。永昶商贸公司和农垦机电公司所属土地和原建办公楼未办理过任何规划手续,属于违法建筑,以致相关的土地开发建设手续不能办理;农垦机电公司对案涉土地无合法使用权,不属于本案适格当事人;爱之泰公司无任何违约行为,永昶商贸公司未依约办理土地使用权过户手续,应承担全部违约责任。(2)原判决认定的工程造价和工程量与事实不符。4400万元仅是施工方完成的主体土建部分的工程造价,而不是案涉项目已完工部分的全部造价;除建筑主体外的相关构筑物和结构构造的施工和材料均由爱之泰公司自行完成,该部分工程量并未计入。一审判决认定爱之泰公司欠甘肃天奇物资集团有限公司材料款就高达8000多万元,却仅认定爱之泰公司总投入为6000多万元,存在矛盾。(3)爱之泰公司与施工方宏成公司的诉讼是因施工方未按施工合同约定的进度完成工程。项目停工并非爱之泰公司无资金支持,而是因为永昶商贸公司有意阻碍所致。综上请求:(1)撤销一审判决第1项、第2项、第3项;(2)判令撤销农垦机电公司的联建资格和当事人资格,继续由永昶商贸公司与爱之泰公司履行联建协议;(3)本案一、二审诉讼费、鉴定费等全部由永昶商贸公司和农垦机电公司负担。

永昶商贸公司和农垦机电公司答辩称,爱之泰公司不能按约定投入资金,导致其未能在合同约定期限内实现联建合同目的,并且陷入多年纠纷之中,爱之泰公司存在明显违约。原判决认定事实清楚,适用法律正确,请求驳回上诉,维持原判。

最高人民法院庭审中,对案涉项目主体工程已经完工的事实,各方均表示认可。最高人民法院另查明,爱之泰公司诉宏成公司一般建设工程合同纠纷一案,甘肃省高级人民法院于2011年1月4日作出(2010)甘民一终字第67号民事判决,现已生效。该判决查明,2008年6月,宏成公司以爱之泰公司未按约支付工程进度款和进购所需材料为由被迫停工。爱之泰公司以宏成公司无理停工给其造成经济损失为由提起该案诉讼。最高人民法院二审查明的其他事实与一审查明的事实一致。最高人民法院认为,本案的争议焦点为,永昶商贸公司和农垦机电公司对联建协议及补充协议是否享有法定解除权。爱之泰公司提出,农垦机电公司不具备联建协议的当事人资格。永昶商贸公司和农垦机电公司主张爱之泰公司主要存在两项违约行为:一是未办理案涉联建项目的报建、规划、施工、预售等手续,致使案涉项目形成违章建筑并得到处罚;二是未按期交付联建房产。关于农垦机电公司是否具备联建协议当事人资格的问题。根据一审查明的事实,2001年7月18日、2001年8月5日、2001年11月21日、2003年10月10日、2006年1月12日、2006年12月11日、2006年12月22日,农垦机电公司与爱之泰公司签订了多份联建合作协议及补充协议,爱之泰公司认可其与农垦机电公司签订的各个联建协议的真实性和有效性。根据《合同法》第8条第2款的规定,依法成立的合同,受法律保护,故农垦机电公司是案涉多份联建协议及补充协议的合同主体,其合同权利应受法律保护。2006年12月22日永昶商贸公司、农垦机电公司和爱之泰公司三方签订的补充协议第2条约定,"现联建开发建设项目占地5.019市亩,虽然以前是以永昶商贸公司名义的土地使用权的宗地,但其中约2.33市亩土地,实际为农垦机电公司所用地,并以此为参与该联建分成的依据",由上可以看出,虽然案涉土地使用权登记在永昶商贸公司名下,但各方对案涉土地真实权属状况是明知的,合同约定也是明确的,该合同约定亦不违背法律的规定,故上述约定对各方具有约束力。退一步讲,即使农垦机电公司对标的物无任何处分权,亦不影响各联建协议及补充协议的效力,农垦机电公司仍享有相关的合同权利。综上,爱之泰公司以农垦机电公司对案涉土地无任何权益为由主张农垦机电公司不具备联建主体资格的理由不能成立。

关于未办理案涉项目报建、规划等手续问题。根据已经查明的事实,2001年5月农垦机电公司与爱之泰公司签订的《联建补充协议》第3条约定,案涉项目的报建立项均以爱之泰公司名义进行,各项交费由爱之泰公司承担支付,除土地证在工程前期仍以农垦机电公司名义办理外,其他四证在报建立项过程中均以爱之泰公司名义申领。2001年11月21日滩尖子农工商企业总公司与爱之泰公司签订的《联建合作协议书》第1条第4项约定,爱之泰公司负责全部建设报批工作和建设施工设计以及技术评审的全部工作,直至开工一切手续办理完毕(规划用地许可证、规划建设许可证、施工建设许可证),所需费用全部由爱之泰公司承担,具备建设开工的条件;第2条第3项约定,滩尖子农工商企业总公司有义务配合爱之泰公司在项目报批中所需的一切与本项目有关的土地文件与相关手续。兰州市工商行政管理局市场管理二分局行政处罚决定书中载明，爱之泰公司的陈述意见为："规划手续没有办下来的原因是原兰州滩尖子农工商总公司以雁滩家具市场为代表的，所有该公司所属全部约一百多个开发建设项目，从来没依法办理过规划建设手续。为此，兰州市规划局对该公司2005年以后的新开工项目的规建手续，一律以让其补齐以前的项目规划手续为由，将银垠大厦的规建手续拖至今日也没有办理。"从上述事实可以看出，对案涉联建项目的报批手续等，各方均须履行一定义务，现各方均未能提供充分证据证明已履行相应义务，故导致案涉项目规划手续未能有效办理，各方均应承担相应的责任。根据一审查明的事实，2004年12月21日签约三方就爱之泰公司要求先行开工问题签署了一份会议纪要，纪要内容：同意先行开工。这也说明各方对边开工边办理相关手续是达成一致的。2006年6月28日兰州市规划局《违法建设案件行政处罚决定书》[兰规监(2006)070号]第2项载明"责令补办建设工程规划手续"。从兰州市规划局的处罚决定看，案涉项目并非根本性违法建筑，而是属于可以补办工程规划手续的项目。综上，办理案涉项目各项规划手续是联建三方的共同义务，爱之泰公司负责办理工作，永昶商贸公司和农垦机电公司负责协助，导致案涉项目规划手续未能办理，各方均有一定责任。而且，各方对案涉项目先开工后补办手续也是明知并认可的。同时，根据相关行政部门的决定，案涉项目并非根本性违章建筑，可以通过补办相关规划手续使之合法化。因此，爱之泰公司虽然未成功办理规划手续，但并不属于根本性违约导致合同目的不能实现，原判决以爱之泰公司未办理规划等手续导致案涉项目为违章建筑为由，认定永昶商贸公司和农垦机电公司有权解除合同，无事实和法律依据。

关于爱之泰公司未按时交付联建房产问题。2003年10月10日，农垦机电公司与爱之泰公司签订的《联建补充协议》第1条约定，因拆除家属楼关系拆迁户的补偿和安置问题，爱之泰公司应在本协议签订之日起30个月内完成全部工程，将约定面积交付农垦机电公司使用，如果没有按期交付使用，爱之泰公司应承担农垦机电公司拆迁户的安置费，爱之泰公司如在36个月内不能完成大楼建设工程，农垦机电公司视爱之泰公司违约。爱之泰公司应承担农垦机电公司各种损失(如拆除楼房所造成的各种损失)。2006年1月12日爱之泰公司与农垦机电公司签订的《协议书》第14条约定，爱之泰公司施工工期从2006年2月20日起，施工期限不能超过30个月，如超过施工期限后，违约赔偿金每月3万元。2006年10月11日，城建公司与永昶商贸公司、农垦机电公司、爱之泰公司签订的四方协议约定，银垠大厦工程在2007年10月20日不能交付使用，农垦机电公司所用城建公司垫付的拆迁补偿款由爱之泰公司无条件全额返还。从上述合同约定情况看，各方对何时交付联建房产并没有特别严格的时间要求，交房时间一直处于变动中，亦未有逾期交房解除合同的约定。而2008年案涉项目主体工程已经完工。故虽然爱之泰公司存在迟延履行债务的行为,但尚未达到不能实现合同目的之严重程度。在2009年至2011年,爱之泰公司与施工方宏成公司一直处于诉讼中,本案一审亦因上述诉讼而中止审理。故关于案涉项目停工3年有余是因爱之泰公司无后续履行资金的主张,并无充分事实依据。爱之泰公司欠付工程款及其他材料款的事实与本案属于不同的法律关系,不能因此认定爱之泰公司以自己的行为表明不履行合同义务。原判决在认定爱之泰公司违约的同时,亦认定永昶商贸公司未按照约定将案涉土地过户到爱之泰公司名下,构成违约。本院认为,在双务合同中,双方均存在违约的情况下,应根据合同义务分配情况、合同履行程度以及各方违约大小等综合考虑合同当事人是否享有解除权。综合全案情况看,爱之泰公司承担了联建项目中的主要工作,并已经履行了大部分合同义务,案涉项目主体工程已经完工,在各方均存在违约的情况下,认定永昶商贸公司和农垦机电公司享有法定解除权,无事实和法律依据,并导致合同双方利益的显著失衡。原判决解除合同不妥,本院予以纠正。同时,根据《合同法》第112条规定,当事人一方不履行合同义务或者履行合同义务不符合约定的,在履行义务或采取补救措施后,对方还有其他损失的,应当赔偿损失。因此,合同继续履行并不影响各方要求对方承担违约责任的权利。

综上所述,根据《民事诉讼法》第153条第1款第2项之规定,判决如下:(1)撤销甘肃省高级人民法院(2010)甘民一初字第2号民事判决;(2)驳回兰州滩尖子永昶商贸有限责任公司和甘肃省农垦机电总公司的诉讼请求。一审案件受理费647,654元,鉴定费233,900元,共计881,554元,由兰州滩尖子永昶商贸有限责任公司和甘肃省农垦机电总公司各负担440,777元;二审案件受理费647,654元,由兰州滩尖子永昶商贸有限责任公司和甘肃省农垦机电总公司各负担323,827元。本判决为终审判决。

[参见《最高人民法院公报》2015年第5期。]

022. 合同当事人之间互负债务且约定先后履行顺序，法院未依合同约定判决双方履行顺序的是否符合法律规定？

【公报案例】

新疆伊犁众建房地产开发有限责任公司诉伊犁哈萨克自治州公路旅客运输服务中心合作开发房地产合同纠纷抗诉案

【裁判要点】

当事人应当按照约定全面履行自己的义务。《合同法》第 67 条规定："当事人互负债务，有先后履行顺序，先履行一方未履行的，后履行一方有权拒绝其履行要求。先履行一方履行债务不符合约定的，后履行一方有权拒绝其相应的履行要求。"由此可知，在合同纠纷中，当事人之间互负债务，且约定了先后履行顺序的，则应当依照约定，由先履行一方履行，先履行一方未履行的，后履行一方有权拒绝其履行要求。法院在双方当事人对其之间的互负债务已经约定了先后履行顺序的情形下，未依合同约定判决双方履行顺序，既不符合合同约定，也不符合法律规定。

2001 年 11 月 16 日，伊犁众建房地产开发有限责任公司（以下简称众建公司）与伊犁州公路旅客运输服务中心（以下简称客运中心）签订《联营开发房地产协议》，约定客运中心出土地，众建公司负责投入开发所需全部资金，并约定了房屋和利润的分配比例等。当第一期工程项目客运大厦完工后，双方于 2003 年 12 月 18 日签订《解除"联营开发房地产协议"的协议》（以下简称《解除联营协议》），约定：双方自愿解除《联营开发房地产协议》；众建公司同意以天意会计师事务所的审计资料为基础测算的 21,633,696 元的总价将整个客运大厦（除去已售出和已预售的 1935.67 平方米）的所有房地产使用权和所有权转交给客运中心（具体移交方式和转让款按第 6 条办）；客运中心向众建公司支付劳务补助金 80 万元；在双方产权移交过程中所发生的相关税金和费用，由客运中心承担；协议签订后，客运中心一次性支付众建公司 1500 万元；客运中心对该项目 5% 的质保金在质保期后，根据相关部门提供的质检报告予以支付；如有违背此协议的，违约方支付对方违约金 50 万元整等。《解除联营协议》第 6 条约定"对负一楼、一楼、二楼还未售出的商用部分暂不办理产权转移手续,由众建公司继续以不低于原定价格的标准出售,销售资金由双方共同管理,首先用于清偿客运中心所欠众建公司的相关款项,直到还清为止。此销售过程中所发生的税金和相关费用由客运中心承担,从销售总额中抵扣。剩余部分商业面积由众建公司将产权转至客运中心名下";另外,双方在附表中约定了各楼层房屋出售的最低售价。合同签订后,客运中心依合同约定,向众建公司支付1250万元,余250万元未支付。

2004年5月9日双方又签订《关于对"解除'联营开发房地产协议'的协议"的补充协议》(以下简称《补充协议》),约定:(1)对原《解除联营协议》第6条补充为对负一楼、一楼、二楼、三楼、四楼、五楼、六楼还未售出的商用部分暂不办理产权转移手续,由众建公司继续以不低于原定价格的标准出售,销售资金由双方共同管理,首先用于清偿客运中心所欠众建公司的相关款项(以最后审计结果为准),直到还清为止;此销售过程中所发生的税金和相关费用由客运中心承担,从销售总额中抵扣;客运中心所欠众建公司相关款项还清后剩余部分商业面积和土地由众建公司负责将房地产产权一次性转至客运中心名下。(2)原客运中心在中行贷款(除原解放路308号油库土地出售的资金还贷外)尚未偿还的余额部分,由众建公司代客运中心向中行办理有关房产抵押手续,待客运中心偿还完所欠中行贷款余额后,由众建公司负责将代办的抵押房地产产权办回客运中心。

双方当事人均认可对众建公司在联营期间的投入可分四部分计算,即伊犁建筑工程公司所承包的土建部分以现有的工程决算鉴定为准;37项甩项合同所涉及的投入以合同价为准;对客运大厦的消防工程及隔断装修工程委托决算,以鉴定价为准;其他方面的投入以审计价为准。关于众建公司已收回的资金,双方也主张委托审计伊犁天诚工程造价咨询有限责任公司对消防工程及隔断装修工程进行决算,结果为:隔断装修工程造价为482,586.03元;消防工程造价为2,078,154.66元。同时,新疆天意司法会计鉴定所对众建公司在联建客运大厦过程中的投入和回收资金情况进行审计,结果为:众建公司的总投入为34,246,400.33元(其中包括众建公司欠承包单位的建筑工程款,对众建公司所欠的税款及热贴费不包括其中);关于众建公司所回收的款项,客运中心已支付众建公司1250万元,《解除联营协议》中注明已出售和预售的1935.67平方米的铺面按双方约定的销售价格价值为15,877,290元,众建公司实际出售铺面1619.71平方米,按双方约定的售价应为13,548,826元,与购房户签订的合同价为12,542,268元,实际收款为11,692,603元。

2005年3月30日,客运中心以众建公司违约为由,向新疆维吾尔自治区高级人民法院伊犁哈萨克自治州分院起诉,要求:解除《解除联营协议》第6条及《补充协议》第1条和第2条,确认客运大厦未售出部分的房地产产权全归原告所有,清算被告方对大厦的实际投资及原、被告双方的债权债务。众建公司反诉，要求依法判决客运中心支付劳务费 80 万元，支付违约金 50 万元，向众建公司赔偿损失 53,770.19元，承担反诉的诉讼费用。另外，(1)2004 年 7 月 22 日、8 月 5 日，伊犁州法院先后将客运大厦 5、6、3、4 楼查封扣押，客观上造成销售困难。(2)为促进商铺销售，众建公司于 2005 年 2 月 7 日向客运中心的上级主管部门伊犁州交通局提出《关于盘活客运大厦销售活动的方案》;2005 年 3 月 21 日众建公司与乌鲁木齐墓士塔格营销传播有限公司签订《伊犁客运站商业项目销售代理合同书》。

2006 年 2 月 16 日，新疆维吾尔自治区高级人民法院伊犁哈萨克自治州分院作出(2005)伊州民三初字第 12 号民事判决认为，客运中心与众建公司在履行《联营开发房地产协议》过程中，自愿签订的《解除联营协议》和《补充协议》有效。而自签订合同之日至今，众建公司不但未履行和行使销售房屋回收投资款的义务和权利，而且合同中确认的已销售和预售的 1935.67 平方米铺面也未能完全实现。因而众建公司怠于履行《解除联营协议》第 6 条及《补充协议》的行为，使相关条款的合同目的无法实现，导致众建公司在超出其应享有的债权数倍的情况下长期占有客运中心的资产，使合同中约定的相关产权移交的目的不能及时实现。众建公司的行为损害了客运中心的合法权益，构成违约，因而客运中心要求解除《解除联营协议》第 6 条及《补充协议》第 1 条的请求应当支持。而客运中心未按合同约定给付众建公司 1500 万元，仅支付 1250 万元，其行为也构成违约，因而双方相互要求对方支付 50 万元违约金的诉讼请求均不应支持。关于众建公司售房收入额的认定，根据审计报告，众建公司已实际出售 1619.71 平方米的铺面，另有 69.42 平方米的铺面已预售并收取了定金，所以，应认定众建公司售出的房屋面积为 1689.13 平方米；由于双方在签订合同时约定了由众建公司出售房屋的最低限价，根据审计报告，众建公司在出售 1619.71 平方米铺面时，与购房者签订的合同总价为 12,542,268 元，该价款按双方约定价计算低于约定价，应当以双方约定价认定 1689.13 平方米铺面的价值为 13,548,826 元较妥。关于审计鉴定后发生的热贴费 11 万元及税费 20 万元，由于合同约定这两类费用应由客运中心承担，所以这两笔费用应计入众建公司的投入。综上，众建公司对客运中心应享有的债权应当是 34,246,400.33 元 + 11 万元 + 20 万元 - 1250 万元 - 13,548,826 元 - 481,381.18 元，即 8,026,193.15 元。关于众建公司反诉之请求，对于众建公司所主张的劳务补助费 80 万元应当支持；对众建公司所主张的损失 53,770.19 元，由于众建公司未能提供证据证实该损失系旅客运输中心的过错所致，因而该请求不应支持，关于众建公司提出的对外所负热贴费和税费之问题，由于今后实际发生额是否有变化现不详，所以待实际发生后，双方另行处理较妥。依照《民法通则》第 53 条，《合同法》第 60 条、第 94 条第 4 项之规定，判决如下：(1)解除客运中心与众建公司签订的《解除联营协议》第 6 条及《补充协议》;(2)由众建公司于判决生效后30日内向客运中心移交客运大厦1689.13平方米已出售铺面之外的所有房屋,并移交相关的土地、产权手续;(3)客运中心支付众建公司投资款8,026,193.15元;(4)客运中心支付众建公司反诉的劳务补助金80万元;(5)上述第3项、第4项合计8,826,193.15元,由客运中心于判决生效后30日内向众建公司付清;(6)新疆伊犁建筑工程公司所承包工程的质保金,在其履行质保义务后由客运中心偿付;(7)其他甩项建设工程合同所涉及的质保金,若承包方履行完质保义务后,由众建公司偿付;若承包方履行质保义务不能,由众建公司向客运中心承担相应责任;(8)已销售的1689.13平方米铺面对外所享有的债权归众建公司;(9)联建客运大厦过程中对外所负的债务,除上述质保金及热贴费和税金外,均由众建公司承担;(10)驳回客运中心和众建公司的其他诉讼请求。

客运中心与众建公司均不服,向新疆维吾尔自治区高级人民法院提起上诉。新疆维吾尔自治区高级人民法院二审对一审查明的事实予以确认。

2006年11月28日,新疆维吾尔自治区高级人民法院作出(2006)新民一终字第65号民事判决认为:客运中心与众建公司签订的《解除联营协议》和《补充协议》合法有效。按照协议约定,众建公司负有向客运中心移交客运大厦的使用权和所有权的义务,客运中心负有支付投资款的义务。客运中心以现金方式向众建公司支付投资款的金额是1500万元,剩余款额由众建公司通过售房收入取得。众建公司出售商铺的约定是客运中心支付对价的方式,出售商铺既是众建公司的合同义务,也是其实现合同权利的方式。众建公司应当按照协议的约定将客运大厦的使用权交给客运中心,并积极履行售房义务。众建公司没有按照协议约定将客运大厦使用权交给客运中心,也未履行售房义务,客运中心未按照协议约定向众建公司足额支付1500万元投资款,原审法院认定客运中心、众建公司均构成违约,并无不当。我国担保法明确规定对实现债权的担保形式有保证、抵押、质押、留置、定金五种形式,本案中众建公司保留房屋所有权的形式不属于担保法规定的担保形式,且双方在签订解除协议时没有对设定担保达成一致意思表示。众建公司关于《解除联营协议》第6条是其对客运中心所享有债权的担保的约定之主张是其单方对协议条款的理解,并不符合合同本意。在解除协议签订后两年多的时间里,其(众建公司)未向客运中心反映房屋未能售出的原因,也没有向客运中心主张降低销售价格。客观上造成在解除协议签订后两年多的时间里,客运中心在只欠付少部分价款的情况下,一直未能取得该房产的使用权,合同目的无法实现。原审法院判决解除《解除联营协议》第6条及《补充协议》并无不当。

关于客运中心要求将双方协议中约定已预售出的246.44平方米商铺,按照约定价格冲减众建公司投资款的上诉主张。因鉴定报告已经确认了众建公司实际售出的房屋面积,所以应当按照实际发生的售房面积计算应冲减的价款。原审法院采用鉴定报告所确认的以实际售出的1689.13平方米的销售房款冲抵众建公司应收投资款，并无不妥，予以维持。

关于众建公司提出原审的司法会计报告中未对“2005年6月23日之后对大楼的平均日管理费用”作出鉴定，要求法院二审重新鉴定的问题。原审法院进行司法鉴定的截止时间是2005年6月23日，在此日期之后产生的日常管理费用，原审法院并未审理。在原审法院未审理的情况下，本法院二审径行进行鉴定，势必造成对当事人诉权的限制。因此对众建公司要求重新鉴定的申请不予准许，众建公司可对新发生的费用向客运中心另行主张。

关于众建公司提出应计入投资的款项：人防费12.5万元，企业所得税1,065,880.13元，评估费81,400元，热贴费771,401.24元，没有列入鉴定报告，一审判决也没有涉及的问题。原审判决依据双方认可的鉴定报告对已经实际发生的款项作出了认定，对于鉴定后发生的热贴费11万元及税金20万元原审亦作出了认定，对于尚未发生的费用，原审作出待实际发生后双方另行处理的判定并无不当，予以维持，众建公司对于鉴定后实际发生的费用，可以向客运中心另行主张。

关于占用资金利息问题。双方所签订的《解除联营协议》并未对利息进行约定，且原审法院的鉴定已对众建公司实际发生的投资款项进行了核算。故众建公司另外主张利息的诉请没有事实及法律依据，不予支持。关于众建公司提出违约金赔偿费53,770.19元的问题，众建公司未能提供证据证明该损失是由客运中心的过错所致，故对该上诉请求亦不予支持。

综上，原审判决认定事实清楚，适用法律正确，根据《民事诉讼法》第153条第1款之规定，判决如下：驳回上诉，维持原判。

众建公司不服，向最高人民法院申诉。2009年7月30日，最高人民法院作出(2008)民申字第514号民事裁定认为，众建公司的再审申请不符合《民事诉讼法》第179条第1款规定的情形，裁定驳回众建公司的再审申请。

众建公司仍不服，向新疆维吾尔自治区人民检察院提出申诉。该院立案审查后提请最高人民检察院抗诉。

2011年8月17日，最高人民检察院以高检民抗(2011)57号抗诉书向最高人民法院提出抗诉，抗诉理由如下：

1.终审判决认定众建公司违约，认定的基本事实缺乏证据证明，判决解除《解除联营协议》第6条及其补充协议，适用法律确有错误。

(1)双方当事人签订的《解除联营协议》第2条约定：“甲方(众建公司)同意以21,633,696元的总价将整个客运大厦(除去已售出和已预售的1935.67平方米)的所有房地产使用权和所有权转交于客运中心。”第6条约定：“对负一楼、一楼、二楼还未售出的商用部分暂不办理产权转移手续，由众建公司继续以不低于原定价格的标准出售,销售资金由双方共同管理,首先用于清偿客运中心所欠众建公司的相关款项,直到还清为止。”根据上述约定可知,众建公司的合同义务是在客运公司支付转让价款后,将客运大厦剩余部分的房地产使用权和所有权交给客运中心。第6条是为了解决客运中心付款困难而设定的,但这并不改变双方合同的义务,支付转让款是客运中心的合同义务而非众建公司的义务,因此,对未售出的房屋继续以不低于原定价格的标准出售,是众建公司取得转让价款实现合同权利的一种方式,也是对众建公司取得转让款的权利担保,并非众建公司的合同义务。终审法院认定“出售商铺是众建公司的合同义务”,缺乏合同与事实依据。退一步说,即使出售商铺是众建公司的合同义务,但因为《解除联营协议》和《补充协议》并未明确约定完成房屋销售的数量和截止销售的时间,众建公司的行为也没有违反合同的约定,不构成违约。

(2)众建公司一直积极在进行客运大厦的房屋销售,剩余房屋未能及时售出,并非众建公司的过错。第一,因为客运中心欠中国银行伊犁州分行贷款纠纷案等案件,客运大厦的土地及地面建筑物于《解除联营协议》签订前的2003年8月就被伊犁州法院多份生效法律文书查封,影响了房屋的出售。第二,众建公司一直在积极进行房屋的销售,曾通过多家媒体发布售房广告,预售1935.67平方米,实际销售房屋1689.13平方米。第三,在原定价格比较高、不利于销售的情况下,众建公司向客运中心的上级主管单位伊犁州交通局提出了《关于盘活客运大厦销售活动的方案》,建议降价销售、以租代售等方式,但伊犁州交通局一直未予答复。同时,众建公司也与乌鲁木齐慕士塔格营销运转传播有限公司签订了《伊犁客运站商业项目销售代理合同书》。这些都表明众建公司一直在努力销售客运大厦的有关房产,并未怠于售房,终审判决认为众建公司“也未履行售房义务”,“在解除协议签订后两年多的时间里,其未向客运中心反映未能售出的原因,也没有向客运中心主张降低销售价格”,认定的事实与实际情况不符,缺乏证据支持。

(3)终审判决解除《解除联营合同》第6条及《补充协议》,适用法律确有错误。《合同法》对解除合同有着严格的条件限制。《合同法》第94条规定:“有下列情形之一的,当事人可以解除合同:(一)因不可抗力致使不能实现合同目的;(二)在履行期限届满之前,当事人一方明确表示或者以自己的行为表明不履行主要债务;(三)当事人一方迟延履行主要债务,经催告后在合理期限内仍未履行;(四)当事人一方迟延履行债务或者有其他违约行为致使不能实现合同目的;(五)法律规定的其他情形。”除第(一)、(五)种情形外,其他情形均以一方当事人违约作为解除合同的前提要件。在本案中,没有第(一)、(五)种情形,从前面的论述也可以看出众建公司不存在违约的情况,终审判决以众建公司存在违约作为解除合同的依据,判决解除《解除联营合同》第6条及其补充协议,既无事实依据也无法律依据,适用法律确有错误。

(4)在确认客运中心未按合同约定足额支付众建公司投资款、没有证据证明众建公司存在违约行为的前提下,终审法院认定"原审法院认定客运中心、众建公司均构成违约,并无不当。"从而对众建公司要求客运中心支付50万元违约金的诉讼请求不予支持,适用法律亦有错误。

2. 终审判决维持一审关于"众建公司于判决生效后30日内向客运中心移交客运大厦1689.13平方米已出售铺面之外的所有房屋,并移交相关的土地、产权手续"的判决,适用法律确有错误。

根据双方当事人签订的《解除联营协议》及《补充协议》的约定,客运中心负有先行付清众建公司投资款的先履行义务,《补充协议》第1条约定:"对负一楼、一楼、二楼、三楼、四楼、五楼、六楼还未售出的商用部分暂不办理产权转移手续,由众建公司继续以不低于原定价格的标准出售……客运中心所欠众建公司相关款项还清后,剩余部分商业面积和土地由众建公司负责将房地产产权一次性转至客运中心名下。"由上述约定可见,客运中心负有清偿其所欠众建公司投资款的先履行义务,在客运中心还清所有投资款后,众建公司才应将剩余部分的房屋和土地一次性转移至客运中心名下,众建公司在获得相应投资款后移交客运大厦产权是后履行义务。《合同法》第67条规定:"当事人互负债务,有先后履行顺序,先履行一方未履行的,后履行一方有权拒绝其履行要求。先履行一方履行债务不符合约定的,后履行一方有权拒绝其相应的履行要求。"终审判决在客运中心尚未付清所欠众建公司投资款、先履行义务没有完成的情况下,判决众建公司将客运大厦的产权移交给客运中心,将双方当事人在《解除联营协议》及《补充协议》中确定的先履行义务、后履行义务变成了一手交钱一手交楼的同时履行义务,违反了当事人在合同中的约定,适用法律确有错误。

3. 终审判决漏判销售楼房产生的税金和有关费用。

《解除联营协议》第6条和《补充协议》第1条均规定:"……此销售过程中所发生的税金和相关费用由乙方(指客运中心)承担。"作这样的约定,是因为众建公司的售房目的并非从销售中获取利润,销售款将全部用于偿还客运中心所欠的投资,因销售而产生的税金、费用等成本当然应当由客运中心承担。终审判决认定众建公司实际已出售1619.71平方米的铺面(与购房者签订的合同总价为12,542,268元),根据终审判决的该项认定,众建公司应交纳营业税(含城建税和教育费附加)5.5%,至少在12,542,268元×5.5%=689,824.74元以上,还应缴纳企业所得税1,566,591.35元,但终审判决却漏判该税负成本。

最高人民法院受理抗诉后,于2011年10月18日作出(2011)民抗字第81号民事裁定提审本案。

2012年12月14日，最高人民法院作出(2011)民抗字第81号民事判决认为：关于众建公司是否违约以及双方合同应否解除问题。众建公司与客运中心签订的《解除"联营开发房地产协议"的协议》及其《补充协议》虽约定众建公司在订立合同后继续出售客运大厦商铺，并以销售资金首先清偿客运中心所欠众建公司的款项，在该欠款还清后众建公司将客运大厦尚未出售的房地产产权一次性移交给客运中心，但对于众建公司销售商铺的期限以及移交客运大厦的产权给客运中心的时间，合同均未作出约定，众建公司起诉时，并不构成违约。原审判决认定众建公司没有按协议约定将客运大厦使用权交给客运中心，也未履行售房义务，构成违约，没有合同依据。同时，根据众建公司提交的《关于盘活客运大厦销售活动的方案》等证据表明，众建公司并未怠于销售客运大厦商铺，原审认定与事实不符。但结合本案合同的实际履行状况，众建公司销售客运大厦的状况确实不理想。如果继续履行合同，众建公司及时收回投资款以及客运中心及时收回客运大厦未售出的房地产产权的合同目的都很难实现。故原审判决解除双方合同符合本案实际，予以维持。

关于原审判决众建公司于判决生效后30日内向客运中心移交客运大厦是否适用法律不当问题。本案中，众建公司与客运大厦互负债务，按照双方合同约定，众建公司对客运大厦的商用部分进行销售，在所得销售款还清客运中心所欠众建公司投资款后，众建公司再将剩余未售出的房地产产权转至客运中心名下。根据合同的这一约定，应认定双方当事人对互负债务约定了履行顺序，即客运中心向众建公司支付投资款的履行义务在先，众建公司将客运大厦剩余未售出的房地产产权移交给客运中心的履行义务在后。《合同法》第67条规定："当事人互负债务，有先后履行顺序，先履行一方未履行的，后履行一方有权拒绝其履行要求。先履行一方履行债务不符合约定的，后履行一方有权拒绝其相应的履行要求。"在双方当事人对其之间的互负债务已经约定了先后履行顺序的情形下，原审未依合同约定判决双方履行顺序，既不符合合同约定，也不符合法律规定，属于适用法律不当，予以纠正。众建公司应在客运中心付清其投资款及劳务补助金合计8,826,193.15元后30日内，将客运大厦未售出的房地产产权移交给客运中心。

关于众建公司申诉主张原审判决漏判的税金和有关费用，经再审查明，众建公司已就上述款项另案诉讼，且经一、二审法院审理已作出了生效判决，故众建公司此项申诉理由不属本案审理范围。综上，原审判决解除《解除"联营开发房地产协议"的协议》第6条及其《补充协议》正确，予以维持。但认定众建公司构成违约没有合同依据和事实依据，判决众建公司和客运中心互不支付50万元违约金以及判决众建公司于判决生效后30内向客运中心移交客运大厦剩余房屋产权，适用法律不当，予以纠正。由于众建公司不构成违约，其不应向客运中心支付合同约定的50

万元违约金，而客运中心的违约事实清楚，应依约向众建公司支付 50 万元违约金，众建公司应当在客运中心付清所欠款项 8,826,193.15 元后 30 日内，向客运中心移交客运大厦尚未售出的房地产产权。众建公司再审诉讼请求部分成立，依照《民事诉讼法》第 153 条第 1 款第 2 项以及第 186 条第 1 款的规定，判决如下：(1) 撤销新疆维吾尔自治区高级人民法院(2006)新民一终字第 65 号民事判决；(2) 维持新疆维吾尔自治区高级人民法院伊犁哈萨克自治州分院(2005)伊州民三初字第 12 号民事判决第一、三、四、五、六、七、八、九、十项；(3) 变更维持新疆维吾尔自治区高级人民法院伊犁哈萨克自治州分院(2005)伊州民三初字第 12 号民事判决第二项为：客运中心履行完向众建公司付清投资款等 8,826,193.15 元之后，众建公司向客运中心移交客运大厦已出售商铺之外的房地产产权；(4) 客运中心自判决生效后 30 日内向众建公司支付违约金 50 万元。

［参见最高人民检察院民事行政检察厅编：《人民检察院民事行政抗诉案例选》(第 20 集)，中国检察出版社 2015 年版。］

023. 房地产合同一方当事人构成根本违约时，另一方可否要求解除合同？

【公报案例】

深圳富山宝实业有限公司与深圳市福星股份合作公司、深圳市宝安区福永物业发展总公司、深圳市金安城投资发展有限公司等合作开发房地产合同纠纷案

【裁判要点】

根本违约，是指合同一方当事人违反合同的行为，致使该合同的目的不能实现；根本违约的构成要件是一般违约的构成要件，加上因违约行为导致的合同目的不能实现，其法律效果是当一方根本违约时，另一方当事人可以解除合同并要求对方承担违约责任。《合同法》第 94 条规定，在“(一)因不可抗力致使不能实现合同目的；(二)在履行期限届满之前，当事人一方明确表示或者以自己的行为表明不履行主要债务；(三)当事人一方迟延履行主要债务，经催告后在合理期限内仍未履行；(四)当事人一方迟延履行债务或者有其他违约行为致使不能实现合同目的；(五)法律规定的其他情形”时，当事人可以解除合同。由此，在当事人一方构成根

本违约时,另一方可依法要求解除合同。

案号:最高人民法院(2010)民一终字第45号。

上诉人(原审原告):深圳富山宝实业有限公司。

被上诉人(原审被告):深圳市福星股份合作公司。

被上诉人(原审被告):深圳市宝安区福永物业发展总公司。

被上诉人(原审被告):深圳市金安城投资发展有限公司。

原审第三人:深圳市大金利投资发展有限公司。

原审第三人:深圳市海洋城房地产开发有限公司。

上诉人深圳市富山宝实业有限公司(以下简称富山宝公司)与被上诉人深圳市福星股份合作公司(以下简称福星公司)、被上诉人深圳市宝安区福永物业发展总公司(以下简称福永公司)、被上诉人深圳市金安城投资发展有限公司(以下简称金安城公司)、原审第三人深圳市大金利投资发展有限公司(以下简称大金利公司)、原审第三人深圳市海洋城房地产开发有限公司(以下简称海洋城公司)合作开发房地产合同纠纷一案,广东省高级人民法院于2009年11月21日作出(2006)粤高法民一初字第18号民事判决。富山宝公司不服该判决,向最高人民法院提起上诉。最高人民法院受理后,依法组成合议庭于2010年6月24日开庭审理了本案。本案现已审理终结。

一审法院经审理查明,1992年5月14日,广东省深圳市原宝安县国土局以国地字(1992)1607号《划拨机场返还的安置用地的通知》,同意将深圳机场征地返还用地中位于兴围路口的70亩土地的使用权划拨给广东省深圳市原宝安县福永镇福永村委会。1992年12月14日,深圳宝安福永镇福永经济发展公司(该公司于2004年10月21日更名为福星公司)作为甲方与深圳大地木竹制品有限公司(后更名为富山宝公司)作为乙方就合作开发上述划拨用地中位于深圳机场出口处约1.5公里(广深公路三角地带),面积为44,143.7平方米的地块,签订《合作投资兴建三星花园合同书》。双方约定的主要内容如下:"……(二)合作形式:1.甲方提供上述地块作为双方合作发展的商住用地(附土地批文及地形红线图);2.乙方负责提供该用地建筑的全部资金及配合建筑开发区有关费用;3.合作期为50年,自1993年1月1日至2042年12月30日止,合作期满后建筑物产权归甲方所有;4.宾馆、商业、铺位、托儿所等,在经营使用期限内如需转让、抵押,必须取得一致同意。(三)甲乙双方责任:1.甲方责任:(1)负责该地平整好,并把施工时所需的用电、用水的来源引至该红线边(包括费用);(2)负责办理规划立项、工程报建等手续,负责与镇物业公司对口挂钩工作;(3)负责与有关单位协商该商住区的供电、通信等增容及申报报装;(4)负责结合施工现场的管理及乙方委托办理的力所能及的其他事由;(5)负责楼房产权的报批和登记手续。2. 乙方责任:(1)负责该用地全部投建资金费用(包括立项、工程报建及镇物业公司的市政及对口经费)及商住区的供电、供水、通信、道路、绿化等配套设施的投资费用。(2)负责在签订本合同协议时提供资金壹仟万元给甲方作开发费用,时间2年,由1992年12月15日起至1994年12月14日止,月利息按9.39‰计算。(3)负责该商住地划量、规划、绘图等工作及施工管理,把好测量、规划、绘图等工作及施工管理,把好测量,并在甲方完成三通一平的基础上于1993年3月开始施工投建。该工程必须在合同生效之日起3年内完成,否则逾期不建的土地,甲方有权收回。(4)负责计划分批投建的面积、资金等投放的可行性报告及计划(计划在3年内完成)。(四)组织机构:双方在签订协议后,需在与镇物业公司对口挂钩的基础上双方派员组建'物业投建管理总公司',负责投建事项的质量及今后合作公司的物业管理及收益。(五)利润分成:1. 该商住区以高层建设为主,结合宾馆、商业铺店、停车场、幼儿园等附属设施,该建筑的密度比例及高程均按部门的有关规定为准(建筑总面积:约15万平方米);2. 双方对合作兴建的物业产权均享有出租、抵押、转让、外销等权益。物业所得的利润分成则以商住楼销售扣除福永公司挂钩费分成,利润的25%归甲方,乙方占75%;3. 对甲乙双方共同管理的固定资产经营或承包、转让等分成则甲方占35%,乙方占65%。协议还约定,本合同生效后,乙方在基建期内发生的一切债权债务与甲方无关;合同期内,甲方不得以任何借口收回该幅土地的使用权,否则赔偿乙方因此造成的一切损失。上述合同于签订当日由广东省宝安县福永镇法律服务所见证。"

1993年7月28日,福星公司、富山宝公司与福永公司(具备房地产开发经营资质)签订《合作开发"三星别墅"合同书》,约定福星公司、富山宝公司提供开发用地及建设资金,福永公司投入管理技术,以福永公司的名义共同开发涉案项目,项目称为"三星别墅"(后经批准更名为"金银城"项目),总建筑面积为28万平方米。福永公司协助福星公司、富山宝公司办理项目开发及工程建设的各项手续,房产内、外销售及产权登记手续,编制房产销售计划、确定房产销售价格等,费用全部由福星公司、富山宝公司承担。福永公司从房产销售总额中提取6%作为经营管理费,其余盈益全部归福星公司、富山宝公司所有,项目3年内完成建设。

1994年2月22日,福星公司与富山宝公司又签订一份《补充协议》约定:福星公司以1.913625亿元的价格将其按协议应得商住楼面积的25%转让给富山宝公司。双方一致同意组建物业管理公司,以富山宝公司为主,福星公司派员参加,共同管理,物业的合作管理为50年,起止期以原协议的约定为准;共同管理之宾馆、商场铺位是双方共同之固定资产,其产权及利润分成福星公司占35%,富山宝公司占65%,已售商住楼的管理收入利润则按固定资产的分成比例分成;如本补充协议与合作条款有矛盾,按本协议条款执行。

福星公司与富山宝公司签订上述合同后，1993年12月，福星公司与深圳市宝安区国土局签订(1993)147号《土地使用权出让合同》，约定国土局将涉案地块，编号为福永广深路兴围路口土地约47,012平方米土地出让给福星公司，土地用途为商住用途，土地出让金为17,338,026元(诉讼中双方确认合作合同约定土地出让金由富山宝公司支付)。1993年12月30日，深圳市宝安区建设局应福星公司、福永公司的申请，又作出深宝建〔1993〕第286号《关于福永经济发展总公司向福永镇物业发展总公司转让土地使用权的批复》，决定同意福星公司在补交地价后，将前述47,012平方米的土地使用权转让给福永公司，土地用途为商住用地，由福星公司与福永公司共同使用兴建。同年，福星公司、福永公司取得了规划部门核发的涉案项目的《建设项目详细规划审批表》，载明经批准的项目用地性质为商住用地，建筑面积为287,347.28平方米。1998年6月30日，福星公司、福永公司与深圳市规划局签订深地配协字(1998)4－013号《协议书》，约定福星公司、福永公司在缴纳土地出让金的同时缴纳其中建设用地面积为5739.5平方米的市政配套费10,832,370元。上述土地出让合同及《协议书》签订后，深圳市财政局于2000年9月30日以福永公司为交款单位出具收据，载明收到上述土地出让金17,338,026元及其中建设用地面积为5739.5平方米的市政配套费10,832,370元。对上述两笔费用，富山宝公司主张均由其交纳，但对土地出让金17,338,026元富山宝公司不能提供证据证明，对市政配套费10,832,370元，福星公司确认是富山宝公司交纳；但对土地出让金17,338,026元，福星公司以上述收据为据，坚持主张是福星公司缴纳。

1993年7月14日，富山宝公司与福建省惠安第七建筑工程公司(以下简称惠安建筑公司)签订深圳市基建工程项目《施工合同》，约定惠安建筑公司承包涉案项目3幢20层工程的施工。根据富山宝公司提交的证据，即富山宝公司于1994年12月26日至2000年11月14日出具的欠条显示，福星公司此期间陆续借款33,094,849.42元(其中一张欠条金额为12,643,397.02元，另一张欠条金额为8,740,227.70元)给富山宝公司，其中代富山宝公司向施工单位惠安建筑公司垫付的涉案项目工程款为26,817,106.53元。富山宝公司诉讼中确认福星公司代其垫付工程款26,817,106.53元，并同意福星公司诉讼中主张的上述借款中与实际垫付工程款的差额部分应算是福星公司借给富山宝公司的款项。因富山宝公司拖欠施工单位惠安建筑公司对涉案工程项目的工程款，深圳仲裁委员会于1999年5月31日作出(1999)深仲裁字第057号《裁决书》，裁决：富山宝公司偿还惠安建筑公司工程欠款2,152,372.28元及利息、停工费4,689,694.8元，以及仲裁费、审计费等。另外，该《裁决书》还查明涉案项目3幢未完工程评估造价为31,319,478.81元。该裁决作出后，福星公司为解除因该案被查封的房屋，与惠安建筑公司(后改为福建省闽南建筑工程有限公司宝安分公司，以下简称闽南建筑公司)达成《执行和解协议》,约定富山宝公司拖欠闽南建筑公司上述(1999)深仲裁字第057号《裁决书》及(2000)深仲裁字第22号《裁决书》项下确定的债务,包括工程欠款、停工费、仲裁费、审计费等,闽南建筑公司同意作价为人民币796万元(不含利息)由福星公司全部承担支付;闽南建筑公司在收到上述款后全面放弃上述裁决书中所确定的全部利息,并同意将其拥有对富山宝公司的全部债权转让给福星公司,由福星公司向富山宝公司负责追索;闽南建筑公司在收到上述款项后申请法院对房屋解封。2005年12月14日,福星公司向闽南建筑公司付清了上述796万元。

1993年9月22日,福永公司取得了"金银城"项目中的23,043平方米建筑面积的宝建开字930329号《建设工程项目施工许可证》。1998年5月20日,福星公司、福永公司取得了上述土地中占地5739.5平方米、总建筑面积46,341平方米金银城1号楼的深规土建许字(1998)068号《建设工程规划许可证》。福永公司还取得了金银城其中3栋楼建筑面积为46,202.5平方米,共计462套住宅的《房地产预售许可证》和《商品住宅外销许可证》。为方便项目楼盘的销售,福星公司于1998年8月5日还取得了占地5739.5平方米金银城1号楼金宝阁6-07号代用《房地产证》。1996年3月1日,金银城项目建至3栋15层后全面停工。因金银城项目全面停工,福星公司、福永公司解除了原与该项目房屋的购房者签订的房产买卖合同,为此,福星公司向金银城项目的购房者退回了所收取的房款。

1998年4月23日,福永公司作为乙方,与福星公司、富山宝公司作为甲方就"金银城"项目之财务收支情况达成《结算书》,明确了以下内容:"(一)双方对附件《'金银城'财务核算报告》确认无异,并确认此核算报告之收支账目为截至1998年4月22日止之最终结算,双方均不得对上述核算报告所列的收支账目提出异议。(二)核算报告第(8)项税项部分,乙方提出暂付100万港元,其余由甲方代付,甲方予以同意,但甲方申明,日后双方发生经济往来时该代付款必须优先抵扣,乙方对此确认无误。(三)核算报告第(9)项挂靠部分,是按合作合同条款约定的按实收楼款的6%计算,双方同意:就本期的销售收入(指销售总额)而言,甲方按3%收取挂靠费,日后仍按合同约定的6%计提,即本项甲方收取的挂靠费实为1,333,768.6元。(四)由于楼盘严重烂尾,甲方将直接面对业主诉讼索偿、换楼处理及延期交楼利益补偿等问题。双方同意,结存在甲方的收入余额在已发售的五栋楼交楼入住前不作清退,作为甲方处理上述问题时的各项支出,而甲方所负的经济责任仅以上述结存余额为限。(五)明确核算报告第(12)项换楼的八个单位,此八个单位买卖合同已取消,甲方已与业主达成换楼安排,而业主所付楼款亦相应转作新单位的楼款。(六)由于'福永村'与'富山宝'同为合作的乙方,两方应是一个整体,对该项目而言,任何一方均不得作出单方面决定,甲方只认可两方联署的合作文件。"

作为上述《结算书》附件的《"金银城"财务核算报告》(以下简称《核算报告》)

载明:截至1998年4月22日收支情况:(1)销售总额:86,379,328元(港币,下同);(2)楼款收入:44,458,964.07元减:(3)支付福永村:16,200,000元;200,000元人民币折港币186,916元;(4)支付富山宝:5,000,000元;(5)律师费:822,380元;(6)宣传费用:10,070,408.31元(含广告楼书、模型、展销费用);(7)代理费用:2,676,697.89元;(8)税项:2,164,735.73元(营业税及城建税);(9)挂靠费:2,667,537.84元;(10)公证费:259,137.98元;(11)查账费:11,966元;(12)换楼:1,477,810元;(13)退款:244,450元;(14)律师楼结存:45,950元。按本结算条款结算余额为:5,129,478.65元。该《核算报告》有福星公司、富山宝公司与福永公司签章确认。诉讼中,富山宝公司以该《核算报告》记载的第(3)项为据主张福星公司、福永公司对售楼收入中的44,458,964.07元截留了1620万元港币及20万元人民币,使项目缺少后续资金从而导致项目停工,故是福星公司、福永公司的违约才导致项目的停工。而福星公司则认为,其取走的上述款项是富山宝公司偿还其之前对福星公司的借款而为各方所同意的行为,并非其私自截留,故不存在违约。福星公司对该主张提供了:(1)富山宝公司于1996年10月30日出具并加盖其印章的《首期结欠报告》(1994年12月23日)。其中载明:福星公司在收取福永公司转来售楼款900万元港币折人民币990万元,及富山宝公司转来其他项目来款5,348,000元后,富山宝公司结欠村公司(福星公司)人民币为12,643,397.02元。福星公司称该结欠款项正好与其提供的证据13中富山宝公司所写金额为12,643,397.02元的欠条相吻合,由此说明了富山宝公司在向福星公司出具金额为12,643,397.02元的欠条时,已扣除了福星公司收取的售楼款990万元。(2)富山宝公司于同日出具的加盖其公章的《第二期欠款结算情况》(1996年9月18日止)。载明富山宝公司在扣除物业(福永公司)转来的售楼款620万元港币折人民币682万元后,本期结欠村公司人民币8,740,227.70元。福星公司称该笔欠款恰好对应其提交证据中富山宝公司所写金额为8,740,227.70元的另一欠条。由此可见,富山宝公司在出具欠条时已经扣除了福星公司已取走的1520万元港币后的实欠金额,也即证明了福星公司取走的1520万元是抵扣了富山宝公司的其他欠款。(3)富山宝公司于同日出具的并加盖其公章的《物业转来售楼款(港币)往来情况》。载明:福星公司收港币1520万元,富山宝公司收港币600万元。福星公司诉讼中称在1998年的结算中确认是福星公司收取1620万元港币,富山宝公司是500万元港币。福星公司对此同意按1998年的结算报告为准,以避纷争。(4)富山宝公司于同日出具的并加盖其公章的《"金银城"资金往来综合情况》。富山宝公司对福星公司提交的上述4份证据材料均予认可,但认为应以《核算报告》核对的数字为准,即富山宝公司取走了500万元。

由于涉案"金银城"项目在建设开发中出现问题而成为深圳市"52个问题楼

盘"之一。2004 年 9 月,深圳市人民政府出台了深府函〔2004〕124 号《关于子悦台等 52 个"问题楼盘"处理意见的批复》,同意"在开发商自行处理好债权债务关系的前提下,对问题楼盘进行合作建房或者直接置换土地使用权的受让方"。2005 年 8 月 8 日,第三人金安城公司作为直接置换土地使用权的受让方与福星公司就"金银城"项目烂尾楼项目的置换及开发事宜签订《"金银城"置换合同书》,约定福星公司将涉案土地置换到金安城公司名下,由金安城公司对涉案项目独立开发,金安城公司为此向福星公司支付 1.5 亿元。2006 年 8 月 21 日,双方签订《补充协议》,约定福星公司负责解除所有本项目预售房买卖合同,清退所有业主房款及补偿费,收回该项目已核发的 113 本代用房产证原件;负责解除其与富山宝公司签订的该项目合作合同,并承担原合作关系所引起的债务责任及相关费用;负责该项目置换前的建设费以及偿还施工队工程款,本项目土地使用权登记至金安城公司名下后若由于福星公司原因而出现法院查封,福星公司须尽快解封。

上述合同签订后,金安城公司于 2006 年 4 月 14 日领取了深圳市规划局宝安分局就涉案项目 42,872.11 平方米土地颁发的 05－2006－0100 号《建设用地规划许可证》。据此,涉案地块的用地单位登记为金安城公司。金安城公司领取了涉案土地的《建设用地规划许可证》后,富山宝公司以深圳市规划局宝安分局为被告,诉请深圳市宝安区人民法院判令撤销该《建设用地规划许可证》,深圳市宝安区人民法院以富山宝公司不是深圳市规划局宝安分局核发 05－2006－0100 号《建设用地规划许可证》的行政相对人,与深圳市规划局宝安分局的具体行政行为没有法律上的利害关系,且富山宝公司没有充分证据证明其为共同权利人为由,以(2007)深宝法行初字第 419 号行政裁定书驳回了富山宝公司的起诉。该裁定书于 2008 年 7 月 28 日被深圳市中级人民法院以(2008)深中法行终字第 35 号行政裁定书所维持。

2008 年 1 月 18 日,深圳市工商行政管理局作出深工商外处字(2008)罗 1 号《行政处罚决定书》,查明富山宝公司于 2007 年 2 月 27 日和 3 月 14 日两次办理变更登记时,向公司登记机关提交了假冒法人股东江西省婺源县宁婺联营开发总公司公章的《外商投资的公司法定代表人登记表》《股东会决议》《委派书》等有关变更申请材料,取得了公司变更登记(将法定代表人及董事徐金富变更为法定代表人及董事许礼庚,变更公司经营期限、经营范围等),决定撤销富山宝公司上述两次工商变更登记,并恢复原登记事项。该《行政处罚决定书》后为广东省工商行政管理局粤工商复决字(2008)第 12 号《行政复议决定书》所维持。2008 年 5 月 19 日,富山宝公司又以深圳市工商行政管理局为被告向广东省深圳市福田区人民法院诉请撤销上述《行政处罚决定书》,广东省深圳市福田区人民法院经审理于 2008 年 7 月 30 日以(2008)深福法行初字第 189 号行政判决书驳回了富山宝公司该诉请。该判决后被深圳市中级人民法院(2008)深中法行终字第 325 号行政判决书所维持。

在福星公司与富山宝公司，以及福星公司、富山宝公司与福永公司就涉案“金银城”项目签订上述一系列合作开发合同的同时，福星公司与大地国际控股有限公司（以下简称大地公司），福星公司、大地公司与福永公司也签订了涉案项目合作合同，合同内容与前述一系列合建合同内容基本相同。在本案诉讼期间，富山宝公司提交大地公司于2006年6月20日出具并经南京市公证处公证的《关于金银城项目有关权益的确认书》[（2006）宁证内经字第58718号]，其中载明：鉴于大地公司和富山宝公司分别签订的两份合作开发合同，名称虽然不同，但都同指一个标的，即“金银城”项目。由于在合作开发过程中，大地公司应尽的合同义务，都是由富山宝公司代为完成的，即项目所有投资、融资以及工程建设等事宜，都由富山宝公司独立经办，富山宝公司实际上已经完全取代了大地公司开发商的地位的事实。大地公司为此追认并确认金银城项目75%的权益属富山宝公司所有，富山宝公司有权独立处分，相应的义务亦由富山宝公司承担。福星公司、福永公司对该确认书不持异议。

2005年1月21日，大地公司与大金利公司签订《转让协议》，约定大地公司将其1993年1月3日和1996年11月20日先后两次与福星公司签订合作开发涉案“金银城”项目协议中大地公司占有股权的75%转让给大金利公司；大地公司向福星公司声明退出原有协议；大地公司转让“金银城”项目，由大金利公司向福星公司以人民币1.65亿元一次性买断该项目，大金利公司为此补偿大地公司人民币150万元。

富山宝公司起诉称，1992年12月14日，富山宝公司与福星公司签订一份《合作投资兴建三星花园合同书》，约定福星公司提供位于深圳机场出口处约1.5公里（即广深公路三角地带），面积为44,143.7平方米的一块建设用地为双方合作发展商住用地；富山宝公司负责提供该用地建筑的全部资金及配合建筑开发区有关费用。物业所得的利润分成则以商住楼销售扣除福永公司挂钩费分成，按利润的25%归福星公司，富山宝公司占75%。另外，合同第7条第2项还明确约定：“本合同生效后，富山宝公司在基建期内发生的一切债权债务与甲方无关。”即所有债权债务均由富山宝公司承担，福星公司不承担任何风险。1994年2月22日，双方又签订了一份《补充协议——合作建房转让协议书》，协议约定：福星公司以1.93亿元的价格将其按协议应得商住楼面积转让给富山宝公司。根据当时当地政府的有关规定，1993年7月28日，富山宝公司、福星公司与福永公司签订《合作开发“三星别墅”合同书》（即挂靠合同），约定：以福永公司的名义开发建设并管理，福星公司、富山宝公司提供建设资金；利益分配为福永公司从房产销售总额中提取6%作为经营管理费，其余盈益归富山宝公司和福星公司。合同签订后，双方均开始履行合同。合同“三星花园”项目以“金银城”的名义获得批准。1993年9月22日，宝安区建设局发给福永公司《建设工程项目施工许可证》；1996年6月9日深圳市规划国土局给福永公司发放了《深圳市房地产预售许可证》及《深圳市商品住宅外销许可证》。

项目前期开发工作进展顺利，由富山宝公司投资兴建的第一期三栋楼房，在香港售楼200余套，销售总额86,379,358元港币，实际收款44,458,964元港币。但由于福星公司、福永公司利用职权将绝大部分售楼款截留分掉，导致这三栋楼建至15层后（共18层）因后续资金跟不上而停工，双方因此产生分歧，对外也失去信誉，无法继续融资，整个项目停工至今，成为深圳市52个问题楼盘之一。按照双方合作合同的特别约定，福星公司只是固定分利而不承担风险，所有投资和经营风险均由富山宝公司承担；而且在补充协议中更是将其25%的利润分成明确转变成具体、明确的金额，其股权已转化为债权。福星公司在所谓合作建房中明显属于不承担经营风险，只收取固定利益的情况。因此，本案属名为合作建房实为土地使用权的有偿转让。现项目土地登记在福星公司、福永公司的名下，既不利于富山宝公司对项目的继续开发建设，也不利于双方之间的权利明析。本案正是由于项目土地挂在福星公司、福永公司名下，才导致履约过程中出现了严重问题。由于福星公司、福永公司已将自己合法拥有的土地使用权有偿转让给富山宝公司，福星公司、福永公司对合作项目只有转让款的债权请求权，而非股权，故应当允许富山宝公司办理土地使用权的转名登记手续，然后由富山宝公司继续完成项目的开发建设，尽快复工，彻底解决烂尾问题。据此，特诉请：(1)依法确认富山宝公司与福星公司签订的《合作投资兴建三星花园合同书》及《补充协议——合作建房转让协议书》是名为合作建房实为土地使用权转让的合同；(2)判令双方继续履行《补充协议——合作建房转让协议书》，确认金银城项目土地使用权（价值1.5亿元）归富山宝公司，依法责令办理土地使用权的变更登记手续，由富山宝公司继续完成该项目的开发建设；(3)依法解除富山宝公司、福星公司与福永公司间的挂靠经营关系；(4)本案诉讼费由福星公司、福永公司共同承担。

2009年2月9日，富山宝公司增加并变更其诉讼请求为：(1)确认富山宝公司与福星公司签订的《合作投资兴建三星花园合同书》合法有效，判令双方继续履行合同；(2)确认富山宝公司享有深圳市宝安区福永镇兴围路口西“金银城”房地产项目的土地房屋75%的权益；(3)判令解除富山宝公司与福星公司、福永公司签订的《合作开发“三星别墅”合同书》；(4)请求确认福星公司与金安城公司签订的《“金银城”置换合同书》及《〈“金银城”置换合同书〉补充协议》无效；(5)由福星公司、福永公司、金安城公司共同承担本案诉讼费用。富山宝公司提出上述增加及变更诉讼请求的事实及理由如下：富山宝公司与福星公司于1992年签订了《合作投资兴建三星花园合同书》，该合同不违反法律法规的规定，且双方已合作进行了实际开发，建设了配套设施及第一期三栋房产，合同应属合法有效。根据法律的规定，合法有效的合同具有法律约束力，各方应继续履行，并依法办理合作开发的土地使用权变更手续。同时，依据该合同的约定及其他相关文件，富山宝公司享有“金银城”项目75%的权益，福星公司享有25%的权益，上述事实清楚，证据充分，应予支持。福星公司与金安城公司签订了《“金银城”置换合同书》及《补充协议》，将“金银城”项目置换给金安城公司。这两份协议明显违反深圳市《关于子悦台等52个“问题楼盘”处理意见的批复》（深府函〔2004〕124号）中关于“在自行妥善处理好债权债务关系的前提下允许对问题楼盘项目进行合作建房或直接置换土地使用权的受让方”的规定。福星公司无视富山宝公司的合法权益，在与富山宝公司签订的合作合同尚未解除、富山宝公司权益未得到保障和补偿的情况下，虚构“项目经济关系理顺、债务得到清偿”的事实，直接将土地使用权进行置换，严重损害了富山宝公司权益。金安城公司明知上述事实，仍为获取巨额利润签订了置换合同，双方的行为违反了有关法律法规的强制性规定，置换合同处分了富山宝公司占有75%权益的房产，应属于无效合同。

福星公司答辩称：“（一）不同意富山宝公司的第1项诉讼请求，理由如下：1. 本案中福星公司与富山宝公司均不具备房地产开发企业资质，双方签订的《合作投资兴建三星花园合同书》依法应当认定为无效合同，不受法律保护。因此，富山宝公司要求继续履行合同缺乏法律基础。2. 富山宝公司已丧失履约能力，其要求继续履行合同缺乏物质基础。富山宝公司实际上一开始就不具备履行合同的能力，签订合同后，便以该合同为诱饵，大肆对外举债，而所借款项并未投入项目开发中，而是挪作他用，并把福星公司作为担保人为其举债承担连带责任。当债务到期无法偿还时，还是要由福星公司承担连带责任代为偿还。富山宝公司目前已是债台高筑。仅由福星公司代为支付或偿还的款项就有土地出让金和配套设施费28,170,396元；垫付的工程款33,094,849.42元；富山宝公司因被起诉还债由福星公司代偿的各种债务30,700,819.78元，再加上富山宝公司单独还欠其他公司的数千万元的债务，富山宝公司已资不抵债。3. 富山宝公司经营期限已于2007年3月5日届满，且无取得合法持续经营的法律手续，其弄虚作假办理的工商变更登记手续被工商管理部门依法撤销，富山宝公司由此提起行政诉讼也以败诉而告终，富山宝公司已丧失民事行为能力，已不具备继续经营的主体资格，合同无法继续履行。4. 富山宝公司已构成根本违约，无法实现合同目的，福星公司已于2004年12月25日送达解除合同通知书给富山宝公司，合同事实上已经解除，不存在继续履行的可能性。富山宝公司构成根本违约的主要事实如下：①合同约定由富山宝公司负责该用地全部投建资金费用，出资是富山宝公司最基本义务。而实际上富山宝公司根本没有投入资金，正如前所述，项目资金都是由福星公司垫付。②合同约定合建项目3年内完成44,143.7平方米土地的项目开发，但时至今日已过去16年，仅在5739.5平方米的分宗用地上开发了三栋烂尾楼。经过多年已变成危楼，完全丧失了使用价值。福星公司的上千名村民股东期盼了16年的土地开发，却没有得到任何回报。正是由于富山宝公司这些根本性违约,致使合同目的完全没有实现,已构成法定解除合同的条件。富山宝公司负责人许礼庚于2004年12月25日签收的由福星公司委托律师发出的解除合同通知书,符合《合同法》第九十四条和第九十六条的规定。(二)不同意富山宝公司的第2项诉讼请求,富山宝公司要求确认其享有金银城房地产项目的土地房屋75%的权益没有任何事实和法律依据。合作合同并未约定富山宝公司享有金银城房地产项目75%的土地房产权益。富山宝公司在诉状中主张的是金银城项目的物权,而合作合同约定的是富山宝公司履行出资义务,建成物业所得利润后享有75%或65%的利润分成(视物业性质而定),享有的只是债权。该债权的实现必须以履行相应的出资义务为代价,完成项目开发并取得利润后才能兑现。富山宝公司从来没有取得土地使用权和房屋所有权等物权,无权要求法院确认其享有土地和房屋的75%权益。仅凭一纸合同书,是不能将福星公司和福永公司拥有的47,012平方米的土地使用权中75%的份额据为己有的。(三)同意富山宝公司的第3项诉讼请求,本来富山宝公司就是挂靠经营,不受法律保护,依法应当解除。(四)不同意富山宝公司的第4项诉讼请求。首先,富山宝公司该诉讼请求不属于本案审理范围,应责令其撤回该增加的诉讼请求。福星公司和富山宝公司签订的《合作投资三星花园合同书》与福星公司和金安城公司签订的《'金银城'置换合同书》产生的纠纷中,诉讼主体不同、案由及产生的权利义务关系各不相同,两者是完全不同性质的纠纷案件。富山宝公司不经起诉就搭便车增加该诉讼请求,违反了《民事诉讼法》第五十六条的规定。其次,福星公司与金安城公司签订《'金银城'置换合同书》是在富山宝公司已根本违约导致项目工程烂尾多年,成为深圳市52个问题楼盘之一,福星公司依法行使合同解除权,解除了与富山宝公司的合作合同后,才与金安城公司签订置换合同,不存在'一女二嫁'问题。再次,金银城置换合同的签订,符合深圳市政府有关处理烂尾楼的政策,得到了政府有关部门的认可,宝安区政府规划部门已向金安城公司颁发了《建设用地规划许可证》,虽然富山宝公司以利害关系人的身份就规划部门颁发的《建设用地规划许可证》提起行政诉讼,但其提起的诉讼均以败诉而告终,更进一步证明了《'金银城'置换合同》合法有效。最后,由于富山宝公司的根本违约造成的项目烂尾,已引发了社会不稳定因素。此前购买了金银城房产的200多名业主要求退还房款,社会反响很大。而此时富山宝公司早就不见任何踪影,是金安城公司接手这个项目后,才得以解决因烂尾楼导致的购房者退房风潮,清还了所有小业主的购房款,这样一个利国、利民、利社会的法律行为不能被确认无效。(五)虽然海洋城公司被迫加为本案的第三人,但迄今为止,海洋城公司在事实上没有与本案形成法律上的利害关系,其所有收购富山宝公司股权的行为,都欠缺必要的法律程序。就算海洋城公司收购宁婺公司的股权合法,他也仅仅是富山宝公司的股东,富山宝公司有独立的诉讼主体资格,其作为法人的股东不能作为第三人参加诉讼。更何况海洋城公司未办妥任何一项有法律效力的变更登记手续。综上所述,富山宝公司的5项诉讼请求除第三项外,其他诉讼请求都没有法律和事实依据,请法院驳回富山宝公司的第1、2、4、5项诉讼请求。海洋城公司与本案没有法律上的利害关系,不应当作为第三人参加诉讼。”

福永公司答辩称:“(一)富山宝公司已构成根本违约,其没有履行合作合同的基本义务,福星公司已经将土地投入项目中,但至今为止,富山宝公司没有证据证明其曾经为项目投入过资金。富山宝公司称其已经履行了合同,但没有任何证据。事实上,只实际完成4000多万元的销售额,没有其所称的8000多万元。(二)合作合同已按法律的程序解除,不可能继续履行。(三)富山宝公司依合同可以享有合同权利,但无权依照合同享受项目土地房产75%的权益。(四)海洋城公司作为本案的第三人没有任何事实和法律依据。海洋城公司签订的置换合同实际上是合同权利义务的转让,按合同法的规定,合同义务的转让必须经过债权人的同意,但我方从来没有收到过其要求同意转让的文书。(五)大金利公司与本案没有任何法律上的利害关系,不应作为第三人参加诉讼。(六)福星公司与金安城公司的置换合同合法有效。”

金安城公司答辩称:“(一)福星公司与富山宝公司订立的金银城项目合作开发合同和补充协议均无效,富山宝公司要求继续履行该合同的诉讼请求应予以驳回。1.富山宝公司提出确认本案合同为土地使用权转让合同,不符合法律规定。福星公司与富山宝公司之间订立的合作开发合同中虽有‘建筑期内发生的一切债权债务’福星公司不承担责任的约定,但富山宝公司不能理解成‘不承担任何风险’。首先,该合同是利润分成,没有固定数额,如果发生经营亏损,根据法律规定应当风险共担,福星公司不可以避免经营风险。其次,按约定建筑施工是由富山宝公司负责,在履行义务的期间内予以责任约束未尝不合理,并不表示在合作开发期间福星公司不承担任何经营风险。最后,根据福星公司提供的证据,该公司已出资垫付多笔经营期间的债务,总额达几千万元,事实上已履行风险义务。最高人民法院《关于审理涉及国有土地使用权合同纠纷案件适用法律问题的解释》第二十四条所指固定利润,实为土地使用权转让金。而利润分成比例无法固定,而且可能是负数,视为土地转让金不合理。2.富山宝公司与福星公司订立的合作开发房地产合同应认定为无效。双方订立合同时都没有取得房地产开发资质,虽然与福永公司签订过‘挂靠’经营合同,但不受法律保护。根据最高人民法院《关于审理涉及国有土地使用权合同纠纷案件适用法律问题的解释》第十五条规定:‘……双方都不具备房地产开发经营资质的,应当认定合同无效……’而且,福星公司在该合同中提供的是政府划拨用地,与富山宝公司订立合同未经政府批准,事后也未得到政府追认。根据该司法解释第十六条规定,也应当认定合同无效。3.富山宝公司与福星公司订立合同之后，以开发项目作资本，向多人多处借款建房，引发多项诉讼纠纷，说明其根本不具备开发能力。这是形成‘烂尾楼’的主要原因，应当承担过错责任。（二）富山宝公司不享有金银城项目土地房产75%的权益。根据福星公司与富山宝公司签订的《合作投资兴建三星花园合同书》，富山宝公司享有的是金银城项目75%的利润分成而不是权益分成。利润和权益是两个不同的概念，不容混淆使用。在房地产开发活动中，利润必须承担经营亏损之后才能体现，金银城项目已经停止建设，烂尾楼10年以上，负债累累，根本没有利润可言。权益包含土地使用权和房产所有权，《物权法》第九条规定‘不动产物权的设立、变更、转让和消灭，经依法登记，发生效力；未经登记，不发生效力’。富山宝公司所谓的75%权益，未补办任何登记手续，所以无依据予以认定。富山宝公司自签订合作开发房地产合同之后，没有自有资金投入，而是利用金银城项目大肆举债，一系列的判决书和裁定书证明富山宝公司不享有金银城项目土地房产75%的权益。（三）《‘金银城’置换合同书》及《〈‘金银城’置换合同书〉补充协议》的效力与本案其他诉讼请求不是同一个法律关系，不符合合并审理的受理条件，应当驳回该项起诉。本案审理的是《合作投资兴建三星花园合同书》引起的纠纷，金安城公司与该合同纠纷的当事人没有直接的法律事实和关系，但案件处理结果同金安城公司有法律上的利害关系的，依法作为无独立请求权的第三人参加诉讼，符合《民事诉讼法》第五十六条之规定。《‘金银城’置换合同书》及《〈‘金银城’置换合同书〉补充协议》是金安城公司与福星公司签订的合同，不是富山宝公司与福星公司之间签订的合同纠纷，合同主体不同，合同依据的法律事实也不同，该合同与富山宝公司没有直接的法律关系。（四）《‘金银城’置换合同书》及《〈‘金银城’置换合同书〉补充协议》是在《合作投资兴建三星花园合同书》停止履行多年之后，合同标的物已经成为‘烂尾楼’事实的背景下，由深圳市政府〔2004〕124号文件指导签订的土地使用权置换合同，根本不存在损害富山宝公司利益的法律事实。2005年12月5日，国土部门正式复函，同意将该项目土地使用权置换至金安城公司名下。2009年2月28日止，金安城公司已陆续支付置换款9500万元，说明置换合同实际履行，双方还进一步明确处理债权债务中的法律责任。2006年4月11日，国土部门给金安城公司颁发了《建设用地规划许可证》。2006年9月7日，宝安区国土部门向市处理问题楼盘领导小组行文请示，即深国房宝〔2006〕565号《关于处理‘金银城’问题楼盘有关问题的请示》，政府部门的处理意见是将土地使用权置换给金安城公司。金安城公司与福星公司订立的《‘金银城’置换合同书》的订立过程，符合相关的法律规定，合同的内容经国土部门同意，且取得规划许可证书，法律应当保护金安城公司的合法权益。综上所述，富山宝公司没有房地产开发资格，没有投资能力，没有完善用地手续，挂靠在福永公司名下经营，是合作开发房地产合同无效的基本事实。富山宝公司变更前后的诉讼请求均没有法律依据,应当予以驳回。"

第三人大金利公司陈述称:"(一)徐金富代表大地公司致函福星公司、福永公司,提出退出'金银城'项目,由大金利公司开发。为进一步明确转让,大地公司于该日与大金利公司签订《转让协议书》,约定大金利公司以1.65亿元买断该项目。故应确认'金银城'项目土地使用权属大金利公司所有,大金利公司对该项目拥有完全的和充分的权利。(二)大地公司与富山宝公司分别与福星公司签订了合作投资兴建'金银城'项目协议书及补充协议。尽管2003年4月29日富山宝公司与大地公司签订了《关于抵债物业权属的确认函》,但这是无效的。2005年1月21日,徐金富代表大地公司作出的《关于金银城项目的有关权益的确认书》,以及2006年6月26日所作出的《声明》因与《转让协议》矛盾,且违背诚实信用原则,对大金利公司没有约束力。(三)富山宝公司在'金银城'项目中是受大地公司的委托,代表大地公司进行管理,直接利害关系人是大地公司,其后果应由大地公司享有和承担。富山宝公司在举证期限届满后又去增加和变更诉讼请求,应裁定驳回富山宝公司的起诉或判决驳回其诉讼请求。(四)大地公司是本案直接利害关系人,其必须参与本案的诉讼,否则,程序上违法。"

第三人海洋城公司陈述称:"(一)对富山宝公司提出的第一项诉讼请求没有异议。(二)富山宝公司提出的第二项诉讼请求,应按合同履行。(三)同意富山宝公司的第三项诉讼请求。(四)金安城公司与福星公司签订的置换合同无效。(五)金银城项目属于富山宝公司和福星公司的按份共有财产,富山宝公司在金银城项目置换关系中依法享有优先受让权。海洋城公司具备开发经营金银城项目的各项条件。由于海洋城公司实际已经成为富山宝公司的股东,双方具有直接的产权关系。尽管手续上不完善,但不等于没有实体权利的存在。当富山宝公司将其在金银城项目的75%权益份额置换给海洋城公司以后,相应海洋城公司对于金银城项目的任何置换行为也享有优先受让权。由海洋城公司以高价位受让金银城项目,有利于保护合建双方的投资利益,有利于解决金银城项目的债务纠纷。"

一审法院认为,双方当事人争议焦点问题是:富山宝公司与福星公司签订的《合作投资兴建三星花园合同书》及《补充协议》的性质、效力问题;富山宝公司在履约过程中是否存在根本违约,福星公司是否享有单方合同解除权,涉案合建合同是否应继续履行问题。

1.关于富山宝公司与福星公司签订的《合作投资兴建三星花园合同书》及《补充协议》的性质问题。1992年12月14日,福星公司与富山宝公司就合作开发涉案土地而签订的《合作投资兴建三星花园合同书》约定,福星公司提供土地,富山宝公司提供资金;涉案项目所得的利润分成以商住楼销售扣除福永公司挂靠费分成,利润25%归福星公司,75%归富山宝公司。双方共同管理的固定资产经营或承包、转让等分成则按福星公司占35%,富山宝公司占65%。上述约定明确了双方权利义务是各自以其提供的土地、资金等作为共同投资条件合作开发房地产,并共享利润、共担风险。因此,该合同应定性为合作开发房地产合同。随后双方又于1994年2月12日签订《补充协议》,该协议虽约定福星公司将其按照上述合作合同书应得的商住楼以固定的价款转让给富山宝公司,但同时也明确了共同管理经营之宾馆、商场铺位是双方共同之固定资产,其产权及利润分成仍为福星公司占35%,富山宝公司占65%,且已售的商住楼的管理收入利润按固定资产的分成比例分成(35∶65);双方组建物业公司,共同管理,合作管理50年。由此可见,《补充协议》只是对《合作投资兴建三星花园合同书》约定的利益分配方式进行了部分调整,并没有完全约定福星公司只收取固定利益,而是仍包含了福星公司与富山宝公司共担风险、共享利润的利润分配约定。由于《补充协议》中约定的双方权利义务的性质仍然具备合作开发合同的特征,因此,《补充协议》亦应定性为合作开发房地产合同。富山宝公司主张双方签订的合同是土地使用权转让合同,与事实不符,依法不予采纳。

2. 关于《合作投资兴建三星花园合同书》及《补充协议》的效力问题。双方当事人在签订合建合同时,涉案土地属划拨用地,但在合同签订后福星公司与国土局签订了《土地使用权出让合同》,缴纳了土地出让金,且土地的用途已经批准变更为商住用地,故涉案标的物具备合作开发的条件。福星公司与富山宝公司虽都不具备房地产开发资质,但此后双方与有房地产开发资质的福永公司签订了《合作开发"三星别墅"合同书》,约定由福永公司办理涉案项目开发及工程建设的各项手续。该三方合同签订后,土地主管部门应福星公司、福永公司的申请,同意将涉案土地转让给福永公司,由福星公司、福永公司共同使用兴建涉案地块。随后,福星公司、福永公司也与规划部门签订了关于涉案项目市政配套费《协议书》,福永公司也由此对先行开发的部分土地及在建房屋取得了建设主管部门、房产管理部门核发的《建设工程规划许可证》《房地产预售许可证》等相关批文。行政主管部门上述一系列的批文、证照均是基于富山宝公司与福星公司签订的合作开发合同,以及富山宝公司、福星公司与福永公司签订的合作开发合同而作出的,故应视为本案双方的合作开发合同,以及三方的合作开发合同已经取得相关行政主管部门的审批和同意,双方的及三方合作开发合同应认定为有效。富山宝公司诉请双方签订的《合作投资兴建三星花园合同书》合法有效有理,依法予以支持。

3. 关于富山宝公司在履约过程中是否存在根本违约,福星公司与富山宝公司签订的合建合同是否应确认已经解除,涉案合同是否应继续履行问题。就福星公司而言,涉案合作合同签订后,福星公司与土地管理部门签订了《土地使用权出让合同书》,完善了涉案土地进行商住项目开发的用地手续。随后福星公司也完成了整个涉案项目的规划立项审批工作,于 1993 年 7 月 13 日取得了规划部门颁发的《建设项目详细规划审批表》,此后又取得了富山宝公司拟先行动工兴建部分的《建设工程项目施工许可证》。可见,福星公司已完成了合作开发合同第 3 条约定的其应履行的主要义务。就富山宝公司而言,根据双方签订的合作开发合同,富山宝公司的主要义务是出资及开发建设该项目。经查,对于已缴纳的涉案土地出让金合计人民币 17,338,026 元,合作开发合同虽约定应由富山宝公司支付,但富山宝公司不能提供证据证明是其缴纳。又根据福星公司持有的财政部门开出的收据,可认定该笔费用系由福星公司缴纳;而对造价为 31,319,478.81 元的涉案项目未完工程的工程款,根据福星公司提交的证据及富山宝公司诉讼中的确认,可认定福星公司垫付了其中的 26,817,106.53 元,及剩余工程款、停工补偿费等 796 万元,两项共计 34,777,106.53 元。富山宝公司亦未能提供证据证明其依照合作合同第 3 条第 2 款第 2 项的约定提供了资金 1000 万元给福星公司作开发费用。涉案项目仅动工修建了三幢 15 层近 28,000 平方米的框架结构的事实,表明富山宝公司也未能在合同第 3 条约定的 3 年内(至 1995 年年底)完成合同约定的 15 万平方米的建设。可见,富山宝公司在履行合同约定的主要出资义务及开发建设义务上,已构成根本违约。鉴于富山宝公司上述履约情况,福星公司委托律师于 2004 年 4 月 25 日向富山宝公司发出《律师函》,通知富山宝公司解除双方签订的《合作投资兴建三星花园合同书》及《补充协议书》。该《律师函》虽无福星公司的签章,但函头已明确该函是受福星公司的委托所拟,且福星公司对该委托代理行为予以认可。富山宝公司在其负责人许礼庚于 2004 年 12 月 25 日签收该《律师函》后至本案诉讼前也从未提出异议。故该《律师函》应视为福星公司发出,并在福星公司与富山宝公司之间产生应有的法律后果。由于富山宝公司迟延履行双方合作合同中约定的主要出资义务及开发建设义务,致使双方合同目的不能实现,福星公司向富山宝公司发函通知解除双方合同,符合《合同法》第 94 条第 4 项关于"当事人一方迟延履行债务或者有其他违约行为致使不能实现合同目的",当事人可以解除合同的规定。福星公司解除合同的通知已于 2004 年 12 月 25 日到达富山宝公司,根据《合同法》第 96 条的规定,应依法确认富山宝公司与福星公司之间的合作开发合同已经在该通知到达富山宝公司时解除。富山宝公司诉请继续履行其与福星公司签订的《合作投资兴建三星花园合同书》,以及要求确认富山宝公司享有深圳市宝安区福永镇兴围路口西"金银城"房地产项目的土地房屋 75% 的权益,因与《合同法》第 97 条关于"合同解除后,尚未履行的,终止履行;已经履行的,根据履行情况和合同性质,当事人可以要求恢复原状"的规定不符,依法予以驳回。另外,富山宝公司诉请解除富山宝公司、福星公司与福永公司签订的《合作开发"三星别墅"合同书》,由于福星公司、福永公司均同意富山宝公司该诉请,对此依法予以照准。

4. 对于富山宝公司主张福星公司利用职权将绝大部分售楼款截留私分，导致涉案项目无后续资金停工的问题。该问题涉及对《核算报告》第(3)项所载福星公司支取售楼款港币1620万元的性质认定。经查，福星公司提交的截至1994年12月23日《首期结欠报告》及截至1996年9月18日《第二期欠款结算情况》清楚载明了：富山宝公司之前对福星公司的欠款在扣除福星公司收取的售楼款900万元港币、620万元港币及富山宝公司还来的其他款项后，富山宝公司仍先后结欠福星公司人民币12,643,397.02元和8,740,227.70元。这两笔结欠金额与富山宝公司随后出具的两张欠条载明的欠款金额完全吻合。同时，上述福星公司取走的售楼款也与富山宝公司随后出具的《物业转来售楼款(港币)往来情况》载明的福星公司收取售楼款金额完全一致。上述材料显示的福星公司取走售楼款金额1520万元，以及富山宝公司取走售楼款金额600万元，与《核算报告》第(3)项所载福永公司(福星公司)取走售楼款港币1620万元、富山宝公司取走售楼款港币500万元尽管并不完全一致，但富山宝公司诉讼中对此除了同意按其取走售楼款港币500万元来认定外，对上述材料的真实性及载明的内容并不持异议；而福星公司也同意富山宝公司的上述意见，以《核算报告》为准来认定各自取走的售楼款。对此，一审法院依法予以照准。基于以上事实，福星公司主张《核算报告》中福星公司收取的1620万元售楼款是富山宝公司向其偿还以前的欠款且为双方所认可，事实清楚、证据充分，依法应予采信。富山宝公司主张福星公司利用职权将绝大部分售楼款截留私分，导致涉案项目无后续资金停工，因与事实不符，依法不予采纳。

5. 对于富山宝公司诉请确认福星公司与金安城公司签订的《“金银城”置换合同书》及《〈“金银城”置换合同书〉补充协议》的效力问题。一审法院认为，《“金银城”置换合同书》及《〈“金银厅”置换合同书〉补充协议》由福星公司与金安城公司签订，设立的是福星公司与金安城公司之间的民事法律关系，且福星公司在与金安城公司签订上述合同时，福星公司与富山宝公司之间的合作合同已经解除。故富山宝公司既不是上述两合同的签订主体，也与上述合同确立的民事法律关系并无直接的利害关系。富山宝公司诉请确认上述两合同无效，依法不予处理。

至于大金利公司主张涉案土地使用权属其所有的问题，因与本案讼争的福星公司、福永公司与富山宝公司之间的合作开发房地产法律关系无直接的利害关系，大金利公司应另循途径解决，在此不作处理。

综上，一审法院依照《合同法》第60条第1款、第94条第4项、第96条、第97条，《民事诉讼法》第13条、第64条第1款，《最高人民法院关于审理涉及国有土地使用权合同纠纷案件适用法律问题的解释》第14条及《最高人民法院关于审理房地产管理法施行前房地产开发经营案件若干问题的解答》第19条的规定，判决：(1)解除富山宝公司、福星公司与福永公司签订的《合作开发“三星别墅”合同书》；

(2)驳回富山宝公司的其他诉讼请求。案件受理费人民币760,010元,由富山宝公司负担684,009元,福星公司、福永公司负担76,001元;诉讼保全费人民币5000元,由富山宝公司负担。

富山宝公司不服一审判决,向最高人民法院提起上诉,请求:(1)撤销广东省高级人民法院(2006)粤高法民一初字第18号民事判决;(2)同意一审认定上诉人与第一被上诉人签订的《合作投资兴建三星花园合同书》及《补充协议》合法有效,请求判令双方继续履行合同;(3)请求判决上诉人享有深圳市宝安区福永镇兴围路口西"金银城"房地产项目的土地房屋75%的权益;(4)请求判决确认第一被上诉人与第三被上诉人签订的《"金银城"置换合同书》及《〈"金银城"置换合同书〉补充协议》无效;(5)由全部被上诉人共同承担本案诉讼费用。

本案二审查明的事实与一审法院查明的事实相同。最高人民法院认为,各方当事人二审争议的焦点问题是:(1)福星公司是否与富山宝公司解除了《合作投资兴建三星花园合同书》。(2)富山宝公司是否享有"金银城"项目75%的权益。(3)福星公司、福永公司与金安城公司签订的《"金银城"置换合同书》及其《补充协议》的效力问题。(4)大地公司是否应当参加本案诉讼的问题。

一、关于福星公司与富山宝公司之间的《合作投资兴建三星花园合同书》是否解除的问题

最高人民法院认为,第一,福星公司与富山宝公司之间签订的《合作投资兴建三星花园合同书》合法有效。福星公司与富山宝公司就合作开发涉案土地签订了《合作投资兴建三星花园合同书》,该合同明确约定了双方各自的权利义务,约定了合作方式为福星公司提供土地,富山宝公司提供资金作为投资条件,双方共享利润、共担风险。虽然签订该合同时,双方均无房地产开发资质,且涉案土地亦为国有划拨土地,但随后双方又与具有房地产开发资质的福永公司签订了三方合作开发合同,并陆续缴纳了土地出让金,还将涉案土地变性为商住用地,同时也取得了政府相关部门审批颁发的《建设工程规划许可证》《房地产预售许可证》等行政批文,因此,福星公司与富山宝公司双方在合作开发房地产方面先期存在的资质缺陷等问题得以弥补,据此应当认定双方之间系合作开发房地产关系,二者之间签订的《合作投资兴建三星花园合同书》应为有效合同,对双方当事人具有约束力。福星公司与富山宝公司应当按照该合同的约定,全面履行各自的权利义务。

第二,福星公司已经履行了《合作投资兴建三星花园合同书》约定的主要合同义务。福星公司在该合同签订后,先后办理了涉案项目的用地审批手续,完成了规划立项审批工作,依法取得了《建设工程项目施工许可证》,从而基本完成了合同约定的由其承担的主要义务。

第三,富山宝公司构成根本违约。首先,根据二审庭审查明事实,富山宝公司仅在涉案土地上动工建设了三幢15层近28,000平方米的未完建筑,这与合同约定的应在3年内完成15万平方米建设相距甚远。其次,按照合同约定,对于已缴纳的涉案土地出让金应由富山宝公司支付,但根据福星公司持有的财政部门开出的收据,证明该笔费用17,338,026元系由福星公司缴纳。再次,富山宝公司本应按照合作合同约定提供资金1000万元给福星公司作开发费用,但富山宝公司没有履行这一义务。最后,在涉案工程建设过程中,富山宝公司应当按约履行全部出资义务,但对造价为31,319,478.81元的涉案项目未完工程的工程款,根据福星公司提交的证据以及富山宝公司一审诉讼中确认,福星公司垫付了26,817,106.53元以及剩余工程款、停工补偿费等796万元,两项合计34,777,106.53元。由此可见,富山宝公司均未履行其应承担的出资及开发建设项目的主要合同义务,其行为构成了对合同义务的根本违反。

第四,福星公司有权解除其与富山宝公司之间的《合作投资兴建三星花园合同书》。由于项目建设中富山宝公司构成根本违约,导致未完工程被列为清理对象的深圳市52个问题楼盘之一,致使双方签订合同的目的无法实现。有鉴于此,作为守约一方的福星公司委托律师向富山宝公司发函,提出解除双方之间的《合作投资兴建三星花园合同书》,是享有合同解除权的一方行使法定解除权,并无不当。

第五,福星公司已经解除其与富山宝公司之间的《合作投资兴建三星花园合同书》。首先,福星公司委托律师发出了解除合同的律师函,虽然该函件未加盖福星公司的公章,但函件中明确载明受福星公司的委托所拟,且福星公司作为委托人对此予以认可,因此,该行为并未违反我国合同法的相关规定,不能以该函件未加盖福星公司的公章而认定无效。其次,尽管解除合同的律师函上签署日期是2004年4月25日,而送达富山宝公司的时间却在2004年年底,前后相差8个月之久,但是,合同解除的确定是以享有解除权一方的相关文书送达到相对方之时作为开始发生法律效力的依据,送达时间的拖延只能产生合同解除的起始时间相应后延的后果,而不能导致相关文书送达后不发生法律效力。富山宝公司提出的因送达长达8个月从而应当认定解除合同无效的理由没有法律依据,本院不予支持。再次,虽然在一审判决中认定,福星公司提出了解除其与富山宝公司签订的《合作投资兴建三星花园合同书》及《补充协议》的诉讼请求,但福星公司提出这一诉讼请求并不能否定解除合同的律师函已送达到富山宝公司这一法律事实的存在。最后,《最高人民法院关于适用〈中华人民共和国合同法〉若干问题的解释(二)》第24条规定:"当事人对合同法第九十六条、第九十九条规定的合同解除或者债务抵销虽有异议,但在约定的异议期限届满后才提出异议并向人民法院起诉的,人民法院不予支持;当事人没有约定异议期间,在解除合同或者债务抵销通知到达之日起三个月以后才向人民法院起诉的,人民法院不予支持。"本案中富山宝公司于2004年12月25日收到解除函件后，并未在规定的时间内行使异议权。因此，应当认定福星公司与富山宝公司签订的《合作投资兴建三星花园合同书》已经在合同解除函到达富山宝公司时解除。至于富山宝公司在一审中申请对“金银城”项目投资情况进行审计，以及富山宝公司在本案项目是否另有其他投资款项及其返还问题，因富山宝公司未就合同解除后其投资款的返还问题在一审中提出诉请，故本案二审亦不作处理，富山宝公司可另案解决。

第六，福星公司与富山宝公司之间的《合作投资兴建三星花园合同书》及其《补充协议》没有继续履行的可能。“金银城”项目被深圳市人民政府列入清理范围的问题楼盘后，在当地政府及其有关部门的协调下，福星公司与金安城公司就“金银城”项目烂尾楼项目的后续补救开发等一系列问题达成了置换协议。这一置换协议不仅得到了当地政府及其相关部门的认可，而且已经实际履行。福星公司与富山宝公司之间不存在继续履行《合作投资兴建三星花园合同书》的现实条件和可能。综合以上，富山宝公司提出的双方之间合作开发合同并未解除，主张继续履行该合同的上诉请求，于法无据，不予支持。

二、关于富山宝公司是否享有“金银城”项目75%的权益问题

最高人民法院认为，第一，从双方约定看，根据双方签订的《合作投资兴建三星花园合同书》的约定，福星公司以提供土地、富山宝公司以提供建设资金作为投资条件，涉案项目所得的利润分成以商住楼销售扣除福永公司挂靠费分成，利润25%归福星公司，75%归富山宝公司，双方共同管理的固定资产经营或承包、转让等分成则按福星公司占35%，富山宝公司占65%；随后双方签订的《补充协议》约定，福星公司将其按照上述合作合同书应得的商住楼面积的25%以固定价格转让给富山宝公司，但同时明确了双方共同管理经营之宾馆、商场铺位为双方共同的固定资产，其产权及利润分成仍为福星公司占35%，富山宝公司占65%，且已售的商住楼的管理收入利润按固定资产的分成比例即35∶65分成；由双方组建物业公司，共同合作管理50年。从上述内容可以看出，双方之间系就合作项目的利润而非不动产物权所作的分配约定，《补充协议》则是对分配比例进行的部分调整。富山宝公司享有的是合同权益，就其性质而言应属于债权，而不是对“金银城”项目上的土地和地上建筑物享有75%的物权。

第二，从法律规定看，我国《物权法》第9条中规定：“不动产物权的设立、变更、转让和消灭，经依法登记，发生效力；未经登记，不发生效力，但法律另有规定的除外。”本案中，“金银城”项目土地使用权不仅从未登记在富山宝公司名下，反而因其违约导致福星公司与富山宝公司解除了合作开发合同。富山宝公司在合作开发合同被解除之后，不再享有“金银城”项目土地的使用权利。

第三，从合同履行看，富山宝公司能否最终取得《合作投资兴建三星花园合同书》中约定的75%的利润，既取决于合作开发房地产项目是否全部完成并通过结算后产生利润，又取决于其是否完全履行了合同义务。在整个合作项目没有完成、双方之间的合作开发合同已经解除以及富山宝公司在合作开发中构成根本违约的情况下，即主张其享有“金银城”项目75%的权益，既没有事实依据也没有法律依据。此外，尽管双方于1994年2月22日签订的《补充协议》约定，福星公司将其按照上述合作合同书应得的商住楼面积的25%以1.913625亿元的价格转让给富山宝公司，但是，富山宝公司未向福星公司支付转让款，该《补充协议》并未实际履行。综合以上，富山宝公司有关对“金银城”项目享有75%权益的主张，不予支持。

三、关于福星公司、福永公司与金安城公司签订的《“金银城”置换合同书》及其《补充协议》的效力问题

最高人民法院认为，第一，福星公司是在依法解除了其与富山宝公司之间的《合作投资兴建三星花园合同书》之后，才与金安城公司签订了《“金银城”置换合同书》及其《补充协议》。由于涉案项目土地使用权主体为福星公司和福永公司，作为该宗土地的合法使用权人，福星公司和福永公司自然有权自主决定与其他市场主体签订涉案项目置换合同。而富山宝公司既非置换合同的利害关系人，亦非置换合同的相对人，其请求确认《“金银城”置换合同书》及其《补充协议》无效违反了合同相对性原则。

第二，由于富山宝公司的违约行为，致使“金银城”项目成为被广东省深圳市人民政府列入清理范围的问题楼盘。在广东省深圳市宝安区政府等相关行政部门的协调下，福星公司与金安城公司就“金银城”项目烂尾楼项目的置换及开发事宜签订了《“金银城”置换合同书》及其《补充协议》，约定由福永公司和福星公司将涉案土地置换到金安城公司名下，金安城公司对涉案项目独立开发。这一置换合同既符合深圳市政府有关处理问题楼盘的政策，又得到了政府及其相关部门的批准认可，金安城公司随后获得了宝安区政府规划部门颁发的《建设用地规划许可证》。作为善意第三人的金安城公司在与福星公司签订置换合同方面并无过错，其合法权益应获得保护。

第三，福星公司、福永公司与金安城公司签订上述置换合同并未违反有关强制性规定。首先，该置换合同的签订已经得到当地政府及相关部门的批准。尽管深圳市政府《关于子悦台等52个“问题楼盘”处理意见的批复》明确规定置换前应当“自行妥善处理好债权债务关系”，但该置换合同最终获得政府及其相关部门的批准，金安城公司还取得了涉案项目《建设用地规划许可证》、宗红线地图、深圳市建设用地地界放点测量报告等相关职能部门批准文件，可见，当地政府及有关部门对福星公司、福永公司与金安城公司之间的置换合同是认可的。其次，该置换合同的效力一定程度上获得有关生效裁判文书的支持。富山宝公司就《建设用地规划许可证》

问题曾以深圳市规划局宝安分局为被告，诉请广东省深圳市宝安区人民法院判令撤销，广东省深圳市宝安区人民法院以（2007）深宝法行初字第419号行政裁定书驳回了富山宝公司的起诉，该裁定书又于2008年7月28日被广东省深圳市中级人民法院以（2008）深中法行终字第35号行政裁定书所维持。再次，该置换合同的内容并不为相关法律所禁止。即使涉案项目存在司法查封，按照物权法原理，双方当事人之间订立的有关转让不动产物权的合同，自合同成立时亦产生债的法律效力，在解除查封或撤销查封后，当事人仍然可以办理不动产变更手续。因此，该置换合同并不违背《城市房地产管理法》第38条有关不得转让房地产的强制性规定。最后，该置换合同的履行符合社会利益和公平原则。金安城公司为履行上述置换合同，已经投入资金，用于解决因烂尾楼导致的购房者退房风潮，偿还了业主的购房款项，代为清偿了富山宝公司以项目名义对外的部分借款，项目的有关债权债务已经得到妥善处理。金安城公司履行置换合同的行为，不仅得到了合同相对方福星公司的承认，而且符合公平正义与社会利益的需求。综上，福星公司、福永公司与金安城公司签订的《"金银城"置换合同书》及其《补充协议》不违反法律、行政法规的强制性规定，亦未侵害国家、集体和他人合法权益，因此应当认定有效。富山宝公司提出的有关确认福星公司、福永公司与金安城公司签订的上述置换合同无效的上诉请求，既与客观实际不符，又于法无据，不予支持。

四、关于大地公司是否应当必须参加本案诉讼的问题

最高人民法院认为，第一，根据查明的事实，福星公司在与富山宝公司签订合作开发合同的同时，又与大地公司就同一标的签订了内容相同的合作开发合同，但在实际履行合同过程中，是由富山宝公司与惠安建筑公司签订施工合同，并与福星公司、福永公司就涉案项目的财务收支情况达成结算书，签署财务结算报告。上述行为表明富山宝公司是涉案项目的实际履行主体，大地公司虽然签订了书面合作开发合同，但并未履行该合同。

第二，一审期间，富山宝公司提交了大地公司出具的并经南京市公证处公证的[（2006）宁证内经字第58718号]《关于金银城项目有关权益的确认书》，载明：鉴于大地公司和富山宝公司分别签订的两份合作开发合同，名称虽然不同，但都同指一个标的，即"金银城"项目，由于在合作开发过程中，大地公司应尽的合同义务，是由富山宝公司代为履行的，即项目中应由大地公司负责投资、融资以及工程建设等事宜，都由富山宝公司独立经办，大地公司并未参与，富山宝公司实际上已经完全取代了大地公司开发商的地位，大地公司为此追认并确认金银城项目75%的权益属富山宝公司所有，富山宝公司有权独立处分，相应的义务亦由富山宝公司承担。由此可见，大地公司已将自己的所有权利、义务全部转让给富山宝公司。

第三，尽管在2005年1月21日大地公司与大金利公司签订了《转让协议》，约定大地公司将其1993年1月3日和1996年11月20日先后两次与福星公司签订合作开发涉案“金银城”项目协议中大地公司占有股权的75%转让给大金利公司，大地公司向福星公司声明退出原有协议，由大金利公司向福星公司一次性买断该项目，大金利公司为此补偿大地公司人民币150万元，但是，大金利公司并未实际参与到涉案“金银城”项目的开发，其与大地公司之间的转让协议纠纷，与本案并非同一法律关系，应另案处理。

第四，大地公司与本案的处理结果并无利害关系，本案的实体处理亦未损害其合法权益，大地公司未参与本案诉讼，同样也没有影响到其他各方当事人的程序权利和实体权利，大地公司并不属于《民事诉讼法》规定的必须参加诉讼的当事人，一审法院在一审中没有追加大地公司为第三人并无不当。综上，富山宝公司和大金利公司提出的一审判决严重违反法定程序，遗漏了大地公司作为必须参加诉讼的当事人的理由不成立，不予支持。

综上所述，富山宝公司各项上诉请求均不成立，最高人民法院依法予以驳回；一审法院认定事实清楚，适用法律正确，审判程序合法，处理结果妥当，依法予以维持。依照《民事诉讼法》第153条第1款第1项之规定，判决如下：驳回上诉，维持原判。二审案件受理费684,009元，由深圳富山宝实业有限公司负担。本判决为终审判决。

［参见《最高人民法院公报》2011年第5期。］

024. 当事人双方在合同中并未明确约定定金，因不可归责于双方的事由导致合同解除，此种情形能否适用定金罚则？

【典型案例】

方明通与福州宏发房地产有限公司合作开发房地产合同纠纷案

【裁判要点】

根据《担保法》第89条、《合同法》第115条的规定，定金罚则指的是约定一方向对方给付定金作为债权的担保。债务人履行债务后，定金应当抵作价款或者收回。给付定金的一方不履行约定的债务的，无权要求返还定金；收受定金的一方不履行约定的债务的，应该双倍返还定金。《担保法》第90条、第91条还规定了定金需书面形式约定，定金合同从实际交付定金之日起生效。定金数额不得超过主合同标的额的20%等条件。因此，当事人双方在合同中并未明确约定定金，且因不可归责于双方的事由导致合同解除，不存在违约情形，因此，此种情形下，不能适用定金罚则。

案号：最高人民法院（2013）民一终字第20号。

上诉人（原审原告）：方明通。

上诉人（原审被告）：福州宏发房地产有限公司。

上诉人方明通与上诉人福州宏发房地产有限公司（以下简称宏发公司）合作开发房地产合同纠纷一案，不服福建省高级人民法院于2012年11月10日作出（2011）闽民初字第29号民事判决，向最高人民法院提起上诉。最高人民法院依法组成合议庭，于2013年4月19日进行了开庭审理。本案现已审理终结。

一审法院经审理查明：2002年4月29日，福州市人民政府向宏发公司作出《关于福州宏发房地产有限公司在台江鳌峰路与鳌峰支路交叉口的东南角"海峡茶叶批发市场"建设用地的批复》（榕政地〔2002〕121号），同意将福州市台江区鳌峰路与鳌峰支路交叉东南角12,720平方米（合19.08亩）国有土地使用权出让给宏发公司，作为"海峡茶叶批发市场"建设用地。同日，宏发公司与福州市国土资源局签订《福州市国有土地使用合同》[榕地合（2002）042号]，就出让取得"海峡茶叶批发市场"建设用地使用权事项达成协议。2004年11月24日，福州市城乡规划局向宏发公司颁发《建设用地规划许可证》[榕规（2004）用地第10262号]，将"海峡茶叶批发市场"建设用地规划为"绿源小区"商住楼项目建设用地，具体为二类居住用地，建筑容积率2.6以下等。

2005年6月5日，宏发公司与方明通签订《联合开发建设合同书》，约定宏发公司将位于福州市台江区鳌峰路与鳌峰支路会合处东南侧的"绿源小区"项目土地（征用面积22.42亩，使用面积18.74亩）与方明通联合开发建设，主要内容为："一、项目地价、费用及审批义务。该项目至宏发公司办理变更土地用途为商住用地止，总地价为3200万元。宏发公司负责办理变更手续，且建筑容积率不低于2.6，并负责办理相关批准文件、证书等，至直接开发为止，其费用由宏发公司承担。二、双方所占比例。宏发公司占项目总额40%股份，方明通占项目总额60%股份，项目仍以宏发公司的名义进行开发、销售。方明通仅限于在该项目上享受60%的权利义务，宏发公司其他项目的权利及义务与方明通无关。三、付款方式。方明通同意向宏发公司支付1920万元作为合作条件。方明通在合同签订后七日内支付400万元定金，在收到宏发公司委托手续后七日内支付1400万元，余款在宏发公司办妥政府有关部门股权登记手续及印章交接后七日内付清。本项目结束后,方明通应将股权变更归还宏发公司。四、开盘资金出资及收益分配。1.今后项目开发中再需投入的资金(包括补交给土地管理部门386万元配套费)全部由方明通自行筹集,宏发公司不再投入。2.开发所得净利润,由双方按所占的项目比例分成。五、开发的委托及承诺。1.本项目的开发期为两年,即自办妥《施工许可证》之日起至项目结束止。2.公司的财务章由方明通管理,银行预留印章由宏发公司管理,公司的公章由双方双控共管,在委托范围内,只要方明通签字,宏发公司应无条件盖章。3.方明通在本项目委托书委托范围内的经营活动,宏发公司不予干预。4.本项目委托前公司的债权、债务由宏发公司承担,委托后公司债权债务如属开发项目范畴,则从项目成本或利润中扣除,否则由方明通负责清理。六、方明通可派两人进入董事会,双方分别占40%与60%。"2005年8月17日,双方签订一份《备忘录》,对履行《联合开发建设合同书》所涉及的办理宏发公司章程变更与董事变更、账户使用要求,"绿源小区"项目前期费用承担及其核算,宏发公司印章交接等事项进行约定。

上述《联合开发建设合同书》《备忘录》签订后,2005年6月21日,宏发公司出具《收据》一份,载明收到方明通美元结算差价款0.94万元。2005年6月22日,宏发公司出具《收据》一份,载明收到方明通合作项目投资款如下:2005年6月6日400万元,6月15日200万元,6月16日600万元,6月21日410万元及189.06万元,共计1799.06万元。2005年6月28日,宏发公司出具《收据》一份,确认收到方明通支付现金120万元。以上宏发公司出具的三份《收据》所涉及款项金额共计1920万元,其中2005年6月6日的400万元为定金。此外,方明通还向宏发公司支付代垫款七笔计817万元,分别是2005年6月7日支付300万元,7月8日支付386万元,12月2日支付120万元;2006年1月20日支付8万元,3月10日支付0.5万元,4月3日支付0.4万元,5月6日支付2.1万元。

2005年6月28日,福州市人民政府向宏发公司作出《关于福州宏发房地产有限公司海峡茶叶批发市场变更为商住楼建设用地的补充批复》(榕政地〔2005〕166号),载明因规划设计调整,对宏发公司依据榕政地〔2002〕121号批复取得的"海峡茶叶批发市场"建设用地变更为商住楼建设用地等。同日,宏发公司与福州市国土资源局签订《福州市国有土地使用补充合同》[榕地合(2002)042号补1号-2005],载明因规划设计调整导致《福州市国有土地使用合同》[榕地合(2002)042号]有关条款变更,项目规划建设容积率为2.60,宏发公司应补交城市基础设施配套费2,595,950元等内容。2005年8月10日,宏发公司取得"绿源小区"商住楼项目建设用地的《国有土地使用权证》[榕国用(2005)第00444500364号]。其间,宏发公司向有关部门支付了"绿源小区"项目地块的出让金等相关费用。

2006年4月24日,福州市城乡规划局向宏发公司作出《关于吊销榕规2004年用地第10262号〈建设用地规划许可证〉的通知》,主要内容为:宏发公司取得的"绿源小区"商住楼项目《建设用地规划许可证》[榕规(2004)用地第10262号],根据福州市东区规划,该地块用地性质已作调整,依法决定吊销该《建设用地规划许可证》。2006年7月14日,福州市人民政府召开城建项目专题会议,并形成〔2006〕189号《关于城建项目专题会议纪要》(以下简称《专题会议纪要》),载明同意提供福州市土地发展中心拟收储的福州市二棉厂部分地块,置换因城市建设需要收回的宏发公司绿源小区地块。会议决定:1.由市规划局负责,从市土地发展中心收储的市二棉厂地块的北侧划出相应面积(18.74亩左右)的土地置换给宏发公司,并确定规划指标。2.之后,由市土地发展中心委托地价评估事务所对绿源小区地块和拟用于置换的市二棉厂地块进行评估,差价互补,并经土地市场公示无异议后协议出让给宏发公司,原绿源小区地块土地使用权证注销。

2007年12月13日,福州市城乡规划局向宏发公司颁发"府相居"商住楼项目《建设用地规划许可证》[榕规(2007)用地第00476号],载明该地块系根据福州市人民政府〔2006〕189号专题会议纪要精神,收回宏发公司"绿源小区"商住楼项目的置换地。

2007年12月27日及28日,福州市土地矿产交易中心依据福州市土地发展中心委托,分别作出榕地评(2007)30号《拟与福州宏发房地产有限公司"绿源小区"地块置换的市二棉厂地块土地使用权价格评估结果报告书》及榕地评(2007)31号《拟与市二棉厂地块置换的福州宏发房地产有限公司"绿源小区"地块土地使用权价格评估结果报告书》,其中榕地评(2007)30号《评估结果报告书》载明:根据福州市人民政府〔2006〕189号《专题会议纪要》精神,福州二棉厂18.74亩地块经评估价格为867万元/亩,地价总额为16,247.58万元,作为拟收储的宏发公司"绿源小区"置换地等内容;榕地评(2007)31号《评估结果报告书》载明:"绿源小区"商住楼18.74亩地块经评估价格为780万元/亩,地价总额为14,617.2万元,委托方福州市土地发展中心根据福州市人民政府〔2006〕189号《专题会议纪要》精神予以收储,用已收储的原福州市二棉厂地块进行置换等内容。

2008年2月2日,宏发公司向方明通出具《通知》,主要内容为:福州市土地发展中心对两块置换的建设用地分别进行了评估,依据评估结果需补交两地块差价款1630.38万元,要求方明通在30日内将该款汇入宏发公司账户,以便其签订土地置换协议及交纳地差款等。2008年2月22日,方明通复函宏发公司法定代表人陈清泉,要求宏发公司尽快提交福州市土地发展中心补交土地差价款的通知及两地块的评估报告;并提出补交土地差价款属于公司项目投资重要事项,要求及时召开董事会并作出相关决议等。

2010年5月28日,福州市土地发展中心与宏发公司签订《土地置换协议》,主要内容为：根据福州市人民政府〔2006〕189号专题会议纪要精神，福州市土地发展中心将位于晋安区五里亭立交桥西南侧福州二棉厂部分地块18.74亩与宏发公司的“绿源小区”商住楼项目用地18.74亩进行置换；经市土地矿产交易中心对该两幅地块分别进行地价评估，并出具了榕地评（2007）30号及31号评估报告书，其中福州市土地发展中心福州二棉厂18.74亩地块评估价格为867万元／亩，总地价为16,247.58万元；宏发公司“绿源小区”商住楼18.74亩地块评估价格为780万元／亩，总地价为14,617.2万元，由宏发公司另行补偿福州市土地发展中心差价款1630.38万元，该款项应于本协议签订后五个工作日内向福州市土地发展中心指定账户支付等。2010年9月15日，宏发公司向福州市土地发展中心支付了该上述两地块的差价款1630.38万元。

2010年8月20日，宏发公司委托的福建合立律师事务所指派律师向方明通发出《律师通知函》，主要内容为：宏发公司与方明通就“绿源小区”项目签订《联合开发建设合同书》及《备忘录》后，宏发公司积极按合同约定履行义务，双方就项目的前期勘探、设计等事项按合同约定合作，方明通也按合同约定投入项目合作款项，并部分承担了合同约定的相应费用。2006年4月因福州市规划调整需要，政府将该项目收回，导致双方签订的合同及备忘录无法履行，后双方又未能就新项目或其他合作事宜达成新的合同关系。鉴于双方合作前提和基础已不复存在，特通知自本通知发出之日起解除双方签订的《联合开发建设合同书》及《备忘录》，请在收到本函起十日内与宏发公司联系处理合同解除后的相关事宜。2010年9月2日，方明通回函称，“府相居”项目是“绿源小区”项目的置换物，应视为双方《联合开发建设合同书》及《备忘录》的标的物变更为“府相居”项目，其仍对“府相居”项目拥有60%联合开发股权，不同意解除该合同及备忘录；同时方明通认为其与许美英为宏发公司的两名董事，有权并明确要求宏发公司在9月10日召开临时董事会，对土地置换的事项及再投入比例作出董事会决议。方明通及许美英在回函下方签名。诉讼中，宏发公司称没有收到该回函。

另查明，一审诉讼中，（1）宏发公司与方明通确认，双方在签订“绿源小区”项目《联合开发建设合同书》及《备忘录》后，未对该项目进行开发建设。（2）宏发公司提交2009年1月7日北京九州龙盛房地产开发有限公司与方明通签订的《项目股份转让协议书》复印件一份，该《协议书》主要内容为：方明通同意将其在《联合开发建设合同书》项下的60%股权及其所支付的成本2737万元，以4500万元全部转让给北京九州龙盛房地产开发有限公司。用于证明方明通无意与其就置换后的新项目“府相居”联合开发建设事宜重新协商并达成新合作合同，且在宏发公司不知情情况下，将其在讼争《联合开发建设合同书》及《备忘录》项下投资及权利义务以4500万元转让给北京龙盛房地产开发有限公司，同时，宏发公司确认该《项目股份转让协议书》没有实际履行。方明通质证认为,该《项目股份转让协议书》是复印件,不真实,当时只有意向,其没有在协议上签名,也未实际履行该协议。双方当事人确认方明通未将其在讼争《联合开发建设合同书》及《备忘录》项下的投资及权利义务以4500万元转让给北京九州龙盛房地产开发有限公司。

方明通一审起诉称,2005年6月5日,其与宏发公司签订《联合开发建设合同书》,后方明通依约支付投资款1920万元(其中定金400万元),取得60%项目权益,又根据宏发公司要求垫付项目建设费用817万元。但由于案涉土地被政府置换,宏发公司以"绿源小区"项目被政府收回为由要求解除双方签订的《联合开发建设合同书》及《备忘录》,宏发公司违背诚信的行为严重损害其合法权益。故请求:"1.确认双方签订的《联合开发建设合同书》及《备忘录》终止。2.宏发公司支付'绿源小区'项目评估价14,617.2万元的60%投资增值收益8770.32万元,或支付按法院委托评估、审计的'绿源小区'项目金额60%计算的投资增值收益,并按银行同期同类贷款利率支付该款自2006年4月起的利息。3.宏发公司支付先期垫付'绿源小区'项目,建设费用817万元,并按银行同期同类贷款利率支付占用该款期间的利息。4.宏发公司按定金罚则赔偿定金400万元。以上2~4项款项共计13,147.32万元。5.由宏发公司承担本案诉讼费用。"

宏发公司答辩称:(1)由于政府变更土地规划,案涉项目建设用地的土地使用权被收回,导致双方通过《联合开发建设合同书》所建立的法律关系因客体缺失而消灭。故本案合同关系自2006年4月24日福州市城乡规划局《关于吊销榕规2004年用地第10262号〈建设用地规划许可证〉的通知》发出之日起就因客体不存在而自然终止。因而本案纠纷的实质是基于合作关系的解体而产生的清算关系,至于土地转换后的"府相居"项目合作属另一法律关系。(2)方明通起诉已超过二年诉讼时效,应依法驳回其诉讼请求。(3)根据合同约定,方明通支付的1920万元是项目合作保证金,而非项目投资款,方明通无权享有投资增值收益。而且,根据《最高人民法院关于审理房地产管理法施行前房地产开发经营案件若干问题的解答》第46条规定,一方用土地使用权,另一方用资金投入合作开发房地产,合作体解体时对资金尚未投入实际建设的,可由以土地使用权作为投资的一方返还对方资金的本息,本案应当参照该规定执行。(4)合同约定的双方对"绿源小区"项目分别拥有的40%及60%比例,并非公司的股份或项目土地的权益,是特指项目开发收益分配比例。案涉项目尚未开发,方明通也未投入任何项目建设资金,不存在项目投资增值收益。根据《最高人民法院关于审理涉及国有土地使用权合同纠纷案件适用法律问题的解释》第19条规定,房产建设项目未取得建设工程规划许可证的,合作开发房地产合同当事人请求分配房地产项目利益的,不予受理或驳回起诉。"绿源小区"项目用地被政府收回,并未取得建设工程规划许可证,故方明通请求分配房地产项目利益没有法律依据,依法应予驳回。(5)对方明通请求返还前期垫付的项目费用817万元本息主张,宏发公司没有异议。(6)400万元定金系1920万元保证金的组成部分,该定金在合同签订后已转变为保证金,方明通将该400万元既作为投资款主张权利,又作为定金主张权利,其诉求违背客观事实,也自相矛盾。而且,宏发公司在本案合同签订及履行过程中均不存在过错,也没有违约,无须承担任何法律责任,方明通要求宏发公司承担定金罚则责任没有法律依据。

一审法院认为,本案主要争议的焦点有:(1)14,617.2万元是否为原"绿源小区"项目的价值;(2)方明通出资是否达到合同约定的投资比例,其投资比例是多少;(3)宏发公司应否赔偿定金400万元;(4)方明通提起本案诉讼是否超过诉讼时效。

(一)14,617.2万元是否为原"绿源小区"项目价值

宏发公司经福州市人民政府有关部门的审批并依据土地使用权出让合同相关约定支付土地出让金等费用,于2005年8月10日取得"绿源小区"项目建设用地的《国有土地使用权证》。后因城市建设规划调整,福州市人民政府作出〔2006〕189号《专题会议纪要》,决定收回"绿源小区"项目建设用地,以福州二棉厂相应面积地块予以置换,并由福州市土地发展中心委托地价评估事务所对该两地块地价进行评估,差价互补后经相关程序出让给宏发公司。2007年12月27日及28日,福州市土地矿产交易中心依据福州市土地发展中心委托,按照福州市人民政府〔2006〕189号《专题会议纪要》精神,分别作出榕地评(2007)30号《评估结果报告书》及榕地评(2007)31号《评估结果报告书》,确定经评估置换地福州二棉厂18.74亩地块价格总额为16,247.58万元,"绿源小区"18.74亩地块价格总额为14,617.2万元。2010年5月28日,福州市土地发展中心与宏发公司签订《土地置换协议》,将福州二棉厂18.74亩地块以评估价16,247.58万元与宏发公司"绿源小区"地块评估价14,617.2万元进行置换,宏发公司据此应支付两地块差价款1630.38万元。2010年9月15日,宏发公司向福州市土地发展中心支付了上述两地块的差价款1630.38万元。以上事实可以看出,"绿源小区"项目地块经福州市人民政府〔2006〕189号《专题会议纪要》决定及福州市土地发展中心委托评估地价总额为14,617.2万元,宏发公司对该地价通过其签订《土地置换协议》及支付地块差价款1630.38万元予以确认,并已将"绿源小区"项目地块评估价14,617.2万元全部物化于"府相居"项目地块价中。结合双方确认尚未对该项目进行开发建设的事实,可以认定14,617.2万元为被置换前原"绿源小区"项目的价值。方明通作为项目合作方,请求以"绿源小区"项目评估价14,617.2万元计算本案投资收益,应予支持。宏发公司抗辩主张"绿源小区"项目尚未产生价值与事实不符,不予采信。

（二）方明通出资是否达到合同约定的投资比例，其投资比例是多少

讼争《联合开发建设合同书》第3条虽有方明通支付1920万元作为合作条件的内容，但该条款为合同的付款方式，且宏发公司在其中1799.06万元《收据》中明确记载为投资款，《联合开发建设合同书》也没有涉及方明通投入1920万元之外款项才是投资款的内容，故可以认定方明通依约支付的1920万元为“绿源小区”项目的投资款。宏发公司抗辩主张该1920万元不是投资款，而是投资保证金缺乏事实依据，不予采信。另外，宏发公司在“绿源小区”项目用地被置换前，办理“绿源小区”项目土地变更为商住用地手续、取得建筑容积率为2.6批文及项目用地《国有土地使用权证》等，并支付相应费用。根据《联合开发建设合同书》第1条约定，项目在宏发公司办理变更商住用地手续、批文、证书及支付费用，至直接开发为止，总地价为3200万元，可以认定宏发公司出资额为3200万元。即方明通与宏发公司对“绿源小区”项目的实际投资额分别为1920万元与3200万元。因“绿源小区”项目价值为14,617.2万元，扣除双方实际投资外，合作项目的增值收益为9497.2万元（14,617.2万元－1920万元－3200万元＝9497.2万元）。

根据《联合开发建设合同书》第2条约定，宏发公司占项目总额40%，方明通占项目总额60%股份；第3条约定方明通应支付包括定金400万元在内的1920万元；第4条(1)约定今后项目开发需要投入的资金包括补交土地配套费等全部由方明通筹集，宏发公司不再投入，以及第4条(2)约定开发所得净利润，由双方按所占的项目比例分成等，可以看出，方明通只有在支付1920万元及今后项目建设所需资金后才可享有60%的投资比例分成。本案中，双方当事人原约定股份及利润分成比例为6∶4，后因项目地块被政府收回，方明通实际投资未依约完成，双方投资未实际达到6∶4比例，在此情况下，根据权利义务相一致原则，方明通享有股份及利润分成比例宜按实际投资到位比例加以确定。即按约定方明通投入资金4800万元，才与宏发公司已投资项目地块价值3200万元形成6∶4比例（4800∶3200＝6∶4）。现方明通实际投资1920万元，只占4800万元的40%，故其实际占有项目股份及利润分成比例应为24%（60%×40%）。在该项目未进行开发建设，方明通亦未投入其他建设资金的情况下，其起诉请求按合同约定的60%投资比例分配相应投资收益，无事实依据，不予支持。

本案双方当事人合作开发“绿源小区”项目涉及的《联合开发建设合同书》应当终止，方明通除收回实际投资款外，还可以按投资比例分配合作项目增值收益。故宏发公司除应当偿还方明通的项目投资款1920万元外，还应偿还方明通24%投资比例的合作项目增值收益2279.328万元（9497.2万元×24%＝2279.328万元），共计4199.328万元。此外，虽然“绿源小区”项目用地于2006年4月24日被依法吊销《建设用地规划许可证》，2006年7月15日福州市人民政府〔2006〕189号《专题

会议纪要》也决定收回该项目用地,但至2010年5月28日,福州市土地发展中心才与宏发公司签订《土地置换协议书》,2010年9月15日宏发公司支付《土地置换协议书》项下地块差价款,从而付清"府相居"项目地块全部价款,故应当认定2010年9月15日"绿源小区"项目价值14,617.2万元已全部实现并物化于宏发公司的"府相居"项目地块中,宏发公司理应自次日2010年9月16日起支付占用方明通对"绿源小区"项目投资款项及其增值收益4199.328万元的利息。方明通请求宏发公司支付自2006年4月24日"绿源小区"项目地块被依法吊销《建设用地规划许可证》之日起的利息,依据不足,不予支持。

(三)宏发公司应否赔偿定金400万元

方明通虽于2005年6月6日向宏发公司支付《联合开发建设合同书》项下定金400万元,但此后宏发公司于2005年6月22日出具《收据》,其中确认该400万元为投资款,方明通对此并无异议,可以认定400万元定金已抵作投资款,故方明通请求宏发公司依据定金罚则赔偿定金400万元,缺乏事实和法律依据,不予支持。

(四)方明通提起本案诉讼是否超过诉讼时效

从方明通的本案诉讼请求看,涉及其请求对无法履行《联合开发建设合同书》及其《备忘录》相应法律后果的处理问题。本案中,虽然"绿源小区"项目用地于2006年4月24日被依法吊销《建设用地规划许可证》,导致讼争《联合开发建设合同书》及其《备忘录》无法履行,但从宏发公司向方明通分别于2008年2月2日出具的《通知》及2010年8月20日出具的《律师通知函》内容看,双方并未就无法履行《联合开发建设合同书》及其《备忘录》的后果处理问题达成一致意见,故方明通于2011年9月6日提起本案诉讼,并未超过法定两年诉讼时效。宏发公司以2006年4月24日"绿源小区"项目用地被依法吊销《建设用地规划许可证》,以及2008年2月22日方明通对其《通知》的复函为由,抗辩主张方明通提起本案诉讼超过时效,缺乏法律依据,不予采信。

综上,方明通与宏发公司因合作"绿源小区"项目相应事项,分别于2005年6月5日及8月17日签订的《联合开发建设合同书》《备忘录》,系双方真实意思表示,内容未违反国家法律、行政法规禁止性规定,应认定有效。后因城市规划调整导致"绿源小区"项目用地被政府有关部门收储,方明通请求予以终止,宏发公司亦无异议,应予支持。宏发公司对方明通投资"绿源小区"项目的投资款及其增值收益共计4199.328万元及其自2010年9月16日起的利息应予偿还。方明通请求偿还垫付款817万元及其利息,宏发公司对此没有异议,应予支持,利息应自宏发公司取得相应款项次日起计算。方明通请求宏发公司按照定金罚则赔偿定金400万元,没有依据,不予支持。方明通提起本案诉讼未超过时效。经一审法院审判委员会讨论决定,判决:(1)终止宏发公司与方明通分别于2005年6月5日及8月17日签订的

《联合开发建设合同书》《备忘录》。(2)宏发公司应于判决生效之日起一个月内向方明通支付原‘绿源小区’项目投资款及其增值收益共计 4199.328 万元及其自 2010 年 9 月 16 日起至判决确定的还款之日止按中国人民银行同期同类贷款利率计算的利息。(3)宏发公司应于判决生效之日起一个月内向方明通返还代垫款 817 万元及其按中国人民银行同期同类贷款利率计算的利息(其中 300 万元、386 万元、120 万元三笔款项利息分别自 2005 年 6 月 8 日、7 月 9 日、12 月 3 日起算;8 万元、0.5万元、0.4 万元、2.1 万元四笔款项利息分别自 2006 年 1 月 21 日、3 月 11 日、4 月 4 日、5 月 7 日起算,每笔款项利息截止日均为判决确定的还款之日)。(4)驳回方明通其他诉讼请求。案件受理费 699,166 元,由方明通负担 399,166 元,宏发公司负担 300,000 元;诉讼保全费 5000 元,由宏发公司负担。

方明通和宏发公司均不服一审判决,向最高人民法院提起上诉。

方明通上诉称:"(一)根据双方签订的《联合开发建设合同书》及其他相关证据,足以认定方明通依约投资 1920 万元即取得‘绿源小区’项目 60% 的权益,该权益及于项目土地使用权。原判决以项目未开发建设、方明通未完成出资为由,否定其享有 60% 项目利益分配权并认定其仅享有 24% 的分配比例,无事实和法律依据。(二)原判决认定宏发公司应支付方明通项目收益款利息的起算点不当。至迟应自政府颁发新地块建设用地规划许可证并作出地价评估后起算利息,而不应从宏发公司实际补交差价款时起算。(三)政府决定置换项目用地后,宏发公司拒不召开董事会与其协商对新地块的合作开发,致使原合作合同不能履行,宏发公司依法应按定金罚则承担违约责任。故请求:1. 维持一审判决第一、三项;2. 撤销一审判决第二、四项;3. 改判宏发公司向方明通支付‘绿源小区’项目 60% 份额的投资收益 87,703,200 元(具体金额以法院重新委托评估为准)并按银行同期同类贷款利率支付利息;4. 判令宏发公司按定金罚则赔偿方明通 400 万元。"

宏发公司答辩称:"(一)方明通关于‘具体金额以法院重新委托评估为准’的上诉请求不明确,且该请求与其一审诉讼请求及庭审陈述明显相悖。(二)方明通二审补充证据《委托书》《董事会决议》和《承诺函》不属于‘新证据’。(三)根据《联合开发建设合同书》及本案证据,不能认定方明通投入 1920 万元即取得‘绿源小区’项目 60% 的权益,该权益更不可能及于项目土地使用权。从合同约定看,该 1920 万元是作为合作条件,从实际用途看,该 1920 万元并未实际用于项目本身。方明通并未按照合同约定投入项目后续建设的资金,无权按照约定享有项目 60% 收益,且案涉 14,617.2 万元为案涉土地价值而非项目价值。(四)根据双方认可,宏发公司向方明通借支的 817 万元均用于项目日常开支,故应作为宏发公司的投资款。(五)方明通先期支付的 400 万元定金已经转化为 1920 万元保证金的一部分,且宏发公司在合同履行过程中无违约行为,故方明通关于 400 万元定金应适用定金罚则由宏发公司予以返还的上诉主张无事实和法律依据。”

宏发公司上诉称:“(一)方明通支付宏发公司的1920万元无论从合同约定还是实际用途看,均应属于项目合作保证金,而非项目投资款。(二)原判决混淆了项目价值和土地使用价值。《地价评估报告书》确定的是案涉土地的价值而非该项目的价值。方明通不是该土地的物权人,不应享有土地增值收益。(三)原判决认定方明通的实际投资比例错误。而且误将土地差价等同于项目利润,未扣除税费及项目运营成本。(四)原判决认定宏发公司向方明通支付项目投资款及其增值收益的利息起算时间错误。应自宏发公司实际接收置换后的建设用地并依法取得建设用地使用权证时起算利息,而目前宏发公司尚未接收置换后的建设用地,更未取得该地的建设用地使用权证。故宏发公司无须支付上述款项的利息。”综上,请求撤销一审判决第(二)项,改判宏发公司返还方明通支付的项目合作保证金1920万元及利息。

方明通答辩称:“(一)方明通依约投入的1920万元,不是项目合作保证金,而是项目投资款,是项目作价3200万元的60%,亦系其取得项目60%份额的对价。其有权享有项目增值60%的权益。(二)案涉合同的终止是通过判决确认的,而不是宏发公司主张的2006年4月即自行终止。(三)按照合同约定,项目直接开发前的所有费用均应由宏发公司承担,因此,宏发公司无权要求方明通单方面负担置换土地的差价。宏发公司违背诚信原则要求方明通支付土地置换差价导致合同无法继续履行,存在恶意违约,应承担相应的违约责任。”

在本案二审庭审中,方明通提交了三组补充证据。(1)《承诺函》,内容为:“现因办理股权变更手续十分复杂,在未办妥股权变更之前,本人承诺:保证方明通先生能按双方于2005年6月5日签订的《联合开发建设合同书》的约定,享受合作项目60%的股权不受任何影响,若给方明通先生的股权权益造成损失的,则由本人承担全部赔偿责任。承诺人:陈清泉。时间:2005年7月8日。”(2)《福州宏发房地产有限公司章程》,第56条内容为:“投资者在‘绿源小区’(暂定名)项目上所产生的利润,方明通、许美英合占60%,陈清泉、唐肖玲、石水妹合占40%。”(3)《公证书》《董事会决议》和《承诺函》,用以证明,按照合同约定项目开发过程中所需的后续资金由方明通负责筹集,筹集的方式可以包括银行贷款、融资或者其他方式,方明通对合同约定的项目后续建设资金没有出资义务;宏发公司董事会及陈清泉本人亦均认可通过银行贷款筹集开发后续资金的方式。对上述三组证据,宏发公司的总体质证意见为,上述证据均不属于《最高人民法院关于民事诉讼证据的若干规定》第41条规定的二审程序中的“新的证据”。具体为:(1)对证据1的真实性、合法性没有异议,对关联性有异议,认为该证据仅能证明宏发公司法定代表人认可方明通在履行讼争合同约定的前提下可以享受合作项目60%的股权,不能证明方明通所支付的1920万元是取得宏发公司60%股权的对价。(2)对证据2的真实性和合法性没有异议,对关联性有异议。认为根据该章程规定,方明通应按照讼争合同约定履行合同义务后,方可享有宏发公司"绿源小区"项目合作开发的60%权益。(3)对证据3中的《公证书》真实性和合法性没有异议,对关联性有异议;对其中的《董事会决议》和《承诺函》,因仅为复印件,故对真实性、合法性和关联性均有异议。上述证据仅能证明宏发公司同意方明通在自有资金不足的情况下,自愿履行还贷及付息义务,借用公司平台向建行融资,作为其按合同约定应履行的部分出资义务,该组证据不能证明方明通对合同约定的项目后续建设资金没有出资义务。对于方明通提供的证据3中的《董事会决议》和《承诺函》,最高人民法院二审庭审中方明通未能提供原件,庭后亦未能按照要求提供原件。最高人民法院认为,根据《最高人民法院关于民事诉讼证据的若干规定》第41条规定,方明通提交的三组证据均不属于二审程序中的"新的证据"。退一步讲,从证据的证明内容看,对证据1、证据2和证据3中的公证书,虽然宏发公司对真实性和合法性表示认可,但上述证据与案涉合同约定的内容相同,不能以此证明方明通请求分享60%投资收益的主张。对证据3中的《董事会决议》和《承诺函》,方明通未能提供证据原件,宏发公司亦对两份证据的真实性、合法性和关联性提出异议,不予采信。综上,对方明通二审提交的三组补充证据,均不予采信。

最高人民法院二审查明的事实与一审法院查明的事实一致。最高人民法院二审庭审结束后,方明通向法院提交《评估申请书》,请求法院依法委托评估机构对案涉"绿源小区"项目价值进行评估。根据本案一审庭审笔录记载,方明通未在法定期限内向一审法院提出评估申请,方明通对此陈述为:"之前福州市土地发展中心有委托福州市土地矿产交易中心对讼争地块和置换地块进行评估,如果法院对这一评估结果认为需要重新委托评估和审计,那我们也同意,即我们第二项诉讼请求为请求依据福州市土地矿产交易中心对讼争土地进行评估的结果或者法院依法委托对讼争地块进行评估的结果判令宏发公司向方明通支付'绿源小区'房地产项目60%份额的投资增值收益。"最高人民法院认为,根据《最高人民法院关于民事诉讼证据的若干规定》第25条规定,当事人申请鉴定,应当在举证期限内提出。方明通在本案一审时未在法定期限内提出鉴定申请,且对相关诉讼请求明确为可以福州市土地发展中心对讼争土地进行评估的结果为依据。故原判决以福州市土地发展中心对案涉土地的评估结果为依据计算方明通应享有的项目增值收益,并无不当。方明通在二审庭审结束后又提出评估申请,并将诉讼请求变更为依据法院重新委托评估结果计算其应享有60%份额投资收益的主张,无事实和法律依据,不予支持。

最高人民法院认为,根据当事人上诉请求及答辩情况,本案的争议焦点为:(1)原判决判令宏发公司支付方明通合作项目增值收益2279.328万元及利息是否正确(包括利息应自何时起算);(2)方明通先期交付的400万元应否适用定金罚则。

(一)关于原判决判令宏发公司支付方明通合作项目增值收益2279.328万元及利息是否正确的问题

根据《联合开发建设合同书》约定,方明通的投资义务主要为先期投入1920万元及项目后续开发的全部资金。对于该笔1920万元款项,合同中并未明确为项目合作保证金,从合同约定看,其不具有担保债务履行的功能,亦非独立于方明通应履行的债务之外,而是方明通需要履行的总投资义务的一部分,因此,该笔1920万元不具有保证金的功能;而且,在2005年6月22日宏发公司给方明通出具的《收据》中,宏发公司亦明确表示,收到的1799.06万元系方明通合作项目投资款。故原判决将方明通依约支付的1920万元认定为其对“绿源小区”项目的投资款,并无不当。

《联合开发建设合同书》签订后,双方均积极履行了相应的合同义务。根据本案查明的事实,2005年6月6日至6月28日,宏发公司陆续收到方明通支付的1920万元项目投资款。2005年6月28日,案涉土地性质变更为商住楼建设用地。2005年8月10日,宏发公司取得案涉土地的《国有土地使用权证》,其间宏发公司向有关部门支付了“绿源小区”项目地块的出让金等相关费用。从上述合同实际履行看,双方已按照约定将各自的土地和资金投入合作项目中,成为共享利益、共担风险的利益共同体。宏发公司投入的土地与方明通投入的资金,因项目前期运作相互结合,成为“绿源小区”项目不可分割的组成部分。合同履行过程中,福州市人民政府因城市建设需要决定收回案涉项目土地,双方就进一步合作事宜未协商一致,导致合作行为终止。方明通作为项目合作方,有权享有合作期间合作项目形成的相应权益。由于案涉项目尚未进行施工建设,双方合作后仅将土地性质变更为商住楼建设用地,并支付了出让金、城市基础设施配套费等相关费用,故原判决将福州市土地矿产交易中心对案涉土地的评估值作为“绿源小区”项目的价值并无不当。宏发公司关于14,617.2万元为案涉土地增值收益,而非项目增值收益的主张无事实依据,不予支持。宏发公司主张,《最高人民法院关于审理涉及国有土地使用权合同纠纷案件适用法律问题的解释》第19条规定,房地产建设项目未取得建设工程规划许可证的,合作开发房地产合同的当事人请求分配房地产项目利益的,不予受理;已经受理的,驳回起诉。本案中,案涉项目尚未取得建设工程规划许可证,故方明通无权主张项目利益。最高人民法院认为,该条规定系针对已经实际建成而未取得建设工程规划许可证的违章建筑而言。本案中案涉项目尚未进行开工建设,故无该条规定的适用余地。综上,原判决认定方明通有权享有“绿源小区”项目投资收益,并以案涉地块评估价14,617.2万元作为计算依据,并无不当,予以维持。

关于方明通应享有的投资收益比例问题。双方虽在《联合开发建设合同书》中约定开发所得净利润,宏发公司和方明通分别按照40%和60%比例分成,但该利润分成系以双方按约投资到位,项目全部开发完成为预期。本案中,根据合同第1条约定,宏发公司对相应的合同义务已基本履行完毕,而方明通仅履行了部分合同义务,即支付前期的1920万元,项目开发的所有后续资金均未及投入。故方明通主张按照60%比例计算其投资增值收益,依据不足,本院不予支持。根据《联合开发建设合同书》约定,6:4为原约定股份及利润分成比例,而非投资比例,原判决以6:4作为投资比例并计算方明通应实际投资4800万元,依据不足,本院予以纠正。案涉合同因非归责于双方当事人自身原因终止,在方明通未全部出资到位的情况下,根据权利义务一致原则,以各方实际出资比例确定各自应享有的项目权益符合本案实际情况。《联合开发建设合同书》第1条约定,该项目至宏发公司办理变更土地用途为商住用地止,总价为3200万元。本案中,案涉土地性质已经变更为商住用地,故认定宏发公司出资额为3200万元符合当事人的本意。由上,宏发公司和方明通对"绿源小区"项目的投资分别为3200万元和1920万元,方明通在"绿源小区"项目中的实际投资比例为37.5%[即1920万元/(1920万元+3200万元)],其对"绿源小区"项目的权益为5481.45万元(即14,617.2万元×37.5%)。

对于利息的起算时间问题。本案实质为合作合同解除后的利益清算纠纷,故支付相应款项及利息的时间应为合同解除之日。根据已经查明的案件事实,政府行政决定置换的对象为案涉土地,双方就案涉土地进行开发建设形成的债权债务关系不能当然适用于新置换的土地,在双方未能协商一致的情况下,可以视为《合同法》第94条第5项"因不可抗力致使不能实现合同目的"的情形,双方均有权解除合同。根据《合同法》第96条的规定,当事人一方依据《合同法》第94条的规定主张解除合同的,应当通知对方。合同自通知到达对方时解除。宏发公司于2010年8月20日发出了解除合同的《律师通知函》。对于该函何时到达方明通,各方均未提供证据。但方明通主张其于2010年9月2日就该律师函进行了回函,故至迟于2010年9月2日,该解除合同的《律师通知函》已到达方明通。由上,以2010年9月2日作为合同解除时间,并以此起算宏发公司应支付方明通投资增值收益的利息为宜。原判决以宏发公司支付《土地置换协议书》项下地块差价款,从而付清"府相居"项目地块全部价款的次日作为宏发公司应支付方明通投资款及收益的利息起算时间,依据不足,最高人民法院予以纠正。

(二)关于方明通先期交付的400万元应否适用定金罚则的问题

根据双方一致认可,方明通于2005年6月6日向宏发公司支付《联合开发建设合同书》项下的400万元定金包含在1920万元中。按照方明通一审诉讼主张,该笔400万元定金已经转化为投资款并由此产生了增值收益。而且,宏发公司在2005

年6月22日出具的《收据》中确认该400万元为投资款，方明通亦未提出过异议。同时，本案中，双方解除合同的原因系不可归责于双方的事由，而非宏发公司的违约行为。综上，方明通请求宏发公司依据定金罚则赔偿定金400万元，缺乏事实和法律依据，原判决的该项认定正确，予以维持。

综上所述，最高人民法院根据《民事诉讼法》第170条第1款第2项之规定，判决如下：(1)维持福建省高级人民法院(2011)闽民初字第29号民事判决第1、3、4项；(2)变更福建省高级人民法院(2011)闽民初字第29号民事判决第2项为：福州宏发房地产有限公司应于本判决生效之日起一个月内向方明通支付"绿源小区"项目投资收益5481.45万元及利息(自2010年9月2日起至实际给付之日止，按中国人民银行同期同类贷款利率计算)。如果未按本判决指定的期间履行给付金钱义务，应当依照《民事诉讼法》第253条之规定，加倍支付迟延履行期间的债务利息。一审案件受理费699,166元，由方明通负担300,000元，福州宏发房地产有限公司负担399,166元；诉讼保全费5000元，由福州宏发房地产有限公司负担。二审案件受理费446,116元，由方明通负担200,000元，福州宏发房地产有限公司负担246,116元。本判决为终审判决。

[参见最高人民法院民事审判第一庭编：《民事审判指导与参考》(2015年第2辑)，人民法院出版社2015年版。]

025. 因国家房贷政策调整导致房地产买卖合同无法履行，当事人能否解除合同？

【审判专论】

为加强房地产市场交易、稳定房价，国务院继2010年1月7日出台《关于促进房地产市场平稳健康发展的通知》(国办发〔2010〕4号)后，紧接着于4月17日发布了《关于坚决遏制部分城市房价过快上涨的通知》(国发〔2010〕10号，以下简称"新国十条")，要求各大银行实行更为严格的差别化住房信贷政策，在首付比例、贷款成数、贷款利率、停发第三套住房贷款、提高异地购房贷款条件等方面对银行信贷政策产生较大影响。大批购房者以未能如期获得银行贷款、且不能归责于买方为由要求解除合同，出卖人返还定金或已付购房款，而出卖人则以购房人未能依约支付购房款为由，要求购房人承担违约责任等，遂引发了大量纠纷。对于此类纠纷如何处理，实践中存在四种观点。

第一种观点认为，银行房贷政策调整属于不可抗力，应当解除合同。所谓不可抗力,是指不能预见、不能避免并不能克服的客观情况。不可抗力可能导致合同不能履行、不能完全履行、迟延履行。当事人由于不可抗力的原因导致合同目的不能实现,产生的解除权是法定解除权。银行房贷政策的调整对于普通购房者来说确实属于事先无法预见且不能避免的客观事件,因为房价过高,很多购房者也无法凑足相应的购房款,事实上也属于不可克服,因此应属于不可抗力,可以解除合同。

第二种观点认为,银行房贷政策调整属于情势变更,可以解除合同。根据《最高人民法院关于适用〈中华人民共和国合同法〉若干问题的解释(二)》第26条的规定,合同成立以后客观情况发生了当事人在订立合同时无法预见的、非不可抗力造成的不属于商业风险的重大变化,继续履行合同对于一方当事人明显不公平或者不能实现合同目的,当事人请求人民法院变更或者解除合同的,人民法院应当根据公平原则,并结合案件的实际情况确定是否变更或者解除。银行房贷政策调整是购房人订立房屋买卖合同时所无法预见的不属于商业风险的重大变化,若要求继续履行合同对其明显不公平,故购房人请求解除合同,于法有据。当然,根据《最高人民法院关于当前形势下审理民商事合同纠纷案件若干问题的指导意见》(法发〔2009〕40号)的规定,法院在实践中应严格适用情势变更原则。

第三种观点认为,银行房贷政策调整属于商业风险,当事人不可据此解除合同。购房人希望通过按揭方式购买商品房,其应当预见办理贷款存在的不确定性,银行贷款政策调整并非不可抗力,属于正常的商业风险范畴,且并不直接导致合同目的无法实现。任何一方当事人都不得以商业风险给自己带来损失为由要求解除合同并免责,换言之,商业风险的自愿承受是契约程序与契约内容的应有之义。此外,由于商业风险具有投机性,当事人可能受损,也可能从中获利,所以由当事人自行承担商业风险所导致的损失是公平合理的。

第四种观点认为,在无特别约定的情况下,一般不得以贷款成数变化等政策原因为由主张解除房屋买卖合同。2006年《上海市高级人民法院宏观政策调控后房屋买卖纠纷若干问题的解答》提出,房屋买卖合同是一种标的额相对较大、与买卖双方有切身利害关系的合同。当事人在订立合同时往往对合同内容有较为全面的认识,对自身合同义务的履行及风险有着较为充分的预见。因此,作为付款义务人的购房人对合同订立后可能出现的各种履行障碍,应当有充分、合理的预见,并对可能出现的履行障碍有相应的解决方案。一般情况下,贷款成数的变化不会当然导致购房人不能继续履行合同,购房人可以通过其他途径筹措资金履行付款义务。因此,当事人在无特别约定的情况下,一般不得以贷款成数变化等政策原因为由而主张解除房屋买卖合同。但是,购房人能举证证明贷款不足或不成,确实严重影响其履约能力,房屋买卖合同事实上已不可能继续履行,且该履行障碍并非房屋购房人的信用瑕疵等个人原因所致，其主张解除买卖合同的，可以允许。

可以看出，对于因国家房贷政策调整导致房屋买卖合同无法履行，当事人能否解除合同的问题，可谓众说纷纭，各地法院的做法也不尽一致。由于此类合同涉及面广、影响大，司法实践中同案不同判现象的大量存在导致当事人无所适从，也影响到人民法院裁判的公信力和司法权威。因此，对于此类案件的处理应非常慎重，要及时统一裁判尺度，案件审理既要实现个案的权益平衡，积极引导对类似案件的规范处理，同时还要考虑国家出台的相关政策对于规范楼市的导向作用，案件处理的结果不能背离调控政策的基本宗旨和目标。因此，类似案件不应采取“一刀切”的做法，而应针对具体问题进行具体分析。如房屋买卖合同签订于国家房贷政策调整之后，购房人在订立合同时已经知悉国家对银行房贷政策的调整以及因此带来的贷款风险，其不能以无法足额获得银行贷款为由要求解除合同，因为此时能否获得银行足额贷款已经不是购房人无法预知的事项，应属于商业风险范畴，其后果应由购房人自行承担。当然，如果房屋买卖合同明确约定，购房人如无法足额获得银行贷款则当事人可行使解除权的，自然从其约定。

如果房屋买卖合同签订于国家房贷政策调整之前，当事人在订立合同时无法获悉银行房贷政策何时出台以及具体内容，要求购房人支付更高的首付款甚至不允许其购买第二套、第三套房屋并非购房人之本意，也大大超出其合理预期。若仍然要求购房人依合同约定继续履行，相当于强制购房人单方承担因政策调整带来的全部不利后果，而出卖人利益不受任何影响，甚至有所获利，则显然有失公平。此种情形可参照《最高人民法院关于审理商品房买卖合同纠纷案件适用法律若干问题的解释》第 23 条的规定，将银行房贷政策调整理解为不可归责于当事人双方的事由，允许当事人解除合同，以此实现当事人的利益平衡。

［参见金锦城、张雪洁：《梁兆泉与胡广勋房地产买卖合同纠纷上诉案——国家房贷政策调整能否作为解除合同之依据》，载《人民司法·案例》2011 年第 14 期。］

026. 在解除房地产合同所依据的解除事由不存在的情况下，当事人单方通知解除合同的行为，能否适用解除合同的异议期？

【公报案例】

杨光启诉翁元麟、温露西解除合同行为无效请求判令其继续履行房地产转让合同纠纷案

【裁判要点】

为保护交易秩序，合同的约定解除和法定解除都受异议期的约束。依据《最高人民法院关于适用〈中华人民共和国合同法〉若干问题的解释（二）》第 24 条的规定，当事人没有约定异议期间，在解除合同通知到达之日起 3 个月以后才向人民法院起诉的，人民法院不予支持。可见，当事人没有约定合同解除异议期的，异议期应视为 3 个月。但是，上述司法解释必须以合同解除的客观存在为适用前提，如果解除合同的所依据的解除事由不存在，即使当事人单方通知解除合同，其行为也是无效的。若不存在解除合同所依据的符合法律规定或合同约定的客观事由，当事人一方通知或公告解除合同的行为无效，因而不存在该解释所称"异议"和"异议期"及解释适用的问题。

原告：杨光启。

被告：翁元麟。

被告：温露西。

原告杨光启诉称：2009 年 3 月 26 日，杨光启与翁元麟、温露西夫妇签订协议书，明确约定翁元麟、温露西将其所有的位于徐州市云龙区黄山垅村的土地［徐土国用（2003）字第 07962 号］及该土地上的建筑物（面积约为 4998.38 平方米）转让给杨光启，并约定了付款方式及双方的权利义务。协议签订后，杨光启按照约定向翁元麟、温露西支付了 100 万元，并积极同第三方协调处理相关事宜，同时翁元麟、温露西也将转让标的交付给杨光启。杨光启于 2009 年 9 月 22 日将转让标的租赁给香港晟禾环保材料科技有限公司（以下简称香港晟禾公司）使用，后该公司与徐州晟禾建筑材料有限公司成立徐州晟禾星邺装饰材料市场有限公司（以下简称晟禾星邺公司）。2010 年 2 月 22 日，翁元麟、温露西却与晟禾星邺公司签订《房地产

转让合同》,将该土地及地上建筑物转让给晟禾星郦公司。香港晟禾环保材料科技有限公司作为晟禾星郦公司的股东,在明知翁元麟、温露西已将该房地产转让给杨光启的情况下,仍与翁元麟、温露西签订转让合同,具有明显的恶意,损害了杨光启的合法权益。因此,请求判令翁元麟、温路西继续履行与杨光启之间的协议书。

被告翁元麟、温路西答辩称:双方当事人2009年3月26日签订的协议书是无效协议。即便该协议书具备法律效力,翁元麟已经于2010年7月14日向杨光启发出解除合同通知书,故该合同即便有效,亦已经解除。基于上述两点理由,原告杨光启的诉请没有法律依据,请求驳回杨光启的诉讼请求。

徐州市中级人民法院一审审理查明:2009年3月26日,杨光启(乙方)与翁元麟(甲方)签订《协议书》一份,约定:“一、本协议书所转让的房地产位于江苏省徐州市云龙区黄山垅村,据该房地产项目所涉地块的国有土地使用权证[徐土国用(2003)字第07962号]记载土地使用者:翁元麟……性质:国有出让;用途:商业用地;终止日期:2043年5月27日;使用权面积:7299.4平方米。该房地产项目的地上建筑物面积约为4998.38平方米,由于原出让者——徐州市金狮房地产开发公司(以下简称金狮公司)的原因,地上建筑物未能领取房屋所有权证。由于金狮公司认为翁元麟尚欠土地转让费280万元,故该地块的国有土地使用权证在金狮公司代为办理好后被金狮公司持有,待解决好双方的争议后交换。上述情况乙方在签署本协议书时已经知晓并自愿承担签署并履行或部分履行本协议后对于受让方可能不利的法律后果。二、转让价为1500万元,付款方式:1.签订本协议后乙方付400万元给甲方,其中100万元在7日内汇入甲方指定的账户,另300万元以甲方名义按甲方与金狮公司的合同处理甲方与金狮公司的争议。2.待该房地产项目办妥房屋所有权证后,双方到房地产交易所办理过户手续(签字)以前,乙方应全部付清余款1100万元,甲方收到全部转让款后,应签字过户到乙方名下。3.因该房地产特殊复杂性,该房产在近期内无法完成交易登记,现由乙方出资以甲方名义办理改造项目,以取得房产权证进行交易登记。经双方协商,甲方给乙方3年时间办理房产权证等手续,如本协议书生效之日后3年内,因各种原因还无法进行办理交易登记手续的,乙方应付清余款1100万元,该房产的永久性使用权归乙方。甲方收到全额的转让款后应配合乙方到公证处进行公证,公证内容为:乙方对该房产有永久性使用权及其他所有权利(如拆迁、拆除等收益、权益归乙方所有)。三、甲方在收到全部转让款后,不得以任何理由推迟签字,并按规定各自交清有关税费。四、甲方责任:1.甲方应授权乙方全权代理以处理与金狮公司合同争议及办理改造项目的相关手续。2.本协议生效后,甲方不能以该房地产进行对外抵押、入股、出卖给他人等。五、乙方责任:1.乙方自愿出资,以甲方名义完成项目定点、规划、建筑等相关施工手续并承担相关费用。2.在收到甲方委托书后,出资300万元(包括在转让款中),由乙方负责处理与金狮公司的关系。如造成费用增加由乙方负责。3. 乙方应按本协议的约定支付转让款,不得以任何理由推迟付款,如超期 20 天不能支付,甲方有权解除合同,乙方所支付的相关费用归甲方所有……”翁元麟之妻温露西作为翁元麟的法定代理人亦在该合同上签字。

合同签订后,杨光启于 2009 年 3 月 31 日向翁元麟夫妇支付了 100 万元定金。同年 3 月 30 日翁元麟夫妇向杨光启出具授权委托书一份,并于次日到浙江省温州市中信公证处办理了公证,内容为:“委托人翁元麟与温露西系夫妻关系。翁元麟名下购买有坐落于徐州市云龙区东三环路西侧(金狮小区南边)的房地产。现因委托人事务繁忙,故全权委托杨光启为我们的代理人,代为处理上述房地产转让协议的争议事宜及办理相关手续。凡受托人在上述事务中签署的文件,委托人均予以认可。委托期限至上述事务办妥为止。受托人无转委托权。”杨光启在接到该授权委托书后,曾到案外人金狮公司询问相关事宜,但未向金狮公司支付协议约定的 300 万元。

上述协议签订后,杨光启即在涉案土地上对原地上建筑物进行投资改造,并于 2009 年 9 月 22 日与香港晟禾公司签订《房屋租赁协议》,由该公司租赁使用。此后,香港晟禾公司与徐州晟禾建筑材料有限公司合资成立晟禾星邺公司。

后杨光启得知翁元麟夫妇与晟禾星邺公司签约欲将涉案房地产一并转让给晟禾星邺公司,遂于 2010 年 7 月 14 日以翁元麟夫妇、晟禾星邺公司为被告起诉至一审法院,请求确认翁元麟夫妇与晟禾星邺公司之间的《房地产转让合同》无效,并要求继续履行翁元麟夫妇与自己的《协议书》。因杨光启的两项诉请涉及两个不同的法律关系,经一审法院释明,杨光启在一审中撤回了对晟禾星邺公司的起诉。

另查明,2010 年 7 月 14 日翁元麟夫妇向杨光启发出特快专递要求解除与其的《协议书》,但因杨光启不在徐州,该邮件被退回。翁元麟再次向杨光启发出解除合同通知被拒收后,遂于同年 8 月 12 日、8 月 14 日两次在《徐州日报》上发布解除合同的声明。

徐州市中级人民法院一审认为:

1. 关于双方当事人签订的房地产买卖合同的效力问题。双方当事人 2009 年 3 月 26 日订立的房地产转让合同经双方协商一致达成,系双方当事人真实意思表示。在该合同中明确约定,所转让的房地产涉及的土地使用权人为翁元麟,且该土地使用权证中载明土地性质为出让土地,用途为商用。故双方就该土地使用权的转让行为并不违反相关法律的强制性规定,亦无损害国家利益等情形。关于合同中所涉及的地上建筑物,双方在签订合同时已明确意识到地上建筑物的产权问题,并在合同中对此进行了详细约定。根据当事人的陈述,该问题并非双方当事人过错导致,而是前合约的遗留问题。翁元麟从案外人金狮公司处购得本案诉争土地时即存在地上建筑物,且无房屋产权证。本案双方当事人的买卖合同与翁元麟和金狮公司之间的买卖行为并无二致,双方的合同为房地产转让合同,并非房产转让合同。因此,地上建筑物在暂未办理好相关产权手续的情形并不能导致整个房地产转让合同无效。由于该问题不能归因于本案双方当事人任何一方,杨光启对地上建筑物的状况是明知的且无异议,其在诉讼中主张正在积极办理房屋产权手续,故对翁元麟夫妇关于本案合同为无效的主张不予支持。

2. 关于翁元麟夫妇主张本案合同已解除的问题。首先,翁元麟夫妇虽已向杨光启发出书面解除合同通知,并通过报纸公告,但合同能否解除应根据相关法规及本案查明的事实予以认定。杨光启在诉讼过程中一直坚持要求继续履行其与翁元麟签订的合同。杨光启虽在接受翁元麟夫妇委托后未及时按照合同约定向案外人金狮公司交付 300 万元款项,但该项义务并非双方当事人合同的主要义务,且双方亦未在合同中明确约定杨光启向金狮公司交付 300 万元的方式、期限及账号等。因此,杨光启在起诉前未交付该 300 万元并非不履行合同约定的主要义务,况且翁元麟夫妇也未提供任何证据证明其已催告杨光启履行该项义务。在一审诉讼期间,杨光启向一审法院提交了 1400 万元的银行存单,愿意提前支付全部合同余款,以表达继续履行合同的诚意,但翁元麟夫妇拒绝接收该款,坚持解除合同。该 1400 万元包括前述的 300 万元以及依据合同约定的土地转让余款 1100 万元。双方合同约定杨光启付清全部款项的期限为 3 年,在合同履行期未满的情况下,杨光启愿意一次性将合同余款全部付清的行为,证明了杨光启愿意继续履行合同的态度及能力,且杨光启提前交付全部合同款的行为并不会对翁元麟的利益造成损害。因此,本案不具备合同法中关于合同法定解除的情形。其次,双方合同中亦未约定单方可以行使合同解除权的情形。合同中虽有“杨光启一方如超期 20 天不能支付转让款,翁元麟有权解除合同”的约定,在合同内容对合同价款是否分期支付及分期付款期限未有约定的情况下不能理解为各期支付之期限,故该条约定中的转让款只能理解为双方约定的转让总价款,也只有合同总价款依约不能支付的情况下,双方的合同目的才不能实现。退言之,即使 20 天期限系指各期付款之期限,未及时付款的原因也在被告未作具体指示、约定不明等不能归因于原告单方的原因,因此,在本案不具备法定解除和约定解除的客观事实的情况下,翁元麟夫妇通知和公告解除合同的行为无效。翁元麟夫妇根据《最高人民法院关于适用〈中华人民共和国合同法〉若干问题的解释(二)》第 24 条的规定,认为杨光启在收到解除合同通知后 3 个月内未提出异议,合同因此解除的主张也无从谈起,故上述司法解释规定在本案中不能适用。因此,双方的合同仍为有效合同,应按合同约定履行各自的义务。在杨光启以实际行动表达愿意支付全部合同价款的情况下,翁元麟夫妇仍拒绝接收合同余款,坚持解除合同的主张,一审法院不予支持。因翁元麟和温露西系夫妻,且温露西在翁元麟与杨光启签订合同过程中作为翁元麟的代理人证明其亦不反对,因此,翁元麟、温露西夫妇应共同履行与杨光启的合同。

综上,双方当事人签订的房地产转让合同不违反法律的强制性规定,亦无损害国家利益的情形,故双方的合同为有效合同,双方均应按照合同的约定履行各自的义务。

据此,该院于2010年12月3日作出(2010)徐民初字第47号民事判决:翁元麟、温露西继续履行与杨光启签订的房地产买卖合同。

翁元麟、温露西不服一审判决,向江苏省高级人民法院提起上诉,请求撤销一审判决,改判驳回杨光启的诉讼请求或者发回重审。其主要理由是:

第一,一审法院审理程序违法,应当发回重审。一是未通知与本案处理结果有重大利害关系的晟禾星郦公司作为第三人参加诉讼;二是本案重大疑难复杂,存在涉外因素(香港晟禾公司是港资企业),还与晟禾星郦公司及地板城的广大商户有关,一审没有提交审判委员会讨论决定,系程序不合法。

第二,涉案房屋没有房产证,根据《城市房地产管理法》第38条第6项的规定,双方的房地产转让合同无效或者无法履行。

第三,杨光启未征得翁元麟夫妇同意,擅自对该房屋进行了改扩建,并将该房产出租给香港晟禾公司用于经营。徐州市规划局以杨光启的改扩建行为未经规划行政主管部门批准属于违法建设为由,向徐州市云龙区政府发出《违法建设拆除通知书》,责令拆除上述改扩建工程。由于上述改扩建项目的违法性以及涉案房地产产权状况等原因,香港晟禾公司承租涉案房地产后因无法办理地板城开业相关手续,不能正常开展经营活动,故拒付房租。为此,杨光启和香港晟禾公司发生纠纷且矛盾不断升级。鉴于上述情况,翁元麟、温露西于2010年7月14日向杨光启发出《解除合同通知书》,并于次日由快递公司送至杨光启住所。杨光启于2010年7月12日起诉,直至一审开庭日2010年10月19日前未对解除合同通知表示异议,根据《最高人民法院关于适用〈中华人民共和国合同法〉若干问题的解释(二)》第24条,3个月异议期届满后双方的房地产买卖合同关系就已解除,一审法院对解除权再作实体审查违反"不告不理"的原则。

被上诉人杨光启答辩称:一审认定事实清楚,适用法律正确,审理程序合法,判决结果适当,请求二审法院驳回上诉,维持一审判决。

江苏省高级人民法院经二审审理,确认了一审法院查明的事实,还查明以下事实:(1)金狮公司与翁元麟于2002年6月13日签订《徐州澳门山庄房地产转让协议书》,约定将徐土国用(2000)字第13967号土地使用权证记载的土地及其地上建筑物、附属设施一并转让给翁元麟。(2)杨光启与翁元麟签订《协议书》后,即对涉案土地上原地上建筑物进行改扩建计1500平方米,因未经规划行政主管部门批准,徐州市规划局曾于2009年7月17日向徐州市云龙区政府发出徐规拆(2009)54号《违法建设拆除通知书》,但至今尚未拆除。

二审中,案外人晟禾星郦公司于2011年2月21日向江苏省高级人民法院邮寄书面申请,以本案处理结果与其有法律上的利害关系为由,请求以第三人的身份加入本案诉讼。

本案二审争议焦点是:(1)翁元麟与杨光启2009年3月26日订立的《协议书》(以下简称涉案协议)是否有效;(2)如果有效,该《协议书》是否已经解除;(3)一审法院审理程序是否违法。

江苏省高级人民法院二审认为:

1. 杨光启与翁元麟2009年3月26日订立的《协议书》系双方当事人真实合意,应属有效。理由是:该协议涉及徐土国用(2003)字第07962号国有土地使用证载明的土地及其地上建筑物。该房地产前由翁元麟从案外人金狮公司处受让而来,涉案土地使用权证虽已办到翁元麟名下,土地性质为出让,但地上建筑物没有房屋所有权证,短期内无法完成房屋过户登记手续。对此事实,本案双方当事人在订立涉案协议时都明知,且认为属遗留问题。由于不确定能否办理以及何时能办理地上建筑物过户手续,双方当事人在涉案协议中约定3年为限,若缔约后3年内无法办理过户手续,则翁元麟将涉案房产的使用权及拆迁、拆除等收益权转让给杨光启。所以,涉案协议并不是确定的房地产产权买卖合同,而是包括可转换给付内容的风险协议,其内容并不违反《城市房地产管理法》第38条第6项关于未依法登记领取权属证书的房地产不得转让的规定。翁元麟、温露西以涉案协议违法为由主张无效的上诉理由不成立。

至于翁元麟、温露西提出该协议履行不能的理由,双方当事人抱有自甘承受不能过户的风险之意图缔结涉案协议,对地上建筑物不能过户之情形下的履行方式也作了专门约定。翁元麟、温露西在二审中提交的、徐州市规划局2011年3月18日给晟禾星郦公司的《关于对"申请补办原'澳门山庄'房屋规划许可的报告"的答复意见》,以及徐州市规划局的徐规拆(2009)54号《违法建设拆除通知书》,只说明城建档案馆没有涉案地上建筑物的建设工程档案,及对该地上建筑物的改扩建属于违法建设,并没有认定涉案协议所指的地上建筑物本身为违法建设。由于双方约定的3年办证期限尚未届满,杨光启在本案中也主张正在积极办理地上建筑物的产权手续,因此翁元麟、温露西以目前履行不能为由主张涉案协议无效或解除亦不能得到本院支持。

总之,涉案协议内容不违反我国法律、行政法规的强制性规定,且系双方当事人真实意思表示,因前合同原因暂无房产证并不等于今后亦不能办证,因而不影响涉案协议的效力,其中之地权转让更无别议,一审法院认定涉案协议有效并无不当。

2. 涉案协议并未解除。二审中翁元麟、温露西主张解除涉案协议的主要理由有四:一是杨光启擅自对涉案地上建筑物进行违法改扩建;二是杨光启没有按约支付300万元给金狮公司;三是杨光启擅自出租涉案房地产营利;四是杨光启在收到翁元麟、温露西的解除通知后3个月内没有提出异议。

关于第一点,涉案协议第二.3条、第四.1条及第五.1条约定,杨光启可以翁元麟、温露西的名义办理改造项目。由于涉案地上建筑物因历史原因暂无房屋所有权证,在此基础上的任何改造施工都可能产生相关责任,这点双方当事人在缔约时是明知的,况且杨光启在诉讼中也声称积极改正并承担责任,因此杨光启的改扩建行为被相关行政机关处罚不应成为翁元麟、温露西主张违约解除涉案协议的理由。

关于第二点,涉案协议没有明确杨光启向金狮公司支付300万元的期限、方式及账号等,翁元麟、温露西也未提供证据证明自己催告了杨光启履行该付款义务;况且,一审中杨光启向一审法院提交1400万元银行存单,表示愿意提前付清涉案协议全部转让款(含上述300万元),翁元麟、温露西仍拒绝接受该款,坚持解除涉案协议。因此,翁元麟、温露西以杨光启未按约履行付款义务为由主张解除涉案协议,不仅与事实不符,也与其此点诉求相矛盾,毁约且不用担责之意,了然可窥,故本院不予支持。

关于第三点,翁元麟、温露西主张涉案房地产没有交付给杨光启,杨光启强行使用并擅自出租系违约。本院认为,根据双方当事人的约定,涉案协议生效后3年内杨光启出资以翁元麟、温露西的名义办理改造项目,以取得房产证进行交易登记。若涉案房地产不交付给杨光启,则杨光启即无法办理改造及相关手续,且翁元麟、温露西与杨光启订立了全权委托协议并办理了公证,其也没有证据证明在本案诉讼前就改造使用提出过任何异议。因此,翁元麟、温露西此条理由也不能成立。

关于第四点,根据《最高人民法院关于适用〈中华人民共和国合同法〉若干问题的解释(二)》第24条规定,必须具备约定解除或法定解除的条件。如前所述,本案合同虽订有解除条款,但并未出现法定解除或约定解除的客观事由,故其单方实施的解除行为应属无效。况且,翁元麟、温露西第一次发出解除涉案协议通知之日是杨光启起诉之日(2010年7月14日),后翁元麟、温露西两度登报发布解除通知均在本案一审诉讼阶段,而杨光启在起诉状及2010年9月15日本案一审第一次开庭时都坚持要求继续履行该协议。因此,上述司法解释的规定在本案中不存在适用前提与基础,翁元麟、温露西提出涉案协议已于解除通知到达之日起3个月后解除的主张不成立。

3. 一审审理程序合法。首先,杨光启与翁元麟签订涉案协议后,再通过合同将涉案房地产出租给案外人使用。根据合同的相对性原理,案外人香港晟禾公司、晟禾星邺公司对本案没有请求权,不属于本案诉讼的当事人,其不参加本案诉讼并不影响本案合同纠纷的正确处理。况且,在一审中杨光启撤回对晟禾星邺公司的起诉后,该公司明知本案诉讼正在进行却未申请参加一审诉讼。所以,翁元麟、温露西主张一审法院未通知案外人晟禾星邺公司参加诉讼属程序违法的上诉理由不成立,晟禾星邺公司在二审中申请以第三人身份加入本案诉讼,本院依法不予准许。案外人可依据自己参与的合同关系另行诉讼主张权利。

其次,至于本案是否重大疑难、是否需要提交审判委员会讨论决定,属法院内部审判组织认定的问题。翁元麟、温露西提出一审未经审判委员会讨论、应发回重审的上诉请求没有事实依据和法律依据,二审法院不予支持。

综上所述,江苏省高级人民法院认为,翁元麟、温露西主张协议无效或已解除的上诉理由均不能成立,该协议合法有效,一审法院判定双方应按约继续履行并无不当。一审法院认定事实清楚,适用法律正确,判决结果适当,依法应予维持。依据《民事诉讼法》第153条第1款第1项之规定,于2011年4月27日作出(2011)苏民终字第0025号民事判决:驳回上诉,维持原判。

[参见《杨光启诉翁元麟、温露西解除合同行为无效请求判令其继续履行房地产转让合同纠纷案》,载《江苏省高级人民法院公报》2011年第5辑。]

027. 合同订立的一方当事人主张另一方当事人应承担相应违约责任,但未举证证明的,其诉求能否获得支持?

【典型案例】

沈阳市于洪区北陵街道包道村村民委员会等诉辽宁东川房地产开发有限公司合资合作开发房地产纠纷案

【裁判要点】

举证责任是指当事人对自己提出的主张有收集或提供证据的义务,并有运用该证据证明主张的案件事实成立或有利于自己的主张的责任,否则将承担其主张不能成立的危险。根据《民事诉讼法》中规定的“谁主张,谁举证”原则,当事人对自己提出的主张,有责任提供证据。《最高人民法院关于民事诉讼证据的若干规定》第34条也对此作出规定,当事人应当在举证期限内向人民法院提交证据材料,当事人在举证期限内不提交的，视为放弃举证权利。故而，合同订立的一方当事人主张另一方当事人未按照合同约定履行义务，构成违约，应承担相应的违约责任，应在举证期限内承担举证责任，因其对此未能举证证明，因此，其诉求不能被支持。

案号：最高人民法院（2013）民一终字第91号。

上诉人（原审原告）：沈阳市于洪区北陵街道包道村村民委员会。

被上诉人（原审被告）：辽宁东川房地产开发有限公司。

原审第三人：沈阳银亿房地产开发有限公司。

上诉人沈阳市于洪区北陵街道包道村村民委员会（以下简称包道村委会）与被上诉人辽宁东川房地产开发有限公司（以下简称东川公司）、原审第三人沈阳银亿房地产开发有限公司（以下简称沈阳银亿公司）合资合作开发房地产纠纷案，辽宁省高级人民法院于2012年9月13日作出（2009）辽民一初字第2号民事判决。包道村委会不服该判决，向本院提起上诉。本院受理后，依法组成合议庭，于2013年6月21日开庭进行了审理。本案现已审理终结。

一审法院经审理查明：2006年7月24日东川公司与宁波银亿房地产开发有限公司（以下简称宁波银亿公司）签订《沈阳包道村项目开发合作协议》，约定双方共同出资组建有限责任公司，以项目有限公司名义进行开发包道村怒江街周边约1400亩土地，宁波银亿公司出资3750万元，占公司75%的股份，东川公司出资1250万元，占公司25%的股份，东川公司负责以每亩45万元完成对农村组织的所有赔偿与补偿以及其他开发建设手续等。依此协议，宁波银亿公司、东川公司、辽宁东融（集团）投资管理有限公司（以下简称东融公司）于同年8月17日经工商部门核准，合资成立了沈阳银亿公司。

2006年9月6日，包道村委会与沈阳银亿公司、东川公司签订《土地开发协议书》（以下简称三方协议），约定沈阳银亿公司利用包道村委会委托东川公司整理的土地面积约为1400亩；三方一致确认沈阳银亿公司支付包道村委会补偿款为每亩45万元，支付给包道村委会村屯改造办公室或其指定账户，上述地价包括土地补偿费、安置补助费、青苗补偿费和地上附着物补偿等；约定本协议自三方签章并生效之日，沈阳银亿公司向包道村委会缴纳4000万元定金，包道村委会在收到该定金后4个月内完成地上物拆迁，沈阳银亿公司在3年内完成该宗全部土地的征地及购置；在包道村委会的责任中，明确包道村委会全权委托东川公司对该宗土地依法进行整合；在协议签订后4个月内完成400亩棚户区地上物拆迁，2007年8月末前完成剩余1000亩农用地地上物拆迁，包道村委会只负责出让土地，其他事项由沈阳银亿公司和东川公司共同负责。沈阳银亿公司的责任中，约定其负责办理开发建设项目的建设手续，并承担所发生的全部费用，明确第一期征地面积不低于400亩

（不含村屯改造部分），并按照拆迁进度支付征地费用等。东川公司的责任中明确东川公司按包道村委会的委托为沈阳银亿公司依法对该宗土地进行整合，使该土地的用途满足沈阳银亿公司进行商品房开发的要求，在3年内办妥该宗土地的用地手续，其中一期400亩应当在2006年11月30日前办妥用地挂牌手续，全部费用由沈阳银亿公司负担。协议还约定了违约责任。

2006年10月15日，包道村委会与东川公司签订《征地补偿合同》（以下简称双方协议），约定东川公司征用包道村委会约1500亩土地（以实际测量为准），补偿方式为货币和实物两种方式，实物补偿方式为：包道村委会为东川公司无偿提供500亩土地，由东川公司出资无偿为包道村委会建设10万平方米农民回迁楼、提供5500平方米商业用房、提供占地10亩的公交车停车场、提供占地10亩的教堂用地并按教会要求承担教堂建设、提供400平方米的社区用房、提供3000平方米的自行车车库；货币补偿方式为：（1）东川公司对征用包道村委会所有的农业用地1130亩，以每亩40万元进行货币补偿，总价款为人民币4.52亿元。（2）东川公司还承担宅基地上无产籍房屋的拆迁补偿费不超过400万元，宗地上以货币安置方式的企业拆迁补偿费不超过3000万元；同时，对付款方式进行了约定；关于包道村委会的权利和义务约定，为东川公司办理土地手续提供方便和材料，承担农民回迁楼、商业用房、社区用房的办证工本费、契税，配合东川公司办理农民回迁楼建设的优惠政策手续；东川公司的权利和义务约定，东川公司负责办理土地手续和农民回迁楼的建设手续，并承担所发生的费用，负责为农民回迁楼、商业用房、社区用房办理合法手续（土地证、房产证和契税证）；如未按期回迁或未按期办理完成上述手续，东川公司承担合同总价款日万分之二的违约金，回迁楼办理手续与一期商品楼同期办理完毕；双方共同委托市区拆迁部门对征地范围内的地上物进行拆迁，由此发生的一切费用由东川公司承担；农民宅基地地上物拆迁及建设（500亩的回迁楼）必须先于或同步于农业用地的征用的建设；就农民宅基地上建回迁房问题，双方成立联合办公室并组建联合账户，此联合账户由双方法定代表人共同签字方可使用资金；从拆迁办下发拆迁公告之日3个月内双方将农民宅基地上及部分农业用地供给500亩的地上物拆迁完毕，东川公司保证在拆迁完毕的18个月建设完成回迁楼及所有地上物，达到回迁标准，所需资金全部由东川公司承担；为弥补东川公司为包道村委会无偿提供农民回迁楼、商业网点所投资金及土地开发利用收益可能出现的亏损，在包道村委会确认后，东川公司可以与第三方共同整理土地并进行开发建设，包道村委会确认应以书面形式。违约条款中约定，未经包道村委会同意，东川公司不得将该宗土地转让第三方，如违约，东川公司向包道村委会赔偿其转让土地全部所得，同时，包道村委会有权解除本合同，即收到东川公司的所有款项包括已建成的地上物均归包道村委会所有；如东川公司在规定时间内未完成农民宅基地上的所有建设任务或未达到入住标准,或未按合同约定将其以外资形式对本地区投入开发的2000万美元调入,包道村委会有权解除本合同,所收到东川公司的所有款项包括已建成的地上物均归包道村委会所有。

2006年10月28日,辽宁省人民政府以辽政地字〔2006〕1294号文件对沈阳市人民政府作出关于沈阳市于洪区实施乡规划批次用地的批复,同意将于洪区北陵街道包道村某地33.2274公顷转为建设用地并征为国有,同时征收该村工矿用地1.3577公顷、宅基地17.6933公顷,合计52.2784公顷作为于洪区实施乡级规划建设用地。

2006年11月17日,沈阳银亿公司与沈阳市土地储备交易中心签订包道村地块拍卖预成交确认书,确认沈阳市规划和国地资源局以招标拍卖挂牌出让方式,由沈阳银亿公司拍得该宗土地751,000(实际为1126亩)平方米,嗣后签订了国有土地使用权出让合同。

2006年11月28日,包道村委会与东川公司签订一份《联合账户使用协议》,约定双方成立沈阳市包道企业管理服务有限公司(以下简称包道公司),现已注册完成,该公司主要服务于村民回迁楼项目,该公司的联合账户负责收取沈阳银亿公司支付的前期500亩土地补偿款及收取回迁增加面积款,用于支付村民回迁楼的建设和各项费用的支出及多余面积退款和货币置换款;双方具体负责人共同签字确认后,方可使用该联合账户内资金;该联合账户主要负责人包道村委会一方为金桂梅,东川公司一方为李强。

2006年12月1日,包道公司出具一份《包道企业管理服务有限公司联合账户使用细则》,明确该账户是包道村委会与东川公司为包道村回迁楼建设及收取沈阳银亿公司交纳土地补偿金、动迁补偿费的专用账户,会计由东川公司出专人负责,出纳由包道村委会出专人负责,资金用于建设回迁楼,资金来源是400亩征地补偿金中支付,不足资金由东川公司负责筹集,动迁补偿金与其他土地征用款由包道村负责收取并支配。

2006年11月10日,包道村委会出具一份《说明》,对合同未尽事宜补充如下:(1)宅基地先行动迁,不足500亩数可在动迁农用地中补足,保证沈阳银亿公司计划开工400亩用地动迁完毕,回迁楼用地拆迁同时完成;(2)回迁楼用地单独划定后,如果100亩确实不够,由包道村再补足20亩,满足东川公司规划与建设面积的要求;(3)农用地每亩5万元差价款,为东川引资、土地整合的回报,可根据沈阳银亿公司支付土地补偿款进度同期返还东川;(4)回迁楼动迁户要求一次性补偿现房时,同意东川公司用自有现房置换,后在回迁楼总面积中扣除;(5)回迁楼因动迁户原因不能按时进场开工,时间可顺延;(6)如果村动迁办动迁过程中出现补偿困难,沈阳银亿公司不能按时拨款时,东川公司要先行垫付部分款项,后在总补偿款中扣回。

2006年11月28日,包道村委会与东川公司签订《成立包道村屯改造项目办公室合作协议》,约定就开发包道村约1500亩土地,双方成立包道村屯改造项目办公室及以包道村委会名义新成立的包道公司,为一个机构两套牌子(包道公司系双方合作成立的包道村屯改造项目办公室对外运作的主体),项目办的职能是1500亩土地整合、对外招商联络、与政府协调、沟通,回迁楼规划、建设。双方的权利义务等事项中约定,东川公司负责项目运作过程中所有手续的审批及费用;享有商品房设计运作自主权,享受村屯改造优惠政策,包道公司由东川公司代为自主经营管理等。

包道村委会对上述《说明》和《成立包道村屯改造项目办公室合作协议》两份证据材料的真实性提出异议,在辽宁省沈阳市中级人民法院(以下简称沈阳中院)审理的包道村委会诉东川公司、东融公司返还联合账户资金一案审理期间,包道村委会申请对该二份证据中"包道村委会"所盖公章真伪、时间、《成立包道村屯改造项目办公室合作协议》中"刘大志"的签名是否为本人所签、二份证据中文字打印时间及纸张的生产时间进行文检鉴定,东川公司、东融公司也申请对《成立包道村屯改造项目办公室合作协议》中"刘大志"的签名是否为包道村委会指派联合账户的负责人"金桂枸"代签一并进行鉴定。经沈阳中院委托,辽宁北方司法鉴定所于2008年9月22日出具辽北文鉴定(2008)第88号司法鉴定意见书,结论为:二份证据中包道村委会的公章与样本为同一印章盖印;《成立包道村屯改造项目办公室合作协议》中"刘大志"的签名不是刘大志本人书写,是金桂枸代签;二份证据中包道村委会公章印文的盖印时间是2006年11月之后盖印,具体盖印时间难以确定;对二份证据的文字打印时间及使用纸张的具体生产时间,因不具备检验条件,不能进行检验。对该鉴定结论,东川公司、东融公司表示无异议,包道村委会提出异议后,经鉴定人员作出解释、答复后,仍表示不能接受,并申请重新鉴定。该案在沈阳中院第二次审理中,包道村委会申请证人李强(签订合同时任东川公司、东融公司总经理、股东)出庭作证:证人陈述在其任职期间对签订《说明》的事实不知情,且当时为了办理土地手续,曾有包道村委会在空白纸上盖章的情况,《说明》上的公章可能是此种情况下盖上的。东川公司、东融公司对证人证言提出异议,认为2008年1月后,李强已经离开两公司,自己开办了房地产公司,并且该房地产公司在本案中曾为包道村委会提供担保。

2008年4月2日,沈阳银亿公司出具一份《情况说明》称:"该回迁楼用地因客观原因被一并摘至我公司名下,该回迁楼项目不在我公司承建范围内,此前东川公司虽多次申请我公司出具授权手续等,因未见到该回迁楼由东川公司承建的相关有效文件,故我公司认为没有为东川公司出具相关授权委托手续的义务,而且土地原所有人包道村委会也要求我公司在没有村民委员会同意的情况下,不得为其他公司出具相关手续。我公司暂不便为东川公司提供办理该回迁楼施工手续的授权委托书。”

2007 年 10 月 12 日,东川公司向包道村委会出具公函,主要内容为:鉴于东川公司对回迁楼的相关规划和设计方案已经基本得到市规划局的认可,请村委会安排时间尽快与东川公司对该规划和设计方案进行研讨,以便进一步落实。现由于该土地尚未动迁,村民的直接干预,致使东川公司施工队伍施工受阻,故请村委会采取相应措施或提供切实的解决方案,以免进一步影响回迁楼的建设。现东川公司已经组织好了进场施工队伍和该工程的项目部,随时可以进场施工,请村委会安排专人以配合东川公司进场实施建设工作,并落实临时用水和用电问题。关于回迁楼住宅的户型、门市房的安置等问题,请提出意见建议,关于新建教堂请村委会提供相关手续。由于未动迁村民的干扰,东川公司无法按照约定时间进场施工,所以回迁楼交付使用期限需要相应顺延,如问题得不到解决,时间不得不继续推迟。

2007 年 11 月 19 日,包道村委会向东川公司发出通知函,通知内容为:由于东川公司在合同履行过程中,未按照合同约定时间办理农民回迁楼的建设手续及相关合法手续,而且擅自挪用大量资金,从即日起决定将联合账户的营业执照正、副本,企业代码证正、副本,税务登记证正、副本,银行开户许可证,公司的印章,法人印鉴章,交由包道村委会统一管理。在此之前以上材料和印章东川公司保管期间,产生的一切法律后果由东川公司负责,如不交回,东川公司承担一切法律责任。收回上述材料和印章后,产生的一切法律责任由包道村委会负责。

2007 年 11 月 26 日,包道村委会委托辽宁良友律师事务所向东川公司发出解除合同通知函,称东川公司未按照合同约定时间办理农民回迁楼的建设手续及相关合法手续,未按合同约定时间开工建设回迁楼和所有地上物,构成严重违约,合同目的不能实现,解除《土地开发协议》和《征地补偿合同》。

2008 年 5 月 13 日,东川公司向包道村委会发出公函,称 2006 年年底至今,东川公司从联合账户支出资金用于回迁楼建设(包括已经垫付大量的动迁费用及办理相关政府审批手续等),现东川公司正全力办理回迁楼相关手续,并为回迁楼及时开工建设做必要的准备工作,但由于包道村委会称回迁楼土地包含于沈阳银亿所摘得土地范围之内,而沈阳银亿公司作为包道村委会认为的该回迁楼土地的使用权人,虽经东川公司多次请求其为代建村民回迁楼项目出具必要的文件时,均被以村委会不同意为由拒绝,致使回迁楼项目无法正常进行。另该回迁楼依照合同约定不包含于沈阳银亿摘牌的土地范围内,也就是说,该 500 亩土地是包道村委会为东川公司无偿提供的,所以该问题的最终解决还是应由村委会依合同约定向东川公司提供500亩不包含于沈阳银亿摘牌土地范围内的土地,以期不更多地贻误回迁楼的建设。

2008年5月13日,东川公司委托辽宁盛恒律师事务所向包道村委会发出律师函,该函主要内容同东川公司向包道村委会发出的公函基本一致。

一审法院另查明:(1)按双方协议的约定,应由包道村委会无偿提供给东川公司的500亩建农民回迁楼等项目用地,一并由沈阳银亿公司以出让方式取得国有土地使用权。对该500亩中的400亩,因沈阳银亿公司要求利用,经与包道村委会、东川公司协商,也按每亩45万元予以补偿,折款为1.8亿元,此款系东川公司为包道村委会建农民回迁楼的专项资金,存入联合账户。原建农民回迁楼等项目的所用土地由500亩变为100亩,加上包道村委会承诺另补足的20亩,总计120亩,原约定中的400亩变为补偿折价款1.8亿元,用于建房资金。(2)由于建设农民回迁楼的地块包含在沈阳银亿公司摘牌取得的土地使用权范围内,东川公司若实施开发建设,一方面为法律禁止,另一方面即使可以进行仍需重新办理手续,所需费用很高,对此,双方均无异议。双方均表示征地补偿合同中约定的农民回迁楼土地因客观原因无法分割,合同已不能继续履行。本案争议的回迁楼已经以沈阳银亿公司名义,由包道村委会自行组织建设完毕,双方对此均表示认可。(3)就沈阳银亿公司转给包道村委会联名账户中的土地补偿费,东川公司从2006年9月20日、11月28日、12月20日、2007年1月28日、3月23日、5月10日,共转用8240万元,东融公司于2007年1月18日、2月14日共转用1500万元,并于2007年1月19日、1月26日、4月29日东融公司将该款项转给东川公司。至2007年10月30日,东川公司分七次转回联合账户共计4300万元,尚欠5440万元(含东融公司转用并付给东川公司的1500万元)。据沈阳银亿公司向一审法院提供的代理意见载明,截至2008年1月30日,沈阳银亿公司共向包道村支付土地征地补偿款5.1亿元。针对此节事实,一审法院要求包道村委会限期向法院提供联合账户资金进出明细,以确定东川公司支付和占用款项的详细情况,是否因此导致资金缺乏致使村民无法回迁,而包道村委会未在规定的举证期限内向法院提交该账户资金进出明细,也未提出充分的证据证明东川公司占用资金并导致无法回迁二者具有因果关系的其他有效证据。(4)2008年5月15日,包道村委会向沈阳中院起诉东川公司、东融公司,要求东川公司返还占用专项资金3940万元及利息,东川公司及东融公司共同返还专项资金1500万元及利息。辽宁省高级人民法院(以下简称辽宁高院)于2012年2月24日作出(2011)辽民一终字第93号民事判决认为,东川公司提供的落款日期为2006年11月10日的《说明》,虽由村委会加盖公章,但没有村民会议讨论通过的决议及村民代表的签名。根据2010年颁布的《村民委员会组织法》的相关规定,约定的每亩5万元的回报款数额巨大,涉及全体村民的利益,应当认定为必须经过村民会议讨论决定的事项，未经村民会议讨论同意，违反了法律的强制性规定，该《说明》无效。据此判决：(1)撤销沈阳中院(2010)沈民二初字第22号民事判决第二项、第三项；(2)变更沈阳中院(2010)沈民二初字第22号民事判决第一项为：解除包道村委会与东川公司订立的《征地补偿合同》《联合账户使用协议》《成立包道村屯改造项目办公室合作协议》；(3)包道村委会加盖公章的《说明》无效；(4)东川公司返还包道村委会5440万元及利息，利息从2007年10月1日起至款项实际付清之日止，按照中国人民银行公布的同期贷款利率计算；(5)包道村委会给付东川公司以房屋折抵的拆迁补偿款6,734,402元；(6)驳回双方当事人其他诉讼请求。

包道村委会起诉称，包道村委会受沈阳市于洪区北陵街道办事处(以下简称北陵街道办)委托于2006年10月15日与东川公司签订了双方协议，约定东川公司为包道村委会建10万平方米回迁楼、5500平方米商业用房、10亩公交车停车场等；负责办理土地手续和回迁楼手续，并承担所发生的费用。存入共同账户1.5亿元作为村屯改造资金，专款专用。同时约定货币补偿为人民币4.52亿元。如果未按期回迁或未按期办理各种手续，东川公司应承担合同总价款的日万分之二的违约金。包道村委会履行了合同义务，东川公司却于2006年9月20日至2007年5月10日挪用回迁安置款达9740万元，使村民无法回迁，包道村委会为此代付房屋租金11,997,152元，依《安置协议》约定应当双倍赔付村民的安置补偿费共计38,629,456元。东川公司的行为严重侵害了包道村委会的权益。请求法院依据双方合同的约定及包道村委会实际损失判令东川公司承担违约金65,770,544元并赔偿损失38,629,456元。

东川公司答辩称，东川公司不存在违约。本案实际履行的是三方协议，包道村委会诉请所依据的双方协议的大部分内容都被三方协议所变更，三方协议在履行中也发生过多次变更，包道村委会以双方协议为依据起诉和计算违约金错误。回迁楼未按期回迁责任完全在包道村委会自身。包道村委会没有提供用来建设的土地，土地被沈阳银亿公司一并摘牌，摘牌后包道村委会要求沈阳银亿公司不给东川公司办手续，再加上有钉子户没有迁走，无法进行回迁楼建设。包道村委会称东川公司挪用款项9740万元，造成无法按时回迁，这不是事实，也不是不能按时回迁的主要原因，实际上东川公司是取回自己的整合土地回报款每亩5万元，不影响回迁楼的建设。东川公司为了履行三方协议不但完成了整合土地招商引资的义务还为回迁楼做了大量的准备工作，完成了合同约定的义务。包道村委会既要求东川公司承担违约金还要求东川公司承担实际损失，却没有提交足够的证据证明其损失。请求驳回包道村委会的诉讼请求。

沈阳银亿公司述称，本案处理结果与沈阳银亿公司没有法律上的利害关系，此案与沈阳银亿公司无关。

一审法院经审理认为,本案争议的焦点为:(1)村民回迁楼没有按时建成,村民没有按时回迁,东川公司应否承担违约责任;(2)村民未按时回迁是否与东川公司挪用回迁安置款具有因果关系,包道村委会主张的损失是否存在,东川公司应否对此赔偿损失。

针对本案焦点问题,首先涉及三方协议和双方协议的效力问题。根据协议记载时间,三方协议签订在前,双方协议签订在后,协议均为当事人真实意思表示,均应认定有效。关于协议真实签订时间和约定内容是否一致的问题,东川公司主张签订时间存在笔误,认为三方协议在后,应以此份协议为主要依据确定双方权利义务关系,但并未提出充分证据和理由,不予采信。但在协议和合同的实际履行过程中,因客观事实的变化发生了变更,未完全按照三方协议来履行,也未完全按照双方协议来履行。2006 年 11 月 17 日,沈阳银亿公司摘得土地,2006 年 11 月 28 日包道村委会与东川公司签订协议,成立包道村屯改造项目办公室并确立联合账户使用协议,包道村委会已经接受并认可沈阳银亿公司为实际投资与开发一方,从上述事实可以看出,双方更多的是在履行三方协议。双方协议约定的部分义务主体虽为东川公司,但依据之前签订的三方协议,部分约定义务的实际履行方实际为沈阳银亿公司。

关于村民回迁楼没有按时建成,村民没有按时回迁,东川公司应否承担违约责任的问题。依据双方协议约定,东川公司履行合同的前提条件是包道村委会无偿提供给东川公司土地,由东川公司建回迁楼及其他设施,办理相关手续等事项。如居民未按期回迁或东川公司未按期办理完毕相关手续,则东川公司应承担合同总价款日万分之二的违约金。但该土地已经被沈阳银亿公司一并摘牌取得,东川公司并未取得双方合同约定的土地。虽然东川公司多次向沈阳银亿公司申请开发授权手续,但没有取得其许可,且包道村委会也不同意沈阳银亿公司出具相关授权手续。在此情况下,东川公司继续履行合同的客观条件已经发生变化,其无法得到该土地的开发建设权,也就无法履行合同约定的各项义务,故不能认定东川公司违约。

关于东川公司是否按期办理完相关手续,对此东川公司是否存在违约的问题,涉及本案主要争议的是回迁楼建设手续。由以上关于协议效力和实际履行情况可知,包道村委会向东川公司无偿提供土地因客观情况没有实现,东川公司又未实际取得土地建设权,东川公司以此抗辩不能履行建回迁楼的义务并无不当。而办理回迁楼建设的手续应当视为是建设回迁楼的一项附随义务,在东川公司客观上不能建设回迁楼的情况下,当然无法也无须办理相关的建设回迁楼的手续,对此包道村委会虽提起诉讼,但并未举出充分证据证明东川公司应予完成何种回迁楼手续的办理。而办理建设回迁楼的手续又需要经过包道村委会和沈阳银亿公司的配合,如不给予配合,东川公司客观上已经无法履行。亦即手续虽未办理完成,包道村委会在提供土地和给予配合方面具有不可推卸的责任,包道村委会未举出充分证据证明未按期回迁或未按期办理完成上述手续应归咎于东川公司一方,故要求东川公司承担违约责任缺乏依据。

关于本案东川公司挪用回迁安置款是否导致村民无法回迁,东川公司是否应当为此赔偿损失的问题。本案中包道村委会提交了其受到损失的证据,即双倍赔偿村民安置补偿费所依据的《安置协议》,该部分证据数量较多,包道村委会拒绝东川公司将此部分证据复印,东川公司则提出证据数量较多如不复印无法当庭质证。对此该院经过多次开庭并进行释明,要求包道村委会限期向法院而非东川公司提交该部分证据的复印件,以供质证和核对,对此包道村委会均以证据数量较多不便复印以及涉及商业秘密为由怠于提供上述证据,并在该院限定的期限内未提交上述证据的复印件以供质证。根据《最高人民法院关于民事诉讼证据的若干规定》第34条第1款的规定,包道村委会未向法庭提交证据且提出的理由不充分,不予采纳,视为其放弃举证权利。

关于本案东川公司挪用回迁安置款是否会影响回迁的问题。截至2008年1月30日,沈阳银亿公司共向包道村支付征地补偿款5.1亿元,远超建设回迁楼所需的资金额。该院要求包道村委会限期向法院提供联合账户资金进出明细,以确定东川公司支付和占用款项的详细情况,是否因此导致资金缺乏致使村民无法回迁,而包道村委会未在规定的举证期限内向该院提交该账户资金进出明细,也未提出充分的证据证明东川公司占用资金并导致无法回迁二者具有因果关系的其他有效证据,故包道村委会的该项诉讼请求证据不足,不予支持。一审法院经该院审判委员会讨论决定,判决:驳回包道村委会的诉讼请求。案件受理费563,800元,由包道村委会负担。

包道村委会不服一审判决,向最高人民法院提起上诉。

包道村委会上诉称,一审法院对包道村委会的诉讼请求没有全面审理,而是片面强调东川公司的行为是否给包道村委会造成经济损失;一审判决认为东川公司挪用资金的行为没有影响村民回迁安置是不正确的;协议约定回迁楼的建设主体是东川公司,一审判决以第三人沈阳银亿公司不同意出具开发手续为由,认为东川公司不构成违约错误;本案能够证明包道村委会损失的安置协议,由政府部门管理,包道村委会多次申请一审法院调取证据,一审法院均未予以调取,而以包道村委会举证不能为由驳回诉讼请求。东川公司未按协议约定按期办理回迁楼建设手续、未按期完成回迁楼建设以及挪用回迁楼建设资金的行为已构成违约,给包道村委会造成巨大损失。故请求撤销一审判决,改判支持包道村委会一审诉讼请求,本案诉讼费用由东川公司承担。

东川公司答辩称,一审判决不存在对包道村委会的违约金主张未予审理的问题,而是认为包道村委会的请求不能成立。包道村委会拒不提供因违约造成损失的证据,一审判决认定其放弃举证权利,事实清楚,法律依据充分。东川公司依照双方约定按时支取回迁楼建设资金合法,包道村委会阻挠并抢占回迁楼用地后,东川公司已经将款项悉数转回联合账户。包道村委会违约在先,造成东川公司无地、无款建设回迁楼。本案一审判决认定事实清楚,适用法律正确。请求驳回包道村委会的上诉请求,维持原判。

沈阳银亿公司述称,本案双方当事人均未向沈阳银亿公司主张权利,一审判决认定与沈阳银亿公司没有利害关系,沈阳银亿公司已经按照与包道村委会和东川公司三方签订的协议约定,实际履行了合同义务,包道村委会与东川公司之间协议是否有效、是否实际履行等,均与沈阳银亿公司无关。

法院二审查明:双方协议中还约定,东川公司因自身原因不能通过摘牌取得本合同项下宗地的使用权,包道村委会有权解除本合同,包道村委会收到的东川公司所有款项包括已建成的地上物均归包道村委会所有;出现一方违约使本合同终止履行时,其他所签的系列合同全部废止。

2006 年 10 月 11 日辽宁省沈阳市规划和国土资源管理局(以下简称沈阳市国土局)与沈阳市于洪区人民政府(以下简称于洪区政府)签订《征地拆迁补偿包干协议》,主要内容为沈阳市国土局将于洪区包道地区约 1500 亩土地的征地拆迁工作委托于洪区政府进行,实行征地拆迁补偿总包干,费用单价按照征地拆迁土地面积 45 万元/亩,土地面积按照约 1500 亩计算,总计约 6.75 亿元,由于洪区政府包干使用,超支不补,结余归己;征地拆迁补偿费由竞得人直接支付给于洪区政府;征地拆迁力争在 2006 年 12 月 31 日前完成,并由于洪区政府将土地交付竞得人。2006 年 10 月 12 日于洪区政府与北陵街道办签订《征地拆迁补偿包干协议》,主要内容为于洪区政府将上述其与沈阳市国土局包干协议约定事项转委托给北陵街道办,约定具体内容与上述协议一致。2006 年 10 月 13 日北陵街道办与包道村委会签订《征地拆迁补偿包干协议》,主要内容为北陵街道办将上述其与于洪区政府包干协议约定事项转委托给包道村委会,约定具体内容与上述协议基本一致,但约定征地拆迁涉及土地亩数为约 1700 亩,单价不变,总价约为 7.65 亿元,拆迁完成时间为力争 2006 年 10 月 31 日前完成。

东川公司分别于 2006 年 9 月 20 日、2006 年 11 月 28 日、2007 年 1 月 28 日从包道公司转账 1000 万元、2000 万元、600 万元,上述款项收据载明的用途为"收款"。东川公司于 2006 年 12 月 20 日从包道公司转账 1000 万元,该款项收据载明用途为"借款",收据下方有李强和金桂枸的签名,注明用途为"拟交回迁楼出让金"。东川公司于 2007 年 3 月 23 日从包道公司转账 3000 万元,该款项收据载明用途为"借款”,收据下方有李强签名,注明用途为“准备用于交配套费”。东川公司于2007年3月23日从包道公司转账340万元,该款项收据载明用途为“转款”,收据下方有李强和金桂栒的签名,注明用途为“为村里办事暂借款,后由村支付”。东川公司于2007年5月10日从包道公司转账300万元,该款项收据载明用途为“借款”,收据下方有李强和金桂栒的签名,注明用途为“办理回迁楼的前期手续费等”。东融公司于2007年1月18日从包道公司转账1000万元,该款项收据载明用途为“转款”,收据下方有李强和金桂栒的签名,注明用途为“交回迁楼出让金”。东融公司于2007年2月14日从包道公司转账500万元,该款项收据载明用途为“转款”,收据下方有李强和金桂栒的签名,注明用途为“东融借款解抵押”。

就回迁楼占用土地拆迁完成的时间,包道村委会在二审庭审中主张为2007年4月,对此东川公司不予认可,认为根据双方另案庭审笔录记载,直至2008年7月拆迁工作仍未彻底完成。

另查明,东融公司系东川公司股东。包道村委会诉东川公司、东融公司返还占用专项资金及利息一案,沈阳中院于2009年4月27日作出(2008)沈中民二初字第107号民事判决。东川公司、东融公司不服,上诉至辽宁高院。辽宁高院于2009年12月4日作出(2009)辽民一终字第155号民事裁定,撤销一审判决,发回沈阳中院重审。沈阳中院重审后于2011年3月14日作出(2010)沈民二初字第22号民事判决。包道村委会、东川公司不服,上诉至辽宁高院。辽宁高院于2012年2月24日作出(2011)辽民一终字第93号民事判决。东川公司不服,向最高人民法院申请再审。最高人民法院经审查后,已指令辽宁高院再审。

最高人民法院二审中,包道村委会提交512份房屋拆迁补偿安置协议原件作为证明其因东川公司违约遭受损失的证据。包道村委会提出,因拆迁补偿安置问题,涉及众多村民切身利益,故不能将协议原件提交法院,亦不允许东川公司对协议进行复印、摘抄,仅同意双方当面进行质证;东川公司则主张,因拆迁协议数量大,补偿的真实性亦需逐一核对,故在不允许其复印、摘抄的情况下,无法发表质证意见。

二审查明的其他案件事实与一审法院查明的案件事实一致。最高人民法院认为,本案的争议焦点为:(1)东川公司是否应当对包道村委会承担违约责任;(2)包道村委会主张的违约金和损失赔偿请求是否成立。

(一)关于东川公司是否应当对包道村委会承担违约责任的问题

1.本案合同关系的认定

本案三方协议及双方协议均为当事人真实意思的表示,亦未违反法律、行政法规的强制性规定,均为合法有效。两份协议的具体内容和当事人不同,并不能互相覆盖、相互取代,因此,不同当事人之间、不同事项上的约定均具有法律约束力,相同当事人之间、相同事项上的不同约定应以签订在后的协议变更签订在前的协议为基本原则,并结合具体履行情况来理解和分析协议的关系和内容。本院认为,本案双方当事人争议的焦点是回迁楼的建设问题。签订在前的三方协议中,未涉及回迁楼的建设问题。签订在后的双方协议中约定了东川公司和包道村委会在回迁楼建设上的权利义务。因此,无论从协议签订的时间上还是内容上看,案涉回迁楼建设的相关权利义务,应主要依据双方协议确定。

就回迁楼建设用地使用权的实际取得状况与双方协议约定不符的问题,本院认为,从合同履行情况看,对于沈阳银亿公司实际取得回迁楼建设用地使用权的事实,各方当事人均予以认可,而未提出异议,对于此后各方当事人是否以及怎样继续履行双方协议约定的回迁楼建设事项,没有书面证据予以证明,而仅能从合同实际履行变更的角度予以分析:首先,在沈阳银亿公司于 2006 年 11 月通过拍卖取得回迁楼建设用地使用权后,东川公司仍然通过从包道公司转款用于办理回迁楼相关手续、向沈阳银亿公司申请出具授权手续用于办理回迁楼建设手续,而且东川公司亦举证证明其为履行建设回迁楼义务进行了前期工作,故在上述合同实际变更后,东川公司对其继续负有办理回迁楼建设手续和建设回迁楼等合同义务予以认可。其次,根据双方协议第 5 条第 8 项的约定,东川公司因自身原因不能通过摘牌取得合同项下宗地使用权的情况下,包道村委会有权解除合同,并有权取得东川公司已经交付的款项和已经建设的地上物。但在沈阳银亿公司实际取得回迁楼建设用地使用权后,包道村委会并未因此向东川公司主张行使合同解除权,而且从本案诉讼起因和包道村委会的诉讼请求看,其对合同实际变更后,东川公司继续负有办理回迁楼建设手续和建设回迁楼等合同义务亦持肯定观点。最后,沈阳银亿公司虽认可回迁楼建设用地使用权被其一并取得的事实,但认为回迁楼建设与其无关,对此东川公司与包道村委会均未提出异议,但由于回迁楼建设手续的办理,客观上必然需要沈阳银亿公司予以配合,对此,沈阳银亿公司未提出异议,故应当认为,合同的实际变更增加了沈阳银亿公司配合办理回迁楼相关建设手续的义务。综上,最高人民法院认为,本案合同的实际履行变更,并未免除东川公司办理回迁楼建设手续以及建设回迁楼等合同义务,仅是就合同的具体履行方式进行了变更。

2. 东川公司是否构成违约

首先,东川公司是否未按期办理回迁楼建设手续构成违约的问题。按照双方协议第 4 条第 1 项的约定,东川公司负责办理土地手续和农民回迁楼的建设手续,并承担所发生的费用,回迁楼办理手续与一期商品楼同期办理完毕。因此,回迁楼建设手续应于何时办理完毕,是认定东川公司是否构成违约的关键。包道村委会主张东川公司未按合同约定的期限及时办理回迁楼建设手续,应就回迁楼建设手续的办理期限承担相应的举证责任,但其对此未举证证明,应就此承担相应的不利后果。

其次,东川公司是否未按期建成回迁楼构成违约的问题。根据双方协议第5条第5项的约定,从拆迁办下发拆迁公告之日3个月内,包道村委会和东川公司将500亩土地地上物拆迁完毕,东川公司保证在拆迁完毕的18个月内建设完成回迁楼及所有地上物并达到回迁标准。因此,回迁楼建设应于何时完成,是认定东川公司是否构成违约的前提。按照上述约定,该时间点的确定,需要依赖于回迁楼占用土地拆迁完成时间的确认。包道村委会主张东川公司未按合同约定的期限完成回迁楼建设,应就回迁楼建设期限承担相应的举证责任。其虽在二审庭审中陈述拆迁工作于2007年4月完成,但未就此提供充分证据证明,东川公司对此不予认可,并提交双方另案庭审笔录,证明直至2008年7月,拆迁工作仍未彻底完成。本院认为,即使按照包道村委会主张的拆迁工作完成时间,依照双方协议的约定,回迁楼建设完成期限应为2008年10月,而包道村委会于2007年11月26日即通知东川公司解除协议,并不再配合办理相关建设手续。故虽然东川公司未能实际完成建设回迁楼,但不能以此作为判断其是否构成违约的事实依据。

最后,东川公司是否挪用建设回迁楼的专项资金构成违约的问题。本院认为,按照双方联合账户使用协议和细则的约定,联合账户资金的使用系由双方当事人共同掌控,因此,东川公司从联合账户支取资金的行为,应认为已经受到包道村委会的监管或得到其同意,不应视为违约。退一步看,即使东川公司在支取上述费用时存在不符合双方协议约定的资金使用规定问题,包道村委会对此亦负有责任。而且,根据包道村委会提交的专用收款收据显示,东川公司从包道公司转走的款项中,确有4300万元载明用于交纳回迁楼土地出让金、配套费、办理前期手续等费用,该数额与东川公司转回的款项数额一致,东川公司在未能办理回迁楼建设手续的情况下,已经将相关费用转回,不能因此认定东川公司违约;就东川公司尚未转回的款项,由于包道村委会起诉要求东川公司、东融公司退还该款项及利息的另案尚未审结,对东川公司是否有权取得该款项二审法院不做认定,但依据现有证据,东川公司取得该款项时所依据《说明》的真实性应予确认,故不能因此认为东川公司转出该款项的行为构成违约。

综上,最高人民法院认为,包道村委会主张东川公司未按照协议约定期限办理回迁楼建设手续、完成回迁楼建设,但就该手续的办理期限和回迁楼的建设期限问题,均未举证证明。而且,即使按照包道村委会自述的拆迁完成时间计算,其在未与东川公司协商亦未进行催告的情况下,于合同约定的回迁楼建设完成期限届满前近一年时,即通知解除协议,亦属不当。虽然东川公司确实从联合账户支取了相应资金,但现有证据不能证明东川公司的支取行为违反了双方协议及联合账户使用协议的规定,且包道村委会作为联合账户的共管方,对资金的支取使用亦负有相应责任。故对包道村委会依据以上理由,认为东川公司构成违约的主张,本院不予采信。

(二)关于包道村委会主张的违约金和损失赔偿请求是否成立的问题

最高人民法院认为,由于不能认定东川公司构成违约,故包道村委会基于东川公司违约而提出的违约金和损失赔偿请求不能成立,均不予支持。

综上所述,一审判决认定事实基本清楚,适用法律正确。根据《民事诉讼法》第170条第1款第1项之规定,判决如下:驳回上诉,维持原判。二审案件受理费563,800元,由沈阳市于洪区北陵街道包道村村民委员会负担。本判决为终审判决。

[参见最高人民法院民事审判第一庭编:《民事审判指导与参考》(2014年第2辑),人民法院出版社2014年版。]

028. 当事人合作开发房地产,对办公部分的收益分配标准未作约定,一方当事人主张按照对住宅部分的约定进行处理,法院是否应予以支持?

【典型案例】

青海金达物资有限公司与平安县新华书店房地产开发经营合同纠纷案

【裁判要点】

根据《合同法》第125条的规定,当事人对合同条款的理解有争议的,应当按照合同所使用的词句、合同的有关条款、合同的目的、交易习惯以及诚实信用原则,确定该条款的真实意思。当事人合作开发房地产,对办公部分的收益分配标准未作约定,如产生争议,应当综合考虑多方面因素,包括合同的其他条款。当事人对住宅部分的收益分配标准进行了约定,但根据合同相对性原则,这一约定仅能够对住宅部分产生效力,不能直接适用于办公部分。因此,当事人合作开发房地产,对办公部分的收益分配标准未做约定,一方当事人主张按照对住宅部分的约定进行处理,法院不应予以支持。

案号:青海省高级人民法院(2008)青民再字第30号。

申请再审人(一审被告、二审上诉人):青海金达物资有限公司。

被申请人(一审原告、二审被上诉人):平安县新华书店。

原审第三人:井国财,平安县国财电器部业主。

申请再审人青海金达物资有限公司(以下简称金达公司)与被申请人平安县新华书店(以下简称新华书店)房地产开发经营合同纠纷一案,不服海东地区中级人民法院(2008)东民一终字第37号民事判决,向青海省高级人民法院申请再审。青海省高级人民法院于2008年10月16日作出(2008)青民申字第27号民事裁定,提审本案。本案现已审理终结。

2007年8月23日,一审原告新华书店起诉至平安县人民法院称,2002年11月新华书店与平安县金达物资房地产开发有限责任公司(青海金达物资有限公司的前身)商定共同开发新华书店住宅综合楼。2005年8月16日双方签订《协议书》,约定该综合楼第一层从东向西第2、3、4间及从南向北第1、4间铺面房归新华书店所有。2006年11月综合楼竣工验收,但被告不按约定交付房屋,且被告将其中的一间房屋出售给他人,给原告造成了巨大的经济损失,请求被告立即交付原告的铺面房5间。金达公司(一审被告)辩称,其未交付原告房屋是因双方于2005年8月16日签订协议时已约定。现第一、二层房屋的实际面积比协议中的面积扩大了,现原告拒付超面积工程款,且双方未经结算,原告只要支付超面积工程款,其同意交付房屋。井国财(一审第三人)述称,其是从被告处购得住宅综合楼第一层从东向西第4间铺面房,并已付清了房价款216,000元,事后才得知该房屋属原告所有,现同意返还房屋,但要求被告退付房款并赔偿损失。

平安县人民法院一审查明,2002年11月,原告新华书店与被告金达公司经协商约定共同开发新华书店住宅综合楼。2005年4月青海恒兴工程设计有限责任公司向被告提供新华书店住宅综合楼设计图纸。同年8月16日,原、被告签订《协议书》,约定:"一、新华书店住宅综合楼由金达公司开发利用。该楼第一层铺面房从东向西第2、3、4间及从南向北第1、4间和第二层营业厅归新华书店所有,第一层剩余铺面房及第三、四、五、六层房屋归金达公司所有;二、房屋产权双方各自办理;……四、本协议所不能包括的签补充协议,第一、二层门店的面积按实际面积待定。"双方按设计图纸修建新华书店住宅综合楼工程。2006年10月工程竣工验收。同年9月6日金达公司与井国财签订《购房合同》,约定"金达公司将新华书店住宅综合楼第一层从西向东第四间(含楼道)铺面房出卖给井国财,房价为216,000元(3600元/平方米)。"同年9月、11月井国财向金达公司支付房款216,000元,金达公司将该房屋交付给井国财使用。井国财在购房前从新华书店处已得知其购买的房屋属争议房屋。庭审中,双方协商将第一层铺面从南向北第1间(归原告所有)与同方向第5间(归被告所有、已交付)相互兑换。庭审中,经法院主持调解,双方当事人自愿达成协议,后新华书店反悔。

平安县人民法院一审认为,原、被告关于开发新华书店住宅综合楼所订立的协议,是双方真实意思表示,协议内容不违反法律的强制性规定,属有效合同。双方应按约履行义务。被告开发的房屋竣工验收后,被告不按约定向原告交付房屋属违约行为,故原告要求被告交付房屋的诉求,予以支持。原、被告自愿表示兑换房屋的意见,予以尊重。被告提出原告房屋超面积问题无证据证实,被告辩解建成的房屋面积比原拆除房屋面积扩大,原告应支付超面积部分的价款,对此,双方没有约定。因此被告的抗辩理由不能成立,不予采纳。被告未经原告同意擅自将属于原告的房屋出让给第三人,其行为侵犯了原告的合法权益;第三人明知被告出让的房屋有争议仍交付房款,购得房屋,且该房屋未办理产权登记手续,为此,第三人的购房行为不属于善意取得。被告与第三人签订的购房合同无效。第三人理应向原告返还房屋,被告向第三人退付房款。第三人提出赔偿损失问题,未提供实际造成损失的相关证据,且第三人与被告未约定承担违约责任的事项,故第三人要求被告赔偿损失的请求不予支持。依照《合同法》第 44 条、第 52 条第 5 项、第 60 条、第 122 条及《物权法》第 34 条、第 106 条第 1 项之规定。平安县人民法院于 2007 年 11 月 30 日作出(2007)平民初字第 377 号民事判决:被告金达公司向原告新华书店交付新华书店住宅综合楼第一层从南向北第 4、5 间(已交付)及从东向西第 2、3 间铺面房;第三人井国财向原告新华书店返还该综合楼第一层从东向西第 4 间铺面房;被告金达公司向第三人井国财退付购房款 216,000 元。以上给付款项限判决生效后 30 日内履行。本案诉讼费 2640 元,由被告金达公司负担。

金达公司不服一审判决,向海东地区中级人民法院提起上诉称,归新华书店所有的一、二层房屋面积比原拆除房屋面积扩大 169 平方米,只要新华书店支付超面积房价款 659,100 元,同意交付房屋。新华书店答辩称,双方没有按实际面积计算,多退少补的约定。

海东地区中级人民法院二审查明的事实与一审查明的事实一致。

二审围绕以下争议焦点进行分析认定:关于新建归被上诉人所有的 5 间房屋及营业厅实际面积是否比原拆除房屋面积增加的问题。上诉人金达公司认为,双方所争议的一、二层房屋的实际面积比原拆除房屋面积增加 169 平方米,只要新华书店支付超面积的房价款 659,100 元(3900 元/平方米),金达公司同意交付房屋。被上诉人新华书店辩称,对双方争议的一、二层房屋的实际面积比原面积增加 169 平方米的事实不持异议,但双方是合作经营开发房屋并约定通过分配方式已取得房屋产权,并非出售房屋取得建房补偿。上诉人应按协议向被上诉人交付房屋。双方对现建楼房一、二层的实际面积比原拆除房屋面积增加 169 平方米的事实不持异议,予以认定。关于对 2005 年 8 月 16 日签订的协议书第 4 条内容即“第一、二层门店的面积按实际面积待定”的理解问题。上诉人金达公司认为,协议第 4 条内容是由新华书店添写,主要是为了新建房屋面积与原房屋面积不一致时,房价款采取多退少补，对此双方在一审调解中是认可的。被上诉人新华书店辩称，双方是合作经营开发建房，由新华书店提供土地，金达公司在此基础上给新华书店相应的新建房屋，在协议中对房屋产权有明确约定，第4条内容实际上是对协议第1、2条的补充。在一审诉讼中，新华书店为达成调解协议对案件事实的认可，依照《最高人民法院关于民事诉讼证据的若干规定》不得在其后的诉讼中作为对其不利的证据，因此不存在对新建房屋面积与原拆除房屋面积不一致时，对分配房屋实际以面积计算房价款采取多退少补的情况。

海东地区中级人民法院二审认为，上诉人金达公司与被上诉人新华书店因合作开发新华书店住宅综合楼所签订的《协议书》，意思表示真实，不违反国家法律及行政法规强制性规定，属有效协议，双方应按协议约定履行义务。但双方对协议第4条内容即"第一、二层门店的面积按实际面积待定"的理解有争议，根据《合同法》第125条的规定，应当按照合同所使用的词句、合同的性质、有关条款、目的及诚实信用原则，确定争议条款的真实意思。本案中，双方是合作开发房地产，在房地产合作开发中，一般都以开发的房屋作为双方分享收益的标的，对此，从双方所签订的协议书可以证实，协议书中明确约定了对所开发房屋的分配归属，从房屋的楼层、方位、坐落及朝向都作出了详细规定，并未约定对开发的房屋以面积进行计算采取多退少补房价款的内容。鉴于开发房屋存在一个房屋施工面积、房屋新开工面积、房屋竣工面积等因素。双方在开发的住宅综合楼未竣工前，在协议书中对已分配的房屋面积约定待定，应理解为对整个协议的一个补充说明。金达公司与新华书店是联合开发房地产关系，而金达公司与原拆迁户之间达成的协议属拆迁安置协议，上诉人金达公司称对拆迁户就地安置，由拆迁户支付了被拆迁房屋和安置用房的差价，推定对协议第4条理解应是对所开发房屋的分享是以面积计算采取多退少补房款的方式是无法律依据的，且上诉人对其主张也未提供充分证据予以佐证。综上，上诉人的上诉理由不能成立，原审判决及适用法律正确。据此，依照《民事诉讼法》第153条第1款第1项之规定。海东地区中级人民法院于2008年4月10日作出(2008)东民一终字第37号民事判决：驳回上诉，维持原判。上诉案件受理费及其他费用2640元由金达公司负担。

金达公司申请再审称，双方名为合作开发，申请再审人承担了全部投资，实为建还安置，原审定性不当；一、二层房屋的实际面积比原拆除房屋面积增加169平方米，对此双方不持异议；房间的分配不是双方的结算，双方对房间的归属作了约定，但对单价、价款支付未进行结算，房间的分配不等于双方权利义务的了结。请求撤销海东地区中级人民法院(2008)东民一终字第37号民事判决，判决新华书店给付金达公司超面积房价款659,100元。被申请人新华书店辩称，双方是合作开发，金达公司要求多退少补没有依据，请求维持原判。

青海省高级人民法院再审查明，双方当事人对海东地区中级人民法院二审确认的一审认定事实均不持异议，再审予以确认。另查，2003 年 3 月金达公司与新华书店 12 户搬迁户分别签订《新华书店住宅楼搬迁补偿协议书》约定，新建房屋面积待定，搬迁户按实际面积扣除原拆迁面积后交纳房款。同年 12 月 29 日平安县政府下文将原属新华书店以划拨方式取得的面积为 825.458 平方米的国有土地使用权出让给金达公司，新华书店以出让方式取得原属其以划拨方式取得的面积为 585.292平方米的国有土地使用权以及划拨方式取得的面积为 347.125 平方米的国有土地使用权，共计 1755.875 平方米的国有土地，作为新华书店住宅综合楼的建设用地。但双方均未缴清土地出让金。再查，平安县金达物资房地产开发有限公司于 2005 年变更为青海金达物资有限公司。

青海省高级人民法院再审认为，新华书店提供土地与金达公司在新华书店原址上共同开发建设新华书店住宅综合楼，对开发的房屋归属作了明确约定，合作目的是以建成的房产作为双方收益分配，建还安置只是合作开发过程中的具体方式，此方式不能改变双方合作开发的性质，故双方合作的性质应为合作开发建设。金达公司提出关于双方名为合作开发、实为建还安置、原审定性不当的申请再审理由不能成立，本院不予采信。原一、二审判决对此节认定正确，应予维持。新华书店与金达公司对已建成的一、二层铺面及营业厅面积比原拆除面积增加 169 平方米无异议，仅对增加面积是否应由新华书店补偿产生争议。已建成的新华书店住宅综合楼由办公（含铺面）、住宅两部分组成，就住宅部分，金达公司与拆迁户签订了拆迁安置协议，双方约定“新建房屋面积待定，搬迁户按实际面积扣除原拆迁面积后交纳房款”，双方依约履行了协议；就办公（含铺面）部分，新华书店与金达公司在设计图纸已经存在的情况下，签订的《协议书》约定合作开发房屋的权属分配，但对新建面积与原拆除面积不一致如何处理未作约定，金达公司认可设计面积与竣工面积一致。根据《合同法》第 125 条“当事人对合同条款的理解有争议的，应当按照合同所使用的词句、合同的有关条款、合同的目的、交易习惯以及诚实信用原则，确定该条款的真实意思”的规定，新华书店与金达公司合作开发建设新华书店住宅综合楼是以建成的房产作为双方收益分配，双方约定的分配标准是房屋间数和楼层，并未约定以建筑面积为分配标准，双方在协议中约定第一层 5 间铺面及第二层营业厅归新华书店所有，对交付新华书店的房屋没有约定以建筑面积作为结算依据，也未约定新建面积与原拆除面积不一致多退少补。民事合同具有相对性，金达公司与新华书店就住宅部分的协议“新建房屋面积待定，搬迁户按实际面积扣除原拆迁面积后交纳房款”的约定，不能约束双方就办公（含铺面）部分的协议中一层铺面及二层营业厅。故金达公司主张住宅部分的履行按约定采取了多退少补的方式履行，认为一层 5 间铺面及二层营业厅也应采取多退少补的方式履行的再审申请理由缺乏事实和法律依据，不能成立，本院不予支持。原一、二审判决认定事实清楚、证据确实充分、适用法律正确、审判程序合法，应予维持。本案经审判委员会讨论决定，依照《民事诉讼法》第153条第1款第1项、第186条第1款之规定，判决如下：维持青海省海东地区中级人民法院（2008）东民一终字第37号民事判决。本判决为终审判决。

［参见最高人民法院审判监督庭编：《审判监督指导》（2010年第1辑，总第31辑），人民法院出版社2010年版。］

029. 合作建房合同的出资方突破规划，在合同约定范围外擅自进行增建，增建面积得到行政机关追认后，提供土地的一方能否要求无偿参与该增建部分的分配？

【典型案例】

新疆宏大房地产开发有限公司与新疆第一汽车厂合作建房纠纷案

【裁判要点】

合作建房合同的当事人应当按照行政机关的规划建房，突破规划的增建部分应属于违法建筑。如果得到行政机关追认，当事人可以取得房屋增建部分的产权。尽管增建部分在合同范围之外并且由出资方单方出资增建，由于使用了另一方的土地，仍应视为由合同双方共同开发建设。出资方擅自进行增建，违反诚实信用原则，提供土地的一方有权要求参与增建部分的分配。但是，提供土地的一方并未就增建部分实际进行出资，允许其无偿参与增建部分的分配，有违公平原则。因此，合作建房合同的出资方突破规划，在合同约定范围外擅自进行增建，增建面积得到行政机关追认后，提供土地的一方不能要求无偿参与该增建部分的分配。

案号：新疆维吾尔自治区高级人民法院（2006）新民再字第25号。

申请再审人（原审原告、反诉被告）：新疆宏大房地产开发有限公司。

被申请人（原审被告，反诉原告）：新疆第一汽车厂。

新疆宏大房地产开发有限公司（以下简称宏大房地产公司）与新疆第一汽车厂（以下简称第一汽车厂）合作建房纠纷一案，沙依巴克区人民法院于2002年3月22

日作出(2001)沙民初字第5191号民事判决。宏大房地产公司不服提出上诉,乌鲁木齐市中级人民法院于2002年9月19日作出(2002)乌中民终字第1906号民事判决。第一汽车厂不服,向乌鲁木齐市中级人民法院申请再审。乌鲁木齐市中级人民法院于2004年2月25日作出(2003)乌中民再字第64号民事判决。该判决发生法律效力后,宏大房地产公司仍不服,申请再审。2006年3月30日,新疆维吾尔自治区高级人民法院以(2005)新民监字第273号民事裁定,决定提审本案。本案现已审理终结。

一审法院查明,1999年10月20日,双方经协商签订《拆迁补偿合同》约定,由第一汽车厂负责提供建设用地10,000平方米,由宏大房地产公司负责提供建设所需的全部资金,联合建设经济适用房,实际建筑面积以城市规划管理局所确定的红线建筑面积为依据进行分配。房屋分配比例按实际建筑面积进行分配,底商门面房部分按5:5分成,住宅部分按4:6分成。第一汽车厂分配所得的房屋如委托宏大房地产公司代为销售,价格为每平方米1340元,售房款在半年内由宏大房地产公司返还给第一汽车厂。违约赔偿经济损失为总投资额的10%。当日,双方又签订补充协议,约定第一汽车厂对自己按比例分得的商用房和住宅的设计有决定权。合同签订后,双方即按合同约定进行了拆迁、规划及建设。宏大房地产公司在建设过程中将双方共同开发的金地苑小区的住宅和门面房进行预售,由于宏大房地产公司扩大了开发面积,与合同约定的开发面积不一致,小区的竣工验收时间也由2000年年底延至2001年9月。2000年4月1日,即门面总计730平方米,双方各占365平方米;住宅总规划面积为18,872平方米,第一汽车厂分得7548平方米。同时还约定,以上分配方案依照规划进行。工程全部竣工后,还应对全部建筑进行测量,并依照主合同对实际面积进行分配。双方对各自多占的小额面积按市场价向对方进行补偿。2000年4月6日双方又签订补充协议,主要约定双方在分配所有住宅总面积过程中,超出原合同部分由第一汽车厂补差价。另外,调整第一汽车厂所分配的两个七层的房屋改为五层。2001年2月5日及5月7日双方再次签订两份补充协议,对具体房屋户型、面积进行约定。2001年9月小区建设完毕时,宏大房地产公司将大部分门面房出售,住宅除分给第一汽车厂的92套外,其余全部售出。双方在分配问题上产生争议后,第一汽车厂将尚未入住的48套住宅及门面房封堵。经委托乌鲁木齐市产权产籍处测绘大队对金地苑小区进行实地测绘,小区实际建筑面积为30,704.66平方米,其中住宅面积26,469.66平方米,门面房面积4235平方米。第一汽车厂已分得住宅92套,面积7420.16平方米,未分得门面房。

一审法院认为,双方应依照1999年10月20日及四份补充协议全面履行合同义务。双方共同开发建设的金地苑小区的所有权属双方共有关系,宏大房地产公司在未征得第一汽车厂同意及产权未经分割析产的情况下,擅自单方预售住宅和门面房的行为已侵犯第一汽车厂的合法权益，已构成违约。第一汽车厂采取封门的行为虽属过激，但不构成侵权。因双方合同约定按建筑总面积分配，故应按照双方约定的分配比例对实际建筑面积进行分配住宅及门面房。依据双方合同约定的住宅1340元/平方米、门面房按市场价格7500元/平方米价格找差。因第一汽车厂是按公有住房改革办公室（1998）03号文件规定的952元/平方米计算投资总额，该价格低于双方投资建设的经济适用房价格以及双方约定的住宅价格1340元/平方米，因此，其主张按该计算方式和价格计算总投资额10%的违约金应予采信。遂判决：（1）双方继续履行1999年10月20日签订的拆迁补偿合同及四份补充协议；（2）宏大房地产公司返还第一汽车厂门面房2151.94平方米，第一汽车厂支付宏大房地产公司门面房折价款258,300元（具体分配表略）；（3）宏大房地产公司返还第一汽车厂住宅面积3169.17平方米，第一汽车厂支付宏大房地产公司住宅折价款1835.8元（具体分配表略）；（4）宏大房地产公司支付第一汽车厂违约金228.45万元（326.35万元×70%＝228.45万元）。

一审判决后，宏大房地产公司不服，以按照合同约定已补偿第一汽车厂7420平方米住宅，对增建部分不应再给第一汽车厂分配，判令承担违约责任没有法律依据等为由提出上诉。

乌鲁木齐市中级人民法院二审另查明，金地苑小区建设用地面积为9448平方米，拆迁新疆第一汽车厂产权房面积2604.47平方米，规划建设面积为18,459平方米。二审法院认为，双方签订的合同，名为拆迁实为合作开发。第一汽车厂划拨的土地使用权不能作为合法的投资方式参与合作开发建设房地产。因此，双方于1999年10月20日签订的协议及基于该协议所签订的补充协议均认定为无效。2000年2月29日协议内容是拆迁关系并通过有关行政部门审核，但该协议并非双方真实意思表示，属于规避法律行为，也应认定为无效。双方对协议无效负有同等责任。但考虑到双方合作开发的小区实际已建成，故双方的纠纷应以有关拆迁的法律、法规为依据，以双方不损害国家和第三人利益前提下的意思表示处理。一审将实际建筑面积以当时双方所认可的规划红线为准的限制条款曲解按现在实测建筑面积分配错误。合同无效是双方共同过错所致，产生纠纷双方都有责任，宏大房地产公司主张第一汽车厂侵权、第一汽车厂主张宏大房地产公司违约均不予支持，但双方权属明确后第一汽车厂应将封占宏大房地产公司的房屋返还。遂判决：（1）撤销沙区法院（2001）沙民初字第5191号民事判决；（2）双方所签协议均无效；（3）宏大房地产公司补偿第一汽车厂住宅92套，面积7420.16平方米；（4）宏大房地产公司补偿第一汽车厂沿阿勒泰路商铺365平方米；（5）新疆第一汽车厂返还封占宏大房地产公司的房屋；（6）驳回宏大房地产公司的其他诉讼请求；（7）驳回第一汽车厂的其他诉讼请求。

二审判决发生法律效力后,第一汽车厂不服,以法院认定双方签订的协议无效没有法律依据,我方按照协议约定将应得房屋分配给职工入住,二审判决导致我厂职工的入住成为不合法等为由向乌鲁木齐市中级人民法院申请再审。

乌鲁木齐市中级人民法院再审另查明,金地苑小区的所有房产产权证均由宏大房地产公司办在自己名下;第一汽车厂将在产生纠纷时封堵的宏大房地产公司售出但尚未办理入住手续的住房,分配给本厂职工入住使用。

乌鲁木齐市中级人民法院再审认为:“一、关于双方所签订合同效力的认定问题。1. 双方于1999年10月20日签订的《拆迁补偿合同》,是名为“拆迁补偿合同”实为联合建设经济适用房合同,双方对此没有异议。该合同双方约定联建的房屋属经济适用房,是作为安居工程经市人民政府批准建设的,第一汽车厂和宏大房地产公司作为共同用地单位到市土地局办理了9448平方米土地使用权的变更登记手续,办理了《建设用地规划许可证》《建设用地批准书》《房屋拆迁许可证》等手续后,合作开发经济适用房。该合同双方意思表示真实,应该认定为有效合同。依据该有效合同形成的五份补充协议,也应认定为有效。2. 双方于2000年2月29日签订的拆迁补偿协议,双方当事人无异议,是双方真实意思表示,二审判决认定该份协议无效没有依据。3. 双方签订的合同、协议及补充协议均为有效。从合同内容及实际履行来看,形成的是联合开发建设经济适用房的法律关系,因此,第一汽车厂申请再审的理由充分,应予采信。二、关于双方本诉与反诉请求是否成立的问题。1. 关于小区增建面积的分配问题。首先,整个小区的用地是由第一汽车厂提供的,在小区建设过程中,宏大房地产公司超出规划部门批准的红线建筑面积超建11,102.66平方米的住宅及底商(两栋楼),不能说是宏大房地产公司出资建设就与第一汽车厂无关;其次,这两栋楼建设时超出规划部门划定红线的面积,后经过规划等有关行政部门追认,使之成为合法建筑,是双方共同开发建设金地苑小区的组成部分,因此,在原规划基础上增加建设的11,102.66平方米属于双方联建的面积,应该作为分配对象,按合同约定的比例进行分配。2. 关于第一汽车厂是否构成侵权的问题。双方签订的合同、协议有效,双方之间形成合法的联合建房法律关系,第一汽车厂没有放弃对增建楼房的分配权;在工程竣工后,第一汽车厂将尚未入住的住宅及门面暂封,并在本案中向原审法院提出诉讼保全,该行为是对自身合法权益采取的保护措施,不构成对宏大房地产公司的侵权。虽然小区房屋产权由宏大房地产公司办在其名下,但并不表明该小区房产均属宏大房地产公司所有。因此,一审法院将本案案由定为侵权纠纷,但又未判决驳回侵权之本诉的诉讼请求,实属漏判,应予纠正。3. 关于宏大房地产公司是否构成违约并应承担违约责任的问题。首先,宏大房地产公司在小区竣工后将所有房屋产权均办在自己名下,违反双方1999年10月20日合同中“房屋竣工并交付使用后,甲、乙双方各自办理所得房屋产权”

的约定，构成违约之一；其次，宏大房地产公司在小区施工过程中，将所有底商门面预售，违反主合同及补充协议的约定，侵犯第一汽车厂的所有权及优先购买权，构成违约之二；最后，宏大房地产公司将小区内增建房屋的面积据为已有，拒绝给第一汽车厂分配，构成违约之三。”综上，一审判决双方所签合同及补充协议有效，宏大房地产公司继续履行合同并向第一汽车厂支付违约金正确，但按总投资额的10%的比例计算违约金不妥，以此比例对宏大房地产公司未履行分配房屋面积部分计算违约金较为公平合理。经2004年2月24日第4次审判委员会讨论决定，依据《民事诉讼法》第153条第1项、第2项以及第148条之规定，判决如下：(1)撤销二审法院(2002)乌中民终字第1906号民事判决；(2)维持一审法院(2001)沙民初字第5191号判决主文第一、二、三项；(3)变更一审法院(2001)沙民初字第5191号判决主文第四项为：宏大房地产公司支付第一汽车厂违约金565,238.2元(326.35万元×86%×40%×30%+326.35万元×14%×50%×100%)；(4)驳回宏大房地产公司的本诉请求。

宏大房地产公司对乌鲁木齐市中级人民法院再审判决不服，提出再审申请。主要理由是：本案是拆迁补偿合同，申请人已按照合同约定的“以城市规划管理局所确定的红线建筑面积为依据”对第一汽车厂分配了相应的房屋面积，申请人一方再投入而增加的建筑面积不在合同约定之内，不应列入分配，乌鲁木齐市中级人民法院再审支持第一汽车厂的反诉请求以实际建筑面积进行分配及判令申请人承担违约责任错误。

再审另查明：“一、2000年4月1日，双方签订了补充协议，约定：自1999年10月20日双方所签订的联合开发协议书，现就此协议书达成补充协议如下：(1)沿阿勒泰路门面总计730平方米，双方各占365平方米，由南向北依顺序进行分配，双方在分配过程中的超出面积按市场价互相找差价。(2)住宅总规划面积为18,872平方米，按照协议甲方分得约7548平方米……(4)第一汽车厂分得92套房(注：协议中对第一汽车厂所分92套住宅的楼号、单元、楼层、每套房屋的面积均作了明确约定)计7488平方米。(5)以上分配方案是依照规划进行的，工程竣工后，还应对全部建筑进行测量，并依照主合同对实际面积进行分配。甲乙双方对各自多占的小额面积折价向对方进行补偿。二、2000年4月6日，双方签订《补充协议》约定：(1)沿阿尔泰路门面总计730平方米，双方各占365平方米，为公正起见，由南向北依顺序进行分配，双方在分配过程中的超出面积按市场价互相找差价。(2)住宅总规划面积18,872平方米，按照协议汽车厂应分得7548平方米，地下室不在此面积内。(3)所有住宅按竖向整单元划分，其中75.47平方米的56套，88.32平方米的26套，73.39平方米的7套，68.47平方米的7套，101平方米的7套。(4)所有住宅总面积超出平方米(注：具体数字空出未填写)由汽车厂补差价。三、2001年2月5

日,双方达成补充协议约定:自2000年4月1日双方签订的联合开发补充协议书,现就具体房屋分配问题达成协议,第一汽车厂分配的住宅面积总计7438.83平方米。4号楼户型为73.64平方米的7套、103.31平方米的7套、89.07平方米的14套、户型为74.43平方米的28套;2号楼户型为74.69平方米的7套;1号楼户型为65.49平方米的2套、67.50平方米的7套、71.6平方米的7套;5号楼户型为101.27平方米的2套、89.01平方米的1套、101.7平方米的5套、88.32平方米的5套,共计92套。四、小区实际建筑面积为30,704.66平方米,其中住宅面积26,642.63平方米,商铺(门面房)面积4062.03平方米,双方对此无异议。2001年9月小区建设完毕,第一汽车厂分得住宅92套,面积7419.22平方米。第一汽车厂认为,根据2000年4月1日补充协议第5项'以上分配方案是依照规划进行的,工程竣工后,还应对全部建筑进行测量,并依照主合同对实际面积进行分配'的约定,对超规划的增建面积其应按合同约定的比例分配,双方对此产生分歧。第一汽车厂遂将宏大房地产公司已售出但未办理入住手续的金地苑小区43套住宅及23套商铺封堵。其余住宅,宏大房地产公司以乌鲁木齐市发展计划委员会核定的每平方米1590元的均价出售。除第一汽车厂封住的23套商铺外,其余商铺宏大房地产公司已出售。五、本院从乌鲁木齐市房屋产权交易管理中心调取的商铺买卖合同反映,宏大房地产公司出售商铺面积为3349.08平方米,总价款15,586,063元,每平方米均价4653.83元。六、第一汽车厂将金地苑小区43套住宅及23套商铺封占后,将其中面积为2833.66平方米的32套住宅分配给本厂职工居住,现有面积为877.26平方米的11套住宅空置,11套空置住宅的房号为2号楼2单元701室(39.11平方米)、3单元302室(45.03平方米)、303室(65.4平方米)、6单元301室(38.47平方米);9号楼201室(64.83平方米)、202室(108.14平方米)、302室(108.12平方米)、502室(108.12平方米)、601室(83.8平方米)、602室(108.12平方米)、702室(108.12平方米)。23套商铺除2号楼1层2号(40.1平方米)第一汽车厂做物业值班室使用外,第一汽车厂用于出租的有8号楼2层1号(30.69平方米)、2号(34.09平方米)、3号(45.18平方米)、4号(14.21平方米),3层1号(30.69平方米)、2号(34.09平方米)、3号(45.18平方米)、4号(14.21平方米)及6号楼2层4号(36.21平方米)、5号(16.43平方米);空置的为1号楼1层1号(34.36平方米)、3号(15.35平方米)、4号(15.35平方米)、5号(62.04平方米)、6号(34.15平方米)、7号(32.97平方米)、8号(51.84平方米)、9号(12.97平方米)、10号(12.97平方米)、11号(51.84平方米)、12号(32.97平方米)及9号楼1层1号(15.06平方米)。其楼幢号均由产权产籍处提供,双方当事人对此事实无异议。七、1999年7月14日,新疆维吾尔自治区物价局、建设厅下发《经济适用住房价格管理办法》第4条、第5条第(5)项规定:'经济适用住房价格实行政府指导价'、'利润为工程成本的3%’以及2003年乌鲁木齐市发展计划委员会乌市计价字(2003)29号‘金地苑小区经济适用房综合平均销售价格为1590元/平方米’的批复,金地苑小区住宅的销售利润为47.7元,其每平方米建筑成本价为1542.3元。”

新疆维吾尔自治区高级人民法院再审认为:“1.本案双方当事人签订的合同系真实意思表示,从双方履行合同的客观事实来看,一方出地、一方出资、按投资比例分割房屋符合合作建房的法律特征。原再审认定双方签订的合同是名为‘拆迁补偿合同’实为‘合作建设经济适用房合同’并无不当。2.双方在合同中对分配房屋面积、比例的约定,明确实际建筑面积是指城市规划局所确定的红线建筑面积,并以此作分配依据,符合当时的客观情况。2000年4月1日的补充协议第5项约定,‘以上分配方案是依照规划进行的,工程竣工后,还应对全部建筑进行测量,并依照主合同对实际面积进行分配。甲乙双方对各自多占的小额面积折价向对方进行补偿’。该条款表明双方是在按照主合同确定的面积对房屋进行分配后,对小额差额面积如何处置所作的约定,并非将分配面积‘以城市规划管理局所确定的红线建筑面积为依据’变更为‘对全部建筑进行测量后’的约定,增建部分不在合同约定的分配范围之内,当时双方无法预知突破规划红线的后果,也就不可能在合同中对此作出约定。3.宏大房地产公司擅自突破规划进行增建的面积属违法建筑,双方本不应参与分配。但在建设完工后,其增建面积得到有关行政部门的追认并核发了房产证,使之成为双方共同开发建设金地苑小区的组成部分。虽然该增建面积不在双方约定的分配范围内且系宏大房地产公司单方出资增建,但宏大房地产公司作为与第一汽车厂合作建房的一方,在确定合作关系后,利用第一汽车厂提供的土地单方投资增建以获取额外利益,违反了诚实信用原则,如其独享增建面积的利益有违公序良俗的社会风气。第一汽车厂作为合作一方,在订立合同时,其对土地的价值及以土地作为出资而获取92套房屋的利益是明知且认可的,增建面积的利益并不在其意思表示范围之内,第一汽车厂如按照合同约定的比例对增建面积进行无偿分配,则其在宏大房地产公司增加投资而自己未增加投资的情况下获得了远超过以土地作为出资的预期利益,且获得的利益也远超过了土地的内在价值,显然有违公平原则。因此,对本案应本着公平原则进行处理,第一汽车厂可按照合同约定的比例对增建面积参与分配,但应将分配增建面积以建筑成本价返还给宏大房地产公司。4.金地苑小区实际建筑面积为30,704.66平方米,其中住宅面积26,642.63平方米,商铺(门面房)面积4062.03平方米。第一汽车厂已分得住宅92套,面积7419.22平方米,与合同约定的分配面积7548平方米差128.78平方米,双方在合同中未约定补差价格,可按宏大房地产公司销售住宅的均价1590元/平方米由宏大房地产公司向第一汽车厂补差204,760.2元(1590元×128.78平方米)。住宅面积26,642.63平方米,按照4:6比例,第一汽车厂应分得10,657.052平方米,减去按照合同约定已分的7548平方米，第一汽车厂应分得增建面积3109.052平方米，第一汽车厂已占的43套住宅面积为3710.92平方米，超出应分配面积601.868平方米应予返还。因此，第一汽车厂应将金地苑小区9号楼空置的201室、202室、302室、502室、602室、702室面积为605.45平方米的六套住宅返还给宏大房地产公司，其面积差额3.582平方米由宏大房地产公司将利润170.86元(47.7元×3.582平方米)给付第一汽车厂。第一汽车厂现代管的面积为363.78平方米的13间商铺即2号楼1层2号，8号楼2层1号、2号、3号、4号、3层1号、2号、3号、4号，1号楼1层9号、10号、12号及6号楼2层5号，可按照合同的约定(应分得商铺365平方米)由第一汽车厂取得，不足的1.22平方米按照商铺销售均价4653.83元由宏大房地产公司向第一汽车厂补差价5677.67元(4653.83元×1.22平方米)。第一汽车厂将金地苑小区1号楼1层1号、3号、4号、5号、6号、7号、8号、11号和9号楼1层1号及6号楼2层4号共计10间商铺返还给宏大房地产公司。对于增建的商铺，第一汽车厂应分得1666.015平方米[(4062.03平方米－730平方米)÷2]，宏大房地产公司已销售，宏大房地产公司按商铺销售均价4653.83元补偿第一汽车厂7,753,350.58元(4653.83元×1666.015)价款。第一汽车厂分得增建住宅面积3109.052平方米，商铺面积1666.015平方米，共计分得增建面积4775.06平方米，第一汽车厂应基于分得的增建面积以建筑成本价返还宏大房地产公司的投资款7,364,575.03元(1542.3元×4775.06平方米)。5.宏大房地产公司在工程竣工后，依合同约定分配给第一汽车厂92套住宅的面积稍有出入，应属房地产开发中的合理误差，双方对此在补充协议中作了约定，因此，宏大房地产公司不构成违约。宏大房地产公司未依合同约定分配给第一汽车厂商铺面积365平方米构成违约，应对未履行义务部分按约定比例承担违约责任169,864.79元(4653.83元×365平方米×10%)。双方对增建面积部分的争议并非合同约定的内容，原审以违约责任判处不当。”经再审法院民事行政审判专业委员会第14次会议讨论认为，原再审判决结果显失公平，应予纠正。依照《民事诉讼法》第184条、第153条第1款第2项之规定，判决如下：(1)撤销沙依巴克区人民法院(2001)沙民初字第5191号民事判决、乌鲁木齐市中级人民法院(2002)乌中民终字第1906号民事判决及乌鲁木齐市中级人民法院(2003)乌中民再字第64号民事判决；(2)第一汽车厂向宏大房地产公司返还住宅六套即金地苑小区9号楼201室、202室、302室、502室、602室、702室，返还商铺101间即金地苑小区1号楼1层1号、3号、4号、5号、6号、7号、8号、11号和9号楼1层1号及6号楼2层4号；(3)宏大房地产公司向第一汽车厂补住宅差价210,608.73元(204,760.2元＋170.86元＋5677.67元)，给付商铺销售款7,753,350.58元；(4)第一汽车厂向宏大房地产公司返还投资款7,364,575.03元；(5)宏大房地产公司向第一汽车厂偿付违约金169,864.79元；(6)驳回宏大房地产公司的其他诉讼请求;(7)驳回第一汽车厂的其他诉讼请求。本案本诉案件受理费50元(宏大房地产公司已预付)由宏大房地产公司负担。反诉案件受理费一、二审各26,327.50元及测绘费20,000元,合计72,655元,由双方各自负担已预交部分。本判决为终审判决。

[参见最高人民法院民事审判第一庭编:《最高人民法院二审民事案件解析》(第1集),法律出版社2007年版。]

030. 合作开发房地产合同纠纷中如何区分是借用资质还是合作开发?

【典型案例】

盐城港口集团有限公司诉盐城市馨安房地产开发有限公司合作开发房地产合同纠纷案

【裁判要点】

根据《最高人民法院关于审理涉及国有土地使用权合同纠纷案件适用法律问题的解释》第15条的规定,合作开发房地产合同的当事人一方具备房地产开发经营资质的,应当认定合同有效。当事人双方均不具备房地产开发经营资质的,应当认定合同无效。但起诉前当事人一方已经取得房地产开发经营资质或者已依法合作成立具有房地产开发经营资质的房地产开发企业的,应当认定合同有效。由此可知,法律仅规定合作开发房地产只需一方具有资质即可。因此,不具备房地产开发资质的一方当事人欲在自有土地上进行房地产开发销售,其与具备房地产开发资质的另一方当事人签订的合作开发房地产协议,系双方真实意思表示,合法有效。

一审:江苏省盐城市中级人民法院(2009)盐民一初字第0014号。

二审:江苏省高级人民法院(2009)苏民终字第0280号。

原告:盐城港口集团有限公司(以下简称港口公司)。

被告:盐城市馨安房地产开发有限公司(以下简称馨安公司)。

港口公司(甲方)与馨安公司(乙方)签订《联合开发协议书》约定:(1)甲公司拥有的某商办用地用于双方联合开发。(2)协议签订后15日内乙公司向甲公司缴纳合作保证金50万元整,甲公司收到保证金后30日内将该宗地使用权过户至乙公司名下,费用由甲方自理。(3)土地登记至乙公司名下后,双方共同提供建设资金准备开工。(4)由乙公司负责建筑,建成后房屋所有权各半分割。(5)本协议中未尽事宜可经甲乙双方协商签订补充协议或备忘录,所产生的补充协议与本协议具有同等法律效力。其后,双方签订了《补充协议》,约定:(1)该宗地开发建设的一切费用(包括工程建设资金、财务费用、规费、税费以及各项相关费用)全部由甲公司承担,对外结算以乙公司名义。(2)乙公司在该地块开发终结前将全部建筑面积返还给甲公司,仅按市场销售价收取3%管理费用。乙公司通过努力争取到的政策性减免或调整优惠,其优惠部分奖励70%给乙公司。

协议签订后,双方履约的内容仅为:涉案地块过户至乙公司名下,并缴纳契税282,792元。此后,由于双方对利益分配发生争议,导致合作无法正常开展。

甲公司遂诉至法院,以双方实质系"借用"资质,请求解除协议,返还土地,赔偿损失。乙公司抗辩认为,双方系合法的合作关系,不存在"借用"资质,协议应继续履行。

【审判】

江苏省盐城市中级人民法院一审认为,本案的争议焦点是:案涉协议的效力。《最高人民法院关于审理涉及国有土地使用权合同纠纷案件适用法律问题的解释》第14条规定:"本解释所称合作开发房地产合同,是指当事人订立的以提供出让土地使用权、资金等作为共同投资,共享利润、共担风险合作开发房地产为基本内容的协议。"从这一规定可以看出,合作开发房地产合同在内容上最基本的法律特征是:共同投资、共享利润、共担风险。如果合同不具备这一基本的法律特征,即使合同当事人将合同名称定为"合作开发房地产合同",其真实性质亦必然发生变化,成为名为合作开发、实为其他性质的合同。结合本案,双方签订的无签约时间的《联合开发协议书》约定"补充协议和备忘录与本协议产生矛盾,以补充协议和备忘录为准"。《补充协议》又约定"馨安公司仅按市场售价收取3%的管理费、开发建设的一切费用均由港口公司承担、以馨安公司名义对外结算、财务人员由港口公司委派"等,从这些约定的权利与义务内容和合作开发房地产合同最基本的法律特征来看,本案的房地产联合开发协议,是名为合作开发,实则是借用房地产开发资质的行为。《城市房地产管理法》第30条第1款规定:"房地产开发企业是以营利为目的,从事房地产开发和经营的企业。设立房地产开发企业,应当具备下列条件:(一)有自己的名称和组织机构;(二)有固定的经营场所;(三)有符合国务院规定的注册资本;(四)有足够的专业技术人员;(五)法律、行政法规规定的其他条件。"由此看出作为房地产开发企业必须具备五项条件,除符合一般企业设立的条件外,还必须具备足够的专业技术人员以及法律、行政法规规定的其他条件。从这些规定可以看出,该法对房地产开发企业的准入资格作出了限制。房地产经营资格是用来证明房地产开发企业开发经营能力和资信度的证明,是在房地产开发经营领域的市场准入制度,也是国家干预房地产市场的一种形式,以维护社会公共利益。借用资质进行房地产开发,其目的是掩盖出借资质的行为,规避国家对房地产资质制度的强制性规定。故本案当事人签订的《联合开发协议书》《补充协议》,违反了国家强制性法律,均应当认定为无效协议。基于案涉协议为无效,根据《最高人民法院关于民事诉讼证据的若干规定》第35条第1款规定,诉讼过程中,当事人主张的法律关系的性质或者民事行为的效力与人民法院根据案件事实作出的认定不一致的,不受本规定第34条规定的限制,人民法院应当告知当事人可以变更诉讼请求。法院告知港口公司可以变更诉讼请求。港口公司拒绝变更诉讼请求,因港口公司主张解除双方签订的关于建军东路76号地块开发的《补充协议》和《联合开发协议书》,故依法驳回港口公司主张解除双方签订的协议的诉讼请求。《合同法》第58条规定:"合同无效或者被撤销后,因该合同取得的财产,应当予以返还;不能返还或者没有必要返还的,应当折价补偿。有过错的一方应当赔偿对方因此所受到的损失,双方都有过错的,应当各自承担相应的责任。"馨安公司基于该无效的协议而取得的土地应当予以返还。港口公司履行此无效协议而缴纳的契税282,792元,由此造成的损失,因双方都有过错,按照双方在本案中的过错责任大小,馨安公司赔偿港口公司86,338元。对于港口公司主张返还土地将要发生的过户登记全部费用,因该费用是否产生、数额多少均为不确定,故港口公司可在实际费用发生后另行主张权利。

一审判决:(1)馨安公司返还港口公司建军东路76号地块的土地使用权[地号为320902006001016、土地证号为盐国用(2007)第006000342]并赔偿港口公司人民币86,338元;(2)驳回港口公司主张解除双方签订的关于建军东路76号开发地块《补充协议》以及《联合开发协议书》的诉讼请求;(3)驳回港口公司其他诉讼请求。

宣判后,馨安公司不服提起上诉,认为双方的法律关系是合作开发房地产,协议有效,应继续履行。请求二审法院撤销原判,并依法改判驳回港口公司诉讼请求。

江苏省高级人民法院经审理认为,二审争议焦点为:(1)港口公司与馨安公司之间法律关系的性质及效力。(2)港口公司要求解除协议是否应予支持。

1. 关于港口公司与馨安公司之间法律关系的性质及效力问题。港口公司与馨安公司就涉案地块进行合作开发,明确了具体合作事宜,协议内容反映,双方系合作开发房地产关系。《最高人民法院关于审理涉及国有土地使用权合同纠纷案件适用法律问题的解释》第15条规定:"合作开发房地产合同的当事人一方具备房地产开发经营资质的,应当认定合同有效。当事人双方均不具备房地产开发经营资质的,应当认定合同无效。但起诉前当事人一方已经取得房地产开发经营资质或者已依法合作成立具有房地产开发经营资质的房地产开发企业的,应当认定合同有效。”因此,虽然房地产开发也存在市场准入的要求,但合作双方只要有一方具有资质即可。法律作此规定主要系考虑房地产开发可能对广大消费者的利益和社会稳定带来的影响,故房地产开发必须有一方具备开发资质。本案中馨安公司具备房地产开发资质,其与港口公司的合作符合法律规定,至于其内部利润怎么分配、盈亏怎么承担完全取决于双方的意思表示,对国家、社会并无实质性不利影响。因此,原审法院认定双方的合同无效缺乏法律依据。

2. 关于协议应否继续履行的问题。本案双方当事人在协议尚未完全履行前即产生矛盾,现港口公司坚决要求解除协议,而馨安公司则要求继续履行。二审认为,根据《合同法》第93~94条的规定,当事人可以协商解除合同,或在约定的解除条件成就,或法定解除条件出现时,当事人可以解除合同。现港口公司在诉讼中提出,馨安公司在土地过户后对项目开发自行其是,不按其要求开展工作,不通报项目情况,侵犯港口公司对项目重大事项的决定权和知情权,存在重大违约,但不能提供充分证据予以证实。因此,港口公司主张馨安公司有重大违约行为的理由缺乏依据。港口公司要求解除合同并不符合法律规定的条件。但考虑到合作开发房地产兼具资合和人合的特点,在目前情况下,双方当事人因缺乏信赖已不具备继续合作的基础,且合作尚未真正履行,故判令双方继续履行合同并无实质意义。因此,根据《合同法》第110条的规定,二审不支持馨安公司要求继续履行合同的请求,依法判决双方合同予以解除。合同解除后,馨安公司宜将土地返还港口公司。对港口公司要求馨安公司承担土地返还的过户费用、赔偿损失的诉请,因本案合作协议的解除并非基于馨安公司的违约行为所致,故对港口公司的诉请不予支持。如馨安公司认为港口公司解除合同的行为致其遭受损失可另行主张。

二审判决:(1)撤销江苏省盐城市中级人民法院(2009)盐民一初字第0014号判决主文第一、二、三项。(2)解除港口公司与馨安公司签订的《联合开发协议书》《补充协议》。(3)馨安公司于本判决生效之日起30日内返还港口公司建军东路76地块的土地使用权[地号为320902006001016、土地证号为盐国用(2007)第006000342]。(4)驳回港口公司要求馨安公司承担返还土地过户的全部费用、赔偿经济损失28.7792万元的诉讼请求。(5)驳回馨安公司的其他上诉请求。

[参见最高人民法院中国应用法学研究所编:《人民法院案例选民事卷》(分类重排本),人民法院出版社2017年版。]

031.依法成立的房地产投资合作合同,合同先履行一方认为另一方明显无法履行合同的,应如何维护自身权益?

【典型案例】

甲市经济贸易学校、甲市财经学校与北京乙房地产开发有限公司投资合作合同纠纷上诉案

【裁判要点】

依照《合同法》第68条规定:“应当先履行债务的当事人,有确切证据证明对方有下列情形之一的,可以中止履行:(一)经营状况严重恶化;(二)转移财产、抽逃资金,以逃避债务;(三)丧失商业信誉;(四)有丧失或者可能丧失履行债务能力的其他情形。当事人没有确切证据中止履行的,应当承担违约责任。”因此合同先履行一方认为另一方明显无法履行合同的,应首先掌握了后履行方不能履行或可能不能履行合同义务的确切证据,没有证据即中止履行的,应承担违约责任。第114条规定:“当事人可以约定一方违约时应当根据违约情况向对方支付一定数额的违约金,也可以约定因违约产生的损失赔偿额的计算方法。约定的违约金低于造成损失的,当事人可以请求人民法院或者仲裁机构予以增加;约定的违约金过分高于造成的损失的,当事人可以请求人民法院或者仲裁机构予以适当减少……”因此,违约金应与损失相当,违约金过高或过低,可依据一方申请予以适当调整。

上诉人(原审原告、反诉被告):甲市经济贸易学校。

上诉人(原审原告、反诉被告):甲市财经学校。

上诉人(原审被告、反诉原告):北京乙房地产开发有限公司。

一、河北省高级人民法院一审查明的案件事实

河北省高级人民法院经审理查明:2002年,甲市经济贸易学校(以下简称经贸学校)与甲市财经学校(以下简称财经学校)找到北京乙房地产开发有限公司(以下简称乙公司),请求为两校的迁建合并投资,乙公司于同年9月8日发出投资意向书,并与经贸学校、财经学校签订了京唐投合字2002-09-08号及京唐投补合字2002-09-12号投资合作合同书,约定由乙公司以现金投资5000万元。2002年12月25日,甲市人民政府召开市长办公会议,同意经贸学校与财经学校迁建合并,所

需建设资金由两校与乙公司共同融资。2003年1月7日，河北省甲市发展计划委员会根据市长办公会议的决定，向经贸学校与财经学校的两个主管部门即河北省甲市教育局和粮食局作出关于“市经贸财经学校迁址合并组建甲市对外经济贸易学校工程项目建议书”的批复，同意经贸学校与财经学校迁址合并。2004年8月26日，经贸学校、财经学校与乙公司签订2004-8-26号投资合建合同书，将2002年9月8日的合同变更为由乙公司以实物全额投资交钥匙工程方式投入。2004年11月18日，甲市人民政府市长办公会议决定，同意两校与乙公司合作，由乙公司解决建校所需资金，学生公寓及餐厅投资1900万元，由乙公司出资建设并经营管理、独立核算、经营25年；学校教学楼、办公楼、图书馆等建筑预计投资5212.5万元，由乙公司采取交钥匙工程方式投资建筑，两校分期归还乙公司垫款并偿付1863万元回报。2005年1月30日，经贸学校、财经学校与乙公司再次签订《投资合建甲市对外经济贸易学校合同书》《投资合建甲市对外经济贸易学校学生公寓、学生餐厅合同书》《投资合建甲市对外经济贸易学校补充合同书》，分别约定：由乙公司对校园土木基本建设、绿化等实物全额投资交钥匙工程方式投入，投资约5212.5万元，经贸学校、财经学校自校园建设项目竣工后按7年归还乙公司投资成本，自竣工后第8年开始按7年支付乙公司投资回报1863万元，任何一方违约除应赔偿给对方造成的全部损失外，还应按双方总投资额的10%作为违约金赔偿；由乙公司对学生公寓、餐厅的土木建筑、设备、设施实物全额投资交钥匙工程方式投入，投资约1900万元，乙公司享有对学生公寓、餐厅的管理经营收费权及相应的处置权25年，任何一方违约除应赔偿给对方造成的全部损失外，还应按双方总投资额的10%作为违约金赔偿；当银行年贷款利率上下浮动超过0.5%时，同意按浮动后的(年贷款利率+3.62%投资回报率)×总投资额来收取投资回报。2005年5月6日，经贸学校、财经学校与乙公司签订补充合同书，约定由乙公司在甲市工商管理局注册的“甲市乙房地产开发有限公司”负责履约。

另查明：乙公司成立于2001年9月7日，登记机关为北京市工商行政管理局，住所为北京市平谷县滨河工业开发区，法定代表人为张某，注册资本1000万元，主要经营范围为房地产开发及商品房销售，年检材料合法、齐全，无违法、不良记录，未因不符合设立、存续条件而被吊销、注销，经营资格不存在问题。乙公司委托代理人刘某某虽非乙公司的法定代表人，但在同经贸学校、财经学校洽谈投资合建新校园项目时，受到了乙公司的合法授权，代表了乙公司，刘某某的行为依法应当由乙公司承受。刘某某为经营方便，代表公司刻制了三枚公章并使用，其在庭审中也表示认可，并当庭出示了在北京市工商管理局预留印鉴的公章，代表公司对使用其他三枚公章的行为表示追认。

经贸学校与财经学校迁建合并一事，自政府部门批准立项始，河北省甲市人民政府即一方面同意经贸学校、财经学校与乙公司合作融资,另一方面提出还要积极探索争取国债资金支持、专业银行信贷等融资渠道。后来,至2005年10月,经河北省甲市人民政府常务会议批准,由省开发银行给两校迁建贷款5000万元,从此基本解决了校园建设所需资金问题。正是由于国家给了经贸学校、财经学校迁建资金贷款,从2006年开始,经贸学校、财经学校便开始向乙公司提出要修改合同,修改的主要内容为:校园建设不再采用交钥匙工程方式,乙公司以现金方式投入,经贸学校、财经学校在校园项目建成后1个月内全部偿还乙公司所投入资金,按照同期银行贷款利率向乙公司支付自施工时起至偿还全部投资时止的利息。乙公司对此修改未予接受。

二、当事人一审起诉与答辩情况

经贸学校与财经学校共同诉称:2004年8月26日,经贸学校、财经学校与乙公司代表刘某某协商,签订了《投资合建甲市对外经济贸易学校合同书》。2005年1月30日,对该合同重新签订,同时签订了《投资合建甲市对外经济贸易学校学生公寓、学生餐厅合同书》。经贸学校、财经学校按照河北省甲市市长办公会议要求,组建了新校园建设项目筹建处,积极推进各项筹建工作的落实,取得了显著进展。

乙公司代表人刘某某在项目启动初期,向经贸学校、财经学校提供了企业工商登记资料和资信资料,其提供的资信资料显示乙公司为“美国美洲中银国际金融集团辖下的控股公司”,并有几年的良好项目开发业绩。2007年5月,甲市委、市政府及有关部门接到群众实名举报刘某某在开发过程中的问题,责成经贸学校、财经学校进行了调查核实,经初步调查核实,刘某某向经贸学校、财经学校提供的企业信息资料极不真实,借以骗取经贸学校、财经学校信任。且乙公司不具备出资和履约能力,对校园建设的顺利进行构成了严重影响,已丧失了继续合作基础,也势必造成国家利益的重大损失。乙公司的行为已经违反了《合同法》第52条的规定,双方所签合同应当归于无效,故请求确认《投资合建甲市对外经济贸易学校合同书》无效。

乙公司答辩称:

1. 财经学校、经贸学校没有证据证明“乙公司的信息资料不真实”。首先,乙公司未曾提供虚假信息资料。乙公司系在北京市工商行政管理局依法注册登记的公司,自2001年成立至今,均依法经过国家工商行政管理部门的年检及备案,也未曾有伪造虚假资信材料的不良记录。自2002年9月双方着手洽谈投资合作一事至签订正式的投资合作合同书,再到财经学校、经贸学校单方提出对合同作出根本变更,历时近5年。其间,不仅财经学校、经贸学校从未向乙公司提出“信息资料不真实”,而且双方投资合作一事也多次经过了河北省甲市人民政府及相关部门的认同和批准。其次,财经学校、经贸学校因所谓的“谢某某”的举报材料进而对乙公司的资质信用产生怀疑,没有事实和法律依据。财经学校、经贸学校所依据的举报信,是否为谢某某所写不能确定,必须由谢出庭才能核实确认;财经学校、经贸学校派专人走访调查,没有发现谢某某举报的"刘某某骗取沧州金属材料公司货款并被沧州检察院立案审办"之事的证据,相反却能证实刘某某参与天津民族医院改制并得到了天津红桥区政府的批准。

2. 财经学校、经贸学校诉乙公司不具备出资和履约能力,没有事实依据,且该问题与合同效力无关。其一,乙公司的出资能力问题不容怀疑。乙公司自与财经学校、经贸学校合作始,为积极地投身教育事业,切实保证两校合并顺利开展,在准备以自身的人力、财力投入的同时,还不断地筹措了大量的保障资金,如加拿大某实业有限公司的850万美元、北京某房地产开发有限公司的5000万元等,每一项资金皆足以保证完成投资开发两校合并之事。其二,财经学校、经贸学校将"无出资和履约能力"作为合同无效的一个理由,暂不说其能否证明乙公司是否具有出资和履约能力,就该问题而言,只能说明乙公司是否具有履约能力,如无履约能力,后果是承担不能履行合同的责任,但这与合同效力没有任何关系。

3. 财经学校、经贸学校称"造成国家利益的重大损失",没有事实根据。其一,承担投资风险的是乙公司,受损失的亦是乙公司。乙公司与财经学校、经贸学校所签的投资合建合同书中写得清清楚楚,由乙公司对甲市对外经贸学校进行土木建设,投资方式为实物交钥匙工程,投资金额合计7100余万元。乙公司的合同义务属"垫资",不占用财经学校、经贸学校一分一文,乙公司承受了巨大的投资风险。因此,在同财经学校、经贸学校合作的过程中,担风险的一方是乙公司,现在和将来有可能受到损失(投资成本及回报的损失)的仍是乙公司。财经学校、经贸学校诉称"造成国家利益的重大损失"是一种无根据的推理,不能成立。其二,财经学校、经贸学校的说法明显自相矛盾。财经学校、经贸学校的两个主管部门即河北省甲市粮食局和河北省甲市教育局向市政府汇报"关于谢某某对刘某某举报信调查核实情况及处理意见"中明确写道:"因双方(指合同双方,即乙公司与财经学校、经贸学校)意见分歧,加之征地工作尚未结束,截至目前任何实质性工作尚未开展,没有给国家造成一分钱损失。"而在本案中,财经学校、经贸学校却称国家利益受到了损害,显然自相矛盾,不足为信。

4. 关于财经学校、经贸学校所作所为背后的真相。财经学校、经贸学校故意编造诉由,以合同无效为幌,另有动机。在乙公司对投资项目做好资金筹措和开工准备后,财经学校、经贸学校于2005年10月得到了5000万元贷款,因此产生了不让乙公司为其建校的念头。为了达到该目的,首先单方将5年之前已确定的"实物投资交钥匙工程的投资方式"改为现金投资,且无投资回报。财经学校、经贸学校的行为明显违反合同规定,因此,乙公司予以拒绝。为达目的,财经学校、经贸学校又寻找理由，以“信息不真实”为由诉称合同无效，以此来甩掉乙公司，其行为有失诚信。

5. 财经学校、经贸学校诉合同无效，因没有事实基础，不应得到支持。

乙公司反诉称：为履行合同，双方早在2004年2月成立了筹建处，乙公司为此投入了大量资金用于装修和添置办公设备。但后来，财经学校、经贸学校对由其负责的全套合法立项、土地证、土地规划、建设用地许可证、施工图、开工许可证等方式投入，以及地方政府完善提供水、暖、电、上下水、道路等大市政配套业务迟迟不能完成，属严重违约。财经学校、经贸学校早存有不履行合同的意图，于2006年10～12月就向政府有关部门散布该项目不交由乙公司实施。正值乙公司积极履行合同时，财经学校、经贸学校于2007年7月20日突然提出根本性变更合同，将原来的实物投资交钥匙工程的投资方式改为现金投入，在乙公司强烈反对下，双方未达成一致。财经学校、经贸学校欲单方撕毁合同，其行为已构成严重违约。故请求：判令财经学校、经贸学校继续履行合同；如不能继续履行合同，判令财经学校、经贸学校支付违约金1185.35万元、违约金不足以弥补损失部分677.65万元；财经学校、经贸学校承担本案的诉讼费用。

经贸学校针对乙公司的反诉答辩称：因双方所签合同不具备有效条件，应当依法确认无效。主要理由有：(1)乙公司已经丧失了法定的成立条件。乙公司的工商登记年检资料显示：乙公司没有任何变更登记，没有任何经营业绩记录，总资产小于注册资本。经调查发现，该企业没有固定的经营场所和办公地点，两个出资人也已经撤资，可以确认企业已经不复存在。刘某某与乙公司股东张某之间的转股协议，因没有其他股东的签名同意就不具有法律效力，也没有依法进行股东变更登记，刘某某不能以公司名义对外交往。(2)刘某某采取欺世盗名手法与我方签订合同。自2002年洽谈合同开始至今，只有刘某某一人在出面。庭审中刘某某承认：合同书上的公章是自己私刻的，自己手里共有三枚公司的公章；授权书上法定代表人张某的签名是刘某某自己签的，并非张某亲笔签名。刘某某还诡辩是为了公司开展业务方便才私刻公章的。(3)刘某某骗取信任签订合同。刘某某提供的企业资料显示：乙公司为“美国美洲中银国际金融集团辖下的控股公司”“世界科学管理协会对校园建设项目投资”“刘某某为天津市民族医院、天津汉佩隆生物工程技术有限公司法定代表人”；乙公司先后开发“北京密云长安甲区、四川电影艺术学校、北京前门危房改造”项目。我方收到转批的对刘某某的投诉后，经调查核实，刘某某提供的这些材料是虚假的、伪造的。(4)双方所签合同内容违反了法律强制性规定。校园建设项目应当依照招投标法的规定进行招投标，而合同约定与法律规定相悖。综上，双方所签合同因违反法律应归于无效，乙公司反诉请求缺乏事实根据和法律依据。

财经学校答辩称:因合同无效,故不能依据违约责任的约定主张违约损失,根据《合同法》第58条的规定,只能根据双方的过错,承担相应的责任。其一,关于合同过错问题,刘某某过错重大且明显故意,我方没有明显过错。(1)刘某某故意向我方提供虚假情况,隐瞒事实真相,掩盖了不具有履行合同的资格和能力;私刻公章、伪造天津市卫生局颁发的证件,丧失了商业信誉。(2)我方按照《合同法》第69条关于不安抗辩的规定,履行了催告义务。当我方发现刘某某的欺诈情况后,为防止因刘某某的欺骗行为造成无法挽回的损失,在多次督促刘某某打款无果的情况下,于2007年7月20日向刘某某递交了一份修订合同书,希望刘某某一次性将建设资金投资到位。(3)刘某某"边施工、边给钱"的说法不符合法律规定。建设资金足额到位,接受银行的监管是法律的规定,是招投标的需要。(4)刘某某的资金没有到位,也不可能到位。如果刘某某为"本项目"做好充分的资金和技术准备,我方就不会因缺口5000万元的建设资金而发愁,甚至不惜向银行贷款,还对迁校工程的总资金作使用的调整。(5)庭审中,乙公司坚持认为"交钥匙工程,只有交给你校园工程就可以了,没有必要资金全部到位",是行不通的。其二,关于反诉的诉请数额问题。首先,刘某某没有投资上的损失,因其从来没有对项目进行过真正意义上的投资。刘某某一直没有将5000万元的资金打到筹建处的账上,接受银行对建设资金专款专用的监督。其次,刘某某提供的证据不能证实其损失及数额,其所提供的资料只能证明刘某某曾寻求他人予以资金支持,不能证明其资金已足额到位,更不能证明其损失及损失数额。

三、河北省高级人民法院一审认定与判决

一审法院经审理认为,谢某某对刘某某及乙公司向甲市纪委的举报材料应属于证人证言,依法应当由谢某某出庭作证予以核实,谢某某未出庭作证。对该证据材料的真实性不予认定。另外,从经贸学校、财经学校所提供证据可以证明,经贸学校、财经学校曾就谢某某举报内容派专人走访调查,却没有调取到谢某某举报"刘某某骗取沧州金属材料公司货款"之事的证据;乙公司确实参与天津市民族医院的改制,并得到了天津市红桥区人民政府的批准,尽管最终改制合同予以解除,但该事实可以印证举报内容的不真实。故经贸学校、财经学校以该事实存在为由主张合作合同无效的理由因缺乏事实依据,不予支持。退一步讲,即使乙公司确实存在谢某某所举报的情形,经贸学校和财经学校也不得以此为由解除与乙公司的合作合同,两学校只能行使《合同法》所规定的不安抗辩权,先中止双方合同的履行,由乙公司提供担保,如乙公司确实不具有履行合同的能力,才能行使合同解除权。经贸学校和财经学校在没有确切证据证明乙公司不能履行双方所签合作合同前即行使合同解除权违反《合同法》的有关规定,其行为应认定为违约。

关于经贸学校、财经学校在庭审中提出的合同内容违背了《招标投标法》关于必须招投标的强制性规定,应被确认无效理由。一审法院认为,经贸学校和财经学校曾于2005年11月26日就新校园的建筑工程项目向河北省甲市发改委申请了邀请招标,申请由乙公司对教学楼、办公楼、图书馆等建筑采取交钥匙工程的方式投资建设,对学生宿舍和餐厅等建筑采取后勤社会化方式投资建设,河北省甲市发改委于2005年12月26日对以上工程建筑项目的邀请招标予以了核准。可见,双方当事人所签订的投资合建合同完全符合《招标投标法》关于邀请招标的相关规定。因此,本案合同不违反《招标投标法》关于必须招投标的强制性规定,对经贸学校、财经学校提出的该诉讼理由与依据本院不予采纳。

综上,经贸学校、财经学校诉请其与乙公司所签合作合同无效的主张不能成立,其诉讼请求应当驳回。

关于乙公司的反诉请求,因双方所签订的《投资合建甲市对外经济贸易学校合同书》《投资合建甲市对外经济贸易学校学生公寓、学生餐厅合同书》《投资合建甲市对外经济贸易学校补充合同书》均系双方当事人的真实意思表示,内容不违反法律的强制性规定,合法有效,应受法律保护。经贸学校、财经学校擅自解除双方的合作合同,构成违约,应按照合作合同的约定承担违约责任并赔偿乙公司因此所产生的损失。因乙公司所提供的证据不足以证明其损失的具体数额,其损失方面的诉讼请求缺乏证据支持;但经贸学校、财经学校承认乙公司在履行双方的合作合同中有一定的损失,且乙公司跟踪该工程项目期间较长,其经营损失必然存在。另外,根据双方合作合同约定,当一方违反合同时,应承担合同总额的10%的违约责任,本案所涉合同总额为11,853.5万元,按10%计算违约金数额应为1185.35万元。根据《合同法》的有关规定,违约金应当与损失相当,违约金过高,可依据一方申请予以适当调低。根据本案的实际情况,并依据经贸学校、财经学校的申请,一审法院适当将违约金的比例调整为3%为宜,即经贸学校和财经学校应承担的违约责任为355.65万元。双方所签投资合作合同已无继续履行之可能,故该合作合同应予以解除。依照《合同法》第8条、第107条、第114条之规定,判决如下:(1)驳回经贸学校、财经学校要求确认合同无效的诉讼请求;(2)解除经贸学校、财经学校与乙公司所签的投资合作合同;(3)经贸学校、财经学校在本判决生效后10日内支付乙公司违约金355.605万元。一审案件受理费及反诉费317,237元,财产保全费5000元,共计322,237元,由乙公司负担222,065元,财经学校、经贸学校共同负担100,172元。

四、当事人上诉及答辩情况

经贸学校、财经学校和乙公司均不服一审判决,向最高人民法院提起上诉。

经贸学校、财经学校上诉称:第一,原审判决合同有效是错误的。北京市工商行政管理局虽然对乙公司进行了年检注册,但事实上乙公司已经名存实亡,是一个非常典型的“三无”公司。学校方面曾几次与刘某某交涉，要求其打入部分资金或者提供担保，但其拒不投资和提供担保。刘某某根本代表不了乙公司，是其个人利用乙公司的招牌实施诈骗，在此情况下签订的合同不可能是双方当事人真实的意思表示。第二，即使合同有效，原审判决确定的违约金数额也存在重大错误。双方签订的投资合建合同根本没有实际履行，乙公司也未就合同的履行支付过任何费用，一审判决学校承担高额的违约金显失公平。第三，学校主张解除合同是行使《合同法》规定的不安抗辩权，其并不否认乙公司的所谓代表刘某某在工程项目初期运作过程中做了一些有益的工作，但从项目的各种报批手续到项目的征用土地及拆迁安置等工作，全是学校独自完成的。关于项目合同修改和资金保障问题，学校不厌其烦地找刘某某协商，已经给乙公司很长时间的机会，而刘某某没有任何投资，也未曾提供真实有效的资金来源保障校园建设，因此学校有权主张解除合同。故请求撤销原审判决并依法改判或者发回重审，由乙公司承担全部诉讼费用。

乙公司答辩称：双方当事人签订的合同在性质上属于投资合建合同，不违反法律强制性规定，合法有效。经贸学校、财经学校主张合同无效没有法律依据，请求二审法院依法驳回其上诉请求。

乙公司上诉称：第一，乙公司因经贸学校和财经学校违约造成的损失数额巨大，而一审法院认定合同约定的违约金较损失过高，是没有事实依据的。根据双方签订的投资合建合同书的约定，乙公司获得的投资回报为1863万元，同时还对学生公寓、餐厅享有25年的管理、经营、收费等权益。合同约定的违约金为1185.35万元，远低于乙公司的损失数额。第二，一审法院将违约金比例降低到3%，缺乏法律依据。在本案诉讼中，经贸学校和财经学校从未请求减少违约金数额，因此一审法院不应减少合同约定的违约金比例。综上，请求撤销一审判决第三项，改判经贸学校和财经学校向乙公司支付违约金1185.35万元及违约金不足弥补的损失677.65万元，共计1863万元；一、二审诉讼费用由经贸学校和财经学校承担。

经贸学校和财经学校答辩称：乙公司自称“损失数额巨大”缺乏客观依据；本案所涉合同应当依法确认为无效，就不存在违约的问题，更谈不到支付违约金或者赔偿问题。考虑到刘某某在立项过程中做了一些有益工作，在设立项目筹建处办公处所时曾花钱添置了桌椅和办公用耗材，学校同意适当给其补偿。而一审判决的违约金数额畸高，实属判决错误。

五、最高人民法院二审查明的案件事实

最高人民法院二审期间，乙公司主张其为履行投资合建合同所支出的费用为8,464,510元，包括办公费、招待费、通信费、汽车及消耗费、人员工资、杂费及公关费等。其中有票据的为1,405,189.21元，无票据的为7,059,320.79元。

经贸学校和财经学校认为上述支出费用不真实且与本案项目无关，办公费等属公司运营的正常支出，且乙公司对绝大多数费用支出没有提供原始票据。

最高人民法院二审查明：2006年6月15日，甲市对外经济贸易学校筹建处致函乙公司称："2006年2月15日我们很遗憾地知悉，贵单位擅自对外销售甲市对外经济贸易学校经济适用房，并收取了房款。我校曾于2006年2月17日向贵单位申明意见，立即停止售房活动，并将已收房款无条件全额退还。近日来，我校发现贵单位再次销售该经济适用住房。对此，我们深感不安。""目前，经济适用住房土地征用尚未完成，经济适用住房还不具备开工建设的条件，且其销售对象只限于本单位职工。贵单位将房屋对外销售的行为无异于买空卖空，将会损害购房人的利益，可能引发严重的法律后果，产生巨大的社会不良影响。更为严重的是，贵单位并未获得我校的同意，擅自对外销售该经济适用住房，不仅损害了双方间的信任，也损害了我校的声誉，并使我校面临不必要的诉讼风险，进而影响到双方合作项目的顺利完成。"

2007年7月20日，经贸学校和财经学校向刘某某递交了一份投资合建《甲市对外经济贸易学校补充、修订合同书》，希望乙公司一次性将建设资金投资到位。同年7月26日，乙公司致函经贸学校和财经学校称："用我公司投资建设的'本项目'作反担保"，"我公司跟踪'本项目'近五年，没有按时开工，两校对我公司作何补偿回报，本公司在经济上已受到了很大的损失"。

2007年7月30日，甲市对外经济贸易学校筹建处致函乙公司称："本项目的建设资金实现双控有利于资金安全和顺利筹建，筹建资金应当确认到位，否则，你司提出的'反担保''合作双控条件''资金分批次到位'不具有任何意义，是不能置信和不可接受的风险。""教师住宅楼项目建设问题，双方签订的合同只是一个合作意向书，不存在补偿问题。况且，你司还以此名义对外预售经济适用住房，给学校造成了不良的社会后果。"同年8月2日，乙公司致函经贸学校和财经学校称："双方可协商由一家担保公司与我们双方共同签约，我方出具由我方股东就保证本项目建设的银行保函，你方出具保证本项目建设竣工结算的银行保函，来解决双方的分歧，这也是我国眼下市场经济有关投资建设合作项目的依法依规的通常做法。"同年8月6日，甲市对外经济贸易学校筹建处致函乙公司："我们坚持认真和审慎的态度对待合作问题，合建合同书的修订坚持了依法依规，且兼顾了各方利益。你司对'修订和补充合同书'提出意见可以理解。但是，所提意见的理由并不充分，没有再洽商修改合同内容的必要性。"此后乙公司并没有出具保证项目建设的银行保函。

最高人民法院二审查明的其他事实与一审法院查明的事实相同。

六、最高人民法院二审认定与判决

最高人民法院经审理认为，乙公司与经贸学校、财经学校签订的合同属于投资合建合同，系双方当事人真实意思表示，不违反法律、行政法规的强制性规定，一审法院认定涉案合同有效是适当的。经贸学校和财经学校主张合同无效缺乏事实和法律依据,本院不予支持。在双方签订合同后,由于乙公司的股东谢某某向甲市纪委举报刘某某及乙公司,经贸学校和财经学校对乙公司的履约能力产生怀疑。从2006年开始,经贸学校、财经学校便开始向乙公司提出修改合同,要求乙公司以现金方式投入,校园建设不再采取交钥匙工程方式。2006年6月15日,甲市对外经济贸易学校筹建处致函乙公司,表示对乙公司擅自对外销售学校经济适用住房的行为"深感不安",在多次催促乙公司打款未果的情况下,经贸学校和财经学校于2007年7月20日提出不再履行原来的合同,向刘某某递交了自己拟定的合同文本,希望乙公司一次性将建设资金投资到位。乙公司回函表示用投资建设的"本项目"作反担保,经贸学校和财经学校则回函认为乙公司提出的"反担保""合作双控条件"、"资金分批次到位"不具有任何意义,是"不能置信和不可接受的风险"。乙公司又致函经贸学校和财经学校称愿意出具由乙公司股东就保证"本项目"建设的银行保函,但经贸学校和财经学校认为乙公司所提意见的理由并不充分,"没有再洽商修改合同内容的必要性",此后乙公司也没有提供适当担保。根据《合同法》有关不安抗辩权的规定,经贸学校和财经学校中止履行义务后,乙公司在合理期限内并未提供适当担保,经贸学校和财经学校有权解除合同。

鉴于乙公司为履行涉案合同支付了一定费用,且乙公司跟踪该工程项目期间较长,其不可避免有一些经营损失。依照《合同法》第97条的规定,"合同解除后,尚未履行的,终止履行;已经履行的,根据履行情况和合同性质,当事人可以要求恢复原状、采取其他补救措施,并有权要求赔偿损失",考虑到本案的实际情况,从平衡双方当事人利益及公平的角度出发,酌定经贸学校和财经学校赔偿乙公司的损失200万元,乙公司上诉请求判令经贸学校和财经学校支付违约金及违约金不足弥补的损失共计1863万元,缺乏事实和法律依据,不予支持。综上,根据《民事诉讼法》第153条第1款第2项之规定,判决如下:(1)维持河北省高级人民法院(2008)冀民二初字第10号民事判决第一、二项;(2)变更河北省高级人民法院(2008)冀民二初字第10号民事判决第三项为:经贸学校和财经学校在判决生效后10日内赔偿乙公司损失200万元。

[参见最高人民法院民事审判第一庭编:《民事审判指导与参考》(2009年第4集),法律出版社2010年版。]

032. 双方当事人在合同中约定的一方应履行的合同义务，能否成为法律上的条件？

【典型案例】

上海绿庭集团有限公司与南京建宇房地产开发（集团）有限公司合作开发房地产纠纷案

【裁判要点】

依据《民法通则》第62条及《合同法》第45条第1款的规定，民事法律行为可以附条件，附条件的民事法律行为在符合所附条件时生效。当事人对合同的效力可以约定附条件。附生效条件的合同，自条件成就时生效。附解除条件的合同，自条件成就时失效。由此可知，法律上所称的条件是指决定民事法律关系的效力产生和消灭的不确定的事实；而合同义务主要是合同当事人约定的义务，两者不同。因此，双方当事人在合同中约定的一方应履行的合同义务，不能成为法律上的条件。

上诉人（原审被告）：上海绿庭集团有限公司。

被上诉人（原审原告）：南京建宇房地产开发（集团）有限公司。

原审被告：上海绿洲科创生态科技有限公司。

一、二审法院审理查明的事实

安徽省高级人民法院（以下简称一审法院）经审理查明：2008年2月2日，甲方南京建宇房地产开发（集团）有限公司（以下简称建宇公司）、丁方南京兴盛公司为转让其在香泉湖公司的80%股权与乙方上海绿庭集团有限公司（以下简称绿庭公司）及丙方香泉湖公司签订《股权转让协议书》（以下简称《协议书》），载明："项目名称：中国香泉湖国际度假中心；项目位置：安徽和县香泉镇；用地概况：该项目为集房地产、旅游、生态农业为一体的开发项目，项目自2003年和2005年经和县发展局与巢湖发改委分别立项，并自2004年启动开发至今。项目经和县城市规划委员会批准红线用地面积约10,453亩（详见附件1项目规划红线图。其中：陆地面积约7883亩，水面面积约2570亩），经规划批准建筑面积为699,238平方米（其中：房地产开发面积547,100平方米，商业旅游项目可销售或经营面积132,138平方米，市政配套项目面积20,000平方米），规划容积率为0.14，总投资约20亿元人民币，项目分五期。"《协议书》约定:"……三、股权转让价格:甲、乙、丁三方一致确认香泉湖公司80%股权转让总价为800万元。其中甲方向乙方转让丙方70%的股权,作价700万元;丁方向乙方转让丙方10%的股权,作价100万元。四、股权转让价款和定金的支付期限、方式及股权转让手续的办理、交接:(一)经甲、乙、丙、丁四方一致同意并确认,乙方同意在确保本股权转让协议有效的前提下,股权转让总价款为800万元。(二)股权转让款和定金的支付时间:本协议签署之日,乙方向丙方支付履行本协议的定金50,000万元,同时,甲方和丁方向乙方提供丙方公司章程、最新的资产负债表、损益表、现金流量表等财务报表、工程资料以及经与原件复核后的各项权证和批复文件的复印件、合同等以供乙方进行尽职调查和审计工作。(三)乙方有权进场对丙方进行尽职调查和审计。在乙方尽职调查和审计经甲、乙、丁三方确认后,甲、乙、丁各自完成股权变更所需手续后三日内,乙方向甲方支付股权转让款700万元整,向丁方支付股权转让款100万元整,并立即至工商行政管理部门办理完毕股权变更登记,取得新的企业法人营业执照。(四)上述工作完成后,在2008年6月30日前,甲方负责将467亩别墅用地的土地使用权证办至新公司名下,并承担取得土地使用权证的所有费用。(五)在2009年12月31日前,甲方配合新公司取得1100亩高尔夫别墅用地的土地使用权证(所有土地挂牌费用及土地税、费均由新公司方承担)……六、甲方的权利与义务:……(二)负责办理香泉湖项目拟建面积的全部报批手续和项目开工前期的报批手续,但乙方需提供符合规划要求的设计方案。(三)甲方确保在2008年12月31日前,负责完成规划红线内7883亩土地(不含水面)的征地工作,并配合新公司取得1100亩高尔夫别墅用地约600亩的土地使用权证。在2009年12月31日前,甲方应配合新公司取得1100亩高尔夫别墅用地约500亩的土地使用权证。(四)负责领取2908亩已批准规划建设用地的土地证,并确保已领取的土地证无抵押情况。甲方须承担规划红线内全部开发建设用地、征用地及租用水面约10,453亩的土地出让金、征用费、租金、拆迁费、使用费等所有税、费,但其中1100亩高尔夫别墅用地的土地挂牌费用和各项税费及18洞高尔夫1766亩土地的征地、拆迁、安置补偿等费用由新公司承担……七、乙方的权利与义务:(一)乙方须保证在本协议签订后,续建已开工的桃花岛,并确保规划中的高尔夫项目在2008年开工建设、罗马假日酒店项目在2009年开工建设。(二)乙方须确保香泉湖项目的开发周期为5~8年,如发生不能归咎于乙方的原因,则开发周期相应顺延,乙方无须承担违约责任……(五)乙方保证新公司为甲方完成剩余工作开立独立的账户,财务款项进出自由,甲方应确保使用该账户的用途仅限于附件5中所规定的归甲方所有的部分,否则须承担违约责任。该账户的使用应符合国家财政金融法律法规及新公司财务管理制度的规定。(六)乙方按本协议约定支付股权转让款和其他款项……"

同日，上述四方又签订《补充协议》，约定：(1)甲、乙、丙、丁四方一致同意，乙方需向丙方及新公司注入资金共计为5.72亿元(包括在《协议书》中约定的定金5000万元整)。同时确认，甲方对丙方的债权、甲方代丙方支付的款项、甲方在交割日前对丙方的所有者权益总和为5.72亿，乙方应根据《协议书》和补充协议约定的条件分期履行。(2)本协议生效后3个月内，乙方对丙方完成尽职调查和审计工作并经甲、乙、丁三方确认之后，甲、乙、丁各自完成股权变更所需手续，乙方分别向甲方和丁方支付股权转让款，并至工商管理部门办理股权变更登记。股权变更登记完成后，在新公司(股权变更后的香泉湖公司)领取到新的企业法人营业执照之日(节假日顺延)，乙方向新公司注入资金计2亿元。新公司在收到该款当日将2亿元偿还甲方，甲方应于当日向乙方指派的新公司董事移交下列资料：①丙方真实、完整的全部经营资料，包括但不限于项目资料、土地手续和财务资料等；②移交丙方全部公司全部印章；③移交丙方全部公司资产(包括对外投资的部分)(具体需交接的资产清单见附件1)；④已取得的全部开发用地土地证、项目全部林权批准手续和水面租赁协议等。(3)上述条款规定的工作完成后，甲方在2008年6月30日前，将467亩别墅用地的土地使用权证办至新公司名下，并承担取得土地使用权证的所有费用。在此前提下，乙方向新公司注入1亿元。新公司在收到该款当日将1亿元偿还甲方。否则乙方、新公司两方有权将此笔丙方应付甲方欠款支付期限相应顺延。(4)上述条款规定的工作完成后，甲方在2008年12月31日前，配合新公司取得1100亩高尔夫别墅用地约600亩的土地使用权证(所有土地挂牌费用及税、费由新公司承担)，并负责完成规划红线内所有土地的征地工作。在此前提下，乙方向新公司注入1亿元。新公司在收到该款当日将1亿元偿还甲方。否则乙方、新公司两方有权将此笔丙方应付甲方欠款支付期限相应顺延；在2009年12月31日前，甲方配合新公司取得1100亩高尔夫别墅用地剩余约500亩的土地使用权证(所有土地税、费由新公司承担)。在此前提下，乙方向新公司注入5000万元，新公司在收到该款当日将5000万元退还甲方。否则乙方、新公司两方有权将此笔丙方应付甲方欠款支付期限相应顺延。(5)上述条款规定的工作完成后的三周内，尾款7200万元由乙方一次性注入给新公司。新公司在收到该款当日将7200万元偿还甲方……(7)乙方按本补充协议约定的条件支付相应款项。如乙方未能按本补充协议如期支付相应款项的，则每逾期一天，乙方应按未按期支付款项部分的万分之一向甲方支付违约金。逾期超过叁拾日，甲方有权单方面解除本补充协议。但如发生不能归咎于乙方的原因除外。(8)甲方确保在2008年12月31日前，负责完成规划红线内7883亩土地(不含水面)的征地工作，并配合新公司取得1100亩高尔夫别墅用地约600亩的土地使用权证。在2009年12月31日前，甲方配合新公司取得1100亩高尔夫别墅用地约500亩的土地使用权证。负责领取2908亩已批准规划建设用地的土地证,并确保已领取的土地证无抵押情况。甲方须承担规划红线内全部开发建设用地、征用地及租用水面约10,453亩的土地出让金、征用费、租金、拆迁费、使用费等取得土地使用权的所有税、费,但其中1100亩高尔夫别墅用地的土地挂牌和取得此土地使用权证的所有税、费用及18洞高尔夫1766亩土地的征地、拆迁、安置补偿费用由新公司承担。新公司应按甲方与和县政府约定的征地、拆迁工作进度及时支付征地、拆迁费用,否则,责任由新公司承担……《补充协议》还约定了其他事项。

上述合同签订后,绿庭公司于2008年2月4日向建宇公司支付定金50,000万元,建宇公司向绿庭公司提交了经四方确认截至2007年12月31日的香泉湖公司《资产负债表》《损益表》。2008年4月30日,建宇公司又向绿庭公司提交了包括前期、营销、公建工程三份《香泉湖项目尽职调查资料确认清单》。2008年5月19日,建宇公司为香泉湖公司办理了467亩土地的《土地使用权证书》。2008年9月25日,建宇公司对香泉湖公司进行了变更登记,法定代表人由夏荣生变更为俞乃奋,持股比例变更为绿庭公司持股80%,建宇公司持股20%。同日,香泉湖公司领取了新的营业执照。绿庭公司支付了股权转让款800万元。2008年七八月,双方通过往来函件的方式约定于2008年年底完成增资扩股至3亿元,建宇公司以实物即以"波托菲诺"和"香泉湖大酒店"两个物业作为出资。

2008年10月30日,和县人民政府召开专门会议研究香泉湖项目的开发事宜,县政府相关部门、建宇公司和绿庭公司均参加会议,就香泉湖项目开发形成了《关于香泉湖奥林匹克公园项目协调会会议纪要》,内容为:"……三、抓紧实施,全力推进。1.抓紧实施征地、拆迁工作。征地、拆迁补偿费用执行第59次县长办公会研定的《香泉湖奥林匹克公园项目区征地补偿方案》和《香泉湖奥林匹克公园项目区房屋拆迁补偿安置方案》,项目方负责将征地、拆迁所需资金及时、足额到位,由香泉镇负责具体项目区征地、拆迁等工作……"。

2008年12月11日,和县香泉镇人民政府给香泉湖公司发出《通知》:"和县人民政府就香泉镇奥林匹克公园项目区集体土地房屋拆迁补偿安置方案的通知(和政办〔2008〕105号)及香泉镇奥林匹克公园项目区征地补偿安置方案的通知(和政办〔2008〕106号)已批转我镇。根据和县人民政府要求,应严格依法履行征地批后实施程序,按照征收土地方案及时支付补偿费用,落实安置措施,切实安排好被征地农民的生产和生活……望你司就以上通知,抓紧组织落实相关资金费用,认真贯彻执行。"

2008年12月1日,建宇公司致香泉湖公司《关于香泉湖前期事项的函》称:"自绿庭公司和我总公司签订协议、绿庭集团香泉湖项目尽职调查小组进驻香泉湖以来,我总公司及相关子公司严格遵守协议精神,积极配合绿庭集团香泉湖项目尽职调查小组开展工作。目前，根据相关协议精神，我总公司决定成立我部中国香泉湖国际度假中心一期在建项目管理部。希望贵公司能尽快安排下一阶段的工作计划，以便贵我双方能顺利开展近期前期工作。现我部将前一阶段工作情况和下一步工作初步安排函告贵公司仅供参考。一、2008年已完成180亩（小山尾地块）建设用地的各项前期工作，目前已由县、市报到省国土资源厅，正在等待审批。二、根据新的总体规划设计要求，高尔夫用地由原来的1780亩扩征到3500亩，我部已上报县委、县政府及相关部门。和县人民政府为此召开了专题会议并获得通过，下发了和政办〔2008〕106号文《关于转批香泉镇奥林匹克公园项目区征地补偿安置方案的通知》。对此，我部建议香泉湖项目应在已取得用地的范围内尽快实施高尔夫项目，并确保项目在规定的期限内开工建设。同时抓紧对新征高尔夫用地进行测量确界，确定各类用地面积、房屋及其附属用房面积，确保春节前做好征地前期工作，节后着手实施征地拆迁工作。"

2008年12月15日，建宇公司致香泉湖公司《关于香泉湖前期亟待解决事项的函》称："自2008年9月新公司成立以来，我部按相关协议精神积极配合新公司开展各项前期工作，目前年底将近，有以下几个方面的问题亟待解决，请贵公司尽快答复我部，以便贵我双方能顺利开展后续工作。一、小山尾186亩土地用地指标已下达，接县国土局通知，必须在12月底之前预交187万元各项土地费用，待该地块土地挂牌后再按协议约定结算。二、原定2008年建设用地指标申报及新增高尔夫用地征地、拆迁工作，因总规划图至今尚未确定，导致我部无法开展实质性谈判工作。目前接和县政府通知，省政府国土资源厅明确指示2009年征地补偿费用将增加基准暂定为2.6万元/亩，为降低新增高尔夫用地征地、拆迁费用，请贵公司务必在2008年12月底前明确用地红线，以便我部开展高尔夫项目新增用地的征地、拆迁工作……"。

2008年12月29日，安徽省人民政府下发《关于和县2008年第一批次城镇建设用地的批复》，对香泉湖项目中位于小尾山部分12.0573公顷的土地下达建设用地指标。2009年12月22日，安徽省人民政府下发《关于和县2009年第二批次城镇、集镇与村庄建设用地的批复》，对香泉湖项目中137.43亩下达建设用地指标。2009年11月20日，建宇公司向和县国土资源局支付上述137.43亩土地的报批规费235,839.04元。

因履行案涉合同发生纠纷，建宇公司于2009年8月13日向安徽省高级人民法院起诉，请求判令绿庭公司向建宇公司支付2.135亿元及违约金811.22万元；判令绿庭公司和香泉湖公司按照合同约定为建宇公司完成剩余工作开立独立账户，并向建宇公司支付违约金1500万元。绿庭公司和香泉湖公司提出反诉，请求判令建宇公司立即履行《协议书》第4条第2项中约定的向绿庭公司提交资料义务，偿还绿庭公司及香泉湖公司为其代垫的4200万元土地出让金;向绿庭公司支付违约金1500万元。安徽省高级人民法院一审认定:“《补充协议》第一条中约定的建宇公司对香泉湖公司的债权、代付的款项及在交割日前所有者权益总和5.72亿元即是项目转让总价款,由绿庭公司根据《协议书》和《补充协议》约定的条件分期履行”;“绿庭公司应依约于2008年5月20日、2008年9月25日分别通过香泉湖公司向建宇公司支付1亿元和2亿元。但绿庭公司仅依约通过香泉湖公司支付建宇公司8650万元,尚欠21,350万元未付,故其应按约向建宇公司支付21,350万元并承担违约责任”。同时认定:“绿庭公司反诉称建宇公司未按合同约定履行其提供相关资料义务的理由不能成立”,“按照《协议书》和《补充协议》的内容,双方义务的履行是有先后顺序的,由于绿庭公司按约支付相关款项是先履行义务,在其未先履行的情况下,建宇公司可以行使先履行抗辩权,其未按约履行义务,并不构成违约。”遂判决:(1)绿庭公司于判决生效之日起10日内支付建宇公司21,350万元,及迟延付款违约金811.22万元(计至2009年8月10日,此后的违约金以未付款金额按日万分之一计至全部款项付清之日止);(2)绿庭公司和香泉湖公司在判决生效后10日内为建宇公司完成约定的剩余工作提供由香泉湖公司进行统一财务管理的专用账户;(3)驳回建宇公司的其他诉讼请求;(4)驳回绿庭公司的反诉请求;(5)驳回香泉湖公司的反诉请求。绿庭公司、香泉湖公司不服该判决,向最高人民法院提出上诉。最高人民法院作出(2010)民一终字第100号民事判决(以下简称100号判决),判决:驳回上诉,维持原判。

另查明:2006年9月27日,和县人民政府、和县香泉镇人民政府及和县国土资源局对《关于对“中国香泉湖”国际度假中心项目用地范围的确认报告》予以确认,该报告载明:“建宇集团和县香泉湖开发有限公司于2006年4月30日与和县香泉镇签订了项目用地协议。因建宇集团和县香泉湖开发有限公司需对外招商引资,共同打造度假中心,现按协议就相关用地问题确认如下:一、建宇集团和县香泉湖开发有限公司已取得红线范围内土地使用权及地表林木使用权。二、红线范围内的土地,部分已办理国有土地使用权证,部分已兑付集体土地征用补偿费,取得集体土地使用权。三、红线范围内已取得集体土地使用权的土地,建宇集团和县香泉湖开发有限公司可按照‘投资协议书’的约定及开发建设进度,按有关规定和程序申办国有土地使用权证。附红线图。”迄今为止,建宇公司已完成陆地面积约6117亩土地的征地工作,水面面积2570亩的租用工作。取得开发建设用地2908亩中的1808亩土地使用权证。尚未办理土地征地手续的土地面积为1766亩,未取得国有土地使用权证的开发建设用地1100亩。

还查明:绿洲科创公司成立于1999年4月13日,系有限责任公司(港澳台地区法人独资),现法定代表人俞乃雯。绿庭公司成立于2002年8月29日,系一人有限责任公司(外商投资企业法人独资),法定代表人为俞乃奋,注册资本为人民币1亿元,绿洲科创公司是其唯一股东,出资到位。两公司均为独立企业法人,各自董事会、高管人员系不同人员组成,年度《审计报告》独立编制,均由会计师事务所审计。

本案一审期间,和县香泉镇人民政府于2011年7月29日向建宇公司发出《通知》:"为保障和促进香泉湖项目的建设,经镇党委和政府研究决定:建宇公司在收到本通知三日内,将前期香泉湖公司的各种证照、批复及权证等相关资料均暂交于我镇政府保管,香泉湖公司及股东绿庭公司、建宇公司如需使用上述证照、批复及权证等相关资料,可提前告知我镇政府,并由我镇政府统一协调使用。"同年8月1日,建宇公司复函和县香泉镇人民政府:"我司根据镇政府关于移交香泉湖项目相关资料的通知,委托我司派驻建宇集团和县香泉湖房地产开发有限公司的相关工作人员将香泉湖项目相关资料移交给镇政府。资料清单附后。"同日,在和县香泉镇人民政府由镇政府、建宇公司及绿庭公司参加的资料移交会议上,形成《会议纪要》:"经双方充分协调,在镇政府的主持下,达成以下共识:1. 香泉湖开发项目相关资料移交至镇政府保管(资料见移交目录)。2. 确需要使用资料,使用方提出申请,镇政府把关,双方共同签字后,方可使用档案资料。3. 条件成熟后,双方认可,镇政府再次把资料移交给当事方。"建宇公司移交了"移交资料清单"上列明的所有资料,三方签字予以认可。

二、当事人一审起诉、答辩情况及一审法院审理意见

双方当事人因履行《补充协议》第4条、第5条的约定发生争议,建宇公司向一审法院提起本案诉讼,请求判令:(1)绿庭公司向建宇公司支付2.22亿元;(2)绿洲科创公司对绿庭公司上述支付义务承担连带责任;(3)本案所有诉讼费用由绿庭公司、绿洲科创公司承担。

绿庭公司辩称:(1)绿庭公司已完全履行生效判决所确认的全部款项。(2)建宇公司没有完成其应承担的先履行义务,其主张获取2.22亿元的条件根本就没有成就。建宇公司的诉讼请求,缺乏合同与事实依据,请求法院予以驳回。

绿洲科创公司辩称:(1)绿洲科创公司与建宇公司不存在合同关系,将绿洲科创公司列为被告没有合同依据。(2)绿庭公司虽为一人有限责任公司,但其财产独立于作为股东的绿洲科创公司的财产。故绿庭公司是具有独立法人资格的有限责任公司,其与建宇公司之间的股权转让合同纠纷应由其自己依法独立承担。建宇公司诉绿洲科创公司无法律依据,请求法院依法驳回建宇公司对绿洲科创公司的起诉。

一审法院认为:本案一审争议焦点是:(1)《补充协议》约定的绿庭公司支付2.22亿元款项条件是否成就;(2)绿洲科创公司对绿庭公司的上述支付义务是否承

担连带责任。

1. 关于《补充协议》约定的绿庭公司支付2.22亿元款项条件是否成就。《补充协议》第2条约定,建宇公司在股权变更、香泉湖公司领取新的营业执照、绿庭公司支付2亿元的当日向香泉湖公司董事移交。(1)香泉湖公司真实、完整的全部经营资料,包括但不限于项目资料、土地手续和财务资料等;(2)移交香泉湖公司全部公司印章;(3)移交香泉湖公司全部公司资产(包括对外投资的部分);(4)已取得的全部开发用地土地证、项目全部林权批准手续和水面租赁协议等。第4条约定,建宇公司在2008年12月31日前,配合香泉湖公司取得1100亩高尔夫别墅用地约600亩的土地使用权证,并负责完成规划红线内所有土地的征地工作,绿庭公司向新公司注入1亿元,新公司在收到该款当日将1亿元偿还建宇公司。在2009年12月31日前,建宇公司配合新公司取得1100亩高尔夫别墅用地剩余约500亩的土地使用权证,绿庭公司向新公司注入5000万元,新公司在收到该款当日将5000万元退还建宇公司。第5条约定,上述条款规定的工作完成后的三周内,尾款7200万元由绿庭公司一次性注入给新公司,新公司在收到该款当日将7200万元偿还建宇公司。根据上述约定,绿庭公司支付剩余2.22亿元的两个条件:一是建宇公司向香泉湖公司董事移交其尚未移交的香泉湖公司已取得的全部开发用地土地证、项目全部林权批准手续和水面租赁协议等;二是配合香泉湖公司在2008年12月31日前取得1100亩高尔夫别墅用地约600亩的土地使用权证,并负责完成规划红线内剩余1766亩土地的征地工作,在2009年12月31日前取得剩余的约500亩的土地使用权证。

对于第一个条件。最高人民法院100号案判决生效后,根据建宇公司的申请,进行了强制执行。2011年8月1日,由香泉镇政府协调,建宇公司和绿庭公司达成一致意见:“香泉湖开发项目相关资料移交至镇政府保管。”该约定是双方在履行合同过程中对资料交付方式的变更,不违反法律的规定,有效。香泉湖公司已按该约定向香泉镇政府移交了已取得的全部开发用地土地证、项目全部林权批准手续和水面租赁协议,故建宇公司已履行所有资料等交付义务。

对于第二个条件。绿庭公司认为,建宇公司没有完成1766亩土地的征地工作,没有取得1100亩高尔夫别墅用地的土地使用权证,绿庭公司付款条件未成就。安徽省高级人民法院认为,《补充协议》第8条中约定:“甲方(建宇公司)确保在2008年12月31日前,负责完成规划红线内7883亩土地(不含水面)的征地工作,并配合新公司取得1100亩高尔夫别墅用地约600亩的土地使用权证。在2009年12月31日前,甲方配合新公司取得1100亩高尔夫别墅用地约500亩的土地使用权证。负责领取2908亩已批准规划建设用地的土地证,并确保已领取的土地证无抵押情况。甲方须承担规划红线内全部开发建设用地、征用地及租用水面的约10,453亩的土地出让金、征用费、租金、拆迁费、使用费等取得土地使用权的所有税、费，但其中1100亩高尔夫别墅用地的土地挂牌和取得此土地使用权证的所有税、费用及18洞高尔夫1766亩土地的征地、拆迁、安置补偿费用由新公司承担。新公司应按甲方与和县政府约定的征地、拆迁工作进度及时支付征地、拆迁费用，否则，责任由新公司承担。”根据上述约定，建宇公司“负责完成规划红线内7883亩土地的征地工作”“配合新公司取得1100亩高尔夫别墅用地的土地使用权证”。和县人民政府第59次县长办公会通过了上述1766亩土地的房屋拆迁补偿安置方案（即《香泉湖奥林匹克公园项目区集体土地房屋拆迁补偿安置方案》），2008年10月30日根据该县人民政府又召开了香泉湖项目的专题会议，形成《关于香泉湖奥林匹克公园项目协调会会议纪要》，要求香泉湖公司按照县政府的要求，抓紧实施该1766亩土地的征地拆迁工作。同年12月11日，香泉镇政府向香泉湖公司下发《通知》，要求香泉湖公司按照征地方案支付相关费用。建宇公司分别于2008年12月1日、15日两次致函香泉湖公司，催促其尽快实施该高尔夫项目，确定总规划图，以便开展征地、拆迁工作，在2008年12月底前预交小山尾180余亩建设用地挂牌相关费用。可以认定建宇公司积极履行了配合和通知义务。由于香泉湖公司未按约支付应由其支付的征地、拆迁、安置补偿费用，绿庭公司也未依约向香泉湖公司注入资金，致上述1766亩土地的征地拆迁工作和1100亩建设用地土地使用权证领取工作均无法按序推进。因此，上述1766亩土地的征地拆迁工作未完成，1100亩建设用地的土地使用权证未取得，建宇公司不构成违约。香泉湖公司的不作为及绿庭公司的违约行为客观上阻却了建宇公司全面履行约定义务，应视为绿庭公司付款条件已成就。故绿庭公司关于建宇公司未履行合同约定的义务，支付2.22亿元款项条件未成就的抗辩理由，不能成立。

2.关于绿洲科创公司对绿庭公司的上述支付义务是否承担连带责任。绿庭公司虽系绿洲科创公司设立的一人有限责任公司，但绿洲科创公司的证据足以证明绿庭公司的财产独立于绿洲科创公司的财产。因此，建宇公司主张绿洲科创公司对绿庭公司支付2.22亿元承担连带责任的请求，无事实和法律依据。

综上，一审法院判决：（1）绿庭公司于判决生效之日起10日内给付建宇公司2.22亿元；（2）驳回建宇公司的其他诉讼请求。

三、当事人二审上诉、答辩情况及最高人民法院意见

绿庭公司不服一审判决，向最高人民法院提起上诉称：（1）一审判决认定事实错误。①一审判决认定建宇公司向香泉湖公司董事移交其尚未移交的香泉湖公司已取得的全部开发用地土地证、项目全部林权批准手续和水面租赁协议等是绿庭公司支付本案2.22亿元的付款条件是错误的。根据《补充协议》第4条约定，绿庭公司支付本案2.22亿元的条件是建宇公司在2008年12月31日前、2009年12月

31 日前分两期配合新公司取得 1100 亩高尔夫别墅用地的土地使用权证以及负责完成规划红线内所有土地(陆地面积 7883 亩)的征地工作。②一审判决认定建宇公司已完成征地工作没有事实依据,建宇公司没有完成 6117 亩土地的征地工作。首先,无论是建宇公司提出的 11 份征地补充协议,还是和县人民政府 2006 年 9 月 27 日《关于对“中国香泉湖”国际度假中心项目用地范围的确认报告》、第 59 次县长办公会通过的 1766 亩土地的房屋拆迁补偿安置方案以及 2008 年 10 月 30 日和县人民政府《关于香泉湖奥林匹克公园项目协调会会议纪要》,均不能证明建宇公司完成 6117 亩土地的征地工作。其次,完成 1766 亩高尔夫球场土地征地工作和配合新公司取得 1100 亩高尔夫别墅用地的土地使用权证是建宇公司的义务,也是本案 2.22 亿元的付款条件。建宇公司未履行上述义务与香泉湖公司和绿庭公司无关。一审判决认定香泉湖公司的不作为及绿庭公司的违约行为客观上阻却了建宇公司全面履行约定义务,应视为绿庭公司付款条件已成就,是完全错误的。最后,高尔夫球场和别墅用地属于国家《禁止用地项目目录》的范围。故 1766 亩高尔夫球场用地征地工作和取得 1100 亩高尔夫别墅用地的土地使用权证不能完成,与香泉湖公司和绿庭公司无关,绿庭公司支付本案 2.22 亿元的付款义务应消灭。(2)一审判决适用法律明显不当。本案建宇公司没有按协议履行其应先履行的义务,一审判决适用《合同法》第 60 条是错误的。建宇公司没有履行义务,人民法院应依据《合同法》第 67 条规定,驳回其全部诉讼请求。故请求:(1)撤销安徽高院(2011)皖民四初字第 00005 号民事判决;(2)驳回建宇公司的全部诉讼请求;(3)判令建宇公司承担一、二审诉讼费用。

最高人民法院经审理认为,本案双方当事人二审争议的焦点问题是:绿庭公司应否按照《补充协议》第 4 条、第 5 条约定向建宇公司支付剩余款项 2.22 亿元。

《补充协议》第 4 条和第 5 条约定,建宇公司在 2008 年 12 月 31 日前,配合香泉湖公司取得 1100 亩高尔夫别墅用地约 600 亩的土地使用权证(所有土地挂牌费用及税、费由新公司承担),并负责完成规划红线内所有土地的征地工作,绿庭公司向新公司注入 1 亿元,新公司在收到该款当日将 1 亿元偿还建宇公司;在 2009 年 12 月 31 日前,建宇公司配合新公司取得 1100 亩高尔夫别墅用地剩余约 500 亩的土地使用权证(所有土地税、费由新公司承担),绿庭公司向新公司注入 5000 万元,新公司在收到该款当日将 5000 万元退还建宇公司;上述条款规定的工作完成后的三周内,尾款 7200 万元由绿庭公司一次性注入给新公司,新公司在收到该款当日将 7200 万元偿还建宇公司。根据上述约定,对于绿庭公司支付本案 2.22 亿元款项,建宇公司负有先履行的合同义务。只有建宇公司在 2008 年 12 月 31 日前,负责完成规划红线内所有土地的征地工作,并在 2008 年 12 月 31 日前及在 2009 年 12 月 31 日前,配合香泉湖公司分别取得 1100 亩高尔夫别墅用地中 600 亩和 500 亩的土地使用权证,绿庭公司才应当支付剩余2.22亿元款项。建宇公司负责完成规划红线内所有土地的征地工作并配合香泉湖公司分期取得1100亩高尔夫别墅用地的土地使用权证,是绿庭公司支付案涉剩余款项的前提,是建宇公司应履行的合同义务。《民法通则》第62条规定:“民事法律行为可以附条件,附条件的民事法律行为在符合所附条件时生效。”《合同法》第45条第1款规定:“当事人对合同的效力可以约定附条件。附生效条件的合同,自条件成就时生效。附解除条件的合同,自条件成就时失效……”可见,法律上所称的条件是指决定民事法律关系的效力产生和消灭的不确定的事实。双方当事人在合同中约定的一方应履行的合同义务,不能成为法律上的条件。一审判决将本案双方当事人约定的建宇公司在2008年12月31日前,负责完成规划红线内所有土地的征地工作,以及在2008年12月31日前及在2009年12月31日前,配合香泉湖公司分别取得1100亩高尔夫别墅用地中600亩和500亩的土地使用权证,作为绿庭公司支付剩余2.22亿元款项的条件不当,予以纠正。

关于建宇公司配合香泉湖公司取得高尔夫别墅用地的土地使用权证的问题。国土资源部、国家发展和改革委员会早在2006年12月12日已经将高尔夫球场、别墅类房地产开发项目列为禁止供地项目。因此,双方当事人在2008年2月2日签订案涉《协议书》和《补充协议》约定建宇公司配合香泉湖公司取得高尔夫别墅用地的土地使用权证,因违反国家土地管理政策,香泉湖公司实际上不能取得高尔夫别墅用地的土地使用权证,建宇公司也就不能履行配合义务,即该约定实际是不能履行的。在此情形下,双方当事人可以就此另行协商。本案中,虽然没有双方当事人另行协商并达成一致的书面证据,但双方当事人在实际履行案涉协议时,已经对《协议书》和《补充协议》约定的建宇公司配合香泉湖公司取得高尔夫别墅用地的土地使用权证作了变更。理由如下:首先,在双方当事人2008年2月2日签订《协议书》和《补充协议》之前,2004年2月26日和县人民政府就作出关于同意香泉湖温泉度假区总体规划的批复,批准建设案涉香泉湖温泉度假区项目。案涉《协议书》明确载明香泉湖项目的用地概况和地方政府的相关批准文件。故双方实际履行《协议书》和《补充协议》应当符合地方政府批准的香泉湖温泉度假区总体规划的要求。本案中,地方人民政府实际是以“香泉湖奥林匹克公园项目”批准征地,批准征用土地的性质明确不属于高尔夫别墅用地,双方当事人对此均未提出异议,应视为双方已经认可并接受了用地性质的变更。其次,双方当事人在《补充协议》第3条明确约定建宇公司在2008年6月30日前将467亩别墅用地的土地使用权证办至新公司(香泉湖公司)名下,绿庭公司向新公司注入1亿元,新公司在收到该款当日将1亿元偿还给建宇公司。但建宇公司实际为香泉湖公司办理的上述467亩国有土地使用权证载明的土地用途为旅游商服住宅,并非别墅用地。绿庭公司对此是认可并接受的。本院100号判决确认了《协议书》和《补充协议》性质和效力，确认案涉《协议书》和《补充协议》并非单纯股权转让合同，而是通过部分股权转让，对香泉湖项目部分开发权益转让，实现项目合作开发，《协议书》和《补充协议》约定的5.72亿元款项系绿庭公司取得香泉湖项目部分开发权益应支付的款项。本院100号判决同时认定绿庭公司应根据《补充协议》第2条、第3条约定向建宇公司支付3亿元。对本院100号判决，绿庭公司已经履行了该判决确定的义务，说明虽然建宇公司为香泉湖公司办理的467亩的土地使用权证的用途为旅游商服住宅，并非双方约定的别墅用地，但绿庭公司认可并履行了相应的付款义务。最后，在100号案和本案诉讼过程中，绿庭公司均未以香泉湖公司不能取得别墅用地的土地使用权证而要求解除合同。从双方实际履行案涉协议看，香泉湖公司能否取得高尔夫别墅用地的土地使用权证，并不影响香泉湖公司按照政府批准的香泉湖温泉度假区总体规划的要求进行建设。绿庭公司以建宇公司未配合香泉湖公司取得高尔夫别墅用地的土地使用权证拒绝支付本案所涉相应款项，不符合诚实信用原则，亦与双方当事人实际履行行为和本案事实不符。对于绿庭公司拒绝付款的理由，不予支持。综上，虽然双方当事人关于建宇公司配合香泉湖公司取得高尔夫别墅用地的土地使用权证的约定因违反国家土地管理政策不能履行，但双方对上述约定已经在实际履行时作了变更。基于诚实信用原则，建宇公司仍应按照实际变更后的土地用途配合香泉湖公司取得相关土地使用权证，即不能免除建宇公司配合香泉湖公司取得案涉土地使用权证的义务。在上述1100亩建设用地具备办理土地使用权证的条件下，建宇公司仍然应当履行相应的配合义务。

关于双方约定建宇公司在2008年12月31日前负责完成规划红线内所有土地的征地问题。根据双方《协议书》和《补充协议》的约定，建宇公司负责完成规划红线内土地的征地面积为7883亩。建宇公司认为其已经完成征地面积为6117亩，未完成征地面积为1766亩，而未完成征地的原因是香泉湖公司未按约定支付相关征地、拆迁、安置补偿等费用，故应由绿庭公司和香泉湖公司承担责任。绿庭公司认为，建宇公司未按约定完成规划红线内土地的征地工作，与绿庭公司和香泉湖公司无关。最高人民法院认为，在本案一审及二审期间，建宇公司提交了其与和县香泉镇人民政府在2003年12月2日签订的征地“补充协议”以及香泉湖公司与和县香泉镇人民政府分别在2004年6月29日、7月23日、12月19日，2005年1月30日、4月1日、8月3日，2007年6月22日签订的征地“补充协议”，上述征地协议载明建宇公司实际完成征地面积为6126.18亩。2006年9月27日，和县人民政府、和县香泉镇人民政府及和县国土资源局出具《关于对“中国香泉湖”国际度假中心项目用地范围的确认报告》确认了建宇公司对规划红线内土地的征地和使用情况。同时，作为建宇公司与绿庭公司签订《协议书》附件6也认可上述协议约定的征地面积。

香泉湖公司和绿庭公司2008年4月30日签订的“香泉湖项目尽职调查资料确认清单(前期)”也确认相关征地事实。说明绿庭公司在双方发生争议之前对建宇公司依据与香泉镇人民政府签订的征地“补充协议”完成的征地面积并没有异议。故建宇公司主张其完成了规划红线内6117亩的征地面积,是成立的,本院予以支持。绿庭公司主张建宇公司提供的征地“补充协议”不是合法有效的征地协议,不能据此认定建宇公司已经完成6117亩土地的征地工作。鉴于案涉“中国香泉湖国际度假中心”是经当地政府批准的建设项目,绿庭公司既未提供证据证明上述征地协议违反法律或行政法规的强制性规定,也未提供证据证明上述征地协议未实际履行,故绿庭公司的主张缺乏事实和法律依据,本院不予支持。基于上述事实,可以认定建宇公司实际完成了规划红线内6117亩土地的征地,剩余1766亩土地未征。虽然双方《协议书》第6条第4项和《补充协议》第8条约定1766亩土地是高尔夫球场用地,该约定同样因违反国家土地管理政策而无法履行,但在地方人民政府以“香泉湖奥林匹克公园项目”,批准对规划红线内剩余1766亩土地进行征地时,绿庭公司和建宇公司均已明确知道政府批准用地性质并不属于高尔夫球场和别墅用地。对此,双方当事人均未表示任何异议。故应视为双方当事人已经接受了以“香泉湖奥林匹克公园项目”,对规划红线内剩余1766亩土地进行征地的事实,对于双方原约定的用地性质在履行时作了变更。在双方当事人实际履行的内容与约定的内容不一致时,应以当事人实际履行的内容来确定双方权利义务。

基于上述事实,绿庭公司支付案涉2.22亿元剩余款项,建宇公司对于按照实际变更的土地用途分期配合香泉湖公司取得1100亩土地使用权证以及按政府批准的土地用途负责完成规划红线内所有土地的征地工作,仍然负有先履行的合同义务。

关于规划红线内剩余1766亩土地的征地问题。最高人民法院认为,本案已经查明,在和县人民政府第59次县长办公会通过了关于上述1766亩土地以《香泉湖奥林匹克公园项目区集体土地房屋拆迁补偿安置方案》,进行征地和房屋拆迁补偿安置后,2008年10月30日,和县人民政府召开了包括该县相关部门和建宇公司、绿庭公司参加的香泉湖项目的专题会议,并形成《关于香泉湖奥林匹克公园项目协调会会议纪要》,要求“征地、拆迁补偿费用执行第59次县长办公会研究的《香泉镇奥林匹克公园项目区征地补偿方案》和《香泉镇奥林匹克公园项目区房屋拆迁补偿安置方案》,项目方负责将征地、拆迁所需资金及时、足额到位,由香泉镇具体负责项目区征地、拆迁等工作。”2008年11月10日,和县人民政府办公室发出《关于批转香泉镇奥林匹克公园项目区集体土地房屋拆迁补偿安置方案的通知》,要求香泉镇人民政府、县政府有关部门及直属机构认真贯彻执行县政府第59次县长办公会研究同意的《香泉湖奥林匹克公园项目区集体土地房屋拆迁补偿安置方案》。同年12月11日,香泉镇政府向香泉湖公司下发《通知》,要求香泉湖公司按照征地方案抓紧组织落实相关资金费用。对此,建宇公司于2008年12月1日、15日两次致函香泉湖公司,催促其尽快实施,确定总规化图,以便开展征地、拆迁工作,在2008年12月底前预交小尾山180余亩建设用地挂牌相关费用。上述事实表明规划红线内剩余1766亩土地实际已经具备征地条件,但是因香泉湖公司未交纳相关征地费用,致1766亩土地征地工作未能完成。根据《协议书》第6条第4项和《补充协议》第8条关于1766亩征地、拆迁、安置补偿等费用由香泉湖公司承担,香泉湖公司应按建宇公司与和县政府约定的征地、拆迁工作进度及时支付征地、拆迁费用,否则,责任由香泉湖公司承担的约定。绿庭公司及香泉湖公司对于建宇公司在2008年12月31日前完成规划红线内剩余1766亩土地征地工作,负有按约定支付征地、拆迁费用的义务。也即在规划红线内剩余1766亩土地符合征地条件时,绿庭公司及香泉湖公司应当支付相关的征地、拆迁费用,以使建宇公司完成约定的规划红线内土地的征地工作。在此点上,绿庭公司及香泉湖公司按约定支付征地、拆迁费用,又构成了绿庭公司对于建宇公司完成规划红线内土地的征地工作的先履行合同义务。而本案查明事实恰好就是因绿庭公司和香泉湖公司未按约定支付征地、拆迁费用,导致剩余1766亩土地的征地工作未能完成。由此可以认定未完成剩余1766亩土地的征地工作,正是绿庭公司的违约行为所致,应由其承担违约责任。建宇公司不构成违约。

关于建宇公司按照实际变更的土地用途分期配合香泉湖公司取得相关土地使用权证问题。最高人民法院认为,因建宇公司的合同义务是“配合”,而认定其未履行配合义务,需本案存在绿庭公司在案涉土地具备办理土地使用权证条件后,要求建宇公司配合而建宇公司不予配合的事实。如前所述,由于绿庭公司和香泉湖公司未按建宇公司与地方人民政府约定的征地、拆迁方案和进度及时支付征地、拆迁费用,导致案涉土地未完成征地手续,责任应由绿庭公司和香泉湖公司承担。而完成征地是办理案涉土地使用权证的基础和前提。在办理土地使用权证的基础和前提因香泉湖公司的原因而不具备的情况下,加之绿庭公司并未举证证明建宇公司存在其要求配合而建宇公司不予配合的事实。故绿庭公司认为建宇公司未履行配合义务,也未完成征地工作,并据此拒绝支付案涉2.22亿元剩余款项,没有事实和法律依据,不予支持。

综上,建宇公司虽未完成规划红线内剩余1766亩土地征地工作,但原因是香泉湖公司未按约定支付相关土地挂牌费用及征地、拆迁及安置补偿费用造成的,其责任应由香泉湖公司和绿庭公司承担。本案中,绿庭公司亦未举证证明其要求建宇公司配合香泉湖公司取得案涉土地使用权证但建宇公司拒绝配合。根据《合同法》第107条规定,绿庭公司应承担相应的违约责任,建宇公司有权要求其支付案涉2.22亿元剩余款项。同时该款项作为绿庭公司已经取得的香泉湖项目开发权益对价的一部分,其亦应承担支付义务。虽然一审判决在论述绿庭公司支付案涉2.22亿元剩余款项的理由不准确,适用法律不当,但是认定事实清楚,判决结果应予维持。根据《民事诉讼法》第153条第1款第1项之规定,判决如下:驳回上诉,维持原判。

[参见最高人民法院民事审判第一庭编:《民事审判指导与参考》(2013年第1辑),人民法院出版社2013年版。]

033. 合作开发房地产合同当事人以合作项目建设用地使用权为抵押取得的银行贷款,应如何确认归属?

【典型案例】

海特公司与江力公司合作开发房地产合同纠纷上诉案

【裁判要点】

根据《最高人民法院关于审理涉及国有土地使用权合同纠纷案件适用法律问题的解释》第14条的规定,合作开发房地产合同,是指当事人订立的以提供出让土地使用权、资金等作为共同投资,共享利润、共担风险合作开发房地产为基本内容的协议。合作开发房地产合同中,享受利润的同时需要承担相应的风险,而只有承担风险的一方有资格享受利润。合同当事人以合作项目建设用地使用权为抵押向银行贷款,实际是由项目进行融资,贷款的风险是由合作项目承担的,所取得贷款也理应作为项目的融资,而不应作为合作开发房地产合作方的投资。因此,合作开发房地产合同当事人以合作项目建设用地使用权为抵押取得的银行贷款,应属于合作项目。

一、案情简介

2008年10月,江力公司与海特公司签订《合作开发"某市某区某地块"协议书》(以下简称《合作协议书》)约定,共同合作开发位于某市某区某地块的住宅项目,江力公司负责提供项目建设用地某市某区某地块的出让国有土地使用权(以下简称案涉项目建设用地),案涉项目建设用地折价投资300万元人民币,海特公司负责项目建设的资金投入,具体项目建成后的各方当事人权益按照实际投入分配;双方并约定,江力公司提供案涉项目建设用地作抵押,以海特公司名义向中国工商银行某市某区支行贷款,贷款只能用于项目建设,不得用作其他用途。

《合作协议书》签订后，海特公司从 2008 年 11 月至项目建设结束，共投入资金 500 万元对案涉项目进行开发建设。2008 年 12 月，海特公司以案涉项目建设用地作为抵押向中国工商银行某市某区支行贷款 200 万元人民币，并依约全部用于项目开发建设。项目建成后，因双方对在合作开发项目中的权益分配无法达成一致意见，故成讼。

2010 年 2 月，海特公司向某省某市中级人民法院（以下简称一审法院）起诉及针对江力公司的反诉称，江力公司实际投入为案涉项目建设项目的国有土地使用权，根据《合作协议书》的约定，该国有土地使用权折价 300 万元人民币，故其投入为 300 万元人民币；而海特公司的投资为 700 万元人民币，包括其以自有投资 500 万元及从银行贷款的投入 200 万元人民币。根据《合作协议书》的进一步约定，具体项目建成后的各方当事人的权益按照实际投入资金分配，则海特公司在案涉项目中的投资权益为 700/（700 + 300）= 70%，故请求法院按照此比例分配案涉合作开发项目的投资权益，并由江力公司对项目的负债承担全部清偿责任。

江力公司针对海特公司的起诉答辩并反诉称，江力公司实际投入为 500 万元人民币，包括根据《合作协议书》约定的案涉国有土地使用权折价 300 万元人民币及以案涉项目建设用地使用权向银行贷款所取得的投资 200 万元人民币；海特公司的投资为 500 万元人民币，而以案涉项目建设用地使用权为抵押向银行贷款的投入 200 万元人民币不能作为其投资。故江力公司在合作开发项目中的权益为 500/（500 + 500）= 50%，请求法院按照此比例分配案涉合作开发项目的投资权益，并由海特公司对项目的负债承担全部清偿责任。

至本案诉讼时，合作项目的收益未进行任何分配；项目建成后，合作项目的收益及管理均由江力公司负责。在审理本案过程中，一审法院委托某省某市海天会计师事务所对案涉项目的已销售收入及现有权益进行综合审计，审计结果为：案涉合作开发项目价值为 20,000 万元人民币。对于合作开发项目的对外负债，由于合作开发方所提供的资料并不齐全，故无法审计。海特公司及江力公司对于上述项目权益的审计结果均表示认同，对于项目的对外负债，均认为应由对方对外承担全部责任。

二、法院裁判情况

一审法院认为，江力公司与海特公司签订的《合作协议书》系双方当事人的真实意思表示，内容不违反法律、行政法规的强制性规定，合法有效。江力公司以案涉项目建设用地作为投资并折价 300 万元；海特公司以自有资金 500 万元投资案涉项目开发；对于上述事实，双方当事人均无异议。而对于双方当事人争议的以案涉项目建设用地作为抵押向银行贷款投入案涉项目建设中的 200 万元的归属，鉴于双方当事人在《合作协议书》中并无约定，故该部分投入既不能作为海特公司的投资，也不能作为江力公司的投资,应作为双方当事人的共同投资;根据公平原则,应由各方当事人平均享有,即双方当事人各占100万元的投资。海特公司的在案涉项目中的投资比例为(100+500)/1000=60%。根据《合作协议书》的约定,具体项目建成后的各方当事人的权益按照实际投入资金分配,故海特公司在合作项目中的权益为2000万元×60%=1200万元(人民币),江力公司在合作项目中的权益为2000万元×(1-60%)=800万元(人民币)。据此,一审法院判决:(1)江力公司于判决生效后30日内给付海特公司人民币1200万元;(2)江力公司与海特公司对案涉项目的负债对外承担连带责任,对内按照40%和60%的比例分担;(3)驳回海特公司、江力公司的其他诉讼请求。

海特公司与江力公司均不服一审判决,上诉至某省高级人民法院(以下简称二审法院)。

海特公司上诉并针对江力公司的上诉答辩称:海特公司在合作项目中的投资为700万元人民币。以案涉项目建设用地抵押向取得的银行贷款200万元系以其名义所贷,并由其承担不还款的风险,故该200万元的投入应属于其投资款,而不能作为海特公司与江力公司的共同投资,故其在合作项目中的投资权益为70%。请求二审法院改判江力公司支付其合作权益1400万元,并由江力公司对所欠对外负债承担全部责任。

江力公司上诉并针对海特公司的答辩称:江力公司在项目中的投资权益为500万元。以案涉项目建设用地抵押向银行所贷款项200万元,虽然以海特公司名义进行,但是承担不还款的风险系由案涉建设项目来承担。且该款项的实际偿还是以项目的预售收入偿还,而非由海特公司偿还,故该200万元的投入应属于其投资款,其在项目中的投资权益为50%,故请求二审法院改判其支付海特公司投资权益1000万元人民币。对于项目对外负债,应由海特公司承担全部偿还责任。

二审法院认为,当事人的争议焦点在于以案涉项目建设用地抵押所取得的贷款的归属及对项目负债的承担。对于案涉200万元项目融资的归属,在《合作协议书》没有约定归海特公司还是江力公司投入的情况下,应视为以合作项目所取得融资,而不能作为合作开发房地产的合作方的投资,故该部分的融资不能计入当事人权益分配中。案涉项目的共同投资为300万元+500万元=800万元人民币,江力公司的投资比例为300/800=37.5%,其在合作项目中的权益为750万元;海特公司的投资比例为500/800=62.5%,其在合作项目中的权益为1250万元。基于合作开发房地产的风险与收益相平衡的原则,海特公司与江力公司对案涉项目的对外负债应承担连带责任,对内按照上述权益分配比例即37.5%和62.5%承担。据此,二审法院判决:(1)维持一审判决第三项;(2)变更一审判决第一项为:江力公司于判决生效后30日内给付海特公司人民币1250万元;(3)变更一审判决第二项为江力公司与海特公司对案涉项目的负债对外承担连带责任，对内按照37.5%和62.5%的比例分担；(4)驳回海特公司的其他上诉请求；(5)驳回江力公司的其他上诉请求。

［参见最高人民法院民事审判第一庭编：《民事审判指导与参考》(2012年第4辑)，人民法院出版社2013年版。］

034. 双方当事人签订联建协议共同建设房地产项目，约定出资方式及分成比例，后一方当事人请求解除联建协议并主张该房地产开发权的应否支持？

【典型案例】

湖北建丰房屋开发有限公司与武汉市家具配套公司房地产开发经营合同纠纷上诉案

【裁判要点】

双方当事人签订的联建合同为具有房地产开发经营内容的合同。合同关于一方当事人以国家划拨土地作为投资，另一方当事人投入资金且支付土地出让金，以及联建房屋分成比例的约定，为当事人真实的意思表示，均为合法有效。双方当事人依据合同约定各自享有权利、承担义务。后在合同履行过程中发生争议，投入资金一方请求确认该房地产开发权归其所有，不符合法律规定和合同约定，不应支持。但合同已应双方争议而无法继续履行的，应当予以终止，而根据双方合同约定的房屋分成比例对现在状况的房屋进行分割。

上诉人(原审原告)：湖北建丰房屋开发有限公司。

被上诉人(原审被告)：武汉市家具配套公司。

一、案件基本事实

1992年11月，湖北建丰房屋开发有限公司(以下简称建丰公司)与武汉市家具配套公司(以下简称家具公司)签订了一份《联建中南金贸大厦协议书》，约定，家具公司以其划拨取得的武汉市武昌中南路4686平方米土地作为投资，建丰公司投入建设资金，联合建设中南金贸大厦。土地批租费(出让金)由建丰公司负担；大厦容积率不低于1∶7，争取1∶8；正负零以下一层，正负零以上不低于28层；大厦建成后，建丰公司分得建筑面积的60%，家具公司分得40%，即家具公司从正负零以上第一层楼面积开始，逐层向上，直至按总建筑面积40%分足为止，其余部分就是建丰公司应得的60%，双方按各自应分得的面积产权归己。地下室产权由双方共同所有并共同使用，管理由家具公司负责，为方便建丰公司出入，正负零以上第一层楼起，家具公司每层楼让出沿中南路面宽10米、深40米的面积给建丰公司作通道上主楼（其面积每层400平方米）以上面积均含在建丰公司应得的60%面积中，待协议成立后，双方的工作人员集中办公，双方共同先办理土地批租手续，大厦的招标、预结算由建丰公司负责，待工程完工后，再以实际面积及建筑面积，按议定比例分配，并办理有关手续。协议书还对大厦的建筑要求、各自应承担的内装修费用、违约处罚等作了约定。1993年6月3日，双方又签订了一份土地转让协议书，约定，家具公司将武汉市武昌中南路土地4866平方米，折合7.03亩土地转让给家具公司，由建丰公司按商场和写字楼的要求进行开发，并由建丰公司按照规定办理土地征用及转让手续。1993年9月24日，湖北省计划委员会以鄂计资字（93）第994号文批复同意建丰公司在武昌中南路建设中南金贸大厦工程，1994年12月30日，武汉市土地管理局与建丰公司签订《国有土地使用权批租合同》。约定，将位于武昌中南路4900平方米的土地（以实测面积为准），出让给建丰公司开发写字楼、商场，土地使用年限为50年，土地出让金为人民币3,681,000元。合同还约定，建丰公司在向土地管理局交付土地使用权出让金后15日内向土地管理局申领加盖“临时”方章的《国有土地使用权证》，取得该土地开发权，并可向境内预售楼花和按揭；土地使用权出让金全部交付及出让地块内拆迁单位的土地使用权证交土地管理局后15日内，依照规定办理土地使用权登记手续，领取《土地使用权证》，取得土地使用权。还约定了开发该地块的其他条件及违约责任等。1995年1月，建丰公司依据合同向武汉市土地管理局缴纳土地出让金3,681,000元。同年2月28日，武汉市人民政府向建丰公司颁发国有（95）临字第29号《国有土地使用权证》。1996年2月8日，有关部门批复该项目开工。同年3月6日，湖北省计划委员会给建丰公司颁发了《国有资产投资项目投资许可证》。1996年3月11日，武汉市城市规划管理局给建丰公司颁发了《武汉市城市规划建设工程规划许可证》，同年6月7日，建丰公司及施工单位领取了施工许可证。1996年9月28日，中南金贸大厦正式破土动工。随后，双方为联建费用、面积分成等问题产生争议，双方多次协商未果。建丰公司遂于1998年8月10日向湖北省高级人民法院起诉。请求判令解除双方签订的联建协议书，确认中南金贸大厦项目开发权归属建丰公司。1998年10月8日，中南金贸大厦主体工程封顶。本案在一审审理期间，湖北省高级人民法院委托湖北省审计事务所对该大厦工程造价、双方投资情况鉴定。结论为：中南金贸大厦总造价为人民币122,631,434元，建丰公司已投入74,451,270元（不含投资利息13,682,026元）。家具公司的土地4818平方米，以1994年12月为准的市值价格为每亩

3,349,319元,合计24,115,100元,地上附着物拆除损失为3,889,100元,人员安置、福利、奖金等计5,065,239元,共计33,070,039元(未含该费用的利息损失)。

二、湖北省高级人民法院一审认定与判决

湖北省高级人民法院经审理认为,双方当事人签订的联建中南金贸大厦协议书系当事人真实意思的表示,符合《最高人民法院关于审理房地产管理法施行前房地产开发经营案件若干问题的解答》的有关规定精神,且该合同已大部履行,协议内容并无其他违法行为,应为有效。家具公司以划拨的土地与建丰公司合作建房,属名为合作建房实为土地使用权的有偿转让。根据《湖北省城镇国有土地使用权的出让、转让实施办法》第40条、第43条规定,本案家具公司是企业法人,持有转让土地的土地使用权证和地上建筑物房屋产权证,并由建丰公司依据双方协议向土地管理部门缴纳了土地出让金,该转让协议是合法有效的。故双方应继续履行联建中南金贸大厦协议书,待该大厦竣工验收后,按约定比例分配房产。建丰公司关于依法解除双方合同关系,确认项目开发权归其所有的请求无事实和法律依据,应予驳回。家具公司辩称的理由有理,予以支持。据此判决:(1)建丰公司与家具公司签订的联建中南金贸大厦协议书有效;(2)建丰公司与家具公司按联建中南金贸大厦协议书内容继续履行;(3)驳回建丰公司的诉讼请求。

三、当事人上诉请求与答辩理由

建丰公司不服一审判决上诉称:一审判决案由定性错误,双方的争议是联建纠纷而不是土地使用权有偿转让;双方签订的联建中南金贸大厦协议书由于被上诉人没有办理划拨土地使用权出让手续,违反有关法律法规及司法解释,依法应认定合同无效;协议书中家具公司不论联建盈亏均享有总建筑面积40%的房产,属保底条款,应为无效。故请求最高人民法院撤销一审判决;认定《联建中南金贸大厦协议书》无效;确认中南金贸大厦项目开发权利归属建丰公司。

四、最高人民法院二审认定与判决

最高人民法院二审经审理认为,家具公司与建丰公司签订的《联建中南金贸大厦协议书》是具有房地产开发经营内容合同,家具公司以土地作为投资,建丰公司投入资金,共同建设中南金贸大厦,并约定联建房屋的分成比例,双方还组成联合工作班子,符合联合建房的特征,故合同性质应为联建合同纠纷。该协议书内容系双方当事人真实意思表示,家具公司用作投资的土地虽然是国有划拨土地,但双方在合同中约定,双方先共同办理土地出让手续,土地出让金由建丰公司负担。建丰公司与土地管理部门签订了土地使用权出让合同,缴纳了土地出让金,办理了有关开发用地手续,取得了土地使用权证。建丰公司和家具公司实际履行了联建合同,联建的中南金贸大厦已经封顶。虽然双方在签订《联建中南金贸大厦协议书》时,没有办理土地出让手续,但在一审诉讼前建丰公司补办了有关手续,根据《最高人民法院关于审理房地产管理法施行前房地产开发经营案件若干问题的解答》司法解释精神。本案合同可认定有效。一审判决认定合同性质有误,但认定合同有效是正确的。建丰公司主张合同无效的理由不能成立,本院不予支持。由于中南金贸大厦属双方联建,家具公司根据合同约定享有权利,建丰公司请求判令中南金贸大厦的开发权归其所有。不符合法律规定和双方约定,本院不予支持。中南金贸大厦因双方发生纠纷,长期停工,合同已无法继续履行,应予终止。根据双方合同约定的房屋分成比例对现在状况的房屋进行分割。双方在合同中关于一层至四层沿中南路宽 10 米、深 40 米的面积作为建丰公司上主楼的通道的约定,已被双方确认的大厦设计图纸所变更,故建丰公司在一层至六层应分得的面积,应按设计图纸标明的位置和面积确定。根据《民事诉讼法》第 153 条第 1 款第 2 项的规定,最高人民法院于 2000 年 9 月 26 日以(1999)民终字第 181 号民事判决书,判决如下:(1)维持湖北省高级人民法院(1998)鄂民初字第 59 号民事判决第 1 项、第 3 项。(2)变更湖北省高级人民法院(1998)鄂民初字第 59 号民事判决第 2 项为:建丰公司与家具公司签订的《联建中南金贸大厦协议书》终止履行,中南金贸大厦现有建筑,正负零以上一层至六层(设计图纸确定归建丰公司所有的面积除外)归家具公司所有。中南金贸大厦其他楼层归建丰公司所有,中南金贸大厦地下室由家具公司、建丰公司共同所有。(3)驳回建丰公司的上诉请求。一审案件受理费 200,010 元,鉴定费 100,000 元,由建丰公司负担。二审案件受理费 200,010 元,由建丰公司、家具公司各半负担。本判决为终审判决。

[参见最高人民法院民事审判第一庭编:《最高人民法院二审民事案件解析》(第 1 集),法律出版社 2007 年版。]

035. 当事人依据相互恶意串通、损害他人利益订立的投资协议主张投资收益款的应否予以支持?

【典型案例】

上海东腾房地产开发有限公司与顾某某合作开发房地产纠纷再审案

【裁判要点】

根据《合同法》第 52 条规定,恶意串通,损害国家、集体或者第三人利益的,合同无效。因而，当事人之间恶意串通，损害他人利益订立的投资协议，应认定为无效合同。根据《合同法》第58条的规定，合同无效，因该合同取得的财产，应当予以返还；不能返还或者没有必要返还的，应当折价补偿。有过错的一方应当赔偿对方因此所受到的损失，双方都有过错的，应当各自承担相应的责任。因上述投资协议已经被认定为无效，双方当事人基于无效合同所取得的财产应当返还，故而当事人依据该投资协议主张投资收益款的，不能获得支持。

案号：上海市高级人民法院（2012）沪高民一（民）再提字第5号。

抗诉机关：上海市人民检察院。

申诉人（一审被告、二审上诉人）：上海东腾房地产开发有限公司。

被申诉人（一审原告、二审上诉人）：顾某某。

上海东腾房地产开发有限公司（以下简称东腾公司）因与顾某某合资、合作开发房地产纠纷一案，不服上海市第一中级人民法院（2010）沪一中民二（民）终字第2760号民事判决，向检察机关申诉。上海市人民检察院于2011年12月12日作出沪检民行抗字（2011）71号民事抗诉书，向本院提出抗诉。本院于2012年1月4日作出（2012）沪高民一（民）抗字第1号民事裁定，提审本案。本院依法组成合议庭，公开开庭审理了本案。上海市人民检察院指派检察员出庭。东腾公司的法定代表人、委托代理人，顾某某的委托代理人到庭参加诉讼。本案现已审理终结。

2008年10月15日，一审原告顾某某、李某某向上海市奉贤区人民法院起诉称，2004年8月8日，上海荣琦建筑装潢工程有限公司（以下简称荣琦公司）与中房上海房地产开发有限公司奉贤分公司（以下简称中房公司）签订的《奉贤建工集团有限公司内部合作开发住宅工程投资协议书》（以下简称投资协议书）约定：为加快对众旺苑住宅小区建设进度，内部吸资开发，由荣琦公司对众旺苑21号、22号住宅房及1号商业房投资建造，并负责销售。销售款入中房公司账户，中房公司按约定扣除应交款后，余款划入荣琦公司账户。协议书签订后，荣琦公司投入资金实施对上述房屋的建造，于2006年5月竣工，同年7月交付使用。上述房屋于2005年2月开始销售，房款全部投入中房公司账户，截止到2008年7月9日，中房公司共收取售房款人民币81,018,323.62元（以下币种相同）。其间，荣琦公司于2006年2月17日注销，中房公司变更为东腾公司。扣除东腾公司垫付的款项，要求法院判令：东腾公司支付众旺苑小区收益款19,721,976.32元及相应利息。一审被告东腾公司辩称，荣琦公司的实际控制人为李国荣，两原告为荣琦公司的显名股东，故实体有误；李国荣涉嫌刑事犯罪尚未处理，根据先刑后民原则，本案应暂缓处理；双方在投资协议书中明确“如有关部门对土地费用的调整，乙方应交差价”，故荣琦公司的分摊土地费用不能按照合同约定的每平方米384元，要求驳回一审原告的诉请。

上海市奉贤区人民法院一审查明，中房公司系上海市奉贤区建工(集团)有限公司(以下简称建工集团)下属公司，法定代表人为陈自力。2004 年 12 月 31 日，中房公司随建工集团一并改制。2005 年 12 月 8 日，上海宏贤资产评估有限公司出具《中房上海房地产开发总公司奉贤分公司资产评估报告书》，报告书显示：截止到 2004 年 12 月 31 日，奉贤区江海镇 5 街坊 23/丘土地总面积为 77,519 平方米，已建成建筑面积 50,497.88 平方米(未列入改制范围)，按照容积率 1.2 计算，该土地尚可建造的建筑面积 42,526 平方米，应分摊面积 35,438 平方米，评估价值为 60,053,485 元。2007 年 5 月，经上海市联合产权交易所完成股权转让，受让人为屠国勤、胡玮，其中屠占 95% 股份，胡占 5% 股份。随后中房公司更名为东腾公司，注册资本 1000 万元，法定代表人为屠国勤。荣琦公司于 2006 年 2 月办理工商注销登记，未结债权债务由公司投资人李某某、顾某某承担。

早在改制前即 2004 年 8 月 8 日，原中房公司与原荣琦公司签订了《奉贤建工集团有限公司内部合作开发住宅工程投资协议书》，约定：为加快众旺苑小区开发进度，中房公司采取内部吸资开发，将其中的 21 号、22 号住宅房及 1 号商业房交由荣琦公司投资建造，开发面积约 16,600 平方米(不包括地下储藏室面积)。第 3 条约定中房公司主要责任为：办理征地、立项、动迁、规划、设计、三通一平等工作，办理工程招投标、申办商品房预售合同、预售许可证、入住许可证、测绘、产权登记、完成备案验收、售房时负责收款以及开具销售发票、收据等；第 4 条约定荣琦公司责任为：负责土建、水电安装工程建造，负责工程费用和招标、建管、质监、施工监理以及中房公司代办的有关费用，负责住宅销售，包括为客户住房贷款、承担销售营业税等全部税费，销售款必须进中房公司账户，按规定扣除应交中房公司款项后，余款划拨给荣琦公司；第 5 条约定荣琦公司应支付中房公司每平方米建筑面积 1039.50 元的土地开发、配套等费用，其中土地费按 384 元暂计，同时注明“如出现有关部门对土地费用的调整，荣琦公司将再补交差价”，暂计总价(楼面价 × 开发面积)为 1725.557万元。在签订上述投资协议书时，中房公司还列有 21 号、22 号房楼面价组成情况分析表，该表罗列包括土地、配套等 10 项费用，确定楼面价为每平方米 1039.50 元。该协议书签订后，荣琦公司即投资进行建设。2005 年 2 月 16 日，中房公司取得上述 21 号、22 号住宅房以及 1 号商业房预售资格，荣琦公司建造的面积为 16,065.15 平方米。中房公司经改转制后，东腾公司在该地块其余部分建造了 61,958.68平方米，该地块共建造的面积为 78,023.83 平方米。

涉案众旺苑 21 号、22 号住宅及 1 号商业房已有 97 套签订了《上海市商品房预售合同》，其中 2 套房款未取得，但是应承担的税费已经在审计中计算，其余尚有 3 套未签订《上海市商品房预售合同》，未在本次审计范围之列。

原审审理中，鉴于当事人对资金往来、结算方法以及有关事实持有争议，原审法院经上海市高级人民法院指定，由复兴明方会计师事务所进行审计，该事务所于2010年3月18日出具审计报告，审计结论为：截至2009年10月30日，东腾公司收取房款为81,948,383.13元，向荣琦公司收取的土地款5,000,000元，共计86,948,383.13元；东腾公司应收取的项目费用为交房违约金、水电费、房屋维修基金、代垫零星费用、供水泵房、变电站、营业税及附加、土地增值税、企业所得税、印花税、楼面价（不含土地费调整，按照协议1,039.50元×实际建筑面积16,065.15平方米）共计28,267,372.01元（审计报告误写为28,032,578.36元）；东腾公司已经付款金额为39,476,000元。上述三项差额为19,205,011.12元。

原审审理中，李某某、顾某某变更诉讼请求，其中投资收益款按照审计报告的金额19,921,759.27元计算，利息计算至判决生效日止。其中2007年度利息以本金15,399,787.13元计算，2008年始利息以本金19,921,759.27元计算。

上海市奉贤区人民法院一审认为，根据涉案投资协议书约定之“如出现有关部门对土地费用的调整，荣琦公司将再补交差价”内容，对争议土地费应当予以调整，不能按照李某某、顾某某所依据的每平方米384元计算。关键是对该土地费如何进行调整，调整的方式以及标准如何确定？该院认为：一是区规划局核定众旺苑南侧地块容积率1.2，系争21号、22号住宅房及1号商业房位于该南侧地块的北部，1.2的容积率是整个众旺苑南侧地块的容积率，当然不能以整体面上的容积率套用计取点上的容积率。从系争地块荣琦公司建成的物业形态看，其建造的系小高层，面积为16,065.15平方米，与协议书中约定开发面积为16,600平方米基本相符，显然容积率高于1.2，中房公司乃至东腾公司新老股东对此显然是明知的。二是中房公司改转制时，荣琦公司早已经投资建设，房屋已经大部分销售。东腾公司现股东于2007年5月完成股权转让，由此可见，虽然中房公司为改制而进行评估的日期是在2005年12月8日，该评估作出的日期也晚于荣琦公司建设动工日期，在改制或者转制的过程中，中房公司股东完全可据实向有关部门提出上述客观情况，在对土地费进行调整后将已建房屋从转制范围中剔除。在东腾公司新股东通过联交所拍卖之前，新股东明知该一事实仍参拍并竞拍得手，显然对相应的利弊得失已经充分了解。三是根据改制时评估报告载明的土地面积为35,438.33平方米（该面积实际是评估公司推算得出），实际建造的面积为78,023.83平方米，容积率高达2.20。东腾公司指出就荣琦公司建造的房屋以1.2容积率分摊土地成本，显然不合情理。据此，原审法院认为，既不能按照李某某、顾某某的主张计算土地成本，也不能按照东腾公司的观点分摊土地费用，宜按照实际情况、采取公平原则计取土地费用。计算方法为：荣琦公司建造的建筑面积为16,065.15平方米，东腾公司转制后建造的建筑面积为61,958.68平方米，共计为78,023.83平方米。东腾公司股东为转制支付土地费用为60,053,485元，荣琦公司分摊每平方米769.68元（60,053,485/78,023.83），应承担土地费共计12,365,024.65元。在审计报告确定东腾公司应付款中(以原审法院调整数额19,205,011.12元为准),应扣除增加的土地分摊成本6,196,007.05元[(769.68-384)×16,065.15],东腾公司结欠的余额为13,009,004.07元。

关于房屋维修保证金,涉案21号、22号及1号商业房实际投资人虽为荣琦公司,但是对外办理征地、预售、销售等均以原中房公司名义进行,有关涉及系争房屋质量等问题首先由中房公司承担,然后根据协议约定由荣琦公司承担。由于系争竣工日期是在2006年7月,至今尚未达到防水防漏的法定期限,故原中房公司暂扣保证金的做法于法有据,原审法院对李某某、顾某某的意见不予采纳,李某某、顾某某可在质保期限届满后再行主张。在本案中维持审计公司作出的该项结论。

关于地下车库摊派争议。系争的21号、22号住宅房以及1号商业房的规划、建造、销售等均早于东腾公司改转制后建造的房屋,原先投资协议书中对投资成本亦作出罗列,除土地费以外其余均为不变成本,东腾公司要求李某某、顾某某分摊地下车库的依据不足,原审法院维持审计单位作出的审计结论。

原审认为依法成立的合同受法律保护,当事人应当按照约定履行自己的义务,不得擅自变更或者解除合同。东腾公司具有房地产开发经营资质并提供土地使用权,而原荣琦公司提供资金、技术、劳务等作为出资,各方的利益取舍通过协议的方式予以固定,涉案投资协议书应为有效,当事人应当按照协议书的约定履行各自义务。荣琦公司注销后债权债务由李某某、顾某某享有和承担,东腾公司由原中房公司转制后更名而来,其负有对原公司债务的清偿的责任,故本案双方诉讼主体均适格。依照复兴明方会计师事务所作出的审计结论,以及原审法院对当事人争议作出如上判断、调整,东腾公司到期应付资金为13,009,004.07元。关于利息计算方法,原审法院以审计报告中所列各年度的销售数据,扣减各年税费的方法计取余额,而涉及土地及其他应扣费用,则先予以扣除。根据审计报告显示,2005~2007年房屋销售收入86,029,147.74元(含李某某、顾某某支付的土地费500万元),扣除3年应付税费9,675,680.84元,扣除应付土地款等其他费用18,486,438.09元,扣除支付的房款39,476,000元,扣除调整增加的土地费用6,196,007.05元,余额为12,195,021.13元;2008年度销售收入919,235.39元,应付税费105,252.45元,余额813,982.94元。利息计算方法按照上述描述的年度余额自2008年1月1日起分段计算利息,按照中国人民银行对外公布的同期同类贷款利率计取。另需说明的是,因尚未签订《上海市商品房预售合同》的房屋未列入本次审计范围,故在本案中不作处理,待销售后由双方另行结算。

上海市奉贤区人民法院于2010年6月10日依法作出(2008)奉民一(民)初字第5470号民事判决:(1)上海东腾房地产开发有限公司于判决生效之日起10日内支付李某某、顾某某人民币13,009,004.07元。(2)上海东腾房地产开发有限公司于判决生效之日起10日内支付李某某、顾某某自2008年1月1日起至判决生效之日止的利息。其中自2008年1月1日起以12,195,021.13元为本金,2009年1月1日起以13,009,004.07元为本金,按照中国人民银行对外公布的同期贷款利率计取。一审案件受理费人民币151,340元,由李某某、顾某某负担62,050元,上海东腾房地产开发有限公司负担89,290元。司法审计费200,000元,由李某某、顾某某负担82,000元,上海东腾房地产开发有限公司负担118,000元。

李某某、顾某某不服一审判决,向上海市第一中级人民法院上诉称,原审计算土地费用的方法不公平。造成土地重估的责任在于东腾公司,投资协议书对"补交差价"的真实含义是土地管理部门按照有关规定对国有土地使用权的土地调整收费标准等内容而产生的调价,而系争协议履行过程中,政府土地管理部门未对该区域土地进行普遍性调价,不存在土地费调整,也就不应当补交差价。系争协议约定以每平方米384元结算土地款,东腾公司主张的土地费用是由于其在转制过程中未如实申报,将已使用的土地列入存量土地重估所致,与投资协议的补差条款是完全不同的概念,故额外增加的土地费6,196,007.05元应当由东腾公司承担。故请求二审法院撤销原判,改判支持其原审全部诉讼请求。

东腾公司亦上诉称:(1)原审违反程序,荣琦公司注销时明确由李某某、顾某某承担债权债务的行为是无效的,李某某、顾某某的诉讼主体不适格,即使作为本案当事人,也应当追加实际控制人李国荣为当事人。(2)系争协议涉及刑事犯罪,是李国荣、陈自力恶意串通所签,应属无效。(3)以容积率1.2计取土地费用是双方真实意思表示,改制评估时没有将已建房屋剔除。系争土地上的实际容积率为1.61,荣琦公司早在房屋建成前就多次要求结算。李某某、顾某某无经营能力,不知晓协议签订时的真实意思,原审以公平原则分摊土地费用不当,违背了当事人真实意思表示,应当按照1.2容积率来分摊土地费用。(4)原审确定的土地费用分摊标准使荣琦公司获得巨额利润,东腾公司无利可得,不符合利益共享的原则。系争开发项目尚在审计中,应该在土地费用确定前暂缓审理。(5)系争协议没有约定结算时间,原审认定东腾公司自2008年1月1日支付利息没有依据。(6)荣琦公司应当建造70个车位,而实际仅造了22个,东腾公司建造48个车位产生的相关费用应当由荣琦公司承担。故请求二审法院撤销原判,发回重审或改判认定系争协议无效,东腾公司无须返还本金;如认定协议有效则改判东腾公司支付2,421,987.27元。

为证明其主张,东腾公司在二审审理期间提供了两组新证据。第一组为刑事判决书一份及陈自力的自认书一份,用以证明系争协议是犯罪人非法交易的产物;第二组为国有土地出让合同一份,用以证明系争协议确定的土地费用价格较同期土地价格明显过低。李某某、顾某某发表质证意见称,对第一组证据真实性予以认可,但该组证据不能证明系争协议无效;第二组证据与本案争议事实无关联性。

上海市第一中级人民法院认为东腾公司二审提供的证据与本案没有关联性，不予采信。

上海市第一中级人民法院二审查明，原一审查明的事实属实。

上海市第一中级人民法院二审认为：(1)原荣琦公司与原中房公司签订的投资协议书内容并不违反法律的效力性禁止性规定，依法应属有效。东腾公司称系争协议无效，无事实与法律依据，不予采信。荣琦公司已在工商机关注销，其未结的债权债务关系由其原股东即上诉人李某某、顾某某承担；原中房公司已转制更名为东腾公司，故原中房公司在系争协议书中的权利义务亦应由东腾公司承担。李某某、顾某某与东腾公司均应按照协议约定对系争项目进行结算。(2)关于土地费用分摊的问题，系争协议约定土地费用调整后，原荣琦公司应当进行补差，而原中房公司转制时确实对土地费用进行了评估，并计入了转制转让款，故该笔土地费用现应由本案当事人双方进行分摊，李某某、顾某某主张其不应当进行补差，与协议约定不符。鉴于系争协议中并未对增加土地费用的分摊比例进行明确约定，原审以系争地块上最终实际建造的总面积为基础，按照原荣琦公司与东腾公司各自建造的面积认定了当事人双方对增加土地费用的分摊比例并无不当，东腾公司称应当按照1.2容积率比例进行分摊，系以该地块的理论建造面积为基数，与实际建造情况不符。(3)关于48个车位建造费用的问题，系争协议中并未明确约定原荣琦公司应当建造的车位数量，且原审认定的东腾公司应付款中已经按协议约定扣除了原荣琦公司应当承担的配套费用，东腾公司又未提供证据证明系争协议双方或本案当事人双方曾就该笔费用的承担达成过合意，故其现要求再行抵扣该48个车位建造费用的主张，缺乏事实依据。(4)关于利息支付的问题，根据系争协议约定，扣除一定费用后的售房余款应划拨给原荣琦公司，故原中房公司与东腾公司取得系争项目的房屋销售收入之时就应当认定协议约定的付款条件已经成就，原审根据审计报告确认的销售收入产生的时间与金额分段认定了东腾公司的应付利息是正确的，东腾公司称系争协议并未约定结算时间，其不应支付利息，无事实依据。(5)关于原审程序的问题，原荣琦公司注销后，其在系争协议中的权利义务由李某某、顾某某承担，故原审未追加李国荣为当事人并无不当，案外评估活动亦不影响本案审理，东腾公司称原审程序不当，无事实依据。综上，该院于2011年1月17日作出(2010)沪一中民二(民)终字第2760号民事判决：驳回上诉，维持原判。二审案件受理费206,512元，由李某某、顾某某负担55,172元，东腾公司负担151,340元。

上海市人民检察院抗诉认为，原中房公司与原荣琦公司签订的投资协议书系荣琦公司的负责人李国荣(系李某某、顾某某之子)贿赂原中房公司的法定代表人陈自力的结果，中房公司系国有企业，并不缺开发资金，且荣琦公司参建时房地产上涨非常快，该项目获得丰厚收益的预期显著。且荣琦公司并无自有资金，缺乏实际履行能力。李国荣通过贿赂等手段，利用陈自力的职务之便，订立了本案的投资协议书，又由陈自力挪用了本单位资金为荣琦公司支付配套费和工程款。故本案的投资协议书系陈自力、李国荣双方恶意串通，损害中房公司利益，并以合法形式掩盖李国荣谋取不正当利益，系无效的民事行为。

上海市高级人民法院再审过程中，东腾公司称，荣琦公司根本无力承建众旺苑项目，中房公司原法定代表人陈自力在收受李国荣贿赂的情况下，与李国荣签订了该投资协议书，并且挪用公款为荣琦公司支付工程款等，致使国家利益受到损害。陈自力和李国荣等的犯罪行为已经被刑事判决所认定，故该投资协议书是陈自力与李国荣恶意串通、损害国家利益的结果，应为无效。东腾公司同时向法院表明，如果法院认定投资协议书无效，对于合同被认定为无效以后的法律后果东腾公司将另寻途径解决，要求法院驳回顾某某的诉讼请求。

顾某某辩称，投资协议书的形式要件合法，且刑事判决并未指出投资协议书是使用违法手段订立的，荣琦公司是否有资金履行并不必然导致合同无效。如果法院认定协议无效，要求在本案中一并处理其相关权益，但未提出具体请求。

上海市高级人民法院再审查明，原审查明的事实属实。

再审法院另查明，2011 年 10 月 4 日，李某某因病去世。李某某的法定继承人向本院出具公证书表示由顾某某继承本案中涉及李某某向东腾公司主张的权利份额，其他继承人放弃被继承人李某某上述遗产。李国荣系顾某某、李某某之子。

又查明，陈自力因犯贪污、受贿、挪用公款罪，李国荣犯单位行贿罪被上海市第一中级人民法院（2008）沪一中刑初字第 317 号刑事判决分别判处有期徒刑 20 年和 1 年 10 个月。该刑事判决书查明：1. 被告人陈自力原系上海奉贤建工（集团）有限公司董事长、原中房公司法定代表人；被告人李国荣原系荣琦公司、上海荣顺建筑有限公司（以下简称荣顺公司）负责人。2. 被告人陈自力利用职务之便于 2003 年 12 月至 2005 年 1 月，擅自将中房公司的公款共计 308 万元借给被告人李国荣经营的荣琦公司、荣顺公司使用。其中，2005 年 1 月 10 日，中房公司以支票形式付给荣顺公司 200 万元，2005 年 1 月 31 日，中房公司以支票形式付给荣顺公司 60 万元，该款实际由荣琦公司收取，该司收取后用于支付工程款。2004 年 10 月 25 日，被告人陈自力擅自将建工集团公款 800 万元出借给荣琦公司用于众旺苑房产项目。3. 2004年 5 月及 8 月、2005 年 5 月，被告人陈自力先后三次与被告人李国荣一起到澳门赌博，陈自力输掉港币 140 万元，嗣后，李国荣以荣顺公司钱款为陈自力支付了赌资 149 万余元，后陈自力归还李国荣 20 万元。

该刑事判决书认定，被告人陈自力在担任国有企业建工集团、中房公司等单位负责人期间，利用全面负责企业经营、管理的职务便利，采用侵吞、骗取等手段非法占有上述单位的公款 350 万元，已构成贪污罪。还利用职务便利，为谋取个人利益，个人决定以单位名义将公款1800余万元供其他单位使用,其行为已构成挪用公款罪。被告人陈自力还利用职务便利,为他人谋取利益,收受贿赂120余万元,其行为还构成受贿罪。被告人李国荣身为荣琦公司、荣顺公司等单位的负责人,为上述单位谋取不正当利益,向国家工作人员行贿人民币120余万元,其行为已构成单位行贿罪。

再审法院还查明,陈自力案发时,曾写过一份"我的认识",关于荣琦公司建设众旺苑小区陈自力自述:"……李国荣担任了贤纳公司经理,并在卫勤明等人的操作下,顺利地改制接盘,改制后,因仍在一个党委领导下,李提出企业亏损,无法维持,要求在众旺苑开发中给他四幢住宅开发,当时卫勤明也一直在督促此事,我就没有坚持,先给他二幢房产的开发,并在开发过程中属空麻袋背米,一直支持到他房产预售,这件事在群众中造成很不好影响,说只要陈总随便把房产给谁,他都一下子成为千万富翁。在这件事我不讲原则,给企业造成损失,给他人得到好处,并且更不应该接受李国荣的好处,去澳门赌博,输了钱还要他买单。"

法院再审认为,首先,荣琦公司的实际控制人为顾某某、李某某之子李国荣。2004年5月至2005年5月,李国荣先后三次陪同陈自力去澳门赌博,并为其支付120余万元的赌资。刑事案件中李国荣供述其以支付赌资的方式向陈自力行贿是由于陈自力将众旺苑项目交由其开发,让李国荣挣了很多钱,陈自力亦认可李国荣向其行贿的理由。2004年8月,荣琦公司与中房公司签订投资协议书后,荣琦公司按约应向中房公司支付三笔土地费用,除第一笔500万元由陈自力挪用建工集团的公款为之交付外,其余款项均未按时按约支付。直至本案再审时,荣琦公司亦无证据证明其按约投入过资金建设众旺苑项目。其次,(2008)沪一中刑初字第317号刑事判决认定李国荣为荣琦公司、荣顺公司谋取不正当利益,向陈自力行贿120余万元,犯单位行贿罪。因此本案争议的投资协议书的形式要件虽无违法,但是根据陈自力和李国荣的犯罪行为及投资协议书签订的时间和背景,该投资协议书显然是陈自力和李国荣恶意串通,损害原中房公司利益的产物。《合同法》第52条规定,恶意串通,损害国家、集体或者第三人利益的,合同无效。现东腾公司认为该投资协议书应为无效合同的主张于法有据,予以采信。原荣琦公司与原中房公司于2004年8月8日签订的《奉贤建工集团有限公司内部合作开发住宅工程投资协议书》无效,双方当事人基于无效合同所取得的财产应当返还,现顾某某依据该投资协议书要求东腾公司支付其投资收益款的诉讼请求缺乏事实和法律依据,本院不予支持。考虑到东腾公司向本院表示其将另案起诉顾某某,以解决双方间由此产生的权益纠纷,故对双方间因系争投资协议书产生的其他争议,本案不作处理。据此,依照《民事诉讼法》第207条第1款、第170条第1款第2项和《合同法》第52条之规定,判决如下:(1)撤销上海市第一中级人民法院(2010)沪一中民二(民)终字第2760号民事判决和上海市奉贤区人民法院(2008)奉民一(民)初字第5470号民事判决;(2)驳回顾某某的诉讼请求。一、二审案件受理费、审计费共计人民币557,852元由上海东腾房地产开发有限公司和顾某某各半负担。本判决为终审判决。

[参见邹碧华:《2014年上海法院案例精选》,上海人民出版社2014年版。]

036. 有偿委托合同中,委托人是否在出现违约现象时,便可向受托人索赔呢?

【典型案例】

呼和浩特市东瓦窑农副产品批发市场有限责任公司与呼和浩特市东瓦窑房地产开发有限责任公司委托代建合同纠纷上诉案

【裁判要点】

《合同法》第406条规定:有偿委托合同中,因受托人的过错给委托人造成损失的,委托人可以要求赔偿损失。无偿的委托合同,因受托人的故意或者重大过失给委托人造成损失的,委托人可以要求赔偿损失。委托人超越权限给委托人造成损失的,应当赔偿损失。由此可见有偿委托合同的归责原则为过错责任原则。如果违约现象是由于受托人的故意或者重大过失所致,那么委托人可向受托人索赔;如果受托人非故意或重大过失,对违约现象的发生并无过错而言,受托人也无法证明其过错的存在,那么委托人便无法向受托人索赔。

上诉人(原审原告、反诉被告):呼和浩特市东瓦窑农副产品批发市场有限责任公司。

被上诉人(原审被告、反诉原告):呼和浩特市东瓦窑房地产开发有限责任公司。

原审第三人:呼和浩特市建筑工程有限责任公司。

一、内蒙古自治区高级人民法院一审查明的事实

1999年1月1日,呼和浩特市东瓦窑农副产品批发市场有限责任公司(以下简称批发市场公司)与呼和浩特市东瓦窑房地产开发有限责任公司(以下简称房地产公司)签订了一份《呼和浩特市东瓦窑农副产品批发市场扩建一期工程委托承办建设协议书》(以下简称协议书),约定由批发市场公司提供建设资金,委托房地产公司负责承办建设批发市场内扩建的封闭保温式交易大厅、冷库、综合楼及全部附属工程。房地产公司按扩建项目全部结算款项的5%收取批发市场公司管理费。结算方式为审定预结算,批发市场公司按房地产公司提供的施工合同及经建行审核的工程概算书拨付30%的预付款。根据房地产公司的工程进度和用款计划在5日内确定并拨付进度款,工程款按审定后的概算拨付到90%时停止拨款。工程验收后,经有权部门审定决算后15日内付清全部款项。批发市场公司负责:确定建设项目总体计划,参与项目监督及工程竣工验收;扩建项目建设全部资金的筹措并及时提供;提供和出具扩建项目建设所需的资料及证明。房地产公司负责:受委托建设项目建设全过程的实施及管理;根据工程需要及时提出应实施项目的资金计划,并负责专项资金的管理;按约定向批发市场公司交付建设项目,并提交有关的技术经济资料;协助批发市场公司办理贷款有关事宜。双方还对违约责任进行了约定:在约定条件下,房地产公司按规定保证工程质量并按期交付工程项目,否则每拖延一天按相应工程造价的万分之二计算罚金,向批发市场公司赔偿。批发市场公司按实际工程建设需要及时提供所需资金,否则,承担由此造成本项目的损失及责任。

协议书签订后,批发市场公司向中国建设银行呼和浩特市呼伦南路支行贷款3000万元,从1999年2月9日至2000年3月10日,先后将27,833,655元贷款转入批发市场公司基建资金专用账户,房地产公司给批发市场公司出具了收款收据。建设资金进入批发市场公司基建资金专用账户后,被中国建设银行呼和浩特市呼伦南路支行扣划利息1,108,016元。至批发市场公司起诉时,房地产公司实际收到批发市场公司给付的代建费为26,725,639元。

1999年5月,房地产公司承办建设了综合楼、1#、2#、3#、4#保温交易大棚及场地硬化、水、电、暖、通信等配套工程,上述工程没有验收。2002年6月21日,房地产公司与呼和浩特市赛罕区巧报镇东瓦窑村村民委员会(以下简称东瓦窑村委会)、批发市场公司签订1#、2#、3#、4#交易大棚和土建、采暖、电气、给排水及室外给排水、暖气干线等工程移交书。综合楼没有移交。2003年10月30日,内蒙古自治区高级人民法院执行局根据呼和浩特市建设银行呼伦南路支行的申请,裁定对批发市场公司所有的综合楼予以查封。由于批发市场公司与房地产公司在工程结算及工程移交等问题上不能达成一致意见,批发市场公司遂向一审法院提起诉讼。

二、当事人一审起诉与答辩

批发市场公司诉称:1999年1月1日,批发市场公司与房地产公司签订了协议书,明确双方在项目建设过程中的权利、义务和责任。协议书及其附件《建设工程施工合同》约定,批发市场公司委托房地产公司对扩建封闭保温交易大厅、冷库、综合楼及附属工程负责承办建设;工程概算为2000万元;竣工日期为1999年12月15日;由批发市场公司提供项目建设资金,按房地产公司提供的施工合同拨付30%的预付款,根据房地产公司的工程进度和用款计划拨付进度款;房地产公司按扩建项目全部结算款项的5%收取管理费,委托负责建设项目全过程的实施及管理,负责专项资金的管理;在约定条件下,房地产公司按规定保证工程质量并按期交付建设项目。在协议实际履行过程中,批发市场公司先后拨付给房地产公司代建资金29,833,655元,超工程预算约1000万元。房地产公司至今没有对全部工程竣工验收,也没有交付批发市场公司,导致批发市场公司预期的收益不能实现,建设资金无法回笼,银行贷款无力偿还,给批发市场公司造成巨大经济损失。请求:(1)判决解除双方签订的协议书;判令房地产公司按协议书约定的工程项目交付委托在建工程(包括所涉工程的全部技术资料)。(2)判决房地产公司立即退还建设资金16,833,655元,并偿付同期银行贷款利息至实际给付之日为止;同时赔偿批发市场公司可得利益损失1351万元。(3)判决房地产公司承担本案的全部诉讼费用。

房地产公司答辩并反诉称:双方在协议书中未约定验收期限。工程建设中,由于批发市场公司不能将各期建设资金及时到位,导致工程不能及时完工,同意解除批发市场公司与房地产公司签订的协议书。在工程建设期间,房地产公司垫付款7,584,617元。反诉请求:(1)判决批发市场公司向房地产公司支付已垫付款7,584,617元,应得管理费295万元,合计10,534,617元及相应利息(自2002年6月22日起至法律文书指定的给付之日止,利息按银行同期贷款利率计算,如逾期支付按《民事诉讼法》第232条执行)。其余垫付款项待结算完毕能够明确后,房地产公司保留就该款项对批发市场公司的诉权。(2)确认与工程有关的欠款由批发市场公司向有关单位或个人承担。(3)案件受理费、鉴定费等诉讼费用由批发市场公司承担。

第三人呼和浩特市建筑工程有限责任公司(以下简称呼建公司)未提交书面答辩状,庭审答辩称,呼建公司已经按照与房地产公司签订的《建设工程施工合同》约定履行了相应义务,房地产公司没有足额给付工程款。

一审期间,批发市场公司认为房地产公司没有将委托代建费全部用于工程建设,委托代建的工程造价不足1300万元,申请对工程造价进行鉴定。一审法院委托内蒙古兴益联合会计师事务所对综合楼、大棚及附属工程的造价进行鉴定。《鉴定报告》的鉴定结论为:由呼建公司等单位承建的呼和浩特市东瓦窑农副产品批发市场综合楼、大棚及附属工程、外包工程、不包括工程未完项目,经审核鉴定工程造价为26,981,918元,前期费用为6,510,965元(前期费用、配套费用应根据实际支出据实结算)。批发市场公司提出了书面《鉴定异议书》,载明:《鉴定报告》不具合法性,鉴定中未经法定程序进行核对,鉴定人员未达法定人数;《鉴定报告》不具客观性,套用取费标准不当,执行基价调整系数不当,合同价严重背离市场规律,未将信息价按规定报批。其他缺陷包括未明确排水、外暖沟是否为专用,没有冬季施工记录。

2005年8月10日,内蒙古兴益联合会计师事务所出具了《关于申请方对“鉴定报告”提出的有关问题的答复》。该答复就批发市场公司提出异议的解答为:

(一)关于《鉴定报告》不具合法性的问题。1.关于“未经法定程序进行核对”的答复。我们对实际完成的工作量经过几方进行了现场核对,并已经签字认可;另外由于申请人全部委托开发公司进行建设,且不能提供相关的资料,审核过程中我们一再要求申请人在现场及时解决有关问题,可是由于申请人没有人知道施工的全过程,也没有人在现场对有关事情作出相关的解释,也未提出其他异议,故审核过程只能根据人民法院转来的开发公司提供的有关资料及实际完成的工程量按常规进行计算。2.关于“具有资格的鉴定人员未达法定人数”的答复。我所派出三名工作人员,一名造价工程师,两名预算员进入现场,并在现场工作;我所的工作程序为三级复核制度,出具的《鉴定报告》已经内部三级审核签字,底稿系存档要件,故没有在报告中体现。另根据《工程造价咨询业务操作指导规程》中咨询成果文件的签发规定,提交的咨询成果文件须由造价工程师签发,《鉴定报告》的签发符合要求。

(二)关于“《鉴定报告》不具客观性”问题。1.关于“套用取费标准不当”的答复。2002年6月内蒙古造价站颁发的《内蒙古自治区建筑安装工程费用定额交底材料》中指出:按照内蒙古自治区建设厅、财政厅《关于颁发〈内蒙古自治区建筑安装工程费用定额〉的通知》规定,新的费用定额从2002年1月1日起执行。除协议书约定,遇政策性调整也不调整合同价款的工程之外,凡2002年1月1日以后新开工尚未竣工结算的工程,均执行新定额。法院委托我所进行了该项目的鉴定,我所的审计人员在审核过程中,查明该工程属于未竣工项目,由于未办理竣工验收手续,所以也未办理“现场经费”和竣工结算。关于费用取定问题,我们向有关部门进行了咨询,现已取消了“现场经费”的审批,按现行标准执行,同时根据内蒙古造价站颁发的《内蒙古自治区建筑安装工程费用定额交底材料》中指出的凡2002年1月1日以后新开工尚未竣工结算的工程,均执行新定额。我们是以此来确定取费标准的。2.关于“执行基价调整系数错误”的答复。2002年6月内蒙古造价站颁发的《内蒙古自治区建筑安装工程费用定额交底材料》中提道:本届定额换届工作是从1997年开始的。土建定额从1998年1月起执行。当时确定的定额人工费、机械台班费、材料费是截止到1997年年底的价格。从1999年开始,国家对人工工资进行了几次大的调整。经测算,本次将市政、土建、安装人工工资平均上调了20%,装饰工程上调了33%。土建工程以框架为例:定额基价调整为0.46%,电气照明定额基价调整为4.9%，采暖给排水定额基价调整为3%。据此，我们执行了定额基价调整。3.关于“合同价严重背离市场规律”的答复。合同价是按照常规工程造价的审核程序和呼建管发〔2000〕112号文件第9条第5款说明：由总包单位分包给生产厂家单独制作、安装的球型网架等工程，不执行综合预算定额，按合同价执行，所以我所是根据甲方和承包方签订的协议书为依据进行计算的，同时我们审核部门也对当时的价格进行了市场调查：如地暖当时刚刚进入市场，供货厂家有限，因此市场价格特别高，我们对地暖材料也进行了市场询价，基本上符合当时的价格。当然现在的地暖价格，经过这么多年的市场竞争，价格也趋于稳定。现在的价格是在每平方米40元左右，不能和2000年以前的价格相比较。凡是与定额不符的材料价格，我们都进行了市场询价。换热设备的合同价明细是依据施工图纸计算的。4.关于“未将信息价按规定报批”的答复。内蒙古造价站一再明确提出，凡是报送造价站审批的项目，必须是该项目与定额的施工工艺和施工内容不符的项目（如新材料、新工艺），并且在施工的过程中才能报批，已经施工完的项目不予报批。因此，花岗岩、地板砖、面砖等都不属于由内蒙古造价站批复的内容。由于花岗岩、地板砖、面砖等材料是由甲方供货，所以只能按甲方提供的供货合同为准进行调差。

（三）关于《鉴定报告》存在的其他缺陷问题。1.关于“未明确排水、外暖沟是否为专用”的答复。外排水和外暖沟是按图纸和实际使用情况计算的。2.关于“没有冬季施工记录”的答复。冬施费是按“冬施方案和记录计算的”。

批发市场公司质证认为，工程是1999年开工建设，在2000年已停工，在2002年以后也未施工，不应当适用2002年1月1日起执行的新的《内蒙古建筑安装工程费用定额》，要求重新鉴定。一审法院经向内蒙古自治区定额造价总站咨询，答复为：批发市场工程是1999年开工建设，在2000年已停工，在2002年以后也未施工，不应当适用2002年1月1日起执行的新的《内蒙古建筑安装工程费用定额》。据此，一审法院又委托鉴定机构作补充鉴定。2006年3月15日，内蒙古兴益联合会计师事务所出具《关于东瓦窑工程鉴定报告的补充说明》，结论为：重新计取费用造价为26,641,778元。其中，综合楼工程造价为9,809,546元（外包合同价为777,811元），1#、2#、3#、4#大棚工程造价为4,811,439元，大棚冬季施工措施费600,617元，外包合同价4,278,165元，道路硬化850,380元，综合楼室外硬化151,435元，拆除28,293元，前进巷给排水53,920元，室外给排水采暖659,327元，管理费为1,268,656元。批发市场公司认为，外包合同价两项共计5,055,976元应按照房地产公司与供货单位签订的合同及实际支付费用的凭证确定，不属鉴定机构确定工程造价的范围，对鉴定结论确定的其他内容认可。

2004年12月23日，一审法院根据房地产公司的申请，委托内蒙古光明会计师事务所对房地产公司在批发市场工程承办建设中所支付款项进行财务审计鉴定。

鉴定结论为:从1998年至2004年,房地产公司支付1#、2#、3#、4#大棚和综合楼工程款及前期费用总计26,653,170元。该报告说明事项载明:1.本次审计房地产公司账面反映为批发市场公司垫支代建工程利息260万元。对此,光明会计师事务所向批发市场公司发函,要求对此进行确认。该公司回函对此利息支出未认可。2.对房地产公司代建1#、2#、3#、4#大棚和综合楼已预提管理费69万元,本次审计未确认。应收代建管理费应根据协议书约定待代建工程完工后据实结算。3.对代建1#、2#、3#、4#大棚和综合楼不合理占地罚款5万元,本次审计未确认。

另查明,2000年5月24日、9月21日,房地产公司将155万元存入批发市场公司在建设银行基建资金专用账户,代批发市场公司支付贷款利息。2001年12月30日、2002年6月20日,房地产公司借给批发市场公司100万元,用于支付银行贷款利息。批发市场公司偿还50万元,尚欠50万元,有批发市场公司给房地产公司出具的欠据为证。

1998年6月22日,东瓦窑村委会给付房地产公司硬化场地款200万元,房地产公司给东瓦窑村委会出具收据。房地产公司提供1998年6月22日呼和浩特市郊区巧报信用社进账单,证明只收到1,813,000元,另外187,000元由东瓦窑村委会占用支付了利息。房地产公司提供1997年至2003年东瓦窑村委会向其借款的收据,证明已偿还东瓦窑村委会1,987,000元。房地产公司认为,该笔款是房地产公司与东瓦窑村委会之间的经济往来,不是批发市场公司给付房地产公司的工程项目代建费。

三、内蒙古自治区高级人民法院一审审理与判决

内蒙古自治区高级人民法院经审理认为,批发市场公司与房地产公司签订的协议书系双方当事人的真实意思表示,且不违反法律、行政法规的强制性规定,应认定为有效。《合同法》第410条规定,委托人或受托人可以随时解除委托合同。批发市场公司作为委托人,请求解除与房地产公司签订的协议书,符合《合同法》的规定,房地产公司亦同意解除以上合同,故应解除双方签订的协议书。

本案为委托代建合同纠纷,根据双方的诉辩理由,一审法院确定双方的争议焦点为:(1)批发市场公司给付房地产公司委托代建费的数额。(2)房地产公司是否占用代建费。(3)房地产公司垫付款数额。(4)批发市场公司应给付房地产公司多少工程管理费。(5)批发市场公司是否存在可得利益损失。(6)房地产公司是否应按协议书约定交付委托在建工程(包括所涉工程的全部技术资料)。

1.关于批发市场公司给付房地产公司委托代建费数额。中国建设银行呼和浩特市呼伦南路支行贷款户资金明细账和基建专户明细账证明批发市场公司将27,833,655元工程项目代建费转入基建资金专用账户后,被银行扣划利息1,108,016元。至批发市场公司起诉时,批发市场公司共给付房地产公司工程代建费26,725,639元。东瓦窑村委会给付房地产公司的硬化市场款200万元,系房地产公司与东瓦窑村委会之间的经济往来,与批发市场公司委托代建工程无关,不能认定为批发市场公司给付房地产公司工程代建费。

2.房地产公司是否占用代建费的问题。一审法院委托的工程造价评估机构具有法定鉴定资质,鉴定人员有鉴定资格,对鉴定结论予以采信。房地产公司代建的工程造价为26,641,778元,加上支付的前期费用1,164,118元,共计27,805,896元。批发市场公司给付房地产公司代建费26,725,639元。内蒙古光明会计师事务所出具的财务审计鉴定确认房地产公司实际支出各种费用26,653,170元。对房地产公司代缴的土地罚款5万元,因已从代建费中支付,应计入房地产公司支出的费用中,房地产公司共支出各种费用应为26,703,170元。批发市场公司给付房地产公司代建费核减房地产公司实际支出费用,房地产公司尚有22,469元代建费未付出,应由房地产公司返还批发市场公司。批发市场公司主张房地产公司将16,833,655元代建费挪作他用,请求返还缺乏事实依据,不予支持。

3.批发市场公司是否应按照协议书的约定给付房地产公司管理费。双方约定房地产公司按扩建项目全部结算款项的5%收取批发市场公司管理费。批发市场公司对内蒙古兴益联合会计师事务所出具《关于东瓦窑工程鉴定报告的补充说明》中房地产公司应得管理费1,268,656元认可,批发市场公司应给付房地产公司管理费1,268,656元。由于双方委托建设的工程没有全部完工,批发市场公司与房地产公司没有进行结算,房地产公司要求批发市场公司承担管理费利息的反诉请求不予支持。

4.房地产公司是否存在代批发市场公司垫付款的问题。房地产公司所举2000年5月24日、9月21日建设银行进账单及建设银行批发市场公司资金存款明细账能够证明房地产公司将155万元存入批发市场公司基建专用账户,替批发市场公司支付贷款利息。该款应由批发市场公司给付房地产公司。房地产公司所举建设银行2001年12月30日、2002年12月30日两份进账单能够证明房地产公司将100万元进入批发市场公司账户,代批发市场公司支付银行贷款利息。房地产公司认可批发市场公司已偿还50万元,批发市场公司尚欠房地产公司50万元。批发市场公司于2002年6月20日才给房地产公司出具欠条。对于该50万元,批发市场公司应返还房地产公司。房地产公司代批发市场公司垫付款共计205万元,代批发市场公司偿还银行贷款利息,批发市场公司应返还房地产公司并承担利息损失,利息从2002年6月22日起计至付清之日止,按中国人民银行同期同类贷款利率计算。批发市场公司认为双方之间是借款,与本案不具有关联性的理由不能成立。

5.房地产公司是否应按协议书约定交付委托在建工程(包括所涉工程的全部技术资料)的问题。房地产公司已将1#、2#、3#、4#交易大棚和土建、采暖、电气、给排水及室外给排水、暖气干线等工程移交给批发市场公司。综合楼因被内蒙古自治区高级人民法院执行局查封,不能移交。但房地产公司应按协议书约定负责将所涉工程的全部技术资料移交给批发市场公司。

6. 房地产公司是否应承担批发市场公司可得利益损失的问题。批发市场公司要求房地产公司承担可得利益损失,没有证据证明,该项请求不予支持。关于房地产公司反诉要求确认与工程有关的欠款由批发市场公司向有关单位或个人承担的问题。一审法院认为,房地产公司受批发市场公司委托代建的工程,是否还存在与该项工程有关的其他工程欠款,房地产公司没有提供相关证据证明,一审法院无法确认存在其他工程欠款,对房地产公司的此项反诉请求不予支持。

呼建公司在本案中不承担民事责任。

综上,一审法院判决如下:(1)解除批发市场公司与房地产公司签订的协议书;(2)房地产公司将委托建设工程的全部技术资料交付批发市场公司;(3)房地产公司返还批发市场公司代建费22,469元;(4)批发市场公司于判决生效之日起10日内返还房地产公司垫付款205万元及利息(利息从2002年6月22日起计至付清之日止,按银行同期同类贷款利率计算);(5)批发市场公司于判决生效之日起10日内支付房地产公司代建管理费1,268,656元;(6)驳回批发市场公司的其他诉讼请求;(7)驳回房地产公司其他反诉请求。本诉案件受理费161,730元,由批发市场公司负担145,557元,房地产公司负担16,173元:反诉费62,683元,由房地产公司负担43,878元,由批发市场公司负担18,805元;批发市场公司和房地产公司各自交纳的鉴定费各自负担。

四、当事人上诉请求与答辩情况

批发市场公司不服一审判决,向本院提起上诉,请求:(1)撤销内蒙古自治区高级人民法院(2003)内民一初字第3号民事判决第4项、第5项、第6项。(2)变更内蒙古自治区高级人民法院(2003)内民一初字第3号民事判决第2项、第3项为:房地产公司交付在建的综合楼及其配套设施;退还建设资金9,516,509元并偿付同期银行贷款利息至实际给付之日为止;赔偿批发市场公司可得利益损失1351万元。(3)房地产公司承担本案的诉讼和其他费用。其事实和理由如下:(1)房地产公司交付工程违约;(2)以东瓦窑村村委会的名义向信用社的借款200万元是委托代建款;(3)房地产公司应当赔偿批发市场公司的可得利益;(4)对于房地产公司的205万元垫付款,批发市场公司不应当支付利息;(5)内蒙古光明会计师事务所出具的财务审计鉴定结论不具有客观真实性,关于《鉴定报告》,批发市场公司对外包合同价5,055,976元和管理费1,268,656元有异议;(6)批发市场公司不应当支付管理费1,268,656元;(7)5万元的罚款不应当作为代建费。

房地产公司答辩称:本案是委托代建关系,房地产公司委托代建的后果要由批发市场公司承担,所以房地产公司没有违约。批发市场公司对两个鉴定结论理解有误,其他上诉理由也不成立,请求驳回上诉、维持原判。

五、最高人民法院二审认定与处理

最高人民法院二审查明的事实与一审法院查明的事实相同。

最高人民法院认为,综合上诉请求、事实和理由以及答辩理由,双方对以下问题存在争议:(1)房地产公司交付工程是否违约;(2)以东瓦窑村村委会的名义向信用社的借款200万元是否是委托代建款;(3)房地产公司是否应当赔偿批发市场公司的可得利益;(4)对于房地产公司的205万元垫付款,批发市场公司是否应当支付利息;(5)内蒙古光明会计师事务所出具的财务审计鉴定结论和《鉴定报告》是否应当采信;(6)批发市场公司是否应当支付房地产公司管理费1,268,656元;(7)5万元的罚款是否应当作为代建费。

(一)关于房地产公司交付工程是否违约的问题

批发市场公司主张,根据协议书第3条第1项、第5条第1项、第3项和第6条第1项的规定,房地产公司向批发市场公司提供施工合同,按约定交付建设工程。根据房地产公司与呼建公司签订的《建设工程施工合同》,综合楼、冷库和大棚等工程于1999年12月15日竣工,可见房地产公司向批发市场公司交付建设工程的时间是1999年12月15日,但房地产公司所承建的建设工程没有正式验收,而且主要工程综合楼没有交付,因此房地产公司交付工程违约。房地产公司主张,本案的性质是委托代建关系,房地产公司只收取管理费,所以其后果应由委托人批发市场公司自己承担,因此房地产公司不存在违约的问题。房地产公司不仅与呼建公司签订了《建设工程施工合同》,还与其余十多家公司签订了施工合同,所以1999年12月15日不是房地产公司向批发市场公司交付工程的时间,包括《建设工程施工合同》在内的施工合同约定的时间只对房地产公司和合同的相对方发生效力,对批发市场公司无效。协议书也没有约定房地产公司向批发市场公司交付工程的时间。所以房地产公司在履行交付工程义务时没有违约。

最高人民法院认为,本案的性质为委托代建关系。对此,双方当事人均无异议。根据《合同法》第406条"有偿的委托合同,因受托人的过错给委托人造成损失的,委托人可以要求赔偿损失"的规定,受托人的违约责任以其存在过错为前提。这是委托合同与其他合同在违约责任承担这一点上最大的区别。其他合同违约责任的归责原则是严格责任,一旦违约事实出现,就应当承担责任,除非有法定或者约定的免责事由。据此,批发市场公司要追究房地产公司在交付建设工程方面的违约责任,必须证明房地产公司在交付建设工程方面存在过错。如果没有证据证明房地产公司在这方面存在过错,即使迟延交付,房地产公司也不承担责任。从批发市场公司提供的证据来看,其没有举出房地产公司在交付建设工程方面存在过错的证据。根据财务审计鉴定,房地产公司不仅没有挪用批发市场公司拨付的委托代建款,而且还为批发市场公司的利益垫付资金。此外,批发市场公司也没有举证证明房地产公司在履行与施工单位的施工合同过程中存在未按照施工合同的约定付款的行为。即使批发市场公司举出了这些证据,还要看批发市场公司是否按时拨付代建款。由于批发市场公司不能证明房地产公司在交付建设工程方面存在过错,其上诉理由不能成立,不予支持。

(二)关于以东瓦窑村委会的名义向信用社的借款200万元是否是委托代建款的问题

批发市场公司主张,以东瓦窑村委会的名义向信用社的借款200万元,全部交付房地产公司作为前期投入。对此,为了便于结算,东瓦窑村委会已经将此笔款项相应的权利转让与房地产公司。这与协议书前言部分"结合前期工作的运行情况和具体条件"是相衔接的,并非无关。房地产公司主张,协议书签订于1999年1月,而200万元款项发生在1998年6月22日,因此,该款项只能是借款,而不可能是代建款。

最高人民法院认为,批发市场公司提出的"为了便于结算,东瓦窑村委会已经将此笔款项相应的权利转让与房地产公司""这与协议书前言部分'结合前期工作的运行情况和具体条件'是相衔接的"等理由没有证据加以证实。据此,批发市场公司的此点上诉理由不能成立,不予支持。

(三)关于房地产公司是否应当赔偿批发市场公司可得利益的问题

由于房地产公司在交付建设工程上没有违约,故批发市场公司要求房地产公司赔偿可得利益的上诉主张,不予支持。

(四)关于房地产公司的205万元垫付款,批发市场公司是否应当支付利息的问题

批发市场公司主张,若客观上存在垫付资金的情形,但基于其没有依约征得同意且事后也未告知,对此形成的所谓利息损失也应自负。房地产公司主张,其在批发市场公司缺乏资金的情况下,为委托人批发市场公司的利益垫付款项,批发市场公司应当支付利息,况且批发市场公司于2002年6月20日给房地产公司出具的欠条已经表明,批发市场公司知道房地产公司为其进行了垫付款。关于垫付款项的具体数额,房地产公司提供了2000年5月24日、9月21日建设银行进账单及建设银行批发市场公司资金存款明细账能够证明房地产公司将155万元存入批发市场公司基建专用账户。房地产公司还提供建设银行2001年12月30日、2002年12月30日两份进账单能够证明其将100万元进入批发市场公司基建专用账户。房地产公司认可批发市场公司已偿还50万元,批发市场公司尚欠房地产公司50万元。故房地产公司共垫付款项为205万元。对此事实,一审法院已经查明,本院予以认可。

最高人民法院认为，根据《合同法》第407条“受托人处理委托事务时，因不可归责于自己的事由受到损失的，可以向委托人要求赔偿损失”的规定，在批发市场公司缺乏资金的情况下，房地产公司为其垫付款项，属于“不可归责于自己的事由受到损失”，况且批发市场公司知道房地产公司为其垫款的事实，故批发市场公司应当支付该笔款项的利息。批发市场公司的此点上诉理由不能成立，本院不予支持。

（五）关于内蒙古光明会计师事务所出具的财务审计鉴定结论和《鉴定报告》是否应当采信的问题

批发市场公司主张，内蒙古光明会计师事务所出具的财务审计鉴定结论不具有客观真实性，如财务审计结论第3项写明：“本次审计，对已支付的部分材料款、青苗补偿费、拆迁费等由于截至审计之日无法分清该项工程与其他工程占用数额……”关于《鉴定报告》，批发市场公司对外包合同价5,055,976元和管理费1,268,656元有异议。房地产公司主张，财务审计结论和《鉴定报告》都应当采信。

最高人民法院认为，对于财务审计结论，批发市场公司虽然提出异议，但提出的证据否定了自己的观点。财务审计结论第3项第1目全文是：“本次审计，对已支付的部分材料款、青苗补偿费、拆迁费等由于截至审计之日无法分清该项工程与其他工程占用数额，故本次审计对此未进行确认。”财务审计没有对无法分清的该项工程与其他工程占用数额进行审计，故批发市场公司关于财务审计结论不真实的上诉理由不能成立。

对于《鉴定报告》，批发市场公司主张，对外包合同价应按照房地产公司与外包单位签订的合同及实际支付费用的凭证确定，不属鉴定机构确定工程造价的范围。最高人民法院认为，批发市场公司虽然提出了自己的主张，但并没有提供证据否定《鉴定结论》关于外包合同价的结论。双方在一审对《鉴定结论》进行质证时，批发市场公司也只发表自己的观点，并没有证据对该结论进行否定。根据《最高人民法院关于民事诉讼证据的若干规定》第2条第2款的规定，批发市场公司应当承担不能举证的后果。关于管理费1,268,656元，其异议只是认为批发市场公司不应当支付。对于这一问题，将在下一个问题进行阐述。故批发市场公司提出的此点上诉主张不能成立，不予支持。

（六）关于批发市场公司是否应当支付房地产公司管理费1,268,656元的问题

批发市场公司主张，建设工程还没有完全交付，所以不应支付管理费。房地产公司主张，根据协议书第1条的规定，批发市场公司应该支付管理费。

最高人民法院认为，批发市场公司是否应当支付管理费，应该严格按照协议书的约定进行。协议书第1条约定：房地产公司“按扩建项目的全部结算款项的50%收取建设单位管理费”，而本案的结算款项已经鉴定确定。据此，批发市场公司应当支付1,268,656元管理费。

（七）关于5万元的罚款是否应当作为代建费的问题

批发市场公司主张，5万元的罚款是因为房地产公司管理不当造成的，故应当由房地产公司承担。房地产公司主张，5万元的罚款是因为违法占地造成的，而违法占地只可能是批发市场公司。经审查，5万元罚款的原因是违法占地。违法占地的主体是批发市场公司。因此，5万元应由批发市场公司负担。由于该罚款已从代建费中支出，故应当作为代建款。

综上，最高人民法院认为，一审判决认定事实清楚，适用法律正确，依法应予维持。根据《民事诉讼法》第153条第1款第1项之规定，判决：驳回上诉，维持原判。一审案件受理费161,730元，由呼和浩特市东瓦窑农副产品批发市场有限责任公司负担145,557元，呼和浩特市东瓦窑房地产开发有限责任公司负担16,173元；一审反诉费31,341.50元，由呼和浩特市东瓦窑房地产开发有限责任公司负担21,341.50元，由呼和浩特市东瓦窑农副产品批发市场有限责任公司负担1万元；一审由呼和浩特市东瓦窑农副产品批发市场有限责任公司和呼和浩特市东瓦窑房地产开发有限责任公司各自交纳的鉴定费，各自负担。二审案件受理费161,730元，由呼和浩特市东瓦窑农副产品批发市场有限责任公司负担。

［参见最高人民法院民事审判第一庭编：《最高人民法院二审民事案件解析》（第6集），法律出版社2008年版。］

037. 对开发商通过诉讼解除与合作方的合作合同，试图规避合作方所签卖房合同约定的交付房屋义务的，法院应如何处理？

【典型案例】

梅州市恒基房地产开发有限公司与吴克平合作合同纠纷上诉案

【裁判要点】

对开发商通过诉讼解除与合作方的合作合同，试图规避合作方所签卖房合同约定的交付房屋义务的情形，法院根据诚实信用原则和侵权责任原则，判令开发商仍应在合作合同解除后履行后合同义务，协助其合作方交房和为购房户办理产权证，使开发商规避法律义务的意图无法实现。

案号:一审:(2006)梅中法民二初字第47号;二审:(2007)粤高法民一终字第262号。

原告:吴克平。

被告:杨景贤。

被告:梅州市恒基房地产开发有限公司(以下简称恒基公司)。

广东省梅州市中级人民法院经审理查明:2003年2月,恒基公司与杨景贤签订合作合同,共同投资兴建恒基广场商住楼。约定由恒基公司提供土地,并负责办理施工前报批手续,负责代理营销策划和销售(包括预售、按揭、办证等),杨景贤负责项目开发建设的全部资金,负责施工。双方利益分配采用产权分配形式,首层店铺6792.2平方米产权归恒基公司所有,负一层及二层以上42,227.8平方米产权归杨景贤所有,双方互不干涉对方产权的处置。2003年10月,杨景贤与吴克平签订买卖合同,约定将恒基广场二层8300平方米以800元/平方米卖给吴克平,卖方保证在2004年12月底以前房屋全部竣工验收,并在2005年2月前办好房地产权证。买方应于合同签订后5天内付款50万元,从三层起每浇筑一层水泥棚面付款25万元,至封顶(13层)应付325万元,余款在交付房地产权证后30日内付清。如不能按期在2005年2月底交付使用,未办好房地产权证,每延迟一个月,则在800元/平方米的基础上减20元;如买方不能按约定时间交款,每逾期一个月,则在800元/平方米的基础上,增加20元。合同签订后,杨景贤应将此合同交其合作方恒基公司认可同意。2004年6月2日,恒基公司在该买卖合同的尾部盖章,确认该合同标的物产权属杨景贤所有。2004年6月和8月,被告恒基公司取得了恒基广场各栋的商品房预售许可证。2004年10月19日,恒基公司出具证明:兹有吴克平购买恒基广场二层商场约8300平方米,已向该公司申请合同备案,情况属实,该公司同意其按该买卖合同的条款继续执行,并同意其按合同第六条约定的付款方式将进度款直接付给施工队,以确保该工程进度。至2005年1月,吴克平付款计325万元,其中150万元付给施工队。

2006年10月11日,原告吴克平向梅州市中级人民法院起诉,请求判令杨景贤和恒基公司向原告交付恒基广场二层房屋并办理房地产权证,判令杨景贤向原告支付逾期交房和逾期办证的违约金332万元。2006年10月15日,恒基公司向梅县人民法院起诉,请求解除与杨景贤签订的上述合作合同。2006年11月17日,梅县人民法院作出民事调解书,确认双方协议解除上述合作合同。

【审判】

广东省梅州市中级人民法院经审理认为:根据合作合同的约定,被告杨景贤有权对恒基广场二楼的产权进行处置。被告杨景贤与原告签订买卖合同时房屋尚未建成,亦未取得商品房预售许可证,但在随后的2004年6月、8月取得了预售许可证,根据《最高人民法院关于审理商品房买卖合同纠纷案件适用法律若干问题的解释》第2条的规定,可认定该买卖合同为有效合同。该合同约定了生效的附加条件:被告杨景贤应将合同交给合作方恒基公司认可同意。原告已提交证据证明恒基公司已对上述买卖合同作了确认和备案,合同约定的生效条件已成就,则合同已生效。被告恒基公司认为被告杨景贤无权卖房,买卖合同未经恒基公司同意,买卖合同无效的抗辩理由不充分,不予采纳。原告已依约付款,则其有权按合同约定要求被告杨景贤在2005年2月底前将房屋交付使用并办好房地产权证。被告杨景贤至今未交付房屋和办证,其应承担的违约责任除了交付房屋和办证外,还应支付相应的违约金。合同约定的违约金过高,根据最高人民法院司法解释的规定,可按当地房屋租金予以调整。

恒基公司作为合作合同的当事人,为合作项目的买方办理预售许可证、房地产权证等是其合同义务,本案原告请求办证的主张,非恒基公司的协助,作为买卖合同当事人的被告杨景贤无法独自完成,而由于合作合同已被解除,恒基广场已由被告恒基公司管理,原告请求交付房屋的主张亦须被告恒基公司的协助才能完成。根据《合同法》第92条的规定,合同解除后,合同当事人仍应履行协助对方处理合同解除后的善后事宜等法定的后合同义务。就本案而言,合作合同解除后,被告恒基公司仍应遵循诚实信用原则,协助被告杨景贤完成合作合同解除后的善后事宜,包括协助被告杨景贤向原告交付房屋和办理产权证。《民法通则》第5条规定,合法的民事权益受法律保护。被告恒基公司未协助被告杨景贤向原告交付房屋和办理产权证,造成原告取得房屋及其产权证的合同权益无法实现,侵害了原告的合法权益,应承担排除妨碍、协助交付房屋和办理产权证的法定责任。

综上,根据《民法通则》第5条,《合同法》第92条,《最高人民法院关于审理商品房买卖合同纠纷案件适用法律若干问题的解释》第2条、第16条、第17条的规定,判决:(1)被告杨景贤应在本判决生效之日起30日内将恒基广场二层商场约8300平方米交付给原告吴克平;(2)被告杨景贤应在本判决生效之日起30日内为原告吴克平办妥恒基广场二层商场约8300平方米的房地产权证;(3)被告杨景贤应在本判决生效之日起30日内向原告吴克平支付违约金,违约金从2005年3月起至房屋交付之日每月按8300平方米×8.4元/每平方米×130%的标准计算,此款在双方商品房买卖合同继续履行后原告吴克平应付的余款中抵减,抵减后原告未付清的购房款应在被告交付房屋和房地产权证之日起10日内付清;(4)被告杨景贤应在本判决生效之日起30日内向原告吴克平履行完毕除上述判项以外的双方商品房买卖合同约定的其他义务;(5)被告恒基公司应在本判决生效之日起30日内协助被告杨景贤将恒基广场二层商场约8300平方米交付给原告吴克平;(6)被告恒基公司应在本判决生效之日起30日内协助被告杨景贤为原告吴克平办妥恒基广场二层商场约8300平方米的房地产权证。

宣判后，被告恒基公司不服一审判决，提起上诉。广东省高级人民法院经审理，判决驳回上诉，维持原判。

［参见徐干忠：《梅州市恒基房地产开发有限公司与吴克平合作合同纠纷上诉案——恶意解除合作合同以规避交房义务的司法应对》，载《人民司法·案例》2010年第10期。］

038. 当事人双方在履行建设工程合同的过程中，一方支付了部分工程款，另一方能否以对方未支付全部工程款进行抗辩拒绝履行其义务？

【典型案例】

北京园城大都投资有限公司诉北京方正房地产开发有限公司房地产开发经营合同纠纷案

【裁判要点】

《合同法》第66条规定："当事人互负债务，没有先后履行顺序的，应当同时履行。一方在对方履行之前有权拒绝其履行要求。一方在对方履行债务不符合约定时，有权拒绝其相应的履行要求。"但是因为民法是为了规范市场经济，促进交易的顺利进行。根据法律规定和司法实践，当事人一方支付部分工程款，尚不构成"不符合约定"，另一方当事人在不损害己方利益的前提下，可给予对方一定的宽限期支付剩下工程款。因此以对方未支付全部工程款进行抗辩拒绝履行其义务的主张不成立。

判决书字号：

一审判决书：北京市第一中级人民法院（2004）一中民初字第7007号。

二审判决书：北京市高级人民法院（2005）高民终字第48号。

案由：房地产开发经营合同纠纷案。

诉讼双方：

原告（被上诉人）：北京园城大都投资有限公司。

被告（上诉人）：北京方正房地产开发有限公司。

审级:二审。

审判机关:

一审法院:北京市第一中级人民法院。

二审法院:北京市高级人民法院。

审结时间:

一审审结时间:2004年12月1日。

二审审结时间:2005年5月10日。

原告北京园城大都投资有限公司(以下简称园城公司)诉称:2003年3月26日,园城公司与北京方正房地产开发有限公司(以下简称方正房地产公司)签订《合作开发合同书》,合同约定:双方共同在北京大兴玻璃钢六厂的原址开发兴城嘉园(后改为心都嘉园)住宅项目,并约定原告出资44,532,800元,用于10、11、12号楼的建筑安装费用、销售代理费及规定的税金;原告出资兴建的上述三栋商品房的销售手续,包括销售合同及发票由被告出具。双方同时约定,原告兴建的上述三栋楼的销售款归原告所有。同日,双方签署《补充协议书》,确认原告的出资情况。但是,被告收取三栋楼销售款后却迟迟没有给付原告,经原告多次索要,被告仍未给付。2004年5月31日,被告确认并承诺将2004年3月、4月的销售款1000万元于2004年6月15日前给付,5月以后的销售款按月给付,同时承诺支付3月以前的销售款15,291,176元。但是,被告仅在6月15日给付500万元,余款未付。故诉至法院,要求判令被告给付原告款项及利息64,960,176元,并由被告承担本案诉讼费用。

被告方正房地产公司辩称:不同意原告诉讼请求。双方约定的价款44,532,800元,是园城公司为取得与方正房地产公司合作开发的资格所付的款项,与建安费等费用无关。因此,园城公司在起诉状中的陈述与事实不符。依双方所签的合同,园城公司承建并开发的面积所发生的建安费用、设备费、销售代理费、规定的税金及销售广告费用由园城公司承担,并同意方正房地产公司选定的销售公司和施工单位,但园城公司应与施工单位另行签订建筑施工合同书。在合同的实际履行中,园城公司至今未与施工单位另行签订合同,其与施工单位应履行的义务始终由方正房地产公司履行并由方正房地产公司承担建安费等费用,基于同时履行抗辩,我方不应给付园城公司销售款;且因现在部分房屋未售出,双方合作项目未完全竣工,未做最终结算,园城公司提起的诉讼,无事实依据,其诉讼请求不能成立。

北京市第一中级人民法院经审理查明:兴城嘉园项目是经有关部门批准合法建设项目,建设单位是方正房地产公司。

2003年3月26日,方正房地产公司与园城公司签订《合作开发合同书》(以下简称协议1),双方就合作开发北京大兴玻璃钢六厂(兴城嘉园项目)达成如下协议:项目是位于北京市大兴区康庄路10号兴城嘉园住宅;方正房地产公司同意以1300

元/平方米的单价与园城公司合作开发兴城嘉园项目的10、11、12号楼的地上面积，除建安费用、销售代理费用、规定的税金由园城公司出资，其余全部费用由方正房地产公司承担；园城公司以1300元/平方米的单价合作开发兴城嘉园规划小区内的现状规划标号10号楼、11号楼、12号楼，共计地上面积为34,256平方米，以实测面积为准，多退少补，总计价格为44,532,800元人民币；方正房地产公司确认园城公司原已入资2000万元人民币，本合同签订后5日内再追加投资支付给方正房地产公司2000万元人民币；园城公司开发的面积只承担建安费、销售代理费用、规定的交易契税、营业税及销售广告费用，园城公司同意方正房地产公司选定的销售公司，权利、义务以方正房地产公司与销售公司的合同为准，所需款项园城公司交方正房地产公司后由方正房地产公司统一支付，若有变动园城公司可与销售公司签订补充协议，以该补充协议为准，其余全部费用均由方正房地产公司负责；园城公司同意方正房地产公司选定的施工单位，由园城公司与施工队伍另行签订建筑施工合同书，但应交方正房地产公司一份备案；双方对其他权利义务亦作了约定。

2004年2月23日，园城公司（甲方）与方正房地产公司（乙方）签订《补充协议》（以下简称协议2），就甲方开发的10、11、12号楼的销售回款及工程款的支付情况及甲、乙双方前期协议未尽事宜，达成如下协议：双方确认10、11、12号楼的建筑面积为34,893.18平方米；双方确认至2004年2月23日乙方应归还甲方的商品房销售款为33,498,920元；双方确认乙方第一次支付给中铁建设集团有限公司的3000万元工程款中的1,820,774.4元为甲方支付给中铁建设集团有限公司的10、11、12号楼的土建工程款；双方确认乙方未归还甲方的商品房销售款15,291,176元，作为乙方向甲方的借款（该项另行签订协议）；协议签订后，甲方所开发的10、11、12号楼发生的土建工程款由甲方与中铁建设集团有限公司自行结算。

双方认可至2004年2月23日兴城嘉园10、11、12号楼房屋销售总价为40,235,367元，到账金额为36,990,876元。

2004年2月26日，园城公司（甲方）与方正房地产公司（乙方）签订《协议书》，就乙方所欠甲方售楼款事宜，达成如下协议：双方确认乙方所欠甲方售楼款为15,291,176元；双方确认该款作为乙方向甲方的借款，还款期限为3个月（2004年3月1日至2004年5月31日），月利率为0.42%，贷款利息以同期银行贷款利息为准，并随银行贷款利率浮动作相应调整；自2004年3月1日起开始计息，乙方每月向甲方清息一次；期满后，乙方须按期清息还本，每延期1日以未付款的万分之五向甲方支付滞纳金。同日，园城公司给方正房地产公司出具确认函，写明在双方共同开发的项目上，发生扰民费问题，园城公司已全额支付，方正房地产公司应分担143,483元，现已支付10万元，尚欠43,483元。2004年2月26日，园城公司（甲方）与方正房地产公司（乙方）签订《协议书》（以下简称协议3），由甲乙双方合作开发的“心都”(即兴城嘉园)项目甲方投资的10、11、12号楼的售楼款事宜,达成如下协议:自2004年2月23日起乙方于每周一以书面形式向甲方及时提供10、11、12号楼的销控表和售楼款到账情况的报表,并保证报表真实;自2004年3月1日起“心都”项目甲方所属楼盘的10、11、12号楼销售款到账后,乙方保证及时足额拨付给甲方,一个月转账一次,每月1日为上月的结款日期。

2004年4月8日,方正房地产公司(甲方)与园城公司(乙方)签订《协议书(二)》(以下简称协议4)。双方确认:依据北京市大兴区国土资源和房屋管理局测绘所测定的双方合作开发“心都”项目中乙方承建的10、11、12号楼的地上建筑面积为32,373.11平方米;甲方确认,乙方已向甲方多支付投资款3,914,957元;甲方确认应退还乙方投资购买“心都”项目10、11、12号楼的多支付款额为3,914,957元;乙方同意甲方将应退还乙方的上述款项3,914,957元,用于支付乙方投资建设10、11、12号楼所发生土建费用以外10、11、12号楼所发生的设备款;在本项目完工前,乙方除根据工程进度支付10、11、12号楼土建费用外,不再支付其他任何费用;该项目竣工后,双方依据甲方提供的真实票据和合同款的真实价格,按照乙方投资10、11、12号楼的实际地上面积计算乙方应承担的设备款,据实结算,多退少补。

2004年3月31日,园城公司致函方正房地产公司(以下简称函1),写明2月26日前所售楼盘至3月28日已到账39,388,107元,2月26日前已结算36,990,876元,差额为2,397,231元,加上2月26日至3月28日所售楼盘到账金额3,070,394元,扣除园城公司应承担的税金及佣金,方正房地产公司4月1日前应支付园城公司5,095,614元。2004年4月25日,园城公司致函方正房地产公司(以下简称函2),写明到4月25日止的所售楼盘到账金额情况,本月方正房地产公司应归还园城公司售楼款款额为5,577,309元。以上两项合计为10,672,923元。

2004年2月23日后,方正房地产公司给付园城公司销售款5,672,923元。

2004年5月31日,方正房地产公司给园城公司出具《兴城嘉园项目还款计划》,写明方正房地产公司所欠园城公司3月、4月的销售款1000万元,在6月15日前付给园城公司。5月(含5月)之后的销售款执行所签协议按月支付。方正房地产公司所欠园城公司的15,291,176元按协议还款。

关于兴城嘉园目前的销售情况,方正房地产公司未向本院提供相应材料。园城公司向本院提供兴城嘉园10、11、12号楼已经销售的房屋共计177套,其中含有园城公司与方正房地产公司于2004年2月23日已经确认的房屋71套。原告依据截至2004年2月23日双方确认的到账金额主张由方正房地产公司给付销售款15,291,176元及8个月的利息损失。原告依据上述列举的177套扣除71套后(106套)的销售总价及2004年2月23日双方确认的销售总价与到账金额之间的差额主张方正房地产公司应给付其销售款48,382,712元及利息损失(其中扣除了以2.5%

为比率计算的销售代理费和以5.4%为比率计算的税金及2004年2月23日以后方正房地产公司已付园城公司的款项5,672,923元;园城公司就其中的500万元主张了7个月的利息损失、就其余的43,382,712元主张了3个月的利息损失)。同时,原告要求方正房地产公司给付扰民费43,483元。以上构成了园城公司的全部诉讼请求。方正房地产公司对园城公司提供的兴城嘉园的销售情况不予认可。

一审法院依园城公司申请向北京市大兴区国土资源和房屋管理局调取了兴城嘉园10、11、12号楼已办理预售预购登记的情况,确认包含园城公司已提供的106套房屋。依该登记表,此106套房屋除其中14套未标示销售价格外,其余92套房屋均标有销售价格。方正房地产公司对该证据的真实性认可,仅是认为在未结算土建工程款前其不应给付园城公司销售款。方正房地产公司对园城公司主张的销售代理费比率、税金比率及扰民费均予认可。

以上所涉三栋楼的建设工程施工合同,是由方正房地产公司与北京中铁建设有限公司签订的。

方正房地产公司认为园城公司未支付土建工程款,而由方正房地产公司代付,其代付的具体数额,因工程款未进行最终结算,无法确定。

北京园城大都投资有限公司原名称为北京园城世纪房地产开发有限公司,于本院审理中变更为现名称。

以上事实,有协议、工商档案、北京市大兴区国土资源和房屋管理局提供的登记表及双方当事人陈述等证据在案佐证。

北京市第一中级人民法院根据上述事实和证据认为:园城公司与方正房地产公司签订的协议1、协议2、协议3、协议4系双方当事人真实意思表示,内容不违反国家法律、行政法规强制性规定,应属有效,双方当事人均应依约履行。依据上述协议,方正房地产公司应将扰民费及兴城嘉园10、11、12号楼的销售款给付园城公司,园城公司应承担建安费用、销售代理费用、规定的交易契税、营业税及销售广告费用。方正房地产公司对应给付园城公司的扰民费不持异议,本院对园城公司关于扰民费的主张予以支持。另外,虽依协议1,园城公司应单独与施工单位签订合同,但从园城公司与方正房地产公司后来签订的协议约定由园城公司与施工单位自行结算土建工程款上看,双方对施工合同已由方正房地产公司与施工单位签订表示认可。方正房地产公司抗辩园城公司应付清土建工程款后才能主张销售款之意见,因土建工程款未进行结算,对于具体数额,目前尚不能确定;而依协议3,方正房地产公司给付园城公司销售款之义务有明确的履行期限,故园城公司支付土建工程款之义务不能与方正房地产公司给付销售款之义务构成同时履行抗辩。园城公司主张方正房地产公司给付销售款有事实和法律依据,对其主张的销售款数额中有依据的部分,一审法院予以支持。方正房地产公司未及时将上述款项给付园城公司,应支付相应利息损失,故园城公司主张的利息损失的合法部分,一审法院予以支持。

据协议2,至2004年2月23日,方正房地产公司未归还园城公司销售款15,291,176元。双方虽约定该款为借款,综合本案事实,该款仍属房屋销售款性质,方正房地产公司应将此款给付园城公司。方正房地产公司未及时给付,应将相应利息损失支付园城公司。对于至2004年2月23日双方确认的销售情况中未到账部分,因方正房地产公司未提供至诉讼时止该部分款项是否到账,故本院支持园城公司主张的上述销售总价与已到账部分的差额部分(扣除税金及佣金)的款项及利息损失。

对于2004年2月23日后兴城嘉园10、11、12号楼的销售情况及到账情况,因方正房地产公司未向本院提供,故本院以园城公司主张的套数、以本院调取的已售房屋的销售价格为依据(无销售价格的14套房屋本院将参照房屋面积及已售房屋的单价予以确定),扣除相应税金、佣金及已付款,判定方正房地产公司应给付园城公司的销售款额。园城公司主张该部分款项的利息损失,因园城公司未就此笔款项给付的具体时间提供相应证据,故对园城公司此部分利息损失的主张,不予支持。

原告园城公司主张上述未给付的销售款中有500万元(依据函1、函2的方正房地产公司应给付款项10,672,923元及2003年2月23日方正房地产公司的已付款5,672,923元计算得出)的利息损失应以2004年3月28日为起算点,因依2004年5月31日双方的《兴城嘉园项目还款计划》,双方约定的付款期限是6月15日,故对其该部分利息损失起算点的主张一审法院不予支持。

对于园城公司应履行的支付土建工程款等义务,因方正房地产公司对具体履行数额不能确定,可另行主张。

北京市第一中级人民法院依据《合同法》第8条、第44条第1款、第60条、第66条、第107条之规定,判决如下:(1)自本判决生效之日起10日内,方正房地产公司给付园城公司销售款15,291,176元及利息损失(自2004年3月1日至2004年10月31日,以中国人民银行同期6个月至1年的贷款利率计算);(2)自本判决生效之日起10日内,方正房地产公司给付园城公司销售款2,988,176元及利息损失(自2004年9月1日至2004年11月30日止,以中国人民银行同期6个月以内贷款利率计算);(3)自本判决生效之日起10日内,方正房地产公司给付园城公司销售款45,233,525元;(4)自本判决生效之日起10日内,方正房地产公司给付园城公司扰民费43,483元。

二审诉辩主张

判决后,方正房地产公司不服,认为给付工程款构成对返还售楼款的同时履行抗辩,据此向北京市高级人民法院提起上诉,要求撤销原审判决,依法改判。二审过程中，方正房地产公司申请中止本案的审理直至另一案审结或其一审判决作出，主要理由为：方正房地产公司已经在原审法院提起诉讼，要求园城公司给付其代垫的工程款等费用，目前此案正处于一审审理之中；园城公司承担开发的三座楼的工程决算已经作出，其购置的材料设备费用和直接分包的工程费用已经核算清楚，属于新的证据；本案与给付工程款的诉讼属基于同一协议和事实发生的，为避免一事二理，本案应予中止；企业所得税在工程款未确定之前无法确定，所以本案必须以另一案的审理结果为依据，否则就会造成多缴企业所得税的后果。

园城公司辩称：同意一审判决，要求驳回上诉，维持原判。

二审事实和证据

北京市高级人民法院二审查明的事实和证据与一审相同。

二审判案理由

北京市高级人民法院根据上述事实和证据认为：园城公司与方正房地产公司所签合作开发合同书及其补充协议是双方真实的意思表示，不违背法律的强制性规定，应属有效；在合同履行过程中，双方就售楼款返还所达成的一系列协议是在平等协商的基础上作出，其效力亦应予以确认。对于本案原审法院所认定的事实，当事人亦无实质争议。

双方当事人争议的焦点主要有两个：一是程序上本案是否应中止审理，等待另一个案件即工程款案件审结，或者等待其一审审结，至二审合并审理；二是同时履行抗辩是否成立，即方正房地产公司能否以园城公司未给付全部工程款为由拒绝返还售楼款。关于中止审理问题，本案与给付工程款的诉讼不属于必要共同诉讼，现就工程款争议方正房地产公司已另案起诉，正处于一审审理中，本案无须以该案的审理结果为依据。同时，合同中并未约定园城公司承担企业所得税，且本案方正房地产公司企业所得税并未实际发生，故不应作为中止本案审理的理由。关于同时履行抗辩权问题，园城公司已经通过投资款转为工程款、售楼款转工程款的方式支付了部分工程款，方正房地产公司不能以对方未给付工程款为由拒绝返还售楼款。且双方曾在协议中约定由园城公司对外自行结算，双方在履行中亦多次明确约定了售楼款的给付时间、给付数额、给付方式，并未约定以支付工程款为前提。故本案方正房地产公司同时履行之抗辩主张不能成立。综上，二审法院认为：方正房地产公司关于中止审理及同时履行抗辩之主张均不成立，园城公司主张返还售楼款理由正当，应予支持。原审法院认定事实清楚，适用法律亦无不当，但鉴于双方互负债务，方正房地产公司已另案提起诉讼的实际情况，从均衡保护双方当事人权益考虑，二审法院对部分售楼款的返还时限予以调整。

二审定案结论

北京市高级人民法院根据《民事诉讼法》第 153 条第 2 项之规定，判决如下：

(1)维持北京市第一中级人民法院(2004)一中民初字第7007号民事判决第一项、第二项、第四项;(2)变更北京市第一中级人民法院(2004)一中民初字第7007号民事判决第三项为:方正房地产公司给付园城公司销售款45,233,525元及利息。给付方式为,销售款自本判决生效之日起180日内给付2200万元,余款在本判决生效之日起360日内给付;利息自本判决生效后30日届满时起算,按照中国人民银行同期同类固定资产贷款利率计算,至实际给付之日止。

[参见国家法官学院、中国人民大学法学院编:《中国审判案例要览》(2006年商事审判案例卷),人民法院出版社2007年版。]

039. 当事人双方均要求履行合作开发协议,一方诉请另一方给付代垫款项应否予以支持?

【典型案例】

辽宁北信房地产开发有限公司与铁岭惠源集团有限公司合作开发房地产合同纠纷上诉案

【裁判要点】

《民事诉讼法》第151条规定,第二审人民法院应当对上诉请求的有关事实和适用法律进行审查。这也是民事诉讼活动“不告不理”原则的体现。法院的裁判与当事人的诉讼方向和具体的诉讼请求有着密切的联系,法院既不能在当事人诉请之外作出裁判,亦不能遗漏当事人的诉请和作出有遗漏内容的裁判,更不能作出与当事人的诉请或合同目的相反的裁判。这一原则不仅适用于一审民事案件当事人的诉讼请求,亦适用于二审民事诉讼当事人的上诉请求。

第一,关于是垫资,还是投资金额争议的梳理。在双方当事人对联合开发项目均负有对等投资义务以及双方当事人均要求继续履行《联合开发协议书》的前提下,应当尽量稳定双方的合作关系,维护交易秩序。承办法官认为:首先,一方诉请另一方给付所谓的代垫款项既与履行合同的目的不符,同时也与情理或常理不符,应不予支持。其次,这是反诉所要解决的主要问题,的确投资数额多寡与联合项目目的没有直接牵连,但是,如果按照二审判决所认定,双方各50%分得利润,显然也要各50%投资,承办法官也是这样认为的。可是,法官并没有再继续审下去,起码要告诉当事人,是不是一方多投了,另一方少投了;还是一方投得正好,另一方应当追加投资。即使不能在判决中直接判,也应当告诉当事人,应当通过协商确定均衡投资金额与投资比例。

第二,关于案外因素的梳理。案件审理过程中,不断出现公安局插手办理刑事案件,进而扰乱民事案件立案和审理的问题。最高人民法院1998年司法解释早有规定,一般情况下,民事案件与刑事案件可以分开审理的,并不用相互等待结果。就本案讲,联营合作协议纠纷,可以径直审理,不应受到所谓刑事立案的影响。任何一方以刑事案件说事儿,均应予以驳回。本案承办法官的态度是鲜明的,认为公安局立案,导致法院立案程序的不当处理,显然是或多或少影响了本案的审理。这也是司法实践中应当引起注意的,不要随意受到案外因素的影响。毕竟个别人的违法违规行为不会实质性影响到整个市场环境和市场行为的效力。

第三,为了当事人的共同利益,应当作出合同有效并继续履行的处理。从整个合同履行情况看,之所以发生纠纷,主要在于融资环节发生了困难,导致合作并不顺利,并且,人员更迭,也客观上造成相互不信任,合作越发困难。解决此问题,应当通过协商,重新建立互信关系,增加投资,将各个合作项目尽快实施、完工,创造出一定经济效益,大家也就相安无事了。合同继续履行是符合双方当事人利益诉求的,如果各自撤资、退出联合,各方损失会更大,更不利于保护自身的合法权益。故而,从《合同法》和合同法司法解释规定精神出发,应当尽力促成和推进合作,争取各方当事人利益最大化的实现。

上诉人(原审被告、反诉原告):辽宁北信房地产开发有限公司。

被上诉人(原审原告、反诉被告):铁岭惠源集团有限公司。

一、辽宁省高级人民法院一审查明的案件事实

一审法院审理查明:辽宁北信房地产开发有限公司(以下简称北信公司)于2001年2月27日在辽宁省工商行政管理局注册成立。该公司注册资本为2000万元,其中辽宁北信经济发展有限公司(以下简称北信经济公司)投资1600万元;刘凤义投资200万元;郭素琴投资200万元。叶庭祥是北信经济公司和北信公司的法定代表人。验资机构出具验资证明称北信公司各股东投资均已到位。

2002年8月18日,北信公司与铁岭惠源集团有限公司(以下简称惠源公司)签订一份《联合开发协议书》。约定:"(一)联合开发协议总纲。1.双方一致同意联合开发房地产项目,包括与其相关的其他项目。2.联合开发时限为十年。自2001年2月起至2010年2月止。3.联合开发组织形式及管理机制。合署办公,两块牌子,一套人马。双方营业执照同等有效。统一指挥,统一核算,利益共享,风险共担。组成联合开发领导小组,由惠源公司总经理惠学新担任领导小组组长,主持全面工作,一支笔签发财经收入支出。北信公司董事长叶庭祥担任领导小组副组长,协助惠学新工作。4.联合开发利益分配。双方各分50%利润,风险共担。(二)双方联合开发省委党校项目。1.双方一致承认联合开发辽宁省直机关工委党校(以下简称省直党校)综合办公楼项目(含住宅)。该项目自2002年4月由北信公司与省直党校签署开发协议,《协议书》附后。双方一致承认,省直党校与沈阳市建设投资公司签署的《动迁协议》,省直党校与和平分局马路湾派出所签署的《动迁协议》。双方共同动迁省委家属楼。2.该项目现有下列文件:省直机关工委立项文件;省委办公厅立项文件;省计划委员会关于公建项目的批复;省计划委员会关于经济适用房的批复;沈阳市规划设计院关于该项目的初步规划设计(草案);省委办公厅土地证;沈阳市建设投资公司、和平分局马路湾派出所的动迁协议;省委家属楼住户的动迁协议。双方在以上基础上,办理下一步开发建设项目各项手续,直至完成全部开发任务。3.开发该项目的组织形式与对外工作的形式。由于该项目是以北信公司名义对外签约,现仍以北信公司名义对外开发工作,直至完成全部开发销售工作。对外签约办手续法人代表仍用叶庭祥名义,以利于工作。该项目仍由惠学新主持全面工作,一支笔签发财经收支。4.该项目所需资金的安排。由惠源公司负责动迁费、动迁房租费、四费、土地出让金等。如根据项目所需资金的需要,可由双方共同办理项目贷款。(三)双方联合开发沈阳市东陵区丰乐商业街项目。1. 2001年5月北信公司与沈阳市东陵区人民政府丰乐街道办事处签订《联合开发丰乐商业街项目协议》,惠源公司借给北信公司400万元,北信公司以该项目土地证为抵押,由沈阳市商业银行惠工支行贷款350万元。现已基本办理完项目各种审批手续,完成部分动迁工作。2.根据本协议规定,双方一致同意联合开发沈阳市东陵区丰乐商业街项目。承认北信公司与丰乐街道办事处签署的《联合开发丰乐商业街项目协议》。在现有工作基础上,由惠学新主持该项目全面工作。惠源公司借给北信公司的400万元,转为惠源公司先期投资,双方承认承担北信公司由惠工支行的350万元贷款。3.该项目自签约之日起,作为双方联合开发项目,统一指挥,统一核算,利润各分50%。该项目后续资金及土建工程由惠源公司负责。4.双方同意,将丰乐商业街开发项目、省直党校项目合署为一个项目班子,由惠学新主持全面工作,开展下一步工作,直至完成项目开发的全过程。(四)北信公司开发两个项目前期费用的处理意见。1.经双方审计,前两个项目总支出785万元,账面现余28万元,总占用资金813万元。其中,惠源公司出资400万元,银行贷款350万元,借刘凤义45万元,叶庭祥出资18万元(详见出资明细表)。2.经双方同意,新组成的联合开发项目办公室将813万元债务列入两个项目开发成本,将账面现金28万元收归联合开发项目办公室财务。即承认北信公司在开发前两个项目总支出785万元。"

上述《联合开发协议书》签订后,惠源公司总经理惠学新开始行使联合开发领导小组组长的权力。为方便统一管理,叶庭祥将北信公司的财务章授权并交付给联合开发项目办公室的财务室使用和保管(财务室会计和出纳是惠源公司派出的工作人员)。联合开发项目的每一笔支出均由惠学新审查、签字后方可动用。

2004 年 3 月 1 日,北信公司的法定代表人由叶庭祥变更为潘红峰。从同年 2 月 18 日起,北信公司的股权几经转让。截至同年 8 月 9 日,其股东为潘红峰、大连亨达投资有限公司(以下简称亨达公司)、孙毅。潘红峰向北信公司实缴注册资本 1000 万元,亨达公司实缴注册资本 940 万元,孙毅实缴注册资本 60 万元。同年 3 月至 5 月,北信公司多次发函要求惠源公司履行《联合开发协议书》中约定的投资义务。

2004 年 6 月 11 日,惠学新向铁岭县公安局经侦大队报案称:2001 年年初,叶庭祥在没有资金的情况下虚假注册北信公司,伙同郭素琴、刘凤义以此公司与惠源公司骗签房地产联合开发协议,待惠源公司投入近 6000 万元办完开发手续后,叶庭祥将所有开发手续骗走,并以此为代价将北信公司的股权全部转让,得款 500 万元后潜逃。2004 年 6 月 23 日,铁岭县公安局决定对叶庭祥涉嫌合同诈骗案立案侦查。

2004 年 6 月 15 日,北信公司强行接管沈阳民主广场项目现场。联合开发领导小组工作人员及原施工单位铁岭建鑫建筑工程有限公司(以下简称建鑫公司)撤出现场。此时,民主广场项目的场地已经平整完毕,准备开工。此后,惠源公司实际退出联合开发项目,联合开发协议未继续履行。

2004 年 6 月 29 日,北信公司以合资合作开发房地产合同纠纷为由向沈阳市中级人民法院提起民事诉讼,要求判令惠源公司继续履行《联合开发协议书》约定的义务,支付截至起诉日的房地产项目开发资金 11,077,300 元。该案审理期间,铁岭县公安局向该院出具《情况说明》称:“2004 年 8 月 11 日,我局接到惠源公司转来沈阳中院要求该公司与北信公司就同一份继续履行合同的诉讼通知,我局于 2004 年 6 月 23 日对此案立案侦查,并以涉嫌虚报注册资本及合同诈骗罪,对北信公司法定代表人叶庭祥追捕,按照省委、省政府及公安厅指示,现此案正在侦查中。”同年 9 月 6 日,沈阳中院以《联合开发协议书》涉嫌合同诈骗和虚报注册资本犯罪为由,裁定驳回北信公司的起诉。2004 年 9 月 6 日,铁岭县公安局因叶庭祥被指控的合同诈骗事实不存在,决定撤销此案。同年 9 月 14 日,沈阳市公安局经济犯罪侦查支队决定对叶庭祥涉嫌虚报注册资本案立案侦查。

另查明,惠源公司与北信公司在履行《联合开发协议书》过程中共同取得了省直党校项目、东陵区丰乐商业街项目、民主广场项目、富裕小区二期工程项目和四台子项目。其中前两个项目是在《联合开发协议书》中约定的项目,后三个项目是在《联合开发协议书》履行过程中取得的。北信公司与惠源公司均认为后三个项目属于联合开发的项目,但没有另行签订协议。该三个项目对外均是以北信公司名义签订合同或办理手续。上述五个联合开发项目的基本情况是：

1. 省直党校项目。该项目位于沈阳市和平区十三纬路北侧。2003 年 9 月 10 日，北信公司取得国有土地使用权证。同年 8 月 29 日，北信公司取得建设用地规划许可证。北信公司在该项目中投资 8,467,826.41 元，惠源公司对其中 8,267,826.41元予以认可。惠源公司在该项目中投资 13,557,344.29 元，北信公司对其中 11,142,639.25 元予以认可。截至 2005 年 8 月 23 日，该项目没有开工。

2. 东陵区丰乐商业街项目。该项目位于沈阳市东陵区丰乐一街。2002 年 4 月，北信公司取得国有土地使用权。北信公司在该项目中投资 174,223.5 元。惠源公司在该项目中投资 3,763,924.8 元，北信公司对其中 3,508,924.8 元予以认可。截至目前，该项目尚未开发。

3. 民主广场项目（又称盛京大厦项目、商贸国际项目）。该项目位于沈阳市和平区南二马路，规划建筑面积 88,274 平方米。该项目 2004 年 7 月 14 日开工。同年 8 月取得建设用地规划许可证，同年 9 月取得建设工程规划许可证，同年 10 月取得建设工程施工许可证，同年 11 月取得商品房预售许可证，2005 年 5 月取得国有土地使用权证。该项目于 2004 年 10 月开始预售，截至 2005 年 6 月 30 日，共签订预售合同 140 份，销售金额为 76,255,493 元。2004 年 6 月 15 日以前民主广场项目由惠源公司出资。此间，惠源公司在该项目中投资 39,207,289.86 元，北信公司对其中 38,405,450.51 元予以认可。2004 年 6 月 15 日以后民主广场项目由北信公司出资。北信公司在该项目中投资 44,578,539.04 元。截至目前，该项目尚未竣工。

4. 富裕小区二期工程项目。该项目位于沈阳市于洪区鸭绿江街。北信公司于 2002 年 10 月 28 日以转让方式取得该项目，尚未办理变更登记。北信公司在该项目中没有投资，惠源公司在该项目中投资 1,705,500 元。截至目前，该项目尚未开发。

5. 四台子项目。该项目位于沈阳市于洪区陵东乡四台子村。北信公司于 2002 年 2 月 5 日通过拍卖方式取得。北信公司在该项目中没有投资，惠源公司在该项目中投资 1,060,500 元。截至目前，该项目尚未开发。

在上述五个联合开发项目中，北信公司总计投资 53,220,588.75 元，惠源公司认可其中的 53,020,588.75 元。惠源公司总计投资 59,314,598.95 元，北信公司认可其中的 55,823,014.56 元。双方共同确认，以上投资额计算的起止时间从《联合开发协议书》签订之日起至 2005 年 6 月 30 日止。惠源公司向一审法院提起诉讼称：惠源公司分批投入联合开发资金 59,243,755.32 元。北信公司的法定代表人由叶庭祥变更为潘红峰后便无视双方签订的协议，通知惠源公司要将投入资金转入北信公司账户内并实际免去了惠学新联合开发领导小组组长的职务，剥夺了惠源公司在联合开发协议中约定的管理权，致使惠源公司无法也不敢再投资。2004 年 6 月 15 日，北信公司动用保安强行霸占民主广场项目。该项目主体工程盛京大厦，总面积 8 万平方米，总造价大概是 1.8 亿元。其中，惠源公司投资 38，405，228 元。北信公司在未通知惠源公司的情况下，擅自将主楼盛京大厦部分出售。该大厦的总体价值大约在 6 亿元。本案《联合开发协议书》合法有效。鉴于北信公司擅自出售联合开发项目的情况，故要求北信公司立即给付惠源公司竣工工程盛京大厦的利润。双方在联合开发五个项目的过程中，对项目实行了基本对等的投资，体现了公平原则。惠源公司请求法院在判决继续履行《联合开发协议书》的同时，应注明包括待开发的省直党校项目、东陵区丰乐商业街项目、富裕小区二期工程项目、四台子项目。故请求判令北信公司继续履行联合开发协议；北信公司给付竣工工程利润 2 亿元。

北信公司辩称：(1)惠源公司关于北信公司违约的陈述，没有事实根据。①北信公司要求惠源公司将投资转入北信公司账户不构成违约。首先，《联合开发协议书》对惠源公司履行出资义务的资金是否应先转入北信公司账户没有约定。故可确定北信公司提出将惠源公司的投资转入其账户不违约。其次，从《联合开发协议书》的内容看，双方是合伙型联营。对外以北信公司名义办理联合开发的事务。惠源公司为履行联合开发项目的各项资金投入都应以北信公司名义实施，由此决定了惠源公司的资金只有进入北信公司账户后再转出才符合会计管理规定。再次，惠源公司总经理是联合开发领导小组的组长，即使在北信公司的法定代表人变更为潘红峰之后，北信公司的财务专用章仍然在领导小组的控制和管理之中，惠源公司投入的资金即使进入北信公司账户也不产生惠源公司所说的“无法也不敢再投资”的可能性。最后，北信公司的请求只能成为一项新的要约，不能以此作为北信公司违约的根据。②关于惠源公司所谓实际免除惠学新领导小组组长职务和不让其参与联营管理和决策的说法不是事实。首先，北信公司股东和法定代表人的变化只是内部的变化，并不能引起作为法人单位取得的房地产开发项目主体和经营方式的变化，也不妨碍惠学新行使联合开发的统一指挥权。其次，《联合开发协议书》签订之后，到北信公司法定代表人变更之前，双方联合开发项目已经变为五个。项目的开发权人都是北信公司。但各项目的前期出资义务尚未完成，由此可出确定，惠源公司总经理惠学新只要按照《联合开发协议书》中关于出资方式的约定履行出资义务，便是行使领导小组组长职务。惠源公司不能提出北信公司法定代表人变更为潘红峰后，无视《联合开发协议书》以及实际免除惠学新联合开发领导小组组长职务的事实根据。最后，在北信公司股东和法定代表人变更之前的 2003 年 9 月，惠源公司提出项目所有权主张和担任北信公司法定代表人的主张没有实现之后，便停止了对《联合开发协议书》的履行。北信公司法定代表人和股东变更之后不仅承认《联合开发协议书》的效力，而且多次请求惠源公司继续履行该协议。但惠源公司却继续违约。北信公司于2004年6月向沈阳市中级人民法院起诉惠源公司要求其继续履行《联合开发协议书》，而惠源公司以北信公司原法定代表人虚假注册、联营涉嫌合同诈骗为由向有关机关举报。经审理后该院驳回了北信公司的起诉。③惠源公司所谓北信公司强行霸占民主广场项目的说法不仅不是事实，而且与北信公司违约无关。首先，民主广场的盛京大厦是以北信公司名义取得的联合开发项目之一。盛京大厦所使用的土地在工程开工前或施工中无论是由惠源公司还是由北信公司人员看管，都不能改变该地块是联营组织联建项目土地使用人的性质。其次，北信公司取得盛京大厦项目时，该项目占用的土地已经是净地。工程开工前，无须双方派人看管。大厦正式动工之前，施工现场只是一块被用于临时停车的场地，不存在惠源公司施工的事实。最后，盛京大厦是在2004年7月14日举行奠基仪式，不存在2004年6月15日以前建设已经超过大半的可能。综上，惠源公司的第一项诉讼请求不能成立。(2)惠源公司的第二项诉讼请求也不能成立。因盛京大厦正在继续施工，并未进行竣工结算，不存在利润分配问题。盛京大厦属于双方联合开发的五个项目之一，惠源公司没有履行其应承担的相关费用的义务。(3)惠源公司在诉状中关于双方联营的房地产项目内容的陈述，大部分没有根据。双方联合开发的五个项目中，除省直党校和丰乐商业街项目中的出资比例和方式在《联合开发协议书》中明确约定外，对其余三个联合开发项目的投资比例和出资方式的说法只是惠源公司的单方意思。惠源公司强调《联合开发协议书》中"利益共享、风险共担和利润各50%的约定"。北信公司认为上述约定不能成为惠源公司上述主张的根据。相反，根据《联合开发协议书》的约定，只能得出惠源公司同样应依照省直党校和东陵区丰乐商业街项目承担动迁费、动迁房租费、四费和土地出让金等项目前期费用的结论。综上，请求驳回惠源公司的起诉。

北信公司同时向一审法院提出反诉称：《联合开发协议书》签订后，北信公司又先后取得民主广场等三个项目。但后三个项目双方未再签订协议，至2003年9月之前双方事实上一并作为联合开发项目。惠源公司对五个项目统一管理，双方对《联合开发协议书》的履行非常顺利。2003年9月，惠源公司提出了变更《联合开发协议书》的请求，其主要内容是基于其对联建项目投资处于高度风险的考虑，要求联合领导小组组长惠学新担任北信公司法定代表人或者将现有联合开发项目转归惠源公司独立开发，终止联营等。由于北信公司没有接受惠源公司的要求，惠源公司便不再继续履行《联合开发协议书》。联建项目全面处于停顿状态，使北信公司陷入全面违反开发项目相关协议的困境之中。为避免损失的进一步扩大，北信公司在采取借贷方式继续履行应由惠源公司承担的项目前期费用给付义务的同时，于2004年6月向沈阳市中级人民法院对惠源公司提起继续履行《联合开发协议书》之诉。但该院以双方的联合开发涉嫌犯罪,北信公司是否具备法人资格不能确定为由对该案予以驳回。

北信公司不否认,北信公司设立之初确实存在注册资金不到位的事实。但正是由于北信公司缺少对已经取得的房地产项目开发资金才在向惠源公司借贷的基础上又与其签订《联合开发协议书》,从而实现使用惠源公司对开发项目前期费用的投资完成项目开发的目的。故北信公司反诉请求惠源公司给付北信公司为其垫付的联合开发项目前期投资款53,220,588.75元及利息;惠源公司继续履行联合开发项目的后续开发建设投资义务。

惠源公司针对北信公司的反诉辩称:北信公司的诉讼请求无事实和法律依据,请求驳回北信公司的反诉请求。

二、辽宁省高级人民法院一审裁判要旨

辽宁省高级法院审理认为:由于《联合开发协议书》中主要合同条款约定不明,双方当事人在诉讼中未能就此达成补充协议。2005年11月18日,一审法院根据有关司法解释向双方当事人询问是否变更诉讼请求。双方当事人均以书面方式表示不变更诉讼请求。

一审法院认为,本案《联合开发协议书》应认定合法有效。双方在《联合开发协议书》的履行过程中共同开发了五个项目。其中省直党校项目和东陵区丰乐商业街项目的投资义务在合同中作了约定,双方均应按约定履行合同义务。另外三个项目即民主广场项目、富裕小区二期工程项目、四台子项目在《联合开发协议书》中对投资比例、投资期限、投资方式等内容未作约定。诉讼中双方对此未能达成一致。根据利润按50%分配的约定可以确定在后三个联合开发项目中双方当事人负有对等投资义务。从双方当事人的诉讼主张看,均有要求继续履行《联合开发协议书》的意思表示,《联合开发协议书》具有继续履行的可能性。因此,对惠源公司要求北信公司继续履行《联合开发协议书》的诉讼请求及北信公司要求惠源公司继续履行联合开发项目的后续开发建设投资义务的反诉请求,应予支持。关于惠源公司要求北信公司给付竣工工程利润的诉讼请求一节。因双方当事人共同开发的五个项目截至目前均未竣工,分配竣工利润的条件未成就。因此,惠源公司请求分配竣工利润既无事实依据也无合同依据,对该项诉讼请求应不支持。关于北信公司要求惠源公司给付为其垫付的前期投资款及垫款利息的反诉请求。因为本案双方当事人均将五个项目视为联合开发项目,对项目的投资情况除前两个项目有约定外,其他三个项目均未作约定。在此情况下,北信公司要求惠源公司给付为其垫付的前期投资款及利息没有合同依据,对北信公司的该项反诉请求应不予支持。综上,该院依照《合同法》第8条、第76条之规定,判决:惠源公司与北信公司继续履行《联合开发协议书》;驳回惠源公司的其他诉讼请求;驳回北信公司的其他反诉请求。

一审案件受理费1,010,010元,由惠源公司承担。反诉案件受理费276,112.94元,由北信公司承担。证据保全费30,000元,由惠源公司与北信公司各承担15,000元。

三、当事人上诉与答辩情况

北信公司不服一审判决,向最高人民法院提起上诉称:

1.一审判决对惠源公司的违约事实认定不清。(1)对惠源公司首次违反投资义务的时间没有认定。依照《联合开发协议书》及附件《联建协议书》和《搬迁协议》的约定,惠源公司应于2003年2月底之前履行给付党校项目其余搬迁租金377,300元的义务。但惠源公司逾期不履行这一义务,首次违反该协议约定的出资义务。一审判决对此没有认定。(2)把北信公司为惠源公司的垫资认定为北信公司的投资没有合同依据。自惠源公司第一次违反出资义务之后,党校项目和东陵区丰乐商业街项目的投资陆续发生,但惠源公司均不履行约定的出资义务。因北信公司是开发项目的主体,为避免违约和行政处罚责任,影响开发项目的进行,北信公司不得不自筹资金,为惠源公司垫付应由其承担的出资义务。自2004年6月18日起至2005年6月11日止,北信公司先后在党校项目上垫付了8,467,826.41元,在东陵区丰乐商业街项目上垫付了174,223.5元。即北信公司共垫付8,642,049.91元。如果认定《联合开发协议书》有效,双方各按50%分配项目开发所得利润,惠源公司就必须承担北信公司的垫资及其利息的责任。但一审判决却把北信公司的垫资认定为北信公司的投资。同时对党校垫资的8,467,826.41元中,在庭审质证时,惠源公司虽然对2005年2月6日垫付的20万元不予认可,但北信公司已经针对惠源公司提出的异议,提出了新的证据,证明该20万元是以党校借款名义间接向被动迁单位马路湾派出所给付的动迁费。因此,一审判决应认定该20万元是北信公司为惠源公司的垫资但未予认定。(3)对惠源公司通过新闻舆论公开毁约的事实未予认定。本案庭审中,北信公司提出了《长春晚报》2005年2月19日第12版刊登的题为"谁在操盘:慈善家被卷走6000万元"的报道和《职工快报》2005年2月19日北方周末版刊登的题为"铁岭富商被人拐走6000万元始末"等报道,证明惠源公司自2004年起,便公开否认《联合开发协议书》效力的事实,用以支持北信公司的反诉主张。惠源公司在本案庭审中虽然以"新闻报道与自己无关"加以否认,但根据常理和报道的内容足以确定报道的内容是惠源公司自己提供的,具有证据效力。但一审判决对这些报道的证据效力及其证明的事实未予认定。(4)对与双方违约无关的且没有证据能予证明的事实作出了认定。一审判决关于北信公司接管民主广场项目现场、建鑫公司撤出现场、2004年6月15日民主广场项目现场情况和《联合开发协议书》履行状况的认定不符合客观事实,也与确定本案违约责任无关。具体理由和事实是:①民主广场项目现场只是双方联合开发项目的客体之一,任何一方当事人派人进驻该现场都不能改变其为联合开发项目客体的性质;该现场的土地是以北信公司名义取得,自沈阳市和平区房产管理局危房改造办公室移交给北信公司时起已经是平整的净地。②建鑫公司是作为惠源公司要求出庭作证以证明北信公司强行霸占民主广场项目现场的单位。庭审质证时,建鑫公司没有主张也没有提出证据证明自己单位是民主广场项目的施工单位,不存在"撤离"现场的事实。③北信公司不否认确于2004年6月15日下午委托保安公司进驻民主广场项目现场的事实,但不存在"强行"接管的事实,惠源公司在本案庭审时要求数十名自然人和单位出庭作证,但在质证过程中,相关证人之间的证言相互矛盾,根本不能证明保安公司的"强行"接管事实。④民主广场项目现场只是联合开发项目客体之一,其他联合开发项目都有现场,联合开发领导小组及其工作人员自始就不在任何一个开发项目现场,更不存在"撤离现场"的事实。因此,一审判决的上述认定没有根据。

2. 一审判决对民主广场等三个在《联合开发协议书》中没有明确投资比例的项目作出按各50%投资的认定不符合当事人的真实意思。根据《联合开发协议书》中对省直党校项目和东陵区丰乐商业街项目投资比例的约定以及该三个项目取得后的履行行为,应当确认惠源公司应承担该三个项目在可以用于抵押取得贷款进行后续开发之前的全部投资即前期投资的结论。理由是:(1)从《联合开发协议书》的订立目的看,双方都清楚,签订该协议书的目的就是要解决北信公司缺少项目开发前期资金的困难,完成北信公司无力独立完成的房地产开发。从《联合开发协议书》中可以确定,北信公司在取得省直党校项目和丰乐商业街项目之后,是以向银行贷款350万元和向惠源公司借款400万元以及北信公司原股东的少量个人出资作为前期投资的。除此之外,没有其他多余资金。(2)正因如此,双方在《联合开发协议书》中才明确约定,惠源公司承担联合开发项目前期投资的义务。从表面上看,《联合开发协议书》对该两个项目的约定不尽相同,但是,从省直党校项目的投资上约定惠源公司"负责动迁费、动迁房租费、四费、土地出让金等",其余资金可由"双方共同办理项目贷款"足以确定,惠源公司承担前期投资义务。在东陵区丰乐商业街的投资约定上,北信公司借款400万元改为惠源公司的前期投资,抵押贷款的350万元变为项目贷款即双方的共同贷款,该项目的后续资金由惠源公司负责。(3)从联营的组织形式看,也足以确定惠源公司对已经取得和将要取得的联合开发项目具有支付前期投资的义务。正是由于惠源公司应承担开发项目的前期投资,所以《联合开发协议书》才明确约定由惠源公司总经理担任联合开发领导小组组长主持全面工作,一支笔签发财务收支。而且,北信公司要将财务专用章交由联合开发办公室掌管。否则,项目的权利人是北信公司,如果投资对等,便不会作出这样的约定。(4)从惠源公司对民主广场等三个后取得项目的自动出资的行为,可以推定出双方真实的意思表示是应由惠源公司承担联合开发项目的前期投资。这种出资的积极行为,可以从三个方面看:一是在以北信公司名义取得民主广场等三个联合开发项目后,关于该三个项目前期投资的承担,担任联合领导小组组长的惠学新从没主张另行签订协议重新约定投资比例。相反,在没有北信公司要求的前提下,惠源公司自动地履行了前期投资义务。二是惠源公司的出资完全是按联合开发项目相关合同规定的数额自行付款,并将第三人开具的发票留在惠源公司账内,而将北信公司的财务印章自行加盖在惠源公司开具的发票之上作为北信公司认定惠源公司投资的证据。三是惠源公司在履行这些出资义务时,从没要求北信公司也应承担对等的出资义务,只是在本次诉讼中才提出了对等出资的主张。惠源公司的积极行为表明,其真实意思是对后三个开发项目与省直党校和东陵区丰乐商业街项目一样地承担前期投资义务。

3. 一审判决对惠源公司的违约行为没有确认,判决结论中漏判了惠源公司应承担违约责任。一审判决虽然认定"党校和东陵区丰乐商业街项目的投资义务在合同中作了约定,双方均应按约定履行合同义务"。但对惠源公司没有履行该两个项目中已经发生的前期投资义务的违约行为予以认定,因而在判决结论中漏判了责令惠源公司立即返还北信公司在该两个项目上为其垫付的前期投资8,642,049.91元及利息。由于对《联合开发协议书》签订后取得的民主广场等三个项目作出了各按50%比例投资的认定,一审判决对惠源公司拒绝继续承担民主广场项目前期投资义务的违约行为同样没有认定,也没有作出惠源公司应立即返还北信公司在该项目上为其垫付的前期投资44,578,539.04元及利息的判决。

4. 一审判决关于本案诉讼费和证据保全费的分担确定不当。本案反诉案件受理费和证据保全费应由惠源公司承担。故请求撤销一审判决第三项"驳回北信公司其他反诉请求"和第四项关于诉讼费用负担的判决结论;改判惠源公司立即偿还北信公司垫付的应由其承担的联合开发房地产项目前期投资款53,220,588.75元及利息。

惠源公司答辩称:

1. 一审判决认定事实清楚,证据确实充分。(1)北信公司指责一审法院没有认定"惠源公司首次违反投资义务的时间"毫无道理。北信公司向一审法院递交的民事反诉状明确表示:"迄2003年9月之前,双方事实上一并作为联合开发项目,被反诉人(惠源公司)不仅对五个项目统一管理,同时,按照我方(北信公司)与第三人签订的协议的约定,给付了土地出让金,拆迁费、动迁补偿费和四费等费用,双方对《联营协议》的履行非常顺利。"白纸黑字,转眼之间,北信公司怎么自相矛盾地否定自己的观点?北信公司现任法定代表人是2004年2月28日后接管北信公司的,对惠源公司与北信公司原法定代表人叶庭祥之间签订履行《联合开发协议书》的情况并不了解。事实上,2003 年 9 月前,双方对联合开发协议的履行非常不顺利。协议签订前,叶庭祥就已经取得省直党校项目、丰乐商业街项目的开发权并完成部分投资,双方在《联合开发协议书》中确定北信公司的投资额是 785 万元。但在开发民主广场等后三个项目的过程中,北信公司却迟迟不履行协议约定的共担风险、共同投资的义务。联合开发领导小组组长惠学新多次找叶庭祥谈话,要求北信公司严格履行联合开发协议,立即支付项目的投资款。叶庭祥开始讲,有 2000 万元注册资金马上到,但迟迟未到。后来又讲,可以借 1000 万元,但也没兑现。最令人气愤的是叶庭祥负责开发项目的手续工作,在联合开发办公室多次借支的应缴纳项目开发的专款 197 万余元(其中就包括给付党校项目的 377,300 元搬拆租金)至今未报账,不知用于何处。叶庭祥在 2003 年 8 月突然失踪 50 多天,因其保管着全部开发项目的资料和公章,致使全部开发工作停顿,极大地影响了开发进度。从 2003 年 12 月至今,叶庭祥从未到联合开发办公室上过班。这期间,惠源公司为了减少联合开发项目的经济损失,忍辱负重,先后为联合开发项目投入大量人力、物力、财力支撑着联合开发项目。截至 2004 年 3 月 26 日,惠源公司共向五个项目投资 59,364,755.32元。以协议总纲约定的共同投资比例计算,惠源公司在后三个项目共投资 42,615,633.5 元。北信公司应同时投资 42,615,633.5 元。实际上是惠源公司为北信公司垫付 21,307,816.75 元。北信公司不履行对等投资义务,屡屡违约,是北信公司原法定代表人叶庭祥将在联合开发办公室多次借支的应缴纳项目开发的专用款项 197 万余元非法占有,未及时给付相关单位的费用,北信公司应承担该民事责任。北信公司在一审中对该笔款项不予认可是毫无道理的。(2)北信公司关于“垫资”的说法没有合同和法律依据。本案《联合开发协议书》并没有“垫资”一词,惠源公司也并未请求北信公司为其“垫资”。所谓“垫资”只是北信公司的一厢情愿,没有合同和法律依据。事实上,惠源公司为北信公司垫资在前,2004 年 6 月 15 日以后,北信公司的投资是强制取消惠源公司投资权力后的单方投资,是一种违约行为,是不受法律保护的。正如一审判决认定的:“《联合开发协议书》签订以后,惠源公司总经理惠学新开始行使联合开发领导小组组长的权力。为方便统一管理,叶庭祥将北信公司的财务章授权并交付给联合开发项目办公室的财务室使用和保管(财务室会计和出纳是惠源公司派出的工作人员)。联合开发项目的每一笔支出均由惠学新审查、签字后方可动用。”北信公司的法定代表人发生变更后就单方撕毁联合开发协议。从惠源公司为民主广场项目投资 240 万元后的第 3 天开始(2004 年 3 月 29 日),北信公司通过公函的形式,无理要求惠源公司将投资款汇到北信公司账户。惠源公司当然不能接受。因为惠源公司的总经理惠学新是《联合开发协议书》确定的开发领导小组组长,其地位在联合开发中不容动摇。联合开发投资巨大,必须严格执行联合开发办公室的规定,不可能将巨款汇到北信公司账户,况且联合开发办公室有以北信公司名义设立的专门的银行账户。尤其是发生了北信公司原法定代表人叶庭祥携巨款潜逃的事件后,惠源公司更不敢将巨款汇到北信公司的账户。联合开发办公室的财务印章和财务账册是叶庭祥为履行联合开发协议而亲自交由联合开发办公室保管、使用的,并非惠源公司使用。(3)一审判决未将媒体的报道作为证据认定是正确的。媒体报道只是媒体对某件事情的看法,不能也不可能作为法院定案依据。诸多媒体对本案进行了报道,如《光明日报》《辽宁法制报》、新浪网等,北信公司为什么不都拿来作为证据呢?(4)北信公司认为,一审法院"对与双方违约无关的且没有证据能予证明的事实作出了认定"。该说法是错误的。一审法院关于"2004 年 6 月 15 日,北信公司强行接管沈阳民主广场项目现场。联合开发领导小组工作人员及原施工单位建鑫公司撤出现场。此时,民主广场项目的场地已经平整完毕,准备开工。此后,惠源公司实际退出联合开发项目,联合开发协议未继续履行"的认定是正确的。该认定不但确定了北信公司强行接管民主广场项目的严重违约事实,而且认定正是由于北信公司强行接管行为迫使惠源公司实际退出联合开发项目,致使联合开发协议未继续履行。民主广场项目是双方通过市场运作方式取得的,在联合开发领导小组的领导下,惠源公司共用 97 天完成了拆迁和"三通一平"工作。2004 年 6 月 15 日,北信公司强行进入民主广场工地,赶走惠源公司工作人员及施工人员后,北信公司现正在施工,主体已完工。北信公司擅自出售了部分商业用房,该项目建筑面积约 9 万多平方米,预计可获利润 4 亿元。惠源公司共投入 38,405,228 元。

2. 一审判决认定,双方在《联合开发协议书》的履行过程中共同开发了五个项目。其中,省直党校项目和东陵区丰乐商业街项目的投资义务在合同中作了约定,双方均应按约定履行合同义务。另外,三个项目在《联合开发协议书》中对投资比例、投资期限、投资方式等内容未作约定。诉讼中双方对此未能达成一致。根据利润按 50% 分配的约定,可以确定在后三个联合开发项目中双方当事人负有对等投资义务。上述认定符合交易习惯、法律和司法解释的规定。

3. 北信公司不完全履行《联合开发协议书》约定义务的行为属违约行为,应承担违约责任。惠源公司在签订《联合开发协议书》后,投入巨额资金,动用大量人力、物力,以绝大部分精力投入联合开发项目中,认真履行了协议约定的义务。截至 2004 年 3 月 26 日,惠源公司共向 5 个项目投资 59,364,755.32 元,在联合开发工作中起到了中流砥柱的作用。联合开发办公室财务账目清楚,完好无损,工作人员工资照发无误。因此,北信公司指责惠源公司违约无事实依据。

北信公司并未认真履行协议约定的义务。表现在:(1)自 2002 年 10 月起,北信公司因无资金没有履行能力而迟迟不履行联合开发协议约定的对等投资的义务。截至 2004 年 3 月 26 日,惠源公司在后三个项目共投资 42,615,633.5 元。根据共同对等投资的原则,北信公司应投资42,615,633.5元。但因北信公司称无资金,在长达16个月的时间里(2002年10月至2004年2月),北信公司没有投入一分钱。实际上,惠源公司为北信公司垫付了21,307,816.75元投资款。(2)2004年2月,北信公司变更法定代表人后,无视双方签订的协议,视联合开发项目为己有,无理要求惠源公司将投资款汇到北信公司账户等。北信公司的行为均属违反合同义务的违约行为。鉴于北信公司曾履行部分投资义务,故北信公司的行为是不完全履行合同义务的违约行为,即在给付数量上未完全履约。北信公司的违约行为给惠源公司造成了经济损失。一审判决判令北信公司继续履行《联合开发协议书》是正确的。北信公司关于"返还投资款"的反诉请求没有合同和法律依据,一审判决驳回其反诉请求是正确的。北信公司至今控制着属于惠源公司和本案双方共有的几亿元房屋销售款,北信公司必须及时、如数地上缴联合开发领导小组以备审查,任何挪用、侵占的行为都是触犯《刑法》的犯罪行为。

综上,一审判决认定事实清楚,适用法律正确。一审判决判令北信公司承担反诉案件受理费和证据保全费是正确的。北信公司的上诉理由不能成立,故请求驳回上诉,维持原判。

四、最高人民法院二审裁判要旨

最高人民法院在认定一审法院查明基本事实的基础上认为,惠源公司与北信公司签订的《联合开发协议书》系当事人之间的真实意思表示,且不违反法律和行政法规的禁止性规定,应当认定合法有效。本案涉及本诉与反诉两个法律关系。一审判决惠源公司与北信公司继续履行《联合开发协议书》,以及判令驳回惠源公司对北信公司的诉讼请求,惠源公司和北信公司均未对此提出上诉,故二审对一审判决第一项和第二项予以维持。根据北信公司的上诉理由和上诉请求,二审的审理重点和范围是反诉部分即惠源公司是否应当向北信公司偿还53,220,588.75元投资款项,亦即一审判决第三项判令驳回北信公司的反诉请求是否正确。

本案事实表明,惠源公司和北信公司在签订《联合开发协议书》时约定的联合开发项目是省直党校项目和东陵区丰乐商业街项目,同时双方还认可在履行《联合开发协议书》过程中又共同取得了包括民主广场项目在内的后三个项目。对于后取得的三个联合开发项目,双方并没有另行签订相关协议。基于本案五个项目事实上均属于联合开发的标的,因此,有关双方当事人的出资义务和利润分配以及风险共担的基本原则均应依照《联合开发协议书》的约定执行。根据《联合开发协议书》有关"双方各分50%利润,风险共担"的约定,应当认定惠源公司和北信公司对本案五个项目均有对等的投资义务。一审判决认定"本案双方当事人均将五个项目视为联合开发项目,对项目的投资情况除前两个项目有约定外,其他三个项目均未作约定。在此情况下,北信公司要求惠源公司给付为其垫付的前期投资款及利息没有合同依据，对北信公司的该项反诉请求应不予支持”，该认定并无不当，应予维持。至于惠源公司和北信公司在履行《联合开发协议书》过程中对五个项目的实际投资问题，此节只对双方合作开发终止后的清算行为有实际意义，由于本案双方均要求继续履行《联合开发协议书》，故二审对此节不予审理。

综上，一审判决认定事实基本清楚，适用法律并无不当，应予维持。北信公司的上诉理由不能成立，应不予支持。依照《民事诉讼法》第 153 条第 1 款第 1 项之规定，判决：驳回上诉，维持原判。本案二审案件受理费 276,112.94 元，由北信公司承担。

五、对本案争议问题的法律分析

所有案件的裁判都会涉及事实认定和法律适用的问题，本案二审是在认定一审法院查明的基本事实的基础上作出裁判的，因而事实认定环节已经不是本案的突出问题或矛盾的焦点，本案主要涉及法律适用的问题。本案所涉《联合开发协议书》系惠源公司与北信公司的真实意思表示，且不违法，故一、二审法院均认定其合法有效。由于惠源公司向一审法院提起诉讼后，北信公司又提出反诉，即本案涉及本诉与反诉两个法律关系。因此，一审法院要针对这两个诉分别作出裁判，同时二审法院要根据当事人的上诉理由和上诉请求有重点地进行审理。基于惠源公司和北信公司均要求继续履行《联合开发协议书》，一审法院遂判决支持当事人的这一诉请，同时驳回惠源公司的其他诉讼请求和驳回北信公司的其他反诉请求。北信公司提起上诉并没有对一审法院作出的判令双方继续履行《联合开发协议书》提出异议，而是要求二审法院判令惠源公司立即偿还北信公司垫付的联合开发房地产项目前期投资款 53,220,588.75 元及利息。但二审法院的裁判结果并没有支持该上诉请求，主要理由是：

第一，双方当事人在签订《联合开发协议书》时约定的联合开发项目只有省直党校和东陵区丰乐商业街项目，但双方当事人还认可在履行《联合开发协议书》过程中又共同取得了包括民主广场项目在内的后三个项目。基于本案五个项目事实上均属于联合开发的标的，故有关双方当事人的出资义务和利润分配以及风险共担的基本原则均应依照《联合开发协议书》的约定执行。根据《联合开发协议书》有关“双方各分 50% 利润，风险共担”的约定，应当认定双方当事人对本案五个项目均有对等的投资义务。从逻辑上看，既然双方当事人均对联合开发项目负有对等的投资义务，那么也就无法界定一方当事人投入的某一笔款项其性质为代垫款项（除双方当事人明确约定该笔款项为代垫款项或借款外，本案不存在上述除外情形）。

第二，在双方当事人对联合开发项目均负有对等投资义务以及双方当事人均要求继续履行《联合开发协议书》的前提下，应当尽量稳定双方当事人的合作关系，维护交易秩序。此时，一方诉请另一方给付所谓的代垫款项既与履行合同的目的不符,同时也与情理或常理不符,应不予支持。

一般而言,法院的裁判结果与当事人的诉讼方向和具体的诉讼请求密切相关。法院既不能遗漏当事人的诉请和作出有遗漏内容的裁判结果,也不能“越俎代庖、判非所请”,更不能作出与当事人的诉请或合同目的相反的裁判。法院的裁判结果既要符合法律的精神,更要符合情理、常理,要强调“情、理、法”的和谐统一。就本案而言,如果当事人诉请解除或终止履行《联合开发协议书》,则应当区分以下情形处理本案:当联合开发项目有亏损时,应当根据风险共担的法律原则(同时也是双方约定的基本原则),确定双方应当承担的民事责任;如果联合开发项目有盈利,则应当在查清当事人对联合开发项目投入了多少财产的基础上,判令一方给付另一方款项或者根据当事人的投资情况和权利义务相一致的原则分配有关房地产的收益。也就是说,联合开发项目的盈亏情况以及当事人的诉讼方向和具体的诉讼请求将直接影响裁判结果。所以,最高人民法院二审判决认为,至于惠源公司和北信公司在履行《联合开发协议书》过程中对五个项目的实际投资问题,此节只对双方合作开发终止后的清算行为有实际意义,由于本案双方均要求继续履行《联合开发协议书》,故二审对此节不予审理。

应当指出,北信公司曾就本案以合资合作开发房地产合同纠纷为由于2004年6月29日向沈阳中院提起民事诉讼,要求判令惠源公司继续履行《联合开发协议》约定的义务,以及要求判令惠源公司给付截至起诉日的房地产项目开发资金11,077,300元。但该院以铁岭县公安局向该院具函称北信公司法定代表人叶庭祥涉嫌虚报注册资本及合同诈骗犯罪为由,裁定驳回北信公司的起诉。该处理方式是错误的。理由是:第一,当民事纠纷与刑事犯罪交叉时,既要打击犯罪,同时又要保护当事人的合法民事权益,当事人就民事部分提起诉讼,法院立案受理后应当就当事人之间的实体权益作出判决。如果法院以民事纠纷涉嫌刑事犯罪为由,裁定驳回当事人的起诉,显然剥夺了当事人的诉权,且有损当事人的实体权利,最终结果是案结事不了,社会效果不好。第二,如果法院认为民事纠纷需要查明的基本事实需要等待刑事案件的处理结果的,应当依照《民事诉讼法》第136条第1款第5项的规定,裁定中止审理民事纠纷。如果不存在上述情形的,法院应当就民事纠纷直接作出判决。就本案而言,铁岭县公安局于2004年9月6日以叶庭祥被指控的合同诈骗事实不存在为由,决定撤销刑事立案侦查,这也说明法院裁定驳回当事人对民事部分的起诉是错误的。至于2004年9月14日沈阳市公安局经济犯罪侦查支队又以叶庭祥涉嫌虚报注册资本问题对其立案侦查,这属于另一法律关系,而且该法律关系与民事纠纷是完全可以分开审理的。

[参见最高人民法院民事审判第一庭编:《民事审判指导与参考》(2008年第1集),法律出版社2008年版。]

040. 第三人自愿加入债的关系，但是未经过债权人同意，原债务人也未作出不再履行债务的意思表示，这种情况下，原债务人可否免责？

【典型案例】

远策公司诉华纪公司等合资、合作开发房地产合同纠纷上诉案

【裁判要点】

债务承担，是指在不改变债的内容的前提下，债务人、债权人通过与第三人订立转让债务的协议，将债务全部或部分转移给第三人承担的法律事实。按照承担后原债务人是否免责为标准，可以分为免责的债务承担和并存的债务承担。免责的债务承担，是指债务人经债权人同意，将其债务部分或全部移转给第三人负担，原债务人免责。并存的债务承担，是指原债务人不脱离债的关系，第三人加入债的关系，与原债务人共同承担债务。《合同法》第 84 条规定："债务人将合同的义务全部或者部分转移给第三人的，应当经债权人同意。"由此可见，第三人自愿加入债的关系，但是未经过债权人的同意，原债务人也未明确作出不再履行债务的意思表示，这种情况下，应当认定是并存的债务承担，原债务人不能免责。

上诉人（原审原告）：上海远策置业发展有限公司。

被上诉人（原审被告）：上海华纪实业发展有限公司。

被上诉人（原审被告）：赵某某。

赵某某原与宁波市北仑华信置业有限公司（以下简称华信公司）、宁波长江置业有限公司（以下简称长江公司）均系上海远策置业发展有限公司（以下简称远策公司）的出资人，赵某某又是上海华纪实业发展有限公司（以下简称华纪公司）的股东。2003 年 12 月，远策公司与华纪公司进行项目合作，约定由华纪公司出面购买土地，远策公司进行投资，后远策公司依据华纪公司、赵某某的要求，支付华纪公司投资款 350 万元（以下币种均为人民币），后华纪公司购买土地不成。2007 年 8 月 16 日，赵某某与华信公司、长江公司就远策公司股权收购签订结算协议书一份，约定由赵某某负责追回远策公司投给华纪公司的 350 万元，同时赵某某同意在其股权收益分配中先行扣除 150 万元，其余 200 万元由赵某某出具欠条一份，承诺于签字

之日起半年内归还。当日,赵某某向远策公司出具了欠条,载明:“今欠远策公司人民币 200 万元(原华纪公司所欠的远策公司投资款),本人承诺自签字之日起半年内归还。”远策公司认为,2007 年 8 月 16 日,赵某某与华信公司、长江公司就远策公司股权收购签订结算协议书及赵某某出具欠条的行为属于债务的加入。因华纪公司与赵某某均未能履行返还投资款的义务,故远策公司起诉要求华纪公司、赵某某返还投资欠款 200 万元。

华纪公司辩称:基于赵某某出具的欠条以及赵某某与华信公司、长江公司就远策公司股权收购签订的结算协议书,华纪公司与赵某某之间已发生债务的转移,华纪公司已不再负有偿还远策公司投资款的义务,故拒绝远策公司的诉讼请求。赵某某未作答辩。

一审法院另查明,在赵某某签收的支票存根上书写的收款人均为华纪公司,华纪公司于 2003 年 12 月 12 日出具收条,确认收到远策公司投资款 350 万元。

一审庭审中华纪公司称 2007 年 8 月 16 日订立协议书及当日赵某某出具欠条华纪公司是知情的,远策公司也确认 2007 年 8 月 16 日订立协议书时赵某某并非华纪公司法定代表人,此后也未成为该公司的法定代表人,远策公司催讨投资款一直是向赵某某催讨的。

一审法院经审理后认为,赵某某与远策公司显然有重大经济利益关系,同时又是华纪公司的股东。远策公司、华纪公司及赵某某在项目合作协议开始时,均是谨慎的,体现为在赵某某签收支票后,华纪公司出具收条,而在 2007 年 8 月 16 日订立的协议中,赵某某以其个人名义确定由其负责追回投资款,尤其是其向远策公司出具的欠条更明确载明其向远策公司所欠的是原华纪公司所欠远策公司的投资款,该欠条上未写如果华纪公司不付款则由赵某某承担(保证责任)或该款项由华纪公司与其一起归还之类的承诺(债务加入)。华纪公司称对 2007 年 8 月 16 日订立的协议及赵某某出具欠条的事实是知情的,结合赵某某是华纪公司股东的事实,法院有理由确信华纪公司所言属实,而事实上按远策公司所言其催讨投资款也一直是向赵某某催讨。显然,依据 2007 年 8 月 16 日订立的协议、赵某某出具的欠条及远策公司和华纪公司依据该协议及欠条所为之行为,法院认为两被告间已发生了债务的转移,且该债务的转移已经由作为债权人的远策公司所确认。而作为债务转移,华纪公司自然就不再承担返还涉案投资款的义务。据此,一审法院判决赵某某于判决生效之日起 10 日内支付远策公司尚欠投资款 200 万元,并驳回了远策公司要求华纪公司与赵某某共同返还尚欠投资款 200 万元的诉讼请求。

远策公司不服一审判决,提起上诉称,债务转移必须经债权人同意。华纪公司没有任何证据证明其已经将债务转移给赵某某,赵某某出具的是一种保证,是债务加入。因此请求二审法院撤销原审判决,改判支持远策公司原审的诉讼请求。

被上诉人华纪公司辩称，远策公司与赵某某签订的协议书是债务的转移，请求二审法院驳回上诉，维持原判。

二审法院认为，本案争议的焦点在于华纪公司返还远策公司投资款的债务是否已经转移给赵某某，赵某某出具的欠条以及赵某某与案外人华信公司、长江公司协议书是否能够产生债务转移的法律效力。一审认为赵某某与华纪公司之间应是免责债务承担关系，这一认定忽视了免责债务承担不但需有第三人愿意承担债务的意思表示，还需有原债务人不再负担债务之意，以及债权人对此的明确同意。按照合同文义解释等规则，可以判断出本案当事人之合意是建立债务承担而非保证关系，且赵某某自愿承担的债务与原华纪公司负担的债务具有同一性，并无主从债务之分，所以，赵某某对华纪公司的债务并不负担保证责任当无疑问，本案争议的焦点在于当事人之间系并存债务承担关系抑或免责债务承担关系？二审认为，在债权人对原债务人不再负担债务缺乏明确的意思表示时，应当以欠缺债权人免除原债务人债务之意思表示，而认定为并存债务承担；反之则不能成立，即不能以当事人没有对并存债务承担作出明确约定，就推定其为免责债务承担的关系。本案债权人远策公司与第三人赵某某之间的协议及欠条仅表明赵某某愿意归还华纪公司所欠远策公司的投资款，并没有赵某某就投资款取代华纪公司的债务人地位、华纪公司不再承担还款义务之意思；从当事人的行为看，原债务人对债权人与第三人债务承担之约定知情并不能表明债权人与第三人之间达成的是免责债务承担的合意还是并存债务承担的合意。同样，即便债权人一直在向第三人催讨欠款，也不能就此认定为免责债务承担，因为在并存债务承担中，债权人同样有权选择仅向第三人请求履行；而在第三人未能履行债务时，债权人有权向第三人与原债务人请求共同履行债务。所以，根据本案查明的事实，不能由本案当事人的行为推定存在免责债务承担的关系。

关于华纪公司与赵某某对返还钱款应否承担连带责任的问题，虽然我国法律没有对并存债务承担制度作出规定，但实际上当事人达成并存债务承担之合意本身就表明第三人具有与原债务人就其所负债务愿意承担连带责任的意思，所以认定在并存债务承担下原债务人与第三人负担连带责任符合我国法律关于连带责任的规定。

综上，二审认为远策公司的上诉理由能够成立，原审判决认定事实有误，适用法律不当，因此二审依据《民事诉讼法》第153条第1款第2项、第3项规定，判决撤销原判，改判华纪公司与赵某某在本判决生效之日起10日内共同支付远策公司尚欠投资款200万元。

［参见沈志先主编：《2011年上海法院案例精选》，上海人民出版社2011年版。］

041. 房地产开发企业与地方政府签订的转变土地使用用途的“投资协议”属于何种性质的合同？

【典型案例】

四川省达州四方房地产开发有限公司诉崇州市人民政府其他房地产开发经营合同案

【裁判要点】

《土地管理法》第4条第1款、第2款规定，国家实行土地用途管制制度。国家编制土地利用总体规划，规定土地用途，将土地分为农用地、建设用地和未利用地。严格限制农用地转为建设用地，控制建设用地总量，对耕地实行特殊保护。国家实行严格土地用途管制制度，并严格限制农用地转为建设用地。房地产开发企业与地方政府签订的将农用地转变为旅游用地的“投资协议”，本质上属于土地转让协议，并且涉及变更土地用途必须经省级人民政府的审批，未经省级人民政府审批的土地使用用途转让协议属于无效合同。

判决书字号：四川省成都市中级人民法院（2005）成民初字第83号。

案由：其他房地产开发经营合同案。

诉讼双方：

原告：四川省达州四方房地产开发有限公司。

被告：崇州市人民政府。

审判机关：四川省成都市中级人民法院。

四川省达州四方房地产开发有限公司诉称：2002年9月，原告与被告签订一份《投资协议》。双方约定：（1）被告同意原告在崇州市街子镇石梁村投资修建生态园林旅游度假别墅区，并提供700亩（净地），被告所供土地分批次（每次200亩）上报省、市并负责在协议签订后6个月内办理交地手续，同时给予原告报建、售房、人防、税费等方面的优惠政策。（2）原告先付给被告100万元定金专项用于支付首批应交省、市相关费用。原告报批手续时，按上报面积支付土地总价款的50%完成拆迁。安置和土地交付时付清余款。（3）原告支持被告教育事业，在协议签订之日捐赠150万元给被告作为发展崇州市崇庆中学教育事业专项费用。根据双方签订的协议，原告于2002年9月28日支付给崇州市崇庆中学150万元，于2002年10月

15日支付100万元给崇州市国土局。被告收到上列款项后,没有履行协议约定的应尽义务,原告多次催问土地上报手续办理情况,均被告知正在办理,但是直到2004年9月原告才被告知投资协议不能履行,双方没有达成退款协议。被告不履行协议义务,违反协议内容,属于违约行为,应按协议约定的土地总价款的10%支付违约金。由于投资协议不能履行,被告应及时退还原告已付的250万元款项。据此,请求判令:(1)被告退还因不能履行投资协议而收取原告已付的250万元款项,并承担资金占用利息(直至款项付清之日)和支付违约金180万元;(2)诉讼费由被告承担。

崇州市人民政府辩称:由于国家土地管理政策限制,双方之间的投资协议不能履行,被告同意解除协议。投资协议具有框架性质,原告交给崇州市国土局的100万元是专项用于首批土地应交省、市相关费用,被告没有实际占有使用,双方均同意解除协议,终止权利义务,故不存在违约问题,被告同意分期分批退还原告100万元。原告捐赠给崇庆中学的150万元性质是为公益性质的赠与合同,根据《合同法》规定,这类赠与不能撤销,现在该笔捐赠已经实际给付实际受赠人崇庆中学,原告不能要求返还该笔捐赠款。故请求驳回原告要求被告退还150万元捐赠款及支付所有已付款资金利息以及违约金的诉讼请求。

四川省成都市中级人民法院经审理查明:2002年9月,原告达州四方房地产开发有限公司与被告崇州市人民政府签订了一份投资协议。双方约定:(1)被告崇州市人民政府同意原告达州四方房地产开发有限公司在崇州市街子镇石梁村内征用700亩左右土地(净地)用于修建生态园林旅游度假别墅及小区配套设施……(4)协议签订之日起5个工作日内原告向被告支付100万元定金专项用于支付首批土地应交省、市相关费用……(5)双方签订协议后,被告在6个月内办理完土地手续……(8)为支持被告教育事业,协议签订之日,原告捐赠150万元给被告作为发展崇州市崇庆中学教育事业专项费用;(9)为积极推进该项目的开发建设,被告给予原告报建环节费用减按50%收取,售房环节税费,享受城区旧城改造优惠政策,被告负责将水、电、通信主管线铺设安装到原告征地界边……(12)被告免收原告防空地下室易地建设费……(14)原告有关负责人员及亲属享受落户、入学、入托、就医、就业、医疗、购房、社保等与崇州市居民同等待遇;(15)原告除享受本协议优惠政策外,还享受崇州市其他相关优惠政策和青城古镇街子旅游居家开发区相关政策……

2002年10月17日,四川省崇州市崇庆中学向原告法定代表人王兴财出具收到捐资款150万元的收据。2002年10月21日,原告向崇州市国土局支付100万元土地款,原告委托中国四维测绘技术总公司成都分公司对崇州市街子镇石梁坡一组的土地进行测绘并支付了3.5万元测绘费用。被告收取原告的上述款项后未能将双方约定的土地手续办理到原告名下。

另查明:2002 年 5 月 9 日,国土资源部颁发第 11 号令即《招标拍卖挂牌出让国有土地使用权规定》,该规定自 2002 年 7 月 1 日起施行。原、被告签订的投资协议中约定的土地当时的规划用途是农用地,属于农村集体所有的土地。

四川省成都市中级人民法院根据上述事实和证据认为:原告四川省达州四方房地产开发有限公司与被告崇州市人民政府签订的协议名为投资协议,实质是国有土地使用权转让协议。根据《土地管理法》第 43 条规定,任何单位和个人进行建设,需要使用土地的,必须依法申请使用国有土地……包括国家所有的土地和国家征用的原属于农民集体所有的土地。原告要取得诉讼所涉及的集体所有土地的使用权,必须先由被告代表国家对该地进行征用并变更性质为国有土地后,再由被告代表国家向原告转让国有土地的使用权,原告用地的目的就是进行旅游及房地产的开发建设,因此,双方所签订的投资协议实质上应是国有土地使用权转让协议。《土地管理法》第 4 条规定,国家实行土地用途管制制度。国家编制土地利用总体规划,规定土地用途,将土地分为农用地、建设用地和未利用地。严格限制农用地转为建设用地,控制建设用地总量……使用土地的单位和个人必须严格按照土地利用总体规划确定的用途使用土地。2002 年 5 月 9 日,国土资源部颁发并于 2002 年 7 月 1 日起施行的第 11 号令即《招标拍卖挂牌出让国有土地使用权规定》第 1 条规定:“为规范国有土地使用权出让行为,优化土地资源配置,建立公开、公平、公正的土地使用制度,根据《中华人民共和国城市房地产管理法》、《中华人民共和国土地管理法》和《中华人民共和国土地管理法实施条例》等法律、法规,制定本规定。”第 4 条第 1 款规定:“商业、旅游、娱乐和商品住宅等各类经营性用地,必须以招标、拍卖或者挂牌方式出让。”前述规定明确关于商业、旅游、娱乐和商品住宅等各类经营性用地必须以招标、拍卖或者挂牌方式出让取得,这不仅体现了国家对经营性用地的严格控制管理,而且对于所有参与房地产建设的主体提供了均等的公平竞争机会。本案的双方当事人在国土资源部第 11 号令颁发并已经施行的情况下,仍然协议约定转让经营性土地,明显违反了上述法律法规和规章的强制性规定,根据《合同法》第 52 条第 1 款第 5 项“违反法律、行政法规的强制性规定”的规定,双方所签订的合同应为无效合同。双方协议中第 8 条约定的捐赠条款从属于整个国有土地使用权转让协议,双方没有明确约定原告向被告的捐赠行为是国有土地使用权转让的前提条件,但是从协议的前后内容可以得出一个结论,那就是原告向被告的捐赠行为不仅是国有土地使用权转让的前提条件,而且是原告取得被告给予的各种优惠政策的对应条件。因此,原告的捐赠行为不是独立于土地使用权转让协议之外的民事行为,该捐赠条款因整个国有土地使用权转让协议无效而无效。被告作为一级政府,明知经营性土地不得协议转让而签订转让协议,对于协议无效应当承担主要的过错责任;原告作为从事房地产开发建设的主体,理应熟悉国家对于经营性土地转让的相关规定,其对于协议无效亦应承担相应的过错责任,本院根据双方的过错确定被告承担80%的责任,原告承担20%的责任。《合同法》第58条规定:"合同无效或者被撤销后,因该合同取得的财产,应当予以返还;不能返还或者没有必要返还的,应当折价补偿。有过错的一方应当赔偿对方因此所受到的损失,双方都有过错的,应当各自承担相应的责任。"被告因为双方签订的协议从原告处取得了250万元资金,此款应当向原告返还;原告因为协议无效受到的损失有3.5万元的土地测绘费以及250万元资金被占用的利息(其中捐赠款150万元的利息起算时间是2002年10月17日,100万元土地款的利息起算时间是2002年10月21日,利息按照人民银行同期流动资金贷款基准利率计算),该项损失由被告承担80%的赔偿责任,原告自行承担20%的损失。

四川省成都市中级人民法院依照《合同法》第52条第1款第5项、第56条、第58条的规定,判决如下:(1)原告四川省达州四方房地产开发有限公司与被告崇州市人民政府签订的投资协议无效;(2)被告崇州市人民政府在本判决生效之日起5日内向原告四川省达州四方房地产开发有限公司返还150万元捐赠款和100万元土地款,共计250万元;(3)被告崇州市人民政府在本判决生效之日起5日内向原告四川省达州四方房地产开发有限公司赔偿3.5万元的土地测绘费和250万元资金被占用的利息(其中捐赠款150万元的利息起算时间是2002年10月17日,100万元土地款的利息起算时间是2002年10月21日,利息按照人民银行同期流动资金贷款基准利率计算)80%的损失;(4)驳回原告其他的诉讼请求。

案件受理费31,510元,由原告负担6302元,被告负担25,208元,被告应负担的诉讼费25,208元已由原告垫付,执行时由被告一并向原告支付。

[参见国家法官学院、中国人民大学法学院编:《中国审判案例要览》(2007年民事审判案例卷),中国人民大学出版社2008年版。]

042. 居间人与委托人约定委托人不履行房地产买卖合同的，要向居间人支付违约金，居间人能否因此追究委托人在买卖合同中的违约责任？

【典型案例】

居间人满堂红（中国）置业有限公司以委托人陈传实不履行房地产买卖合同为由要求给付违约金被驳回案

【裁判要点】

居间合同，是指居间人向委托人报告订立合同的机会或者提供订立合同的媒介服务，委托人支付报酬的合同。在居间合同中，居间人仅起到居间、中介的作用，即只负责向委托人报告订立合同的机会或者提供订立合同的媒介服务。至于委托人是否按照居间人提供的信息与第三人订立合同、怎样订立合同，则属于委托人与第三人之间的事情，属于另一层法律关系，居间人不是该法律关系的当事人。《合同法》第107条规定，当事人一方不履行合同义务或者履行合同义务不符合约定的，应当承担继续履行、采取补救措施或者赔偿损失等违约责任。综上，委托人未按照与居间人之间的约定履行买卖合同的，不属于居间合同的调整范围，居间人无权追究委托人在买卖合同中的违约责任。

【案例索引】

一审：广州市天河区人民法院（2004）天法民三初字第1112号。

二审：广州市中级人民法院（2005）穗中法民四终字第997号。

原告（反诉被告、被上诉人）：满堂红（中国）置业有限公司（原称广州满堂红置业有限公司，以下简称满堂红公司）。

被告（反诉原告、上诉人）：陈传实。

广州市天河区人民法院经审理查明：位于广州市天河区建业路华翠街17号101房屋（以下简称案涉房屋）是何群笑的产业。

2004年5月8日，满堂红公司与陈传实签订《定金支付及要约发出委托书》，约定：陈传实委托满堂红公司向案涉房屋的业主发出要约购买案涉房屋，案涉房屋建筑面积为74平方米，总房款为250,000元，房屋的交付标准为吉屋（双方在“吉屋”后标注的“附带家私家电”一栏中打×表示删除），付款方式为一次性付款；陈传实同意在签订本委托书时支付5000元作为购买房屋的定金，交满堂红公司保管，满堂红公司必须按合同约定条件尽力促成买卖;一旦业主同意按250,000元成交或低于250,000元成交,并同意上述约定的房屋条件的,陈传实即确认成交,满堂红公司无须另行通知陈传实即可将定金5000元转交业主,陈传实应于业主收取定金后两天内补足定金余款5000元,否则视为违约;满堂红公司如在2004年5月17日前未能与业主就以上要约条件达成协议取得业主承诺的,代保管的定金5000元应无息退还陈传实;若满堂红公司在上述期限内取得符合要约条件的业主承诺,业主承诺到达满堂红公司即视为到达陈传实,满堂红公司与业主的买卖合同即告成立;陈传实须于2004年5月30日前签署《房地产买卖合同》,于2004年6月18日前与业主到广州市房管局办理房屋交易过户手续;陈传实在业主按照上述要约条件作出承诺后,如不依要约履行的,则已付定金将被业主没收,同时,陈传实需向满堂红公司支付违约金12,500元;如陈传实或其代理人、亲属在未通过满堂红公司的情况下与业主进行交易,仍须向满堂红公司支付违约金12,500元;陈传实同意支付房地产咨询及买卖代理费共7500元等条款。

上述委托书签订的当天,陈传实向满堂红公司支付了定金5000元。同日,满堂红公司与案涉房屋的业主何群笑签订了《承诺书》,约定:何群笑同意按照买方提出的要约条件出售涉案房屋,售价为250,000元,房屋交结情况为吉屋(不含家私家电),收款方式为一次性收款,何群笑收取定金后在2004年5月30日前与买方签署《房地产买卖合同》,并于2004年6月18日前到房管局办理交易过户手续,否则视为违约;满堂红公司作为买方要约发出的代理人,本承诺书送达满堂红公司时视为送达买方,合同即告成立;何群笑须支付满堂红公司的代理费5000元等条款。

上述承诺书签订当天满堂红公司将陈传实交付代管的定金5000元转交何群笑。后在陈传实与何群笑在协商过程中,双方对涉案房屋的交付标准——吉屋是否附带两台分体式空调,以及付款方式是否为一次性付款的问题发生争议,陈传实认为吉屋应该附带两台空调机并要求分期付款,何群笑则明确表示吉屋不附带家私家电,以及要求一次性交付房款250,000元。双方对此无法协商一致,导致案涉房屋至今未能成交。

2004年5月27日,满堂红公司以挂号信形式向陈传实发出《通知》,要求陈传实接到本通知后立即前往满堂红公司处按照广州市房管局的格式要求签署房屋买卖合同等,并要求陈传实于2004年6月18日前到广州市房管局办理交易过户手续。陈传实表示收到了通知,但未履行。

原告满堂红公司诉称:2004年5月8日我司与被告陈传实签订《定金支付及要约发出委托书》,由被告陈传实委托我司向广州市天河区华翠街17号101房的业主发出要约,欲购买该屋,被告陈传实并将定金5000元委托我司转交给业主。经我司促成,该房屋业主何群笑作出承诺,同意按被告陈传实的要约履行,双方达成了合意,但事后被告陈传实悔约,并向业主何群笑提出许多无理要求,要求的事项已经超出了要约的范围,致使业主最后不同意出售房屋。按照《定金支付及要约发出委托书》的约定,被告陈传实不履行要约的内容,构成违约,须向我司支付违约金12,500元。经我司多次要求被告支付违约金12,500元未果,特起诉要求判令被告陈传实:(1)向我司支付违约金12,500元;(2)由被告陈传实承担本案诉讼费。

被告陈传实答辩并反诉称:不同意原告满堂红公司的诉讼请求。原告满堂红公司在提供中介服务时,带我去看了广州市天河区华翠街17号101房屋,我当时要求按照吉屋标准及现状,希望以250,000元的价格成交。但由于我与房屋业主何群笑对两台空调机是否包括在成交款内以及付款的方式无法达成一致意见,何群笑说卖房时要将房屋的两台空调机拆走,我不同意拆走,认为这两台空调机应该附属于房屋,应与房屋一并按照250,000元的价格出售,但何群笑不同意。此外,我要求分期分批支付房价款250,000元,何群笑要求一次性支付。因此双方未能达成一致意见签订房屋买卖合同,是属于不可归责于双方当事人的原因。我没有不履行要约义务,故不同意承担违约责任。最后,由于原告满堂红公司没有促成我与何群笑签订房屋买卖合同,合同未成立,原告满堂红公司应将定金5000元退还给我,故反诉请求原告满堂红公司将定金5000元退还给我。

原告满堂红公司对被告陈传实的反诉请求答辩称:虽然被告陈传实与业主何群笑没有按照广州市房管部门提供的格式要求签订正式的房地产买卖合同,但是我司代表被告陈传实向业主何群笑发出购买房屋的要约,而何群笑亦向我司作出了《承诺书》,同意按照要约条件出售房屋,因此,被告陈传实与何群笑双方实际上已达成了房屋买卖的协议。我司按照要约的约定将被告陈传实支付的定金5000元于2004年5月8日转交给何群笑,被告陈传实要求我司退还定金5000元无理,请求驳回被告陈传实的反诉请求。

广州市天河区人民法院认为,原、被告双方签订的《定金支付及要约发出委托书》,其内容是作为委托人的被告与作为受托人的原告约定,由受托人处理委托人事务的合同,属于委托合同。该合同是原、被告双方当事人的真实意思表示,要约的内容不违反法律、行政法规的强制性规定,属合法有效,双方应遵照履行。原告作为被告的受托人,履行了向案涉房屋业主何群笑发出买房要约的义务,而何群笑对此要约作出了承诺,愿意按照要约条件出售案涉房屋,该承诺已到达原告,按约定即表示已到达被告,因此,被告与何群笑关于案涉房屋的买卖合同关系应自此成立。被告应按合同约定履行义务,与何群笑办理相关的房地产交易过户手续等。但被告未履行,导致案涉房屋未能成交,责任在被告。被告与何群笑双方均明确约定吉屋不附带家私家电以及房款方式为一次性付款,被告应按此约定条件接受房屋与支付房款250,000元,而被告拒不履行,其所提出的关于吉屋附带家私家电以及分期付款的要求,与约定不符。被告以此抗辩不履行接收案涉房屋以及一次性支付房款的义务没有事实依据,法院不予采纳。故原告以被告不履行合同义务为由要求被告按约定支付违约金12,500元的请求有理,法院予以支持。

对于被告反诉的请求,由于何群笑作出了同意按成交价250,000元成交及要约的吉屋出售案涉房屋,被告则确认成交,原告已将被告交付的定金5000元转交给业主何群笑,原告转交定金的行为符合双方的约定,被告要求原告退还定金5000元缺乏事实依据,对其反诉请求不予支持。

据此,广州市天河区人民法院依据《民事诉讼法》第64条第1款,《合同法》第44条第1款、第60条第1款、第107条、第396条、第405条的规定,判决如下:(1)自本判决发生法律效力之日起10日内,被告陈传实支付原告广州满堂红置业有限公司违约金12,500元;(2)驳回被告陈传实的反诉请求。本案受理费510元,反诉费210元,合计720元由被告陈传实承担。

一审宣判后,陈传实不服向广州市中级人民法院提出上诉,陈传实认为:(1)上诉人与被上诉人是居间合同法律关系,被上诉人作为居间人并未促成上诉人与业主签订《房屋买卖合同》,是不能要求支付报酬的。原审法院认为上诉人与被上诉人签订的《定金支付及要约发出委托书》属于委托合同,是片面的,明显违反了代理人不能同时代表双方进行交易的法律规定。(2)签订《委托书》与《承诺书》并不代表房屋买卖合同关系成立。根据(2003)穗中法民四终字第1363号生效判决,满堂红公司作为房地产中介机构分别与售房人、购房人签订合同,两份居间合同不是售房人与购房人达成的房屋买卖合同,满堂红公司并未最终促成房屋买卖合同成立。本案中,上诉人签订的居间合同,只是在标的、总价等方面的初步意向,对于房屋如何交付、如何付款、办证期限、居住环境等均有待双方协商,只有双方对具体的《房屋买卖合同》条款协商一致并签字,才能成立买卖合同关系。(3)上诉人未违约,被上诉人则有欺骗行为。《委托书》签订后,上诉人积极履约,但在看房时满堂红公司承诺按照现场的标准交房,但与业主协商时却是"吉屋",而且,被上诉人与业主签订的《承诺书》中在交接情况中注明"不含家私家电",对"吉屋"的含义作出了明确的解释,但在上诉人与被上诉人签订的《委托书》中却没有注明吉屋是不含家私家电。(4)《委托书》是损害买房人利益的格式合同和霸王条款。《承诺书》第4条规定出卖人收取定金后,须"同意将没收之定金与贵公司均分",表面上看定金支付给了业主,实际上又返回一半给中介,完全是规避法律的行为,应为法律所禁止。故请求:(1)撤销(2004)天法民三初字第1112号民事判决;(2)判令被上诉人退还定金5000元;(3)由被上诉人承担一、二审诉讼费。

被上诉人满堂红公司答辩同意原审判决。

广州市中级人民法院审理查明:2004年5月8日陈传实与满堂红公司签订《定

金支付及要约发出委托书》当日，双方还签订了《买卖代理费支付承诺书(买方)》，约定如满堂红公司成功促成业主与陈传实达成交易(以签订《房地产买卖合同》为准)，陈传实同意支付房地产咨询及买卖代理费共7500元等内容。广州市中级人民法院查明的事实与广州市天河区人民法院查明的事实基本一致。

广州市中级人民法院认为，上诉人陈传实与被上诉人满堂红公司签订《定金支付及要约发出委托书》确立了双方居间合同法律关系，根据《合同法》关于居间合同的相关规定，在该居间合同关系中，被上诉人作为居间人的义务是如实向上诉人报告有关订立房屋买卖合同的事项，权利是收取促成合同成立的报酬或在合同未成立时收取从事居间活动必要的费用；上诉人作为委托人，其义务是在合同成立时支付报酬或在合同未成立时支付被上诉人从事居间活动必要的费用。该委托书中对双方居间合同关系权利义务的约定合法有效，双方应当遵照履行。但双方在该委托书中约定的如被上诉人取得业主承诺后，上诉人不依该委托书履行，则已付定金被业主没收，同时上诉人须向被上诉人支付违约金12,500元，应当是上诉人在买卖合同履行过程中存在违约行为所应承担的违约责任，不属于居间合同调整的范畴，其权利人应当为涉案房屋的卖方，因此，被上诉人作为居间合同的当事人不能依此追究上诉人在买卖合同中的违约责任。上诉人的该项上诉请求成立，法院予以支持。原审法院对此认定不当，第一项判决错误，应予纠正。同理，上诉人支付给业主的定金亦属于买卖合同调整的范畴，上诉人不应当向作为居间人的被上诉人追偿，上诉人该项上诉请求没有法律依据，法院不予支持。

综上所述，原审判决认定事实清楚，但适用法律错误。依照《民事诉讼法》第153条第1款第1项、第2项，《合同法》第107条的规定，判决如下：(1)维持广州市天河区人民法院(2004)天法民三初字第1112号民事判决第二项；(2)撤销广州市天河区人民法院(2004)天法民三初字第1112号民事判决第一项；(3)驳回被上诉人满堂红(中国)置业有限公司的诉讼请求。本案一审受理费510元由被上诉人满堂红(中国)置业有限公司负担，反诉费210元由上诉人陈传实负担；二审受理费720元，由上诉人陈传实负担210元，被上诉人满堂红(中国)置业有限公司负担510元。

[参见最高人民法院中国应用法学研究所编：《人民法院案例选》(2006年第3辑)，人民法院出版社2007年版。]

043. 房地产交易合同因各种原因不成立或成立后最终被解除、被撤销或无效所引发的中介费纠纷如何处理?

【审判专论】

……

二、中介方无过错,房地产交易合同因各种原因不成立或成立后最终被解除、被撤销或无效所引发的中介费纠纷之处理

中介公司何时有权收取中介费用,实践中有双方订立房地产买卖合同后收取的,有办理房屋产权过户登记手续后才收取的,还有提供信息就收取费用的。合同不成立而要求收取中介费的,现实中基本不会出现,只是有时会发生交易双方均以为合同已然成立,而因主要交易条款尚未具备,被人民法院或仲裁机构认定为合同不成立的,交易方要求中介方退回已收取的中介费,而中介方拒绝退还的情况。根据《合同法》第425条之规定,中介方居间合同的报酬请求权须在交易合同成立后方享有,因此,此时中介方只有权根据《合同法》第427条之规定,请求支付其从事居间活动支出的必要费用。这里合同何时成立是关键,《合同法》第25条似乎已经给出了判断的标准,但实际生活中,还存在以交易双方是否签订了建设部或地方房地产管理部门(或者工商管理部门)监制的房屋买卖合同示范文本或房屋租赁合同示范文本,作为合同是否成立的判断标准的说法。笔者认为,只要交易合同具备了买卖或租赁合同的主要条款,那么,应当认定其买卖或租赁合同已然成立,而不必拘泥于合同使用的文本。《最高人民法院关于审理商品房买卖合同纠纷案件适用法律若干问题的解释》第5条,就是以是否具备商品房买卖合同的主要条款作为判断合同是否成立的依据的,而不是以是否签订定式契约作为判断合同是否成立的标准。

在中介方无过错的情况下,一旦房屋买卖合同因各种原因最终被解除、被撤销或被宣告为无效,中介方要求收取约定的中介费往往也会遭到委托方的拒绝,由此成讼的不在少数。

根据《合同法》之规定,合同解除有约定解除与法定解除之分,一般是因为买卖合同之一方根本违约使然。例如,房屋买卖合同订立后,卖方故意将房屋又卖给了第三人,致使买方解除合同的。或者买方拒绝按期支付主要购房款致使卖方解约的。交易一方的解约直接导致中介方没有机会将所有的合同义务(有的中介合同并无约定,而是按行业习惯确定的中介方之义务,如办理过户手续、交割房产、监督

付款等)履行完毕,则中介方之中介费的收取在没有约定的情况下如何确定?笔者认为,就居间合同而言,根据《合同法》第426条的规定,中介方促成交易的工作已经完成,买卖合同的解除并非中介方之过错,故其基于居间合同的报酬请求权当然可以向委托人行使。但其报酬请求权也仅限于居间合同中应得之报酬。而中介方按约定或按行业习惯未完成之工作,无论系基于委托合同还是基于居间合同之延伸服务内容,根据其合同性质,委托人得为中止委托,然中介方根据该合同应得之报酬,根据《合同法》第405条规定之精神理应也由委托人支付。其他中介合同义务如履约保证,因其未能履行而无权取得相应的报酬。这里存在的一个问题是,买卖合同中的违约方如果不是中介合同的当事人,根据合同的相对性原则,中介方则不能向其主张报酬请求权,而应由守约方向中介方承担付款责任后再向违约方追偿。另一个问题是中介合同往往只确定了"一揽子"的付费方式(成交价的一定比例),并未确定居间合同与委托合同、居间合同的延伸服务等项目各收取多少报酬,那么,如果人民法院判定中介方只有权收取居间服务的报酬,应如何确定居间的报酬数目呢?笔者认为,如果物价部门在核准收费时有分项计费标准的,可先按其确定的单项收费数占总收费数之比例,再最终确定居间收费的具体数目。如果物价部门没有确定单项的收费标准,当事人事后又不能达成一致意见的,则应由人民法院或仲裁机构酌定,但由于居间活动系中介方的主要工作,基于居间合同的报酬数目应占整个中介合同收费的主要部分。

实践中还出现了交易双方在中介方的媒介下订立合同后,为免交中介费,而自行协商先当着中介方的面合意解约,然后再自行订约,有的委托人再订约时还不以自己的名义,而是以配偶或子女的名义订约。或者在中介方的撮合下双方见面商谈后故意不成交,而后再背着中介方成交,此即房地产中介业内俗称的"跳单"。对此问题,我国台湾地区的做法对我们不无启示,其"最高法院"判例要旨对"民法"第565条规定的居间有一解释十分清楚:"'民法'第五百六十五条所定之居间有二种情形,一为报告订约之机会之报告居间,一为订约之媒介居间。所谓报告居间,不以于订约时周旋于他人之间为之说合为必要,仅以为他方报告订约之机会已足,而居间人之报酬,于双方当事人因居间而成立契约时,应许其请求。至于居间行为就令自始非限于媒介居间,而仅为报告即已有效果时,亦应许居间人得请求报酬之支付。"……委托人撇开中介方与他方订约,不管是解约后再订约,还是事后成交,我们均可借鉴上述做法而赋予中介方报酬请求权。另外,委托人事后以其配偶的名义订约,由于其本人系财产的法定共有人,因此,也可视为其本人所订立的合同,以其他人名义所订契约是否实为委托人本人所订或经其介绍所订,则应由居间人举证证明。得证明者,也应赋予中介方居间合同报酬请求权。

如果合同系出于不可归责于任何一方的原因而解除,例如地震震倒了交易的房产而不能交付,致使一方解除合同,则中介合同中的委托方可同样援引不可抗力而终止中介合同并不承担终止后的责任,但由于合同终止前的居间合同已经履行完毕,中介方仍应有基于居间合同的报酬请求权。

房地产交易合同的无效或被撤销系在合同成立之后,因为存在法定的无效或可撤销事由,而为人民法院或仲裁机构所确认。在中介方无过错的情况下,根据《合同法》第426条之规定,其报酬请求权已然成立。因而应由委托方支付相应报酬,交易双方中的非过错方已然承担者应可向过错方追偿。其他部分的损失(如基于委托合同、担保合同的损失)则可参照合同解除中的处理规则进行处理。

三、中介方有过错时,房地产交易合同因各种原因不成立或成立后而最终被解除、被撤销或无效所引发的中介费纠纷之处理

中介方的过错有故意与过失两种形态。出于故意之过错,例如明知持房产证者并非真正房主而系无权处分,为获取中介费故意对买方加以隐瞒,无论交易是否成功,其不得享有报酬请求权,甚至其从事中介活动支出的必要费用也不得请求补偿,对此应当说争议不大。而中介方过失之过错的确定则比较复杂,须首先确定其义务到底有哪些?其次须确定其有无违反义务之行为(含作为与不作为)及该行为与委托人之损失间的因果关系。这里中介方是否存在义务往往会成为判断其是否有过失的关键。根据《合同法》第425条的规定,居间人的义务主要有:如实报告,不得故意隐瞒与订立合同有关的重要事实或提供虚假情况。如果由此损害委托人利益的,不得要求报酬,并应当承担损害赔偿责任。而建设部《城市房地产中介服务管理规定》对房地产中介方要求的义务主要有:根据需要查阅委托人的有关资料和文件;查看现场。国家工商总局《经纪人管理办法》则规定,经纪人不得"对委托人隐瞒与委托人有关的重要事项"。上述规定中,对中介人除了要求其承担不得隐瞒或提供虚假情况的消极义务外,积极义务则主要有三项:(1)如实报告与订立合同有关的重要情况;(2)从交易的需要出发,审查委托人提供的相关材料;(3)查看现场。但实践中委托人要求中介方履行积极调查义务的较为普遍,委托人不仅要求中介方查阅交易相对方的有关资料和文件,查看现场,而且往往还要求中介方对资料的真实性、合法性负责。如果因产权资料上的瑕疵给委托人带来损失,委托人往往会要求中介公司承担赔偿责任。例如,某人入室盗窃发现房主长期不在家,遂通过查询获取了该房产的相关资料,并据此伪造了房主的房产证及身份证至中介公司登记出售。中介方为其联系买主后,房产局也未查验出房产证虚假,从而为其办理了过户手续,买方支付了近50万元人民币后,诈骗犯失踪。而真正的房主不久出现,经法院确认要求买方将房产归还真正的房主并涂销其产权登记,买主遂将房产局和中介方共同诉至法院,要求损害赔偿。这里中介方是否对卖方提供的资料具有积极的审查义务,从而对资料的真实性负责就成为其是否应承担赔偿责任的

关键。

根据《合同法》第425条的精神,只要中介机构尽到了谨慎注意和如实报告与提示的义务就可以认定其不存在过失,中介方也不可能有能力对有关资料的真伪进行甄别。因此“不能要求房产中介承担房屋质量、权利瑕疵”的担保义务,但“它应该从专业角度提醒买房人就房源信息中可能产生问题的事项进行审查、核实,同时帮助委托人审查相关事项”。作为专业从事房地产中介的营业机构,为尽提示义务,应对与订立合同有关的所有重要事项向委托人列出清单,并应委托人的要求进行调查。而不应仅限于形式审查(如查看现场就已超出了形式审查的范围)。而“重要事项”之范围则可根据行业惯例和交易目的的实现来确定。调查所应达到的程度也应根据行业中的一般要求来确定并向委托人如实报告。例如,对当事人履约能力之调查,应向委托人介绍行业惯例是如何调查的。据此调查的结果有哪些?还可能存在哪些中介方无法调查或查不清楚的风险?还有哪些中介方不具备,但其他专业机构具备的调查手段或途径可以进一步查清的问题。

因中介方的单方过错致使合同最终被解除或被撤销、被确认无效的情况现实中比较罕见,即使出现,也应确定其丧失报酬请求权与费用偿还请求权,造成他人损失的,还应承担损害赔偿责任,此种处理,应无纷争。而因交易方与中介方的混合过错致合同被解除、被撤销或被确认无效的则较为多见,如何处理,也是中介费纠纷的难点。如果是委托方与其存在混合过错,则可根据双方过失之大小酌情减少乃至完全剥夺其应得之报酬,让其仅享有费用偿还请求权;如果其过错对合同最终被解除或被撤销、被确认无效起到了主要作用,甚至也可考虑连其费用偿还请求权也予以剥夺。因为同样有过错的他人不但未从中介方的工作中获得任何好处,可能还有其他损失要自行承担,如返还费用、为完成交易而支出的费用等,有过错的中介方理应自行承担相应损失。如果是交易的相对方与其存在共同过错,则委托人同样可根据其过失之大小酌情减少乃至完全剥夺其应得之报酬,如果中介方的过错较大的,甚至可以拒绝偿还其费用。

[参见包俊、曹伊清、陈传胜:《论房地产中介合同不成立、被解除、被撤销或被确认无效后的中介费纠纷之处理》,载《人民司法·应用》2007年第7期。]

044. 因国家房贷政策调整导致房地产买卖合同解除，购买人应否承担违约责任？

【审判专论】

合同解除并不意味着当然免除违约责任。对于因国家房贷政策调整导致房屋买卖合同解除，购房人应否承担违约责任的问题，司法实践中，可以区分不同情况采取不同的处理思路。

合同对贷款风险有约定的，按照约定处理。例如，当事人在合同中约定，若因购房人自身原因，或因银行贷款政策变化，导致购房人申请的贷款额度获银行批准不足或贷款不予批准，则购房人应在接到出卖人通知之日起15日内，将不足部分的购房款付清。如购房人未在上述期限内付款，视为购房人未按合同约定履行；或者购房人申请银行贷款的具体贷款金额、时间以银行审核为准，不足部分购房人应在过户之前补足等。这种情况下，合同对贷款风险有明确约定的，应当按合同约定处理。

合同对贷款风险没有约定的，则看购房人是否确有证据证明其因银行信贷政策调整而无法履行付款义务。如合同约定购房人以贷款方式支付一定比例的购房款，合同签订后确因房贷政策调整而使购房人无法取得贷款或者所获贷款数额明显低于合同约定的贷款比例，而其又无法通过其他途径筹集资金支付购房款的，则购房人以贷款方式购买房屋的合同目的将无法达到。如果双方无法就差额房款的支付重新协商达成一致，必将导致买卖合同无法履行。如上所述，这种情况下购房人可以解除合同，同时由于合同无法履行的后果是因政策调控的客观原因所造成，该调控政策何时出台以及具体内容如何，均是当事人签订合同时无法预知的，故购房人无须为此承担违约责任。同时，房屋买卖合同解除后，基于公平原则，出卖人应当将已收受的购房款本金及其利息或者定金返还购房人。

［参见金锦城、张雪洁：《梁兆泉与胡广勋房地产买卖合同纠纷上诉案——国家房贷政策调整能否作为解除合同之依据》，载《人民司法·案例》2011年第14期。］

045. 房地产合同订立后双方违约的，是否具备合同解除条件？

【典型案例】

内蒙古金港房地产有限责任公司与内蒙古何西房地产有限责任公司合资合作开发房地产合同纠纷上诉案

【裁判要点】

根据《合同法》第93条、第94条的规定，当事人可以协商解除合同，或在约定的解除条件成就，或法定解除条件出现时，当事人可以解除合同。因此，合同解除的情形分为协议解除和法定解除。根据《合同法》第94条第1项和第4项的规定，法定解除的原因之一是合同目的不能达到。合同目的，是指合同双方通过合同的订立和履行最终所期望得到的东西或者达到的状态。对于合同目的是否能够实现，必须根据具体情况决定，只有存在证据证明合同目的不能实现时，才可以因合同目的不能实现解除合同。

上诉人（原审原告）：内蒙古金港房地产有限责任公司。

被上诉人（原审被告）：内蒙古何西房地产有限责任公司。

一、内蒙古自治区高级人民法院一审查明的事实

一审法院审理查明：2000年3月6日，呼和浩特市物资集团总公司（以下简称物资公司）与内蒙古金港房地产有限责任公司（以下简称金港公司）订立《危房改造协议书》。约定物资公司将车站东街享有使用权的土地有偿转让给金港公司进行开发改造。2000年3月7日，呼和浩特市计划委员会就金港公司建设呼和浩特市中华名吃城项目批准立项。同年6月13日，呼和浩特市计划委员会给金港公司下达了《关于2000年第十一批商品房建设自筹基建计划的通知》。2000年7月21日，呼和浩特市建设局给金港公司下达建设用地规划批复，原则上同意将车站东街以北用地进行调整，规划作为金港公司新建中华名吃城用地。2000年8月4日，金港公司领取《建设用地规划许可证》。2000年9月10日，金港公司与内蒙古何西房地产有限责任公司（以下简称何西公司）订立《联合开发呼市中华名吃城合同书》（以下简称《联合开发合同》），约定联合开发建设车站东街路北呼市物资局西侧中华名吃城。金港公司的权利义务为：负责办理建设项目立项、建设用地规划许可证及建设规划许可证;协调建设项目进行统一规划、勘探设计,统一办理工程开工、竣工的有关手续,统一进行工程质量监督管理及验收,负责项目施工现场的"三通一平"工作,办理建设项目的水、电、暖的增容及相关手续;为何西公司出具所属房屋产权的认证手续;承担向房管局缴纳的物业管理费;承担合同约定何西公司投入的500万元资金和50%建设资金之外的所需资金。何西公司的权利义务为:(1)负责项目前期500万元资金的投入,由双方安排用于本项目的使用,金港公司有权调动使用总款额10%的机动资金;合同订立后,何西公司300万元现金一步到位,以确保金港公司安排拆迁及拆迁前后必须支出的有关费用;金港公司的拆迁工作期限自资金到位后起算,9月26日至11月7日为公告及正式拆迁时间,如拆迁遇到特殊情况,拆迁期限可顺延至2000年11月18日,假如在2000年11月29日之前非何西公司资金使金港公司支款受影响原因,金港公司还不能将影响该项目建设楼座的建筑物拆平,何西公司可直接组织拆掉剩余的建筑(或继续由金港公司拆迁),何西公司组织拆迁发生的费用超出300万元由金港公司承担。双方在银行为该项目以双方共同印鉴开设独立账户,何西公司需要在2000年9月15日之前确保存入现款300万元。双方须为该项目设立专职的财务人员及资金监管人员,会计、出纳双方各出一人,确保资金的专款专用,任何一方抽走或挪用该资金或需要支出款项时双方意见不统一而支出不应支付款项,本合同自动终止。在拆迁工作进行中。2000年10月15日之前何西公司须陆续将其余200万元现金打入本项目专户,由双方支配安排办理该项目的手续及其他前期准备工作款项支出及超出300万元以上的拆迁、补偿等未付清之款项,以确保项目顺利进行。(2)负责建设项目50%的土建工程7528.22平方米(包括相应的建设税费在内),并投入相应的建设资金,具体实施建设的楼座为该项目的1号楼、4号楼、6号楼、7号楼,建设项目的具体建筑结构及质量技术标准以双方共同确定的施工图为准;何西公司未按期开工及未完成本年度应建工程量及逾期未全部建成交付使用,金港公司有权另行组织进行续建,以保证项目的完成,所投入的续建工程量价值按每10万元核减何西公司1、2层商业面积50平方米,核减量以此类推。(3)何西公司分得的商用房,在符合国家法律法规情况下可自行销售,发生销售房屋涉及的各项税费及法律责任自己承担。(4)负责编制整理何西公司施工有关资料。(5)负责配合金港公司进行项目各项工作的具体实施。(6)为建设项目投入的500万元资金,只包含除何西公司投入本项目总工程量的50%建安装修工程资金之外,何西公司承担在该项目中分得的房屋的各种费用,不包括本项目土地局办理建设用地许可证费用在内,对此费用何西公司承担15万元,其余由金港公司承担。(7)负责广告宣传策划、区内外招商方案、对经营户的优惠政策、现场广告牌、现场施工营销气氛、效果图制作、样本编制印刷、售房图纸制作、售房处装修改建、自行车棚改建。以上工作在2000年10月12日以前全部完成，费用先从前期500万元内预支，待双方收取预收款后立即补齐。双方还约定，金港公司负责建设项目50%的土建工程7528.22平方米（包括相应的建设税费在内），并投入相应的建设资金，如金港公司未按期开工及未完成本年度应建工程量及逾期未全部建成交付使用，何西公司有权另行组织进行续建，以保证项目的完成，所投入的续建工程量价值按每10万元核减金港公司1、2层商业面积50平方米，核减量以此类推。双方的施工建设必须符合建工局建设管理要求，根据施工场地情况来考虑同时布置施工，以确保项目的完整性及各项工作的顺利进行。如金港公司的建设资金不能及时到位，何西公司可接建金港公司的建设工程，何西公司在合同约定外接建金港公司的建设工程，可根据投资额度重新分配金港公司的所得部分，具备分配办法双方另议。双方还对违约责任，房屋建成后的具体分配方案进行了约定。

同日，双方又订立了《联合开发呼市中华名吃城合同书附件具体分配方案及补充条款》（以下简称《补充协议》）。约定：对设计方案进行变更，并对合同中双方负责施工的楼座也做相应的调整，1号楼、2号楼由金港公司负责施工建设，3号框架楼由何西公司负责施工建设。项目总施工建设面积由双方各投入50%，何西公司投资建设框架楼的工程量超过其投入总工程量50%部分，由金港公司投入其余的建设资金。双方还对建成房屋分配进行调整。

《联合开发合同》及《补充协议》订立后，何西公司从2000年9月12日起至2001年6月28日共支付金港公司款项4,491,102.20元，何西公司认可金港公司将200万元用于工程前期办理手续支出，剩余2,491,102.20元金港公司未用于工程建设。2000年9月15日，金港公司取得《拆迁许可证》后，与呼和浩特市拆迁代办处签订《委托拆迁协议》，何西公司将54万元拆迁费给付呼和浩特市拆迁代办处。2000年9月28日、11月1日、2001年4月2日，金港公司分3次将53万元拆迁费领回（此笔费用包括在金港公司未用于工程建设的费用中），未进行拆迁。2001年3月12日，金港公司又取得《拆迁许可证》，并与被拆迁单位和个人签订拆迁协议，何西公司对被拆迁单位和个人按照拆迁安置补偿协议的约定，直接支付了5,576,672.80元拆迁补偿费，并组织实施了全部拆迁工作。

2000年9月25日，呼和浩特市土地管理局向金港公司下发了缴纳土地使用费通知书，要求金港公司分期缴纳土地使用费2,813,345.80元，先缴纳15万元，余款打条分期缴纳。同日，金港公司给呼和浩特市土地局出具报告，做出交款计划。2000年9月26日，金港公司从何西公司投入的工程前期费中向呼和浩特市土地局缴纳了15万元土地费，取得《建设用地批准书》，剩余土地使用费金港公司未缴纳。2000年12月12日，呼和浩特市土地管理局给金港公司发放了《土地使用证》。2001年3月，何西公司在金港公司尚未取得《建设工程规划许可证》和《建设工程施工许可证》的情况下,与建筑公司订立了施工合同,开始进行工程建设,投入全部建设资金,完成1号楼、2号楼、3号楼的建设,并对部分房屋进行出售。

2001年8月13日,呼和浩特市建设局做出关于金航商城市场(中华名吃城建设项目)规划论证会议纪要,建议在建筑立面效果方案3号楼的基础上继续进行深化完善。2002年12月10日,金港公司向呼和浩特市规划局报送修改后的建设方案。在施工过程中,金港公司多次向呼和浩特市委、人大、政府及政府有关部门反映何西公司在没有取得建设项目《建设工程规划许可证》和《建设工程施工许可证》的情况下进行建设并出售房屋的违法行为。呼和浩特市建设委员会、规划局多次向金港公司、何西公司下发责令改正通知书,要求停工,并对何西公司做出处罚。

2002年4月22日,何西公司向呼和浩特市政府递交关于变更金航商城开发主体及有关手续的申请,呼和浩特市政府有关领导作了批示。2002年8月2日,何西公司与物资公司订立危房改造补充协议书。物资公司向呼和浩特市计划委员会、土地局、规划局递交了关于解除与金港公司危房改造协议书的说明。2002年10月10日,何西公司向呼和浩特市政府递交了关于变更金航商城计委立项及手续的申请报告。

二、当事人一审起诉与答辩

2004年10月10日,金港公司提起诉讼称:2000年9月10日,金港公司与何西公司订立《联合开发合同》后,何西公司不顾该项目在尚未取得《建设工程规划许可证》和《建设工程施工许可证》的情况下,于2001年7月以自己的名义与建筑公司订立施工合同,按照未经规划部门审批和金港公司同意的图纸,开始进行工程建设。金港公司在何西公司建设工程的过程中,向有关部门反映此事,并多次通知何西公司该项目尚未取得《建设工程规划许可证》和《建设工程施工许可证》,进行工程建设是违法的,应立即停工。何西公司不听金港公司劝阻,强行继续进行工程建设,使所建设的工程处于违法状态,使金港公司处于法律风险和巨大的商业风险中。由于何西公司的违约行为,已使联建合同的目的不能实现。故请求:(1)解除金港公司与何西公司订立的《联合开发合同》;(2)何西公司将金港公司的土地恢复原状或承担恢复原状的费用;(3)赔偿金港公司损失1,766,284.38元。

何西公司答辩称:金港公司是以金航商城的建设批文和《建设用地规划许可证》为条件与何西公司进行合作,并非以土地使用权作为合作的条件。何西公司按约全面履行了自己的义务,由于金港公司不按法律规定缴纳土地出让金,将土地使用权办在金港公司名下,不履行与被拆迁单位及个人之间的拆迁补偿安置协议,致使危房改造计划无法实现。何西公司在多次催促金港公司按约履行未果的情况下,经向政府申请并得到政府领导批示后,变更房地产开发主体,与呼和浩特市物资局等单位订立了《危房改造补充协议》。因何西公司已全面履行合同义务,合同也没有解除的相关约定，何西公司也从未收到金港公司要求解除合同的通知，其要求解除合同的诉讼请求不符合法律规定和合同的约定。何西公司在没有取得《建设工程规划许可证》和《建设工程施工许可证》的情况下进行的施工是一种违章行为，但该行为是金港公司的严重违约行为所致，且何西公司已受到相关部门的多次处罚，至今行政部门没有责令何西公司拆除违章建筑。何西公司违章问题不是金港公司主张解除合同的理由，也不能免除其违约责任。金港公司请求何西公司赔偿损失没有事实和法律依据，请求驳回金港公司的诉讼请求。

三、内蒙古自治区高级人民法院一审审理与判决

内蒙古自治区高级人民法院经审理认为，双方当事人均具备房地产开发资质，在订立《联合开发合同》之前，金港公司并没有取得开发土地的使用权。金港公司是以呼市中华名吃城的建设批文和《建设用地规划许可证》为条件与何西公司进行合作，合作的目的是共同取得土地使用权后联合进行开发建设。何西公司承担了拆迁补偿的全部费用，虽然土地使用权证办在金港公司名下，仍然改变不了依合同约定双方共同取得土地使用权联合开发建设的性质。现金港公司要求解除合同，恢复原状的诉讼请求缺乏事实依据，依法不予支持。何西公司在金港公司不履行合同义务，未投资建设的情况下，独自进行工程建设的行为符合《联合开发合同》和《补充协议》的约定。虽然何西公司在没有取得《建设工程规划许可证》和《建设工程施工许可证》的情形下进行工程建设，违反了《城市规划法》和《建筑法》的有关规定，但已经受到了行政处罚，不属于本案的调整范围。故金港公司要求何西公司将土地恢复原状及赔偿损失的请求，不予支持。依据《合同法》第 8 条、第 61 条第 1 款，《城市房地产管理法》第 27 条的规定，判决如下：驳回金港公司的诉讼请求。一审案件受理费 69,941 元，由金港公司负担。

四、当事人上诉请求与答辩情况

金港公司不服一审判决，向最高人民法院提起上诉。请求：(1)依法撤销内蒙古自治区高级人民法院(2004)内民一初字第 9 号民事判决，依法改判或发回重审；(2)本案一审、二审诉讼费用由何西公司承担。事实和理由：(1)一审判决对合同性质认定错误。根据何西公司投入 500 万元资金和总建设项目 50% 建设资金，商城建成后分配给何西公司建筑面积为 4660.56 平方米的房产，本项目合作与房产分配两清的约定，双方是一种何西公司不承担项目盈亏风险的局部联建关系。按照计委的立项批准和核发的《建设用地规划许可证》及《建设用地批准书》，确定了金港公司为开发此项目的唯一合法主体和唯一合法土地使用权主体。金港公司取得《国有土地使用权证》的时间不能改变金港公司为唯一合法土地使用权人这一客观事实，也不会影响金港公司与何西公司所订立合同是联建合同的性质。一审判决仅根据金港公司取得《国有土地使用权证》是在双方订立合同之后，便认定合同性质为合作开发，土地使用权系双方共有的观点是错误的。(2)金港公司一直在积极履行合同义务，按照合同约定积极进行前期报建和拆迁安置工作。在《建设工程规划许可证》尚未得到批准情况下，何西公司独自进行工程建设既违约又违法，一审判决认定“何西公司在金港公司不履行合同义务，未投资建设的情况下，独自进行工程建设的行为符合《联合开发合同》和《补充协议》的约定”是认定事实不清。(3)一审法院在已查清何西公司违法进行工程建设事实的同时，认定何西公司的行为已经受到行政处罚，不属于本案调整范围是不正确的。何西公司的行为已构成根本违约，使已经建成的房屋不符合规划局强制性要求，并且侵害了具有本项目唯一主体资格的金港公司对本项目依照合法顺序的投资权益，最终导致了金港公司订立合同时所期待的经济利益无法实现。

何西公司答辩称：一审判决认定事实清楚，适用法律正确，请求依法驳回金港公司的上诉，维持原判。事实和理由：(1)一审判决对合同性质的认定完全正确。双方在订立合同时，金港公司未取得土地使用权，取得土地使用权是在双方合作之后，且取得土地使用权的费用全部由何西公司支付，金港公司是以计划批文和《建设用地规划许可证》为条件与何西公司进行合作，并非以土地使用权作价人资作为双方合作的基础。(2)一审判决驳回金港公司的诉讼请求，完全符合法律规定和案件事实。金港公司的违约行为是其合同目的无法实现的根本所在，解除合同的诉讼主张既无约定解除条件的成就，也无法定解除条件的出现，金港公司解除合同的主张没有事实基础和法律依据，违反了合同法的立法宗旨。(3)何西公司在未取得《建设工程规划许可证》《建设工程施工许可证》及《商品房预售许可证》时进行施工建设、销售房屋的行政违法行为不影响双方合作开发的合同效力，是行政主管部门管理范围，不属于人民法院对本案合同之诉的审理范围。何西公司的违章施工行为不是金港公司主张解除合同和免除其违约责任的法定条件和约定条件。

五、最高人民法院二审认定与处理

最高人民法院二审查明，何西公司与金港公司订立《联合开发合同》及《补充协议》后，在金港公司没有取得《建设工程规划许可证》和《建设工程施工许可证》的情况下进行施工建设并对部分房屋进行出售。根据金港公司提供的呼和浩特市建设委员会、规划局出具的证明材料，该建设项目至今未办理《建设工程规划许可证》和《建设工程施工许可证》，目前仍为违法建设工程。二审查明的其他事实与一审查明的事实相同。

最高人民法院经审理认为，根据当事人的上诉请求和庭审答辩，双方当事人之间的争议焦点主要为：(1)对《联合开发合同》和《补充协议》性质的认定问题。(2)《联合开发合同》和《补充协议》应否解除的问题。

（一）对《联合开发合同》和《补充协议》性质的认定问题

金港公司上诉认为，金港公司为开发项目的唯一合法主体，其与何西公司是不承担项目盈亏风险的局部联建，不是合作开发合同。

最高人民法院认为，从双方所订立的《联合开发合同》和《补充协议》约定的内容看，金港公司是以其取得的建设项目作为投资，何西公司以资金作为投资，双方联合开发房地产，并且明确了各自的权利义务和房屋分配比例及违约责任等。约定内容符合合作开发房地产的法律特征。由此可以认定双方订立的《联合开发合同》和《补充协议》的法律性质应是合作开发房地产合同。金港公司以其为立项批准的项目开发建设唯一合法主体，是土地使用权的唯一合法使用者，而提出与何西公司是不承担项目盈亏风险的局部联建，不是合作开发合同的主张，事实依据不足，不予支持。

从合同订立和履行的过程看，当事人双方均是依法成立的具有房地产开发资质的企业法人，具备法定的主体资格条件，合同是在双方平等自愿的基础上协商一致而达成的，是双方的真实意思表示。金港公司用以合作投资的是经依法批准的建设项目，该建设项目所依附的尽管是划拨土地，但其后已经呼和浩特市土地管理局批准用以房地产开发使用，并同意以后补交土地出让金办理土地出让手续，同时颁发了《国有土地使用权证》。根据《城市房地产管理法》第 27 条、第 39 条，《城镇国有土地使用权出让和转让暂行条例》第 45 条，《民法通则》第 55 条，《合同法》第 8 条的规定，金港公司与何西公司订立的《联合开发合同》和《补充协议》合法有效。

（二）《联合开发合同》和《补充协议》应否解除的问题

金港公司上诉认为，何西公司擅自组织施工、销售房屋的行为，不仅违反了合同约定，而且违反了行政管理法的相关规定，使应由双方建设的房地产项目至今都处于违法状态，无法办理取得合法手续，导致合同目的不能实现。根据《合同法》第 94 条第 4 款规定，由于一方违约致使合同目的不能实现是法定的合同解除理由。因此，主张解除合同，由何西公司将土地恢复原状，赔偿损失。

最高人民法院认为，根据查明的案件事实，《联合开发合同》和《补充协议》订立后，金港公司虽按约办理了前期拆迁、规划用地等手续，但没有按约定组织建设工程的前期拆迁工作，存在未按约定全面履行义务的违约行为。何西公司虽按约投入了建设资金，但其在金港公司尚未依法办理《建设工程规划许可证》《建设工程施工许可证》等手续的情况下，擅自组织建设施工、违法销售房屋，该行为不仅违反了合同约定，也违反了行政管理法律规定，导致合作开发的建设工程处于违法状态。金港公司与何西公司均存在违约行为。根据《合同法》第 93 条、第 94 条的规定，当事人可以协商解除合同，或在约定的解除条件成就，或法定解除条件出现时，当事人可以解除合同。在本案中,当事人在合同中没有约定解除的条件,在合同履行过程中也从未协商解除合同。虽然何西公司违章建设施工,但行政主管部门对违章建筑尚未做出最后处理,合同目的是否能够实现尚不确定。因此,也没有法定的解除条件出现。由此可认定,双方订立的《联合开发合同》和《补充协议》不具备解除的条件,金港公司提出的解除合同、恢复土地原状、赔偿损失的主张,没有法律依据和事实依据,不予支持。

综上,最高人民法院认为,一审判决认定事实清楚,适用法律正确,依法应予维持。根据《民事诉讼法》第153条第1款第1项之规定,判决:驳回上诉,维持原判。一审案件受理费69,941元,二审案件受理费69,941元,均由金港公司负担。

[参见最高人民法院民事审判第一庭编:《民事审判指导与参考》(2008年第4集),法律出版社2009年版。]

046. 以成立房地产项目公司的方式进行合作开发,合作各方当事人在项目公司中是否享有股权对其在合作开发合同中的权益有无影响?

【公报案例】

海南海联工贸有限公司与海南天河旅业投资有限公司、三亚天阔置业有限公司等合作开发房地产合同纠纷案

【裁判摘要】

合作开发房地产关系中,当事人约定一方出地、另一方出资并以成立房地产项目公司的方式进行合作开发,项目公司只是合作关系各方履行房地产合作开发协议的载体和平台,合作各方当事人在项目公司中是否享有股权不影响其在合作开发合同中所应享有的权益;合作各方当事人在合作项目中的权利义务应当按照合作开发房地产协议约定的内容予以确定。

案号:最高人民法院(2015)民提字第64号。

再审申请人(一审原告、二审上诉人):海南海联工贸有限公司。

被申请人(一审被告、二审被上诉人):海南天河旅业投资有限公司。

被申请人(一审被告、二审被上诉人):三亚天阔置业有限公司。

原审第三人:三亚丽源投资管理有限公司。

原审第三人:王家金。

原审第三人:中国爱地房地产开发有限责任公司。

原审第三人:杭州富丽达置业有限公司。

再审申请人海南海联工贸有限公司(以下简称海联公司)因与被申请人海南天河旅业投资有限公司(以下简称天河公司)、三亚天阔置业有限公司(以下简称天阔公司)及原审第三人三亚丽源投资管理有限公司(以下简称丽源公司)、王家金、中国爱地房地产开发有限责任公司(以下简称爱地公司)、杭州富丽达置业有限公司(以下简称富丽达公司)合作开发房地产合同纠纷一案,不服海南省高级人民法院(以下简称海南高院)(2012)琼民一终字第51号民事判决,申请再审。最高人民法院受理后经审查,作出(2014)民申字第840号民事裁定,提审本案。本案现已审理终结。

海联公司一审起诉请求:(1)判决解除其与天河公司签订的《合作项目合同书》;(2)判决天阔公司将其依据海口仲裁委员会(2008)海仲裁字第249号裁决书确定的第2项权利和义务返还给海联公司;(3)判决天阔公司将"天阔广场"土地及项目开发权返还给海联公司,判令天阔公司将"天阔广场"项目批准文件中项目建设主体变更为海联公司;(4)本案诉讼费由天河公司承担。

海南省三亚市中级人民法院(以下简称三亚中院)经审理查明:1992年6月,海联公司垫资代海南省三亚市人民政府(以下简称三亚市政府)建设三亚新风桥公园和儿童公园,拓宽解放三、四路等工程。1993年1月,三亚市政府批准将"三亚市金融贸易开发区"5.1公顷土地以协议出让方式补偿给海联公司开发。同年2月,海南省三亚市规划局批准开发区的规划方案,海联公司取得用地许可和规划许可,投入资金进行拆迁。经海联公司委托海南恒誉会计师事务所审计,认定海联公司直接投入新风桥和儿童公园及该块地的拆迁安置资金为9582.8万元。

2001年6月,三亚市政府同意海联公司与世英兄弟房地产公司合作开发,项目更名为"世英花园"。后世英公司退出合作,经三亚中院(2004)三亚民一终字第60号民事判决,判决海联公司收回"世英花园"项目46.5亩用地。

2007年4月23日,海联公司与天河公司签订《合作项目合同书》,约定:海联公司提供合作项目建设用地46.5亩,拟建地上建筑总面积62,000平方米;天河公司提供建设商品房及配套附属设施所需的全部建设资金,合作建房用地上现状居民搬迁所发生的补偿及拆迁安置面积10,000平方米;天河公司承诺除合作建房用地上"三亚时运大酒店"以外的拆迁补偿金支付的最高金额2000万元;双方利益分配比例为0.238:0.762,即在建设用地规划指标容积率为2.0的状况下,海联公司取得全部销售房屋面积总收入的23.8%,天河公司取得全部销售房屋面积总收入的76.2%;如果实际容积率大于2.0,则增加的面积仍按上述比例分配,增加建筑面积所需的建设资金仍由天河公司承担；为保障双方的权益及便于管理，双方同意就本项目的开发组成具备独立法人资格的项目有限责任公司；项目公司注册资本为1000万元，公司注册资金由海联公司出资238万元，天河公司出资762万元，海联公司占有项目公司23.8%股权，天河公司占有项目公司76.2%股权；海联公司应在天河公司完成拆迁工程之日起60天内将46.56亩合作建房用地的国有土地使用权证办理在项目公司名下，由此发生的土地使用权出让金等相关费用由海联公司承担。至此，海联公司享有项目公司23.8%股权，天河公司享有项目公司76.2%股权；股权系指本合作项目自拆迁工程开始至项目建成后商品房全部销售完毕，双方按上述比例分配结束；除本合同另有规定外，由于天河公司拆迁资金在本合同生效一个月内不能及时到位，且不能保证海联公司宽限的期限内筹到资金，海联公司认为天河公司无履约能力，没收天河公司的履约保证金，终止合同，并将项目公司代表人由天河公司变更为海联公司，天河公司退出项目合作等。

在海联公司与天河公司签订《合作项目合同书》之前的2006年10月16日，天阔公司设立，注册资金1000万元。天阔公司的初始股东登记为天河公司、王家金、邢坚、邢伟。其中，天河公司货币出资687万元，占68.7%股权；王家金货币出资75万元，占7.5%股权；邢坚货币出资138万元，占13.8%股权；邢伟货币出资100万元，占10%股权。

海联公司为履行《合作项目合同书》中的义务，将项目用地过户给天阔公司，经其申请和积极办理，2007年5月11日，三亚市发改委批准"世英花园"更名为"天阔广场"，项目业主变更为天阔公司，天阔公司取得项目开发权；5月22日，天阔公司取得《建设项目选址意见书》；8月31日，天阔公司取得《房屋拆迁许可证》；9月3日，海南省国土环境资源厅同意该项目环境影响报告。2008年5月19日，三亚市政府批准该项目旧城改造拆迁补偿安置方案；7月10日，三亚市规委会批准"天阔广场"项目用地规模为62亩，容积率为4.0。

2009年2月2日，海南省海口市仲裁委员会作出（2008）海仲裁字第249号裁决书，将海联公司与三亚市政府之间的投资补偿合同关系及三亚市政府向海联公司协议出让土地，变更为三亚市政府与天阔公司之间的投资补偿关系，三亚市政府向天阔公司协议出让"天阔广场"项目的土地使用权。至此，海联公司履行了《合作项目合同书》约定的主要义务。

海南省三亚市房产管理局2007年8月31日颁发的三房拆许（2007）第03号《房屋拆迁许可证》明确要求，在2008年9月必须完成拆迁建筑面积30,468平方米，但天河公司未完成。2008年7月20日，三亚市住房保障和房产管理局批准其延期完成拆迁，并签发新的《房屋拆迁许可证》，要求在2009年7月20日前完成全部拆迁任务，但天河公司仍未能完成。天河公司投入的拆迁资金约2000万元（含时运大酒店拆迁补偿款),仅完成拆迁量的20%。

2008年10月29日,邢坚、邢伟与天河公司签订《股权转让协议》,约定以904万元的价款,将其二人在天阔公司持有的23.8%的股权转让给天河公司,双方并办理了价款支付和股权交割的工商变更登记手续。

2009年7月13日,丽源公司成立,7月23日,天河公司与丽源公司签订《股权转让协议》,将其持有的天阔公司70.5%的股权转让给丽源公司;同日,王家金也与丽源公司签订《股权转让协议》,将其持有的5.7%股权转让给丽源公司,丽源公司持有天阔公司股权为76.2%。同年8月31日,丽源公司与爱地公司、富丽达公司签订《股权转让合同》,丽源公司将其持有的天阔公司股权全部转让给爱地公司和富丽达公司。

2009年9月7日,海联公司调取天阔公司的工商登记资料,得知天河公司的上述行为,遂于9月11日给天河公司发出《关于"天阔广场"项目有关问题的函》称:"贵公司通过对项目公司股权的重大变更,将贵公司项目权益转让,造成我公司在《合作项目合同书》项下的权益(即合作项目收入分配23.8%收益及天阔公司23.8%股权)面临风险。"同年9月13日,海联公司给天河公司、爱地公司、富丽达公司和天阔公司发出《关于"天阔广场"项目有关问题的函》建议:"一、鉴于本项目的现状,应当由项目公司承担天河公司在2007年4月23日所签订的《合作项目合同书》项下的权利和义务,继续履行该合同;二、确认我公司已履行《合作项目合同书》的主要义务,项目用地已通过海口仲裁委(2008)海仲裁第249号裁决,明确由三亚市政府出让办证至项目公司天阔公司名下的事实;三、项目公司新股东爱地公司和富丽达公司为项目履行《合作项目合同书》提供担保;四、在此基础上尽快举行股东及实际权益人会谈,理顺、完善、衔接有关事宜,明确各方责权利,加快本项目开发进度。"因对方没有回应,2009年11月18日,海联公司向天河公司发出《通知书》,解除《合作项目合同书》。

三亚中院作出(2010)三亚民一初字第26号民事判决,驳回海联公司的诉讼请求。案件受理费291,800元由海联公司负担。

海联公司不服,上诉至海南高院,请求:(1)撤销三亚中院(2010)三亚民一初字第26号民事判决;(2)解除海联公司与天河公司签订的《合作项目合同书》;(3)判决天阔公司将其依据海口仲裁委员会(2008)海仲裁字第249号裁决书确定的第2项权利和义务返还给海联公司;(4)判决天阔公司将"天阔广场"土地及项目开发权返还给海联公司,判决天阔公司将"天阔广场"项目批准文件中项目建设主体变更为海联公司;(5)本案诉讼费由天河公司承担。

海南高院二审查明的事实与一审认定基本事实一致,予以确认。海南高院二审另查明:海联公司企业档案中显示海联公司系中外合资有限责任公司,注册资金

500万元,出资人海口建材公司出资额200万元,占比40%;广东石化公司出资额150万元,占比30%;加拿大毛纱公司出资额150万元,占比30%。海口建材公司和广东石化公司系全民性质。海口建材公司于2000年12月完成企业关闭职工安置工作,2005年11月3日被吊销营业执照,对海联公司应收款391万元。海口中院委托海咨资产评估事务所对海口建材公司持有海联公司40%的股权进行资产评估,2011年7月20日作出《资产评估报告书》,评估价值为零。广东石化公司于2001年全面停业并与职工解除劳动关系,2011年转让给广州鑫索亚化工产品公司。1998年8月2日,海联公司董事会决议合营期限延长至2008年9月2日。邢坚、刁兆华、林光、林师雄、杨广文签名,无公章。同日,章程修正案延长合营期限,海口建材公司、广东石化公司加盖公章,林光签名。2008年9月1日,第二次董事会决议经营期限延长至2018年9月2日,邢坚、刁兆华、林光签名,加盖海联公司公章。同日,章程修正案邢坚签名加盖海联公司公章。2006年10月16日,海联公司和邢坚共同委托天河公司将根据《合作项目合同书》第8条履约保证金200万元中的100万元补偿款及100万元履约保证金委托付款至海南国泰房地产开发有限公司名下。同年10月20日,海联公司和邢坚共同向天河公司出具收据:"兹收到天河公司《合作项目书》履约保证金及补偿款计贰佰万元整。"天阔广场注册资金1000万元,邢坚、邢伟应出资的238万元系天河公司法定代表人高彪以个人账户中分别汇入邢坚、邢伟个人账户。2007年5月22日,海联公司和邢坚共同致三亚市规划局《关于同意解放四路45.7亩旧城改造项目转给三亚天阔置业公司开发的报告》,"我司原解放四路45.7亩旧城改造项目,由于拆迁等历史原因,加上我司建设资金不足,造成该项目进展缓慢,经我司研究决定:该项目由三亚天阔公司投资建设和经营管理,请求将该项目的用地选址意见和《建设用地规划许可证》办理到三亚天阔公司名下,以便项目的顺利开发"。2008年10月29日,邢坚、邢伟作为转让方与受让方天河公司签订股权转让协议的同时,天河公司作为转让方,邢坚、邢伟作为受让方另签订了一份股权转让协议。该协议约定邢坚、邢伟以1170万股权转让对价回购天河公司受让的邢坚、邢伟23.8%股权;同时约定,股权转让款应于60日内支付,受让方迟延付款超过60日以上时应视为根本违约,转让方可据此单方解除协议;该协议自2009年5月30日发生法律效力,但该协议未实际履行。2013年8月22日,海联公司法定代表人邢坚向海南高院递交《海联公司关于笔录的补充意见》:天阔公司成立前已经起草了项目合同书,合同内容一直在讨论中,直至2007年4月23日成熟时才正式签约。天阔公司股权登记在邢坚、邢伟名下是和天河公司共同商量的,考虑到批文、拆迁、土地证等手续需办理,所以先成立天阔公司,等手续完善后逐渐改制成项目公司,按合同约定到办土地证时23.8%的股权就变更为海联公司的股权。该意见有邢坚的签字并加盖海联公司公章。

海南高院认为,本案的争议焦点:(1)天阔公司是否系海联公司与天河公司共同设立的项目公司;(2)邢坚、邢伟是否代海联公司持有天阔公司的股权;(3)邢坚、邢伟在天阔公司中享有的股权应否视为海联公司在《合作项目合同书》中的合同权益;(4)海联公司是否有权解除《合作项目合同书》,并要求天阔公司将其依据海口仲裁委员会(2008)海仲裁字第249号《裁决书》确定的第2项权利和义务、"天阔广场"土地及项目开发权、项目建设主体返还并变更为海联公司。

一、关于天阔公司是否系海联公司与天河公司共同设立的项目公司的问题

海联公司在起诉状中自认天阔公司系其与天河公司共同成立的项目公司。海联公司致三亚市发展和改革局《关于变更"世英花园"项目和项目业主的请示》声明:"该项目由海南海联工贸有限公司和海南天河旅业投资有限公司共同组成的三亚天阔置业有限公司进行投资开发。"海联公司同邢坚共同致三亚市规划局报告:"该项目由三亚天阔公司投资建设和经营管理,请求将该项目的用地选址意见和《建设用地规划许可证》办理到三亚天阔公司名下,以便项目的顺利开发。"海联公司向海口仲裁委员会提交的《承诺书》声明:"我公司与海南天河旅业投资有限公司联合投资,成立了三亚天阔置业有限公司作为项目公司。"《合作项目合同书》签订后,在天阔公司与三亚市政府的"投资补偿合同纠纷仲裁案"中,海联公司法定代表人邢坚作为天阔公司委托代理人参加开庭。海联公司在2009年9月7日发给天河公司的函及同年9月13日发给天河公司、爱地公司、富丽达公司和天阔公司的函中,自认天阔公司为项目公司。海联公司法定代表人邢坚在二审自认天阔公司成立前已经起草了项目合同书,合同内容一直在讨论中,直至2007年4月23日成熟时才正式签约。天阔公司股权登记在邢坚、邢伟名下是和天河公司共同商量的,考虑到批文、拆迁、土地证等手续需办理,所以先成立天阔公司。故天阔公司是海联公司与天河公司共同设立的项目公司。

二、关于邢坚、邢伟是否代海联公司持有天阔公司股权的问题

邢坚、邢伟应认缴的238万元天阔公司注册资金为天河公司法定代表人高彪代付,根据《合作项目合同书》第6条第1款关于"公司注册资本中甲方出资人民币贰佰叁拾捌万元占公司股权的23.8%股权,甲方应缴付的出资由乙方代付"的约定,不实际缴付238万元注册资金而享有天阔公司23.8%的股权,系海联公司在《合作项目合同书》中的权利。且合同签订前,海联公司和邢坚共同收取天河公司200万元保证金和补偿金。海联公司法定代表人邢坚代表天阔公司参加与三亚市政府"投资补偿合同纠纷"仲裁案,认可天阔公司为项目公司,并作出同意将三亚市政府尚未兑现的"三亚金融公司开发区"投资补偿权益全部转让给天阔公司,海联公司今后不得以任何方式和理由撤销的承诺。邢坚、邢伟在《关于推进天阔广场项目合作事宜的函》中,称其作为天阔广场项目的合作方,及持有项目公司天阔公司

23.8%股权的股东，并称按照《合作项目合同书》规定，天阔广场所需的全部各项开发建设资金应由天阔公司的其他股东筹措投入，我方没有出资义务，而《合作项目合同书》的当事人只有海联公司和天河公司。在本案审理过程中，海联公司法定代表人在《关于笔录的补充意见》中自认天阔公司股权登记在邢坚、邢伟名下是和天河公司共同商量的，且3个自然人均是现金注入，考虑到批文、拆迁、土地证等手续需办理，所以先成立天阔公司，等手续完善后逐渐改制成项目公司，按合同约定到办土地证时23.8%的股权就变更为海联公司的股权。本案事实表明，海联公司出资人海口建材公司、广东石化公司在海联公司和天河公司合作前已进行企业改制并被吊销营业执照，且改制时未体现对外有投资，海联公司实际控制人为邢坚，海联公司已形骸化。邢坚作为海联公司的法定代表人，在履行合作开发天阔广场项目过程中的一系列行为，使海联公司与其本人之间构成人格混同，邢坚、邢伟系代海联公司持有天阔公司23.8%股权。海联公司关于邢坚、邢伟转让股权是个人行为，与海联公司无关的上诉理由与其自认相矛盾，不能成立。

三、关于邢坚、邢伟所持有天阔公司23.8%的股权应否视为海联公司在《合作项目合同书》中的合同权益的问题

海联公司与天河公司采取设立项目公司形式开发“天阔广场”项目，双方为此签订的《合作项目合同书》约定了合作方的出资形式、股权比例、注册资金、利润分配方式等内容，其性质相当于股东出资协议。天阔公司设立后，双方于《合作项目合同书》项下的合同权益已转化为项目公司的股权。《合作项目合同书》第4条第1款约定甲乙双方的权益分配比例为0.238∶0.762，即在建设用地规划指标容积率在2.0的状态下，甲方取得全部可销售房屋面积总收入的23.8%，乙方取得全部可销售房屋面积总收入的76.2%，该分配比例与股权比例23.8%与76.2%相同。《合作项目合同书》第6条第1款约定，为保障双方的权益及便于管理，双方同意就本项目的开发成立项目有限公司，项目公司注册资本为1000万元，注册资本中甲方出资238万元，乙方出资762万元，甲方占公司23.8%股权，乙方占有76.2%股权，甲方应缴付的出资款由乙方代付。第2款明确约定：股权系指本合作项目自拆迁工程开始至项目建成后商品房屋全部销售完毕，双方按第四条利益分配结束。该股权含有分房权。根据上述约定，海联公司在《合作项目合同书》中的23.8%的合同权益即海联公司主张的23.8%分房权和天阔广场23.8%股权，应为邢坚、邢伟在天阔公司持有23.8%股权，一审判决认定正确。

四、关于海联公司是否有权解除《合作项目合同书》，并要求天阔公司将其依据海口仲裁委员会(2008)海仲裁字第249号《裁决书》确定的第2项权利和义务、“天阔广场”土地及项目开发权、项目建设主体返还并变更为海联公司的问题

本案中，天河公司按照《合作项目合同书》的约定，向天阔公司投入一定的资金,并完成一定的拆迁工作,履行了合同约定的主要义务。天阔公司是海联公司与天河公司共同设立的项目公司,海联公司于《合作项目合同书》项下的合同权益已经转化为邢坚、邢伟所持天阔公司的23.8%的股权。当邢坚、邢伟将其代海联公司所持天阔公司23.8%的股权转让给天河公司,海联公司法定代表人邢坚代表天阔公司参加与三亚市人民政府"投资补偿合同纠纷"仲裁案,作出同意将三亚市政府尚未兑现的"三亚市金融贸易开发区"投资补偿权益全部转让给天阔公司,海联公司今后不得以任何方式和理由撤销的承诺后,仲裁裁决将天阔广场项目裁决给了天阔公司。至此,海联公司在天阔公司已不享有股份,其在《合作项目合同书》中及"天阔广场"项目上也已无权益,故海联公司无权主张解除合同并要求天阔公司将其依据海口仲裁委员会(2008)海仲裁字第249号《裁决书》确定的第2项权利和义务、"天阔广场"土地及项目开发权、项目建设主体返还并变更为海联公司。因此,海联公司的上诉主张和理由,没有事实和法律依据,其上诉请求不能成立,不予支持。

经海南高院审判委员会讨论决定,依据《民事诉讼法》第170条第1款第1项的规定,作出(2012)琼民一终字第51号民事判决,驳回上诉,维持原判。二审案件受理费291,800元由海联公司负担。

海联公司不服,根据《民事诉讼法》第200条第1款第1项、第2项、第6项的规定,向最高人民法院申请再审。请求:(1)撤销海南高院(2012)琼民一终字第51号民事判决书,裁定再审。(2)判决解除海联公司与天河公司签订的《合作项目合同书》。(3)判决天阔公司将其依据海口仲裁委员会(2008)海仲裁字第249号《裁决书》所取得的以协议方式受让三亚市"天阔广场"项目下土地使用权的权利返还给海联公司,即三亚市政府继续履行与海联公司签订的投资补偿合同,向海联公司协议出让"天阔广场"项目下的土地使用权,判决"天阔广场"建设项目归海联公司所有。(4)判令天阔公司配合办理该项目的立项、规划、报建、选址、环境评估批复等批准文件的变更手续。(5)本案一审、二审诉讼费由天河公司承担。最高人民法院再审查明,针对当事人就涉案天阔广场项目争议的拆迁开发建设进度现状及所涉及的三亚市食品厂安置建设项目的开发建设问题、天阔广场项目拆迁情况等,合议庭专程前往涉案项目所在地三亚市天涯区政府住房建设局和项目推进办公室就天阔广场项目的现状、拆迁安置、开发建设等问题进行实地调查。从天阔广场项目的实际现状看,从2009年海联公司将天阔广场项目转到天阔公司名下,至今天阔广场项目所在地域拆迁工作尚未进行。为了解决包括天阔广场项目在内的旧城改造拆迁安置工作(三亚市食品厂)全部是由三亚市天涯区管委会以政府财政和银行贷款自行投资建设的,由上海中锦建设集团股份有限公司承建。天阔公司所称接受天河公司转让股权的爱地公司、富丽达公司在取得行政许可之后短短一年多的时间里就为建设安置房工程支付了3.1亿元的工程进度款,没有事实依据。再审审查查明的其他事实与一审、二审查明的事实相同。

根据当事人再审申请请求及答辩，本案的争议焦点为：(1)天阔公司是否系海联公司与天河公司共同设立的项目公司；(2)邢坚、邢伟是否代海联公司持有天阔公司的股权；(3)邢坚、邢伟转让其在天阔公司的23.8%股权，能否产生海联公司在《合作项目合同书》中权利义务消灭的法律后果以及海联公司是否有权解除《合作项目合同书》，并要求天阔公司将"天阔广场"土地及项目开发权、项目建设主体返还并变更为海联公司。

一、关于天阔公司是否系海联公司与天河公司共同设立的项目公司的问题

最高人民法院认为，根据查明的事实，2007年4月23日，海联公司与天河公司签订《合作项目合同书》，约定：海联公司提供46.5亩建设用地及项目开发权，天河公司提供全部建设资金合作开发房地产项目，所建成的商品房销售收入，按海联公司23.8%，天河公司76.2%的比例分配；为保障双方权益及便于管理，双方同意就本项目开发组成具备独立法人资格的项目有限责任公司。项目公司注册资本为1000万元，海联公司出资238万元，占23.8%股权，天河公司出资762万元，占76.2%股权，海联公司应缴的出资由天河公司代付。但随后，双方并未按照《合作项目合同书》的约定成立项目公司，而是借用了早在2006年10月16日即已设立的天阔公司作为合作开发的项目公司。根据天阔公司的工商注册登记显示，天阔公司注册资金1000万元，全部为货币出资，股东为天河公司和三个自然人，其中天河公司出资687万元，占68.7%股权；王家金出资75万元，占7.5%股权；邢坚出资138万元，占13.8%股权；邢伟出资100万元，占10%的股权。为履行《合作项目合同书》的约定，2007年5月9日，海联公司和天河公司联合致函三亚市发展和改革局，请求将三亚市政府原决定由海联公司与世英公司开发建设的"世英花园"项目业主变更为天阔公司，项目名称也变更为"天阔广场"。同年5月11日，三亚市发展和改革局批准将"世英花园"的项目名称变更为"天阔广场"，业主变更为天阔公司。随后，根据海联公司的申请，"天阔广场"项目的《建设规划许可证》《拆迁许可证》等政府批文全部变更为天阔公司。2008年4月1日，海联公司又致函三亚市政府，承诺将三亚市政府尚未兑现的三亚金融开发区投资补偿权益转让给天阔公司。根据该承诺，海口仲裁委于2009年2月2日裁决将海联公司与三亚市政府之间的投资补偿合同关系及三亚市政府向海联公司协议出让土地，变更为三亚市政府与天阔公司之间的投资补偿关系，三亚市政府向天阔公司协议出让天阔广场项目土地使用权。至此，海联公司完成了《合作项目合同书》约定的义务，天阔公司成为海联公司与天河公司合作开发建设"天阔广场"的项目公司。虽然天阔公司承担了"天阔广场"项目的开发建设职能，但天阔公司并非由海联公司与天河公司按照《合作项目合同书》约定共同设立的合作开发项目公司，其只是被海联公司和天河公司为合作开发“天阔广场”而借用的一个项目公司，从其成立的时间和股东构成也可得到进一步证实。天阔公司成立于2006年10月16日，股东为天河公司和邢坚、邢伟、王家金；而海联公司与天河公司签订《合作项目合同书》则是在2007年4月23日，合作方为海联公司与天河公司。据此，可以认定，天阔公司并非是由海联公司和天河公司共同设立的项目公司。

尽管海联公司在起诉状中也自认天阔公司系其与天河公司共同成立的项目公司，而且在后期海联公司致三亚市发展和改革局《关于变更“世英花园”项目和项目业主的请示》声明、海联公司向海口仲裁委员会提交的《承诺书》中等均声明天阔公司是其与天河公司共同设立的项目公司，但正如海联公司在声明中所称，海联公司与天河公司联合投资，成立了天阔公司作为项目公司，项目由天阔公司投资建设和经营管理，请求将该项目的用地选址意见和《建设用地规划许可证》办理到天阔公司名下，以便项目的顺利开发。这恰恰说明，天阔公司是海联公司与天河公司为便于合作项目的顺利开发而借用天阔公司作为项目公司，海联公司是在按照《合作项目合同书》的约定履行义务。如何认定天阔公司是海联公司与天河公司共同设立的项目公司，应当依据《公司法》的规定，而不应仅仅凭借当事人的自认。根据《公司法》关于有限责任公司设立的规定看，设立有限责任公司应由全体股东指定的代表或者共同委托的代理人向公司登记机关报送登记申请书、公司章程、验资证明等文件，申请设立登记；股东应当按期足额缴纳公司章程中规定的各自认缴的出资额；有限责任公司成立后，应当向股东签发出资证明书。而天阔公司并非海联公司与天河公司申请设立的，也没有共同制定天阔公司的章程，没有按章程缴纳出资，天阔公司也没有向海联公司签发出资证明书，更没有将海联公司登记在天阔公司的股东名册上。如果认定天阔公司为海联公司与天河公司共同设立，天阔公司的工商注册股东就应当是海联公司与天河公司，即便如海南高院所认定的，天阔公司股权登记在邢坚、邢伟名下是和天河公司共同商量的，那么天阔公司的另一个股东王家金又是如何成为海联公司与天河公司合作项目的成员。尽管天阔公司作为开发天阔广场的项目公司，是各方当事人均认可的客观事实，并承担了合作项目公司的职能，但不能就此认定天阔公司是海联公司与天河公司共同设立的项目公司，三亚中院和海南高院认定天阔公司是海联公司与天河公司共同设立的项目公司显属不当。即便如海南高院判决所认定的天阔公司是海联公司与天河公司共同设立的项目公司，但天阔公司也仅是天河公司与海联公司双方按照《合作项目合同书》约定为进行天阔广场项目合作开发，履行各自权利义务的载体，并非《合作项目合同书》的合同主体，更不是海联公司、天河公司在合作开发协议中的合同相对方。

二、关于邢坚、邢伟是否代海联公司持有天阔公司股权的问题

最高人民法院认为，根据《公司法》的规定，股东资格的认定是以工商登记和股东名册进行确认。本案事实表明，天阔公司的股东是天河公司、邢坚、邢伟、王家金，没有海联公司。即便邢坚、邢伟应认缴的238万元天阔公司注册资金为天河公司法定代表人高彪代付，但这仅是高彪与邢坚、邢伟之间的债权债务关系，不能就此否认邢坚、邢伟没有出资，否定其公司股东资格。虽然《合作项目合同书》第6条第1款有项目公司注册资本中海联公司出资238万元占公司股权的23.8%股权，海联公司应缴付的出资由天河公司代付的约定，但这是海联公司与天河公司之间的约定，况且海联公司与天河公司根本没有按照《合作项目合同书》的约定申请设立项目公司。天河公司法定代表人高彪代邢坚、邢伟出资是天河公司、邢坚、邢伟、王家金四方在设立天阔公司过程中发生的债权债务关系，不能据此认定邢坚、邢伟不实际缴付238万元注册资金而享有天阔公司23.8%的股权，系海联公司在《合作项目合同书》中的权利，海联公司既没有向天阔公司缴纳注册资金，更不能成为天阔公司的股东，其所享有的23.8%权益是依据《合作项目合同书》对合作项目"天阔广场"的利益分配比例，而非天阔公司的股东权。既然海联公司非天阔公司股东，也没有委托邢坚、邢伟代为持股的事实，就不能认定邢坚、邢伟在天阔公司的股权是代海联公司持股。三亚中院、海南高院仅仅以邢坚作为海联公司的法定代表人，是实际控制人，在履行合作开发"天阔广场"项目过程中的一系列行为，而认定海联公司已形骸化，海联公司与邢坚本人之间已构成人格混同，从而判定邢坚、邢伟系代海联公司持有天阔公司23.8%股权，没有事实和法律依据。公司是否已经形骸化，公司与股东之间是否构成人格混同，应严格按照法律关于公司法人终止、股东是否滥用权利、是否在财产、业务、人员等多方面出现混同等因素进行判定。从本案事实看，海联公司并不存在形骸化和公司与股东人格混同的情形。邢坚、邢伟所持有的天阔公司23.8%的股权不能视为海联公司在《合作项目合同书》中的合同权益，海联公司是否为天阔公司的股东，不影响其在《合作项目合同书》中所应享有的权利。

三、关于海联公司是否有权解除《合作项目合同书》，并要求天阔公司将其依据海口仲裁委员会(2008)海仲裁字第249号《裁决书》确定的第2项权利和义务、"天阔广场"土地及项目开发权、项目建设主体返还并变更为海联公司的问题

最高人民法院认为，本案是海联公司与天河公司基于《合作项目合同书》而发生的合作开发纠纷。根据前述，天阔公司只是天河公司与海联公司双方按照《合作项目合同书》约定为开发天阔广场项目而借用的合作项目载体，不是涉案合作开发合同的相对方，海联公司无论是否为天阔公司的股东，均不影响其在《合作项目合同书》中所享有的收益权。海联公司对天阔广场项目所享有的23.8%房地产利益分配权，是依据其与天河公司双方所签订的《合作项目合同书》约定，以三亚市政府补偿给其的项目开发权以及46.5亩建设用地使用权投入项目公司，获取的23.8%房地产利益分配比例；而邢坚、邢伟是以出资238万元取得天阔公司的23.8%股权，不是同一法律关系，邢坚、邢伟将其所持的天阔公司23.8%的股权转让给天河公司是天阔公司股东之间产生的股权转让法律关系，与海联公司在《合作项目合同书》中所享有的23.8%房地产利益分配权比例没有关系，不能以海联公司在天阔公司不享有股权，就认定其退出了天阔广场项目。按照《合作项目合同书》的约定，海联公司以三亚市政府补偿给其的项目开发权以及46.5亩建设用地使用权投入项目公司，并通过仲裁裁决的方式将天阔广场项目裁决给了天阔公司，这是海联公司履行《合作项目合同书》约定的义务，并非是向天阔公司的出资。根据合同相对性原则，《合作项目合同书》是海联公司与天河公司之间签订的合作合同，在海联公司与天河公司双方当事人没有就合同解除终止达成一致的情况下，三亚中院、海南高院以邢坚、邢伟转让了代海联公司在天阔公司所持股权，并已将46.5亩土地投入了项目公司，来认定海联公司已退出合作项目，不享有任何权利，没有法律事实和法律依据。《合作项目合同书》是双方当事人的真实意思表示，没有违反法律、行政法规的强制性规定，合法有效，在没有经过依法依约解除、终止的情况下，海联公司有权主张解除合同并要求天阔公司将“天阔广场”土地及项目开发权返还并变更主体为海联公司。

如上所述，天阔公司作为项目公司，是海联公司与天河公司为共同履行各自在《合作项目合同书》权利义务的载体，按照约定，海联公司将“天阔广场”项目开发权及三亚市政府给海联公司的46.5亩土地投资补偿权变更到天阔公司的名下，完成了《合作项目合同书》项下的义务，但该义务并非向天阔公司的出资，不构成天阔公司法人财产权；而天河公司则应按照约定履行项目开发的全部建设资金。但根据一审、二审、再审查明的事实，按照海南省三亚市房产管理局2007年8月31日颁发的三房拆许(2007)第03号《房屋拆迁许可证》明确要求，在2008年9月必须完成拆迁建筑面积30,468平方米，但天河公司未完成。2008年7月20日，三亚市住房保障和房产管理局批准其延期完成拆迁，并签发新的《房屋拆迁许可证》，要求在2009年7月20日前完成全部拆迁任务，但天河公司仍未能完成。天河公司投入的拆迁资金约2000万元(含时运大酒店拆迁补偿款)，仅完成拆迁量的20%。针对一审判决认定的以上事实，各方当事人均没有上诉。二审判决在事实认定上对一审判决认定的事实予以确认。但二审判决随后在没有新的证据和事实的情况下，又认定“天河公司向天阔公司投入一定的资金，并完成一定的拆迁工作，履行了合同约定的主要义务”，该项事实认定缺乏证据证明，更与其在事实认定部分已确认的事实相悖，事实认定错误。

2009年7月13日，丽源公司成立，7月23日，未经海联公司同意，天河公司即与丽源公司签订《股权转让协议》，将其持有的天阔公司70.5%的股权转让给丽源公司；同日，王家金也与丽源公司签订《股权转让协议》，将其持有的5.7%股权转让给丽源公司。同年8月31日，丽源公司又与爱地公司、富丽达公司签订《股权转让合同》,将其持有的天阔公司股权全部转让给爱地公司和富丽达公司。

天河公司从2009年7月13日丽源公司成立,到23日未经海联公司同意将其持有的天阔公司70.5%的股权转让给丽源公司后,再没有向天阔广场项目进行投资,该行为表明已不再履行《合作项目合同书》约定的义务;而在同年8月31日,丽源公司再次将其持有的天阔公司股权全部转让给爱地公司和富丽达公司后,后续的股东至今也没有完成天阔广场项目的拆迁安置工作。而且在海联公司得知天河公司转让其所持天阔公司股权的情况后,向天河公司及受让公司股权的丽源公司、爱地公司、富丽达公司发函,建议新承接天阔广场项目权利义务的股东召开会议以落实完善补充合同条款及安排下步投资开发等事宜,而天河公司、丽源公司、爱地公司、富丽达公司没有回应,拒绝承认海联公司在《合作项目合同书》中的权利,也不承认海联公司享有天阔广场23.8%的分配权,2009年11月18日,海联公司向天河公司发出《通知书》,解除《合作项目合同书》。

根据上述事实,在天河公司未经海联公司同意即将所持天阔公司股权转让给丽源公司,丽源公司又很快再次将其受让的股权转让给爱地公司和富丽达公司后,以及天阔公司的后续股东不仅没有按照约定进行投资完成拆迁工作,而且也拒绝与海联公司进行协商等行为,充分表明天河公司已不再履行与海联公司所签订的《合作项目合同书》所约定的义务。从本案查明的事实看,由于天河公司迟延履行合同义务,后续股东也没有按约完成拆迁安置工作,天阔广场项目目前仍处于停滞状态,致使海联公司在《合作项目合同书》中的合同目的不能实现。天河公司不但明确表示,而且以其行为表明不再履行《合作项目合同书》约定的义务,其行为已构成根本违约。根据《合同法》第94条第2项、第4项,第97条的规定,海联公司请求解除《合作项目合同书》,返还"天阔广场"项目的开发权和土地使用权的诉讼请求,于法有据,应予支持。

综上,海南省三亚市中级人民法院、海南省高级人民法院的判决认定事实不当,适用法律错误。最高人民法院根据《民事诉讼法》第207条、第170条第1款第2项,《合同法》第94条第2项、第4项和第97条之规定,判决如下:(1)撤销海南省高级人民法院(2012)琼民一终字第51号民事判决;(2)撤销海南省三亚市中级人民法院(2010)三亚民一初字第26号民事判决;(3)解除海南海联工贸有限公司与海南天河旅业投资有限公司签订的《合作项目合同书》;(4)三亚天阔置业有限公司在本判决生效之日起3个月内,将其名下的"天阔广场"项目开发权和土地使用权返还变更至海南海联工贸有限公司。一审案件受理费291,800元和二审案件受理费291,800元由海南天河旅业投资有限公司负担。本判决为终审判决。

[参见《海南海联工贸有限公司与海南天河旅业投资有限公司、三亚天阔置业有限公司等合作开发房地产合同纠纷案》,载《最高人民法院公报》2016年第1期。]

047. 双方当事人对合同及补充协议的性质、效力均无异议，但对补充协议中约定的内容在理解上存在歧义，法院在审理中该如何认定？

【典型案例】

深圳市晟长房地产有限责任公司与深圳市食品总公司合作开发房地产合同纠纷上诉案

【裁判要点】

依照民法中的公平原则，在合同履行情况与合同约定不一致时，参照主合同约定的原则予以调整，补充协议中所约定的内容在实际履行过程，双方存在理解上的歧义时，应参考主合同内容对其予以分析判断，同时根据权利义务对等原则，对双方存在歧义的内容予以明确，然后进行公平分割，合理分配，这才是符合案件具体情况的处理办法。

上诉人（原审原告、反诉被告）：深圳市晟长房地产有限责任公司。

上诉人（原审被告、反诉原告）：深圳市食品总公司。

一、案件基本事实

深圳市晟长房地产有限责任公司（以下简称晟长公司）原名为广东长城建设深圳公司。1993 年 11 月 8 日，深圳市食品总公司（以下简称食品公司）与晟长公司签订《合作开发文园商业及公寓式写字楼（寸金大厦）合同书》（以下简称合作合同）约定，食品公司提供位于广东省深圳市东门南路 69 ~ 71 号文园酒店的土地 2000 平方米，并负责文园酒店歇业安置搬迁，晟长公司提供全部建设资金，并负责文园酒店的拆迁安置补偿费，双方合作兴建寸金大厦商业及公寓式写字楼。改建后的房产食品公司占 40%，晟长公司占 60%（扣除地下室、设备间、地面交通设施、绿化地带不作分配，作为大厦服务设施，由食品公司筹办的大厦管理部门支配，地下室停车位各占 50% 使用权）。食品公司从地面一层起向上分配，晟长公司从顶层向下分配。裙楼商场的分配满足食品公司 5 层后，第 6 层分给晟长公司。超出原设计面积 18,000 平方米的增建面积，食品公司占 25%，晟长公司占 75%。晟长公司应在两年半内完成工程，验收交付食品公司安排文园企业复业，逾期晟长公司加倍负责文园企业原有员工工资、奖金和福利的发放，并赔偿文园企业经济效益。晟长公司负责整个改造项目需要的所有资金，包括地价款、市政设施配套费、勘探设计费、拆迁费、安置费、建安工程费、水电增容费和交纳有关税项等费用，并负责补偿食品公司因改建期间停业员工的生活费、安置费552.5万元，餐厅等原有设备损失108万元，文园企业两年半经济效益375万元，文园酒店复业装饰费222万元，共计1257.5万元。工程的设计规模、使用功能的变更必须经双方取得一致意见，工程的结构、外装饰标准和主要配套设备的变更，必须经双方签证认可。大厦的建筑、安装及配套设施标准如下：(1)工程设计的功能为商场、酒店和公寓式写字楼要，1~6层裙楼为商场和酒店，7层以上塔楼为公寓式写字楼，地面以下设地下室1层，功能为楼房公共设施用房和营业性停车场；(2)工程设计总规模不得少于18,000平方米；(3)设计建筑标准为高层钢筋混凝土结构，外装饰：1~3层按商业甲类标准，4~6层按商业乙类标准，7层以上按乙类写字楼标准；(4)设备配套标准应按楼体总规模、功能安排需要。为保证工程顺利进行，由晟长公司支付定金100万元。

1994年2月26日，广东省深圳市规划国土局批准食品公司与晟长公司合作建设寸金大厦商业办公楼，批准的建设规模为18,000平方米，其中商业15%，办公85%，总用地面积为2251平方米，建筑容积率≤9，建筑层数为高层，机动车泊位数为65个。

1994年3月8日，食品公司与晟长公司签订《关于〈合作开发文园商业及公寓式写字楼(寸金大厦)合同书〉的补充协议》(第一号)(以下简称补充协议一)约定，寸金大厦建设工程在原定方案基础上增建一层地下车库(即两层地下室)，对新增建的一层地下车库，食品公司分得25%，晟长公司分得75%。1994年3月15日，食品公司与晟长公司签订《关于〈合作开发文园商业及公寓式写字楼(寸金大厦)合同书〉的补充协议》(第二号)(以下简称补充协议二)约定，寸金大厦红线范围内的现有旧房及水电等设施从签订本协议时起，由食品公司移交给晟长公司管理、拆除，食品公司不再负任何连带责任。该补充协议还对晟长公司尚欠拆迁安置费的支付办法作了约定。1994年6月9日，食品公司与晟长公司签订《关于〈合作开发文园商业及公寓式写字楼(寸金大厦)合同书〉的补充协议》(第三号)(以下简称补充协议三)约定，食品公司同意项目的设计、施工及工程监理工作由晟长公司组织安排。设计方案完成后，需经食品公司认可，方能上报广东省深圳市规划国土局审批，原合同的有关约定相应取消。商业裙楼用房设计面积争取不少于总建筑面积的15%，并将总建筑面积的15%商业面积分配给食品公司，原合同中涉及商业楼房的楼体安排及设备、装修部分内容亦相应更改。晟长公司在不影响食品公司原地下室分配的前提下，自投资金，报批加建一层地下室，即本项目建设含补充协议一所指新增建一层在内共3层地下室。本协议所指加建层安排作首层(即地下室部分的上面一层)，全部归晟长公司所有；2层、3层重新分配为：食品公司占第3层(含安放设备)，晟长公司占第2层。对超出广东省深圳市规划国土局规划设计要点所限的最大总建筑面积20,259平方米部分建筑面积，食品公司占15%，晟长公司占85%。

1994年6月22日，广东省深圳市规划国土局复函晟长公司，同意寸金大厦建筑层数由20层增至25层，建筑容积率由9提高至10.2，其中建筑物首层架空作停车用途。在该复函的附页载明：考虑到地下两层车库设置的车位不能满足原建筑规模的要求(规划要求65个，现只做到51个)，因此增加容积率后要求首层架空作停车用途。同年7月31日，广东省深圳市规划国土局再次复函晟长公司称，鉴于寸金大厦地下停车库由1层增至2层，停车位基本满足规划需要，因此同意首层架空作为商业用途，容积率由10.2增至10.5，建筑层数仍为25层。

1995年8月14日，晟长公司致函食品公司称，寸金大厦现需办理产权初始登记，以便晟长公司房产预售，请暂按双方已达成协议及食品公司1994年11月5日复函内容填写《房地产初始登记申请书》有关项目，其中"双方所占份额"一栏，晟长公司与食品公司以面积18,000平方米按6:4比例计算，超至20,259平方米的部分按7.5:2.5比例计算，超20,259平方米至23,662平方米部分按8.5:1.5比例计算，暂填双方所占份额，晟长公司为65.03%，食品公司为34.97%。食品公司法定代表人杨柏青于当日在该函件上批注同意此意见。1995年12月13日，晟长公司领取了寸金大厦的《房地产预售许可证》，批准预售建筑面积15,050.33平方米。其中办公楼14,081.23平方米，商场969.1平方米。1997年4月8日，寸金大厦主体部分工程验收合格。1994年4月2日，食品公司和晟长公司与深圳市规划国土局签订了《土地使用权出让合同书》，该合同约定土地受让人为食品公司和晟长公司。1997年7月17日，晟长公司付清全部地价款4,500,202元和市政建设配套费4,251,605元。

1998年10月20日，晟长公司在《深圳特区报》上刊登广告称，寸金大厦1~4层为商业用房，5~25层为公寓式写字楼，地下两层为配套使用车库，总建筑面积27,000平方米。1998年10月26日，深圳市安泰律师事务所黄文俊律师在《深圳特区报》上登载《律师声明》称，受食品公司授权作如下声明：寸金大厦是食品公司与晟长公司合作开发的楼宇。根据双方合同约定，该大厦第1~9层及第10层部分和地下室首层部分产权属食品公司所有，食品公司未授权他人销售寸金大厦上述房产，未经食品公司同意而销售上述房产的行为是无效的。

2000年6月29日，食品公司与晟长公司签订《关于寸金大厦的补充协议》约定，(1)食品公司协助晟长公司办理大厦改变功能所需手续，包括国土、消防、建设等有关手续。力争在两个月内办完开工手续。(2)开工手续如果能在2000年8月底办完(如办理开工手续时间延后，则工期相应顺延)，晟长公司必须在2001年8

月底前将大厦的工程全部完工并交付食品公司使用。如不能如期交付食品公司使用,按合作合同及有关补充协议的条款执行。(3)因改变功能发生的建设费用全部由晟长公司负责。(4)地下室消防通道由双方共同与深圳中建实业股份有限公司协调解决,如因地下室消防通道影响大厦验收,不属晟长公司责任。

2001年2月1日,广东省深圳市规划国土局罗湖分局复函食品公司、晟长公司,不同意寸金大厦5~25层办公用房改为住宅。2001年3月15日,食品公司与晟长公司签订《关于明确寸金大厦的完工日期协议》约定,由于规划国土局于2001年2月1日复文不同意寸金大厦办公用房改为住宅的申请,现经双方进一步协商达成如下协议:(1)为了寸金大厦尽快投入使用,今后凡涉及大厦需双方共同办理的手续,双方必须尽快办理。(2)除裙楼外,双方同意将塔楼改为单身公寓再向国土局申请审批。(3)如国土局批准改为单身公寓后,并领到建设局发出同意改单身公寓的施工文件之日起,晟长公司必须在12个月内完工。(4)如国土局不批准改为单身公寓,双方同意只能按办公楼复工,由国土局不批准改单身公寓的复文之日起,晟长公司必须在6个月内完工(不包括竣工验收时间)。如不能在此规定的时间内完工,则按合作合同及有关补充协议的条款执行。2001年8月8日,广东省深圳市规划国土局罗湖分局再次复函食品公司、晟长公司称,由于寸金大厦所处区的配套设施压力大,不同意寸金大厦5~25层办公用房改为公寓。2001年8月22日,食品公司发出《关于明确寸金大厦复工和完工日期的函》,要求晟长公司尽快安排寸金大厦按办公楼进行复工,并在2002年2月20日前确保大厦竣工。

2002年1月22日,寸金大厦施工建设单位广东长城建设集团有限公司深圳分公司致函晟长公司称:"我司承接贵司的寸金大厦施工工程于2002年1月22日已完工。经我司初步自检合格,请贵司组织有关人员作初步验收。"晟长公司于当日在该函件上批注要求该大厦监理单位深圳市九洲建设监理有限公司组织有关人员验收。深圳市九洲建设监理有限公司于同年1月26日亦在该函件上批注同意安排组织初步验收。该大厦设计单位深圳市建筑设计研究总院第三设计院于同年1月27日也在该函件上批注同意组织验收。同年2月4日,深圳市九洲建设监理有限公司致函晟长公司称,经初步检查发现,寸金大厦地下室一层车辆通道出口与东海大厦未按原设计要求接通,原设计时消防局有审批意见,请尽快开通后大厦才能组织验收。同年2月6日,深圳市工程质量监督总站在晟长公司来函上批注称,施工资料已收到,请按《建设工程竣工验收条件审核表》的内容逐项填写,待条件具备后进行竣工验收。同年2月7日,晟长公司致函食品公司称,寸金大厦已完工并开始初步验收,因食品公司与深圳中建实业股份有限公司有关消防通道出入口尚未解决,在消防通道未解决前是无法通过验收的,请尽快解决这一问题。现寸金大厦已基本建成,尚未竣工验收。寸金大厦地下首层车库通往相邻东海大厦地下车库的行车通道尚未接通。

另查明，根据广东省深圳市地籍测绘大队所制作的寸金大厦房屋建筑面积汇总说明表记载，寸金大厦总建筑面积 27,813.59 平方米，其中天面 282.50 平方米，地下室 1～2 层 3686.14 平方米；1～4 层建筑面积 3469.83 平方米（其中 1 层建筑面积 747.53 平方米），5～25 层建筑面积 20,375.12 平方米（其中 1～9 层建筑面积 8173.93 平方米）。

又查明，1992 年 8 月 24 日，深圳中建实业股份有限公司与食品公司签订《协议书》约定，深圳中建实业股份有限公司保证在东海大厦的设计和修建中，为双方的地下车库提供一个地面出口；食品公司保证在以后兴建的临接东海大厦东面的大楼设计和修建中，为双方的地下车库提供一个地面入口。广东省深圳市公安局消防支队于 1995 年 6 月 5 日作出《关于寸金大厦地下室的处理意见》，同意寸金大厦与东海大厦地下室连通的设计，并按双方所签协议，保证地下车库出入口的运行。

晟长公司于 2002 年 3 月 29 日向广东省高级人民法院提起诉讼称：根据双方合同的约定和履行情况及"谁投资谁受益"的原则，寸金大厦首层所有权应全部归晟长公司所有。晟长公司应享有寸金大厦地上建筑面积 15,386.6 平方米，其中包括商业面积 1138 平方米。晟长公司在《深圳特区报》上登载销售广告后，食品公司即在该报发表声明，声称未经食品公司同意销售寸金大厦的行为是无效的。食品公司的行为阻碍了晟长公司的房产销售，给晟长公司造成重大经济损失。故请求判决确认晟长公司享有寸金大厦地上建筑面积 15,386.6 平方米，其中包括商业面积 1138 平方米；确认晟长公司享有寸金大厦首层的所有权；判决食品公司赔偿晟长公司经济损失 4000 万元。

食品公司于 2002 年 5 月 9 日提出反诉称：双方合作合同约定，晟长公司必须在合同签订并经批准之日起两年半内完成寸金大厦工程，竣工验收后交付食品公司。晟长公司未能按期将寸金大厦建成。2001 年 3 月 15 日，双方签订的《关于明确寸金大厦的完工日期补充协议》约定，如国土局不批准将寸金大厦改为单身公寓，则只能按办公楼复工，从国土局不批准改单身公寓的复文之日起 6 个月内，必须完成寸金大厦的建设，否则按原合作合同及有关补充协议的条款执行。然而直到现在，晟长公司已逾期交房 6 年多。晟长公司的违约行为，给食品公司造成巨大经济损失，故请求判令晟长公司按合作合同的约定支付自 1996 年 5 月 8 日起至大厦实际交付使用之日止的逾期交房补偿金 2652 万元和赔偿文园企业的经济效益损失 1800 万元，共计 4452 万元。

二、广东省高级人民法院一审认定与判决

广东省高级人民法院经审理认为，晟长公司与食品公司签订的合作合同及补充协议一、协议二、协议三和 2001 年 3 月 15 日签订的《关于明确寸金大厦的完工日期补充协议》,是双方的真实意思表示,合作合同经过广东省深圳市规划国土局批准,合同内容没有违反国家法律、行政法规的强制性规定,双方现已履行了合同及协议的大部分内容,上述合同及补充协议应确认为有效。根据测绘结果,寸金大厦房屋总建筑面积27,813.59平方米,其中地下室1～2层3686.14平方米,地上建筑面积24,127.45平方米。双方对上述房产分配比例的约定是,18,000平方米以内部分的房产晟长公司占60%,食品公司占40%;超18,000平方米至20,259平方米的部分,晟长公司占75%,食品公司占25%;20,259平方米以上部分,晟长公司占85%,食品公司占15%。晟长公司分得寸金大厦总建筑面积为18000×0.6+(20259－18000)×0.75+(24127.45－20259)×0.85=15782.4325平方米,食品公司分得18000×0.4+(20259－18000)×0.25+(24127.45－20259)×0.15=8345.0175平方米。根据补充协议三的约定,晟长公司分得加建首层地下室的前提是要建成3层地下室,广东省深圳市规划国土局1994年6月22日和7月31日的两次复函,只批准寸金大厦建两层地下室,并没有批准建3层地下室,晟长公司也只建了两层地下室,并没有建成该补充协议约定的3层地下室,故首层架空层不能视为是首层地下室全部归晟长公司所有。由于补充协议三已对合作合同中有关大厦楼层功能设计作了更改,并对晟长公司投资新建的首层地下室的分配作了新的约定,而1994年6月22日广东省深圳市规划国土局的复函意见要求该首层架空作停车用途,故食品公司不能再依据合作合同主张大厦首层的全部产权。经过晟长公司再次向规划国土部门申请,广东省深圳市规划国土局1994年7月31日复函意见又批准增加大厦容积率,同意首层架空由停车用途改为商业用途,而对于最后经过批准确定为商业用途的首层房产如何分配,双方未作新的约定。由于容积率两次增加,建设规模不断扩大,晟长公司和食品公司双方均有受益,晟长公司相应增加了投资成本。根据权利义务对等原则,该首层应进行公平分割,合理分配。根据双方合作合同和补充协议三中有关增加建设规模的房产18,000平方米至20,259平方米的部分分配比例的约定,该部分增建房产应由晟长公司占75%,食品公司占25%,该首层建筑面积为747.53平方米(不含门厅部分),晟长公司分得首层房产面积560.6475平方米,食品公司分得186.8825平方米。晟长公司起诉确认享有寸金大厦地上建筑面积15,386.6平方米的主张依据充分,予以支持,但晟长公司请求确认享有包括首层在内的1138平方米商业面积房产的主张,有理部分,予以支持;无理部分,不予支持。由于寸金大厦只建成两层地下室,应按双方合作合同书和补充协议一的约定进行分配,即地下室第2层的车位双方各占50%,地下室第1层的车位,晟长公司分得75%,食品公司分得25%。1998年10月26日食品公司的《律师声明》称,食品公司享有寸金大厦第1～9层及第10层部分和地下室首层部分产权,非经食品公司同意,任何人不得销售该部分房产。现寸金大厦实际建成25层商业写字楼,房产面积为24,127.45平方米(不包括地下室)。根据双方所约定房产分配比例,食品公司可分得房产8345.0175平方米,占34.59%。双方同时约定食品公司从地面一层往上分配房产,第1~9层房产面积共计8173.93平方米,对照食品公司《律师声明》所载的内容,除寸金大厦首层产权存在争议外,寸金大厦第2~9层和第10层一部分均属食品公司应得房产,故晟长公司起诉认为食品公司的律师声明侵犯其房产权益并请求食品公司赔偿损失4000万元的主张,缺乏事实和法律依据,不予支持。双方虽然在合作合同中约定晟长公司必须在两年半内完成寸金大厦工程,并将楼房验收交付食品公司使用,但双方于2001年3月15日所签订的《关于明确寸金大厦的完工日期补充协议》中,对原合同书约定的工期已有新的约定,即双方同意晟长公司在收到国土局不批准寸金大厦第5~25层塔楼改为单身公寓复文之日起6个月完工。如晟长公司不能在此时间内完工,才按原合同书及有关补充协议的条款执行。该补充协议还明确约定完工不包括竣工验收时间,因地下室消防通道问题而影响工程验收,则不在此规定时间内。广东省深圳市规划国土局罗湖分局于2001年8月8日复函不同意寸金大厦第5~25层办公用房改为公寓,按照该补充协议的约定,晟长公司应在2002年2月8日之前将寸金大厦完工。寸金大厦建设施工单位广东长城建设集团有限公司深圳分公司已于2002年1月22日致函晟长公司称,该工程于2002年1月22日完工,要求组织有关人员初步验收。晟长公司、监理单位深圳市九洲建设监理有限公司和设计单位深圳市建筑设计研究总院第三设计院等单位均先后予以认可并同意组织验收。因目前寸金大厦地下室一层与东海大厦地下车辆通道尚未按原设计要求接通,而根据食品公司与深圳中建实业股份有限公司所签协议的约定,接通该通道需由食品公司出面解决,因此食品公司反诉认为晟长公司逾期交楼依据不足,请求晟长公司支付逾期交房补偿金以及赔偿文园企业的经济效益损失共4452万元的主张,不符合法律规定,不予支持。据此判决:(1)食品公司与晟长公司签订的合作合同书、补充协议一、补充协议二、补充协议三、2001年3月15日签订的《关于明确寸金大厦的完工日期补充协议》有效,继续履行;(2)晟长公司享有寸金大厦楼房面积15,782.4325平方米,其中包括首层楼房面积560.6475平方米,食品公司享有寸金大厦楼房面积8345.0175平方米,其中首层楼房面积186.8825平方米;晟长公司享有寸金大厦地下室第1层75%车位和地下室第2层50%车位,食品公司享有寸金大厦地下室第1层25%车位和地下室第2层50%车位;(3)驳回晟长公司的其他本诉请求;(4)驳回食品公司的反诉请求。本诉案件受理费517,742元,由晟长公司负担258,871元,食品公司负担258,871元;反诉案件受理费232,610元,由食品公司负担。

三、当事人上诉请求与答辩理由

晟长公司和食品公司均不服一审判决,向最高人民法院提起上诉。

晟长公司上诉称：补充协议三约定，对超出国土局规划要点所限的最大总建筑面积20,259平方米部分，食品公司占15%，晟长公司占85%；晟长公司在不影响食品公司原地下室分配面积的前提下，自投资金报批加建一层。根据广东省深圳市规划国土局要求，寸金大厦首层原是架空作停车用途，其后经晟长公司申请，并且增加投资建设地下车库，使车位满足规划需求，广东省深圳市规划国土局因此同意首层作为商业用途。双方约定晟长公司自投资金报批加建一层，加建层安排首层，首层可以作为商业用途，完全是晟长公司增加投资向地下深层开发，向规划部门努力申请的结果。根据"谁投资，谁受益"的原则及双方的约定，寸金大厦首层所有权应全部归晟长公司所有。一审判决只确认晟长公司享有首层面积560.6475平方米，有违双方当事人的约定和公平原则。食品公司于1998年10月26日在新闻媒体上发表的声明，其主张的面积超出了分配方案的约定，严重侵害了晟长公司对寸金大厦所享有的所有权，阻碍了晟长公司的房产销售工作，给晟长公司造成重大经济损失。一审判决驳回晟长公司关于赔偿经济损失4000万元的请求，缺乏事实和法律依据。综上请求：(1)维持原判第一项；(2)撤销原判第三项；(3)变更原判第二项为：晟长公司享有寸金大厦楼房面积15,782.4325平方米，其中包括首层楼房面积在内的商业面积1138平方米；(4)判令食品公司赔偿晟长公司经济损失4000万元。

食品公司上诉称：(1)一审判决确认寸金大厦首层560.6475平方米的商业面积归晟长公司所有，没有合同依据和法律依据。合作合同明确约定了寸金大厦的分配原则及产权归属。该合同约定食品公司从地面一层起向上分配，晟长公司从顶层向下分配。裙楼商场分配方案：满足食品公司第5层，第6层分给晟长公司。补充协议三约定，商业裙楼用房设计面积争取不少于总建筑面积的15%，并将总建筑面积的15%商业面积分配给食品公司。重新分配的前提是要"加建一层地下室"，事实是晟长公司没有加建一层地下室。由于容积率的增加，国土局才要求首层架空作停车用途。但仅仅1个多月，国土局又同意首层架空层作为商业用途。晟长公司虽然增加了投资成本，但已得到相应的回报。(2)合作合同明确约定晟长公司必须在两年半内完成寸金大厦的建设、验收，交付食品公司安排文园企业复业。但从动工至现在，已长达8年之久，仍不能竣工验收，文园企业100多名员工迄今仍在待岗。晟长公司的违约行为给食品公司造成了巨大的经济损失。施工单位、监理公司及设计单位，均是与晟长公司有利益关系的单位，上述单位出具的关于寸金大厦已完工的证明，不能作为定案依据。食品公司要求在国土局不批准寸金大厦塔楼改为单身公寓的复文之日起6个月完工，只是为了促使晟长公司尽快完成建设，并没有放弃对晟长公司逾期交楼违约责任的追偿权，也不是对原合同约定工期的修改。造成东海大厦与寸金大厦地下车库不能连通，完全是由于晟长公司长期不能完成寸金大厦的建设所致。综上，请求撤销一审判决第2项和第4项，确认首层产权归食品公司所有，判令晟长公司支付自1996年5月8日起至给付之日止的逾期交房补偿金2652万元、赔偿文园企业经济损失1800万元，共计4452万元。

四、最高人民法院认定与判决

最高人民法院认为，晟长公司与食品公司签订的合作合同及补充协议一、补充协议二、补充协议三和2001年3月15日签订的《关于明确寸金大厦的完工日期补充协议》，约定由食品公司提供土地，晟长公司提供全部建设资金，双方合作兴建寸金大厦，是当事人真实意思表示，内容不违反法律法规的强制性、禁止性规定，合作建房行为经过广东省深圳市规划国土局批准，一审判决认定上述合同及协议有效，适用法律正确。双方当事人对一审判决中关于寸金大厦除首层之外的房屋面积分配比例和地下室车位分配比例均无异议。合作合同约定裙楼商场的分配满足食品公司5层后，第6层分给晟长公司。超出原设计面积18,000平方米的增建面积，食品公司占25%，晟长公司占75%。补充协议三约定商业裙楼用房设计面积争取不少于总建筑面积的15%，并将总建筑面积的15%商业面积分配给食品公司；对超出广东省深圳市规划国土局规划设计要点所限的最大建筑面积20,259平方米部分的建筑面积，食品公司占15%，晟长公司占85%。案件实际情况是，寸金大厦没有建成1~6层商业裙楼，楼房现状是1~4层为商业用房，且未按裙楼设计，合同履行情况与合同约定情况不符，故首层的分配不应适用合作合同及补充协议三中关于商业用房分配的约定，食品公司主张首层全部归其所有，依据不足，不予采信。由于寸金大厦原设计停车位不足，广东省深圳市规划国土局要求大厦首层架空作停车用途。根据补充协议三的约定，晟长公司分得加建首层地下室的前提是要建成3层地下室，而寸金大厦现只建成两层地下室，没有建成补充协议三所约定的3层地下室。虽然双方当事人对补充协议三中所指首层在理解上有歧义，但该协议除对首层约定外，对地下室第2层、第3层的分配比例亦重新进行约定。综观补充协议三全文来理解，该首层应是指地下室的第1层，并非指地上的第1层，故晟长公司主张首层全部归其所有，亦无合同依据。经过晟长公司扩建地下室，停车位已满足要求，广东省深圳市规划国土局于1994年7月31日批准寸金大厦容积率由10.2增加至10.5，同意首层架空由停车用途改为商业用途，而对于最后经过批准确定为商业用途的首层房产如何分配，双方未作新的约定。由于容积率两次增加，建设规模不断扩大，晟长公司和食品公司双方均有受益，晟长公司亦相应增加了投资成本。根据合作合同中关于由食品公司和晟长公司各自分得一部分商业面积的缔约意思表示，一审判决根据公平原则，对首层进行合理分配是正确的，但一审判决比照双方合作合同和补充协议三中有关增加建设规模的房产18,000平方米至20,259平方米的部分分配比例的约定，认定首层面积由晟长公司占75%，食品公司占25%，据此计算出晟长公司分得首层房产面积560.6475平方米,食品公司分得186.8825平方米,依据不充分。本案关于寸金大厦首层的分配比例,应比照合作合同中关于房产分配的比例,即按晟长公司占60%,食品公司占40%,进行合理分配,由此确定晟长公司分得首层房产面积448.518平方米,食品公司分得首层房产面积299.012平方米。1998年10月26日,食品公司在《深圳特区报》刊载的《律师声明》称,食品公司享有寸金大厦第1~9层及第10层部分和地下室首层部分产权,非经食品公司同意,任何人不得销售该部分房产。现寸金大厦实际建成25层商业写字楼,房产面积为24,127.45平方米(不包括地下室),根据双方所约定房产分配比例,食品公司可分得房产8345.0175平方米,晟长公司可分15,782.4325平方米,双方同时约定食品公司从地面一层往上分配房产,第1~9层房产面积共计8173.93平方米,对照食品公司《律师声明》所载的内容,除寸金大厦首层产权存在争议外,寸金大厦第2~9层和第10层一部分均属食品公司应得房产,故晟长公司认为食品公司的律师声明侵犯其房产权益并请求食品公司赔偿损失4000万元的主张,缺乏事实和法律依据,不予支持。双方虽然在合作合同中约定,晟长公司必须在两年半内完成寸金大厦工程,并将楼房验收交付食品公司使用,但双方于2001年3月15日所签订的《关于明确寸金大厦的完工日期补充协议》,对合作合同约定的工期已有新的约定,即双方同意晟长公司在收到国土局不批准寸金大厦第5~25层塔楼改为单身公寓复文之日起6个月内完工。该补充协议还明确约定完工不包括竣工验收时间,因地下室消防通道问题而影响工程验收,则不在此规定时间内。广东省深圳市规划国土局罗湖分局于2001年8月8日复函,不同意寸金大厦第5~25层办公用房改为公寓,按照该补充协议的约定,晟长公司应在2002年2月8日之前将寸金大厦完工。寸金大厦建设施工单位广东长城建设集团有限公司深圳分公司于2002年1月22日致函晟长公司称,该工程已于2002年1月22日完工,晟长公司、工程监理单位深圳市九洲建设监理有限公司和设计单位深圳市建筑设计研究总院第三设计院等单位均先后予以认可,并同意组织验收。因寸金大厦地下室一层与东海大厦地下车辆通道尚未按原设计要求接通,而根据食品公司与深圳中建实业股份有限公司所签协议的约定,接通该通道需由食品公司解决,因此食品公司认为晟长公司逾期交房,请求晟长公司支付逾期交房补偿金及经济效益损失共4452万元,理据不足,最高人民法院亦不予支持。综上,根据《民事诉讼法》第153条第1款第3项之规定,最高人民法院于2003年3月19日以(2002)民一终字第58号民事判决书判决如下:(1)维持广东省高级人民法院(2002)粤高法民一初字第3号民事判决第一项、第三项和第四项;(2)变更广东省高级人民法院(2002)粤高法民一初字第3号民事判决第二项为:晟长公司享有寸金大厦楼房面积15,782.4325平方米,其中包括首层楼房面积448.518平方米,食品公司享有寸金大厦楼房面积8345.0175平方米,其中包括首层楼房面积299.012平方米；晟长公司享有寸金大厦地下室第1层75%车位和地下室第2层50%车位，食品公司享有寸金大厦地下室第1层25%车位和地下室第2层50%车位。一审案件受理费、反诉费按一审判决执行；二审案件受理费750,352元，由晟长公司负担375,176元，食品公司负担375,176元。

［参见最高人民法院民事审判第一庭编：《最高人民法院民事案件解析（附指导案例2）：房地产开发》，法律出版社2010年版。］

048. 解除挂靠后的企业，对挂靠期间企业无权代理人的代理行为追认的，是否应由承担代理人代理行为的法律后果？

【典型案例】

鹰潭市赣东实业有限公司与付才保项目转让合同纠纷上诉案

【裁判要点】

《合同法》第48条规定，行为人没有代理权、超越代理权或者代理权终止后以被代理人名义订立的合同，未经被代理人追认，对被代理人不发生效力，由行为人承担责任。相对人可以催告被代理人在一个月内予以追认。财政部、国家工商行政管理局、国家经济贸易委员会、国家税务总局《关于印发〈清理甄别挂靠集体企业工作的意见〉的通知》规定，对挂靠企业在清产核资的基础上，与被挂靠单位脱离挂靠关系。据此，挂靠政府部门的私营企业，按照国家解除私营企业挂靠政策，申请注销登记，同时新设企业。老企业的注销与新企业的设立，是相关行政部门及挂靠私营企业解除企业挂靠，还原企业原本性质的方式，新设企业承接注销企业的全部资产，亦应承担注销企业的全部债务，两企业之间具有法律上的承继关系。所以，解除挂靠后的企业，对挂靠期间企业无权代理人的代理行为享有追认权，若解除挂靠后的新企业对该代理行为进行了追认，则新企业应当承担代理人代理行为的法律后果。

上诉人（原审原告）：鹰潭市赣东实业有限公司。

被上诉人（原审被告）：付才保。

原审第三人：江西信义房地产开发集团有限公司。

一、江西省高级人民法院一审查明的案件事实

1998年8月14日，鹰潭市艺术团与鹰潭市赣东房地产综合开发公司（以下简称老赣东公司）达成《改建艺术团项目拆迁返还协议书》（以下简称《改建协议》）约定，鹰潭市艺术团改建项目坐落在江西省鹰潭市胜利东路18号，拟建一幢综艺大楼，建筑面积约16,637平方米。鹰潭市艺术团以土地使用权及地上全部房产作项目投资。老赣东公司承担改建工程的全部投资，并对鹰潭市艺术团有关费用进行补偿。综艺大楼建成后，老赣东公司按鹰潭市艺术团旧房实际建筑面积予以返还，其余房产归老赣东公司所有。协议签订后，鹰潭市艺术团和老赣东公司以联合开发的名义申请规划许可，江西省鹰潭市规划管理处于1999年4月1日向鹰潭市艺术团、老赣东公司核发了《建设用地规划许可证》。

2000年7月6日，老赣东公司与景德镇市信义房地产开发公司（以下简称老信义公司）签订《联合开发艺术团项目协议书》（以下简称《联合开发协议》）约定，老信义公司承受《改建协议》中老赣东公司对鹰潭市艺术团的全部给付义务，并补给老赣东公司投资利润分成100万元整。该协议由双方法定代表人或法定代理人签字盖章后生效。老赣东公司在该协议上加盖了公章及法定代表人王新文的私章，老信义公司未加盖公章，而是由付才保以法定代理人的身份签名捺印。江西省鹰潭市乡镇企业局作为老赣东公司的主管单位加盖了公章。

《联合开发协议》签订后，老赣东公司与付才保根据协议约定，于2001年4月5日签署《结算清单》载明，老赣东公司已收房款和收付才保现金合计5,671,411.50元，与老赣东公司前期已投资的费用750万元（不包括协议约定的100万元利润）相抵，付才保尚欠老赣东公司1,828,588.50元。老赣东公司的法定代表人王新文在该《结算清单》上签名，并加盖了公司印章，付才保亦在该《结算清单》上签名。2001年5月14日，江西省鹰潭市计划委员会下发了《关于同意市艺术团、市赣东房地产开发公司联合开发综艺大楼项目开工建设的批复》。同年5月21日，江西省鹰潭市建设局就综艺大楼项目下发了《建筑工程施工许可证》，载明建设单位为老赣东公司。同年7月17日，江西省鹰潭市房产管理局下发了综艺大楼《商品房预售许可证》，载明售房单位为老赣东公司。由于老信义公司未按《结算清单》的约定清结老赣东公司前期投资费用，老赣东公司陆续对外售房。2001年10月，付才保以景德镇市信义房地产开发有限公司（后更名为江西信义房地产开发集团公司，以下简称新信义公司）代理人的名义在综艺大楼前张贴公告，声称综艺大楼项目是新信义公司开发的，所有购房户须和新信义公司签订合同，和老赣东公司签订的合同均无效。

2001年10月18日，老赣东公司的主管单位江西省鹰潭市乡镇企业局与方耘签订《鹰潭市赣东房地产综合开发公司国有资产所有权转让合同书》（以下简称《转

让合同书》)约定,江西省鹰潭市乡镇企业局将老赣东公司的土地、房产、物业转让给方耘,其中包括正在建设中的“市艺术团改造”项目,并载明在合同生效后,该项目的开发经营权和收益权归方耘所有。双方同时约定,按照《评估报告》,老赣东公司现有的资产总额768万元(包括土地、建筑物、房屋、资产及其他设施),总负债1087万元,净资产为-318万元。转让后,债权债务全部由方耘接收和承担,江西省鹰潭市乡镇企业局不承担任何责任,转让价为400,663.84元,合同签订后7天内交到江西省鹰潭市财政局专户。江西省鹰潭市乡镇企业局转让给方耘的老赣东公司的房产、地产等各种物业,其所有权、使用权和处理权全部归方耘,江西省鹰潭市乡镇企业局不得在任何时候以任何借口提出干涉、索回所有权。公司转让后,若出现第三方对土地、房屋、物业等有争议,均由方耘自行解决。同年10月28日,方耘、刘卫与李发高就设立新赣东公司签订《协议书》约定,方耘将从江西省鹰潭市乡镇企业局受让的老赣东公司的所有财产权益(含综艺大楼项目的开发权、经营权和收益权)全部投入新赣东公司,新赣东公司承担《转让合同书》中方耘对江西省鹰潭市乡镇企业局的全部义务。同年11月13日,江西省鹰潭市财政局出具编号为5137548的收据载明,收到老赣东公司资产转让收入400,663.84元。2002年2月19日,江西省鹰潭市国有资产管理局以鹰国资企字〔2002〕11号《关于同意鹰潭市赣东房地产开发公司产权割让的批复》,批准了前述转让合同。2002年8月9日,江西省鹰潭市工商局核发了新赣东公司的企业法人营业执照,载明新赣东公司法定代表人为方耘,企业类型为有限公司。同年9月10日,江西省鹰潭市工商局出具证明称:“鹰潭市赣东房地产综合开发公司于2002年8月9日更名为鹰潭市赣东实业有限公司,注册号码不变。”

一审法院另查明,老信义公司成立于1992年12月18日,法定代表人为邵火皆(即邵和谐,系付才保的外甥),经营范围包括房地产开发,挂靠景德镇市昌江区竟成镇人民政府,性质为国有企业。2001年4月12日,老信义公司向江西省景德镇市工商局提交了《关于请求变更企业性质的报告》,要求脱离与景德镇市昌江区竟成镇人民政府的挂靠关系,由国有企业变更为私营企业。同日,景德镇市昌江区竟成镇人民政府向江西省景德镇市工商局出具证明称:“原挂靠在我镇的市信义房地产开发公司,我镇未对其作任何资产投入,该公司所有资产均由该公司法人代表邵火皆个人所有。”同年4月16日,老信义公司在注销登记申请表“企业申请注销理由”一栏中写明:“为加快我市发展私营经济的步伐,实事求是,我司与市竟成镇协商,一致同意与原挂靠的主管单位竟成镇脱钩,摘除红帽子,由国有企业变更为私营企业。”同年4月18日,经江西省景德镇市工商局核准,老信义公司被注销。2001年4月27日,邵和谐与其儿子邵卫桥经核准设立新信义公司。法定代表人为邵和谐,经营范围包括房地产开发。

2002年2月8日,新信义公司向江西省鹰潭市公安局出具举报材料称,老赣东公司法定代表人王新文虚报综艺大楼前期费用涉嫌诈骗,江西省鹰潭市公安局接到举报后展开了调查工作。2002年9月16日,新赣东公司以付才保张贴公告的行为构成侵权为由,起诉到鹰潭市月湖区人民法院,要求判令付才保返还款项328,988.55元;立即停止侵权行为,拆除公告及通告,并在鹰潭市报刊登载道歉声明;赔偿售房损失40万元等。江西省鹰潭市月湖区人民法院受理了此案。2002年9月17日,新信义公司向购房户发出《郑重声明》称,未经其同意,与新赣东公司签订的购房合同不予认可。2002年10月28日,新赣东公司向江西省鹰潭市月湖区人民法院提交申请,要求追加新信义公司为该案被告。付才保及新信义公司以江西省鹰潭市公安局正在立案侦查王新文合同诈骗案为由,要求中止审理。江西省鹰潭市公安局于2002年11月18日致函江西省鹰潭市月湖区人民法院称,新信义公司的综艺大楼项目负责人付才保控告王新文合同诈骗一事,该局正按有关程序进行前期调查工作,目前尚未正式立案。2002年12月26日,江西省鹰潭市月湖区人民法院作出(2002)月民二初字第501号民事判决,认定新赣东公司具有该案诉讼主体资格。《联合开发协议》签订后,付才保以借给老赣东公司周转金的形式,付给该公司2,217,000元,其间从该公司借出2,545,988.55元,用于综艺大楼项目。同时,以双方未进行结算,且新赣东公司未提出宣告《联合开发协议》无效的诉讼请求为由,判决驳回新赣东公司的诉讼请求。该判决生效后,新信义公司于2003年1月8日在《鹰潭广播电视报》上刊登《郑重声明》重申,新赣东公司未经其同意与他人签订的购房合同其不予认可。由于纠纷未能解决,新赣东公司于2003年3月11日向江西省高级人民法院提起诉讼。新信义公司于2003年5月14日致函该院称,《联合开发协议》是经其授权签订的,付才保作为该项目的负责人,在履行合同过程中所作出的一切行为均由公司负责。2003年8月12日,新信义公司向江西省高级人民法院提出申请,要求以第三人身份参加诉讼。江西省高级人民法院经审查准许了新信义公司的申请。

该案一审期间,新信义公司以江西省鹰潭市乡镇企业局与方耘签订的《转让合同书》侵犯其合法权益为由,将江西省鹰潭市经济贸易委员会、方耘、新赣东公司列为被告起诉至江西省鹰潭市中级人民法院,要求确认该转让合同无效,判令各被告赔偿其经济损失200万元。江西省鹰潭市中级人民法院于2003年12月11日作出鹰民二初字第11号民事判决,该判决认定老信义公司是名为国有、实为私有的挂靠企业,在其注销后,债权债务转移给了信义公司,这两个公司具有法律上的承继关系。《转让合同书》第1条第7项关于转让“市艺术团改造”项目开发经营权和收益权的约定,因该项目未经评估,属非法转让,且明显侵犯了老信义公司的合法权益,该项约定无效。江西省鹰潭市中级人民法院据此判决该转让合同的第1条第7项无效,其他部分合法有效。判决下达后,江西省鹰潭市经济贸易委员会、方耘、新赣东公司均不服,向江西省高级人民法院提起上诉,江西省高级人民法院受理后,作出了中止诉讼的裁定。

还查明,江西省鹰潭市乡镇企业局与方耘签订的《转让合同书》中所称《评估报告》,是指江西鹰潭同信会计师事务所有限公司于2001年2月17日出具的《鹰潭市赣东房地产综合开发公司资产评估报告书》。该评估报告书明确其评估范围为老赣东公司的整体资产。评估对象为老赣东公司的流动资产、固定资产、无形资产和流动负债。评估基准日为2000年6月30日。2001年2月20日,江西省鹰潭市国有资产管理局对该评估报告书予以确认。2003年5月28日,江西鹰潭同信会计师事务所有限公司出具《证明》称,其对老赣东公司截至2000年6月30日的改制评估中,未包括坐落在江西省鹰潭市胜利东路18号的综艺大楼开发项目。同年6月4日,江西省鹰潭市财政局出具《说明》称:"市艺术团改造项目若属于鹰潭市赣东房地产综合开发公司转让资产的范围,应纳入国有资产评估范围,我们未发现该项目纳入了评估。"

2005年3月22日,新信义公司向一审法院提交《鉴定申请书》,要求对综艺大楼工程项目的投入、预收购房款、房屋租金、开发成本和预期利润进行鉴定。同年6月1日,新信义公司向一审法院提交《中止审理申请书》,以该公司诉鹰潭市经济贸易委员会、方耘及新赣东公司侵权纠纷一案未审结,无法确认新赣东公司是否具有本案诉讼主体资格为由,要求裁定本案中止审理。

另外,经一审法院行使释明权,新赣东公司表示不变更被告。

再查明,新赣东公司诉称付才保就综艺大楼项目发生的借款多于投资,要求其返还二者的差价328,988.55元。新信义公司对此提出异议,认为付才保担任老信义公司代理人期间,除直接付给老赣东公司2,217,000元外,还于2001年2月21日、22日通过中国农业银行鹰潭市分行鹰西办事处,分两次付给老赣东公司投资款80万元。此外,付才保从老赣东公司取走的2,545,988.55元均用于综艺大楼工程,其出具借条只是为了内部做账。经查,新赣东公司要求付才保返还328,988.55元,依据的是付才保向老赣东公司支付资金2,217,000元的票据,以及付才保从老赣东公司借支2,545,988.55元的票据,未包括付才保通过中国农业银行鹰潭市分行鹰西办事处付给老赣东公司的80万元。鉴于付才保上述付款行为有银行开具的现金交款单予以证实,而付才保从老赣东公司取走的2,545,988.55元均用于综艺大楼工程这一事实,已由江西省鹰潭市月湖区人民法院(2002)月民二初字第501号生效民事判决确认,故新赣东公司关于付才保就综艺大楼项目发生的借款多于投资的主张与实际情况不符,不予认定。

新赣东公司起诉要求付才保赔偿其损失339,900.80元,包括其因无法如期交房给拆迁户造成的违约金损失，因未能按安置补偿协议交付房屋而补偿给朱丽芳的费用，因未能及时交付房屋而赔偿给夏建祥的费用。新赣东公司为支持其以上主张，提交了老赣东公司与鹰潭市艺术团签订的《补充协议》和《市艺术团改造项目过渡期有关补偿问题的协议书》，新赣东公司与朱丽芳签订的《协议书》及江西省鹰潭市月湖区人民法院（2003）月民一初字第202号民事判决书。经查，这些证据不足以证明以上纠纷系老赣东公司与他人签订和履行《联合开发协议》而引起，故新赣东公司所称损失与本案没有关联，依法不予确认。

二、当事人一审起诉与答辩情况

新赣东公司向江西省高级人民法院提起诉讼称，其前身老赣东公司系由江西省城乡建设环境保护厅核准并经工商登记成立的城市综合开发企业。1998年8月14日，老赣东公司通过与鹰潭市艺术团签订《改建协议》，取得鹰潭市艺术团旧房改建项目。2000年7月6日，付才保以老信义公司法定代理人的名义与老赣东公司订立了《联合开发协议》约定，老信义公司补给老赣东公司100万元，承受《改建协议》中老赣东公司对鹰潭市艺术团的全部给付义务。据新赣东公司事后了解，改建项目综艺大楼实际由付才保接管。协议履行期间，付才保共付给老赣东公司资金2,217,000元，取走资金2,545,988.55元。后因付才保无实力继续投资，工程于2001年下半年停建数月。老赣东公司为了避免扩大损失，决定将综艺大楼项目的开发经营权和收益权在企业改制中一并予以转让。2001年10月18日，老赣东公司的主管部门江西省鹰潭市乡镇企业局与方耘签订《转让合同书》约定，老赣东公司所有的债权债务（含综艺大楼项目）转让给方耘。2002年3月19日，江西省鹰潭市国有资产管理局批复同意办理产权分割手续。同年5月18日，方耘等三人申请设立新赣东公司，新赣东公司对综艺大楼进行了工程后续投资和房产经营管理，完成了大楼建设。该工程现已实际投资约1200万元，尚有大量工程款及税金等款项未支付。其间，付才保以主张权利为由使用各种不正当方式阻碍项目的建设和经营，使新赣东公司无法正常开展经营活动，造成经济损失339,900.80元（截至2003年2月）。鉴于付才保与老赣东公司签订的《联合开发协议》名为合作建房，实为房地产项目转让，作为合同一方主体的付才保不具备房地产开发经营资格，因此，请求判令：(1)付才保与老赣东公司签订的《联合开发协议》无效；(2)建成的综艺大楼房产归新赣东公司所有；(3)付才保返还新赣东公司不当得利款32,988.55元；(4)付才保赔偿新赣东公司经济损失339,900.80元（暂算至2003年2月）；(5)诉讼费用由付才保负担。

付才保答辩称：其是以老信义公司代理人的身份与老赣东公司签订的《联合开发协议》。协议签订后，老信义公司投入数百万元资金启动该工程，其中218万元资金通过银行进入老赣东公司账户。《联合开发协议》虽未加盖老信义公司的公章,但依据“双方法人代表或法定代理人签字盖章后生效”的约定,以及老信义公司履行该协议主要义务的事实,其签约行为属代理行为,故其不是本案诉讼当事人,新赣东公司将其列为被告错误,请求法院驳回新赣东公司的起诉。

新信义公司述称:(1)新赣东公司主张《联合开发协议》名为合作建房实为项目转让没有事实和法律依据。(2)付才保签订《联合开发协议》的行为系由老信义公司授权,合同的一方主体是老信义公司而不是付才保个人,该协议依法成立,合法有效。(3)新赣东公司不具备原告的诉讼主体资格,理由有二:一是新赣东公司受让的综艺大楼项目未经国有资产评估;二是老赣东公司转让综艺大楼项目未经老信义公司同意,该转让行为无效。综上,新赣东公司关于返还不当得利328,988.55元的请求于法无据,要求赔偿经济损失等诉请均不能得到支持,请求予以驳回。同时,请求依法确认《联合开发协议》有效,并将建成的综艺大楼房产判归新信义公司所有。

三、江西省高级人民法院一审认定与判决

一审法院经审理认为,综艺大楼项目的土地使用权人、建设单位及商品房预售单位均为老赣东公司。在老赣东公司改制过程中,方耘通过签订和履行《转让合同书》,受让了老赣东公司的所有财产权益(含综艺大楼项目的开发权、经营权和收益权)。之后,方耘与新赣东公司其余两名股东达成协议,将其受让的上述财产权益全部投入新赣东公司。由于转制后的新赣东公司属有限责任公司,根据《公司法》第4条关于“公司享有由股东投资形成的全部法人财产权,依法享有民事权利,承担民事责任”的规定,新赣东公司对综艺大楼项目引发的纠纷具有诉权。另外,新赣东公司接收综艺大楼工程后,对其进行了后续投资和管理,可以对改建后的综艺大楼主张权利。因此,新信义公司关于新赣东公司不具备诉讼主体资格的主张不能成立,对其关于裁定本案中止审理的请求,不予支持。新信义公司申请对综艺大楼造价进行鉴定,涉及《联合开发协议》的履行情况及综艺大楼工程结算问题。案件审理中,新赣东公司没有提出对协议履行情况进行清算的诉请,其虽要求付才保返还借款与投资之间的差价,但不申请鉴定。付才保针对新赣东公司返还差价的诉请亦未提出结算的反诉请求。新信义公司虽以第三人身份参加诉讼,但未提出明确的诉讼请求并针对其请求缴纳案件受理费。因此,新信义公司无权对本案讼争标的物申请鉴定,其所提鉴定申请,不予准许。

新赣东公司以付才保在履行《联合开发协议》过程中实际接管了综艺大楼项目为由,主张该协议的一方主体是付才保。老赣东公司订立《联合开发协议》之际,对付才保以老信义公司代理人名义签署协议的行为未提出异议,应视为对其代理人身份的认同。且《联合开发协议》签订后,虽然老信义公司所付资金的来源是付才保,并由付才保直接实施交款、借支、结算等民事活动,但新赣东公司未能举证证明付才保以上行为超越了代理权限。根据民法通则代理制度的有关规定,《联合开发协议》的签约、履约主体应为老信义公司。新赣东公司关于付才保是该协议一方主体的主张缺乏依据,不能成立。新赣东公司在一审法院向其行使释明权后,仍表示不变更被告,因此产生的法律后果应由其自行承担。

《联合开发协议》约定由老信义公司承受《改建协议》中老赣东公司对鹰潭市艺术团的全部给付义务,并由老信义公司补给老赣东公司100万元投资利润分成,实质上是将综艺大楼项目转让给老信义公司。双方以上约定意思表示真实,老赣东公司将综艺大楼项目转让给具有房地产开发资质的老信义公司开发,未违反法律、行政法规的强制性规定,双方所签协议内容合法有效。由于双方明确约定协议由法定代表人或代理人签字盖章后生效,故老信义公司未在《联合开发协议》上加盖公章的行为不影响其效力。《联合开发协议》虽因老信义公司没有及时清结老赣东公司前期投资费用而未得到全面履行,但协议的履行与协议的效力不能相互混同。新赣东公司请求确认《联合开发协议》无效于法无据,不予支持。

新赣东公司针对付才保在综艺大楼项目上借款多于投资这一主张提交的证据不具证明力,其要求付才保返还借款与投资之间的差价328,988.55元缺乏事实依据,不予支持。鉴于《联合开发协议》履行期间,付才保以老信义公司代理人的身份对综艺大楼项目进行了投资,新赣东公司在未与老信义公司清算的情况下,请求将建成的综艺大楼房产判归其所有有损老信义公司的利益,对该诉请予以驳回。新赣东公司虽提交了相关证据证明其损失,但未能证明该损失与本案具有关联性,其要求付才保赔偿其损失339,900.80元理由不足,不予支持。

综上所述,一审法院经审判委员会讨论决定,判决驳回新赣东公司的诉讼请求。案件受理费73,355元,由新赣东公司承担。

四、当事人上诉与答辩情况

新赣东公司不服一审判决,向最高人民法院提起上诉,请求:(1)改判老赣东公司与付才保签订的《联合开发协议》无效;(2)付才保返还新赣东公司款项328,988.55元;(3)付才保赔偿新赣东公司经济损失339,900.80元(截至2003年3月);(4)案件受理费由付才保负担。主要理由:(1)一审判决认定老信义公司为《联合开发协议》的签约主体是错误的。《联合开发协议》虽然写明签约主体为老信义公司,但老信义公司并未在协议上盖章,协议签订时,付才保也未取得老信义公司的授权。在老信义公司被注销前,付才保亦未取得老信义公司的授权。一审判决查明,老信义公司所付资金的来源是付才保,并由付才保直接实施交款、借支、结算等,上述事实表明与老赣东公司签订《联合开发协议》的主体是付才保而非老信义公司。(2)一审判决认定《联合开发协议》有效是错误的。《联合开发协议》名为联合开发,实为项目转让。该项目转让时未取得土地使用权证,实际投资未达到投资总额的25%,违反了城市房地产管理法关于土地使用权转让的强制性规定。且该协议是付才保挂靠老赣东公司名下,掩盖其无证开发的事实,帮助其逃避行政机关监管,偷逃转让房地产项目应缴契、税、费的事实,以合法形式掩盖非法目的,一审判决认定上述协议有效是错误的。(3)一审判决对付才保综艺大楼投资数额认定错误。新赣东公司已经提供充分证据证实付才保付给新赣东公司资金2,217,000元(此款包括付才保通过中国农业银行鹰潭市分行鹰西办事处转付的80万元),借款2,545,988.55元。江西省鹰潭市月湖区人民法院(2002)月民二初字第501号生效判决审理的是侵权纠纷,判决中对综艺大楼的投资事实只是一句笼统的表述。一审判决以偏概全,简单地据此推定付才保所借款项全部用于工程建设,新赣东公司关于付才保就综艺大楼项目发生的借款多于投资的主张与实际情况不符,是错误的。(4)一审判决认定新赣东公司339,900.80元的损失与本案没有关联是错误的。新赣东公司的损失,源于本案争议的《联合开发协议》,应当认定。即使与付才保侵权行为有关,须另行诉讼,也应保护新赣东公司另案诉讼的权利。另外,一审判决以付才保作为一审被告主体不适格为由驳回新赣东公司的诉讼请求,却对实体问题作充分表述,与诉讼程序不符。(5)一审法院列新信义公司为本案第三人参加诉讼不当。老信义公司于2001年4月18日被注销,2001年4月27日新信义公司经核准设立,工商登记机关并未将老信义公司变更为新信义公司,新老信义公司之间也未发生合并、分立的法定情形,新老信义公司属完全独立的企业法人,不产生法律上的承继后果。因此,不管付才保是否为老信义公司的代理人,新信义公司均与本案无利害关系,一审法院不应追加其为第三人。

付才保未提交书面答辩意见,当庭答辩称,一审判决认定事实清楚,适用法律正确,请求予以维持。

新信义公司答辩称:(1)一审判决认定《联合开发协议》的签约、履约主体为老信义公司是正确的。付才保与老赣东公司所实施的一切行为都是以老信义公司的名义进行的,双方发生纠纷后,就综艺大楼出现的问题向江西省鹰潭市有关部门反映情况的均为新信义公司,而不是付才保。新信义公司从未否认过授权付才保签订《联合开发协议》的事实,并积极承受由该协议产生的权利义务。协议签订之初,老信义公司就派其常年法律顾问对老赣东公司进行考察并与其洽谈相关事宜。协议签订后,老信义公司又将《联合开发协议》、公司执照、法定代表人身份证、企业信誉等级等提交给江西省鹰潭市招商局,江西省鹰潭市政府下文确认联合开发艺术团改建项目为招商引资项目。新赣东公司提供的《进资证明》及一审法院调取的《验资报告》都充分证明引进的是老信义公司的资金,实际交款人是谁并不能影响该资金的所有关系,更何况交款人付才保本来就是老信义公司的代理人,是综艺大楼项目的负责人,其经办交款是履行代理人职责。(2)一审判决认定《联合开发协议》有效是正确的。《联合开发协议》的签约主体为老信义公司而非付才保,老信义公司是一家具有房地产开发资质的企业,与老赣东公司签订的协议意思表示真实。虽然老赣东公司在签约时未取得《国有土地使用权证》,但取得了《建设用地规划许可证》,并于2001年2月27日取得了《国有土地使用权证》,支付了全部土地使用权出让金,根据我国司法实践及相关司法解释的规定,起诉前已经取得土地使用权证书或者有批准权的人民政府同意转让的,应当认定国有土地使用权转让合同有效。因此,老赣东公司将综艺大楼项目转让给具有房地产开发资质的老信义公司,没有违反法律、行政法规的强制性规定,双方所签协议内容合法有效。由于双方明确约定协议由法定代表人或代理人签字盖章生效,故老信义公司未在协议上加盖公章的行为不影响协议的效力。(3)一审判决驳回新赣东公司要求付才保返还不当得利款及赔偿损失的诉讼请求正确。新赣东公司曾就相同请求诉至江西省鹰潭市月湖区人民法院,该院审理后作出(2002)月民二初字第501号民事判决,认定新赣东公司、付才保根据《联合开发协议》所发生的经济往来,因双方未进行结算,无法确定付才保是否应当返还钱款给新赣东公司,故新赣东公司要求付才保返还款项及赔偿损失的请求没有事实和法律依据,不予支持。该判决已经发生法律效力。根据民事诉讼法"一事不再理"原则,一审判决可以直接驳回新赣东公司要求付才保返还款项及赔偿损失的诉讼请求。(4)新老信义公司之间具有法律上的承继关系。老信义公司办理注销登记重新设立新信义公司是事实,但这是我国企业改制的一种特殊形式。根据我国有关法律的规定,两公司之间是否具有法律上的承继关系,关键是看前后两公司的资产、债权债务走向是否趋于一致。江西省景德镇市昌江区竟成镇政府的说明证明老信义公司的所有债权债务由新信义公司承担。根据公司法的规定,企业注销必须经过清算、公告等一系列程序,而老信义公司并没有按照企业清算程序进行,可见老信义公司并不是真正意义上的注销。实际上老信义公司全部资产由个人投入,名为国有企业,实为私营企业,老信义公司变更为新信义公司实质是由原来的挂靠国有企业变更为私营企业,其法定代表人、注册资金、经营范围、营业场所、债权债务等都没有变。在其注销后,债权债务转移给了新信义公司,新老信义公司之间的承继关系是成立的,一审法院根据当事人的申请,将新信义公司列为第三人并无不当。综上,一审判决认定事实清楚,适用法律正确,请求予以维持。

五、最高人民法院二审查明的案件事实

二审查明:江西翔鹰会计师事务所受江西省鹰潭市乡镇企业局的委托,于2000年12月25日出具的翔鹰所验字(2002)第051号《验资报告》称,江西省鹰潭市乡镇企业局引进老信义公司资金138万元,用于老赣东公司联合开发艺术团大楼。2001年2月22日,中国农业银行鹰潭市分行营业部出具《证明》称,老赣东公司引进老信义公司投资资金两笔共80万元存入该分行账户。

另查明，一审法院根据新信义公司的申请，向江西省鹰潭市招商协作局调取了老赣东公司提交该局的老信义公司营业执照、法定代表人证明、老信义公司资信证书。

再查明，2001年4月16日，江西省景德镇市昌江区竟成镇人民政府在老信义公司注销登记申请表企业的人员安置、设备、设施、物质、债务等处理情况一栏中写明："物资及债权、债务由竟成镇负责审定，并负责监督其转移给私营性质的信义房地产开发公司。如该公司有其他的债权债务，由本主管部门负责承担。"

最高人民法院二审查明的其他事实与一审法院查明的事实相同。

六、最高人民法院二审认定与判决

最高人民法院认为，对本案所涉《联合开发协议》签约主体的确定，是解决双方当事人争议的关键。从《联合开发协议》的文字表述上看，该协议的签约主体一方为老赣东公司，另一方为老信义公司。付才保是作为老信义公司的代理人在协议书上签字捺印。签约时，付才保未出具老信义公司的授权书，依照《合同法》第48条的规定，老赣东公司如对付才保代理人的身份存在异议，可以催告老信义公司对付才保的代理行为予以追认，但老赣东公司未行使催告权。同时，江西翔鹰会计师事务所出具的翔鹰所验字(2002)第051号《验资报告》及中国农业银行鹰潭市分行营业部于2001年2月22日出具的《证明》均声称，老赣东公司引进了老信义公司资金，表明老赣东公司曾向有关部门表示其与老信义公司签订了《联合开发协议》，老信义公司履行了合同义务。据此，可以认定老赣东公司的真实意思表示是与老信义公司签订《联合开发协议》，并对付才保作为老信义公司代理人的身份不持异议。

确定付才保的代理签约行为是否得到老信义公司的追认，涉及对新老信义公司之间是否具有承继关系的认定。老信义公司为私营企业，挂靠在江西省景德镇市昌江区竟成镇人民政府。1998年3月24日，财政部、国家工商行政管理局、国家经济贸易委员会、国家税务总局《关于印发〈清理甄别挂靠集体企业工作的意见〉的通知》规定，对挂靠企业在清产核资的基础上，与被挂靠单位脱离挂靠关系。按照上述政策，各级人民政府对挂靠企业进行清产核资，解除挂靠，还原企业本来面目，俗称"摘除红帽子"。实践中，挂靠的私营企业可以向工商机关申请解除挂靠关系，通过与被挂靠单位协商，澄清产权关系，逐步办理重新登记手续，还原私营企业性质。老信义公司按照国家有关"摘除红帽子"的政策，向工商机关申请办理企业性质变更登记。江西省景德镇市昌江区竟成镇人民政府向江西省鹰潭市工商企业管理局出具的材料表明，双方已经完成老信义公司的清产核资工作，并同意将老信义公司的全部资产及债权债务转给私营性质的信义公司。老信义公司据此申请注销,并重新成立了新信义公司,新信义公司承继了老信义公司全部资产及债权债务。新老信义公司之间具有法律上的承继关系。新赣东公司认为老信义公司在工商登记上已被注销,新信义公司为新设公司,两公司之间各自独立,不具有法律上承继关系的主张,不符合当时国家政策的执行情况及有关事实,该项主张不能成立。

《民法通则》第66条规定:“没有代理权、超越代理权或者代理权终止后的行为,只有经过被代理人的追认,被代理人才承担民事责任。未经追认的行为,由行为人承担民事责任……”《合同法》第48条规定:“行为人没有代理权、超越代理权或者代理权终止后以被代理人名义订立的合同,未经被代理人追认,对被代理人不发生效力,由行为人承担责任……”根据上述法律规定,新信义公司作为老信义公司权利义务的承受者,向有关部门检举老赣东公司法定代表人涉嫌犯罪问题及向一审法院提交的说明,已经表明对付才保签约行为及履约行为的认可,《联合开发协议》因此对新信义公司产生法律效力,新信义公司依法享有该协议约定的权利义务。付才保作为老信义公司的签约代理人,在新信义公司已经对其签约行为予以追认的情况下,无须对该协议承担责任。

虽然在履行开发协议过程中,付才保直接实施交款、借支、结算等民事活动,但付才保与新信义公司均认可付才保的上述行为是以老信义公司综艺大楼项目负责人的身份进行的,新信义公司因此承担付才保履约行为的民事责任。在新赣东公司不能举证证明付才保实施的上述民事行为超越代理权限的情况下,其主张付才保个人应对其实施的行为承担责任,缺乏法律依据。

付才保并非本案当事人讼争的《联合开发协议》的签约主体,其与新赣东公司之间不存在《联合开发协议》约定成立的法律关系,不应对《联合开发协议》承担民事责任。一审判决据此驳回新赣东公司将付才保作为《联合开发协议》的签约主体,主张认定《联合开发协议》无效,建成的综艺大楼产权判归新赣东公司所有及要求付才保赔偿经济损失339,900.80元的请求,适用法律正确。

对于付才保是否应返还新赣东公司不当得利款32,988.55元的问题,江西省鹰潭市月湖区人民法院(2002)月民二初字第501号民事判决认定,付才保自2000年7月25日起至2001年10月15日止,以借给老赣东公司周转金形式共支付给老赣东公司2,217,000元,自2000年11月27日起至2001年8月29日止,从老赣东公司共借出2,545,988.55元,用于综艺大楼项目。上述生效判决书表明,付才保的借款行为发生在《联合开发协议》履行过程中,所借款项有投入建设工程的情况,且新信义公司认可付才保借款及进行投资的行为,现新赣东公司与新信义公司并未对《联合开发协议》进行结算,无法确定付才保个人是否不当占有老赣东公司款项,应待新赣东公司与新信义公司进行结算后,当事人另循法律途径解决。2006年6月15日,最高人民法院依照《民事诉讼法》第153条第1款第1项之规定,以(2005)民一终字第78号民事判决书,作出如下判决:驳回上诉,维持原判。二审案件受理费73,355元,由鹰潭市赣东实业有限公司负担。

[参见最高人民法院民事审判第一庭编:《民事审判指导与参考》(2006年第3集),法律出版社2006年版。]

049. 约定固定收益的合作开发房地产协议应否认定为借贷?

【典型案例】

申请再审人(原审被告、二审上诉人):夏仲文。

被申请人(原审原告、二审被上诉人):高和权。

被申请人(原审原告、二审被上诉人):倪文松。

2006年10月11日,夏仲文作为甲方,高和权、倪文松作为乙方,签订合作开发房地产协议书一份。协议约定:高和权、倪文松出资2000万元,夏仲文出资3000万元,双方合作开发房地产,由夏仲文全权负责经营;在2008年10月9日前甲方返还乙方投资2000万元,并无论经营盈亏,甲方给付乙方投资收益2000万元。如平均房价超过200元/平方米,由甲方奖励乙方每人100万元的宝马车一辆,剩余的归甲方所有。甲、乙双方应按协议履行义务。如违约,由违约方承担200万元违约金。为了保证乙方投资的安全,扬州金港娱乐发展有限公司北海假日酒店在担保人处盖章,承诺为甲方归还投资给付收益提供担保,并承担连带责任。

夏仲文于2006年11月8日、15日收到倪文松850万元,在2006年12月28日前收到高和权1000万元。

2007年4月29日,夏仲文投资设立宿迁金港置业有限公司,该公司于同年5月18日取得沭阳宗地编号为200611号地块的使用权,并在该地块上建成了金港花苑。

之后,夏仲文向倪文松支付1700万元,向高和权支付2000万元。

2010年8月13日,扬州天恒联合会计师事务所受倪文松、高和权的委托,对宿迁金港置业有限公司开发的金港花苑截至2010年7月31日的销售情况进行了专项审计。2010年10月8日,扬州天恒联合会计师事务所出具审计报告,确认已售住宅房、门面房的平均价格超过200元/平方米。

高和权、倪文松于2010年10月8日向江苏省高邮市人民法院起诉,请求判令夏仲文立即给付宝马车,支付逾期利息、承担违约金。

江苏省高邮市人民法院经审理认为,本案的争议焦点如下:

(一)双方于2006年10月11日签订的协议的性质与效力

被告夏仲文认为,协议中约定了“不论经营盈亏”甲方都要向乙方支付收益,根据《最高人民法院关于审理联营合同纠纷案件若干问题的解答》(以下简称《联营合同纠纷案件解答》)第4条的规定,该约定应无效;而依据《最高人民法院关于审理涉及国有土地使用权合同纠纷案件适用法律问题的解释》(以下简称《国有土地使用权合同纠纷案件解释》)第26条的规定,合作开发房地产合同约定提供资金的当事人不承担经营风险,只收取固定数额货币的,应当认定为借款合同,故原告和被告之间应视为借贷关系。

原告高和权、倪文松认为,原告和被告是以个人名义订立的协议,本案不适用《联营合同纠纷案件解答》和《国有土地使用权合同纠纷案件解释》的规定。

高邮市人民法院认为,本案中由于两原告和被告夏仲文三人未共同成立公司进行开发,故三人之间的关系并不适用《联营合同纠纷案件解答》以及合伙企业法的规定。《国有土地使用权合同纠纷案件解释》第14条规定,本解释所称的合作开发房地产合同,是指当事人订立的以提供出让土地使用权、资金等作为共同投资,共享利润、共担风险合作开发房地产为基本内容的协议。本案中,原告和被告所订立的协议不符合这一规定,且最终取得土地使用权的是宿迁金港置业发展有限公司,因此,本案亦不适用这一司法解释。两原告和被告夏仲文签订的协议中注明“甲、乙双方商议,搞房地产开发”,同时约定了各自的投资数额,据此可以确定原告和被告双方签订协议的目的是从事商业经营活动,因此原告和被告之间不是普通的民事关系,而是商事关系,相应地,调整原告和被告之间关系的法律应优先适用以合同法为首的商事法律;而在商法的理念中首先要坚持合同自由,鼓励交易,对商事主体间订立的交易,只要不违背法律的强制性规定,都不应否认其效力。本案中,原告和被告的约定并未违背法律的强制性规定,因此,应依法认定原告和被告签订的协议合法有效,原告和被告应按协议的约定享有权利、承担义务。

(二)原告要求被告给付宝马车的条件是否成就

协议约定“如平均房价超过200元/平方米,由甲方奖励乙方每人100万元的宝马车一辆”,扬州天恒联合会计师事务所出具的审计报告证实平均房价已超过200元/平方米。被告虽当庭对审计报告的合法性、真实性提出异议,但明确表示不愿另行申请审计。由于原告针对自己的主张已提供初步证据证明,而被告仅提出抗辩主张,却不提供证据证明,因此被告的抗辩不成立,原告要求被告给付宝马车的条件已成就。

（三）被告的责任范围

首先，由于原告要求被告给付宝马车的条件已成就，而高和权已足额出资，因此夏仲文应给付高和权价值100万元宝马车一辆或支付相同数额的货币；但倪文松仅出资850万元，因此夏仲文只应给付倪文松价值85万元宝马车一辆或支付相同数额的货币。其次，因双方已在协议中约定了违约金，故对原告要求被告给付逾期利息的主张不予支持。最后，协议中约定的违约金虽有200万元，但该违约金是对应整个合同义务的，而被告夏仲文已履行了合同约定义务的绝大部分，因此，酌情认定夏仲文应向倪文松支付违约金10万元，向高和权支付违约金15万元。

高邮市人民法院于2011年5月17日作出（2010）邮商初字第0382号民事判决：（1）被告夏仲文于判决生效后10日内给付原告高和权价值人民币100万元宝马车一辆或支付相同数额的货币，给付原告倪文松价值人民币85万元宝马车一辆或支付相同数额的货币；（2）被告夏仲文于本判决生效后10日内向原告高和权支付违约金15万元，向原告倪文松支付违约金10万元；（3）驳回原告高和权、倪文松的其他诉讼请求。

夏仲文不服上述一审判决，提起上诉。

扬州市中级人民法院二审查明的事实和一审查明的事实相同。扬州市中级人民法院二审认为，本案的争议焦点是，高和权、倪文松依照与夏仲文订立的协议主张权利是否合法，夏仲文主张当事人之间系借贷关系的抗辩理由能否成立。

扬州市中级人民法院认为，所谓借贷关系，其特征系借款方向出借方借款，到期返还借款并支付利息。而本案中高和权、倪文松与夏仲文的约定是，双方共同出资，其出资由夏仲文负责管理，通过设立公司并向公司提供资金，由公司进行房地产开发，并约定期限由夏仲文向高和权、倪文松返还投资给付约定收益，其收益保底，且根据房屋销售的情形，在符合一定条件的情况下另行给予奖励。该法律关系与借贷关系并不能够完全对应，故夏仲文所称，上述法律关系应定性为名为投资、实为借贷的理由不能成立。所谓名为投资、实为借贷，应系为规避法律规定，以投资为名行借贷之实，而从查明的本案事实来看，并不能够认定高和权、倪文松是为了规避借贷利率的限制性规定，而以投资的合法形式掩盖高息借贷的非法目的。从合同订立后的履行情况来看，各方出资的真实目的确实是投资经营房地产，故各方当事人之间形成的是共同投资的法律关系。对于夏仲文上诉所强调的《国有土地使用权合同纠纷案件解释》第26条规定，以及高和权、倪文松仅享有投资收益而不承担风险，其权利义务不对等的理由，经审查，《国有土地使用权合同纠纷案件解释》中有关合作开发房地产合同纠纷的规定，系对当事人订立的以提供出让土地使用权、资金等作为投资，共享利润、共担风险合作开发房地产合同的行为进行规范，其规范的内容，包括合作开发房地产合同当事人的资质、用以合作的土地使用权的性质,以及对合作方只收取固定利益、分配固定数量房屋、收取固定数额货币、只以租赁或者其他形式使用房屋等情形的规范。对照本案事实,合作各方为自然人,通过设立公司并向公司提供资金,由公司经营获取利润后收益,其收益有保底但另有奖励约定也不同于绝对的固定收益,故不能依上述司法解释的规定将高和权、倪文松的出资定性为借款;至于投资不论盈亏、收益保底的约定,由于其违反公平原则应依法确认无效,但该部分约定的无效并不影响合同其他部分的效力,且从合同的履行情况来看,合同约定的大部分权利义务已经得到履行,并未发生投资亏损而投资人仍然主张收益的情形,故夏仲文以借贷关系为由否定合同效力的抗辩不予支持。

综上,扬州市中级人民法院作出(2011)扬商终字第0146号民事判决:驳回上诉,维持原判。

夏仲文不服上述二审判决,向江苏省高级人民法院申诉。江苏省高级人民法院作出(2011)苏商监字第007号民事裁定书,指令扬州市中级人民法院再审。

扬州市中级人民法院再审认为,本案的争议焦点是:高和权、倪文松与夏仲文之间的法律关系是合作还是民间借贷;高和权、倪文松要求夏仲文履行给付宝马车及违约金的诉讼请求是否应当支持。

(一)关于高和权、倪文松与夏仲文之间的法律关系的性质问题

根据《国有土地使用权合同纠纷案件解释》第26条的规定,合作开发房地产合同约定提供资金的当事人不承担经营风险,只收取固定数额货币的,应当认定为借款合同。本案中,从高和权、倪文松与夏仲文签订的协议内容及实际履行情况来看,高和权、倪文松仅投入资金,不参与经营管理,不承担任何风险,无条件双倍收回投资,并在符合条件时还可享受额外收益;夏仲文投入3000万元后,全权负责资金及项目运作,自行设立公司开发房地产,并承担案涉房地产项目的风险。可见,高和权、倪文松与夏仲文虽名义上是合作开发房地产,但双方之间并不共同经营,亦不共担风险,不符合合作的基本特征。高和权、倪文松仅投入资金无任何风险,并享有固定的无条件的高额回报,符合借贷法律关系的特征。协议约定的额外收益虽与案涉房地产项目经营有一定关联,但不能改变三人之间不共担风险,高和权、倪文松不承担亏损并享有固定回报的本质特征,不影响三人之间借贷法律关系的认定。故,高和权、倪文松与夏仲文之间的法律关系,不符合合作投资的法律特征,应当认定为民间借贷关系。

(二)关于高和权、倪文松要求夏仲文给付宝马车及违约金问题

根据《最高人民法院关于人民法院审理借贷案件的若干意见》第6条的规定,民间借贷利率最高不得超过银行同期贷款利率的四倍,超过此限度的,超出部分的利息不予保护。本案中,夏仲文在归还1850万元本金的基础上,已支付了1850万元的利息,远高于按银行同期贷款四倍利率计算的利息,故高和权、倪文松再向夏

仲文主张宝马车及违约金,不应予以支持。

扬州市中级人民法院作出(2012)扬商再终字第0004号民事判决:一、撤销高邮市人民法院(2010)邮商初字第0382号民事判决和扬州市中级人民法院(2011)扬商终字第0146号民事判决;二、驳回高和权、倪文松的诉讼请求。

[参见朱建斌、张高峰:《约定固定收益的合作开发房地产协议应认定为借贷》,载《人民司法·案例》2013年第4期。]

050. 在土地与地上建筑物权利主体不一致时,房地产抵押合同是否有效?

【典型案例】

四川华通汽车集团公司与中国农业银行成都市总府支行、四川盛世集团有限责任公司借款合同纠纷案

1997年11月5日,中国农业银行成都市总府支行(以下简称总府农行)与四川盛世集团有限责任公司(以下简称盛世公司)签订了川农行营业部授(1997)字第0901-A-003号《授信额度合同书》。此后,双方又签订了《抵押合同》,约定盛世公司以其自有财产向总府农行设定抵押担保,并声明抵押物为抵押人的独有财产,拥有绝对处分权。盛世公司自愿将其所有的大陆桥招商城总建筑面积14,003.94平方米的房产及其所占用的23,980.12平方米土地使用权作抵押。双方办理抵押登记时送交的材料有:抵押合同、盖有四川华通汽车集团公司(以下简称华通公司)公章的土地登记法人代表身份证明书和委托书、盛世公司为所有权人的双权证字第0026412号产权证原本、华通公司为土地使用者的国有土地使用证原本、四川省房地产评估事务所川房评(1997)第036号房地产评估报告书。双流县房地产管理所为该抵押办理了他权字第00260号房地产他项权利证书。

根据上述主从合同,总府农行向盛世公司支付借款人民币共计9771.6078万元。上述借款到期后,盛世公司未能向总府农行偿还,总府农行遂向人民法院提起诉讼,请求判令盛世公司偿付借款本金及其利息,并用盛世公司抵押的房屋优先受偿。华通公司作为有独立请求权的第三人参与诉讼。

同时查明,华通公司已于1996年11月19日就抵押合同中的抵押土地办理了国有土地使用证。华通公司征用土地后与盛世公司签订了合作协议,共同投资修

建大陆桥招商城,由盛世公司向有关部门申报了立项项目。同时,华通公司在取得土地使用权后,于1997年8月10日与四川大陆桥对外商城有限责任公司(以下简称大陆桥公司)签订了土地使用权协议,约定:华通公司无偿提供39.06亩的土地使用权给大陆桥公司;提供年限为10年,使用年限届满,华通公司有权无偿收回出让土地的使用权。1997年12月23日,盛世公司取得了大陆桥商城的房屋产权证。现盛世公司对大陆桥招商城实际占有、使用、收益。

法院经审理认为:华通公司虽投资534.67218万元并取得国有土地使用证,但并未就其出资兴建的综合楼部分办理相应的房屋产权证书。因此,在大陆桥商城地上建筑物产权登记之前,华通公司尚无权对综合楼部分主张权属。对双方共同出资联合修建大陆桥招商城一节,双方均未提出相关合作协议,因此华通公司虽主张大陆桥招商城房产应属双方共有,但因其主张缺乏相应证据,不能对抗盛世公司依法定程序办理的大陆桥招商城房屋产权证书的效力。关于抵押合同所涉抵押物登记问题,虽然该房地产他项权利证书只有大陆桥招商城地上建筑物建筑面积的记载,但并不影响对其占用范围国有土地使用权抵押的效力,依据《担保法》第36条规定,该房地产抵押应为有效。总府农行与盛世公司签订的《抵押合同》,系双方当事人真实意思表示,且办理了相应的登记手续,依法应为有效。总府农行作为善意相对人,在设定抵押时尽到了必要的注意义务,其依法取得的抵押物权,应当受到保护。因盛世公司不履行到期的还款义务,总府农行有权对上述抵押合同中设定的抵押财产折价或者以拍卖、变卖的价款优先受偿。双流县房管部门在为盛世公司办理相关房产证书及房地产抵押登记中是否存在疏漏,以及盛世公司是否存在欺诈并对华通公司构成侵权,属于另外的法律关系,不属本案审理范围。华通公司与盛世公司有关联合修建大陆桥招商城中的权益,由于在颁发大陆桥招商城的房产证中,华通公司并未作为共有人,因此,华通公司与盛世公司在联建中形成的债权债务关系,仅在当事人之间有约束力,不能对抗总府农行已享有的担保物权。如果华通公司认为盛世公司对其有侵权行为或违约行为,可向该公司主张权利。

根据《经济合同法》第6条、第40条,《担保法》第33条、第36条、第41条、第59条、第60条,《最高人民法院关于适用〈中华人民共和国担保法〉若干问题的解释》第47条和《民事诉讼法》第120条、第128条的规定,判决:(1)总府农行与盛世公司签订的《抵押合同》有效。(2)盛世公司不履行向总府农行偿还借款本金9771.6078万元人民币和支付利息2260.03687万元人民币债务时,总府农行有权就盛世公司抵押的房屋及土地使用权优先受偿。(3)驳回第三人华通公司的诉讼请求。

[参见宫邦友:《房屋与土地权利主体不一致时,房地产抵押合同的效力及相关权利人的利益保护——兼评四川华通汽车集团公司与中国农业银行成都市总府支行、四川盛世集团有限责任公司借款合同纠纷案》,载《法律适用》2004年第2期。]

051.房地产抵押标的物的范围如何认定？

【审判专论】

房地产抵押是为担保债权而设立的，一旦债务人不履行债务，抵押权人可依法定程序将抵押物变价以优先受偿。因此，作为权利标的的抵押物，应当具有交换价值和让与性。虽具有交换价值但法律禁止流通的财产不得作为抵押物。

我国实行土地公有制，土地所有权分别属于国家和农村集体经济组织所有，土地使用者仅享有土地使用权。土地使用权可以依法转让，但禁止土地所有权的买卖和转让。因此，依据房地产抵押的标的物，可将房地产抵押分为土地使用权的抵押和房屋所有权的抵押。由于房屋和土地使用权具有不可分离的依附关系，因此，我国法律将房屋和土地使用权视为一个整体加以规范，确立了“房随地走”和“地随房走”的双向原则，即“以依法取得的国有土地上的房屋抵押的，该房屋占用范围内的国有土地使用权同时抵押；以出让方式取得的国有土地使用权抵押的，应当将抵押时该国有土地上的房屋同时抵押；以乡（镇）、村企业的厂房等建筑物抵押的，其占用范围内的土地使用权同时抵押”。

（一）关于土地使用权的抵押

土地使用权包括国有土地使用权、集体土地使用权、农村宅基地土地使用权。对于国有土地使用权的抵押，我国法律根据其取得方式的不同分别作出规定：(1)以出让方式取得国有土地使用权的土地使用者，在一定范围内对土地享有占有、使用、收益和依法处分的权利，因此根据出让方式取得国有土地使用权的土地使用者，可以其所享有的国有土地使用权设定抵押权；(2)以转让方式取得国有土地使用权的土地使用者，通过买卖、互易和赠与等方式取代了国有土地使用权人的主体资格，承担国有土地使用权合同的一切权利和义务，因此，基于转让而取得国有土地使用权的土地使用者，也可以将其所享有的国有土地使用权设定抵押权；(3)以划拨方式取得国有土地使用权的土地使用者，无须向国家支付任何对价，无偿取得国有土地使用权，其权利和内容受到一定的限制，因此，其不得单独以划拨方式取得的国有土地使用权设定抵押。

（二）关于房屋所有权抵押

我国法律、法规允许并保护房屋所有权，故原则上依法取得所有权的房屋均可设定抵押，但依据《担保法》、《城市房地产抵押管理办法》和《证券投资基金管理暂行办法》的有关规定，下列房地产不能设定抵押权：(1)权属有争议的房地产；(2)用于教育、医疗、市政等公共福利事业的房地产；(3)列入文物保护的建筑物和有重要纪念意义的其他建筑物;(4)已依法公告列入拆迁范围的房地产;(5)依法被查封、扣押、监管或者以其他形式限制的房地产;(6)证券基金资产中的房地产;(7)依法不得设定抵押权的其他房地产。

(三)关于几种特殊房地产抵押权的设定

在建工程的抵押问题。一种意见认为,抵押物必须完整、有形并具有固定价值,而正在建造中的建筑物因尚未建成,不具有通常意义上的独立性,经济上缺乏使用价值,不具有交易性,故不能作为抵押标的物。另一种意见认为,正在建造中的建筑物是一种预期可实现的财产,只要审批手续合法、齐全,不为法律所禁止,可以作为抵押权标的物。笔者同意后一种意见,理由如下:一是在建工程在抵押前,已投入一定的资产,通过抵押取得在建工程继续建造资金的贷款,可以实现建筑物的使用价值,债权人在实现其抵押权时可以拥有交换价值。二是根据我国现行法律、法规的规定,在建工程必须取得合法的国有土地使用权证、建设用地规划许可证、建设工程规划许可证,而用于建筑的土地无论是国有土地还是集体土地,其使用权都不是无偿取得的。土地使用权本身具有价值,在债权人实现抵押权时,即使是正在建造的建筑物,也具有一定的交换价值,符合抵押权的特征。三是虽然《担保法》和《城市房地产管理法》没有明确规定在建工程可以作为抵押权的标的物,但亦未作出禁止性的规定,且在实践中以正在建筑的建筑物抵押贷款的情形早已客观存在。为此,1997 年 5 月 9 日建设部制定的《城市房地产抵押管理办法》作出了"以在建工程已完工部分抵押的,其土地使用权随之抵押"的规定。再从国外立法例来看,大陆法系如法国等国家和地区的立法大都允许以未建成和待建的建筑物、其他附着物抵押。因此从立法上对在建工程抵押作出系统规范,是对我国房地产抵押理论的补充和完善。

预售商品房的抵押问题。实践中,普遍将预售商品房抵押等同于在建工程抵押,对此,笔者不能苟同。在建工程抵押是房地产开发商为取得在建工程继续建造资金的贷款,将其以合法方式取得的土地使用权连同在建工程的投入资产,以不转移占有方式抵押给银行作为偿还贷款的担保。预售商品房抵押是购房人在支付首期房价款后,由贷款银行代其支付其余购房款,将所购商品房抵押给贷款银行作为偿还贷款担保的行为。预售商品房虽然尚未建成,但我国法律对预售商品房的条件进行了严格的限定,从法律上拟制其为有所有权形态的有体物,赋予其独立财产地位,所以预售商品房同在建工程一样可以作为抵押标的物设定抵押权。两者最明显的区别在于,在建工程抵押的抵押人是房地产开发商,而预售商品房抵押的抵押人是购房人。在在建房屋尚未出售的情况下,房地产开发商可以作为抵押人设定抵押权;对已经预售的在建房屋,预售人不能再设定抵押。在同一幢商品楼中,部分商品房已经预售,部分商品房没有预售,则房地产开发商只能对没有预售的部分商品房设定抵押权。如果允许房地产开发商将已经预售的商品房再用于抵押，势必产生购房人的购买权与抵押权相冲突的局面。

建筑物的一部分可否设定抵押的问题。建筑物的一部分即房屋和其他地上定着物的一部分可否设定抵押权，应视该部分能否脱离其他部分且具有独立的交换价值来决定。如果该部分具有独立的交换价值，在交易上可认为是独立之物，而且可予以公示，即应当承认其属于抵押物的范围；若不具有独立的交换价值，则不能设立抵押权。这里强调的是该部分房屋的独立性，但此所谓独立性，并非以物理上的属性为标准，而应依一般之交易观念来决定。抵押物虽不具有物理上的独立性，但却具有交易上的独立价值，在法律上仍然是可以转让的。然而，为了使某一财产在设定抵押后不给第三人造成损害，该财产设定抵押后必须进行登记。因此，某物能否作为抵押物，还要取决于能否进行登记，只要具有独立的交易价值并能够登记，就可以成为抵押物。在我国，房屋已成为可按其用途分割、流通的商品。城市中的住宅楼、写字楼，通常并不整体出售，而是分单元、分层出售，由不同的主体购买。一座楼房按单元、层区被分为多个所有权客体，其产权分属不同主体拥有。这些主体间既不是共同共有关系，也不是按份共有关系，而是互相对抗的自物权关系，其所拥有的产权独立进行房产登记，具有独立的交换价值，因而可以设定抵押权。

[参见周建明：《房地产抵押若干问题探析》，载《人民司法》2000 年第 11 期。]

052. 商品房预售许可证明对商品房买卖合同效力有何影响？

【审判专论】

根据《最高人民法院关于审理商品房买卖合同纠纷案件适用法律若干问题的解释》的规定，商品房出卖人是否取得预售许可证是认定商品房买卖合同效力的必要条件，因为预售许可证主要解决的是出卖人的预售商品房进入市场销售的资格准入问题，而且房地产开发经营所需的建设用地许可、规划许可等合法开发手续都隐含在预售许可中，因此，司法解释规定出卖人预售商品房是否取得预售许可手续，是判定商品房买卖合同效力的必备条件，也就是说，我国现行房地产管理法律法规对于预售商品房许可的规定属于效力性强制性规定，司法实践中也是严格按照司法解释的规定评判商品房买卖合同的法律效力。但司法实务中需要注意的问题是：

1. 商品房预约合同是否须出卖人办理商品房预售许可证才有效的问题。商品房预约合同是双方当事人为将来订立作为本约合同的商品房买卖合同所作的一种承诺,而非正式的商品房销售行为。尽管目前理论界和实务界对于商品房预约合同的性质、效力和法律后果存在不同的认识,但学界通说认为,商品房预约合同不是正式的商品房销售行为,而是一种房地产开发行为,因不涉及房地产开发企业开发建设的商品房是否进入市场销售的准入资格问题,司法实务中一般认为,商品房预约合同订立前出卖人是否取得了预售许可证对预约合同的效力不产生影响。但是依据《最高人民法院关于审理商品房买卖合同纠纷案件适用法律若干问题的解释》第 5 条的规定,商品房预约合同的主要条款符合建设行政主管部门发布的《商品房销售管理办法》第 16 条的规定,商品房预约合同转性为正式的买卖合同。此时出卖人订立合同前未取得预售许可证的,是否对合同效力产生影响,司法实务存有争论。一种意见认为,当事人间的真实意思仍是商品房预约关系,不是正式的商品房市场销售行为,只不过合同内容指向的标的物比较具体明确,且是被法院裁判认定为商品房买卖合同,因而出卖人是否取得预售许可证不应对合同效力产生影响。另一种意见认为,既然被认定为正式的商品房买卖合同,无论当事人间的真实意思如何,均应按照司法解释的规定处理,即出卖人未取得预售许可的,所订立的买卖合同无效,否则将导致法律和司法解释的规定被架空。笔者认为,对该问题不宜一概而论,要以尊重当事人间的真实意思为切入点对合同效力进行评判。如果当事人间的真实意思是订立商品房预约合同,或者合同中亦明确约定将来双方再订立正式商品房买卖合同,只是双方在磋商过程中对合同标的物数量、价格、付款方式等内容约定比较明确,而被裁判认定为预约合同满足了商品房买卖合同的主要条款,此时出卖人没有取得预售许可不宜认定合同无效,但当事人故意订立名为商品房预约合同,而真实意思为商品房买卖合同的,属于规避法律的行为,出卖人没有取得预售许可证明,应认定无效。

2. 商品房预售许可证被撤销或者过期是否影响预售合同的效力问题。商品房买卖合同在履行中,出卖人取得的预售许可证被政府有关部门撤销或者有效期超过后,是否对合同效力产生影响。一般认为,预售许可证的主要功能是国家运用公权力对房地产企业的开发行为或者商品房市场销售行为进行管控的手段,也是国家加强房地产市场管理的重要措施。房地产企业只有取得预售许可证后才能将开发建设的商品房进入市场销售,因此,取得预售许可证是出卖人应负的先合同义务,只要商品房预售时,或者出卖人与买受人订立商品房买卖合同时,出卖人取得商品房预售许可证,其与买受人订立的商品房买卖合同应当是有效的,至于商品房买卖合同履行期间,出卖人因许可证期限届满或者违反行政管理法规的行为导致预售许可证超过确定的期限或者被有关部门撤销,都是属于合同履行中发生的行为,不应对商品房预售合同的效力产生影响。

3. 诉讼时预售商品房已经转化为现房的,合同效力是否仍受商品房预售许可的影响。出卖人与买受人订立商品房买卖合同时,出卖人未取得商品房预售许可证明,但起诉时预售的商品房业已竣工验收,也符合商品房交付的法定或者约定条件,合同标的物由期房转性为现房,此时合同效力是否仍受商品房预售许可证明的影响,司法实务中各地法院的认识和做法不尽一致。笔者认为,虽然出卖人与买受人订立商品房买卖合同时未取得预售许可证明,若起诉时期房已转性为现房,且已具备了向买受人现实交付的法定或者约定条件,商品房预售许可证明所要规制的预售行为业已消失,预售许可的要件事实上得到补正,此时认定商品房买卖合同有效更为适宜,更有利于维护交易安全和市场秩序。

[参见王永起:《关于房地产合同效力认定的若干问题》,载《山东法官培训学院学报(山东审判)》2018 年第 4 期。]

053. 房地产合同约定改变公法规定的义务主体条款的效力如何认定?

【审判专论】

在房地产开发经营活动中,对于公法规定应由义务主体履行的公法义务能否通过房地产合同约定的方式加以改变,是房地产合同纠纷产生后当事人间争议较大的问题。承前所述,房地产合同除当事人意思自治的内容外,还涉及当事人应承担的一些公法规定的义务,如房地产开发商在合作开发房地产中负有消防法规定的按照规划建设消防楼梯和消防通道的义务,以及按照税法规定纳税的义务,买受人依法缴纳城市建设配套费的义务等。对于公法规定的义务负担,当事人间能否通过私法自治的方式加以改变,即公法规定本应由一方承担的公法义务,约定由另一方实际负担,类似合同条款的效力如何认定,理论界和实务界认识不尽统一。一种观点认为,公法规范明确规定由一方当事人负担的义务是法定义务,不能通过合同约定方式改变义务负担主体,否则即违反了公法的强制性规定,应认定所涉条款无效;另一种观点认为,当事人之间的合同约定与公法规定不一致的,只要约定内容不违反法律法规的效力性强制性规定,不损害国家和社会公共利益,该约定条款不存在效力障碍,不宜认定合同无效。最高人民法院民事审判第一庭对此问题的倾向性意见认为,对于合同一方当事人应承担的公法义务,当事人间通过合同约定方式改变义务主体的,并不必然因违反了公法的强制性规定而导致无效,但前提是合同约定公法义务不能处于落空状态。笔者认为,该问题涉及当事人通过意思自治约定义务与法定义务之间的关系问题，市场经济是契约经济，以契约自由和意思自治为基本遵循，对当事人自愿达成的合意应坚持有约定从约定，无约定从法定的原则，只要公法规范所确定的义务不处于架空状态，至于公法规定的义务负担主体按约定改变，不应轻易否定当事人的意思自治。如对于当事人在房地产合同中约定改变税法规定的纳税义务主体是否有效的问题，最高人民法院终审的相关案件裁判意见判决认为，我国税法明确规定税收由纳税义务人承担，但并未禁止纳税义务人与合同相对人约定由第三人或者合同相对人承担。税法对于税种、税率和税额的规定是强制性的，但对于纳税义务主体则没有强制性或者禁止性规定，房地产合同对于纳税义务主体的约定是合法有效的。

但一些当事人为逃避公法规定的义务，通过订立黑白合同等形式达成交易关系。如果当事人双方订立合同的目的在于规避公法义务，如偷逃所缴纳税款等，则表明合同内容本身具有违法性，属于以合法形式掩盖非法目的，此种合同应认定无效。

[参见王永起：《关于房地产合同效力认定的若干问题》，载《山东法官培训学院学报（山东审判）》2018 年第 4 期。]

054. 房地产合同所涉政府会议纪要的法律性质和效力如何认定？

【审判专论】

房地产开发经营活动，不单纯是当事人的行为，还涉及土地、规划、环保、建设等多方面需要政府有关部门审批或者协调的事项，特别是政府规划建设的大中型房地产开发项目，更是涉及不同的政府主管部门的行政行为，仅靠单个部门很难独立解决，因此，为加快一些重点或者招商引资房地产项目的开发建设进程，各地人民政府往往为解决某一特定问题而召开由多方参加的政府协调会，协调推进某项具体工作。协调会属于非常规会议，一般最终形成会议纪要的形式以确定参加各方的相关权利义务。政府会议纪要形成后，有些房地产合同将纪要的内容纳入合同条款，或者当事人另行订立补充协议，有些房地产合同作为附件，还有些没有载入合同。类似政府会议纪要是否具有民事合同的性质，能否对参与各方具有约束力，司法实务中认识不一。最高人民法院有案例对此评析认为，无论政府会议纪要还是会议决定、书面报告等形式，关键是看双方当事人是否通过会议纪要等载体，明确表达出双方已达成一致的意思表示，该意思表示必须是明示的、确定的及可执行的，且会议纪要必须是参加各方签收或者当事人在会议记录上签字认可，在此情况下可以认定会议纪要对各方当事人具有约束力。也有案例的裁判意见认为，双方当事人因意见分歧引发纠纷，请求政府协调或者干预而形成会议纪要，在当事人没有明确表示依此自愿达成协议的情况下，该会议纪要不具有法律约束力。地方法院的裁判意见中对政府会议纪要的性质和效力大体也存在上述不同认识。一般而言，政府以组织协调会的形式参与市场活动，介入当事人之间的合同履行，所形成的会议纪要不宜提倡作为民事合同来看待，这是当前司法实务的普遍共识，如果是在政府主持下当事人各方在合同履行中自愿达成的会议纪要，则另当别论。但应否将政府会议纪要作为民事合同，或者作为当事人订立的民事合同的组成部分，关键在于会议纪要能否具备合同成立的基本要素，是否体现了当事人之间的意思表示一致，如政府会议纪要主要内容是围绕合同履行中的特定问题，各方当事人对此签字认可，且事后当事人各方履行了会议纪要的内容，如果具备上述要素，可以将政府会议纪要作为当事人之间的补充协议或者附件，作为确定当事人意思表示的依据。

［参见王永起：《关于房地产合同效力认定的若干问题》，载《山东法官培训学院学报（山东审判）》2018 年第 4 期。］

055. 划拨建设用地使用权转让合同的生效要件如何认定？

【审判专论】

依照《城市房地产管理法》第 23 条和《最高人民法院关于审理涉及国有土地使用权合同纠纷案件适用法律问题的解释》第 11 条的规定，办理建设用地使用权的行政审批手续是划拨建设用地使用权转让合同的生效要件，未经前置审批，诉讼前也未办理合同效力补正手续的划拨建设用地使用权转让合同应依法认定无效，这是确认划拨建设用地使用权转让合同效力问题的一般原则。司法实务中经常遇到的问题是如何理解和适用政府行政主管部门的前置审批，对此各地政府行政主管部门的具体做法不尽统一，有的是下发正式批准文件，有的是为受让人办理建设用地使用权出让手续或者直接与受让人订立土地使用权出让合同，还有的是直接收取土地出让金后对建设用地使用权变更登记等。对此现行法律法规及部门规章等均未置明文。笔者认为，对政府主管部门的审批手续应采取宽泛灵活的理解，除具有审批权限的政府主管部门下发批准文件属于办理前置审批手续的外，具有审批权限的政府主管部门直接为受让人依法办理了建设用地使用权出让手续或者物权登记手续,均视同政府行政主管部门批准了划拨建设用地使用权的转让行为。因为具有审批权限的政府主管部门为受让人办理建设用地使用权出让手续,等于有批准权的政府部门同意划拨建设用地使用权入市交易,划拨建设用地使用权变性为出让建设用地使用权,至于受让人是否向政府部门支付土地出让金对划拨建设用地使用权转让合同的效力没有影响;有批准权的政府部门为受让人办理物权登记手续,将划拨建设用地使用权变更登记在受让人名下,并收取了受让人支付的土地出让金,此时受让人取得的建设用地使用权性质发生了变化,满足了划拨土地使用权入市交易的条件,对转让人的处分行为视为认可。总之,在处理划拨建设用地使用权转让合同纠纷时,对法律规定的政府部门的前置审批手续不必苛求为正式的批准文件,只要是具有批准权的政府主管部门对划拨建设用地使用权的转让表态同意,且政府主管部门的同意符合法定职责的要求,均应视为履行了前置审批程序,这也是目前司法实务中的普遍做法。

划拨建设用地使用权人以划拨建设用地使用权作为出资与他人合作开发房地产的,视为划拨建设用地使用权转让的一种特殊形式,《最高人民法院关于审理涉及国有土地使用权合同纠纷案件适用法律问题的解释》第 16 条对此种合资合作开发房地产合同的效力作了明确规定,类似合同的前置审批手续可以按照前述理解予以处理。但是实务中值得注意的一个问题是,此种合同效力受到限制应主要限于合作开发的房地产用于向社会公开销售的情形,也就是说,划拨建设用地使用权人以划拨建设用地使用权作为出资合作开发房地产,目的是通过开发建设商品房向社会销售而获得收益,违反了划拨建设用地使用权的特定用途,使用权人与他人订立的合作开发房地产合同若未取得有批准权的政府部门前置审批,应认定无效,但是,划拨建设用地使用权人以土地出资与他人合作建设的房屋非用于向社会销售,而是与开发方约定房屋建成后自行使用。笔者认为,此种情形下划拨建设用地使用权人与他人订立的合作开发房地产合同不违反划拨建设用地使用权的特定用途,建设用地使用权人也不以获得开发收益为目的,不宜认定合作开发房地产合同无效。

[参见王永起:《关于房地产合同效力认定的若干问题》,载《山东法官培训学院学报(山东审判)》2018 年第 4 期。]

056. 房地产买卖中“跳中介”行为如何认定?

【审判专论】

二手房地产交易中判断购房人或卖房人是否构成“跳单”,需要综合考虑房产中介服务的全过程及看房确认书、委托购房协议整体条款的约定,还有委托人有无规避支付中介服务费的主观恶意和跳过已签署看房确认书、委托购房协议(或委托卖方协议)的房产中介完成交易的客观事实等因素。一般来说,可以通过以下几个方面进行审查:

1. 是否签署独家委托卖房或购房协议。有的委托人为了促使居间人积极进行居间活动,或者出于对居间人的信任,而与其签订独家委托出卖或独家委托购买合同,委托其在一定期间内出售或购买房屋。这种情况下,由于委托人指定了期间,故居间人一般会积极宣传,促成交易。此时,如果委托人通过其他中介公司成交,或者利用从独家委托的房产中介处获取的信息直接与对方交易,都违反了独家委托的约定,应对此承担违约责任。

2. 房产中介是否积极提供中介服务。目前市场上的房产中介公司新老并存,良莠不齐。有的老中介公司将房地产居间活动机械地分解为挂牌、带客人看房、签约,而不重视服务的质量。与之相对,一些具有一定规模的新兴房产中介公司在居间过程中,会根据客户需要,为其分析房源的优劣,积极斡旋,并提供协助办理购房贷款、房屋过户登记手续、代办房产证等附属服务。两相比较,客户当然选择服务更好的公司。因此,在分析委托人与其他中介公司签订居间合同的主观意图时,应当注意原房产中介是否积极提供了相应的中介服务,作为判断依据之一。

3. 委托人是否利用了房产中介公司提供的信息。由于目前市场上普遍存在房产中介公司之间共享房源以及出卖人同时在多家房产中介公司挂牌销售的情况,因此委托人常常可以在不同的房产中介公司找到同一个房源。此时,不能因为系争房源与原房产中介公司提供的房源一致而认定委托人利用了原房产中介公司提供的信息,而是应当根据提供房源的业主是多处挂牌还是独家委托出卖以及其与其他中介公司间的居间合同等来综合认定。

4. 委托人实际有无支出居间费用。按照常理,委托人“跳单”的目的就是免除或者减少支付居间费用,因此,委托人实际支付居间费用的情况是判断是否构成“跳单”的重要依据。

[参见邵文龙:《房地产买卖中“跳单”行为的司法认定及责任承担》,载《人民司法·案例》2012年第2期。]

057. 银行为一方当事人出具虚假资信证明的，是否应承担民事责任？

【典型案例】

中国新兴建设开发总公司与中国农业银行股份有限公司上海川沙支行等建筑工程承包合同中途停建纠纷再审案

【裁判要点】

资信证明，是指由银行或其他金融机构出具的足以证明他人资产、信用状况的各种文件、凭证等，其核心是证明他人拥有某项资产、债权或具有何种程度经济实力等。一般来说，公司的资信证明由银行出具，银行接受公司申请后，在银行记录资料的范围内，通过对公司的资金运动记录及相关信息的收集整理，出具一份资信证明函以证明公司的信誉状况。银行应遵循诚实信用原则，出具客观、公正、真实的资信证明。根据《最高人民法院关于验资单位对多个案件债权人损失应如何承担责任的批复》规定："金融机构、会计师事务所为公司出具不实的验资报告或者虚假的资金证明，公司资不抵债的，该验资单位应当对公司债务在验资报告不实部分或者虚假资金证明金额以内，承担民事赔偿责任。"据此，银行为公司出具虚假资信证明的，应在虚假证明的资金范围内承担赔偿责任。

申请再审人（一审原告、二审被上诉人）：中国新兴建设开发总公司（原名称中国人民解放军总后勤部工程总队，以下简称新兴公司）。

被申请人（一审被告、二审上诉人）：中国农业银行股份有限公司上海川沙支行（以下简称川沙农行）。

原审被告：江阴市协顺物资有限公司（原名称江阴市新南洋房地产公司，以下简称新南洋公司）。

原审被告：上海浦东龙升房地产开发经营公司（以下简称龙升公司）。

原审被告：江阴市华洋实业集团有限公司（原名称江阴市华洋实业集团公司，以下简称华洋公司）。

原审被告：上海浦东新区孙桥工贸总公司（以下简称工贸公司）。

原审被告：上海市浦东新区张江镇人民政府（原名称上海市浦东新区孙桥镇人民政府，以下简称孙桥镇政府）。

申请再审人新兴公司为与被申请人川沙农行、原审被告新南洋公司、龙升公司、华洋公司、工贸公司、孙桥镇政府建筑工程承包合同中途停建纠纷一案，不服江苏省高级人民法院(2004)苏民再终字第009号民事判决，向本院申请再审。

一、江苏省江阴市人民法院一审查明的案件事实

1995年1月24日，华洋公司与龙升公司签订一份协议，约定双方联合开发位于江阴市青阳镇的锡金新村工程，合作形式为共同出资、联合开发，同时约定协议生效即成立锡金指挥部。1995年5月12日，锡金指挥部与新南洋公司签订一份协议，约定新南洋公司将已征用的约40亩土地以每亩6.8万元作价投入，由锡金指挥部负责开发，土地作价款在开发期内分期支付给新南洋公司，销售商品房的利润归锡金指挥部。同日成立了新南洋商贸城住宅区开发指挥部(以下简称新南洋指挥部)。1995年7月14日，锡金指挥部与中国人民解放军总后勤部工程总队上海工程部(以下简称上海工程部)签订施工合同，约定上海工程部包工包料建造锡金新村(高田新村、新南洋商贸城部分)。1995年8月11日，锡金指挥部与上海工程部下属第三工程中队(以下简称第三工程中队)就施工Ⅰ期、质保金及工程款的支付事宜签订了补充协议。1995年8月26日，第三工程中队又将新南洋商贸城中的部分工程转包给谭龙虎、吴龙兴。同日，吴龙兴以新兴公司(沪)第三工程中队第五分队(以下简称第五分队)的名义与第三工程中队签订了一份内部工程承包合同，约定由吴龙兴承包高田新村、新南洋商贸城的土建、安装装潢工程，面积约1万平方米。后因建设单位资金不足，第三工程中队也不能给付第五分队工程进度款，吴龙兴无力继续施工而被迫停工。吴龙兴遂向江苏省江阴市人民法院提起诉讼，该院委托中国人民建设银行江阴市支行对其承建的工程造价进行鉴定，认定工程造价为847,482.86元。无锡市中级人民法院二审判决新兴公司支付吴龙兴建筑材料、人工费等合计817,820.96元，赔偿经济损失200,380元，承担诉讼费、鉴定费35,475元。

还查明：新兴公司(沪)第三工程中队是新兴公司上海工程部的下属，新兴公司上海工程部不具有独立法人资格，其上级主管部门为新兴公司。

二、当事人一审起诉与答辩

新兴公司于1997年12月15日向江苏省江阴市人民法院提起诉讼。

新南洋公司辩称：按照新南洋公司与锡金指挥部订立的联合开发协议，本公司仅是将征用的土地有偿出让给锡金指挥部，本公司不是建设单位，也未与新兴公司订立施工合同，故不应承担民事责任，请求法院驳回新兴公司对本公司的诉讼请求。

龙升公司辩称：龙升公司仅与华洋公司订立联合开发协议，对于锡金指挥部与新南洋公司签订联合开发协议及与新兴公司签订施工合同均不知道，故龙升公司不应承担民事责任。

华洋公司辩称：华洋公司仅与龙升公司订有联合开发锡金新村商贸住宅区的协议书，对事后锡金指挥部又与新兴公司签订承建新南洋商贸城住宅区的施工合同，华洋公司根本不知道，故华洋公司不承担任何责任。

三、江苏省江阴市人民法院一审认定与处理

江苏省江阴市人民法院一审认为，上海工程部不具有法人资格，锡金指挥部系龙升公司与华洋公司联合开发、联建锡金新村商贸住宅区而设立的临时机构，不具备法人资格。故锡金指挥部与新南洋公司签订的《联合开发新南洋商贸城住宅区协议书》及与上海工程部签订的锡金新村施工合同均系无效合同，基于无效合同而签订的其他合同亦无效；上海工程部及第三工程中队所产生的民事责任应由其具有独立法人资格的上级主管部门新兴公司承担；锡金指挥部、新南洋指挥部也不具有独立法人资格，其所产生的民事责任应分别由龙升公司、华洋公司和新南洋公司承担；新南洋商贸城住宅区的土地由新南洋公司征用，土地使用权归新南洋公司享有，该土地上建筑物产权亦应属新南洋公司所有，故新南洋公司应支付新兴公司的工程造价，对由此造成的经济损失应承担主要赔偿责任并承担上述应支付款项的银行利息；锡金指挥部、上海工程部明知自己无法人资格，仍以自己的名义对外签订施工合同，故龙升公司、华洋公司对新南洋公司应支付给新兴公司的工程款、应赔偿的经济损失及银行利息负连带责任；新兴公司对由此造成的经济损失，亦应承担次要民事责任。据此，该院于1998年6月26日作出（1998）澄民初字第98号民事判决：(1)上海工程部与锡金指挥部签订的锡金新村施工合同无效；(2)新南洋公司应支付新兴公司工程款847,482.86元；新兴公司的经济损失235,855元，由新南洋公司赔偿165,098.5元，其余部分由新兴公司负担；(3)新南洋公司应支付新兴公司1,012,581.36元所产生的利息；(4)龙升公司、华洋公司对前述债务承担连带责任。

四、当事人第一次申请再审与答辩

上述判决生效后，新兴公司以该判决遗漏当事人、适用法律错误为由，于2000年1月4日向江阴市人民法院申请再审。该院于2000年3月20日作出（2000）澄民监字第12号民事裁定，对本案进行再审。再审后，该院根据新兴公司的申请追加川沙农行、工贸公司、孙桥镇政府为本案被告。

川沙农行答辩称，追加其为再审案件的被告，缺乏法律依据。

工贸公司答辩称，本案并不具备再审的法定条件，更不应该把工贸公司追加为被告，应驳回新兴公司的再审请求。

孙桥镇政府答辩称，新兴公司提起再审并追加孙桥镇政府为诉讼主体，于法无据。原一审判决是正确的，应予维持。

五、江苏省江阴市人民法院再审认定与处理

江阴市人民法院经再审除确认原一审判决认定的事实外，另查明：龙升公司登记注册资金为1000万元，应由其开办单位工贸公司投入400万元，龙升实业公司投入600万元，但实际均未投入。其验资部门为川沙农行，龙升实业公司于1999年4月28日被注销，孙桥镇政府系龙升实业公司、工贸公司的开办单位。1996年11月13日，孙桥镇政府以财政退税的形式增加工贸公司注册资金2000万元，此款于验资后随即抽回。

还查明：1995年4月2日，无锡华洋房地产开发有限公司（以下简称无锡华洋公司）与锡金指挥部签订了《联合开发联建锡金新村住宅区的补充协议书》，约定原订立的联建协议中，华洋公司以52亩土地作价投入改为以每亩9.8万元作价有偿转让给龙升公司。该补充协议上甲方盖章的为无锡华洋公司（该公司系华洋公司与美国A.R昌盛公司于1992年6月注册设立的具有独立法人资格的中外合资企业，于1997年10月被吊销营业执照）。1998年5月，华洋公司变更为华洋有限公司（系转制），转制协议中明确约定华洋公司的债权债务由转制后的华洋有限公司承继。1998年7月18日，华洋有限公司与龙升公司签订一份协议书，约定了土地转让费降为每亩7万元以及土地转让费的交付期限。1999年2月8日，经国家工商行政管理局核准，中国人民解放军总后勤部工程总队更名为中国新兴建设开发总公司。

江阴市人民法院经再审认为，原判理由正确，予以维持，但遗漏了必要的当事人，应予追加。原审对新南洋公司的责任认定有误，应予纠正。新南洋公司与锡金指挥部签订的联建协议，名为联建实为土地使用权转让，故新南洋公司在本案中不应承担民事责任。无锡华洋公司和华洋公司系两个独立法人，无锡华洋公司与锡金指挥部签订的补充协议书不能代表华洋公司，应认定该补充协议书无效，华洋公司退出联建的主张不能成立。1998年7月18日，华洋有限公司与龙升公司签订的协议书，系在该院判决之后，属规避法律的行为，该院不予认可，华洋公司应承担相应的民事责任。工贸公司、龙升实业公司应投入注册资金而未投入，龙升公司实际上不具备法人资格，其民事责任应由工贸公司、龙升实业公司承担。鉴于龙升实业公司已被注销，其开办单位孙桥镇政府应当承担清偿责任，孙桥镇政府追加工贸公司注册资金在本案诉争的行为发生之后，故其在本案中不承担抽逃注册资金的民事责任；川沙农行出具虚假验资证明，应在虚假验资金额范围内承担相应的赔偿责任。原总后工程总队更名为新兴公司，其债权债务应由新兴公司承继。原判确认的赔偿金额已经法定部门鉴定，应予维持。据此，该院于2001年8月2日作出(2000)澄民再字第4号民事判决：(1)维持该院(1998)澄民初字第98号判决第一项；(2)龙升公司、华洋公司应各支付新兴公司工程款423,741.41元，新兴公司的经济损失235,855元由龙升公司、华洋公司各赔偿82,549.25元；(3)龙升公司、华洋公司对应支付新兴公司1,012,581.36元自1997年9月1日起至归还之日止的利息各承担50%,并负连带清偿责任;(4)工贸公司对龙升公司应负的民事责任负连带清偿责任;(5)孙桥镇政府对龙升公司应负的民事责任在龙升实业公司资产范围内负清理责任;(6)川沙农行在1000万元范围内对龙升公司应负的民事责任负连带赔偿责任。诉讼费15,639元由新兴公司负担4691元,由龙升公司、华洋公司各负担5474元并连带支付给新兴公司;再审案件诉讼费15,639元,由新兴公司负担4691元,由龙升公司、华洋公司各负担5474元并互负连带责任。

六、当事人上诉与答辩

川沙农行不服上述再审判决,以原判在程序和实体上均有错误为由,于2001年9月5日向无锡市中级人民法院提起上诉。

新兴公司答辩称:川沙农行为龙升公司出具虚假资金证明,原审法院判决其在虚假验资金额范围内承担相应的赔偿责任,符合法律、司法解释的规定。请求驳回川沙农行的上诉请求。

七、江苏省无锡市中级人民法院二审认定与处理

无锡市中级人民法院查明的事实与原审查明的事实基本相同。该院另查明:1992年7月10日,川沙农行出具验资报告一份,载明申请验资单位为龙升公司,验资结果注册资金总额为600万元。1992年7月11日,龙升实业公司950127175账户进账资金600万元,付款人为河北廊坊中油公司管道局。1993年3月1日,龙升实业公司950127175账户变更印鉴为龙升公司的财务专用章。龙升实业公司于1999年4月13日被工商行政管理部门吊销营业执照。

该院二审认为,锡金指挥部与上海工程部签订的施工协议因协议双方当事人不具有法律规定的主体资格而无效。由此产生的权利义务由其各自具有法人资格的主管单位享有和承担。锡金指挥部应承担的民事责任应由其联合开办单位龙升公司和华洋公司承担。根据工商档案资料记载,龙升公司应由工贸公司以土地使用权作价400万元和龙升实业公司投资600万元开办,注册资金为1000万元,但工贸公司、龙升实业公司均未投入。龙升公司的600万元注册资金由川沙农行于1992年7月10日出具了验资报告。实际上,川沙农行在出具验资报告时,龙升公司和龙升实业公司并无600万元注册资金。此后龙升实业公司虽有600万元的资金入账,但根据本案现有证据,龙升实业公司并未办理任何手续将上述600万元到账资金作为开办龙升公司的投资。因此,川沙农行为龙升公司出具的资信证明应被确认为是虚假的。川沙农行应在虚假证明的资金范围内承担赔偿责任。1993年3月1日,龙升实业公司将其950127175账户印鉴变更为龙升公司印章的行为,并不能证明龙升实业公司已经投资和投资的具体数额。至于上海公信审计师事务所的审计是对企业经营过程中的审计验资,与企业开办时的验资是两种性质的民事行为,该事务所不应承担本案的民事责任。龙升公司不具备法人资格,其应承担的民事责任应由工贸公司和龙升实业公司承担。因龙升实业公司已被注销，其开办单位孙桥镇政府应对龙升实业公司承担清偿责任。新南洋公司与锡金指挥部签订协议的内容属土地使用权转让的性质，故新南洋公司不承担本案的民事责任。据此，该院对川沙农行关于其出具了真实的验资报告并已完成验资义务，不应承担本案民事责任的上诉理由，不予采纳。原审法院判令川沙农行在1000万元范围内对龙升公司应负的民事责任负连带赔偿责任不妥，应予纠正。有鉴于此，该院于2001年12月19日作出（2001）锡民再终字第041号民事判决：(1)维持江阴市人民法院（2000）澄民再字第4号民事判决第一项、第二项、第三项、第四项及诉讼费承担部分。(2)变更该判决第五项为“上海市浦东新区孙桥镇政府对龙升实业公司承担清偿责任，并以龙升实业公司的资产对龙升公司应承担的民事责任承担清偿责任”。(3)变更该判决第六项为“川沙农行在600万元的范围内对龙升公司应承担的民事责任承担赔偿责任”。二审案件受理费15,639元由川沙农行负担15,000元，龙升公司、华洋公司各负担319.5元。

八、当事人第二次申请再审与答辩

川沙农行不服（2001）锡民再终字第041号民事判决，于2002年2月1日向无锡市中级人民法院申请再审称，原审法院对本案进行再审，违反法律规定；川沙农行已完成了验资义务，出具了真实的验资报告，在本案中不应承担责任。请求法院驳回新兴公司对川沙农行的诉讼请求。该院于2002年8月14日作出（2002）锡民监字第49号民事裁定，对本案进行再审。

新兴公司答辩称，本案不应再次进入再审程序。川沙农行出具虚假验资证明的事实是成立的，应驳回其再审申请，维持原再审判决。

九、江苏省无锡市中级人民法院再审认定与处理

无锡市中级人民法院经再审对原审判决认定的事实予以确认。该院认为，锡金指挥部与上海工程部签订的施工协议因双方不具有法定主体资格，原审认定该协议无效是正确的。本案争议的焦点是川沙农行为龙升公司出具的验资报告是否虚假。根据本案证据，龙升实业公司虽有600万元的资金入账，但无证据证明这笔资金就是开办龙升公司的投资。1993年3月1日，龙升实业公司将其950127175账户印鉴变更为龙升公司印鉴的行为，亦不能证明龙升实业公司已实际投资和投资的具体数额。至于上海公信审计师事务所的审计是对企业经营过程中的审计验资，与企业开办时的验资是两种性质的民事行为。另川沙农行提出本案应适用最高人民法院法〔2002〕21号司法解释，经查，该司法解释在原审审理期间尚未公布，且在原审时川沙农行也未提出过法律适用问题。综上，该院对川沙农行提出的申请再审理由不予采信，并于2003年3月18日作出（2002）锡民再终字第053号民事判决，维持了该院（2001）锡民再终字第041号民事判决。

十、当事人第三次申请再审与答辩

川沙农行不服(2002)锡民再终字第053号民事判决,以其未出具虚假验资报告,涉案合同无效,不应承担赔偿责任为由,向江苏省高级人民法院申请再审。该院经审查于2003年12月12日作出(2003)民一监字第038号民事裁定,对本案进行再审。

新兴公司答辩称,本案原审判决判令川沙农行承担民事责任,认定事实清楚,适用法律正确,应予维持。

十一、江苏省高级人民法院再审认定与处理

江苏省高级人民法院经审理对本案原审判决认定的事实予以确认。该院认为:锡金指挥部与上海工程部签订的施工协议因双方当事人不具有法律规定的主体资格,原审判决认定该协议无效是正确的。龙升实业公司在投资开办龙升公司时,提供了600万元的银行汇票,该汇票的付款人为河北省廊坊中油公司管道局,收款人为龙升实业公司。川沙农行在没有证据证明该600万元已作为投资款汇到龙升公司账户的情况下,仅凭该银行汇票即为龙升公司出具了注册资金总额为600万元的验资报告,确属验资不实。最高人民法院2002年2月9日法〔2002〕21号司法解释第4条规定:“企业登记时出资人未足额出资但后来补足的,或者债权人索赔所依据的合同无效的,免除验资金融机构的赔偿责任。”该司法解释虽在原审审理本案后才颁布,但该解释是基于对以前作出的有关司法解释的正确理解和执行、规范金融机构不实或者虚假验资案件的审理而作出的,应当适用于本案。因此,川沙农行虽为龙升公司出具了不实的验资报告,但因本案债权人索赔所依据的合同应确认为无效,川沙农行对本案债权人的赔偿责任应予免除。川沙农行关于本案应适用最高人民法院法〔2002〕21号司法解释的申请再审理由成立,该院予以采纳。据此,该院于2004年7月18日作出(2004)苏民再终字第009号民事判决:(1)维持无锡市中级人民法院(2001)锡民再终字第041号民事判决第一项、第二项;(2)撤销无锡市中级人民法院(2002)锡民再终字第053号民事判决及无锡市中级人民法院(2001)锡民再终字第041号民事判决第三项及案件受理费负担部分;(3)驳回新兴公司对川沙农行的诉讼请求。二审案件受理费15,639元由新兴公司负担。

十二、当事人第四次申请再审与答辩

新兴公司不服(2004)苏民再终字第009号民事判决,于2004年9月16日向本院申请再审。请求最高人民法院:(1)撤销(2004)苏民再终字第009号民事判决;(2)维持(2002)锡民再终字第053号和无锡中院(2001)锡民再终字第041号民事判决;(3)裁定中止(2004)苏民再终字第009号民事判决的执行;(4)川沙农行承担本案二审案件受理费15,639元。其理由是:(2004)苏民再终字第009号民事判决违反了法律关于溯及力的规定,适用法律错误;川沙农行给龙升公司出具了不实的验资报告，应承担相应的民事责任。

川沙农行答辩称：川沙农行对开办龙升公司的验资尽管手续上有点儿瑕疵，但账上确实有600万元，后来经过会计师事务所验资，证明龙升公司出资是到位的，不存在虚假出资，也不存在赔偿问题。最高人民法院2002年2月9日法〔2002〕21号通知是对以前司法解释的解释，是具有溯及力的。因本案施工合同无效，根据上述通知，川沙农行不应承担民事责任。

十三、最高人民法院再审认定与处理

最高人民法院于2009年9月8日作出（2004）民一监字第530－1号民事裁定，本案由本院提审。本院依法组成合议庭对本案进行了审理。

最高人民法院再审本案过程中，依法两次询问当事人并主持调解，但川沙农行表示不同意调解。

最高人民法院经再审查明：2001年11月14日，上海市人民政府作出沪府〔2001〕47号批复，同意撤销浦东新区张江镇和孙桥镇建制，建立新的张江镇并实行镇管村体制。本院再审查明的本案其他事实与原审查明的事实一致。

最高人民法院认为，关于龙升公司、华洋公司应向新兴公司偿还1,012,581.36元本息款项，以及孙桥镇政府在本案中应承担的清偿责任问题，因相关义务人未申请再审，且江苏省高级人民法院对该问题的判处并无不当，故本院对此予以维持。本案再审的焦点为：(1)川沙农行对开办龙升公司是否存在验资不实的问题；(2)川沙农行应否对本案债务在600万元范围内承担赔偿责任。现分述如下：

1.关于川沙农行对开办龙升公司是否存在验资不实的问题。本案事实表明，龙升公司开办时的注册资金为1000万元，其中600万元应由原龙升实业公司投入，400万元应由工贸公司投入。川沙农行于1992年7月10日出具的验资报告载明：申请验资单位为龙升公司，上级主管单位为龙升实业公司，验资结果注册资金总额为600万元。翌日，龙升实业公司950127175账户进账资金600万元，付款人为河北省廊坊中油公司管道局，由此可以认定川沙农行在出具600万元验资报告时，龙升公司和龙升实业公司并无600万元的开办资金。此后龙升实业公司虽有600万元的资金入账，但没有证据证明该600万元已作为开办龙升公司的注册资金。虽然龙升实业公司后于1993年3月1日将其950127175账户印鉴变更为龙升公司的印鉴，但该行为并不能证明龙升实业公司已向龙升公司补足出资。因此，川沙农行为龙升公司出具的验资报告应认定为不实。江苏省高级人民法院（2004）苏民再终字第009号民事判决以及无锡市中级人民法院对本案作出的二审判决和再审判决，均认定川沙农行验资不实，上述认定并无不当，应予确认。川沙农行关于开办龙升公司的出资是到位的，不存在虚假出资的主张，缺乏事实依据，不予支持。

2.关于川沙农行是否应对本案债务在600万元范围内承担赔偿责任的问题。

川沙农行主张，最高人民法院法〔2002〕21 号通知对本案具有溯及力，因施工合同无效，其不应承担民事赔偿责任。新兴公司则主张，该通知没有溯及力，川沙农行出具虚假的验资报告，应承担民事赔偿责任。最高人民法院认为，本案不应适用该通知。首先，该通知是司法政策，不是司法解释，司法政策的效力层次低于司法解释；其次，本案在无锡市中级人民法院二审期间，该通知尚未公布，根据法不溯及既往的原则，该通知不具有溯及力，只能适用于其施行后的民事案件；最后，本案一审时本院已发布相关司法解释。1998 年 1 月 13 日生效的本院法释〔1997〕10 号《关于验资单位对多个案件债权人损失应如何承担责任的批复》规定："金融机构、会计师事务所为公司出具不实的验资报告或者虚假的资金证明，公司资不抵债的，该验资单位应当对公司债务在验资报告不实部分或者虚假资金证明金额以内，承担民事赔偿责任。"法院审理本案应适用当时生效的司法解释。如果后来的通知与前面的司法解释不一致，法院可以据此改判过去的案件，那将会使大批案件进入再审，显然不利于维护判决的既判力和稳定性，不利于树立司法权威。鉴上，川沙农行关于最高人民法院法〔2002〕21 号通知对本案具有溯及力，因施工合同无效，其不应承担民事赔偿责任的主张，依据不足，不予支持。根据上述批复的规定，川沙农行验资不实，应对本案债务在 600 万元范围内承担赔偿责任。

综上，本案原审判决认定事实清楚，应予确认。无锡市中级人民法院(2001)锡民再终字第 041 号民事判决和(2002)锡民再终字第 053 号民事判决适用法律正确，应予维持。江苏省高级人民法院再审改判，适用法律有误，应予纠正。新兴公司申请再审的理由成立，最高人民法院予以支持。根据《民事诉讼法》第 153 条第 1 款第 2 项、第 186 条第 1 款的规定，于 2010 年 6 月 30 日作出(2009)民提字第 114 号民事判决：(1)撤销江苏省高级人民法院(2004)苏民再终字第 009 号民事判决；(2)维持无锡市中级人民法院(2002)锡民再终字第 053 号民事判决。

[参见最高人民法院民事审判第一庭编：《最高人民法院民事案例解析》，中国法制出版社 2012 年版。]

第四章 房地产抵押问题

001. 订立土地使用权抵押合同不办理抵押登记的责任性质如何认定？

【典型案例】

营口元亨曦地置业有限公司与青岛天一集团樱珠山房地产开发有限公司企业借贷纠纷上诉案

【裁判要点】

土地使用权抵押合同自成立时生效，但是，土地使用权抵押，应当办理抵押登记，抵押权自登记时设立。因此，抵押人与抵押权人签订土地使用权抵押合同后，不办理抵押权登记，抵押权不能设立，抵押权人无法达到以土地使用权担保其债权实现的目的。抵押权人因此造成债权无法实现损失的，抵押人与抵押权人应当按照各自在办理抵押权登记中的义务履行情况确定违约责任，根据具体情况确定责任承担方式。

【案号】

一审：(2014)青金商初字第677号；二审：(2016)鲁民终1076号。

【案情】

原告：青岛天一集团樱珠山房地产开发有限公司（以下简称青岛天一公司）。

被告：青岛信恒基商贸有限责任公司（以下简称信恒基公司）。

被告：青岛澳海资产管理有限公司（以下简称澳海公司）。

被告：王舜壁。

被告：宫国鹏。

被告:营口元亨曦地置业有限公司(以下简称元亨曦地公司)。

2014年4月29日,青岛天一公司与信恒基公司、澳海公司、王舜壁、宫国鹏签订借款协议一份,约定:信恒基公司向青岛天一公司借款2500万元,借款期限为10日,自2014年4月29日至2014年5月9日,借款期间免收利息,到期还本。如借款人未按时偿还借款,则应当承担自逾期之日按银行同期贷款利率的4倍计算的违约金及因诉讼而发生的律师费、诉讼费等,澳海公司、王舜壁、宫国鹏为该笔借款提供连带责任保证。签订协议后,青岛天一公司于2014年4月29日向信恒基公司汇款2500万元。2014年8月21日,青岛天一公司与信恒基公司和元亨曦地公司的法定代表人宫国鹏签订借款补充协议一份,约定:元亨曦地公司为信恒基公司于2014年4月29日向青岛天一公司的借款2500万元提供抵押担保;提供的抵押物为:(1)位于辽宁省盖州市双台镇董屯村、西双村的土地证号为盖州国用2012第148号的土地使用权;(2)位于辽宁省盖州市双台镇董屯村的土地证号为盖州国用2012第149号的土地使用权;(3)位于辽宁省盖州市双台镇西双村的土地证号为盖州国用2012第150号的土地使用权。该笔借款到期后,信恒基公司未偿还借款本金,澳海公司、王舜壁、宫国鹏、元亨曦地公司未履行担保责任。青岛天一公司委托山东汇正律师事务所律师代理诉讼,支付律师代理费43万元。元亨曦地公司的法定代表人于2014年6月25日由马辉变更为宫国鹏,于2014年9月16日由宫国鹏变更为马辉。青岛天一公司诉请法院判令:(1)五被告偿还借款本金人民币2500万元及利息(以人民币2500万元为基数,自2014年5月9日起至借款本息还清之日止,按银行同期贷款利率的4倍计算);(2)五被告给付原告律师费人民币43万元;(3)诉讼费、保全费、公告费由五被告负担。

被告澳海公司、王舜壁、信恒基公司、宫国鹏未答辩。元亨曦地公司答辩称:(1)现有证据不能证明原告与元亨曦地公司之间存在合法的担保关系。(2)原告不应向元亨曦地公司主张权利。

【审判】

山东省青岛市中级人民法院一审经审理认为:青岛天一公司与信恒基公司、澳海公司、王舜壁、宫国鹏之间签订的借款协议合法有效。青岛天一公司按约履行了出借义务,信恒基公司未按时履行还款义务,构成违约,应承担违约责任,澳海公司、王舜壁、宫国鹏作为连带责任保证人应承担连带清偿责任。根据借款协议的约定,信恒基公司逾期还款应当承担自逾期之日起按银行同期贷款利率的4倍计算的违约金及因诉讼而发生的律师费。澳海公司、王舜壁、宫国鹏作为连带责任保证人应对借款本金及违约金承担连带清偿责任。因借款协议并未约定保证人对青岛天一公司为实现债权而支付的律师费承担保证责任,故青岛天一公司要求澳海公司、王舜壁、宫国鹏承担本案律师费的诉讼请求,不予支持。青岛天一公司与元亨曦地公司和信恒基公司的法定代表人宫国鹏签订的借款补充协议,虽然该协议上没有加盖元亨曦地公司和信恒基公司的公章,但宫国鹏作为元亨曦地公司和信恒基公司的法定代表人在协议上签字,即可以认定该借款补充协议对元亨曦地公司和信恒基公司成立。元亨曦地公司主张借款补充协议的签订时间在2014年9月19日至2014年9月24日,但并未提交证据予以证明。即使补充协议是在该期间签订,因宫国鹏在2014年6月25日至2014年9月16日担任元亨曦地公司的法定代表人,其签字的行为亦构成对元亨曦地公司的表见代理,故借款补充协议对元亨曦地公司依法成立并生效。元亨曦地公司作为抵押人,由于其未办理抵押登记手续,导致抵押权未有效设立,对于借款本金及违约金,应当在抵押物的价值范围内承担赔偿责任。因借款补充协议并未约定抵押人对青岛天一公司为实现债权而支付的律师费承担保证责任,故青岛天一公司要求元亨曦地公司承担本案律师费的诉讼请求,不予支持。据此判决:(1)信恒基公司于本判决生效之日起10日内偿还青岛天一公司借款本金2500万元及违约金(以借款本金2500万元为基数,自2014年5月10日起至本判决确定的给付之日止,按银行同期贷款利率的4倍计算)。(2)信恒基公司于本判决生效之日起10日内给付青岛天一公司律师代理费43万元。(3)澳海公司对上述第一项给付义务承担连带清偿责任。澳海公司承担保证责任后,有权向信恒基公司追偿。(4)王舜壁对上述第一项给付义务承担连带清偿责任。王舜壁承担保证责任后,有权向信恒基公司追偿。(5)宫国鹏对上述第一项给付义务承担连带清偿责任。宫国鹏承担保证责任后,有权向信恒基公司追偿。(6)元亨曦地公司在其提供的抵押物的价值范围内对上述第一项给付义务承担赔偿责任。(7)驳回青岛天一公司的其他诉讼请求。

元亨曦地公司不服一审判决,上诉称:(1)一审判决认定借款协议和借款补充协议合法有效错误。企业之间借贷违反我国法律和政策,借款协议无效,作为担保合同的补充协议也无效。(2)一审认定宫国鹏签订借款补充协议的行为构成表见代理属于事实认定错误。被上诉人无证据证明宫国鹏在签订借款补充协议时具有代理权的形式要件,且被上诉人没有证据证明其在签订借款补充协议时主观上属于善意且无过失。(3)一审法院判决上诉人承担未设立抵押权的赔偿责任没有法律依据。借款补充协议无效,对上诉人没有约束力;借款补充协议未约定办理抵押登记的义务人是上诉人,无证据证明上诉人应当办理抵押登记;没有证据证明上诉人违背了诚实信用原则,不存在违背诚实信用原则拒绝办理抵押登记的过错。(4)一审判决上诉人在抵押物价值范围内承担赔偿责任违反法律规定,即使上诉人应当承担赔偿责任,根据担保法的规定,也不应当超过债务人不能清偿部分的二分之一。(5)一审判决程序违法。一审中,被上诉人请求上诉人承担的是偿还借款的连带担保责任,一审判决上诉人承担赔偿责任,剥夺了上诉人对承担责任方式的合法抗辩权利，程序违法。据此，上诉人请求：撤销山东省青岛市中级人民法院(2014)青金商初字第677号民事判决第六项，发回重审或依法改判驳回对上诉人的诉讼请求。

被上诉人青岛天一公司辩称：一审法院认定事实清楚，适用法律正确，请求依法驳回上诉人的上诉请求。

山东省高级人民法院二审经审理认为，本案的争议焦点为：(1)涉案借款协议的补充协议是否有效；(2)涉案抵押物未办理抵押登记，元亨曦地公司是否应当承担责任；(3)一审是否存在程序违法。具体分析如下；

关于焦点一，青岛天一公司与信恒基公司、澳海公司、王舜壁、宫国鹏之间签订的借款协议是各方当事人的真实意思表示，内容不违反法律法规的强制性规定，合法有效。元亨曦地公司与青岛天一公司及信恒基公司签订的借款补充协议，虽然没有加盖元亨曦地公司与信恒基公司的公章，但2014年8月21日签订该协议时，宫国鹏是元亨曦地公司与信恒基公司的法定代表人，其在协议上签字系代表两公司的职务行为，协议内容不违反法律法规的强制性规定，故借款补充协议合法有效。元亨曦地公司虽然不认可借款补充协议的签订时间为宫国鹏担任法人代表时间，但未提供证据予以证明，故借款补充协议合法有效。一审判决中关于表见代理的表述，是在宫国鹏不是法人代表情形下的一种假设，是对借款补充协议效力的补强论证，不是认定借款补充协议效力的法律事实，不存在认定构成表见代理的事实认定，不影响借款补充协议的效力。

关于焦点二，一审法院判决元亨曦地公司承担赔偿责任不违反法律规定，这一赔偿责任是不履行抵押合同产生的违约责任，不是担保合同无效产生的民事责任，应当根据合同法而不是担保法确定赔偿责任。但是，合同双方都未履行办理抵押登记义务，都存在违约行为，都应当承担违约责任。一审判决元亨曦地公司承担全部责任不当，故元亨曦地公司上诉理由中，关于"判决元亨曦地公司在抵押物价值范围内承担赔偿责任违反法律规定"的部分成立。

关于焦点三，一审中青岛天一公司主张由元亨曦地公司承担债务人信恒基公司偿还借款的连带担保责任，是在该公司对抵押权是否有效设立不明情况下对青岛天一公司承担民事责任的概括请求，既包含请求元亨曦地公司承担抵押权有效设立情况下的担保责任，也包含请求元亨曦地公司承担抵押权未有效设立情况下的民事责任。同时，一审对元亨曦地公司承担责任的事实和法律进行了审理，元亨曦地公司对抵押权未有效设立的民事责任充分行使了举证、质证与辩论权，一审判决赔偿损失既未超出青岛天一公司的诉讼请求，也未剥夺元亨曦地公司的抗辩权利，一审程序并不违法。

综上，二审法院判决：(1)维持山东省青岛市中级人民法院(2014)青金商初字第677号民事判决第一项、第二项、第三项、第四项、第五项、第七项;(2)变更山东省青岛市中级人民法院(2014)青金商初字第677号民事判决第六项为:元亨曦地公司在其提供的抵押物价值的二分之一范围内对上述第一项给付义务的不能清偿部分承担赔偿责任。元亨曦地公司承担赔偿责任后有权向信恒基公司追偿。

[参见刘振会:《营口元亨曦地置业有限公司与青岛天一集团樱珠山房地产开发有限公司企业借贷纠纷上诉案——签订土地使用权抵押合同不办理抵押登记的责任性质及承担》,载《人民司法·案例》2017年第20期。]

002. 土地使用权与地上建筑物单独抵押或分别抵押时抵押合同的效力如何认定?

【审判专论】

《山东省高级人民法院关于审理以建筑物及土地使用权设定抵押如何确定合同效力问题的通知》(以下简称《抵押公司效力通知》)第2条和第3条根据现行立法,区分土地使用权的不同性质,对房地分别抵押时抵押合同的效力及效力范围作了规定。

1. 建筑物附着于以出让、转让方式取得的国有土地使用权上房地分别抵押的有关问题

根据我国《城市房地产管理法》《城镇国有土地使用权出让和转让暂行条例》的有关规定,以出让、转让方式取得的国有土地使用权可以抵押。对土地使用权与其上的建筑物设定抵押时的关系,《担保法》第36条、《城市房地产管理法》第31条、《城镇国有土地使用权出让和转让暂行条例》第33条均作了规定。上述法律规定的一个共同点是把土地使用权与房屋所有权紧密地联系在一起,要求二权同体,一起处分,即房地产抵押实行"房随地走,地随房走"的原则。这种规定,有利于房地产的统一管理,也有利于减少因土地和房屋的分离而引起的交易中的各种纠纷,以达到物尽其用。《抵押合同效力通知》根据现行立法精神,明确了这种情况下抵押合同的效力及效力范围:"建筑物附着于以出让、转让方式取得的国有土地使用权的土地之上,仅就建筑物或仅就建筑物占用范围内的土地使用权设定抵押,或建筑物与其占用范围内的国有土地使用权分别抵押给不同债权人,按规定办理了抵押登记的,抵押合同有效。抵押权的效力及于土地使用权及附着于其上的建筑物,不同抵押权人就同一抵押物的受偿顺序依《担保法》第54条确定。"也就是说,以出让、转让方式取得的国有土地使用权与其上的建筑物单独抵押或

分别抵押,如无其他导致抵押合同无效的情形,抵押有效。仅就出让、转让方式取得的国有土地使用权的土地设定抵押,抵押的效力不仅及于该土地,还及于其上的建筑物;反之,仅就建筑物设定抵押的,抵押的效力不仅及于该建筑物,还及于其占用范围内的以出让、转让方式取得的土地使用权,不同抵押权人就同一抵押物的受偿顺序依《担保法》第 54 条确定。

2. 建筑物附着于国有划拨土地使用权上房地分别抵押的有关问题

关于建筑物附着于国有划拨土地之上,房地单独抵押或分别抵押时抵押合同的效力问题,存在两种意见:一种意见认为,如果当事人在一审辩论终结前不能补办国有划拨土地使用权抵押批准或登记手续,抵押无效;另一种意见认为,抵押有效,主要理由是抵押权人在实现抵押权时必须首先缴纳土地出让金,认定有效有利于保护抵押权人的利益。《抵押合同效力通知》采纳了第一种观点。主要依据是:《城镇国有土地使用权出让和转让暂行条例》第 45 条、《最高人民法院关于破产企业国有划拨土地使用权应否列入破产财产等问题的批复》及《关于转发国土资源部〈关于国有划拨土地使用权抵押登记有关问题的通知〉的通知》。这些法律和司法解释均明确规定,国有划拨土地使用权抵押必须经过有审批权限的土地行政管理部门依法办理登记或批准手续,否则抵押无效。据此,《抵押合同效力通知》第 3 条规定:"建筑物附着于国有划拨土地之上,仅就建筑物或仅就建筑物占用范围内的土地使用权设定抵押,或建筑物与其占用范围内的国有土地使用权分别抵押给不同债权人,未经有审批权限的土地管理部门批准或未在有审批权限的土地管理部门办理抵押登记,仅在工商行政管理部门或房产管理部门办理了抵押登记的,抵押合同无效……"同时,根据《最高人民法院关于适用〈中华人民共和国担保法〉若干问题的解释》第 49 条的规定,当事人在一审法庭辩论终结前取得或在有审批权限的土地管理部门补办了抵押登记手续,如无其他导致抵押合同无效的情形,抵押合同有效。对于以国有划拨土地使用权及其上的建筑物单独或分别抵押的效力范围问题,仍然采取相互及于的原则,抵押的效力及于土地使用权及附着于其上的建筑物,不同抵押权人就同一抵押物的受偿顺序依《担保法》第 54 条确定。

[参见山东省高级人民法院民二庭:《〈关于审理以建筑物及土地使用权设定抵押如何确定合同效力问题的通知〉的理解与适用》,载《山东法官培训学院学报(山东审判)》2005 年第 2 期。]

003. 土地使用权拍卖不能时，应如何处置？

【审判专论】

根据《最高人民法院关于适用〈中华人民共和国民事诉讼法〉若干问题的意见》第302条的规定，在土地使用权拍卖不能的情况下，要么经申请执行人同意抵偿给申请执行人或交由申请执行人管理；要么因申请执行人不同意接收或管理而退回被执行人中止执行。这两种处理方式虽有法律依据，但细究起来，却存在如下问题：第一，如果申请执行人拒绝接收或管理，法院将查封物退回被执行人，申请执行人的合法权益必然受到损害，甚至将永远不能得到清偿，而法院实际上也没有对被执行人的财产依法作出处理。第二，经申请人同意，人民法院可以将该项财产作价后交付申请执行人抵偿债务，或者交付申请执行人管理，这里有可能存在两种情况，一是申请执行人可能是违背本意，屈从于中止执行的结果而作出的决定；二是如果土地使用权的实际价值超出执行标的，只是因为拍卖不能，而低值抵偿给申请执行人，这一做法又与“等价有偿”原则相悖，实际上是对被执行人合法权益的一种侵害。法律体现社会正义，执行法律只能是维护社会正义，无论是程序上还是实体上，执行行为不能丝毫有损当事人的合法权益。那么应如何处理才较为妥当呢？借鉴《日本新民事诉讼法》之“强制执行法”，对拍卖不能的国有土地使用权进行强制管理是值得探讨的。

所谓强制管理，就是在被执行人不能清偿其所欠债务时，法院剥夺其对财产的使用和占有，委托其他机构代管，以管理所得收益进行清偿债务的一种强制执行方式。强制管理可以通过以下几个步骤完成：一是执行法院裁定开始进入强制管理程序。二是执行法院选定管理人，信托公司、银行及其他的法人均可充任管理人；管理人可以接受为强制管理而预付的必要费用和执行法院决定的报酬，可以对土地实行管理并收取收益及进行换价，寄存充作分配的金钱并向执行法院呈报；但是管理人有谨慎管理的义务，如因管理人的过失而使利害关系人受损，管理人应负担赔偿的连带责任。三是为强制管理而占有该不动产，管理人可以解除债务人对于不动产的占有而转为自己占有，执行法院有协助进入的义务。四是停止强制管理，如出现法定事由或当寄存金额能偿还各债权人的债权及执行费用时，执行法院应取消强制管理的程序，同时进入分配程序，从而完成案件的执行。在进行强制管理的整个过程中，执行法院都应对管理人的管理行为进行有效的监督，当有重要事由时，根据有利害关系人的申请或依职权，执行法院可以解任、更换管理人。

[参见曹凤成:《浅谈执行程序中对国有土地使用权的处置》,载《山东法官培训学院学报(山东审判)》2001 年第 3 期。]

004. 农村集体土地征用补偿费如何分配?

【地方审判】

沈阳市中级人民法院关于审理房地产案件若干问题的处理意见(一)

(经 2004 年 3 月 27 日院审判委员会讨论通过)

2. 关于农村集体土地征用补偿费分配的问题

……

(1)此类案件的案由应定为农村集体土地征用补偿费分配纠纷。

(2)处理这类案件在处理上应坚持严格依法和尊重农民集体自主行使所有权的原则。既要遵循土地承包法的规定,又要考虑到农村集体土地实行承包经营后历史形成的具体情况,平等地保护集体成员的合法权益。

(3)关于参与农村集体土地征用补偿费分配的当事人资格的认定依据。认定集体经济组织成员应以户籍为一般原则,但不宜将户籍作为唯一依据。还应结合成员与集体经济组织的经济生活联系等多种因素考虑,把村民资格与集体经济组织成员资格区分开来,作为集体经济组织成员不仅户籍在集体经济组织范围内的农村,而且依靠集体经济组织的生产资料为经济生活保障。对于为了分配土地补偿费,以不正当手段迁入户口的,不应当认定其分配资格。关于地上附属物和青苗补偿费,如果所有人是集体的,补偿费归集体所有,按上述原则进行分配。如果所有人属于个人的,应如数补偿给个人。

005. 审理以建筑物及土地使用权设定抵押如何确定合同效力?

【请示与批复】

山东省高级人民法院关于审理以建筑物及土地使用权设定抵押如何确定合同效力问题的通知

(2004年12月21日 鲁高法〔2004〕238号)

全省各级人民法院、济南铁路运输两级法院、青岛海事法院:

最近,部分中级人民法院就以建筑物及土地使用权设定抵押如何确定合同效力问题请示我院。为正确适用法律,统一执法标准,依法保护当事人的合法权益,经山东省高级人民法院第65次审判委员会讨论,就审理以建筑物及土地使用权设定抵押如何确定合同效力问题通知如下:

1. 2002年7月3日山东省人民政府《关于对企业房产等建筑物抵押登记主管机关进行调整的通知》(鲁政字〔2002〕267号)下发之前,企业以厂房等建筑物设定抵押的,在工商行政管理部门进行抵押登记,或在房地产管理部门办理抵押登记,抵押合同均生效。2002年7月3日以后,企业以厂房等建筑物设定抵押,必须在房地产管理部门办理登记,否则抵押合同不生效。以无地上建筑物的土地使用权设定抵押的,在核发土地使用权证书的土地管理部门办理了抵押登记的,抵押合同生效。

2. 建筑物附着于以出让、转让方式取得的国有土地使用权的土地之上,仅就建筑物或仅就建筑物占用范围内的土地使用权设定抵押,或建筑物与其占用范围内的国有土地使用权分别抵押给不同债权人,按规定办理了抵押登记的,如无其他导致抵押无效的情形,抵押合同有效。抵押权的效力及于土地使用权及附着于其上的建筑物,不同抵押权人就同一抵押物的受偿顺序依《担保法》第五十四条确定。

3. 建筑物附着于国有划拨土地之上,仅就建筑物或仅就建筑物占用范围内的土地使用权设定抵押,或建筑物与其占用范围内的国有土地使用权分别抵押给不同债权人,未经有审批权限的土地管理部门批准或未在有审批权限的土地管理部门办理抵押登记,仅在工商行政管理部门或房产管理部门办理了抵押登记的,抵押合同无效,但当事人在一审法庭辩论终结前取得有审批权限的土地管理部门批准或在有审批权限的土地管理部门补办了抵押登记手续,如无其他导致抵押合同无效的情形,抵押合同有效。抵押权的效力及于土地使用权及附着于其上的建筑物,不同抵押权人就同一抵押物的受偿顺序依《担保法》第五十四条确定。

4. 以土地使用权设定抵押的,对于设定抵押后土地上新增的建筑物,实现抵押权时可一并处理,但就新增建筑物的价值,抵押权人没有优先受偿权。

5. 本通知下发之前已经审理终结的案件,不得依本通知提起再审。

006. 房地产管理机关能否撤销错误的注销抵押登记行为?

【请示与批复】

最高人民法院关于房地产管理机关能否撤销错误的注销抵押登记行为问题的批复

(2003 年 10 月 14 日最高人民法院审判委员会第 1293 次会议通过　法释〔2003〕17 号)

广西壮族自治区高级人民法院:

你院《关于首长机电设备贸易(香港)有限公司不服柳州市房产局注销抵押登记、吊销(1997)柳房他证字第 0410 号房屋他项权证并要求发还 0410 号房屋他项权证上诉一案的请示》收悉。经研究答复如下:

房地产管理机关可以撤销错误的注销抵押登记行为。

此复

附:

广西壮族自治区高级人民法院关于首长机电设备贸易(香港)有限公司不服柳州市房产局注销抵押登记、吊销(1997)柳房他证字第 0410 号房屋他项权证并要求发还 0410 号房屋他项权证上诉一案的请示

(〔2003〕桂行请字第 1 号)

最高人民法院:

我院正在审理中的首长机电设备贸易(香港)有限公司不服柳州市房产局注销

抵押登记、吊销0410号房屋他项权证并要求返还0410号房屋他项权证上诉一案中涉及柳州市房产局注销抵押登记行为被确认违法后,能否责令其恢复抵押登记的问题,即恢复抵押登记是否有法律依据。我院对该问题把握不准,特向你院请示。

一、当事人基本情况

上诉人(原审原告):首长机电设备贸易(香港)有限公司(以下简称首长公司)。

法定代表人:黎志荣,总经理。

被上诉人(原审被告):柳州市房产管理局。

法定代表人:卢世琼,局长。

二、案情

海隆国际有限公司(以下简称海隆公司)是在香港注册的法人公司,1997年1月3日为担保履行其与首长公司的购销合同,将其所有的已领取柳州市房产局颁发的《房屋所有权证》,建筑面积15,332.08m^2,并于1996年由广西资产评估事务所评估价值为234,158,600元,位于柳州市飞鹅路的银兴商业城富荣城第三层商场作为抵押物,向首长公司出具了《不可撤销抵押声明书》,且经南宁市公证处公证。1997年3月10日,海隆公司委托代理人赖汉林与首长公司委托代理人陈志华到柳州市房产交易所办理了抵押登记手续。同年3月21日,柳州市房产局颁发了柳房他证字第0410号《房屋他项权证》,权利价值1000万美元,权利存续期限为自1997年1月1日至2000年12月31日。1997年9月25日,海隆公司的委托代理人赖汉林到柳州市房产交易所申请办理上述房地产抵押注销登记,称两公司的债权债务已结算完毕,要求解除双方的抵押关系,且柳房他证字第0410号《房屋他项权证》不慎遗失。柳州市房产局于9月25日注销了柳房他证字第0410号《房屋他项权证》,并由海隆公司委托代理人赖汉林办理手续在《柳州日报》上登记声明该证遗失作废。与此同时,海隆公司与华商银行签订了《综合融资授信合同》,海隆公司以柳州市银兴商业城富荣城第三层商场作为抵押担保,经柳州市公证处公证,于1997年10月10日海隆公司和华商银行向柳州市房产局申请办理了柳房他证字第00666号《房屋他项权证》。1998年10月22日,首长公司向柳州市公安局报案,称海隆公司法定代表人俞云飞伪造首长公司关于《房屋他项权证》遗失声明作废的证明,私刻首长公司印章、冒充首长公司法定代表人黎志荣的签名、印章、制造债务已清偿的假象,骗取柳州市房产局注销了海隆公司和首长公司的房产抵押登记,又将房产抵押给了华商银行,请求公安机关追究诈骗罪犯的法律责任。1998年10月23日柳州市公安局作出了《印章印文及笔迹检验鉴定书》,证明了海隆公司伪造首长公司的文件等事实。该局于1998年10月30日向柳州市房产局出具了法律意见书,认为第00666号《房屋他项权证》是违法犯罪行为所引起的后果。但又经法定程序以合法形式颁发,而0410号《房屋他项权证》虽被撤销,但实际上又客观存在,应如何处理,请柳州市房产局予以确定。首长公司与海隆公司则分别于1998年10月30日、11月2日向柳州市房产局申请恢复抵押登记。1999年6月9日,柳州市房产局恢复首长公司对富荣城第三层商场的抵押登记,重新给首长公司颁发了柳房他证字第1000898号《房屋他项权证》,注明该证的有效期从原登记日1997年3月21日起算,并书面通报华商银行。华商银行向柳州市中级法院提起诉讼,请求撤销柳州市房产局恢复首长公司对银兴商场富荣城第三层商场抵押权登记的具体行政行为,案经一、二审程序,广西区高级人民法院于2002年3月26日作出(2001)桂行终字第21号行政判决,认为柳州市房产局给首长公司恢复抵押权登记无法律依据,且侵犯了华商银行的利益,判决撤销了柳州市房产局恢复首长公司对柳州市飞鹅路银兴商业城富荣城第三层商场作抵押权登记的具体行政行为。在前一案件审理期间,首长公司于2000年11月12日向柳州市中级人民法院提起行政诉讼,请求确认柳州市房产局1997年9月注销首长公司1997年3月办理的抵押登记、吊销(1997)柳州他证字第0410号《房屋他项权证》的行为违法,判令柳州市房产局发还被其非法吊销的(1997)柳房字第0410号《房屋他项权证》,赔偿其违法行政行为已造成的首长公司的经济损失8万元。

三、一审判决结果及理由

柳州市中级法院经审理认为,海隆公司与首长公司申请办理注销抵押登记,向柳州市房产局提供了双方关于撤销房屋抵押的协议及报告、授权委托书,填写了房地产抵押注销申请审核表,并登报申明遗失的《房屋他项权证》作废。虽然上述协议、报告、授权委托书及其上面首长公司的印章、签字系伪造,但柳州市房产局在办理注销抵押登记时,并没有辨别印章、签字真伪的能力和职能;首长公司抵押权的丧失,是由于诈骗行为所致,柳州市房产局并无过错,首长公司由此受到的损失,应由海隆公司承担。该院一审判决驳回了首长公司的诉讼请求。

四、我院意见

本院经审理认为,柳州市房产局依据海隆公司伪造的文件材料作出的注销海隆公司与首长公司的房屋抵押登记、吊销0410号《房屋他项权证》的行为属主要证据不足,依行政诉讼法第五十四条第(一)项第一目规定,应予撤销。但对是否责令柳州市房产局给予上诉人恢复抵押登记,则形成两种意见:

第一种意见认为:房产局应当给予上诉人恢复房屋抵押登记,即柳州市房产局恢复房屋抵押登记是有法律依据的。理由:1. 严重违法的具体行政行为被撤销后,该行为自始无效,相对人的权利应恢复到原来的行政法律关系状况。本案中,注销登记行为被撤销后,作为善意人的首长公司与柳州市房产局之间原来存在抵押登记关系,其有权申请恢复,后者则有义务恢复,且后者不给恢复,没有法律依据。2. 违法的行政行为被撤销后,行政机关应有纠正错误的权力和义务。纠错方式可以是应当事人的申请，恢复原法律上的权利义务关系，当然也可以通过给当事人经济损失赔偿的方式。但本案中柳州市房产局实际上采取了恢复登记的方式，特别是当事人已申请要求恢复，行政机关纠错时，首先选择恢复登记，是行政机关行使裁量的职权范围。3. 恢复登记不存在法律上的障碍。一是本案中的抵押物虽然在被违法注销抵押登记后，华商银行在其之上设定了另一抵押权，但华商银行在首长公司发现其登记被违法注销时，仍未行使和处分抵押权，抵押物仍在，且所有权并没有转移。因此，基于首长公司与海隆公司的原抵押登记合同（仍生效，从未被双方当事人合意解除），经柳州市房产局给予恢复登记，即产生抵押效力。二是华商银行的抵押权不应成为阻止恢复登记的法定障碍。根据最高法院《关于执行〈中华人民共和国担保法〉的司法解释》第五十八条第二款规定，因登记部门的原因致使抵押物进行连续登记的，抵押物第一次登记的日期，视为抵押登记的日期，并依此确定抵押权的顺序。因此，后一抵押权的存在，不能当然否定前一抵押权的存在和效力。三是恢复登记后，首长公司与华商银行的抵押权顺序纠纷，属于民事纠纷，不属恢复登记时就作处理的问题。

第二种意见认为，柳州市房产局恢复抵押登记无法律依据，应驳回首长公司要求发还 0410 号《房屋他项权证》的诉讼请求。理由：

1. 我国现行立法没有“恢复”抵押登记的提法，柳州市房产局办理“恢复”抵押登记实际上适用的程序是重新办理抵押，其恢复抵押登记的生效时间从 1997 年 3 月起算没有法律依据，因此恢复登记的行为不具有合法性。首长公司的抵押权已经被注销，依照法律规定，抵押权是通过登记而产生的，而不是通过恢复而产生的，抵押权生效时间应从登记之日起，如果首长公司要取得抵押权，必须重新办理抵押登记。

2. 根据行政法原理，行政行为一经作出，就具有公定力、确定力，对于行政机关和相对人都产生约束力。如果行政行为是违法的，行政机关有权予以撤销或变更。但是，如果行政行为已经使行政相对人对其产生信赖，行政相对人在此信赖基础上已经作出一定行为，行政机关在考虑撤销违法或不当行政行为时，应保护行政相对人的信赖利益。本案中华商银行不是单方面地信任海隆公司，是在柳州市房产局确认该房产不存在先前抵押的前提下申请办理抵押权登记的，因此华商银行更信任的是柳州市房产局。根据不动产物权的公示公信制度，海隆公司依法定程序办理了房屋抵押登记，其取得的房屋抵押权是合法的，应受法律保护。如果允许柳州市房产局通过恢复登记的方式确认首长公司的原房屋抵押权，将侵犯华商银行的合法权益。

以上两种意见，第一种处理意见为本院审委会多数人意见。对本案如何适用法律进行审理，请你院给予批复。

二〇〇三年六月九日

007. 对第三人享有抵押权的房地产如何执行?

【审判专论】

《最高人民法院关于人民法院执行工作若干问题的规定(试行)》第40条规定:“人民法院对被执行人所有的其他人享有抵押权、质押权或留置权的财产,可以采取查封、扣押措施。财产拍卖、变卖后所得价款,应当在抵押权人、质押权人或留置权人优先受偿后,其余额部分用于清偿申请执行人的债权。”余额部分能有多少,对实现申请执行人的债权是至关重要的,如何保证已经设定了抵押的房地产最大限度地体现其交换价值,是人民法院在执行过程中保护一般债权人合法权益需要考虑的重要问题。《物权法》第195条第1款规定:“债务人不履行到期债务或者发生当事人约定的实现抵押权的情形,抵押权人可以与抵押人协议以抵押财产折价或者以拍卖、变卖该抵押财产所得的价款优先受偿。协议损害其他债权人利益的,其他债权人可以在知道或者应当知道撤销事由之日起一年内请求人民法院撤销该协议。”实务中有时会遇到这样的情形,被执行人仅有一处房地产可供执行,且已经与第三人设定了房地产抵押,在人民法院执行过程中,被执行人与该第三人达成了处分协议。按照《物权法》的上述规定,如果协议损害了申请执行人的权益,其可以向人民法院提起撤销之诉。为保证执行程序的合法性,减少申请执行人的诉累,司法实践中可以分两种情况处理。第一,如果法院没有对该房地产采取查封措施,被执行人的处分行为合法,法院只能对抵押权人优先受偿后的余额部分采取执行措施,实现申请执行人的债权。第二,如果法院已经对该房地产采取了查封措施,被执行人仍然可以行使自己的处分权利,但应当受到必要的法律限制。《最高人民法院关于人民法院执行工作若干问题的规定(试行)》第48条规定:“被执行人申请对人民法院查封的财产自行变卖的,人民法院可以准许,但应当监督其按照合理价格在指定的期限内进行,并控制变卖的价款。”如其不然,按照该《规定》第44条,“被执行人或其他人擅自处分已被查封、扣押、冻结财产的,人民法院有权责令责任人限期追回财产或承担相应的赔偿责任”。如此看来,为了更好地实现申请执行人的债权,尽快执结案件,对被执行人的房地产及时采取查封措施是非常必要的。当然,在具体的案件执行过程中,限制被执行人的协议处分行为,对执行标的物采取公开拍卖的方式处分应当成为通常的做法。

[参见李敏、刘宪福:《抵押房地产执行三题》,载《山东法官培训学院学报(山东审判)》2009年第6期。]

008. 土地使用权争议的诉讼中，对土地使用权享有抵押权的第三人，能否请求该抵押权？

【公报案例】

中国有色金属工业长沙勘察设计研究院与海南省汇富房地产开发公司长沙公司、海南省汇富房地产开发公司合作建房合同纠纷案

【裁判要点】

抵押权是指债务人或者第三人不转移财产的占有，将该财产作为债权的担保，债务人未履行债务时，债权人依照法律规定的程序对该财产优先受偿的权利。由此可见，抵押权是附着在物上的权利，随抵押物的转移而转移，抵押权人可在抵押物上行使优先受偿权。我国《民事诉讼法》第56条规定，对当事人双方的诉讼标的，第三人认为有独立请求权的，有权提起诉讼。但是作为土地使用权上的抵押权人，并不能主张诉讼标的本身的权利。且土地使用权的转让并不影响影响抵押权的效力，而且法院无论作出什么判决，都不影响抵押权人向土地使用权人请求抵押权的实现。抵押权人作为无独立请求权的第三人参与诉讼的，其抵押权也并不能对该土地使用权争议的解决产生影响。因此，在土地使用权争议的诉讼中，对土地使用权享有抵押权的第三人，不能请求该抵押权。但是抵押权人可以就土地使用权人请求行使抵押权，或另行向人民法院提起诉讼。

案号：最高人民法院(2006)民一终字第28号。

上诉人(原审原告)：中国有色金属工业长沙勘察设计研究院。

被上诉人(原审被告)：海南省汇富房地产开发公司长沙公司。

被上诉人(原审被告)：海南省汇富房地产开发公司。

被上诉人(原审第三人)：湖南雄新建筑有限公司。

原审原告中国有色金属工业长沙勘察设计研究院(以下简称长勘院)与原审被告海南省汇富房地产开发公司长沙公司(以下简称汇富长沙公司)、海南省汇富房地产开发公司(以下简称汇富公司)合作建房合同纠纷一案，湖南省高级人民法院于1998年3月19日作出(1997)湘民初字第7号民事调解书，已经发生法律效力。案外人中国东方资产管理公司长沙办事处(以下简称东方资产公司长沙办事处)提

出异议。湖南省高级人民法院于2004年9月8日作出(2004)湘高法民监字第148号民事裁定,决定对该案进行再审。在此期间,湖南雄新建筑有限公司(以下简称雄新公司)受让东方资产公司长沙办事处的债权,并申请参加诉讼。湖南省高级人民法院依法另行组成合议庭,追加了雄新公司为本案第三人,并于2006年2月21日作出(2004)湘高法民再字第148号民事判决。上诉人长勘院不服该判决,向最高人民法院提起上诉。最高人民法院依法组成合议庭,于2006年7月6日对本案进行了开庭审理。本案现已审理终结。

湖南省高级人民法院再审查明,1994年11月25日,长勘院与汇富长沙公司签订一份《合作建房合同》约定,长勘院用其行政划拨取得的位于长沙市韶山北路81号的7.928亩土地的使用权,作为投资与汇富长沙公司合作建房。同年12月16日,长勘院与国土管理部门签订了该宗土地使用权的出让合同,并按规定缴纳了土地出让金。与此同时,长勘院应汇富长沙公司的要求,申请将该土地使用权转让至汇富长沙公司名下,国土管理部门审查后办理了有关该宗土地的红线图及出让、转让手续,并给汇富长沙公司颁发了该宗土地的国有土地使用权证。1994年12月28日,长勘院与汇富长沙公司正式签订了《合作共建"金富大厦"合同书》约定,长勘院提供建设用地,汇富长沙公司承担全部与建设相关的资金,并约定了对所建房屋的分配、违约责任等内容。合同签订后,长勘院依约进行了建设用地上的房屋拆迁安置等工作,汇富长沙公司则投入了部分建设资金,着手拆迁补偿、工程前期立项、报建、组织勘察,设计及部分基础基建工程、水电增容等方面的工作。合作期间,汇富长沙公司另行租借了长勘院部分办公用房,尚欠长勘院部分房租、水电费。此后,由于汇富长沙公司后续建设资金不能到位,合建工程于1996年7月停工,双方多次协商未果。长勘院于1997年8月4日向湖南省长沙市中级人民法院提起诉讼。汇富长沙公司提出管辖异议,湖南省高级人民法院对该案进行提审。经湖南省高级人民法院原审主持调解,双方当事人于1998年3月19日自愿达成如下协议:(1)因汇富长沙公司主体资格不符等方面的原因,其与长勘院所签订的合作建房合同、土地使用权转让协议及与此相关的有关合同(协议)均无效,汇富长沙公司无条件返还长勘院韶山路81号7.928亩土地的使用权,并将合作项目有关的所有资料一并移交长勘院。(2)该土地上合建项目的基坑现有工程移交长勘院。此调解协议之前汇富长沙公司在该项目上的债务(包括基坑土方、土建、设计等款项)均由汇富长沙公司承担。(3)汇富长沙公司现在租用的长勘院办公用房内的空调、办公桌等办公家具全部折款冲减其所欠长勘院的部分房租、水电费。此外,汇富长沙公司另行赔偿长勘院300万元经济损失。(4)案件受理费122,910元,财产保全费10万元,由汇富长沙公司负担。(5)汇富公司对上述协议中汇富长沙公司的义务承担连带责任。该调解书经双方签收发生法律效力后,长勘院申请执行,该土地于1998年9月从汇富长沙公司过户到长勘院名下。长勘院对该土地进行开发,修建了商品房对外出售,土地使用权已分摊到各住户的名下。

湖南省高级人民法院再审另查明,1995 年 3 月,汇富长沙公司在建设“金富大厦”项目过程中,以“金富大厦”项目的土地为长沙高新技术开发区金海股份有限公司海口公司长沙分公司(以下简称金海长沙公司)借中国银行长沙市分行 300 万元和 100 万元贷款的两份《借款合同》进行担保,并办理了抵押登记手续。由于金海长沙公司没有归还借款,中国银行长沙市分行向湖南省长沙市天心区人民法院提起诉讼。该院于 1997 年 12 月 22 日对两起借款合同纠纷案分别作出(1997)天经初字第 354 号和 367 号民事判决,判决认定抵押有效,由金海长沙公司偿还借款本金 400 万元及利息,长沙高新技术开发区金海股份有限公司海口公司负连带清偿责任;汇富长沙公司在抵押担保的范围内承担连带责任。各方当事人均未上诉,判决已发生法律效力。2000 年 6 月,该债权从中国银行长沙市分行剥离到东方资产公司长沙办事处。截至 2000 年 3 月 31 日,该债权本金为 400 万元,利息为 1,964,290.36 元。2004 年 12 月,东方资产公司长沙办事处以公开拍卖方式,将此债权转让给雄新公司,雄新公司提供成交拍卖确认书、支付拍卖价款凭证、本息清单,表明其向拍卖行支付佣金 10.8 万元,以 360 万元成交价购买了 8,901,509.5 元的债权。

湖南省高级人民法院再审还查明,汇富公司于 1993 年年初成立,主管部门为中国国民党革命委员会海南省委员会,注册资金 2000 万元,法定代表人唐安云。1997 年 5 月,该公司将法定代表人变更为唐安云之弟唐宇光。2003 年 11 月,汇富公司因未年检被海南省工商局吊销营业执照。汇富长沙公司的开办单位为汇富公司,其注册资金 500 万元没有到位,负责人唐安云,后变更为付晓华。2001 年 8 月,汇富长沙公司被长沙市工商局吊销营业执照。以上两公司的负责人因涉嫌诈骗犯罪,现均下落不明。

东方资产公司长沙办事处向湖南省高级人民法院提出异议称:(1)争议土地已对申诉人设立了抵押,申诉人有优先受偿的权利。本案的处理结果与申诉人有法律上的利害关系,法院应通知其参加诉讼。(2)调解书处理该土地损害了申诉人的利益。

雄新公司在受让了东方资产公司长沙办事处的债权后,向湖南省高级人民法院请求:(1)作为第三人参加本案诉讼;(2)判令长勘院赔偿因抵押权无法实现的损失 8,901,509.5 元。

湖南省高级人民法院再审认为,长勘院与汇富长沙公司在原审中达成调解协议,依约由汇富长沙公司将韶山路 81 号 7.928 亩土地使用权返还给长勘院。而在调解返还之前,汇富长沙公司已经以该土地为金海长沙公司的债务设置了抵押,且该抵押经湖南省长沙市天心区人民法院(1997)天经初字第 354 号和第 367 号民事判决确认有效。现雄新公司受让了对金海长沙公司的债权,在本案中主张对该土地的抵押权。因抵押权是附着在物上的权利,随抵押物的转移而转移,抵押权人可在抵押物上行使优先受偿权。长勘院所接受汇富长沙公司返还的土地上已附着了汇富长沙公司所设置的抵押,并且不因为抵押物的转让而影响抵押权的效力,故雄新公司向长勘院行使追及权,符合法律规定,依法应予支持。由于长勘院已将土地进行了开发,修建了商品房对外出售,土地使用权已分摊到各住户的名下,变卖土地已不现实,长勘院应依法承担代替债务人清偿全部抵押债务的义务,使汇富长沙公司的抵押债务依法得以履行,并在清偿抵押债务后长勘院依法享有向汇富长沙公司追偿的权利。同时,长勘院与汇富长沙公司、汇富公司对双方合作建房合同纠纷所达成的调解协议,是当事人的真实意思表示,内容符合法律规定,该院予以确认。但因为该调解书对汇富长沙公司返还长勘院的土地所涉及的抵押债权未予处理,故依法在对返还土地的调解协议予以确认的同时,还应对土地上的抵押债权予以处理,才能依法公平保护土地上各方当事人的合法权益。依照《民法通则》第 89 条第 2 项及《最高人民法院关于贯彻执行〈中华人民共和国民法通则〉若干问题的意见(试行)》第 112 条、《民事诉讼法》第 130 条、第 180 条之规定,经湖南省高级人民法院审判委员会讨论决定,判决:(1)维持湖南省高级人民法院(1997)湘民初字第 7 号民事调解书;(2)由长勘院代汇富长沙公司承担对雄新公司抵押债权的清偿责任。长勘院在清偿抵押债务后,可依法向汇富公司和汇富长沙公司追偿。

上诉人长勘院不服一审判决,向最高人民法院提起上诉称:(1)本案土地使用权转移本身不合法,其收回土地使用权是依法进行的;(2)一审判决本身存在矛盾,原调解书既然被维持,则其不应对第三人承担赔偿责任,且一审判决第二项不确定、不具体,无法履行。故请求撤销一审判决第二项。本院开庭审理前,长勘院向本院递交追加当事人申请书和补充上诉状,申请追加中国国民党革命委员会海南省委员会、中国建设银行海南省分行、海南从信会计师事务所和湖南高新实业股份有限公司为本案第三人,并请求判决对汇富公司、汇富长沙公司、长沙高新技术开发区金海股份有限公司海口公司的法人人格予以否认,判决汇富公司、汇富长沙公司的债务由中国国民党革命委员会海南省委员会清偿,中国建设银行海南省分行、海南从信会计师事务所、湖南高新实业股份有限公司对汇富公司、汇富长沙公司的债务承担连带清偿责任。庭审中,长勘院另提出:本案系适用审判监督程序审理的案件,原审中并未涉及土地使用权抵押的内容,再审程序中追加雄新公司为第三人不当;其与雄新公司之间没有直接的法律关系,且雄新公司不属于有独立请求权第三人,其不应对雄新公司承担责任。被上诉人雄新公司答辩称:(1)本案土地使用权已设置合法抵押且被湖南省长沙市天心区人民法院的生效判决确认,长勘院受让土地使用权后,应依法承担土地使用权已抵押的担保责任;(2)一审判决明确、具体,无矛盾之处;(3)一审没有遗漏当事人,长勘院提出的追加当事人及相应的诉讼主张,不属于本案审理的范围。针对长勘院庭审中提出的主张,雄新公司答辩称:本案再审的原因是原审调解书侵害了作为抵押权人的雄新公司的利益,雄新公司加入再审程序中并无不当;原审调解书关于抵押物转移的约定是对抵押权人的直接侵害,土地使用权转移不能妨碍抵押权人的权利,故一审判决长勘院对雄新公司承担责任是正确的。

最高人民法院二审查明的事实与一审法院查明的事实相同。最高人民法院认为,本案一审程序系湖南省高级人民法院基于审判监督程序提起,因此,本案的审理范围应当受原审审理范围的限制。由于原审调解协议达成前,雄新公司受让的抵押权已经湖南省长沙市天心区人民法院(1997)天经初字第354号和第367号生效民事判决确认,基于抵押权的追及效力,抵押权人可以向抵押物的最终受让人追偿,故该项抵押权已经获得可以在执行程序中实现的法律依据。原审中,长勘院与汇富公司、汇富长沙公司之间的合作建房合同纠纷并不涉及土地抵押权的内容。故一审判决在维持原审调解协议的同时,对抵押权作出处理,超出了原审的审理范围。

由于雄新公司是基于其申请,由一审法院通知参加诉讼,根据《民事诉讼法》第56条的规定,其诉讼地位为无独立请求权第三人。一审判决判令一审原告长勘院向无独立请求权第三人雄新公司承担责任,违反了民事诉讼“不告不理”原则。

关于长勘院二审期间提出的“申请追加中国国民党革命委员会海南省委员会等为本案第三人、请求判决对汇富公司、汇富长沙公司、长沙高新技术开发区金海股份有限公司海口公司的法人人格予以否认,判决汇富公司、汇富长沙公司的债务由中国国民党革命委员会海南省委员会清偿,中国建设银行海南省分行、海南从信会计师事务所、湖南高新实业股份有限公司对汇富公司、汇富长沙公司的债务承担连带清偿责任”的主张,亦超出了本案审理范围。

综上,本案原调解已生效数年,并非确有错误,应予维持。再审判决适用法律错误,应予撤销。依照《民事诉讼法》第153条第1款第2项之规定,判决如下:(1)撤销湖南省高级人民法院(2004)湘高法民再字第148号民事判决。(2)维持湖南省高级人民法院(1997)湘民初字第7号民事调解。(3)二审案件受理费122,910元,由湖南雄新建筑有限公司负担。本判决为终审判决。

[参见《中国有色金属工业长沙勘察设计研究院与海南省汇富房地产开发公司长沙公司、海南省汇富房地产开发公司合作建房合同纠纷案》,载《最高人民法院公报》2006年第11期。]

009.《城市房地产抵押管理办法》关于在建工程抵押规定与上位法是否冲突?

【请示与批复】

最高人民法院关于《城市房地产抵押管理办法》在建工程抵押规定与上位法是否冲突问题的答复

([2012]行他字第8号)

山东省高级人民法院:

你院鲁高法函[2012]3号请示收悉,经征求全国人大常委会法制工作委员会、住房和城乡建设部意见,答复如下:

在建工程属于《担保法》规定的可以抵押的财产范围。法律对在建工程抵押权人的范围没有作出限制性规定,《城市房地产抵押管理办法》第三条第五款有关在建工程抵押的规定,是针对贷款银行作为抵押权人时的特别规定,但并不限制贷款银行以外的主体成为在建工程的抵押权人。

二〇一二年十一月二十八日

附:

山东省高级人民法院关于担保法司法解释与建设部规章就在建工程抵押所作规定是否存在冲突问题的请示

最高人民法院:

聊城东昌府区人民法院在审理邯郸市邯三建筑工程有限公司诉聊城市住房和城乡建设委员会在建工程抵押行政登记一案的过程中,对担保法司法解释与建设部规章就在建工程抵押所作规定是否存在冲突问题把握不准,逐级报请我院研究。经我院审判委员会研究后认为,相关法律适用问题较为复杂,特向贵院请示。

一、当事人基本情况

原告:邯郸市邯三建筑工程有限公司。

被告:聊城市住房和城乡建设委员会。

第三人:聊城市聊韩房地产开发有限公司。

第三人:程安宇。

二、案件由来及一审情况

原告邯郸市邯三建筑工程有限公司(以下简称邯三公司)起诉称:2003 年 11 月 21 日,我方与聊韩房地产公司签订《建设工程施工合同》,约定由我方承建聊韩房地产公司开发的育新街韩国城的地下停车场、3 楼及 4 楼的土建、给排水、电器安装工程。聊韩房地产公司未支付工程款,在执行过程中,我方发现被告聊城市住房和城乡建设委员会(以下简称聊城市住建委)将原告承建的工程为两第三人办理了在建工程抵押登记,直接影响了原告合法权利的实现。根据法律规定,在建工程抵押的抵押权人应为银行,不是企业或自然人。被告没有审查贷款人主体资格,程安宇不符合贷款人主体资格,被告为第三人程安宇办理在建工程抵押登记违反法律规定,请求法院依法撤销。

被告辩称:1. 我方作出具体行政行为时,邯三公司与聊韩房地产公司的纠纷尚未产生,邯三公司的债权可以通过其他途径解决,邯三公司认为我方作出的登记行为直接影响其债权实现的理由不能成立,邯三公司不具有原告主体资格。2. 根据《城市房地产抵押管理办法》第三条第三款规定,我方以公民个人作为抵押权人办理相关房地产抵押登记符合相关规定,并无不当。3. 第三人在申请办理房地产抵押权设立登记时,依法提交了规定的材料,我方经对材料进行审核,认为第三人申请事实及权属清楚,证据材料齐全,为其办理了房地产他项权利登记。综上,原告不具有诉讼主体资格,其诉讼没有法律依据,我方作出的抵押登记行为事实清楚,证据充分,程序合法,适用法律正确,请求法院驳回原告的诉讼请求。

第三人聊韩房地产公司辩称:1. 本案原告没有诉权,因为我方与程安宇签订的抵押合同合法有效,本案原告要求撤销的登记行为并没有涉及抵押合同的任何内容及权利义务关系,该抵押合同的成立及生效也并不是以抵押登记为生效要件,该登记行为并没有涉及原告的合法权益,该登记行为不具有可诉性。2. 根据相关规定对登记行为提起行政诉讼应以解决基础性的民事案件为要件,原告起诉不符合法律规定,请求依法驳回。3. 原告起诉超过起诉期限。

第三人程安宇答辩称:1. 原告 2009 年已经起诉聊韩房地产公司并申请法院查封了本案在建工程,在当时原告就应该知道在建工程抵押的情况,故原告于 2011 年 6 月 16 日提起行政诉讼,超过了 3 个月的起诉期限。2. 2007 年 1 月 19 日,我方与聊韩房地产公司签订借款协议,聊韩房地产公司以在建工程提供抵押担保,并办理了抵押登记。根据《物权法》的规定,该在建工程抵押合法有效。3. 原告主张在建工程抵押无效没有法律及事实根据。《城市房地产抵押管理办法》关于在建工程抵押等内容与新法或上位法冲突而不再适用,且其规定过于片面,不应依据该办法的规定执行。请求法院驳回原告的诉讼请求。

聊城市东昌府区人民法院一审查明:2003年11月21日,邯三公司与聊韩房地产公司签订《建筑工程施工合同》,约定由邯三公司施工建设第三人聊韩房地产公司开发的育新街8号韩国城项目的地下车库、3、4商住楼三层的土建、给排水、电器安装工程。2006年12月6日,聊韩房地产公司董事会作出决议并于2007年1月17日向房管局抵押科保证:同意对韩国商城3楼部分面积进行资产抵押,在抵押期间不对外销售。2007年1月1日,聊韩房地产公司与程安宇签订借款合同,聊韩房地产公司以育新街8号3楼1~3层部分为抵押,向程安宇借款750万元,保证方式为在建工程抵押,期限从2007年1月1日起至2007年12月31日止。聊韩房地产公司与程安宇就上述在建工程抵押向被告提出登记申请,2007年1月24日被告为第三人程安宇办理了抵押登记并颁发聊房他字第0307000266号《房屋他项权证》。原告于2011年6月16日提起行政诉讼。

聊城市东昌府区人民法院形成两种处理意见:

第一种意见:根据《最高人民法院关于适用〈中华人民共和国担保法〉若干问题的解释》(以下简称担保法司法解释)第四十七条的规定,以依法获准尚未建造的或者正在建造中的房屋或者其他建筑物设定抵押,当事人需办理抵押物登记。《城市房地产抵押管理办法》第三条第五款规定:"本办法所称在建工程抵押,是指抵押人为取得在建工程继续建造资金的贷款,以其合法方式取得的土地使用权连同在建工程的投入资产,以不转移占有的方式抵押给贷款银行作为偿还贷款履行担保的行为。"根据该条规定,办理在建工程抵押登记中,抵押权人只能是贷款银行。在本案中,从原告与第三人签订的抵押协议内容看,抵押物为第三人聊韩房地产公司正在开发建设的商品房,属在建工程,因此该抵押登记实质上是在建工程抵押登记。被告办理的被诉在建工程抵押登记中,抵押权人(债权人)为自然人程安宇而非贷款银行,不符合建设部《城市房地产抵押管理办法》规定的在建工程贷款抵押权利主体的法定条件。故依法应撤销被告聊城市住房和城乡建设委员会作出聊房他字第0305004800号《房屋他项权证》的具体行政行为。

第二种意见:《城市房地产抵押管理办法》对在建工程抵押的设定了几个条件,其中一个条件就是抵押权人为贷款银行。而担保法司法解释第四十七条中并未规定在建工程抵押必须具备上述条件。由于《城市房地产抵押管理办法》仅是建设部的一项规章,在审判实践中其效力层次低于司法解释,因此,根据担保法解释的规定,对在建工程抵押不应限制抵押权人的条件,被告为两第三人办理在建工程抵押登记符合法律规定,依法应驳回原告的诉讼请求。

东昌府区法院倾向于第一种意见。

三、聊城中院意见

案经聊城中院审判委员会讨论认为,本案起诉人应具有原告主体资格。在案件实体处理上有两种意见：

第一种意见是同意东昌府区人民法院第一种意见，判决撤销抵押登记。

主要理由是：《中华人民共和国担保法》对在建工程抵押并未作出明确规定。2000 年颁布实施的担保法司法解释第四十七条规定，“以依法获准尚未建造的或者正在建造中的房屋或者其他建筑物抵押的，当事人办理了抵押物登记，人民法院可以认定抵押有效。”该司法解释明确了在建工程可以抵押，但并未规定设定抵押的条件。1997 年颁布、2001 年修订的原建设部《城市房地产抵押管理办法》第三条第五款规定，在建工程抵押登记的抵押权人应为贷款银行。该管理办法是对在建工程办理抵押的具体规定，与担保法司法解释并不冲突。本案中，被告办理的在建工程抵押登记的抵押权人为自然人，而非金融机构，不符合建设部《城市房地产抵押管理办法》第三条第五款的规定。应撤销被告为第三人办理的抵押权登记。

第二种意见是同意东昌府区法院第二种意见，驳回原告诉讼请求。

主要理由是：虽然《城市房地产抵押管理办法》规定在建工程抵押的抵押权人为贷款银行，但担保法司法解释并未对抵押权人进行限制，《中华人民共和国物权法》明确规定了在建工程可以抵押，但也未对抵押权人的范围进行限制。由于《城市房地产抵押管理办法》仅是建设部的规章，在审判实践中其效力层次低于司法解释。在建设部规章与司法解释的规定存在冲突的情况下，应适用担保法司法解释。东昌府区法院应对本案进行合法性审查后依法作出裁判。

四、我院研究意见

我院审判委员会研究认为：

一、本案起诉人邯三公司具有原告诉讼主体资格。主要理由是：一般债权人不具有对不动产登记提起诉讼的原告资格的原因是，一般债权的标的物是不特定的，并未直接指向争议的不动产。而本案中，邯三公司所享有的在建工程优先受偿权指向是特定的，即争议的房产，故应当具有原告诉讼主体资格。《最高人民法院关于审理房屋登记案件若干问题的规定》中明确规定，债权人为抵押权人的，具有原告主体资格，而工程价款优先受偿权优于抵押权，以此类推，承包人作为债权人也应该具有原告主体资格。

二、关于担保法司法解释与建设部规章是否冲突问题。我院审委会研究后认为，担保法司法解释与建设部规章不冲突。主要理由是：司法解释没有对抵押权人的范围进行限制，故不能推出部门规章不能进行此类限制。建设部规章将在建工程抵押权人限定为银行是合适的，可以防止滥用抵押权，人民法院应当尊重行政主管部门的意见。本案行政诉讼过程中应对抵押登记的证据、程序和法律适用等方面进行全面审查，依法作出是否合法的判断。但也有委员提出，建设部规章所称在建工程抵押，是抵押人将“土地使用权连同在建工程”抵押给贷款银行，而担保法及其司法解释规定的是房屋抵押,不包括土地,两者规范的对象并不相同。

本案如何适用法律,请给予批复。

二〇一二年三月五日

附:

相关法律法规

1. 1997年建设部《城市房地产抵押管理办法》第三条第五款规定:"本办法所称在建工程抵押,是指抵押人为取得在建工程继续建造资金的贷款,以其合法方式取得的土地使用权连同在建工程的投入资产,以不转移占有的方式抵押给贷款银行作为偿还贷款履行担保的行为。"

2.《最高人民法院关于适用〈中华人民共和国担保法〉若干问题的解释》第四十七条规定:"以依法获准尚未建造的或者正在建造中的房屋或者其他建筑物抵押的,当事人办理了抵押物登记,人民法院可以认定抵押有效。"

3.《合同法》第二百八十六条规定:"发包人未按照约定支付价款的,承包人可以催告发包人在合理期限内支付价款。发包人逾期不支付的,除按照建设工程的性质不宜折价、拍卖的以外,承包人可以与发包人协议将该工程折价,也可以申请人民法院将该工程依法拍卖。建设工程的价款就该工程折价或者拍卖的价款优先受偿。"

4.《最高人民法院关于建设工程价款优先受偿权问题的批复》(法释〔2002〕16号)

上海市高级人民法院:

你院沪高法〔2001〕14号《关于合同法第286条理解与适用问题的请示》收悉。经研究,答复如下:

一、人民法院在审理房地产纠纷案件和办理执行案件中,应当依照《中华人民共和国合同法》第二百八十六条的规定,认定建筑工程的承包人的优先受偿权优于抵押权和其他债权。

二、消费者交付购买商品房的全部或者大部分款项后,承包人就该商品房享有的工程价款优先受偿权不得对抗买受人。

三、建筑工程价款包括承包人为建设工程应当支付的工作人员报酬、材料款等实际支出的费用,不包括承包人因发包人违约所造成的损失。

四、建设工程承包人行使优先权的期限为六个月,自建设工程竣工之日或者建设工程合同约定的竣工之日起计算。

五、本批复第一条至第三条自公布之日起施行,第四条自公布之日起六个月后施行。

010. 未登记担保范围情形下不动产抵押权优先受偿范围以何为准?

【典型案例】

瞿银林等与平安银行股份有限公司上海分行抵押合同纠纷上诉案

【裁判要点】

未登记担保范围情形下,不动产抵押权人不得以合同约定为由,于执行分配阶段主张就登记范围以外的利息、逾期利息、罚息等享有优先受偿权。在执行款分配阶段,就同一抵押物上存在的数个抵押权,应以登记的先后顺序及债权数额参与分配。

【案号】

一审:(2016)沪 0106 民初 2898 号;二审:(2016)沪 02 民终 6902 号。

【案情】

原告(二审被上诉人):平安银行股份有限公司上海分行(以下简称平安银行上海分行)。

被告(二审上诉人):瞿银林、潘光河。

平安银行上海分行与案外人陈栋、竺闻雷签订个人借款合同,向两人出借 185 万元。双方签订抵押合同约定:陈栋、竺闻雷以上海市金汇南路 301 弄 40 号 902 室房产(以下简称涉案房产)作抵押担保,担保范围为主合同项下发生的债权本金、利息、复利、罚息等;若陈栋、竺闻雷未按约还款,平安银行上海分行有权行使抵押权,以所得价款优先受偿。后双方办理抵押登记,债权数额为 185 万元。上海市静安区人民法院(2012)静民二(商)初字第 579 号民事判决确认,陈栋、竺闻雷应归还平安银行上海分行借款本金 1,704,531.64 元、截至 2012 年 4 月 5 日的利息(包括逾期利息及复利)96,407.50 元并从次日起至贷款清偿日止按个人借款合同约定的利率支付逾期利息;陈栋、竺闻雷不履行前述还款义务,平安银行上海分行可与陈栋、竺闻雷协议以涉案房产折价,或者申请以拍卖、变卖所得价款优先受偿。

2012 年 10 月 17 日,江苏省兴化市人民法院(2011)泰兴民初字第 1516 号民事判决书查明,陈栋、竺闻雷向瞿银林借款 253 万元,涉案房产于 2009 年 11 月 1 日办理抵押登记,债权数额为 80 万元,系余额抵押,判决两人归还瞿银林借款 253 万元并承担利息，瞿银林对涉案房产在拍卖、变卖等处置中的价款享有优先受偿权。

2012年10月22日，上海市闵行区人民法院(2012)闵民一(民)初字第7236号民事判决书查明，陈栋、竺闻雷向潘光河借款120万元，涉案房产于2010年5月6日办理抵押登记，债权数额为120万元，系余额抵押，并判决两人归还潘光河借款120万元、按银行同期贷款基准利率4倍偿付该款的利息。

前述三案的债权人均申请执行。静安区人民法院在执行平安银行上海分行申请执行案中，委托拍卖涉案房产，已拍卖成交。2015年6月，平安银行上海分行向静安区人民法院申报优先债权：截至2015年6月17日本金1,704,531.64元、利息及逾期利息671,529.44元、诉讼费10,504.20元、迟延履行金343,036.99元，合计2,729,602.27元。2015年9月2日，平安银行上海分行已优先受偿185万元。

静安区人民法院拍卖涉案房产后，作出(2014)静执恢复字第199号执行款分配方案，平安银行上海分行抵押登记金额185万元，分配185万元(已领)+49,410.61元；瞿银林抵押登记金额80万元，分配80万元；潘光河抵押登记金额120万元，分配120万元。

原告平安银行上海分行向上海市静安区人民法院起诉称：该分配方案有悖于抵押合同的约定以及生效判决，故请求撤销(2014)静执恢复字第199号执行款分配方案。

瞿银林、潘光河辩称：平安银行上海分行应按抵押登记的债权金额范围优先受偿，合同与登记的担保范围不一致的，应以登记为准，即185万元；平安银行上海分行已经接受了185万元执行款，接受了分配方案，故不同意平安银行上海分行的诉讼请求。

【审判】

上海市静安区人民法院经审理认为：双方争议在于抵押担保优先受偿的范围。平安银行上海分行主张以合同约定及民事判决为准，而抵押登记的债权数额仅是债权本金；瞿银林、潘光河认为应以抵押登记的债权数额为限，合同与登记不一致的，以登记为准。《物权法》第173条规定，担保物权的担保范围包括主债权及其利息、违约金、损害赔偿金、保管担保财产和实现担保物的费用；当事人另有约定的，按照约定。平安银行上海分行与陈栋、竺闻雷之间的抵押合同约定的担保范围包括主合同项下发生的债权本金、利息、复利、罚息等，平安银行上海分行亦进行抵押登记，系第一顺位抵押权人。静安区人民法院(2012)静民四(商)初字第579号民事判决书基于法律规定和当事人合同约定，判决陈栋、竺闻雷应归还平安银行上海分行借款本金1,704,531.64元，支付平安银行上海分行截至2012年4月5日的利息96,407.50元及从次日起至贷款清偿日止按个人借款合同约定的逾期利息；不履行前述付款义务，平安银行上海分行有权以拍卖、变卖抵押物所得价款优先受偿。该民事判决已生效,明确了平安银行上海分行抵押担保优先受偿范围,故执行程序中应依此对拍卖抵押物所得款项进行分配。对于抵押登记“债权数额185万元”的认定,结合本案证据,该数额应为债权本金的记载。由于抵押权设立之时,除本金数额可以明确外,利息、逾期利息等是否会实际发生以及发生的实际金额均尚不可知;从瞿银林、潘光河的抵押登记中注明的“余额抵押”也可印证前位抵押债权实际发生额的不可确定性。因此,瞿银林、潘光河辩称优先受偿范围以抵押登记债权金额为限,无事实和法律依据,不予采信。

静安区人民法院判决:撤销该院(2014)静执恢复字第199号执行款分配方案;案件受理费80元,由瞿银林、潘光河共同负担。

宣判后,瞿银林、潘光河不服一审判决,向上海市第二中级人民法院提起上诉,请求撤销原判,由平安银行上海分行承担本案一审和二审的诉讼费用。上诉理由为,根据《物权法》的规定,不动产登记簿是物权归属和内容的根据,是权利人享受该不动产物权的证明。根据《最高人民法院关于适用〈中华人民共和国担保法〉若干问题的解释》(以下简称《担保法解释》)的规定,抵押物登记记载的内容与抵押合同约定的内容不一致的,应以登记记载的内容为准。平安银行上海分行办理抵押登记时,只登记债权数额人民币185万元(以下币种相同),其主张的利息、逾期利息、复利等其他担保范围未予登记公示,故不应纳入其优先受偿的范围。静安区人民法院(2014)静执恢复字第199号执行款分配方案按抵押登记的债权数额确定优先受偿的范围,符合法律规定。静安区人民法院(2016)沪0106民初2898号民事判决无视法律关于抵押登记的公示效力的规定,蒋平安银行上海分行未登记的利息、罚息等纳入优先受偿范围,侵害了后顺位抵押权人瞿银林、潘光河的合法权益,认定事实不清,适用法律错误。

平安银行上海分行答辩称:物权法、担保法均规定,担保物权的担保范围包括主债权及其利息、违约金、损害赔偿金和实现担保物权的费用;当事人另有约定的,按照约定。本案中,平安银行上海分行与案外人陈栋、竺闻雷签订的抵押合同明确约定,抵押权的担保范围包括利息、逾期利息、复利等,约定的担保范围与上述法律规定一致,也经过(2012)静民二(商)初字第579号民事判决的确认。因此,平安银行上海分行有权依据生效法律文书确定的数额,就债权本金、利息、复利、罚息等主张优先受偿权。另外,平安银行上海分行在办理抵押登记时,并不能确定利息、逾期利息、复利等是否实际发生及具体的数额。因此,在抵押登记时便确定担保范围并记载于登记簿上,与实际操作不符合。综上,静安区人民法院认定事实清楚,适用法律正确,请求驳回上诉,维持原判。

上海市第二中级人民法院经审理认为,本案争议焦点在于:在执行分配中,同一执行标的物抵押给数个债权人的,如何确定各抵押权人的优先受偿范围。两上诉人瞿银林、潘光河主张以抵押登记的债权数额为限,被上诉人平安银行上海分行则认为应以生效判决确认的优先受偿范围为依据。

关于生效判决确认的平安银行上海分行抵押权优先受偿范围的问题。(2012)静民二(商)初字第579号民事判决处理的是平安银行上海分行与陈栋、竺闻雷之间的金融借款纠纷。陈栋、竺闻雷系债务人,其作为抵押合同的当事人,受该合同条款的约束,不得援引物权登记的公示公信原则对抗平安银行上海分行,故静安区人民法院依据抵押合同约定的担保范围判决抵押权优先受偿的范围包括债权本金、利息、复利、罚息等,并无不当。而本案处理的系数个抵押权人之间的纠纷,后顺位的抵押权人瞿银林、潘光河系平安银行上海分行和陈栋、竺闻雷所订抵押合同以外的第三人。依据合同相对性原则,该抵押合同关于担保范围的约定对第三人不产生效力,故平安银行上海分行以此判决得出在执行款分配中,其优先受偿的范围包括债权本金、利息、复利、罚息等的结论,不予认可。

关于抵押合同约定的担保范围与抵押登记不一致的问题。不动产抵押登记制度旨在以客观上可识别的外观形式,向社会公众揭示特定不动产上设立的抵押权情况,使物权在当事人之间生效的同时,对第三人发生公示效力,以实现物权法律关系的明晰和交易秩序的稳定。登记作为不动产物权的公示方法,具有权利正确性的推定效力。《物权法》第16条第1款已明确规定,不动产登记簿是确定物权归属和内容的依据。担保范围作为抵押权的内容之一,也应当以不动产登记簿的记载为准。后顺位抵押权人依据不动产登记簿的记载知晓先顺位抵押权的担保债权数额,由此判断抵押物的抵押余额,继而对其债权受偿的可能性作合理预期,应受法律的保护,以符合抵押登记制度的本旨,维护交易安全。而且,《最高人民法院关于适用〈中华人民共和国担保法〉若干问题的解释》第61条明确规定,抵押物登记记载的内容与抵押合同约定的内容不一致的,以登记记载的内容为准。故平安银行上海分行依据抵押合同约定的担保范围对抗抵押登记的内容,则突破了不动产登记簿记载的范围,不仅有悖于物权公示、公信原则,而且会损害顺位在后的抵押权人登记的抵押债权的实现,不予采信。

关于登记抵押担保范围的可行性问题。抵押担保范围的确定不等同于具体数额上的确定,抵押权人可以在向登记机关提交抵押登记申请书时写明具体的担保范围,也可以依据抵押合同的约定估算利息范围后一并写入担保债权数额之中。故平安银行上海分行提出的由于抵押设立之初,除本金数额可以明确外,利息、逾期利息等是否会发生以及发生的实际金额均尚不可知,抵押担保范围无法登记的主张,不能成立。平安银行上海分行在办理抵押物登记时,若认为不动产登记簿的记载与抵押合同约定的担保范围不一致,其作为抵押权人,也可以依据法律规定向登记机关提出更正的申请,以消除公示的权利表征与合同约定不符的情况。因未登记担保范围产生的风险不应当转嫁给后顺位的抵押权人，而应由平安银行上海分行自行承担。

本案中，涉案房产先后设定了三个抵押债权：第一顺位抵押权人为平安银行上海分行，登记的债权数额为185万元，登记日为2008年4月29日；第二顺位抵押权人为瞿银林，登记的债权数额为80万元，登记日为2009年11月1日；第三顺位抵押权人为潘光河，登记的债权数额为120万元，登记日为2010年5月6日。房地产登记部门在办理涉案房产的抵押登记时，在《上海市房地产登记簿房地产抵押状况信息》及《上海市房地产登记证明他项权利（抵押）》中均仅记载主债权数额，未明确记载担保范围，故涉案房产抵押登记的债权数额均为各抵押权人的债权本金部分，并不包括利息及其他费用。根据法律规定，同一抵押物向两个以上债权人抵押的，拍卖、变卖抵押财产所得的价款，抵押权已登记的，按照登记的先后顺序清偿。因此，静安区人民法院在执行中依据债权本金优先受偿的原则，并根据抵押登记的先后顺位确定各抵押权人分配受偿的范围和顺序，并无不当。

综合上述理由，上海市第二中级人民法院判决：（1）撤销上海市静安区人民法院（2016）沪0106民初2898号民事判决；（2）维持上海市静安区人民法院于2015年12月6日作出的（2014）静执恢复字第199号执行款分配方案。一审案件受理费人民币80元，二审案件受理费人民币80元，均由被上诉人平安银行股份有限公司上海分行负担。

［参见朱志红、沈洁：《未登记担保范围情形下不动产抵押权优先受偿范围以登记为准》，载《人民司法·案例》2017年第2期。］

011. 如何理解不动产抵押权善意取得之特殊构成要件？

【审判专论】

……

（一）主债权合法有效

抵押权的存在必须以主债权合法有效为前提，这是由抵押权的从属性质所决定的。当主债权无效或被撤销时，讨论抵押权的善意取得不具有任何意义。因此主债权合法有效应当作为抵押权善意取得的构成要件之一，并且基于其担保物权的从属性质，属于抵押权善意取得的特殊构成要件。相应地，抵押合同无效不会影响善意取得的效力。因为善意取得作为一种原始取得，就是对原法律关系的破坏作出一种法律上的补救,即抵押权人基于善意取得之法律规定本身取得抵押权,而原来的抵押合同关系是否成立已在所不问。因此,抵押合同是否有效不是不动产抵押权善意取得制度的考虑因素。

本案中,陆建国因买房向港闸支行申请贷款,双方签订贷款协议并办理了相关手续,均系双方真实意思表示,贷款合同不存在任何无效、可撤销之情形,主债权应当认定为合法有效。

(二)无异议登记存在

《物权法》第 19 条规定了异议登记制度,对于不动产抵押权的善意取得具有阻却作用。由物权法第十九条规定可知,异议登记的目的是解决登记过程中可能出现的错误登记,以便纠正前权利人的权利不受第三人善意取得而遭到损失。因此如果登记簿上有异议登记,则推定第三人应当知道登记名义人不是真实权利人,为恶意或重大过失,不适用善意取得。但是,异议登记的存在,并不能阻断所有的善意取得,其所能阻止的仅是其所针对的权利的善意取得,如果不动产登记簿存在异议登记所针对的事项之外的错误,第三人善意信赖该登记的,仍然可以善意取得物权。本案中并不存在异议登记的阻却事由。

(三)登记错误

虽然不动产物权以登记为要件,但目前各国的登记审查都仅为形式审查,所以不动产权利登记记载的权利与真实权属不一定一致,发生登记错误。登记错误为不动产物权发生善意取得创造了可能,使不动产物权变动过程中需要善意取得制度来协调实际所有人与第三人之间的利益关系。

登记错误发生原因多种多样,有时会因登记机关的过错而造成错误登记或错误涂销;有时则因为表见继承人取得遗产或继承人取得应继份额以外的不动产并进行了登记的;或者还有已登记的不动产因无行为能力、欺诈、当事人伪造文书等理由而无效或撤销,但登记尚未涂销;或者虽依法律规定取得不动产物权,但并未及时办理登记,如征收土地手续已毕,但未作所有权移转登记;或者在不动产共同共有关系中,不动产物权仅登记在一个或部分共有人名义之下。当登记簿错误记载无权处分人为不动产物权人时,无权处分人以该物权再设定他物权的,第三人自可基于善意信赖登记簿记载之公信力而善意取得相应他物权。

二、适用难点——第三人善意且无过失

第三人善意且无过失是判定是否适用不动产抵押权善意取得的主观要件,也是最关键、最难把握的要件。善意取得已经是一项在相当大的程度上牺牲所有权制度所保护的财产静态安全而换取交易安全的制度,如何在维护财产所有人的应有利益与保护交易的动态安全之间取得平衡才不至于显失公平,关键在于善意的把握上。下文将围绕善意且无过失这一构成要件在具体适用过程中应当注意的问题进行逐一论述。

1. 对善意的理解

对于善意的理解，民法理论上素有积极观念说和消极观念说之争，国内学者多采用消极观念说，即只要取得人不知或不应知物之不属于让与人即为善意，至于受让人是否有以处分人为权利人的积极信念，则非所问。由于占有的公信力低于登记，因此不动产善意取得中善意的判断标准较动产善意取得要求较低。动产善意取得中第三人不能仅凭占有事实，绝对相信占有人享有处分权，因此在判断第三人的善意时，更多要结合其他因素；而不动产登记，有国家信用作担保，具有更强的公信力，只要第三人信赖登记，就是善意的，除非第三人明知或因重大过失应知而未知存在登记错误或有异议登记，在判断善意成立时对其他客观因素的依赖性较低。

2. 善意与过失的关系

第三人明知存在登记错误，抵押行为属无权处分，自然不能认定为善意。但如第三人未尽注意义务，存在过失，能否认定为善意呢？《物权法》第106条的一般构成要件中仅以善意概言之，并未进一步明确。而关于善意与过失之间的关系，即过失对善意的影响，理论界亦存在三种认识，即有无过失在所不问、受让人无重大过失即成立善意、受让人需无过失才成立善意。从公平角度出发，法律应当督促交易相对方尽到善良管理人的责任，承担起码的注意义务，因此应当承认过失对善意的影响，将第三人有无过失作为评判善意与否的重要因素。至于过失程度的把握可借鉴德国的做法，即如受让人存在重大过失而不知物不属于让与人者，视为非善意。而重大过失是指欠缺一般人起码的注意，具体到不动产抵押权善意取得而言，笔者认为，应当是指对抵押所需的法定材料作形式上的审慎审查可以发现却没有发现。

3. 举证责任

根据“谁主张，谁举证”的原则，对善意且无过失这一构成要件的举证责任应当由主张不动产抵押权善意取得成立的一方即第三人承担。基于登记较强的公信力，对善意且无过失的证明标准应当降低，即只要证明第三人是基于对登记的信赖且对抵押所需的法定材料进行了形式上的审慎审查，就应认定为善意且无过失。第三人的该审慎审查义务应当仅是一种形式上的审查义务，不应包括对权证取得过程中是否存在弄虚作假等违法或犯罪行为的实质审查。当第三人完成上述举证责任后，法官即可对善意且无过失形成内心确信，原物权人仍可通过担保金额、交易场所的综合因素、抵押人与抵押权人之间的关系等客观因素来推翻法官的这一内心确信。

[参见陆久斌、郁临清：《刍议不动产抵押权善意取得之适用》，载《人民司法·案例》2011年第4期。]

012. 未约定最高限额的房地产最高额抵押合同是否成立?

【典型案例】

大连盛宝大厦物业管理有限公司与大连市房地产交易所等房地产抵押登记纠纷再审案

【裁判要点】

所谓最高额抵押,是指抵押人与抵押权人协议,在最高债权限额内,以抵押物对一定期间内连续发生的债权作担保。依据《担保法》第60条、第61条的规定,借款合同可以附最高额抵押合同。债权人与债务人就某项商品在一定期间内连续发生交易而签订的合同,可以附最高额抵押合同。最高额抵押的主合同债权不得转让。最高额抵押具有担保债权的不特定性的特点,即最高额抵押所担保的未来债权是不特定的,将来的债权是否发生、债权类型是什么、债权额是多少均是不确定的。因此,其所担保的债权必须都是同一性质的债务。对于被担保的债权的最高限额应当明确规定,如果没有约定最高限额,则应当认为最高额抵押合同不成立。

抗诉机关:辽宁省人民检察院

受诉法院:辽宁省高级人民法院

申诉人(一审原告,二审被上诉人):大连盛宝大厦物业管理有限公司。

被申诉人(一审被告,二审上诉人):大连市房地产交易所。

被申诉人(一审第三人):中国工商银行大连市分行营业部。

被申诉人(一审第三人):辽宁国际贸易公司大连分公司。

1997年1月17日、1月29日,中国工商银行大连市分行营业部(以下简称工行大连分行)应辽宁国际贸易公司大连分公司(以下简称国贸大连分公司)的申请,对外开出三份《不可撤销跟单信用证》,编号和金额分别为:LCY21497016号1,358,553.60美元、LCY214497025号1,365,660美元,LCY21497026号1,366,740美元,期限为6个月。大连市房地产交易所(以下简称交易所)分别于1997年1月21日和9月10日,根据大连盛宝大厦物业管理有限公司(以下简称盛宝公司)与工行大连分行在1997年1月20日签订的《开证抵押合同书》,办理了三笔抵押登记,盛宝公司为抵押人,工行大连分行为抵押权人,抵押担保范围:开证金额4,090,500美元。信用证到期,国贸大连分公司没有偿付信用证项下的款项,工行大连分行于1998年年初提起民事诉讼,要求盛宝公司承担抵押担保责任。最高人民法院于2001年8月27日作出(1998)经终字第475号民事判决,认为抵押合同及抵押登记有效,盛宝公司应承担抵押担保责任。

另查,盛宝公司是1996年5月30日成立的中外合资企业,中方股东为辽宁渤海工程设计装修公司(以下简称渤海公司)、外方股东为香港宇运投资公司(以下简称宇运公司),中方委派曹希杰担任董事长、外方委派谢昆明为副董事长兼总经理。1996年12月19日,谢昆明自制盛宝公司董事会会议记录及各董事的签字,在大连市工商局将盛宝公司的董事长由曹希杰变更为谢昆明,并在原公章有效的情况下刻制了第二枚盛宝公司公章。然后谢昆明用董事长身份及所刻公章与工商银行签订开证抵押合同,信用证的款项被其占有。大连市公安局已就谢昆明涉嫌信用证诈骗罪立案。1998年3月盛宝公司的营业执照被工商机关暂扣。1999年5月17日,公安机关将两枚盛宝公司公章同时收缴。2000年1月31日,经法院判决第一枚公章返还盛宝公司,谢昆明所刻第二枚公章不合法由公安机关予以收缴。2000年8月1日,大连市工商局作出变更盛宝公司法定代表人为曹希杰的决定,返还营业执照。

而后,盛宝公司在查阅交易所抵押登记材料时发现,该抵押登记是工行大连分行违规开具信用证,造成实际损失后,为转嫁风险将已失效的抵押合同单方办理抵押登记,登记费由工行大连分行支付,此登记是违法抵押行为。为此,盛宝公司将交易所起诉至大连市西岗区人民法院,请求撤销三笔抵押登记。

【原审裁判】

2001年9月24日,大连市西岗区人民法院作出(2000)西行初字第30号行政判决,认为:根据相关法规规定,被告作为大连市房地产交易管理机构,有权办理房地产抵押登记工作。因法律法规中没有单独就对外贸易中的开立信用证办理房产抵押登记作出规定,但抵押开立信用证和抵押贷款在房地产抵押登记部分的规定是一致的,故被告在办理开立信用证抵押登记时,除了适用被告提供的法律依据外,还应适用《大连市房地产抵押贷款管理规定》和《担保法》以及建设部、中国人民银行《关于加强与银行贷款业务相关的房地产抵押和评估管理工作的通知》中关于房地产抵押登记部分的规定,对抵押登记当事人提交的文件进行严格审查。建设部《城市房地产抵押登记管理办法》更是被告办理登记必须适用的法律依据。被告称在作出被诉具体行政行为时无相关法律、法规可依,是错误的。最高额抵押是指抵押人与抵押权人协议,在最高债权额限度内,以抵押物对一定期间内连续发生的债权作担保。实践中只需进行一次抵押登记。本案被告进行了三次抵押登记,且原告与工行大连分行所签《开证抵押合同书》中未约定最高额抵押。故被告在作出对涉案的三笔抵押登记行为时无事实与法律依据,依法应予以撤销。关于被告提出原告的起诉超过法定期限,因原告的《营业执照》、公章被有关部门暂扣,根据《最高人民法院关于执行〈中华人民共和国行政诉讼法〉若干问题的解释》第43条的规定,属于不是原告自身的原因耽误了起诉期限。对其起诉,本院予以支持。原告要求被告赔偿经济损失,因未提交相关证据,不予支持。判决如下:(1)撤销被告于1997年1月21日、9月10日对原告所有的盛宝大厦所作的三笔抵押登记。(2)驳回原告要求赔偿经济损失的诉讼请求。

工行大连分行不服判决,向大连市中级人民法院提起上诉。

2002年5月30日,大连市中级人民法院作出(2001)大行终字第124号行政裁定,认为:根据相关规定,房地产交易所有办理房地产抵押登记的管理职权。谢昆明就任盛宝公司法定代表人期间与工行大连分行签订的抵押合同是真实意思表示,没有违反法律规定,盛宝公司应对其法定代表人的行为承担责任。在辽宁省高级人民法院和最高人民法院的民事判决书中对此已予以确认。至于盛宝公司拥有两枚公章,系其内部管理问题,不能免除对外应承担的责任。法律法规规定抵押登记管理机关对抵押登记应作形式要件审查,而不是实质性审查。一审判决认定抵押登记管理机关未严格审查相关文件的真实性,并以此为由判决撤销该行政行为不妥。盛宝公司与工行大连分行签订合同,确定开证额度并办理抵押登记,意思表示真实一致,原审判决对最高额抵押予以否认显系不妥。根据《辽宁省城镇房地产交易管理条例》第6条,在办理抵押登记时,无须提交经公证的委托书。至于30日内办理抵押登记,不是用以约束抵押登记管理机关的,而是用来约束管理相对人的,原判以此为由撤销抵押登记行为亦不合理。一审法院判决认定盛宝公司与工行大连分行所签订的409.05万美元的抵押合同无效,并作为撤销抵押登记行政行为的理由之一,与最高人民法院的判决相抵触。本案不存在因不可抗力的原因影响盛宝公司行使诉权。综上,上诉人的上诉请求及理由,本院依法予以支持;原审判决撤销抵押登记行为没有事实及法律依据,应予纠正。根据《行政诉讼法》第54条第1项、第61条第3项,《最高人民法院关于执行〈中华人民共和国行政诉讼法〉若干问题的解释》第44条第6项、第10项之规定,裁定如下:(1)撤销大连市西岗区人民法院(2000)西行初字第30号行政判决;(2)驳回被上诉人大连盛宝大厦物业管理有限公司的起诉。

【抗诉理由】

盛宝公司不服二审裁定,向检察机关提出申诉,大连市人民检察院提请辽宁省人民检察院抗诉。辽宁省人民检察院以下列理由向辽宁省高级人民法院提出抗诉:

1. 二审法院认定事实错误。(1)二审法院判决认为"一审判决书对最高额抵押予以否认显系不妥"是错误的。根据《担保法》和《最高人民法院关于适用〈中华人民共和国担保法〉若干问题的解释》的相关规定,本案409万美元的《开证抵押合同书》不符合最高额抵押的特点。(2)二审法院判决认为“一审判决认定抵押登记机关未严格审查相关文件的真实性,并以此为由判决撤销该行政行为不妥”是错误的。根据《大连市房地产抵押贷款管理规定》、《关于加强与银行贷款业务相关的房地产抵押和评估管理工作的通知》、《城市房地产抵押管理办法》和《担保法》的相关规定,行政机关在办理抵押登记时,应当要求抵押当事人提交必要的材料。交易所在向法院提交其前后两次办理三笔抵押登记的依据时,缺少应具备的法定文件。

2. 二审判决适用法律不当。(1)建设部1997年颁布的《城市房地产抵押管理办法》,1995年联合颁布的建设部、中国人民银行《关于加强与银行贷款业务相关的房地产抵押和评估管理工作的通知》及《大连市房地产抵押贷款管理规定》对抵押登记业务有明确的规定。而对于现行有效的规章及规范性文件,登记机关没有遵守。(2)二审法院以申诉人起诉超过诉讼时效为由驳回起诉是错误的。申诉人的《企业法人营业执照》及公章被相关部门暂扣及收缴。申诉人的权利因此受到限制而无法向人民法院提起诉讼,应视为诉讼时效中断。(3)二审法院认为“最高人民法院民事判决认定409万美元抵押合同有效,而一审西岗人民法院认定该抵押合同无效,与最高人民法院判决相抵触,以此撤销西岗区人民法院关于抵押无效的认定”显系不当。申诉人的诉请是撤销被申诉人房产局办理盛宝大厦抵押登记的具体行政行为。这种具体行政行为是否合法有效,只有人民法院行政审判庭才有权作出认定。最高人民法院经济审判庭审理的是工商银行诉辽宁国贸和申诉人信用证开证抵押担保纠纷案,是经济纠纷,不能就该案抵押登记行为是否合法作出认定。因此,一审法院、二审法院审理此行政纠纷,不应受最高人民法院经济审判庭判决结果的制约。

【再审结果】

辽宁省高级人民法院受理抗诉后,交由大连市中级人民法院再审。大连市中级人民法院另行组成合议庭对本案进行再审,作出了(2005)大行再字第1号行政判决,完全支持了检察机关的抗诉理由,认为大连市房地产交易所在办理抵押登记的具体行政行为时,主要依据不足,适用法律不当。涉案抵押登记不是最高额抵押登记。本案审理的是行政纠纷,只对行政机关即交易所作的具体行政行为是否合法进行认定。因此,原二审裁定以原一审判决与最高人民法院所作民事判决相抵触为由撤销一审法院判决,显系不当,应予纠正。申诉人的营业执照及公章被相关的国家机关收缴,其起诉权利受到限制,不存在超过诉讼时效的问题。判决:撤销本院(2001)大行终字第124号行政裁定;维持大连市西岗区人民法院(2000)西行初字第30号行政判决。

[参见最高人民法院办公厅编:《最高人民法院公布裁判文书》(2002年),人民法院出版社2003年版。]

第五章 房地产诉讼程序问题

001. 对于被依法吊销营业执照但未进行清算，也没有办理注销登记的法人与他人发生合同纠纷，其开办单位是否具有诉讼主体资格？

【公报案例】

广西北生集团有限责任公司与北海市威豪房地产开发公司、广西壮族自治区畜产进出口北海公司土地使用权转让合同纠纷案

【裁判要点】

法人是具有民事权利能力和民事行为能力，依法独立享有民事权利和承担民事义务的组织。从法人成立之时起，法人具有民事权利能力和民事行为能力，该民事权利能力和行为能力至法人终止时消灭。根据我国《公司登记管理条例》第38条的规定，公司的终止要件是经公司登记机关核准办理注销登记。对于被依法吊销营业执照但未进行清算，也没有办理注销登记的法人，不具备法人终止的要件，仍然依法享有民事诉讼的权利能力和行为能力。其与他人发生产生合同纠纷的，作为合同的一方当事人，有权以自己的名义参加民事诉讼。开办该类法人的单位，有权利和义务对法人的债权债务进行清理，但在该法人未办理注销登记时，不能作为当事人共同参加诉讼，不具备诉讼主体资格。根据我国《民法通则》的规定，当事人向人民法院请求保护民事权利的诉讼时效期间为二年，诉讼时效期间从知道或者应当知道权利被侵害时起计算。对于当事人请求确定合同无效的情形，因合同当事人不享有确认合同无效的法定权利，只有仲裁机构和人民法院才有权确认合同是否有效。合同如无效即自始无效，时间期间对确认合同无效没有影响，即不受

诉讼时效期间的限制。但当合同被法定机构确认无效后,当事人关于返还财产及赔偿损失的请求,应当适用法律关于诉讼时效的规定。

案号:最高人民法院(2005)民一终字第104号。

上诉人(原审被告):广西北生集团有限责任公司。

被上诉人(原审原告):北海市威豪房地产开发公司。

被上诉人(原审原告):广西壮族自治区畜产进出口北海公司。

上诉人广西北生集团有限责任公司(以下简称北生集团)与被上诉人北海市威豪房地产开发公司(以下简称威豪公司)、广西壮族自治区畜产进出口北海公司(以下简称北海公司)土地使用权转让合同纠纷一案,广西壮族自治区高级人民法院于2005年9月20日作出(2005)桂民一初字第3号民事判决。北生集团不服该判决,向最高人民法院提起上诉。最高人民法院依法组成合议庭,于2006年2月10日开庭审理了本案。本案现已审理终结。

一审法院经审理查明:1993年3月3日,北生集团与威豪公司签订《土地合作开发协议书》约定,双方合作开发乡镇企业城范围内土地150亩;威豪公司按每亩20.5万元标准交付合作开发费用,共计3075万元;协议签订后两个工作日内,威豪公司支付北生集团土地合作开发费500万元作为定金,同时将原有的土地蓝线图正本和北生集团与广西壮族自治区北海市乡镇企业城招商中心(以下简称招商中心)签订的土地合作开发协议交给威豪公司保管;北生集团原则上在收到定金后,从招商中心办理好以威豪公司为该150亩土地占有人的蓝线图和转换合同,办理的手续费由北生集团负担;威豪公司在签约后10日内再付1000万元,其余的1575万元在1993年5月1日前付足;北生集团办理蓝线图及转换合同,最迟不能超过13日(自合同签订之日起),逾期北生集团赔偿给威豪公司100万元,同时本合同有效执行;威豪公司付清全款,北生集团根据威豪公司要求同意向威豪公司转让土地使用权,威豪公司提供办理红线图及土地使用权证所需的立项等全部文件,北生集团负责为其办理红线图及土地使用权证;协议自签字盖章,交纳定金之日起正式生效。同日,双方又签订《补充协议》约定,北生集团与招商中心合作开发该150亩土地,尚欠合作开发费50%即600万元。在1993年5月1日威豪公司支付全款前,北生集团欠交土地合作开发费的损失由其自行承担,如果招商中心提高土地价格,加价部分由北生集团承担;如果收回土地,北生集团应在损失发生时将所收的款项全部退还给威豪公司,并在5日内赔偿500万元;如威豪公司未能在1993年5月1日前付足款给北生集团,威豪公司则赔偿500万元。同日,北生集团将土地示意图正本交付给威豪公司。威豪公司法定代表人刁江南出具了收条。

合同签订后,威豪公司分别于1993年3月4日、3月13日及4月30日支付500

万元、1000万元、1000万元给北生集团，北生集团开具了收款收据。但北生集团未依约办理蓝线图及转换合同，也未为威豪公司办理土地使用权证。北生集团至今未取得讼争土地的土地使用权，也未对讼争土地进行开发利用。双方当事人均当庭确认威豪公司在诉讼前一直未向北生集团主张过权利。

一审法院另查明，威豪公司系由北海公司申办成立，其性质为全民所有制企业法人，主管部门为北海公司。由于威豪公司未按规定申报工商年检，2003年11月26日，广西壮族自治区北海市工商行政管理局作出行政处罚决定书，决定吊销威豪公司的营业执照，但至今尚未成立清算组进行清算。北生集团在1997年1月1日前的名称为浙江广厦建筑集团北海公司；1997年1月1日变更为广西北海浙江广厦建筑有限责任公司；2002年8月23日变更为广西北生企业（集团）有限责任公司；2002年9月19日再次变更为北生集团。

一审法院还查明，2000年1月26日，广西壮族自治区北海市中级人民法院就柳州市恒通房地产开发公司（以下简称恒通公司）与威豪公司及成都三业投资开发股份有限公司（以下简称三业公司）土地使用权转让合同纠纷一案作出（1999）北民初字第66号民事判决，认定威豪公司转让给恒通公司的150亩土地是根据1993年3月3日其与北生集团签订的《土地合作开发协议书》受让而来。但威豪公司与三业公司未取得该幅土地的使用权即与恒通公司签订土地使用权转让协议，在一审期间也未补办土地使用权手续，因此，该土地使用权转让合同无效。遂判决威豪公司返还其从恒通公司取得的土地款2820万元及该款利息。该判决已为生效判决。

威豪公司、北海公司向一审法院提起诉讼称，1993年3月3日，威豪公司与北生集团的前身浙江广厦建设集团北海公司签订《土地合作开发协议书》约定，双方合作开发北海乡镇企业城范围内的土地150亩，威豪公司按照每亩20.5万元的标准向北生集团支付开发费用，北生集团应将土地使用权办理到威豪公司名下。协议订立后，威豪公司先后共支付2500万元，但北生集团未履行合同约定义务。事后，威豪公司发现北生集团无权签订该合作开发协议，协议违反了法律强制性规定，属无效合同。由于威豪公司两年未参加工商年检，现由其开办单位北海公司与威豪公司共同清理威豪公司的债权债务，故请求：(1)确认双方签订的《土地合作开发协议书》无效；(2)判令北生集团向其返还因无效合同取得的合作开发费用2500万元，并赔偿利息损失28,395,234.25元（自北生集团收到款项之日起到实际返还之日止，暂计至2005年4月29日）。

北生集团答辩称：(1)北海公司没有按照法定程序成立清算组对威豪公司进行清算，该公司又不是讼争合同的当事人，故北海公司不具备原告的主体资格。(2)威豪公司与北生集团签订的《土地合作开发协议书》的性质是合同权利义务之转让。北生集团原与招商中心约定由招商中心出地，北生集团出资，共同合作开发土地。而北生集团与威豪公司签订的合同即是将北生集团的出资义务转让给了威豪公司。该合同没有违反法律强制性规定,合同合法有效。由于威豪公司未依约支付全额款项,致使北生集团不能协助威豪公司取得土地使用权,威豪公司对此应自行负责。(3)威豪公司的起诉已经超过了法定诉讼时效期间。《土地合作开发协议书》约定自合同签订之日起最迟不能超过13日,北生集团应办理土地的蓝线图及转换合同,但北生集团并没有在该期限内办理好上述手续,威豪公司在1993年3月16日就知道或应当知道其权利被侵害。此外,在另案诉讼中,2000年1月26日,广西壮族自治区北海市中级人民法院在(1999)北民初字第66号民事判决书中,已认定威豪公司未能取得土地使用权,亦不能协助恒通公司取得土地使用权,遂判决威豪公司返还土地款及赔偿利息损失给恒通公司。广西壮族自治区北海市中级人民法院作出该判决时,威豪公司就知道或应当知道其权利被侵害,诉讼时效最迟应该自此时起算,而威豪公司一直未向北生集团主张权利,直到2005年才提起诉讼,已超过了法定诉讼时效期间。故请求法院依法驳回威豪公司的诉讼请求。

一审法院经审理认为,本案争议焦点为:(1)北海公司是否为本案适格原告;(2)《土地合作开发协议书》是否无效;(3)威豪公司及北海公司的起诉是否超过了法定诉讼时效期间。

关于第一个争议焦点,即北海公司是否为适格原告的问题,一审法院认为,北海公司在本案中为适格原告。因为威豪公司系北海公司开办的全民所有制企业,威豪公司被工商管理部门依法吊销营业执照后,其民事行为能力受到一定的限制,且至今未成立清算组进行清算,北海公司作为该公司的开办单位、主管部门及唯一的出资方有权利及义务对威豪公司的债权债务进行清理。该公司作为共同原告参加诉讼并无不当。北生集团主张其是与威豪公司签订的合同,北海公司不是合同相对人,因而无权参加诉讼的理由不成立,不予支持。

关于第二个争议焦点,即《土地合作开发协议书》是否无效的问题,一审法院认为,威豪公司与北生集团签订的《土地合作开发协议书》,名为合作开发,实为土地使用权转让,该协议为无效合同。依据《最高人民法院关于审理房地产管理法施行前房地产开发经营案件若干问题的解答》第7条"未取得土地使用证的土地使用者为转让方与他人签订的合同,一般应当认定无效,但转让方已按出让合同约定的期限和条件投资开发利用了土地,在一审诉讼期间,经有关主管部门批准,补办了土地使用权登记或变更登记手续的,可认定合同有效"之规定,北生集团未取得讼争土地的使用权即与威豪公司签订协议转让该土地的使用权,且既未对土地进行实际的投资开发,也未在一审审理期间补办有关土地使用权登记或变更登记手续,因此,双方当事人签订的《土地合作开发协议书》无效。依据无效合同返还原则,北生集团应返还其收取的购地款2500万元及利息。

北生集团答辩认为,《土地合作开发协议书》合法有效,该协议的性质是合同权利义务的转让,即北生集团将其与招商中心签订的土地合作开发协议中的权利义务转让给威豪公司。但在一审审理期间,北生集团不能提供其与招商中心签订的协议或其他证据证明其与招商中心之间具有土地合作开发关系。而北生集团与威豪公司签订的《土地合作开发协议书》中也没有任何关于共同出资、共同经营、共担风险的约定。相反该协议书第6条约定威豪公司付清全款后,北生集团向威豪公司转让土地使用权,并为威豪公司办理土地使用权证。显然,威豪公司与北生集团之间的法律关系并非土地合作开发合同的权利义务转让,而是土地使用权的转让。即使《土地合作开发协议书》是合同权利义务的转让,北生集团的转让行为未得到原合同相对方的同意,该转让行为亦无效。所以,北生集团关于合同合法有效的抗辩主张没有事实和法律依据,不予采信。

北生集团还认为,威豪公司未按照《补充协议》的约定付足全部款项,致使其无法协助威豪公司取得该块土地的使用权,威豪公司对此应自行负责。一审法院认为,依照《最高人民法院关于审理房地产管理法施行前房地产开发经营案件若干问题的解答》第7条的规定,北生集团作为土地使用权的转让方应当取得土地使用权后方可转让该土地使用权。北生集团在本案中的转让行为违反了上述规定。受让方未付清全部款项并不能使北生集团的违法行为合法化,也不是导致涉案合同无效的原因。北生集团的该抗辩主张与司法解释的规定相悖,不予支持。

关于第三个争议焦点,即威豪公司、北海公司的起诉是否超过法定诉讼时效期间的问题,一审法院认为,威豪公司、北海公司的起诉没有超过法定诉讼时效期间。当事人向法院请求保护民事权利的诉讼时效期间为两年,诉讼时效期间从知道或应当知道权利被侵害时起计算。首先,《民法通则》规定的两年的诉讼时效期间适用于债权请求权,不适用于形成权。而威豪公司、北海公司关于确认合同无效的请求属于形成权之诉,不应受两年诉讼时效的限制。其次,因合同无效产生的财产返还请求权在性质上属于债权请求权范畴,理应受《民法通则》关于诉讼时效期间的规定的限制,诉讼时效期间从原告知道或应当知道权利被侵害时起算。鉴于当事人并不享有确认合同无效的法定权力,合同只有在被法定裁判机关确认为无效之后,才产生不当得利的财产返还请求权及该请求权的诉讼时效问题。因此,威豪公司与北生集团签订的《土地合作开发协议书》被法院宣告无效后,威豪公司才享有财产返还请求权。如北生集团不予返还,威豪公司才知道或应当知道该权利受到侵害,诉讼时效才开始起算。以合同被宣告无效为无效合同诉讼时效的起点,威豪公司、北海公司的起诉没有超过法定诉讼时效期间。北生集团提出以合同被宣告无效为诉讼时效的起算点,可能会导致以无效合同为基础的民事关系长期处于不稳定状态,但诉讼时效原则体现的是国家公权力对私权的合理干预,以及在公共利益与私人利益产生冲突时，立法对公共利益的倾斜与保护。同时，在涉及无效合同财产返还的诉讼中，对《民法通则》第 137 条如何适用，司法实践中还存在另一种诠释：以无效合同的履行期限为确定诉讼时效的依据。其理由是无效合同的当事人通常在合同被法定机关确认为无效前，并不知道合同无效，当事人对无效合同约定的合同利益有合理的预期。如无效合同约定了履行期限，在该履行期限届满后；如合同未约定履行期限，在当事人主张权利后，合同相对方仍不能完全履行义务，当事人即知道或应当知道其"合同权利"受到侵害，则应积极地行使诉讼权利，维护自身利益。但由于本案双方当事人未对土地使用权转让的履行时间进行约定，威豪公司、北海公司从未向北生集团主张过权利，北生集团也从未告知过威豪公司不能办理土地使用权转让手续，威豪公司不知道也不应知道北生集团不能履约。所以，无论是以合同被法定裁判机关宣告无效，还是以无效合同的履行期限为依据确定诉讼时效的起算点，威豪公司、北海公司在 2005 年提起返还财产的诉讼，均未超过法定诉讼时效期间。

北生集团认为，《土地合作开发协议书》约定北生集团应在合同签订之日起 13 日内为威豪公司办理蓝线图和转换合同。北生集团未在该期限内履行上述义务，威豪公司就应当知道其权利受到侵害，诉讼时效即开始起算。一审法院认为，首先，合同的诉讼时效计算应以合同主要义务的履行期限为依据。《土地合作开发协议书》中约定的威豪公司支付购地款的对价是北生集团转让土地使用权给威豪公司，办理蓝线图等只是附随义务，其履行期限并不能替代合同主要义务的履行期限，也不应作为确定整个合同的诉讼时效的依据。其次，《土地合作开发协议书》约定，如果北生集团未能在合同订立之日起 13 日内办理蓝线图和转换合同，合同仍然继续有效执行。实际上在该时间之后，双方也还在继续履行合同。可见，未及时办理蓝线图及转换合同并不影响合同其他权利义务的履行。最后，从现实操作而言，土地使用权过户的全部手续通常也不可能在 13 日内能办理完毕。因此，无论从法理、合同约定、实际履约情况还是从现实操作的情况分析，在合同签订后的 13 日内北生集团虽未依约办理好蓝线图等，但并不能据此推断威豪公司就知道或应当知道北生集团不能履行转让土地使用权的义务。

此外，北生集团还认为，广西壮族自治区北海市中级人民法院作出（1999）北民初字第 66 号民事判决后，威豪公司就知道或应当知道其权利被北生集团侵害，诉讼时效期间即开始起算。一审法院认为，广西壮族自治区北海市中级人民法院审理的是威豪公司与恒通公司的争议，并未就本案原、被告之间的纠纷进行审理。广西壮族自治区北海市中级人民法院判决认定威豪公司与恒通公司之间的合同不能履行、合同无效，并不能推导出威豪公司与北生集团之间的合同不能履行或无效，两者之间没有必然的逻辑关系。依照《最高人民法院关于审理房地产管理法施行前房地产开发经营案件若干问题的解答》第7条的规定，威豪公司与北生集团之间的土地使用权转让协议在威豪公司提起诉讼时，实质上还处于效力待定状态，即如在本案一审诉讼期间北生集团能补办有关土地使用权的手续，合同仍然可以有效履行。此外，威豪公司与北生集团之间的合同没有约定办理土地使用权转让的履行期限，虽然威豪公司与恒通公司产生了诉讼，威豪公司仍未向北生集团主张权利，北生集团也未告知威豪公司不能办理土地使用权转让手续。所以，威豪公司虽在与恒通公司的诉讼中败诉，但并不能由此推定威豪公司知道或应当知道北生集团侵害了其权利，从而致使其不能履行与恒通公司之间的合同义务。

综上所述，北海公司作为威豪公司的开办单位、主管部门及唯一的出资方有权参加诉讼，对威豪公司的债权进行清理。威豪公司与北生集团之间的《土地合作开发协议书》名为合作开发，实为土地使用权转让，该协议违反了法律法规强制性规定，为无效合同。北生集团取得2500万元购地款及利息没有合法依据，应予以返还。威豪公司、北海公司提起诉讼，符合法律关于诉讼时效期间的规定，其诉权应依法受到保护。依照《民法通则》第61条第1款、第92条、第135条、第137条及《最高人民法院关于审理房地产管理法施行前房地产开发经营案件若干问题的解答》第7条之规定，经一审法院审判委员会讨论决定，判决：(1)威豪公司与北生集团于1993年3月3日签订的《土地合作开发协议书》为无效合同；(2)北生集团返还威豪公司、北海公司2500万元及利息（利息计算从北生集团取得款项之日起至判决规定的履行期限届满为止，按中国人民银行同期一年期存款利率计算）。上述债务义务人应于判决生效之日起15日内履行完毕，逾期则应加倍支付迟延履行期间的债务利息。案件受理费282,986元，由北生集团负担。

北生集团不服一审判决，向本院提起上诉，请求：(1)撤销一审判决；(2)驳回威豪公司、北海公司的诉讼请求；(3)由威豪公司、北海公司承担本案的全部诉讼费用。

1. 北海公司不是本案适格原告。北海公司作为威豪公司的开办单位、主管部门及唯一的出资方，虽然有权利和义务对威豪公司的债权债务进行清理，但并无法律规定，在法人尚未注销时，其开办单位有权作为当事人代为或共同参加诉讼。这在根本上违背了法人独立的原则。法人的民事权利能力和民事行为能力，从法人成立时产生，到法人终止时消灭。威豪公司虽然系由北海公司申请开办，但被依法吊销了营业执照之后并没有在包括其开办单位北海公司在内的组织下进行清算，也没有办理注销登记。因此威豪公司仍然是一个依法独立存在的法人。被吊销营业执照并不影响威豪公司依法保持独立的民事权利能力和其他民事行为能力，威豪公司仍然有权且只能以自己的名义独立行使法律赋予的各项民事权利，包括参加诉讼。因此，一审法院认定北海公司为本案适格原告显属错误。

2. 威豪公司的起诉已过诉讼时效。(1)一审法院关于“原告确认合同无效的请求属于形成权之诉,不应受两年诉讼时效的限制”的认定,没有法律依据。关于请求确认无效合同是否适用诉讼时效的问题,我国法律没有明确规定,一直以来在理论界和实务界都存在一定的争议。我国是成文法国家,在法律没有明确规定无效合同不适用诉讼时效制度的情况下,人民法院不宜也不应该把存在争议的学理、学说作为定案的依据,应该同样适用法律关于诉讼时效的规定,即以两年为限。(2)一审法院认定“以合同被宣告无效为无效合同诉讼时效的起点”是错误的。一审法院认为,“鉴于当事人并不享有确认合同无效的法定效力,合同只有在被法定裁判机关确认为无效之后,才产生不当得利的财产返还请求权及该请求权的诉讼时效问题”。北生集团认为,合同是否有效并不影响当事人主张权利,故确认合同无效和返还财产请求权是可以分开且应该分开的两个问题。法院不能抛开法律规定,自行推定威豪公司何时知道其权利受损,否则诉讼时效将形同虚设。而且,合同无效虽然存在违法因素,但本案涉及的财产均为当事人自由处分的范围,属私权,不是国家必须主动干预的范畴。简单地以合同被宣告无效为财产返还请求权诉讼时效的起点,必然导致以无效合同为基础的民事关系长期处于不稳定状态,不利于整个社会经济生活的健康发展。(3)权利人的权利是否受到侵害是一个价值判断问题,应由法定裁判机关确定,但权利人知否其权利受到侵害则是一个事实问题,要靠证据来认定。威豪公司与恒通公司的土地转让合同被判无效,确实不能推导出本案合同无效,从而确定威豪公司的权利受到侵害,但可以据此认定威豪公司应当知道自己的权利受到了侵害。首先,北生集团对涉案土地并无使用权,也没有实际投资开发利用土地,经过十几年,仍然不能办理土地转让手续,其与威豪公司的土地转让合同违反法律的强制性规定,极有可能被判无效;其次,威豪公司已经向恒通公司承担了法律责任,遭受了巨大的经济损失。威豪公司权利受到侵害的事实已经发生。而威豪公司怠于行使自己的权利,从未向北生集团提出主张,致使诉讼时效期间届满。

威豪公司及北海公司答辩认为,一审判决认定事实清楚,适用法律正确,应予维持。北生集团的上诉请求不能成立,应予驳回。

1. 关于北海公司的主体问题。北海公司是威豪公司的开办单位,威豪公司已于2003年11月26日被广西壮族自治区北海市工商行政管理局吊销营业执照,并被责令由主办单位、投资人或清算组进行清算。威豪公司至今未成立清算组,因此作为主办单位的北海公司有权利有义务对威豪公司的债权债务进行清算工作。本次诉讼,亦是对威豪公司债权债务的清算工作之一,由北海公司同权利义务已受限制的威豪公司共同参加诉讼,符合法律规定。

2. 关于诉讼时效问题。威豪公司的起诉没有超过诉讼时效,威豪公司的诉讼请求应当得到法院的支持。(1)无效合同的确认不适用诉讼时效,无效合同产生的财产返还请求权的诉讼时效期间应自合同被确认无效之日起算。无效合同的确认不受诉讼时效期间限制。合同无效是法律所代表的公共权力对合同成立过程进行干预的结果。确认合同效力是价值判断的范畴,只要法律、行政法规认为合同是无效的或损害社会公共利益的,就应当认定合同无效,而不应考虑合同无效经历的时间过程。此外,诉讼时效制度适用于债权请求权,而确认合同无效则属于形成权,确认合同无效之诉属确认之诉,不适用诉讼时效制度。合同无效是一种法律状态,法律不应强求当事人随时随地对合同效力进行审视,从而使交易处于不确定的状态。当事人在善意履行合同过程中,不发生对合同效力认定及无效合同财产处理的主张起算诉讼时效问题。无效合同产生的财产返还请求权的诉讼时效期间应自合同被确认无效之日起算。如果说以“民事关系的稳定”为借口使无效合同经过时间的延续达到与有效合同相同的事实结果,这显然是违背立法宗旨。(2)即使无效合同的诉讼时效应从知道或应当知道权利被侵害之日起计算,北生集团有关威豪公司的诉讼请求已过诉讼时效的主张也是不能成立的。威豪公司与北生集团之间的《土地合作开发协议书》未就主债务的履行约定履行期限。对于无履行期限的合同,根据我国民法通则与合同法的相关规定,诉讼时效的起算有以下几种:①债权人催告当时债务人就表示立即履行,实际上未履行的,诉讼时效自催告次日起算;②如果当事人协商一致,确定一个明确的履行期限的,诉讼时效自该期限届满之次日起算;如果当事人就履行期限协商不成,在任何一方提出了一个合理的履行期限后,诉讼时效自该合理期限之次日起算;③债权人向债务人主张债权,债务人当即明确拒绝,而该拒绝含有将来也不履行债务的意思,那么,诉讼时效应从该拒绝之日的次日起计算。本案中,上述几种情况均不存在,因此本案不存在威豪公司知道或应当知道权利被侵害的事实,诉讼时效并未起算。实际上,正是双方当事人结合北海市房地产业的状况,从最大限度维护双方利益的角度出发,共同认可合同处于一个持续的事实状态,因此不存在权利被侵害的情形。(3)威豪公司与北生集团之间的合同效力非经裁判机关裁决,当事人及任何第三人都无权认定合同效力,威豪公司也不能援引另案的判决,来主观推断其在本案合同中的权利被侵害。事实上,威豪公司与第三人订立合作开发合同时,对北生集团何时能真正取得争议地块的土地使用权并不明确,对由此产生的可能对第三人的违约早有合理预知,并愿意承担此种风险,因北生集团即便不能在威豪公司与第三方约定的期限内取得该地块的国有土地使用权,威豪公司也不能想当然的单方推定北生集团违约。况且,在威豪公司与恒通公司的争议经广西壮族自治区北海市中级人民法院(1999)北民初字第 66 号民事判决书判决后,北生集团在本案一审前,依然存在依法取得约定地块国有土地使用权,并依合同约定再转让给威豪公司的可能性。事实上,威豪公司与北生集团之间的合同并非绝对无效的合同,如果北生集团在本案一审期间能够取得争议土地的国有土地使用权,该合同仍可认定为有效合同。威豪公司未能在另一诉讼一审期间取得争议地块的国有土地使用权,并不等于北生集团不能在此后取得国有土地使用权。根据《最高人民法院关于审理房地产管理法施行前房地产开发经营案件若干问题的解答》的精神,如果北生集团在本案一审期间能够取得争议地块的国有土地使用权,双方的合作开发合同仍可以被认定为有效合同。事实上,当时威豪公司的权利也未遭受侵害,直到起诉前,威豪公司及北海公司仍希望北生集团继续履行交付土地使用权的义务,但北生集团至今无法完成该合同义务,直接导致了合作开发合同的无效。

最高人民法院二审查明的事实与一审法院查明的事实相同。

最高人民法院认为,本案二审双方当事人争议焦点有二:其一,北海公司是否具备原告的主体资格;其二,威豪公司的起诉是否超过诉讼时效期间。

1. 关于北海公司是否具备原告的主体资格。经查,威豪公司是由北海公司申办成立的。由于威豪公司未按规定申报工商年检,2003 年 11 月 26 日,广西壮族自治区北海市工商行政管理局作出行政处罚决定书,决定吊销威豪公司的营业执照,但至今尚未成立清算组进行清算。根据《民法通则》第 36 条的规定:"法人是具有民事权利能力和民事行为能力,依法独立享有民事权利和承担民事义务的组织。法人的民事权利能力和民事行为能力,从法人成立时产生,到法人终止时消灭。"《公司登记管理条例》第 38 条规定:"经公司登记机关核准注销登记,公司终止。"威豪公司虽然系由北海公司申请开办,但被依法吊销了营业执照之后并没有进行清算,也没有办理公司的注销登记,因此威豪公司仍然享有民事诉讼的权利能力和行为能力,即有权以自己的名义参加民事诉讼。北海公司作为威豪公司的开办单位,虽然有权利和义务对威豪公司的债权债务进行清理,但在威豪公司尚未注销时,其开办单位作为当事人共同参加诉讼,没有法律依据。北海公司不是威豪公司与北生集团所签合同的缔约人,其与北生集团之间没有直接的民事法律关系。因此,一审法院认定北海公司为本案适格原告,于法无据。北生集团关于北海公司不具备本案原告的诉讼主体资格的上诉请求,应予支持。

2. 关于威豪公司的起诉是否超过诉讼时效期间。一审法院认为,威豪公司与北生集团签订的《土地合作开发协议书》,名为合作开发,实为土地使用权的转让协议。因北生集团未取得讼争土地的使用权即与威豪公司签订协议转让该土地的使用权,且既未对土地进行实际的投资开发也未在一审审理期间补办有关土地使用权登记或变更登记手续,故双方当事人签订的《土地合作开发协议书》应为无效。一审法院上述关于合同性质及效力的认定,符合本案事实,适用法律正确。且双方当事人对合同效力亦无异议。

依照《民法通则》第135条、第137条之规定,当事人向人民法院请求保护民事权利的诉讼时效期间为二年,诉讼时效期间从知道或者应当知道权利被侵害时起计算。本院认为,合同当事人不享有确认合同无效的法定权利,只有仲裁机构和人民法院有权确认合同是否有效。合同效力的认定,实质是国家公权力对民事行为进行的干预。合同无效系自始无效,单纯的时间经过不能改变无效合同的违法性。当事人请求确认合同无效,不应受诉讼时效期间的限制,而合同经确认无效后,当事人关于返还财产及赔偿损失的请求,应当适用法律关于诉讼时效的规定。本案中,威豪公司与北生集团签订的《土地合作开发协议书》被人民法院确认无效后,威豪公司才享有财产返还的请求权,故威豪公司的起诉没有超过法定诉讼时效期间。

北生集团主张,双方签订的《土地合作开发协议书》约定,北生集团应在合同签订之日起13日内为威豪公司办理蓝线图和转换合同,北生集团未在该期限内履行上述义务,威豪公司就应当知道其权利受到侵害,诉讼时效即开始起算。最高人民法院认为,双方当事人签订的《土地合作开发协议书》约定,如果北生集团未能在合同订立之日起13日内办理蓝线图和转换合同,合同仍然继续有效执行,只是北生集团应承担相应的违约责任,即赔偿威豪公司100万元。因此,合同仍处在继续履行状态,未及时办理蓝线图及转换合同并不影响合同其他权利义务的履行,而且,上述义务也不是双方合同的主要义务。故在合同签订后的13日内北生集团虽未依约办理好蓝线图等,但并不能据此推断威豪公司就知道或应当知道北生集团不能履行转让土地使用权的义务。北生集团的该点上诉理由,不能成立。

北生集团上诉还认为,广西壮族自治区北海市中级人民法院作出(1999)北民初字第66号民事判决后,威豪公司就知道或应当知道其权利被北生集团侵害,诉讼时效期间即开始起算。最高人民法院认为,一审法院对此问题的认定,理据充分。广西壮族自治区北海市中级人民法院审理的是威豪公司与恒通公司的争议,与本案没有直接的联系。广西壮族自治区北海市中级人民法院判决认定威豪公司与恒通公司之间的合同无效,并不能推导出威豪公司与北生集团之间的合同亦为无效。依照《最高人民法院关于审理房地产管理法施行前房地产开发经营案件若干问题的解答》第7条的规定,威豪公司与北生集团之间的土地使用权转让协议在威豪公司提起诉讼时处于效力待定状态,即如在本案一审诉讼期间北生集团能补办有关土地使用权的手续,合同仍然可以有效并得到履行。北生集团也未告知威豪公司不能办理土地使用权转让手续。所以,威豪公司虽在与恒通公司的诉讼中败诉,但并不能由此推定威豪公司知道或应当知道北生集团侵害了其权利。北生集团的该点上诉理由,亦不能成立。

综上,依据《民事诉讼法》第153条第1款第2项之规定,判决如下:(1)维持广西壮族自治区高级人民法院(2005)桂民一初字第3号民事判决第一项;(2)变更广西壮族自治区高级人民法院(2005)桂民一初字第3号民事判决第二项为:广西北生集团有限责任公司于本判决生效后15日内返还北海市威豪房地产开发公司2500万元及利息(利息从取得款项之日起,按中国人民银行同期一年期存款利率计算)。一审案件受理费、二审案件受理费共计565,972元,由广西北生集团有限责任公司负担。本判决为终审判决。

[参见《广西北生集团有限责任公司与北海市威豪房地产开发公司、广西壮族自治区畜产进出口北海公司土地使用权转让合同纠纷案》,载《最高人民法院公报》2006年第9期。]

002. 房地产居间合同案件的诉讼主体如何确定?

【审判专论】

1. 是否追加房主。我们认为应当追加房主参加诉讼,在中介机构是独家代理的案件中,追加房主有利于查清中介机构的居间人身份、是否在其他中介机构登记房源信息等基本事实;在非独家委托代理的案件中,为了避免上下级法院在此类问题认识上的不同,导致案件被上级法院认为缺少主体而发回重审,建议此类案件统一追加房主作为第三人为宜。同时我们不主张房主作为证人参与诉讼,因为当前我国证人出庭作证制度不完善,证人责任感不强,出庭率低,可能导致案件事实无法查清。

2. 是否追加其他中介机构的问题。在购(租)房人另行委托其他中介机构的情况下,我们认为可追加其他中介机构作为第三人参加诉讼,以查清与案件具有重大利害关系的事实,特别是有利于查清两份居间合同签订的时间、居间合同的履行情况等重要事实。

3. 在三方均签订了居间合同时,中介机构作为居间人见证了买卖双方签订购(租)房合同,如果买卖双方实际履行合同,中介机构诉请中介费时应将买卖双方都列为被告;如果存在违约且买卖双方未进入诉讼程序,中介机构应将买卖双方都列为被告;如果买卖双方先于居间合同案件诉讼,并经生效判决认定违约责任方,中介机构可直接起诉违约方。

4. 购房人签订居间合同但未实际购房而由他人购房的情况下,如果中介机构诉请支付中介费,必须追加实际购房人参加诉讼,以方便查明事实。

5. 签订居间合同时双方并未结婚,由男方签订居间合同,由女方签订购房合同,取得房产后二人结婚,应否追加女方共同承担责任?虽然男方签订居间合同时尚未结婚,但其购买房屋是为了结婚使用,当中介机构积极促成买卖双方签订购房合同时,男方以其女朋友名义与房主签订合同,随后便登记结婚并将房屋作为婚房使用,对于居间报酬应当视为夫妻对外共同债务,应由夫妻共同支付。

6. 男方签订居间合同时未离婚,但签订购房合同时离婚,并由女方与房主签订购房合同,如何承担责任?男方与中介机构签订居间合同时,尚在婚姻关系存续期间,其购买房屋的行为应视为夫妻共同购买。后双方离婚的事实并未影响居间合同的实际履行,中介机构促成房主与女方签订购房合同,应认定居间成功,有权获得居间报酬。男方虽是居间合同相对人,但在中介机构居间过程中离婚,房屋由女方实际购买,根据权利义务对等原则,应当认定男方所签订的居间合同的权利义务转而由女方承接,应由女方承担支付居间报酬的责任。男方可以作为诉讼主体(如第三人)参加诉讼,但不应承担责任。

[参见山东省青岛市中级法院课题组:《房地产居间合同纠纷案件适用法律疑难问题的调研报告》,载《人民司法·应用》2012 年第 21 期。]

003. 房地产合同纠纷当事人对级别管辖裁定不服的,能否申请再审?

【公报案例】

三亚度假村有限公司与三亚海韵实业发展有限公司合作开发房地产合同纠纷申请再审案

【裁判要点】

案号:最高人民法院(2008)民申字第 1276 号。

申请再审人(一审被告、二审上诉人):三亚度假村有限公司。

被申请人(一审原告、二审被上诉人):三亚海韵实业发展有限公司。

申请再审人三亚度假村有限公司(以下简称度假村公司)为与被申请人三亚海韵实业发展有限公司(以下简称海韵公司)合作开发房地产合同纠纷一案,不服海南省高级人民法院(2008)琼立终字第 33 号民事裁定,向最高人民法院申请再审。最高人民法院依法组成合议庭对本案进行了审查,现已审查完毕。

度假村公司申请再审称,本案的诉讼标的金额在 11 亿元以上,三亚市中级人民法院对本案无管辖权。本案应该移送海南省高级人民法院审理。其具体理由为:

1. 本案海韵公司的诉讼请求为:(1)将位于三亚市滨海路三亚度假村内的“三亚湾·国际公馆”1、2号楼项目过户到海韵公司名下。(2)将上述1、2号楼项目所占用的70.26亩土地的使用权过户到海韵公司名下。(3)请求判令我度假村公司承担违约金1000万元。因此,本案的诉讼标的额应以上述各项权利主张之和计算。而本案70.26亩土地使用权的目前实际价值在5亿元以上。依据2008年2月24日三亚市国土资源环境局的拍卖结果,位于三亚度假村海岸线较远的与涉案土地相邻的土地,就以每亩762万元的价格标准拍卖成功。本案70.26亩土地位于上述被拍卖的土地近海岸线一侧,土地价值远远高于被拍卖的相邻土地。仅按此标准计算,本案争议土地使用权的价值就已超过5亿元。当事人双方按照合作开发协议的约定于2007年4月11日将该土地经三亚不动产评估有限责任公司评估,经过该评估价值结果计算,本案70.26亩土地使用权于2007年4月的价值便在1亿元以上。另外,“三亚湾·国际公馆”1、2号楼项目投资额在6.1亿元以上。“三亚湾·国际公馆”1、2号楼项目即是位于本案70.26亩土地上的B区产权酒店项目,该项目经三亚市发展和改革局核定投资额在6.1亿元以上。海韵公司诉讼请求继续履行合同,履行合同便涉及对1、2号楼项目继续投资,则该项目的投资总额应确定为该项诉讼请求的诉讼标的。海南省高级人民法院的裁定无视诉讼标的额已逾10亿元的事实,是错误的。

2. 海南省高级人民法院错误认定合同总金额。海南省高级人民法院认定合同总金额为8033万元。而实际上本案合作开发房地产合同约定的总金额在7亿元之上,远远超过海南省高级人民法院认定的8033万元。本案属于合作开发房地产合同,合同总金额应当以合同中明确约定的建设内容确定。本案双方签订的《合作开发协议》第1条规定的合作开发的建设内容为:(1)三亚度假村70亩土地上建造84,000平方米度假公寓(依据三亚市发展和改革局与我公司签订的《项目投资建设风险防范合同书》确认该项目总投资额不少于6.1亿元);(2)在三亚度假村23.9亩土地上建造约12,000平方米的四星酒店(依据双方签订的《合作开发协议》第2条和第3条确定该四星酒店价值为7217万元);(3)市区内建造或购置2040平方米的住宅用于职工宿舍(依据《合作开发协议》前述条款确定价值为816万元);(4)市区内建造或购置3653平方米的住宅用于房改房搬置安迁(依据《合作开发协议》前述条款确定价值为1350万元)。以上合同总金额共计70,383万元,并非8033万元。

3. 海南省高级人民法院错误适用最高人民法院法复〔1996〕5号文。法复〔1996〕5号文规定的适用条件为:“在当事人双方或一方全部没有履行合同义务的情况下,发生纠纷起诉至法院的,如当事人在诉讼请求中明确要求全部履行合同的,应以合同总金额加上其他请求额作为诉讼标的额,并据以确定级别管辖。”海南省高级人民法院裁定书对当事人是否履行合同义务的表述为“至于当事人双方或一方是否履行合同义务，需待进入审判程序才能确定。”上述裁定书表明：海南省高级人民法院在没有确定当事人双方或一方全部是否履行合同义务的前提下，自相矛盾地依据最高人民法院法复〔1996〕5号文以合同总金额确定级别管辖，其适用法复〔1996〕5号文明显错误。我公司系国资委直接持股的下属企业，且本案房地产合作开发合同涉及职工住房问题，故本案的性质是涉及重大国有土地资产安全和国有企业职工重大利益的民事案件。在法律和最高人民法院有明确审限规定的前提下，依照本案诉讼海韵公司请求过户标的实际价值在11亿元以上的事实，依据《民事诉讼法》第179条第1款第2项、第6项的规定，请求最高人民法院对海南省高级人民法院(2008)琼立终字第33号民事裁定予以纠正，依法将本案移送海南省高级人民法院审理。

海韵公司答辩称：

1. 度假村公司对海南省高级人民法院(2008)琼立终字第33号民事裁定无申诉权。我公司与度假村公司签订协议后，双方均能依约履行协议约定的义务。但在我公司对该宗土地建设资金投入达到25%，符合政府规定的项目转让条件时，度假村公司不能依约在15日内提供项目变更所需要的全部手续。我公司向三亚市中级人民法院提起诉讼。度假村公司遂提出管辖异议。三亚市中级人民法院于2008年8月15日作出(2008)三亚民一初字第19号通知书，告知我公司和度假村公司本案属三亚市中级人民法院管辖。我公司认为至此该案的管辖权已经确定。上述通知书符合最高人民法院法函〔1995〕95号《关于当事人对级别管辖提出异议应如何处理问题的复函》所规定的“当事人就级别管辖提出管辖异议的，受诉法院应认真审查，确无管辖权的，应将案件移送有管辖权的法院，并告知当事人，但不作裁定”。因此，此后三亚市中级人民法院作出的(2008)三亚民一初字第19号民事裁定，以及海南省高级人民法院作出的(2008)琼立终字第33号民事裁定，均应视为对级别管辖权异议所作出的通知书，故度假村公司对通知书无申诉权。

2. 度假村公司称“本案标的实际价值远在11亿元以上”，是荒谬的。

(1)所谓诉讼标的额，是指当事人提起诉讼标的所涉及的金额，或称履行合同所应支付的“对价”。具体到本案中，则是《合作开发协议》中度假村公司履行项目及土地过户所约定支付的对价是8033万元，即所涉及的总金额8033万元。合同诉讼标的额在合同签订并生效时业已确定，不以土地或项目的市场价格波动而发生变化。否则，级别管辖权的确定就要随着市场波动先行评估而确定。这是不现实的。本案双方没有约定变更合同对价，因此，任何一方均无权变更该协议确定的诉讼标的额。我公司由于另请求了1000万元的违约金，故本案诉讼标的额为9033万元。

(2)度假村公司称“本案标的实际价值远在11亿元以上”，其计算方法没有道理。①度假村公司以2008年2月24日相邻土地挂牌交易价格为根据计算70.26亩土地价值超过5亿元,属自欺欺人。第一,2008年2月24日的挂牌,属可用“换地权益书”拆抵土地价款的挂牌交易。“换地权益书”是海南省政府收回土地使用权时,给土地权益人的法律凭证。在2000年至2008年年初市场上的流转价为面值的1折至2折,即使至2008年10月也仅仅是3折。因此,度假村所称的5亿元,是指“换地权益书”的面值,相当于人民币应为5000万元至1亿元,与三亚不动产评估公司对该地的评估价94万元/亩相吻合。第二,该宗交易发生在《合作开发协议》签订后的一年零三个月,无可比性。因此,其理由依法不能成立。②度假村公司所称的2007年4月11日的评估结果,是肆意歪曲评估报告。一是该评估时间与签约时间相差半年之久;二是1.0758亿元是75.26亩土地的评估值,而不是出让该土地的评估值,其中有5亩土地已按约定划归度假村公司,再减去应缴纳的土地出让金4303万元(该款系我公司缴纳的),即70.26亩土地的评估值实际为5740万元。度假村公司认为70.26亩土地评估值为1.0758亿元的主张,不能成立。

(3)度假村公司认为“三亚湾·国际公馆”1、2号楼的项目投资为6.1亿元以上,并将其计算为诉讼标的额,更加荒唐。“三亚湾·国际公馆”1、2号楼项目是指:办理了全部建设手续,符合开工条件的土地。度假村公司将政府核定的项目需投资6.1亿元认为是诉讼标的额,是将“建成后的项目转让或过户”混淆成“本案项目过户”,属偷换概念。

3.度假村公司认为海南省高级人民法院认定合同总金额错误,属无理狡辩。度假村公司认为“本案合作开发房地产合同约定的总金额在7亿元之上”,与其在再审申请书上主张的“11亿元以上”“10亿元以上”“5亿元以上”“1亿元以上”等,前后自相矛盾。度假村公司罗列的四项建设内容:其一,70.26亩土地上的度假公寓需投资6.1亿元的问题,是整个项目预算,若投资完成应为度假公寓,已不再是项目了;其二,度假村公司所列的四星酒店7217万元、职工宿舍816万元之和是8033万元,即我公司应支付的土地对价,也就是本案诉讼标的;其三,房改安置房1350万元,是对已经房改、产权属于职工个人的36户职工的拆迁安置,属于双方合作开发权利义务之外的“额外”事情,《合作开发协议》第2条第3款、第3条第2款第4项对此约定非常明确,并且房改职工拆迁安置早已完毕,双方及职工无任何异议,此项内容与诉讼标的毫无关系。至于度假村公司所说其“系国资委直接持股的下属企业、涉及职工住房问题”云云,则有故弄玄虚、给法院施压之嫌。其不过是个有部分国企、部分民企参股的有限责任公司,是企业法人。企业性质和诉讼标的没有关系。

4.由于级别管辖具有其特殊性,度假村公司不应对级别管辖案件申请再审。(1)级别管辖存在于上下级人民法院之间,是法院系统内部的分工和协调,重点强调人民法院内部的监督与管理,弱化当事人的参与。(2)级别管辖赋予了人民法院一定的自由裁量权。我国《民事诉讼法》第19条至第21条均规定人民法院可以管辖在本辖区有重大影响的案件。这一规定较之于地域管辖具有一定的弹性。人民法院可以根据本辖区的实际情况确定第一审民事案件的管辖。另外,《民事诉讼法》第39条规定,上级人民法院有权审理下级人民法院管辖的第一审民事案件,也可以把本院管辖的第一审民事案件交下级人民法院审理。下级人民法院对它所管辖的第一审民事案件,认为需要由上级人民法院审理的,可以报请上级人民法院审理。这也体现了人民法院在级别管辖的确定上有一定的自主性和裁量权。因此,对三亚市中级人民法院的上级法院已经确定由三亚市中级人民法院审理的案件之管辖权申请再审,缺乏法律依据和实际意义。其申诉无理,属恶意缠讼,意在游戏程序,拖延时间,应依法予以驳回。

最高人民法院审查查明:

1.海韵公司一审中的诉讼请求为:(1)判令被告依法履行合同义务,即将位于三亚市滨海路三亚度假村内的"三亚湾·国际公馆"1、2号楼项目及其占用的70.26亩土地的使用权过户到原告名下。(2)判令被告承担违约金1000万元。(3)判令本案全部诉讼费用由被告负担。其中有关第一项请求的事实理由为:双方协议第4条第1款第5项约定:"当该宗地上建设资金投入达到25%,符合政府规定的项目转让条件时,如乙方根据市场需要,提出项目变更要求,甲方须在30日内无条件将该项目变更到乙方名下";双方补充协议(二)第6条第8款约定:"双方达成共识:即当该宗地上建设资金投入达到25%,符合政府规定的项目转让条件时,乙方应在10日内提出书面变更告知函及所需文件清单,乙方提出项目变更要求时,甲方须于15日内提供该项目变更所需要的全部手续。"至2008年3月6日,该项目建设资金投入已超过25%。海韵公司于2008年3月6日致函度假村公司要求其在15日内办理完该项目变更所需的全部手续,度假村公司至今未予办理。

2.度假村公司一审中提出管辖权异议后,三亚市中级人民法院于2008年8月15日作出(2008)三亚民一初字第19号通知书,告知度假村公司和海韵公司本案属三亚市中级人民法院管辖。后三亚市中级人民法院于2008年8月29日作出(2008)三亚民一初字第19号民事裁定书,裁定驳回度假村公司对本案的管辖权异议。度假村公司不服该裁定,向海南省高级人民法院提起上诉。后被海南省高级人民法院裁定驳回上诉,维持原裁定。度假村公司又对海南省高级人民法院的裁定申请再审。

最高人民法院认为,本案的焦点有两个:一是度假村公司对本案能否申请再审;二是本案原审法院确定的诉讼标的金额是否正确,三亚市中级人民法院对本案是否享有管辖权。

1.关于度假村公司对本案能否申请再审问题,涉及两个层面:一是三亚市中级人民法院对级别管辖异议先下通知又下裁定,是否存在程序问题,对级别管辖通知当事人能否享有有关诉权;二是就级别管辖裁定能否申请再审。对此,本院认为,第一,《民事诉讼法》第38条规定:“人民法院受理案件后,当事人对管辖权有异议的,应当在提交答辩状期间提出。人民法院对当事人提出的异议,应当审查。异议成立的,裁定将案件移送有管辖权的人民法院;异议不成立的,裁定驳回。”可见,人民法院用裁定方式处理管辖权异议是有法律依据的。由于管辖权异议包括对地域管辖和级别管辖的异议,而从上述规定的内容看,并没有明确排除适用于级别管辖异议。因此,对级别管辖异议不成立的案件用裁定方式处理,并不违反民事诉讼法的上述规定。就本案而言,三亚市中级人民法院认为度假村公司的级别管辖异议不成立,先以通知形式告知,又作出裁定予以驳回,虽然程序上有瑕疵。但是,由于其所作裁定不违反民事诉讼法的规定,当事人已就此裁定行使了上诉权,二审法院对此也已进行审理并作出了裁定,现再以所作裁定与通知书重复为由否定度假村公司的有关诉权,没有法律依据。对海韵公司此项答辩理由不予采纳。

第二,关于当事人对级别管辖裁定能否申请再审问题。我国《民事诉讼法》第179条第1款第7项规定:“违反法律规定,管辖错误的”,如果当事人申请再审,人民法院应当再审。虽然《最高人民法院关于适用〈中华人民共和国民事诉讼法〉审判监督程序若干问题的解释》第14条规定“违反专属管辖、专门管辖规定以及其他严重违法行使管辖权的,人民法院应当认定为民事诉讼法第一百七十九条第一款第(七)项规定的‘管辖错误’”,但是本规定并没有明确排除违反级别管辖不属于《民事诉讼法》第179条第1款第7项规定的管辖错误。加上前述人民法院就级别管辖异议不成立以裁定形式进行处理是有诉讼法依据的,故此,当事人对人民法院生效的驳回级别管辖异议的裁定,应当有权申请再审。如果人民法院认为级别管辖裁定确有错误,也应当根据案件情况依法予以再审。

2. 关于原审法院确定的本案诉讼标的金额是否正确,三亚市中级人民法院是否享有管辖权的问题。最高人民法院认为,民商事纠纷案件的诉讼标的金额,原则上是以当事人诉讼请求事项所涉金额为基础予以计算的。在对合同纠纷案件计算诉讼标的金额时,最高人民法院1996年5月7日法复〔1996〕5号文仍然有效。原审法院适用法复〔1996〕5号文处理本案并无不妥。根据最高人民法院法复〔1996〕5号文第1项规定,在当事人双方或一方全部没有履行合同义务的情况下发生纠纷提起诉讼,如当事人在诉讼请求中明确要求全部履行合同的,应以合同总金额加上其他请求金额作为诉讼标的的金额,并据以确定级别管辖。由此可以推论出,作为合同纠纷案件,如果一方当事人请求对方履行某项合同义务,应以该合同义务所涉总金额计算其诉讼标的金额。但是,如果双方在合同中对某项内容的金额已做约定,则在计算该项请求的诉讼标的金额时,应以双方的约定为准。就本案而言,海韵公司的诉讼请求有三项:(1)判令度假村公司履行合同义务,即将位于三亚市滨海路三亚度假村内的“三亚湾·国际公馆”1、2号楼项目及其占用的70.26亩土地的使用权过户到海韵公司名下。(2)判令度假村公司承担违约金1000万元。(3)判令本案全部诉讼费用由度假村公司负担。本案争议的焦点集中在对上述第一个诉讼请求的理解。关于海韵公司的第一项诉讼请求,度假村公司认为包括两方面内容:一是将位于三亚市滨海路三亚度假村内的“三亚湾·国际公馆”1、2号楼项目过户到海韵公司名下;二是将上述1、2号楼项目所占用的70.26亩土地的使用权过户到海韵公司名下。而“三亚湾·国际公馆”1、2号楼项目本身经三亚市发展和改革局核定投资额在6.1亿元以上。海韵公司诉讼请求继续履行合同,履行合同便涉及对1、2号楼项目继续投资,则该项目的投资总额6.1亿应确定为该项诉讼请求的诉讼标的金额。而上述1、2号楼项目所占用的70.26亩土地的土地使用权在2007年4月的评估价值便在1亿元以上。如果依据2008年2月24日三亚市国土资源环境局对位于三亚度假村海岸线较远的与涉案土地相邻的土地,以每亩762万元的价格拍卖结果计算,本案70.26亩土地作为上述被拍卖的土地近海岸线一侧,属于一线区域土地,其土地价值远远高于被拍卖的上述相邻土地,其土地使用权的价值会远远超过5亿元。因此,仅海韵公司此项诉讼请求所涉标的就超过了三亚市中级人民法院受理一审案件的1亿元的级别管辖金额。

对度假村公司的上述观点,本院认为,三亚市发展和改革局核定的“三亚湾·国际公馆”1、2号楼项目投资额6.1亿元,不能作为本案计算诉讼标的金额的依据。因为,上述项目的投资额并非双方当事人约定的权利义务内容,本案也并非因一方没有足额投资6.1亿元引起的纠纷。海韵公司诉状中请求的将位于三亚市滨海路三亚度假村内的“三亚湾·国际公馆”1、2号楼项目过户到海韵公司名下,指的是按照双方协议第4条第1款第5项约定:“当该宗地上建设资金投入达到25%,符合政府规定的项目转让条件时,如乙方根据市场需要,提出项目变更要求,甲方须在30日内无条件将该项目变更到乙方名下”;补充协议(二)第6条第8款约定:“双方达成共识:即当该宗地上建设资金投入达到25%,符合政府规定的项目转让条件时,乙方应在10日内提出书面变更告知函及所需文件清单,乙方提出项目变更要求时,甲方须于15日内提供该项目变更所需要的全部手续”,海韵公司认为至2008年3月6日,该项目建设资金投入已超过25%,其已于2008年3月6日致函度假村公司要求其在15日内办理完该项目变更所需的全部手续,但是度假村公司至今未予办理,因此而请求人民法院判令度假村公司履行上述合同义务。所以,不能以“三亚湾·国际公馆”1、2号楼项目本身的投资额为基础,来计算海韵公司的该项诉讼请求。度假村公司认为因海韵公司诉讼请求为继续履行合同,而履行合同便涉及对1、2号楼项目继续投资,则该项目的投资总额6.1亿应确定为该项诉讼请求的诉讼标的金额的理由不能成立,不予支持。

关于2007年4月对所涉土地的评估价值和2008年2月24日三亚市国土资源环境局对位于涉案土地相邻地段土地的拍卖结果,能否作为计算本案所涉土地的诉讼标的金额问题。本院认为,由于双方当事人在合同中已经明确确认本案土地及其地上建筑物“所有权和开发权”的价值为8033万元,在计算涉案土地的诉讼标的金额时,应当以双方约定为准。2007年4月的评估,是度假村公司履行合同约定义务而为,双方并没有约定将评估结果作为海韵公司给付义务的依据;2008年2月24日三亚市国土资源环境局的拍卖,是对相邻地段土地的拍卖,与确定本案诉讼标的金额无直接关联。故此,度假村公司认为应该按照2007年4月对所涉土地的评估价值,和2008年2月24日三亚市国土资源环境局对位于涉案土地相邻地段土地的拍卖结果,作为计算本案所涉土地的诉讼标的金额的理由不能成立,不予支持。

另外,关于本案所涉合同的总金额问题,度假村公司认为本案合作开发房地产合同约定的总金额在7亿元之上,包括(1)三亚度假村70亩土地上建造84,000平方米度假公寓,依据三亚市发展和改革局与度假村公司签订的《项目投资建设风险防范合同书》确认该项总投资额不少于6.1亿元;(2)在三亚度假村23.9亩土地上建造约12,000平方米的四星酒店,依据双方签订的《合作开发协议》第2条和第3条确定该四星酒店价值为7217万元;(3)市区内建造或购置2040平方米的住宅用于职工宿舍,依据《合作开发协议》前述条款确定价值为816万元;(4)市区内建造或购置3653平方米的住宅用于房改房搬置安迁,依据《合作开发协议》前述条款确定价值为1350万元。以上合同总金额共计70,383万元,并非8033万元。对此本院认为,关于三亚度假村70亩土地上建造84,000平方米度假公寓项目总投资额不少于6.1亿元问题,如前所述,由于其不属于双方合同约定的内容,不能作为合同总金额的组成部分;关于度假村公司所列的四星酒店7217万元和职工宿舍816万元问题,由于二者之和是8033万元,即为海韵公司应支付的土地对价,应该属于合同总金额的组成部分;关于职工房改安置房1350万元问题,虽该约定属双方“额外”对36户职工的拆迁安置,但是,由于该约定属于双方合作开发协议的内容之一,应当将其作为合同总金额的组成部分,原审法院没有将该部分计算在合同总金额之中,属认定有误。然而,由于双方当事人对此条款的履行没有争议,海韵公司并没有对此提出诉请,故此项内容不应计算在诉讼标的金额之中。因此,虽然原审法院在计算合同总金额问题上有不妥之处,但是并不影响对本案诉讼标的金额的计算。

综上,原审裁定认为三亚市中级人民法院对本案享有级别管辖权是正确的。度假村公司的再审申请不符合《民事诉讼法》第179条规定的情形,依照《民事诉讼法》第181条第1款之规定,裁定如下:驳回三亚度假村有限公司的再审申请。

[参见王娣等编著:《民事诉讼法案例研习》,中国政法大学出版社2013年版。]

004. 人民法院是否受理涉及军队房地产腾退、拆迁安置纠纷案件？

【请示与批复】

最高人民法院研究室关于人民法院是否受理涉及军队房地产腾退、拆迁安置纠纷案件的答复

（2003 年 8 月 18 日　法研〔2003〕123 号）

辽宁省高级人民法院：

你院辽高法疑字〔2003〕5 号《关于涉及军队房地产的腾退、拆迁安置纠纷案件人民法院应否受理的请示》收悉。经研究，答复如下：

根据最高人民法院 1992 年 11 月 25 日下发的《最高人民法院关于房地产案件受理问题的通知》的精神，因涉及军队房地产腾退、拆迁安置而引起的纠纷，不属于人民法院主管工作的范围，当事人为此而提起诉讼的，人民法院应当依法不予受理或驳回起诉，并可告知其向有关部门申请解决。

005. 人民法院是否受理军队转业人员、遗属及退休干部子女与军队单位之间因部队住房清退而发生的纠纷？

【请示与批复】

最高人民法院关于中国人民解放军北京军区房地产管理局请求法院受理军队家属住房清退案有关问题请示的复函

（2002 年 7 月 2 日　〔2002〕民立他字第 8 号）

北京市高级人民法院：

你院京高法〔2002〕13 号《关于中国人民解放军北京军区房地产管理局请求法院受理军队家属住房清退案有关问题的请示》收悉。经研究，答复如下：

军队转业人员、遗属及退休干部子女与军队单位之间因部队住房清退而发生的纠纷，在双方没有达成住房清退协议的情况下，属于军队和地方在干部转业、死亡以及离退休干部移交地方管理过程中历史遗留问题，中国人民解放军北京军区房地产管理局所采取的住房清退和借房安置的具体办法具有军队行政管理性质。依据我院1991年1月30日《关于军队离退休干部腾退军产房纠纷法院是否受理的复函》的精神，此类纠纷应由军队和地方通过行政手段解决，人民法院不宜受理。

【地方审判】

沈阳市中级人民法院关于审理房地产案件若干问题的处理意见(一)

（经2004年3月27日院审判委员会讨论通过）

5.单位内部分房过程中发生权属纠纷的受理问题

依照最高人民法院法发〔1992〕38号关于房地产案件受理问题的通知，“因单位内部建房、分房等引起的占房、腾房等房地产纠纷，不属于人民法院主管工作范围。”审查单位与职工之间的房产纠纷是否属于人民法院受理范围，不能机械地适用这一司法解释，应审查纠纷双方是否属于平等主体，如果是平等主体间的纠纷，法院应予受理。例如，单位与职工之间的房屋租赁纠纷以及单位分配的住房房改后，职工依法取得了房屋所有权，因其他职工占房引起的纠纷等等，均属于平等主体之间的权属纠纷，人民法院应当依法受理。

006. 房地产纠纷中与行政行为有关的民事诉讼如何处理？

【审判专论】

第一，房地产买卖合同纠纷诉讼。房地产买卖合同纠纷是因为房地产买卖合同签订后在履行中产生纠纷，主要包括：一房多卖、房屋的面积分歧、房屋的性质分歧等。

第二，继承纠纷诉讼。被继承人依法拥有的房地产在继承中常常发生纠纷。这种纠纷有些发生在权属转移登记之前，也有的发生在转移登记之后。如果纠纷发生在转移登记之前，那么就属于单一的民事诉讼；如果发生在转移登记之后，就存在两类诉讼的交叉。

第三，抵押合同纠纷诉讼。根据《担保法》的规定，房地产抵押是指债务人或者第三人不转移抵押房地产的占有，将该房地产作为债权的担保。债务人不履行债务时，债权人有权依法以该房地产折价或者拍卖、变卖该财产的价款优先受偿。实践中，一旦债务人不履行债务时，第三人作为抵押人主张抵押无效，于是向法院提起民事诉讼，民事诉讼中抵押权人便提供具有公信力、确定力、拘束力和执行力的他项权证。这样，民事审判必然面对行政行为。

第四，侵权诉讼。实践中，原告起诉被告侵害土地使用权和房屋所有权的案件理所当然属于民事案件，但是，在审理土地侵权民事纠纷中会遇到《宅基地批准通知书》和《建设工程规划许可证》等具体行政行为，在审理房屋侵权民事纠纷中会遇到房屋所有权证等具体行政行为。

第五，离婚财产分割纠纷诉讼。随着新婚姻法的出台，夫妻之间的财产关系有了明确的法律保障和规定。而和我国房地产事业的发展相比，不动产的立法相对落后。由于多种原因，家庭成员相互之间权利意识淡薄，配偶之间对房屋大都以一方的名义进行权属登记，在和谐的家庭中当然不存在任何问题。然而，在夫妻感情出现危机时，夫妻中署名的一方便持证处分该房产，并办理转移登记。在离婚诉讼中就难免涉及财产分割争议，如何确认权属登记这一具体行政行为就成为民事诉讼中不可回避的问题。

第六，析产诉讼。房地产权共有包括共同共有和按份共有，在共有中，以共有人的名义向房地产登记机关申请登记并领取《房屋共有权证书》。但在民事诉讼中，常会遇到出资事实的判断和权属登记行为的认定问题。

第七，赠与纠纷诉讼。《合同法》规定赠与合同除公益捐赠外属于实践性合同，即以实际交付为生效要件，不动产以办理所有权转移登记为生效要件。然而，随着二手房交易税赋的加重，一些人为了规避税收，便采取虚假赠与的手段，在民事诉讼中必将会遇到究竟是买卖还是赠与的判断以及权属登记行为效力的认定问题。

第八，互换纠纷诉讼。不同的房地产所有权人基于对房地产面积、位置、楼层、朝向、用途的不同考虑，常常进行差价或无差价交换。这种交换也是通过合同约定，然后向房地产登记机关申请转移登记。之后，可能因为差价、房屋质量、共有人异议等问题产生合同纠纷，当事人向人民法院提起民事诉讼，在诉讼中必将涉及权属登记行为效力的认定问题。

［参见王达：《处理房地产纠纷中行政与民事交叉问题的正当程序》，载《人民司法·应用》2007 年第 23 期。］

007. 地方基层政府房产管理部门对房地产开发企业作出的税收优惠的书面承诺属于行政决定还是民事合同？

【典型案例】

青海双玖房地产有限公司诉民和回族土族自治县房地产管理局房地产开发补偿案

【裁判要点】

《城市房地产管理法》第28条规定："国家采取税收等方面的优惠措施鼓励和扶持房地产开发企业开发建设居民住宅。"地方基层政府房产管理部门虽然是行政机关，但其无权对房地产开发企业作出税收优惠的决定，因此其对房地产开发企业作出的税收优惠的书面承诺，根据《合同法》的规定，属于民事合同的性质。在其承诺的税收优惠条件无法落实的情况下，基层政府房产管理部门应当遵循民法上的诚实信用原则，承担补偿责任。

判决书字号：青海省海东地区中级人民法院(2005)东经初字第3号。

案由：房地产开发补偿案。

诉讼双方：

原告：青海双玖房地产有限公司(以下简称双玖公司)。

被告：民和回族土族自治县房地产管理局(以下简称房管局)。

审级：一审。

审判机关：青海省海东地区中级人民法院。

审结时间：2005年3月29日。

原告双玖公司诉称：2000年5月，双玖公司与房管局签订了《民和县北大街拓建工程项目合同书》，约定双玖公司负责北大街拓建工程，房管局负责落实县政府给予北大街拓建工程的优惠政策，该优惠政策中包括免收房屋销售营业税、房产税、印花税等。合同签订后，双玖公司依约履行了义务，房管局却迟迟未将税收机关已征收的税款补偿给双玖公司，致使其蒙受惨重的经济损失。请求判令房管局支付补偿款593,005.45元，并承担本案诉讼费。

被告房管局辩称：民和回族土族自治县北大街拓建工程项目的具体实施者是

项目办公室，当时为了便于操作，房管局代理签订了合同，现该项目办已撤并到县政府，补偿款应由县政府补偿，本案诉讼主体不当，应依法驳回双玖公司的起诉。

青海省海东地区中级人民法院经审理查明：

2000年3月24日，房管局与双玖公司签订一份《民和县北大街拓建工程项目合同书》，约定由双玖公司开发建设第一期工程中的全部商业用房及住宅，占地41亩；开发期限：2000年5月至2002年年底，并约定了双方职责，其中，房管局的职责为：严格执行民和回族土族自治县人民政府（以下简称民和县政府）民政〔1999〕113号《关于给予北大街拓建工程优惠政策及有关问题的通知》精神以及负责协调该文件执行过程中的有关事项、保证文件所有条款及时、有效、全面地得到落实，并负责前期准备工作等；双玖公司的职责为：做好房管局负责完成以外的前期工作，筹集全部建设资金，并在合同签订后提供100万元的开发保证金等。双方约定的违约责任为：（1）如民政〔1999〕113号文件不能全部落实，房管局按文件条款补偿给双玖公司；（2）如双玖公司在2001年4月底不开发示意图虚线范围内的土地，由房管局收回土地使用权等。

民和县人民政府1999年10月12日作出的民政〔1999〕113号《关于给予北大街拓建工程优惠政策及有关问题的通知》中对北大街开发小区内兴建住宅楼项目实行优惠政策第1条规定："免收销售环节营业税、房产税、印花税、契税、固定资产投资方向调节税。"

双玖公司在开发民和县北大街拓建工程期间于2002年10月至2003年11月向海东地区地方税务局和民和县地方税务局缴纳营业税（包括城建税、教育费附加）、印花税共计593,005.45元。

青海省海东地区中级人民法院根据上述事实和证据认为案件的争议焦点如下：（1）被告房管局是否为本案诉讼主体；（2）原告双玖公司主张的补偿款是否支持；（3）对教育费附加含在营业税中一并主张是否支持。对此，法院根据本案事实及各方当事人的意见进行分析、认定。

第一，被告房管局是否为本案诉讼主体？

法院认为：《民和县北大街拓建工程项目合同书》的签订主体是房管局和双玖公司，双玖公司的诉讼请求即要求房管局按该合同约定履行义务，为此，房管局作为被告主体适格，而房管局以其是代民和县政府所签订的合同，并不是该合同的义务主体为由进行抗辩，但又未提供证据予以佐证，故其理由不能成立。

第二，原告双玖公司主张的补偿款是否支持？

法院认为：房管局与双玖公司签订的《民和县北大街拓建工程项目合同书》是一份以房地产为标的的对开发项目中部分前期事项的约定合同，该合同经双方协商，自愿签订，并不违反法律规定。根据《城市房地产管理法》第28条"国家采取税收等方面的优惠措施鼓励和扶持房地产开发企业开发建设居民住宅”的规定,国家是允许的,但民和县政府是否有权决定免税,对此,房管局在庭审中亦予以了否定。作为具有完全民事行为能力的房管局却在合同中承诺“保证文件所有条款及时、有效、全面地得到落实”,并承诺“如民政〔1999〕113 号文件不能全部落实,甲方(房管局)按文件条款补偿乙方(双玖公司)”,为此,房管局对其行为应承担相应民事责任。

第三,对教育费附加含在营业税中一并主张是否支持?

法院认为:教育费附加是以增值税、消费税、营业税为计费依据,随“三税”同时征收,本身没有特定的征收对象,它不能单独征收,也不能单独减免,而是完全依附在“三税”上,属于“三税”的一种附加费,只要缴纳了“三税”就发生了缴纳教育费附加的义务,相应地,约定对营业税的补偿也应对教育费附加进行补偿,故被告房管局称不予补偿的理由不能成立。

综上所述,房管局与双玖公司之间签订的《民和县北大街拓建工程项目合同书》系双方真实意思表示,房管局以民和县政府给予在北大街开发小区内兴建住宅楼项目以免税、免费等优惠政策作为引资条件在合同中予以肯定,并自愿承诺若不能落实,由其进行补偿,其承诺并不违反法律规定,对双方具有约束力。根据《合同法》有关规定,合同双方的民事活动应当遵循诚实信用原则,房管局抗辩其在合同中的职责只是一句空话和无履行能力来否定其承担责任的理由不能成立,以其代民和县政府所签订的合同,应由民和县政府支付补偿款的主张,因未提供证据证实,法院不予以支持。

青海省海东地区中级人民法院依照《合同法》第 44 条第 1 款、第 60 条之规定,判决如下:被告民和回族土族自治县房地产管理局支付原告青海双玖房地产有限公司补偿款 593,005.45 元(限本判决生效之次日起 10 日内履行完毕)。案件受理费 15,440 元由被告民和回族土族自治县房地产管理局承担。

[参见国家法官学院、中国人民大学法学院编:《中国审判案例要览》(2006 年商事审判案例卷),人民法院出版社 2007 年版。]

008. 原审庭审结束前已客观存在但未提交的证据，再审时人民法院能否认定为“新证据”？

【公报案例】

江西省南昌百货总公司、湖南赛福尔房地产开发公司与南昌新洪房地产综合开发有限公司合资、合作开发房地产合同纠纷案

【裁判要点】

《最高人民法院关于适用〈中华人民共和国民事诉讼法〉审判监督程序若干问题的解释》第10条规定，申请再审人提交下列证据之一的，人民法院可以认定为“新的证据”：(一)原审庭审结束前已客观存在庭审结束后新发现的证据；(二)原审庭审结束前已经发现，但因客观原因无法取得或在规定的期限内不能提供的证据；(三)原审庭审结束后原作出鉴定结论、勘验笔录者重新鉴定、勘验，推翻原结论的证据。据此，对于原审庭审结束前已客观存在但未提交的证据，如果该证据不属于鉴定结论、勘验笔录，当事人又不能说明该证据属新发现证据或存在因客观原因无法取得、在规定的期限内不能提供的原因，人民法院再审时，就不能认定为“新证据”。

1. 在审理合作开发房地产纠纷时，判断争议房屋产权的归属应当依据合作协议的约定以及房地产管理部门的登记情况全面分析。在没有证据证明双方变更了合作协议约定的情况下，一方当事人仅以为对方偿还部分债务或向对方出借款项、对争议房产享有优先受偿权，以及“五证”登记在其名下等事实为由，主张确认全部房产归其所有的，人民法院不予支持。

2. 合作双方在签订合作合同之后，合作项目在双方共同努力下得以优化变更，建筑面积在土地面积不变的情况下因容积率变化而得以增加。由于土地价值与容积率呈正相关，提供土地一方的出资部分因容积率增加而增值，其应分获的房产面积亦应相应增加，该方当事人可按照原合同约定的分配比例请求分配新增面积部分。当事人对于应分得但未实际获得的不足部分，如让另一方实际交付已不现实，可根据市场行情认定该部分房产价值，由另一方以支付现金的方式补足该部分面积差。

案号:最高人民法院(2011)民申字第777号

申请再审人(一审被告、二审上诉人):南昌新洪房地产综合开发有限公司。

被申请人(一审原告、二审被上诉人):江西省南昌百货总公司。

被申请人(一审原告、二审被上诉人):湖南赛福尔房地产开发公司。

申请再审人南昌新洪房地产综合开发有限公司(以下简称新洪公司)因与被申请人江西省南昌百货总公司(以下简称百货公司)、湖南赛福尔房地产开发公司(以下简称赛福尔公司)合资、合作开发房地产合同纠纷一案,不服江西省高级人民法院(以下简称江西高院)(2010)赣民一终字第93号民事判决,向最高人民法院申请再审。最高人民法院依法组成合议庭对本案进行了审查,现已审查终结。

新洪公司申请再审称:"(一)有新证据证明新洪公司已经买断了争议房产所有权。(二)一、二审判决认定事实错误,缺乏证据证明。1. 现房产证1层实际为架空层0层,不是争议标的楼层,判决认定该层所有权属百货公司错误;2. 现房产证1、2、3层裙楼房产所有权应由新洪公司享有,判决新洪公司支付该部分租金、补足裙楼面积差价缺乏证据证明;3. 整栋国恩大厦房产所有权均属新洪公司所有,一、二审判决认定新洪公司向被申请人补足整幢楼面积差价缺乏证据证明;4. 赛福尔公司与新洪公司无任何关系,且其企业法人营业执照已被吊销,丧失了法人主体资格,其不具备原告主体资格。(三)原判决适用法律错误。现房产证1层的消防通道、公共面积应当由业主共有,一、二审判决认定该部分归百货公司所有属适用法律错误。(四)一、二审判决违反法定程序,影响案件公正审理。1. 本案属不动产纠纷,应由南昌市东湖区人民法院专属管辖;2. 一、二审判决依据另案执行裁定确定产权,使新洪公司对案件实体问题丧失了辩论权利;3. 据以作出二审判决的三份井冈山市人民法院执行裁定已发生变更,原审判决丧失了判决依据和基础;4. 一审法院委托评估程序以及二审法院未采纳新洪公司重新评估申请的做法均违反法定程序。新洪公司根据《中华人民共和国民事诉讼法》第一百七十九条第一款第(一)项、第(二)项、第(六)项、第(七)项、第(十)项、第(十三)项以及第二款的规定申请再审。"

百货公司和赛福尔公司提交意见认为:"(一)新洪公司提交的证据已经过一、二审质证、认定,不符合再审新证据要求,且上述证据也不能证明新洪公司的诉讼主张。(二)本案一、二审判决认定事实正确,有充分的证据证明。1. 新洪公司实际施工的第1层从始至终就是综合商业用房而不是0层架空层,且有其自行抵押4楼的行为为证;2. 判决确定国恩大厦1-3层裙楼的房产所有权属百货公司正确,所依据的裁定合法有效;3. 2001年江西高院的裁定仅为程序裁定,并未将1-3层权属裁定归新洪公司所有,也不能以'五证'登记情况否定房屋实际所有权;4. 双方并未约定将1-3层裙楼直接抵债给新洪公司,直接抵债违反法律强制性规定;5. 赛福尔公司为产权共有人，主体适格。（三）一、二审判决适用法律正确。消防安全规范同物权产权登记是不同法律关系，国恩大厦已通过消防验收，不违反强制性规定；消防通道公摊问题房管部门已作处理，新洪公司未提起行政诉讼视为放弃权利，且无理由主张对消防通道的产权。（四）一、二审判决程序并无不当。1. 本案管辖正确；2. 井冈山市人民法院的另案裁定已恢复执行，未发生变更；3. 本案鉴定机构主体资格合法，程序正当，评估结果准确。请求驳回新洪公司再审申请。”

最高人民法院认为，本案双方当事人争议的焦点问题在于：（1）新洪公司提交的证据是否属于新证据，并足以推翻原审判决结果；（2）合同约定由百货公司拥有的裙楼1-3层产权是否已由新洪公司买断，原判认定百货公司享有该争议房产产权是否正确；（3）原审判令新洪公司向百货公司及赛福尔公司支付1-3层裙楼未交付期间的租金是否正确；（4）原审判令新洪公司向百货公司补足裙楼面积差、整楼面积差的市场差价是否正确；（5）赛福尔公司是否享有原告主体资格；（6）原判适用法律是否正确；（7）原审法院是否存在违反法定程序影响公正判决的情形。

第一，关于新证据问题。新洪公司提供的“新证据”为：（1）江西高院执行部门2001年9月4日、5日召集中国银行及新洪公司进行执行协调的会议纪要；（2）2004年10月25日百货公司与新洪公司共同向江西高院递交的《关于要求对中百大厦0层以上1、2层裙楼实行调解处置的申请》；（3）新洪公司为百货公司还款的转账凭证以及百货公司借条若干份。上述三份证据，经审查，第1、2份证据在原审中均已提交并经过质证，不符合新证据的条件，法院不予采纳。第3份证据转账凭证以及借条，百货公司认可在原审中未提交过，但认为上述证据不能证明新洪公司已经买断1-3层裙楼的主张，不能推翻原判决。根据《最高人民法院关于适用〈中华人民共和国民事诉讼法〉审判监督程序若干问题的解释》第10条的规定，再审中“新的证据”须符合以下三个条件之一：（1）原审庭审结束前已客观存在庭审结束后新发现的证据；（2）原审庭审结束前已经发现，但因客观原因无法取得或在规定的期限内不能提供的证据；（3）原审庭审结束后原作出鉴定结论、勘验笔录者重新鉴定、勘验，推翻原结论的证据。上述转账凭证及借条均发生于1998年至2002年，属原审庭审结束前客观存在的证据，但新洪公司不能说明上述证据属新发现证据或存在因客观原因无法取得、在规定的期限内不能提供的原因，更不属于鉴定结论、勘验笔录等证据，因而上述证据虽在原审未曾提交，但亦不构成新的证据，本院不作为新证据采纳。另外，上述证据除能证明百货公司与新洪公司之间存在代为履行还款责任的法律关系以及借款关系之外，不能证明新洪公司已经买断争议房产产权的诉讼主张，不足以推翻原判决结果。

第二，关于合同约定由百货公司拥有的1-3层裙楼是否已由新洪公司买断，原判认定百货公司享有该争议房产产权是否正确的问题。新洪公司在原审中主张其已经买断争议房产1－3层产权，主要依据是百货公司与新洪公司2001年2月17日签订的《补充协议》、2001年12月17日签订的《借款协议书》、江西高院执行局2001年9月4日、5日执行协调会会议纪要、(2001)赣执字第39－1号民事裁定书（以下简称39－1号裁定）以及合作项目的“五证”（土地使用权证、建设用地规划许可证、建设工程规划许可证、建设工程施工许可证、商品房预售许可证）均登记在新洪公司名下的事实。经审查，《补充协议》约定，为了将中百大厦项目用地从建设银行贷款和赛福尔公司欠款所涉诉讼而进行的查封中解封出来，新洪公司同意帮助百货公司归还建设银行贷款本息730万元，归还赛福尔公司600万元，百货公司同意用合同约定其所获裙楼1、2、3层由新洪公司售后优先受偿，百货公司须在借款期满后一年内以商场招商收入偿还新洪公司债务；如到期不能归还该款，新洪公司须按百货公司指定的评估机构评估，价格须经百货公司同意并报百货公司主管部门批复同意后，方可收购并处置，总金额超出百货公司借款部分，由新洪公司全部付给百货公司。《借款协议书》约定，为了完成项目土地转让手续，新洪公司暂借给百货公司726万元，百货公司于2002年12月31日必须归还，如到期不还，百货公司同意用中百大厦所得的第1层、第2层房屋由新洪公司销售后优先受偿等。江西高院执行局的协调会记录，仅有中国银行徐文斌和新洪公司章主恩参加，百货公司并未参加，记录内容并不涉及百货公司与新洪公司协商转让裙楼1－3层产权的问题。39－1号裁定仅叙述了将原查封的项目地块解封、变更查封中百大厦第1层和第2层的事实，并未体现新洪公司买断争议房产1－3层的事实。从以上新洪公司所提供的证据来看，《补充协议》和《借款协议书》仅能证明：新洪公司与百货公司合作开发房地产过程中，双方为了合作项目能顺利进行，新洪公司同意以借款或为百货公司偿还部分债务的方式使项目用地解封出来继续开发，双方之间因此形成了借款关系，百货公司用其应得的裙楼1－3层作为抵押担保，在债务不能偿还时由新洪公司销售后优先受偿；但不能证明百货公司已经同意将1－3层裙楼产权以物抵债，或新洪公司已经买断该部分产权的事实。会议纪要以及39－1号裁定是应新洪公司的异议请求作出的，是为了大厦建设的需要，解除对百货公司拥有土地的查封，转而查封属于百货公司的涉案房产。虽然该裁定表述了新洪公司用涉案房产进行抵押的内容，但并非对涉案房产产权归属的确认。关于“五证”，新洪公司作为项目开发商，办在其名下符合常理，但持有“五证”并不能说明其拥有大厦全部房屋的所有权，从而否定联建合同对涉案房产所有权分配的约定。因此，新洪公司上述证据及理由不能证明其已经买断1－3层裙楼产权的诉讼主张。

百货公司与新洪公司签订的联建合同为有效合同，应受法律保护，按照合同约定，案涉裙楼1－3层属百货公司所有。在中百大厦建成后，房地产登记机关根据人民法院生效法律文书，为百货公司办理了争议房产的房产证及土地使用权证。根据公示公信原则,该争议房产的产权应属于百货公司所有。虽新洪公司对该房屋产权一直存有争议,但新洪公司所提出的执行异议经江西省井冈山市人民法院审查,认为其异议不能成立,已裁定予以驳回;此外,对于争议房产的权属,新洪公司本应通过正常的诉讼渠道寻求救济,但其一直怠于行使诉权,在此情况下,原审法院依据双方当事人签订的合同以及政府部门颁发的产权证,认定百货公司享有争议房屋产权并无不当。

新洪公司认为,即便按照合同约定裙楼1－3层属百货公司所有,现房产证所载明的1层也并非合同约定的争议层1层,房产证载明的1层实际为架空层0层,为消防通道层,合同约定的1层应为该层之上的第2层,百货公司应得的部分是目前大楼的2、3、4层,因此原判将房产证1层产权确定为百货公司所有属认定事实错误。经审查,合同约定裙楼建8层,百货公司拥有1－3层;目前裙楼已建设完毕,包括新洪公司所述0层在内共8层;新洪公司所谓作为消防通道的架空层0层即地面以上第1层,目前除少量用于消防通道外,其余部分用作国恩酒店的大堂、精品廊、瓷器店等商务用房;新洪公司认为约定属百货公司享有的第4层已被新洪公司抵押并变卖给他人用于偿债。根据我国民用建筑设计标准,“架空层”是指仅有结构支撑而无外围护结构的开敞空间层。现裙楼地面以上第1层从结构到用途显然与上述定义不符,不应视为架空层。由于裙楼楼层数与合同约定相同,并未因新洪公司所谓的架空层出现而多出一个楼层,因而目前的裙楼8层即应视为合同约定建设的1－8层,地面以上第1层即为1层,从该层起算至第3层按照合同约定即应属于百货公司,原判将1－3层产权确定为百货公司享有并无不当。另外,新洪公司已将第四层抵押并变卖他人偿债的行为与其辩称的地面以上第1层为0层架空层、2－4层属约定为百货公司所有的主张相矛盾,该行为亦证明了地面以上第1至至第3层属百货公司,第4层以上属新洪公司所有的事实。再者,在新洪公司提交南昌市档案馆备案的中百大厦设计图、竣工图中也不存在架空层0层。因此,新洪公司关于房产证载明的1层属合同以外的架空层0层,不属争议房产,原判将该层产权确定为百货公司所有属认定事实错误的主张不能成立,法院不予支持。

第三,关于原审判令新洪公司向百货公司支付1－3层裙楼未交付期间的租金是否正确的问题。由于争议房产1－3层产权应属百货公司所有,新洪公司一直占有该部分房屋,并自行用于商业用途。在此情况下,原判根据百货公司的请求,结合鉴定机构对同时期市场租金行情所作出的鉴定结论认定该部分房产租金数额,由新洪公司支付给百货公司及赛福尔公司,符合公平原则及等价有偿原则,并无不当。

第四,关于原审判令新洪公司向百货公司补足裙楼面积差、整楼面积差的市场差价是否正确的问题。新洪公司认为,根据合同约定,百货公司分获1－3层裙楼,其余部分归新洪公司享有,因此不论面积发生何种变化均与百货公司无关,新洪公司不应向其补足裙楼面积差及整楼面积差的差价。

百货公司认为,双方约定合同以南昌市商贸委洪商贸市字〔1997〕18号《关于南昌中百大厦项目工程开发方案的批复》(以下简称18号批复)以及江西省计委〔1992〕41号《关于南昌中百大厦立项的批复》(以下简称41号批复)为合作基础,上述两文件中确定了合作项目总建筑面积以及百货公司应得面积,百货公司应获得部分占总建筑面积比例为17%。由于百货公司实际获得产权的1－3层裙楼面积少于18号批复和41号批复确定的面积,应由新洪公司补足;合作项目经双方共同努力增加了面积,新洪公司应按实际面积的17%补足整栋面积差。

经审查,联建合同第2条约定,双方以18号批复和41号批复为合作基础,沿用此立项进行合作;合同第4条约定:"……裙楼6层均由乙方投入,裙楼建成后,甲方(百货公司)分获1－3层裙楼,乙方分获4－6层裙楼,主楼部分由乙方投入并归乙方所有。"由于合同对裙楼总面积以及由百货公司分获的1－3层面积作了专门表述,仅未填写具体面积数,而双方又约定以上述批复作为合作原则和基础,因而上述未填写的面积数应理解为根据上述批复内容进行确定。根据上述两份批复内容,双方合作项目总建筑面积为55,600m^2,百货公司分获1－3层裙楼9544m^2。该内容一是填补了双方联建合同中百货公司分获裙楼部分未填写面积的空白;二是明确了整栋楼面积,并由此使百货公司在总建筑面积内获得房产面积的比例得以确定。因此,在中百大厦建成之后,百货公司不仅应按照上述文件内容以及合同约定获得裙楼的相应面积数,而且在合作项目变更优化致使面积扩大之后,有权按照原确定的比例获得相应增加部分。在本院组织的询问调查中,双方当事人均表示,项目规划的变更是双方明知且系在双方共同努力下完成的,双方曾就增加面积的分配问题进行过协商但未果。因而,一方面,由于规划和设计变更,以至于合作房地产项目的容积率增加(在相同用地面积上总建筑面积增加),使合作项目的价值得以增加,该增加的价值中包含了土地价值部分。申言之,百货公司所投入的土地价值因容积率增加也随之增加,在其投入增加的情况下,百货公司应分获面积亦应相应增加。另一方面,合作项目面积的增加,是百货公司及其上级主管机构与新洪公司共同努力的结果,现该结果表现为实际的现实利益,百货公司亦应有权共同分享。因此,新洪公司应当补足百货公司裙楼面积差以及整栋楼面积差。原判根据查明的事实以及鉴定机构对补差部分的价值所作出的鉴定结论,判决由新洪公司支付百货公司补差部分的相应市场差价,并无不当。

第五,关于赛福尔公司是否享有原告主体资格的问题。根据各方当事人的诉辩主张,本案包括百货公司和赛福尔公司因新洪公司占用其所有的1－3层房产而请求支付租金损失的侵权纠纷,以及百货公司请求确认并返还新增面积部分的确权纠纷。在侵权纠纷部分,赛福尔公司作为原告参与诉讼,其依据是井冈山市人民法院(2004)井执字第96-97-3、4、5号民事裁定书,该裁定书明确了因百货公司无法偿还赛福尔公司等债权人债务,抵押房产(本案争议房产)又三次流拍,根据相关法律规定直接将上述抵押房产交付赛福尔公司等债权人共同所有以抵销债务。在办理产权证时,房地产管理部门根据法院的裁定书先将产权办至百货公司名下,并说明办理后将此房挂牌上市,上市所得资金用于还清债务。诉讼中,百货公司亦认可争议房产属赛福尔公司与其共有。因此,赛福尔公司等债权人虽与新洪公司无合同关系,但对于争议房产有诉的利益,其可基于侵权法律关系对新洪公司提起诉讼。其他债权人已经全权委托赛福尔公司一并行使债权,赛福尔公司因此对1-3层的租金享有诉权。此外,企业法人营业执照吊销并不影响民事诉讼主体参加诉讼,新洪公司关于赛福尔公司已被吊销营业执照,不具有诉讼主体资格的主张不能成立。

第六,关于原判适用法律是否正确的问题。新洪公司认为,争议房产1层为架空层,系消防通道和公共设施等公摊部分,属业主共同所有,现一、二审判决认定该层属百货公司所有属适用法律错误。该理由不能成立。首先,根据上述分析,争议房产1层并非新洪公司所主张的架空层,也并非全部用于消防通道,而是用于新洪公司开设国恩大酒店的大堂、精品廊、瓷器店等商业用途区域;其次,一、二审法院认定该层产权属于百货公司所有系根据百货公司与新洪公司的合同约定以及房地产登记部门颁发的有效产权证书,事实依据和法律依据充分,并无不当。至于房地产登记部门将包括消防通道的1层产权办至百货公司名下是否符合法律规定,属于行政行为范畴,系另一法律关系,本案中不予审查。

第七,关于原审法院是否存在违反法定程序影响公正判决的问题。

1.关于管辖问题。本案虽属因不动产纠纷提起的诉讼,属专属管辖范围,但一是本案不动产所在地就在南昌市辖区内,南昌市中级人民法院管辖并无不当;二是按照有关级别管辖的规定,诉讼标的金额超过500万元人民币的案件由南昌市中级人民法院管辖,本案诉讼标的金额约3000万元人民币,符合南昌市中级人民法院管辖范围。新洪公司关于原审法院管辖错误的主张不能成立。

2.关于辩论权问题。首先,一、二审判决认定百货公司享有争议房产1-3层产权,系根据双方当事人签订的合同、房地产登记部门颁发的有效产权证等证据并结合现行法律规定作出的判定,并非根据另案执行裁定进行认定。其次,即便一、二审判决确系依据另案执行裁定认定百货公司、赛福尔公司对争议房产享有权益,由于上述裁定未被撤销,属有效法律文书,依据有效法律文书认定案件事实并无不当;至于上述执行裁定内容的合法性问题不是本案审查的范围,新洪公司如对以上裁定的合法性存在质疑,应通过执行异议监督程序寻求救济,在本案中不予评判。最后，在本案一、二审诉讼过程中，对于争议房产产权的实体问题，新洪公司已经充分发表了其抗辩主张，对于其所提出的抗辩观点，一、二审法院均作了详尽的分析和评判，其辩论权并未受到限制。

3. 关于另案执行裁定是否已发生变更的问题。新洪公司称，一、二审判决据以作出判决结果的另案执行裁定，即江西省井冈山市人民法院（2004）井执字96－97－3、4、5号裁定已经在江西高院（2007）赣执监字第7号《江西省高级人民法院关于“国恩大厦”执行异议一案的监督处理意见》（以下简称7号函）下达后发生变更，一、二审判决因此丧失了认定本案事实以及作出判决的基础。该理由不能成立。首先，上述执行裁定并非一、二审判决认定事实和作出判决的基础和依据。其次，经审查，上述执行裁定下达后，由于新洪公司对上述裁定提出执行异议，江西高院确于2007年8月7日向江西省井冈山市人民法院发出7号函中止了上述裁定的执行。但7号函下达后，2008年1月28日，江西高院再次下达了（2007）赣执监字第7－1号函，对7号函做了修正。该函件指出，现有证据难以认定1－3层裙楼的所有权从百货公司转移给了新洪公司，新洪公司提出的执行异议应予驳回；如果新洪公司继续坚持其权属主张，可以通知其在30日内向人民法院提起国恩大厦1－3层裙楼的确权诉讼，逾期则恢复上述裁定的执行。该文件抄送了包括新洪公司在内的多家当事人及南昌市人民政府等机构。新洪公司之后未就争议的1－3层裙楼产权问题提起确权诉讼，上述裁定中止执行的状态已经解除，最终恢复了执行。因此，新洪公司关于上述裁定发生变更的主张，因裁定再次发生了新的变更而缺乏事实依据，本院不予支持。

4. 关于委托鉴定问题。新洪公司认为，一审法院委托鉴定评估机构未通知其到场，也未采取随机抽取的方式确定评估机构，且委托评估的机构不在江西高院待选评估机构名录当中，因此委托程序违法；另外，新洪公司申请重新鉴定，一、二审法院均不予理睬亦属违法。

经审查，本案一审法院已按规定通知了双方当事人参与摇号抽取鉴定评估机构，但新洪公司未到庭，主动放弃了诉讼权利。一审法院采用摇号方式确定了江西居易房地产估价有限公司作为鉴定机构，该公司属江西高院司法委托专业机构名册中的评估机构之一，故新洪公司认为本案委托鉴定程序违法的诉讼主张不能成立。此外，根据《最高人民法院关于民事诉讼证据的若干规定》第27条的规定，申请重新鉴定须符合以下条件之一：鉴定机构或者鉴定人员不具备相关的鉴定资格的；鉴定程序严重违法的；鉴定结论明显依据不足的；经过质证认定不能作为证据使用的其他情形。本案鉴定过程中新洪公司不予配合，作出鉴定结论后，新洪公司除表示不同意鉴定结论之外，并未提出相应证据证明鉴定结论存在上述应重新鉴定的情形，因此，一、二审法院未采纳其重新鉴定的申请并无不当。

综上，新洪公司的再审申请不符合《民事诉讼法》第179条第1款第1项、第2

项、第6项、第7项、第10项、第13项以及第2款规定的情形。根据《民事诉讼法》第181条第1款之规定,裁定如下:驳回南昌新洪房地产综合开发有限公司的再审申请。

[参见《江西省南昌百货总公司、湖南赛福尔房地产开发公司与南昌新洪房地产综合开发有限公司合资、合作开发房地产合同纠纷案》,载《最高人民法院公报》2013年第1期。]

009. 在法院对不动产采取保全措施前,已经实际支付部分或者全部价款并实际占有的案外人提出保全异议应否予以支持?

【典型案例】

北京市物资有限公司等诉北京永安兴业房地产开发有限公司合资合作开发房地产纠纷案

【裁判要点】

案外人在法院采取保全查封措施之前,已经实际支付部分或者全部价款用以购买该拟被查封的不动产,并实际占有该不动产,案外人虽未办理该不动产产权过户登记手续,但未办理是由出卖方(即案件被告)造成,案外人对此没有过错的,可以认定案外人提出的保全异议理由成立,人民法院应予支持,中止对该不动产的执行。

裁定书字号:北京市第二中级人民法院(2012)二中民初字第09069-1号民事裁定书。

案由:保全异议纠纷。

诉讼双方:

原告:北京市物资有限公司(以下简称物资公司)。

原告:北京市恒物物产公司(以下简称恒物公司)。

被告:北京永安兴业房地产开发有限公司(以下简称永安兴业公司)。

第三人:北京市海淀区裕龙农工商公司(以下简称裕龙公司)。

审级:一审。

审判机关:北京市第二中级人民法院。

审结时间:2013 年 5 月 24 日。

第三人裕龙公司异议称:我方已购买位于北京市丰台区大红门西路 20、22 号 d 组团 24#楼 -1 层 -101、1 层 101、2 层 201、3 层 301、3 层 302 等 5 套房屋(以下简称涉案房屋),在丰台区建委作了“网签”登记,合同编号为:y1133444。我方支付了全部购房款项,并且已实际使用房屋,将房屋租赁给了北京苏宁电器有限公司。因永安兴业公司当时没有将房屋的水和电等附属设施安装好,故没有办理过户手续。综上,我方请求法院解除对上述房产的查封措施。

原告物资公司和恒物公司辩称:我方不同意第三人裕龙公司的请求。涉案房屋登记在永安兴业公司名下,我方申请法院对涉案房屋采取保全查封措施是合法有效的。裕龙公司提供的房屋预售合同不具有真实有效性,也不能证明其已交纳涉案房屋的全部价款以及已实际占有房产。此外,裕龙公司对长时间不办理产权过户登记手续具有过错。

被告永安兴业公司述称:涉案房屋在我方与物资公司、恒物公司发生诉讼前就已出售给第三人裕龙公司。裕龙公司支付了购房全部价款,且已办理入住手续。我方同意第三人裕龙公司的异议请求。

北京市第二中级人民法院经公开审理查明:物资公司、恒物公司诉永安兴业公司合资、合作开发房地产合同纠纷一案,该院审理过程中,物资公司、恒物公司向该院申请财产保全。该院于 2012 年 7 月 23 日对永安兴业公司名下的涉案房屋进行保全查封。

另查明:永安兴业公司与裕龙公司于 2011 年 1 月 14 日签订《北京市商品房预售合同》(编号:y1133444),约定永安兴业公司将涉案房屋以 7500 万元价格出售给裕龙公司。同日,双方办理了商品房预售合同联机备案(编号:7647522)。2011 年 1 月 19 日和 1 月 20 日,永安兴业公司分别向裕龙公司开具 4000 万元和 3500 万元购房款发票。2011 年 5 月 23 日,裕龙公司与北京苏宁电器有限公司签订房屋租赁合同,将涉案房屋租赁给北京苏宁电器有限公司使用。2012 年 7 月 27 日,裕龙公司向北京市丰台区地税局第二税务所缴纳购房税款 225 万元。

上述事实有下列证据证明:(1)裕龙公司分别于 2009 年 12 月 30 日转账支出 1000 万元、2010 年 1 月 7 日转账支出 5000 万元、2010 年 1 月 19 日转账支出 1000 万元、2010 年 5 月 12 日转账支出 500 万元的农业银行转账对账单。(2)2011 年 1 月 14 日,裕龙公司和永安兴业公司签订的《商品房预售合同》。(3)2011 年 1 月 19 日和 20 日,永安兴业公司分别向裕龙公司开具 4000 万元和 3500 万元的购房发票。(4)2011 年 5 月 23 日,裕龙公司与北京苏宁电器有限公司签订的《房屋租赁合同》。(5)2012 年 7 月 27 日,裕龙公司向北京市丰台区地税局第二税务所缴纳购房税款

225万元的缴税凭据。

北京市第二人民法院经审理认为:第三人裕龙公司在本院保全查封涉案房屋之前,与本案被告永安兴业公司签订了《商品房预售合同》,约定裕龙公司以7500万元的价格购买永安兴业公司名下的涉案房屋,双方到房屋管理部门做了商品房预售联机备案登记。裕龙公司向永安兴业公司支付了全部购房款,并且实际占用了涉案房屋,将房屋租赁给了北京苏宁电器有限公司使用。裕龙公司虽然尚未办理涉案房屋产权过户登记手续,但未过户是永安兴业公司造成的,裕龙公司对此并无过错,故裕龙公司所提保全异议理由成立,应予支持。

北京市第二中级人民法院依照《民事诉讼法》第154条第1款第11项、第227条之规定,作出如下裁定:中止位于北京市丰台区西马场路6号院14号楼-1层至3层101房产的执行。

[参见国家法官学院、中国人民大学法学院编:《中国审判案例要览》(2014年民事审判案例卷),中国人民大学出版社2016年版。]

010. 双方当事人所争议的房产被司法机关采取强制措施,能否影响法院判决有交付义务的一方交付该房产?

【典型案例】

亿锋公司与华事得公司房地产开发项目转让合同纠纷上诉案

【裁判要点】

双方当事人所争议的房产已经被司法机关和行政机关依法采取强制措施,一方当事人向法院提出诉讼请求,要求法院判决有交付义务的一方交付房产,另一方向法院辩称,根据《城市房地产管理法》第37条第2项的规定,已经由司法机关和行政机关查封或者以其他形式限制房地产权利的房产,不得转让。法院经调查后如果认为,行政机关或司法机关采取强制措施是为了确保能够交付房产,即与交付房产的目的一致,那么该强制措施不影响法院判决有交付义务的一方交付房产。

上诉人(原审被告):大连亿锋房地产有限公司(以下简称亿锋公司)。

被上诉人(原审原告):大连华事得房地产开发有限公司(以下简称华事得公司)。

一、基本案情

(一)辽宁省高级人民法院一审查明的事实

2003年2月27日,华事得公司与亿锋公司(签订合同时名称为大连经济技术开发区华瑞房地产开发有限公司,后变更法人名称为亿锋公司,以下一并简称亿锋公司)签订了《房地产联合开发合同》,合同约定:“第一条,双方联合开发收获大厦A、B座,项目坐落于大连开发区金马路194号,占地13,325平方米,拟建面积4.5万平方米,用途为商业网点及商住公寓。第二条,项目总投资为1.265亿元。第三条,亿锋公司投资1.125亿元,占总投资的69.23%,华事得公司以项目现状作价5000万元投资,占总投资的30.77%。第四条,亿锋公司保证华事得公司分得竣工房屋1.5万平方米,其中公建部分0.5万平方米,商住公寓部分1万平方米,具体竣工房屋分配方案待图纸确定后另行商定。如亿锋公司获政府批准,增加投资所增加的面积,华事得公司不参与分配。第五条,亿锋公司的权利义务为:负责项目开发所涉及的双方一切报批、报验等手续及销售许可证的办理;负责办理大连开发区政府对项目现状的拆迁文件;负责项目整体施工建设,保证自项目开工之日起20个月内交付使用;负责项目现有建筑物的拆除及费用;亿锋公司或其指定的第三方为华事得公司现有法律生效判决所确定的债务提供担保,以保证华事得公司债权人同意合作项目的建设。华事得公司的权利义务为:负责提供项目基础资料;负担分得竣工房屋销售税金及物业维修基金(其余项目相关的费用由亿锋公司负责);负责现有建筑物使用者的搬迁工作,并承担搬迁费用。亿锋公司根据搬迁费用为华事得公司提供借款。第六条,双方均须履行合同义务,不得违约,如一方违约,则须按项目投入总资金的20%支付违约金。”

2003年3月1日,双方签订《补充合同一》,约定:(1)华事得公司同意为办理项目报批手续,将华事得公司所有的大开地合字48号、49号土地证项下的土地,总计13,325平方米,交给亿锋公司办理手续。(2)双方同意土地面积的分摊按原规划批准方案的总面积为基数分配,待工程全部完工后重新按实际形成的建筑面积核算,并转发土地证。(3)华事得公司同意将现有土地面积12,314.41平方米及地上建筑物7456.74平方米转让给亿锋公司拆除续建,1010.59平方米及地上3702.35平方米地上建筑物为华事得公司所有。

2003年3月8日,双方签订《补充合同二》,约定:“(一)原合同第一条改为,双方联合开发收获大厦A、B座,项目坐落于辽宁省大连开发区金马路194号,用地位置在14号小区。A、B座总占地面积13,325平方米,拟建面积4.5万平方米,用途为商业公建及商住公寓。(二)原合同第三条改为,亿锋公司1.125亿元对项目投资占总投资69.23%。华事得公司以项目现状建筑面积11,159.09平方米占地面积为13,325平方米土地作价5000万元作为对该项目的投资,占总投资的30.77%。(三)原合同第四条改为,亿锋公司必须保证华事得公司分得竣工房屋1.5万平方米,其中公建部分0.5万平方米,商住公寓部分1万平方米,具体房屋位置与面积待设计方案确定后双方另行商定。为便于项目竣工后统一物业管理,原则上位于整个项目的西侧,与现有收获公寓相邻。亿锋公司在设计时尽量将现有收获公寓可利用设备连在一起。华事得公司同意亿锋公司在获得政府批准前提下,亿锋公司单独增加投资、增加房屋面积,华事得公司不参与增加面积部分的投资与分配。(四)原合同第五条第三款改为,亿锋公司负责本项目全程操作与实施,并保证自项目开工之日起24个月内交付使用,华事得公司保证不干涉亿锋公司项目实施。(五)原合同第五条第五款约定,由于在实际履行中现有债权人不同意担保方式解决,故此条款取消,华事得公司负责解决债权人对项目现状的抵押、查封手续。否则,华事得公司将对可能造成的项目不能进行给亿锋公司造成的损失给予赔偿。(六)原合同第五条第六款改为华事得公司负责提供原项目基础资料。(七)原合同第五条第七款改为华事得公司负担分得竣工房屋销售税金及物业维修基金,契税等相关税收由华事得公司负责,其余与项目相关的费用由亿锋公司负责。(八)原合同第五条第八款改为,华事得公司负责现有建筑使用者的搬迁工作,并承担搬迁费用。搬迁时间不能耽误项目正常运转时间。(九)原合同第五条第九款取消。”

2003年4月24日,双方签订《补充合同三》,约定:华事得公司同意将现有土地面积1010.59平方米及地上建筑物3702.35平方米转让给亿锋公司拆除续建。同日,双方还签订了《国有土地使用权转让合同》,华事得公司将编号为0512010、0512011宗地的余期土地使用权转让给亿锋公司。

2003年9月28日,双方签订《补充合同四》,约定:“(一)因华瑞公司于2003年8月11日更名为亿锋公司,华瑞公司与华事得公司于2003年2月27日签订的《房地产联合开发合同》由华事得公司与亿锋公司继续履行。(二)华事得公司同意将其所有的地号为0512010总面积为13,325平方米土地[土地使用证号分别为:大开国用(2000)字第209号、210号]连同地上建筑物(约1.1万平方米)作价5000万元转让给亿锋公司,华事得公司同意亿锋公司用开发竣工的房屋1.5万平方米(其中商业网点0.5万平方米、商住公寓房1万平方米)抵顶上述5000万元。(三)根据《房地产联合开发合同》第三条、第四条约定,华事得公司可分得竣工房屋1.5万平方米,其中公建0.5万平方米,商住公寓部分1万平方米,房屋价款共计5000万元。同时根据第五条第七款约定,华事得公司负担分得竣工房屋销售税金、物业维修基金、契税、交易费等。(四)根据铜锣湾广场A座工程设计规划,双方协商后,华事得公司应分得的竣工房屋住宅部分为9#楼1-5-1-21号、9#楼2-5-1-2-22-1

号、9#楼 2－5－2－2－22－2 号、10#楼 1－4－1－1－8－1 号、10#楼 1－4－2－1－8－2号，共计 64 套。商铺部分为 1－3 层商场从①轴—④轴与 B 轴之间分隔成一个 0.5 万平方米的商场。”

2003 年 10 月 13 日，双方签订《补充合同五》，约定：华事得公司负担分得竣工 1.5 万平方米房屋销售税金、物业维修基金、契税、交易费等相关税收外，同时华事得公司还负担分得竣工房屋的煤气安装费、有线电视初装费、水费初交费、电费初交费、采暖费、宽带入网费等买受人须向政府部门缴纳的购房相关费用。

合同签订后，双方办理了土地及建筑转让的各种手续，亿锋公司于 2003 年 5 月 7 日办理了大开国用（2003）字第 503 号《国有土地使用证》。亿锋公司于 2003 年 9 月 15 日开始施工，2004 年 11 月 30 日竣工。

2004 年 12 月 15 日，亿锋公司给华事得公司发出《催告函》，称：“根据《房地产联合开发合同》及其《补充合同》，以及双方在实际履行过程中产生的问题，特催告及时履行以下义务：1. 偿付我司已替贵司交付的各种行政性收费、相关税收和费用，因贵司未能及时向我司提供有关发票，导致我司有很多已付款项不能进入成本，我司因此而增加的相关税金由贵司承担。2. 因施工单位已将项目移交我方，经政府最终审核，贵司分得的具体楼号、面积已重新确认，望贵司立即与我司协商，进行房屋交接工作并承担政府增加的人防费用。3. 如贵司不能及时履行前述义务而导致房屋交接工作拖至明年，若明年的税收政策调整致使贵司承担的税金增大所产生的一切损失由贵司承担。为维护我司的合法权益，也为了避免贵司的责任进一步扩大，防止双方造成不必要的损失与影响，我司诚恳地希望贵司能够按照双方签订的《房地产联合开发合同》及其补充合同约定，严格、及时地履行上述义务。望贵司在收到此函后 5 日内给予书面回复，并予详尽解释说明，逾期贵司不给予书面回复或不履行合同义务的，视为贵司同意我司的所有处理意见，因贵司的不履行行为给我司造成的一切损失由贵司承担。”华事得公司于 12 月 17 日回函称：“1. 贵司所提的第一条内容，应在我司与贵司所共同确认的我司应享有 1.5 万平方米房屋产权及销售许可证得到确认后，根据实际已发生并确实应由我司负担的费用予以解决。2. 我司已多次向贵司表明，贵司于 2004 年 10 月中旬所提供的《三方协议》，我司不予认可。因其协议的当事方均无贵司，此协议的法律主体也与贵司无关，是我司与其他两个独立法人之间所签之协议，我方会与其单独协商解决。所以在我方应享有的 1.5 万平方米的房屋权益的问题中商用部分 0.5 万平方米应为我司的权益。但近期据我司了解，在未经我司同意的情况下，贵司将包括我司应享有的 0.5 万平方米公建部分长期出租给某商业公司作为营业场所。贵司的此种行为侵害了我司的权益，在此我司郑重声明保留以任何方式伸张我司权益的权利。3. 因贵司未能保证我司的权益，严重违反了双方所签协议之内容，严重损害了国有资产，直接导致了房屋交接工作未能办理，故而贵司所提一切损失如明年确实发生，应由贵司承担全部责任。4. 我司是国务院国有资产监督管理委员会直接管辖的央管国有企业——中国华诚集团下属企业，企业资产属国有资产。为维护我司的合法权益，防止国有资产流失给国家资产造成损失，更为避免贵司可能因不适当的行为给我司造成的损失所要承担的相应法律责任，切实保证国有资产不受到损害，我司诚恳希望贵司早日将我司所享有的1.5万平方米房屋的产权销售许可证交与我司。5. 因任何单位个人都无法承担国有资产重大流失的法律责任，所以为防止国有资产的流失，我司将保留对《房地产联合开发合同》及其补充合同的公允性进行法律追究的权利。”

另查明，案外人大连保税区嘉豪物流有限公司（以下简称嘉豪公司）与大连经济技术开发区鹤翔咨询服务有限公司（以下简称鹤翔公司）于2003年3月18日，即鹤翔公司成立的当天与嘉豪公司签订了《借款协议》，约定：嘉豪公司自2003年3月起向鹤翔公司提供2600万元的借款，鹤翔公司在2600万元范围内，可不定期、不定额使用借款。鹤翔公司保证于2004年5月底前还清借款，并保证一次性付给借款利息520万元。借款协议签订前，嘉豪公司于2003年3月10日分三次向华事得公司账户支付878.3万元，3月11日向华事得公司账户支付11,959.03元，3月13日向中建第八工程局支付2,017,685.64元。协议签订后，嘉豪公司于2003年3月24日向鹤翔公司支付205万元，4月22日代华事得公司支付辽宁省大连市中级人民法院（以下简称大连中院）执行款9,219,380元，6月3～4日分两次向鹤翔公司账户支付1,310,343.33元，7月5日向鹤翔公司支付100万元，8月5日向华事得公司负责人马寒松特户支付150万元。

嘉豪公司、鹤翔公司与华事得公司于2004年6月12日签订《抵债协议》，约定：鹤翔公司与嘉豪公司签订的借款协议，本金及利息总计为3120万元。经三方协商，华事得公司同意鹤翔公司用其在联合开发“开发区金马路198号”项目中分得的0.5万平方米商场来抵顶鹤翔公司所借嘉豪公司的本金及利息。

嘉豪公司于2004年11月3日将股份转让给亿锋公司和李殿斌（系亿锋公司法定代表人李殿文的亲兄弟）个人，其中亿锋公司受让2790万元，占公司总出资额的93%，李殿斌受让210万元，占总出资额的7%。鹤翔公司系由华事得公司副总经理马寒松的母亲与其妹夫成立的公司。

华事得公司向一审法院提供了一份《华事得税金费用一览表》，该表中列明华事得公司应给付亿锋公司的各种费用为15,636,680元。华事得公司主张，该表是亿锋公司要求华事得公司承担各种费用时交给华事得公司的一览表，此表中有亿锋公司财务总监的亲笔批注，证明亿锋公司在交付房屋之前，要求华事得公司承担不合理的费用，从而拒绝交付房屋。亿锋公司认为此表不能证明是亿锋公司交给华事得公司的，不具有证明力。

亿锋公司向一审法院提供了嘉豪公司于2005年10月17日出具的证明:“根据《抵债协议》,经我公司要求,华事得公司已将用于抵还借款的0.5万平方米商场,通知亿锋公司于2004年12月1日移交给我公司,归我公司所有、管理和使用。”亿锋公司主张0.5万平方米的商场已交付给嘉豪公司,应视为其已向华事得公司履行了交付商场的义务。但亿锋公司未能提供华事得公司通知亿锋公司向嘉豪公司交付房屋的证据,也未能提供向嘉豪公司交付房屋的交接手续,现0.5万平方米的商场部分由亿锋公司使用。华事得公司认为,嘉豪公司与亿锋公司系有关联的公司,证明内容不真实,不能作为有效证据使用,亿锋公司也未实际向嘉豪公司交付0.5万平方米的公建房屋,现房屋大部分由亿锋公司使用。亿锋公司也没有提供华事得公司通知亿锋公司向嘉豪公司交付房屋的证据。

(二)当事人起诉与答辩情况

2005年9月,华事得公司向辽宁省高级人民法院提起诉讼称:根据《房地产联合开发合同》以及五份《补充合同》,华事得公司可分得大厦1.5万平方米的房屋。但亿锋公司至今未能按合同约定向华事得公司交付房屋,已构成违约,应按合同约定承担违约责任。请求:(1)判令亿锋公司向华事得公司交付1.5万平方米的房屋,并为华事得公司办理房屋产权证;(2)判令亿锋公司向华事得公司支付违约金3250万元;(3)判令亿锋公司承担案件受理费。

亿锋公司答辩称:亿锋公司已履行合同约定的义务,不存在违约行为。(1)至华事得公司起诉时,亿锋公司交付房屋的合同期限并未到期,根本不存在违约一说。(2)亿锋公司按抵债协议向嘉豪公司交付了0.5万平方米公建房屋(商场),应视为向华事得公司的交付。(3)1万平方米商住公寓未能交付的责任在华事得公司。工程竣工后,亿锋公司于2004年12月15日向华事得公司发出交接房屋的《催告函》,要求华事得公司接收剩余1万平方米商住公寓,并按合同约定承担相关税费。华事得公司以种种无理借口拖延,拒绝接收。时至2005年4月26日,因华事得公司举报其公司内部工作人员涉嫌犯罪,辽宁省大连市公安局(以下简称大连市公安局)将华事得公司在亿锋公司处的1万平方米64套商住公寓予以查封,并责令不得“办理产权、交易、抵押、房产移交”。因此,造成1万平方米64套商住公寓无法交付的原因在华事得公司,应由华事得公司对房屋无法交付及被查封承担法律责任。因此,亿锋公司不存在任何违约行为。请求法院依法驳回华事得公司的诉讼请求。

二、审理结果

(一)辽宁省高级人民法院一审认定与判决

一审法院经审理认为:

1.关于合同的性质。双方签订的合同名称为《房地产联合开发合同》,合同约定亿锋公司以1.125亿元作为投资,华事得公司以项目现状作价5000万元作为投资,在补充合同中又约定华事得公司将土地及地上建筑物作价5000万元转让给亿锋公司,亿锋公司用1.5万平方米的房屋抵顶5000万元。虽然双方在《补充合同》中约定华事得公司负担买受人须向政府交付的购房相关费用,但根据双方合同的内容,转让标的是一个手续完整的在建工程项目,华事得公司提供的除土地外还包括在建工程项目,故本案的合同性质应认定为房地产开发项目转让合同。

2. 亿锋公司是否向华事得公司交付了0.5万平方米的公建房屋,1万平方米的商住公寓,未交付的原因是什么。一审法院认为,第一,亿锋公司主张0.5万平方米的公建房屋已实际交给嘉豪公司的证据有两份:一是嘉豪公司在诉讼期间出具的接收房屋的证明,二是亿锋公司从嘉豪公司处取得的抵债协议原件。从嘉豪公司与亿锋公司的法律关系看,虽然两公司均为独立法人,但亿锋公司是嘉豪公司的股东,占嘉豪公司总出资额93%,从0.5万平方米公建房屋的实际使用情况看,嘉豪公司仅使用了部分房屋,其余房屋均由亿锋公司使用,亿锋公司与嘉豪公司并未履行交付房屋的交接手续,华事得公司认为嘉豪公司的证明不能作为有效证据使用的理由成立。故不能认定亿锋公司已经将房屋交给了华事得公司。第二,虽然华事得公司与鹤翔公司签订了以房抵债协议,但亿锋公司不是抵债协议的主体,亿锋公司又不能提供证据证明是受华事得公司的指令将0.5万平方米公建房屋直接交给嘉豪公司,而仅能提供嘉豪公司向其提供的以房抵债协议原件,故即使亿锋公司将0.5万平方米公建房屋交给嘉豪公司,也不能视为亿锋公司将0.5万平方米公建房屋交给了嘉豪公司。关于1万平方米商住公寓未能交付的原因,无论亿锋公司要求华事得公司支付的费用是否合理,因华事得公司的原因,该房产被大连市公安局实际查封,故1万平方米商住公寓未能交付的责任不能由亿锋公司承担。

3. 关于合同约定的"华事得公司负担分得竣工1.5万平方米房屋销售税金"应如何理解的问题。依照《合同法》第125条第1款的规定"当事人对合同条款的理解有争议的,应当按照合同所使用的词句、合同的有关条款、合同的目的、交易习惯以及诚实信用原则,确定该条款的真实意思"。双方当事人在合同中明确约定了华事得公司应承担销售税金,从合同约定的本意看,如果是华事得公司取得房屋所有权,办理房屋产权证后,出售房屋的销售税金由谁承担,与亿锋公司无关,也没有必要在合同中作出约定。故合同约定的销售税金应为华事得公司取得房屋所有权、办理房屋产权证及土地所有权证时发生的销售税金,而不是华事得公司取得房屋所有权后出售时发生的销售税金。至于华事得公司提出的其承担亿锋公司的销售税金,同时再销售时还要承担自己的销售税金,就要为一个房子承担两次销售税金,这是明显不合理的问题。因法律对当事人双方自愿约定销售税金应由谁承担并没有禁止性的规定,因此,法律规定房屋交易时发生的买卖双方应向相关部门缴纳的销售税金,应由华事得公司承担。至于销售税金的范围问题,一审法院认为,应为办理房屋产权手续时买卖双方应向相关部门缴纳的各项税费，而不包括亿锋公司主张的其他税金。关于双方在合同中约定的其他费用，华事得公司自愿按合同约定支付，应予照准。但亿锋公司主张在交付房屋的同时，华事得公司应向其交付应支付的全部税金依据不足，华事得公司应按法律规定向相关部门缴纳相关费用。

4. 亿锋公司应当为华事得公司分得的1.5万平方米房屋，办理哪些手续。华事得公司在诉讼请求中，仅要求亿锋公司为其办理1.5万平方米房屋的产权证，其虽在诉讼过程中提出了此项问题为本案争议的焦点问题，但并未变更诉讼请求。另外，房屋交付时，双方当事人可依照法律规定办理交接及过户手续。故对华事得公司诉讼请求之外的问题不予处理。

综上，一审法院认为，双方当事人签订的《房地产联合开发合同》及五份《补充协议》，是双方当事人的真实意思表示，合法有效，双方均应履行合同的义务。至于抵债协议的效力问题，因亿锋公司不是抵债协议的一方当事人，而抵债协议的当事人嘉豪公司与鹤翔公司亦不是本案的诉讼主体。亿锋公司也不能提供证据证明是接受华事得公司的指令，向嘉豪公司交付房屋，本案对抵债协议的效力及所涉及的法律后果不予处理，应由抵债协议各方当事人另案解决。亿锋公司应按合同约定向华事得公司交付1.5万平方米的房屋，华事得公司亦应按合同约定承担其应承担的费用。关于华事得公司主张亿锋公司应承担逾期交付房屋的违约责任问题，因双方在合同中约定，亿锋公司应保证项目开工之日起24个月内交付使用，本案项目开工的时间为2003年9月15日，交付房屋的期限应为2005年9月15日，华事得公司起诉的时间为2005年9月8日。华事得公司主张亿锋公司在合同履行过程中，提出了新的交房时间，应视为双方变更了合同约定的交房时间，虽然亿锋公司在履行合同的过程中提出提前交付房屋，但双方当事人并未约定变更交付房屋的时间，不能将亿锋公司自愿提前交付房屋而未能交付，视为其违约。华事得公司在未到合同履行期限时提起诉讼，要求亿锋公司承担违约责任，证据不足，不予支持。据此判决：(1)华事得公司与亿锋公司签订的《房地产联合开发合同》及五份《补充合同》合法有效；(2)亿锋公司于判决生效后30日内按双方合同约定向华事得公司交付1.5万平方米的房屋(其中公建房屋0.5万平方米，商住公寓1万平方米)，并为华事得公司办理房屋产权证；(3)华事得公司在接收房屋的同时，按法律规定及双方的合同约定承担1.5万平方米房屋办理产权手续时买卖双方应向相关部门缴纳的税金及该房屋的物业维修基金、契税、交易费、煤气安装费、有线电视初装费、水费初交费、电费初交费、采暖费、宽带入网费等费用，上述费用应由亿锋公司收取的，可向亿锋公司支付，应由相关部门收取的向相关部门支付；(4)驳回华事得公司的其他诉讼请求。案件受理费422,510元，由亿锋公司负担260,010元，由华事得公司负担162,500元。

（二）当事人上诉与答辩情况

亿锋公司不服一审判决，向本院提起上诉称：(1)一审法院明知房屋被查封的责任在华事得公司，亿锋公司也不可能违法抵抗大连市公安局的查封令交付房屋，却判令亿锋公司履行交房义务，对该项判决应当撤销。(2)亿锋公司将0.5万平方米公建房屋交付嘉豪公司属于向华事得公司履行的交房义务，有事实根据，符合法律规定，其法律效力应当得到认可。(3)一审判决将抵债协议的效力及所涉及的法律后果交由抵债协议各方当事人另案解决，是回避争议双方的矛盾焦点和错误适用法律。故请求：(1)撤销一审判决，驳回华事得公司的诉讼请求；(2)判令华事得公司承担一、二审案件受理费。

华事得公司答辩称：(1)大连市公安局对1万平方米64套商住公寓的查封，是根据华事得公司的要求，为了保护国有资产不流失而采取的保护措施。该措施不会影响法院生效判决的有效执行。(2)一审判决亿锋公司应向华事得公司交付0.5万平方米公建房屋，认定事实清楚，适用法律准确。亿锋公司的上诉理由和主张不能成立，请求驳回上诉，维持原判。

（三）最高人民法院二审查明的事实

二审法院查明：2005年4月26日，大连市公安局向亿锋公司发出大公经侦协字〔2005〕019号协助查封/冻结通知书，查封了案涉64套商住公寓，并要求亿锋公司在查封期间不得对该批房屋以任何名义进行办理产权、交易、抵押、房产移交等任何有碍资产安全的行为，并保证维持该批房屋现状。

2005年12月18日，嘉豪公司以华事得公司为被告、亿锋公司为第三人向大连中院提起诉讼，要求：(1)确认其与鹤翔公司、华事得公司订立的《抵债协议》有效；(2)判令0.5万平方米商场归其所有；(3)诉讼费用由华事得公司承担。2006年1月16日，大连中院以(2006)大民合初字第3号民事裁定，中止了该案诉讼。

另查明，华事得公司是华诚投资管理有限公司的控股子公司。二审法院查明的其他事实与一审法院查明的事实相同。

（四）最高人民法院二审认定与判决

最高人民法院认为，本案的争议焦点有两个：一是亿锋公司是否已经向华事得公司交付了0.5万平方米公建房屋；二是亿锋公司能否向华事得公司交付1万平方米商住公寓。

关于焦点一，最高人民法院认为，认定亿锋公司向嘉豪公司交付0.5万平方米公建房屋的法律效果归属于华事得公司的条件是，该交付行为有华事得公司的指定。而亿锋公司并未就此举出充分证据。且从华事得公司2004年12月17日给亿锋公司回函的内容看，华事得公司对此并不认可。除此以外，《抵债协议》的当事人是嘉豪公司、鹤翔公司与华事得公司，该协议的受益人嘉豪公司已经向大连中院就

《抵债协议》的效力以及履行问题提起民事诉讼，故亿锋公司认为将 0.5 万平方米公建房屋交付嘉豪公司属于向华事得公司履行交房义务的主张不能成立。亿锋公司应当履行向华事得公司交付该 0.5 万平方米公建房屋并移转房屋所有权的义务。至于《抵债协议》的效力及法律后果等问题，待本案审理终结作出裁判发生法律效力后，由有关当事人在大连中院恢复审理相关案件中予以解决。

关于焦点二，亿锋公司并不否认其负有向华事得公司交付 1 万平方米商住公寓并移转房屋所有权的义务，所以此问题的关键是如何看待大连市公安局的查封行为与本案能否判决亿锋公司向华事得公司交付房产、移转房屋所有权之间的关系。本案二审期间，本院走访了大连市公安局。据大连市公安局称，其查封案涉 1 万平方米商住公寓的目的是保护华事得公司的利益，防止国有资产流失。本院认为，大连市公安局对 1 万平方米商住公寓采取查封措施，旨在禁止亿锋公司通过转让等方式向案外第三人实施有碍资产安全的行为，而亿锋公司履行人民法院生效民事判决确定的义务，向华事得公司交付该房产并移转所有权与大连市公安局采取查封措施的目的是一致的。据此，亿锋公司以该 1 万平方米商住公寓被大连市公安局查封为由，认为该查封当然包括禁止亿锋公司向华事得公司交付房屋的上诉理由，不能成立。

综上，最高人民法院认为，亿锋公司应当承担向华事得公司交付 1.5 万平方米房产并移转房屋所有权的义务，其上诉理由不能成立，对其要求驳回华事得公司诉讼请求的上诉请求，不予支持。一审判决认定事实清楚，适用法律正确，应予维持。根据《民事诉讼法》第 153 条第 1 款第 1 项之规定，于 2006 年 8 月 3 日以(2006)民一终字第 36 号民事判决书，作出如下判决：驳回上诉，维持原判。二审案件受理费 260,010 元，由大连亿锋房地产有限公司负担。

[参见最高人民法院民事审判第一庭编：《民事审判指导与参考》(2007 年第 1 集)，法律出版社 2007 年版。]

011. 房地产公司在诉讼过程中依法注销登记的，法院应否裁定终结诉讼？

【典型案例】

广州森润贸易有限公司诉广州市正信实业有限公司等合作开发房地产合同纠纷案

【裁判要点】

民事诉讼法律关系的主体应当具备诉讼权利能力，具体而言，法人作为民事诉讼主体的，应当处于设立登记之后、注销登记之前。如果法人依法注销登记的，则其民事权利能力、行为能力以及诉讼权利能力均消灭。此时，如果其因分立、合并而消灭的，则依法应当由分立、合并后的法人承继其权利义务，并参与到诉讼中；如果因其他原因注销登记，未确定权利义务承受人的，则无法通过诉讼承担的方式使诉讼程序得以继续，法院应以主体消灭为由裁定终结诉讼。综上，公司在诉讼过程中依法注销登记的，法院应当依法裁定终结诉讼，由债权人依法向公司股东主张相应权利。

裁定书字号：广东省广州市中级人民法院（2012）穗中法民五重字第1号民事裁定书。

案由：合作开发房地产合同纠纷。

诉讼双方：

原告：广州森润贸易有限公司。于2009年12月23日被广州市工商行政管理局越秀分局核准注销。

被告：广州市正信实业有限公司。

被告：林路强。

被告：谭嘉庆。

被告：黎涛。

被告：广州市中农房地产开发公司。

被告：广州房地产实业集团有限公司。

第三人：广东省广宁县金福实业公司。

第三人：广州建阳房地产发展有限公司。

审级:一审。

审判机关:广东省广州市中级人民法院。

审结时间:2013 年 3 月 26 日。

广东省广州市中级人民法院经公开审理查明:原告广州森润贸易有限公司(以下简称森润公司)成立于 1996 年 9 月 18 日,经营范围为国内商业贸易、普通机械的安装及维修技术咨询服务。股东为吴某侨、叶某升。

2007 年 12 月 4 日,原告森润公司提起本案诉讼。

2009 年 12 月 21 日,原告森润公司作出股东会决议,决议内容为“出席会议股东:叶某升、吴某侨。根据《公司法》及公司章程,广州森润贸易有限公司于 2009 年 12 月 21 日在本办公室召开股东会,出席本次会议的股东共两人,代表公司股东 100% 的表决权,所作出决议经公司股东表决权的 100% 通过决议事项如下:同意公司注销”。该股东会决议由全体股东叶某升、吴某侨签名。

同日,原告森润公司出具清算报告,载明“根据《公司法》及公司《章程》的有关规定,广州森润贸易有限公司于 2009 年 12 月 21 日召开股东会决议解散,并成立公司清算组于 2009 年 12 月 21 日开始对公司进行清算,清算情况如下:一、公司清算组已于 2009 年 10 月 26 日向公司登记机关备案,并取得《备案通知书》(文号 004902)。清算组成员由叶某升、吴某侨等人组成,由叶某升担任清算组负责人。二、通知和公告债权人情况:公司清算组于 2009 年 12 月 21 日通知公司债权人申报债权,并已于 2009 年 10 月 29 日在信息时报报刊登清算公告。三、至________年____月____日,本公司已了结所有未完业务,停止一切生产经营活动。四、本公司所有税款已清缴。五、至________年____月____日,公司资产总额为 0 元,负债总额为 0 元。六、公司已按以下顺序清偿债务:1. 清算费用 0 元;2. 所欠职工工资、社会保险费用和法定补偿金 0 元;3. 税款 0 元;4. 其他债务 0 元。七、清偿债务后,公司剩余财产 0 元,按股东出资比例分配。经全体股东审查确认,一致通过该清算报告”。该清算报告由清算组成员吴某侨、叶某升签名,并由全体股东吴某侨、叶某升签名,原告森润公司加盖公章。

2009 年 12 月 21 日,原告森润公司向广州市工商行政管理局越秀分局提交“公司注销登记申请表”,记载:申请注销登记的原因为“股东、股东会、股东大会决议解散”;债权债务清理情况为“已清理完毕”;对外投资清理情况为“已清理完毕”,公告情况为“《信息时报》2009 年 10 月 29 日,清算公告:‘广州森润贸易有限公司股东会决定,停止公司经营活动,于 2009 年 10 月 29 日成立清算组,开始清理债权债务。请债权人自本公告见报之日起 45 日内,向本公司清算小组申报债权,逾期不申报,视为放弃权利。清算结束后,本公司将向公司登记主管机关申请注销登记。’”该申请表还载明“本公司依照《公司法》《公司登记管理条例》申请注销登记,提交材料真实有效,谨此对真实性承担责任”,原告森润公司在其上加盖公章,并由清算组负责人叶某升签名。

2009 年 12 月 23 日,广州市工商行政管理局越秀分局核准原告森润公司的注销登记。

2012 年 10 月 25 日,吴某侨向广州市中级人民法院提交《关于“广州森润贸易有限公司”决议解散的情况》,称:“由于本人年事已高(70 多岁),家人(丈夫)重病在床,自己也心脏病缠身,故与叶某升、朱某东(我公司实际投资人和控制人)作出决议解散公司。公司虽然解散,但我们并无意回避对羊城邮票社符某孝先生的债务及正信公司等单位及个人的诉讼,决议责成朱某东继续委托华盈律师事务所代理本案,公章亦留在叶某升处供诉讼使用,我与叶某升、朱某东达成共识:一、公司的一切经营活动停止。但是与正信公司等的诉讼要进行至该案终结并执行终结。公司解散后该诉讼仍委托广东华盈律师事务所作该案代理。二、在向工商部门办理决议解散手续时市工商局口头答复,决议解散不影响公司存在时已经由法院立案并正在诉讼的官司。可由清算组决定是否仍然委托原代理律师所或重新委托。对于 2007 年立案的诉讼主体地位由清算组继承工商部门予以认可至该诉讼全部终结。三、当时决议,由于诉讼未了结,该案涉及的债权债务无法统计数字,即决定由朱某东主理,追踪至该案执结,追回投资收益偿还羊城邮票社或符某孝先生,对诉讼未了结的具体数字,也无法计算,故公告中显示为零,当时决议诉讼收益:一是偿还符某孝的债务,二是利益部分交给符某孝作为借款利息,本公司不亏不赚,正负零。并由朱某东直接与符某孝先生洽谈了结,不计入森润公司清算项目,我公司 2007 年向广州中院申请立案至今,对方上诉高院发回重审,中院重审开庭,前后长达 5 年。我公司没有申请过中止或终止,诉讼一直在进行之中,并不存在诉讼主体中途消失的问题。四、森润公司决议解散,清算组有权决定本案诉讼的权利归清算组,有权决定该诉讼未了结案的中止、和解、执行,寻找代理等相关事项。”该《关于“广州森润贸易有限公司”决议解散的情况》落款载明“吴某侨口述签名 2012 年 10 月 25 日于病床,朱某东记录打印叶某升在场”,并由吴某侨、叶某升、朱某东签名。

广州市中级人民法院向广州市工商行政管理局越秀分局进行调查,获悉该局没有作出过“决议解散不影响公司存在时已经由法院立案并正在诉讼的官司”的答复,该局工作人员认为“公司注销,是指公司债权债务已清理完毕,所以注销之后,理论上没有债权债务承继人;公司办理注销时,也不需要公司债权债务的承继人”。

2013 年 1 月 16 日庭审中,符某孝作为原告森润公司诉讼代理人称“我方办理注销手续时,已询问过广州市工商局尚有官司未了结,广州市工商局局长(名字忘记了)口头答复你们有官司,这是回避不了的事实,要注销就注销,你们打你们的官司,法院说可以就可以,法院说不可以就不可以”。至于《关于“广州森润贸易有限公司"决议解散的情况》第三点决议情况，为何在申请注销资料中没有反映，符某孝答复"资料是黎某玲负责的，吴某侨、叶某升虽然签名，但他们对诉讼情况不太清楚"。关于原告森润公司注销时，有无向工商行政管理部门报告公司债权债务承继人的问题，符某孝答复"我方没有向工商部门报告，因为当时我们不是很懂，对这个问题认识不足，对工商法规不了解"。

广东华盈律师事务所刘识文律师作为原告森润公司诉讼代理人在庭审中提出：(1)原告申请注销时的相关资料，并不能作为否决原告事实上有未审结的诉讼以及未清收的债权；(2)鉴于原告目前工商登记已被注销，恳请法庭通知该公司原股东作为权利的继受人担当本案原告。

被告广州市正信实业有限公司、广州市中农房地产开发公司、广州房地产实业集团有限公司、林路强、谭嘉庆则表示，不同意追加或通知原告股东担当本案原告，工商登记资料及法院调查笔录显示，原告森润公司是没有债权债务承继人，因为原告的债权债务归零；通知原告股东参加诉讼，不符合程序，股东可以另行起诉。

2013年1月18日，广东华盈律师事务所刘识文律师向该院提交《关于依法裁定中止诉讼、通知权利承受人参加诉讼的紧急报告》，提出"《中华人民共和国民事诉讼法》第一百五十条第一款第(三)项规定，诉讼过程中作为一方当事人的法人或者其他组织终止，人民法院应当中止诉讼，待其权利义务承受人确定后恢复诉讼；而依《中华人民共和国公司法》第一百八十九条之规定，公司终止即公司注销登记。有鉴于此，特请求法院基于森润公司已于诉讼过程中终止之事实，裁定中止本案诉讼，并通知森润公司原股东吴某侨、叶某升作为该公司的权利承受人参加诉讼"的意见。

2013年1月20日，叶某升向广州中级人民法院提交《紧急报告》，称"我与吴某侨2012年10月25日致函法院，确认我公司注销后与正信公司等的诉讼仍然委托广东华盈律师事务所(后增加符某孝)为该案的代理人，朱某东主理至案结事了。我们的情形，是民诉法第一百五十条规定的情形：我们不属于'尚未'之列，因已经确定了'权利义务承受人'，不应被中止。即使需要'中止'，在我们去年10月25日至法院函发出后'中止诉讼的原因消除后，恢复诉讼'由于已指定了权利义务承受人，又将公章留于叶某升和朱某东诉讼专用，故我们的意见请求法庭采纳"。《紧急报告》落款为(股东)叶某升执笔，(股东)吴某侨，(承受人)朱某东，并由叶某升、吴某侨、朱某东签名。

另查明：2013年2月20日，叶某升、吴某侨向本院提交一份《关于广州市工商行政管理局〈行政复议受理案件通知书〉的报告》，其后附有：(1)广州市工商行政管理局于2013年2月8日出具的收据，收据载明收到符某孝交来要求撤销广州市工商越秀分局2009年12月23日作出注销"广州森润贸易有限公司"行为的《行政复议申请书》;(2)广州市工商行政管理局案件复议委员会于2013年2月16日出具的《行政复议受理案件通知书》,载明对符某孝提出的行政复议申请,经审查决定予以受理。

上述事实有下列证据证明:(1)企业注册基本资料。(2)股东会决议。(3)清算报告。(4)公司注销登记申请表。(5)法院调查笔录。(6)行政复议受理案件通知书。

广东省广州市中级人民法院经审理认为:在本案审理期间,原告森润公司以决议解散为由向工商行政管理部门提出公司注销登记申请,工商行政管理部门于2009年12月23日核准注销登记。根据《民法通则》第46条"企业法人终止,应当向登记机关办理注销登记并公告"、《公司法》第189条"公司清算结束后,清算组应当制作清算报告,报股东会、股东大会或者人民法院确认,并报送公司登记机关,申请注销公司登记,公告公司终止"和《公司登记管理条例》第45条"经公司登记机关注销登记,公司终止"的规定,经工商行政管理部门核准注销登记,原告森润公司终止。根据《民法通则》第36条第2款关于"法人的民事权利能力和民事行为能力,从法人成立时产生,到法人终止时消灭"的规定,原告森润公司作为法人主体的民事权利能力和民事行为能力到原告森润公司终止时消灭。因原告森润公司在向工商行政管理部门办理注销登记时,没有确定权利、义务承受人,因此本案诉讼已无法继续,根据《民事诉讼法》第151条第1款第1项的规定,应依法终结诉讼。因原告森润公司股东的诉讼地位不等同于原告森润公司的诉讼地位,以原告森润公司的股东承担原告森润公司在本案的诉讼主体地位,缺乏法律依据,不予采纳。至于原告森润公司注销后,其清算过程的相关责任承担问题,债权人或相关权利人可以依据《公司法》第190条、《最高人民法院关于适用〈中华人民共和国公司法〉若干问题的规定(二)》第18条、第19条、第20条、第23条等相关条款进行处理。

广东省广州市中级人民法院依照《民法通则》第36条第2款、第46条,《公司法》第189条、《公司登记管理条例》第45条,《民事诉讼法》第151条第1款第1项、第154条第1款第6项,《诉讼费用交纳办法》第28条、第38条第3款的规定,作出如下裁定:本案终结诉讼。本案已交纳一审案件受理费172,096元不予退还;诉讼保全费5000元,由原告广州森润贸易有限公司负担。

[参见国家法官学院、中国人民大学法学院编:《中国审判案例要览》(2014年民事审判案例卷),中国人民大学出版社2015年版。]

012. 基于同一纠纷的两次起诉，但当事人不同、具体诉讼请求不同，且相互不能替代或涵盖，是否属于重复起诉？

【公报案例】

威海鲲鹏投资有限公司与威海西港房地产开发有限公司、山东省重点建设实业有限公司土地使用权纠纷管辖权异议案

【裁判要点】

《民事诉讼法》第 110 条第 5 项规定："对判决、裁定已经发生法律效力的案件，当事人又起诉的，告知原告按照申诉处理，但人民法院准许撤诉的裁定除外……"《最高人民法院关于适用〈中华人民共和国民事诉讼法〉若干问题的意见》第 139 条规定："起诉不符合受理条件的，人民法院应当裁定不予受理。立案后发现起诉不符合受理条件的，裁定驳回起诉。"据此，我国法律禁止一案两诉，即相同当事人基于相同的法律关系及案件事实所提起的诉讼已经被人民法院立案受理的，就不应当重复起诉。而且对于人民法院已经以生效判决所确定的实体权利义务，当事人不能以相同事由再行起诉。但是否构成重复起诉，应当结合当事人诉讼请求的依据及行使处分权的具体情况进行综合判断。即使两次起诉基于同一纠纷，但两次起诉中的当事人发生变动，而且诉讼请求内容也并不相同，相互之间不能替代或涵盖，则人民法院不能简单地认定为重复起诉，并依照"一事不再理"的原则对后一起诉予以驳回。

案号：最高人民法院(2005)民一终字第 86 号

上诉人(原审原告)：威海鲲鹏投资有限公司。

被上诉人(原审被告)：威海西港房地产开发有限公司。

原审第三人：山东省重点建设实业有限公司。

上诉人威海鲲鹏投资有限公司(以下简称鲲鹏公司)为与被上诉人威海西港房地产开发有限公司(以下简称西港公司)、原审第三人山东省重点建设实业有限公司(以下简称重点建设公司)土地使用权纠纷一案，不服山东省高级人民法院(2005)鲁民一初字第 8 号民事裁定，向最高人民法院提起上诉。最高人民法院依法组成合议庭，于 2005 年 10 月 26 日对鲲鹏公司和西港公司进行了询问。本案现

已审理终结。

一审法院在审理本案的过程中，西港公司在答辩期内提出异议，认为本案与山东省高级人民法院(2005)鲁民一初字第5号民事案件系同一实质标的和同一合同事实再次起诉，一审法院受理本案属重复立案。鲲鹏公司一审期间对此答辩认为，本案为给付之诉，山东省高级人民法院(2005)鲁民一初字第5号案件为确认之诉，一审法院受理本案不属重复立案。

一审法院经审查认为，鲲鹏公司与西港公司、重点建设公司土地使用权纠纷一案(以下简称第8号民事案件)，与2005年5月26日立案的西港公司诉鲲鹏公司房地产开发合作合同纠纷一案(以下简称第5号民事案件)主体相同，案件事实相同，法律关系相同。(1)在主体方面，虽然鲲鹏公司诉西港公司、重点建设公司土地使用权纠纷案中，增加了第三人重点建设公司，但在诉讼请求中，未向其主张任何权利，从法律地位看，重点建设公司应为无独立请求权第三人，因此，两案的主体基本相同。(2)在案件事实方面，无论鲲鹏公司诉西港公司土地使用权纠纷，还是西港公司诉鲲鹏公司房地产开发合作合同纠纷，双方诉争的焦点主要是2003年3月25日双方签订的《房地产开发合作合同》效力问题，故两案的事实相同。(3)在法律关系方面，鲲鹏公司与西港公司双方发生的纠纷均围绕着一个房地产开发合作合同而产生的权利义务关系。所以两案的主体相同，事实相同，法律关系相同。本案鲲鹏公司的诉讼请求应当在一审法院已经立案审理的西港公司诉其房地产开发合作合同纠纷一案(第5号民事案件)中提起反诉，申请追加第三人，一并审理解决，而没有必要就同一实质标的和同一合同事实再次起诉，鲲鹏公司再次起诉的行为既增加了当事人诉累，又造成法院诉讼资源的浪费，同时违反了《民事诉讼法》一事不得再理的原则。西港公司提出的异议成立。据此，一审法院依据《民事诉讼法》第38条，《最高人民法院关于适用〈中华人民共和国民事诉讼法〉若干问题的意见》第139条之规定，于2005年8月29日裁定驳回鲲鹏公司对西港公司、重点建设公司的起诉。

鲲鹏公司不服一审裁定，向本院提出上诉称：(1)一审裁定书叙述的内容与案件事实不符，其在一审中已经于2005年8月24日提交申请，请求将第三人变更为被告，并承担合同无效的连带赔偿责任；(2)根据《最高人民法院关于适用〈中华人民共和国民事诉讼法〉若干问题的意见》第139条第2款的规定，驳回起诉裁定应当由负责审理该案的审判员、书记员署名，而本案合议庭成员为立案庭法官，故程序错误；(3)一审认为重复立案的理由不成立，因为一审认定鲲鹏公司可以提出反诉恰恰说明不属于重复起诉；(4)两个案件的诉讼性质、诉讼请求及数量、诉讼标的物、诉讼主体及数量、法律事实和法律关系均不相同，不属于重复起诉；(5)鲲鹏公司的起诉符合《民事诉讼法》第108条的规定，而一审裁定依据的《民事诉讼法》第

38条针对管辖权异议,《最高人民法院关于适用〈中华人民共和国民事诉讼法〉若干问题的意见》第139条针对不符合起诉条件的情形,适用法律错误。

西港公司答辩称:(1)第5号民事案件与山东省威海市中级人民法院(2005)威民一初字第28号民事案件的结论解决了鲲鹏公司在本案中的诉求,鲲鹏公司再次提起诉讼属于重复起诉;(2)一审法院对本案重复起诉的认定,符合案件事实及法律规定,鲲鹏公司主张追加被告、变更诉讼请求没有事实和法律依据;(3)一审法院审理程序,符合《最高人民法院关于人民法院立案工作的暂行规定》;(4)一审法院驳回鲲鹏公司的起诉,并未剥夺其诉权,鲲鹏公司可以在第5号民事案件中申请追加,没有必要另行起诉。

最高人民法院经审理查明,2005年5月25日,鲲鹏公司在山东省威海市中级人民法院起诉西港公司,请求确认双方签订的《房地产开发合作合同》有效,并要求西港公司办理合作项目的开工手续及缴纳相应费用。2005年5月26日,西港公司在山东省高级人民法院起诉鲲鹏公司,请求确认双方之间的《房地产开发合作合同》无效。山东省高级人民法院将前述两个诉讼合并为第5号民事案件,并于2005年7月11日,对该案进行了开庭审理。2005年7月25日,鲲鹏公司向一审法院提起本案诉讼,请求西港公司按照双方的《房地产开发合作合同》交付土地使用权。

鲲鹏公司于2005年8月24日举证期限届满前向一审法院提出《追加被告、变更诉讼请求申请书》,申请将第三人重点建设公司变更为被告,并请求判令西港公司与重点建设公司之间的《合作协议书》无效,由西港公司与重点建设公司承担连带赔偿责任。一审法院于2005年8月25日收到该申请书。

最高人民法院认为,本案是否构成重复起诉,应当结合当事人诉讼请求的依据及行使处分权的具体情况进行综合判断。鲲鹏公司在2005年8月24日《追加被告、变更诉讼请求申请书》中,已将重点建设公司变更为被告,故本案与第5号民事案件的当事人并不相同。鲲鹏公司在第5号民事案件中的诉讼请求为确认之诉与给付之诉的合并之诉,但该案诉讼请求中的给付内容与本案鲲鹏公司于2005年7月25日提起的给付之诉的内容并不相同,鲲鹏公司在第5号民事案件中的诉讼请求不能涵盖本案中鲲鹏公司的诉讼请求。且鲲鹏公司在《追加被告、变更诉讼请求申请书》中,已将本案诉讼请求变更为"请求判令西港公司与重点建设公司之间的《合作协议书》无效,并由西港公司与重点建设公司承担连带赔偿责任",故本案与第5号民事案件诉讼请求亦不相同。一审裁定认为鲲鹏公司的起诉违反《民事诉讼法》一事不再理的原则,驳回鲲鹏公司对西港公司和重点建设公司的起诉,适用法律错误,应予纠正。

综上,依据《最高人民法院关于适用〈中华人民共和国民事诉讼法〉若干问题的意见》第187条之规定,裁定如下:(1)撤销山东省高级人民法院(2005)鲁民一初字第8号民事裁定;(2)指令山东省高级人民法院对本案进行审理。

[参见《威海鲲鹏投资有限公司与威海西港房地产开发有限公司、山东省重点建设实业有限公司土地使用权纠纷管辖权异议案》,载《最高人民法院公报》2006年第5期。]

013. 一方当事人申请再审,另一方当事人申诉而抗诉,人民法院同时立两个再审案号的,在审理时应否合并审理?

【请示与批复】

最高人民法院关于阚莉与柳州市国泰房地产开发有限责任公司房屋拆迁补偿纠纷一案的请示的复函

(2010年11月30日 〔2010〕民四他字第63号)

广西壮族自治区高级人民法院:

你院〔2010〕桂请字第10号《关于阚莉与柳州市国泰房地产开发有限责任公司房屋拆迁补偿纠纷一案的请示》收悉。经研究,答复如下:

因一方当事人申请再审而决定再审的为一个案件,人民检察院因另一方当事人申诉而决定抗诉的为另一个案件。在审理时,应将两个案件合并审理,双方当事人同时列为再审申请人,两个案号可以并存,无须撤销相关生效裁定。

此复

附:

广西壮族自治区高级人民法院关于阚莉与柳州市国泰房地产开发有限责任公司房屋拆迁补偿纠纷一案的请示

(2010年9月8日 〔2010〕桂请字第10号)

最高人民法院:

我院在审理阚莉与柳州市国泰房地产开发有限责任公司房屋拆迁补偿纠纷再

审一案过程中,同时立了两个再审案号。经我院审判委员会讨论,认为对此问题的法律适用把握不准,特向你院请示。现将有关案情汇报如下:

一、当事人基本情况

原审上诉人(一审被告):柳州市国泰房地产开发有限责任公司。住所地:柳州市荣新路国泰花苑。

原审被上诉人(一审原告):阚莉,女,美籍华人,住美国阿拉斯加州。

二、案件来源及审理情况

阚莉与柳州市国泰房地产开发有限责任公司(以下简称国泰公司)房屋拆迁补偿纠纷一案,原经柳州市中级人民法院于2002年8月26日作出(2002)柳市民初(二)字第91号民事判决,国泰公司不服,向我院提起上诉,我院于2002年12月25日作出(2002)桂民四终字第17号民事判决,已发生法律效力。阚莉不服,向我院申请再审,我院于2003年12月12日作出(2003)桂民再字第51号民事判决。我院在审理其他案件过程中,发现该案有错误,遂决定依职权再审,并于2009年1月4日作出(2009)桂民监字第1号民事裁定,决定对本案进行再审,并立再审案号为(2009)桂民再字第2号。在我院再审本案过程中,国泰公司不服我院(2003)桂民再字第51号民事判决,向检察机关申诉。最高人民检察院于2009年7月23日以高检(2009)50号民事抗诉书向你院提出抗诉,你院于2009年11月3日作出(2009)民抗字第61号民事裁定,指令我院再审本案。由于阚莉是美籍华人,我院依照涉外程序的法律规定送达有关法律文件给阚莉,因阚莉的住址不详,通过外交途径无法送达,后又通过人民法院报公告送达。我院原定于2010年5月26日开庭,但在同月20日阚莉与其委托的律师一起到我院办理诉讼代理委托手续,我院随即将(2009)桂民监字第1号民事裁定、最高人民检察院高检(2009)50号民事抗诉书和你院(2009)民抗字第61号民事裁定书送达给阚莉。阚莉当场提出要对最高人民检察院高检(2009)50号民事抗诉书进行研究,还要求给予答辩时间,也就是说5月26日已经来不及开庭。合议庭立即进行研究,合议庭意见是:1. 先将我院(2009)桂民监字第1号民事裁定书、最高人民检察院高检(2009)50号民事抗诉书和你院(2009)民抗字第61号民事裁定书送达给阚莉,开庭时间另定;2. 对我院(2009)桂民监字第1号民事裁定和你院(2009)民抗字第61号民事裁定按两个案件分别立两个案号,但合并审理,结案后下发两份裁判文书。我院立案庭审查本案的全部材料后将你院裁定指令我院再审的案件立为(2010)桂民再字第10号。也就是说目前对我院(2003)桂民再字第51号民事判决再审,已有两个案号。我院根据阚莉的申请于2010年7月21日上午公开开庭审理本案,在开庭过程中,阚莉的代理人提出本案程序存在违法的问题,即:1. 最高人民检察院抗诉是违法的,因为根据人民检察院《民事行政抗诉案件办案规则》第二十二条第(二)项的规定,人民法院已经裁定再审的，人民检察院应当终止审查。2. 最高人民法院裁定指令再审也是违法的，因为根据《最高人民法院关于适用〈中华人民共和国民事诉讼法〉审判监督程序若干问题的解释》第二十九条第（三）项的规定，原判决裁定系经原审人民法院审判委员会讨论作出的，不得指令原审人民法院再审。3. 广西高院自行再审也是违法的。《最高人民法院关于正确适用〈关于人民法院对民事案件发回重审和指令再审有关问题的规定〉的通知》（法〔2003〕169 号）第一条规定“各级人民法院对本院已经发生法律效力的民事判决、裁定，不论以何种方式启动审判监督程序的，一般只能再审一次”。4. 同一个案件不能同时两次再审。如果法院坚持同时两次再审同一个案件，也应该组成两个不同的合议庭审理。鉴于上述情况，合议庭决定当即休庭。

三、我院对案件的请示意见

经我院审判委员会讨论，在本案再审过程中我院同时立了两个再审案号确实没有法律依据，但应当如何处理，把握不准。

我院审判委员会讨论形成了两种意见。

多数意见是：撤销我院（2009）桂民监字第 1 号民事裁定，终止审理（2009）桂民再字第 2 号案，继续审理你院裁定指令我院再审的案件即（2010）桂民再字第 10 号。

少数意见是：我院将（2009）桂民再字第 2 号案和（2010）桂民再字第 10 号案合并审理。

以上意见当否，请批示。

014. 普通债权法院与优先债权法院之间如何办理房地产处分权移送手续？

【地方审判】

江苏省高级人民法院执行局关于印发《关于首查封普通债权法院与轮候查封优先债权执行法院之间处分查封房地产等相关问题的解答》等指导意见的通知

（苏高法电〔2015〕742 号）

优先债权法院向普通债权法院发请求移送函，并附能够证明债权人享有抵押、质押、留置等优先债权的相关材料，普通债权法院应当在收到函件后 15 日内作出回函并将查封房地产移送优先债权法院处分;普通债权法院在15日内不予回函的视为不同意移送处分;普通债权法院在15日内回函不同意移送处分及不予回函的,优先债权法院在收到回函或15日届满后7日内与普通债权法院进行协商处理或逐级报请共同的上级法院协调处理,上级法院在收到请求协调函后15日内依据上述第一条规定处理。优先债权法院在取得房地产处分权后应当及时启动处分程序。

015. 房地产开发企业破产债权清偿顺序如何确定?

【审判专论】

(一)被拆迁人权利顺位

2011年1月21日起施行的国务院《国有土地上房屋征收和补偿条例》将国有土地上房屋征收和补偿的主体限定为市、县级人民政府,不包括房地产企业,但在该条例实施前,依照国务院《城市房屋拆迁管理条例》规定,房地产企业取得房屋拆迁许可证的,可以成为拆迁人,与被拆迁人签订房屋拆迁安置补偿合同。另据笔者调研了解,《国有土地上房屋征收和补偿条例》实施后,以房地产开发企业作为拆迁主体的现象仍然存在。作为历史遗留和违法行为的共同产物,拆迁人房地产开发企业破产后,被拆迁人权利保护问题亟待解决。其中,被拆迁人选择房屋产权调换方式进行安置补偿的,因房屋的拆迁与安置房的建成补偿存在时间差,往往使补偿矛盾延续至破产程序中。对此,笔者认为,应当赋予被拆迁人的权利以绝对的优先性,作为第一顺位保护。立法论上的依据包括:一是拆迁房屋是被拆迁人赖以生存和生产的基本物质条件;二是房屋拆迁涉及社会公共利益,被拆迁人服从公益理应获得特别保护;三是被拆迁人与房地产开发企业签订安置补偿协议,早于土地使用权抵押或在建工程抵押,物保债权人通过审查及相应安排,完全可以防控被拆迁人权利优先性带来的信用风险。在解释论上,《最高人民法院关于审理商品房买卖合同纠纷案件适用法律若干问题的解释》第7条第1款规定:“拆迁人与被拆迁人按照所有权调换形式订立拆迁补偿安置协议,明确约定拆迁人以位置、用途特定的房屋对被拆迁人予以补偿安置,如果拆迁人将该补偿安置房屋另行出卖给第三人,被拆迁人请求优先取得补偿安置房屋的,应予支持。”虽然依据该款不能直接得出被拆迁人权利最为优先的结论,并且优先权的法源也并非司法解释,但足可印证最高司法机关所持被拆迁人权利优先保护的立场。在被拆迁人权利优先性的实现方式上,用于置换的房屋为现房的,可以根据被拆迁人申请,将不动产所有权变更登记至被拆迁人名下；用于置换的房屋为期房的，被拆迁人可以继续获得该期房或者就相应期房变价所得优先受偿。

（二）消费购房人权利顺位

在不考虑消费购房人特殊性的情况下，作为整体的购房人权利应区分以下情形加以对待：首先，购房人支付全部购房款的情形。就购房人向债务人主张的权利性质，存在两种不同认识：一是物权请求权说，即购房人可以基于物权关系主张取回权。理由是不动产物权由登记所赋予的观点，显然与登记的行政属性相悖，对不动产物权归属的判断，除法律另有规定，只能依赖于基础民事法律关系的审查判断结果，绝对地将不动产登记作为认定不动产取回权成立与否的标准不可取。二是债权请求权说。理由为购房人购买房屋，物权法上的属性为继受取得不动产，依据《物权法》第 14 条的规定，受让人自变更登记时才始取得不动产所有权；购房人与房地产开发企业签订的是购房协议，并非合作建房协议，不能得出购房人原始取得或共同共有房屋的结论。笔者赞同债权请求权说。其次，购房人支付部分购房款的情形。此时，购房协议属于双方均未履行完毕的合同，管理人有权选择是否继续履行合同。选择继续履行合同的，依照《企业破产法》第 42 条第 1 项的规定，购房人债权为共益债务；选择解除合同的，购房人债权不享有共益性质。

按照前述分析，不考虑《批复》的规定，除购房人债权被确认为共益债务之外，其他情形下购房人权利均应列为普通债权。由此带来的疑问是，购房人债权是否需要特别保护。可行的做法应当是区分消费购房人和投资购房人予以不同对待，对消费购房人应予以特别保护，对投资购房人的债权则列为普通债权。对此，笔者曾经认为购房消费属于投资，并不存在法律意义上的消费购房人。当时的判断依据是，在经济学中，住宅投入实质是购房者将其流动资产转变为固定资产，世界各国的经济学家和核算家都将住宅投入列为投资，而不是消费。时过境迁，笔者现在认为，从强弱地位、购房目的、本国国情出发，认可存在购房消费者群体更为合理。更为关键的是，在破产领域，购房消费与普通消费在消费金额之于消费者的生存影响方面有明显差别，消费购房与投资购房在价值层面亦存在明显差别，予以特别保护具有正当性基础。

随之而来的问题是，消费购房人的权利在破产程序中如何保护？是通过企业破产法自身加以解决，还是通过其他法律予以保护，甚或通过行政手段予以保护？更为关键的是，应当如何平衡消费购房人保护与交易可预测性之间的关系？《批复》给出的方案是，将消费购房人债权界定为绝对优先权，即建设工程承包人优先受偿权优于抵押权，而消费者购房人在支付全部或大部分款项后，其债权请求权又优先于建设工程承包人。最高人民法院执行局在彩石山庄执行案的批复［（2014）执他字第 23 号、第 24 号］中也认为，在执行程序中，在建工程购房款返还请求权优先于工程价款债权和抵押权。然而,尽管批复的出发点是保护消费购房人的利益,但也存在诸多问题。首先,优先权的规定突破了物权优于债权的一般原则,最高人民法院以批复形式予以创设似有立法之嫌。其次,何谓支付大部分购房款,批复未予回答,而参照《最高人民法院关于人民法院办理执行异议和复议案件若干问题的规定》第 29 条第 3 项之规定,可以界定为已支付的价款超过合同约定总价款的 50% 。这样的比例分割带来的现实问题是,同样是消费购房人,仅仅因为支付比例的不同,而受到不同对待。极端的例证是,支付 50.01% 房款与支付 49.99% 房款的购房人,前者列为优先权,后者则只能作为普通债权,权利保护天壤之别。最后,消费购房人权利未经登记,不具公示效力,优先受偿难免会危害交易的安全和可预测性。如果抵押权不能得到优先保护,金融债权可能仅受很少清偿甚至得不到清偿。从建设工程承包人视角出发,承包人为确保自身债权得到实现,在是否进行垫资施工时将更为慎重,工程款支付期限设定也将更为严格,势必使房地产开发企业的资金链更为紧张。其他的危害还包括银行会为控制风险而提高利差,银行的惜贷会加重房地产开发企业融资成本等。

对于消费购房者的保护,笔者曾经考虑通过企业破产法自身予以解决,即将消费购房人债权与劳动债权列为同一顺位,更多地体现交易可预测性的保护。主要理由是,赋予消费购房人优先权依据的是生存权保障和社会稳定维护,劳动债权同样事关劳动者的生存权和社会稳定,在保护劳动者权益以维系其生存权与维护担保物权效用以维持交易可预测性之间,企业破产法选择了后者,可见《批复》与企业破产法的价值判断和利益衡量相冲突,破坏了破产法治的整体性。近期,在企业破产法起草参与者的指点下,笔者对于劳动债权保护顺位规则设定有了重新认识,立法者之所以将劳动债权置于物保债权之后,更多的是基于社会政策的考虑,即认为劳动债权的保护应当通过破产法以外的社会保障制度予以解决。相较劳动债权,消费购房人权益的社会保障在中短期内能否实现存在疑问。因此,消费购房人债权与劳动债权清偿顺位考量因素并不完全相同,置于同一顺位受偿,意味着购房款极可能一去不返,特别保护目的势必落空。

有的人还从维护交易可预测性角度出发,认为应当推行强制性消费购房预告登记制度,通过赋予预告登记破产保护效力和优先受偿效力,解决消费购房人保护与交易可预测性之间的矛盾。然深究之,以预告登记维系交易可预测性,不仅要求公示公信,还要求按照公示先后顺序清偿债务。实务中,国有土地使用权抵押、在建工程抵押往往先于消费购房人进行登记,而建设工程价款优先权亦优先于整体物保债权,因而预告登记制度在维系交易可预测性的同时,能够在多大程度上保护消费购房人权益充满疑问。

基于以上分析,现实的问题是,立法者必须在消费者购房人权益和维护交易可预测性之间作出取舍,笔者认为应当优先保护前者。首先,从交易地位平等性出发,相较于金融机构、在建工程承建方,消费购房人显然处于弱势地位,维护自身权益、保障交易安全的意识和能力均相对偏弱;并且即便赋予消费购房者优先权,其他债权人仍可通过预售资金监管制度等方式,适当弥补交易可预测性缺失带来的损失。其次,就房地产市场自身而言,消费购房者作为需方,是房地产市场繁荣发展的根源,也是当下房地产业去库存的源动力,相较其他市场参与主体理应优先保护。再次,从房屋价格出发,国内房价收入比较高,消费者购买一套房屋往往倾尽毕生积蓄,鉴于人口与土地之间的紧张关系,这一现象至少在短期内仍将持续,对消费购房者予以优先保护符合房地产市场现状,且亦非暂时政策性之举。最后,在传统守土观念影响下,购买房屋几乎与每位国人有关,予以优先保护具有普适意义,也符合社会公众认知,尽可能维护消费购房人权益的实践做法也印证了这一认知的客观性。

在具体制度设计上,首先,应当通过法律形式设定消费购房人一般优先权。其次,基于维护交易可预测性的考虑,应当严格限制消费购房人范围,可供参考的标准是民事执行中关于唯一住房的认定标准。在认定唯一住房时,也应当严格把握,比如对消费购房人有赡养、扶养、抚养义务的人名下有其他能够维持生活必需的居住房屋的,不应认定为唯一住房。最后,取消将购房款支付比例作为优先受偿条件的规定,对消费购房人予以平等对待。

长远而言,对于消费购房人权利的保护,似可参照存款保险制度,建立消费购房款保险。在这一问题上,域外亦有相关经验可资借鉴。在日本,购房定金等的保全措施的具体内容为,在房地产企业和购房人签订期房合同时,房地产企业须向金融机构申请或指定保证机构或保险业者签订定金等的保证委托合同,设定买主定金的保证或保险。保证机构将保证或保险的保证书通过开发商出具给购房人后,才可以接收定金等。

(三)建设工程价款债权顺位

《合同法》第286条规定了建设工程价款优先权,《批复》进一步明确规定,建设工程价款优于抵押权和其他债权,由此,建设工程价款优先权得以确立。反对的观点认为,建设工程价款优先权不具有公示效力,不能对抗在先抵押权,否则将影响交易安全。笔者赞同赋予建设工程价款优先权。首先,建设工程价款涉及大量进城务工人员生存问题,予以特别保护有其强烈的时代背景,在先抵押权的保护同样可以通过其他制度予以弥补;其次,在比较法上,日本、法国民法典也均规定了不动产工事优先权,该权利经登记可以对抗在先抵押权。此外,有观点认为,不动产建设优先权的债权人应当于工程完成后一定期间内就经公证之工程款进行优先权登记,经登记之不动产建设优先权自工程开始之日起享有顺位,得对抗其后成立之抵押权,并得于登记额度内优先受偿。然而,该观点忽视了登记作用的发挥在于公示公信,以工程完成后的登记对抗在先登记,并不能起到保护交易安全的作用。

(四)预告登记权顺位

《物权法》第20条确立了不动产预告登记制度,需要注意的是,预告登记与预售登记并非同一概念,前者具有物权法上的效力,后者则仅规定于城市房地产管理法之中,属于行政管理手段,并不具有物权法上的效力。

实践中,预告登记主要包括所有权预告登记和抵押权预告登记两类,两者在法律效果上类似,以下仅以所有权预告登记为例展开讨论。破产程序中如何对待预告登记权,首先要分析预告登记权的性质。笔者认为,预告登记权属于准物权性质,故不存在取回权适用余地。一是预告登记通过公示程序赋予债权请求权物权对抗效力,故具备物权属性;二是从立法规定看,预告登记仅是为保障将来物权的实现,权利人取得物权仍需完成本登记,并且债权消灭或者超期未为本登记的,预告登记权失效,可见预告登记权并非现实物权,而是将来发生物权变动的请求权,本质上仍是债权性质。《最高人民法院公报》刊载的案例亦持该立场。

预告登记权的准物权性质在破产程序中是否能产生相应法律效力?对此,物权法未作正面规定,仅明确"预告登记后,未经预告登记的权利人同意,处分该不动产的,不发生物权效力"。但从解释论而言,仍可以推导出预告登记权具有破产保护效力,理由在于破产程序中需要处置预告登记所涉不动产的,按照预告登记对抗效力,处分必须经过预告登记权人同意,否则不产生物权效力。如果预告登记权人不同意,财产处置势必难以进行,而理性的预告登记权人势必会以获得优先受偿或完成本登记作为同意前提,由此可以推断,预告登记权具有破产保护效力,否则不动产的处置将面临僵局。从立法论而言,购房人预告登记的目的在于通过登记的手段使自身债权处于优先地位,避免债务人一物二卖造成的损害。在尚无法办理不动产物权本登记前,理性购房人为确保自身债权实现所能做的也仅是办理预告登记,法律应当认可购房人为保障债权实现所作的努力,而这样的认可亦应体现在破产程序之中。相反,将预告登记权与普通债权等同对待,则恰恰违背了相同性质权利相同对待的要求。在比较法上,德国破产法规定预告登记权具备破产保护效力,"该国破产法第103条首先赋予管理人对破产申请前发生、尚未履行的双务合同享有选择履行或拒绝履行权,但为保护预告登记所担保的请求权,第106条又规定管理人不得拒绝履行该请求权对应的义务,由此,管理人对于作为预告登记担保请求权的基础合同不再享有选择自由,而是必须履行预告登记的请求权,以实现预告登记的物权变动。"日本假登记担保系为担保金钱债权实现,通过契约约定债务人不履行债务时,归属债务人或第三人的所有权或其他权利转移给债权人,并对该担保标的物进行假登记,以此来担保被担保债权的制度,与我国预告登记制度在登记效力上相似。而担保假登记权同样具备破产保护效力,“担保假登记权利人在标的物所有人的破产程序中与抵押权人受到相同待遇,再生程序中也是一样”。

在预告登记权清偿顺位的具体安排上,鉴于预告登记与抵押登记均以登记为前提取得优先性,故可与抵押债权同一顺位受偿,预告登记权与抵押权存在冲突的,应当按照登记先后顺序受偿。假定预告登记权之前并无其他优先权,预告登记权破产保护效力的具体体现可以分为以下情形:首先,债务人破产时预告登记房屋是现房,购房人交付全款(包括以按揭方式交付全款)的。因购房合同一方义务已履行完毕,管理人无权解除合同,购房人可向管理人主张为本登记。其次,债务人破产时预告登记房屋是现房,但购房人尚未支付完毕购房款的。依照企业破产法的规定,管理人可以选择解除购房合同,但基于国内立法未确立物权行为无因性原则,一旦管理人选择解除合同,则预告登记也将相应失效,预告登记破产保护效力将无从发挥。基于此,可借鉴德国破产法规定,对此时的管理人合同解除权予以禁止,转而由购房人继续支付购房款,进而完成本登记。最后,债务人破产时预告登记房屋是期房的情形。德国预告登记制度仅适用于现房,并无可资参照的域外经验。笔者认为,在合同解除权上,也应给予管理人禁止解除的限制;在预告登记效力上,预告登记权人可以在预告登记所指向的相应期房变价所得范围内优先受偿。

实务中,处理预告登记问题还应注意识别预告登记基础法律关系,准确认定预告登记效力,比如债务履行期届满前约定以房抵债的,应当按照《最高人民法院关于审理民间借贷案件适用法律若干问题的规定》第 24 条第 1 款的规定处理. 认定预告登记基础关系是借款关系,而非不动产交易关系,对于相应预告登记的效力不予确认。

(五)消费购房人定金债权顺位

定金作为债权担保方式,受偿顺位并无明确规则可循。《企业破产法》第 109 条规定了担保物别除权,但是,除封金形式以外,一般情形下定金并不是以特定财产设置的担保,债务人收取定金后,即以其非特定全部财产作为定金偿付责任财产,这使定金债权与其他破产债权的清偿财产范围完全混同,因此,定金不属于物保债权范畴。作为债权性质的定金能否得到优先受偿? 美国破产法规定:“若自然人为个人、家庭或日常家用而购买或租赁商品,并提前支付定金或押金,债务人破产时,可优先受偿,只是上限不得超过 1800 美元。”笔者认为,消费购房者支付的定金性质上属于消费购房者权利,应当准用前述消费购房者权利保护的做法。消费购房人定金保护的具体规则上,首先,对支付的定金本金部分,应当与消费购房人债权同一顺位优先受偿;其次,基于本金部分的优先保护,以及交易可预测性的权衡考虑,对加倍返还部分不应优先保护,而应按普通债权处理。有观点认为,加倍返还部分属于惩罚性债权,应作为劣后债权清偿。笔者的观点是,定金罚则部分是否属于惩罚性质,应当结合个案加以具体分析,属于补偿性质的部分,作为普通债权受偿,属于惩罚性部分的,应当列为劣后债权。

综上,从应然角度出发,房地产开发企业破产债权清偿顺序如下:破产费用及共益债务;被拆迁人基于拆迁安置对债务人享有的请求权;消费购房人债权请求权、消费购房人支付的定金本金返还请求权;建设工程价款请求权;物保债权以及不动产预告登记所涉债权,按登记先后顺序就相应不动产变价所得优先受偿;工人工资等劳动债权;税收债权及部分劳动债权;普通破产债权,包括补偿性质的定金罚则部分;劣后债权,包括惩罚性质的定金罚则部分。

[参见夏正芳、李荐:《房地产开发企业破产债权的清偿顺序》,载《人民司法·应用》2016 年第 7 期。]

016. 在执行程序中发现申请执行的房地产登记名义人与实际权利人不一致时如何处理?

【审判专论】

我国商品流通领域里的某些限制和财产管理中的某些疏忽,形成登记的财产权属难定。人民法院执行程序中在查封财产时就经常遇到登记财产的权属难题。这分为两种情况;第一种情况是,如果在执行程序中发现申请执行的房地产登记在案外第三人名下,尽管被执行人占有、使用,人民法院能否直接采取查封措施? 为了维护国家房地产登记的公信力,在执行程序中,人民法院一般不能直接裁判权属争议。如果申请执行人认为登记虚假,一般有三种救济渠道:一是向有关登记机构反映,请求撤销该登记;二是依据合同法中的撤销权诉讼,通过民事审判撤销案外第三人的虚假登记行为;三是通过提起行政诉讼,撤销登记机构的登记行政行为。如果人民法院发现登记为虚假,则只能建议登记机构撤销虚假登记。原登记被撤销后,要恢复为被执行人登记,此后,人民法院方可采取查封措施。但是,如果登记名义人明确承认其并非实际权利人且书面认可登记在其名下的房地产实际属于被执行人时,为了提高执行效率,节省司法资源,执行法院也可以直接采取查封措施。《关于依法规范人民法院执行和国土资源房地产管理部门协助执行若干问题的通知》(以下简称《通知》)第 7 条对此已予以明确。第二种情况是,被执行人通过继承、判决和执行等合法途径已经取得了房地产的占有权,但还没有进行物权变动登记的,依《通知》第 8 条的规定,应当先由登记机构办理过户登记后,人民法院才能查封。

在实践中，还经常遇到的一种情况是：登记在被执行人名下的财产，并非属于被执行人所有，但按《通知》第5条规定，人民法院仍可对该财产进行查封。如果案外人占有、使用该财产并主张所有权的，该如何处理，《通知》未作规定。在执行实践中出现这种情形，可依据《意见》的有关规定，由案外人提出执行异议，人民法院受理执行异议，应当予以认真审查，及时依法纠正执行错误。

[参见葛行军、范向阳：《〈关于人民法院执行和国土资源房地产管理部门协助执行若干问题的通知〉的理解与适用》，载《人民司法》2004年第4期。]

017. 执行过程中申请执行人申请解除查封及中止执行是对其诉讼权利的处分，可否认定为放弃剩余债权的受偿权利？

【典型案例】

广州建筑集团与永阳公司、建阳公司合作开发房地产合同纠纷执行异议案

【裁判要点】

调解书约定了履行期限并约定被告未按期限履行义务时原告可以按其他金额向法院申请强制执行，在条件成就时，原告有权依此向法院申请强制执行。在执行过程中申请执行人申请解除查封及中止执行是对其诉讼权利的处分，不等于放弃剩余债权的受偿权利。放弃债权需要当事人明确的意思表示，在当事人没有明确表示放弃债权时不能以推定的方式认定其放弃债权。

【案例索引】

一审：广东省广州市中级人民法院(2013)穗中法执异议字第115号。

二审：广东省高级人民法院(2013)粤高法执复议字第110号。

异议人(申请执行人)：广州市建筑集团有限公司。

被执行人：广州建阳房地产发展有限公司、(香港)永阳投资有限公司。

广州市第一建筑工程有限公司(以下简称广州一建)与(香港)永阳投资有限公司(以下简称永阳公司)、广州建阳房地产发展有限公司(以下简称建阳公司)合作开发房地产合同纠纷一案，广州市中级人民法院2006年3月22日作出的(2005)穗中法民四初字第103号民事调解书已发生法律效力。该调解书确认以下协议内容：

(1)原告广州一建与两被告建阳公司、永阳公司同意按住宅4300元/m^2,商铺按12,000元/m^2的标准确认建阳公司、永阳公司拖欠广州一建的合作得款为人民币1066万元,扣除建阳公司、永阳公司于2003年1月已支付的200万元,建阳公司、永阳公司确认拖欠广州一建人民币866万元,建阳公司、永阳公司需向广州一建支付上述拖欠款项的滞纳金55万元。(2)建阳公司、永阳公司拖欠广州一建的款项,由建阳公司、永阳公司负连带清偿的责任,并按照如下方式支付给广州一建:自调解书出具之日起3个工作日内,向广州一建一次性支付人民币866万元及其滞纳金55万元;自调解书出具之日起7个工作日内,向广州一建支付本案的诉讼费用人民币302,038元(含诉讼费97,019元、诉讼保全费97,019元、律师费10万元、评估费8000元)。(3)建阳公司若不能按照本调解书第二条规定的时间偿还款项的,则广州一建有权按照建阳公司、永阳公司拖欠的金额13,682,816元向人民法院申请强制执行,并按所拖欠款项总额的每日万分之三,由建阳公司、永阳公司向广州一建支付拖欠款的滞纳金,自2004年1月1日计至建阳公司、永阳公司还清款项之日为止,并将广州一建按合同约定安置在商场主楼首层东南角100m^2商铺和安置方位在十二层住宅面积为19.74m^2的住宅确权交付给广州一建。(4)双方确认,除了本调解书所涉的纠纷外,双方之间没有其他的债权债务纠纷。2006年3月24日,永阳公司、建阳公司支付了528万元给广州一建。2006年4月3日,广州一建向广州市中级人民法院申请强制执行,执行标的为8,402,816元(调解书第三项规定的13,682,816元减去已支付的528万元)及滞纳金等,广州市中级人民法院以(2006)穗中法执字第877号案执行。在执行过程中,广州市中级人民法院扣划了被执行人建阳公司的银行存款4,692,300元。2006年4月14日,申请执行人广州一建的全权代理人在广州市中级人民法院的笔录中表示,永阳公司已偿还528万元,还欠4,232,038元,被执行人被诉讼保全的4个银行账户内有400多万元金额,被诉保查封,如账号内的金额足够偿还给其公司的欠款,则不要求动被执行人的其他财产。2006年4月20日,广州一建向广州市中级人民法院发函申请划款,表示应按照民事调解书第三条执行,要求两被执行人支付拖欠金额840.2816万元。2006年5月8日,该公司再次向广州市中级人民法院发函要求划款。2006年5月18日,广州一建向广州市中级人民法院发函,申请将已划至广州市中级人民法院的被执行人银行账户内的469.23万元扣除执行费后将剩余款项划至该司账上,并将该司提供的担保物业予以解封,在此之后,同意解除对被执行人的全部查封冻结措施并中止本案的执行。2006年5月19日,永阳公司、建阳公司也向广州市中级人民法院提出,其已于2006年3月23日支付528万元给申请执行人,剩余款项4,232,038元经申请执行人同意从广州市中级人民法院查封的银行账户中扣除支付,鉴于已履行完所有的支付责任,向广州市中级人民法院申请解封被查封的房产和银行账户。2006

年6月15日，申请执行人再次发函至广州市中级人民法院要求划款。广州市中级人民法院从被执行人广州建阳房地产发展有限公司的银行账户内扣划4,692,300元后，对冻结的银行账户全部予以解冻并解除对被执行人建阳公司全部房产的查封，2006年6月26日，广州市中级人民法院将执行款4,685,608元发放给申请执行人。2006年10月12日，申请执行人向被执行人开出三张发票，票据内容、总额与调解书第二条规定的项目一致。2006年10月16日，广州市中级人民法院作出（2006）穗中法执字第877号民事裁定书，以"经本院采取多方执行措施后，已执行的部分款项并已退发给申请执行人，申请执行人暂无法提供被执行人可供执行的财产，其表示本案延期执行符合法律规定，应予准许"为由裁定本案中止执行，中止执行裁定书已送达申请执行人，但执行卷宗中没有被执行人签收中止执行裁定书的送达回证。

2011年8月16日，申请执行人向广州市中级人民法院申请恢复执行，申请恢复执行的标的为3,717,208元（调解书第三项规定的13,682,816元减去已支付的528万元和广州市中级人民法院划付的4,685,608元）及滞纳金等。在恢复执行过程中，广州市中级人民法院于2011年10月11日查封了属于被执行人建阳公司所有的位于广州市越秀区建设四马路19号首层，20－1号首层，21号首层，21－1号首层，26号三层、四层的房产；广州市中级人民法院于2011年10月11日作出（2006）穗中法执字第877号执行裁定书，裁定冻结被执行人建阳公司的银行存款1000万元；广州市中级人民法院于2012年2月13日作出（2006）穗中法执字第877号执行裁定书，裁定扣划被执行人建阳公司的银行存款1000万元；2012年2月17日，广州市中级人民法院从被执行人建阳公司在中国工商银行广州粤秀支行3602015019200080587的账户内扣划了566,736.4元。2011年11月11日，被执行人广州建阳房地产发展有限公司向广州市中级人民法院提出申请，请求广州市中级人民法院解除对其房产、银行账户的查封、冻结措施。2012年3月19日，本院解除了对被执行人广州建阳房地产发展有限公司在中国工商银行广州粤秀支行3602015019200080587、3602015009000777819账户及华夏银行广州分行5030200001839100006511账户存款各1000万元的冻结。2012年3月31日，广州市中级人民法院作出（2006）穗中法执字第877号执行裁定书，解除对被执行人广州建阳房地产发展有限公司所有的位于广州市越秀区建设四马路19号首层，20－1号首层，21号首层，21－1号首层，26号三层、四层的房产的查封。

2012年4月12日，广州市中级人民法院将上述执行情况告知广州一建，并通知其本案不予恢复执行。2012年4月27日，广州市中级人民法院向当事人发出（2006）穗中法执字第877号《不同意恢复执行通知书》，通知本案不予恢复执行。2012年4月12日，广州一建向广州市中级人民法院提出执行异议，认为本案应继续恢复执行,继续查封被执行人的财产。

双方在本案听证过程中的陈述及书面意见对本案作了如下解释:申请执行人认为其代理人2006年4月14日在广州市中级人民法院笔录中表示的是永阳公司已经偿还528万元,还拖欠4,232,038元是指永阳公司根据民事调解书第二条拖欠的金额。当时建阳公司已经不符合民事调解书第二条的约定,应按照第三条执行。另外,申请执行人称因当时扣划了建阳公司469.23万元,账户空置,故同意暂时解冻该账户;查封的房产尚未确权并抵押给银行,实现债权的时机尚未成熟,故该公司申请中止执行。申请执行人称收到被执行人给付的款项比民事调解书第二条约定的金额多了453,570元,故表明双方是按照第三条来执行的。至于开具的发票,是按照建阳公司的要求开出的,并未违反调解书的约定,也未表示放弃其余债权。被执行人建阳公司则称本案诉讼保全的时候已经查封了该司的银行账户,该公司不能主动划钱,故先支付了一部分款项,广州一建考虑资金安全问题故同意其余款项由法院用执行的手段划付,广州一建的代理人也到法院作笔录表示永阳公司已偿还528万元,还欠4,232,038元。至于差额部分,是基于手续上的考虑暂时没有对差额部分提出主张,而且申请执行人申请解封后开出的发票是与调解书第二条的约定对应的,故双方是按照调解书第二条的约定来履行的。广州市建筑集团有限公司(以下简称广州建筑集团)和建阳公司对对方的解释均不予认可。

另查明:2013年1月29日,广州市中级人民法院作出(2013)穗中法执变字第3号执行裁定书,裁定变更广州建筑集团为本案的申请执行人。

广东省广州市中级人民法院于2013年5月20日作出(2013)穗中法执异议字第115号民事执行裁定:本院(2006)穗中法执字第877号案件恢复执行。

宣判后,广州建阳房地产发展有限公司、(香港)永阳投资有限公司提起复议。广东省高级人民法院于2013年11月22日作出(2013)粤高法执复议字第110号民事执行裁定:驳回建阳公司、永阳公司的复议申请,维持广州市中级人民法院(2013)穗中法执异议字第115号执行裁定。

广州市中级人民法院认为:本案的执行依据是(2005)穗中法民四初字第103号民事调解书,本案争议的焦点是应按调解书第二项约定的9,512,038元还是调解书第三项约定的13,682,816元执行。根据该调解书第二项的约定,永阳公司、建阳公司应该在出具调解书之日起3个工作日内支付866万元及滞纳金55万元给广州一建,7个工作日内支付诉讼费用302,038元给广州一建,两项合计9,512,038元;第三项约定如建阳公司不能按照第二项约定规定的时间偿还款项,则广州一建有权按照拖欠金额13,682,816元向人民法院申请强制执行。2006年3月24日,永阳公司、建阳公司支付了528万元给广州一建。2006年4月3日广州一建向本院申请强制执行,执行标的为8,402,816元。由于永阳公司、建阳公司未按照调解书第二项约定的时间履行支付866万元、滞纳金55万元及诉讼费用302,038元的义务，广州一建有权按照拖欠金额13,682,816元向人民法院申请强制执行。因此，在本案进入强制执行程序之后，执行的总标的额应为13,682,816元。本案至今执行到位的金额为已支付的528万元和本院划付的4,685,608元，尚未执行完毕，故广州建筑集团要求本案恢复执行合理合法，应予支持。建阳公司称当时法院诉讼保全查封了其部分款项故无法办理划款手续，双方同意由广州一建通过申请执行的方式实现调解书第二项约定的债权，且广州一建在笔录中表示永阳公司已偿还528万元，还欠4,232,038元，此后开出的发票也与调解书第二项约定的金额一致，故建阳公司认为应按调解书第二项的约定履行义务。对此本院认为，放弃债权需要明确的意思表示，由于本案被执行人没有按照调解书第二项的约定履行义务，广州一建已于2006年4月3日按照调解书第三项的约定向法院申请强制执行，虽然此后广州一建曾要求解除本案的查封并中止执行，但从广州一建给本院的多份函件看，均要求将法院扣划的被执行人建阳公司银行款项469.23万元扣除执行费6692元后的余款4,685,608元划至该公司账上，并未要求按照调解书第二项的约定将余款4,232,038元划给该公司。广州一建代理人在本院的笔录表示永阳公司已偿还528万元，还欠4,232,038元，上述笔录只涉及永阳公司，并没有明确表示同意按照调解书第二项的内容执行、放弃要求建阳公司按照调解书第三项履行义务，也没有认为本案执行完毕、同意终结执行的意思表示。广州一建申请解除查封及中止本案执行是该公司对其诉讼权利的处分，并未表示放弃本案未受偿部分的债权，广州建筑集团按照收取的款项开具与调解书第二项约定相符的发票也不能据此推定该公司同意按照调解书第二项约定执行。因此，建阳公司的陈述既无相关的证据证实，也得不到广州建筑集团的认可，对其抗辩不予采纳。综上所述，广州建筑集团认为本案尚未执行完毕，应予恢复执行的理由成立，予以支持。恢复执行后应继续查封被执行人的财产。

[参见最高人民法院中国应用法学研究所编:《人民法院案例选》(2015年第3辑)，人民法院出版社2016年版。]

图书在版编目(CIP)数据

房地产案件审判指导/最高人民法院民事审判第一庭编. -- 北京:法律出版社,2020
(最高人民法院民事审判指导丛书)
ISBN 978-7-5197-4709-1

Ⅰ.①房… Ⅱ.①最… Ⅲ.①房地产-民事纠纷-审判-案例-中国 Ⅳ.①D922.385

中国版本图书馆 CIP 数据核字(2020)第118101号

房地产案件审判指导
FANGDICHAN ANJIAN SHENPAN ZHIDAO

最高人民法院民事审判第一庭 编

责任编辑 慕雪丹 章 雯
装帧设计 李 瞻

出版 法律出版社
总发行 中国法律图书有限公司
经销 新华书店
印刷 三河市龙大印装有限公司
责任印制 胡晓雅

编辑统筹 法商出版分社
开本 710毫米×1000毫米 1/16
印张 53.25
字数 985千
版本 2020年12月第1版
印次 2020年12月第1次印刷

法律出版社/北京市丰台区莲花池西里7号(100073)
网址/www.lawpress.com.cn
投稿邮箱/info@lawpress.com.cn
举报维权邮箱/jbwq@lawpress.com.cn
销售热线/400-660-8393
咨询电话/010-63939796

中国法律图书有限公司/北京市丰台区莲花池西里7号(100073)
全国各地中法图分、子公司销售电话:
统一销售客服/400-660-8393/6393
第一法律书店/010-83938432/8433
西安分公司/029-85330678
重庆分公司/023-67453036
上海分公司/021-62071010/1636
深圳分公司/0755-83072995

书号:ISBN 978-7-5197-4709-1
定价:168.00元